東　京　都

〈収録内容〉

■ 最新年度を除いた各年度の解答解説の後に、「正答率一覧」を掲載しております。
最新年度の正答率は、本書発行の時点で公表されていないため

便利な DL コンテンツは右の QR コードから

解答用紙　過去年度　リスニング ⇒

※データのダウンロードは 2025 年 3 月末日まで。
※データへのアクセスには、右記のパスワードの入力が必要となります。 ⇒ 261506

〈各教科の受検者平均点〉

	数学	英語	理科	社会	国語
2023年度	57.6	62.8	59.4	55.6	80.8
2022年度	59.0	61.1	61.4	49.2	68.8
2021年度	53.3	54.1	47.8	54.6	72.5
2020年度	61.1	54.7	53.4	57.0	81.1
2019年度	62.3	54.4	67.1	52.7	71.0
2018年度	66.5	68.0	61.5	61.5	65.9
2017年度	56.3	57.8	55.9	58.6	69.5

※各100点満点。
※最新年度は、本書発行の時点で公表されていないため未掲載。

本書の特長

POINT 1　解答は全問を掲載、解説は全問に対応！

POINT 2　英語の長文は全訳を掲載！

POINT 3　リスニング音声の台本、英文の和訳を完全掲載！

POINT 4　出題傾向が一目でわかる「年度別出題分類表」は、約 10 年分を掲載！

実戦力がつく入試過去問題集

▶ 問題 ……………　実際の入試問題を見やすく再編集。
▶ 解答用紙 ……　実戦対応仕様で収録。
▶ 解答解説 ……　重要事項が太字で示された、詳しくわかりやすい解説。
※採点に便利な配点も掲載。

合格への対策、実力錬成のための内容が充実

▶ 各科目の出題傾向の分析、最新年度の出題状況の確認で、入試対策を強化！
▶ その他、志願状況、公立高校難易度一覧など、学習意欲を高める要素が満載！

解答用紙ダウンロード　解答用紙はプリントアウトしてご利用いただけます。弊社ＨＰの商品詳細ページよりダウンロードしてください。トビラのＱＲコードからアクセス可。

リスニング音声ダウンロード　英語のリスニング問題については、弊社オリジナル作成により音声を再現。弊社ＨＰの商品詳細ページで全収録年度分を配信対応しております。トビラのＱＲコードからアクセス可。

famima PRINT　原本とほぼ同じサイズの解答用紙は、全国のファミリーマートに設置しているマルチコピー機のファミマプリントで購入いただけます。※一部の店舗で取り扱いがない場合がございます。詳細はファミマプリント（http://fp.famima.com/）をご確認ください。

UD FONT　見やすく読みまちがえにくいユニバーサルデザインフォントを採用しています。

～都立高校入試の流れ（参考：令和６年度入試）～

※募集および選抜に関する最新の情報は、東京都教育委員会のホームページなどで必ずご確認ください。
東京都では、夏から秋にかけて決定、公開されております。

☆推薦入試

出　願	1／12～18
↓	
検　査	1／26・27
↓	
合格者の発表	2／2
↓	
合格者の入学手続	2／2・5

☆一般入試（第一次募集・分割前期募集）

出　願	1／31～2／6
↓	
入学願書取下げ	2／13
↓	
入学願書再提出	2／14
↓	
学力検査等	2／21
↓	
合格者の発表	3／1
↓	
合格者の入学手続	3／1・4

☆一般入試（分割後期募集・第二次募集）

出　願	3／6（定時制は3／21）
↓	
入学願書取下げ	3／7（定時制は3／22）
↓	
入学願書再提出	3／8（定時制は3／25）
↓	
学力検査等	3／9（定時制は3／26）
↓	
合格者の発表	3／14（定時制は3／27）
↓	
合格者の入学手続	3／14・15（定時制は3／27・28）

東京都公立高等学校（全日制課程）

2024年度受検状況

◇普通科

	学校名	性別	募集人員	受検人員	受検倍率	（参考）過去2年間の受検倍率	
						2023年度	2022年度
区部	日比谷	男	253	354	1.40	1.93	1.89
		女				1.79	1.55
	三田	男	204	359	1.76	1.26	1.63
		女				1.90	2.17
	戸山	男	252	401	1.59	1.61	1.89
		女				1.70	1.84
	竹早	男	177	296	1.67	1.51	1.65
		女				2.11	1.81
	向丘	男	220	418	1.90	1.28	1.49
		女				1.50	2.31
	上野	男	252	450	1.79	1.68	1.83
		女				1.69	1.97
	日本橋	男	179	227	1.27	1.13	1.41
		女				1.39	1.92
	本所	男	189	371	1.96	1.34	1.37
		女				1.43	1.48
	城東	男	284	515	1.81	1.58	1.50
		女				1.78	1.34
	東	男	221	305	1.38	1.58	1.97
		女				1.64	2.10
	深川	男	185	292	1.58	1.75	1.82
		女				1.89	1.58
	大崎	男	221	298	1.35	1.51	1.48
		女				1.24	1.13
	小山台	男	252	316	1.25	1.34	1.39
		女				1.50	1.39
	八潮	男	148	155	1.05	0.92	0.92
		女				1.01	0.82
	駒場	男	252	429	1.70	1.36	1.40
		女				1.63	1.16
	目黒	男	189	304	1.61	1.87	1.94
		女				1.81	1.98
	大森	男	165	63	0.38	0.42	0.84
		女				0.43	0.99
	蒲田	男	85	79	0.93	1.59	1.22
		女				1.29	0.90
	田園調布	男	168	279	1.66	1.82	1.55
		女				1.93	1.84
	雪谷	男	221	338	1.53	1.75	1.58
		女				1.62	1.63
	桜町	男	252	250	0.99	0.95	1.08
		女				1.36	0.97
	千歳丘	男	221	273	1.24	0.93	0.89
		女				1.07	1.08

	学校名	性別	募集人員	受検人員	受検倍率	（参考）過去2年間の受検倍率	
						2023年度	2022年度
区部	深沢	男	142	112	0.79	0.83	0.45
		女				0.61	0.29
	松原	男	156	157	1.01	1.24	1.10
		女				1.68	1.70
	青山	男	221	412	1.86	1.70	2.05
		女				1.89	2.11
	広尾	男	157	284	1.81	1.62	1.69
		女				2.23	2.37
	鷺宮	男	220	342	1.55	1.58	1.53
		女				2.37	2.10
	武蔵丘	男	253	446	1.76	1.78	1.39
		女				1.92	1.53
	杉並	男	253	379	1.50	1.51	1.03
		女				1.21	1.04
	豊多摩	男	252	407	1.62	1.48	1.73
		女				2.02	2.02
	西	男	252	368	1.46	1.48	1.47
		女				1.74	1.63
	豊島	男	253	527	2.08	1.82	1.72
		女				1.93	2.00
	文京	男	284	369	1.30	1.48	1.65
		女				1.76	1.85
	竹台	男	183	276	1.51	0.99	1.31
		女				1.51	1.55
	板橋	男	221	336	1.52	1.14	1.18
		女				0.89	1.40
	大山	男	169	92	0.54	0.89	0.89
		女				0.70	0.73
	北園	男	253	414	1.64	1.59	1.79
		女				1.78	2.11
	高島	男	252	317	1.26	1.39	1.17
		女				1.08	1.10
	井草	男	221	364	1.65	1.29	1.63
		女				1.69	2.24
	石神井	男	220	333	1.51	1.78	1.49
		女				1.78	1.91
	田柄	男	134	110	0.82	0.58	0.52
		女				0.44	0.70
	練馬	男	189	249	1.32	1.09	1.01
		女				1.27	1.12
	光丘	男	185	172	0.93	1.04	0.88
		女				0.48	0.80
	青井	男	137	159	1.16	0.66	0.69
		女				0.64	0.96
	足立	男	252	329	1.31	1.50	1.61
		女				1.50	1.49

	学校名	性別	募集人員	受検人員	受検倍率	(参考)過去2年間の受検倍率	
						2023年度	2022年度
区部	足立新田	男	209	235	1.12	1.02	0.87
		女				1.00	0.57
	足立西	男	156	173	1.11	1.08	1.24
		女				1.19	1.01
	足立東	男	122	161	1.32	1.52	1.42
		女				1.02	0.64
	江北	男	252	361	1.43	1.95	1.52
		女				1.72	1.34
	淵江	男	179	225	1.26	1.19	1.32
		女				0.83	1.15
	葛飾野	男	253	338	1.34	1.29	1.02
		女				1.15	0.75
	南葛飾	男	161	217	1.35	1.19	1.26
		女				1.04	1.58
	江戸川	男	253	410	1.62	1.36	1.83
		女				1.55	1.35
	葛西南	男	190	190	1.00	0.93	0.70
		女				1.00	0.96
	小岩	男	284	454	1.60	1.64	1.62
		女				1.90	1.58
	小松川	男	253	308	1.22	1.17	1.28
		女				1.17	1.39
	篠崎	男	222	261	1.18	1.25	1.16
		女				1.21	0.95
	紅葉川	男	189	274	1.45	1.25	1.56
		女				1.24	1.53
多摩部	片倉	男	189	219	1.16	1.58	1.23
		女				1.52	1.17
	八王子北	男	158	175	1.11	1.36	1.05
		女				1.21	1.00
	八王子東	男	252	320	1.27	1.26	1.53
		女				1.17	1.51
	富士森	男	249	287	1.15	1.16	1.12
		女				1.84	1.23
	松が谷	男	220	286	1.30	1.32	1.42
		女				1.36	1.64
	立川(※)	男	220	292	1.33	1.22	1.07
		女				1.44	1.36
	武蔵野北	男	189	235	1.24	1.34	1.21
		女				1.41	1.33
	多摩	男	157	104	0.66	0.59	0.72
		女				0.74	0.75
	府中	男	220	391	1.78	1.84	1.72
		女				1.91	1.71
	府中西	男	235	282	1.20	1.24	1.15
		女				1.32	1.15

※立川高校の受験人員には，同校の創造理数科を第1志望とする者を含まない。

	学校名	性別	募集人員	受検人員	受検倍率	(参考)過去2年間の受検倍率	
						2023年度	2022年度
多摩部	府中東	男	240	348	1.45	1.33	1.41
		女				1.41	1.40
	昭和	男	252	359	1.42	1.58	1.64
		女				2.04	2.02
	拝島	男	221	254	1.15	1.16	0.96
		女				0.91	0.86
	神代	男	252	416	1.65	1.57	1.61
		女				2.02	2.35
	調布北	男	188	270	1.44	1.30	1.51
		女				1.42	1.57
	調布南	男	189	292	1.54	1.99	1.72
		女				1.67	1.82
	小川	男	252	304	1.21	1.29	1.11
		女				1.41	1.30
	成瀬	男	221	237	1.07	1.22	1.26
		女				1.20	1.15
	野津田	男	99	57	0.58	0.76	1.00
		女				0.59	0.65
	町田	男	253	338	1.34	1.11	1.17
		女				1.24	1.31
	山崎	男	138	150	1.09	1.01	0.97
		女				0.93	0.85
	小金井北	男	189	296	1.57	1.14	1.14
		女				1.44	1.48
	小平	男	189	242	1.28	1.11	1.06
		女				1.39	1.61
	小平西	男	222	299	1.35	1.30	0.93
		女				1.16	1.06
	小平南	男	221	338	1.53	1.46	1.64
		女				1.49	1.79
	日野	男	253	417	1.65	1.43	1.30
		女				1.26	1.15
	日野台	男	241	322	1.34	1.37	1.32
		女				1.27	1.34
	南平	男	253	376	1.49	1.37	1.45
		女				1.55	1.50
	東村山	男	116	159	1.37	1.77	1.26
		女				1.58	1.29
	東村山西	男	189	199	1.05	0.94	0.93
		女				1.00	0.64
	国立	男	252	361	1.43	1.31	1.55
		女				1.39	1.48
	福生	男	221	282	1.28	1.14	1.16
		女				1.30	1.26
	狛江	男	285	420	1.47	1.64	1.48
		女				1.50	1.35
	東大和	男	221	282	1.28	1.34	1.22
		女				1.12	1.13

	学校名	性別	募集人員	受検人員	受検倍率	（参考）過去2年間の受検倍率 2023年度	（参考）過去2年間の受検倍率 2022年度
多摩部	東大和南	男	220	296	1.35	1.59	1.49
		女				1.11	1.58
	清瀬	男	220	287	1.30	0.97	1.23
		女				1.09	1.38
	久留米西	男	188	197	1.05	1.31	1.11
		女				1.09	0.90
	武蔵村山	男	221	240	1.09	1.08	0.94
		女				0.89	0.93
	永山	男	236	295	1.25	1.05	1.09
		女				1.12	1.14
	羽村	男	201	133	0.66	0.60	0.89
		女				0.74	0.84
	秋留台	男	136	182	1.34	1.29	1.66
		女				0.58	0.67
	五日市	男	136	48	0.35	0.55	0.67
		女				0.10	0.38
	田無	男	252	359	1.42	1.45	1.25
		女				1.31	1.30
	保谷	男	253	406	1.60	1.54	1.38
		女				1.16	1.47
島しょ部	大島	男	80	22	0.28	0.38	0.48
		女				0.53	0.20
	新島	男	40	8	0.20	0.25	0.45
		女				0.25	0.20
	神津	男	40	17	0.43	0.25	0.50
		女				0.45	0.25
	三宅	男	40	2	0.05	0.15	0.20
		女				0.05	0.00
	八丈	男	76	28	0.37	0.56	0.60
		女				0.39	0.37
	小笠原	男	30	13	0.43	0.87	0.60
		女				1.07	0.47

	学校名	コース名	性別	募集人員	受検人員	受検倍率	（参考）過去2年間の受検倍率 2023年度	（参考）過去2年間の受検倍率 2022年度
コース制	深川	外国語	男女	56	107	1.91	1.70	1.54
	片倉	造形美術	男女	56	64	1.14	1.20	1.30
	松が谷	外国語	男女	56	75	1.34	1.11	1.29
	小平	外国語	男女	56	95	1.70	1.41	1.71

	学校名	性別	募集人員	受検人員	受検倍率	(参考)過去2年間の受検倍率	
						2023年度	2022年度
単位制	新宿	男	284	610	2.15	2.02	2.13
		女					
	忍岡	男	124	122	0.98	0.94	1.09
		女					
	墨田川	男	252	302	1.20	1.30	1.18
		女					
	美原	男	156	162	1.04	1.25	1.10
		女					
	芦花	男	220	417	1.90	1.86	1.80
		女					
	飛鳥	男	170	169	0.99	1.07	1.19
		女					
	板橋有徳	男	156	171	1.10	0.87	0.75
		女					
	大泉桜	男	156	167	1.07	0.78	1.04
		女					
	翔陽	男	188	195	1.04	1.04	1.20
		女					
	国分寺	男	252	332	1.32	1.52	1.60
		女					
	上水	男	188	258	1.37	1.29	1.35
		女					
海外帰国生徒対象	三田	男	帰国生徒対象 18	8	0.94	0.94	1.28
		女		9			
	竹早	男	帰国生徒対象 13	8	1.08	1.08	0.92
		女		6			
	日野台	男	帰国生徒対象 13	6	1.00	1.00	0.92
		女		7			

※海外帰国生徒対象の募集人員は9月募集を除いた数

◇商業に関する学科

学校名・学科名		性別	募集人員	受検人員	受検倍率	(参考)過去2年間の受検倍率	
						2023年度	2022年度
芝商	ビジネス	男 女	102	96	0.94	0.87	0.53
江東商	ビジネス	男 女	102	99	0.97	0.66	0.58
第三商	ビジネス	男 女	105	122	1.16	0.96	0.98
第一商	ビジネス	男 女	126	106	0.84	0.98	0.99
第四商	ビジネス	男 女	105	88	0.84	1.02	0.67
葛飾商	ビジネス	男 女	126	121	0.96	1.07	0.83
第五商	ビジネス	男 女	126	150	1.19	0.91	1.02

◇ビジネスコミュニケーション科

学校名・学科名		性別	募集人員	受検人員	受検倍率	(参考)過去2年間の受検倍率	
						2023年度	2022年度
大田桜台	ビジネスコミュニケーション	男 女	105	93	0.89	0.51	0.51
千早	ビジネスコミュニケーション	男 女	126	145	1.15	1.27	1.44

◇工業に関する学科（単位制以外の学校）

学校名	学科名	性別	募集人員	受検人員	受検倍率	（参考）過去2年間の受検倍率 2023年度	（参考）過去2年間の受検倍率 2022年度
工芸	マシンクラフト	男 女	25	27	1.08	1.00	1.72
	アートクラフト	男 女	25	35	1.40	1.36	1.44
	インテリア	男 女	25	33	1.32	1.24	1.40
	デザイン	男 女	25	51	2.04	2.16	1.84
	グラフィックアーツ	男 女	25	52	2.08	1.80	2.00
蔵前工科	機械	男 女	41	33	0.80	0.51	0.29
	電気	男 女	20	21	1.05	1.50	0.89
	建築	男 女	19	32	1.68	0.50	0.60
	設備工業	男 女	20	9	0.45	0.30	0.70
墨田工科	機械	男 女	26	9	0.35	0.45	0.69
	自動車	男 女	21	23	1.10	1.38	1.24
	電気	男 女	57	11	0.19	0.39	0.30
	建築	男 女	28	8	0.29	0.52	0.32
総合工科	機械・自動車	男 女	21	19	0.90	1.05	0.19
	電気・情報デザイン	男 女	42	23	0.55	0.24	0.69
	建築・都市工学	男 女	42	10	0.24	0.19	0.45
中野工科	食品サイエンス	男 女	63	57	0.90	0.71	0.53
杉並工科	IT・環境	男 女	104	33	0.32	0.23	0.46
荒川工科	電気	男 女	23	15	0.65	0.62	0.68
	電子	男 女	30	7	0.23	0.73	0.67
	情報技術	男 女	67	22	0.33	0.39	0.63
北豊島工科	都市防災技術	男 女	98	40	0.41	0.52	0.44
練馬工科	キャリア技術	男 女	88	113	1.28	0.89	1.16
足立工科	総合技術	男 女	107	70	0.65	0.47	0.78

学校名・学科名		性別	募集人員	受検人員	受検倍率	(参考)過去2年間の受検倍率	
						2023年度	2022年度
葛西工科	機械	男 女	28	16	0.57	0.95	1.29
	電子	男 女	21	20	0.95	1.04	1.24
	建築	男 女	49	24	0.49	0.86	0.64
	デュアルシステム	男 女	22	12	0.55	0.62	0.86
府中工科	機械	男 女	21	14	0.67	1.38	0.76
	電気	男 女	42	41	0.98	0.38	1.26
	情報技術	男 女	23	21	0.91	1.33	0.86
	工業技術	男 女	21	17	0.81	0.90	0.81
町田工科	総合情報	男 女	105	108	1.03	0.80	0.85
多摩工科	機械	男 女	42	37	0.88	1.00	0.88
	電気	男 女	21	33	1.57	1.10	1.62
	環境化学	男 女	21	10	0.48	0.62	1.00
	デュアルシステム	男 女	21	23	1.10	0.26	1.24
田無工科	機械	男 女	42	29	0.69	0.46	0.55
	建築	男 女	42	31	0.74	0.69	1.02
	都市工学	男 女	21	8	0.38	0.57	1.10

◇工業に関する学科(単位制の学校)

学校名・学科名		性別	募集人員	受検人員	受検倍率	(参考)過去2年間の受検倍率	
						2023年度	2022年度
六郷工科	プロダクト工学	男 女	23	12	0.52	0.33	0.29
	オートモビル工学	男 女	20	21	1.05	1.05	0.65
	システム工学	男 女	20	28	1.40	0.60	1.05
	デザイン工学	男 女	20	17	0.85	0.71	0.70
	デュアルシステム	男 女	25	4	0.16	0.19	0.31

◇科学技術科

学校名・学科名		性別	募集人員	受検人員	受検倍率	(参考)過去2年間の受検倍率	
						2023年度	2022年度
科学技術	科学技術	男	105	95	0.90	1.35	1.23
		女					
多摩科学技術	科学技術	男	147	215	1.46	1.52	1.76
		女					

◇農業科

学校名・学科名		性別	募集人員	受検人員	受検倍率	(参考)過去2年間の受検倍率	
						2023年度	2022年度
園芸	園芸	男	49	49	1.00	0.94	1.33
		女					
	食品	男	25	33	1.32	1.12	1.04
		女					
	動物	男	25	50	2.00	2.08	2.36
		女					
農芸	園芸科学	男	23	30	1.30	1.30	0.96
		女					
	食品科学	男	46	44	0.96	1.13	0.93
		女					
	緑地環境	男	23	19	0.83	0.83	0.70
		女					
農産	園芸デザイン	男	42	35	0.83	1.12	0.69
		女					
	食品	男	42	37	0.88	1.26	0.85
		女					
農業	都市園芸	男	21	48	2.29	1.09	1.57
		女					
	食品科学	男	21	27	1.29	1.13	0.78
		女					
	緑地計画	男	21	22	1.05	1.17	0.87
		女					
瑞穂農芸	園芸科学	男	25	22	0.88	0.80	0.52
		女					
	畜産科学	男	25	23	0.92	1.60	1.80
		女					
	食品	男	25	23	0.92	0.68	0.80
		女					

◇水産に関する学科（単位制以外の学校）

学校名・学科名		性別	募集人員	受検人員	受検倍率	（参考）過去2年間の受検倍率	
						2023年度	2022年度
大島海洋国際	海洋国際	男	42	42	1.00	0.55	1.29
		女					

◇家庭に関する学科（単位制以外の学校）

学校名・学科名		性別	募集人員	受検人員	受検倍率	（参考）過去2年間の受検倍率	
						2023年度	2022年度
赤羽北桜	保育・栄養	男	98	52	0.53	0.60	0.20
		女					
	調理	男	25	48	1.92	1.80	1.44
		女					
農業	服飾	男	25	40	1.60	0.92	1.44
		女					
	食物	男	25	37	1.48	1.56	0.92
		女					
瑞穂農芸	生活デザイン	男	49	33	0.67	1.00	0.53
		女					

◇家庭に関する学科（単位制の学校）

学校名・学科名		性別	募集人員	受検人員	受検倍率	（参考）過去2年間の受検倍率	
						2023年度	2022年度
忍岡	生活科学	男	49	52	1.06	0.94	0.57
		女					

◇福祉に関する学科

学校名・学科名		性別	募集人員	受検人員	受検倍率	（参考）過去2年間の受検倍率	
						2023年度	2022年度
赤羽北桜	介護福祉	男	25	5	0.20	0.80	0.76
		女					
野津田	福祉	男	28	8	0.29	0.38	0.44
		女					

◇理数に関する学科

学校名・学科名		性別	募集人員	受検人員	受検倍率	（参考）過去2年間の受検倍率	
						2023年度	2022年度
科学技術	創造理数	男	34	58	1.71	0.80	0.76
		女					
立川	創造理数	男	34	83	2.44	3.54	4.44
		女					

◇芸術に関する学科

学校名・学科名		性別	募集人員	受検人員	受検倍率	(参考)過去2年間の受検倍率	
						2023年度	2022年度
総合芸術	音楽	男	28	39	1.39	0.93	0.75
		女					
	美術	男	56	118	2.11	2.04	2.64
		女					
	舞台表現	男	28	48	1.71	1.36	2.18
		女					

◇体育に関する学科

学校名・学科名		性別	募集人員	受検人員	受検倍率	(参考)過去2年間の受検倍率	
						2023年度	2022年度
駒場	保健体育	男	28	43	1.54	1.71	1.39
		女					
野津田	体育	男	24	9	0.38	0.75	0.33
		女					

◇国際関係に関する学科

学校名・学科名		性別	募集人員	受検人員	受検倍率	(参考)過去2年間の受検倍率	
						2023年度	2022年度
国際	国際	男	一般生徒対象 98	195	1.99	2.45	2.16
		女					
		男	日本人学校出身 15	15	1.00	1.13	1.27
		女					
		男	外国の学校出身 25	29	1.16	1.52	1.36
		女					

※国際高校の募集人員は9月募集を除いた数

◇併合科

学校名・学科名		性別	募集人員	受検人員	受検倍率	(参考)過去2年間の受検倍率	
						2023年度	2022年度
大島	農林・家政	男	35	11	0.31	0.40	0.14
		女					
三宅	農業・家政	男	35	3	0.09	0.09	0.14
		女					
八丈	園芸・家政	男	35	4	0.11	0.14	0.21
		女					

◇産業科

学校名・学科名(分野)		性別	募集人員	受検人員	受検倍率	(参考)過去2年間の受検倍率	
						2023年度	2022年度
橘	産業	男 女	126	111	0.88	1.06	1.00
八王子桑志	デザイン分野	男 女	49	55	1.12	1.10	1.35
	クラフト分野	男 女	25	22	0.88	0.72	0.76
	システム情報分野	男 女	25	52	2.08	0.92	1.40
	ビジネス情報分野	男 女	49	45	0.92	0.78	1.02

◇総合学科

学校名・学科名		性別	募集人員	受検人員	受検倍率	(参考)過去2年間の受検倍率	
						2023年度	2022年度
晴海総合	総合	男 女	192	392	2.04	1.77	1.72
つばさ総合	総合	男 女	164	148	0.90	1.13	1.16
世田谷総合	総合	男 女	164	157	0.96	1.21	1.07
杉並総合	総合	男 女	150	231	1.54	1.15	1.07
王子総合	総合	男 女	164	224	1.37	1.55	1.05
葛飾総合	総合	男 女	136	138	1.01	1.06	0.83
青梅総合	総合	男 女	164	229	1.40	1.04	1.09
町田総合	総合	男 女	164	166	1.01	1.01	0.92
東久留米総合	総合	男 女	164	166	1.01	1.03	0.98
若葉総合	総合	男 女	164	198	1.21	1.32	0.85

東京都公立高校難易度一覧

目安となる偏差値	都立高校名
75～73	
	国立，西，日比谷
72～70	
	立川（創造理数），戸山，八王子東
	青山，立川
69～67	
	国際（国際），小山台，新宿
	国分寺，駒場，竹早
66～64	小松川，三田，武蔵野北
	町田
	小金井北，調布北，豊多摩，日野台
63～61	北園，城東
	昭和
	上野，狛江，多摩科学技術（科学技術），文京，南平
60～58	小平，目黒
	井草，工芸（デザイン／グラフィックアーツ），小平（外国語），駒場（保健体育），産業技術高専［荒川］（ものづくり工学），産業技術高専［品川］（ものづくり工学），神代，墨田川，東大和南
	江戸川，清瀬，小平南，調布南，雪谷
57～55	科学技術（創造理数），工芸（アートクラフト／インテリア），石神井，上水，総合芸術（舞台表現），広尾，深川（外国語），深川
	工芸（マシンクラフト），翔陽，総合芸術（音楽／美術），田園調布，豊島，成瀬
	科学技術（科学技術），向丘，武蔵丘
54～51	江北，杉並，晴海総合（総合），東，府中，保谷，芦花
	東大和，本所
	青梅総合（総合），鷺宮，日野，富士森，松が谷（普／外国語）
	小岩，つばさ総合（総合），農業（食物），八王子桑志（デザイン／システム情報／ビジネス情報）
50～47	小川，杉並総合（総合），高島，八王子桑志（クラフト），東久留米総合（総合），府中西，松原
	飛鳥，片倉，桜町，田無，紅葉川
	足立，園芸（動物），王子総合（総合），片倉（造形美術），忍岡，世田谷総合（総合），千早（ビジネスコミュニケーション），福生
	板橋有徳，園芸（食品），大崎，大島海洋国際（海洋国際），葛飾総合（総合），蔵前工科（機械／電気／建築／設備工科），久留米西，忍岡（生活科学），第五商業（ビジネス），農業（服飾），府中東，町田総合（総合），若葉総合（総合）
46～43	足立西，葛飾野，小平西，芝商業（ビジネス），竹台，八王子北，瑞穂農芸（畜産科学），美原
	足立新田，板橋，園芸（園芸），大泉桜，篠崎，日本橋，農業（食品科学），武蔵村山
	赤羽北桜（保育・栄養／調理），総合工科（機械・自動車／電気・情報デザイン／建築・都市工学），第一商業（ビジネス），永山，農業（都市園芸／緑地計画），農芸（園芸科学／食品科学／緑地環境），東村山西，光丘，瑞穂農芸（食品），山崎
	千歳丘，練馬，農産（園芸デザイン／食品），拝島，府中工科（情報技術）
42～38	赤羽北桜（介護福祉），江東商業（ビジネス），田柄，羽村，淵江，府中工科（機械／電気／工業技術），瑞穂農芸（園芸科学／生活デザイン），南葛飾，八潮，六郷工科（システム工学／デザイン工学）
	大田桜台（ビジネスコミュニケーション），葛飾商業（ビジネス），墨田工科（機械／自動車／電気／建築），第三商業（ビジネス），野津田，町田工科（総合情報），六郷工科（オートモビル工学）
	五日市，大森，葛西工科（機械／電子／建築／デュアルシステム），葛西南，北豊島工科（都市防災技術），第四商業（ビジネス），橘（産業），田無工科（機械／建築／都市工学），多摩，多摩工科（機械／電気／環境化学／デュアルシステム），野津田（体育／福祉），深沢，六郷工科（プロダクト工学）
	青井，大山，杉並工科（IT・環境，六郷工科（デュアルシステム）
	足立工科（総合技術），荒川工科（電気／電子／情報技術）
37～	

＊（　）内は学科・コースを示します。
＊データが不足している高校，または学科・コースなどにつきましては掲載していない場合があります。
＊エンカレッジスクールの6校（足立東，蒲田，練馬工業，秋留台，東村山，中野工業），島嶼部の高校につきましては，掲載していません。
＊公立高校の入学者は，「学力検査の得点」のほかに，「調査書点」や「面接点」などが大きく加味されて選抜されます。上記の内容は想定した目安ですので，ご注意ください。
＊公立高校入学者の選抜方法や制度は変更される場合があります。また，統廃合による閉校や学校名の変更，学科の変更などが行われる場合もあります。教育委員会などの関係機関が発表する最新の情報を確認してください。

数学 ●●●● 出題傾向の分析と合格への対策 ●●●●

出題傾向とその内容

〈最新年度の出題状況〉

本年度の出題数は，大問が5問，小問数にして19問であり，昨年と同じであった。

出題内容は，[1]は数・式の計算，平方根，一次方程式，連立方程式，二次方程式，箱ひげ図，円，作図からなる小問群で，[2]は平面図形を題材とした式による証明の問題，[3]は図形と関数・グラフの融合問題，[4]は図形の記述式証明と，線分比に関する問題，[5]は三角柱に関する問題だった。

〈出題傾向〉

[1]では，分数をふくむ数と式の計算，平方根の計算，一次方程式，連立方程式，二次方程式，作図が毎年出題されており，年度によって，関数，円の性質と角度，度数の分布，確率などが出題されている。今年度は初めて箱ひげ図が出題されたので，今後も出題の可能性がある。ここでは，教科書を中心とした基礎的な学力が求められている。[2]では，数の性質などをテーマとした文字式を利用して証明する問題など，数学的思考力をテーマとした出題が多い。ここでは，与えられた条件を読みとり，簡潔かつ的確に表現，説明することができるかが問われている。[3]は，関数のグラフと図形の融合問題が多く，2点を通る直線の式を求める問題や三角形の面積や面積比に関する問題がよく出題されている。[4]，[5]は図形の問題で，[4]では，平面図形，[5]では，空間図形の問題が出題されている。ここでは，三平方の定理や円の性質，また，合同・相似を利用して，線分の長さや面積，体積を求める問題が出題されており，平面図形では，合同や相似の証明問題も出題されている。動点をからめた問題や立体の切断に関する問題もみられる。[3]～[5]では，さまざまな視点から問題を解く総合力が試されている。

来年度の予想と対策

求められるのは基礎学力の組合せになる。対策としては，まず，[1]の小問群を完璧に解けるように，教科書を中心に基礎を固めること。[1]には46点も配点され，ここだけでも半分近い点数が獲得できるようになっている。過去の問題を参考にしながら十分な練習を重ねておきたい。また，作図にも慣れておこう。

次に，[2]以降では，一次関数，関数$y=ax^2$と図形の融合問題への対応に取り組んでおきたい。平面図形・空間図形は，図形に対する直観的な見方や柔軟な思考力が要求される。その上で，合同や相似，三平方の定理を使って，長さや面積，体積を求められるようにしておくことが大切である。また，空間図形を切断して考えるものや比較的シンプルな動きをする動点問題にも慣れておこう。証明問題では，根拠を明らかにしながら解答を書くという書き方に慣れておきたい。また，図形の合同・相似の証明の他に，文字式を利用して証明する問題も例年出題されているので，十分に練習しておきたい。さらに，近年は，問題文の文章が比較的長いもので，数学的な思考を要求する出題が各所で増えている傾向がある。できれば，数学的思考にテーマをあてた問題にも慣れておいた方がよい。

⇨学習のポイント

- 過去問や教科書を中心に基礎を固めよう。
- 図形の合同・相似の証明問題や文字式を利用して説明する記述問題の練習をしよう。

年度別出題内容の分析表　数学

※　　は出題範囲縮小の影響がみられた内容

出題内容			27年	28年	29年	30年	2019年	2020年	2021年	2022年	2023年	2024年
数と式		数の性質										
		数・式の計算	○	○	○	○	○	○	○	○	○	○
		因数分解										
		平方根	○	○	○	○	○	○	○	○	○	○
方程式・不等式		一次方程式	○	○	○	○	○	○	○	○	○	○
		二次方程式	○	○	○	○	○	○	○	○	○	○
		不等式										
		方程式の応用							○			
関数		一次関数	○	○	○	○	○	○	○	○	○	○
		関数 $y=ax^2$	○	○	○	○		○	○	○		○
		比例関数										
		関数とグラフ	○	○	○	○	○	○	○	○	○	○
		グラフの作成										
図形	平面図形	角度	○	○		○	○	○	○	○	○	○
		合同・相似	○	○	○	○	○	○	○	○	○	○
		三平方の定理			○		○	○				
		円の性質	○	○	○	○	○	○	○	○	○	○
	空間図形	合同・相似	○	○	○	○						○
		三平方の定理	○	○	○	○	○			○	○	○
		切断	○		○	○						
	計量	長さ			○		○	○		○	○	○
		面積	○	○		○	○	○	○	○	○	○
		体積	○	○	○	○	○	○	○	○	○	○
	証明		○	○	○	○	○	○	○	○	○	○
	作図		○	○	○	○	○	○	○	○	○	○
	動点									○	○	
データの活用		場合の数										
		確率	○		○		○		○		○	
		資料の散らばり・代表値(箱ひげ図を含む)		○		○		○		○		○
		標本調査										
融合問題		図形と関数・グラフ	○	○	○		○	○	○	○	○	○
		図形と確率										
		関数・グラフと確率										
		その他	○		○							
その他							○					

―東京都公立高校―

英語　出題傾向の分析と合格への対策

出題傾向とその内容

〈最新年度の出題状況〉

本年度の大問構成はリスニングが1題，資料と対話文の読解が1題，対話文が1題，長文問題が1題の4題であった。

リスニング問題は，対話文を聞いて質問の答えに合うものを選ぶ小問が3問，説明を聞いて質問の答えに合うものを選ぶ小問が1問，質問に英語で答える小問が1問出題された。配点は100点満点中の20点で，他の都道府県と比較すると割合はやや低い。

資料と対話文読解は，メモや案内などを参考に文中の適語を補充する問題が2問，Eメール文の内容真偽問題が1問と，文の内容に関連した条件英作文が1題という構成であった。

対話文は，文中の語句の解釈や内容に関する問題が6問，内容に関連した日記に適語を補充する問題が1問出題された。

長文問題は，語句の解釈に関する問題が1問，本文の時系列に沿って英文を並べ換える問題が1問，本文の内容に合う文を選び英文を完成させる問題が3問，英問英答が2問出題された。

小問数は23問で，全般的に読解力を問う出題であったと言えるだろう。

〈出題傾向〉

東京都の問題を端的に説明するならば，「英文読解に徹した問題」と言えるだろう。

東京都の問題には，独立した大問としての文法問題はない。読解問題も，すべて文章の内容に関連した問題しか出題されない。「文法知識だけで解ける問題」は存在しない，と言ってよい。また，全体としての英文量が多いことを考慮すると，読むスピードも要求される。ただしこれは，「文法力は必要ない」という意味ではない。肝となる本文の理解のためには，中学範囲の文法理解がまんべんなく必要となる点に注意してほしい。また大問2の小問3では例年，条件英作文の出題がある。

もう少し細かく説明していこう。まずは大問1のリスニング問題だが，読まれる英文の長さは短くはない。また，質問も答えも全て英語なのが特徴であり，短いが英語を書いて答える問題が1つある。聞き取るべき部分は限られているので，疑問詞などに注意して，「何をたずねられているか」に神経を集中させよう。

読解問題でも，細部への注意が要求される。たとえば大問2の対話文読解では例年，資料と関連した問題が出題される。本年度の小問1と2は，メモと案内，地図を見ながら会話の内容を理解する問題だった。また大問3・4では，「いつ」「だれが」「どこで」といった要素が重要になる。例年，「本文の流れに沿って英文を並べる問題」が出題されていることからも，それが理解できるだろう。英語力もさることながら，注意力が必要となるのが特徴だ。

全体として，「読む力」が要求される問題と言える。

来年度の予想と対策

過去年度の出題から考えて，傾向に大きな変更はないと思われる。「読む力」を重視する問題となるであろう。対策としては，ぶつ切りの単文ではなく，「流れ」が感じられるまとまった量の英文に多く触れること。また，他の都道府県と比較しても特徴的な出題であるため，過去問題をじっくりと解き，出題傾向に慣れることも必要だ。

⇨学習のポイント

・「テーマ」や「物語性」が感じられる，ボリュームのある文章に触れよう。
・過去問題を多く解き，「どこが問われるのか」を把握しておこう。

年度別出題内容の分析表　英語

※　　は出題範囲縮小の影響がみられた内容

		出題内容	27年	28年	29年	30年	2019年	2020年	2021年	2022年	2023年	2024年
設問形式	リスニング	絵・図・表・グラフなどを用いた問題										
		適文の挿入										
		英語の質問に答える問題	○	○	○	○	○	○	○	○	○	○
		英語によるメモ・要約文の完成										
		日本語で答える問題										
		書き取り										
	語い	単語の発音										
		文の区切り・強勢										
		語句の問題										
	読解	語句補充・選択（読解）	○	○	○	○	○	○	○	○	○	○
		文の挿入・文の並べ換え	○	○	○	○	○	○	○	○	○	○
		語句の解釈・指示語	○	○	○	○	○	○	○	○	○	○
		英問英答（選択・記述）	○	○	○	○	○	○	○	○	○	○
		日本語で答える問題										
		内容真偽	○	○	○	○	○	○	○	○	○	○
		絵・図・表・グラフなどを用いた問題	○	○	○	○	○	○	○	○	○	○
		広告・メール・メモ・手紙・要約文などを用いた問題	○	○	○	○	○	○	○	○	○	○
	文法	語句補充・選択（文法）										
		語形変化										
		語句の並べ換え										
		言い換え・書き換え										
		英文和訳										
		和文英訳										
		自由・条件英作文	○	○	○	○	○	○	○	○	○	○
文法事項		現在・過去・未来と進行形	○						○		○	○
		助動詞										
		名詞・冠詞・代名詞	○	○	○	○	○	○	○	○	○	○
		形容詞・副詞	○		○			○			○	○
		不定詞	○	○			○		○		○	○
		動名詞	○						○	○	○	○
		文の構造（目的語と補語）		○	○	○						
		比較		○	○	○				○		
		受け身										
		現在完了							○			
		付加疑問文										
		間接疑問文								○		
		前置詞		○		○	○		○			○
		接続詞	○	○	○	○	○	○	○		○	○
		分詞の形容詞的用法		○								
		関係代名詞	○									
		感嘆文										
		仮定法										

―東京都公立高校―

理科 ●●●•• 出題傾向の分析と合格への対策 ••●●●

出題傾向とその内容

〈最新年度の出題状況〉

大問1は，全領域からの小問で，大問2の生徒研究ではクジャク石に含まれる銅の割合の計算，光の屈折の作図などの出題があった。大問3の地学は，透明半球での太陽の日周経路の観察，北極側から見た地球の自転，緯度の高低と夜の長さの考察であった。大問4の生物は，光合成の対照実験では顕微鏡操作と光合成の条件，光の明るさと光合成量・呼吸量の関係の考察であった。大問5の化学は，電解質と非電解質，溶解度曲線の温度と水溶液の濃度の変化のグラフの考察と溶質を全て取り出すための計算問題があった。大問6の物理は，斜面上での台車の運動と斜面上の台車の力の分解，作用・反作用の法則，位置／運動エネルギー，仕事とエネルギーの考察があった。探究の過程重視で，実験データや資料の読解力，分析力，判断力，科学的思考力等が試され，地学と化学で文章記述があった。

〈出題傾向〉

毎年，各学年の教科書の第一分野・第二分野からバランスよく出題される。大問1は各分野の基礎的問題で，大問2は資料や実験データの読みとり，計算，作図など科学の方法の基本的問題である。大問3から大問6は，各領域ごとに，一つのテーマについて，実験や観察から調べていきデータ(資料)をもとに考察し，総合的に活用して解く問題であり，論理的な問題解決能力が要求される。出題内容は，実験操作，モデル化，化学反応式，計算，グラフ化，データや資料の読みとりなどである。

物理的領域　大問は，6年は斜面上の台車の運動と力の分解，作用・反作用，位置／運動エネルギー，仕事，5年は電圧と電流と抵抗，電力の実験とグラフ，電力量，4年は斜面を下る小球の運動，力学的エネルギー，3年はフレミングの左手の法則，電磁誘導，右ねじの法則，回路の抵抗であった。

化学的領域　大問は，6年は電解／非電解質，溶解度曲線の温度と水溶液の濃度・溶質の取り出し，5年はイオンの粒子モデルと塩化銅／水の電気分解，4年は電池の電極での化学変化，水の電気分解，中和実験でのイオン数，3年は熱分解のモデル・実験方法・pH，質量変化の規則性であった。

生物的領域　大問は，6年は光合成の対照実験・顕微鏡操作，光の明るさと光合成量・呼吸量の関係，5年は消化の対照実験・柔毛での吸収・血液の循環・細胞の呼吸，4年は花のつくりと生殖，メンデルの実験の応用，3年は光合成の対照実験，光の明るさと光合成量・呼吸量の関係であった。

地学的領域　大問は，6年は透明半球の太陽の日周経路，北極側からの地球の自転，緯度の高低と夜の長さ，5年は露点の測定実験と湿度，雲の発生実験と寒冷前線，4年は火成岩と堆積岩，地質年代の示準化石や脊椎動物，柱状図，3年は空気中の水蒸気量，寒冷前線，季節と気圧配置であった。

来年度の予想と対策

実験・観察を扱った問題を中心に，基礎的理解力と並んで，後半の大問4題では，複数の実験や観察について考察しながら教科書の発展応用問題を解くといった総合的な問題解決能力を試す出題が予想される。グラフや作図，化学反応式など自ら発想して解答を得るなど，探究の過程重視と思われる。

教科書を丁寧に復習し，基礎的な用語は正しく理解し押さえておこう。日頃の授業では，仮説，目的，方法，結果，考察等の探究の過程を意識して，実験や観察に積極的に参加しよう。実験装置は図を描き，実験・観察結果は図や表，グラフ化など分かり易く表現し，記録しよう。考察は結果に基づいて自分で文章を書く習慣を身につけよう。資料から情報を読み取る学習においても，身近に発生している現象と重ねあわせて考察し，生じた疑問をさらに調べるといった自ら学ぶ姿勢を身につけたい。

⇨学習のポイント

・教科書の「実験・観察すべて」が基礎・基本。用語，図表，応用発展，資料がすべてテスト範囲。
・過去問題を多く解き，応用問題にも挑戦しよう。日常生活や社会にかかわる探究活動も大切!!

年度別出題内容の分析表　理科

※★印は大問の中心となった単元／　　は出題範囲縮小の影響がみられた内容

分野	学年	出題内容	27年	28年	29年	30年	2019年	2020年	2021年	2022年	2023年	2024年
第一分野	第1学年	身のまわりの物質とその性質	○	○	○			★			○	
		気体の発生とその性質	○	○	○	○	○	○		○	○	
		水溶液		○		○	○	○		○	○	★
		状態変化	○	○	○		○	○		○		
		力のはたらき(2力のつり合いを含む)		○			○		○	○		
		光と音	○	○	○	○	○	○	○	○	○	○
	第2学年	物質の成り立ち	○	○	★	○	○	○	○	○	○	○
		化学変化，酸化と還元，発熱・吸熱反応	○	○	○	○	○	○		○		○
		化学変化と物質の質量	★				★		★			○
		電流(電力，熱量，静電気，放電，放射線を含む)	○	★	○	○	○	★	○	○	★	○
		電流と磁界			○	★	○		★			
	第3学年	水溶液とイオン，原子の成り立ちとイオン	○		○	○		○	○	○	★	○
		酸・アルカリとイオン，中和と塩	○	★	○		○		○	○		
		化学変化と電池，金属イオン				★				★		
		力のつり合いと合成・分解(水圧，浮力を含む)		○	○					○	○	○
		力と物体の運動(慣性の法則を含む)	○		★	○	○		○	★	○	★
		力学的エネルギー，仕事とエネルギー	★		○	○	★	○		○		○
		エネルギーとその変換，エネルギー資源		○		○		○				
第二分野	第1学年	生物の観察と分類のしかた										
		植物の特徴と分類	○							○		
		動物の特徴と分類	○		○			○	○			○
		身近な地形や地層，岩石の観察	○		○	○		○		○		○
		火山活動と火成岩		○	○	○		○		○	○	
		地震と地球内部のはたらき		○			★		○			
		地層の重なりと過去の様子	★		○	★	○			★		○
	第2学年	生物と細胞(顕微鏡観察のしかたを含む)										○
		植物の体のつくりとはたらき	★	○		★	○		★	○	○	★
		動物の体のつくりとはたらき	○	○	★	○	○	★	○	○	★	○
		気象要素の観測，大気圧と圧力	○		○				○		★	○
		天気の変化	○	○	★	○	○	○	★	○	○	
		日本の気象							○			
	第3学年	生物の成長と生殖		○		○		○		○	○	
		遺伝の規則性と遺伝子		★	○		★		○	★		
		生物の種類の多様性と進化			○					○		
		天体の動きと地球の自転・公転		○			○		○		○	★
		太陽系と恒星，月や金星の運動と見え方	○	★	○	○		★		○		
		自然界のつり合い		○		○	○				○	○
自然の環境調査と環境保全，自然災害							○	○				
科学技術の発展，様々な物質とその利用					○	○		○	○			
探究の過程を重視した出題			○	○	○	○	○	○	○	○	○	○

―東京都公立高校―

社会 ●●●• 出題傾向の分析と合格への対策 •●●●

出題傾向とその内容

〈最新年度の出題状況〉

本年度の出題数は，例年同様，大問6題，小問20題である。解答形式は，マークシートの記号選択式が17題で，記述問題は各分野1題ずつ計3題であった。大問は，日本地理1題，世界地理1題，歴史2題，公民1題，地理分野・歴史分野・公民分野の各出題で構成された大問が1題である。基礎・基本の定着と，資料を読みとり，考察する力を試す総合的な問題が出題の中心となっている。

地理的分野では，略地図を中心に，表・グラフといった統計資料を用いて，諸地域の特色・産業・貿易・気候・人々のくらしなどが問われている。歴史的分野では，説明文・略年表などをもとに，日本の歴史が総合的に問われている。公民的分野では，基本的人権・財政・国際問題等の中から基礎的な知識が問われている。

〈出題傾向〉

全体として，3分野について基礎的な知識をみるとともに，資料を活用して社会的事象を考察し，適切に表現する能力をみる出題である。

地理的分野では，地形図・略地図・表・グラフ・雨温図などを読みとらせることで，知識の活用が行えるかを確認している。出題の形式がやや複雑なので，応用力を重要視していると言えるだろう。

歴史的分野では，テーマ別の通史という形で出題することにより，歴史の流れを理解しているかを確認している。即ち，歴史全体を大きくつかむ力を重要視していると言えるだろう。

公民的分野では，現代の日本の状況をきちんと分析する力を重要視していると言えるだろう。

なお，問題の大部分がマークシートでの解答となっていることに留意して，練習を重ねておこう。

来年度の予想と対策

来年度も，形式・内容ともに，大きな変化はないものと思われる。したがって，対策としては，まず，教科書を十分に読んで基礎力をつけることが必要である。基礎をしっかり固めて，入試過去問題集のとりくみをくり返せば，高得点も不可能ではない。

具体的には，地理では，地図帳や資料集を活用し，地図や統計，各種資料などを読み取る力を養う必要がある。歴史では，各時代のキーワードとなる語句を整理し，政治・外交・社会・文化などの特色や流れを総合的につかむようにしよう。その際，世界史の流れと関連づけて把握すると，理解が深まるであろう。公民では，当然知っておくべき知識を簡潔に整理すると同時に，新聞やテレビのニュースなどで世の中の動きにも目を向ける必要があると言えるだろう。

なお，例年出題されている記述問題の対策として，複数の資料からそれぞれ読みとれることを記した上で，文章にまとめる練習を十分にしておきたい。

⇨学習のポイント

- 地理では，地形図や各種の地図に慣れ，世界各国・日本各地の特徴をつかもう！
- 歴史では，略年表に慣れて，時代の流れをつかもう！　また世界史も視野に置こう！
- 公民では，政治・経済の基礎を幅広く理解し，地方自治・国際社会等の問題にも目を配ろう！

年度別出題内容の分析表　社会

※　　は出題範囲縮小の影響がみられた内容

		出題内容	27年	28年	29年	30年	2019年	2020年	2021年	2022年	2023年	2024年
地理的分野	日本	地形図の見方	○	○	○	○	○	○	○	○	○	○
		日本の国土・地形・気候	○			○			○	○		○
		人口・都市	○	○	○		○	○	○		○	
		農林水産業	○	○		○	○		○		○	○
		工業	○	○			○	○	○	○	○	○
		交通・通信						○	○	○	○	○
		資源・エネルギー			○							
		貿易			○						○	
	世界	人々のくらし・宗教									○	○
		地形・気候	○	○	○	○	○	○	○	○	○	○
		人口・都市		○				○	○	○	○	
		産業	○	○	○	○	○	○	○	○	○	○
		交通・貿易	○		○	○	○	○	○	○		○
		資源・エネルギー										
	地理総合				○		○	○				
歴史的分野	日本史―時代別	旧石器時代から弥生時代	○	○								
		古墳時代から平安時代	○	○	○	○	○	○	○	○	○	○
		鎌倉・室町時代	○	○		○	○	○	○	○	○	○
		安土桃山・江戸時代	○	○	○	○	○	○	○	○	○	○
		明治時代から現代	○	○	○	○	○	○	○	○	○	○
	日本史―テーマ別	政治・法律	○	○	○	○	○	○	○	○	○	○
		経済・社会・技術	○	○	○	○	○	○	○	○	○	○
		文化・宗教・教育	○	○	○	○	○	○	○	○	○	○
		外交	○	○			○					○
	世界史	政治・社会・経済史					○	○	○	○	○	○
		文化史				○						
		世界史総合										
	歴史総合											
公民的分野		憲法・基本的人権		○	○	○	○			○	○	○
		国の政治の仕組み・裁判		○	○		○	○	○	○		○
		民主主義										○
		地方自治	○			○			○			
		国民生活・社会保障		○			○					
		経済一般	○	○	○	○	○	○	○	○	○	
		財政・消費生活	○	○	○	○	○	○	○	○	○	○
		公害・環境問題		○		○					○	
		国際社会との関わり	○		○	○	○	○			○	○
時事問題												
その他												

―東京都公立高校―

国語 出題傾向の分析と合格への対策

出題傾向とその内容

〈最新年度の出題状況〉

大問数は例年通りの5問，小問数は25問であった。

第1問は漢字の読み，第2問は漢字の書き取りで，それぞれ5問ずつであった。第3問は，小説の読解問題で，登場人物の心情の読み取りを中心にした記号選択問題が5問であった。第4問は，論説文の読解問題で，内容理解を中心にした記号選択問題が4問，作文が1問出題された。作文の指定文字数は，例年通り200字以内であった。第5問は，古文とそれにまつわる対談からの出題で，文脈理解を中心にした記号選択問題が5問であった。

〈出題傾向〉

漢字の読み書きは基本的なものが大半。教科書中心の学習で十分対処できるだろう。

小説は，比較的読みやすい内容のものである。発言から読み取れる心情，言動の理由，表現から読み取れる人物の様子を問うものなど心情理解を中心にした問題構成であった。

論説文は，内容理解が中心。記号選択問題は，書かれている内容の詳細を問うものが2問，筆者が述べた理由を問うものが1問，段落の役割について問うものが1問という出題内容であった。作文は，文章に沿ったテーマについて，自分の意見を自身の体験を具体例にしてまとめるものであった。文章が比較的長いうえ，作文問題も含まれているので，時間の配分に気をつける必要がある。

古文とそれにまつわる対談の文章問題では，鴨長明の『無名抄』についての対談であった。内容吟味や発言の役割，品詞の用法についての問いがあった。

来年度の予想と対策

来年度も出題パターンとしてはそれほど大きな変化はないと思われる。

漢字の読み書き，小説の読解，論説文の読解，古文または漢文を含む文章の読解は必出だろう。語句の意味や用法を問う問題にも，しっかり対応できるようにしておきたい。また，古文や漢文に関する知識もおろそかにはできない。

全体的に教科書中心の学習で十分対応可能だが，読解文が比較的長いうえ，記述の分量が多いという特徴がある。そのため，短時間で正確に文章が読み取れるよう，読解力を高めておきたい。また，簡潔な表現で文章をまとめられる力も必要になる。文章の要旨や登場人物の気持ちを短文でまとめたり，自分の意見や感想を的確に表したりする練習をしておくといいだろう。作文で提示される「200字以内」という条件があるからといって，問題を解くのをあきらめず，200～300字程度の記述練習を繰り返そう。

また，総合的な国語力が試されるので，どの分野も幅広く学習しておくことが必要である。

⇨学習のポイント

- ・漢字の読み書きは，中学までに習ったものを確実に身につけよう。
- ・短時間で正確に文章を読み取れるようにしよう。
- ・文章を読んで，自分の意見を200～300字程度でまとめる練習を行おう。

年度別出題内容の分析表　国語

※　　は出題範囲縮小の影響がみられた内容

		出題内容	27年	28年	29年	30年	2019年	2020年	2021年	2022年	2023年	2024年
内容の分類	読解	主題・表題										
		大意・要旨										
		情景・心情	○	○	○	○	○	○	○	○	○	○
		内容吟味	○	○	○	○	○	○	○	○	○	○
		文脈把握	○	○	○	○	○	○	○	○	○	○
		段落・文章構成	○	○	○	○	○	○	○	○	○	○
		指示語の問題							○			
		接続語の問題										
		脱文・脱語補充										
	漢字・語句	漢字の読み書き	○	○	○	○	○	○	○	○	○	○
		筆順・画数・部首										
		語句の意味	○	○								
		同義語・対義語										
		熟語										
		ことわざ・慣用句・四字熟語										
		仮名遣い		○	○		○	○				
	表現	短文作成	○									
		作文(自由・課題)	○	○	○	○	○	○	○	○	○	○
		その他										
	文法	文と文節										
		品詞・用法		○		○				○	○	○
		敬語・その他										
	古文の口語訳			○								
	表現技法・形式											
	文学史											
	書写											
問題文の種類	散文	論説文・説明文	○	○	○	○	○	○	○	○	○	○
		記録文・実用文										
		小説・物語・伝記	○	○	○	○	○	○	○	○	○	○
		随筆・紀行・日記										
	韻文	詩										
		和歌(短歌)										
		俳句・川柳										
	古文		○	○	○		○	○	○	○	○	○
	漢文・漢詩					○						
	会話・議論・発表			○				○	○	○		○
	聞き取り											

MEMO

大切なことはメモしておこうネ！

スピーキングテスト

★★★★★★★★★★★★★★★★★★★★★★★★★★★★★★

練　習　問　題

スピーキングテスト(ESAT−J)は，
PartA, PartB, PartC, PartDの
4つのパートに分かれています。

【PartA】
英文を声に出して読むパートです。
2問の出題が予想されます。

【PartB】
図，表，イラストなどの与えられた情報をもとに
質問に答える問題と，あなたから問いかける問題です。
5問の出題が予想されます。

【PartC】
4コマイラストについて，ストーリーを英語で話す問題です。
1問の出題が予想されます。

【PartD】
質問に対して，自分の考えと理由を英語で述べる問題です。
1問の出題が予想されます。

本書では，各パート1問ずつの練習問題を収録しています。
アプリではさらに多くの練習ができます。
詳しくは巻頭「収録内容」ページの下部QRコードから
アクセスしてご確認ください。

(2)　スピーキングテスト　練習問題　　東京都

東京都中学校英語スピーキングテスト(ＥＳＡＴ－Ｊ)について

東京都立高等学校入学者選抜では，東京都中学校英語スピーキングテスト(ＥＳＡＴ－Ｊ)の結果を令和5年度入学者選抜(令和4年度実施)から活用しました。

1　実施方法について

中学校英語スピーキングテストのために用意されたタブレットとヘッドセット(マイク付きヘッドフォン)を使います。

タブレット(タブレットのサイズ　幅197.97×奥行119.82×高さ8.95mm　重さ約320g)

- ・バックアップのための音声が録音されます。
- ・録音の状況を、「見て」確認できます。
- ・画面上で文字の大きさを選択できます。
- ・指示文にはルビが付いています。
- ・問題のイラストを白黒で見やすいように表示します。

ヘッドセット(装着時にマイクは左側にきます。)

- ・耳をしっかり覆い、集中できるように設計されています。

2　問題の構成と評価の観点について

Part	出題形式	出題数	評価の観点		
			コミュニケーション達成度	言語使用	音声
A	英文を読み上げる	2			○
B	質問を聞いて応答する／意図を伝える	5	○		
C	ストーリーを英語で話す	1	○	○	○
D	自分の意見を述べる	1	○	○	○

3　令和６年度の実施ついて(予定)

実施日　令和６年１１月２４日(日)　予備日：令和６年１２月１５日(日)

＜スピーキングテスト　練習問題＞

【Part A】

聞いている人に，意味や内容が伝わるように，英文を声に出して読んでください。はじめに準備時間が30秒あります。録音開始の音が鳴ってから解答を始めてください。解答時間は30秒です。

英語部員のあなたは，他の部員に向けて，祖母の家に遊びに行った思い出について短いスピーチをすることになりました。次の英文を声に出して読んでください。
(準備時間30秒／解答時間30秒)

I have a grandmother in Aomori. Last fall, my family and I stayed at her house for two days. She has a large apple field there. My grandmother made an apple cake for us. It looked interesting for me to make it, so I helped her then. The cake was delicious.

【Part B】

画面上の情報を見て，英語で話してください。準備時間は10秒です。録音開始の音が鳴ってから解答を始めてください。解答時間は10秒です。

あなたは地域のお祭りに友だちと一緒に参加しようとしていて，そのチラシを見ながら，友だちと話しています。友だちからの質問に対して，画面上のチラシをもとに，英語で答えてください。
(準備時間10秒／解答時間10秒)

Question: What time should you get to the hall if you want to join the City Festival?

City Festival

Date : May 3　　Place : City Hall　　Time : From 1:00 p.m.

◆You need to come to the hall 15 minutes before the starting time.

【Part C】

これから画面に表示される１コマめから４コマめのすべてのイラストについて，ストーリーを英語で話してください。はじめに準備時間が30秒あります。録音開始の音が鳴ってから解答を始めてください。解答時間は40秒です。

あなたは，昨日あなたに起こった出来事を留学生の友だちに話すことになりました。イラストに登場する人物になったつもりで，相手に伝わるように英語で話してください。
(準備時間30秒／解答時間40秒)

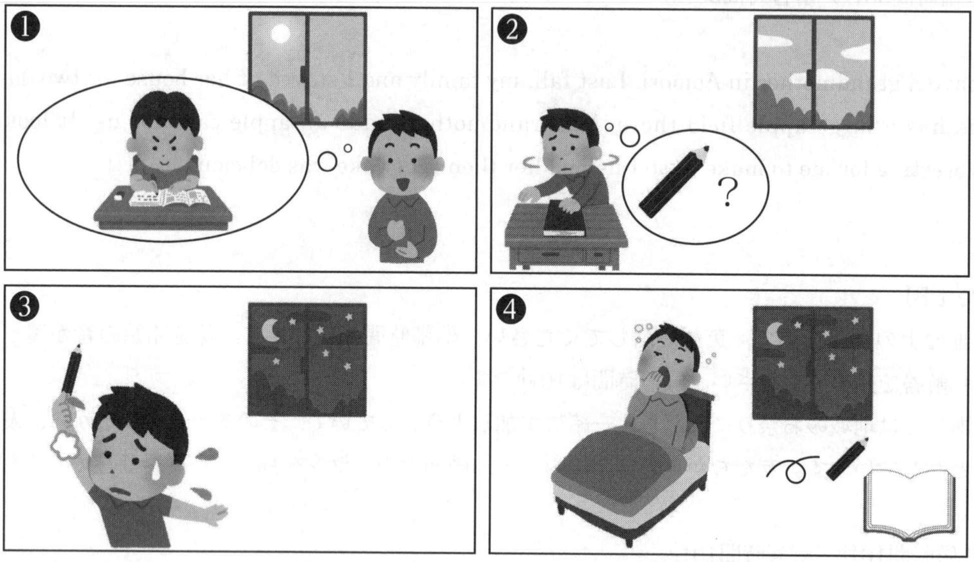

【Part D】

質問に対して，自分の考えとそう考える理由を英語で述べる問題です。はじめに準備時間が１分あります。解答時間は40秒です。録音開始の音が鳴ってから解答を始めてください。

あなたは友人と高校入学後の学校生活について話をしています。次の質問について自分の考えを述べ，その理由を説明してください。
(準備時間１分／解答時間40秒)

Question: Do you want to join a club in high school? Answer the question and explain why you think so.

スピーキングテスト　練習問題

解答例と解説

＜解答例＞

【Part A】 解説参照

【Part B】 We should get to the hall at 12:45 pm.

【Part C】 One day, I decided to study. I needed my pencil, so I looked for it on the desk, but I couldn’t find it. It was night when I found it. I was tired and sleepy and went to bed.

【Part D】 I want to belong to a club. Playing baseball is very fun for me. Also, I want to make a lot of friends. This is my idea.

＜解説＞

【Part A】

≪問題文訳≫

私には青森に祖母がいます。この間の秋，家族と私で2日間彼女の家に泊まりました。彼女はそこに大きなリンゴ農園を持っています。祖母は私たちにリンゴケーキを作ってくれました。それを作るのが私には面白そうに見えたので彼女を手伝いました。ケーキは美味しかったです。

≪解説≫

発音は概ね正しく，強勢，リズムや抑揚が，聞き手の理解の支障とならないことを目指そう。言葉や言い回しを考えたり，言い直したりするために，間《ま》を取っても良いが，発話中の間は，不自然に長くならないようにする。

全体を通して発音の誤りが生じていたり，抑揚がほとんどなかったり，言いよどみが多かったり，聞き手が話についていくのが難しいほど沈黙が長かったりすると減点となるので注意する。

【Part B】

≪図の訳≫

都市祭り

日時：5月3日　　場所：シティホール　　時間：午後 1:00 から

◆開始時刻の 15 分前までにホールへ来る必要があります。

≪質問文訳≫

もし，都市祭りに参加したいのであれば，あなたは何時にそのホールへ着くべきですか？

≪解答例訳≫

私たちは午後12時45分にはホールに着くべきです。

≪解説≫

設問の問いかけに対して適切な内容を答えるようにしよう。

時間は午後1：00からとあり，下部に「開始時刻の15分前までにホールへ来る必要があります。」と記載されている。よって，午後12時45分にはホールに着くべきと答える。

【Part C】

≪解答例訳≫

ある日，私は勉強をすることにしました。鉛筆が必要だったので，机の上を探したのですが，見つかりませんでした。見つけたとき，夜でした。私は疲れて眠くなり，ベッドに入りました。

≪解説≫

各コマのイラストから読み取れる事実を伝えるようにしよう。語彙や文構造，文法の使い方の誤りは減点となるので注意する。

【Part D】

≪質問文訳≫

あなたは高校で部活動に加入したいと思いますか？質問に答えて，なぜそう考えるのか説明してください。

≪解答例訳≫

私は部活動に加入したいです。私にとって野球をすることはとても楽しいです。また，私は多くの友達を作りたいです。これが私の考えです。

≪解説≫

自分の考えを伝え，それをサポートする理由を伝えよう。幅広い語彙・表現や文法を柔軟に使用して答えると良い。質問に対する答えになっていなかったり，理由が不明瞭であったりすると減点となるので注意する。

東京都公立高等学校

2024年度

★★★★★★★★★★★★★★★★★★★★★★★

入　試　問　題

2024
年
度

●くわしい解説……57ページ

＜数学＞

時間　50分　　満点　100点

【注意】　1　答えに分数が含まれるときは，**それ以上約分できない形で表しなさい。**
例えば，$\frac{6}{8}$ と答えるのではなく，$\frac{3}{4}$ と答えます。
2　答えに根号が含まれるときは，**根号の中を最も小さい自然数にしなさい。**
例えば，$3\sqrt{8}$ と答えるのではなく，$6\sqrt{2}$ と答えます。
3　答えを選択する問題については，**特別の指示**のあるもののほかは，各問の**ア・イ・ウ・エ**のうちから，最も適切なものをそれぞれ１**つずつ**選んで，**その記号の◯の中を正確に塗りつぶしなさい。**
4　□の中の数字を答える問題については，「**あ，い，う，…**」に当てはまる数字を，下の〔例〕のように，**0から9までの数字のうちから，それぞれ１つずつ**選んで，**その数字の◯の中を正確に塗りつぶしなさい。**

〔例〕 あい に 12 と答えるとき

あ	0	●	2	3	4	5	6	7	8	9
い	0	1	●	3	4	5	6	7	8	9

1　次の各問に答えよ。

〔問１〕　$-6^2\times\frac{1}{9}-4$　を計算せよ。

〔問２〕　$2a+b-\frac{5a+b}{3}$　を計算せよ。

〔問３〕　$(\sqrt{7}-1)(\sqrt{7}+6)$　を計算せよ。

〔問４〕　一次方程式　$2x-8=-x+4$　を解け。

〔問５〕　連立方程式　$\begin{cases} 5x+7y=9 \\ 3x+4y=6 \end{cases}$　を解け。

〔問６〕　二次方程式　$(x-8)^2=1$　を解け。

〔問７〕　右の**図１**は，ある中学校第２学年の，A組，B組，C組それぞれ生徒37人のハンドボール投げの記録を箱ひげ図に表したものである。
図１から読み取れることとして正しいものを，次のページの**ア**～**エ**のうちから選び，記

図１

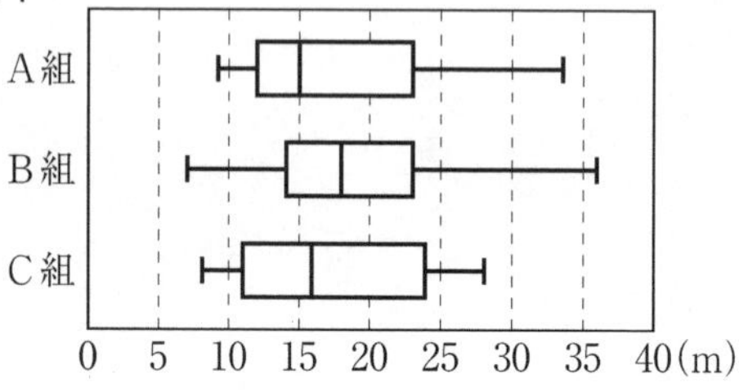

号で答えよ。

ア　A組，B組，C組のいずれの組にも，記録が30mを上回った生徒がいる。

イ　A組，B組，C組の中で，最も遠くまで投げた生徒がいる組はC組である。

ウ　A組，B組，C組のいずれの組にも，記録が15mの生徒はいない。

エ　A組，B組，C組の中で，四分位範囲が最も小さいのはB組である。

〔問8〕　次の □ の中の「**あ**」「**い**」に当てはまる数字をそれぞれ答えよ。

右の**図2**で，点Oは，線分ABを直径とする円の中心であり，3点C，D，Eは円Oの周上にある点である。

5点A，B，C，D，Eは，右の**図2**のように，A，D，B，E，Cの順に並んでおり，互いに一致しない。

点Bと点E，点Cと点D，点Dと点Eをそれぞれ結ぶ。

線分CDが円Oの直径，$\overset{\frown}{AC}=\frac{2}{5}\overset{\frown}{AB}$ のとき，x で示した∠BEDの大きさは，**あい** 度である。

図2

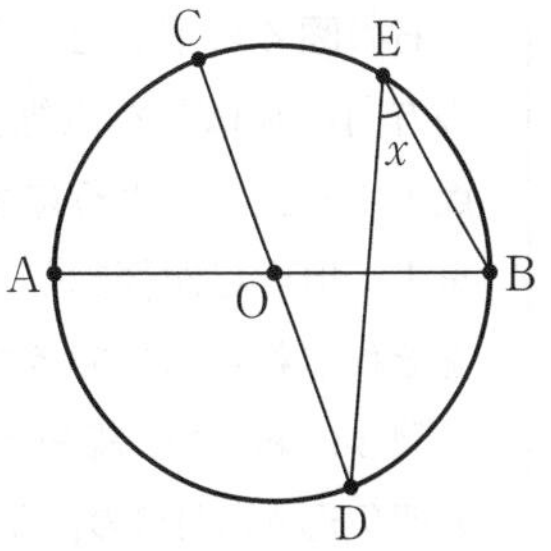

〔問9〕　右の**図3**で，四角形ABCDは，∠BADが鈍角の四角形である。

解答欄に示した図をもとにして，四角形ABCDの辺上にあり，辺ABと辺ADまでの距離が等しい点Pを，定規とコンパスを用いて作図によって求め，点Pの位置を示す文字Pも書け。

ただし，作図に用いた線は消さないでおくこと。

図3

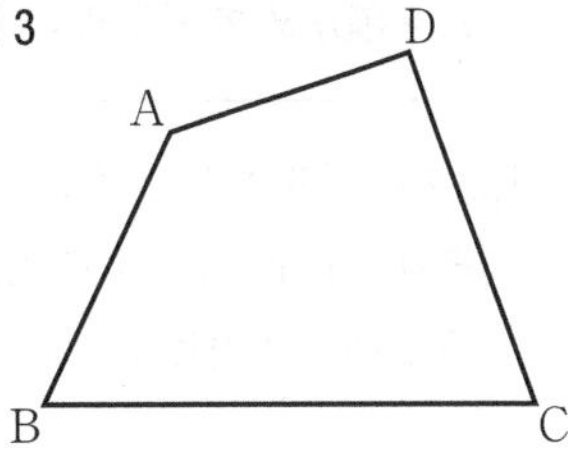

2　Sさんのクラスでは，先生が示した問題をみんなで考えた。

次の各問に答えよ。

［先生が示した問題］

a，b を正の数とする。

右の**図1**で，△ABCは，∠BAC＝90°，AB＝a cm，AC＝b cmの直角三角形である。

右の**図2**に示した四角形AEDCは，**図1**において，辺BCをBの方向に延ばした直線上にありBC＝BDとなる点をDとし，△ABCを頂点Bが点Dに一致するように平行移動させたとき，頂点Aが移動した点をEとし，頂点Aと点E，点Dと点Eをそれぞれ結んでできた台形である。

四角形AEDCの面積は，△ABCの面積の何倍か求めなさい。

図1

図2

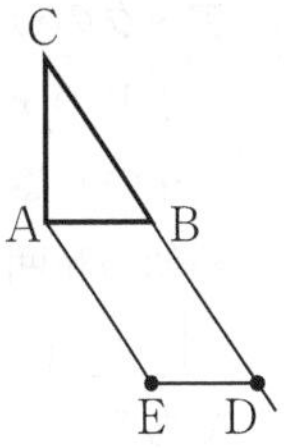

〔問1〕　次の □ の中の「**う**」に当てはまる数字を答えよ。

［先生が示した問題］で，四角形AEDCの面積は，△ABCの面積の **う** 倍である。

Sさんのグループは，［先生が示した問題］をもとにして，次の問題を作った。

［Sさんのグループが作った問題］

a，b，xを正の数とする。

右の**図3**に示した四角形AGHCは，前のページの**図1**において，辺ABをBの方向に延ばした直線上にある点をFとし，△ABCを頂点Aが点Fに一致するように平行移動させたとき，頂点Bが移動した点をG，頂点Cが移動した点をHとし，頂点Cと点H，点Gと点Hをそれぞれ結んでできた台形である。

右の**図4**に示した四角形ABJKは，**図1**において，辺ACをCの方向に延ばした直線上にある点をIとし，△ABCを頂点Aが点Iに一致するように平行移動させたとき，頂点Bが移動した点をJ，頂点Cが移動した点をKとし，頂点Bと点J，点Jと点Kをそれぞれ結んでできた台形である。

図3において，線分AFの長さが辺ABの長さのx倍となるときの四角形AGHCの面積と，**図4**において，線分AIの長さが辺ACの長さのx倍となるときの四角形ABJKの面積が等しくなることを確かめてみよう。

図3

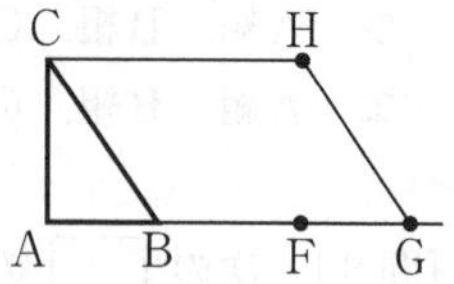

図4

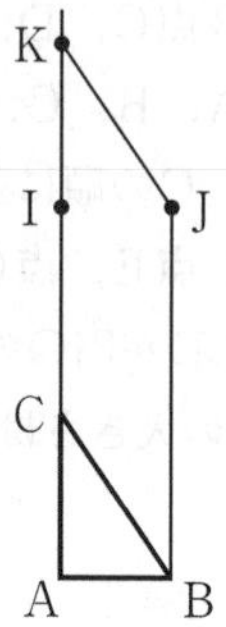

〔問2〕［Sさんのグループが作った問題］で，四角形AGHCの面積と四角形ABJKの面積を，それぞれa，b，xを用いた式で表し，四角形AGHCの面積と四角形ABJKの面積が等しくなることを証明せよ。

3　右の**図1**で，点Oは原点，曲線ℓは関数$y=\frac{1}{4}x^2$のグラフを表している。

点Aは曲線ℓ上にあり，x座標は-6である。

曲線ℓ上にある点をPとする。

次の各問に答えよ。

図1

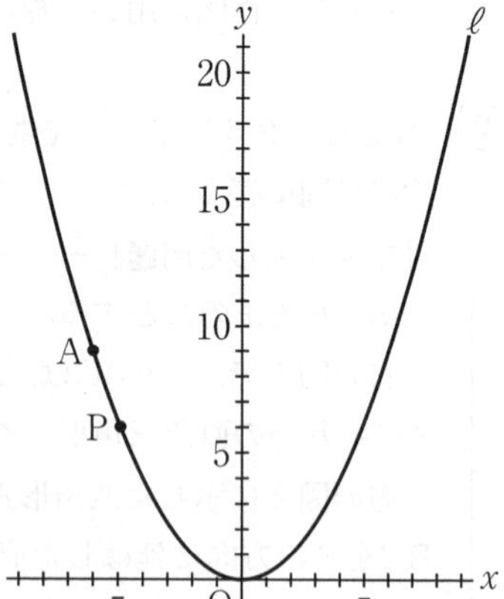

〔問1〕次の［①］と［②］に当てはまる数を，下の**ア**～**ク**のうちからそれぞれ選び，記号で答えよ。

点Pのx座標をa，y座標をbとする。

aのとる値の範囲が$-3 \leqq a \leqq 1$のとき，bのとる値の範囲は，

［①］$\leqq b \leqq$［②］

である。

ア　$-\frac{9}{4}$　　**イ**　$-\frac{3}{2}$　　**ウ**　$-\frac{3}{4}$　　**エ**　0

オ　$\frac{1}{4}$　　**カ**　$\frac{1}{2}$　　**キ**　$\frac{3}{2}$　　**ク**　$\frac{9}{4}$

〔問２〕　次の ③ と ④ に当てはまる数を，下の**ア**～**エ**のうちからそれぞれ選び，記号で答えよ。

右の**図２**は，**図１**において，x 座標が点Ｐの x 座標と等しく，y 座標が点Ｐの y 座標より４大きい点をＱとした場合を表している。

点Ｐの x 座標が２のとき，２点Ａ，Ｑを通る直線の式は，

$y =$ ③ $x +$ ④

である。

図２

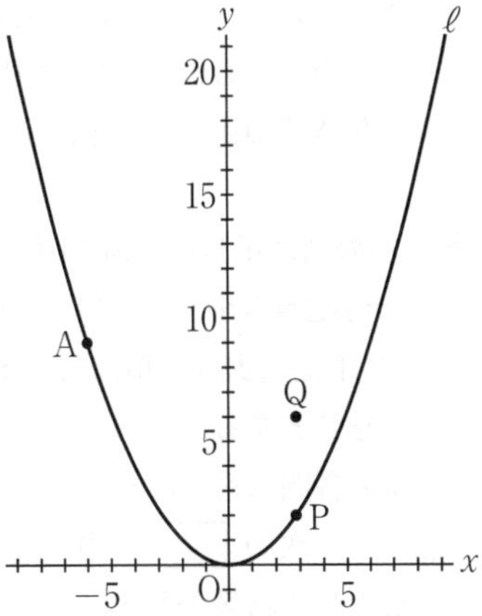

③　**ア**　2　　**イ**　$\frac{1}{2}$　　**ウ**　$-\frac{1}{2}$　　**エ**　-2

④　**ア**　6　　**イ**　5　　**ウ**　4　　**エ**　1

〔問３〕　**図２**において，点Ｐの x 座標が３より大きい数であるとき，点Ｑを通り傾き $\frac{1}{2}$ の直線を引き，y 軸との交点をＲとし，点Ｏと点Ａ，点Ａと点Ｒ，点Ｐと点Ｑ，点Ｐと点Ｒをそれぞれ結んだ場合を考える。

△ＡＯＲの面積が△ＰＱＲの面積の３倍になるとき，点Ｐの x 座標を求めよ。

4　右の**図１**で，四角形ABCDは，AB＜ADの長方形である。

辺BCの中点をMとする。

点Ｐは，線分CM上にある点で，頂点Ｃ，点Mのいずれにも一致しない。

頂点Ａと点Mを結び，点Ｐを通り線分AMに平行な直線を引き，辺ADとの交点をＱとする。

点Mと点Ｑを結ぶ。

次の各問に答えよ。

図１

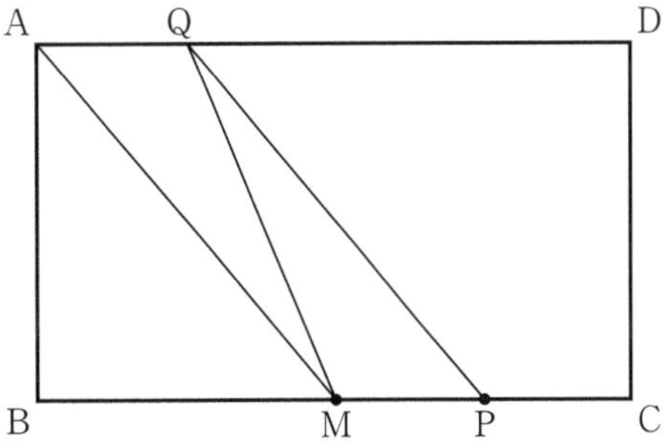

〔問１〕　**図１**において，AB＝BM，∠AQM＝ a°とするとき，∠MQPの大きさを表す式を，次の**ア**～**エ**のうちから選び，記号で答えよ。

ア　(180－ a) 度　　**イ**　(135－ a) 度　　**ウ**　(a －90) 度　　**エ**　(a －45) 度

図２

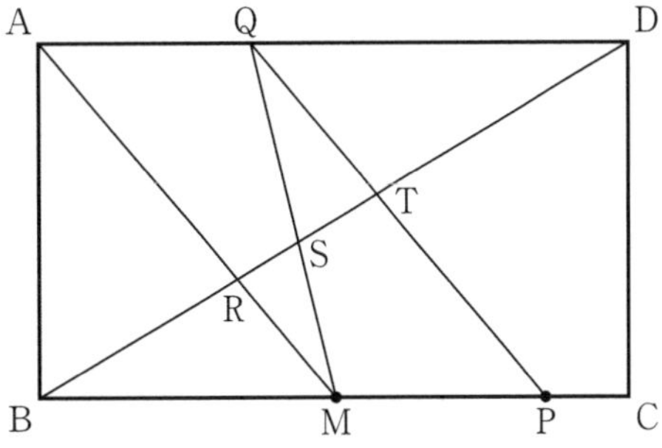

〔問２〕　右の**図２**は，**図１**において，頂点Ｂと頂点Ｄを結び，線分BDと，線分AM，線分MQ，線分PQとの交点をそれぞれＲ，Ｓ，Ｔとした場合を表している。

後の①，②に答えよ。

①　△BMR∽△DQTであることを証明せよ。

②　次の [ ] の中の「え」「お」「か」に当てはまる数字をそれぞれ答えよ。

図2において，MP：PC＝3：1のとき，線分STの長さと線分BDの長さの比を最も簡単な整数の比で表すと，ST：BD＝ [え] ： [おか] である。

5　右の図に示した立体ABC－DEFは，AB＝AD＝6㎝，AC＝BC＝5㎝，∠BAD＝∠CAD＝90°の三角柱である。

辺CF上にあり，頂点C，頂点Fのいずれにも一致しない点をPとする。

次の各問に答えよ。

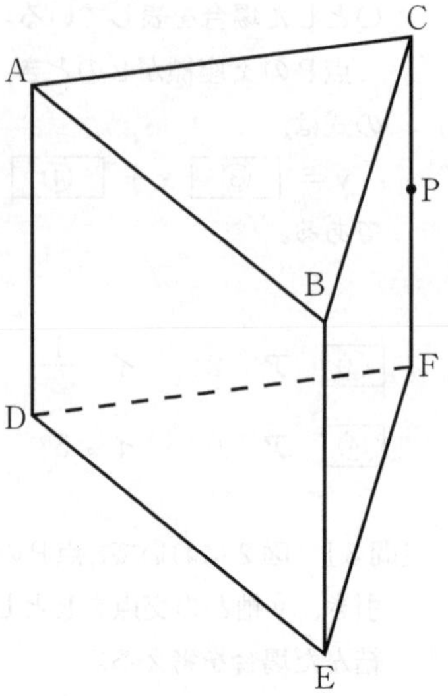

〔問1〕　次の [ ] の中の「き」「く」に当てはまる数字をそれぞれ答えよ。

線分ABの中点をMとし，点Mと点Pを結んだ場合を考える。

∠BMPの大きさは， [きく] 度である。

〔問2〕　次の [ ] の中の「け」「こ」に当てはまる数字をそれぞれ答えよ。

頂点Aと点P，頂点Bと点P，頂点Dと点P，頂点Eと点Pをそれぞれ結んだ場合を考える。

立体P－ADEBの体積は， [けこ] cm^3である。

＜英語＞

時間　50分　　満点　100点

1　リスニングテスト（放送による指示に従って答えなさい。）

〔問題A〕　次のア～エの中から適するものをそれぞれ一つずつ選びなさい。

＜対話文1＞

ア　One dog.　　イ　Two dogs.　　ウ　Three dogs.　　エ　Four dogs.

＜対話文2＞

ア　Tomatoes.　　イ　Onions.　　ウ　Cheese.　　エ　Juice.

＜対話文3＞

ア　At two.　　イ　At one thirty.　　ウ　At twelve.　　エ　At one.

〔問題B〕　＜ Question 1 ＞ では，下のア～エの中から適するものを一つ選びなさい。

＜ Question 2 ＞ では，質問に対する答えを英語で書きなさい。

＜ Question 1 ＞

ア　Two months old.　　イ　One week old.

ウ　Eleven months old.　　エ　One year old.

＜ Question 2 ＞

（15 秒程度，答えを書く時間があります。）

2　次の各問に答えよ。

（＊印の付いている単語には，本文のあとに〔注〕がある。）

1　高校生のYutaと，Yutaの家にホームステイしているオーストラリアからの留学生のOliverは，来日するOliverの両親を連れて空港から家に帰るまでの経路と昼食の予定について話をしている。(A) 及び (B) の中に，それぞれ入る語句の組み合わせとして正しいものは，後のア～エのうちではどれか。ただし，下のⅠ－1は，二人が見ている空港からYutaの家までの経路と所要時間についてYutaが書いたメモであり，次のページのⅠ－2は，二人が見ている空港内にある飲食店の案内の一部である。

Yuta:　Are your parents going to come to Japan on July 29th?

Oliver:　Yes, they will arrive at *Terminal 2 of the airport at eleven in the morning.

Yuta:　OK. After we meet your parents at the airport, let's have lunch and take a bus to go to our house.

Oliver:　Yes.　We can choose one of two buses, right?

Yuta:　That's right.　Which one should we take?

Oliver:　It will be better for my parents to get home earlier.

Ⅰ－1

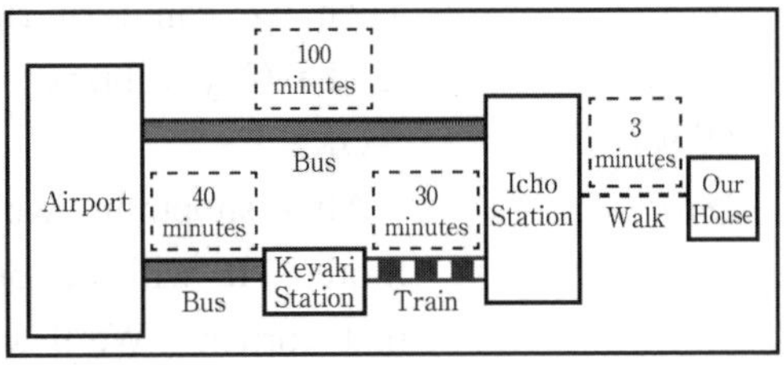

What do you think?

Yuta: Well..., if we choose the faster way, we will have to take a train after getting off the bus. That will be hard for people with a lot of *baggage.

Oliver: My parents will bring heavy baggage. We don't have to take the faster way.

Yuta: I see. Let's take the bus to (A) . It's a longer trip, but I think it's better.

Oliver: OK. How about lunch? There are many restaurants in the airport.

Yuta: Yes. What kind of food do your parents like?

Oliver: They both like ramen. Let's have ramen at the terminal that my parents will arrive at.

Yuta: OK. Let's go to (B) .

I -2

Airport Restaurant List

Terminal 1	Terminal 2
Ramen Restaurant A	Tempura Restaurant
Sushi Restaurant	Curry Restaurant
Pizza Restaurant	Ramen Restaurant B

〔注〕 terminal ターミナル　　baggage 荷物

ア (A) Icho Station　　(B) Ramen Restaurant A
イ (A) Keyaki Station　　(B) Ramen Restaurant A
ウ (A) Icho Station　　(B) Ramen Restaurant B
エ (A) Keyaki Station　　(B) Ramen Restaurant B

2 YutaとOliver，来日したOliverの両親の四人は，歌舞伎が見られる劇場への行き方について，地図を見ながら話をしている。(A) 及び (B) の中に，それぞれ入る単語・語句の組み合わせとして正しいものは，後のア～エのうちではどれか。ただし，次のページのⅡは，四人が見ている地図の一部であり，地図中の◉は四人が話をしている地下鉄の駅の出入口を示している。

Oliver's father: How can we get to the Kabuki Theater?

Yuta: Look at this map. We can walk to the Kabuki Theater from here at the station.

Oliver's mother: OK. Do we have time to go shopping before seeing kabuki? I want to buy something Japanese.

Yuta: Yes. Let's go to Kaede Department Store.

Oliver: How can we get there?

Yuta: We can go along Hinode Street until (A) is on our left. Then we can turn right at that corner. The store will be next to the City Library.

Oliver: OK.

Yuta: After shopping, we'll go along Kaede Street to Sumomo Fruit Store. It will be on our (B) . Then we can turn right at that corner. We'll see the Kabuki Theater in front of us. It's very beautiful.

Oliver's mother:　Thank you, Yuta.

Oliver's father:　OK. Let's go.

ア　(A)　Ayame Flower Shop
　　(B)　right

イ　(A)　City Library
　　(B)　right

ウ　(A)　Ayame Flower Shop
　　(B)　left

エ　(A)　City Library
　　(B)　left

Ⅱ

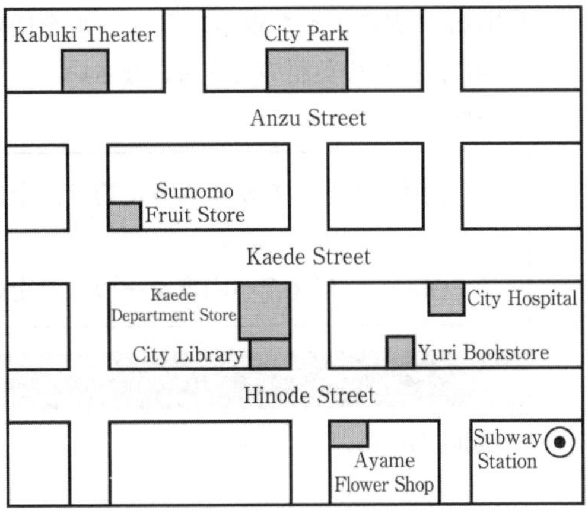

3　次の文章は，オーストラリアに帰国したOliverがYutaに送ったEメールの内容である。

> Dear Yuta,
> Thank you for helping me a lot during my stay in Japan. I had a good time. The kabuki I saw at the end of my stay in Japan is one of my best memories. I didn't know much about traditional Japanese culture, but their performance was very powerful. My heart was moved by it. I really want to see kabuki again.
>
> After returning to my country, my parents enjoyed watching kabuki in English on the Internet. After I saw kabuki in Japan, I became interested in drama, and I want to join the Drama Club in my school. If I join it, I want to practice singing and dancing a lot and then perform on a stage.
>
> Next month, my parents are going to see kabuki at a theater. I won't be able to go with them, but I want to see kabuki again in Japan someday.
>
> Has something moved you recently? If something has moved you, please tell me about it. I'm looking forward to hearing from you.
>
> Yours,
> Oliver

(1)　このEメールの内容と合っているのは，次のうちではどれか。

ア　Oliver saw kabuki with his parents at a theater after he returned to Australia.

イ　Oliver knew much about traditional Japanese culture when he saw kabuki.

ウ　Oliver practiced singing and dancing before he came to Japan.

エ　Oliver wanted to join his school's Drama Club after seeing kabuki.

(2)　YutaはOliverに返事のEメールを送ることにしました。あなたがYutaだとしたら，

Oliverにどのような返事のEメールを送りますか。次の＜**条件**＞に合うように，下の□の中に，**三つ**の英語の文を書きなさい。

＜**条件**＞

○ 前後の文につながるように書き，全体としてまとまりのある返事のEメールとすること。
○ Oliver に伝えたい内容を**一つ**取り上げ，それを取り上げた理由などを含めること。

Hello, Oliver,

Thank you for your e-mail. I enjoyed reading it. While you were in Japan, we visited many places. I had a good time when we saw the kabuki performance with your parents. I have special memories of our time together.

I'm happy to hear that you want to see kabuki again in Japan. I'll tell you about a thing that moved my heart recently.

I'm looking forward to seeing you again.

Your friend,
Yuta

---

3 次の対話の文章を読んで，あとの各問に答えよ。
（＊印の付いている単語・語句には，本文のあとに〔注〕がある。）

Ryota, Maki, and Hiro are junior high school students in Tokyo. Emma is a junior high school student from the United States. They are talking in a classroom after school.

Ryota: Maki, you are a member of the *Library Committee, right? More students go to the library these days. Have the *committee members been doing something special?

Maki: Yes. We change the books on the shelves in front of the library every week. We did that once a month before. Now many students come to see the books. I'm very happy.

Emma: (1) That's great.

Maki: Actually, it was the idea of some students who didn't usually come to the library. I learned something interesting from them.

Hiro: Tell me more.

Maki: When they passed by the library, they saw the books on the shelves. And sometimes they picked them up.

Ryota: Did they go into the library?

Maki: Yes. When they were interested in the books, they did. When we changed books on the shelves more often, more students came into the library.

Hiro: Great. I also want to do something as a member of the Broadcasting Committee. I want to change the lunch time school broadcasting.

Maki: Sometimes it's good to try new things.

Emma: That's true. Can I tell you about one of my experiences?

Hiro: Sure.

Emma: Before coming to Japan, I studied Japanese for the first time. But when I started to go to school in Japan, it was difficult to speak it.

Ryota: (2) You had a hard time. I didn't know that.

Emma: At that time, I couldn't say the things that I really wanted to say in Japanese. But I'm OK now.

Hiro: How did you solve your problem?

Emma: I didn't solve it by myself. One day, one of the English Club members asked me some questions about English. Then I started to go to the club to teach English.

Maki: That was good for the club members.

Emma: I hope so. Then I talked about my problem there. One of the members said, "You are kind to teach us English. If you want to speak Japanese, please talk to me."

Hiro: That sounds good.

Emma: In the English Club, the members and I can teach each other.

Maki: (3) That's nice.

Emma: I can understand Japanese better and have many good friends now.

Maki: Great. Talking to someone about your problems is important.

Ryota: Right. I had a similar feeling when I did a presentation in my social studies class.

Maki: I remember. You did a presentation about a country you wanted to visit.

Ryota: Yes. When I practiced for the presentation, I used all the information that I had, and the presentation became too long.

Hiro: Then what did you do?

Ryota: I showed my presentation to some friends before I did it in front of the class. (4) They gave me good advice.

Maki: What did they say?

Ryota: First, they asked me what the most important point of the presentation was.

Hiro: What was their advice?

Ryota: They said I should focus on that point. I used only some important information. That made the presentation better.

Hiro: It's important to hear different points of view. And other people sometimes can give us good help.

Emma: Do you think you can also do something as a Broadcasting Committee member?

Hiro: We do lunch time school broadcasting every day. But I want to understand students' feelings about it. After that, I will try something new. I want chances to talk to students about it.

Maki: That's a good idea.

Hiro: First, I'll talk to some of my friends. They may give me some new ideas.

Ryota: (5) I hope they will do that.

Hiro: I'm glad that I talked to you all about this.

〔注〕 Library Committee 図書委員会 committee 委員会

〔問１〕 (1) That's great. とあるが，このように Emma が言った理由を最もよく表しているのは，次のうちではどれか。

ア Many students come to see the books on the shelves in front of the library.

イ The Library Committee members change the books on the shelves in front of the library once a month.

ウ Students who didn't usually go to the library had an interesting idea.

エ Students go to the library to do something special.

〔問２〕 (2) You had a hard time. の内容を最もよく表しているのは，次のうちではどれか。

ア The English Club members couldn't ask questions to Emma.

イ Emma studied Japanese for the first time before she came to Japan.

ウ It was difficult for Emma to speak Japanese when she started to go to school in Japan.

エ Ryota didn't know what Emma wanted to say in Japanese when she came to Japan.

〔問3〕 (3)<u>That's nice.</u> とあるが，このようにMakiが言った理由を最もよく表しているのは，次のうちではどれか。

ア One of the English Club members said Emma was kind.

イ The English Club members and Emma can teach each other.

ウ Emma hoped the English Club members could talk about their problems with her.

エ Ryota and Maki have a similar feeling about the English Club.

〔問4〕 (4)<u>They gave me good advice.</u> の内容を，次のように書き表すとすれば，[　　] の中に，下のどれを入れるのがよいか。

Ryota's friends said that [　　　　].

ア Ryota should sometimes give other people help

イ Ryota should focus on the most important point of the presentation

ウ Ryota should show other people his presentation before doing it in front of the class

エ Ryota should use all the information he had to make the presentation long

〔問5〕 (5)<u>I hope they will do that.</u> の内容を最もよく表しているのは，次のうちではどれか。

ア Hiro and his friends will have chances to do lunch time school broadcasting.

イ Some students will understand the Broadcasting Committee members' feelings.

ウ The Broadcasting Committee members will do lunch time school broadcasting every day.

エ Hiro's friends will give him some new ideas about lunch time school broadcasting.

〔問6〕 次の英語の文を，本文の内容と合うように完成するには，[　　] の中に，下のどれを入れるのがよいか。

Hiro learned that it sometimes is important to learn [　　　　] ways of looking at things from others.

ア different　　イ exciting　　ウ famous　　エ similar

〔問7〕 次の文章は，Makiたちと話した日に，Emmaが書いた日記の一部である。[(A)] 及び [(B)] の中に，それぞれ入る単語・語句の組み合わせとして正しいものは，後のア～エのうちではどれか。

Today, I talked with my friends Ryota, Maki, and Hiro about getting new ideas. Maki was happy that many students came to the library. And students who didn't usually go to the library [(A)] her. I told my friends about one of my experiences. When I spoke Japanese, I had a problem. One of the English Club members understood my problem. And we solved it. Ryota's friends also [(A)] him. They gave him good advice

| (B) | he gave a presentation in front of the class. His presentation became better. I think it is important to talk about my problems to other people. Sometimes they give me good advice. Hiro wanted to change the lunch time school broadcasting. He wanted to understand students' feelings | (B) | trying something new. I hope he will get good ideas from others.

ア (A) helped (B) after イ (A) learned from (B) after
ウ (A) helped (B) before エ (A) learned from (B) before

4 次の文章を読んで，あとの各問に答えよ。
（＊印の付いている単語・語句には，本文のあとに〔注〕がある。）

Yumi was a Japanese second-year high school student. She was good at English, and she was interested in going abroad. She wanted to see how well she could communicate in English. One day in May, on the Internet, she found information about a *homestay in New Zealand for two weeks during the summer vacation. Yumi was interested in it and talked to her brother, Masao, about it. She asked him about his homestay experience in Canada. Masao said to her, "I enjoyed speaking English and making many friends there. You should do that in the New Zealand program." She was looking forward to going to a high school during the homestay. She hoped to introduce something Japanese to people.

One Wednesday in early August, Yumi arrived in New Zealand and met Lily and Jack, members of her *host family. Yumi and Lily were the same age, and Jack was six years old. Yumi talked about many things with them. Soon they became good friends.

On Saturday, Yumi and Lily went to a *farm near Lily's house. Lily often took care of cows and sheep. Yumi wasn't able to help her very well. But she enjoyed it. Lily said to her, "I've been helping the farm to take care of these cows and sheep. I want to become a farmer. I want people to eat ice cream made from milk from my farm." Then Lily asked Yumi, "What do you want to do in the future?" Yumi couldn't answer anything. She didn't have a clear plan for the future. She became a little *embarrassed about that.

On Sunday, Yumi played with Jack. She made some origami for Jack, such as a paper *balloon and a crane. Jack enjoyed throwing the paper balloon and said to Yumi, "Can you make some other things, like a rugby ball? I like playing rugby." Yumi said, "Let's check how to make one." She found some origami websites. She tried to make a rugby ball, and she made one. But Jack couldn't make one at first. Thanks to help from Yumi, he later made an origami rugby ball. He said, "Thank you very much!" Yumi thought that origami could be a chance for Jack to learn about Japan.

On Tuesday, at school, Yumi got a chance to introduce August events in Japan to her class. She talked about summer festivals and showed a video about fireworks and food *stalls. People in the video ate various kinds of food. Some classmates became interested in *okonomiyaki* and asked Yumi about it. She said, "It's made from *flour, eggs, and cabbage. You can put anything you like into it." After school, one of her classmates, Kate, invited Yumi and Lily to a party which would be held on the weekend. Kate wanted to make *okonomiyaki* with her family. She invited neighbors and asked Yumi for help.

Four days later, the party was held. People there enjoyed making *okonomiyaki* with the help of Yumi. Yumi was happy that they made various kinds of *okonomiyaki*. One of the invited neighbors put bacon and green peppers in it. Lily said, "*Okonomiyaki* was a good idea and not difficult to make." Kate said, "Thank you, Yumi. You are a good teacher." Yumi was happy to see their smiles. She felt that the party would be one of the best memories of her stay.

The next day was Yumi's last day in New Zealand. She said to Lily and Jack, "I want to learn more about my own country and tell people from other countries about Japan." Lily said, "You will be able to do that in the future."

Yumi came home from New Zealand and said to Masao, "My homestay in New Zealand was a great experience. I want to go there again. I want to learn more English and more about Japan." Masao was happy to hear that. Yumi smiled.

〔注〕 homestay　ホームステイ　　host family　ホストファミリー　　farm　牧場
embarrassed　気恥ずかしい　　balloon　風船　　stall　屋台　　flour　小麦粉

〔問1〕 You should do that in the New Zealand program. の内容を，次のように書き表すとすれば，□ の中に，下のどれを入れるのがよいか。

Masao told Yumi that □.

ア　she should go to a high school in the New Zealand program

イ　she should introduce something Japanese in the New Zealand program

ウ　she should find information about high schools in the New Zealand program

エ　she should enjoy speaking English and making many friends in the New Zealand program

〔問2〕 後のア～エの文を，本文の内容の流れに沿って並べ，記号で答えよ。

ア　Yumi was happy that people at the party made various kinds of *okonomiyaki*.

イ　Yumi talked about many things with Lily and Jack, and they became good friends.

ウ Lily said that Yumi would be able to tell people from other countries about Japan in the future.

エ Yumi was interested in going abroad and wanted to see how well she could communicate in English.

〔問3〕 次の(1)～(3)の文を，本文の内容と合うように完成するには，□ の中に，それぞれ下のどれを入れるのがよいか。

(1) When Lily asked Yumi about her future, □.

ア Yumi couldn't answer because she didn't have a clear plan

イ Yumi said she wanted people to eat ice cream made from milk from her farm

ウ Yumi was a little embarrassed because she couldn't take care of cows and sheep

エ Yumi said she wanted to become a farmer in New Zealand

(2) On Sunday, when Jack asked Yumi to make an origami rugby ball, □.

ア she tried to make one and enjoyed throwing it

イ she thought making one would be a good chance for her to learn about Japan

ウ she said she could make other things, like a paper balloon and a crane

エ she found some origami websites and made one

(3) On Tuesday, after Yumi talked about August events in Japan at school, □.

ア Yumi showed classmates a video about origami

イ Kate asked Yumi to help to make *okonomiyaki* at a party

ウ Kate was invited to a party to help Lily make *okonomiyaki*

エ some classmates got interested in the fireworks in the video

〔問4〕 次の(1)，(2)の質問の答えとして適切なものは，それぞれ下のうちではどれか。

(1) What did Yumi feel at the party?

ア She felt that putting bacon and green peppers in *okonomiyaki* was a good idea.

イ She felt that Kate's family and invited neighbors were good teachers.

ウ She felt that it would be one of the best memories of her stay.

エ She felt that making *okonomiyaki* in New Zealand was difficult.

(2) Why did Yumi want to learn more about her own country?

ア She wanted to learn more about it to talk with people at a party.

イ She wanted to learn more about it to tell people from other countries about Japan.

ウ She wanted to learn more about it to do a homestay in New Zealand again.

エ She wanted to learn more about it to talk with Masao more.

＜理科＞

時間　50分　　満点　100点

1　次の各問に答えよ。

〔問1〕　水素と酸素が結び付いて水ができるときの化学変化を表したモデルとして適切なのは，下の**ア**～**エ**のうちではどれか。

ただし，矢印の左側は化学変化前の水素と酸素のモデルを表し，矢印の右側は化学変化後の水のモデルをそれぞれ表すものとする。また，●は水素原子1個を，○は酸素原子1個を表すものとする。

ア　●●　＋　○　→　●○●

イ　●　●　＋　○　→　●○●

ウ　●　●　●　●　＋　○○　→　●○●　●○●

エ　●●　●●　＋　○○　→　●○●　●○●

〔問2〕　図1のように，発泡ポリスチレンのコップの中の水に電熱線を入れた。電熱線に6Vの電圧を加えたところ，1.5Aの電流が流れた。このときの電熱線の抵抗の大きさと，電熱線に6Vの電圧を加え5分間電流を流したときの電力量とを組み合わせたものとして適切なのは，次の表の**ア**～**エ**のうちではどれか。

図1

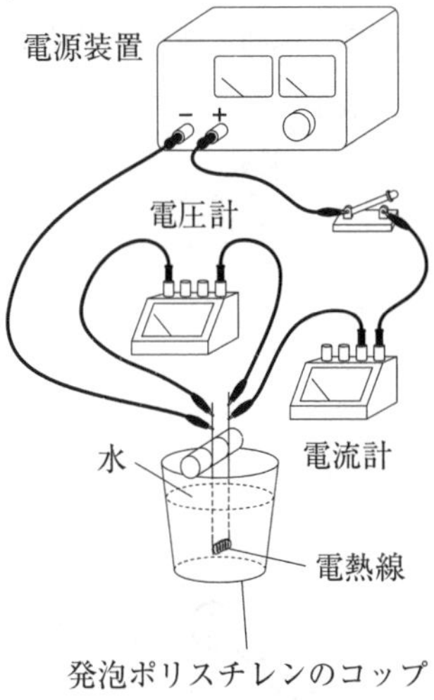

	電熱線の抵抗の大きさ〔Ω〕	電熱線に6Vの電圧を加え5分間電流を流したときの電力量〔J〕
ア	4	450
イ	4	2700
ウ	9	450
エ	9	2700

〔問3〕　次のA～Eの生物の仲間を，脊椎《せきつい》動物と無脊椎動物とに分類したものとして適切なのは，下の表の**ア**～**エ**のうちではどれか。

A　昆虫類　　B　魚類　　C　両生類　　D　甲殻類　　E　鳥類

	脊椎動物	無脊椎動物
ア	A，C，D	B，E
イ	A，D	B，C，E
ウ	B，C，E	A，D
エ	B，E	A，C，D

〔問4〕 図2は，ヘリウム原子の構造を模式的に表したものである。原子核の性質と電子の性質について述べたものとして適切なのは，下のア～エのうちではどれか。

図2

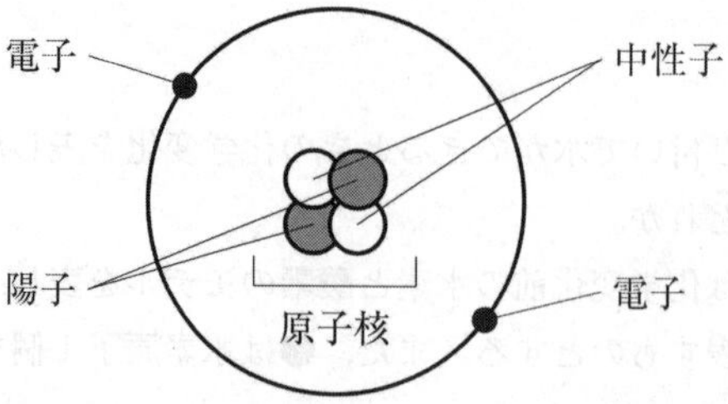

ア 原子核は，プラスの電気をもち，電子は，マイナスの電気をもつ。

イ 原子核は，マイナスの電気をもち，電子は，プラスの電気をもつ。

ウ 原子核と電子は，共にプラスの電気をもつ。

エ 原子核と電子は，共にマイナスの電気をもつ。

〔問5〕 表1は，ある日の午前9時の東京の気象観測の結果を記録したものである。また，表2は，風力と風速の関係を示した表の一部である。表1と表2から，表1の気象観測の結果を天気，風向，風力の記号で表したものとして適切なのは，下の**ア**～**エ**のうちではどれか。

表1

天気	風向	風速〔m/s〕
くもり	北東	3.0

表2

風力	風速〔m/s〕
0	0.3 未満
1	0.3 以上1.6 未満
2	1.6 以上3.4 未満
3	3.4 以上5.5 未満
4	5.5 以上8.0 未満

ア

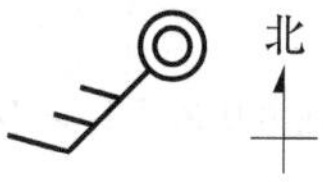

イ

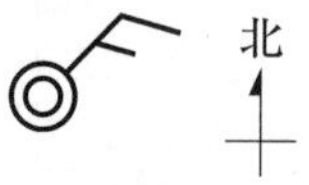

ウ

エ

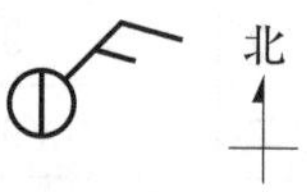

〔問6〕 ヒトのヘモグロビンの性質の説明として適切なのは，次のうちではどれか。

ア ヒトのヘモグロビンは，血液中の白血球に含まれ，酸素の少ないところでは酸素と結び付き，酸素の多いところでは酸素をはなす性質がある。

イ ヒトのヘモグロビンは，血液中の白血球に含まれ，酸素の多いところでは酸素と結び付き，酸素の少ないところでは酸素をはなす性質がある。

ウ ヒトのヘモグロビンは，血液中の赤血球に含まれ，酸素の少ないところでは酸素と結び付き，酸素の多いところでは酸素をはなす性質がある。

エ ヒトのヘモグロビンは，血液中の赤血球に含まれ，酸素の多いところでは酸素と結び付き，酸素の少ないところでは酸素をはなす性質がある。

2　生徒が，岩石に興味をもち，調べたことについて科学的に探究しようと考え，自由研究に取り組んだ。生徒が書いたレポートの一部を読み，次の各問に答えよ。

＜レポート１＞　身近な岩石に含まれる化石について

河原を歩いているときに様々な色や形の岩石があることに気付き，河原の岩石を観察したところ，貝の化石を見付けた。

身近な化石について興味をもち，調べたところ，建物に使われている石材に化石が含まれるものもあることを知った。そこで，化石が含まれているいくつかの石材を調べ，表１のようにまとめた。

表１

石材	含まれる化石
建物Ａの壁に使われている石材ａ	フズリナ
建物Ｂの壁に使われている石材ｂ	アンモナイト
建物Ｂの床に使われている石材ｃ	サンゴ

〔問１〕　＜レポート１＞から，化石について述べた次の文章の ① と ② にそれぞれ当てはまるものを組み合わせたものとして適切なのは，下の表の**ア**～**エ**のうちではどれか。

表１において，石材ａに含まれるフズリナの化石と石材ｂに含まれるアンモナイトの化石のうち，地質年代の古いものは ① である。また，石材ｃに含まれるサンゴの化石のように，その化石を含む地層が堆積した当時の環境を示す化石を ② という。

	①	②
ア	石材ａに含まれるフズリナの化石	示相化石
イ	石材ａに含まれるフズリナの化石	示準化石
ウ	石材ｂに含まれるアンモナイトの化石	示相化石
エ	石材ｂに含まれるアンモナイトの化石	示準化石

＜レポート２＞　金属を取り出せる岩石について

山を歩いているときに見付けた緑色の岩石について調べたところ，クジャク石というもので，この石から銅を得られることを知った。不純物を含まないクジャク石から銅を得る方法に興味をもち，具体的に調べたところ，クジャク石を加熱すると，酸化銅と二酸化炭素と水に分解され，得られた酸化銅に炭素の粉をよく混ぜ，加熱すると銅が得られることが分かった。

クジャク石に含まれる銅の割合を，実験と資料により確認することにした。

まず，不純物を含まない人工的に作られたクジャク石の粉0.20ｇを理科室で図１のように加熱し，完全に反応させ，0.13ｇの黒色の固体を得た。次に，銅の質量とその銅を加熱して得られる酸化銅の質量の関係を調べ，表２（次のページ）のような資料にまとめた。

図１

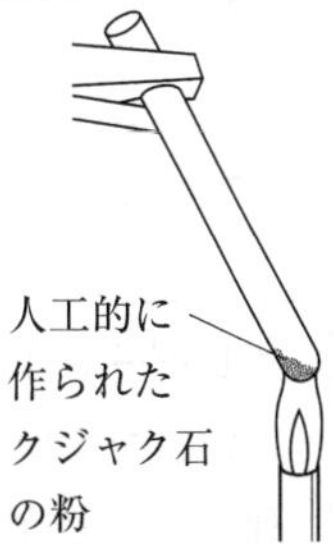

表2

銅の質量〔g〕	0.08	0.12	0.16	0.20	0.24	0.28
加熱して得られる酸化銅の質量〔g〕	0.10	0.15	0.20	0.25	0.30	0.35

〔問2〕 ＜**レポート2**＞から，人工的に作られたクジャク石の粉0.20gに含まれる銅の割合として適切なのは，次のうちではどれか。

ア 20%　**イ** 52%　**ウ** 65%　**エ** 80%

＜レポート3＞ 石英について

山を歩いているときに見付けた無色透明な部分を含む岩石について調べたところ，無色透明な部分が石英であり，ガラスの原料として広く使われていることを知った。

ガラスを通る光の性質に興味をもち，調べるために，空気中で図2のように方眼紙の上に置いた直方体のガラスに光源装置から光を当てる実験を行った。光は，物質の境界面Q及び境界面Rで折れ曲がり，方眼紙に引いた直線Lを通り過ぎた。光の道筋と直線Lとの交点を点Pとした。なお，図2は真上から見た図であり，光源装置から出ている矢印（—▶—）は光の道筋と進む向きを示したものである。

図2

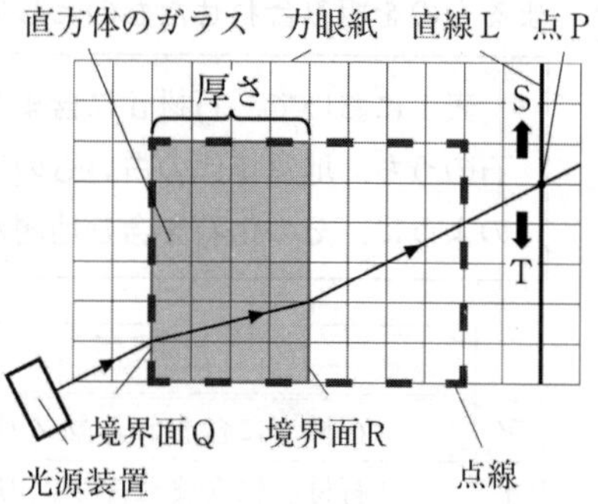

〔問3〕 ＜**レポート3**＞から，図2の境界面Qと境界面Rのうち光源装置から出た光が通過するとき入射角より屈折角が大きくなる境界面と，厚さを2倍にした直方体のガラスに入れ替えて同じ実験をしたときの直線L上の点Pの位置の変化について述べたものとを組み合わせたものとして適切なのは，下の表の**ア**～**エ**のうちではどれか。

ただし，入れ替えた直方体のガラスは，＜**レポート3**＞の直方体のガラスの厚さのみを変え，点線（▬ ▬）の枠に合わせて設置するものとする。

	光源装置から出た光が通過するとき入射角より屈折角が大きくなる境界面	厚さを2倍にした直方体のガラスに入れ替えて同じ実験をしたときの直線L上の点Pの位置の変化について述べたもの
ア	境界面Q	点Pの位置は，Sの方向にずれる。
イ	境界面R	点Pの位置は，Sの方向にずれる。
ウ	境界面Q	点Pの位置は，Tの方向にずれる。
エ	境界面R	点Pの位置は，Tの方向にずれる。

＜レポート4＞ 生物由来の岩石について

河原を歩いているときに見付けた岩石について調べたところ，その岩石は，海中の生物の死がいなどが堆積してできたチャートであることを知った。海中の生物について興味をもち，調べたところ，海中の生態系を構成する生物どうしは，食べたり食べられたりする関係でつながっていることが分かった。また，ある生態系を構成する生物どうしの数量的な関係は，図３のように，ピラミッドのような形で表すことができ，食べられる側の生物の数のほうが，食べる側の生物の数よりも多くなることも分かった。

図３

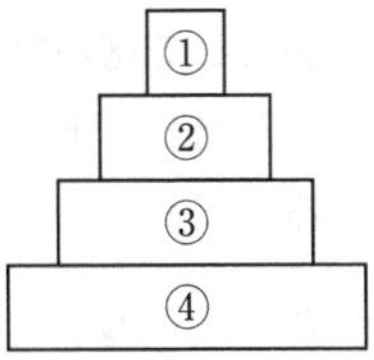

〔問４〕　生物どうしの数量的な関係を図３のように表すことができるモデル化した生態系Ｖについて，＜資料＞のことが分かっているとき，＜レポート４＞と＜資料＞から，生態系Ｖにおいて，図３の③に当てはまるものとして適切なのは，下の**ア**～**エ**のうちではどれか。

ただし，生態系Ｖにおいて，図３の①，②，③，④には，生物w，生物x，生物y，生物zのいずれかが，それぞれ別々に当てはまるものとする。

＜資料＞
生態系Ｖには，生物w，生物x，生物y，生物zがいる。生態系Ｖにおいて，生物wは生物xを食べ，生物xは生物yを食べ，生物yは生物zを食べる。

ア　生物w　　**イ**　生物x　　**ウ**　生物y　　**エ**　生物z

3　太陽と地球の動きに関する観察について，次の各問に答えよ。

東京のＸ地点（北緯35.6°）で，ある年の６月のある日に＜**観察１**＞を行ったところ，＜**結果１**＞のようになった。

＜**観察１**＞

(1)　図１のように，白い紙に，透明半球の縁と同じ大きさの円と，円の中心Ｏで垂直に交わる線分ＡＣと線分ＢＤをかいた。かいた円に合わせて透明半球をセロハンテープで白い紙に固定した。

(2)　Ｎ極が黒く塗られた方位磁針を用いて点Ｃが北の方角に一致するよう線分ＡＣを南北方向に合わせ，透明半球を日当たりのよい水平な場所に固定した。

図１

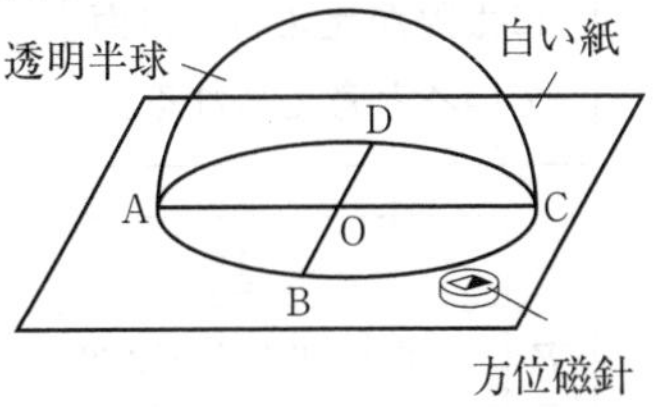

(3)　８時から16時までの間，２時間ごとに，油性ペンの先の影が円の中心Ｏと一致する透明半球上の位置に•印と観察した時刻を記録した。

(4)　(3)で記録した•印を滑らかな線で結び，その線を透明半球の縁まで延ばして，東側で交わる点をＥ，西側で交わる点をＦとした。

(5)　(3)で２時間ごとに記録した透明半球上の•印の間隔をそれぞれ測定した。

＜**結果１**＞

(1)　＜**観察１**＞の(3)と(4)の透明半球上の記録は図２のようになった。

(2)　＜**観察１**＞の(5)では，２時間ごとに記録した透明半球上の•印の間隔はどれも5.2cmであった。

図２

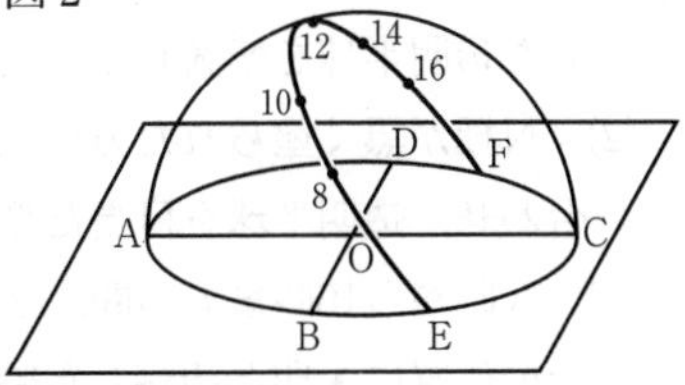

〔問1〕 <結果1>の(1)から，<観察1>の観測日の南中高度をRとしたとき，Rを示した模式図として適切なのは，下の**ア**～**エ**のうちではどれか。

ただし，下の**ア**～**エ**の図中の点Pは太陽が南中した時の透明半球上の太陽の位置を示している。

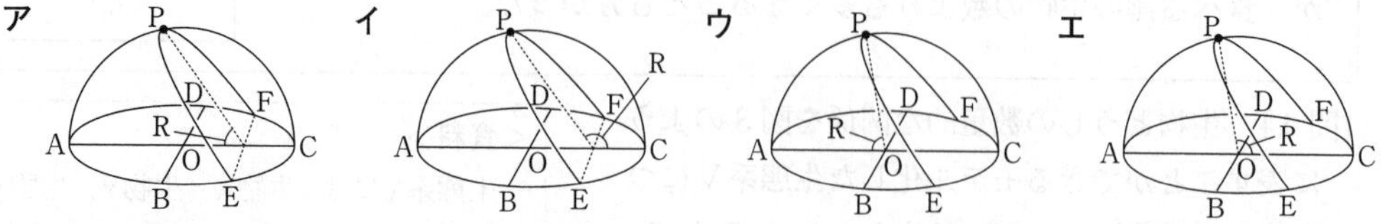

〔問2〕 <結果1>の(2)から，地球上での太陽の見かけ上の動く速さについてどのようなことが分かるか。「2時間ごとに記録した透明半球上の•印のそれぞれの間隔は，」に続く形で，理由も含めて簡単に書け。

〔問3〕 図3は，北極点の真上から見た地球を模式的に表したものである。点J，点K，点L，点Mは，それぞれ東京のX地点（北緯35.6°）の6時間ごとの位置を示しており，点Jは南中した太陽が見える位置である。地球の自転の向きについて述べた次の文章の ① ～ ④ に，それぞれ当てはまるものを組み合わせたものとして適切なのは，後の表の**ア**～**エ**のうちではどれか。

図3

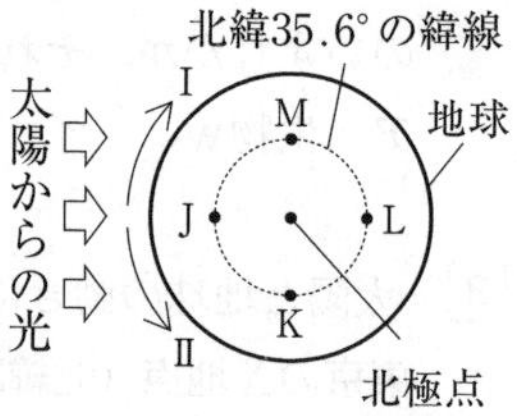

<結果1>の(1)から，地球上では太陽は見かけ上，[①]に移動して見えることが分かる。また，図3において，東の空に太陽が見えるのは点[②]の位置であり，西の空に太陽が見えるのは点[③]の位置である。そのため地球は，[④]の方向に自転していると考えられる。

	①	②	③	④
ア	西の空から東の空	K	M	Ⅰ
イ	東の空から西の空	K	M	Ⅱ
ウ	西の空から東の空	M	K	Ⅰ
エ	東の空から西の空	M	K	Ⅱ

次に，東京のX地点（北緯35.6°）で，<観察1>を行った日と同じ年の9月のある日に<観察2>を行ったところ，<結果2>（次のページ）のようになった。

<観察2>

(1) <観察1>の(3)と(4)の結果を記録した図2（前のページ）のセロハンテープで白い紙に固定した透明半球を準備した。

(2) N極が黒く塗られた方位磁針を用いて点Cが北の方角に一致するよう線分ACを南北方向に合わせ，透明半球を日当たりのよい水平な場所に固定した。

(3) 8時から16時までの間，2時間ごとに，油性ペンの先の影が円の中心Oと一致する透明半球上の位置に▲印と観察した時刻を記録した。

(4)　(3)で記録した▲印を滑らかな線で結び，その線を透明半球の縁まで延ばした。

(5)　＜**観察１**＞と＜**観察２**＞で透明半球上にかいた曲線の長さをそれぞれ測定した。

＜**結果２**＞

(1)　＜**観察２**＞の(3)と(4)の透明半球上の記録は図４のようになった。

(2)　＜**観察２**＞の(5)では，＜**観察１**＞の(4)でかいた曲線の長さは約37.7cmで，＜**観察２**＞の(4)でかいた曲線の長さは約33.8cmであった。

図４

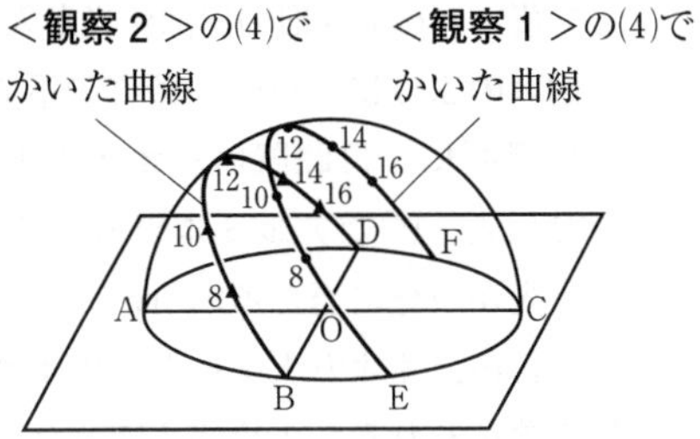

〔問４〕　図５は，＜**観察１**＞を行った日の地球を模式的に表したものである。図５のＸ地点は＜**観察１**＞を行った地点を示し，図５のＹ地点は北半球にあり，Ｘ地点より高緯度の地点を示している。＜**結果２**＞から分かることを次の①，②から一つ，図５のＸ地点とＹ地点における夜の長さを比較したとき夜の長さが長い地点を下の③，④から一つ，それぞれ選び，組み合わせたものとして適切なのは，下の**ア**～**エ**のうちではどれか。

図５

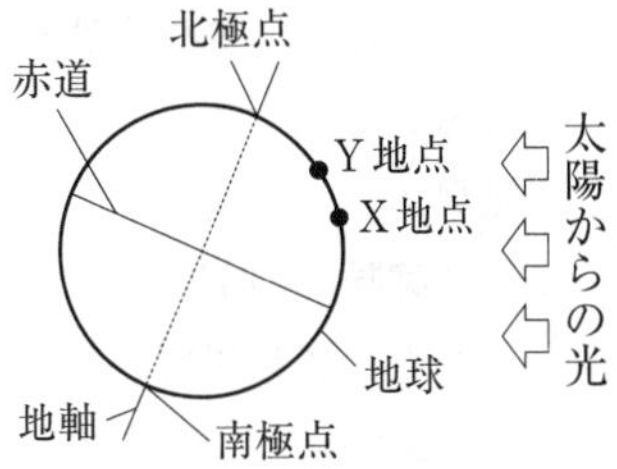

①　日の入りの位置は，＜**観察１**＞を行った日の方が＜**観察２**＞を行った日よりも北寄りで，昼の長さは＜**観察１**＞を行った日の方が＜**観察２**＞を行った日よりも長い。

②　日の入りの位置は，＜**観察１**＞を行った日の方が＜**観察２**＞を行った日よりも南寄りで，昼の長さは＜**観察２**＞を行った日の方が＜**観察１**＞を行った日よりも長い。

③　Ｘ地点

④　Ｙ地点

ア　①，③　　**イ**　①，④　　**ウ**　②，③　　**エ**　②，④

4　植物の働きに関する実験について，次の各問に答えよ。
＜**実験**＞を行ったところ，＜**結果**＞のようになった。

＜**実験**＞

(1)　図１のように，２枚のペトリ皿に，同じ量の水と，同じ長さに切ったオオカナダモＡ，オオカナダモＢを用意した。オオカナダモＡ，オオカナダモＢの先端付近の葉をそれぞれ１枚切り取り，プレパラートを作り，顕微鏡で観察し，細胞内の様子を記録した。

図１

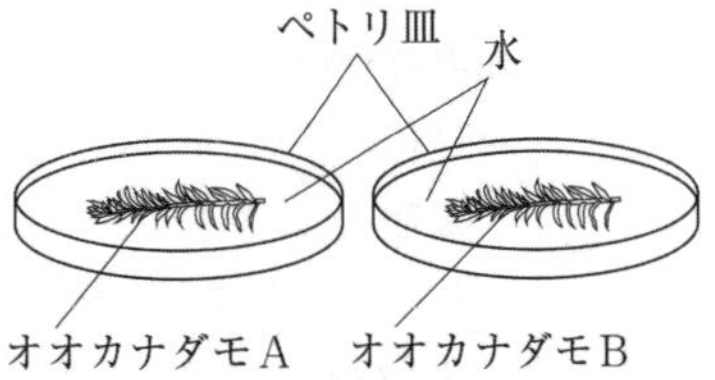

(2)　図２のように，オオカナダモＡ，オオカナダモＢを，20℃の条件の下で，光が当たらない場所に２日間置いた。

図２

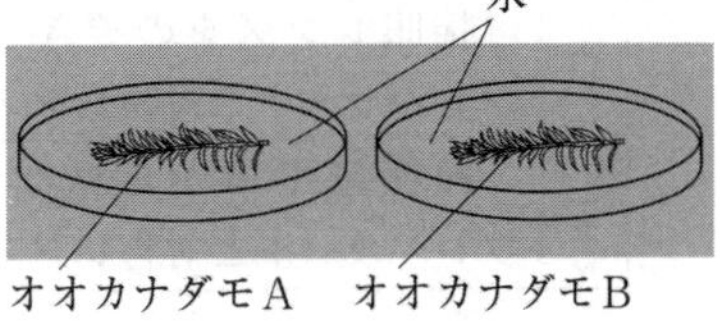

(3)　２日後，オオカナダモＡ，オオカナダモＢの先端付近の葉をそれぞれ１枚切り取り，熱湯に浸した後，温

めたエタノールに入れ，脱色した。脱色した葉を水で洗った後，ヨウ素液を1滴落とし，プレパラートを作り，顕微鏡で観察し，細胞内の様子を記録した。

(4) (2)で光が当たらない場所に2日間置いたオオカナダモBの入ったペトリ皿をアルミニウムはくで覆い，ペトリ皿の内部に光が入らないようにした。

(5) 図3のように，20℃の条件の下で，(2)で光が当たらない場所に2日間置いたオオカナダモAが入ったペトリ皿と，(4)でアルミニウムはくで覆ったペトリ皿を，光が十分に当たる場所に3日間置いた。

(6) 3日後，オオカナダモAとオオカナダモBの先端付近の葉をそれぞれ1枚切り取った。

図3

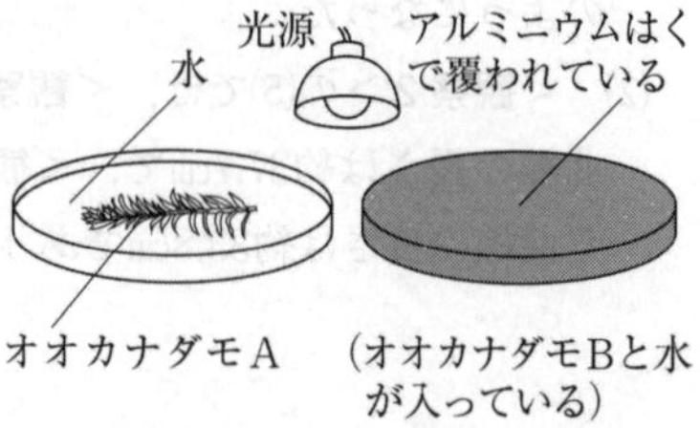

(7) (6)で切り取った葉を熱湯に浸した後，温めたエタノールに入れ，脱色した。脱色した葉を水で洗った後，ヨウ素液を1滴落とし，プレパラートを作り，顕微鏡で観察し，細胞内の様子を記録した。

＜結果＞

(1) ＜**実験**＞の(1)のオオカナダモAとオオカナダモBの先端付近の葉の細胞内には，緑色の粒がそれぞれ多数観察された。

(2) ＜**実験**＞の(3)のオオカナダモの先端付近の葉の細胞内の様子の記録は，表1のようになった。

表1

オオカナダモAの先端付近の葉の細胞内の様子	オオカナダモBの先端付近の葉の細胞内の様子
＜**実験**＞の(1)で観察された緑色の粒と同じ形の粒は，透明であった。	＜**実験**＞の(1)で観察された緑色の粒と同じ形の粒は，透明であった。

(3) ＜**実験**＞の(7)のオオカナダモの先端付近の葉の細胞内の様子の記録は，表2のようになった。

表2

オオカナダモAの先端付近の葉の細胞内の様子	オオカナダモBの先端付近の葉の細胞内の様子
＜**実験**＞の(1)で観察された緑色の粒と同じ形の粒は，青紫色に染色されていた。	＜**実験**＞の(1)で観察された緑色の粒と同じ形の粒は，透明であった。

〔問1〕 ＜**実験**＞の(1)でプレパラートを作り，顕微鏡で観察をする準備を行う際に，プレパラートと対物レンズを，最初に，できるだけ近づけるときの手順について述べたものと，対物レンズが20倍で接眼レンズが10倍である顕微鏡の倍率とを組み合わせたものとして適切なのは，次の表の**ア**～**エ**のうちではどれか。

	顕微鏡で観察をする準備を行う際に，プレパラートと対物レンズを，最初に，できるだけ近づけるときの手順	対物レンズが20倍で接眼レンズが10倍である顕微鏡の倍率
ア	接眼レンズをのぞきながら，調節ねじを回してプレパラートと対物レンズをできるだけ近づける。	200倍
イ	顕微鏡を横から見ながら，調節ねじを回してプレパラートと対物レンズをできるだけ近づける。	200倍
ウ	接眼レンズをのぞきながら，調節ねじを回してプレパラートと対物レンズをできるだけ近づける。	30倍
エ	顕微鏡を横から見ながら，調節ねじを回してプレパラートと対物レンズをできるだけ近づける。	30倍

〔問２〕　＜**実験**＞の(6)で葉を切り取ろうとした際に，オオカナダモＡに気泡が付着していることに気付いた。このことに興味をもち，植物の働きによる気体の出入りについて調べ，＜**資料**＞にまとめた。

＜**資料**＞

【光が十分に当たるとき】と【光が当たらないとき】の植物の光合成や呼吸による，酸素と二酸化炭素の出入りは，図４の模式図のように表すことができる。図４から，植物の ⑤ による ③ の吸収と ④ の放出は，【光が ① とき】には見られるが，【光が ② とき】には見られない。

図４

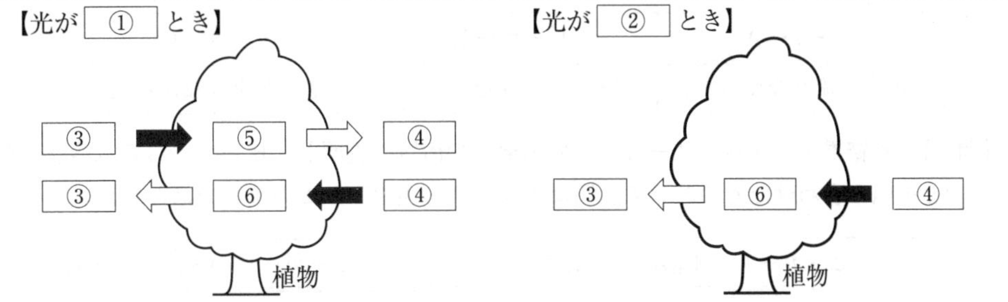

※　図中の（➡と⬅）は植物への吸収，（⇨と⇦）は植物からの放出を示している。

＜**資料**＞の ① ～ ⑥ にそれぞれ当てはまるものを組み合わせたものとして適切なのは，次の表の**ア**～**エ**のうちではどれか。

	①	②	③	④	⑤	⑥
ア	十分に当たる	当たらない	二酸化炭素	酸素	光合成	呼吸
イ	十分に当たる	当たらない	酸素	二酸化炭素	呼吸	光合成
ウ	当たらない	十分に当たる	二酸化炭素	酸素	光合成	呼吸
エ	当たらない	十分に当たる	酸素	二酸化炭素	呼吸	光合成

〔問３〕　＜**結果**＞の(1)～(3)から分かることとして適切なのは，次のうちではどれか。

ア　光が十分に当たる場所では，オオカナダモの葉の核でデンプンが作られることが分かる。

イ　光が十分に当たる場所では，オオカナダモの葉の核でアミノ酸が作られることが分かる。

ウ　光が十分に当たる場所では，オオカナダモの葉の葉緑体でデンプンが作られることが分かる。

エ　光が十分に当たる場所では，オオカナダモの葉の葉緑体でアミノ酸が作られることが分かる。

5　水溶液に関する実験について，あとの各問に答えよ。

＜**実験１**＞を行ったところ，＜**結果１**＞（次のページ）のようになった。

＜**実験１**＞

(1)　ビーカーＡ，ビーカーＢ，ビーカーＣにそれぞれ蒸留水（精製水）を入れた。

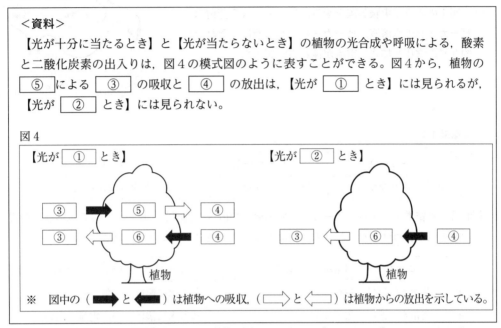

(2) ビーカーBに塩化ナトリウムを加えて溶かし，5％の塩化ナトリウム水溶液を作成した。ビーカーCに砂糖を加えて溶かし，5％の砂糖水を作成した。

(3) 図1のように実験装置を組み，ビーカーAの蒸留水，ビーカーBの水溶液，ビーカーCの水溶液に，それぞれ約3Vの電圧を加え，電流が流れるか調べた。

図1

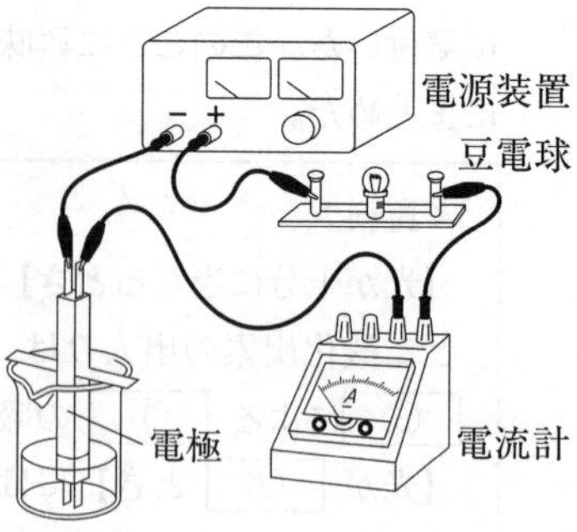

＜結果1＞

ビーカーA	ビーカーB	ビーカーC
電流が流れなかった。	電流が流れた。	電流が流れなかった。

〔問1〕 ＜結果1＞から，ビーカーBの水溶液の溶質の説明と，ビーカーCの水溶液の溶質の説明とを組み合わせたものとして適切なのは，次の表の**ア**～**エ**のうちではどれか。

	ビーカーBの水溶液の溶質の説明	ビーカーCの水溶液の溶質の説明
ア	蒸留水に溶け，電離する。	蒸留水に溶け，電離する。
イ	蒸留水に溶け，電離する。	蒸留水に溶けるが，電離しない。
ウ	蒸留水に溶けるが，電離しない。	蒸留水に溶け，電離する。
エ	蒸留水に溶けるが，電離しない。	蒸留水に溶けるが，電離しない。

次に，＜**実験2**＞を行ったところ，＜**結果2**＞のようになった。

＜**実験2**＞

(1) 試験管A，試験管Bに，室温と同じ27℃の蒸留水（精製水）をそれぞれ5g（5 cm^3）入れた。次に，試験管Aに硝酸カリウム，試験管Bに塩化ナトリウムをそれぞれ3g加え，試験管をよくふり混ぜた。試験管A，試験管Bの中の様子をそれぞれ観察した。

(2) 図2のように，試験管A，試験管Bの中の様子をそれぞれ観察しながら，ときどき試験管を取り出し，ふり混ぜて，温度計が27℃から60℃を示すまで水溶液をゆっくり温めた。

(3) 加熱を止め，試験管A，試験管Bの中の様子をそれぞれ観察しながら，温度計が27℃を示すまで水溶液をゆっくり冷やした。

図2

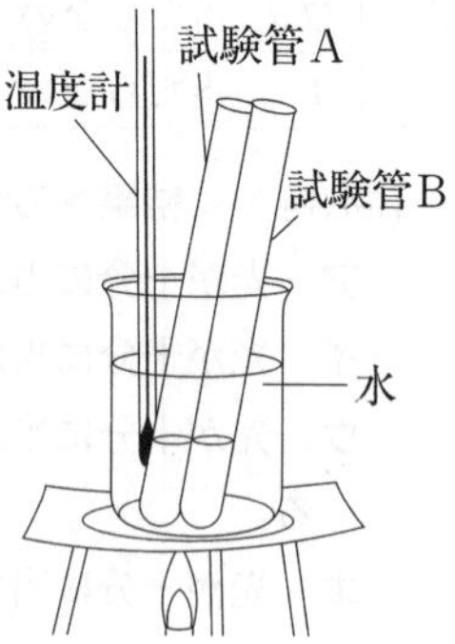

(4) 試験管A，試験管Bの中の様子をそれぞれ観察しながら，さらに温度計が20℃を示すまで水溶液をゆっくり冷やした。

(5) (4)の試験管Bの水溶液を1滴とり，スライドガラスの上で蒸発させた。

＜**結果2**＞

(1) ＜**実験2**＞の(1)から＜**実験2**＞の(4)までの結果は次のページの表のようになった。

	試験管Ａの中の様子	試験管Ｂの中の様子
＜**実験２**＞の(1)	溶け残った。	溶け残った。
＜**実験２**＞の(2)	温度計が約38℃を示したときに全て溶けた。	＜**実験２**＞の(1)の試験管Ｂの中の様子に比べ変化がなかった。
＜**実験２**＞の(3)	温度計が約38℃を示したときに結晶が現れ始めた。	＜**実験２**＞の(2)の試験管Ｂの中の様子に比べ変化がなかった。
＜**実験２**＞の(4)	結晶の量は，＜**実験２**＞の(3)の結果に比べ増加した。	＜**実験２**＞の(3)の試験管Ｂの中の様子に比べ変化がなかった。

(2)　＜**実験２**＞の(5)では，スライドガラスの上に白い固体が現れた。
さらに，硝酸カリウム，塩化ナトリウムの水に対する溶解度を図書館で調べ，＜**資料**＞を得た。

＜**資料**＞

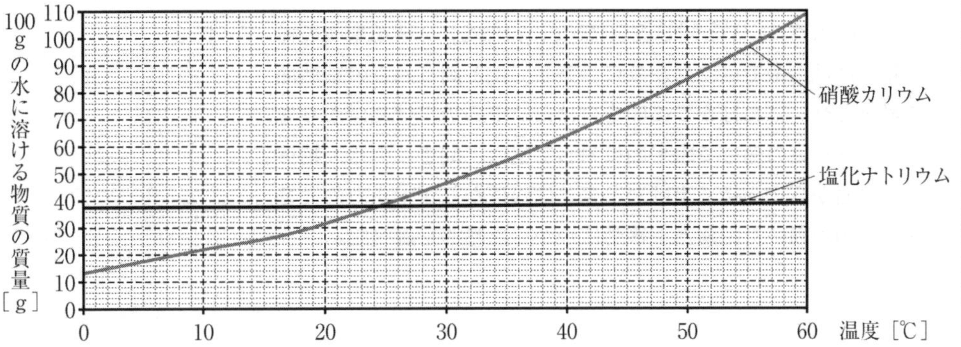

〔問２〕　＜**結果２**＞の(1)と＜**資料**＞から，温度計が60℃を示すまで温めたときの試験管Ａの水溶液の温度と試験管Ａの水溶液の質量パーセント濃度の変化との関係を模式的に示した図として適切なのは，次のうちではどれか。

ア

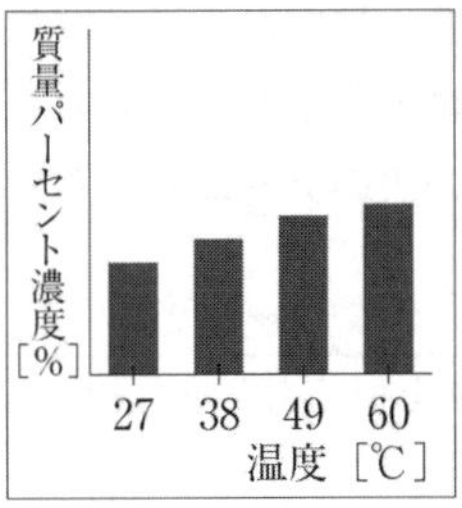

イ

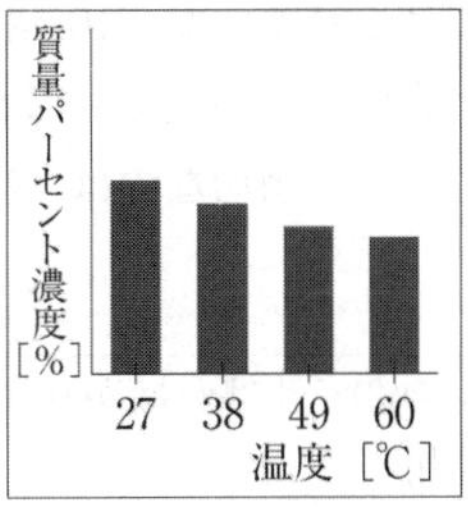

ウ

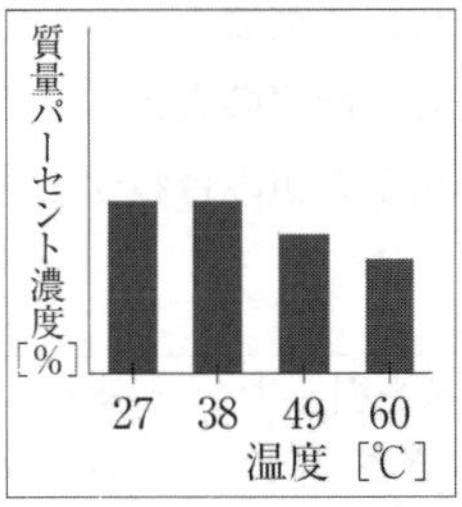

エ

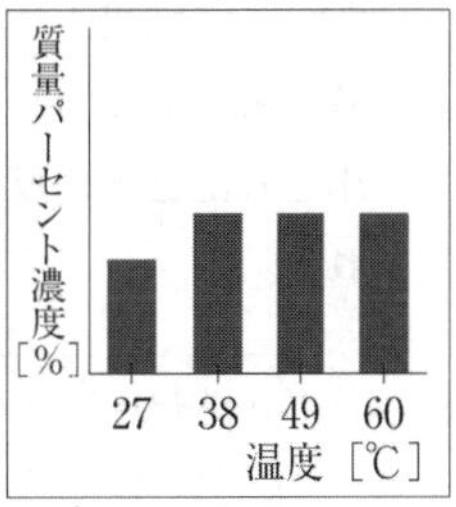

〔問３〕　＜**結果２**＞の(1)から，試験管Ｂの中の様子に変化がなかった理由を，温度の変化と溶解度の変化の関係に着目して，「＜**資料**＞から，」に続く形で，簡単に書け。

〔問４〕　＜**結果２**＞の(2)から，水溶液の溶媒を蒸発させると溶質が得られることが分かった。試験管Ｂの水溶液の温度が20℃のときと同じ濃度の塩化ナトリウム水溶液が0.35ｇあった場合，＜**資料**＞を用いて考えると，溶質を全て固体として取り出すために蒸発させる溶媒の質量として適切なのは，次のうちではどれか。

ア　約0.13ｇ　　**イ**　約0.21ｇ　　**ウ**　約0.25ｇ　　**エ**　約0.35ｇ

6 力学的エネルギーに関する実験について，次の各問に答えよ。
ただし，質量100gの物体に働く重力の大きさを1Nとする。

<**実験1**>を行ったところ，<**結果1**>のようになった。

<**実験1**>

(1) 図1のように，力学台車と滑車を合わせた質量600gの物体を糸でばねばかりにつるし，基準面で静止させ，ばねばかりに印を付けた。その後，ばねばかりをゆっくり一定の速さで水平面に対して垂直上向きに引き，物体を基準面から10cm持ち上げたとき，ばねばかりが示す力の大きさと，印が動いた距離と，移動にかかった時間を調べた。

図1

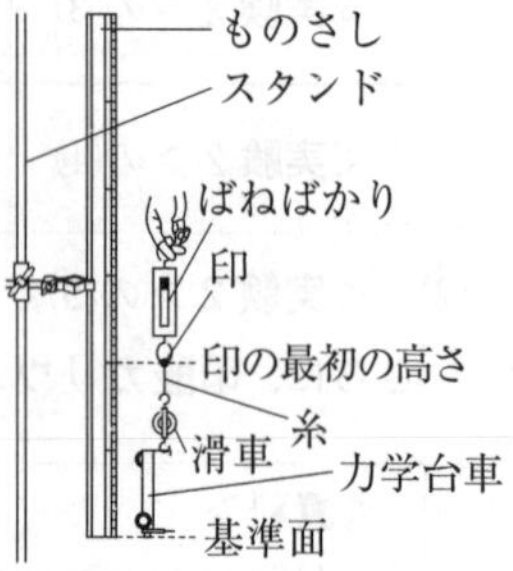

(2) 図2のように，(1)と同じ質量600gの物体を，一端を金属の棒に結び付けた糸でばねばかりにつるし，(1)と同じ高さの基準面で静止させ，ばねばかりに印を付けた。その後，ばねばかりをゆっくり一定の速さで水平面に対して垂直上向きに引き，物体を基準面から10cm持ち上げたとき，ばねばかりが示す力の大きさと，印が動いた距離と，移動にかかった時間を調べた。

図2

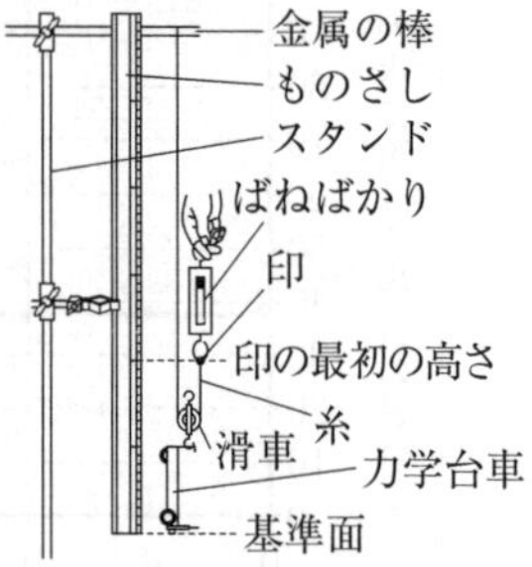

<**結果1**>

	ばねばかりが示す力の大きさ〔N〕	印が動いた距離〔cm〕	移動にかかった時間〔s〕
<**実験1**>の(1)	6	10	25
<**実験1**>の(2)	3	20	45

〔問1〕 <**結果1**>から，<**実験1**>の(1)で物体を基準面から10cm持ち上げたときに「ばねばかりが糸を引く力」がした仕事の大きさと，<**実験1**>の(2)で「ばねばかりが糸を引く力」を作用としたときの反作用とを組み合わせたものとして適切なのは，次の表の**ア**～**エ**のうちではどれか。

	「ばねばかりが糸を引く力」がした仕事の大きさ〔J〕	<**実験1**>の(2)で「ばねばかりが糸を引く力」を作用としたときの反作用
ア	0.6	力学台車と滑車を合わせた質量600gの物体に働く重力
イ	6	力学台車と滑車を合わせた質量600gの物体に働く重力
ウ	0.6	糸がばねばかりを引く力
エ	6	糸がばねばかりを引く力

次に，<**実験2**>を行ったところ，<**結果2**>のようになった。(次のページ)

＜実験２＞

(1)　図３のように，斜面の傾きを10°にし，記録テープを手で支え，力学台車の先端を点Aの位置にくるように静止させた。

図３

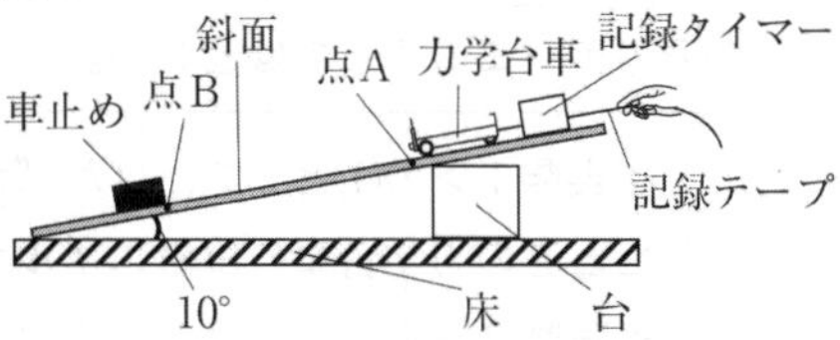

(2)　記録テープから静かに手をはなし，力学台車が動き始めてから，点Bの位置にある車止めに当たる直前までの運動を，１秒間に一定間隔で50回打点する記録タイマーで記録テープに記録した。

(3)　(2)で得た記録テープの，重なっている打点を用いずに，はっきり区別できる最初の打点を基準点とし，基準点から５打点間隔ごとに長さを測った。

(4)　(1)と同じ場所で，同じ実験器具を使い，斜面の傾きを20°に変えて同じ実験を行った。

＜結果２＞

図４　斜面の傾きが10°のときの記録テープ

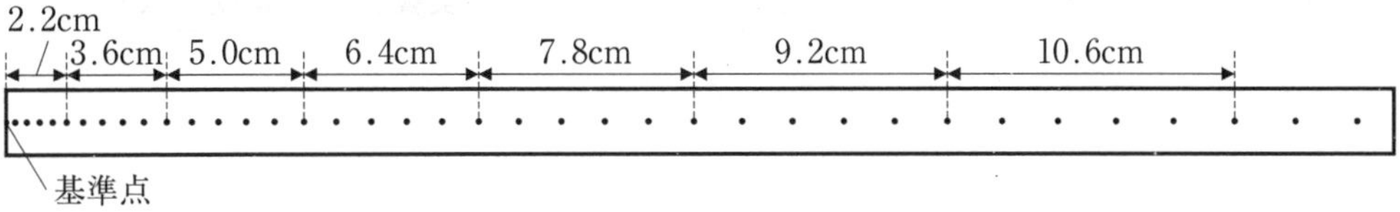

図５　斜面の傾きが20°のときの記録テープ

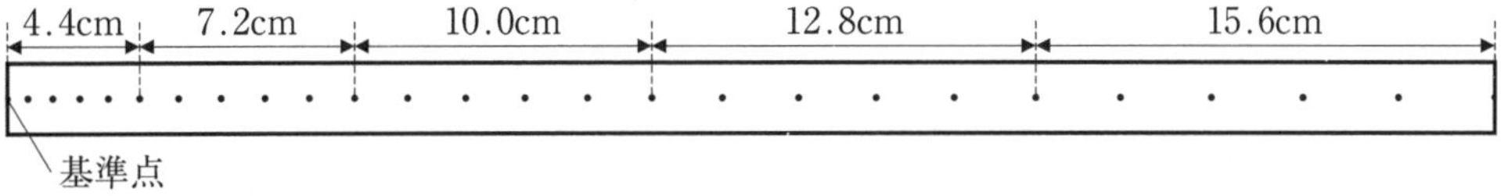

〔問２〕　**＜結果２＞**から，力学台車の平均の速さについて述べた次の文章の ① と ② にそれぞれ当てはまるものとして適切なのは，下の**ア**～**エ**のうちではどれか。

> 　**＜実験２＞**の(2)で，斜面の傾きが10°のときの記録テープの基準点が打点されてから0.4秒経過するまでの力学台車の平均の速さをCとすると，Cは ① である。また，**＜実験２＞**の(4)で，斜面の傾きが20°のときの記録テープの基準点が打点されてから0.4秒経過するまでの力学台車の平均の速さをDとしたとき，CとDの比を最も簡単な整数の比で表すとC：D＝ ② となる。

① **ア**　16cm/s　**イ**　32cm/s　**ウ**　43cm/s　**エ**　64cm/s

② **ア**　1：1　**イ**　1：2　**ウ**　2：1　**エ**　14：15

〔問３〕　**＜結果２＞**から，**＜実験２＞**で斜面の傾きを10°から20°にしたとき，点Aから点Bの直前まで斜面を下る力学台車に働く重力の大きさと，力学台車に働く重力を斜面に平行な（沿った）方向と斜面に垂直な方向の二つの力に分解したときの斜面に平行な方向に分解した力の大きさとを述べたものとして適切なのは，次のうちではどれか。

ア　力学台車に働く重力の大きさは変わらず，斜面に平行な分力は大きくなる。

イ　力学台車に働く重力の大きさは大きくなり，斜面に平行な分力も大きくなる。

ウ　力学台車に働く重力の大きさは大きくなるが，斜面に平行な分力は変わらない。

エ　力学台車に働く重力の大きさは変わらず，斜面に平行な分力も変わらない。

〔問４〕　＜**実験１**＞の位置エネルギーと＜**実験２**＞の運動エネルギーの大きさについて述べた次の文章の ① と ② にそれぞれ当てはまるものを組み合わせたものとして適切なのは，下の表の**ア**～**エ**のうちではどれか。

　＜**実験１**＞の(1)と(2)で，ばねばかりをゆっくり一定の速さで引きはじめてから25秒経過したときの力学台車の位置エネルギーの大きさを比較すると ① 。

　＜**実験２**＞の(2)と(4)で，力学台車が点Aから点Bの位置にある車止めに当たる直前まで下ったとき，力学台車のもつ運動エネルギーの大きさを比較すると ② 。

	①	②
ア	＜**実験１**＞の(1)と(2)で等しい	＜**実験２**＞の(2)と(4)で等しい
イ	＜**実験１**＞の(1)と(2)で等しい	＜**実験２**＞の(4)の方が大きい
ウ	＜**実験１**＞の(1)の方が大きい	＜**実験２**＞の(2)と(4)で等しい
エ	＜**実験１**＞の(1)の方が大きい	＜**実験２**＞の(4)の方が大きい

＜社会＞

時間　50分　　満点　100点

1　次の各問に答えよ。

〔問１〕　次の地形図は，2017年の「国土地理院発行２万５千分の１地形図（取《とり》手《で》）」の一部を拡大して作成した地形図上に●で示したＡ点から，Ｂ～Ｅ点の順に，Ｆ点まで移動した経路を太線（━━）で示したものである。次のページの**ア**～**エ**の写真と文は，地形図上のＢ～Ｅ点の**いずれか**の地点の様子を示したものである。地形図上のＢ～Ｅ点のそれぞれに当てはまるのは，次のページの**ア**～**エ**のうちではどれか。

（編集の都合で90％に縮小してあります。）

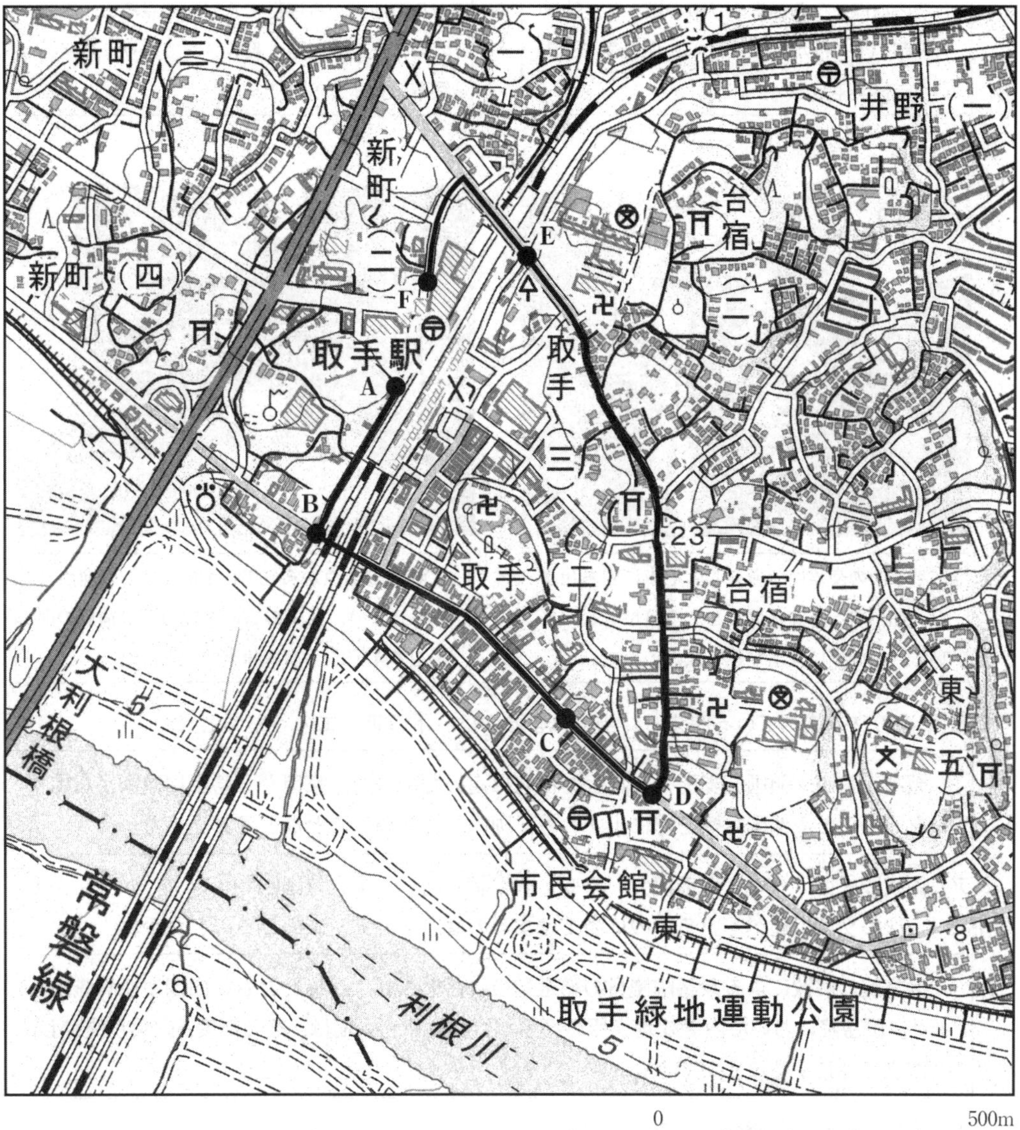

ア

この地点から進行する方向を見ると，鉄道の線路の上に橋が架けられており，道路と鉄道が立体交差していた。

イ

この地点から進行する方向を見ると，道路の上に鉄道の線路が敷設《ふせつ》されており，道路と鉄道が立体交差していた。

ウ

丁字形《ていじけい》の交差点であるこの地点に立ち止まり，進行する方向を見ると，登り坂となっている道の両側に住宅が建ち並んでいた。

エ

直前の地点から約470m進んだこの地点に立ち止まり，北東の方向を見ると，宿場の面影を残す旧取手宿本陣表門《きゅうとりでしゅくほんじんおもてもん》があった。

［問２］　次の文で述べている決まりに当てはまるのは，下のア～エのうちのどれか。

戦国大名が，領国を支配することを目的に定めたもので，家臣が，勝手に他国から嫁や婿を取ることや他国へ娘を嫁に出すこと，国内に城を築くことなどを禁止した。

ア　御成敗式目《ごせいばいしきもく》　　イ　大宝律令《たいほうりつりょう》　　ウ　武家諸法度《ぶけしょはっと》　　エ　分国法《ぶんこくほう》

［問３］　次の文章で述べているものに当てはまるのは，下のア～エのうちのどれか。

衆議院の解散による衆議院議員の総選挙後に召集され，召集とともに内閣が総辞職するため，両議院において内閣総理大臣の指名が行われる。会期は，その都度，国会が決定し，２回まで延長することができる。

ア　常会　　イ　臨時会　　ウ　特別会　　エ　参議院の緊急集会

2　次の略地図を見て，あとの各問に答えよ。

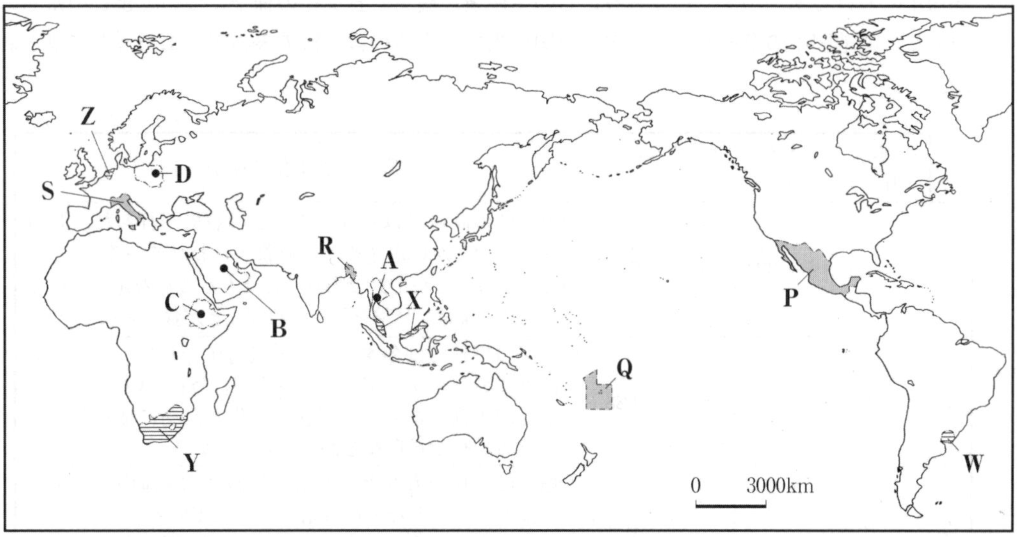

〔問１〕　略地図中のＡ～Ｄは，それぞれの国の首都の位置を示したものである。次のⅠの文章は，略地図中のＡ～Ｄの**いずれか**の首都を含む国の自然環境と農業についてまとめたものである。Ⅱの**ア**～**エ**のグラフは，略地図中のＡ～Ｄの**いずれか**の首都の，年平均気温と年降水量及び各月の平均気温と降水量を示したものである。Ⅰの文章で述べている国の首都に当てはまるのは，略地図中のＡ～Ｄのうちのどれか，また，その首都のグラフに当てはまるのは，Ⅱの**ア**～**エ**のうちのどれか。

Ⅰ

首都は標高約2350ｍに位置し，各月の平均気温の変化は年間を通して小さい。コーヒー豆の原産地とされており，2019年におけるコーヒー豆の生産量は世界第５位であり，輸出額に占める割合が高く，主要な収入源となっている。

Ⅱ

ア	イ	ウ	エ
年平均気温　9.0℃	年平均気温　17.0℃	年平均気温　27.0℃	年平均気温　29.1℃
年降水量　552.2mm	年降水量　1146.9mm	年降水量　127.3mm	年降水量　1717.7mm

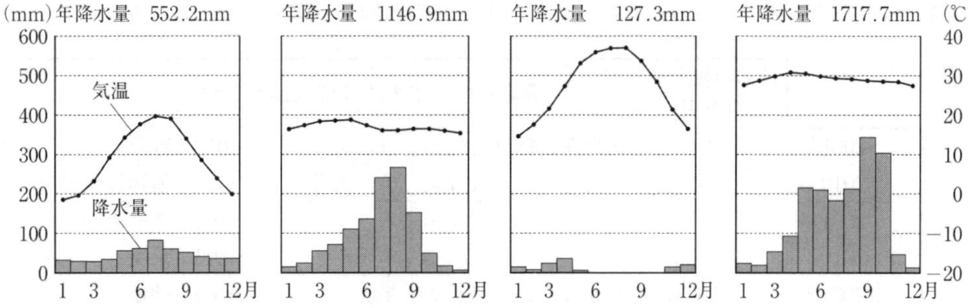

(「理科年表」令和５年より作成)

〔問２〕　次の表の**ア**～**エ**は，前のページの略地図中に　　で示した**P**～**S**の**いずれか**の国の，2019年における米，小麦，とうもろこしの生産量，農業と食文化の様子についてまとめたものである。略地図中の**P**～**S**のそれぞれの国に当てはまるのは，次の表の**ア**～**エ**のうちではどれか。

	米（万ｔ）	小麦（万ｔ）	とうもろこし（万ｔ）	農業と食文化の様子
ア	25	324	2723	○中央部の高原ではとうもろこしの栽培が行われ，北西部ではかんがい農業や牛の放牧が行われている。 ○とうもろこしが主食であり，とうもろこしの粉から作った生地を焼き，具材を挟んだ料理などが食べられている。
イ	149	674	628	○北部の平野では冬季に小麦の栽培が行われ，沿岸部では柑橘《かんきつ》類やオリーブなどの栽培が行われている。 ○小麦が主食であり，小麦粉から作った麺に様々なソースをあわせた料理などが食べられている。
ウ	0.6	－	0.1	○畑ではタロいもなどの栽培が行われ，海岸沿いの平野ではさとうきびなどの栽培が行われている。 ○タロいもが主食であり，バナナの葉に様々な食材と共にタロいもを包んで蒸した料理などが食べられている。
エ	5459	102	357	○河川が形成した低地では雨季の降水などを利用した稲作が行われ，北東部では茶の栽培が行われている。 ○米が主食であり，鶏やヤギの肉と共に牛乳から採れる油を使って米を炊き込んだ料理などが食べられている。

（注）－は，生産量が不明であることを示す。

（「データブック オブ・ザ・ワールド」2022年版などより作成）

〔問３〕　次のⅠとⅡ（次のページ）の表の**ア**～**エ**は，略地図中に　　で示した**W**～**Z**の**いずれか**の国に当てはまる。Ⅰの表は，2001年と2019年における日本の輸入額，農産物の日本の主な輸入品目と輸入額を示したものである。Ⅱの表は，2001年と2019年における輸出額，輸出額が多い上位３位までの貿易相手国を示したものである。次のページのⅢの文章は，略地図中の**W**～**Z**の**いずれか**の国について述べたものである。Ⅲの文章で述べている国に当てはまるのは，略地図中の**W**～**Z**のうちのどれか，また，ⅠとⅡの表の**ア**～**エ**のうちのどれか。

Ⅰ

		日本の輸入額（百万円）	農産物の日本の主な輸入品目と輸入額（百万円）					
ア	2001年	226492	植物性原材料	18245	ココア	4019	野菜	3722
	2019年	343195	豚肉	17734	チーズ等	12517	植物性原材料	6841
イ	2001年	5538	羊毛	210	米	192	チーズ等	31
	2019年	3017	牛肉	1365	羊毛	400	果実	39
ウ	2001年	338374	とうもろこし	12069	果実	9960	砂糖	5680
	2019年	559098	果実	7904	植物性原材料	2205	野菜	2118
エ	2001年	1561324	パーム油	14952	植物性原材料	2110	天然ゴム	2055
	2019年	1926305	パーム油	36040	植物性原材料	15534	ココア	15390

（財務省「貿易統計」より作成）

Ⅱ

		輸出額（百万ドル）	輸出額が多い上位3位までの貿易相手国		
			1位	2位	3位
ア	2001年	169480	ドイツ	イギリス	ベルギー
	2019年	576785	ドイツ	ベルギー	フランス
イ	2001年	2058	ブラジル	アルゼンチン	アメリカ合衆国
	2019年	7680	中華人民共和国	ブラジル	アメリカ合衆国
ウ	2001年	27928	アメリカ合衆国	イギリス	ドイツ
	2019年	89396	中華人民共和国	ドイツ	アメリカ合衆国
エ	2001年	88005	アメリカ合衆国	シンガポール	日本
	2019年	240212	中華人民共和国	シンガポール	アメリカ合衆国

（国際連合「貿易統計年鑑」2020などより作成）

Ⅲ

この国では農業の機械化が進んでおり，沿岸部の砂丘では花や野菜が栽培され，ポルダーと呼ばれる干拓地では酪農が行われている。

2001年と比べて2019年では，日本の輸入額は2倍に届いてはいないが増加し，輸出額は3倍以上となっている。2019年の輸出額は日本に次ぎ世界第5位となっており，輸出額が多い上位3位までの貿易相手国は全て同じ地域の政治・経済統合体の加盟国となっている。

3　次の略地図を見て，あとの各問に答えよ。

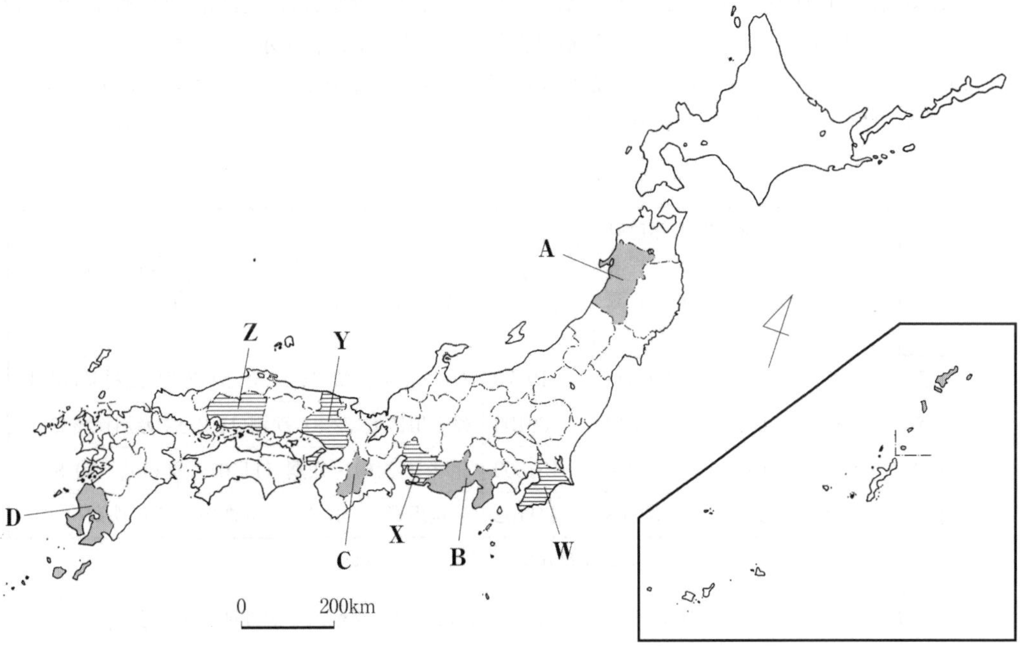

〔問1〕　次のページの表の**ア**～**エ**の文章は，略地図中に　　で示した，A～Dの**いずれか**の県の，自然環境と第一次産業の様子についてまとめたものである。A～Dのそれぞれの県に当てはまるのは，次の表の**ア**～**エ**のうちではどれか。

	自然環境と第一次産業の様子
ア	○南東側の県境付近に位置する山を水源とする河川は，上流部では渓谷を蛇行しながら北西方向に流れた後，流路を大きく変えて西流し，隣接する県を貫流して海に注いでいる。 ○南東部は，季節風の影響などにより国内有数の多雨地域であり，木材の生育に適していることから，古くから林業が営まれ，高品質な杉などが生産されていることが知られている。
イ	○北側の3000m級の山々が連なる山脈は，南北方向に走っており，東部の半島は，複数の火山が見られる山がちな地域であり，入り組んだ海岸線が見られる。 ○中西部にある台地は，明治時代以降に開拓され，日当たりと水はけがよいことから，国内有数の茶の生産量を誇っており，ブランド茶が生産されていることが知られている。
ウ	○南側の県境付近に位置する山を水源とする河川は，上流部や中流部では，南北方向に連なる山脈と山地の間に位置する盆地を貫流し，下流部では平野を形成して海に注いでいる。 ○南東部にある盆地は，夏に吹く北東の冷涼な風による冷害の影響を受けにくい地形の特徴などがあることから，稲作に適しており，銘柄米が生産されていることが知られている。
エ	○二つの半島に挟まれた湾の中に位置する島や北東側の県境に位置する火山などは，現在でも活動中であり，複数の離島があり，海岸線の距離は約2600kmとなっている。 ○水を通しやすい火山灰などが積もってできた台地が広範囲に分布していることから，牧畜が盛んであり，肉牛などの飼育頭数は国内有数であることが知られている。

〔問2〕 次のⅠの表の**ア**～**エ**は，略地図中に ▤ で示した**W**～**Z**の**いずれか**の県の，2020年における人口，県庁所在地の人口，他の都道府県への従業・通学者数，製造品出荷額等，製造品出荷額等に占める上位3位の品目と製造品出荷額等に占める割合を示したものである。次のⅡの文章は，Ⅰの表の**ア**～**エ**の**いずれか**の県の工業や人口の様子について述べたものである。Ⅱの文章で述べている県に当てはまるのは，Ⅰの**ア**～**エ**のうちのどれか，また，略地図中の**W**～**Z**のうちのどれか。

Ⅰ

	人口（万人）	県庁所在地の人口（万人）	他の都道府県への従業・通学者数（人）	製造品出荷額等（億円）	製造品出荷額等に占める上位3位の品目と製造品出荷額等に占める割合（%）
ア	628	97	797943	119770	石油・石炭製品(23.1)，化学(17.2)，食料品(13.3)
イ	280	120	26013	89103	輸送用機械(32.8)，鉄鋼(11.2)，生産用機械(9.7)
ウ	547	153	348388	153303	化学（13.6），鉄鋼（11.0），食料品（10.8）
エ	754	233	88668	441162	輸送用機械(53.0)，電気機械(7.7)，鉄鋼(4.9)

（2021年経済センサスなどより作成）

Ⅱ

○湾に面した沿岸部は，1950年代から埋め立て地などに，製油所，製鉄所や火力発電所などが建設されており，国内最大規模の石油コンビナートを有する工業地域となっている。

○中央部及び北西部に人口が集中しており，2020年における人口に占める他の都道府県への従業・通学者数の割合は，1割以上となっている。

〔問３〕　次の資料は，2019年に富山市が発表した「富山市都市マスタープラン」に示された，富山市が目指すコンパクトなまちづくりの基本的な考え方の一部をまとめたものである。資料から読み取れる，将来の富山市における日常生活に必要な機能の利用について，現状と比較し，自宅からの移動方法に着目して，簡単に述べよ。

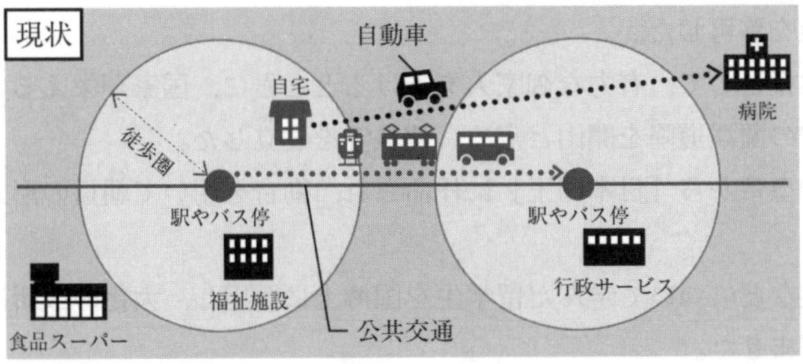

・公共交通のサービス水準が不十分で利用しにくい。
・駅やバス停を中心とした徒歩圏に日常生活に必要な機能がそろっていない。
・自動車を利用しないと生活しづらい。

こう変えたい

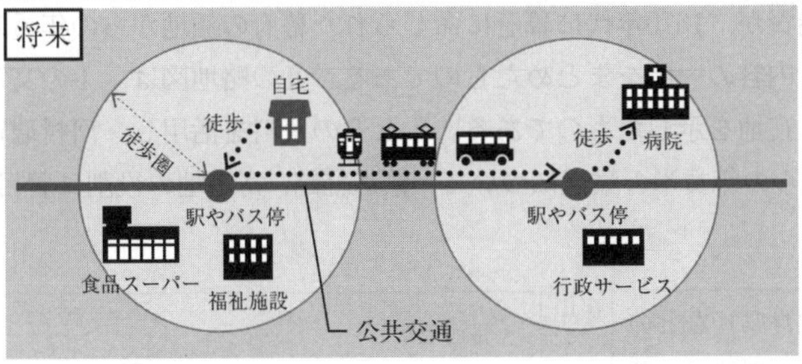

・公共交通のサービス水準が向上して利用しやすい。
・駅やバス停を中心とした徒歩圏に日常生活に必要な機能がそろっている。

（注）
・日常生活に必要な機能とは，行政サービス，福祉施設，病院，食品スーパーである。
・公共交通のサービス水準とは，鉄道・路面電車・バスの運行頻度などである。

（「富山市都市マスタープラン」より作成）

4　次の文章を読み，あとの各問に答えよ。

海上交通は，一度に大量の人や物を輸送することができることから，社会の発展のために重要な役割を果たしてきた。

古代から，各時代の権力者は，(1)周辺の国々へ使節を派遣し，政治制度や文化を取り入れたり，貿易により利益を得たりすることなどを通して，権力の基盤を固めてきた。時代が進むと，商人により，貨幣や多様な物資がもたらされ，堺《さかい》や博多《はかた》などの港が繁栄した。

江戸時代に入り，幕府は海外との貿易を制限するとともに，(2)国内の海上交通を整備し，全国的な規模で物資の輸送を行うようになった。開国後は，(3)諸外国との関わりの中で，産業が発展し，港湾の開発が進められた。

第二次世界大戦後，政府は，経済の復興を掲げ，海上交通の再建を目的に，造船業を支援した。(4)現在でも，外国との貿易の大部分は海上交通が担《にな》い，私たちの生活や産業の発展を支えている。

〔問１〕　(1)周辺の国々へ使節を派遣し，政治制度や文化を取り入れたり，貿易により利益を得たりすることなどを通して，権力の基盤を固めてきた。とあるが，次のア～エは，飛鳥《あすか》時代から室町時代にかけて，権力者による海外との交流の様子などについて述べたものである。時期の古いものから順に記号を並べよ。

ア　混乱した政治を立て直すことを目的に，都を京都に移し，学問僧として唐《とう》へ派遣された最澄《さいちょう》が帰国後に開いた密教を許可した。

イ　将軍を補佐する第五代執権《しっけん》として，有力な御家人を退けるとともに，国家が栄えることを願い，宋《そう》より来日した禅僧の蘭渓道隆《らんけいどうりゅう》を開山と定め，建長寺《けんちょうじ》を建立《こんりゅう》した。

ウ　明《みん》へ使者を派遣し，明の皇帝から「日本国王」に任命され，勘合《かんごう》を用いて朝貢《ちょうこう》の形式で行う貿易を開始した。

エ　隋《ずい》に派遣され，政治制度などについて学んだ留学生を国博士《くにはかせ》に登用し，大化の改新における政治制度の改革に取り組ませた。

〔問２〕　(2)国内の海上交通を整備し，全国的な規模で物資の輸送を行うようになった。とあるが，次のⅠの文章は，河村瑞賢《かわむらずいけん》が，1670年代に幕府に命じられた幕府の領地からの年貢《ねんぐ》米の輸送について，幕府に提案した内容の一部をまとめたものである。Ⅱの略地図は，Ⅰの文章で述べられている寄港地などの所在地を示したものである。ⅠとⅡの資料を活用し，河村瑞賢が幕府に提案した，幕府の領地からの年貢米の輸送について，輸送経路，寄港地の役割に着目して，簡単に述べよ。

Ⅰ

○陸奥《むつ》国信夫《しのぶ》郡（現在の福島県）などの幕府の領地の年貢米を積んだ船は，荒浜《あらはま》を出航したあと，平潟《ひらかた》，那珂湊《なかみなと》，銚子《ちょうし》，小湊《こみなと》を寄港地とし，江戸に向かう。

○出羽《でわ》国（現在の山形県）の幕府の領地の年貢米を積んだ船は，酒田《さかた》を出航したあと，小木《おぎ》，福浦《ふくら》，柴山《しばやま》，温泉津《ゆのつ》，下関《しものせき》，大阪，大島《おおしま》，方座《ほうざ》，安乗《あのり》，下田《しもだ》を寄港地とし，江戸に向かう。

○寄港地には役人を置き，船の発着の日時や積荷の点検などを行う。

Ⅱ

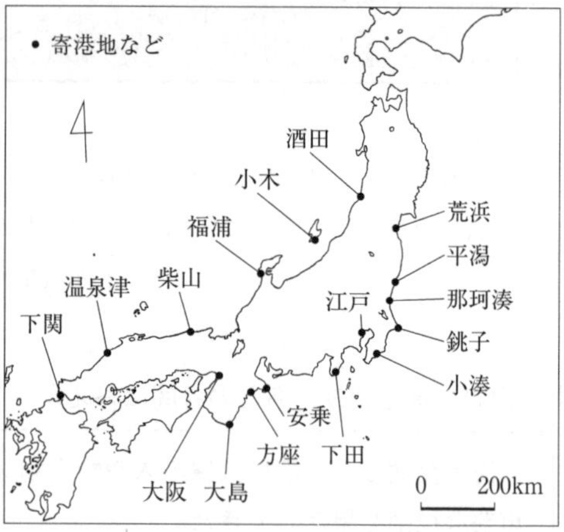

〔問３〕　(3)諸外国との関わりの中で，産業が発展し，港湾の開発が進められた。とあるが，次のページの略年表は，江戸時代から昭和時代にかけての，外交に関する主な出来事についてまとめたものである。略年表中のＡ～Ｄのそれぞれの時期に当てはまるのは，後のア～エのうちではどれか。

ア　四日市《よっかいち》港は，日英通商航海条約の調印により，治外法権が撤廃され，関税率の一部引き上げが可能になる中で，外国との貿易港として開港場に指定された。

イ　東京港は，関東大震災の復旧工事の一環として，関東大震災の２年後に日《ひ》の出《で》ふ頭が完成したことにより，大型船の接岸が可能となった。

ウ　函館《はこだて》港は，アメリカ合衆国との間に締結した和親条約により，捕鯨船への薪《まき》と水，食糧を補給する港として開港された。

エ　三角《みすみ》港は，西南戦争で荒廃した県内の産業を発展させることを目的に，オランダ人技術者の設計により造成され，西南戦争の10年後に開港された。

西暦	外交に関する主な出来事	
1842	●幕府が天保《てんぽう》の薪水給与令を出し，異国船打ち払い令を緩和した。	
		A
1871	●政府が不平等条約改正の交渉などのために，岩倉使節団を欧米に派遣した。	
		B
1889	●大日本帝国憲法が制定され，近代的な政治制度が整えられた。	
		C
1911	●日米新通商航海条約の調印により，関税自主権の回復に成功した。	
		D
1928	●15か国が参加し，パリ不戦条約が調印された。	

〔問４〕　(4)現在でも，外国との貿易の大部分は海上交通が担《にな》い，私たちの生活や産業の発展を支えている。とあるが，次のグラフは，1950年から2000年までの，日本の海上貿易量（輸出）と海上貿易量（輸入）の推移を示したものである。グラフ中のA～Dのそれぞれの時期に当てはまるのは，後の**ア**～**エ**のうちではどれか。

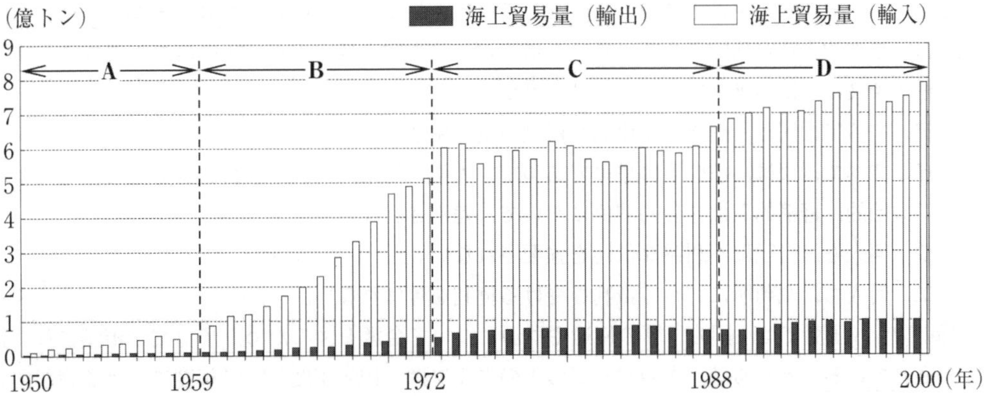

(日本長期統計総覧などより作成)

ア　サンフランシスコ平和条約（講和条約）を結び，国際社会に復帰する中で，海上貿易量は輸出・輸入ともに増加し，特に石油及び鉄鋼原料の需要の増加に伴い，海上貿易量（輸入）の増加が見られた。

イ　エネルギーの供給量において石油が石炭を上回り，海上輸送においてタンカーの大型化が進展する中で，日本初のコンテナ船が就航した他，この時期の最初の年と比較して最後の年では，海上貿易量（輸出）は約４倍に，海上貿易量（輸入）は約６倍に増加した。

ウ　冷たい戦争（冷戦）が終結するとともに，アジアにおいて経済発展を背景にした巨大な海運市場が形成される中で，海上貿易量は輸出・輸入ともに増加傾向にあったが，国内景気の後退や海外生産の増加を要因として，一時的に海上貿易量は輸出・輸入ともに減少が見られた。

エ　この時期の前半は二度にわたる石油価格の急激な上昇が，後半はアメリカ合衆国などとの貿易摩擦の問題がそれぞれ見られる中で，前半は海上貿易量（輸出）が増加し，後半は急速な円高により海上貿易量（輸入）は減少から増加傾向に転じた。

5　次の文章を読み，あとの各問に答えよ。

> 私たちは，家族，学校など様々な集団を形成しながら生活している。(1)一人一人が集団の中で個人として尊重されることが重要であり，日本国憲法においては，基本的人権が保障されている。
>
> 集団の中では，考え方の違いなどにより対立が生じた場合，多様な価値観をもつ人々が互いに受け入れられるよう，合意に至る努力をしている。例えば，国権の最高機関である(2)国会では，国の予算の使途や財源について合意を図るため，予算案が審議され，議決されている。
>
> 国際社会においても，(3)世界の国々が共存していくために条約を結ぶなど，合意に基づく国際協調を推進することが大切である。
>
> 今後も，よりよい社会の実現のために，(4)私たち一人一人が社会の課題に対して自らの考えをもち，他の人たちと協議するなど，社会に参画し，積極的に合意形成に努めることが求められている。

〔問1〕　(1)一人一人が集団の中で個人として尊重されることが重要であり，日本国憲法においては，基本的人権が保障されている。とあるが，基本的人権のうち，平等権を保障する日本国憲法の条文は，次の**ア**～**エ**のうちではどれか。

ア　すべて国民は，健康で文化的な最低限度の生活を営む権利を有する。

イ　すべて国民は，法の下に平等であつて，人種，信条，性別，社会的身分又は門地により，政治的，経済的又は社会的関係において，差別されない。

ウ　何人も，自己に不利益な供述を強要されない。

エ　何人も，裁判所において裁判を受ける権利を奪はれない。

〔問2〕　(2)国会では，国の予算の使途や財源について合意を図るため，予算案が審議され，議決されている。とあるが，次のページのⅠのグラフは，1989年度と2021年度における我が国の一般会計歳入額及び歳入項目別の割合を示したものである。Ⅰのグラフ中の**A**～**D**は，法人税，公債金，所得税，消費税の**いずれか**に当てはまる。次のページのⅡの文章は，Ⅰのグラフ中の**A**～**D**の**いずれか**について述べたものである。Ⅱの文章で述べている歳入項目に当てはまるのは，Ⅰの**A**～**D**のうちのどれか，また，その歳入項目について述べているのは，後の**ア**～**エ**のうちではどれか。

I

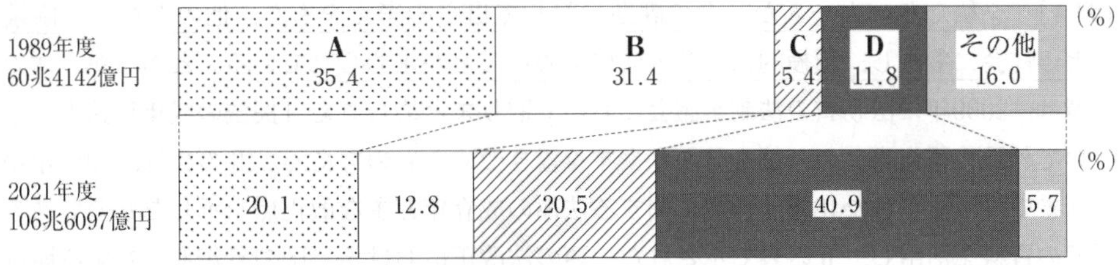

(財務省の資料より作成)

Ⅱ

> 間接税の一つであり，1989年に国民福祉の充実などに必要な歳入構造の安定化を図るために導入され，その後，段階的に税率が引き上げられた。2021年度の歳入額は20兆円を超え，1989年度に比べて６倍以上となっている。

ア　歳入の不足分を賄うため，借金により調達される収入で，元本の返済や利子の支払いなどにより負担が将来の世代に先送りされる。

イ　給料や商売の利益などに対して課され，主に勤労世代が負担し，税収が景気や人口構成の変化に左右されやすく，負担額は負担者の収入に応じて変化する。

ウ　商品の販売やサービスの提供に対して課され，勤労世代など特定の世代に負担が集中せず，税収が景気や人口構成の変化に左右されにくい。

エ　法人の企業活動により得られる所得に対して課され，税率は他の税とのバランスを図りながら，財政事情や経済情勢等を反映して決定される。

〔問３〕　(3)<u>世界の国々が共存していくために条約を結ぶなど，合意に基づく国際協調を推進することが大切である。</u>とあるが，次のⅠの文章は，ある国際的な合意について述べたものである。Ⅱの略年表は，1948年から2019年までの，国際社会における合意に関する主な出来事についてまとめたものである。Ⅰの国際的な合意が結ばれた時期に当てはまるのは，Ⅱの略年表中の**ア**～**エ**のうちではどれか。

Ⅰ

> 地球上の「誰一人取り残さない」ことをスローガンに掲げ，「質の高い教育をみんなに」などの17のゴールと169のターゲットで構成されている。持続可能でよりよい世界を目指し全ての国が取り組むべき国際目標として，国際連合において加盟国の全会一致で採択された。

Ⅱ

西暦	国際社会における合意に関する主な出来事	
1948	●世界人権宣言が採択された。	
		ア
1976	●国際連合において，児童権利宣言の20周年を記念して，1979年を国際児童年とすることが採択された。	
		イ
1990	●「気候変動に関する政府間パネル」により第一次評価報告書が発表された。	
		ウ
2001	●「極度の貧困と飢餓の撲滅」などを掲げたミレニアム開発目標が設定された。	
		エ
2019	●国際連合において，科学者グループによって起草された「持続可能な開発に関するグローバル・レポート2019」が発行された。	

〔問４〕 (4)私たち一人一人が社会の課題に対して自らの考えをもち，他の人たちと協議するなど，社会に参画し，積極的に合意形成に努めることが求められている。とあるが，次のⅠの文章は，2009年に法務省の法制審議会において取りまとめられた「民法の成年年齢の引下げについての最終報告書」の一部を分かりやすく書き改めたものである。Ⅱの表は，2014年から2018年までに改正された18歳，19歳に関する法律の成立年と主な改正点を示したものである。ⅠとⅡの資料を活用し，Ⅱの表で示された一連の法改正における，国の若年者に対する期待について，主な改正点に着目して，簡単に述べよ。

Ⅰ

○民法の成年年齢を20歳から18歳に引き下げることは，18歳，19歳の者を大人として扱い，社会への参加時期を早めることを意味する。

○18歳以上の者を，大人として処遇することは，若年者が将来の国づくりの中心であるという国としての強い決意を示すことにつながる。

Ⅱ

	成立年	主な改正点
憲法改正国民投票法の一部を改正する法律	2014	投票権年齢を満18歳以上とする。
公職選挙法等の一部を改正する法律	2015	選挙権年齢を満18歳以上とする。
民法の一部を改正する法律	2018	一人で有効な契約をすることができ，父母の親権に服さず自分の住む場所や，進学や就職などの進路について，自分の意思で決めることができるようになる成年年齢を満18歳以上とする。

6 次の文章を読み，あとの各問に答えよ。

国際社会では，人，物，お金や情報が，国境を越えて地球規模で移動するグローバル化が進んでいる。例えば，科学や文化などの面では，(1)これまでも多くの日本人が，研究などを目的に海外に移動し，滞在した国や地域，日本の発展に貢献してきた。また，経済の面では，(2)多くの企業が，世界規模で事業を展開するようになり，一企業の活動が世界的に影響を与えるようになってきた。

地球規模の課題は一層複雑になっており，課題解決のためには，(3)国際連合などにおける国際協調の推進が一層求められている。

〔問１〕 (1)これまでも多くの日本人が，研究などを目的に海外に移動し，滞在した国や地域，日本の発展に貢献してきた。とあるが，次のページの表のア～エは，次のページの略地図中に　で示したA～Dのいずれかの国に滞在した日本人の活動などについて述べたものである。略地図中のA～Dのそれぞれの国に当てはまるのは，後の表のア～エのうちではどれか。

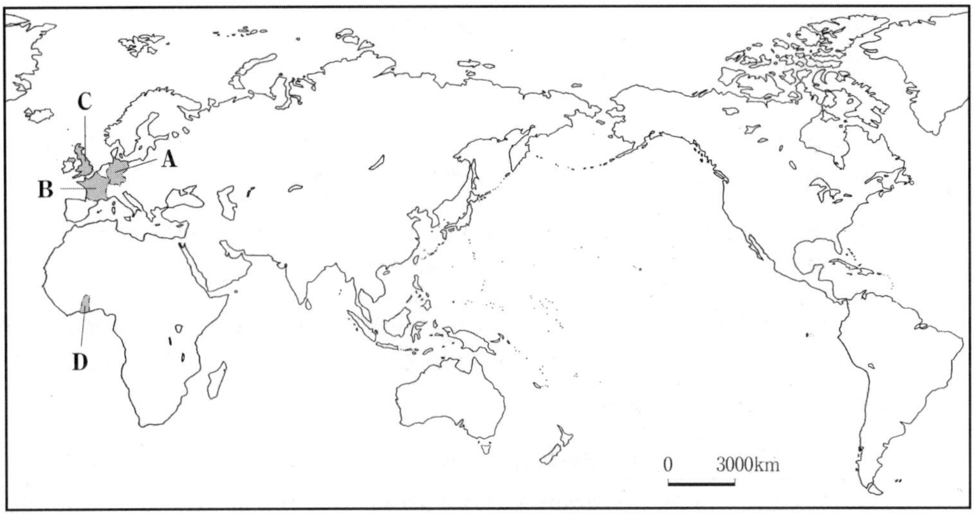

	日本人の活動など
ア	1789年に市民革命が起こったこの国に，1884年から1893年まで留学した黒田清輝《くろだせいき》は，途中から留学目的を洋画研究に変更し，ルーブル美術館で模写をするなどして，絵画の技法を学んだ。帰国後は，展覧会に作品を発表するとともに，後進の育成にも貢献した。
イ	1871年に統一されたこの国に，1884年から1888年まで留学した森鷗外《もりおうがい》は，コレラ菌などを発見したことで知られるコッホ博士などから細菌学を学んだ。帰国後は，この国を舞台とした小説を執筆するなど，文学者としても活躍した。
ウ	1902年に日本と同盟を結んだこの国に，1900年から1903年まで留学した夏目漱石《なつめそうせき》は，シェイクスピアの作品を観劇したり，研究者から英文学の個人指導を受けたりした。帰国後は，作家として多くの作品を発表し，文学者として活躍した。
エ	ギニア湾岸にあるこの国に，1927年から1928年まで滞在した野口英世《のぐちひでよ》は，この国を含めて熱帯地方などに広まっていた黄熱病《おうねつびょう》の原因を調査し，予防法や治療法の研究を行った。功績を記念し，1979年にこの国に野口記念医学研究所が設立された。

〔問２〕 (2)多くの企業が，世界規模で事業を展開するようになり，一企業の活動が世界的に影響を与えるようになってきた。とあるが，次のページのⅠの略年表は，1976年から2016年までの，国際会議に関する主な出来事についてまとめたものである。次のページのⅡの文は，Ⅰの略年表中の**ア**～**エ**の**いずれか**の国際会議について述べたものである。Ⅱの文で述べている国際会議に当てはまるのは，Ⅰの略年表中の**ア**～**エ**のうちのどれか。

Ⅰ

西暦	国際会議に関する主な出来事
1976	●東南アジア諸国連合（ＡＳＥＡＮ《アセアン》）首脳会議がインドネシアで開催された。……………………ア
1993	●アジア太平洋経済協力（ＡＰＥＣ《エイペック》）首脳会議がアメリカ合衆国で開催された。…………………イ
1996	●世界貿易機関（ＷＴＯ）閣僚会議がシンガポールで開催された。
2008	●金融・世界経済に関する首脳会合（G20サミット）がアメリカ合衆国で開催された。…………ウ
2016	●主要国首脳会議（Ｇ７サミット）が日本で開催された。……………………………………………………エ

Ⅱ

アメリカ合衆国に本社がある証券会社の経営破綻などを契機に発生した世界金融危機（世界同時不況，世界同時金融危機）と呼ばれる状況に対処するために，初めて参加国の首脳が集まる会議として開催された。

〔問３〕 (3)国際連合などにおける国際協調の推進が一層求められている。とあるが，次のⅠのグラフ中の**ア**～**エ**は，1945年から2020年までのアジア州，アフリカ州，ヨーロッパ州，南北アメリカ州の**いずれか**の州の国際連合加盟国数の推移を示したものである。Ⅱの文章は，Ⅰのグラフ中の**ア**～**エ**の**いずれか**の州について述べたものである。Ⅱの文章で述べている州に当てはまるのは，Ⅰの**ア**～**エ**のうちのどれか。

Ⅰ

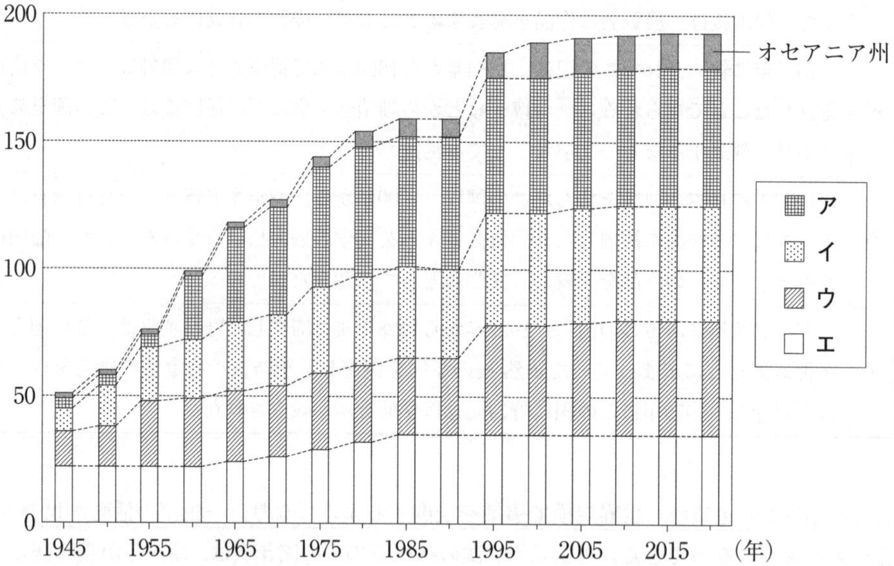

（国際連合広報センターのホームページより作成）

Ⅱ

○国際連合が設立された1945年において，一部の国を除き他国の植民地とされており，民族の分布を考慮しない直線的な境界線が引かれていた。

○国際連合総会で「植民地と人民に独立を付与する宣言」が採択された1960年に，多くの国が独立し，2020年では，50か国を超える国が国際連合に加盟している。

イ　頼政は、複数の歌を事前に備えておき、歌会ではそのまま出したり題にふさわしい表現に置き換えて出したりするようにしている。

ウ　頼政は、事前に歌を用意しておき、歌会で修正する必要が生じた際に変更すべき部分をあらかじめ想定しておくようにしている。

エ　頼政は、歌会の前に相談した歌人の先輩から譲り受けた歌を、歌会で提示された題に合わせて作りかえるようにしている。

〔問2〕　(2)短歌の場合もそういうのはあるのではないですか。とあるが、ここでいう「短歌の場合もそういうのはある」を説明したものとして最も適切なのは、次のうちではどれか。

ア　感情を適切に表現する言葉は、作りかけた歌をできるだけ長い間寝かせておくことでしか得ることができないということ。

イ　感情を適切に表現した歌を完成させるには、ふさわしい言葉を納得するまで集中して考え続けることが大切であるということ。

ウ　感情を十分に表現しきれていない未完成の歌であっても、寝かせておくことで適切な言葉が得られることがあるということ。

エ　感情を十分に表現できたと思う歌の場合でも、長い間寝かせることで適切かどうかを改めて吟味する必要があるということ。

〔問3〕　(3)俵さんの発言のこの対談における役割を説明したものとして最も適切なものは、次のうちではどれか。

ア　直前の久保田さんの発言を受けて、作歌の準備について久保田さんとの共通理解を図ろうとしている。

イ　直前の久保田さんの発言を受けて、作歌をする上での自分の体験談を紹介することで話題を広げようとしている。

ウ　直前の久保田さんの発言を受けて、作歌に関する久保田さんとは反対の意見を述べることで話題を転換しようとしている。

エ　直前の久保田さんの発言を受けて、作歌について自説を述べることで新たな問題を提起しようとしている。

〔問4〕　(5)責任はとあるが、Cの原文において「責任は」に相当する部分はどこか。次のうちから最も適切なものを選べ。

ア　計ひを　**イ**　是を　**ウ**　後の　**エ**　咎をば

〔問5〕　Cの中の――を付けた**ア**～**エ**の「が」のうち、他と意味・用法の異なるものを一つ選び、記号で答えよ。

その日になって相談をうけた。俊恵は歌会の場に馴《な》れた先輩として、この歌を「されどもこれは出栄《いでば》えすべき歌なり。」と評して提出をすすめ、頼政は俊恵の励ましに喜んで「勝負の(5)責任はあなたにありますよ。」と言いながら歌会に出かけて行った。結果は俊恵の見通しどおり好評であった。

（馬場あき子「埋れ木の歌人」による）

C

建春門院の殿上の歌合《うたあはせ》に、関路落葉といふ題に、頼政卿《きやう》の歌に、

都にはまだ青葉にて見しかども紅葉散りしく白川の関

とよまれ侍《はべ》りしを、其《そ》の度此《たびこ》の題の歌あまたよみて、当日まで思ひ煩ひて、俊恵《しゆんゑ》を呼びて見せられければ、「此の歌は、かの＊能因《のういん》が『秋風ぞ吹く白川の関』といふ歌に似て侍り。されども是《これ》は出《い》で栄《ば》えすべき歌なり。彼《か》の歌ならねど、かくもとりなしてむと、いしげによめるとこそ見えたれ。似たりとて難ずべき様にはあらず。」と計《はか》ひければ、車さし寄せて乗られける時、「貴房《きばう》の計ひを信じて、さらば是を出すべきにこそ。後の咎《とが》をばかけ申すべし。」といひかけて出《い》でられにけり。其の度思ひのごとく出で栄えして勝ちにければ、帰りて則《すなは》ち悦《よろこ》びいひ遣《つかは》したりける返事《かへりごと》に、「見る所ありてしか申したりしかど、勝負聞かざりし程はあひなくこそ胸つぶれ侍りしに、いみじき高名《かうみやう》したりとなん心ばかりは覚え侍りし。」とぞ俊恵は語りて侍りし。

※都合により掲載しておりません。

（出典：高橋和彦「無名抄全解」による）

〔注〕題詠――題を決めておいて、詩歌などを作ること。

源三位頼政《げんざんみよりまさ》――平安時代の武将、歌人。

吟行《ぎんこう》――詩歌・俳句を作るために、名所等に出かけて行くこと。

大岡信《おおおかまこと》――日本の詩人、評論家。

変奏曲――一つの主題を様々に変化させて構成した楽曲のこと。

俊恵《しゅんえ》――平安時代末期の歌人。鴨長明の師。

都にはまだ青葉にてみしかども紅葉散りしく白河の関――

旅立った時の都ではまだ青葉の状態で見たが、紅葉が散り敷いているよ、ここ白河の関では。

本歌――『新古今和歌集』の時代に盛んに行われた「本歌取り」という表現手法を用いる際の、もととなる歌。

都をば霞《かすみ》とともに立ちしかど秋風ぞ吹く白河の関――

都を、春霞が立つのとともに出発したが、いつの間にか秋風が吹く季節になってしまったことだ。この白河の関では。

能因《のういん》――平安時代の僧侶、歌人。

〔問1〕Aでは、(1)ええ、当座に出された題に応じてちょっと手直ししてその場に出すらしい。とあり、Bでは、(4)頼政が歌会で名をあげた名歌は多く「擬作」つまり、あらかじめ準備し、練りととのえた歌であったということである。とあるが、A及びBで述べられた、歌会における頼政の歌の示し方の特徴を説明したものとして最も適切なのは、次のうちではどれか。

ア　頼政は、生の感情を整理して言葉にしておき、歌会で出された題に合わせて技法を駆使して即座に和歌にできるようにしている。

だんなっていって、ここのところモーツァルトブームだけれど、特にモーツァルトにそういうのが相当あるらしいというので、楽譜でインクの色が違うなどと、それの追跡がこの頃の研究ではやられているらしいのです、一曲一曲いちいちすぐ完成して渡すというのではなくて、

俵　並行していくつも置いておく？

久保田　ええ、いろいろ思いつくままに楽譜に書きかけておいて、それをだんだんかたちにしていくんだそうです。すべての芸術でそういうことはありうるのでしょうね。まあそういうものとは比べものにならないですけれど、われわれの仕事だって何かのテーマで書きかけてほったらかしておくというのはありますね。かなり長い間暖めておいて、ということも必要なのでしょう。だからそれは作品の長短にはよらないのではないでしょうか。(2)短歌の場合もそういうのはあるのではないですか。何かこういう感情を歌いたいのだけれどどうも適切な表現が得られない、それでしばらく寝かしておく。そのうちに何かの瞬間にひょっとぴったりした表現が思い浮かぶということはあるのでしょうね。

俵　それはあります。何か言葉にできずに終わっていた以前の気持《きもち》をもう一度味わったときに歌になる場合も多いです。一瞬、言葉に出会って、「あっ、この言葉だったんだ」と思って歌になる場合と、もう一度同じ思いをして歌になる場合と、いろいろありますね。

久保田　それからさまざまに一つの事柄を歌い換えていくという場合もあるのでしょうね。定家なんて人は相当にプライドが強いから、自分が前に歌ったことのあるような発想は、努めて避けるのです。それでたまたま似てきてしまうと、恥ずかしいなんて自分で書き付けていますけれど、でもやはりその定家にしても「あ、これは*変奏曲だな」みたいなものがありますものね。だからましてそれ以外の人たちには、一つの好みの表現ないしは似たような発想というのが繰り返し繰り返し出てくるのだろうと思うのです。

(3)俵　その場である景色や物を見て、いろいろ感じることがあって、こんな歌を作ったというような、作歌事情というんでしょうか、エピソードなんかがありますけれども、ああいうのもやはり普段から筋肉を動かして、いろんな言葉のストックや気持のストックを持っているからこそ、すっと、その場で出てくるのでしょうね。

久保田　そうなのでしょうね。やはりストックでしょうね。そう思います。ただ表現だけではなくて、表現以前の何かがストックされていないと、とっさには出ないのでしょう。

（久保田淳、俵万智「百人一首　言葉に出会う楽しみ」による）

B

*俊恵《しゅんえ》はもう一つ大事なことを語りのこしてくれた。(4)頼政が歌会で名をあげた名歌は多く「擬作」つまり、あらかじめ準備し、練りととのえた歌であったということである。歌会は当座詠であっても、そうした準備された歌をもっていれば、題に合わせて詠みかえることもできる。鴨長明は無名抄に、「*都にはまだ青葉にてみしかども紅葉散りしく白河の関」の歌が、歌会で〈勝〉の判を得るまでのエピソードを伝えている。それによると頼政は、この歌の*本歌たる「*都をば霞《かすみ》とともに立ちしかど秋風ぞ吹く白河の関」の俤《おもかげ》があまりに濃く残っているのを気にして、歌会当日まで躊躇《ちゅうちょ》を感じていたという。俊恵は

A

俵《たわら》　基本的にはうちからほとばしり出るもの、あるいは何か自分がくぐり抜けた人生上のことから宿ってくるものというのは、すごく必要だと思うのですけれども、それが来たときにやはり言葉の技法というか、言葉を駆使して五七五七七に常にできるように、それがいつ来ても大丈夫なように歌人というのは普段きたえている。

久保田《くぼた》　それはあるのでしょうね。そういう心の用意というのがなくてはいけないですよね。

俵　ですから、そんなにたくさん宿ってないときでも、ある程度言葉の筋肉がうまく使えるようにはしておく。*題詠にはそういう意味もあっただろうし、題詠といわれているけれども、これは何か宿っている歌だなと思えるものもたくさんあるところをみると、むしろ宿っているところに題を与えられて出来た歌ではないかなと考えられますね。

久保田　ええ、そうだと思います。そういう例が定家《ていか》の場合などにもあります。定家の場合あまりしばしばではないのですけれど時に漢文の日記、『明月記』の中に歌が出てきますが、そのときの歌というのは題詠ではない。そのときのほんとうの生の感情を、ふっと日記のおしまいに書き付けている。そういった種類の歌がある。そしてそれから間もなくほとんど同じようなテーマの題が歌会で出されたとき、それをちょっと変えて出しているという例があります。これは月の歌なのですけれど、そういうことを昔の人もやっています。それからそれを意識的にやった人は、――これはまた長明の『無名抄』に書かれていることですけれど、――*源三《げんざん》位《み》頼政《よりまさ》がよくそれをやったというのです。つまりたくさん作り溜《た》めておく。

俵　それで題に応じて持ち歌の中からあれこれ選んで……。

久保田　(1)ええ、当座に出された題に応じてちょっと手直ししてその場に出すらしい。そういうのをふつう「擬作」と言っています。そういうことを俵さんも、あるいは現代の歌人もなさいますか。句会には席題というのがありますよね。歌会はそういうかたちではないわけですか、「今回はこういうテーマで詠《よ》もう。」というのは。

俵　まあ*吟行《ぎんこう》ですとか、そういう何か催しがあったときに「さあ詠もう」ということはありますけれど、今の歌会というのは、あらかじめ作ってきた歌をお互いに批評し合うというか、批評会ですね。でも多分昔の歌人たちも、あらかじめ作ってくるということは、あったのではないかしら。

久保田　もう用意があるのですね。この間*大岡《おおおか》信《まこと》さんと雑談していたら、大岡さんもそういうことを言っておられました、「いや、そんなの詩のほうもあるよ」と。七、八年かな、何年か前に作りかけの詩があって、ほとんど出来ているのだけれど最後のちょっとがまだ出来ない。未完成でほったらかしておいたのをある機会にふと思いついて「これだ」というので、それで七、八年目にやっと完成したという、そういう詩がある。だけど絵描きもそうで、有名な絵描きのアトリエに行くと、あれを描いたりこれを描いたり、作りかけの絵が相当あるのだそうです。それでそれを、半作と言うのですかね、昔の半作というのは家の建築で完成していないのを半作と言うらしいけれど、まだ未完成のを置いておいて、注文がくると「ああ、それじゃあ」というのでそれを完成して出す。絵描きだってやっているし、音楽家もそうだなんて話にだん

〔問2〕 この文章の構成における第十一段の役割を説明したものとして最も適切なのは、次のうちではどれか。

ア　それまでに述べてきたヒトの認知能力の特徴について、言語の側面から新たな視点を提示することで、論の展開を図っている。

イ　それまでに述べてきたヒトの認知能力の特徴について、チンパンジーとの共通点を挙げることで、論の妥当性を主張している。

ウ　それまでに述べてきたヒトの認知能力の特徴について、チンパンジーの事例に即して仮説を立てることで、論の検証をしている。

エ　それまでに述べてきたヒトの認知能力の特徴について、様々な議論の内容を要約して紹介することで、論をわかりやすくしている。

〔問3〕 (2)チンパンジーが時代を超えて蓄積されていく文化を持っていないのは、このためだろう。とあるが、筆者がこのように述べたのはなぜか。次のうちから最も適切なものを選べ。

ア　チンパンジーは世界に対してかなりの程度の理解を持っているが、世界を描写する言葉を覚えることはないと筆者は考えているから。

イ　チンパンジーは言語訓練によって任意の記号を覚えるが、さらなる意味を生み出す文法規則は習得しないと筆者は考えているから。

ウ　チンパンジーは高度な認知能力を持っているが、世界を描写して他者と互いの思いを共有しようとしないと筆者は考えているから。

エ　チンパンジーは狩りをするなどの共同作業はできるが、他者が何をしているかを推測することはできないと筆者は考えているから。

〔問4〕 (3)しかし、本質的に、それは共同幻想なのだろう。とあるが、筆者がこのように述べたのはなぜか。次のうちから最も適切なものを選べ。

ア　人々は言語を使って共同作業を行わねばならないと思っているが、実際には表情などでも意思疎通ができると筆者は考えているから。

イ　人々は公的表象が共同作業でうまく機能していると思っているが、実際には各個人の表象に微妙な違いがあると筆者は考えているから。

ウ　人々は人の心が計り知れないものだと思っているが、実際には他者が自分の心を察することを期待していると筆者は考えているから。

エ　人々は共同作業がうまくいっていると思っているが、実際には誤解や恨みなどが生じて社会は動いていないと筆者は考えているから。

〔問5〕 国語の授業でこの文章を読んだ後、「互いの思いを一致させること」というテーマで自分の意見を発表することになった。このときにあなたが話す言葉を具体的な体験や見聞も含めて二百字以内で書け。なお、書き出しや改行の際の空欄、、や。や「なども それぞれ字数に数えよ。

5　次のページのAは、和歌に関する対談の一部であり、Bは、対談中に出てくる鴨長明《かものちょうめい》が書いた「無名抄《むみょうしょう》」について書かれた文章である。また、Cは、無名抄の原文であり、[　]内の文章はその現代語訳である。これらの文章を読んで、あとの各問に答えよ。（＊印の付いている言葉には、本文のあとに〔注〕がある。）

作業をすることができる。言語コミュニケーションはその共同作業をずっとスムーズに促進させてくれるが、言語がなくても共同作業はできる。言葉の通じない外国でも、表情や身振り手振りで人々は意思疎通することができる。それは、とりもなおさず、先はどの「私は、あなたが何を考えているかを知っている、ということをあなたも知っている、ということを私は知っている」からだ。（第十五段）

チンパンジーは、みんなでサルを狩るなど、共同作業に見えることをする。しかし、本当に意思疎通ができた上での共同作業ではないらしい。他者が何をしているかを推測することのできる高度なコンピュータが、その知識をもとに互いに勝手に動いているというほうが、彼らの行動をよりよく描写していると私は思う。（第十六段）

私たちは、外界についてそれぞれが自分自身の表象を持っている。いわば個人的表象だ。それを表現するのが言語である。言語で表されたものは公的表象となる。その公的表象を受け取った他者は、それについて独自の個人的表象を持つ。誰も他者の心を見ることはできないので、個人的表象はあくまでもその個人しか理解できないものである。「リンゴ」という言葉で表される公的表象は、秋冬の赤い果物、少しすっぱい、青森や長野が有名、アップルパイのもと、などである。しかし、「リンゴ」という言葉で何を思うかは、人それぞれに異なる。（第十七段）

「自由」「勇気」「繁栄」「正義」など、もっと抽象的な概念になると、公的表象とそれぞれの個人的表象の間には、「リンゴ」のような具体的なものの表象よりもずっと多くの、微妙な違いが生じるに違いない。それでも人々は、言語で表される公的表象でコミュニケーションを取り、共同作業を行わねばならない。その公的表象が各個人の持つ表象の最大公約数としてうまく機能している限り、共同作業はうまくいくだろう。実際、かなりうまくいっているからこそ、この社会は動いている。（第十八段）

(3)しかし、本質的に、それは共同幻想なのだろう。何か探しているような素振りを見せる人に対し、「何かお探しですか？」と聞くのは、本質的にはおせっかいなのだろう。人の心なんて本当は計り知れないものなのだから。それでも大方は当たっている。相手も、そう察してくれることを期待している。それが外れた時に誤解が生じ、「あなたは何もわかってくれない」という恨みが生じる。この何やかやにもかかわらず、共同幻想こそがヒトを共同作業に邁進《まいしん》させ、ここまでの文明を築いてきたのだろう。そして、互いの思いを一致させることは、相変わらずたいへん難しい作業であり、それができた時、できない時に伴う様々な感情を私たちは備えているのである。（第十九段）

（長谷川眞理子「進化的人間考」（一部改変）による）

〔注〕利他行動――自己を犠牲にして、他の個体に利益を与える行動。

〔問1〕(1)今こうやって描写したのが、三項表象の理解である。とはどういうことか。次のうちから最も適切なものを選べ。

ア　子どものさす方向をおとなが見て子どもに話しかけることは、「外界」に関する子どもの心的表象を理解することだということ。

イ　子どものさす方向をおとなが見て子どもの興味を理解することは、子どもと同じ「外界」に関する心的表象を持つことだということ。

ウ　子どものさす方向をおとなが見て子どもと同じような興味を持つことは、互いに同じ「外界」を見ていたことの結果だということ。

エ　子どものさす方向をおとなが見て子どもと顔を見合わせることは、「外界」に関する心的表象の共有を理解し合うことだということ。

とを知っている」となる。しかし、これを一文で表そうとすれば、「私は、あなたがイヌを見ているということを知っている、ということをあなたは知っている、ということを私は知っている」となる。この文章を理解するよりも、実際に子どもと目を見合わせながらイヌを見るほうが、ずっと簡単だ。しかし、この簡単なことは三項表象の理解であり、実は非常に高度な認知能力の結果なのである。（第八段）

言語とは、対象をさし示す記号であり、それらの記号を文法規則で組み合わせて、さらなる意味を生み出すことのできるシステムである。そして、対象をさし示すために使われる記号は、その対象物の性質とは無関係な表象である。たとえば、イヌを「イヌ」と呼ぼうと、「dog」と呼ぼうと、何でもよい。それらは、イヌという動物の性質とは関係なく、任意に選ばれている。（第九段）

そして、様々な記号を結びつけて、さらなる意味を生み出すための文法規則がある。だから、「ヒトがイヌを噛《か》む」と「イヌがヒトを噛む」とでは意味が全く異なるのだ。このような任意の記号と文法規則を備えたコミュニケーションシステムを持つ動物は、ヒト以外にはいない。（第十段）

そこで、ヒトの言語の進化をめぐって、様々な議論が行われてきた。ヒトと最も近縁な動物であるチンパンジーがどこまで言語を習得できるのかを探るために、チンパンジーに対する言語訓練の実験も何十年にわたって行われてきた。その結果、チンパンジーはたくさんの任意な記号を覚えるが、文法規則は習得しないことがわかった。その他にもいろいろなことがわかった。しかし、最も重要な発見は、言葉を教えられたチンパンジーが別に話したいとは思わない、ということではないだろうか。（第十一段）

数百の単語を覚えたチンパンジーたちが自発的に話す言葉の九割以上は、ものの要求なのである。「オレンジちょうだい」「くすぐって」「戸を開けて」など、教えられたシグナルを使って他者を動かし、自分の欲求を満たそうということである。「空が青いですね」「寒い」など、世界を描写する「発言」はほとんど皆無だ。ひるがえって、言葉を覚え始めたばかりの子どもの発話の九割以上がものの要求ということはない。もちろん要求もするが、「ワンワン」「お花、ピンク」「あ、○○ちゃんだ」「落ちちゃった」など、世界を描写する。単に世界を描写して何をしたいのか。先ほど述べたように、他者も同じことを見ているという確認、思いを共有しているということの確認である。つまり、三項表象の理解を表現しているのだ。（第十二段）

チンパンジーの認知能力は非常に高度である。彼らは、かなり高度な問題をも解くことができる。しかし、どうやら彼らに三項表象の理解はない、というか乏しい。一頭一頭のチンパンジーは世界に対してかなりの程度の理解を持っているのだが、その理解を互いに共有しようとしないのである。高機能のコンピュータがたくさんあるが、それらどうしがつながっていない、というような状況だろうか。だから、世界を描写してうなずき合おうとはしないのである。(2)チンパンジーが時代を超えて蓄積されていく文化を持っていないのは、このためだろう。（第十三段）

三項表象の理解があり、互いに思いを共有する素地があれば、そこから言語が進化するのは簡単であるように思う。言語獲得以前の子どもたちがやっているように、思いの共有さえあれば、あとはその対象に名前をつけていくのは簡単なはずだ。（第十四段）

また、三項表象の理解があれば、目的を共有することができる。私が外界に働きかけて何かしようとしている。その「何か」をあなたが推測し、同じ思いを共有することができれば、「せいのっ！」と共同

イ　全国からの反響に驚き、次回の観測会も最高のものにしたいと気持ちを切り換え、目標となる星を早く決めようと思っている様子。

ウ　全国の参加者がＩＳＳを観測できたか心配であったが、成功の知らせがパソコンから聞こえてきて、心が軽くなっている様子。

エ　拍手の音や声を聞き、全国の参加者が自分のことを一斉に賞賛してくれていることに感動し、誇らしく思っている様子。

4　次の文章を読んで、あとの各問に答えよ。（＊印の付いている言葉には、本文のあとに〔注〕がある。）

ヒトは、食べていくという生き物にとって最重要な仕事の点で、絶対に一人では生きられない生物だということは、ヒトの進化を理解する上で決定的に重要な鍵であるに違いない。（第一段）

これまで、動物の行動の進化を研究する行動生態学では、＊利他行動の進化について様々なモデルを考えてきた。しかし、これらすべてのモデルが暗黙に仮定していたのは、個体は基本的に一人で食べていけるということだ。ヒトはそうではないのだとしたら、ヒトの様々な行動の進化を考察する時に、動物のモデルをそのまま当てはめるわけにはいかないだろう。（第二段）

今回は、ヒトが共同作業を行う上での基盤となる能力である三項表象の理解について取り上げたい。この能力は、言語や文化といったヒトに固有の性質の基本に横たわっていると、私は考えている。（第三段）

まだ言葉も十分には話せない小さな子どもが、何かを見て興味を持ったとしよう。その子はどうするだろう？　そちらを指さしたり、手を伸ばしたりしながら、あーあー、などと発声し、一緒にいるおとなの顔を見るに違いない。おとながそちらを見てくれなければ、かなりしつこく、おとなの注意をそちらに向けさせようとするだろう。これは、実によくある光景だ。（第四段）

その声や動作に気づいたおとなは、子どもがさしている方向を見て、何が子どもの興味を引いたのかを理解すると、子どもと顔を見合わせ、「そうだね、○○だね」と話しかける。その言葉を子どもが理解できなくてもかまわない。それでも、動作や表情、視線によって、子どもは、おとなが同じものを見て興味を共有してくれていることを確認する。そして、それは、子どもにとってもおとなにとっても楽しいことなのだ。（第五段）

(1)今こうやって描写したのが、三項表象の理解である。つまり、「私」と「あなた」と「外界」という三つがあり、「私」が「外界」を見ていて、「あなた」も同じその「外界」を見ている。そして、互いに目を見交わし、互いの視線が「外界」に向いていることを見ることで、両者が同じその「外界」を見ていることを、了解し合う。「外界」に関する心的表象を共有していることを理解し合う、ということだ。（第六段）

このように描写すると非常にややこしいが、先に述べたように子どもでもやっていることだ。「外界」をイヌとすると、子どもがイヌを見て指さし、「ワンワン」と言う。そして母親を見る。母親もそちらを見て、また子どもと顔を見合わせ、「そうね、ワンワンね、かわいいわね」と言う。あまりにも普通のことに思われるが、これが、どれだけ深遠な意味を含んでいることか。（第七段）

ヒトの心の中で行われているこのプロセスを描写すると、「私は、あなたがイヌを見ているということを知っている」、「あなたは、私がイヌを見ているということを知っている」、そして、「お互いにそのこ

ウ　星座と飛行機の光の強弱の変化を明確に描くことで、天文部の仲間と観測会を成功させた後の凜久の心情の変化を表現している。

エ　ＩＳＳの光と凜久の行動とを順序立てて描くことで、実際に観測したＩＳＳの姿に凜久が大いに感動している様子を表現している。

〔問２〕 (2)なんだか無性におかしくなって、泣きながら笑ってしまう。とあるが、この表現から読み取れる亜紗の様子として最も適切なのは、次のうちではどれか。

ア　凜久の気持ちを引き出すために冷静に会話する深野と比較して、感情的になってしまった自分のことを恥ずかしく思っている様子。

イ　深野からの質問の答えに窮する凜久の姿を見てほほ笑ましく感じ、凜久が転校することへの悲しみがすっかり晴れている様子。

ウ　思ったことを素直に伝えて凜久の気持ちを引き出した深野の姿が痛快で、悲しい気持ちが少し明るくなっている様子。

エ　深野と軽やかに会話をする凜久の姿を見て、心配しているほど悲しむ必要はないのかもしれないと思い直して安心している様子。

〔問３〕 (3)心細そうに聞く声に、一度引いた亜紗の涙がまたこみ上げてきそうになる。とあるが、このときの亜紗の気持ちに最も近いのは、次のうちではどれか。

ア　これまで転校の不安を口にしなかった凜久が、仲間を頼ってようやく素直な気持ちを表すことができたことにほっとする気持ち。

イ　ずっと一緒だった自分たちに伝えなかった不安をオンラインの仲間には吐露する凜久の姿を見て、自分をふがいなく思う気持ち。

ウ　凜久の存在をようやく身近に感じることができたのに、もうすぐ離れ離れになってしまうという現実に打ちひしがれる気持ち。

エ　凜久の存在を改めて感じたことにより、一人で不安を抱え続けてきた凜久の心境を推し量りやるせなく思う気持ち。

〔問４〕 (4)「私も卒業ですよ。」とあるが、晴菜先輩がこのように言ったわけとして最も適切なのは、次のうちではどれか。

ア　環境が変わっても、ＩＳＳの観測に共に挑んだ全国の仲間や天文部の仲間たちのことを忘れないでほしいと凜久に伝えたかったから。

イ　一緒にいた仲間たちとの関係はずっと続くと確信しており、たとえ離れてもきっとつながっていられると凜久に伝えたかったから。

ウ　天文部の仲間たちに対する願いを打ち明けることで、凜久だけでなく卒業を控えた自分のことも勇気付けてもらいたいと思ったから。

エ　自分も卒業のために仲間たちと別れることへの心の整理がつかずに寂しい気持ちでいることを、凜久にわかってほしいと思ったから。

〔問５〕 (5)その声を全身で受けて、空を見上げながら――。とあるが、この表現から読み取れる亜紗の様子として最も適切なのは、次のうちではどれか。

ア　たくさんの拍手や声を聞き、ＩＳＳの観測に全力を注いだ日々が、全国の仲間と喜びを共有する形に結実したことを実感している様子。

になる。平然として見えた凛久が、本当はずっと不安だったのかもしれないこと、それを、ようやく今日になって口に出せているのかもしれないこと。考えたら、胸が押しつぶされそうになる。

『大変は大変だけど……大丈夫。どこに行っても。』

凛久の問いかけを受けた輿が、動揺する様子もなく答える。笑顔だった。

『離れても大丈夫だって、オレは、みんなが教えてくれたから。』

五島《ごとう》天文台の＊窓から、円華《まどか》や武藤《むとう》、小山《こやま》が『おー！』と手を振り動かしている。輿が笑い、そして言った。

『だから、大丈夫。凛久くんも。』

「そうかなー？」

(4)「私も卒業ですよ。」

凛久の横に、晴菜先輩がやってくる。

「卒業しちゃうけど、みんながずっと私のことも仲間だって思ってくれてるって、信じています。」

屋上に立つ天文部のメンバーを、晴菜先輩が見回す。「すっごく楽しい。」と彼女がにっこりした。

「今日、私たち、なんか、ものすごく青春って感じがしませんか？　凛久くんの言う通り。素晴らしい。青春、万歳ですよ。」

「え、なんですか、それ。」

普段はクールな晴菜先輩の、いつになくはしゃいだ様子の声を聞き、亜紗と凛久が思わず笑う。マスクごしだけど、冬の＊静謐《せいひつ》な空気を鼻と口からいっぱいに吸い込むと、その時、御崎台《みさきだい》高校の＊柳《やなぎ》の声がした。

全チームをつないだパソコンと、幹事三ヵ所のものと、両方からの声が二重になって聞こえる。

『皆さん、ありがとうございました。ＩＳＳ、無事に、通過しましたでしょうか。――これで、今日のプロジェクトは大成功！　終了です。お疲れさまでした！』

空で星が瞬《またた》いている。

その星の瞬きに呼応するように、画面のあちこちから拍手が聞こえた。パチパチパチパチパチ。バイバーイ、ありがとう。またねー！　楽しかったー！　たくさんの声がこだまする。

(5)その声を全身で受けて、空を見上げながら――。

最高だな、と亜紗は思った。

（辻村深月「この夏の星を見る」による）

〔注〕ナスミス式望遠鏡――天体望遠鏡の形式の一つ。
輿《こし》――長崎県の五島天文台チームのメンバーとは元同級生で、東京都の御崎台高校に転入した東京都チームのメンバーの一人。
窓――パソコンのデスクトップ上で開かれた画面。
円華《まどか》や武藤《むとう》、小山《こやま》――長崎県の五島天文台チームのメンバー。
静謐《せいひつ》――静かで穏やかな様子。
柳《やなぎ》――御崎台高校に通う、東京都チームのメンバーの一人。

〔問1〕(1)「あーーーっ！」凛久の声だった。ＩＳＳの光の点が完全に視界から消え、あとには、冬の星座と、赤く点滅する飛行機の光だけが残った空を仰ぎ、大声で、凛久が叫んだ。とあるが、この表現について述べたものとして最も適切なのは、次のうちではどれか。

ア　観測の余韻を残す夜空と凛久の声を対照的に描くことで、転校を受け止めきれず衝動に駆られる凛久の様子を強調して表現している。

イ　ＩＳＳの光と飛行機の光とを交互に描くことで、天文部の仲間が凛久の転校に様々な感情を抱いていることを表現している。

う。その声を聞いて、どう言っていいかわからないくらい、亜紗も嬉しくなる。

ＩＳＳが、空をよぎっていく。

興奮したみんなの声を受けながら、山の向こうへと消えていこうとしている。光を惜しむように、亜紗たちは声を送り続けた。ありがとう、バイバイ。

バイバーイ！

というどこかの声を聞きながら、その時、屋上の上で、ふいに声が破裂した。

(1)「あーーーっ！」

凛久の声だった。ＩＳＳの光の点が完全に視界から消え、あとには、冬の星座と、赤く点滅する飛行機の光だけが残った空を仰ぎ、大声で、凛久が叫んだ。

長い声は、しばらく、止まらなかった。凛久が少し息苦しそうにし、口元のマスクの位置を直したところで、姿勢を元に戻す。そして言った。

「転校、したくねえーなーーー！」

唇を、噛《か》み締めた。そうやって耐えようとしたけど、——ダメだった。亜紗の目から涙が噴き出る。完全なる不意打ちだ。一気に瞼《まぶた》が熱くなる。

「凛久、やめろっ！」

亜紗も叫ぶ。

「泣いちゃうじゃん。勘弁してよ。」

「わ、すげ、亜紗、泣いてる？」

「だって……。」

恥ずかしくてあわてて瞼を押さえて俯《うつむ》くと、一年生の深野のとても冷静な声がした。

「っていうか、凛久先輩も泣いてません？　目、潤んでます。」

「いやー、そりゃ、泣くでしょ。青春ですから。」

青春ですから。

その声に顔を上げると、凛久が目を押さえ、マスクをずらしていた。

それを見て、驚きつつ、同時に、すごいなぁ、と思う。深野さん、普通、こういう時、指摘しないであげるのが礼儀な気もするのに、うちの後輩は言っちゃうんだなぁ。(2)なんだか無性におかしくなって、泣きながら笑ってしまう。

「え、亜紗、笑うのかよ。ひどくない？」

凛久の肩が亜紗の肩に触れた。男子が女子に、付き合ってもないのにするには近すぎる距離感だけど、それを茶化すようなメンバーが、オンライン含めて誰もいなそうなのが、亜紗には心地よかった。みんなと出会えてよかったと思った。

肩に、凛久の体温を感じる。

ずっと一緒にいたけど、こんなふうに触れ合うのは、そういえば初めてだ。凛久が亜紗から離れ、幹事の三ヵ所だけをつないでいたパソコンの方に近寄っていく。

「＊輿《こし》くーん、いる？」

『いますよー、なんですか。』

それまで、そちらのパソコンは、声が二重になってしまうから、と音声を切ってあったのだが、ミュートを解除したようだ。画面を覗《のぞ》き込み、凛久が尋ねた。

「転校って、大変？」

(3)心細そうに聞く声に、一度引いた亜紗の涙がまたこみ上げてきそう

〈国語〉

時間　五〇分　満点　一〇〇点

1 次の各文の——を付けた漢字の読みがなを書け。

(1) 花瓶に挿した一輪のバラを部屋に飾る。

(2) 主張の根拠を明確にして意見文を書く。

(3) カメラを三脚に据えて記念写真を撮影する。

(4) 歴史的に価値のある土器が展覧会に陳列される。

(5) 絵本を読み幼い頃の純粋な気持ちを思い出した。

2 次の各文の——を付けたかたかなの部分に当たる漢字を楷書で書け。

(1) 大正時代に建設されたレンガ造りのヨウカンを訪ねる。

(2) 心を込めてソダてたトマトが赤く色付く。

(3) ホテルのキャクシツへ自分の荷物を運ぶ。

(4) 駅前のバイテンで温かい飲み物を買う。

(5) 満開のサクラを眺めながら公園を歩く。

3 次の文章を読んで、あとの各問に答えよ。（*印の付いている言葉には、本文のあとに〔注〕がある。）

（亜紗《あさ》、凜久《りく》、晴菜《はるな》、深野《ふかの》は茨城県の高校生で、天文部に所属している。凜久が転校することを知った亜紗たちは、親交のある長崎県と東京都の中高生と協力し、全国の中高生をオンラインでつなげISS（国際宇宙ステーション）の観測会を計画していた。観測会前のある日、凜久が自作した望遠鏡による天体観測を、凜久の姉である花楓《かえで》も呼んで行うことにした。）

「凜久、言ってました。——姉ちゃんは、子どもの頃からオレのスターだったんだって。」

花楓が望遠鏡から離れた後で、亜紗がそっと話しかけた。凜久は一年生たちと一緒に、パソコン画面の向こう側に向けて、*ナスミス式望遠鏡から見える天体の様子を解説している。綿引《わたびき》先生が今日はレンズに取りつけるカメラを用意してくれたので、設置した大きなモニターに、望遠鏡から見える光景が表示できるようになっていた。

凜久がこちらを見ていないことを確認して、こっそり、教える。

「勉強ができて、学校で教えてくれないこともすごくたくさん知ってるお姉さんのことが自慢で、特にお姉さんから聞く宇宙の話が大好きだったって。」

身内をそうやって堂々と褒めるのは、なかなかできないことだと思う。凜久だって、普段はおそらくそうしない。——亜紗たちにだから安心して話してくれたのだろうと思ったら、とても光栄だと感じた。

「そっか。」

亜紗の声を受けて、花楓が微笑《ほほえ》んだ。弟の方を見て、眩《まぶ》しそうに目を細める。そして言った。

「亜紗ちゃん。」

「はい？」

「星を見せてくれてありがとう。」

花楓から、親しげに「亜紗ちゃん」と呼んでもらえたことが嬉《うれ》しくて、むずむずする。だから、その日、亜紗から誘った。もしよかったら、来月のISSもまた一緒に観《み》ませんか——と。

「こんな楽しいことが待ってるなんて、思ってなかった。」

天を昇っていくISSの光を見つめながら、亜紗の隣で花楓が言

2024年度

解答と解説

《2024年度の配点は解答用紙集に掲載してあります。》

＜数学解答＞

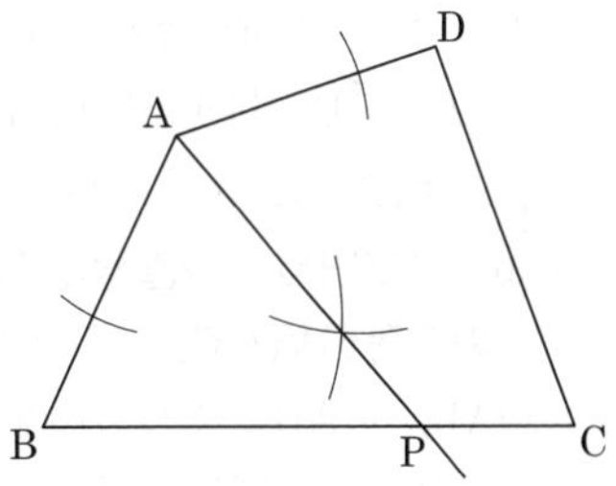

1　〔問1〕　-8　〔問2〕　$\frac{a+2b}{3}$　〔問3〕　$1+5\sqrt{7}$

〔問4〕　4　〔問5〕　$x=6$，$y=-3$　〔問6〕　7，9

〔問7〕　エ　〔問8〕　36　〔問9〕　右図

2　〔問1〕　3　〔問2〕　解説参照

3　〔問1〕　①　エ　②　ク　〔問2〕　③　ウ　④　ア

〔問3〕　8

4　〔問1〕　イ　〔問2〕　①　解説参照　②　5：36

5　〔問1〕　90　〔問2〕　48

＜数学解説＞

1　(数・式の計算，平方根，一次方程式，連立方程式，二次方程式，箱ひげ図，円，作図)

〔問1〕　四則をふくむ式の計算の順序は，指数→乗法・除法→加法・減法となる。$-6^2=-(6\times6)=-36$だから，$-6^2\times\frac{1}{9}-4=-36\times\frac{1}{9}-4=-4-4=-8$

〔問2〕　$2a+b-\frac{5a+b}{3}=\frac{3(2a+b)}{3}-\frac{5a+b}{3}=\frac{3(2a+b)-(5a+b)}{3}=\frac{6a+3b-5a-b}{3}=\frac{a+2b}{3}$

〔問3〕　展開する。また，根号の中が同じ数字の項をまとめる。$(\sqrt{7}-1)(\sqrt{7}+6)=\sqrt{7}\times\sqrt{7}+\sqrt{7}\times6-1\times\sqrt{7}-1\times6=7+6\sqrt{7}-\sqrt{7}-6=7-6+6\sqrt{7}-\sqrt{7}=1+5\sqrt{7}$

〔問4〕　$2x-8=-x+4$　左辺の-8と右辺の$-x$をそれぞれ移項して，$2x+x=4+8$　$3x=12$　両辺を3で割って，$x=4$

〔問5〕　連立方程式$\begin{cases}5x+7y=9\cdots① \\ 3x+4y=6\cdots②\end{cases}$　①×3より，$15x+21y=27\cdots③$　②×5より，$15x+20y=30\cdots④$　③－④　$(15x+21y)-(15x+20y)=27-30$　$y=-3\cdots⑤$　⑤を①に代入して　$5x+7\times(-3)=9$　$5x-21=9$　$5x=30$　$x=6$　よって，連立方程式の解は，$x=6$，$y=-3$

〔問6〕　乗法公式$(a-b)^2=a^2-2ab+b^2$より，$(x-8)^2=x^2-16x+64$　よって，$(x-8)^2=1$　$x^2-16x+64=1$　$x^2-16x+64-1=0$　$x^2-16x+63=0$　$(x-7)(x-9)=0$　$x=7$，9

(別法)　$x-8=A$とおくと，$(x-8)^2=1$　$A^2=1$　$A=\pm1$　$x-8=\pm1$　$x=\pm1+8$　$x=7$，9

〔問7〕　ア　図1の箱ひげ図より，C組の最大値は30m未満であるので，正しくない。

イ　図1の箱ひげ図より，A組，B組，C組の最大値を比較すると，最も遠くまで投げた生徒がいる組はB組であると読みとれるので，正しくない。

ウ　生徒の人数はどの組も37人であるため，中央値は小さいほうから19番目の生徒の記録になる。図1の箱ひげ図より，A組の中央値は15(m)と読み取れるため，A組には記録が15mの生徒がいる。よって，正しくない。

エ　図1の箱ひげ図より，四分位範囲が最も小さいのはB組であるため，正しい。

（補足説明） **四分位数**とは，全てのデータを小さい順に並べて4つに等しく分けたときの3つの区切りの値を表し，小さい方から**第1四分位数，第2四分位数，第3四分位数**という。第2四分位数は**中央値**のことである。**箱ひげ図**とは，最小値，第1四分位数，第2四分位数(中央値)，第3四分位数，最大値を箱と線(ひげ)を用いて1つの図に表したものである。**四分位範囲**とは，第1四分位数から第3四分位数の範囲のことである。

〔問8〕 **半円の弧に対する中心角は180°**であるため，$\overset{\frown}{\mathrm{AB}}$に対する中心角は180°となり，$\overset{\frown}{\mathrm{AC}}$に対する中心角は$180°\times\frac{2}{5}=72°$となる。よって，∠AOC＝72° 対頂角は等しいので，∠AOC＝∠BOD＝72° $\overset{\frown}{\mathrm{BD}}$に対する円周角と中心角の関係により，∠BED＝$\frac{1}{2}$∠BOD＝$72°\times\frac{1}{2}=36°$

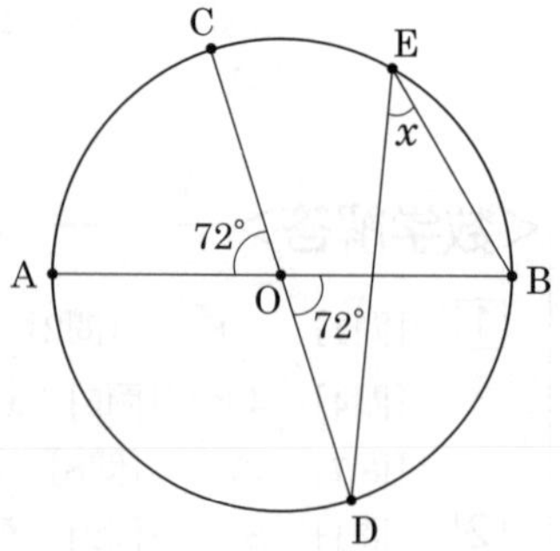

〔問9〕 （着眼点） **2直線から等しい距離の点を作図する際には，角の二等分線を使う。** （作図手順） ① 点Aを中心として，辺AB，辺ADに交わる円をかき，辺AB，辺ADとの交点をそれぞれ点E，点Fとする。 ② 点E，点Fを中心として等しい半径の円をかき，その交点の1つを点Gとする。 ③ 半直線AGをひき(∠BADの角の二等分線)，半直線AGと辺BCの交点を点Pとする。(ただし，解答用紙には点E，点F，点Gの表記は不要)

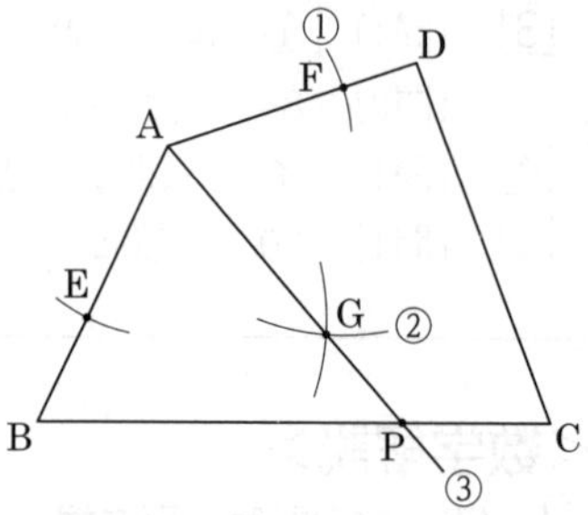

2 （面積，文字を使った式，式による証明）

〔問1〕 △ABCを平行移動させた図形が△EDBであるため，△ABC≡△EDB…(1) CB＝AE，CB//AEより，**2組の対辺が平行でその長さは等しい**ので，四角形AEBCは平行四辺形である。また，平行四辺形は点対称な図形であるために，△ABC≡△BAE…(2) (1)，(2)より，△ABC≡△EDB≡△BAE よって，四角形AEDCの面積は△ABCの面積の3倍となる。

〔問2〕 【証明】 (例)四角形AGHCは，上底がaxcm，下底が$(ax+a)$cm，高さが$b$cmの台形だから，四角形AGHCの面積は，$\{ax+(ax+a)\}\times b\times\frac{1}{2}=\frac{1}{2}ab(2x+1)$…(1) 四角形ABJKは，上底が$bx$cm，下底が$(bx+b)$cm，高さが$a$cmの台形だから，四角形ABJKの面積は，$\{bx+(bx+b)\}\times a\times\frac{1}{2}=\frac{1}{2}ab(2x+1)$…(2) (1)，(2)より，四角形AGHCの面積と四角形ABJKの面積は等しい。

3 （図形と関数・グラフ）

〔問1〕 点Pは曲線ℓ：$y=\frac{1}{4}x^2$上にあり，そのx座標のとる値の範囲は， $-3\leqq x\leqq 1$である。よって，y座標の最小値は$x=0$のとき，$y=0$ y座標の最大値は$x=-3$のとき，$y=\frac{9}{4}$ ゆえにbの座標のとる値の範囲は，$0\leqq b\leqq\frac{9}{4}$

〔問2〕 点Pは曲線ℓ：$y=\frac{1}{4}x^2$上にあり，そのx座標は2であるので，点Pのy座標は$y=\frac{1}{4}\times 2^2=1$となりP(2，1) 点Qは点Pと$x$座標が等しく，$y$座標が点Pより4大きい点であるのでQ(2，5)となる。また，点Aは曲線ℓ：$y=\frac{1}{4}x^2$上にあり，そのx座標は-6であるので，点Aのy座標は$y=\frac{1}{4}\times(-6)^2=9$となりA($-6$，9) 2点A，Qを通る直線の式を$y=ax+b$とすると，A($-6$，9)を代入して$9=-6a+b$…① Q(2，5)を代入して$5=2a+b$…② ①－② $9-5=(-6a+b)-(2a+b)$ $4=-8a$ $a=-\frac{1}{2}$…③ ③を②に代入して $5=2\times\left(-\frac{1}{2}\right)+b$ $5=-1+b$ $b=6$ よって$y=-\frac{1}{2}x+6$

〔問3〕　点Pは曲線ℓ：$y=\frac{1}{4}x^2$上にあり，そのx座標をtとすると，点Pのy座標は$y=\frac{1}{4}\times t^2=\frac{1}{4}t^2$となりP$\left(t,\ \frac{1}{4}t^2\right)$　点Qは点Pとx座標が等しく，y座標が点Pより4大きい点であるのでQ$\left(t,\ \frac{1}{4}t^2+4\right)$となる。ここで，点Qを通り傾き$\frac{1}{2}$の直線を$y=\frac{1}{2}x+b$とおくと，Q$\left(t,\ \frac{1}{4}t^2+4\right)$を代入して$\frac{1}{4}t^2+4=\frac{1}{2}t+b$　$b=\frac{1}{4}t^2-\frac{1}{2}t+4$　$y=\frac{1}{2}x+\frac{1}{4}t^2-\frac{1}{2}t+4$となり，点Rの座標はR$\left(0,\ \frac{1}{4}t^2-\frac{1}{2}t+4\right)$となる。△AOR$=\frac{1}{2}\times$OR$\times$(ORを底辺とした高さ)$=\frac{1}{2}\times\left(\frac{1}{4}t^2-\frac{1}{2}t+4\right)\times6=\frac{3}{4}t^2-\frac{3}{2}t+12$　△PQR$=\frac{1}{2}\times$PQ$\times$(PQを底辺とした高さ)$=\frac{1}{2}\times4\times t=2t$となるため，△AOR$=$3△PQR　$\frac{3}{4}t^2-\frac{3}{2}t+12=3\times2t$　$3t^2-6t+48=24t$　$3t^2-30t+48=0$　$t^2-10t+16=0$　$(t-2)(t-8)=0$　$t>3$より$t=8$　(補足説明)　△AORの面積を求める際のORを底辺とした高さは，点AからORまでの距離となる。よって，A$(-6,\ 9)$より，6とわかる。同様に，△PQRの面積を求める際のPQを底辺とした高さは，P$\left(t,\ \frac{1}{4}t^2\right)$より，$t$とわかる。

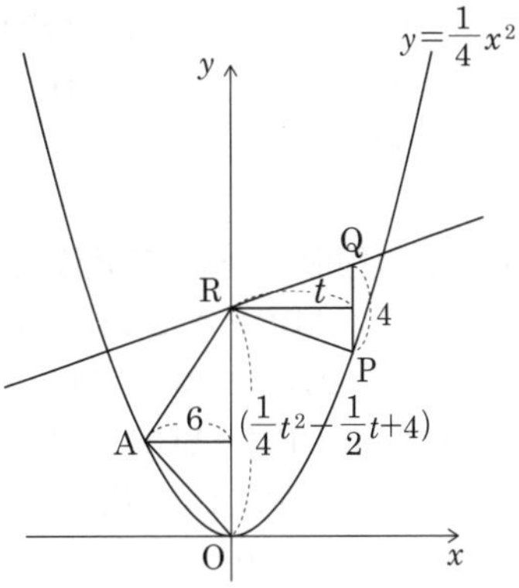

4 (角度，平行四辺形，相似，図形の証明)

〔問1〕　AB＝BM　∠ABM＝90°より　△ABMは∠BAM＝∠AMB＝45°の**直角二等辺三角形**とわかる。AD//BCより，**平行線の錯角は等しい**から∠AMB＝∠MAD＝45°　AM//QPより，**平行線の同位角は等しい**から∠MAD＝∠PQD＝45°　よって，∠MQP＝180°－(∠AQM＋∠PQD)＝180°－(a°＋45°)＝135°－a°＝(135－a)°

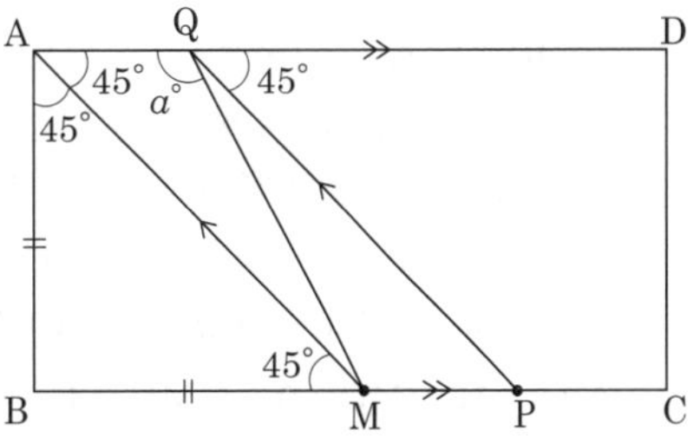

〔問2〕　①　(証明)　(例)△BMRと△DQTにおいて，BM//QDより，**平行線の錯角は等しい**から，∠MBR＝∠QDT…(1)　**対頂角は等しい**から，∠BRM＝∠DRA…(2)　AM//QPより，**平行線の同位角は等しい**から，∠DRA＝∠DTQ…(3)　(2)，(3)より，∠BRM＝∠DTQ…(4)　(1)，(4)より，**2組の角がそれぞれ等しい**から，△BMR∽△DQT

②　MP：PC＝3：1　BM＝MCより，BM：MP：PC＝4：3：1　また，AQ//MP　AM//QPより，**2組の対辺がそれぞれ平行**であるから四角形AMPQは平行四辺形であるとわかり，**平行四辺形の対辺はそれぞれ等しい**からAQ＝MP　**長方形の対辺はそれぞれ等しい**のでAD＝BC　よって，AQ：AD＝MP：BC＝3：8　AQ：QD＝3：5とわかる。ここで，△ARDにおける**三角形と比の定理**により，AQ：QD＝RT：TD＝3：5…(1)　同様に，△PTBにおける**三角形**

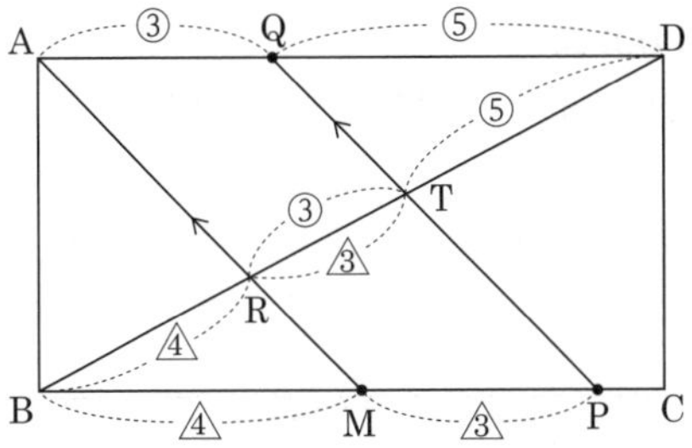

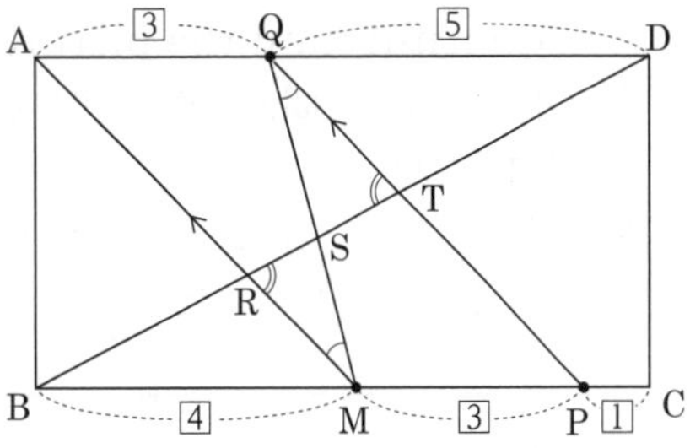

と比の定理により，BM：MP＝BR：RT＝4：3…(2)　(1)，(2)より，BR：RT：TD＝4：3：5…(3)　△SRM∽△STQより，RS：TS＝RS：ST＝RM：TQ…(4)　△BMR∽△DQTより，RM：TQ＝BM：DQ＝4：5…(5)　(4)，(5)より，RS：ST＝4：5…(6)　(3)，(6)より，BR：RT：TD＝4：3：5＝12：9：15　BR：RS：ST：TD＝12：4：5：15　したがって，ST：BD＝5：(12＋4＋5＋15)＝5：36

(補足説明1)　△SRMと△STQにおいて，AM//QPより，平行線の錯角は等しいから，∠SRM＝∠STQ　∠SMR＝∠SQT　2組の角がそれぞれ等しいから，△SRM∽△STQ

(補足説明2)　BC＝AD　BM：BC＝1：2＝4：8　QD：AD＝5：8なので，BM：QD＝4：5となる。

5 (空間図形，合同，二等辺三角形，三平方の定理，角度，体積)

〔問1〕　△ABPを考える。△ACPと△BCPにおいて，AC＝BC　CPは共通　∠ACP＝∠BCP＝90°　2組の辺とその間の角がそれぞれ等しいから，△ACP≡△BCP　合同な図形の対応する辺は等しいからAP＝BP　また，△APMと△BPMにおいて，AP＝BP　AM＝BM　MPは共通　3組の辺がそれぞれ等しいから△APM≡△BPM　合同な図形の対応する角は等しいから∠AMP＝∠BMP　したがって，∠AMP＋∠BMP＝180°　2∠BMP＝180°　∠BMP＝90°

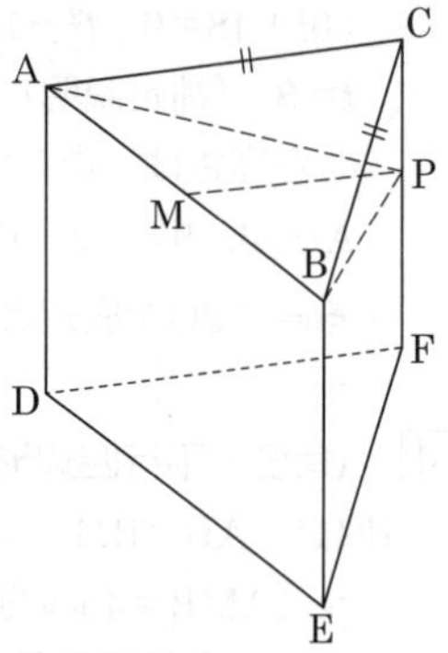

〔問2〕　(着眼点)　立体P－ADEBの底面を四角形ADEBとすると，高さはMCとなる。　(解説)　△ACMと△BCMにおいて，AC＝BC　AM＝BM　MCは共通　3組の辺はそれぞれ等しいから，△ACM≡△BCM　合同な図形の対応する角は等しいから∠AMC＝∠BMC　よって，∠AMC＋∠BMC＝180°　2∠BMC＝180°　∠BMC＝90°　したがって，立体P－ADEBの底面を四角形ADEBとすると，高さはMCとなる。△AMCにおける三平方の定理より，$AM^2+MC^2=AC^2$　$3^2+MC^2=5^2$　$MC^2=16$　MC＞0よりMC＝4　したがって，立体P－ADEB＝$\frac{1}{3}$×AD×AB×MC＝$\frac{1}{3}$×6×6×4＝48(cm^3)

＜英語解答＞

1 〔問題A〕 ＜対話文1＞ イ　＜対話文2＞ ウ　＜対話文3＞ エ
〔問題B〕 ＜Question 1＞ ア　＜Question 2＞ (例)To give it a name.

2 1 ウ　2 ア　3 (1) エ　(2) (例)I went to a museum to see famous pictures painted by my favorite artist. Later, I saw those pictures in a book in an art class. The pictures I saw in the museum looked more beautiful than the pictures in the books.

3 〔問1〕 ア　〔問2〕 ウ　〔問3〕 イ　〔問4〕 イ　〔問5〕 エ　〔問6〕 ア
〔問7〕 ウ

4 〔問1〕 エ　〔問2〕 エ→イ→ア→ウ　〔問3〕 (1) ア　(2) エ　(3) イ
〔問4〕 (1) ウ　(2) イ

＜英語解説＞

1　(リスニング)

放送台本の和訳は，66ページに掲載。

2　(対話文読解問題：語句選択補充，内容真偽，条件英作文)

1 (全訳)

ユウタ　：きみのご両親は7月29日に日本に来る予定なの？

オリバー：うん，午前11時に空港の第2ターミナルに到着予定だよ。

ユウタ　：オーケー。空港でご両親に会ったあとに昼食を食べて家に行くバスに乗ろう。

オリバー：うん。2つのバスのうちの1つを選べるんだよね？

ユウタ　：その通り。どれに乗るべきかな。

オリバー：僕の両親には早めに家に着く方がいいな。どう思う？

ユウタ　：ええと…，より速い方法を選ぶなら，バスを降りたあとに電車に乗らないといけないね。たくさん荷物がある人たちには大変だろうね。

オリバー：両親は重い荷物を持ってくるよ。より速い方法を取る必要はないね。

ユウタ　：なるほどね。(A)イチョウ駅行きのバスに乗ろう。より長くかかる移動になるけど，よりいいと思う。

オリバー：オーケー。昼食はどうする？　空港にたくさんレストランがあるよね。

ユウタ　：うん。ご両親はどんな料理が好きなの？

オリバー：二人ともラーメンが好きなんだ。両親が到着するターミナルでラーメンを食べよう。

ユウタ　：オーケー。(B)ラーメンレストランBに行こう。

(A)　4つ目のユウタ，オリバーの発話，空欄直後のユウタの発話で，時間がかかる方法に決めている。メモⅠ-1からバスのみでイチョウ駅に行くことがわかる。　(B)　最後のオリバーの発話で到着ターミナルでラーメンを食べると言っており，1つ目のオリバーの発話から両親はターミナル2に到着することがわかる。案内Ⅰ-2を参照する。

2 (全訳)

オリバー父：歌舞伎劇場にはどうやって行くの？

ユウタ　　：この地図を見てください。駅のここから歌舞伎劇場まで歩けます。

オリバー母：オーケー。歌舞伎を見る前に買い物をする時間はあるかしら？　何か日本のものを買いたいの。

ユウタ　　：はい。カエデデパートへ行きましょう。

オリバー　：どうやってそこへ行くの？

ユウタ　　：(A)アヤメフラワーショップが左に見えるまでヒノデ通りを行きます。そしてその角を右に曲がります。お店は市立図書館の隣にあります。

オリバー　：オーケー。

ユウタ　　：買い物のあと，スモモ果物店までカエデ通りを行きます。私たちの(B)右側にあります。そしてその角を右に曲がります。歌舞伎劇場は私たちの前に見えます。とてもきれいですよ。

オリバー母：ありがとう，ユウタ。

オリバー父：オーケー。行きましょう。

(A)　2つ目のユウタの発話でカエデデパートに向かうと言っている。駅からデパートまでを地図で見るとヒノデ通りの左側にあるのはアオヤマフラワーショップとわかる。　(B)　4つ目のユウタの発話ではカエデデパートから歌舞伎劇場までの道のりを述べている。地図を見るとスモモ果物店は右側にあるのがわかる。

3 (全訳)

ユウタへ

日本滞在中はたくさん助けてくれてありがとう。いい時を過ごせた。日本滞在の終わりに見た歌舞伎は最高の思い出の1つだよ。伝統的な日本文化についてよく知らなかったけど彼らのパフォーマンスはとても力強かった。それに心が動かされた。本当にもう一度歌舞伎を見たいよ。

国に帰ったあと，両親はインターネットで英語で歌舞伎を見て楽しんでいるんだ。日本で歌舞伎を見てから僕は演劇に興味を持って，学校の演劇部に入りたいと思っているよ。もし入ったら，歌や踊りをたくさん練習して，ステージで演じたいな。

来月，両親は劇場へ歌舞伎を見に行く予定なんだ。僕は彼らとは一緒に行けないけど，いつかまた日本で歌舞伎を見たい。

最近何か君を感動させたものはある？ もし何かが君を感動させていたなら，そのことについて教えて。連絡が来るのを楽しみに待っているね。

オリバーより

(1) ア「オリバーはオーストラリアに帰国後劇場で歌舞伎を両親と見た」(×) メール本文第3段落参照。 イ「オリバーは歌舞伎を見たとき，伝統的な日本文化についてよく知っていた」(×) メール本文第1段落第4文参照。 ウ「オリバーは日本に来る前に歌や踊りを練習した」(×) メール本文第2段落最終文参照。 エ「オリバーは歌舞伎を見た後，学校の演劇部に入りたいと思った」(○) メール本文第2段落第2文参照。 (2) オリバーのメールの最終段落の質問に返答する。ユウタのメールの空欄直前の段落には「また日本で歌舞伎が見たいと聞いて嬉しいです。最近私の心を動かしたものについて伝えます」とある。心を動かされたこととその理由を指示通りに3つの英文で書くこと。解答例の英文は「私の大好きな芸術家によって描かれた有名な絵を美術館へ見に行きました。あとで美術の授業のとき本でその絵を見ました。美術館で見た絵は本のその絵よりももっと美しく見えました」という意味。**知っている単語を使い，自分の経験や考えを理由とともに書く練習をすること。**

3 (会話文読解問題：指示語，語句解釈，語句補充)

(全訳) リョウタ，マキ，ヒロは東京の中学生です。エマはアメリカから来た中学生です。彼らは放課後に教室で話をしています。

リョウタ：マキは図書委員会のメンバーだよね？ 最近より多くの生徒たちが図書室へ行くね。委員会のメンバーは何か特別なことをしているの？

マキ　　：うん。毎週図書室の前の棚の本を変えているのよ。以前は月に一回していたの。今たくさんの生徒たちがその本を見に来きてくれて。とても嬉しい。

エマ　　：(1)それは素晴らしい。

マキ　　：実は，それは普段は図書館に来ない生徒たちのアイディアだったの。彼らから面白いことを学んだよ。

ヒロ　　：もっと教えて。

マキ　　：彼らが図書室前を通るとき，棚にある本を見ていた。そして時々手に取っていたの。

リョウタ：彼らは図書館の中に入ったの？

マキ　　：うん。その本に興味を持った時は，入った。棚の本をもっと頻繁に変えたら，もっと多くの生徒たちが図書館に入ってきた。

ヒロ　　：素晴らしいね。僕も放送委員会のメンバーとして何かしたいな。僕は昼休みの学校放送を変えたいな。

マキ　　：ときどき新しいことに挑戦するのはいいね。

エマ　　：その通りだね。私の経験の1つについて話してもいい？

ヒロ　　：もちろん。

エマ　　：日本に来る前，初めて日本語を勉強したのよ。でも日本の学校へ行き始めたとき，話すのが難しかった。

リョウタ：(2)大変な時間を過ごしたんだね。知らなかったよ。

エマ　　：当時は日本語で本当に言いたいことが言えなかった。でも今は大丈夫。

ヒロ　　：どうやって問題を解決したの？

エマ　　：自分では解決してないの。ある日英語部の部員が英語について私に質問をしてくれて。そして英語を教えるためにその部へ行き始めたのよ。

マキ　　：その部員たちにとっていいことだね。

エマ　　：そうだといいな。そして私はそこで私の問題について話したの。部員の一人が「あなたは親切にも私たちに英語を教えてくれている。もし日本語を話したいなら，私に話して」と言ったのよ。

ヒロ　　：いいね。

エマ　　：英語部で，部員たちと私はお互いに教え合うことができるの。

マキ　　：(3)それはいいね。

エマ　　：日本語を前よりよく理解できるし，今たくさんのいい友達がいる。

マキ　　：いいね。自分の問題について誰かに話すことは大切だね。

リョウタ：その通りだね。社会の授業でプレゼンテーションをしたとき同じような気持ちになったよ。

マキ　　：覚えてるよ。行きたい国についてのプレゼンテーションをしたよね。

リョウタ：うん。プレゼンテーションの練習をしたとき，自分の持っている情報全てを使ったら，プレゼンテーションが長くなりすぎたんだ。

ヒロ　　：それで何をしたの？

リョウタ：クラスの前でする前に友達にプレゼンテーションを見せたんだ。(4)彼らが僕にいいアドバイスをくれたんだよ。

マキ　　：彼らは何て言ったの？

リョウタ：まず，このプレゼンテーションの一番大事なポイントは何かを彼らは僕に聞いたんだ。

ヒロ　　：彼らのアドバイスは何？

リョウタ：彼らは僕はそのポイントに焦点を当てるべきだと言ったよ。僕はいくつかの重要な情報だけを使ったんだ。それがプレゼンテーションをよりいいものにした。

ヒロ　　：違う視点を聞くことはいいことだね。そして他の人たちは時にいい手助けをしてくれる。

エマ　　：放送委員会のメンバーとしても何かできると思う？

ヒロ　　：毎日昼休みの学校放送をしている。でもそのことについての生徒たちの気持ちを理解したい。その後何か新しいことを試したい。そのことについて生徒たちと話す機会が欲しいな。

マキ　　：いいアイディアだね。

ヒロ　　：まず何人かの友達と話すよ。彼らが新しいアイディアをくれるかもしれない。

リョウタ：(5)彼らがそうするといいね。
ヒロ　　：このことについてみんなと話せてよかったよ。

問1　**that** は前述された内容を指すことができる。直前のマキの発話内容に合うのは，ア「多くの生徒たちが図書室前の棚の本を見に来る」となる。

問2　直前のエマの発話内容から，ウ「日本の学校に通い始めたとき，エマにとって日本語を話すことは難しかった」がふさわしい。

問3　that は下線部直前のエマの発話を指している。イ「英語部の部員とエマはお互いに教え合うことができる」がふさわしい。

問4　リョウタがもらったアドバイスの内容は7，8つ目のリョウタの発話にある。完成した英文はイ「リョウタの友達はリョウタはプレゼンテーションの一番大切なポイントに焦点を当てるべきだと言った」となる。

問5　直前のヒロの発話内容を指している。エ「ヒロの友達が昼休みの学校放送について新しいアイディアをくれるだろう」がふさわしい。

問6　8つ目のヒロの発話から，ア「ヒロは他の人たちから物事を違う見方で見ることが時に大事であることを学んだ」がふさわしい。

問7　1つ目の(A)は2つ目のマキの発話を参照し，「そして普段図書館に行かなかった生徒たちが彼女を手助けした」となる。2つ目の(A)は6～8つ目のリョウタの発話を参照し，「リョウタの友達もまた彼を手助けした」となる。1つ目の(B)は6つ目のリョウタの発話を参照し，「彼らは彼がクラスの前でプレゼンテーションをする前にアドバイスを与えた」となる。2つ目の(B)は9つ目のヒロの発話を参照し，「彼は何か新しいことを試す前に生徒たちの気持ちを理解したいと思っている」となる。

4　**(長文読解問題・物語文：語句解釈，文の並べ替え，語句補充，英問英答)**

(全訳)　ユミは日本人の高校2年生でした。彼女は英語が得意で，外国へ行くことに興味がありました。彼女は英語でどれくらい上手にコミュニケーションをとれるかを知りたいと思っていました。5月のある日夏休みに2週間ニュージーランドでのホームステイについての情報をインターネットで見つけました。ユミはそれに興味を持ち，兄のマサオにそのことについて話しました。彼女は彼にカナダでのホームステイの経験について聞きました。マサオは「英語を話したり，そこで友達がたくさんできたりして楽しかった。ニュージーランドのプログラムでそれをするべきだ」と彼女に言いました。彼女はホームステイの間に高校へ行くことを楽しみにしていました。人々に何か日本のことを紹介することを望んでいました。

8月初旬のある水曜日，ユミはニュージーランドに到着し，ホストファミリーのリリーとジャックに会いました。ユミとリリーは同じ年で，ジャックは6歳でした。ユミは彼らとたくさんのことを話しました。すぐに彼らはいい友達になりました。

土曜日，ユミとリリーはリリーの家の近くの牧場へ行きました。リリーはよく牛や羊の世話をしていました。ユミは彼女を上手く手伝うことができませんでした。でも彼女は楽しみました。リリーは彼女に「私はこの牛や羊を世話して牧場を手伝っているの。私は酪農家になりたい。私の牧場の牛乳でできたアイスクリームをみんなに食べてもらいたい」と言いました。そしてリリーはユミに「将来何をしたい？」とたずねました。ユミは何も答えられませんでした。彼女には将来の明確な計画がありませんでした。彼女はそのことで少し気恥ずかしくなりました。

日曜日，ユミはジャックと遊びました。彼女はジャックに紙風船や鶴などの折り紙を作りました。ジャックは紙風船を投げて楽しんで，ユミに「ラグビーボールみたいな他の物を作れる？　僕はラグビーをするのが好きなんだ」と言いました。ユミは「作り方を調べよう」と言いました。彼女は折り紙のウェブサイトをいくつか見つけました。彼女はラグビーボールを作ろうと試みて，1つ作りました。しかしジャックは最初作ることができませんでした。ユミの手助けのおかげで，彼はのちに折り紙のラグビーボールを作ることができました。彼は「どうもありがとう！」と言いました。ユミは折り紙がジャックにとって日本について学ぶチャンスになるかもしれないと思いました。

火曜日，学校でユミは日本の8月の行事についてクラスメイトに紹介する機会がありました。彼女は夏祭りについて話し，花火や食べ物の屋台についてのビデオを見せました。ビデオに映っている人は様々な種類の食べ物を食べていました。お好み焼きに興味を持ったクラスメイトが何人かいて，ユミにそのことについて聞きました。彼女は「これは小麦粉と卵とキャベツからできています。そこに好きなものを何でも入れることができます」と言いました。放課後，クラスメイトの一人であるケイトがユミとリリーを週末に開かれるパーティーに招待してくれました。ケイトはお好み焼きを家族と一緒に作りたいと思いました。彼女は近所の人たちを招待して，ユミに手助けを求めました。

4日後，パーティーが開催されました。そこで人々はユミの手助けのもとお好み焼きを作って楽しみました。ユミは彼らが様々な種類のお好み焼きを作って嬉しく思いました。招待された近所の人の一人がベーコンとピーマンをそこに入れました。リリーは「お好み焼きはいいアイディアだったし，作るのは難しくなかったね」と言いました。ケイトは「ありがとう，ユミ。あなたはいい先生ね」と言いました。ユミは彼女たちの笑顔を見て嬉しく思いました。このパーティーが彼女の滞在の最高の思い出の1つになるだろうと感じました。

次の日がユミのニュージーランドでの最後の日でした。彼女はリリーとジャックに「私は自分の国についてもっと知りたいし，他の国の人たちに日本について教えたいと思った」と言いました。リリーは「あなたは将来それができるよ」と言いました。

ユミはニュージーランドから帰り，マサオに「ニュージーランドでのホームステイは素晴らしい経験だった。またそこに行きたい。もっと英語と日本について勉強したい」と言いました。マサオはそれを聞いて嬉しく思いました。ユミは微笑みました。

問1　that は前述された内容を指すことができるので，ここでは直前のマサオの発話内容を指していると考える。完成した英文はエ「マサオはユミにニュージーランドのプログラムで英語を話したり友達をたくさん作ったりして楽しむべきだと言った」となる。

問2　**何が起こったのかを段落ごとに理解すること。**エ「ユミは外国に行くことに興味があり，自分が英語でどれだけ上手にコミュニケーションを取れるかを知りたかった」第1段落第2，3文参照。イ「ユミはリリーとジャックとたくさんのことについて話をして，彼らはいい友達になった」第2段落最後の2文参照。ア「ユミはパーティーの人たちが様々な種類のお好み焼きを作って嬉しかった」第6段落第3文参照。ウ「リリーはユミが将来他の国の人たちに日本について伝えることができるだろうと言った」第7段落参照。

問3　**同じような表現がある本文の部分を確認する。**　(1)　第3段落参照。完成した英文はア「リリーがユミに将来についてたずねたとき，ユミは明確な計画がなくて答えられなかった」となる。イ「ユミは自分の牧場の牛乳から作ったアイスクリームを人々に食べてもらいたいと言った」は第3段落にあるリリーの夢。ウ「ユミは牛や羊を世話できなかったので少し気恥ずかしかった」は気恥ずかしかったのはリリーの質問に答えられなったからなので合わない。エ「ユミはニュージーランドで牧場主になりたいと言った」は牧場主になりたいのはリリーなので合わない。　(2)　第4段落参照。完成した英文はエ「日曜日，ジャックがユミに折り紙のラグビーボールを作って欲しいと頼んだとき，折り紙のウェブサイトを見つけて1つ作った」となる。ア「1つ作るよう試みて，それを投げて楽しんだ」，イ「1つ作ることは彼女が日本について学ぶいい機会になるだろうと思った」，ウ「紙風船や鶴のような他の物は作れると言った」は第4段落の内容に合わない。　(3)　第5段落参照。完成した英文はイ「火曜日，ユミが学校で日本の8月の行事について話したとき，ケイトはユミにパーティーでお好み焼きを作るのを手伝って欲しいと頼んだ」となる。ア「ユミはクラスメイトに折り紙のビデオを見せた」，ウ「リリーがお好み焼きを作るのを手伝うためにケイトは招待された」，エ「クラスメイトの何人かはビデオの中の花火に興味を持った」は第5段落の内容と合っていない。

問4　(1)「ユミはパーティーでどう感じましたか？」第6段落最終文参照。ウ「彼女は滞在の最高の思い出の1つになるだろうと思った」がふさわしい。ア「お好み焼きにベーコンとピーマンを入れるのはいいアイディアだと思った」，イ「ケイトの家族と招待された近所の人たちはいい先生たちだと思った」，エ「ニュージーランドでお好み焼きを作ることは難しいと思った」は第6段落の内容と合っていない。　(2)「ユミはなぜ自分の国についてもっと学びたいと思いましたか？」第7段落参照。イ「他の国の人たちに日本について伝えるためにもっとそのことについて学びたいと思った」がふさわしい。ア「パーティーで人と話すためにもっとそのことについて学びたいと思った」，ウ「またニュージーランドでホームステイをするためにもっとそのことについて学びたいと思った」，エ「マサオともっと話すためにもっとそのことについて学びたいと思った」は第6段落の内容と合わない。

2024年度英語　リスニングテスト

〔放送台本〕

これから，リスニングテストを行います。リスニングテストは，全て放送による指示で行います。リスニングテストの問題には，問題Aと問題Bの二つがあります。問題Aと，問題Bの＜Question 1＞では，質問に対する答えを選んで，その記号を答えなさい。問題Bの＜Question 2＞では，質問に対する答えを英語で書きなさい。英文とそのあとに出題される質問が，それぞれ全体を通して二回ずつ読まれます。問題用紙の余白にメモをとってもかまいません。答えは全て解答用紙に書きなさい。

〔問題A〕

問題Aは，英語による対話文を聞いて，英語の質問に答えるものです。ここで話される対話文は全部で三つあり，それぞれ質問が一つずつ出題されます。質問に対する答えを選んで，その記号を答えなさい。では，＜対話文1＞を始めます。

Tom: Satomi, I heard you love dogs.
Satomi: Yes, Tom. I have one dog. How about you?
Tom: I have two dogs. They make me happy every day.
Satomi: My dog makes me happy, too. Our friend, Rina also has dogs. I think she has three.
Tom: Oh, really?
Satomi: Yes. I have an idea. Let's take a walk with our dogs this Sunday.

How about at four p.m.?
Tom: OK. Let's ask Rina, too. I can't wait for next Sunday.

Question: How many dogs does Tom have?
＜対話文2＞を始めます。

John: Our grandfather will be here soon. How about cooking spaghetti for him, Mary?
Mary: That's a nice idea, John.
John: Good. We can use these tomatoes and onions. Do we need to buy anything?
Mary: We have a lot of vegetables. Oh, we don't have cheese.
John: OK. Let's buy some cheese at the supermarket.
Mary: Yes, let's.
John: Should we buy something to drink, too?
Mary: I bought some juice yesterday. So, we don't have to buy anything to drink.

Question: What will John and Mary buy at the supermarket?
＜対話文3＞を始めます。

Jane: Hi, Bob, what are you going to do this weekend?
Bob: Hi, Jane. I'm going to go to the stadium to watch our school's baseball game on Sunday afternoon.
Jane: Oh, really? I'm going to go to watch it with friends, too. Can we go to the stadium together?
Bob: Sure. Let's meet at Momiji Station. When should we meet?
Jane: The game will start at two p.m. Let's meet at one thirty at the station.
Bob: Well, why don't we eat lunch near the station before then?
Jane: That's good. How about at twelve?
Bob: That's too early.
Jane: OK. Let's meet at the station at one.
Bob: Yes, let's do that.

Question: When will Jane and Bob meet at Momiji Station?
これで問題Aを終わり，問題Bに入ります。

〔英文の訳〕

〔問題A〕

＜対話文1＞
トム　：サトミ，あなたは犬が大好きだと聞きましたよ。
サトミ：はい，トム。私は犬を1匹飼っています。あなたは？

トム　：私は2匹飼っています。彼らは毎日私を幸せにしてくれます。

サトミ：私の犬も私を幸せにしてくれます。友達のリナも犬を飼っています。彼女は3匹飼っていると思います。

トム　：へえ，本当に？

サトミ：はい。考えがあります。この日曜日に一緒に犬を散歩しましょう。午後の4時はどうですか？

トム　：オーケー。リナにも聞きましょう。次の日曜日が待ちきれません。

質問：トムは何匹の犬を飼っていますか？

答え：イ　2匹。

<対話文2>

ジョン　：おじいちゃんがもうすぐここに来るよ。彼にスパゲッティを作るのはどうだろう，メアリー？

メアリー：それはいいアイディアね，ジョン。

ジョン　：いいね。このトマトと玉ねぎを使えるね。何か買う必要あるかな？

メアリー：野菜はたくさんあるね。ああ，チーズがないよ。

ジョン　：オーケー。スーパーでチーズを買おう。

メアリー：うん，そうしよう。

ジョン　：何か飲み物も買うべきかな？

メアリー：昨日ジュースを買ったよ。だから飲み物を買う必要はないよ。

質問：ジョンとメアリーはスーパーで何を買いますか？

答え：ウ　チーズ。

<対話文3>

ジェイン：こんにちは，ボブ。この週末は何をするつもりですか？

ボブ　　：こんにちは，ジェイン。日曜日の午後に学校の野球の試合を見にスタジアムに行くつもりです。

ジェイン：あら，本当？　私も友達と一緒に行くつもりです。一緒にスタジアムへ行ってもいいですか？

ボブ　　：もちろん。モミジ駅で会いましょう。いつ会いましょうか？

ジェイン：試合は午後2時に始まります。1時半に駅で会いましょう。

ボブ　　：ええと，その前に駅のそばでランチを食べるのはどうですか？

ジェイン：それはいいですね。12時はどうですか？

ボブ　　：それは早すぎます。

ジェイン：オーケー。じゃあ1時に駅で会いましょう。

ボブ　　：はい，そうしましょう。

質問：ジェインとボブはいつモミジ駅で会いますか？

答え：エ　1時。

〔放送台本〕

〔問題B〕

これから聞く英語は，ある動物園の来園者に向けた説明です。内容に注意して聞きなさい。あとから，英語による質問が二つ出題されます。<Question 1> では，質問に対する答えを選んで，その記号を答えなさい。<Question 2> では，質問に対する答えを英語で書きなさい。なお，<Question

2>のあとに，15 秒程度，答えを書く時間があります。では，始めます。

Good morning everyone. Welcome to Tokyo Chuo Zoo. We have special news for you. We have a new rabbit. It's two months old. It was in a different room before. But one week ago, we moved it. Now you can see it with other rabbits in "Rabbit House." You can see the rabbit from eleven a.m. Some rabbits are over one year old. They eat vegetables, but the new rabbit doesn't.

In our zoo, all the older rabbits have names. But the new one doesn't. We want you to give it a name. If you think of a good one, get some paper at the information center and write the name on it. Then put the paper into the post box there. Thank you.

<Question 1>　How old is the new rabbit?
<Question 2>　What does the zoo want people to do for the new rabbit?

〔英文の訳〕
〔問題B〕
みなさん，おはようございます。東京中央動物園へようこそ。みなさんに特別なニュースがあります。新しいウサギがいます。生後2か月のウサギです。以前は違う部屋にいました。しかし1週間前に移動しました。「ウサギハウス」で他のウサギと一緒にそのウサギを見ることができます。午前11時からそのウサギを見ることができます。1歳以上のウサギもいます。彼らは野菜を食べますが，その新しいウサギは食べません。

私たちの動物園では全ての年上のウサギには名前があります。しかしその新しいウサギには名前がありません。みなさんにそのウサギに名前をつけてもらいたいです。いい名前を思いついたら，インフォメーションセンターで紙をもらってそれに名前を書いてください。そしてそこにあるポストボックスに紙を入れてください。ありがとうございました。

質問1：新しいウサギは何歳ですか？
答え　：ア　生後2か月。
質問2：動物園は新しいウサギのために人々に何をしてもらいたいですか？
答え　：(例)それに名前をつけること。

<理科解答>

1　〔問1〕 エ　〔問2〕 イ　〔問3〕 ウ　〔問4〕 ア　〔問5〕 イ　〔問6〕 エ

2　〔問1〕 ア　〔問2〕 イ　〔問3〕 エ　〔問4〕 ウ

3　〔問1〕 ウ　〔問2〕 2時間ごとに記録した透明半球上の・印のそれぞれの間隔は，どれも等しいため，地球上での太陽の見かけ上の動く速さは一定であることが分かる。
〔問3〕 エ　〔問4〕 ア

4　〔問1〕 イ　〔問2〕 ア　〔問3〕 ウ

5　〔問1〕 イ　〔問2〕 エ　〔問3〕 <資料>から，塩化ナトリウムの溶解度は，温度によ

ってほとんど変化しないものであるため。 〔問4〕 ウ

6 〔問1〕 ウ 〔問2〕 ① ウ ② イ 〔問3〕 ア 〔問4〕 エ

＜理科解説＞

1 **(小問集合－物質の成り立ち，化学変化と物質の質量：質量保存の法則，電流：オームの法則・電力量，動物の特徴と分類，原子の成り立ちとイオン：原子の構造，気象要素の観測，動物の体のつくりとはたらき)**

〔問1〕 水素，酸素，水は分子として存在する。また，質量保存の法則により，化学変化の前後で，原子の組み合わせは変化するが，原子の種類と数は変化しない。以上により，**水素2分子と酸素1分子が結びついて，水2分子ができるモデル**，エが正解である。

〔問2〕 **電熱線の抵抗の大きさ〔Ω〕**$=\frac{6[V]}{1.5[A]}=4[\Omega]$である。**電力量〔J〕=6〔V〕×1.5〔A〕×300〔s〕**=9.0〔W〕×300〔s〕=2700〔J〕である。

〔問3〕 **甲殻類はエビ・カニの仲間**であるため無脊椎動物である。よって，魚類，両生類，鳥類が脊椎動物であり，昆虫類と甲殻類が無脊椎動物である。

〔問4〕 原子核はプラスの電気をもつ陽子と，電気をもたない中性子からできているため，**原子核はプラスの電気**をもつ。**電子はマイナスの電気**をもち，ふつうの状態では**陽子の数と等しい**。

〔問5〕 くもりの**天気記号**は◎であり，風向が北東であるため矢は北東の向きにかく。表1より風速が3.0〔m/s〕であるため，表2より風力は2であり，矢ばねは2本である。よって，**天気図記号**はイである。

〔問6〕 ヒトの**ヘモグロビン**は，血液中の赤血球に含まれ，酸素の多いところでは酸素と結び付き，**酸素の少ないところでは酸素をはなす性質**がある。

2 **(自由研究－身近な地形や地層・岩石の観察，地層の重なりと過去の様子，化学変化と物質の質量，化学変化：酸化と還元，光と音：光の屈折，自然界のつり合い)**

〔問1〕 **フズリナは古生代の示準化石**であり，**アンモナイトは中生代の示準化石**であるため，地質年代の古いものは石材aに含まれるフズリナの化石である。石材cに含まれる**サンゴの化石**は，その化石を含む地層が堆積した当時の環境を示す**示相化石**である。

〔問2〕 不純物を含まないクジャク石の粉0.20gを加熱すると，酸化銅0.13gと二酸化炭素と水に分解される。**得られた酸化銅に炭素をよく混ぜ加熱すると，酸化銅が還元されて銅が得られるが，このときの銅の質量を求める**。表2より，**銅の質量〔g〕：加熱して得られる酸化銅の質量〔g〕=4：5**，である。酸化銅0.13gに含まれる銅の質量をxgとすると，x〔g〕：0.13〔g〕=4：5，x〔g〕=0.104〔g〕，である。よって，クジャク石の粉0.20gに含まれる銅の割合は，**0.104〔g〕÷0.20〔g〕×100=52〔%〕**，より，52%である。

〔問3〕 図2の境界面RをR_1とすると，光源装置から出た光が通過するとき**入射角より屈折角が大きくなる境界面は境界面R_1**である。厚さを2倍にした直方体のガラスを点線の枠に合わせて入れ替えた場合は，空気側からガラス側に入射して屈折した光を**厚さが2倍になった境界面R_2まで光の道筋をまっすぐ延長して，境界面R_2で屈折するように作図すると**，直線L上の点Pの位置はTの方向にずれる。

〔問4〕 生態系を構成する生物どうしの数量的な関係は，ピラミッドのような形で表すことができ，**食べられる側の生物の数の方が，食べる側の生物の数よりも多くなる**。生態系Vにおいて生

物の数が少ないものから順に並べると，生物w＜x＜y＜z，であるため，図3の③はウの生物yである。

[3]　(天体の動きと地球の自転・公転：透明半球を用いた太陽の日周経路の観察・北極側から見た地球の自転と太陽の方向に対する地上の方位の変化・地軸の傾きと季節の変化及び緯度の高低による夜の長さ)

〔問1〕　太陽が天頂より南側で子午線(天頂と南北を結ぶ線)を通過するときの太陽の高度が**南中高度**である。高度は**観察者の位置(円の中心O)**で地平線から太陽までの角度で表す。

〔問2〕　2時間ごとに記録した透明半球上の・印のそれぞれの間隔は，どれも等しいため，地球上での**太陽の見かけ上の動く速さは一定**であることが分かる。

〔問3〕　地球上では太陽は見かけ上，①東から西に移動して見える。それは，**地球が北極側から見て反時計回り**，④図3ではⅡの**方向に自転しているため**である。**東の空に太陽が見えるのは**，②**点M**の位置であり，**西の空に太陽が見えるのは**，③**点K**の位置である。

〔問4〕　＜観察1＞は夏至の頃であり，＜観察2＞は秋分の頃である。図4より，**日の入りの位置は，＜観察1＞を行った日の方が**＜観察2＞を行った日よりも**北寄り**である。＜結果2＞より，＜観察1＞の(4)でかいた曲線の長さの方が，＜観察2＞の(4)でかいた曲線の長さよりも長いため，**昼の長さは＜観察1＞を行った日の方が**＜観察2＞を行った日よりも**長い**。また，地球が公転面に対して23.4°傾けて公転していることにより，**図5は北極点が太陽の方向に傾いているため，夜の長さはX地点の方がY地点よりも長い。**

[4]　(植物の体のつくりとはたらき：光合成の対照実験・光合成の条件，光の明るさと光合成量・呼吸量の関係，生物と細胞：顕微鏡操作)

〔問1〕　顕微鏡で観察をする準備を行う際に，プレパラートと対物レンズを，最初に，できるだけ近づけるときの手順は，**顕微鏡を横から見ながら**，調節ねじを回してプレパラートと対物レンズを**できるだけ近づける**。対物レンズが20倍で接眼レンズが10倍である顕微鏡の倍率は，20×10＝200〔倍〕，である。

〔問2〕　植物は昼間など，光の当たるときだけ光合成を行うが，呼吸は光が当たるかどうかに関係なく，昼も夜も行われている。よって，左の図は，**光が①十分に当たる**ときであり，植物の⑤**光合成**による③**二酸化炭素**の吸収と④**酸素**の放出が見られるが，右の図の光が②当たらないときには見られない。左右の図に**共通**して見られる⑥**は呼吸**であり，④**酸素**の吸収と③**二酸化炭素**の放出が見られる。**光が強い日中は，光合成によって出入りする気体の量の方が呼吸によって出入りする量より多い**ため，光が当たると光合成だけが行われているように見える。

〔問3〕　オオカナダモAとオオカナダモBは**対照実験**を行うために用意されている。＜結果＞(1)では，オオカナダモの葉AとBの細胞内に緑色の**葉緑体**を観察できた。＜結果＞(2)では，表1から，オオカナダモの葉AとBがヨウ素液に反応しなかったことから，**光が当たらない場所に2日間置いたため**，オオカナダモの葉AとBが作っていた**デンプンはすべてなくなっていたことがわかる。**＜実験＞(5)で，オオカナダモAは光が十分に当たる場所に置き，オオカナダモBはそのペトリ皿を光が当たらないようにアルミはくで覆って，Aと同様に光が十分に当たる場所に置いた。3日後，＜実験＞(7)による＜結果＞(3)表2から，対照実験を行った結果，**光が十分当たる場所に置いたオオカナダモAの葉緑体にのみ，青紫色に染色されたヨウ素液への反応があらわれた**ことから，**光が十分に当たる場所では，オオカナダモの葉の葉緑体で，デンプンが作られる**ことが分かる。

5 (水溶液：溶質と溶媒・飽和水溶液・溶解度曲線の温度変化にともなう水溶液の濃度の変化・溶質の取り出し，水溶液とイオン：電離・電解質と非電解質)

〔問1〕 砂糖を水にとかすと，砂糖水ができる。この場合，砂糖のように，とけている物質を溶質，水のように，溶質をとかす液体を溶媒という。溶質が溶媒にとけた液全体を溶液という。溶媒が水である溶液を水溶液という。ビーカーBの水溶液の溶質である塩化ナトリウムは電解質であるため，蒸留水に溶け，電離する。ビーカーCの水溶液の溶質である砂糖は非電解質であるため，蒸留水に溶けるが，電離しない。

〔問2〕 水100gに物質を溶かして飽和水溶液にしたとき，溶けた溶質の質量〔g〕の値を溶解度という。資料の溶解度曲線は，溶解度と温度との関係を表している。<実験2>(1)では試験管Aに27℃の蒸留水5gと硝酸カリウム3gを入れたが，水溶液の温度による溶質の溶け方の変化について溶解度曲線を用いて考察するには，試験管Aには27℃の蒸留水100gを入れ，同じ濃度になるように硝酸カリウム60gを加えたとして考察する。27℃のときの溶解度は41であるため，溶け残ると考察でき，<実験2>の(1)の結果と一致する。溶解度が60になり，飽和の状態になるのは38℃である。27℃から38℃までは硝酸カリウムが溶ける質量は少しずつ増加するため，質量パーセント濃度〔%〕は増加し，38℃で飽和して濃度は最大になる。38℃から60℃まで水溶液の温度が上昇しても質量パーセント濃度〔%〕は一定である。

〔問3〕 試験管Bの水溶液の温度を27℃から60℃まで上昇させても，その後，27℃，20℃とゆっくり冷やしても，試験管の中の様子に変化がなかったのは，資料から，塩化ナトリウムの溶解度は，温度によってほとんど変化しないものであるためである。

〔問4〕 試験管Bの塩化ナトリウム水溶液の温度が20℃のとき，溶解度は約38であり，溶質である塩化ナトリウムの濃度は，38〔g〕÷(100〔g〕+38〔g〕)×100≒28〔%〕，である。水溶液0.35gのうち，溶質の質量が28%であるため，溶媒である水の質量は72%である。よって，溶質を全て固体として取り出すために蒸発させる溶媒の質量は，0.35〔g〕×0.72≒0.25〔g〕，より，約0.25gである。

6 (力と物体の運動：斜面上での台車の運動，力のつり合いと合成・分解：斜面上の台車に働く力の分解と作用・反作用の法則，力学的エネルギー：位置エネルギーと運動エネルギー，仕事とエネルギー)

〔問1〕「ばねばかりが糸を引く力」がした仕事の大きさ〔J〕=6〔N〕×0.1〔m〕=0.6〔J〕である。ばねばかりが糸に引く力(作用)を加えると，同時に，ばねばかりは糸から大きさが同じで逆向きの引く力(反作用)を受ける。よって，「ばねばかりが糸を引く力」を作用としたときの反作用は，「糸がばねばかりを引く力」である。

〔問2〕 ① 記録タイマーは1秒間に50回打点するから，0.1秒間に5回打点する。よって，0.4秒経過するまでの力学台車の平均の速さ〔cm/s〕$=\frac{2.2+3.6+5.0+6.4〔cm〕}{0.4〔s〕}=43$〔cm/s〕である。

② 0.4秒経過するまでの力学台車の移動距離は，斜面の傾きが図4の10°では17.2cmでありその速さをC，図5の20°では34.4cmでありその速さをDとしたとき，同じ時間でDの移動距離はCの2倍であったため，CとDの比は1：2である。

〔問3〕 斜面を下る力学台車に働く重力の大きさは変わらない。斜面の傾きを大きくしていくほど，重力の斜面に平行な分力は大きくなり，重力の斜面に垂直な分力は小さくなる。

〔問4〕 ① ばねばかりを引きはじめてから25秒経過したときの力学台車の位置エネルギーを比較する。<結果1><実験1>の(1)図1では，力学台車は基準面から10cmの高さであり，<実験

1>の(2)図2では，糸を引く速さは，動滑車を使った場合は物体を引く力の大きさが半分になるためか，少し大きくなっているが，**25秒間で印が動いた距離は<実験1>の(1)とほぼ同じであると考えると，動滑車を用いたので物体は引いた距離の半分しか上がらないため，**力学台車は**基準面から約5cmの高さ**にしかならない。表のデータからは，一定の速さで45秒間引くと力学台車は基準面から10cmの高さになるので，25秒間では，$\dfrac{10\text{〔cm〕}\times 25\text{〔s〕}}{45\text{〔s〕}}\fallingdotseq 5.6\text{〔cm〕}$，と計算できる。よって，**力学台車の位置エネルギーの大きさは，<実験1>の(1)の方が大きい。**　②　**運動エネルギーは**力学台車の速さが速いほど大きく，**〔問2〕から力学台車の速さは斜面の角度が大きい方が速いため，<実験2>の(4)の方が大きい。**

<社会解答>

1　〔問1〕 B イ　C エ　D ウ　E ア　〔問2〕 エ　〔問3〕 ウ

2　〔問1〕（略地図中のA～D） C　（Ⅱのア～エ） イ　〔問2〕 P ア　Q ウ　R エ　S イ　〔問3〕（略地図中のW～Z） Z　（ⅠとⅡのア～エ） ア

3　〔問1〕 A ウ　B イ　C ア　D エ　〔問2〕（Ⅰのア～エ） ア　（略地図中のW～Z） W　〔問3〕 自動車を利用しなくても，公共交通を利用することで，日常生活に必要な機能が利用できる。

4　〔問1〕 エ→ア→イ→ウ　〔問2〕 太平洋のみを通る経路と，日本海と太平洋を通る経路で，寄港地では積荷の点検などを行い，江戸に輸送すること。　〔問3〕 A ウ　B エ　C ア　D イ　〔問4〕 A ア　B イ　C エ　D ウ

5　〔問1〕 イ　〔問2〕（ⅠのA～D） C　（ア～エ） ウ　〔問3〕 エ　〔問4〕 投票権年齢，選挙権年齢，成年年齢を満18歳以上とし，社会への参加時期を早め，若年者が将来の国づくりの中心として積極的な役割を果たすこと。

6　〔問1〕 A イ　B ア　C ウ　D エ　〔問2〕 ウ　〔問3〕 ア

<社会解説>

1　（地理的分野―日本地理－地形図の見方，歴史的分野―日本史時代別－鎌倉時代から室町時代，―日本史テーマ別－法律史，公民的分野―国の政治の仕組み）

〔問1〕 B地点　**地形図**によれば，B地点からC地点に向かうと，すぐに鉄道との立体交差を通過する。B地点はイである。　C地点　C地点からD地点の長さは，地形図上では2cm弱である。この地形図の**縮尺**は，2万5千分の1である。それにより，実際の距離を計算すれば，2.0(cm)×25,000＝50,000(cm)＝約500(m)である。説明文の470mとほぼ合致する。C地点はエである。　D地点　D地点は丁(てい)字形の交差点であり，進行する方向には道の両側に住宅地が見られる。D地点はウである。　E地点　E地点からF地点に向かうには，鉄道の上を道路が通る立体交差があるとの説明文があり，地形図と合致する。E地点はアである。

〔問2〕 **中世**から**近世**へ移り変わるころには，**下剋上**の風潮が強まり，実力のあるものが上の者を倒して**戦国大名**へとのし上がって行った。**戦国大名**が，自分の領国を治めるために制定したのが，**分国法**である。分国法の内容としては，家臣の統制など具体的なものが多い。家臣間の争いを禁じた**喧嘩両成敗**の規定が多くの分国法に見られる。分国法としては，今川氏の今川仮名目録，武田氏の甲州法度などが有名である。なお，アの**御成敗式目**は，1232年に鎌倉幕府によっ

て定められたもの，イの**大宝律令**は，701年に朝廷によって定められたもの，ウの**武家諸法度**は江戸時代に幕府によって定められたものである。

〔問3〕　**日本国憲法**第54条によって定められる，**衆議院**の解散による衆議院議員総選挙後の30日以内に召集しなければならない国会を，**特別会**または**特別国会**という。特別国会が召集されると，日本国憲法第67条にあるように，「内閣総理大臣を，国会議員の中から国会の議決で，これを指名する。この指名は，他のすべての案件に先だって，これを行う。」ことになっている。

2　**(地理的分野―世界地理－気候・人々のくらし・産業・貿易)**

〔問1〕　まず，A～Dの国・都市を確定する。Aはタイの首都バンコク，Bはサウジアラビアの首都リャド，Cはエチオピアの首都アディスアベバ，Dはポーランドの首都ワルシャワである。Ⅰの文章は，「標高2350m」「コーヒーの生産量世界第5位」との記述から，エチオピアの首都アディスアベバだとわかる。解答はCである。アディスアベバは，**標高**2000m以上の高地にあるため，年間を通して最高気温25℃前後，最低気温15℃前後である。**降雨量**は**小雨季**(2月～5月)，**大雨季**(6月～9月)，**乾季**(10月～1月)に分かれるが，全体として降雨量は多くはない。Ⅱの中では，イの**雨温図**がアディスアベバを表している。

〔問2〕　まず，P～Sの国を確定する。Pはメキシコ，Qはフィジー，Rはバングラデシュ，Sはイタリアである。アは，「**とうもろこし**が主食であり，(中略)生地に具材を挟んだ料理などが食べられている。」(この料理はトルティーヤである)との記述からPのメキシコであるとわかる。イは，地中海性気候を生かした農業を行うSのイタリアについての説明であるとわかる。冬は気温10度前後で，雨が少なく，夏は気温が高く，雨がほとんど降らないのが，**地中海性気候**の特徴である。地中海沿岸部では，気候を生かして，夏は乾燥に強いオレンジやオリーブやぶどうなどの作物を栽培し，冬は北部を中心に小麦を栽培している。ウは，「**タロイモ**が主食であり」「バナナの葉に様々な食材と共にタロイモを包んで蒸した料理(以下略)」との記述から，Qのフィジーであるとわかる。エは，**雨季**の降水に依存して米を大量に生産し，米を主食とするところから，Rのバングラデシュであるとわかる。上記により，正しい組み合わせは，Pア・Qウ・Rエ・Sイとなる。

〔問3〕　まず，W～Zの国を確定する。Wはウルグアイ，Xはマレーシア，Yは南アフリカ共和国，Zはオランダである。Ⅲの文章の「ポルダー」とは，低湿地の干拓によって造成した土地のことを言い，普通はオランダやベルギーの干拓地のことを指す。したがって，Ⅲの文章で述べている国は，Zのオランダである。また，オランダは，2001年から2019年で輸出額は3倍以上となり，輸出額では世界第5位となっている。輸出相手国は**EU**加盟国が多くを占めている。Ⅰ表・Ⅱ表では，アである。

3　**(地理的分野―日本地理－地形・農林水産業・気候・工業・交通)**

〔問1〕　まず，A～Dの県を確定する。Aは秋田県，Bは静岡県，Cは奈良県，Dは鹿児島県である。次にア～エの県を確定する。アは，「国内有数の多雨地域」「古くから林業が営まれ，高品質な杉などが生産されている」等の文から，吉野杉の産地であるCの奈良県であるとわかる。イは，「北側の3000m級の山々」が**南アルプス**を指すところから，静岡県であるとわかる。また，「国内有数の茶の生産量」との記述からも，イが静岡県であるとわかる。ウは，文中の河川が秋田県の雄物川を指す。日本海側に位置するため，夏の「**やませ**」による冷害の影響を受けにくく，「あきたこまち」等の**銘柄米**が生産されていることから，秋田県であることがわかる。エは，二つの半島が大隅半島と薩摩半島であり，この二つの半島に囲まれているのが**活火山**の桜島である。**牧畜**が盛んであることからも，エが鹿児島県であることがわかる。上記により，正しい組み合わせは，Aウ・Bイ・Cア・Dエとなる。

〔問2〕 まず，W～Zの県を確定する。Wは千葉県，Xは愛知県，Yは兵庫県，Zは広島県である。ア～エのうち，人口に占める他の都道府県への従業・通学者の割合が1割以上となっているのは，アの千葉県である。また，国内最大規模の**石油コンビナート**を有するのは，京葉工業地域の千葉県である。Ⅱの文章に当てはまるのは，アである。千葉県は，上記で明らかなように，略地図中のW～Zのうち，Wに当たる。

〔問3〕 徒歩で利用できるところに，食品スーパー・福祉施設等の機能をそろえ，また，徒歩圏外のところでも，自動車でなく，電車やバスなどの**公共交通**を利用して，行政サービス・病院など日常生活に必要な機能が利用できるようになる。上記のような趣旨を簡潔にまとめて解答すればよい。

4 **(歴史的分野―日本史時代別－古墳時代から平安時代・鎌倉時代から室町時代・安土桃山時代から江戸時代・明治時代から現代，―日本史テーマ別－文化史・政治史・経済史・外交史・社会史)**

〔問1〕 ア **桓武天皇**が，混乱した政治を立て直すことを目的に，都を京都に移したのは，794年のことである。 イ **鎌倉幕府**の将軍を補佐する第五代**執権北条時頼**は，有力な御家人を退ける一方，**建長寺**を建立した。建長寺の建立は1253年である。 ウ **室町幕府**の三代将軍**足利義満**が明に使者を派遣し，**勘合貿易**を始めたのは1404年である。 エ **隋**から帰国した留学生を**国博士**とし，645年に始まる**大化改新**の改革に取り組ませたのは，**中大兄皇子**(のちの**天智天皇**)である。したがって，時代の古い順に並べると，エ→ア→イ→ウとなる。

〔問2〕 江戸前期の17世紀に，**河村瑞賢**は奥州荒浜から太平洋のみを通り江戸に至る**東回り航路**と，出羽酒田から日本海・瀬戸内海を通って，太平洋に出て江戸に至る**西回り航路**の両者を整えた。寄港地では積荷の点検などを行い，**年貢米**や各地の特産品を江戸に輸送することを実現した。以上の趣旨を簡潔にまとめて記せばよい。

〔問3〕 ア 四日市港は**日英通商航海条約**により，1899年に開港地に指定された。 イ 東京港では**関東大震災後**に復旧工事が行われ，震災の2年後の1925年に日の出ふ頭が完成した。 ウ 函館港は**日米和親条約**により1854年に開港され，薪・水・食糧の補給地となった。 エ 熊本の三角港は，**西南戦争**10年後の1887年にオランダ人技術者の設計により造成され，開港された。よって，略年表と照らし合わせれば，Aウ・Bエ・Cア・Dイとなる。

〔問4〕 ア 1951年に**サンフランシスコ平和条約**が結ばれ，特に海上貿易(輸入)の増加がみられた。 イ エネルギー源が**石炭**から**石油**へ転換する**エネルギー革命**が起こったのは1950年代以降である。 ウ 米ソ首脳が**マルタ島**で会談し，**冷戦終結**を宣言したのが，1989年のことであり，一時的に海上貿易量の減少がみられた。 エ 二度にわたる石油価格の急激な上昇とは，1973年の第一次石油危機と1979年の**第二次石油危機**のことを指す。この時期には海上貿易量の増加がみられた。したがって，正しい組み合わせは，Aア・Bイ・Cエ・Dウとなる。

5 **(公民的分野―基本的人権・財政・国際社会との関わり・民主主義)**

〔問1〕 アは，**日本国憲法**第25条の条文であり，**社会権**の中の**生存権**である。ウは，憲法第38条の条文であり，**自由権**の中の**身体の自由**である。エは，憲法第32条の条文であり，**請求権**である。残されたイが，憲法第14条に示された**平等権**である。

〔問2〕 ⅠのAは**法人税**，Bが**所得税**，Cが**消費税**，Dが**公債金**である。Ⅱの文章で説明されているのは消費税であり，Cである。また，ア・イ・ウ・エのうち，アは公債金，イは所得税，エは法人税についての説明である。消費税を正しく説明しているのは，ウである。消費税は，1989年に導入された。**3%→5%→8%→10%**と税率が変更されるにしたがって，税収が増えてきた。**消費税**は，年収が低いほど，税負担の割合が高いという**逆進性**がある。

〔問3〕 2015年にニューヨークで開催された**「国連持続可能な開発に関するサミット」**において採択された世界共通の17の目標が，**持続可能な開発目標(SDGs)**である。目標の例をあげれば「貧困をなくそう」「飢餓をゼロに」「質の高い教育をみんなに」「ジェンダー平等を実現しよう」「エネルギーをみんなに そしてクリーンに」「気候変動に具体的な対策を」など，世界の様々な問題を根本的に解決し，すべての人たちにとってより良い世界をつくるために設定されたものである。時期はエである。

〔問4〕 **投票権年齢**，**選挙権年齢**，**成年年齢**をそれぞれ満20歳から満18歳以上へと引き下げることにより，政治・社会への参加時期を2年間早めることが実現されてきた。これにより，若年者自らが大人であることを自覚し，自分の考えを持ち，他者と協議し，社会に参画して積極的に合意形成に努め，若年者が将来の国づくりの中心として積極的な役割を果たすことが期待されている。上記のような趣旨のことを簡潔にまとめて解答すればよい。

6 **(歴史的分野―日本史時代別－明治時代から現代，―日本史テーマ別－文化史，―世界史－経済史・政治史)**

〔問1〕 はじめに，A～Dの国を確定する。Aはドイツ，Bはフランス，Cはイギリス，Dはガーナである。1789年に**市民革命**が起こったのはフランスであり，アの**黒田清輝**は1880年代から1890年代にかけてこの国に留学して，**洋画**を学んだ。1871年に統一されたのはドイツであり，イの**森鷗外**は1884年から1888年まで留学し，**細菌学**を学んだ。1902年に日本と**日英同盟**を結んだのはイギリスであり，ウの**夏目漱石**は1900年から1902年までイギリスに留学し，英文学を学んだ。現在のガーナにあたる西アフリカで，1927年から1928年にかけて，エの**野口英世**は**黄熱病**の研究に努めた。したがって，正しい組み合わせは，Aイ・Bア・Cウ・Dエである。

〔問2〕 2008年9月に，**アメリカ合衆国**の投資銀行である**リーマン・ブラザーズ**が破綻したことに端を発して，**リーマン・ショック**といわれる**世界金融危機**が発生した。日本でも大幅に景気が後退し，**実質経済成長率**はマイナスとなった。リーマンショックに対処するため，同年11月にワシントンで第一回**G20サミット**が開催された。このG20は，各国の**首脳**(大統領・首相・国王・国家主席等)のみが集まる初めての国際会議として開催された。正解はウである。

〔問3〕 19世紀までにヨーロッパ諸国により**植民地**とされていたアフリカ各地で，**第二次世界大戦**後に**独立運動**が活発になり，1960年前後に一斉に独立を達成した。特に1960年は，17か国が独立をし，**「アフリカの年」**といわれる。これらの独立をした国々が**国際連合**に加盟したために，1960年前後はアフリカ州の国々の加盟国数が急激に増えた。Ⅱの文章は，アフリカ州について述べている。Ⅰのグラフのうち，1960年前後に国連加盟国数が急激に増えているのはアであり，アフリカ州がアである。

＜国語解答＞

1 (1) さ (2) こんきょ (3) す (4) ちんれつ (5) じゅんすい

2 (1) 洋館 (2) 育 (3) 客室 (4) 売店 (5) 桜

3 〔問1〕 ア 〔問2〕 ウ 〔問3〕 エ 〔問4〕 イ 〔問5〕 ア

4 〔問1〕 エ 〔問2〕 ア 〔問3〕 ウ 〔問4〕 イ 〔問5〕 (例)私は以前，電車で立っている御高齢の方を見かけたので席を譲ろうと思い，声を掛けました。すると，その方は「健康のためにこのまま立っていたい」と笑顔で話されました。

筆者は「互いの思いを一致させることは，相変わらずたいへん難しい」と述べていますが，たとえ難しくても他者の心を推し量ることはとても大切なことだと思います。そのため，私は他者との違いを受け止めながら，思いやりのある行動を心掛けていきたいです。

5　〔問1〕　イ　〔問2〕　ウ　〔問3〕　ア　〔問4〕　エ　〔問5〕　イ

＜国語解説＞

1　(漢字の読み)

(1)　訓読みは「さ・す」，音読みは「ソウ」。　(2)　行動や主張のもととなる理由。　(3)　その場に置いて動かさないこと。　(4)　人々に見せるために，参考となる物品を並べておくこと。　(5)　「粋」は，訓読みが「いき」で音読みが「スイ」。こめへんである。

2　(漢字の書き取り)

(1)　明治・大正時代に西洋風建築の家を指した呼び方。　(2)　「育」は，「そだ・てる」「はぐく・む」とも読む。　(3)　客用の部屋。　(4)　ちょっとした日用品を扱う店。　(5)　植物。春に花を咲かせる。

3　(小説―情景・心情，内容吟味，文脈把握)

〔問1〕　このあとの凛久の「転校，したくねえーな――！」という言葉から転校という事実を受けとめきれない凛久の様子が読み取れる。消えゆくものを残した**静かな情景描写とは対照的な激しい叫び声を描くことで，そう叫んだ凛久とその思いを印象づける**ことができている。

〔問2〕　「指摘しないであげるのが礼儀な」ことを正直に口にするような，**深野の外れた感じが笑いを誘った**。寂しく思うことを恥じてもいないし，寂しさも消えてはいないのでウ以外は不適切。

〔問3〕　凛久が輿に「転校って，大変？」と尋ねたことで，彼が不安に感じていることを悟り，泣けてくるのだ。

〔問4〕　『離れても大丈夫だ』という輿の言葉を聞いた上で，晴菜先輩は卒業しても(離れても)ずっと仲間だと信じていると述べていることをふまえて選択肢を選ぶ。そこには**確固たる絆があることを信じて止まない強い意志**が感じられる。忘れて欲しくない思い(ア)や不安(ウ)や寂しさ(エ)よりも強い絆を感じているのだ。

〔問5〕　ここは，**亜紗がISS観測会をみんなとの協力で成功させたことに喜びや達成感を抱く場面**である。見上げた広い空に匹敵するほど大きな充実感といえよう。

4　(論説文―内容吟味，文脈把握，段落・文章構成，作文)

〔問1〕　傍線(1)の直後「つまり……」から，傍線部の内容を説明していく。ここを読み解けばよい。「三項表象の理解」とは，子ども(「私」)もおとな(「あなた」)も同じ「外界」を見て，互いに視線を交わすことにより，互いがその「外界」を向いていることを了解しあうことをいう。これを，「**「外界」に関する心的表象を共有していることを理解し合う**」のだと第六段で述べている。

〔問2〕　第十一段では，ここまで示してきたヒトの認知機能(言語機能)について，チンパンジーの言語訓練の実験を通したヒトとの違いを述べるにとどまらず，**「最も重要な発見」を示すことで，**

さらなる論の展開を図っている。

〔問3〕　傍線(2)の「このため」の内容を明らかにすればよい。指示語だから，傍線部より前に指し示す内容が書かれていて，「チンパンジーは世界に対してかなりの程度の理解を持っているのだが，**その理解を互いに共有しようとしない」というのが理由**である。

〔問4〕　公的な概念でも具体的なものであっても，その表象に関しては，「公的表象とそれぞれの個人的表象の間には，……**ずっと多くの，微妙な違いが生じるに違いない」**と考えている。個人的表象はあくまでその個人しか理解できないし，何を思うかは人それぞれに異なるのだという。

〔問5〕　作文のテーマは「互いの思いを一致させること」である。一致させることに対する考えをまず挙げなくてはならない。本文をふまえ，その重要性や難しさを理解した上で，考えを述べよう。自分の具体例(体験・見聞)は簡潔に紹介程度にとどめ，それにより感じたことや考えたことをまとめる。**構成は二段落にし，一段落目に具体例，二段落目に自分の意見をまとめる**のがよいだろう。

5　(会話，古文―内容吟味，文脈把握，品詞・用法)

〔問1〕　頼政は「たくさん作り溜めておく」ようにしていたとある。さらに久保田さんは詩人や絵描きやモーツァルトも例に挙げ，**あれこれ作って溜めておき，注文や題(テーマ)がきたときにその注文に合うように完成させて出すというやり方**を示している。

〔問2〕「そう」の内容は，傍線(2)のあとに述べられており，「何かこういう感情を……ぴったりとした表現が思い浮かぶということはある」の記述にふさわしい選択肢を選べばよい。

〔問3〕　久保田さんが作品を「かなり長い間暖めておいて，ということも必要」という考えを受けて，俵さんは「やはり普段から筋肉を動かして，いろんな言葉のストックや気持のストックを持っている」ことの大切さを明らかにしている。**久保田さんとの共通理解**を図っているのだ。

〔問4〕　訳文の「これからあとの責任はすべてあなたにお掛けしますよ」は，原文で「後の咎をばかけ申すべし。」に対応している。したがって，「責任」は「咎」のことである。

〔問5〕　イの「が」は接続助詞。それ以外は主格を示す格助詞。

東京都公立高等学校

2023年度

★★★★★★★★★★★★★★★★★★★★★★★

入　試　問　題

●くわしい解説……57ページ

＜数学＞

時間　50分　　満点　100点

【注意】 1　答えに分数が含まれるときは，**それ以上約分できない形で表しなさい。**
例えば，$\frac{6}{8}$ と答えるのではなく，$\frac{3}{4}$ と答えます。

2　答えに根号が含まれるときは，**根号の中を最も小さい自然数にしなさい。**
例えば，$3\sqrt{8}$ と答えるのではなく，$6\sqrt{2}$ と答えます。

3　答えを選択する問題については，**特別の指示**のあるもののほかは，各問の**ア・イ・ウ・エ**のうちから，最も適切なものをそれぞれ１**つずつ選んで**，**その記号の◯の中を正確に塗りつぶしなさい。**

4　□の中の数字を答える問題については，「**あ**，**い**，**う**，…」に当てはまる数字を，下の〔例〕のように，**0**から**9**までの数字のうちから，それぞれ１**つずつ選んで**，**その数字の◯の中を正確に塗りつぶしなさい。**

〔例〕 **あい** に12と答えるとき

あ	⓪ ● ② ③ ④ ⑤ ⑥ ⑦ ⑧ ⑨
い	⓪ ① ● ③ ④ ⑤ ⑥ ⑦ ⑧ ⑨

1 次の各問に答えよ。

〔問１〕 $-8+6^2\div 9$ を計算せよ。

〔問２〕 $\dfrac{7a+b}{5}-\dfrac{4a-b}{3}$ を計算せよ。

〔問３〕 $(\sqrt{6}-1)(2\sqrt{6}+9)$ を計算せよ。

〔問４〕 一次方程式 $4(x+8)=7x+5$ を解け。

〔問５〕 連立方程式 $\begin{cases} 2x+3y=1 \\ 8x+9y=7 \end{cases}$ を解け。

〔問６〕 二次方程式 $2x^2-3x-6=0$ を解け。

〔問７〕 次の □ の中の「**あ**」「**い**」に当てはまる数字をそれぞれ答えよ。

袋の中に，赤玉が１個，白玉が１個，青玉が４個，合わせて６個の玉が入っている。

この袋の中から同時に２個の玉を取り出すとき，２個とも青玉である確率は，$\dfrac{\boxed{\text{あ}}}{\boxed{\text{い}}}$ である。

ただし，どの玉が取り出されることも同様に確からしいものとする。

〔問８〕　次の □ の中の「う」「え」に当てはまる数字をそれぞれ答えよ。

右の**図１**で，点Ｏは，線分ＡＢを直径とする半円の中心である。

点Ｃは，$\overset{\frown}{\mathrm{AB}}$上にある点で，点Ａ，点Ｂのいずれにも一致しない。

点Ｄは，$\overset{\frown}{\mathrm{AC}}$上にある点で，点Ａ，点Ｃのいずれにも一致しない。

点Ａと点Ｃ，点Ａと点Ｄ，点Ｂと点Ｃ，点Ｂと点Ｄ，点Ｃと点Ｄをそれぞれ結ぶ。

$\angle$ＢＡＣ＝20°，$\angle$ＣＢＤ＝30°のとき，xで示した$\angle$ＡＣＤの大きさは，**うえ** 度である。

図１

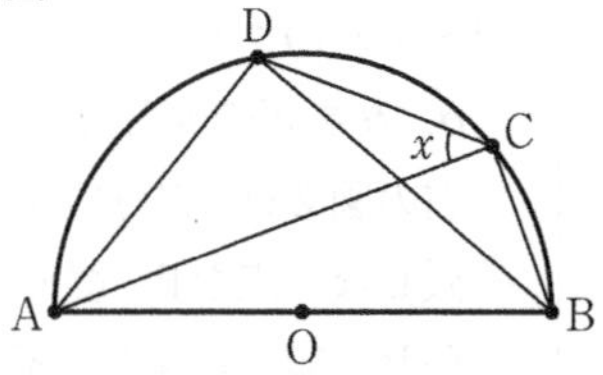

〔問９〕　右の**図２**で，円Ｏと直線ℓは交わっていない。

解答欄に示した図をもとにして，円Ｏの周上にあり，直線ℓとの距離が最も長くなる点Ｐを，定規とコンパスを用いて作図によって求め，点Ｐの位置を示す文字Ｐも書け。

ただし，作図に用いた線は消さないでおくこと。

図２

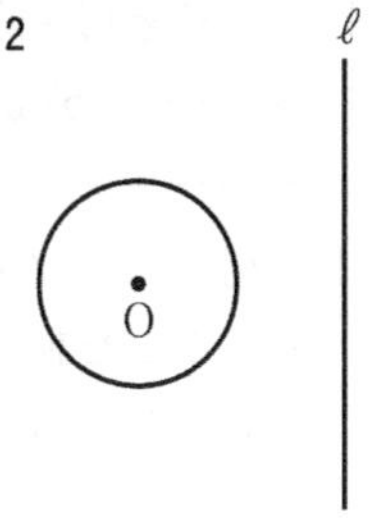

2　Ｓさんのクラスでは，先生が示した問題をみんなで考えた。

次の各問に答えよ。

［先生が示した問題］

a，bを正の数とし，$a > b$とする。

右の**図１**で，四角形ＡＢＣＤは，１辺の長さがa cmの正方形である。頂点Ａと頂点Ｃ，頂点Ｂと頂点Ｄをそれぞれ結び，線分ＡＣと線分ＢＤとの交点をＥとする。

線分ＡＥ上にあり，頂点Ａ，点Ｅのいずれにも一致しない点をＦとする。

線分ＢＥ，線分ＣＥ，線分ＤＥ上にあり，
ＥＦ＝ＥＧ＝ＥＨ＝ＥＩとなる点をそれぞれＧ，Ｈ，Ｉとし，点Ｆと点Ｇ，点Ｆと点Ｉ，点Ｇと点Ｈ，点Ｈと点Ｉをそれぞれ結ぶ。

線分ＡＦ，線分ＢＧ，線分ＣＨ，線分ＤＩの中点をそれぞれＰ，Ｑ，Ｒ，Ｓとし，点Ｐと点Ｑ，点Ｐと点Ｓ，点Ｑと点Ｒ，点Ｒと点Ｓをそれぞれ結ぶ。

線分ＦＧの長さをb cm，四角形ＰＱＲＳの周の長さをℓ cmとするとき，ℓをa，bを用いた式で表しなさい。

図１

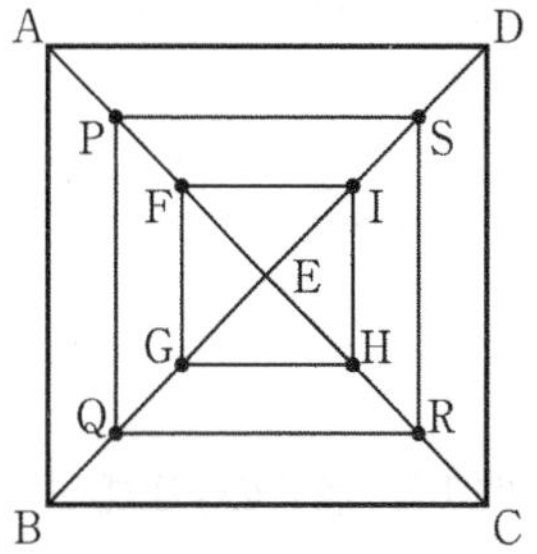

〔問１〕　［先生が示した問題］で，ℓの値をa，bを用いてℓ＝ □ cmと表すとき， □ に当てはまる式を，次の**ア**～**エ**のうちから選び，記号で答えよ。

ア　$2a + 2b$　　**イ**　$\dfrac{a+b}{2}$　　**ウ**　$\dfrac{a-b}{2}$　　**エ**　$2a - 2b$

Sさんのグループは，［先生が示した問題］をもとにして，次の問題を考えた。

［Sさんのグループが作った問題］

a，b を正の数とし，$a > b$ とする。

右の**図2**は，線分OA上にあり，点O，点Aのいずれにも一致しない点をB，線分ABの中点をMとし，線分OA，線分OB，線分OMを，それぞれ点Oを中心に反時計回りに90°回転移動させてできた図形である。

図2において，線分OAの長さを a cm，線分OBの長さを b cm，線分OMを半径とするおうぎ形の弧の長さを ℓ cm，線分OAを半径とするおうぎ形から，線分OBを半径とするおうぎ形を除いた残りの図形の面積をS cm^2 とするとき，$S = (a - b)\ell$ となることを確かめてみよう。

図2

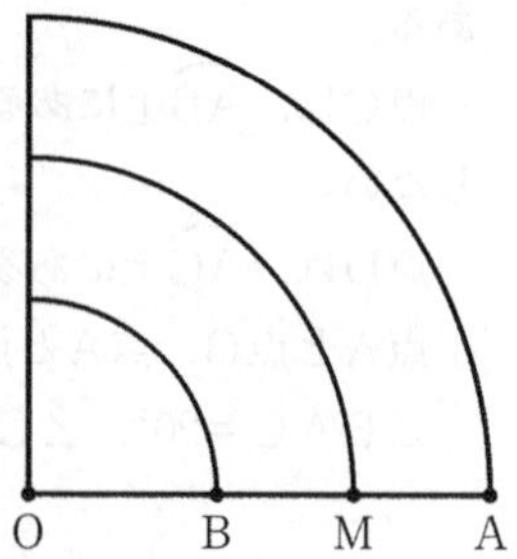

〔問2〕［Sさんのグループが作った問題］で，ℓ を a，b を用いた式で表し，$S = (a - b)\ell$ となることを証明せよ。

ただし，円周率は π とする。

3 右の**図1**で，点Oは原点，点Aの座標は $(3,\ -2)$ であり，直線 ℓ は一次関数 $y = \frac{1}{2}x + 1$ のグラフを表している。

直線 ℓ と x 軸との交点をBとする。

直線 ℓ 上にある点をPとし，2点A，Pを通る直線を m とする。

次の各問に答えよ。

図1

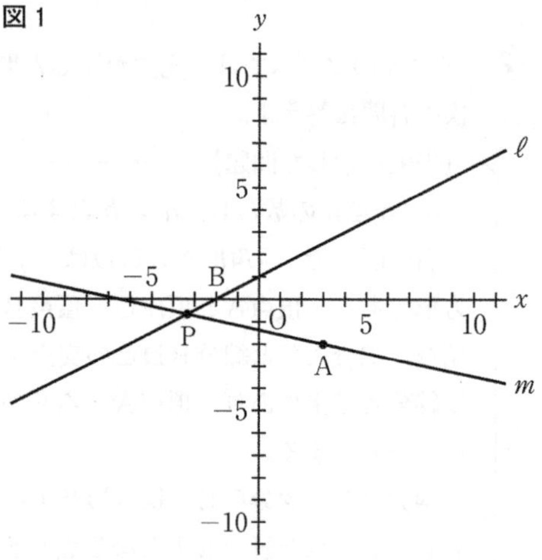

〔問1〕点Pの y 座標が -1 のとき，点Pの x 座標を，次の**ア**～**エ**のうちから選び，記号で答えよ。

ア -1　**イ** $-\frac{5}{2}$　**ウ** -3　**エ** -4

〔問2〕次の ① と ② に当てはまる数を，下の**ア**～**エ**のうちからそれぞれ選び，記号で答えよ。

線分BPが y 軸により二等分されるとき，直線 m の式は，$y =$ ① $x +$ ② である。

① **ア** -6　**イ** -4　**ウ** -3　**エ** $-\frac{5}{2}$

② **ア** 5　**イ** $\frac{11}{2}$　**ウ** 7　**エ** 10

〔問３〕　右の**図２**は，**図１**において，点Ｐの x 座標が０より大きい数であるとき，y 軸を対称の軸として点Ｐと線対称な点をＱとし，点Ａと点Ｂ，点Ｂと点Ｑ，点Ｐと点Ｑをそれぞれ結んだ場合を表している。

△ＢＰＱの面積が△ＡＰＢの面積の２倍であるとき，点Ｐの x 座標を求めよ。

図２

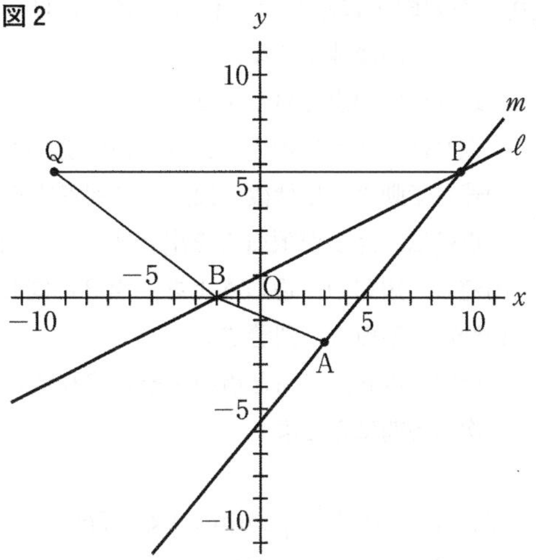

4　右の**図１**で，四角形ＡＢＣＤは，ＡＤ∥ＢＣ，ＡＢ＝ＤＣ，ＡＤ＜ＢＣの台形である。

点Ｐは，辺ＡＢ上にある点で，頂点Ａ，頂点Ｂのいずれにも一致しない。

点Ｑは，辺ＢＣ上にある点で，頂点Ｂ，頂点Ｃのいずれにも一致しない。

頂点Ａと点Ｑ，頂点Ｄと点Ｐをそれぞれ結ぶ。

次の各問に答えよ。

図１

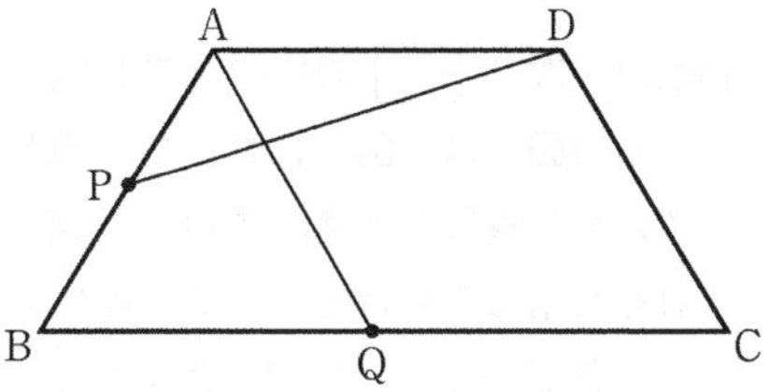

〔問１〕　**図１**において，ＡＱ∥ＤＣ，∠ＡＱＣ＝110°，∠ＡＰＤ＝a°とするとき，∠ＡＤＰの大きさを表す式を，次の**ア**～**エ**のうちから選び，記号で答えよ。

ア　(140－a) 度　　**イ**　(110－a) 度　　**ウ**　(70－a) 度　　**エ**　(40－a) 度

〔問２〕　右の**図２**は，**図１**において，頂点Ａと頂点Ｃ，頂点Ｄと点Ｑ，点Ｐと点Ｑをそれぞれ結び，線分ＡＣと線分ＤＰとの交点をＲ，線分ＡＣと線分ＤＱとの交点をＳとし，ＡＣ∥ＰＱの場合を表している。

次の①，②に答えよ。

①　△ＡＳＤ∽△ＣＳＱであることを証明せよ。

図２

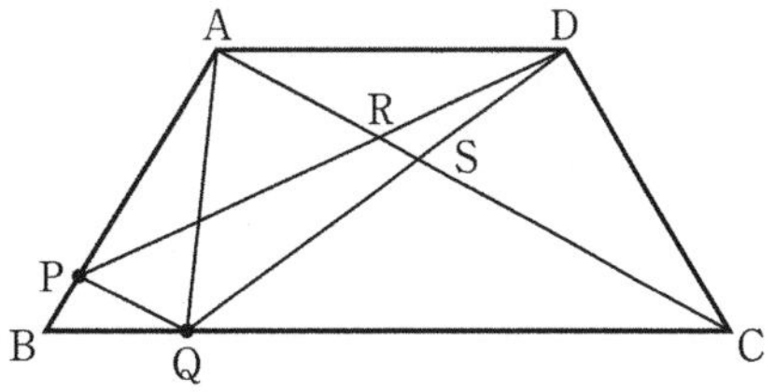

②　次の □ の中の「**お**」「**か**」「**き**」に当てはまる数字をそれぞれ答えよ。

図２において，ＡＰ：ＰＢ＝３：１，ＡＤ：ＱＣ＝２：３のとき，△ＤＲＳの面積は，台形ＡＢＣＤの面積の $\frac{\boxed{お}}{\boxed{かき}}$ 倍である。

5　右の図１に示した立体Ａ－ＢＣＤは，１辺の長さが６cmの正四面体である。

辺ＡＣの中点をＭとする。

点Ｐは，頂点Ａを出発し，辺ＡＢ，辺ＢＣ上を毎秒１cmの速さで動き，12秒後に頂点Ｃに到着する。

点Ｑは，点Ｐが頂点Ａを出発するのと同時に頂点Ｃを出発し，辺ＣＤ，辺ＤＡ上を，点Ｐと同じ速さで動き，12秒後に頂点Ａに到着する。

点Ｍと点Ｐ，点Ｍと点Ｑをそれぞれ結ぶ。

次の各問に答えよ。

図１

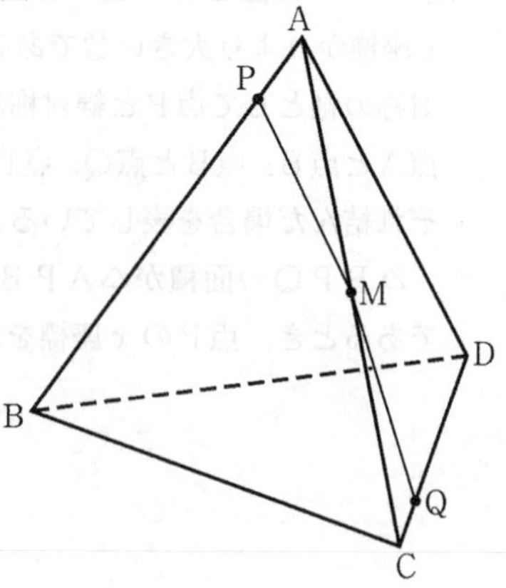

〔問１〕　次の $\boxed{}$ の中の「く」「け」に当てはまる数字をそれぞれ答えよ。

図１において，点Ｐが辺ＡＢ上にあるとき，ＭＰ＋ＭＱ＝ℓ cmとする。

ℓ の値が最も小さくなるのは，点Ｐが頂点Ａを出発してから $\dfrac{\boxed{\text{く}}}{\boxed{\text{け}}}$ 秒後である。

〔問２〕　次の $\boxed{}$ の中の「こ」「さ」に当てはまる数字をそれぞれ答えよ。

右の図２は，図１において，点Ｐが頂点Ａを出発してから８秒後のとき，頂点Ａと点Ｐ，点Ｐと点Ｑをそれぞれ結んだ場合を表している。

立体Ｑ－ＡＰＭの体積は，$\boxed{\text{こ}}\sqrt{\boxed{\text{さ}}}$ cm³である。

図２

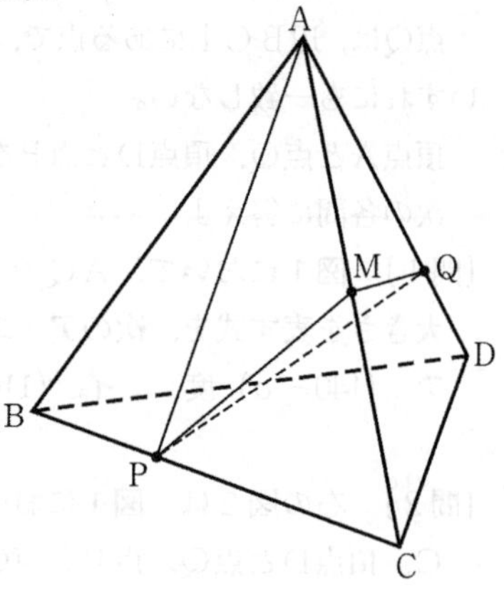

＜英語＞

時間　50分　　満点　100点

1　リスニングテスト（放送による指示に従って答えなさい。）

［問題A］　次のア～エの中から適するものをそれぞれ一つずつ選びなさい。

＜対話文1＞

ア　To have a birthday party.　　イ　To write a birthday card for her.

ウ　To make some tea.　　エ　To bring a cake.

＜対話文2＞

ア　He was giving water to flowers.　　イ　He was doing his homework.

ウ　He was eating lunch.　　エ　He was reading some history books.

＜対話文3＞

ア　He got there by train.　　イ　He took a bus to get there.

ウ　He got there by bike.　　エ　He walked there.

［問題B］　< Question 1 > では，下のア～エの中から適するものを一つ選びなさい。

< Question 2 > では，質問に対する答えを英語で書きなさい。

< Question 1 >

ア　Studying English.　　イ　Students' smiles.

ウ　Sports festivals.　　エ　Students' songs.

< Question 2 >

（15秒程度，答えを書く時間があります。）

2　次の各問に答えよ。

（*印の付いている単語・語句には，本文のあとに〔注〕がある。）

1　高校生のHirotoと，Hirotoの家にホームステイしているアメリカからの留学生のMikeは，夏休みのある土曜日の予定について話をしている。(A) 及び (B) の中に，それぞれ入る語句の組み合わせとして正しいものは，下のア～エのうちではどれか。ただし，下のIは，二人が見ている，東京都内のある地域を紹介したパンフレットの一部である。

Hiroto: Look at this.　There are four areas here.　My father says we can visit three of them on our one-day trip in Tokyo. There is a *shuttle bus service to and from the station. Which areas do you want to visit, Mike?

Mike: I want to enjoy beautiful views of nature.

I

	Things You Can Do	More Information
Forest Area	・Visiting old buildings ・Enjoying beautiful views of nature from the buildings	・There are two buses every hour. ・The buildings are in beautiful forests.
Mountain Area	・Walking across a long bridge ・Feeling cool wind from *valleys	・To get to the bridge from the nearest bus stop takes about one hour.
Onsen Area	・Enjoying famous *onsen* ・Eating delicious local food	・This area is near the station. ・You can walk to it.
Park Area	・Watching birds and animals in the park ・Seeing beautiful views of nature from the park	・There are six buses every hour. ・The park has a lot of stairs.

Hiroto: I see. How about visiting the (A)? We can go there by bus.

Mike: That's nice. I like watching birds and walking in places that are rich in nature. I don't *mind going up and down a lot of stairs. Let's go there.

Hiroto: Yes, let's. Where shall we visit next?

Mike: Both the Mountain Area and the *Onsen* Area look good to me. I would also like to enjoy local food.

Hiroto: Well, that sounds nice. Which of the two shall we visit first?

Mike: Shall we visit the (B) first? If we do that, we can enjoy hot springs at the end of our one-day trip.

Hiroto: That's a good idea. Let's do that.

Mike: Thank you. I'm looking forward to having a good time.

Hiroto: Me, too. I'll tell my father about our plan.

〔注〕 shuttle bus 往復バス　mind 気にする　valley 谷

ア (A) Forest Area (B) *Onsen* Area

イ (A) Park Area (B) *Onsen* Area

ウ (A) Forest Area (B) Mountain Area

エ (A) Park Area (B) Mountain Area

2 東京都内のある地域を訪れることにしたHirotoとMikeは，インターネットの画面を見ながら話をしている。(A) 及び (B) の中に，それぞれ入る語句の組み合わせとして正しいものは，右のページのア～エのうちではどれか。ただし，下のⅡは，二人が見ている，東京都内のある地域の施設別来訪者数を示したグラフである。

Ⅱ

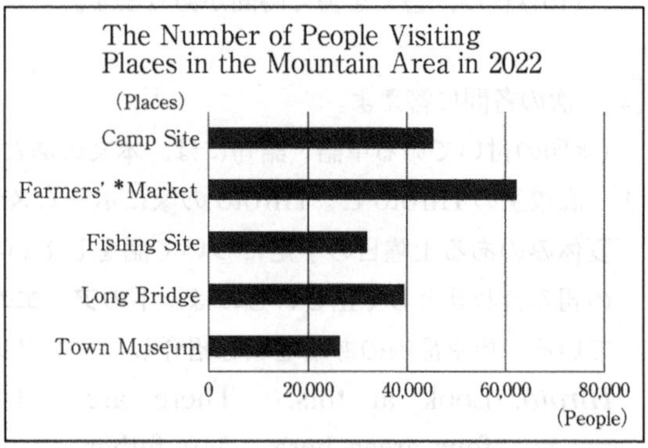

Hiroto: There are many places to visit in the Mountain Area.

Mike: They all look interesting.

Hiroto: Yes. Here is a *guide book about this area. It recommends the (A). The book says we can buy fresh vegetables and also enjoy eating *grilled fish there.

Mike: Grilled fish? That sounds delicious. And the *graph says it is the most popular place in this area. Let's go there.

Hiroto: Yes, let's. And I think we can visit two more places after that. What other places shall we visit?

Mike: I want to visit the Long Bridge. I've heard it's the most exciting place in this area.

Hiroto: The book also recommends that place. I want to go there, too.

Mike: OK. Let's go there. Look at the graph again. There are three other places.

Hiroto: Yes. How about going to the *Camp Site? It's the most popular of the three.

Mike: That sounds nice, but I'm very interested in the history of this area. Shall we visit the [(B)]?

Hiroto: Sure. The building was built in the *Edo* period. It looks interesting.

Mike: I can't wait to go.

〔注〕guide　案内　grilled　焼いた　graph　グラフ　camp　キャンプ　market　市場

ア　(A)　Farmers' Market　(B)　Long Bridge

イ　(A)　Fishing Site　(B)　Town Museum

ウ　(A)　Farmers' Market　(B)　Town Museum

エ　(A)　Fishing Site　(B)　Long Bridge

3　次の文章は，アメリカに帰国したMikeがHirotoに送ったEメールの内容である。

Dear Hiroto,

Thank you for helping me a lot during my stay in Japan. I enjoyed visiting various places with you. The Mountain Area was one of them. Walking across the bridge in the valley was especially exciting. I enjoyed visiting places that were rich in nature.

Since coming back to my country, I have read many books to learn more about Japan. There are a lot of beautiful places to see in your country. After I talked about that with my father, he made a plan for our family to visit Japan next spring. I was really surprised!

Next time, I want to visit many new places. My parents said Japan is famous for its traditional culture. And they want to enjoy it. What should we do in Japan? Do you have any ideas? If you do, please tell me about them. I'm looking forward to seeing you in Tokyo next spring.

Yours,
Mike

(1)　このEメールの内容と合っているのは，次のうちではどれか。

ア　Mike was very surprised when his father made a plan to visit Japan the next spring.

イ　Mike visited the Mountain Area with his father and enjoyed walking across the bridge.

ウ　Mike read many books to learn more about nature in Japan before he went back to his country.

エ　Mike showed his father a plan to visit Japan because he wanted to meet Hiroto again in Tokyo.

(2) Hiroto は Mike に返事のＥメールを送ることにしました。あなたが Hiroto だとしたら，Mike にどのような返事のＥメールを送りますか。次の＜条件＞に合うように，下の □ の中に，三つの英語の文を書きなさい。

＜条件＞

○ 前後の文につながるように書き，全体としてまとまりのある返事のＥメールとすること。
○ Mike に伝えたい内容を一つ取り上げ，それを取り上げた理由などを含めること。

Hello, Mike,

Thank you for your e-mail. I enjoyed reading it. While you were in Japan, we visited many places.

I had a good time when we visited the places that were rich in nature. I have special memories of our time together.

In Japan, you can enjoy traditional Japanese culture in many places. You can have interesting experiences. I'll tell you one idea.

□

I hope to visit some places with you when we meet again next spring.
I'm looking forward to it.

Your friend,
Hiroto

3 次の対話の文章を読んで，あとの各問に答えよ。

（＊印の付いている単語・語句には，本文のあとに〔注〕がある。）

Maya, Ken and Riko are first-year high school students in Tokyo. Bob is a high school student from the United States. They are the members of the art club and talking in the art room after school.

Maya: We have only one week to finish our pictures for the *exhibition.

Ken: I think that I can finish a nice picture. I've been painting almost every day.

Maya: How about you, Riko?

Riko: I think it'll be difficult to finish my picture.

Bob: Are you OK? You look tired. Did something happen?

Riko: I've almost finished my picture, but I don't know what to do next.

Maya: I know you've worked really hard, Riko. Don't be worried.

Ken: (1) I can understand Riko's feeling. Just before finishing something, I always worry about it.

Riko: That's right. I hope many people will enjoy my picture in the exhibition. But I am not *confident about my way of painting now. And I have only one week before the exhibition.

Bob: I had a similar experience, Riko.

Riko: Please tell us about it, Bob.

Bob: I *participated in a Japanese speech contest when I was in my country. Just before the contest, I got very worried. I thought, "Can I speak Japanese well? Will people understand my Japanese?"

Riko: I see. What did you do then?

Bob: Before the contest, I went to see my uncle. He is very good at speaking Japanese. He works for a travel company, and he has visited Japan many times. He listened carefully to my speech and said, "Since last year, you have learned Japanese very well. Don't be afraid of using it."

Ken: Did that encourage you?

Bob: Yes, a lot. In the end, I made a good speech and got a prize in the contest.

Maya: (2) That's wonderful.

Bob: Thank you.

Ken: If you work hard, you will *succeed. You should be confident of that. That's very important.

Riko: Oh, why do you think so?

Ken: I was not good at running in my junior high school days, so I always got worried before running events. But after practicing very hard for a long time, I got better.

Maya: That is an important *lesson, Ken.

Ken: At a running event in my third year, I didn't get a prize, but I ran faster than before. (3) I was happy about that. I realized that I could improve by practicing hard.

Bob: Riko, I think you will be able to finish a nice picture.

Riko: Do you really think so? Will I?

Bob: Yes. You've painted a lot of pictures. I'm sure you can do it this time again.

Maya: Riko, do you remember? We painted a picture together for a school festival at our junior high school.

Riko: Of course.

Maya: Just before finishing the picture, I got very worried. I thought, "Will people enjoy our picture?"

Riko: I remember! Your feelings at that time were similar to mine now.

Maya: (4) Right. And you said, "We've practiced painting for a long time. If we do our best, we'll finish a nice picture. Don't worry."

Ken: That was good advice.

Maya: Now I'll give that advice to you, Riko.

Riko: Thank you. I understand each of you did well in difficult situations. I've *made a lot of effort, and I'm sure I can do it. I'm not worried now.

Bob: You mean you'll be able to finish your picture, right?

Riko: That's right.

Maya: (5) I'm happy to hear that.

Ken: Me, too. I think you should be confident.

Bob: I'm looking forward to seeing your picture in the exhibition.

Maya and Ken: Yes, we are, too!

Riko: Thank you very much, everyone.

〔注〕 exhibition　展覧会　　confident　自信がある　　participate in ～　～に参加する
　　 succeed　成功する　　lesson　教訓　　make a lot of effort　たくさんの努力をする

〔問１〕 (1) I can understand Riko's feeling. とあるが，このようにKenが言った理由を最もよく表しているのは，次のうちではどれか。

ア　Ken has only one week before the exhibition.

イ　Ken always worries just before finishing something.

ウ　Ken has been working really hard to finish his picture.

エ　Ken has been painting his picture almost every day for the exhibition.

〔問２〕 (2) That's wonderful. とあるが，このようにMayaが言った理由を最もよく表しているのは，次のうちではどれか。

ア　Bob has visited Japan many times, and he isn't afraid of using Japanese now.

イ　Bob was confident that he would succeed in the future thanks to his uncle.

ウ　Bob has learned Japanese very well, and now he can speak it like his uncle.

エ　Bob made a good speech in a Japanese speech contest and got a prize.

〔問３〕 (3) I was happy about that. の内容を，次のように書き表すとすれば，□の中に，あとのどれを入れるのがよいか。

Ken was happy because □.

ア　he ran faster than before in a running event in his third year

イ　he practiced running very hard for a long time for running events

ウ　he got a prize at a running event in his third year after practicing hard

エ　he was able to finish painting his picture before a running event in his third year

〔問4〕 (4)Right. の内容を最もよく表しているのは，次のうちではどれか。

ア　Maya gave advice to Riko to encourage her a lot in their junior high school days.

イ　Maya remembered that she would practice painting pictures for a long time with Riko.

ウ　Maya painted a lot of pictures for a school festival at her junior high school.

エ　Maya worried about her picture very much just before finishing it.

〔問5〕 (5)I'm happy to hear that. の内容を，次のように書き表すとすれば，[　　] の中に，下のどれを入れるのがよいか。

Maya is happy to hear that [　　　　].

ア　Riko can't wait to see pictures with her friends in the exhibition

イ　Bob will do his best in difficult situations for the exhibition

ウ　Riko will be able to finish her picture for the exhibition

エ　Bob can start painting pictures again for the exhibition

〔問6〕 次の文章は，本文中の Riko について書かれたものである。[(A)] 及び [(B)] の中に，それぞれ入るものの組み合わせとして正しいものは，下のア～エのうちではどれか。

[(A)] when Maya asked her about her picture for the exhibition. [(B)] while they were talking about one of their memories of a school festival.

	(A)	(B)
ア	Riko didn't know what to do next to finish her picture	Riko didn't remember her advice to Maya in their junior high school days
イ	Riko didn't know what to do next to finish her picture	Riko remembered her advice to Maya in their junior high school days
ウ	Riko already knew what to do next to finish her picture	Riko didn't remember her advice to Maya in their junior high school days
エ	Riko already knew what to do next to finish her picture	Riko remembered her advice to Maya in their junior high school days

〔問7〕 次の文章は，Maya たちと話した日に，Bob が書いた日記の一部である。[(A)] 及び [(B)] の中に，それぞれ入る単語の組み合わせとして正しいものは，次のページのア～エのうちではどれか。

Today, I talked with my friends, Maya, Ken, and Riko after school. At the beginning, Riko was [(A)]. All of us talked about our own memories and [(B)] Riko.

I talked about my experience of participating in a Japanese speech contest in the U.S. I still remember that I got very [(A)] before the contest. I was not confident of my Japanese then. But my uncle [(B)] me a lot. Thanks to him, I did my best at the contest.

In the end, Riko was feeling better. I hope we'll all finish our pictures, and the exhibition will succeed. I'm looking forward to the exhibition.

ア (A) worried (B) understood　イ (A) tired (B) understood

ウ (A) worried (B) encouraged　エ (A) tired (B) encouraged

4 次の文章を読んで，あとの各問に答えよ。

（*印の付いている単語・語句には，本文のあとに〔注〕がある。）

Nanami was a first-year high school student. One Friday in September, an *exchange student, Grace, came to her school from Canada, and she began to stay at Nanami's house.

That evening, Nanami held a welcome party for Grace with her family. Before the party, Nanami asked her, "Can you eat sushi?" Nanami knew that sushi was one of the most famous Japanese foods among people in other countries. Grace said she could eat it. Nanami did her best to make many kinds of sushi. At the party, Nanami said, "I hope that you like this. Please enjoy it." Grace ate some salad, French fries, and some vegetable sushi without *raw fish. But she ate only a little sushi with raw fish. Nanami was disappointed to see that. Nanami asked her, "How about the sushi with raw fish?" She said, "It's delicious." After the party, Nanami said, "I'm afraid you didn't eat much sushi with raw fish." Grace said, "I'm sorry about that." Grace looked sad. Nanami wanted to make her happy, so she said to her, "How about going to an amusement park tomorrow?" Grace said, "That's nice. I would like to do that." Nanami was happy to hear that. Nanami's mother came and said to Nanami, "I think Grace is tired. You and she should go to bed."

The next day, Nanami took Grace to an amusement park. They rode a roller coaster there. Nanami enjoyed it very much. But Grace didn't smile at all. When Nanami saw her face, she felt a little sad. On her way home, Nanami thought, "Am I the only one who enjoyed the amusement park?" That night, Nanami wondered in her bed, "How can I make her happy?"

On Thursday of the next week, Nanami wanted to talk with someone about Grace. She remembered her neighbor, Taiga. He was a second-year high school student at *the same school as Nanami. After school, she went to his classroom.

He told Nanami about his experience of staying with a *host family in Australia. He said, "One of my host family members, John, took me to an aquarium because it was one of the most famous places in the city, and also it was his favorite place. I enjoyed watching sea animals there, but actually, I wanted to see koalas in a zoo. I didn't tell him that at the aquarium because he was so kind." And he said, "Maybe Grace felt like me." After Nanami heard about Taiga's experience, she decided to talk with Grace when she got home.

That night, Nanami said to Grace, "Grace, I'm really sorry that I couldn't help you enjoy your first week in Japan." Grace said, "Don't worry about that, Nanami. I'm sorry about the welcome party. I don't like raw fish. But I was *embarrassed to tell you that. At the amusement park, I was also embarrassed to tell you that I didn't like to ride roller coasters. Next time, let's talk and decide where to go together." Nanami said, "Thank you, Grace. Is there something you want to do this Sunday?" Grace said, "Sure. I would like to go shopping with you to buy souvenirs." Nanami said, "OK. There is a nice department store near the station. I often go there. Do you want to go with me?" Grace said, "Yes, I do." Nanami's mother was listening to them, and she smiled.

Three days later, they went to the department store. Nanami said, "Grace, what do you want to buy?" Grace said, "I want something that will help me remember Japan." Nanami said, " OK. How about buying two cups to use at home?" Grace said, "That's nice. Let's buy them. Nanami, I have another idea. I want to buy two small bags." Nanami said, "Why do you want two bags?" Grace said, "I want to use something which is the same as yours every day. I want to put my lunch box in a small bag and to bring it to school every day. I want you to do the same thing." Nanami said, "That's a good idea. I want to do that, too. Let's buy two bags." When they got back home, they showed the cups and the bags to Nanami's mother. She said, "You look like sisters." Nanami and Grace looked at each other and smiled. Nanami hoped that their *relationship would always be good.

〔注〕 exchange student　交換留学生　　raw　生の　　the same ~ as...　...と同じ~
host family　ホストファミリー　　embarrassed　恥ずかしい　　relationship　関係

〔問1〕 Nanami was disappointed to see that. の内容を，次のように書き表すとすれば，□の中に，下のどれを入れるのがよいか。

Nanami was disappointed because □.

ア　Grace ate only a little sushi with raw fish

イ　Grace ate all of the sushi with raw fish, and Nanami couldn't eat any of it

ウ　Grace didn't know that sushi was one of the most famous Japanese foods

エ　Grace didn't like vegetable sushi without raw fish

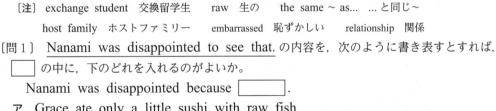

〔問2〕 次のア～エの文を，本文の内容の流れに沿って並べ，記号で答えよ。

ア On Thursday night, Nanami's mother was listening to Nanami and Grace.

イ Nanami wanted to talk with someone about Grace and remembered her neighbor, Taiga.

ウ When Nanami's mother told Nanami and Grace that they looked like sisters, they smiled.

エ One Friday evening in September, Nanami held a welcome party for Grace with her family.

〔問3〕 次の(1)～(3)の文を，本文の内容と合うように完成するには，□ の中に，それぞれ下のどれを入れるのがよいか。

(1) After the welcome party on Friday, Nanami told Grace that □.

ア she was happy to make sushi for Grace

イ she wanted to take Grace to an amusement park

ウ she was sad to hear her mother's advice

エ she wanted Grace to go to bed early

(2) Before Nanami went to sleep on Saturday, □.

ア she wondered how she could make Grace happy

イ she wondered why she was the only person to see Grace's smile

ウ she thought that going to the amusement park with Grace made her tired

エ she thought that riding a roller coaster with Grace helped them enjoy the amusement park

(3) When John took Taiga to the aquarium, □.

ア Taiga told him about the experience of staying in Australia

イ Taiga talked with him about Taiga's favorite places in Australia

ウ Taiga didn't tell him that he actually wanted to see koalas in a zoo

エ Taiga didn't enjoy watching sea animals with his host family

〔問4〕 次の(1)，(2)の質問の答えとして適切なものは，それぞれ下のうちではどれか。

(1) At the welcome party, why did Grace tell Nanami that the sushi with raw fish was delicious?

ア Because Nanami knew that Grace could eat sushi with raw fish.

イ Because she was embarrassed to tell Nanami that she didn't like raw fish.

ウ Because, before coming to Japan, she was asked by Nanami about raw fish.

エ Because she was enjoying her first week in Japan very much with her host family.

(2) What did Nanami and Grace want to do with some things that they bought at the department store?

ア They wanted to give the bags to Nanami's mother after they showed them to her.

イ They wanted to use the cups and the bags at school to make their relationship better.

ウ They wanted to use the cups every day at home because that would help Nanami remember Grace.

エ They wanted to put their lunch boxes in the bags and bring them to school every day.

＜理科＞ 時間 50分 満点 100点

1 次の各問に答えよ。

〔問1〕 次のA～Fの生物を生産者と消費者とに分類したものとして適切なのは，下の表のア～エのうちではどれか。

A エンドウ B サツマイモ C タカ D ツツジ E バッタ F ミミズ

	生産者	消費者
ア	A，B，D	C，E，F
イ	A，D，F	B，C，E
ウ	A，B，E	C，D，F
エ	B，C，D	A，E，F

〔問2〕 図1の岩石Aと岩石Bのスケッチは，一方が玄武岩であり，もう一方が花こう岩である。岩石Aは岩石Bより全体的に白っぽく，岩石Bは岩石Aより全体的に黒っぽい色をしていた。岩石Aと岩石Bのうち玄武岩であるものと，玄武岩のでき方とを組み合わせたものとして適切なのは，下の表のア～エのうちではどれか。

図1

岩石A 岩石B

	玄武岩	玄武岩のでき方
ア	岩石A	マグマがゆっくりと冷えて固まってできた。
イ	岩石A	マグマが急激に冷えて固まってできた。
ウ	岩石B	マグマがゆっくりと冷えて固まってできた。
エ	岩石B	マグマが急激に冷えて固まってできた。

〔問3〕 図2のガスバーナーに点火し，適正な炎の大きさに調整したが，炎の色から空気が不足していることが分かった。炎の色を青色の適正な状態にする操作として適切なのは，あとのア～エのうちではどれか。

図2

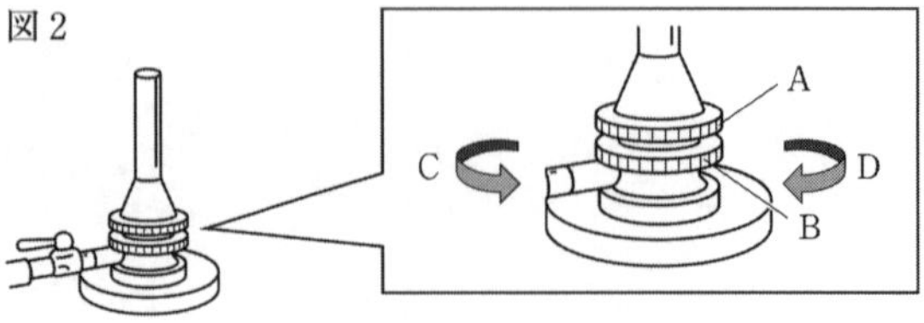

ア Aのねじを押さえながら，Bのねじを Cの向きに回す。

イ　Ａのねじを押さえながら，Ｂのねじをの向きに回す。

ウ　Ｂのねじを押さえながら，ＡのねじをＣの向きに回す。

エ　Ｂのねじを押さえながら，ＡのねじをＤの向きに回す。

〔問４〕　図３のように，凸レンズの二つの焦点を通る一直線上に，物体（光源付き），凸レンズ，スクリーンを置いた。

凸レンズの二つの焦点を通る一直線上で，スクリーンを矢印の向きに動かし，凸レンズに達する前にはっきりと像が映る位置に調整した。図３のＡ点，Ｂ点のうちはっきりと像が映るときのスクリーンの位置と，このときスクリーンに映った像の大きさについて述べたものとを組み合わせたものとして適切なのは，下の表の**ア**～**エ**のうちではどれか。

図３

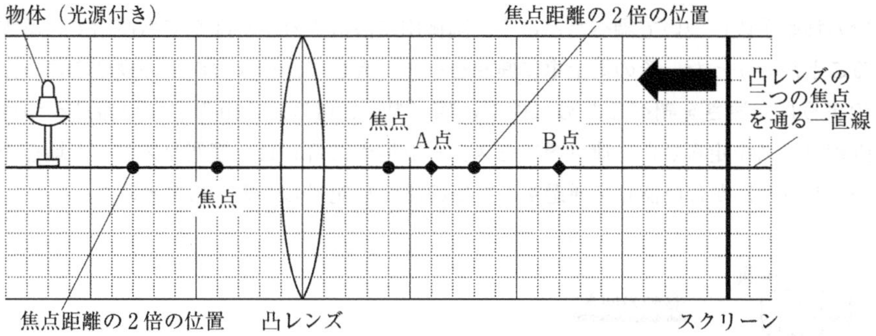

	スクリーンの位置	スクリーンに映った像の大きさについて述べたもの
ア	Ａ点	物体の大きさと比べて，スクリーンに映った像の方が大きい。
イ	Ａ点	物体の大きさと比べて，スクリーンに映った像の方が小さい。
ウ	Ｂ点	物体の大きさと比べて，スクリーンに映った像の方が大きい。
エ	Ｂ点	物体の大きさと比べて，スクリーンに映った像の方が小さい。

〔問５〕　次のＡ～Ｄの物質を化合物と単体とに分類したものとして適切なのは，次の表の**ア**～**エ**のうちではどれか。

Ａ　二酸化炭素

Ｂ　水

Ｃ　アンモニア

Ｄ　酸素

	化合物	単体
ア	Ａ，Ｂ，Ｃ	Ｄ
イ	Ａ，Ｂ	Ｃ，Ｄ
ウ	Ｃ，Ｄ	Ａ，Ｂ
エ	Ｄ	Ａ，Ｂ，Ｃ

〔問６〕　図４はアブラナの花の各部分を外側にあるものからピンセットではがし，スケッチしたものである。図４のＡ～Ｄの名称を組み合わせたものとして適切なのは，次のページの表の**ア**～**エ**のうちではどれか。

図４

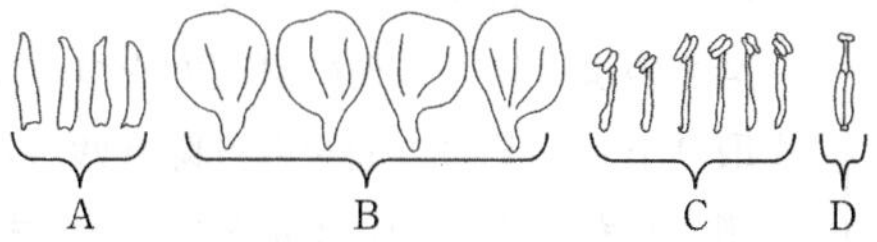

	A	B	C	D
ア	がく	花弁	めしべ	おしべ
イ	がく	花弁	おしべ	めしべ
ウ	花弁	がく	おしべ	めしべ
エ	花弁	がく	めしべ	おしべ

2 生徒が，南極や北極に関して科学的に探究しようと考え，自由研究に取り組んだ。生徒が書いたレポートの一部を読み，次の各問に答えよ。

＜レポート１＞ 雪上車について

雪上での移動手段について調べたところ，南極用に設計され，−60℃でも使用できる雪上車があることが分かった。その雪上車に興味をもち，大きさが約40分の１の模型を作った。

図１のように，速さを調べるために模型に旗（◀）を付け，１ｍごとに目盛りをつけた７ｍの直線コースを走らせた。旗（◀）をスタート地点に合わせ，模型がスタート地点を出発してから旗（◀）が各目盛りを通過するまでの時間を記録し，表１にまとめた。

図１

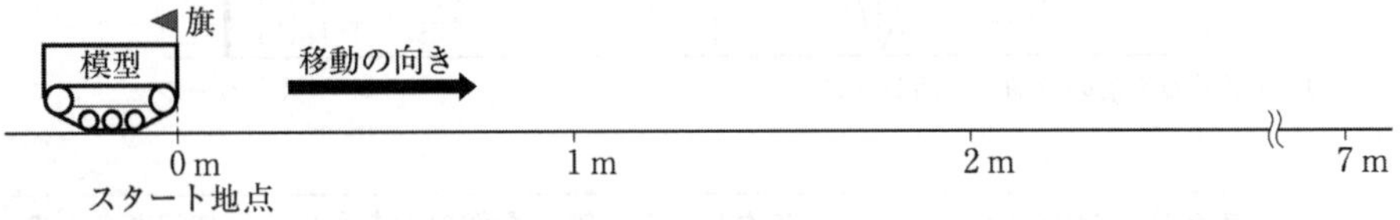

表１

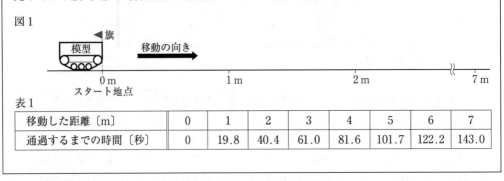

移動した距離〔m〕	0	1	2	3	4	5	6	7
通過するまでの時間〔秒〕	0	19.8	40.4	61.0	81.6	101.7	122.2	143.0

〔問１〕 ＜レポート１＞から，模型の旗（◀）が２ｍ地点を通過してから６ｍ地点を通過するまでの平均の速さを計算し，小数第三位を四捨五入したものとして適切なのは，次のうちではどれか。

ア 0.02m / s　**イ** 0.05m / s　**ウ** 0.17m / s　**エ** 0.29m / s

＜レポート２＞ 海氷について

北極圏の海氷について調べたところ，海水が凍ることで生じる海氷は，海面に浮いた状態で存在していることや，海水よりも塩分の濃度が低いことが分かった。海氷ができる過程に興味をもち，食塩水を用いて次のようなモデル実験を行った。

図２のように，３％の食塩水をコップに入れ，液面上部から冷却し凍らせた。凍った部分を取り出し，その表面を取り除き残った部分を二つに分けた。その一つを溶かし食塩の濃度を測定したところ，0.84％であった。また，もう一つを３％の食塩水に入れたところ浮いた。

図2

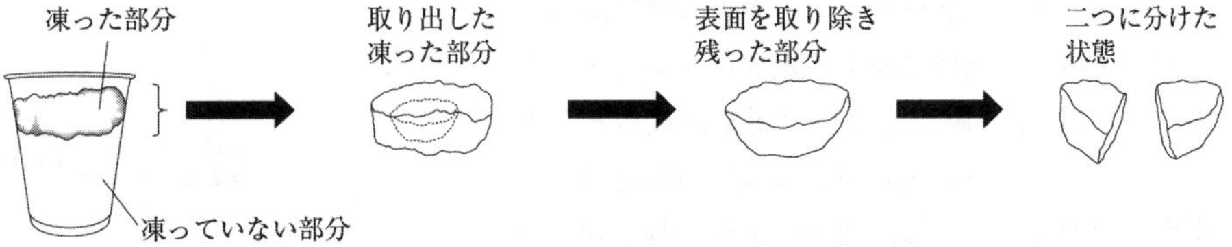

〔問2〕　＜レポート2＞から，「3％の食塩水100ｇに含まれる食塩の量」に対する「凍った部分の表面を取り除き残った部分100ｇに含まれる食塩の量」の割合として適切なのは，下の ① のアとイのうちではどれか。また，「3％の食塩水の密度」と「凍った部分の表面を取り除き残った部分の密度」を比べたときに，密度が大きいものとして適切なのは，下の ② のアとイのうちではどれか。ただし，凍った部分の表面を取り除き残った部分の食塩の濃度は均一であるものとする。

① **ア**　約13％　　**イ**　約28％

② **ア**　3％の食塩水　　**イ**　凍った部分の表面を取り除き残った部分

＜レポート3＞　生物の発生について

水族館で，南極海に生息している図3のようなナンキョクオキアミの発生に関する展示を見て，生物の発生に興味をもった。発生の観察に適した生物を探していると，近所の池で図4の模式図のようなカエル（ニホンアマガエル）の受精卵を見付けたので持ち帰り，発生の様子をルーペで継続して観察したところ，図5や図6の模式図のように，細胞分裂により細胞数が増えていく様子を観察することができた。なお，図5は細胞数が2個になった直後の胚《はい》を示しており，図6は細胞数が4個になった直後の胚を示している。

図3

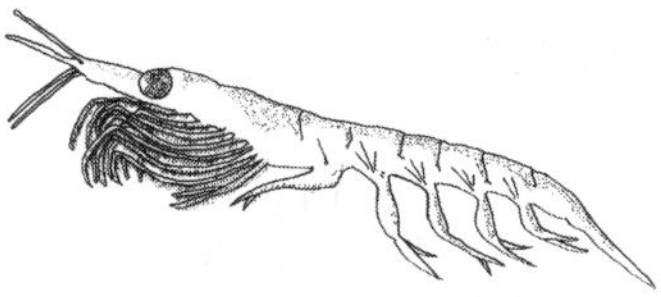

図4

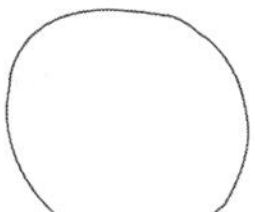

図5

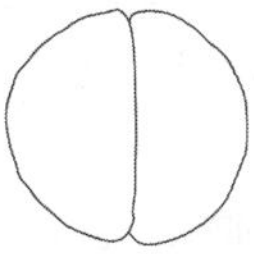

図6

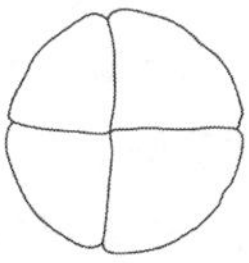

〔問3〕　＜レポート3＞の図4の受精卵の染色体の数を24本とした場合，図5及び図6の胚に含まれる合計の染色体の数として適切なのは，次の表の**ア**～**エ**のうちではどれか。

	図5の胚に含まれる合計の染色体の数	図6の胚に含まれる合計の染色体の数
ア	12本	6本
イ	12本	12本
ウ	48本	48本
エ	48本	96本

＜レポート４＞ 北極付近での太陽の動きについて

北極付近での天体に関する現象について調べたところ，1日中太陽が沈まない現象が起きることが分かった。１日中太陽が沈まない日に北の空を撮影した連続写真には，図７のような様子が記録されていた。

地球の公転軌道を図８のように模式的に表した場合，図７のように記録された連続写真は，図８のＡの位置に地球があるときに撮影されたことが分かった。

図７

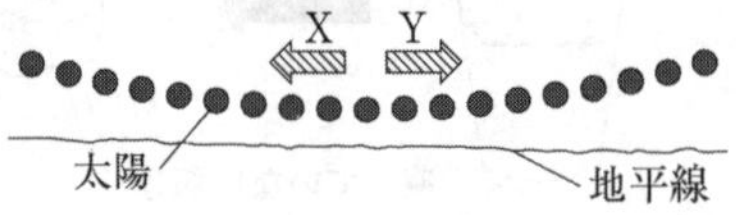

図８

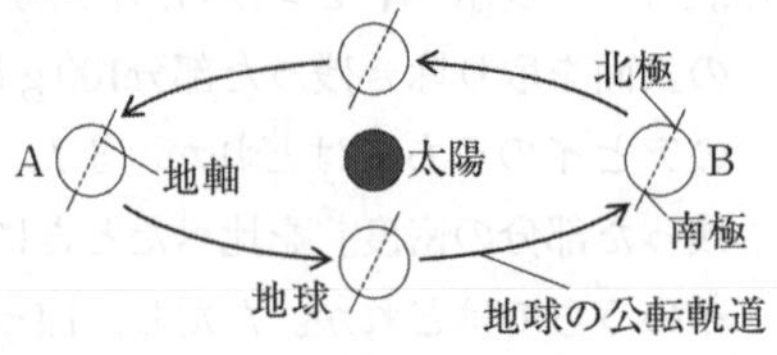

〔問４〕 **＜レポート４＞**から，図７のＸとＹのうち太陽が見かけ上動いた向きと，図８のＡとＢのうち日本で夏至となる地球の位置とを組み合わせたものとして適切なのは，次の表の**ア**～**エ**のうちではどれか。

	図７のＸとＹのうち太陽が見かけ上動いた向き	図８のＡとＢのうち日本で夏至となる地球の位置
ア	X	A
イ	X	B
ウ	Y	A
エ	Y	B

3 露点及び雲の発生に関する実験について，次の各問に答えよ。

＜実験１＞を行ったところ，次のページの**＜結果１＞**のようになった。

＜実験１＞

⑴ ある日の午前10時に，あらかじめ実験室の室温と同じ水温にしておいた水を金属製のコップの半分くらいまで入れ，温度計で金属製のコップ内の水温を測定した。

⑵ 図１のように，金属製のコップの中に氷水を少しずつ加え，水温が一様になるようにガラス棒でかき混ぜながら，金属製のコップの表面の温度が少しずつ下がるようにした。

⑶ 金属製のコップの表面に水滴が付き始めたときの金属製のコップ内の水温を測定した。

⑷ **＜実験１＞**の⑴～⑶の操作を同じ日の午後６時にも行った。

図１

なお，この実験において，金属製のコップ内の水温とコップの表面付近の空気の温度は等しいものとし，同じ時刻における実験室内の湿度は均一であるものとする。

＜結果１＞

	午前10時	午後６時
＜**実験１**＞の⑴で測定した水温〔℃〕	17.0	17.0
＜**実験１**＞の⑶で測定した水温〔℃〕	16.2	12.8

〔問１〕　＜**実験１**＞の⑵で，金属製のコップの表面の温度が少しずつ下がるようにしたのはなぜか。簡単に書け。

〔問２〕　図２は，気温と飽和水蒸気量の関係をグラフに表したものである。

図２

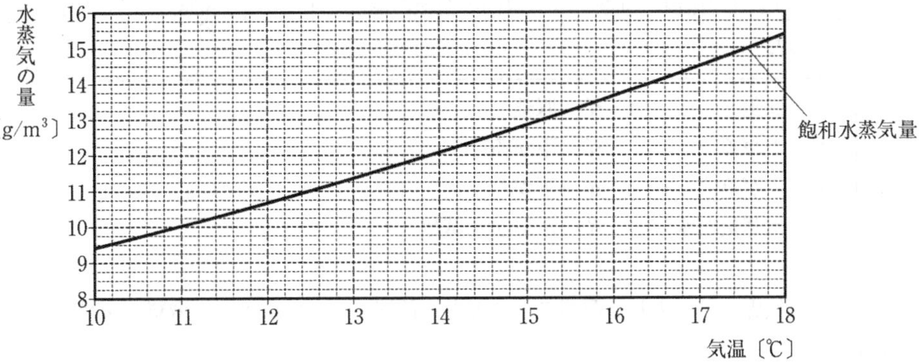

＜**結果１**＞から，午前10時の湿度として適切なのは，下の［①］の**ア**と**イ**のうちではどれか。また，午前10時と午後６時の実験室内の空気のうち，$1\,m^3$ に含まれる水蒸気の量が多い空気として適切なのは，下の［②］の**ア**と**イ**のうちではどれか。

［①］　**ア**　約76%　　　　**イ**　約95%

［②］　**ア**　午前10時の実験室内の空気　　**イ**　午後６時の実験室内の空気

次に＜**実験２**＞を行ったところ，次のページの＜**結果２**＞のようになった。

＜**実験２**＞

⑴　丸底フラスコの内部をぬるま湯でぬらし，線香のけむりを少量入れた。

⑵　図３のように，ピストンを押し込んだ状態の大型注射器とデジタル温度計を丸底フラスコに空気がもれないようにつなぎ，装置を組み立てた。

⑶　大型注射器のピストンをすばやく引き，すぐに丸底フラスコ内の様子と丸底フラスコ内の温度の変化を調べた。

⑷　＜**実験２**＞の⑶の直後，大型注射器のピストンを元の位置まですばやく押し込み，すぐに丸底フラスコ内の様子と丸底フラスコ内の温度の変化を調べた。

図３

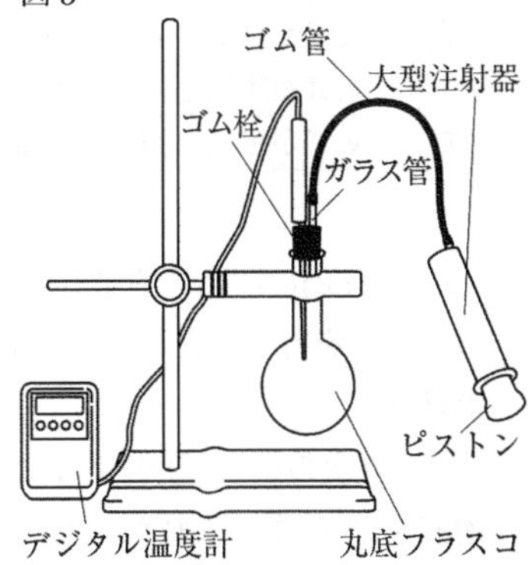

<結果２>

	<実験２>の(3)の結果	<実験２>の(4)の結果
丸底フラスコ内の様子	くもった。	くもりは消えた。
丸底フラスコ内の温度	26.9℃から26.7℃に変化した。	26.7℃から26.9℃に変化した。

〔問３〕 <結果２>から分かることをまとめた次の文章の ① ～ ④ にそれぞれ当てはまるものとして適切なのは，下の**ア**と**イ**のうちではどれか。

> ピストンをすばやく引くと，丸底フラスコ内の空気は ① し丸底フラスコ内の気圧は ② 。その結果，丸底フラスコ内の空気の温度が ③ ，丸底フラスコ内の ④ に変化した。

① **ア** 膨張　**イ** 収縮
② **ア** 上がる　**イ** 下がる
③ **ア** 上がり　**イ** 下がり
④ **ア** 水蒸気が水滴　**イ** 水滴が水蒸気

さらに，自然界で雲が生じる要因の一つである前線について調べ，<資料>を得た。

<資料>

次の文章は，日本のある場所で寒冷前線が通過したときの気象観測の記録について述べたものである。

> 午前６時から午前９時までの間に，雨が降り始めるとともに気温が急激に下がった。この間，風向は南寄りから北寄りに変わった。

〔問４〕 <資料>から，通過した前線の説明と，前線付近で発達した雲の説明とを組み合わせたものとして適切なのは，次の表の**ア**～**エ**のうちではどれか。

	通過した前線の説明	前線付近で発達した雲の説明
ア	暖気が寒気の上をはい上がる。	広い範囲に長く雨を降らせる雲
イ	暖気が寒気の上をはい上がる。	短時間に強い雨を降らせる雲
ウ	寒気が暖気を押し上げる。	広い範囲に長く雨を降らせる雲
エ	寒気が暖気を押し上げる。	短時間に強い雨を降らせる雲

4 ヒトの体内の消化に関する実験について，次の各問に答えよ。

<実験>を行ったところ，<結果>のようになった。

<実験>

(1) 図１（次のページ）のように，試験管A，試験管B，試験管C，試験管Dに0.5%のデンプン溶液を５cm^{3}ずつ入れた。また，試験管A，試験管Cには唾液を１cm^{3}ずつ入れ，試験管B，試験管Dには水を１cm^{3}ずつ入れた。

(2) 図２（次のページ）のように，試験管A，試験管B，試験管C，試験管Dを約40℃に保った水に10分間つけた。

⑶　図３のように，試験管Ａ，試験管Ｂにヨウ素液を入れ，10分後，溶液の色の変化を観察した。

⑷　図４のように，試験管Ｃ，試験管Ｄにベネジクト液と沸騰石を入れ，その後，加熱し，１分後，溶液の色の変化を観察した。

図１

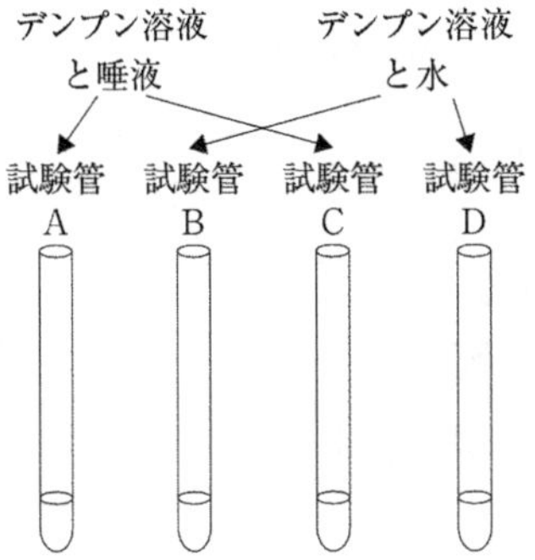

図２

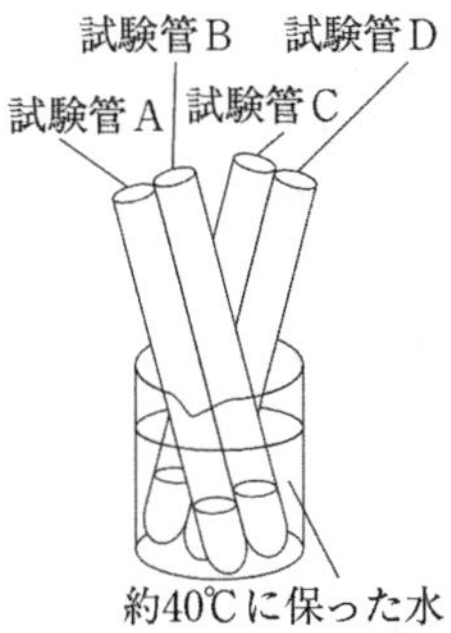

図３

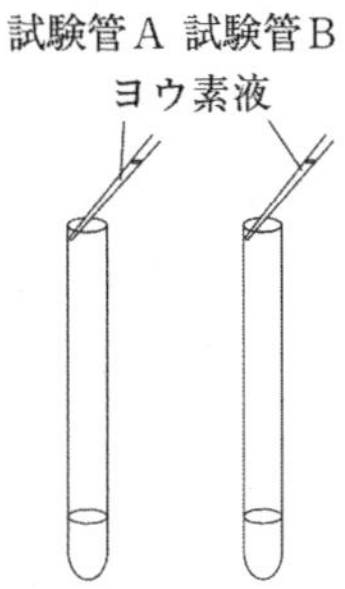

図４

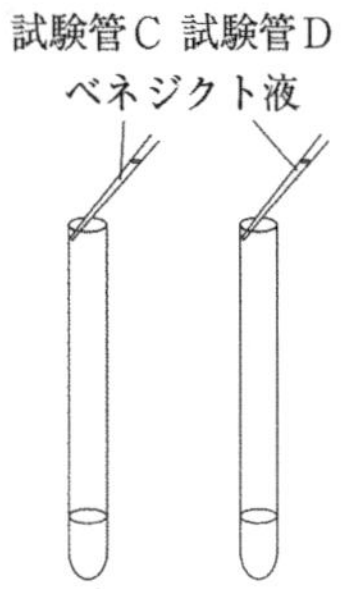

＜**結果**＞

	試験管Ａ	試験管Ｂ	試験管Ｃ	試験管Ｄ
色の変化	変化しなかった。	青紫色になった。	赤褐色になった。	変化しなかった。

〔問１〕　＜**結果**＞から分かる唾液のはたらきについて述べたものとして適切なのは，次のうちではどれか。

ア　試験管Ａと試験管Ｂの比較から，唾液にはデンプンをデンプンではないものにするはたらきがあることが分かり，試験管Ｃと試験管Ｄの比較から，唾液にはデンプンをアミノ酸にするはたらきがあることが分かる。

イ　試験管Ａと試験管Ｄの比較から，唾液にはデンプンをデンプンではないものにするはたらきがあることが分かり，試験管Ｂと試験管Ｃの比較から，唾液にはデンプンをアミノ酸にするはたらきがあることが分かる。

ウ　試験管Ａと試験管Ｂの比較から，唾液にはデンプンをデンプンではないものにするはたらきがあることが分かり，試験管Ｃと試験管Ｄの比較から，唾液にはデンプンをブドウ糖がいくつか結合した糖にするはたらきがあることが分かる。

エ　試験管Ａと試験管Ｄの比較から，唾液にはデンプンをデンプンではないものにするはたらきがあることが分かり，試験管Ｂと試験管Ｃの比較から，唾液にはデンプンをブドウ糖がいくつか結合した糖にするはたらきがあることが分かる。

〔問２〕　消化酵素により分解されることで作られた，ブドウ糖，アミノ酸，脂肪酸，モノグリセリドが，ヒトの小腸の柔毛で吸収される様子について述べたものとして適切なのは，あとのうちではどれか。

ア　アミノ酸とモノグリセリドはヒトの小腸の柔毛で吸収されて毛細血管に入り，ブドウ糖と脂肪酸はヒトの小腸の柔毛で吸収された後に結合してリンパ管に入る。

イ　ブドウ糖と脂肪酸はヒトの小腸の柔毛で吸収されて毛細血管に入り，アミノ酸とモノグリセリドはヒトの小腸の柔毛で吸収された後に結合してリンパ管に入る。

ウ　脂肪酸とモノグリセリドはヒトの小腸の柔毛で吸収されて毛細血管に入り，ブドウ糖とアミノ酸はヒトの小腸の柔毛で吸収された後に結合してリンパ管に入る。

エ　ブドウ糖とアミノ酸はヒトの小腸の柔毛で吸収されて毛細血管に入り，脂肪酸とモノグリセリドはヒトの小腸の柔毛で吸収された後に結合してリンパ管に入る。

〔問３〕　図５は，ヒトの体内における血液の循環の経路を模式的に表したものである。図５のAとBの場所のうち，ヒトの小腸の毛細血管から吸収された栄養分の濃度が高い場所と，細胞に取り込まれた栄養分からエネルギーを取り出す際に使う物質とを組み合わせたものとして適切なのは，次の表の**ア**～**エ**のうちではどれか。

図５

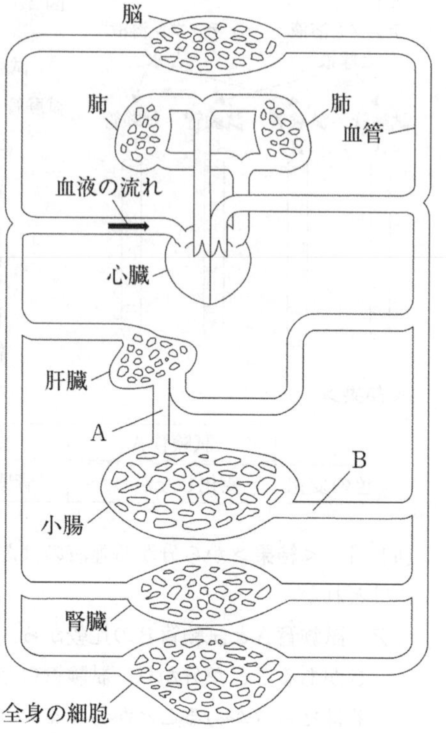

	栄養分の濃度が高い場所	栄養分からエネルギーを取り出す際に使う物質
ア	A	酸素
イ	A	二酸化炭素
ウ	B	酸素
エ	B	二酸化炭素

5　水溶液の実験について，次の各問に答えよ。

＜**実験１**＞を行ったところ，＜**結果１**＞のようになった。

＜**実験１**＞

⑴　図１のように，炭素棒，電源装置をつないで装置を作り，ビーカーの中に５％の塩化銅水溶液を入れ，3.5Vの電圧を加えて，３分間電流を流した。

電流を流している間に，電極A，電極B付近の様子などを観察した。

⑵　＜**実験１**＞の⑴の後に，それぞれの電極を蒸留水（精製水）で洗い，電極の様子を観察した。

電極Aに付着した物質をはがし，その物質を薬さじでこすった。

図１

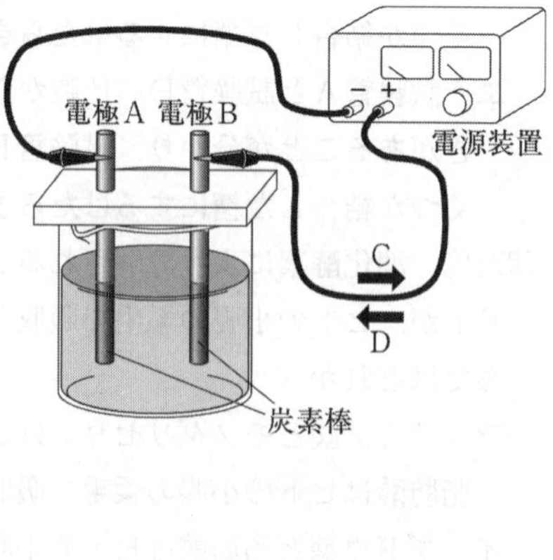

＜**結果１**＞

⑴　＜**実験１**＞の⑴では，電極Aに物質が付着し，電極B付近から気体が発生し，刺激臭がした。

⑵　＜**実験１**＞の⑵では，電極Aに赤い物質の付着が見られ，電極Bに変化は見られなかった。

その後，電極Ａからはがした赤い物質を薬さじでこすると，金属光沢が見られた。

次に**＜実験２＞**を行ったところ，**＜結果２＞**のようになった。

＜実験２＞

(1)　図１のように，炭素棒，電源装置をつないで装置を作り，ビーカーの中に５％の水酸化ナトリウム水溶液を入れ，3.5Ｖの電圧を加えて，3分間電流を流した。

電流を流している間に，電極Ａとその付近，電極Ｂとその付近の様子を観察した。

(2)　**＜実験２＞**の(1)の後，それぞれの電極を蒸留水で洗い，電極の様子を観察した。

＜結果２＞

(1)　**＜実験２＞**の(1)では，電流を流している間に，電極Ａ付近，電極Ｂ付近からそれぞれ気体が発生した。

(2)　**＜実験２＞**の(2)では，電極Ａ，電極Ｂ共に変化は見られなかった。

〔問１〕　塩化銅が蒸留水に溶けて陽イオンと陰イオンに分かれた様子を表したモデルとして適切なのは，下の**ア**～**オ**のうちではどれか。

ただし，モデルの●は陽イオン１個，○は陰イオン１個とする。

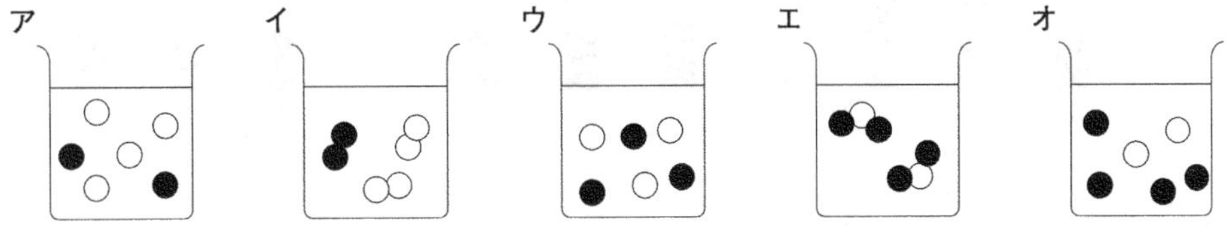

〔問２〕　**＜結果１＞**から，電極Ａは陽極と陰極のどちらか，また，回路に流れる電流の向きはＣとＤのどちらかを組み合わせたものとして適切なのは，次の表の**ア**～**エ**のうちではどれか。

	電極Ａ	回路に流れる電流の向き
ア	陽極	C
イ	陽極	D
ウ	陰極	C
エ	陰極	D

〔問３〕　**＜結果１＞**の(1)から，電極Ｂ付近で生成された物質が発生する仕組みを述べた次の文の ① と ② にそれぞれ当てはまるものを組み合わせたものとして適切なのは，下の表の**ア**～**エ**のうちではどれか。

> 塩化物イオンが電子を ① ，塩素原子になり，塩素原子が ② ，気体として発生した。

	①	②
ア	放出し（失い）	原子１個で
イ	放出し（失い）	２個結び付き，分子になり
ウ	受け取り	原子１個で
エ	受け取り	２個結び付き，分子になり

［問４］　＜結果１＞から，電流を流した時間と水溶液中の銅イオンの数の変化の関係を模式的に示した図として適切なのは，下の ① のア～ウのうちではどれか。また，＜結果２＞から，電流を流した時間と水溶液中のナトリウムイオンの数の変化の関係を模式的に示した図として適切なのは，下の ② のア～ウのうちではどれか。

①

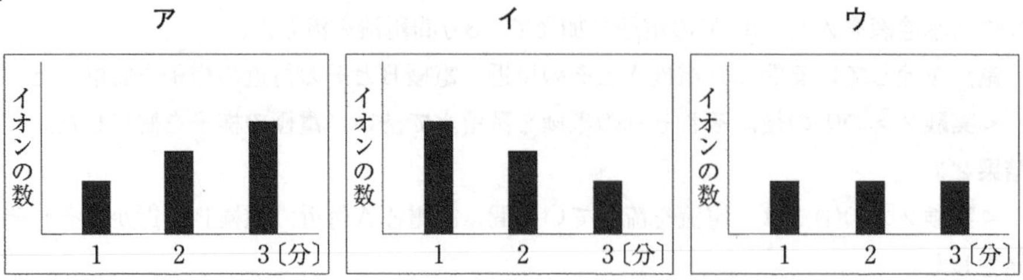

②

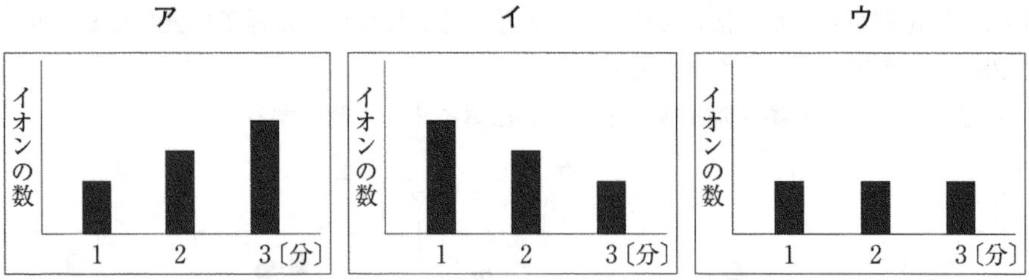

6　電流の実験について，次の各問に答えよ。

＜実験＞を行ったところ，次のページの＜結果＞のようになった。

＜実験＞

(1)　電気抵抗の大きさが５Ωの抵抗器Ｘと20Ωの抵抗器Ｙ，電源装置，導線，スイッチ，端子，電流計，電圧計を用意した。

(2)　図１のように回路を作った。電圧計で測った電圧の大きさが1.0V，2.0V，3.0V，4.0V，5.0Vになるように電源装置の電圧を変え，回路を流れる電流の大きさを電流計で測定した。

(3)　図２のように回路を作った。電圧計で測った電圧の大きさが1.0V，2.0V，3.0V，4.0V，5.0Vになるように電源装置の電圧を変え，回路を流れる電流の大きさを電流計で測定した。

図１

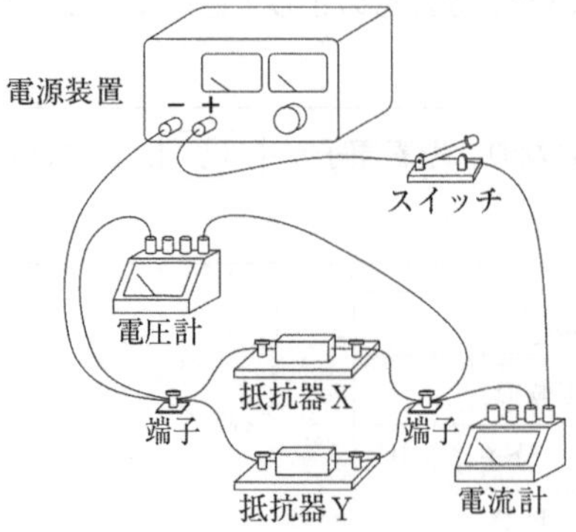

図２

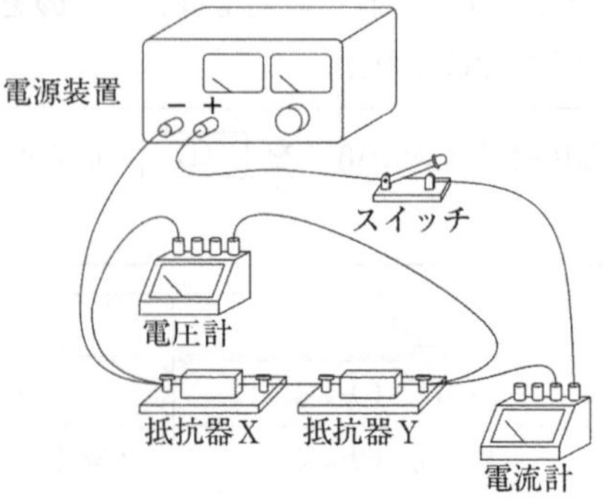

＜**結果**＞

＜**実験**＞の⑵と＜**実験**＞の⑶で測定した電圧と電流の関係をグラフに表したところ，図３のようになった。

図３

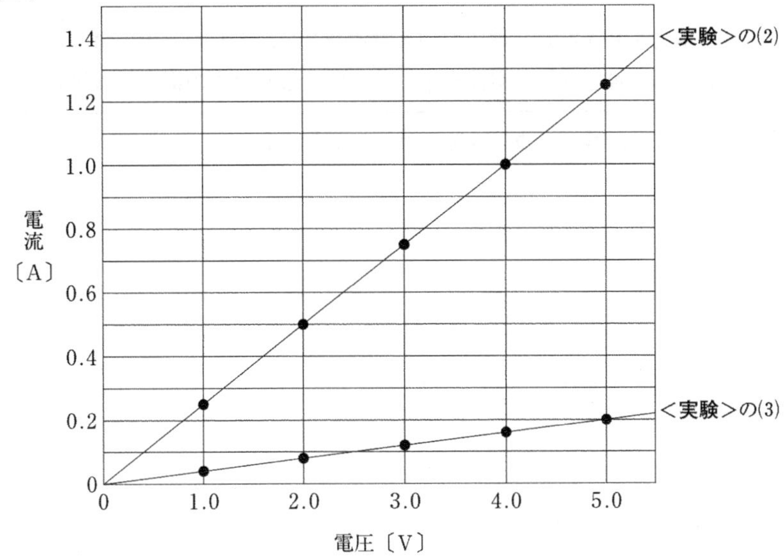

〔問１〕　＜**結果**＞から，図１の回路の抵抗器Xと抵抗器Yのうち，「電圧の大きさが等しいとき，流れる電流の大きさが大きい方の抵抗器」と，＜**結果**＞から，図１の回路と図２の回路のうち，「電圧の大きさが等しいとき，流れる電流の大きさが大きい方の回路」とを組み合わせたものとして適切なのは，次の表の**ア**～**エ**のうちではどれか。

	電圧の大きさが等しいとき，流れる電流の大きさが大きい方の抵抗器	電圧の大きさが等しいとき，流れる電流の大きさが大きい方の回路
ア	抵抗器X	図１の回路
イ	抵抗器X	図２の回路
ウ	抵抗器Y	図１の回路
エ	抵抗器Y	図２の回路

〔問２〕　＜**結果**＞から，次のA，B，Cの抵抗の値の関係を表したものとして適切なのは，下の**ア**～**カ**のうちではどれか。

A　抵抗器Xの抵抗の値

B　抵抗器Xと抵抗器Yを並列につないだ回路全体の抵抗の値

C　抵抗器Xと抵抗器Yを直列につないだ回路全体の抵抗の値

ア　A＜B＜C　　**イ**　A＜C＜B　　**ウ**　B＜A＜C

エ　B＜C＜A　　**オ**　C＜A＜B　　**カ**　C＜B＜A

〔問３〕　＜**結果**＞から，＜**実験**＞の⑵において抵抗器Xと抵抗器Yで消費される電力と，＜**実験**＞の⑶において抵抗器Xと抵抗器Yで消費される電力が等しいときの，図１の回路の抵抗器Xに加わる電圧の大きさをS，図２の回路の抵抗器Xに加わる電圧の大きさをTとしたときに，最も簡単な整数の比でS：Tを表したものとして適切なのは，次の**ア**～**オ**のうちではどれか。

ア 1：1 **イ** 1：2 **ウ** 2：1 **エ** 2：5 **オ** 4：1

〔問4〕 図2の回路の電力と電力量の関係について述べた次の文の □ に当てはまるものとして適切なのは，下の**ア**～**エ**のうちではどれか。

回路全体の電力を9Wとし，電圧を加え電流を2分間流したときの電力量と，回路全体の電力を4Wとし，電圧を加え電流を □ 間流したときの電力量は等しい。

ア 2分 **イ** 4分30秒 **ウ** 4分50秒 **エ** 7分

＜社会＞

時間　50分　　満点　100点

1　次の各問に答えよ。

〔問１〕　次の発表用資料は，地域調査を行った神奈川県鎌倉《かまくら》市の亀《かめ》ヶ《が》谷坂切通《やつざかきりどおし》周辺の様子をまとめたものである。発表用資料中の＜地形図を基に作成したＡ点→Ｂ点→Ｃ点の順に進んだ道の傾斜を模式的に示した図＞に当てはまるのは，次のページのア～エのうちではどれか。

発表用資料

鎌倉の切通《きりどおし》を調査する（亀ヶ谷坂切通班）

○調査日　令和４年９月３日（土）　天候　晴れ

○集合場所・時間　北鎌倉《きたかまくら》駅・午前９時

○調査ルート　＜亀ヶ谷坂切通周辺の地形図＞に示したＡ点→Ｂ点→Ｃ点の順に進んだ。

＜亀ヶ谷坂切通の位置＞

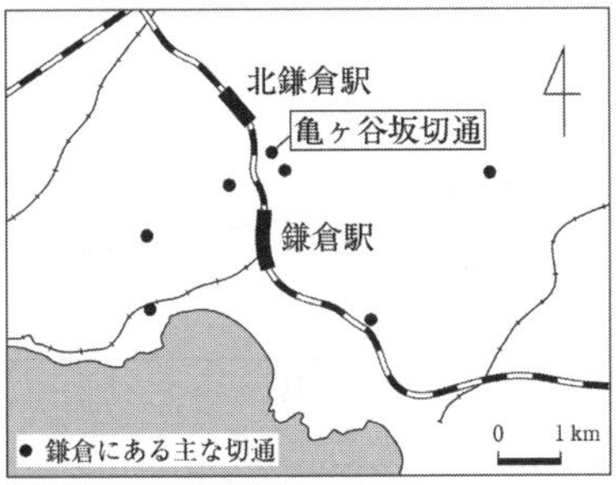

＜亀ヶ谷坂切通周辺の地形図＞

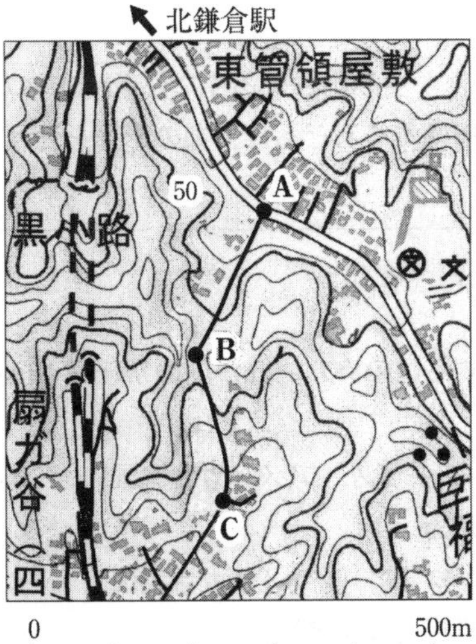

(2016年の「国土地理院発行２万５千分の１地形図（鎌倉）」の一部を拡大して作成)

＜Ａ点，Ｂ点，Ｃ点　それぞれの付近の様子＞

Ａ点　亀ヶ谷坂切通の方向を示した案内板が設置されていた。

Ｂ点　切通と呼ばれる山を削って作られた道なので，地層を見ることができた。

Ｃ点　道の両側に住居が建ち並んでいた。

＜Ｂ点付近で撮影した写真＞

＜地形図を基に作成したＡ点→Ｂ点→Ｃ点の順に進んだ道の傾斜を模式的に示した図＞

＜調査を終えて＞
○切通は，谷を利用して作られた道で，削る部分を少なくする工夫をしていると感じた。
○道幅が狭かったり，坂道が急であったりしていて，守りが堅い鎌倉を実感することができた。
○徒歩や自転車で通る人が多く，現在でも生活道路として利用されていることが分かった。

ア

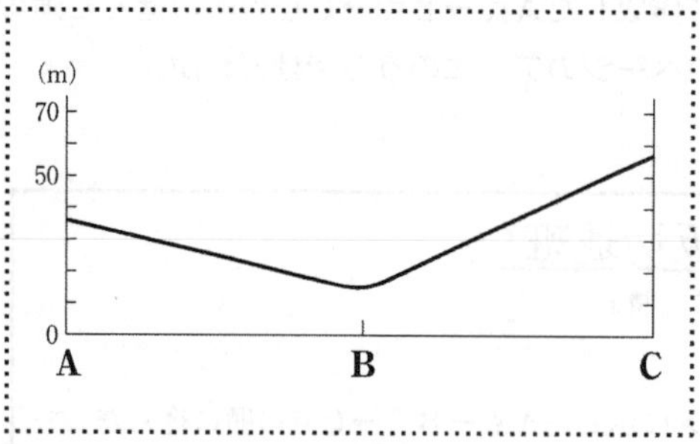

イ

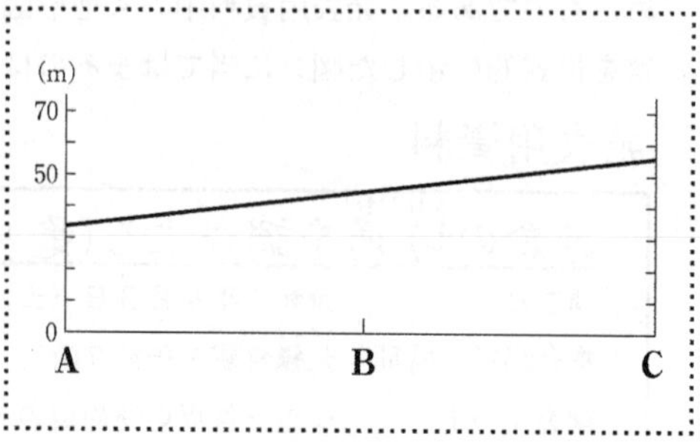

ウ

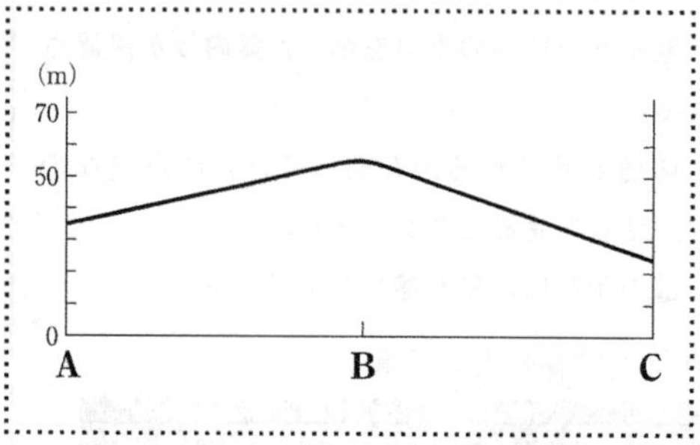

エ

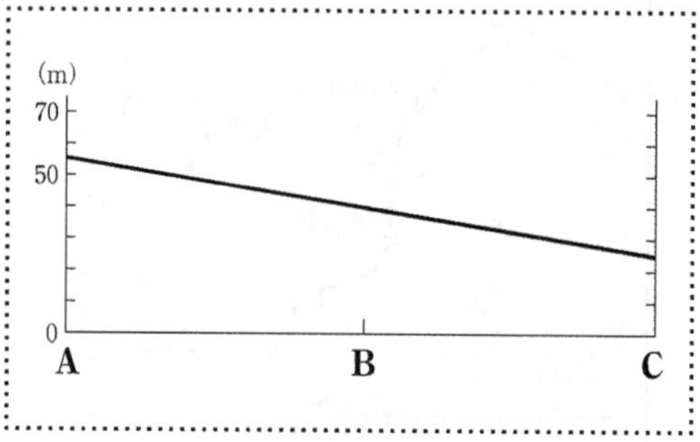

〔問２〕　次の文で述べている人物に当てはまるのは，下の**ア**～**エ**のうちのどれか。

大名や都市の豪商の気風を反映した壮大で豪華な文化が生み出される中で，堺《さかい》出身のこの人物は，全国統一を果たした武将に茶の湯の作法を指導するとともに，禅の影響を受けたわび茶を完成させた。

ア　喜多川歌麿《きたがわうたまろ》　　**イ**　栄西《えいさい》《ようさい》　　**ウ**　尾形光琳《おがたこうりん》　　**エ**　千利休《せんのりきゅう》

〔問３〕　2022年における国際連合の安全保障理事会を構成する国のうち，５か国の常任理事国を全て示しているのは，次の**ア**～**エ**のうちのどれか。

ア　中華人民共和国，フランス，ロシア連邦（ロシア），イギリス，アメリカ合衆国
イ　インド，フランス，ケニア，イギリス，アメリカ合衆国
ウ　中華人民共和国，ケニア，ノルウェー，ロシア連邦（ロシア），アメリカ合衆国
エ　ブラジル，インド，フランス，ノルウェー，ロシア連邦（ロシア）

2　次の略地図を見て，あとの各問に答えよ。

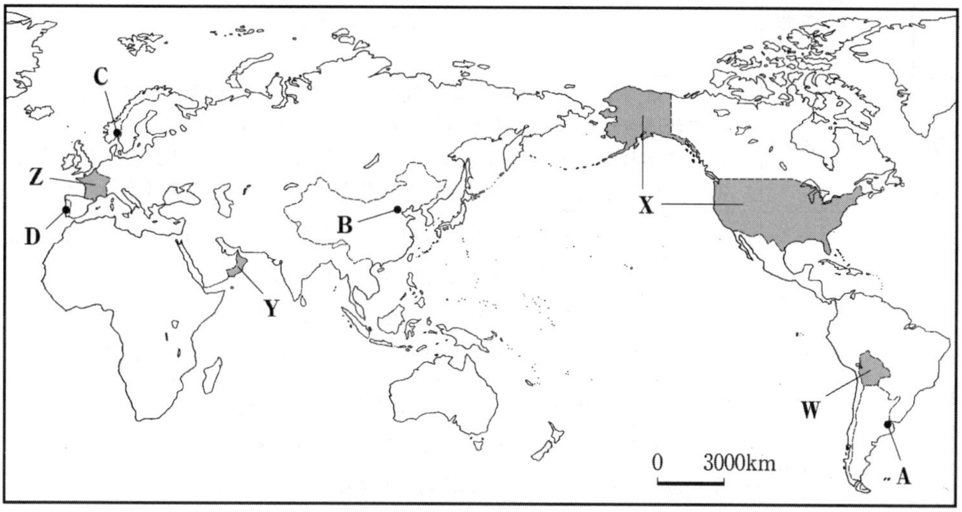

〔問1〕　次のⅠの文章は，略地図中にA～Dで示した**いずれか**の都市の商業などの様子についてまとめたものである。Ⅱの**ア**～**エ**のグラフは，略地図中のA～Dの**いずれか**の都市の，年平均気温と年降水量及び各月の平均気温と降水量を示したものである。Ⅰの文章で述べている都市に当てはまるのは，略地図中のA～Dのうちのどれか，また，その都市のグラフに当てはまるのは，Ⅱの**ア**～**エ**のうちのどれか。

Ⅰ

> 夏季は高温で乾燥し，冬季は温暖で湿潤となる気候を生かして，ぶどうやオリーブが栽培されている。国産のぶどうやオリーブは加工品として販売され，飲食店では塩漬けにされたタラをオリーブ油で調理した料理などが提供されている。

Ⅱ

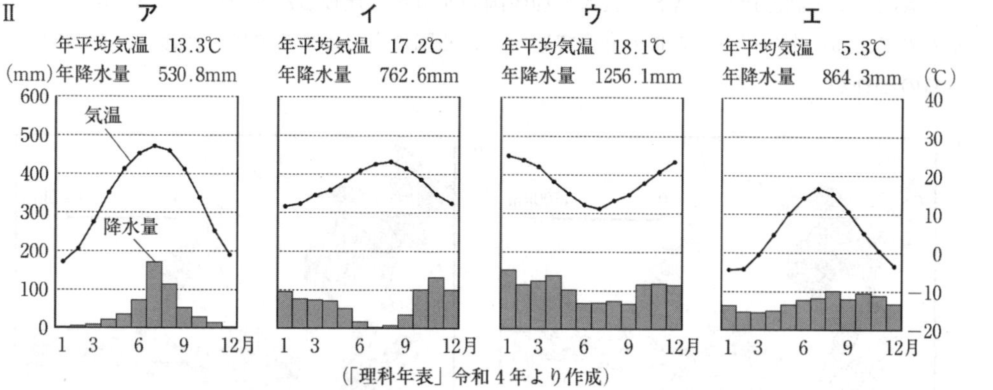

(「理科年表」令和4年より作成)

〔問2〕　次のページの表の**ア**～**エ**は，略地図中に▒▒で示したW～Zの**いずれか**の国の，2019年における一人当たりの国民総所得，小売業などの様子についてまとめたものである。略地図中のW～Zのそれぞれの国に当てはまるのは，次の表の**ア**～**エ**のうちではどれか。

	一人当たりの国民総所得（ドル）	小売業などの様子
ア	3520	○市場では，ポンチョや強い紫外線を防ぐ帽子，この地方が原産で傾斜地などで栽培された様々な種類のじゃがいもが販売されている。 ○キリスト教徒の割合が最も多く，先住民の伝統的な信仰との結び付きがあり，農耕儀礼などに用いる品々を扱う店舗が立ち並ぶ町並が見られる。
イ	42290	○キリスト教徒（カトリック）の割合が最も多く，基本的に日曜日は非労働日とされており，休業日としている店舗がある。 ○首都には，ガラス製のアーケードを備えた商店街（パサージュ）や，鞄《かばん》や洋服などの世界的なブランド店の本店が立ち並ぶ町並が見られる。
ウ	65910	○高速道路（フリーウエー）が整備されており，道路沿いの巨大なショッピングセンターでは，大量の商品が陳列され，販売されている。 ○多民族国家を形成し，同じ出身地の移民が集まる地域にはそれぞれの国の料理を扱う飲食店や物産品を扱う店舗が立ち並ぶ町並が見られる。
エ	14150	○スークと呼ばれる伝統的な市場では，日用品に加えて，なつめやし，伝統衣装，香料などが販売されている。 ○イスラム教徒の割合が最も多く，断食《だんじき》が行われる期間は，日没後に営業を始める飲食店が立ち並ぶ町並が見られる。

（注）一人当たりの国民総所得とは，一つの国において新たに生み出された価値の総額を人口で割った数値のこと。

（「データブック オブ・ザ・ワールド」2022年版より作成）

〔問３〕 次のⅠの略地図は，2021年における東南アジア諸国連合（ＡＳＥＡＮ《アセアン》）加盟国の2001年と比較した日本からの輸出額の増加の様子を数値で示したものである。Ⅱの略地図は，2021年における東南アジア諸国連合（ＡＳＥＡＮ）加盟国の2001年と比較した進出日本企業の増加数を示したものである。次のページのⅢの文章で述べている国に当てはまるのは，次のページのア～エのうちのどれか。

Ⅰ

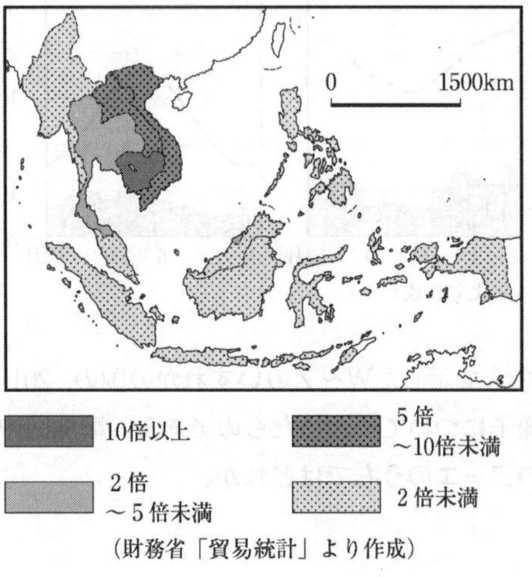

（財務省「貿易統計」より作成）

Ⅱ

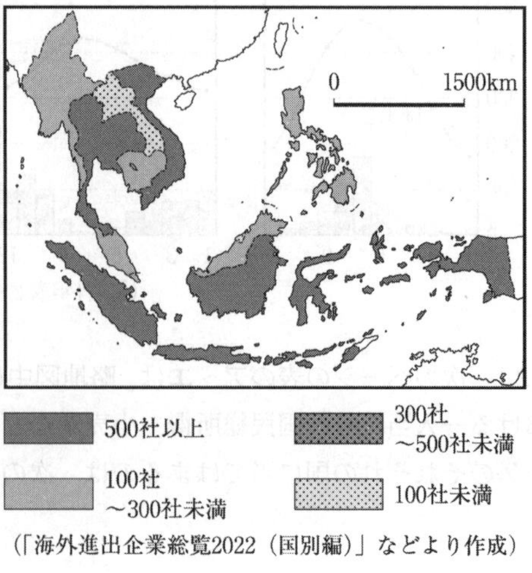

（「海外進出企業総覧2022（国別編）」などより作成）

Ⅲ

> 　1945年の独立宣言後，国が南北に分離した時代を経て，1976年に統一された。国営企業中心の経済からの転換が図られ，現在では外国企業の進出や民間企業の設立が進んでいる。
> 　2001年に約2164億円であった日本からの輸出額は，2021年には約２兆968億円となり，2001年に179社であった進出日本企業数は，2021年には1143社へと増加しており，日本との結び付きを強めている。首都の近郊には日系の自動車工場が見られ，最大の人口を有する南部の都市には，日系のコンビニエンスストアの出店が増加している。

ア　インドネシア　　**イ**　ベトナム　　**ウ**　ラオス　　**エ**　タイ

3　次の略地図を見て，あとの各問に答えよ。

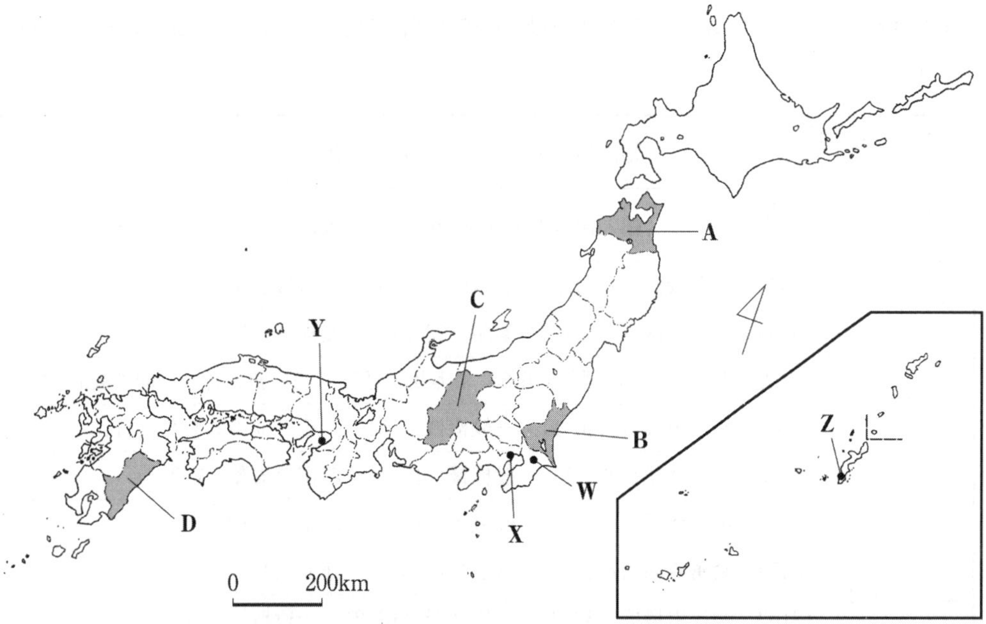

〔問１〕　次の表の**ア**～**エ**の文章は，略地図中に▒▒で示した，**A**～**D**の**いずれか**の県の，自然環境と農産物の東京への出荷の様子についてまとめたものである。**A**～**D**のそれぞれの県に当てはまるのは，あとの表の**ア**～**エ**のうちではどれか。

	自然環境と農産物の東京への出荷の様子
ア	○平均標高は1132mで，山脈が南北方向に連なり，フォッサマグナなどの影響によって形成された盆地が複数見られる。 ○東部の高原で他県と比べ時期を遅らせて栽培されるレタスは，明け方に収穫後，その日の正午頃に出荷され，東京まで約５時間かけて主に保冷トラックで輸送されている。
イ	○平均標高は100mで，北西部には山地が位置し，中央部から南西部にかけては河川により形成された平野が見られ，砂丘が広がる南東部には，水はけのよい土壌が分布している。 ○南東部で施設栽培により年間を通して栽培されるピーマンは，明け方に収穫後，その日の午後に出荷され，東京まで約３時間かけてトラックで輸送されている。

ウ	○平均標高は402mで，北西部に山地が位置し，中央部から南部にかけて海岸線に沿って平野が広がっている。 ○平野で施設栽培により年間を通して栽培されるきゅうりは，明け方に収穫後，翌日に出荷され，東京まで１日以上かけてフェリーなどで輸送されている。
エ	○平均標高は226mで，西部には平野が広がり，中央部に位置する火山の南側には水深が深い湖が見られ，東部の平坦な地域は夏季に吹く北東の風の影響で冷涼となることがある。 ○病害虫の影響が少ない東部で栽培されるごぼうは，収穫され冷蔵庫で保管後，発送日の午前中に出荷され，東京まで約10時間かけてトラックで輸送されている。

（国土地理院の資料より作成）

〔問２〕　次の表のア～エは，前のページの略地図中にW～Zで示した成田国際空港，東京国際空港，関西国際空港，那覇空港の**いずれか**の空港の，2019年における国内線貨物取扱量，輸出額及び輸出額の上位３位の品目と輸出額に占める割合，輸入額及び輸入額の上位３位の品目と輸入額に占める割合を示したものである。略地図中のXの空港に当てはまるのは，次の表のア～エのうちのどれか。

	国内線貨物取扱量（t）	輸出額（億円）	輸出額の上位３位の品目と輸出額に占める割合（%）
		輸入額（億円）	輸入額の上位３位の品目と輸入額に占める割合（%）
ア	14905	51872	電気機器（44.4），一般機械（17.8），精密機器類（6.4）
		39695	電気機器（32.3），医薬品（23.2），一般機械（11.6）
イ	204695	42	肉類及び同調製品（16.8），果実及び野菜（7.5），魚介類及び同調製品（4.4）
		104	輸送用機器（40.1），一般機械（15.9），その他の雑製品（11.3）
ウ	22724	105256	電気機器（23.7），一般機械（15.1），精密機器類（7.0）
		129560	電気機器（33.9），一般機械（17.4），医薬品（12.3）
エ	645432	3453	金属製品（7.5），電気機器（5.0），医薬品（4.2）
		12163	輸送用機器（32.3），電気機器（18.2），一般機械（11.8）

（国土交通省「令和２年空港管理状況調書」などより作成）

〔問３〕　次のⅠの資料は，国土交通省が推進しているモーダルシフトについて分かりやすくまとめたものである。Ⅱのグラフは，2020年度における，重量１ｔの貨物を１㎞輸送する際に，営業用貨物自動車及び鉄道から排出される二酸化炭素の排出量を示したものである。Ⅲの略地図は，2020年における貨物鉄道の路線，主な貨物ターミナル駅，七地方区分の境界を示したものである。Ⅰ～Ⅲの資料から読み取れる，⑴「国がモーダルシフトを推進する目的」と⑵「国がモーダルシフトを推進する上で前提となる，七地方区分に着目した貨物鉄道の路線の敷設《ふせつ》状況及び貨物ターミナル駅の設置状況」の二点について，それぞれ簡単に述べよ。

（Ⅰの資料，Ⅱのグラフ，Ⅲの略地図は次のページにあります。）

Ⅰ

○モーダルシフトとは，トラックなどの営業用貨物自動車で行われている貨物輸送を，貨物鉄道などの利用へと転換することをいう。転換拠点は，貨物ターミナル駅などである。

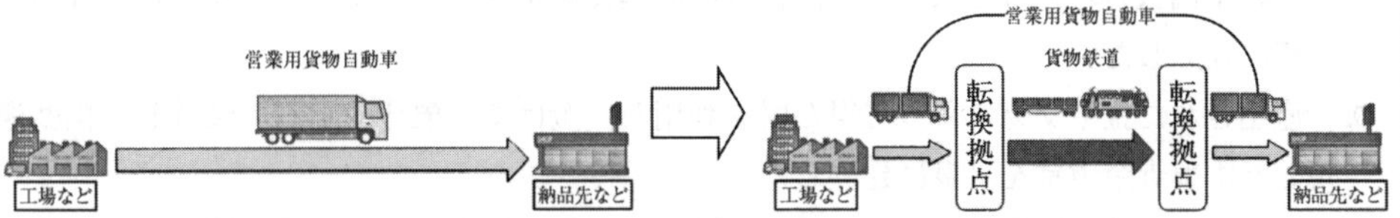

(国土交通省の資料より作成)

Ⅱ

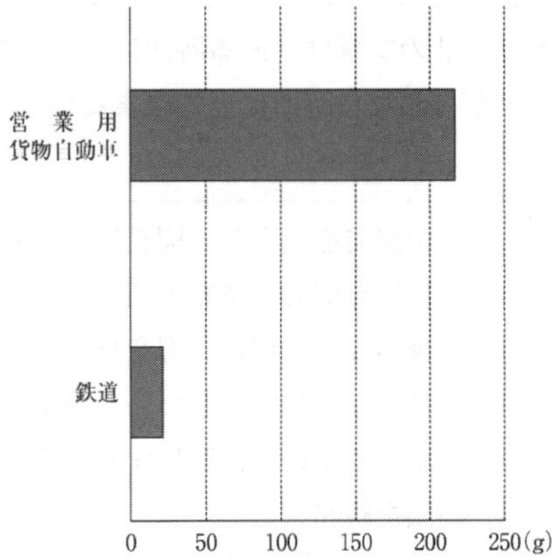

(国土交通省の資料より作成)

Ⅲ

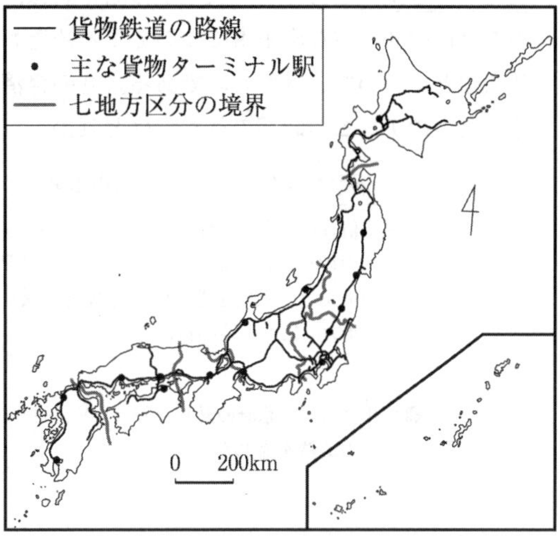

(国土交通省の資料などより作成)

4　次の文章を読み，あとの各問に答えよ。

私たちは，いつの時代も最新の知識に基づいて生産技術を向上させ，新たな技術を生み出すことで，社会を発展させてきた。

古代から，各時代の権力者は，(1)統治を継続することなどを目的に，高度な技術を有する人材に組織の中で役割を与え，寺院などを築いてきた。

中世から近世にかけて，農業においても新しい技術が導入されることで生産力が向上し，各地で特産物が生産されるようになった。また，(2)財政再建を行う目的で，これまで培《つちか》ってきた技術を生かし，新田開発などの経済政策を実施してきた。

近代以降は，政府により，(3)欧米諸国に対抗するため，外国から技術を学んで工業化が進められた。昭和時代以降は，(4)飛躍的に進歩した技術を活用し，社会の変化に対応した新たな製品を作り出す企業が現れ，私たちの生活をより豊かにしてきた。

〔問1〕　(1)統治を継続することなどを目的に，高度な技術を有する人材に組織の中で役割を与え，寺院などを築いてきた。とあるが，あとの**ア**～**エ**は，飛鳥《あすか》時代から室町時代にかけて，各時代の権力者が築いた寺院などについて述べたものである。時期の古いものから順に記号を並べよ。

ア　公家《くげ》の山荘を譲り受け，寝殿造《しんでんづくり》や禅宗様《ぜんしゅうよう》の様式を用いた三層からなる金閣《きんかく》を京都の北山《きたやま》に築いた。

イ　仏教の力により，社会の不安を取り除き，国家の安泰を目指して，3か年８回にわたる鋳造の末，銅製の大仏を奈良の東大寺《とうだいじ》に造立《ぞうりゅう》した。

ウ　仏教や儒教の考え方を取り入れ，役人の心構えを示すとともに，金堂《こんどう》などからなる法隆寺《ほうりゅうじ》を斑鳩《いかるが》に建立《こんりゅう》した。

エ　産出された金や交易によって得た財を利用し，金ぱく，象牙や宝石で装飾し，極楽浄土を表現した中尊寺金色堂《ちゅうそんじこんじきどう》を平泉《ひらいずみ》に建立した。

〔問２〕　(2)財政再建を行う目的で，これまで培《つちか》ってきた技術を生かし，新田開発などの経済政策を実施してきた。とあるが，次のⅠの略年表は，安土《あづち》・桃山《ももやま》時代から江戸時代にかけての，経済政策などに関する主な出来事についてまとめたものである。Ⅱの文章は，ある時期に行われた経済政策などについて述べたものである。Ⅱの経済政策などが行われた時期に当てはまるのは，Ⅰの略年表中の**ア**～**エ**の時期のうちではどれか。

Ⅰ

西暦	経済政策などに関する主な出来事	
1577	●織田信長《おだのぶなが》は，安土の城下を楽市とし，一切の役や負担を免除した。	
		ア
1619	●徳川秀忠《とくがわひでただ》は，大阪を幕府の直轄地とし，諸大名に大阪城の再建を命じた。	
		イ
1695	●徳川綱吉《とくがわつなよし》は，幕府の財政を補うため，貨幣の改鋳を命じた。	
		ウ
1778	●田沼意次《たぬまおきつぐ》は，長崎貿易の輸出品である俵物《たわらもの》の生産を奨励した。	
		エ
1841	●水野忠邦《みずのただくに》は，物価の上昇を抑えるため，株仲間《かぶなかま》の解散を命じた。	

Ⅱ

○新田開発を奨励し，開発に当たり商人に出資を促し，将軍と同じく，紀伊《きい》藩出身の役人に技術指導を担《にな》わせた。

○キリスト教に関係しない，漢文に翻訳された科学技術に関係する洋書の輸入制限を緩和した。

〔問３〕　(3)欧米諸国に対抗するため，外国から技術を学んで工業化が進められた。とあるが，次の**ア**～**ウ**は，明治時代に操業を開始した工場について述べたものである。略地図中のA～Cは，**ア**～**ウ**の**いずれか**の工場の所在地を示したものである。**ア**～**ウ**について，操業を開始した時期の古いものから順に記号を並べよ。また，略地図中のBに当てはまるのは，次の**ア**～**ウ**のうちではどれか。

ア　実業家が発起人となり，イギリスの技術を導入し設立され，我が国における産業革命の契機となった民間の紡績会社で，綿糸の生産が開始された。

イ　国産生糸の増産や品質の向上を図ることを目的に設立された官営模範製糸場で，フランスの技術を導入し生糸の生産が開始された。

ウ　鉄鋼の増産を図ることを目的に設立された官営の製鉄所で，国内産の

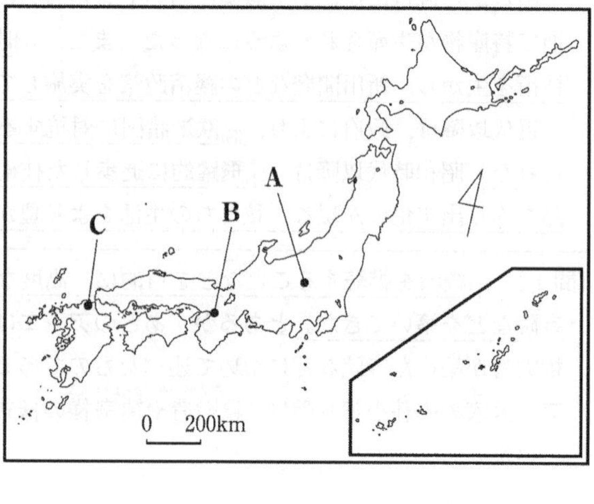

石炭と輸入された鉄鉱石を原材料に外国人技術者の援助を受けて鉄鋼の生産が開始された。

〔問４〕 (4)飛躍的に進歩した技術を活用し，社会の変化に対応した新たな製品を作り出す企業が現れ，私たちの生活をより豊かにしてきた。とあるが，次の略年表は，昭和時代から平成時代にかけて，東京に本社を置く企業の技術開発に関する主な出来事についてまとめたものである。略年表中のＡ～Ｄのそれぞれの時期に当てはまるのは，下の**ア**～**エ**のうちではどれか。

西暦	東京に本社を置く企業の技術開発に関する主な出来事	
1945	●造船会社により製造されたジェットエンジンを搭載した飛行機が，初飛行に成功した。	
1952	●顕微鏡・カメラ製造会社が，医師からの依頼を受け，日本初の胃カメラの実用化に成功した。	A
1955	●通信機器会社が，小型軽量で持ち運び可能なトランジスタラジオを販売した。	
		B
1972	●計算機会社が，大規模集積回路を利用した電子式卓上計算機を開発した。	
		C
1989	●フィルム製造会社が，家電製造会社と共同開発したデジタルカメラを世界で初めて販売した。	
		D
2003	●建築会社が，独立行政法人と共同して，不整地歩行などを実現するロボットを開発した。	

ア　地価や株価が上がり続けるバブル経済が終わり，構造改革を迫られ，インターネットの普及が急速に進み，撮影した写真を送信できるカメラ付き携帯電話が初めて販売された。

イ　連合国軍最高司令官総司令部（ＧＨＱ）の指令に基づき日本政府による民主化政策が実施され，素材，機器，測定器に至る全てを国産化した移動無線機が初めて製作された。

ウ　石油危機により，省エネルギー化が進められ，運動用品等に利用されていた我が国の炭素素材が，航空機の部材として初めて使用された。

エ　政府により国民所得倍増計画が掲げられ，社会資本の拡充の一環として，速度を自動的に調整するシステムを導入した東海道新幹線が開業した。

5　次の文章を読み，あとの各問に答えよ。

企業は，私たちが消費している財（もの）やサービスを提供している。企業には，国や地方公共団体が経営する公企業と民間が経営する私企業がある。(1)私企業は，株式の発行や銀行からの融資などにより調達した資金で，生産に必要な土地，設備，労働力などを用意し，利潤を得ることを目的に生産活動を行っている。こうして得た財やサービスの価格は，需要量と供給量との関係で変動するものや，(2)政府や地方公共団体により料金の決定や改定が行われるものなどがある。

私企業は，自社の利潤を追求するだけでなく，(3)国や地方公共団体に税を納めることで，社会を支えている。また，社会貢献活動を行い，社会的責任を果たすことが求められている。

(4)日本経済が発展するためには，私企業の経済活動は欠かすことができず，今後，国内外からの信頼を一層高めていく必要がある。

〔問１〕 (1)私企業は，株式の発行や銀行からの融資などにより調達した資金で，生産に必要な土地，設備，労働力などを用意し，利潤を得ることを目的に生産活動を行っている。とあるが，経済活動の自由を保障する日本国憲法の条文は，次のア～エのうちではどれか。

ア すべて国民は，法の下に平等であつて，人種，信条，性別，社会的身分又は門地により，政治的，経済的又は社会的関係において，差別されない。

イ 何人も，法律の定める手続によらなければ，その生命若《も》しくは自由を奪はれ，又はその他の刑罰を科せられない。

ウ すべて国民は，法律の定めるところにより，その能力に応じて，ひとしく教育を受ける権利を有する。

エ 何人も，公共の福祉に反しない限り，居住，移転及び職業選択の自由を有する。

〔問２〕 (2)政府や地方公共団体により料金の決定や改定が行われるものなどがある。とあるが，次の文章は，令和２年から令和３年にかけて，ある公共料金が改定されるまでの経過について示したものである。この文章で示している公共料金に当てはまるのは，下のア～エのうちではどれか。

○所管省庁の審議会分科会が公共料金の改定に関する審議を開始した。（令和２年３月16日）
○所管省庁の審議会分科会が審議会に公共料金の改定に関する審議の報告を行った。（令和２年12月23日）
○所管省庁の大臣が審議会に公共料金の改定に関する諮問を行った。（令和３年１月18日）
○所管省庁の審議会が公共料金の改定に関する答申を公表した。（令和３年１月18日）
○所管省庁の大臣が公共料金の改定に関する基準を告示した。（令和３年３月15日）

ア 鉄道運賃　**イ** 介護報酬　**ウ** 公営水道料金　**エ** 郵便料金（手紙・はがきなど）

〔問３〕 (3)国や地方公共団体に税を納めることで，社会を支えている。とあるが，次の表は，企業の経済活動において，課税する主体が，国であるか，地方公共団体であるかを，国である場合は「国」，地方公共団体である場合は「地」で示そうとしたものである。表のＡとＢに入る記号を正しく組み合わせているのは，次のア～エのうちのどれか。

	課税する主体
企業が提供した財やサービスの売上金から経費を引いた利潤にかかる法人税	**A**
土地や建物にかかる固定資産税	**B**

	ア	イ	ウ	エ
A	地	地	国	国
B	国	地	地	国

〔問４〕 (4)日本経済が発展するためには，私企業の経済活動は欠かすことができず，今後，国内外からの信頼を一層高めていく必要がある。とあるが，次のページのⅠの文章は，2010年に開催された法制審議会会社法制部会第１回会議における資料の一部を分かりやすく書き改めたものである。次のページのⅡの文は，2014年に改正された会社法の一部を分かりやすく書き改めたもので

ある。Ⅲのグラフは，2010年から2020年までの東京証券取引所に上場する会社における，具体的な経営方針等を決定する取締役会《とりしまりやくかい》に占める，会社と利害関係を有しない独立性を備えた社外取締役の人数別の会社数の割合を示したものである。Ⅰ～Ⅲの資料を活用し，2014年に改正された会社法によりもたらされた取締役会の変化について，社外取締役の役割及び取締役会における社外取締役の人数に着目して，簡単に述べよ。

Ⅰ

○現行の会社法では，外部の意見を取り入れる仕組を備える適正な企業統治を実現するシステムが担保されていない。

○我が国の上場会社等の企業統治については，内外の投資者等から強い懸念《けねん》が示されている。

Ⅱ

これまでの会社法では，社外取締役の要件は，自社又は子会社の出身者等でないことであったが，親会社の全ての取締役等，兄弟会社の業務執行取締役等，自社の取締役等及びその配偶者の近親者等でないことを追加する。

Ⅲ

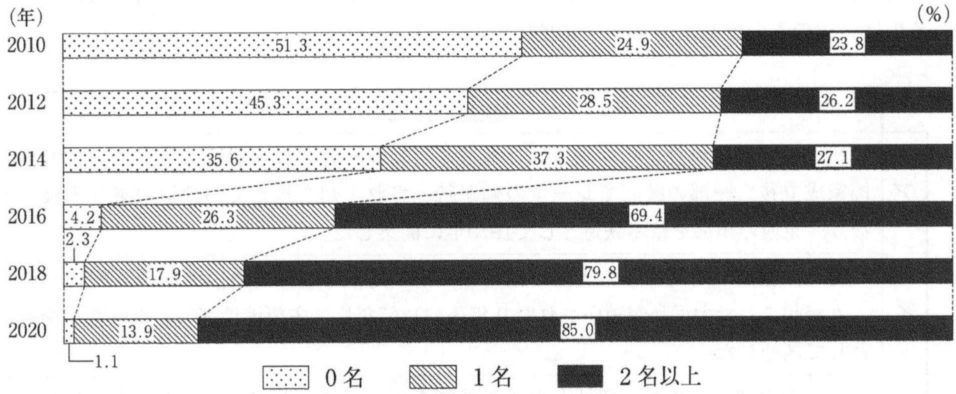

(注) 四捨五入をしているため，社外取締役の人数別の会社数の割合を合計したものは，100%にならない場合がある。

（東京証券取引所の資料より作成）

6　次の文章を読み，次のページの略地図を見て，あとの各問に答えよ。

(1)1851年に開催された世界初の万国博覧会は，蒸気機関車などの最新技術が展示され，鉄道の発展のきっかけとなった。1928年には，国際博覧会条約が35か国により締結され，(2)テーマを明確にした国際博覧会が開催されるようになった。

2025年に大阪において「いのち輝く未来社会のデザイン」をテーマとした万国博覧会の開催が予定されており，(3)我が国で最初の万国博覧会が大阪で開催された時代と比べ，社会の様子も大きく変化してきた。

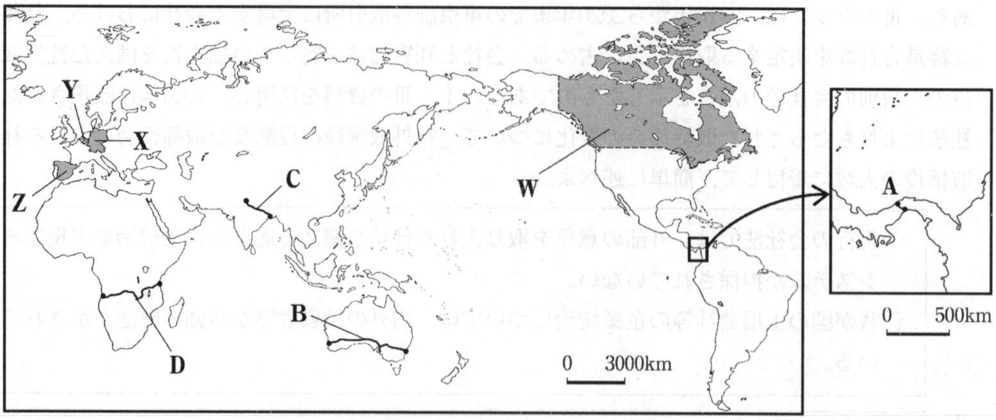

〔問１〕　(1)1851年に開催された世界初の万国博覧会は，蒸気機関車などの最新技術が展示され，鉄道の発展のきっかけとなった。とあるが，略地図中に•――•で示したＡ～Ｄは，世界各地の主な鉄道の路線を示したものである。次の表のア～エは，略地図中にＡ～Ｄで示した**いずれか**の鉄道の路線の様子についてまとめたものである。略地図中のＡ～Ｄのそれぞれの鉄道の路線に当てはまるのは，次の表のア～エのうちではどれか。

	鉄道の路線の様子
ア	植民地時代に建設された鉄道は，地域ごとにレールの幅が異なっていた。1901年の連邦国家成立後，一部の区間でレールの幅が統一され，州を越えての鉄道の乗り入れが可能となり，東西の州都を結ぶ鉄道として1970年に開業した。
イ	綿花の輸出や内陸部への支配の拡大を目的に建設が計画され，外国の支配に不満をもつ人々が起こした大反乱が鎮圧された９年後の1867年に，主要港湾都市と内陸都市を結ぶ鉄道として開通した。
ウ	二つの大洋をつなぎ，貿易上重要な役割を担《にな》う鉄道として，1855年に開業した。日本人技術者も建設に参加した国際運河が1914年に開通したことにより，貿易上の役割は低下したが，現在では観光資源としても活用されている。
エ	1929年に内陸部から西側の港へ銅を輸送する鉄道が開通した。この鉄道は内戦により使用できなくなり，1976年からは内陸部と東側の港とを結ぶ新たに作られた鉄道がこの地域の主要な銅の輸送路となった。2019年にこの二本の鉄道が結ばれ，大陸横断鉄道となった。

〔問２〕　(2)テーマを明確にした国際博覧会が開催されるようになった。とあるが，次のページのⅠの略年表は，1958年から2015年までの，国際博覧会に関する主な出来事についてまとめたものである。次のページのⅡの文章は，Ⅰの略年表中のＡ～Ｄの**いずれか**の国際博覧会とその開催国の環境問題について述べたものである。Ⅱの文章で述べている国際博覧会に当てはまるのは，Ⅰの略年表中のＡ～Ｄのうちのどれか，また，その開催国に当てはまるのは，略地図中に▒で示したＷ～Ｚのうちのどれか。

Ⅰ

西暦	国際博覧会に関する主な出来事
1958	●「科学文明とヒューマニズム」をテーマとした万国博覧会が開催された。……………………A
1967	●「人間とその世界」をテーマとした万国博覧会が開催された。……………………………B
1974	●「汚染なき進歩」をテーマとした国際環境博覧会が開催された。
1988	●「技術時代のレジャー」をテーマとした国際レジャー博覧会が開催された。
1992	●「発見の時代」をテーマとした万国博覧会が開催された。…………………………………C
2000	●「人間・自然・技術」をテーマとした万国博覧会が開催された。…………………………D
2015	●「地球に食料を，生命にエネルギーを」をテーマとした万国博覧会が開催された。

Ⅱ

この博覧会は，「環境と開発に関するリオ宣言」などに基づいたテーマが設定され，リオデジャネイロでの地球サミットから８年後に開催された。この当時，国境の一部となっている北流する国際河川の東側に位置する森林（シュヴァルツヴァルト）で生じた木々の立ち枯れは，偏西風などにより運ばれた有害物質による酸性雨が原因であると考えられていた。

〔問３〕 (3)我が国で最初の万国博覧会が大阪で開催された時代と比べ，社会の様子も大きく変化してきた。とあるが，次のⅠの**ア**～**エ**のグラフは，1950年，1970年，2000年，2020年の**いずれか**の我が国における人口ピラミッドを示したものである。次のページのⅡの文章で述べている年の人口ピラミッドに当てはまるのは，Ⅰの**ア**～**エ**のうちのどれか。

Ⅰ

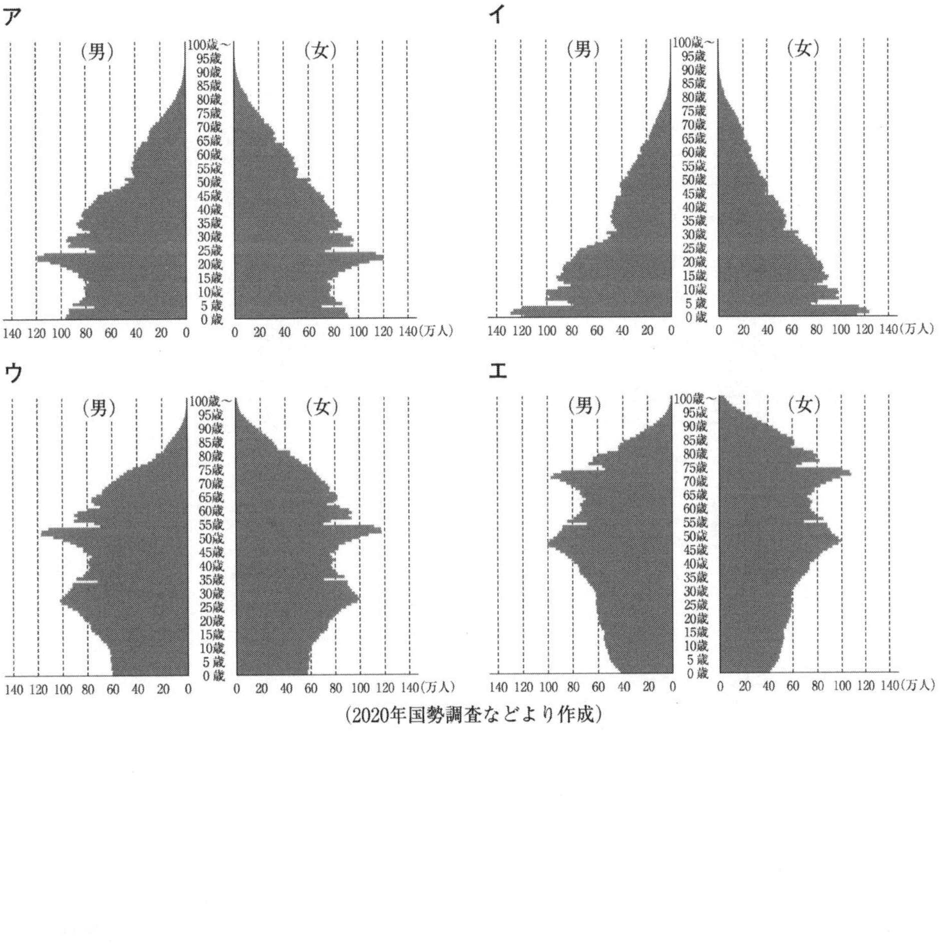

(2020年国勢調査などより作成)

Ⅱ

○我が国の人口が１億人を突破して３年後のこの年は，65歳以上の割合は７％を超え，高齢化社会の段階に入っている。
○地方から都市への人口移動が見られ，郊外にニュータウンが建設され，大阪では「人類の進歩と調和」をテーマに万国博覧会が開催された。

る。

エ　Aでは自然を細やかな感覚で描いているとの意見があり、Bでは対象に自己を同化し繊細な心情で自然を適切に表現していると述べられている。

白く積って、その上にも盛んに降り続く、そんなところに、随身めいてほっそりした男が、傘をさして、脇の方にある塀の戸から入って、手紙を差し入れたのはおもしろい。

（「新編日本古典文学全集」による）

〔注〕なまみこ物語――円地文子《えんちふみこ》の小説。清少納言が仕えた定子の生涯を描く。
関《せき》みさを――昭和時代の国文学者。
悲境――悲しい境遇。
道具だて――必要な道具を整えること。
遣水《やりみづ》――庭に水を引き入れて作った流れ。
童《わらは》べ――女の子供。
雪まろばし――雪の玉を作ること。
登華殿《とうくわでん》――后《きさき》などが住む建物。
立蔀《たてじとみ》――日光や風雨を防ぐためのついたて。
随身《ずいじん》――警護の者。

〔問1〕 Aの中の＝＝を付けた**ア**～**エ**の「に」のうち、他と意味・用法の異なるものを一つ選び、記号で答えよ。

〔問2〕 (1)**円地**さんの発言の、この対談における役割を説明したものとして最も適切なのは、次のうちではどれか。

ア 吉田さんの、「源氏物語」についての意見に対し、理解を示しつつも自らの考察を加味することで、話題の内容を深めようとしている。

イ 吉田さんの、「源氏物語」についての意見に対し、同意するとともに関連する事例を示すことで、話題を転換しようとしている。

ウ 吉田さんの、「枕草子」についての意見に対し、別の表現で分かりやすく言い換えることで、問題点を整理しようとしている。

エ 吉田さんの、「枕草子」についての意見に対し、反対の立場から自分の解釈を紹介することで、話題を焦点化しようとしている。

〔問3〕 Bの中の――を付けた**ア**～**エ**のうち、現代仮名遣いで書いた場合と異なる書き表し方を含んでいるものを一つ選び、記号で答えよ。

〔問4〕 (2)なほいみじう降るにとあるが、Bの現代語訳において「なほいみじう降るに」に相当する部分はどこか。次のうちから最も適切なものを選べ。

ア まっ暗に一面に曇って

イ 雪が空も暗くなるほど降るので

ウ その上にも盛んに降り続く、そんなところに

エ 脇の方にある塀の戸から入って

〔問5〕 A及びBのそれぞれにおいて、「源氏物語」の自然描写について説明したものとして最も適切なのは、次のうちではどれか。

ア Aでは自然を物語の中心に据えて描いているとの意見があり、Bでは作者とながめる事物との距離を保って表現していると述べられている。

イ Aでは自然の美化を理想として描いているとの意見があり、Bでは対象を観察し鋭敏な印象を端的に表現していると述べられている。

ウ Aでは自然の美しさを目立たせて描いているとの意見があり、Bでは風景や心情を客観的な印象で表現していると述べられてい

ね。

円地　そうですね。そして、後半の生活というのが非常にうらぶれたものだったと思うんです。父親がなくなって、あと兄弟が失脚してからの二、三年、死ぬまでというのは。普通イに叙述されているよりももっと、物質的には、ずいぶんいろいろなみじめなこともあったろうし、と思うんですよね。だから＊関《せき》みさをさんなんかはあれを、つまり、清少納言があいうふうに定子を輝ける定子として描いたのは、ひとつの夢であって、あいうふうに女主人を美化することが清少納言の理想だったのだというふうに書いていらっしゃいますね。だけど私は、そうでもあったろうけど、定子自身の中ウにも、＊悲境になってからなんかそういう、別の輝きが生まれたんじゃないか、というふうにとって、ああいったような作品も出てきているんです。

吉田　まあ、円地さんの書かれたもので理想的な女性が出てくることは、珍しいんですけれども。

円地　（笑いながら）ええまあ、たいてい恨みつらみなもんですから。（笑）あれはわりとそういうほうではないんで。

吉田　ただ、私こんど出した本で、ちょっと書いたんですけれども、「枕草子」の自然描写とか、自然をつかむ感覚っていうのは、非常に鋭い……。「源氏」は比較的そういう点、訳していらしてどうですか、自然の感覚がそうシャープではない。――また、物語の一部としての自然が目だたないところがいいのかもしれないけれども、特別にすぐれた自然描写って、ないような気もするんですがね。

(1)**円地**　目だたせていないけれども、訳していますとね、やっぱり、目だたないところエに、わりに細やかな感覚が行き届いているような気がしますけれどね。つまり、そばへ寄るとあらが目だつというより、やっぱり近まさりするという感じが私はいましていて、あらためて驚いています。

吉田　そうですか。ただ、比較的＊道具だてなんかが尋常ですね。

円地　決まっているようなもんでしょ。つまりつくり絵のような感じがするんですけれども。で、文章のことばなんかもだいたい同じようなことばがつかってあるように思うんです。でもやっぱり、細かく読んでいると、冴《さ》えているところがあると思うんです。

吉田　そうですか……。そういうこと、ぜひ見つけだしていただきたいですね。

（円地文子、吉田精一「源氏物語をめぐって」による）

B　※都合により掲載しておりません。

（出典：塚原鉄雄「枕草子研究」による）

〔実例一〕　雪に撓《たわ》んだ植込みの姿がいたましく感じられ、遣水もひどくむせび泣くような音をたて、池の氷も無性に寂しく気持《きもち》をそそるような風情《ふぜい》なので、大臣《おとど》は、女童《めのわらわ》を庭に下ろして雪まろがしをおさせになる。

〔実例二〕　雪が降っていたのだった。登華殿の御前は立蔀が近くにあって狭い。雪はとても趣がある。

〔実例三〕　今朝はそんなふうにも見えなかった空が、まっ暗に一面に曇って、雪が空も暗くなるほど降るので、非常に心細い気持で外を眺めているその間にも、みるみるうちに

質を高めるために使うということ。

エ　情報を、自分に役立つものとして捉え、不確定性を減らして穏やかに生きていくために使うということ。

〔問3〕　この文章の構成における第八段の役割を説明したものとして最も適切なのは、次のうちではどれか。

ア　第七段で説明した内容を踏まえ、AIと人間との関係について新たな視点と疑問を示すことで、論の展開を図っている。

イ　第七段で説明した内容を踏まえ、AIと電脳空間との関係について新たな具体例を提示することで、話題の転換を図っている。

ウ　第七段で説明した内容を受けて、人間とアナログ情報との関係について順序立てて解説することで、論の妥当性を強調している。

エ　第七段で説明した内容を受けて、AIとアナログ情報との関係について簡潔に要約することで、論点を整理している。

〔問4〕　(3)そうなれば、おそらくアップロードされた私たちの心はもはや人間の心ではなくなり、私たちは消滅の憂《う》き目《め》に合うことになろう。とあるが、筆者が「アップロードされた私たちの心はもはや人間の心ではなくな」ると述べたのはなぜか。次のうちから最も適切なものを選べ。

ア　デジタル情報に変換された私たちの心は、記憶や知識などの重要な情報が消滅して新しい情報へ更新されると考えているから。

イ　デジタル情報の「名残」に置換された私たちの心は、電脳空間を生き延びる上で必要な情報を集めることはまだできないと考えているから。

ウ　アナログ情報の集合である私たちの心は、電脳空間に適応するためにアナログ性を保ちながら自由に形を変えられると考えているから。

エ　電脳空間に適した姿に変貌した私たちの心は、人間の心を実現する生物媒体のアナログ性が失われていると考えているから。

〔問5〕　国語の授業でこの文章を読んだ後、「これからの情報社会をよりよく生きる」というテーマで自分の意見を発表することになった。このときにあなたが話す言葉を具体的な体験や見聞も含めて二百字以内で書け。なお、書き出しや改行の際の空欄、、や。や「なども、それぞれ字数に数えよ。

5　次のA及びBは、清少納言《せいしょうなごん》が書いた「枕草子」と、紫式部《むらさきしきぶ》が書いた「源氏物語」についての対談と文章の一部であり、［　］内の文章はBに含まれる古典の原文の現代語訳である。これらの文章を読んで、あとの各問に答えよ。（*印の付いている言葉には、本文のあとに〔注〕がある。）

A

吉田《よしだ》　円地《えんち》さんは「*なまみこ物語」では、ずいぶん「枕草子」を読み抜かれたわけですか。

円地　……、「枕草子」はほんとにひととおりで、もう少し読まなきゃいけないんですけれども。
　ですからあれでも、清少納言をちょっと動かしてみようかと思ったんですけれども、動かすとかえってゴタゴタしちゃうんで動かさなかったんです。

吉田　あれは、まあ定子《ていし》を書きたかった……。

円地　ええ、定子を。定子を書きたいと思ったのは、やっぱり「枕草子」アに清少納言が定子を非常に輝かしく書いているのが根になっているんです。

吉田　あれは、ひとつの理想的な人物として書かれておりますデジタル情報がＡＩの＊アルゴリズムによって超高速に処理される空間である。このような電脳空間の特徴にふさわしいあり方をすることが情報にとっての自由であろう。そうだとすれば、生物媒体のアナログ性を名残として引きずるデジタル情報が、電脳空間においてその名残を引きずったまま維持されることはないだろう。それはやがて自由を求めてその名残を振り払い、電脳空間にふさわしいあり方へと根本的な変貌を遂げるだろう。(3)そうなれば、おそらくアップロードされた私たちの心はもはや人間の心ではなくなり、私たちは消滅の憂《う》き目《め》に合うことになろう。(第十段)

電子媒体のデジタル情報が求める自由は、そのような情報にとってのいわば「ウェルビーイング（善《よ》き在り方）」であろう。しかし、それは私たちにとってのウェルビーイングではない。生物媒体のアナログ情報を基盤とする私たちは、電脳空間へのアップローディングに生存の道を求めたとしても、そこで生き延びるのは難しく、ましてやウェルビーイングを達成するのは至難であろう。私たちは私たちの基盤である生物媒体のアナログ情報を大切にして、それによって自らの生存およびウェルビーイングを達成するしかない。そのためには、デジタル情報の集合体と化すのではなく、やはりアナログ情報の集合体のまま、何とかＡＩと共生する道を見いだすしかないだろう。ＡＩへの同化ではなく、ＡＩとの共生が唯一の生き延びる道だと思われるのである。(第十一段)

（信原幸弘「情報とウェルビーイング」（一部改変）による）

〔注〕　ウェルビーイング――人生のよい在り方。
欺瞞《ぎまん》――だますこと。
真正――本物であること。
ディストピア――暗黒世界。
方途――方法。
淘汰《とうた》――環境に適応できないものが取り除かれること。
アルゴリズム――計算の手順。

〔問1〕(1)そうだとすれば、そもそも行動に関係させないような情報など、何の意味もないのではないだろうか。とあるが、筆者がこのように述べたのはなぜか。次のうちから最も適切なものを選べ。

ア　フェイクニュースは人の行動を失敗させるものであるため、はじめから人はフェイクニュースを見ようとはしないと考えているから。

イ　情報は人の興味を引いて共感させることに意味があるため、信頼性だけでなく面白さも必要だと考えているから。

ウ　正しさによって人の行動を成功に導くことが情報の本質であるため、人の行動につながらない情報には価値がないと考えているから。

エ　フェイクニュースを多くの人が信じて行動したとしても「軽い」結果で終わると想定されるため、実害は生じないと考えているから。

〔問2〕(2)いずれにせよ、情報を娯楽として消費する人は、情報を情報として真摯に受け止めていない。とあるが、「情報を娯楽として消費する」とはどういうことか。次のうちから最も適切なものを選べ。

ア　情報を、信頼性によって私たちを成功に導くものとして捉え、安全に行動するために使うということ。

イ　情報を、面白さを享受するためのものとして捉え、真偽にこだわらず楽しむために使うということ。

ウ　情報を、人生に潤いを与えるものとして捉え、私たちの生活の

るのだろうか。(第四段)

　情報は不確定性を減らして行動を成功に導くために消費されるべきものである。したがって、情報を面白さの享受のために消費することは、情報の本来のあり方に反している。実際、情報を娯楽として消費する人は情報の真偽をあまり気にかけていないだろう。あるいは、気にかけていても、誤った情報をあえて真だとみなすことで、単なるフィクションからは得られないような危うい面白さを味わおうとするだろう。(2)いずれにせよ、情報を娯楽として消費する人は、情報を情報として真摯に受け止めていない。したがって、娯楽として情報を消費することは、情報の＊欺瞞《ぎまん》的な利用を孕《はら》んでいる。つまり、＊真正性が欠如しているのである。そうだとすれば、情報の娯楽的な消費は結局のところ、私たちのウェルビーイングを高めるどころか、むしろ損なうであろう。(第五段)

　情報にはアナログ情報とデジタル情報がある。情報社会で猛威を振るっているのは、もちろんデジタル情報である。アナログ情報は連続性によって定義され、脳や身体のような生物的な媒体（バイオメディア）における情報はアナログである。一方、デジタル情報は離散性によって定義され、コンピュータが処理する電子的な媒体での情報はデジタルである。私たちは今日、生物として相変わらずアナログ情報を使って脳や身体の生命活動を行っているが、その一方で、コンピュータによって処理されるデジタル情報を使って画期的な情報社会を成立させている。(第六段)

　しかし、コンピュータの凄《すさ》まじい発達によって、やがてＡＩが人間の知能を上回る時点、すなわちシンギュラリティがやってくると言われる。もしそうなれば、人間はＡＩに仕事を奪われて、生きていけなくなるかもしれない。このような＊ディストピアの可能性を前にして、時に人間の生き延びる＊方途として、電脳空間へのマインド・アップローディングが語られる。自分の記憶、知識、目標など、心の内容をすべて電子媒体でのデジタル情報に変換し、それを電脳空間にアップロードして、デジタル情報の集合体として生き延びていこうというわけである。(第七段)

　はたしてこのような仕方で人間は生き延びていくことができるだろうか。たしかにＡＩが電子媒体のデジタル情報を駆使して人間を上回る知能を獲得した暁には、人間が生物媒体のアナログ情報を用いて脳や身体を活動させて生きていくという効率の悪い生存様式は、＊淘汰《とうた》されてしまうことになるかもしれない。しかし、電脳空間に心をアップロードしたからといって、はたして私たちは生き延びていけるのだろうか。(第八段)

　ここで注意すべきなのは、私たちの心は現在、脳と身体によって実現されており、それゆえその心の内容は生物媒体のアナログ情報からなるということである。そうすると、アップローディングのさいに心の内容を電子媒体のデジタル情報に変換するということは、生物媒体のアナログ情報をそのようなデジタル情報に変換するということである。たしかに音楽ＣＤが示すように、デジタル情報は限りなく高い精度でアナログ情報をシミュレートすることができるから、そのような変換を行っても、重要な情報が失われるということはないであろう。しかし、生物媒体のアナログ情報を変換したデジタル情報は元の情報の生物的アナログ性をいわばその「名残」として引きずっている。アップロードされた心はこのような名残を留《とど》めたデジタル情報の集合体である。そのようなものがはたして電脳空間で生き延びていけるだろうか。(第九段)

　情報は自由になりたがっていると言われる。電脳空間は電子媒体の優しい一面に気付き、今後も作品づくりに力を入れたいと思う気持ち。

エ　白鳥の湖の新しい結末について話したことで、佐代子も自分と同じように未来を前向きに捉えていることを感じ、嬉しく思う気持ち。

〔問5〕(5)でもこらえきれそうにない。とあるが、このときの「私」の気持ちに最も近いのは、次のうちではどれか。

ア　多くの人々からバレエの面白さを改めて気付かせてもらったことで、幸福感に満たされ、佐代子に感謝したい気持ち。

イ　周囲にいる素晴らしい人々の存在を実感できた喜びと、自分の作品が認められたことへの喜びが込み上げ、高揚する気持ち。

ウ　新たに作品の依頼を受けたことから、緊張を乗り越え作品づくりをやり遂げた達成感を自覚し、自分を誇りたいと思う気持ち。

エ　新しいリクエストを受けたことをきっかけに、バレエを続けたいという、自分の本心に正直になろうと思う気持ち。

4　次の文章を読んで、あとの各問に答えよ。（＊印の付いている言葉には、本文のあとに〔注〕がある。）

問題は誤った情報を信じるかどうかではなく、誤った情報に基づいて行動するかどうかである。もちろん、私たちは何らかの行動をするとき、それに関連する情報に基づいて行動するから、誤った情報を正しいと信じてしまうと、ふつう行動が失敗する可能性が高まる。しかし、ある種の誤った情報については、たとえ「そうだ、その通り」と共鳴しても、それに基づいて行動することがないというのであれば、さしたる実害は生じない。（第一段）

フェイクニュースは多くの人にとってそのような種類の情報であるように思われる。ほとんどの人はフェイクニュースに基づいて行動することはない。たとえフェイクニュースを信じたとしても、行動に関係させない程度の「軽い」感じで信じるにすぎない。しかし、そうだとすれば、そのような情報にはたして情報としての意味があるのだろうか。情報は信頼性が命だということは、情報がその正しさによって行動を成功に導くということが情報の命だということであろう。情報はただ正しいというだけでは意味がない。情報に依拠した行動が成功を収めてはじめて意味をもつ。(1)そうだとすれば、そもそも行動に関係させないような情報など、何の意味もないのではないだろうか。（第二段）

今日、フェイクニュースは大量に生産され、大量に消費されているが、人々はいったいそれをどのように消費しているのだろうか。行動に関係させるという通常の仕方でないとすれば、どのような仕方で消費しているのだろうか。それはおそらく「娯楽」であろう。フェイクニュースは面白ければよい。真かどうかはたいした問題ではなく、面白いかどうかが問題だ。人々はフェイクニュースを行動に役立てるための情報としてではなく、面白さを享受するための情報として消費している。（第三段）

一般に、面白さの享受は私たちの＊ウェルビーイングに貢献する。小説、映画、お笑いなど、娯楽は多岐にわたるが、私たちの自己物語に何か特別な事情でもない限り、娯楽は私たちの人生に潤いを与えて、ウェルビーイングを高めてくれる。しかし、フェイクニュースを娯楽として消費することは、たとえそれが面白さを味わわせてくれるとしても、はたして私たちのウェルビーイングを高めるだろうか。いや、誤った情報ではなく、たとえ正しい情報であったとしても、情報を娯楽として消費することは、私たちのウェルビーイングを向上させ

(5)でもこらえきれそうにない。
少しだけならいいか。
「ほっ。」
周りの人にはバレないように、右足をそっと上げる。
それから左足で地面を蹴って、高く跳んだ――。

（清水晴木「旅立ちの日に」による）

〔問1〕(1)いつまで続くのか分からないくらい、長い拍手をしてくれた。とあるが、この表現について述べたものとして最も適切なのは、次のうちではどれか。

ア　「私」のバレエの技術に感心する佐代子の様子を、拍手している時間の経過を明確に描くことで説明的に表現している。

イ　「私」のバレエの演技に満足し拍手を送る佐代子と、バレエを踊った後の「私」の様子とを描き分けることで対照的に表現している。

ウ　揺れている船上で無事に踊り終えた「私」に安心する佐代子の様子を、拍手の動作を順序立てて描くことで論理的に表現している。

エ　全力で踊り切った「私」に感動する佐代子の様子を、拍手の長さを強調して描くことで印象的に表現している。

〔問2〕(2)「ふぅ……。」とあるが、この表現から読み取れる「私」の様子として最も適切なのは、次のうちではどれか。

ア　突然の出来事に戸惑いながらも周囲の期待をしっかりと受け止めて、真剣に作品づくりに向き合おうとしている様子。

イ　長年取り組んできたバレエと始めたばかりの習字との共通点を見付け、作品づくりの面白さを実感し始めている様子。

ウ　『亭』の字と片方の足で立っているバレリーナの姿が似ていることに気を取られたため、作品づくりの手順を確認しようとしている様子。

エ　佐代子からの申し出を嬉しく思い、これまでの練習の成果を出し切って佐代子を喜ばせたいと意気込んでいる様子。

〔問3〕(3)でも違っていたのかもしれない。とあるが、「私」が「違っていたのかもしれない。」と思ったわけとして最も適切なのは、次のうちではどれか。

ア　この町で変化のない日々を送ると思ったが、港に降りる人々を見て、この人たちにも素敵な出会いがあることを願う気持ちが生まれたから。

イ　この町で変化のない生活を続けると思っていたが、自分の新たな可能性を発見したことで、これからは書の道を進んでいこうと決意したから。

ウ　この町にいても自分の人生は変わらないと思っていたが、人々との交流を通じて、この町の人々との生活にも魅力があると感じたから。

エ　この町で変わらない生活を送ると思っていたが、満足いく作品が仕上がったことで、この町を離れてもやっていけると自信がついたから。

〔問4〕(4)そう言って私も笑った。とあるが、このときの「私」の気持ちに最も近いのは、次のうちではどれか。

ア　手首が痛くなった原因を聞いてはじめはがっかりしたが、自分の作品が喜ばれたため、佐代子を許そうと思う気持ち。

イ　ハッピーエンドで終わるゲームの話を聞いて、佐代子が将来に希望をもち始めていると受け止めて、安心する気持ち。

ウ　看板の仕事を譲った理由を打ち明けられたことから、佐代子の

いた。

この町にずっと住んでいると、同じことだけが続くと思っていた。

ずっと同じような人とばかり過ごして、変わらない人生を送るのだと思っていた。

そんな生活が嫌で、私はこの町を離れてリセットしようとしていたのだ。

(3)でも違っていたのかもしれない。

こんなにも色んな人と、この町で出会ったのだ。

こんなにも素晴らしい人たちが、この町にはいた。

そしてその中心には、佐代子さんがいた。

「……佐代子さんのおかげで、色んな人たちに出会えました。」

私が、お礼の気持ちも含めてそう言うと、佐代子さんは小さく首を振って言った。

「私にとってもあなたのおかげよ、あなたのおかげで私も色んな人たちに出会えたんだから。」

そう言って、佐代子さんは港に集まっていた習字教室の子どもたちを見つめた。

その眼差《まなざ》しはとても優しくて、それでいてまだこれから先を見据えているように思える。

「まだまだ人生これからですね。」

私がそう言うと、佐代子さんがふふっと笑って応えた。

「これからどうなるかしらね、昨日私がやっとの思いでクリアしたゲームみたいにハッピーエンドになるといいけど。」

「……佐代子さん、もしかしてそれが今日の手首が痛い原因じゃないんですか？」

「ふふっ、みんなには内緒にしておいてね。」

佐代子さんが茶目っ気のある感じで言ったので、私もそれ以上追及するのはやめることにした。

その代わりにある話をする。

「……そういえば、白鳥の湖には、今は新しい結末が描かれることも多いんですよね。」

「新しい結末？」

疑問符を浮かべた佐代子さんに、私は白鳥の湖のある物語の説明をした。

「ええ、白鳥の湖は最後はオデット姫の呪いがとけないまま二人で湖に飛び込んで来世で結ばれるのが元々の終わり方ですけど、最近はオデット姫の呪いがとけて二人が結ばれるハッピーエンドの公演が行われることもあるんですよ。」

私がそう言うと、佐代子さんがにっこりと微笑《ほほえ》んで言った。

「それは素敵なことね。」

「ええ、とても素敵なことだと思います。」

(4)そう言って私も笑った。

そのタイミングで店主さんから「おーいちょっとこっちにも来てくれー！」と声をかけられた。ついでに店の中の新メニューも格好よく書いて欲しいとのことだ。

そのリクエストをもらえたことが嬉《うれ》しくて、私も喜んで返事をして向かう。

周りのみんなも拍手で送り出してくれて、なんだか嬉しくなって走り出す。

体が軽い。

気を抜くとそのまま空に浮いてしまいそうだ。

というか、踊りだしてしまいそうになるのを必死でこらえる。

そのたった一言が、自分自身を縛り続けていた呪いをといてくれた気がした――。

次の日、起きると心地《ここち》よいくらいのわずかな筋肉痛が私を待っていた。なんだか久しぶりな気がする。母とも久々にちゃんとした会話をすることが出来た。この町で、もう少し自分のやりたいことを見つけたいと言うと、「あなたの人生なんだからあなたの好きなようにしなさい。」と言ってくれた。そんな言葉を母から言われたのは、高校の時に進路の相談をして以来だった。

そして、午後になって佐代子さんと一緒にフェリーサービスセンターに来た。というのも、あの店主さんから佐代子さんの元に、看板の文字を書いてほしいという依頼があったのだ。着いてみてびっくりしたのは、そこに大輔君がいたことだ、どうやら大輔君は店主さんの息子だったらしい。春風亭《はるかぜてい》の中で再会した時は思わず笑ってしまった。

ただ、看板の文字を書く寸前になってもっとびっくりしたことがあった。佐代子さんが、なんだか今日は手首が痛くて調子が出そうにないらしく、その『春風亭』という文字を書くのを私に任せたいと言い出したのだ。そんなの聞いていない。でも佐代子さんは言いだしたら引かないのは分かっていたし、なぜか店主さんもノリノリで「そりゃあ初物だしなんだか縁起がいいや、よろしく頼んだ姉ちゃん！」と言ってきた。「頑張れ！　真由美《まゆみ》お姉ちゃん！」なんて言って大輔君も応援してくれるから私ももう後には引けない。それでそんなやり取りをしている内にいつの間にか何人ものギャラリーが集まって来た。その中心で私は筆を執ることになった。

(2)「ふぅ……。」

集中だ、集中が大事。

今まで佐代子さんに習ったことを思い出して……。

「おお……。」

書き始めてからは、あっという間だった。

そして書き終えた瞬間に、周りから感嘆の声が漏れたのが聞こえて、私はうまくいったのを確信した。

それから大輔君が「春風亭だ！」と声をあげると、拍手の音が周りから聞こえてきた。

『春』『風』『亭』の三文字が目の前に並んでいる。

我ながら上出来な一作になった。

今このひとたびは、私も『出来上がった』と言ってもいいかもしれない。

凄《すご》い緊張するかもと思っていたけど、随分落ち着いて書くことが出来た。『亭』という文字を見て私はなんだか親近感を覚えていたのだ。まるで片足で立つバレリーナのようだったから。

片足で跳んでからもう一方の片足で着地するジャンプをバレエでは、『グラン・ジュテ』と言う。その、グラン・ジュテの要領で、最後まで書ききったのだ。

「やるじゃねえか！　早速飾らせてもらうぜ！」

店主さんが看板をひょいっと持ち上げて、それをフェリーサービスセンターの前に置いた。

そこでも一度拍手が起きて、私はなんだか照れくさい気分になる。

よく見ると、そこには本当にたくさんの色んな人がいた。噂《うわさ》を聞きつけたのか、佐代子さんの習字教室に通っている子も何人かいたし、春風亭の常連さんであろうお客さんや、今船から降りて来た人たちも

＜国語＞

時間　五〇分　満点　一〇〇点

1　次の各文の――を付けた漢字の読みがなを書け。

(1)　麦の穂が真っすぐに伸びる。
(2)　桜の植えられた河畔の堤を歩く。
(3)　帰宅して上着をハンガーに掛ける。
(4)　慕っている先輩に感謝の手紙を書く。
(5)　狩猟に用いられた矢じりの石質を調査する。

2　次の各文の――を付けたかたかなの部分に当たる漢字を楷書で書け。

(1)　体力テストで、ハンドボールをナげる。
(2)　惑星探査機がウチュウを航行する。
(3)　平和がエイエンに続くことを願う。
(4)　科学技術がイチジルしく進歩する。
(5)　長距離走のタイムをビョウの単位まで計る。

3　次の文章を読んで、あとの各問に答えよ。

バレリーナを夢見ていた「私」は、少女時代にフェリーでバレエ教室に通い、往復の船上でも練習を続け、夢を叶《かな》えた。やがてバレリーナを引退し、故郷に戻った「私」は、大輔《だいすけ》に誘われ佐代子《さよこ》が営む習字教室に通う。船上でバレエの練習に励む姿に勇気をもらい習字教室を始めたことを佐代子に打ち明けられた「私」は、佐代子に頼まれ船上で踊ることにした。

無様でもいい。
今の私に出来る精いっぱいをしよう。
揺れる船の上で踊り続けるんだ。
月明かりをスポットライトに。
風を拍手に。
海を湖に――。
力を込めろ。
手に、足に、指の先に、爪の先に――。
踊れ、踊れ――。
そして白鳥のように――。
跳べ――。
「はぁ……っ。」
終わった。
踊り終えた。
酷《ひど》く息が乱れて呼吸をするのも辛《つら》い。
少し踊っただけなのに、全力疾走した後のようだ。
――パチパチパチ。
風や船のエンジン音にも負けないくらいの拍手が聞こえた。
佐代子さんだ。
(1)いつまで続くのか分からないくらい、長い拍手をしてくれた。
そして、私のことをまっすぐに見つめて言った。
「私はバレエのことはそんなによく分からないけれど……。」
佐代子さんは、柔らかく笑って言葉を続ける。
「やっぱりあなたはあなたのままでいいんじゃないかしら。」
「佐代子さん……。」
自然と、涙が頬を伝った。

MEMO

大切なことはメモしておこうネ！

2023年度

解　答　と　解　説

《2023年度の配点は解答用紙集に掲載してあります。》

＜数学解答＞

1　〔問1〕 -4　〔問2〕 $\dfrac{a+8b}{15}$　〔問3〕 $3+7\sqrt{6}$

〔問4〕 9　〔問5〕 $x=2,\ y=-1$

〔問6〕 $\dfrac{3\pm\sqrt{57}}{4}$　〔問7〕 $\dfrac{2}{5}$　〔問8〕 40

〔問9〕 右図

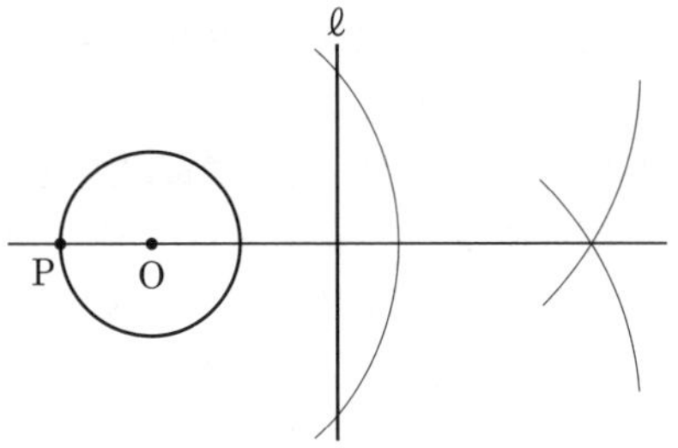

2　〔問1〕 ア　〔問2〕 解説参照

3　〔問1〕 エ　〔問2〕 ①　イ　②　エ

〔問3〕 9

4　〔問1〕 ウ　〔問2〕 ①　解説参照　② $\dfrac{1}{30}$

5　〔問1〕 $\dfrac{3}{2}$　〔問2〕 $4\sqrt{2}$

＜数学解説＞

1　**(数・式の計算，平方根，一次方程式，連立方程式，二次方程式，確率，円，作図)**

〔問1〕 **四則をふくむ式の計算の順序は，指数→乗法・除法→加法・減法**　となる。$6^2=6\times6=36$ だから，$-8+6^2\div9=-8+36\div9=-8+4=-4$

〔問2〕 $\dfrac{7a+b}{5}-\dfrac{4a-b}{3}=\dfrac{3(7a+b)}{15}-\dfrac{5(4a-b)}{15}=\dfrac{3(7a+b)-5(4a-b)}{15}=\dfrac{21a+3b-20a+5b}{15}=\dfrac{a+8b}{15}$

〔問3〕 展開する。また，根号の中が同じ数字の項をまとめる。$(\sqrt{6}-1)(2\sqrt{6}+9)=\sqrt{6}\times2\sqrt{6}+\sqrt{6}\times9-1\times2\sqrt{6}-1\times9=12+9\sqrt{6}-2\sqrt{6}-9=12-9+9\sqrt{6}-2\sqrt{6}=3+7\sqrt{6}$

〔問4〕 $4(x+8)=7x+5$　左辺を展開して　$4x+32=7x+5$　左辺の$+32$と右辺の$7x$をそれぞれ移項して　$4x-7x=5-32$　$-3x=-27$　両辺を-3で割って　$x=9$

〔問5〕 連立方程式$\begin{cases}2x+3y=1\cdots① \\ 8x+9y=7\cdots②\end{cases}$　①×3して，$6x+9y=3\cdots③$　③－②　$(6x+9y)-(8x+9y)=3-7$　$-2x=-4$　両辺を-2で割って　$x=2\cdots④$　④を①に代入して　$2\times2+3y=1$　$4+3y=1$　$3y=1-4$　$3y=-3$　$y=-1$　よって，連立方程式の解は　$x=2,\ y=-1$

〔問6〕 **二次方程式の解の公式　二次方程式$ax^2+bx+c=0$の解は，$x=\dfrac{-b\pm\sqrt{b^2-4ac}}{2a}$**，$2x^2-3x-6=0$について　$ax^2+bx+c=0$のa，b，cにあたる数は，$a=2$，$b=-3$，$c=-6$である。解の公式に$a=2$，$b=-3$，$c=-6$を代入すると　$x=\dfrac{-(-3)\pm\sqrt{(-3)^2-4\times2\times(-6)}}{2\times2}=\dfrac{3\pm\sqrt{9+48}}{4}=\dfrac{3\pm\sqrt{57}}{4}$

〔問7〕 赤玉を赤1，白玉を白1，青玉を青1，青2，青3，青4とする。すべての出方は{赤1，白1}，{赤1，青1}，{赤1，青2}，{赤1，青3}，{赤1，青4}，{白1，青1}，{白1，青2}，{白1，青3}，{白1，青4}，{青1，青2}，{青1，青3}，{青1，青4}，{青2，青3}，{青2，青4}，{青3，青4}の15通り。このうち，2個とも青である出方は{青1，青2}，{青1，青3}，{青1，青4}，{青2，青3}，{青2，青4}，{青3，青4}の6通りだから，求める確率は$\frac{6}{15}=\frac{2}{5}$

〔問8〕 ∠BAC＝20°，$\overset{\frown}{\mathrm{CD}}$に対する円周角は等しいから，∠CBD＝∠CAD＝30° また，**半円の弧に対する円周角は90°である**ため∠ADB＝90°となる。△ABDにおいて，内角の和は180°であるから∠ABD＝180°－(∠ADB＋∠BAC＋∠CAD)＝180°－(90°＋20°＋30°)＝180°－140°＝40°となり，**$\overset{\frown}{\mathrm{AD}}$に対する円周角は等しい**から∠ACD＝∠ABD＝40°となる。

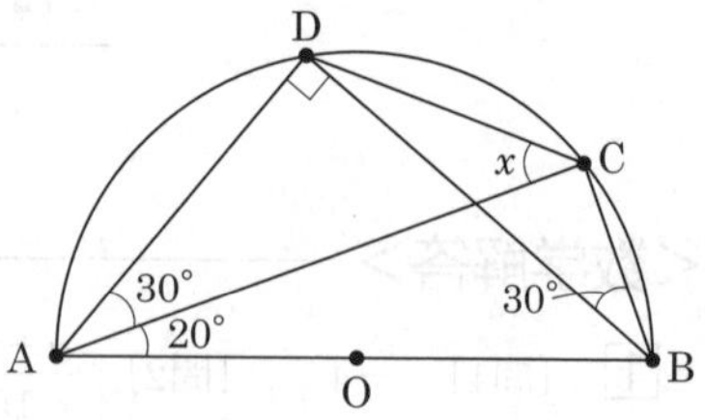

〔問9〕 (着眼点) **点と直線の距離を作図する際には，垂線を使う。** (作図手順) ① 点Oを中心として，直線ℓに交わる円をかき，直線ℓとの交点を点A，点Bとする。 ② 点A，点Bを中心として等しい半径の円をかき，その交点の1つを点Cとする。 ③ 直線OCをひき，直線OCと円Oとの交点のうち，直線ℓとの距離が最も長くなる交点を点Pとする。(ただし，解答用紙には点A，点B，点Cの表記は不要)

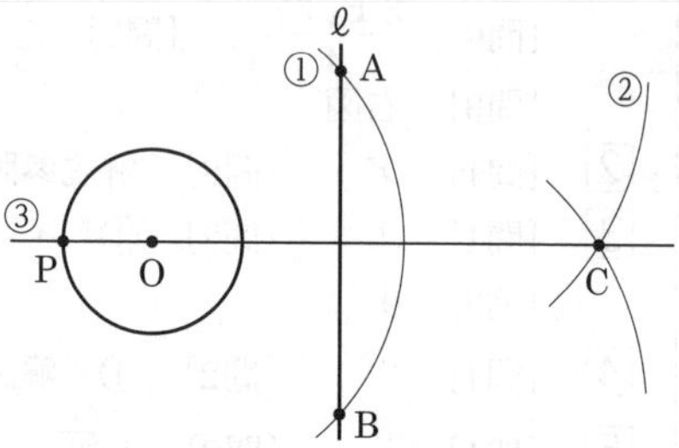

2 **(面積，文字を使った式，式による証明)**

〔問1〕 点Pは線分AFの中点，点Qは線分BGの中点であるため，PQ＝(AB＋FG)÷2となり，$(a+b)\div2$と表すことができる。また，四角形PGRSは正方形であるため，$\ell=(a+b)\div2\times4=2a+2b$

(補足説明) **正方形の対角線はそれぞれの中点で交わり，長さが等しい**ために，AE＝BE＝CE＝DEとなる。さらに，**正方形の対角線は垂直に交わる**ことにより，∠AEB＝∠BEC＝∠CED＝∠DEA＝90° となり， △ABEと△BCEと△CDEと△DAEはすべて合同な直角二等辺三角形であるとわかる。また，EF＝EG＝EH＝EI ∠FEG＝∠GEH＝∠HEI＝∠IEF＝90°より，△FGEと△GHEと△HIEと△IFEもすべて合同な直角二等辺三角形であるとわかる。AE＝BE＝CE＝DEとEF＝EG＝EH＝EIより，AF＝BG＝CH＝DIであることがわかり，AF，BG，CH，DIの中点がそれぞれP，Q，R，Sなので，FP＝GQ＝HR＝ISとなり，EP＝EQ＝ER＝ESとなることがわかる。EP＝EQ＝ER＝ESと∠PEQ＝∠QER＝∠RES＝∠SEP＝90°より，△PQEと△QREと△RSEと△SPEもすべて合同な直角二等辺三角形であるとわかる。**直角二等辺三角形は90°，45°，45°の直角三角形**であり，∠ABE＝∠PQE＝∠FGE＝45° 同位角が等しいので，AB//PQ//FGとなる。これより，BFとPQの交点を点Mとすると，△FPM∽△FAB 相似比はPF：AF＝1：2となるため，PM：AB＝1：2 PM＝$\frac{1}{2}$AB＝$\frac{1}{2}a$，△BQM∽△BGF 相似比はBQ：BG＝1：2となるため，MQ：FG＝1：2 MQ＝$\frac{1}{2}$FG＝$\frac{1}{2}b$となる。よって，PQ＝PM＋MQ＝$\frac{1}{2}a+\frac{1}{2}b$，△PQE≡△QRE≡△RSE≡△SPEでPQ＝QR＝RS＝SPより $\ell=4\mathrm{PQ}=4\times\left(\frac{1}{2}a+\frac{1}{2}b\right)=2a+2b$

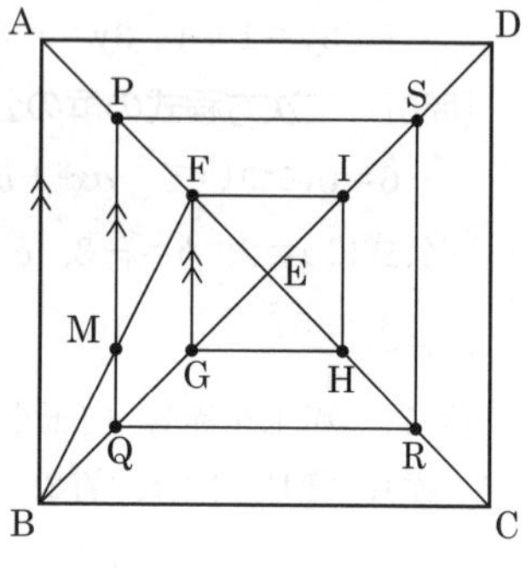

〔問2〕 (証明) 線分OMの長さは$\frac{a+b}{2}$であるから，$\ell=\frac{1}{4}\times 2\pi\times\frac{a+b}{2}=\frac{1}{4}\pi(a+b)$ よって，$(a-b)\ell=(a-b)\times\frac{1}{4}\pi(a+b)=\frac{1}{4}\pi(a+b)(a-b)\cdots(1)$

また，線分OAを半径とするおうぎ形の面積は$\frac{1}{4}\pi a^2$であり，線分OBを半径とするおうぎ形の面積は$\frac{1}{4}\pi b^2$であるから，$S=\frac{1}{4}\pi a^2-\frac{1}{4}\pi b^2=\frac{1}{4}\pi(a^2-b^2)=\frac{1}{4}\pi(a+b)(a-b)\cdots(2)$ (1)，(2)より，$S=(a-b)\ell$

3 (図形と関数・グラフ)

〔問1〕 点Pは直線ℓ：$y=\frac{1}{2}x+1$上にあるから，そのx座標は，直線ℓの式に$y=-1$を代入して，$-1=\frac{1}{2}x+1$　$-\frac{1}{2}x=1+1$　$-\frac{1}{2}x=2$　$x=-4$

〔問2〕 点Bは直線ℓ：$y=\frac{1}{2}x+1$上にあるから，そのx座標は，直線ℓの式に$y=0$を代入して，$0=\frac{1}{2}x+1$　$-\frac{1}{2}x=1$　$x=-2$　B$(-2,\ 0)$となる。直線ℓとy軸との交点を点Mとすると，直線ℓの式に$x=0$を代入して，$y=1$　M$(0,\ 1)$となる。線分BPがy軸により二等分されるとき，BM=PMとなり，点Bからx座標に$+2$，y座標に$+1$をすると点Mになるため，点Mからx座標に$+2$，y座標に$+1$をすると点Pになる。よって，点Pの座標は　P$(2,\ 2)$。直線mの式を$y=ax+b$とすると，点A$(3,\ -2)$は直線m：$y=ax+b$上にあるから，$-2=3a+b\cdots$①　点P$(2,\ 2)$も直線m：$y=ax+b$上にあるから，$2=2a+b\cdots$②　①−②　$-2-2=(3a+b)-(2a+b)$　$-4=3a+b-2a-b$　$a=-4\cdots$③　③を①に代入して，$-2=3\times(-4)+b$　$-2=-12+b$　$b=10$　したがって，直線mの式は$y=-4x+10$

〔問3〕 点Pのx座標をpとすると，$P\left(p,\ \frac{1}{2}p+1\right)$　点Qはy軸を**対称の軸**として点Pと**線対称**な点だから，そのy座標は点Pのy座標と等しく，x座標は点Pのx座標と**絶対値**が等しく，符号が異なるから，$Q\left(-p,\ \frac{1}{2}p+1\right)$　△BPQの面積は，底辺を線分PQとすると高さが点Pのy座標と等しくなるため　$\triangle BPQ=\frac{1}{2}\times\{p-(-p)\}\times\left(\frac{1}{2}p+1\right)=\frac{1}{2}\times 2p\times\left(\frac{1}{2}p+1\right)=\frac{1}{2}p^2+p$となる。また，点Aを通り，$y$軸と平行な直線と直線$\ell$との交点を点Nとすると，$x$座標は点Aの$x$座標と等しくなり，$y$座標は直線$\ell$：$y=\frac{1}{2}x+1$上にあるから，直線$\ell$の式に$x=3$を代入して，$y=\frac{1}{2}\times 3+1=\frac{5}{2}$　$N\left(3,\ \frac{5}{2}\right)$となる。△ABP=△ABN+△APN=$\left\{\frac{1}{2}\times\right.$NA×(底辺NAとした△ABNの高さ)$+\frac{1}{2}\times$NA×(底辺NAとした△APNの高さ)$\left.\right\}=\frac{1}{2}\times$NA×(底辺NAとした△ABNの高さ＋底辺NAとした△APNの高さ)$=\frac{1}{2}\times$NA×(Pのx座標−Bのx座標)で求められる。よって，NA$=\frac{5}{2}-(-2)=\frac{9}{2}$　$\triangle ABP=\frac{1}{2}\times\frac{9}{2}\times\{p-(-2)\}=\frac{9}{4}(p+2)$と表せる。

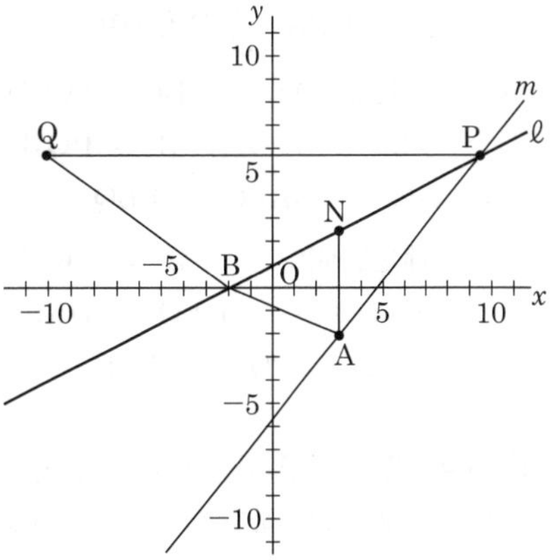

△BPQ=2△APB　$\frac{1}{2}p^2+p=2\times\frac{9}{4}(p+2)$　$p^2+2p=9p+18$　$p^2-7p-18=0$　$(p-9)(p+2)=0$　$p>0$より，$p=9$

4 （角度，平行四辺形，相似，図形の証明）

〔問1〕 AQ//DC，AD//QCより**2組の対辺がそれぞれ平行**であるので四角形ADCQは平行四辺形とわかる。**平行四辺形は2組の対辺がそれぞれ等しい**ので，AQ＝DCとなる。AB＝DC，AQ＝DCより，AB＝AQとなり，△ABQが∠AQB＝∠ABQの二等辺三角形であることがわかる。よって，∠AQB＝180°−∠AQC＝180°−110°＝70°，AD//BCより，**平行線の錯角**は等しいから∠AQB＝∠QAD＝70°，∠BAQ＝180°−(∠AQB＋∠ABQ)＝180°−(70°＋70°)＝40°となる。したがって，∠ADP＝180°−(∠APD＋∠BAQ＋∠QAD)＝180°−(a°＋40°＋70°)＝70°−a°

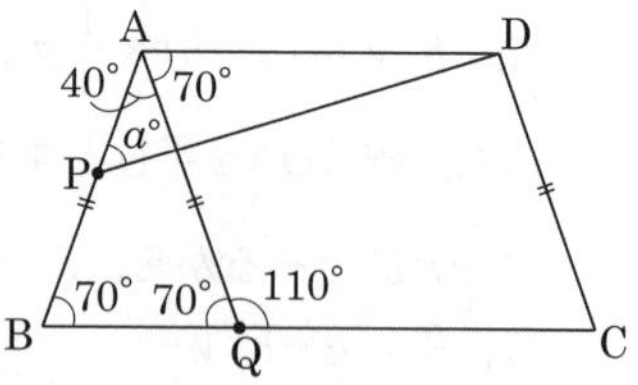

〔問2〕 ① （証明） (例)△ASDと△CSQにおいて，対頂角は等しいから，∠ASD＝∠CSQ…(1) AD//BCより，平行線の錯角は等しいから，∠ADS＝∠CQS…(2) (1)，(2)より，2組の角がそれぞれ等しいから，△ASD∽△CSQ

② AC//PQより，△ABCで**三角形と比の定理**が成り立つので，AP：PB＝CQ：QB＝3：1となり，AD：QC＝2：3より，AD：BC＝2：4＝1：2となる。ここで，△ACDと△ABCは高さが同じであるため，**底辺の比が面積の比**となり，△ACD：△ABC＝AD：BC＝1：2，△ABC＝2△ACDであることがわかり，台形ABCD＝△ACD＋△ABC＝△ACD＋2△ACD＝3△ACDとなる。また，△ABC∽△PBQより，AC：PQ＝AB：PB＝4：1　PQ＝$\frac{1}{4}$ACとなり，△ASD∽△CSQより，AD：QC＝DS：QS＝2：3 DS：DQ＝2：5，△PQD∽△RSDより，DS：DQ＝RS：PQ＝2：5　RS＝$\frac{2}{5}$PQであることがわかる。よって，RS＝$\frac{2}{5}$PQ＝$\frac{2}{5}\times\frac{1}{4}$AC＝$\frac{1}{10}$ACとなる。△ACDと△DRSは高さが同じであるため，**底辺の比が面積の比**となり，△ACD：△DRS＝AC：RS＝10：1であることがわかり，△ACD＝10△DRSとなる。したがって，台形ABCD＝3△ACD＝3×10△DRS＝30△DRSとなり，△DRS＝$\frac{1}{30}$台形ABCD

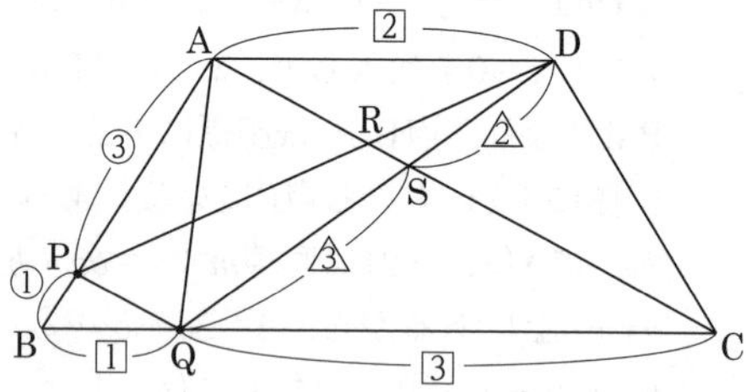

（補足説明1） △ABC∽△PBQの証明　△ABCと△PBQで，AC//PQより，平行線の同位角は等しいから，∠ACB＝∠PQB…(1)　∠Bは共通…(2)　(1)(2)より，2組の角がそれぞれ等しいので，△ABC∽△PBQ

（補足説明2） △PQD∽△RSDの証明　△PQDと△RSDで，RS//PQより，平行線の同位角は等しいから，∠DPQ＝∠DRS…(1)　∠Dは共通…(2)　(1)(2)より，2組の角がそれぞれ等しいので，△PQD∽△RSD

5 （空間図形，最短距離，体積，相似）

〔問1〕 ℓの値が最も小さくなる時は，MPとMQの値が最も小さくなる時であり，点Pと点QがAB⊥MP，CD⊥MQになる時である。ここで，∠BACは正三角形ABCの1つの内角であるため，∠BAC＝60°となり，△APMは30°，60°，90°の直角三角形であることがわかる。**30°，60°，90°の直角三角形の3辺の比は1：2：$\sqrt{3}$**　よって，AP＝$\frac{1}{2}$MA＝$\frac{1}{2}\times3=\frac{3}{2}$，毎秒1cm移動するため，$\ell$の値が最も小さくなるのは，$\frac{3}{2}$秒後となる。

〔問2〕（着眼点）　正四面体A－BCDの体積を求めた上で，正四面体A－BCDと立体Q－APMの体積比を考える。　（解説）　辺AB，辺CDの中点をそれぞれ点N，点Hとする。△ABCは正三角形であり，CNは正三角形を2等分しているため，△CANは30°，60°，90°の直角三角形であることがわかる。**30°，60°，90°の直角三角形の3辺の比は1：2：$\sqrt{3}$** より $CN=\sqrt{3}\times AN=3\sqrt{3}$，△ABDでも同様にして，$DN=3\sqrt{3}$ となり，△NCDはCN＝DNの二等辺三角形になることがわかる。NH⊥CDより，△CNHで三平方の定理を用いると，$NH=\sqrt{CN^2-CH^2}=\sqrt{(3\sqrt{3})^2-3^2}=\sqrt{27-9}=\sqrt{18}=3\sqrt{2}$ となる。これより，正四面体A－BCDの体積$=\frac{1}{3}\times$△NCD$\times AB=\frac{1}{3}\times\frac{1}{2}\times CD\times NH\times AB=\frac{1}{3}\times\frac{1}{2}\times 6\times 3\sqrt{2}\times 6=18\sqrt{2}$ と求められる。ここで，正四面体A－BCDと立体Q－APMの体積比を求めるために，正四面体A－BCDを三角錐A－BPDと三角錐A－CDPにわけ，三角錐A－CDPを三角錐P－AMQと四角錐P－CMQDにわけて考える。

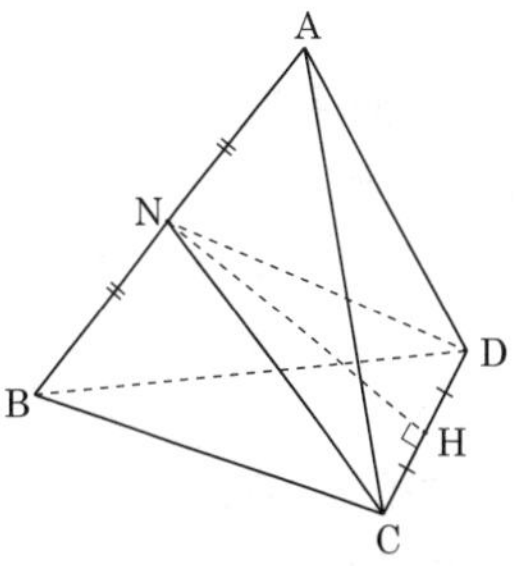

8秒後の点Pの位置はBP＝2(cm)の位置となるため，BP：PC＝2：4＝1：2となる。正四面体A－BCD：三角錐A－CDP＝△DBC：△DPC(高さが共通しているため**底面積の比が体積比**)＝BC：PC＝6：4＝3：2となることがわかる。同様に，8秒後の点Qの位置はQD＝2(cm)の位置となるため，AD：AQ＝6：4＝3：2，三角錐P－ACD：三角錐P－AMQ＝△ACD：△AMQ(高さが共通しているため**底面積の比が体積比**)＝3：1となることがわかる。よって，正四面体A－BCD：三角錐A－CDP＝3：2，三角錐P－ACD：三角錐P－AMQ＝3：1より，正四面体A－BCD：三角錐Q－APM＝9：2となり，

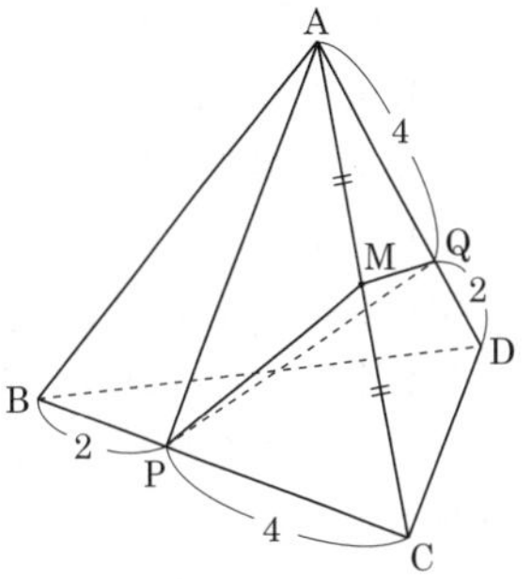

三角錐Q－APM＝$\frac{2}{9}$正四面体A－BCD＝$\frac{2}{9}\times 18\sqrt{2}=4\sqrt{2}$ (cm^3)

(補足説明1)　△ACD：△AMQ＝3：1の説明　△ACDを△ACQと△QCDに分けて考える。△ACD：△ACQ＝AD：AQ(高さが共通しているため底辺の比が面積比)＝3：2，△ACQ：△AMQ＝AC：AM(高さが共通しているため底辺の比が面積比)＝2：1となるので，△ACD：△AMQ＝3：1

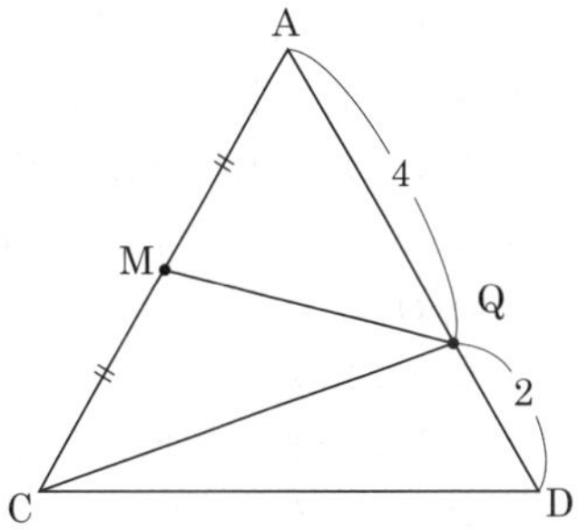

＜英語解答＞

1　〔問題A〕　＜対話文1＞　ア　　＜対話文2＞　エ　　＜対話文3＞　ウ
〔問題B〕　＜Question 1＞　イ
＜Question 2＞　(例)To visit other countries.

2　1　エ　　2　ウ　　3　(1)　ア　　(2)　(例)I think it is nice to wear *kimono*. In Tokyo, there are places to try them on and learn about the history of *kimono*. I know one of those places, and I want to take you there when you come to Japan.

3　〔問1〕　イ　　〔問2〕　エ　　〔問3〕　ア　　〔問4〕　エ　　〔問5〕　ウ　　〔問6〕　イ
〔問7〕　ウ

4　〔問1〕　ア　　〔問2〕　エ→イ→ア→ウ　　〔問3〕　(1)　イ　　(2)　ア　　(3)　ウ
〔問4〕　(1)　イ　　(2)　エ

＜英語解説＞

1 （リスニング）

放送台本の和訳は，67ページに掲載。

2 （対話文読解問題：語句選択補充，内容真偽，条件英作文）

1 （全訳）

ヒロト：これを見て。ここには4つのエリアがあるね。父が東京への日帰り旅行でこのうちの3つを訪れることができるって言っているよ。駅からの往復バスサービスがあるね。マイクはどのエリアに行きたい？

マイク：自然のきれいな景色を楽しみたいな。

ヒロト：なるほど。(A)公園エリアに行くのはどう？　そこにバスで行けるよ。

マイク：それはいいね。鳥を見たり自然豊かなところを歩いたりするのが好きなんだ。たくさんの階段を上ったり下りたりするのは気にしないよ。そこへ行こう。

ヒロト：うん，行こう。次にどこへ行こうか？

マイク：山エリアと温泉エリアの両方とも僕はいいと思うんだよ。地元の食べ物も楽しみたいな。

ヒロト：うん，いいね。その二つのどっちを最初に行く？

マイク：(B)山エリアを最初に行こうか？　もしそうすれば日帰り旅行の最後に温泉を楽しめるよ。

ヒロト：それはいいアイディアだね。そうしよう。

マイク：ありがとう。いい時間を過ごすのが楽しみだよ。

ヒロト：僕もだよ。僕たちの予定について父に伝えるね。

(A)　空欄直後の発話内容，続くマイクの発話内容がⅠのパンフレット一番下の公園エリアのThings You Can Do「できること」欄の「・園内で鳥や動物を見る・公園から自然の美しい景色を見る」，More Information「さらなる情報」欄の「・1時間ごとに6本バスがある・公園にはたくさんの階段がある」と合っている。 (B)　空欄直後に「最後に温泉を楽しめる」とあるので，先に山エリアに行ってから最後に温泉エリアに行くことがわかる。

2 （全訳）

ヒロト：山エリアには行くべきところがたくさんあるね。

マイク：全部面白そうだね。

ヒロト：うん。これがこのエリアのガイドブックだよ。ここで(A)農産物市場が勧められているよ。そこで新鮮な野菜が買えるし焼き魚を食べて楽しめると本に書いてある。

マイク：焼き魚？　おいしそうだね。そしてグラフではこれがこのエリアで一番人気の場所だと書いてあるよ。そこへ行こう。

ヒロト：うん，行こう。そしてそのあとにさらに2つの場所に行けると思う。ほかのどの場所に行こうか？

マイク：長い橋に行きたい。このエリアで一番ワクワクする場所だと聞いたんだ。

ヒロト：本でこの場所も勧めているね。僕もそこに行きたい。

マイク：オーケー。そこへ行こう。もう一回このグラフを見て。他に3つ場所があるよ。

ヒロト：うん。キャンプ場に行くのはどう？　この3つの中で一番人気だよ。

マイク：いいけど，このエリアの歴史に興味があるんだ。(B)タウンミュージアムに行かない？

ヒロト：いいよ。その建物は江戸時代に建てられたんだよ。面白そう。

マイク：行くのが待てないよ。

(A)　空欄直後に野菜が買えることが述べられており，続くマイクの発話ではグラフで一番人気だとあることから，グラフで一番訪問者が多い農産物市場がふさわしい。　(B)　空欄直前に「歴史に興味がある」とあり，続くヒロトの発言に「江戸時代に建てられた建物」とあることから，タウンミュージアムだと考えられる。

3　(全訳)

親愛なるヒロトへ

　日本滞在中は僕をたくさん助けてくれてありがとう。きみと一緒に様々なところを訪れるのが楽しかった。山エリアがその一つだよ。谷の橋を歩いて渡るのは特に興奮したね。自然が豊かなところに行って楽しかった。

　国に帰ってきてから日本についてもっと知るためにたくさん本を読んでいるよ。きみの国には見るべき美しい場所がたくさんあるね。そのことを父と話したあとに，次の春に家族で日本を訪れる計画を父が立ててくれたよ。本当に驚いたよ！

　次回はたくさん新しい場所に行きたいよ。日本は伝統的な文化で有名だと両親が言っていた。そしてそれを楽しみたがっているよ。僕たちは日本で何をしたらいいかな？　なにかアイディアはある？もしあったらそのことについて教えてね。　次の春に東京で会えるのを楽しみにしているね。

マイクより

(1)　ア　「マイクの父親が次の春に日本を訪れる計画を立てたときマイクはとても驚いた」(○)　メール本文第2段落第3，4文参照。　イ　「マイクは父親と山エリアを訪れ橋を渡って歩いて楽しんだ」(×)　メール本文第1段落参照。ヒロトと訪れている。　ウ　「マイクは自分の国に帰る前に日本の自然について知るためにたくさんの本を読んだ」(×)　メール本文第2段落第1文参照。国へ帰ってから読んでいる。　エ　「マイクは東京でまたヒロトに会いたかったので父親に日本を訪れる計画を見せた」(×)　メール本文第2段落第3文参照

(2)　マイクのメールの最終段落の質問に返答する。ヒロトのメールの空欄直前の段落には「日本ではたくさんの場所で伝統的な日本文化を楽しむことができます。面白い経験をすることができます。一つ案を伝えます」とある。伝統を楽しめる場所の案とその理由を指示通りに3つの英文で書くこと。解答例の英文は「着物を着るのがとてもいいと思います。東京にはそれを着てみたり，着物の歴史を学んだりするための場所があります。私はその場所の一つを知っていて，あなたが日本に来た時にそこへ連れて行きたいです」という意味。**自分の考えやその理由を説明できるように，知っている単語を使って長めの英文を書く練習をしておこう。**

3　(会話文読解問題：指示語，語句解釈，語句補充)

(全訳)　マヤ，ケン，リコは東京の高校1年生です。ボブはアメリカから来た高校生です。彼らは美術部の部員で放課後美術室で話しています。

マヤ：展覧会に向けた絵を仕上げるのにあと1週間しかないよ。

ケン：僕はいい絵が出来上がると思うよ。僕はほとんど毎日描いてるから。

マヤ：リコはどう？

リコ：私は絵を仕上げるのは難しいと思う。

ボブ：大丈夫？　疲れてるようだね。何かあったの？

リコ：ほとんど描き終わっているんだけど，次に何をしていいのかわからないの。

マヤ：あなたが本当に一生懸命やっていたのを知ってるよ，リコ。心配しないで。

ケン：(1)リコの気持ちがわかるよ。何かをし終える直前に僕はいつもそのことが不安になるよ。

リコ：その通りなの。展示会でたくさんの人が私の絵を楽しんでくれるといいなと思う。でも私の絵の描き方に今自信がないの。そして展示会まで一週間しかない。

ボブ：僕は似たような経験をしたことがあるよ，リコ。
リコ：そのことについて教えて，ボブ。
ボブ：僕は自分の国にいたときに日本語スピーチコンテストに参加したんだ。コンテストの直前にとても不安になったんだ。僕は「上手に日本語が話せるかな？　みんな僕の日本語をわかってくれるかな？」って思ったんだ。
リコ：なるほど。そのときどうしたの？
ボブ：コンテストの前に叔父に会いに行ったんだ。彼は日本語を話すのがとても上手なんだ。彼は旅行会社に勤めていて日本を何回も訪れているんだよ。彼は僕のスピーチを注意深く聞いてくれて「昨年から日本語をとてもよく学んできたね。それを使うのを恐れないで」と言ったんだ。
ケン：それがきみの励みになったの？
ボブ：うん，とっても。結局僕はいいスピーチができてコンテストで賞をもらったよ。
マヤ：(2)それは素晴らしいね。
ボブ：ありがとう。
ケン：一生懸命やれば成功する。そう自信を持っているといいよ。これはとても重要だよ。
リコ：え，なんでそう思うの？
ケン：僕は中学生のころ走るのが得意じゃなかったから，走るイベントの前はいつも不安になっていたんだ。でも長い間一生懸命練習したあと良くなった。
マヤ：それは大切な教訓ね，ケン。
ケン：3年生の頃の走るイベントのときに賞はもらえなかったけど前よりも早く走れた。(3)そのことがとても嬉しかったんだ。一生懸命練習することで上達するって気が付いたんだよ。
ボブ：リコ，きみはいい絵を仕上げられると思うよ。
リコ：本当にそう思う？　私にできる？
ボブ：うん。きみはたくさんの絵を描いてきた。今回もまたできるに違いないよ。
マヤ：リコ，覚えている？　私たちは中学の文化祭のために一緒に絵を描いたよね。
リコ：もちろん。
マヤ：絵を仕上げる直前に私がとても不安になったんだよね。私は「みんながこの絵を楽しんでくれるかな？」って思った。
リコ：覚えている！　あの時のあなたの気持ちは今の私の気持ちに似ているね。
マヤ：(4)そうなの。そしてあなたは「長い間描くのを練習してきた。もし全力を尽くせばいい絵を仕上げられるよ。心配しないで」って言ったのよ。
ケン：それはいいアドバイスだね。
マヤ：今私はそのアドバイスをあなたにあげるよ，リコ。
リコ：ありがとう。みんなが困難な状況でよくやっていたことがわかったよ。私はたくさん努力してきたし，きっとできると確信している。今は不安じゃない。
ボブ：絵を仕上げられるってことだよね？
リコ：その通りよ。
マヤ：(5)それを聞いてうれしいわ。
ケン：僕もだよ。自信を持った方がいいと思う。
ボブ：展示会できみの絵を見るのを楽しみにしているよ。
マヤとケン：うん，僕たちもだよ！
リコ：みんな，どうもありがとう。

問1　2つ目のリコの発話を受けてのケンの発話。イ「ケンはいつも何かをし終える直前に不安になる」は下線部直後の内容と合っている。

問2　**that は前述された内容を指すことができる。**ここでは直前のボブの発話内容を指しているのでエ「ボブは日本語スピーチコンテストでいいスピーチをして賞をもらった」がふさわしい。

問3　that は下線部直前の内容を指している。完成した英文はア「ケンは3年時の走るイベントのときに以前よりも速く走れたので嬉しかった」となる。

問4　下線部直前のリコの発話に対して肯定している。そのリコの発話内容は直前の7つ目のマヤの発話を受けての内容。それに合うのはエ「マヤは仕上げる直前に自分の絵についてとても心配になった」となる。

問5　直前のリコの発話を聞いて喜んでいる。リコはその前のボブの発話に返答しているので，ウ「リコが展覧会に向けて絵を仕上げることができると聞いてマヤは嬉しい」がふさわしい。

問6　(A)　2つ目のマヤの発話から2つ目のリコの発話までの会話を参照する。完成した英文は「マヤが展覧会に向けた絵について聞いたとき，リコは絵を仕上げるために次に何をすべきかわからなかった」となる。　(B)　6～8つ目のマヤの発話までの会話を参照する。完成した英文は「文化祭の思い出の一つについて話している間にリコは中学時代にマヤに与えた自分のアドバイスを思い出した」となる。

問7　1つ目の(A)は「最初リコは不安だった」となる。3つ目のリコの発話までの会話を参照。2つ目の(A)は「私はコンテストの前にとても不安になったことをまだ覚えている」となる。3つ目のボブの発話参照。1つ目の(B)は「私たちみんなで自分自身の思い出について話してリコを励ました」となる。全体を通してリコを励ましている。10番目のリコの発話ではみんなに感謝している。2つ目の(B)は「でも叔父が僕をとても励ましてくれた」となる。4～5つ目までのボブの発話までの会話参照。

4　(長文読解問題・物語文：語句解釈，文の並べ替え，語句補充，英問英答)

(全訳)　ナナミは高校1年生でした。9月のある金曜日，交換留学生のグレースがカナダから彼女の学校にやって来て，ナナミの家に滞在し始めました。

その夜，ナナミは家族とグレースの歓迎会をしました。パーティーの前にナナミは「お寿司を食べられる？」と聞きました。ナナミは寿司が他の国の人たちの間で最も有名な日本食の一つだと知っていました。グレースはそれを食べられると言いました。ナナミはたくさんの種類の寿司を作るのに最善を尽くしました。パーティーでナナミは「これを気に入るといいな。楽しんでね」と言いました。グレースはサラダと，フライドポテトとそして生魚の入っていない野菜の寿司を食べました。しかし彼女は生魚の寿司をほんの少ししか食べませんでした。ナナミはそれを見てがっかりしました。ナナミは彼女に「生魚の寿司はどう？」と聞きました。彼女は「おいしいよ」と言いました。パーティーのあとにナナミは「生魚の寿司をあまり食べなかったね」と言いました。グレース「そのことはごめんね」言いました。グレースは悲しそうでした。ナナミは彼女を喜ばせたかったので「明日遊園地に行くのはどうかな？」と彼女に言いました。グレースは「それはいいね。そうしたいな」と言いました。ナナミはそれを聞いて嬉しく思いました。ナナミの母親が来てナナミに「グレースは疲れていると思うよ。あなたも彼女も寝た方がいいわ」と言いました。

次の日ナナミはグレースを遊園地へ連れて行きました。彼らはそこでジェットコースターに乗りました。ナナミはそれをとても楽しみました。しかしグレースは全く笑っていませんでした。ナナミが彼女の顔を見たとき少し悲しく思いました。家に帰る途中にナナミは「遊園地を楽しんだのは私だけ？」と思いました。その夜ナナミはベッドの中で「どうしたら彼女を喜ばせられるんだろうか」と思いました。

次の週の木曜日，ナナミはグレースについて誰かと話したいと思いました。彼女は近所のタイガを思い出しました。彼はナナミと同じ高校の2年生でした。放課後彼女は彼の教室へ行きました。彼はナナミにオーストラリアのホストファミリーのところに滞在した経験について話しました。彼は「ホストファミリーの一人，ジョンは町で最も有名な場所の一つで，彼の大好きな場所でもある水族館に僕を連れて行ってくれたんだ。僕はそこで海の生物を見るのを楽しんだけど，本当は動物園でコアラを見たかった。僕は彼がとても親切だったから水族館ではそのことは彼に伝えなかったんだ」と言いました。そして「多分グレースは僕のように感じていたんだよ」と言いました。ナナミはタイガの経験について聞いたあと，家に帰ったらグレースと話をすることに決めました。

その夜ナナミはグレースに「グレース，日本での最初の週を楽しむのを手助けできなくてごめんね」と言いました。グレースは「そんなこと心配しないで，ナナミ，歓迎会のことはごめんなさい。私は生魚が好きじゃないの。でもそのことをあなたに伝えるのが恥ずかしかった。遊園地ではジェットコースターに乗るのが好きじゃないことを伝えるのも恥ずかしかったの。次回は話し合ってどこへ行くのかを一緒に決めよう」と言いました。ナナミは「ありがとう，グレース。この日曜日に何かしたいことある？」と言いました。グレースは「うん。私はお土産を買いにあなたと買い物に行きたい」と言いました。ナナミは「オーケー。駅のそばにいいデパートがあるよ。私はよくそこへ行くのよ。一緒に行く？」と言いました。グレースは「うん」と言いました。ナナミの母親はそれを聞いていて，微笑みました。

3日後，彼女たちはそのデパートへ行きました。ナナミは「グレース，何を買いたいの？」と言いました。グレースは「私に日本を思い出させるような何かが欲しいの」と言いました。ナナミは「オーケー。家で使うコップ2つを買うなんてどう？」と言いました。グレースは「それはいいね。それを買おう。ナナミ，もう一つ考えがあるんだけど。2つの小さいバッグを買いたい」と言いました。ナナミは「なんで2つバッグが欲しいの？」と言いました。グレースは「あなたとお揃いのものを何か毎日使いたいの。私は小さいバッグにお弁当箱を入れて毎日学校に持って行きたい。あなたも同じことをしてほしい」と言いました。ナナミは「それはいい考えだね。私もそうしたい。バッグを2つ買おう」と言いました。彼女たちは家に帰って，コップとバッグをナナミの母親に見せました。彼女は「姉妹みたいに見えるわね」と言いました。ナナミとグレースはお互いに見合って微笑みました。ナナミは彼女たちの関係がいつもいいものであることを願いました。

問1　that は前述された内容を指すことができるので，ここでは直前の内容を指していると考える。完成した英文はア「ナナミはグレースが生魚の寿司を食べたのがほんの少しだけだったのでがっかりした」となる。

問2　**誰が何をしたのか，段落ごとに場面を理解すること。**エ「9月のある金曜日の夜にナナミは家族とグレースの歓迎会をした」第2段落第1文参照。イ「ナナミはグレースについて誰かと話したくて，近所のタイガを思い出した」第4段落第1，2文参照。ア「木曜日の夜，ナナミの母親はナナミとグレースのことを聞いていた」第5段落最終文参照。ウ「ナナミの母親がナナミとグレースに姉妹のように見えると言ったとき，彼女たちは微笑んだ」最終段落最後から2，3文目参照。

問3　**同じような表現がある本文の部分を確認する。**　(1)　第2段落後半参照。完成した英文はイ「金曜日の歓迎会のあとナナミはグレースに遊園地へ連れて行きたいと言った」となる。ア「彼女はグレースのために寿司を作ってうれしかった」は第2段落第5文に多くの種類の寿司を作ったことは述べられているが嬉しいとは書かれていない。ウ「母親のアドバイスを聞いて悲しかった」，エ「グレースに早く寝てもらいたかった」は第2段落最終文と合わない。

(2)　第3段落最終文参照。完成した英文はア「土曜日に寝る前にナナミはどうしたらグレースを喜ばせられるのだろうかと思った」となる。イ「彼女はなぜ自分がグレースの笑顔を見た唯一の人なのだろうかと思った」，ウ「グレースと遊園地へ行くことが彼女を疲れさせたと思った」，エ「グレースとジェットコースターに乗ることは遊園地を楽しむ手助けとなったと思った」は第3段落の内容に合わない。

(3)　第4段落参照。完成した英文はウ「ジョンがタイガを水族館へ連れて行ったとき，タイガは本当は動物園でコアラを見たかったとは言わなかった」となる。ア「タイガはジョンにオーストラリアの滞在経験について話した」，イ「タイガはオーストラリアでの自分の好きな場所について彼と話した」，エ「タイガはホストファミリーと海の生物を見るのを楽しまなかった」は第4段落の内容と合っていない。

問4　(1)「歓迎会でなぜグレースはナナミに生魚の寿司がおいしいと言ったのですか」第5段落第2文のグレースの発話を参照。イ「グレースはナナミに生魚が好きではないことを伝えるのが恥ずかしかったから」がふさわしい。ア「ナナミはグレースが生魚の寿司を食べられることを知っていたから」，ウ「日本に来る前にナナミに生魚について聞かれていたから」，エ「彼女はホストファミリーとともに日本での第1週目をとても楽しんでいたから」は内容と合っていない。

(2)「ナナミとグレースがデパートで買ったものでしたかったことは何ですか」第6段落前半の会話を参照。エ「彼女たちはバッグにお弁当箱を入れて毎日学校に持って行きたかった」がふさわしい。ア「彼女たちはバッグを見せてからナナミの母親にあげたかった」，イ「彼女たちは関係をよりよくするために学校でコップとバッグを使いたかった」，ウ「彼女たちはナナミがグレースを覚えているのを助けるだろうから毎日家でコップを使いたかった」は第6段落の内容と合わない。

2023年度英語　リスニングテスト

〔放送台本〕

これから，リスニングテストを行います。リスニングテストは，全て放送による指示で行います。リスニングテストの問題には，問題Aと問題Bの二つがあります。問題Aと，問題Bの＜Question1＞では，質問に対する答えを選んで，その記号を答えなさい。問題Bの＜Question2＞では，質問に対する答えを英語で書きなさい。英文とそのあとに出題される質問が，それぞれ全体を通して二回ずつ読まれます。問題用紙の余白にメモをとってもかまいません。答えは全て解答用紙に書きなさい。

〔問題A〕

問題Aは，英語による対話文を聞いて，英語の質問に答えるものです。ここで話される対話文は全部で三つあり，それぞれ質問が一つずつ出題されます。質問に対する答えを選んで，その記号を答えなさい。では，＜対話文1＞を始めます。

Meg: Hi, Taro. What did you do last Sunday?
Taro: Hi, Meg. I went to my grandmother's house to have a birthday party.
Meg: That's nice.
Taro: In the morning, I wrote a birthday card for her at home. Then I visited her and gave her the card. She looked happy. After that, she

made some tea for me.
Meg: That sounds good.
Taro: In the evening, my sisters, mother, and father brought a cake for her.
Meg: Did you enjoy the party?
Taro: Yes, very much.

Question: Why did Taro go to his grandmother's house?

＜対話文2＞を始めます。

Satomi: Hi, John. I've been looking for you. Where were you?
John: I'm sorry, Satomi. I was very busy.
Satomi: I went to your classroom in the morning and during lunch time. What were you doing then?
John: Early in the morning, I gave water to flowers in the school garden. After that, I did my homework in my classroom.
Satomi: Oh, you did. How about during lunch time? I went to your room at one o'clock.
John: After I ate lunch, I went to the library. That was at about twelve fifty. I read some history books there for twenty minutes and came back to my room at one fifteen.

Question: What was John doing at one o'clock?

＜対話文3＞を始めます。

Jane: Hi, Bob. I'm happy that I can come to the concert today.
Bob: Hi, Jane. Yes. Me, too.
Jane: How did you get here today?
Bob: Why? I came by bike from home.
Jane: This morning, I watched the weather news. I think it'll be rainy this afternoon.
Bob: Oh, really? I'll have to go home by train and bus. What should I do with my bike?
Jane: After the concert, I will keep it at my house. We can walk to my house.
Bob: Thank you.
Jane: You're welcome. And you can use my umbrella when you go back home from my house.

Question: How did Bob get to the concert from home today?

〔英文の訳〕

〔問題A〕

＜対話文1＞

メグ　：こんにちは，タロウ。この前の日曜日は何をしましたか。

タロウ：こんにちは，メグ。誕生会をするために祖母の家に行きました。

メグ　：それはいいですね。

タロウ：午前中，家で彼女への誕生日カードを書きました。そして彼女を訪れそのカードを彼女に渡しました。彼女は嬉しそうでした。その後私に紅茶をいれてくれました。

メグ　：いいですね。

タロウ：夜に姉[妹]たちと母，父が彼女にケーキを持ってきました。

メグ　：パーティーは楽しかったですか。

タロウ：はい，とても。

質問：タロウはなぜ彼の祖母の家に行きましたか。

答え：ア　誕生会をするため。

＜対話文2＞

サトミ：こんにちは，ジョン。あなたを探していたんです。どこにいたんですか。

ジョン：ごめんなさい，サトミ。とても忙しかったんです。

サトミ：午前中と昼食の時間にあなたの教室に行きました。そのときは何をしていたんですか。

ジョン：午前中の早い時間に学校の庭の花に水をあげました。そのあと教室で宿題をしました。

サトミ：ああ，そうだったんですね。昼食の時間はどうでしたか。1時にあなたの教室へ行きました。

ジョン：昼食を食べたあと図書館へ行きました。それが大体12時50分でした。そこで20分歴史の本をいくつか読んで1時15分に教室に戻りました。

質問：ジョンは1時に何をしていましたか。

答え：エ　彼は歴史の本をいくつか読んでいました。

＜対話文3＞

ジェイン：こんにちは，ボブ。今日はコンサートに来られてうれしいです。

ボブ　　：こんにちは，ジェイン。はい，僕もです。

ジェイン：今日はどうやってここに来ましたか。

ボブ　　：なんでですか？　家から自転車で来ました。

ジェイン：今朝天気予報を見ました。今日の午後は雨だと思います。

ボブ　　：え，本当ですか？　電車とバスで家に帰らなければならないでしょうね。自転車をどうしたらいいでしょうか。

ジェイン：コンサートのあとに私の家に置いておきますよ。私たちは家まで歩けます。

ボブ　　：ありがとうございます。

ジェイン：どういたしまして。そして私の家から帰るときには私のカサを使っていいですよ。

質問：今日ボブはどのようにして家からコンサートまで来ましたか。

答え：ウ　彼は自転車でそこに来ました。

〔放送台本〕

〔問題B〕

これから聞く英語は，外国人のEmily先生が，離任式で中学生に向けて行ったスピーチです。内容に注意して聞きなさい。あとから，英語による質問が二つ出題されます。<Question1>

では，質問に対する答えを選んで，その記号を答えなさい。<Question2>では，質問に対する答えを英語で書きなさい。なお，<Question2>のあとに，15秒程度，答えを書く時間があります。では，始めます。

Hello, everyone. This will be my last day of work at this school. First, I want to say thank you very much for studying English with me. You often came to me and taught me Japanese just after I came here. Your smiles always made me happy. I hope you keep smiling when you study English.

I had many good experiences here. I ran with you in sports festivals, and I sang songs with your teachers in school festivals. I was especially moved when I listened to your songs.

After I go back to my country, I'll keep studying Japanese hard. I want you to visit other countries in the future. I think English will help you have good experiences there. Goodbye, everyone.

<Question1> What made Emily happy?
<Question2> What does Emily want the students to do in the future?

〔英文の訳〕
〔問題B〕

みなさん，こんにちは。今日が私のこの学校で働く最後の日です。まず，私と英語を勉強してくれて本当にありがとうと言いたいです。みなさんは私がここに来てすぐあと，よく私のところに来て日本語を教えてくれました。あなた方の笑顔はいつも私を幸せにしてくれました。みなさんが英語を勉強するときに笑顔でいられることを願っています。

私はここでたくさんのいい経験をしました。体育祭でみなさんと一緒に走り，学園祭では先生方と一緒に歌を歌いました。私はみなさんの歌を聞いたときに特に感動しました。

国に戻ったら日本語を一生懸命勉強し続けるつもりです。将来みなさんには他の国々を訪れて欲しいです。英語がそこでいい経験をするのを手助けしてくれると思います。みなさん，さようなら。

質問1：何がエミリーを幸せにしましたか。
答え　：イ　生徒たちの笑顔。
質問2：エミリーは生徒たちに将来何をしてもらいたいですか。
答え　：(例)他の国々を訪れること。

<理科解答>

1 〔問1〕 ア 〔問2〕 エ 〔問3〕 ウ 〔問4〕 イ 〔問5〕 ア 〔問6〕 イ
2 〔問1〕 イ 〔問2〕 ① イ ② ア 〔問3〕 エ 〔問4〕 ウ
3 〔問1〕 水滴が付き始める瞬間の温度を正確に読み取るため。 〔問2〕 ① イ ② ア
〔問3〕 ① ア ② イ ③ イ ④ ア 〔問4〕 エ
4 〔問1〕 ウ 〔問2〕 エ 〔問3〕 ア
5 〔問1〕 ア 〔問2〕 エ 〔問3〕 イ 〔問4〕 ① イ ② ウ
6 〔問1〕 ア 〔問2〕 ウ 〔問3〕 ウ 〔問4〕 イ

＜理科解説＞

1　**(小問集合－自然界のつり合い，火山活動と火成岩：火山岩，身のまわりの物質とその性質：ガスバーナーの操作，光と音：凸レンズによってできる像，物質の成り立ち，植物の体のつくりとはたらき：花のつくり)**

〔問1〕 **生産者は光合成を行い，みずから有機物をつくり出すことができる生物**であり，消費者はほかの生物から有機物を得る生物である。よって，生産者は**葉緑体**があるエンドウ，サツマイモ，ツツジである。消費者はタカ，バッタ，ミミズである。

〔問2〕 **玄武岩**はマグマが冷え固まって岩石になった火成岩であり，火成岩のうち，上昇したマグマが地表に近い地下や，溶岩のように地表にふき出て急激に冷えて固まってできた**火山岩**である。**斑状組織でカンラン石やキ石のような有色鉱物を多く含むため，岩石は黒っぽい。**

〔問3〕 ガスバーナーに点火し，適正な炎の大きさに調整した後，**空気不足になっている炎を青色の適正な状態にする操作は，Bのガス調節ねじを押さえながら，Aの空気調節ねじだけをCの向きに回して少しずつ開き**，青色の安定した炎にする。

〔問4〕 図3において，光の進み方を作図する。物体から光軸に平行に凸レンズに入った光は，屈折した後，反対側の焦点を通る。凸レンズの中心を通った光は，そのまま直進する。スクリーンの位置がA点にあると，2つの直線の交点がスクリーン上にくるため，はっきりと像が映る。作図から，物体の大きさと比べて，スクリーンに映った像の方が小さいことが分かる。

〔問5〕 **単体は1種類の元素からできている物質であり，2種類以上の元素からできている物質が化合物である。**よって，A 二酸化炭素の化学式はCO_2，B 水の化学式はH_2O，C アンモニアの化学式はNH_3，D 酸素の化学式はO_2であるため，化合物はA，B，Cであり，単体はDである。

〔問6〕 アブラナの花のつくりは，外側から，A がく，B 花弁，C おしべ，D めしべである。

2　**(自由研究－力と物体の運動：平均の速さ，身のまわりの物質とその性質：密度，水溶液：濃度，力のつり合いと合成・分解：浮力，生物の成長と生殖：発生，天体の動きと地球の自転・公転：白夜の太陽の見かけの動き)**

〔問1〕 平均の速さ〔m/s〕$=\dfrac{6[\mathrm{m}]-2[\mathrm{m}]}{122.2[\mathrm{s}]-40.4[\mathrm{s}]}=0.048\cdots[\mathrm{m/s}]\fallingdotseq 0.05[\mathrm{m/s}]$である。

〔問2〕 (凍った部分の表面を取り除き残った部分100gに含まれる食塩の量)÷(3％の食塩水100gに含まれる食塩の量)×100＝(100g×0.0084)÷(100g×0.03)×100＝28，よって，28％である。食塩水の上部に浮いた凍った部分の表面を取り除き残った部分に含まれる食塩の量は，3％の食塩水の28％であるため，3％の食塩水の方が密度が大きいと言える。このことは，**食塩水を凍らせると，凍った部分が浮くのは，凍って密度が小さくなった部分にかかる重力より，凍った部分より密度が大きい食塩水からの水圧による浮力のほうが大きい**ことからもわかる。

〔問3〕 図4，5，6は，**カエルの受精卵が体細胞分裂により細胞の数をふやして胚になる過程**である。体細胞分裂であるため，**分裂を何回くり返しても，ひとつひとつの細胞の染色体の数は変わらない**。よって，図5の胚に含まれる細胞の和は2個であるため，合計の染色体の和は、24本×2＝48本，である。同様にして，図6の胚に含まれる細胞の和は4個であるため，合計の染色体の和は、24本×4＝96(本)，である。

〔問4〕 地軸を中心に太陽が北側へとまわってきたとき，図7の**北の空では，向かって右方向が東**であるため，**太陽は見かけ上，東方向に向かって上昇するように動く**。よって，太陽が見かけ上動いた向きはYである。日本で**夏至**となる地球の位置は，**北緯35°付近にある日本で太陽の南中高度が最も高く**，日の出と日の入りの位置が北寄りになり，日照時間が最も長くなるAである。

3 (気象要素の観測：金属製のコップによる露点の測定実験と湿度の計算，天気の変化：雲の発生に関する実験と寒冷前線)

〔問1〕 金属製のコップの表面の温度が少しずつ下がるようにしたのは，「水滴が付き始める瞬間の温度を正確に読み取るため。」である。

〔問2〕 午前10時に測定した水温は，同じ時刻の実験室の室温と等しいので，午前10時の実験室内の気温は17.0℃である。また，金属製のコップの表面に水滴がつき始めたときの金属製のコップ内の水温が露点であり，この場合，露点16.2℃における飽和水蒸気量が，実際に午前10時の実験室内の1m^{3}の空気に含まれる水蒸気の質量〔g/m^3〕である。よって，湿度〔%〕＝$\dfrac{\text{1m}^3\text{の空気に含まれる水蒸気の質量〔g/m}^3\text{〕}}{\text{その空気と同じ気温での飽和水蒸気量〔g/m}^3\text{〕}}\times 100$，から，午前10時の湿度〔%〕＝$\dfrac{13.8\text{〔g/m}^3\text{〕}}{14.5\text{〔g/m}^3\text{〕}}\times 100 \fallingdotseq 95.2$〔%〕である。午後6時も同じ気温であるため，露点が高いほうが1m^{3}の空気に含まれる水蒸気の量が多いので，結果1の表から，午前10時の実験室内の空気である。

〔問3〕 <実験2>は雲を発生させる実験装置である。「ピストンをすばやく引くと，丸底フラスコ内の空気は膨張し，丸底フラスコ内の気圧は下がる。その結果，丸底フラスコ内の空気の温度が下がり露点に達し，丸底フラスコ内の水蒸気が水滴に変化した。」そのため，丸底フラスコ内はくもった。自然界では雲である。

〔問4〕 寒冷前線は，寒気が暖気の下にもぐりこみ，暖気を押し上げながら進んでいく。暖気が急激に上空高くに押し上げられ，強い上昇気流が生じて積乱雲が発達するため，短時間に強い雨が降り，強い風がふくことが多い。

4 (動物の体のつくりとはたらき：消化の対照実験・柔毛での吸収・血液の循環・細胞の呼吸)

〔問1〕 試験管AとBは，ヨウ素液との反応により，唾液がデンプンをデンプンではないものに変えるはたらきがあるのか否か比較して調べる対照実験である。試験管CとDは，ベネジクト液を加えて加熱することにより，唾液にはデンプンをブドウ糖がいくつか結合した糖に変えるはたらきがあるのか否か比較して調べる対照実験である。

〔問2〕 消化酵素により分解されることで作られた，ブドウ糖とアミノ酸はヒトの小腸の柔毛で吸収されて毛細血管に入り，脂肪酸とモノグリセリドはヒトの小腸の柔毛で吸収された後に結合してリンパ管に入る。

〔問3〕 心臓の左心室から送り出された血液はBの動脈を通って小腸の毛細血管に入る。毛細血管で栄養分を吸収し，小腸から肝臓へと向かう血液が流れるAの肝門脈を通って肝臓に運ばれる。よって，栄養分の濃度が高い場所は，Aである。細胞による呼吸については，血液の成分である血しょうがしみ出て組織液となり，養分や酸素を細胞に届ける。からだを構成しているひとつひとつの細胞では，届いた酸素を使い，養分からエネルギーが取り出される。このとき，二酸化炭素と水ができる。

5 (水溶液とイオン・原子の成り立ちとイオン：塩化銅の電気分解の仕組み・イオンの粒子モデル・化学式，物質の成り立ち：水の電気分解，気体の発生とその性質)

〔問1〕 <実験1>は塩化銅の電気分解である。塩化銅が水に溶けて電離したようすを化学式を使って表すと，$CuCl_2 \rightarrow Cu^{2+} + 2Cl^-$，であり，陽イオンの数：陰イオンの数＝1：2，である。よって，モデルはアである。

〔問2〕 電極Aは，電源装置の－端子に接続しているので陰極である。また，実験結果から，陽イオンとなっていた銅が付着していたことから，電極Aは，陰極であると言える。回路に流れる電流の向きは，電源装置の＋端子から出て－端子に入る向きであると決められているので，Dである。

〔問3〕 陽極である電極B付近からは，刺激臭がする気体である塩素が生成された。塩素の気体が発生する仕組みは，「塩化物イオンCl^-が，電子を放出し(失い)，塩素原子になり，塩素原子が2個結びつき，分子になり，気体として発生した。」である。

〔問4〕 ＜結果1＞は塩化銅の電気分解の結果であり，銅イオンCu^{2+}は，陰極から電子を2個受けとり，銅原子Cuになり，陰極に金属となって付着するため，電流を流した時間が長くなるほど，水溶液中の銅イオンの数は減少する。よって，グラフはイである。＜結果2＞は水の電気分解の結果であり，5％の水酸化ナトリウム水溶液を加えたのは，電流が流れやすくするためであり，水酸化ナトリウムそのものは分解されないので，電流を流した時間が長くなっても，水溶液中のナトリウムイオンの数は変化しない。よって，グラフはウである。水の電気分解の化学反応式は，$2H_2O \rightarrow 2H_2 + O_2$，であり，陰極である電極A付近から発生した気体は水素で，陽極である電極Bから発生した気体は酸素である。

6 (電流：電圧と電流と抵抗・電力・電力量)

〔問1〕 オームの法則により，電流＝$\frac{電圧}{抵抗}$であるから，電圧の大きさが等しいとき，5Ωの抵抗器Xの方が，20Ωの抵抗器Yよりも大きい電流が流れる。また，＜結果＞図3のグラフから，電圧の大きさが等しいとき，＜実験＞の(2)図1の並列回路の方が，＜実験＞の(3)図2の直列回路よりも大きい電流が流れる。

〔問2〕 抵抗器Xと抵抗器Yを並列につないだ回路全体の抵抗をR_Pとすると，$\frac{1}{R_P〔Ω〕}=\frac{1}{5〔Ω〕}+\frac{1}{20〔Ω〕}$より，$R_P$〔Ω〕＝4〔Ω〕である。抵抗器Xと抵抗器Yを直列につないだ回路全体の抵抗をR_Sとすると，R_S〔Ω〕＝5〔Ω〕＋20〔Ω〕＝25〔Ω〕である。抵抗Xは5Ωであるため，ウが適切である。

〔問3〕 ＜結果＞の図3グラフから，＜実験＞の(2)並列回路では2.0Vのとき0.5Aであり，電力〔W〕＝2.0〔V〕×0.5〔A〕＝1.0〔W〕である。＜実験＞の(3)直列回路では5.0Vのとき0.2Aであり，電力〔W〕＝5.0〔V〕×0.2〔A〕＝1.0〔W〕である。このとき，抵抗器Xと抵抗器Yで消費される電力は1.0Wで等しい。図1の並列回路では，各抵抗の両端の電圧は電源の電圧に等しいため，抵抗器Xに加わる電圧の大きさSは，2.0Vである。図2の直列回路を流れる電流の大きさはどこでも等しいため，抵抗器Xに加わる電圧の大きさTは，T〔V〕＝0.2〔A〕×5〔Ω〕＝1.0〔V〕である。よって，S：T＝2：1である。

〔問4〕 回路全体の電力を9Wとし，電圧を加え電流を2分間流したときの電力量〔J〕＝9〔W〕×120〔s〕＝1080〔J〕である。回路全体の電力を4Wとし，電圧を加え電流をt秒間流したときの電力量1080〔J〕＝4〔W〕×t〔s〕である。よって，t〔s〕＝270〔s〕であるから，電流を4分30秒間流したときである。

＜社会解答＞

1 〔問1〕 ウ　〔問2〕 エ　〔問3〕 ア

2 〔問1〕 略地図中のA～D　D　Ⅱのア～エ　イ　〔問2〕 W　ア　X　ウ　Y　エ　Z　イ　〔問3〕 イ

3 〔問1〕 A　エ　B　イ　C　ア　D　ウ　〔問2〕 エ　〔問3〕 (1) (目的) 貨物輸送で生じる二酸化炭素の排出量を減少させるため。　(2) (敷設《ふせつ》状況及び設置状況)

全ての地方に貨物鉄道の路線と貨物ターミナル駅がある。

4 〔問1〕 ウ→イ→エ→ア 〔問2〕 ウ 〔問3〕 (時期) イ→ア→ウ (略地図) ア
〔問4〕 A イ B エ C ウ D ア

5 〔問1〕 エ 〔問2〕 イ 〔問3〕 ウ 〔問4〕 適正な企業統治を実現する役割をになう社外取締役の要件が追加され，取締役会に外部の意見がより反映されるよう，社外取締役を2名以上置く会社数の割合が増加した。

6 〔問1〕 A ウ B ア C イ D エ
〔問2〕 Ⅰの略年表中のA～D D 略地図中のW～Z X 〔問3〕 ア

＜社会解説＞

1 (地理的分野―日本地理－地形図の見方，歴史的分野―日本史時代別－安土桃山時代から江戸時代，―日本史テーマ別－文化史，公民的分野―国際社会との関わり)

〔問1〕 縮尺2万5千分の1の**地形図**では，**等高線**は**標高差10m**ごとに引かれている。等高線を手がかりに見ると，A地点は標高約40m，B地点は約60m，C地点は約30mである。したがって，ウの図が適当である。

〔問2〕 安土桃山時代の茶人で，**千家流**茶道の創始者であるのが**千利休**(せんのりきゅう)である。堺の出身で，幼少のころから**茶の湯**に親しみ，**武野紹鷗**(たけのじょうおう)に師事して茶の湯を学び，**わび茶**を大成させた。織田信長と豊臣秀吉に続けて仕えたが，最後は秀吉に切腹を命じられた。

〔問3〕 国際の平和と安全の維持について,主要な責任を有するのが，**国際連合**の**安全保障理事会**である。具体的には，紛争当事者に対して，紛争を平和的手段によって解決するよう要請したり，平和に対する脅威の存在を決定し，平和と安全の維持と回復のために勧告を行うこと，経済制裁などの非軍事的強制措置及び軍事的強制措置を決定すること等を，その主な権限とする。しかし，**アメリカ・イギリス・フランス・ロシア・中国**の5か国の**常任理事国**が1か国でも反対すると，決議ができないことになっている。常任理事国は**拒否権**を持っていることになる。なお，日本は10か国ある非常任理事国の一つである(2023年現在)。

2 (地理的分野―世界地理－都市・気候・人々のくらし・産業)

〔問1〕 まず，A～Dの国・都市を確定する。Aはアルゼンチンのブエノスアイレス，Bは中国の北京，Cはノルウェーのオスロ，Dはポルトガルのリスボンである。Ⅰの文章は，**地中海性気候**のポルトガルのリスボンについての説明である。夏は気温が30度近く，雨がほとんど降らず，冬は気温10度前後で，夏に比べて雨が多いのが，地中海性気候の特徴である。雨温図のイである。地中海沿岸部の，ポルトガル・スペイン・イタリア・ギリシャ等の国では，気候を生かして夏は乾燥に強いオレンジやオリーブやぶどうなどの作物を，冬は小麦を栽培している。

〔問2〕 まず，W～Zの国を確認する。Wはボリビア，Xはアメリカ合衆国，Yはオマーン，Zはフランスである。かつてスペインの植民地であり，「キリスト教徒の割合が最も多い」「この地方が原産で傾斜地などで栽培された様々な種類のじゃがいも」との記述から，アは，ボリビアである。「高速道路が整備され」「多民族国家を形成し」との一節から，また，**一人当たりの国民総所得**が最も多いウがアメリカ合衆国である。「代表的市場はスークと呼ばれる」「断食が行われる」の一節から，エは**イスラム教徒**の最も多いオマーンである。「**キリスト教徒**(**カトリック**)の信者の割合が最も多く」「日曜日は非労働日とされており休日とする店舗がある」という記述から，イはフランスである。よって正しい組み合わせは，Wア　Xウ　Yエ　Zイとなる。

〔問3〕 1967年に設立され，現在はタイ・インドネシア・ベトナム・フィリピン・マレーシア・ブルネイ・シンガポール・ラオス・ミャンマー・カンボジアの10か国から構成されているのが，**ASEAN**(東南アジア諸国連合)である。ASEANの中で，ベトナムは，独自の歴史を持っている。フランス・アメリカが援助する**資本主義**の南ベトナム共和国と，中国・ソ連が援助する**社会主義**のベトナム民主共和国(北ベトナム)が対立し，**ベトナム戦争**へと発展した。1964年には，アメリカが**北爆**を開始し，ベトナム戦争は本格化したが，最終的に北ベトナムが勝利し，1976年に**南北ベトナムが統一**された。こうして成立したベトナムは，中国や韓国と比べて，労働者の月額平均賃金が安価であり，生産コストを抑えられるために，ベトナムに進出する日本企業数が大幅に増加しているのである。

3 (地理的分野―日本地理－農林水産業・工業・貿易・交通)

〔問1〕 まず，A～Dの県名を確定する。Aは青森県，Bは茨城県，Cは長野県，Dは宮崎県である。次にア～エの都道府県を確定する。アは，「**フォッサマグナ**」「レタスの**抑制栽培**」等の語句から，長野県の説明であるとわかる。イは，「**施設栽培**により年間を通して栽培されるピーマン」「東京まで3時間」との記述から，**近郊農業**を行う茨城県であるとわかる。ウは，「**施設栽培**により年間を通して栽培されるきゅうり」「フェリーで1日以上」との記述から，宮崎県についての説明であるとわかる。エは，「ごぼうは(中略)東京まで約10時間かけてトラックで輸送」との記述から，青森県であるとわかる。青森県はごぼうの生産量全国第1位である。したがって正しい組み合わせは，Aがエの青森県，Bがイの茨城県，Cがアの長野県，Dがウの宮崎県となる。

〔問2〕 まず，W～Zの空港を確定する。Wは**成田国際空港**，Xは**東京国際空港**(羽田空港)，Yは**関西国際空港**，Zが**那覇空港**である。このうち輸出入額の一番小さいZが，空港規模の最も小さい那覇空港であり，表中のイである。日本で最大の輸出入のある空港はWの成田国際空港であり，表中のウである。関西国際空港は，医薬品の輸入が多いのが特徴であり，表中のアである。残るエが東京国際空港である。なお，東京国際空港では医薬品は輸出の第3位である。

〔問3〕 (1) 〔目的〕 **モーダルシフト**とは，トラック等の自動車で行われている貨物輸送を環境負荷の小さい鉄道や船舶の利用へと転換することをいい，それによって貨物輸送で生じる**温暖化**の原因となる**二酸化炭素**の排出量を減少させることを目的として行われる。上記のような趣旨を簡潔にまとめればよい。　(2) 〔敷設状況及び設置状況〕 七地方区分の全ての地方に，貨物鉄道の路線と貨物ターミナル駅があることを指摘し簡潔に述べればよい。「全ての地方」「貨物鉄道」「貨物ターミナル駅」の語句を必ず使うことに注意して解答する必要がある。

4 (歴史的分野―日本史時代別－古墳時代から平安時代・鎌倉時代から室町時代・安土桃山時代から江戸時代・明治時代から現代，―日本史テーマ別－文化史・政治史・技術史・経済史)

〔問1〕 ア　**室町幕府**の3代将軍である**足利義満**は，**南北朝**を統一した後，1397年に**金閣**を建立した。金閣は1950年に放火により焼失し，現在の金閣は再建されたものである。　イ　奈良の**平城京**を中心にして8世紀に花開いた貴族文化・仏教文化を，**聖武天皇**のときの元号である「天平」から**天平文化**と呼ぶ。天平文化は，**遣唐使**を通じて盛唐の影響を強く受けていた。さらにシルクロードを通じて，国際色豊かな文化が花開いていた。一方，奈良時代の社会は疫病が流行り，大きな戦乱が起こるなど混乱していた。聖武天皇は，国家を守るという仏教の**鎮護国家**の働きに頼ろうとし，都に**東大寺**と**大仏**を，諸国に**国分寺**・国分尼寺を建立させた。大仏造立の詔は743年に出され，開眼供養は752年に行われた。　ウ　**飛鳥時代**には，**聖徳太子**によって，603年に**冠**

位十二階の制が定められ，604年には**憲法十七条**が定められた。また607年には**遣隋使**が派遣され，同年に**法隆寺**が建立された。　エ　12世紀に**奥州平泉**を本拠地とし，豊富だった金(きん)や馬を利用して勢力を築き上げ，**中尊寺金色堂**を建立したのは，**奥州藤原氏**である。奥州藤原氏は，1189年に源頼朝によって滅ぼされた。したがって時期の古い順に並べると，ウ→イ→エ→アとなる。

〔問2〕　資料Ⅱは，江戸幕府の8代将軍**徳川吉宗**が，**享保の改革**の際に行った1726年の**新田**検地条目と1720年の**洋書輸入の制限緩和**について述べている。よって，資料Ⅰのウの時期に該当する。

〔問3〕（時期）　ア　1882年に，**渋沢栄一**らの主唱で大阪に近代的設備を備えた**大阪紡績会社**(現在の東洋紡)が設立された。　イ　**富岡製糸場**は，**殖産興業**政策の一環として，1872年に群馬県に建設された，日本で最初の**官営模範工場**である。フランス人技師が招かれ，全国から多くの**工女**を集めて操業を開始した。富岡製糸場は，2014年に**UNESCO**(国連教育科学文化機関)によって**世界遺産**に登録された。　ウ　この製鉄所は，北九州に建設された官営の**八幡製鉄所**である。この製鉄所は中国から輸入される鉄鉱石を原料とし，近くの炭田から採掘される石炭を燃料として生産するのに適した場所として，北九州に建設された。操業は1901年に開始された。八幡製鉄所は，日本の鉄鋼の生産高の大部分を占めるようになり，13％強だった日本の鉄鋼の自給率を3倍近くまで高めた。したがって，操業を開始した時期の古い順に並べると，イ→ア→ウとなる。（略地図）Bは大阪であり，大阪紡績会社について述べているアに該当する。

〔問4〕　Aの時期にあたるのは，イである。この時期の前半には日本を占領する**GHQ**(連合国最高司令官総司令部)によって**財閥解体・農地改革**など様々な日本民主化政策がとられていた。Bの時期にあたるのは，エである。1960年に**池田勇人内閣**は，実質国民総生産を10年以内に2倍にすることを目標とする**「国民所得倍増計画」**を閣議決定し，政策を実施した。また，この時期には東海道新幹線が開業した。Cの時期にあたるのは，ウである。1973年に第4次**中東戦争**を機に，**OPEC**(石油輸出国機構)の各国が石油価格を大幅に引き上げた。このことにより，世界経済全体が大きな混乱に陥ったことを，**石油危機**という。1979年には，第2次石油危機があった。Dにあたるのは，アである。土地や株式に対する投資が増大し，実際の価値以上に地価や株価が異常に高くなる現象を，**バブル経済**という。1986年末に始まったバブル経済が崩壊したのは，1991年である。バブル崩壊後は，景気が後退し，構造改革が進んだ。よって組み合わせは，Aイ・Bエ・Cウ・Dアである

5 (公民的分野―基本的人権・財政・経済一般)

〔問1〕　アは，**法の下の平等**を定めた**日本国憲法**第14条である。イは，**生命及び自由の保障**について定めた日本国憲法第31条である。ウは，**教育を受ける権利**について定めた日本国憲法第26条である。ア・イ・ウのどれも経済活動の自由とは関係がない。エが，日本国憲法第21条の，**居住・移転・職業選択の自由**であり，**経済活動の自由を保障**する条文である。これが経済活動の自由を保障した条文とは分かりにくいので注意が必要である。

〔問2〕　様々な料金の中で，その決定や変更に国会・政府・地方自治体が関わっているものを**公共料金**と呼ぶ。資料の診療報酬や介護報酬といった医療関連の公共料金は，所轄省庁の審議会・分科会での審議を経て，所轄省庁である厚生労働省の大臣が発議し，国が決定するものである。

〔問3〕　**法人税**は国税であり，**固定資産税**は**地方税**である。したがって，正しい組み合わせはウである。

〔問4〕　2014年に会社法が改正され，適正な**企業統治**を実現する役割をになう**社外取締役**の条件が追加された。これにより**取締役会**に外部の意見がより反映されるよう，社外取締役を2名以上置

く会社数の割合が，2014年の20％台から2020年の80％台まで増加した。このような趣旨のことを簡潔にまとめればよい。

6 **(歴史的分野—世界史－政治史，公民的分野—公害・環境問題，地理的分野—日本地理－人口)**

〔問1〕　略地図上のAは，「国際運河が1914年に開通した」との記述から，パナマの鉄道だとわかる。ウの文章と合致する。略地図上のBは，「1901年に連邦国家が成立した」との記述から，オーストラリアの鉄道だとわかる。さらに「州を越え東西の州都を結ぶ鉄道が，1970年に開業した」との記述から，アの文章と合致する。略地図上のCは，「大反乱が鎮圧された9年後の1867年」との記述が，1857年に起こり翌年鎮圧された**インド大反乱**を指し，インドの鉄道だとわかる。文章のイと合致する。略地図上のDは，「2019年にこの2本の鉄道が結ばれ，大陸横断鉄道となった」に該当し，エの文章と合致する。よって組み合わせは，Aウ・Bア・Cイ・Dエとなる。

〔問2〕　1992年に，**「国連持続可能な開発会議」**がブラジルのリオデジャネイロで開催された。その8年後の2000年にドイツのハノーバーで，**万国博覧会**が開催された。当時のドイツでは，南西部の**シュバルツバルトの森**と呼ばれる地域で，強い酸を含む酸性雨の影響で多くの木々が突然枯れる現象が起こっていた。Ⅰの略年表のDである。また，ドイツの位置は略地図上のXである。

〔問3〕　Ⅱの文章は，大阪で万国博覧会が開催された年であるから，1970年である。1970年は**少子高齢化社会**の段階に入り，65歳以上の人口が7％を超えている。該当する**人口ピラミッド**は，アである。なお，人口ピラミッドのイは1950年，ウは2000年，エは2020年である。

＜国語解答＞

1 (1)　の　(2)　かはん　(3)　か　(4)　した　(5)　しゅりょう

2 (1)　投　(2)　宇宙　(3)　永遠　(4)　著　(5)　秒

3 〔問1〕　エ　〔問2〕　ア　〔問3〕　ウ　〔問4〕　エ　〔問5〕　イ

4 〔問1〕　ウ　〔問2〕　イ　〔問3〕　ア　〔問4〕　エ

〔問5〕　(例)環境問題の解決策について意見を述べる授業がありました。インターネットで環境問題の現状を詳しく調べると不確定な情報が数多くあり，注意する必要があると思いました。

筆者は「AIとの共生が唯一の生き延びる道だ」と述べています。AIによって高速処理された情報をそのまま受け入れるのではなく，その情報から取捨選択し活用する力が人間には必要だと思います。私はこの力を身に付けて，情報社会をよりよく生きたいです。(200字)

5 〔問1〕　イ　〔問2〕　ア　〔問3〕　ウ　〔問4〕　ウ　〔問5〕　エ

＜国語解説＞

1 **(漢字の読み)**

(1)　訓読みは「の・びる」，音読みは「シン」。　(2)　「川ばた」の漢語的表現。　(3)　何かで支えて，高所から落ちないようにすること。　(4)　その人を尊敬し，従おうとする気持ち。訓読みは「した・う」，音読みは「ボ」。　(5)　ともに，けものへん。「狩」の訓読みは「か・る」，音読みは「シュ」。

2　(漢字の書き取り)

(1)　てへん。　(2)　「宙」は，うかんむり＋「由」。「田」ではない。　(3)　「永」の総画数は五画。　(4)　くさかんむり＋「者」。送り仮名は「しい」。　(5)　のぎへん。

3　(小説―情景・心情，内容吟味，文脈把握)

〔問1〕　「いつまで続くのか分からないくらい」という表現は**拍手の長さを強調的**に示している。それほど長い拍手を送る**佐代子の感動の度合いも伝わる表現**である。佐代子は「バレエのことはそんなによく分からない」と言っているので，アの「技術に感心する」は誤答。

〔問2〕　「集中だ，集中が大事」は「私」の心中を表現したものだ。**突然のことであるにもかかわらず，真摯に申し出を受けとめ，真剣に看板の字を書こうとしている様子**が読み取れる。イのようにバレエと習字の共通点は見出していない。ウのように手順を確認もしていない。エのように佐代子を喜ばせたくてしているわけではない。

〔問3〕　傍線(3)前では「この町にずっと住んでいると……変わらない人生を送るのだと思っていた」が，後に「こんなにも素晴らしい人たちが，この町にはいた」と感じ，魅力的な人との出会いを実感している。このことをふまえて選択肢を選ぶ。アのように人のために願ってはいない。イのように書の道を進む決意はしていない。エのようにこの町を離れることは考えていない。

〔問4〕　「まだまだ人生これから」「ハッピーエンドになるといい」と二人は前向きに未来を捉えている。「私」が紹介した『白鳥の湖』の新しい解釈について佐代子が素敵だと同意したことからも，そのことが認識できたので，うれしくて笑顔になったのだ。

〔問5〕　こらえられないのは，バレエの思いではないのでア・エは誤答。このときの「私」は**素晴らしい人々に出会えた喜び，明るい未来への希望，自分の作品を認めてもらいまたリクエストをもらえた喜び**が募っていて，その思いがこらえきれないほどなのである。ウのように書道に関することのみで得た喜びではない。

4　(論説文―内容吟味，文脈把握，段落・文章構成，作文)

〔問1〕　傍線(1)の直前「情報は信頼性が命……はじめて意味をもつ」とある。ここから，**正しい情報によって人を行動させ，成功に導くことが情報の本質であるから，行動につながらない情報は無意味だ**という筆者の考えが読み取れる。

〔問2〕　情報を娯楽として消費する人にとっての情報とは，フェイクニュースのことだ。第三段落で，フェイクニュースなどの情報について「**真かどうかはたいした問題ではなく，面白いかどうかが問題だ**」「**面白さを享受するため**の情報」とあるのをふまえて選択肢を選ぶ。ア「信頼性によって私たちを成功に導く」という点，ウ「人生に潤いを与えるもの」とする点，エ「自分に役立つもの」とする点が，それぞれ不適切である。

〔問3〕　第八段落は，第七段落で提示された「電脳空間へのマインド・アップローディング」という方法を受け，電脳空間に心をアップロードする新たな生き方について疑問を呈している。この新しい疑問を示すことで，論はさらに展開されていく。**第八段落の大きな役割は，新しい疑問の提示**である。イの具体例，ウの順序立てた解説，エの要約，はいずれも誤り。

〔問4〕　**私たちの心の基盤は，生物媒体のアナログ情報**であり，これが失われた心は人間の心とはいえない。もし人間が生き延びるために電脳空間へのマインド・アップローディングを選べば，電脳空間にふさわしいあり方へと変貌するために，生物的アナログ性は失われることになるから，そうした心はもう人間の心ではないのだ。

〔問5〕　筆者の主張である「AIとの共生」を念頭に置いて，書き進めるとよい。自分が多くの情報と接した適切な具体例(体験・見聞)を挙げ，それにより感じたことや考えたことをまとめよう。**構成は二段落にし，一段落目に具体例，二段落目に自分の意見をまとめる**と良い発表原稿になる。

5 (会話，古文─内容吟味，文脈把握，品詞・用法，歴史的仮名遣い)

〔問1〕 イは形容動詞「普通だ」の連用形活用語尾。それ以外は格助詞「に」。

〔問2〕 吉田さんの「源氏」は特別にすぐれた自然描写がない，という**意見に対して，円地さんは目だたないという点では同意しつつ，目だたせずに細やかな感覚を行き届かせて自然描写しているという自分の考え**を述べた。これにより作品中の自然描写についての話題が深まっていく。

〔問3〕 語尾・語中の「は・ひ・ふ・へ・ほ」は，現代仮名遣いでは「ワ・イ・ウ・エ・オ」になる。

〔問4〕 現代語訳は「白く積って」のあとから「随身」の手前までだ。したがって「その上にも～ところに」となる。

〔問5〕 「源氏物語」の自然描写についてのAにおける説明は「目だたないところに，わりに**細やかな感覚**が行き届いている」とある。また，Bにおける説明は「紫式部は，**対象に自己を同化し，繊細な心情で適切に表現**した」とある。これをふまえて選択肢を選ぼう。

2023年度　正答率一覧

数　学

大問	小問	枝問	配点	正答率
1	1		5	95.1%
1	2		5	77.3%
1	3		5	73.6%
1	4		5	90.4%
1	5		5	87.6%
1	6		5	72.2%
1	7		5	71.2%
1	8		5	66.1%
1	9		6	54.7%
2	1		5	31.7%
2	2		7	21.9%
3	1		5	73.7%
3	2		5	38.6%
3	3		5	13.8%
4	1		5	59.8%
4	2	1	7	61.4%
4	2	2	5	1.7%
5	1		5	12.5%
5	2		5	3.2%

英　語

大問	小問	枝問	配点	正答率
1	A	1	4	90.1%
1	A	2	4	56.0%
1	A	3	4	59.6%
1	B	1	4	84.4%
1	B	2	4	20.5%
2	1		4	29.3%
2	2		4	61.9%
2	3	1	4	69.8%
2	3	2	12	56.9%
3	1		4	68.6%
3	2		4	83.8%
3	3		4	71.6%
3	4		4	42.0%
3	5		4	77.4%
3	6		4	63.0%
3	7		4	48.3%
4	1		4	69.9%
4	2		4	39.6%
4	3	1	4	58.8%
4	3	2	4	46.4%
4	3	3	4	47.6%
4	4	1	4	46.8%
4	4	2	4	38.7%

（網掛け）は部分点正答も含めた割合です。

理科

大問	小問	枝問	配点	正答率
1	1		4	92.3%
1	2		4	57.6%
1	3		4	63.2%
1	4		4	42.2%
1	5		4	65.9%
1	6		4	82.9%
2	1		4	54.0%
2	2		4	41.4%
2	3		4	56.1%
2	4		4	45.8%
3	1		4	29.0%
3	2		4	51.5%
3	3		4	34.4%
3	4		4	64.1%
4	1		4	71.6%
4	2		4	63.3%
4	3		4	63.4%
5	1		4	30.6%
5	2		4	55.1%
5	3		4	50.9%
5	4		4	36.6%
6	1		4	53.4%
6	2		4	45.7%
6	3		4	23.2%
6	4		4	69.3%

社会

大問	小問	枝問	配点	正答率
1	1		5	69.1%
1	2		5	91.7%
1	3		5	87.6%
2	1		5	61.3%
2	2		5	56.0%
2	3		5	59.7%
3	1		5	72.6%
3	2		5	30.0%
3	3		5	71.1%
4	1		5	52.9%
4	2		5	46.5%
4	3		5	16.8%
4	4		5	40.0%
5	1		5	73.4%
5	2		5	22.2%
5	3		5	54.8%
5	4		5	47.5%
6	1		5	20.0%
6	2		5	29.1%
6	3		5	31.6%

国語

大問	小問	枝問	配点	正答率
1	1		2	99.7%
1	2		2	48.7%
1	3		2	99.4%
1	4		2	77.7%
1	5		2	50.8%
2	1		2	91.6%
2	2		2	84.2%
2	3		2	78.5%
2	4		2	66.6%
2	5		2	95.6%
3	1		5	88.9%
3	2		5	94.4%
3	3		5	90.9%
3	4		5	88.3%
3	5		5	85.9%
4	1		5	81.9%
4	2		5	87.7%
4	3		5	75.5%
4	4		5	71.6%
4	5		10	81.9%
5	1		5	37.7%
5	2		5	66.4%
5	3		5	71.2%
5	4		5	79.1%
5	5		5	66.8%

MEMO

大切なことはメモしておこうネ！

東京都公立高等学校

2022年度

★★★★★★★★★★★★★★★★★★★★★★★★★

入　試　問　題

2022年度

●くわしい解説……59ページ

＜数学＞

時間　50分　　満点　100点

【注意】 1　答えに分数が含まれるときは，**それ以上約分できない形で表しなさい。**
例えば，$\frac{6}{8}$ と答えるのではなく，$\frac{3}{4}$ と答えます。

2　答えに根号が含まれるときは，**根号の中を最も小さい自然数にしなさい。**
例えば，$3\sqrt{8}$ と答えるのではなく，$6\sqrt{2}$ と答えます。

3　答えを選択する問題については，**特別の指示**のあるもののほかは，各問の**ア・イ・ウ・エ**のうちから，最も適切なものをそれぞれ**1つずつ**選んで，**その記号の◯の中を正確に塗りつぶしなさい。**

4　□ の中の数字を答える問題については，「**あ，い，う，…**」に当てはまる数字を，下の〔例〕のように，**0**から**9**までの数字のうちから，それぞれ**1つずつ**選んで，**その数字の◯の中を正確に塗りつぶしなさい。**

〔例〕 [あい] に12と答えるとき

あ	⓪ ● ② ③ ④ ⑤ ⑥ ⑦ ⑧ ⑨
い	⓪ ① ● ③ ④ ⑤ ⑥ ⑦ ⑧ ⑨

[1]　次の各問に答えよ。

〔問1〕 $1-6^2\div\frac{9}{2}$ を計算せよ。

〔問2〕 $\frac{3a+b}{4}-\frac{a-7b}{8}$ を計算せよ。

〔問3〕 $(2+\sqrt{6})^2$ を計算せよ。

〔問4〕 一次方程式 $5x-7=9(x-3)$ を解け。

〔問5〕 連立方程式 $\begin{cases} x=4y+1 \\ 2x-5y=8 \end{cases}$ を解け。

〔問6〕 二次方程式 $4x^2+6x-1=0$ を解け。

〔問7〕 次の □ の中の「**あ**」に当てはまる数字を答えよ。

右の表は，ある中学校の生徒33人が，的に向けてボールを10回ずつ投げたとき，的に当たった回数ごとの人数を整理したものである。

ボールが的に当たった回数の中央値は [あ] 回である。

回数(回)	人数(人)
0	2
1	3
2	5
3	6
4	4
5	2
6	2
7	1
8	2
9	4
10	2
計	33

〔問8〕　次の □ の中の「**い**」「**う**」に当てはまる数字をそれぞれ答えよ。

右の**図1**で点Oは線分ABを直径とする円の中心であり，2点C，Dは円Oの周上にある点である。

4点A，B，C，Dは**図1**のようにA，C，B，Dの順に並んでおり，互いに一致しない。

点Bと点D，点Cと点Dをそれぞれ結ぶ。

線分ABと線分CDとの交点をEとする。

点Aを含まない$\overset{\frown}{BC}$について，

$\overset{\frown}{BC}=2\overset{\frown}{AD}$，$\angle BDC=34^\circ$のとき，$x$で示した$\angle AED$の大きさは，**いう** 度である。

図1

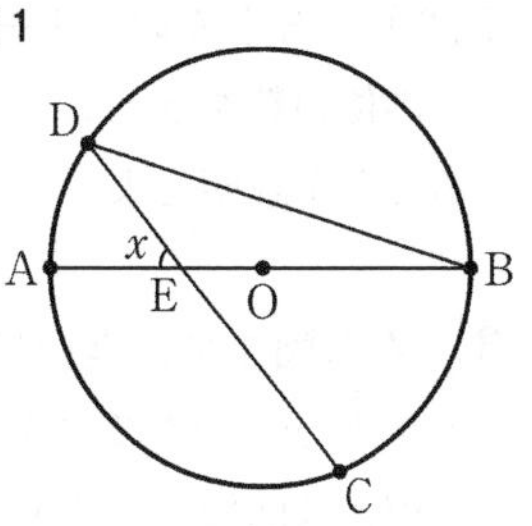

〔問9〕　右の**図2**で，△ABCは鋭角三角形である。

解答欄に示した図をもとにして，辺AB上にあり，△ACPの面積と△BCPの面積が等しくなるような点Pを，定規とコンパスを用いて作図によって求め，点Pの位置を示す文字Pも書け。

ただし，作図に用いた線は消さないでおくこと。

図2

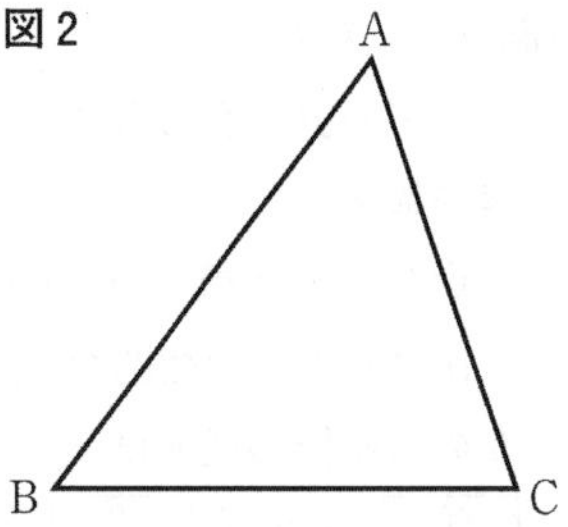

2　Sさんのクラスでは，先生が示した問題をみんなで考えた。次の各問に答えよ。

［先生が示した問題］

2桁の自然数Pについて，Pの一の位の数から十の位の数をひいた値をQとし，P－Qの値を考える。

例えば，P＝59のとき，Q＝9－5＝4となり，P－Q＝59－4＝55となる。

P＝78のときのP－Qの値から，P＝41のときのP－Qの値をひいた差を求めなさい。

〔問1〕　次の □ の中の「**え**」「**お**」に当てはまる数字をそれぞれ答えよ。

［先生が示した問題］で，P＝78のときのP－Qの値から，P＝41のときのP－Qの値をひいた差は，**えお** である。

Sさんのグループは，［先生が示した問題］をもとにして，次の問題を考えた。

［Sさんのグループが作った問題］

3桁の自然数Xについて，Xの一の位の数から十の位の数をひき，百の位の数をたした値をYとし，X－Yの値を考える。

例えば，X＝129のとき，Y＝9－2＋1＝8となり，X－Y＝129－8＝121となる。

また，X＝284のとき，Y＝4－8＋2＝－2となり，X－Y＝284－(－2)＝286となる。どちらの場合もX－Yの値は11の倍数となる。

3桁の自然数Xについて，X－Yの値が11の倍数となることを確かめてみよう。

〔問2〕 ［Sさんのグループが作った問題］で，3桁の自然数Xの百の位の数を a，十の位の数を b，一の位の数を c とし，X，Yをそれぞれ a，b，c を用いた式で表し，X－Yの値が11の倍数となることを証明せよ。

3 右の図1で，点Oは原点，曲線 ℓ は関数 $y=\frac{1}{4}x^2$ のグラフを表している。

点Aは曲線 ℓ 上にあり，x 座標は－8である。

曲線 ℓ 上にあり，x 座標が－8より大きい数である点をPとする。

次の各問に答えよ。

図1

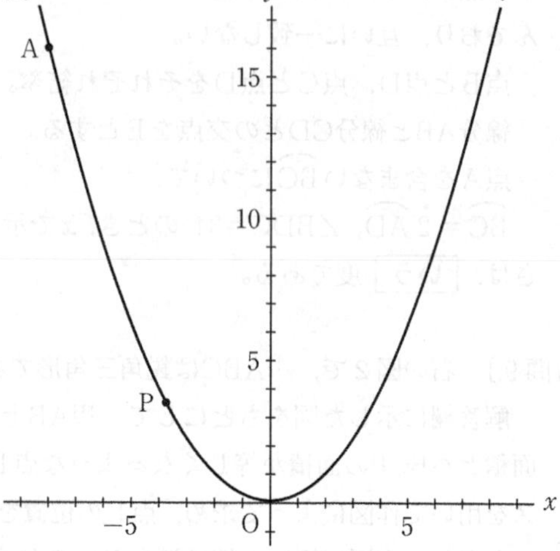

〔問1〕 次の ① ，② に当てはまる数を，下のア～クのうちからそれぞれ選び，記号で答えよ。

点Pの x 座標を a，y 座標を b とする。

a のとる値の範囲が $-4 \leqq a \leqq 1$ のとき，b のとる値の範囲は，

① $\leqq b \leqq$ ② である。

ア -4　**イ** -2　**ウ** 0　**エ** $\frac{1}{4}$　**オ** $\frac{1}{2}$　**カ** 1　**キ** 4　**ク** 16

〔問2〕 次の ③ ，④ に当てはまる数を，下のア～エのうちからそれぞれ選び，記号で答えよ。

点Pの x 座標が2のとき，2点A，Pを通る直線の式は，

$y=$ ③ $x+$ ④ である。

③ **ア** $-\frac{3}{2}$　**イ** $-\frac{2}{3}$　**ウ** $\frac{2}{3}$　**エ** $\frac{3}{2}$

④ **ア** $\frac{7}{3}$　**イ** $\frac{8}{3}$　**ウ** $\frac{7}{2}$　**エ** 4

〔問3〕 右の図2は，図1において，点Pの x 座標が0より大きく8より小さいとき，点Aを通り y 軸に平行な直線と，点Pを通り x 軸に平行な直線との交点をQとした場合を表している。

点Aと点Oを結んだ線分AOと直線PQとの交点をRとした場合を考える。

PR：RQ＝3：1となるとき，点Pの x 座標を求めよ。

図2

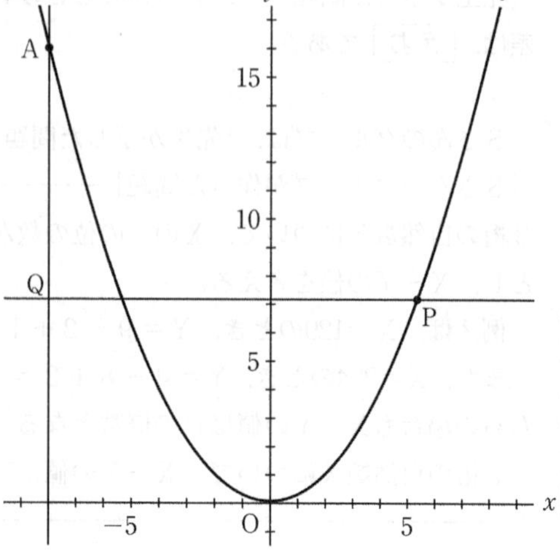

4 右の**図1**で，△ABCと△ABDは，ともに同じ平面上にある正三角形で，頂点Cと頂点Dは一致しない。

点Pは，辺BD上にある点で，頂点B，頂点Dのいずれにも一致しない。

点Qは，辺BC上にある点で，頂点B，頂点Cのいずれにも一致しない。

頂点Aと点P，頂点Aと点Qをそれぞれ結ぶ。

次の各問に答えよ。

図1

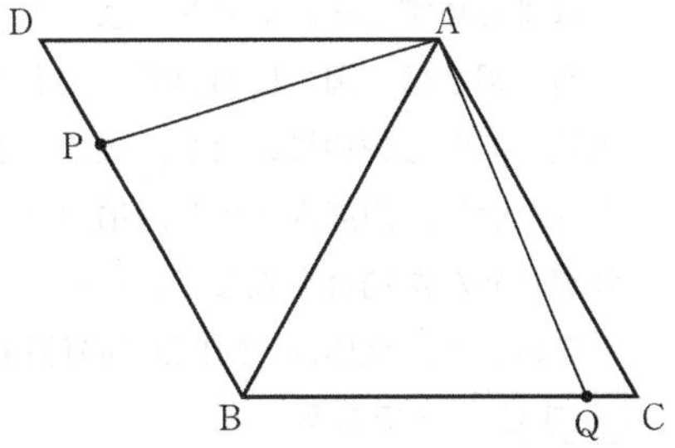

〔問1〕 **図1**において，∠PAQ＝90°，∠DAP＝a°とするとき，∠AQBの大きさを表す式を，次の**ア**～**エ**のうちから選び，記号で答えよ。

ア (75－a) 度　　**イ** (90－a) 度　　**ウ** (a＋30) 度　　**エ** (a＋60) 度

〔問2〕 右の**図2**は，**図1**において，∠PAQ＝60°のとき，点Pと点Qを結び，線分ABと線分PQとの交点をRとした場合を表している。

次の①，②に答えよ。

① △ABP≡△ACQであることを証明せよ。

② 次の □ の中の「**か**」「**き**」「**く**」に当てはまる数字をそれぞれ答えよ。

図2において，DP：PB＝2：1のとき，

△BRPの面積は，△ABCの面積の $\dfrac{\boxed{か}}{\boxed{きく}}$ 倍である。

図2

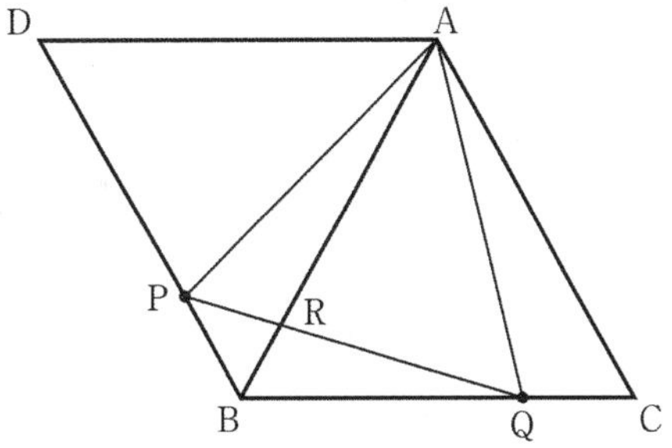

5 右の**図1**に示した立体ABCD－EFGHは，AB＝AD＝8cm，AE＝7cmの直方体である。

点M，点Nはそれぞれ辺EF，辺EHの中点である。

点Pは，頂点Aを出発し，辺AB，辺BC上を毎秒1cmの速さで動き，16秒後に頂点Cに到着する。

点Qは，点Pが頂点Aを出発するのと同時に頂点Aを出発し，辺AD，辺DC上を毎秒1cmの速さで動き，16秒後に頂点Cに到着する。

点Mと点N，点Mと点P，点Nと点Q，点Pと点Qをそれぞれ結ぶ。

次の各問に答えよ。

図1

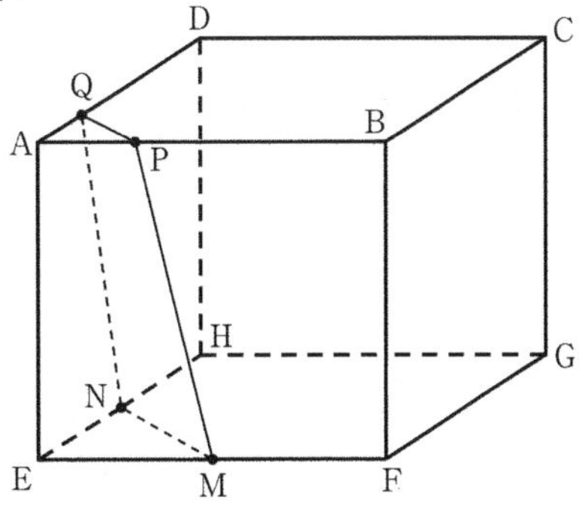

〔問1〕 次の □ の中の「**け**」「**こ**」「**さ**」に当てはまる数字をそれぞれ答えよ。

点Pが頂点Aを出発してから3秒後のとき，四角形MPQNの周の長さは，$\boxed{けこ}\sqrt{\boxed{さ}}$ cmである。

〔問２〕　次の［　　］の中の「し」「す」「せ」に当てはまる数字をそれぞれ答えよ。

　右の**図２**は，**図１**において，点Ｐが頂点Ａを出発してから12秒後のとき，頂点Ａと点M，頂点Ａと点N，頂点Ａと点Ｐ，頂点Ａと点Ｑをそれぞれ結んだ場合を表している。

　このとき，立体Ａ－MPQNの体積は，

［しすせ］ cm^3である。

図２

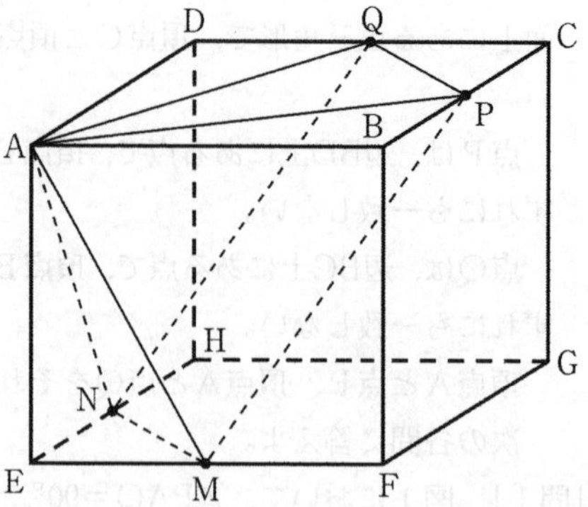

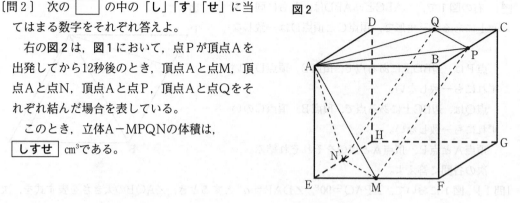

＜英語＞　時間　50分　満点　100点

1　リスニングテスト（**放送による指示に従って答えなさい。**）

〔問題A〕　次のア～エの中から適するものをそれぞれ**一つずつ**選びなさい。

＜対話文1＞

ア　This afternoon.　　イ　This morning.

ウ　Tomorrow morning.　　エ　This evening.

＜対話文2＞

ア　To the teacher's room.　　イ　To the music room.

ウ　To the library.　　エ　To the art room.

＜対話文3＞

ア　One hundred years old.　　イ　Ninety-nine years old.

ウ　Seventy-two years old.　　エ　Sixty years old.

〔問題B〕　＜ Question 1 ＞では，下のア～エの中から適するものを**一つ**選びなさい。

＜ Question 2 ＞では，質問に対する答えを英語で書きなさい。

＜ Question 1 ＞

ア　Walking.　　イ　Swimming.

ウ　Basketball.　　エ　Skiing.

＜ Question 2 ＞

（15秒程度，答えを書く時間があります。）

2　次の各問に答えよ。

（＊印の付いている単語には，本文のあとに〔注〕がある。）

1　高校生のRikuとイギリスからの留学生のTonyは，Rikuが授業で公園について発表するために調べて作成した資料を見ながら話をしている。(A) 及び (B) の中にそれぞれ入る語句の組み合わせとして正しいものは，下のア～エのうちではどれか。ただし，下のⅠは，二人が見ている資料である。

Tony:　What are you going to *present in the next class?

Riku:　I'm going to present my idea for a new park. I think people want many *roles for parks. They are important. I want to make a wonderful new park in my town in the future.

Tony:　Great!

Riku:　What is the most important role for parks to you?

Ⅰ

Roles which people want for parks

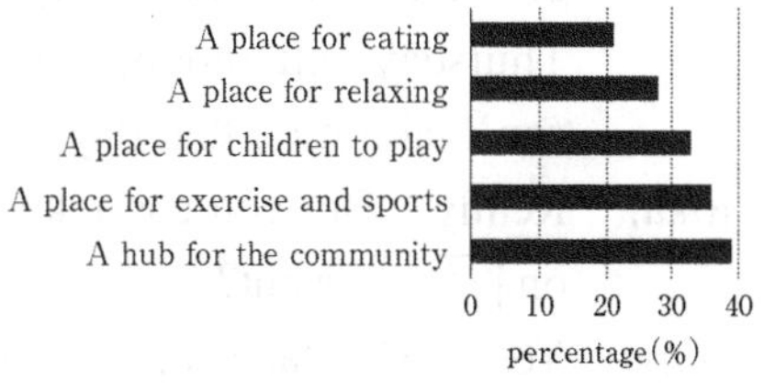

Tony: Well, I think (A) is the most important.

Riku: I think that is important, too. But the *percentage for it is the lowest in this *graph.

Tony: Interesting. In my country, I often enjoy eating lunch in a park.

Riku: I think (B) is the most important. Many other people also want that role.

Tony: Yes. The percentage for it is a little lower than the percentages for "A place for *exercise and sports" and "A *hub for the *community." But it's higher than the percentages for the other *items.

Riku: Parks can *play a lot of roles in a town. I'll try to make a park that plays important roles. There are many *possible roles for a park in a town. I hope people find good roles for my park.

Tony: Great! I think your presentation will be really interesting. I want to know more about parks and towns.

〔注〕 present 発表する role 役割 percentage パーセンテージ graph グラフ
exercise 運動 hub 拠点 community 地域社会 item 項目 play 果たす
possible あり得る

ア (A) A place for eating (B) A hub for the community
イ (A) A place for relaxing (B) A place for children to play
ウ (A) A place for eating (B) A place for children to play
エ (A) A place for relaxing (B) A hub for the community

2 都市と公園についてさらに学びたいと思ったRikuとTonyは，インターネットの画面を見ながら話をしている。(A) 及び (B) の中に，それぞれ入る語句の組み合わせとして正しいものは，次のページのア～エのうちではどれか。ただし，下のⅡは，二人が見ている，海外のある大学のオンライン講義の予定表であり，表中の時間は日本時間である。

Riku: Tony, look! We can join some *online classes of the university.

Tony: Sounds interesting. I want to take one. I'm interested in City Planning.

Riku: Do you want to take a *Basic class or an *Advanced class?

Tony: I want to take a Basic class. But I talk with my family on the Internet every Thursday afternoon, so I can't take it on that day.

Riku: Really? But you can take it on (A), right?

Tony: Yes. I'll take it. Riku, which class are you interested in the most?

Riku: I'm interested in Making

Ⅱ

Date	Day	Time	Class
August 2	Monday	10:00 - 12:00	How to *Design a City (☆)
		14:00 - 16:00	Making Parks in Towns (○)
August 3	Tuesday	10:00 - 12:00	Making Parks in Towns (○)
		14:00 - 16:00	City Planning (○)
August 4	Wednesday	10:00 - 12:00	Making Parks in Towns (☆)
		14:00 - 16:00	How to Design a City (○)
August 5	Thursday	10:00 - 12:00	How to Design a City (☆)
		14:00 - 16:00	City Planning (○)
August 6	Friday	10:00 - 12:00	Making Parks in Towns (○)
		14:00 - 16:00	City Planning (☆)

(☆)…Advanced class (○)…Basic class

Parks in Towns the most. In the future, I want to make some parks in Tokyo.

Tony: Great! But, Riku, can you take that class? I think you are busy with the tennis club.

Riku: We practice every Monday, Wednesday, and Friday in the afternoon. So I can take a morning class.

Tony: OK. Do you want to take a Basic class or an Advanced class?

Riku: I want to take an Advanced class.

Tony: So you're going to take an online class on [(B)], right?

Riku: Yes!

〔注〕 online　オンラインの　basic　基本的な　advanced　発展的な　design　デザインする

ア (A) Tuesday afternoon　(B) Wednesday morning

イ (A) Thursday afternoon　(B) Wednesday morning

ウ (A) Tuesday afternoon　(B) Friday morning

エ (A) Thursday afternoon　(B) Friday morning

3　次の文章は，イギリスに帰国したTonyがRikuに送ったEメールの内容である。

> Dear Riku,
>
> Thank you for your help during my stay in Japan. Taking an online class of the university is a special memory for me. In the class, we learned how parks could make our lives better. Now I am very interested in parks and towns. Now I realize that parks are very important for towns.
>
> After returning to my country, I *researched about parks in my town. I knew some big festivals were held in the parks. But I didn't know that many other events were also held in them. I was a little surprised to learn that. I will tell my sister about those events. She will enjoy talking with people at them. I think parks are wonderful places for people to *communicate.
>
> I'm going to join an online meeting about City Planning next week. I want to know more about parks and towns. What are some good points to you about having parks in towns? Please tell me some of your ideas.
>
> Yours,
> Tony

〔注〕 research　調べる　communicate　意思の疎通をする

(1)　このEメールの内容と合っているのは，次のうちではどれか。

ア　Tony realized that online classes could make his life better.

イ　Tony was a little surprised that many other events were also held in the parks in his town.

ウ Tony's sister researched about parks in her town because she wanted to take online classes.

エ Tony's sister joined an event in a park and enjoyed talking with Tony there.

(2) Riku は Tony に返事の E メールを送ることにしました。あなたが Riku だとしたら，Tony にどのうな返事の E メールを送りますか。次の＜条件＞に合うように，下の ☐ の中に，三つの英語の文を書きなさい。

＜条件＞

○ 前後の文につながるように書き，全体としてまとまりのある返事の E メールとすること。
○ Tony に伝えたい内容を一つ取り上げ，それを取り上げた理由などを含めること。

Hello, Tony,

Thank you for your e-mail. I learned a lot from a class, too. I'm glad to hear that you are very interested in parks and towns. The online meeting you're going to join sounds very interesting.

I'll try to answer your question. You asked me, "What are some good points to you about having parks in towns?" I'll tell you one good point.

I hope my idea can help you.

I'm looking forward to seeing you again.

Your friend,

Riku

3　次の対話の文章を読んで，あとの各問に答えよ。
(＊印の付いている単語・語句には，本文のあとに〔注〕がある。)

Shun, Yume, and Keita are first-year high school students in Tokyo. Ann is a high school student from the United States. One day in May, they are talking in their classroom after lunch.

Ann: Hi, everyone. I've found an interesting story in a newspaper. Look at this.

Shun: What kind of story?

Ann: It's a story about a person who *succeeded in the computer business. He talks about how to *achieve goals.

Yume: Interesting.

Ann: My goal is to succeed in business, so I sometimes read the business *section of a newspaper. It's difficult to understand, but I'm trying hard. Everyone, do you have goals?

Yume: I want to work at a hotel.

Keita: Why?

Yume: Five years ago, my family stayed at a hotel. The hotel staff members were wonderful. They welcomed us with warm smiles. They could speak English well with people from other countries.

Keita: Did you have a good time there?

Yume: (1) Yes. I enjoyed seafood in one of the hotel restaurants and beautiful views from our room.

Keita: I want to be a *regular on the volleyball team. But I'm not sure that is a "goal." I think a "goal" is something bigger or more important.

Ann: I don't agree. If you think something is very important to you, that's a goal, Keita.

Keita: I love to play volleyball, and I really want to be a regular!

Yume: I think that's a goal! How about you, Shun?

Shun: I haven't decided yet. I'm looking for one, but it's difficult to find one.

Ann: (2) I hope you do. Yume and Keita, are you doing something to achieve your goals?

Yume: I read an English textbook every day at home.

Keita: I go running near my house every morning. I have been doing that since I started high school.

Shun: Is it hard for you to go running every day?

Keita: Yes. Sometimes I don't want to get up early, but I have to do that.

Yume: (3) I know how you feel. I sometimes think that reading a textbook is not fun for me, but I have to do it. *Making an effort every day is hard.

Keita: Right. I want to know how to keep *motivated.

Shun: Are there any hints about that in the newspaper, Ann?

Ann: Let me see.... It says taking small steps is important to achieve goals.

Shun: What does that mean?

Ann: It means doing small things in the *process of achieving a goal. After doing one thing, you'll be able to see what to do next.

Keita: It won't be easy for me to become a regular, but I think I'll be able to get a chance to play in a practice match. I'll try hard to get the chance.

Shun: Good luck, Keita.

Ann: How about you, Yume? Reading a textbook is important, but you also need chances to use new words that you learn from the textbook.

Yume: OK! I'll practice using words from my textbook with you, Ann! Can you help me learn to speak English better?

Ann: (4) Of course! If I can help you, I'll be very happy.

Yume: How about you, Shun? Is there something you like to do?

Shun: Well.... I like cooking. I sometimes cook for my parents.

Keita: Really? That's nice.

Shun: When my parents have a dinner I cook, they smile and say, "Thank you. It's delicious."

Yume: Great! How about cooking for someone else, then?

Shun: Let me see.... How about my grandmother? I'll visit her next month and cook something for her.

Yume: That's a good idea!

Shun: OK! I'll think of something to make her happy, and I'll practice cooking it at home.

Keita: You have found what to do and got motivated!

Shun: Yes!

Yume: (5) I'm glad to hear that.

Ann: I'm more motivated, too. I'll write down my ideas every day after reading a newspaper.

〔注〕 succeed 成功する　achieve 達成する　section 欄　regular レギュラーの選手
make an effort 努力をする　motivated 意欲がある　process 過程

〔問1〕 (1) Yes. とあるが，このようにYumeが言った理由を最もよく表しているのは，次のうちではどれか。

ア The views from her room were beautiful, and the food was good.

イ Yume was welcomed with warm smiles by people from other countries.

ウ The views from a restaurant were wonderful, but Yume didn't enjoy the food there.

エ Yume could speak English well with the hotel staff members and people from other countries.

〔問2〕 (2)I hope you do. の内容を，次のように書き表すとすれば，[ ] の中に，下のどれを入れるのがよいか。

Ann hopes that [ ].

ア Yume and Keita do something to achieve their goals
イ Keita becomes a regular on the volleyball team
ウ Shun can decide what to do for his goal
エ Shun finds a goal

〔問3〕 (3)I know how you feel. とあるが，このようにYumeが言った理由を次のように書き表すとすれば，[ ] の中に，下のどれを入れるのがよいか。

Yume understands how Keita feels because [ ].

ア he hasn't found a goal yet
イ reading a textbook every day is fun for her
ウ he has been running since he started high school
エ she knows making an effort every day is difficult

〔問4〕 (4)Of course! の内容を，次のように書き表すとすれば，[ ] の中に，下のどれを入れるのがよいか。

Ann will be happy to [ ].

ア keep motivated to take small steps
イ help Yume speak English better
ウ help Yume read the business section of a newspaper
エ keep motivated to practice using new words every day

〔問5〕 (5)I'm glad to hear that. の内容を，次のように書き表すとすれば，[ ] の中に，下のどれを入れるのがよいか。

Yume is glad to hear that [ ].

ア Shun has found what to do and is motivated
イ Shun cooked for his grandmother and enjoyed it
ウ Shun can have a dinner made by his grandmother
エ Shun will think of something to make his parents happy

〔問6〕 次のA～Dは，本文中に述べられているKeitaの目標に対する考え方と取り組みに対する姿勢を表したものである。本文の内容の流れに沿って並べたものとして正しいものは，下のア～エのうちではどれか。

A He is more motivated to try hard than before.
B He thinks that he'll be able to get a chance to play in a practice match.
C He wants to be a regular on the volleyball team, but he is not sure that is a goal.
D He thinks he has to get up early to go running every morning, but sometimes he doesn't want to.

ア C→D→A→B　　イ D→C→B→A
ウ C→D→B→A　　エ D→C→A→B

〔問７〕 次の文章は，Yumeたちと話した日に，Annが書いた日記の一部である。(A) 及び (B) の中に，それぞれ入る単語の組み合わせとして正しいものは，下のア～エのうちではどれか。

Today, I talked with my friends about how to achieve goals. Keita and Yume had goals, and they were making efforts. But it was sometimes difficult for them to (A) making efforts every day. I (B) them a newspaper and talked about how to achieve goals.

It was difficult for Shun to find a goal. But he said that he liked cooking. When he cooked for his parents and they (B) him their smiles, he felt happy. He decided to make dinner for his grandmother. I thought it was a wonderful idea. I will (A) reading the business section of a newspaper every day and write down my ideas.

ア	(A) start	(B) showed	イ	(A) keep	(B) showed
ウ	(A) start	(B) gave	エ	(A) keep	(B) gave

4 次の文章を読んで，あとの各問に答えよ。

(＊印の付いている単語・語句には，本文のあとに〔注〕がある。)

Tomoko was a second-year junior high school student. In her school, she was a member of the *Clean-up Committee. She wanted to be its leader.

In October, she was chosen to be the new Clean-up Committee leader. Mr. Inoue, an *advisor to the *committee, told Tomoko to make a speech. She said, “I'm glad to be the leader of this committee. This committee has worked hard on some activities. For example, we have worked hard on checking classrooms after cleaning time. However, we have never tried cleaning up in the *neighborhood around the school before. As a new activity, let's pick up trash on the roads in our neighborhood.” Maya said, “Why? I don't understand.” Satoru said, “I don't want to do that.” Tomoko continued, “I have joined in a cleaning activity in my neighborhood before, and it was a wonderful experience. I think we should pick up trash on the roads in our neighborhood.” Maya said, “I think we need to clean up our school more.” Satoru said, “I don't have time to work more. I'm busy with the soccer club.” Tomoko was very shocked, and she couldn't say anything. Mr. Inoue said, “Let's stop today and talk about a new activity at the next meeting.”

After the meeting, Tomoko wondered, “Why was my idea wrong?” On her way home, she met Yuko, a *former leader of the committee. Yuko said, “Are you all right?” Tomoko said, “The committee members didn't agree with me. Why?” Yuko said, “When I was a leader, I had a similar experience. Everyone in the committee has different ideas. I think your idea is good. But it is not something that they want to do together." Tomoko didn't know what to say.

That night, Tomoko thought about Yuko's opinions. She also thought, "I want to pick up trash on the roads in our neighborhood. But I can't do that by myself." She wondered, "Why was it wonderful to me to join in a cleaning activity in my neighborhood?" She thought *for a while and said, "It was wonderful because I worked together with other people. I realize now what is important."

The next day, Tomoko said to Mr. Inoue, "I want to do something with everyone in the committee. I'll try my best to do so." Mr. Inoue said, "I'm glad you think so. What can you do? Think of something by the next meeting."

In November, the Clean-up Committee held a meeting again. Tomoko said to the members, "I think it is important for us to do something together. Do you have any ideas about that?" Maya said, "I think some classrooms should be cleaned more. We should ask students to clean our school more carefully." Satoru said, "The sports ground has too many fallen leaves on it now. I think we should pick them up." Tomoko said, "I'm glad to hear your ideas. How about having a special day to clean up more places in the school buildings and on the sports ground?" Maya said, "Really? I'll be glad to do that, but is that OK? You wanted to pick up trash on the roads in our neighborhood, right?" Tomoko said, "Don't worry. I want to work together with everyone." Satoru said, "I will ask the other team members to help us on the sports ground. We will collect a lot of fallen leaves!" Tomoko said, "Really? Thank you." Maya said, "Let's call the special day Clean Day! I will make *posters to tell students about it." Tomoko said, "Sounds good!" Then she said to Mr. Inoue, "I hope we can have Clean Day soon!" He said, "OK. I'll help you."

After the meeting, Maya said, "As our next activity, let's work together again and pick up trash on the roads in our neighborhood." Satoru said, "I'll help you." Tomoko was moved by their words. She was happy and decided to do her best for Clean Day.

〔注〕 Clean-up Committee 美化委員会　advisor 顧問　committee 委員会
neighborhood 近所　former 前の　for a while しばらくの間　poster ポスター

〔問1〕 I don't want to do that. の内容を，次のように書き表すとすれば，□ の中に，下のどれを入れるのがよいか。

Satoru doesn't want □.

ア to become a member of the Clean-up Committee
イ to choose a new leader of the Clean-up Committee
ウ to have time to clean up his school more for the committee
エ to pick up trash on the roads as a new committee activity

〔問 2〕 次のア～エの文を，本文の内容の流れに沿って並べ，記号で答えよ。

ア Yuko told Tomoko her opinions after the meeting in October.

イ Mr. Inoue told Tomoko to make a speech as the new Clean-up Committee leader.

ウ The committee members stopped the meeting after Mr. Inoue asked them to do so.

エ Tomoko asked the committee members to tell her some ideas about doing something together.

〔問 3〕 次の(1)～(3)の文を，本文の内容と合うように完成するには，□ の中に，それぞれ下のどれを入れるのがよいか。

(1) Tomoko was very shocked when □.

ア Mr. Inoue didn't talk about a new activity

イ she checked classrooms after cleaning time

ウ Maya and Satoru didn't agree with her idea

エ she cleaned up in her neighborhood by herself

(2) When Yuko met Tomoko after the meeting in October, she said that □.

ア all the members in the committee had similar ideas

イ each member in the committee had their own ideas

ウ cleaning up more places in their school was a good idea

エ all the members in the committee understood Tomoko's idea

(3) After the meeting in November, Tomoko was moved because □.

ア Maya and Satoru said that they would work together again in their next activity

イ Maya asked the soccer team members to pick up fallen leaves on the sports ground

ウ Maya and Satoru asked students to make posters about the special day

エ Satoru said that he would call the special day Clean Day

〔問 4〕 次の(1)，(2)の質問の答えとして適切なものは，それぞれ下のうちではどれか。

(1) What did Tomoko realize at night after talking with Yuko?

ア She realized it was wonderful to do something for her neighborhood.

イ She realized Yuko would try her best for Tomoko before the next meeting.

ウ She realized she wanted to do something with everyone in the committee.

エ She realized she wanted Mr. Inoue to tell the members about his idea in the next meeting.

(2) In the meeting in November, what did Tomoko speak to the committee members about?

ア She spoke to them about having a special day to make posters for the soccer team.

イ She spoke to them about having a meeting again to ask students to clean up more places in their school buildings.

ウ She spoke to them about cleaning up on the sports ground and on the roads around school because there were many fallen leaves on them.

エ She spoke to them about cleaning up more places in the school buildings and on the sports ground on a special day.

＜理科＞ 時間 50分 満点 100点

1 次の各問に答えよ。

〔問1〕 図1は，質量を測定した木片に火をつけ，酸素で満たした集気びんPに入れ，ふたをして燃焼させた後の様子を示したものである。図2は，質量を測定したスチールウールに火をつけ，酸素で満たした集気びんQに入れ，ふたをして燃焼させた後の様子を示したものである。

燃焼させた後の木片と，燃焼させた後のスチールウールを取り出し質量を測定するとともに，それぞれの集気びんに石灰水を入れ，ふたをして振った。

燃焼させた後に質量が大きくなった物体と，石灰水が白くにごった集気びんとを組み合わせたものとして適切なのは，下の表の**ア**～**エ**のうちではどれか。

図1

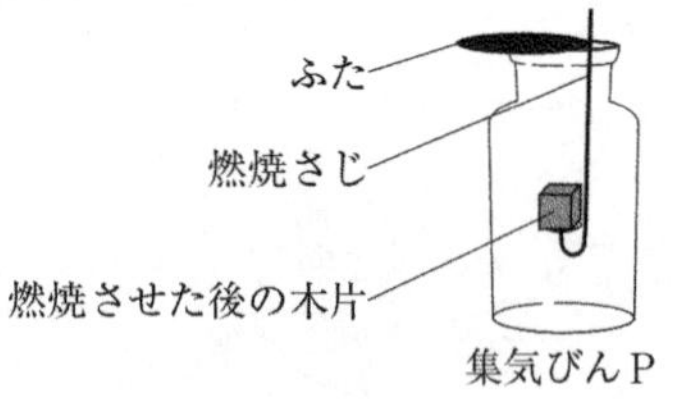

図2

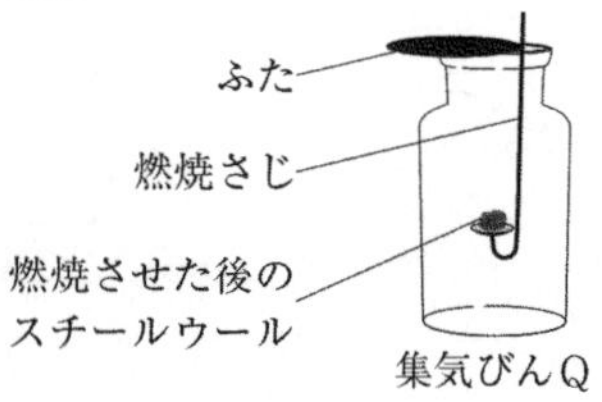

	燃焼させた後に質量が大きくなった物体	石灰水が白くにごった集気びん
ア	木片	集気びんP
イ	スチールウール	集気びんP
ウ	木片	集気びんQ
エ	スチールウール	集気びんQ

〔問2〕 図3は，ヒトの心臓を正面から見て，心臓から送り出された血液が流れる血管と心臓に戻ってくる血液が流れる血管を模式的に表したものである。また，図中の矢印（➡）は全身から右心房に戻る血液の流れを示している。

血管A～血管Dのうち，動脈と，動脈血が流れる血管とを組み合わせたものとして適切なのは，次の表の**ア**～**エ**のうちではどれか。

図3

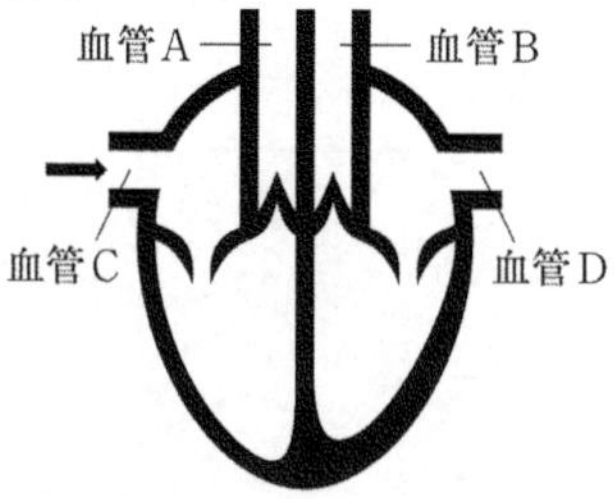

	動脈	動脈血が流れる血管
ア	血管Aと血管B	血管Bと血管D
イ	血管Aと血管B	血管Aと血管C
ウ	血管Cと血管D	血管Bと血管D
エ	血管Cと血管D	血管Aと血管C

〔問３〕　図４は，平らな底に「Ａ」の文字が書かれた容器に水を入れた状態を模式的に表したものである。水中から空気中へ進む光の屈折に関する説明と，観察者と容器の位置を変えずに内側の「Ａ」の文字の形が全て見えるようにするときに行う操作とを組み合わせたものとして適切なのは，下の表の**ア**～**エ**のうちではどれか。

図４

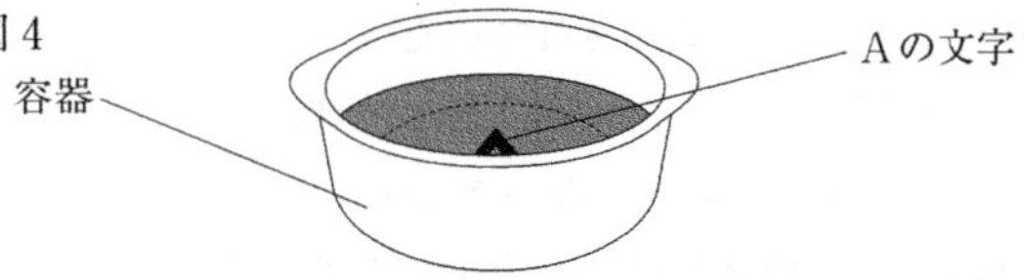

	水中から空気中へ進む光の屈折に関する説明	「Ａ」の文字の形が全て見えるようにするときに行う操作
ア	屈折角より入射角の方が大きい。	容器の中の水の量を減らす。
イ	屈折角より入射角の方が大きい。	容器の中の水の量を増やす。
ウ	入射角より屈折角の方が大きい。	容器の中の水の量を減らす。
エ	入射角より屈折角の方が大きい。	容器の中の水の量を増やす。

〔問４〕　前線が形成されるときの暖気と寒気の動きを矢印（⇨）で模式的に表したものがＡ，Ｂである。温暖前線付近の暖気と寒気の動きを次のＡ，Ｂから一つ，できた直後の温暖前線付近の暖気と寒気を比較したときに，密度が小さいものを下のＣ，Ｄから一つ，それぞれ選び，組み合わせたものとして適切なのは，下の**ア**～**エ**のうちではどれか。

暖気と寒気の動き

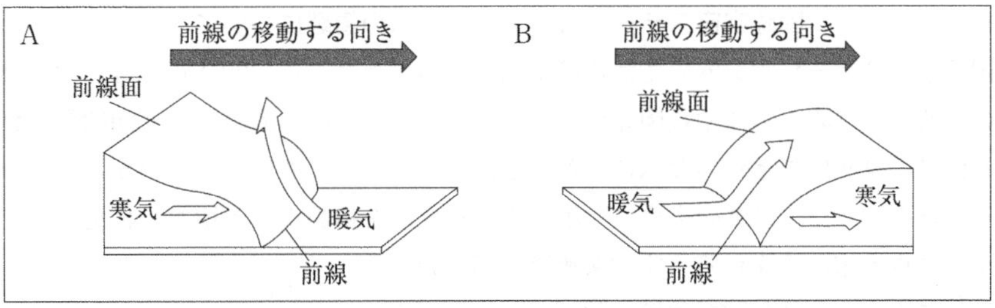

密度が小さいもの

Ｃ　暖気	Ｄ　寒気

ア　Ａ，Ｃ　　**イ**　Ａ，Ｄ　　**ウ**　Ｂ，Ｃ　　**エ**　Ｂ，Ｄ

〔問５〕　図５は，12Ｖの電源装置と1.2Ωの抵抗器Ａ，2Ωの抵抗器Ｂ，3Ωの抵抗器Ｃをつないだ回路図である。この回路に電圧を加えたときの，回路上の点ｐ，点ｑ，点ｒを流れる電流の大きさを，それぞれＰ〔Ａ〕，Ｑ〔Ａ〕，Ｒ〔Ａ〕とした。このときＰ，Ｑ，Ｒの関係を表したものとして適切なのは，次のうちではどれか。

図５

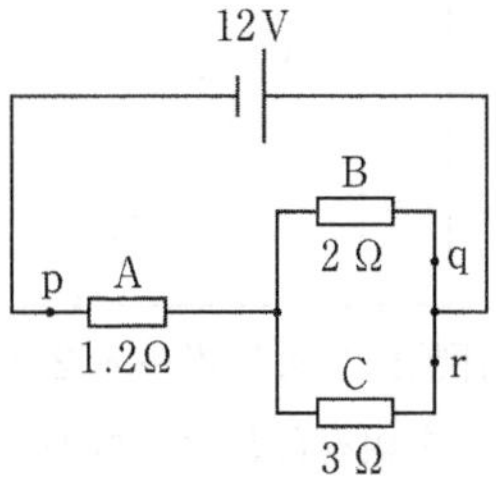

ア　Ｐ＜Ｑ＜Ｒ　　**イ**　Ｐ＜Ｒ＜Ｑ
ウ　Ｑ＜Ｒ＜Ｐ　　**エ**　Ｒ＜Ｑ＜Ｐ

2 生徒が，国際宇宙ステーションに興味をもち，科学的に探究しようと考え，自由研究に取り組んだ。生徒が書いたレポートの一部を読み，次の各問に答えよ。

＜レポート１＞ 日食について

金環日食が観察された日の地球にできた月の影を，国際宇宙ステーションから撮影した画像が紹介されていた。

日食が生じるときの北極星側から見た太陽，月，地球の位置関係を模式的に示すと，図１のようになっていた。さらに，日本にある観測地点Aは，地球と月と太陽を一直線に結んだ線上に位置していた。

図１

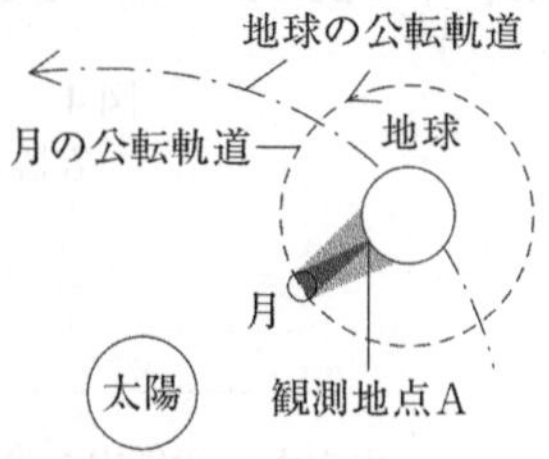

〔問１〕 **＜レポート１＞**から，図１の位置関係において，観測地点Aで月を観測したときに月が真南の空に位置する時刻と，この日から１週間後に観察できる月の見え方に最も近いものとを組み合わせたものとして適切なのは，次の表の**ア**～**エ**のうちではどれか。

	真南の空に位置する時刻	１週間後に観察できる月の見え方
ア	12時	上弦の月
イ	18時	上弦の月
ウ	12時	下弦の月
エ	18時	下弦の月

＜レポート２＞ 国際宇宙ステーションでの飲料水の精製について

国際宇宙ステーション内の生活環境に関して調べたところ，2018年では，生活排水をタンクに一時的にため，蒸留や殺菌を行うことできれいな水にしていたことが紹介されていた。

蒸留により液体をきれいな水にすることに興味をもち，液体の混合物から水を分離するモデル実験を行った。図２のように，塩化ナトリウムを精製水（蒸留水）に溶かして５％の塩化ナトリウム水溶液を作り，実験装置で蒸留した。

蒸留して出てきた液体が試験管に約１cmたまったところで蒸留を止めた。枝付きフラスコに残った水溶液Aと蒸留して出てきた液体Bをそれぞれ少量とり，蒸発させて観察し，結果を表１にまとめた。

図２

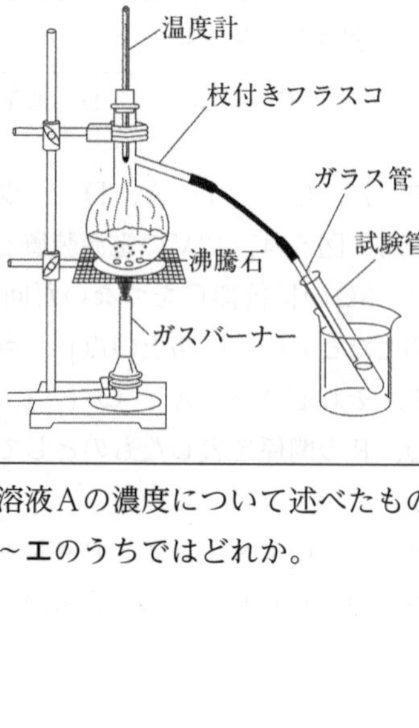

表１

蒸発させた液体	観察した結果
水溶液A	結晶が見られた。
液体B	結晶が見られなかった。

〔問２〕 **＜レポート２＞**から，結晶になった物質の分類と，水溶液Aの濃度について述べたものとを組み合わせたものとして適切なのは，次のページの表の**ア**～**エ**のうちではどれか。

	結晶になった物質の分類	水溶液Aの濃度
ア	混合物	5％より高い。
イ	化合物	5％より高い。
ウ	混合物	5％より低い。
エ	化合物	5％より低い。

＜レポート3＞　国際宇宙ステーションでの植物の栽培について

国際宇宙ステーションでは，宇宙でも効率よく成長する植物を探すため，図3のような装置の中で植物を発芽させ，実験を行っていることが紹介されていた。植物が光に向かって成長することから，装置の上側に光源を設置してあることが分かった。

植物の成長に興味をもち，植物を真上から観察すると，上下にある葉が互いに重ならないようにつき，成長していくことが分かった。

図3

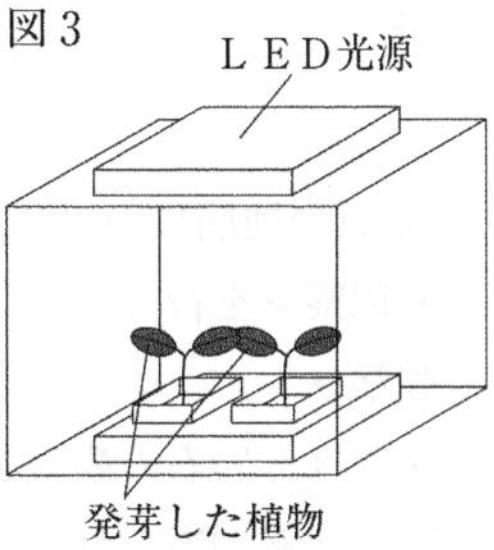

〔問3〕　＜レポート3＞から，上下にある葉が互いに重ならないようにつく利点と，葉で光合成でつくられた養分（栄養分）が通る管の名称とを組み合わせたものとして適切なのは，次の表の**ア**～**エ**のうちではどれか。

	上下にある葉が互いに重ならないようにつく利点	光合成でつくられた養分（栄養分）が通る管の名称
ア	光が当たる面積が小さくなる。	道管
イ	光が当たる面積が小さくなる。	師管
ウ	光が当たる面積が大きくなる。	道管
エ	光が当たる面積が大きくなる。	師管

＜レポート4＞　月面での質量と重さの関係について

国際宇宙ステーション内では，見かけ上，物体に重力が働かない状態になるため，てんびんや地球上で使っている体重計では質量を測定できない。そのため，宇宙飛行士は質量を測る際に特別な装置で行っていることが紹介されていた。

地球上でなくても質量が測定できることに興味をもち調べたところ，重力が変化しても物体そのものの量は，地球上と変わらないということが分かった。

また，重力の大きさは場所によって変わり，月面では同じ質量の物体に働く重力の大きさが地球上と比べて約6分の1であることも分かった。

図4のような測定を月面で行った場合，質量300gの物体Aを上皿てんびんに載せたときにつり合う分銅の種類と，物体Aをはかりに載せたときの目盛りの値について考えた。

図4

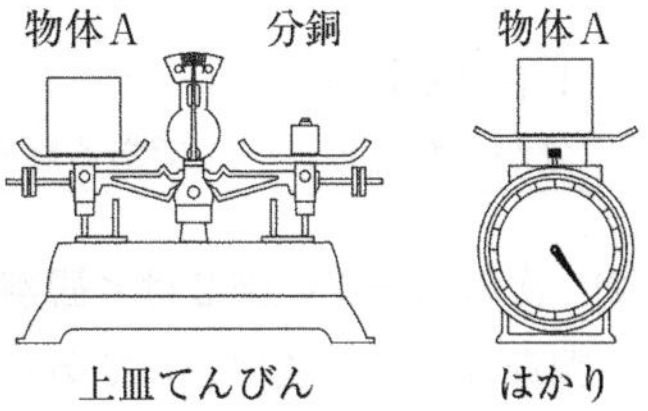

〔問4〕 **<レポート4>**から，図4のような測定を月面で行った場合，質量300gの物体Aを上皿てんびんに載せたときにつり合う分銅の種類と，物体Aをはかりに載せたときの目盛りの値とを組み合わせたものとして適切なのは，次の表の**ア**～**エ**のうちではどれか。

	上皿てんびんに載せたときにつり合う分銅の種類	はかりに載せたときの目盛りの値
ア	50gの分銅	約50g
イ	50gの分銅	約300g
ウ	300gの分銅	約50g
エ	300gの分銅	約300g

3 岩石や地層について，次の各問に答えよ。

<**観察**>を行ったところ，<**結果**>のようになった。

<**観察**>

図1は，岩石の観察を行った地域Aと，ボーリング調査の記録が得られた地域Bとを示した地図である。

(1) 地域Aでは，特徴的な岩石Pと岩石Qを採取後，ルーペで観察し，スケッチを行い特徴を記録した。

(2) 岩石Pと岩石Qの，それぞれの岩石の中に含まれているものを教科書や岩石に関する資料を用いて調べた。

図1

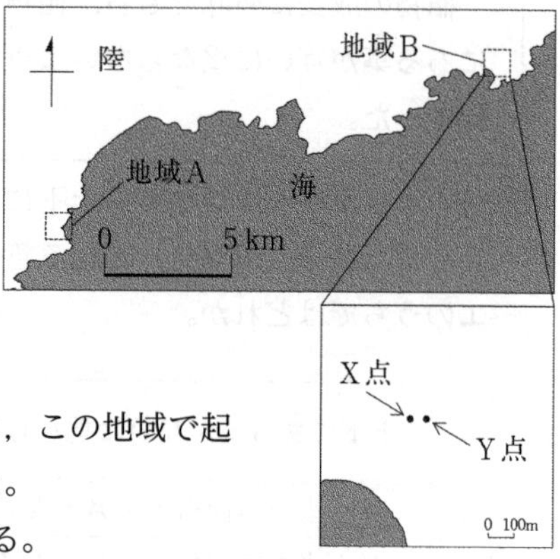

(3) 地域BにあるX点とY点でのボーリング調査の記録と，この地域で起きた過去の堆積の様子についてインターネットで調べた。

なお，X点の標高は40.3m，Y点の標高は36.8mである。

<**結果**>

(1) <**観察**>の(1)と(2)を，表1のように，岩石Pと岩石Qについてまとめた。

表1

	岩石P	岩石Q
スケッチ		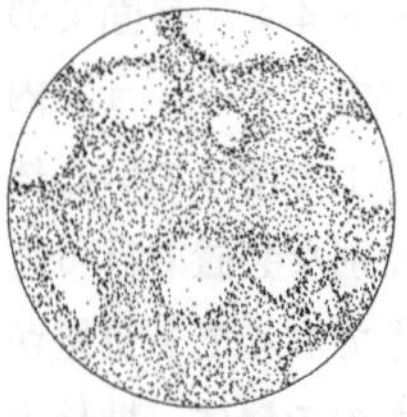
特徴	全体的に黒っぽい色で，小さな鉱物の間に，やや大きな鉱物が散らばっていた。	全体的に灰色で，白く丸いものが多数散らばっていた。
教科書や資料から分かったこと	無色鉱物である長石や，有色鉱物である輝石《きせき》が含まれていた。	丸いものはフズリナの化石であった。

(2) 次のページの図2は<**観察**>の(3)で調べた地域BにあるX点とY点のそれぞれのボーリング調査の記録（柱状図）である。凝灰岩《ぎょうかいがん》の層は同じ時期に堆積している。また，地域Bの地層で

は上下の入れ替わりは起きていないことが分かった。

図2

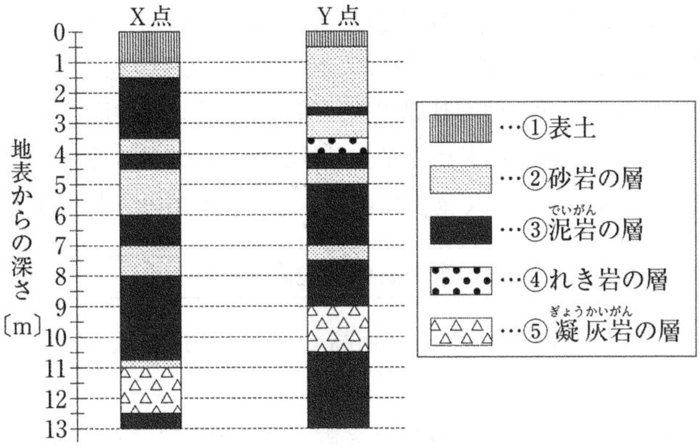

〔問1〕　<**結果**>の(1)の岩石Pと<**結果**>の(2)の④の層に含まれるれき岩の，それぞれのでき方と，れき岩を構成する粒の特徴とを組み合わせたものとして適切なのは，次の表の**ア**～**エ**のうちではどれか。

	岩石Pとれき岩のそれぞれのでき方	れき岩を構成する粒の特徴
ア	岩石Pは土砂が押し固められてできたもので，れき岩はマグマが冷えてできたものである。	角が取れて丸みを帯びた粒が多い。
イ	岩石Pは土砂が押し固められてできたもので，れき岩はマグマが冷えてできたものである。	角ばった粒が多い。
ウ	岩石Pはマグマが冷えてできたもので，れき岩は土砂が押し固められてできたものである。	角が取れて丸みを帯びた粒が多い。
エ	岩石Pはマグマが冷えてできたもので，れき岩は土砂が押し固められてできたものである。	角ばった粒が多い。

〔問2〕　<**結果**>の(1)で，岩石Qが堆積した地質年代に起きた出来事と，岩石Qが堆積した地質年代と同じ地質年代に生息していた生物とを組み合わせたものとして適切なのは，次の表の**ア**～**エ**のうちではどれか。

	岩石Qが堆積した地質年代に起きた出来事	同じ地質年代に生息していた生物
ア	魚類と両生類が出現した。	アンモナイト
イ	魚類と両生類が出現した。	三葉虫（サンヨウチュウ）
ウ	鳥類が出現した。	アンモナイト
エ	鳥類が出現した。	三葉虫（サンヨウチュウ）

〔問3〕　<**結果**>の(2)にある泥岩《でいがん》の層が堆積した時代の地域B周辺の環境について述べたものとして適切なのは，次の**ア**～**エ**のうちではどれか。

ア　流水で運搬され海に流れた土砂は，粒の小さなものから陸の近くに堆積する。このことから，泥岩の層が堆積した時代の地域B周辺は，河口から近い浅い海であったと考えられる。

イ　流水で運搬され海に流れた土砂は，粒の大きなものから陸の近くに堆積する。このことから，泥岩の層が堆積した時代の地域B周辺は，河口から近い浅い海であったと考えられる。

ウ 流水で運搬され海に流れた土砂は，粒の小さなものから陸の近くに堆積する。このことから，泥岩の層が堆積した時代の地域B周辺は，河口から遠い深い海であったと考えられる。

エ 流水で運搬され海に流れた土砂は，粒の大きなものから陸の近くに堆積する。このことから，泥岩の層が堆積した時代の地域B周辺は，河口から遠い深い海であったと考えられる。

〔問4〕 **＜結果＞**の(2)から，地域BのX点とY点の柱状図の比較から分かることについて述べた次の文の □ に当てはまるものとして適切なのは，下の**ア**～**エ**のうちではどれか。

X点の凝灰岩の層の標高は，Y点の凝灰岩の層の標高より □ なっている。

ア 1.5m高く　**イ** 1.5m低く　**ウ** 3.5m高く　**エ** 3.5m低く

4 植物の花のつくりの観察と，遺伝の規則性を調べる実験について，次の各問に答えよ。

＜観察＞を行ったところ，**＜結果1＞**のようになった。

＜観察＞

(1) メンデルの実験で用いられた品種と同じエンドウを校庭で育てた。

(2) (1)から花を1個採取後，分解しセロハンテープに並べて貼り付けた。

(3) (1)からさらに花をもう1個採取後，花の内側にある花弁が2枚合わさるように重なっている部分（図1の点線）をカッターナイフで切り，断面を観察して，スケッチした。

図1

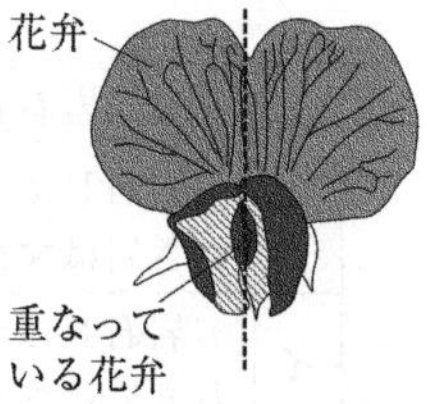

＜結果1＞

(1) **＜観察＞**の(2)から，図2のようにエンドウの花弁は5枚あり，その1枚1枚が離れていた。

(2) **＜観察＞**の(3)から，図3のように，おしべとめしべは内側の2枚の花弁で包まれていた。また，子房の中には，胚珠《はいしゅ》が見られた。

図2

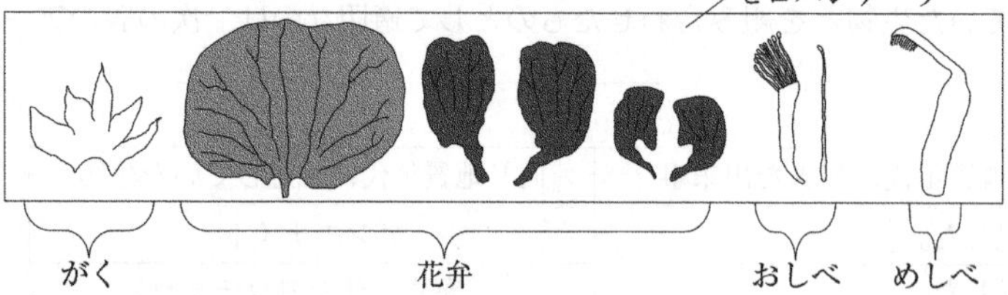

図3

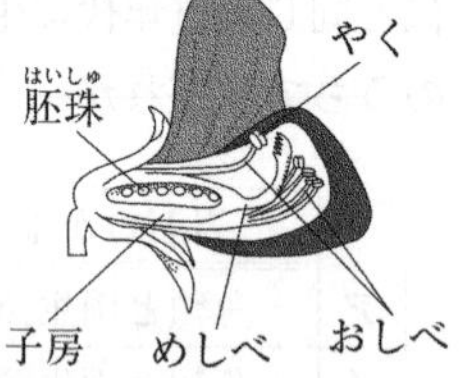

次に，**＜実験＞**を行ったところ，**＜結果2＞**のようになった。

＜実験＞

(1) 校庭で育てたエンドウには，草たけ（茎の長さ）の高い個体と低い個体がそれぞれあった。

(2) 草たけが高い個体を1本選び，エンドウが自家受粉し，受精後にできた種子を採取した。

(3) 草たけが低い個体を1本選び，エンドウが自家受粉し，受精後にできた種子を採取した。

(4) (2)で採取した種子をまいて育て，成長したエンドウの草たけを調べた。

(5) (3)で採取した種子をまいて育て，成長したエンドウの草たけを調べた。

(6)　(4)で調べたエンドウの花で，花粉がつくられる前に，やくを全て取り除いた。

(7)　(6)のエンドウの花の柱頭に，(5)で調べたエンドウの花のやくから採取した花粉を付け，受精した後にできた種子を採取した。

(8)　(7)で採取した種子をまいて育て，成長したエンドウの草たけを調べた。

＜**結果2**＞

(1)　＜**実験**＞の(4)から，全て草たけの高い個体（図4のP）であった。

(2)　＜**実験**＞の(5)から，全て草たけの低い個体（図4のQ）であった。

(3)　＜**実験**＞の(8)から，全て草たけの高い個体（図4のR）であった。

図4　＜**実験**＞の模式図

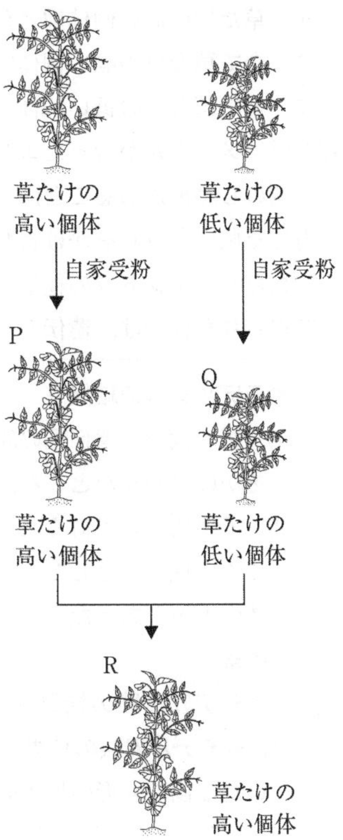

〔問1〕　＜**結果1**＞の(1)の花のつくりをもつ植物の子葉の枚数と，＜**結果1**＞の(2)のように胚珠が子房の中にある植物のなかまの名称とを組み合わせたものとして適切なのは，次の表の**ア**～**エ**のうちではどれか。

	子葉の枚数	胚珠が子房の中にある植物のなかまの名称
ア	1枚	被子植物
イ	1枚	裸子植物
ウ	2枚	被子植物
エ	2枚	裸子植物

〔問2〕　＜**実験**＞の(7)では，花粉から花粉管が伸長し，その中を移動する生殖細胞1個の染色体数は7本である。花粉管の中を移動する生殖細胞のうち1個と合体する細胞と，受精卵1個に含まれる染色体数とを組み合わせたものとして適切なのは，次の表の**ア**～**エ**のうちではどれか。

	花粉管の中を移動する生殖細胞のうち1個と合体する細胞	受精卵1個に含まれる染色体数
ア	卵	7本
イ	卵	14本
ウ	卵細胞	7本
エ	卵細胞	14本

〔問3〕　＜**結果2**＞の(3)の個体で，花粉がつくられる前にやくを全て取り除き，柱頭に＜**結果2**＞の(2)の個体のやくから採取した花粉を付け受精させ，種子を採取した。その種子をまいて育て，成長したエンドウの草たけを調べたときの結果として適切なのは，あとのうちではどれか。

ア 草たけの高い個体数と草たけの低い個体数のおよその比は１：１であった。

イ 草たけの高い個体数と草たけの低い個体数のおよその比は１：３であった。

ウ 全て草たけの高い個体であった。

エ 全て草たけの低い個体であった。

〔問４〕 メンデルが行ったエンドウの種子の形の遺伝に関する実験では，顕性形質の丸形と，潜性形質のしわ形があることが分かった。遺伝子の組み合わせが分からない丸形の種子を２個まき，育てた個体どうしをかけ合わせる**＜モデル実験の結果＞**から，**＜考察＞**をまとめた。

ただし，エンドウの種子が丸形になる遺伝子をＡ，しわ形になる遺伝子をａとし，子や孫の代で得られた種子は，遺伝の規則性のとおりに現れるものとする。

＜モデル実験の結果＞

(1) 親の代で，遺伝子の組み合わせが分からない丸形の種子を２個まき，育てた個体どうしをかけ合わせたところ，子の代では丸形の種子だけが得られた。

(2) 子の代として得られた丸形の種子を全てまき，育てた個体をそれぞれ自家受粉させたところ，孫の代として，丸形の種子だけが得られた個体と丸形・しわ形の種子が得られた個体の両方があった。

＜考察＞

＜モデル実験の結果＞の(1)で，子の代として得られた丸形の種子の遺伝子の組み合わせは，**＜モデル実験の結果＞**の(2)から，2種類あることが分かる。このことから，親の代としてまいた２個の丸形の種子の遺伝子の組み合わせを示すと［　　］であることが分かる。

＜考察＞の［　　］に当てはまるものとして適切なのは，下の**ア**～**ウ**のうちではどれか。

ア ＡＡとＡＡ　**イ** ＡａとＡａ　**ウ** ＡＡとＡａ

5 イオンの性質を調べる実験について，次の各問に答えよ。

＜実験１＞を行ったところ，**＜結果１＞**のようになった。

＜実験１＞

(1) 図１のように，ビーカー①に硫酸亜鉛水溶液を入れ，亜鉛板Ｐを設置した。次に，ビーカー①に硫酸銅水溶液を入れたセロハンの袋を入れ，セロハンの袋の中に銅板Ｑを設置した。プロペラ付きモーターに亜鉛板Ｐと銅板Ｑを導線でつないだ後に金属板の表面の様子を観察した。

(2) 図２のように，簡易型電気分解装置に薄い水酸化ナトリウム水溶液を入れ，電極Ｒと電極Ｓを導線で電源装置につなぎ，電圧を加えて電流を流した後に電極の様子を観察した。

図１

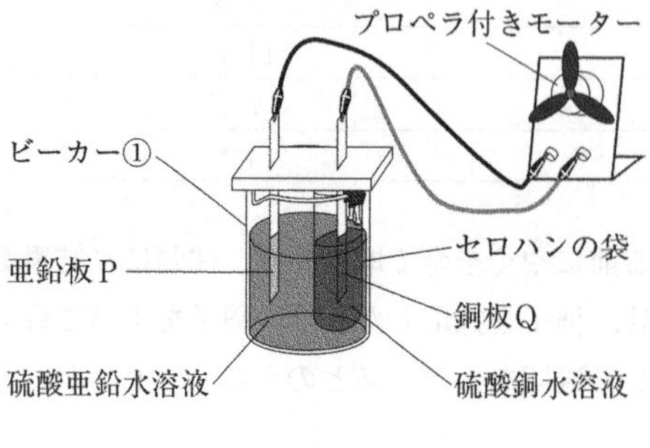

図２

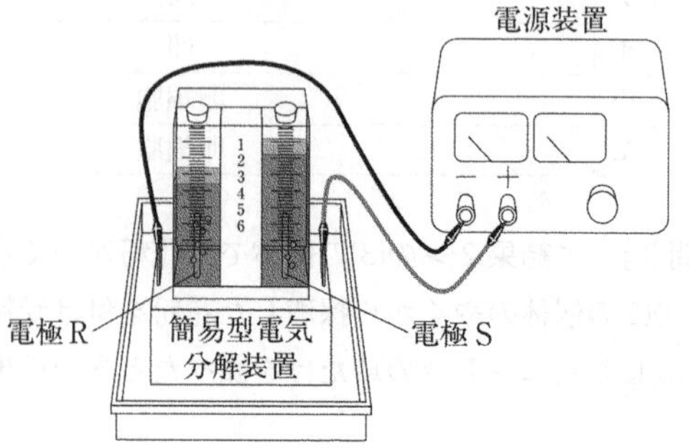

＜結果１＞

(1)　＜実験１＞の(1)でプロペラは回転した。亜鉛板Ｐは溶け，銅板Ｑには赤茶色の物質が付着した。

(2)　＜実験１＞の(2)で電極Ｒと電極Ｓからそれぞれ気体が発生した。

〔問１〕　＜結果１＞の(1)から，水溶液中の亜鉛板Ｐと銅板Ｑの表面で起こる化学変化について，亜鉛原子１個を●，亜鉛イオン１個を$●^{2+}$，銅原子１個を●，銅イオン１個を$●^{2+}$，電子１個を•というモデルで表したとき，亜鉛板Ｐの様子をＡ，Ｂから一つ，銅板Ｑの様子をＣ，Ｄから一つ，それぞれ選び，組み合わせたものとして適切なのは，下の**ア**～**エ**のうちではどれか。

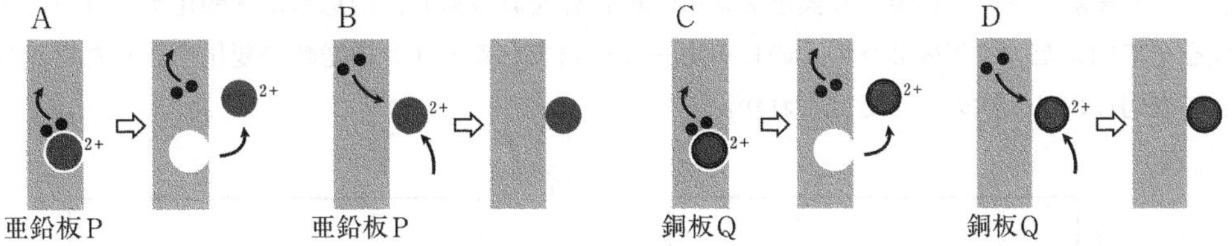

ア　Ａ，Ｃ　　**イ**　Ａ，Ｄ　　**ウ**　Ｂ，Ｃ　　**エ**　Ｂ，Ｄ

〔問２〕　＜結果１＞の(1)と(2)から，ビーカー①内の硫酸亜鉛水溶液と硫酸銅水溶液を合わせた水溶液中に含まれるZn^{2+}の数とCu^{2+}の数のそれぞれの増減と，電極Ｒと電極Ｓでそれぞれ発生する気体の性質とを組み合わせたものとして適切なのは，次の表の**ア**～**カ**のうちではどれか。

	合わせた水溶液に含まれるZn^{2+}の数	合わせた水溶液に含まれるCu^{2+}の数	電極Ｒで発生する気体の性質	電極Ｓで発生する気体の性質
ア	増える。	減る。	空気より軽い。	水に溶けにくい。
イ	増える。	増える。	空気より軽い。	水に溶けやすい。
ウ	増える。	減る。	空気より重い。	水に溶けにくい。
エ	減る。	増える。	空気より軽い。	水に溶けやすい。
オ	減る。	減る。	空気より重い。	水に溶けやすい。
カ	減る。	増える。	空気より重い。	水に溶けにくい。

次に，＜実験２＞を行ったところ，＜結果２＞のようになった。

＜実験２＞

(1)　ビーカー②に薄い塩酸を$12cm^3$入れ，BTB溶液を５滴加えてよく混ぜた。図３は，水溶液中の陽イオンを○，陰イオンを⊗というモデルで表したものである。

図３

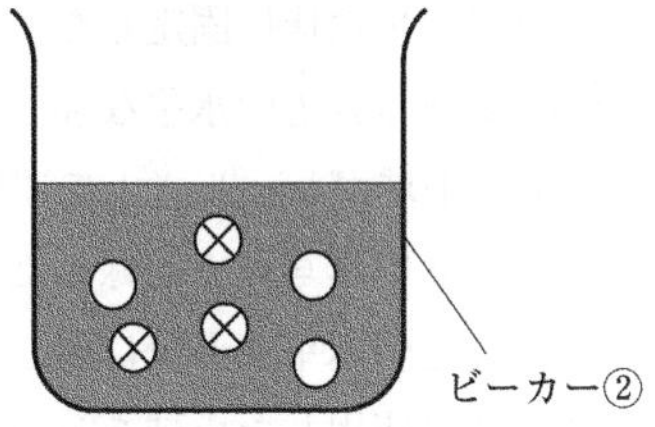

(2)　水酸化ナトリウム水溶液を$10cm^3$用意した。

(3)　(2)の水酸化ナトリウム水溶液をビーカー②に少しずつ加え，ガラス棒でかき混ぜ水溶液の様子を観察した。

(4)　(3)の操作を繰り返し，水酸化ナトリウム水溶液を合計$6cm^3$加えると，水溶液は緑色になった。

(5)　緑色になった水溶液をスライドガラスに１滴取り，水を蒸発させた後，観察した。

＜結果２＞

スライドガラスには，塩化ナトリウムの結晶が見られた。

〔問3〕 ＜**実験2**＞の(4)のビーカー②の水溶液中で起きた化学変化を下の点線で囲まれた＜**化学反応式**＞で表すとき，下線部にそれぞれ当てはまる化学式を一つずつ書け。

ただし，＜**化学反応式**＞において酸の性質をもつ物質の化学式は（酸）の上の＿＿に，アルカリの性質をもつ物質の化学式は（アルカリ）の上の＿＿に，塩は（塩）の上の＿＿に書くこと。

＜**化学反応式**＞ ＿＿＿＿（酸） ＋ ＿＿＿＿（アルカリ） → ＿＿＿＿（塩） ＋ ＿＿＿＿

〔問4〕 ＜**実験2**＞の(5)の後，＜**実験2**＞の(3)の操作を繰り返し，用意した水酸化ナトリウム水溶液を全て加えた。＜**実験2**＞の(1)のビーカー②に含まれるイオンの総数の変化を表したグラフとして適切なのは，次のうちではどれか。

ア

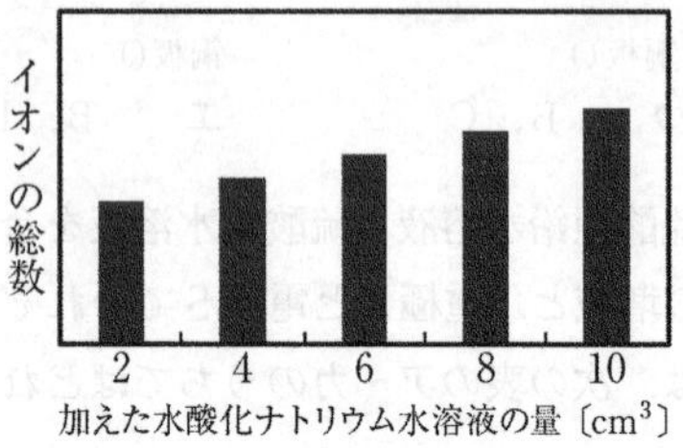

イ

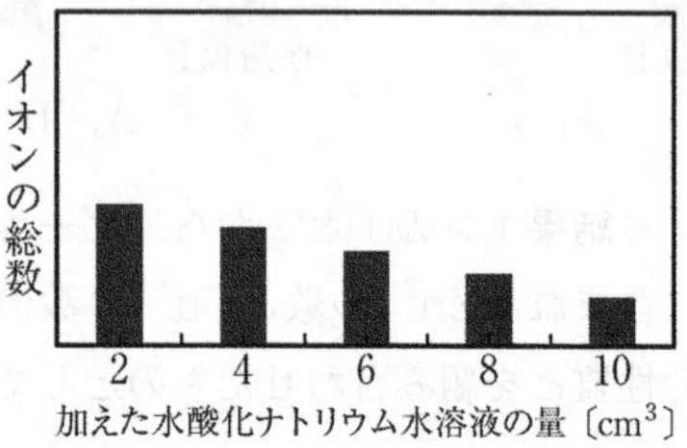

ウ

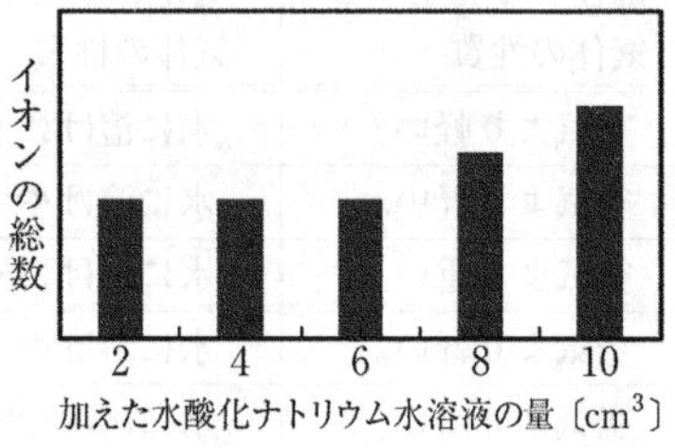

エ

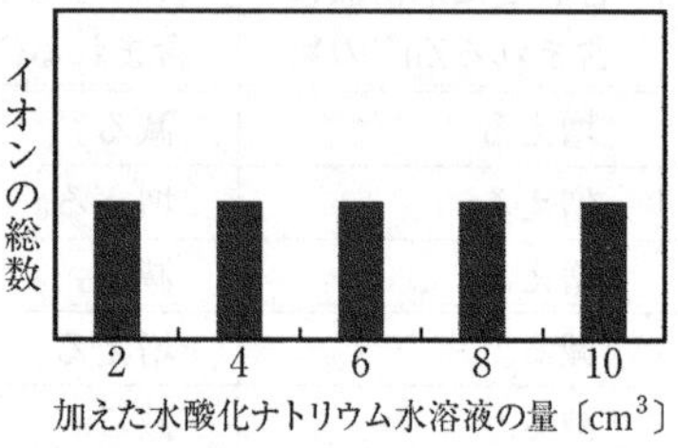

6 物体の運動に関する実験について，次の各問に答えよ。

＜**実験**＞を行ったところ，＜**結果**＞のようになった。

＜**実験**＞

(1) 形が異なるレールAとレールBを用意し，それぞれに目盛りを付け，次のページの図1のように水平な床に固定した。

(2) レールA上の水平な部分から9cmの高さの点aに小球を静かに置き，手を放して小球を転がし，小球がレールA上を運動する様子を，小球が最初に一瞬静止するまで，発光時間間隔0.1秒のストロボ写真で記録した。レールA上の水平な部分からの高さが4cmとなる点を点b，レールA上の水平な部分に達した点を点cとした。

(3) (2)で使用した小球をレールB上の水平な部分から9cmの高さの点dに静かに置き，(2)と同様の実験をレールB上で行った。レールB上の水平な部分からの高さが5.2cmとなる点を点e，レールB上の水平な部分に達した点を点fとした。

(4) ストロボ写真に記録された結果から，小球がレールA上の点aから運動を始め，最初に一瞬静止するまでの0.1秒ごとの位置を模式的に表すと次のページの図2のようになった。さらに

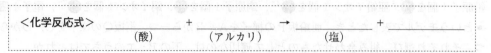

0.1秒ごとに①から⑪まで，順に区間番号を付けた。

(5)　レールBについて，(4)と同様に模式的に表し，0.1秒ごとに①から⑪まで，順に区間番号を付けた。

(6)　レールAとレールBにおいて，①から⑪までの各区間における小球の移動距離を測定した。

図1

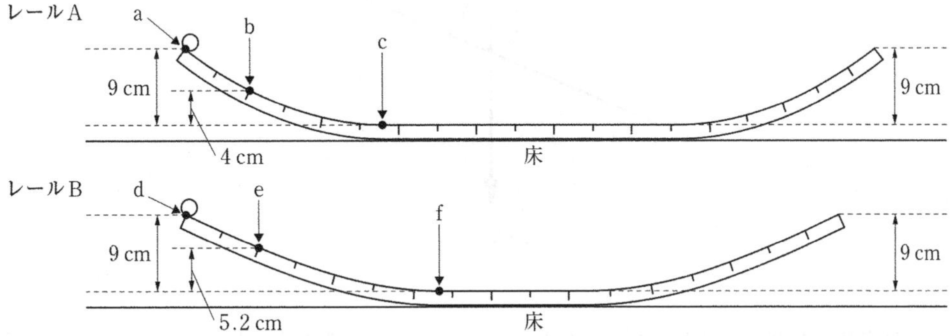

図2

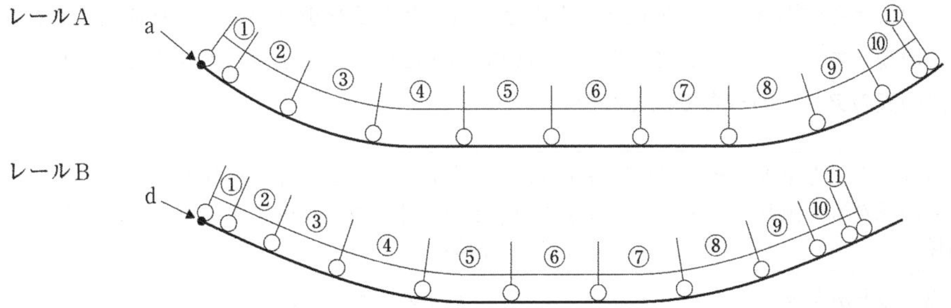

＜**結果**＞

区間番号	①	②	③	④	⑤	⑥	⑦	⑧	⑨	⑩	⑪
時間〔s〕	0~0.1	0.1~0.2	0.2~0.3	0.3~0.4	0.4~0.5	0.5~0.6	0.6~0.7	0.7~0.8	0.8~0.9	0.9~1.0	1.0~1.1
レールAにおける移動距離〔cm〕	3.6	7.9	10.4	10.9	10.9	10.9	10.8	10.6	9.0	5.6	1.7
レールBにおける移動距離〔cm〕	3.2	5.6	8.0	10.5	10.9	10.9	10.6	9.5	6.7	4.2	1.8

〔問1〕　＜**結果**＞から，レールA上の⑧から⑩までの小球の平均の速さとして適切なのは，次のうちではどれか。

ア　0.84m/s　　**イ**　0.95m/s　　**ウ**　1.01m/s　　**エ**　1.06m/s

〔問2〕　＜**結果**＞から，小球がレールB上の①から③まで運動しているとき，小球が運動する向きに働く力の大きさと小球の速さについて述べたものとして適切なのは，次のうちではどれか。

ア　力の大きさがほぼ一定であり，速さもほぼ一定である。

イ　力の大きさがほぼ一定であり，速さはほぼ一定の割合で増加する。

ウ　力の大きさがほぼ一定の割合で増加し，速さはほぼ一定である。

エ　力の大きさがほぼ一定の割合で増加し，速さもほぼ一定の割合で増加する。

〔問3〕　次のページの図3の矢印は，小球がレールB上の⑨から⑪までの斜面上にあるときの小球に働く重力を表したものである。小球が斜面上にあるとき，小球に働く重力の斜面に平行な分力と，斜面に垂直な分力を解答用紙の方眼を入れた図にそれぞれ矢印でかけ。

図３

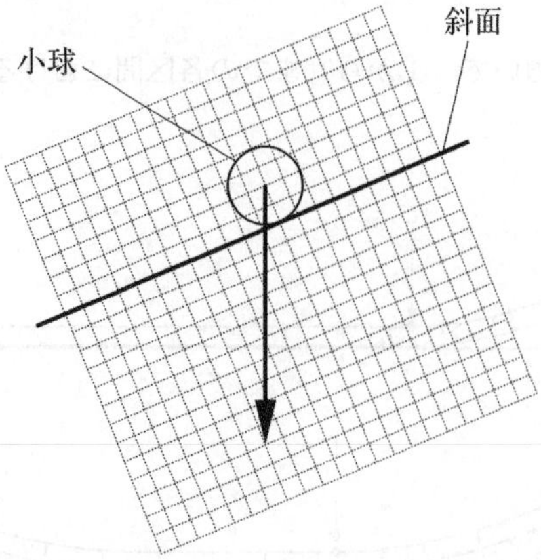

〔問４〕　**＜実験＞**の(2)，(3)において，点ｂと点ｅを小球がそれぞれ通過するときの小球がもつ運動エネルギーの大きさの関係について述べたものと，点ｃと点ｆを小球がそれぞれ通過するときの小球がもつ運動エネルギーの大きさの関係について述べたものとを組み合わせたものとして適切なのは，次の表の**ア**～**エ**のうちではどれか。

	点ｂと点ｅを小球がそれぞれ通過するときの小球がもつ運動エネルギーの大きさの関係	点ｃと点ｆを小球がそれぞれ通過するときの小球がもつ運動エネルギーの大きさの関係
ア	点ｂの方が大きい。	点ｆの方が大きい。
イ	点ｂの方が大きい。	ほぼ等しい。
ウ	ほぼ等しい。	点ｆの方が大きい。
エ	ほぼ等しい。	ほぼ等しい。

＜社会＞

時間　50分　　満点　100点

1　次の各問に答えよ。

〔問１〕　次の資料は，ある地域の様子を地域調査の発表用としてまとめたものの一部である。次のページの**ア**～**エ**の地形図は，「国土地理院発行２万５千分の１地形図」の一部を拡大して作成した地形図上に●で示した**A**点から，**B**点を経て，**C**点まで移動した経路を太線（━━）で示したものである。資料で示された地域に当てはまるのは，次のページの**ア**～**エ**のうちではどれか。

漁師町の痕跡を巡る

調査日　令和３年10月２日（土）　天候　晴れ

複数の文献等に共通した地域の特徴

○**A**点付近の様子
　ベカ舟がつながれていた川，漁業を営む家，町役場

○**B**点付近の様子
　にぎやかな商店街，細い路地

〔ベカ舟〕

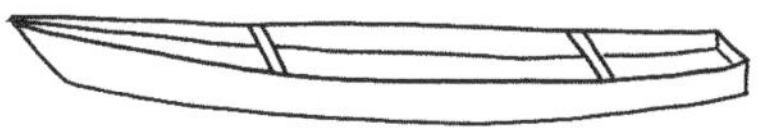

長さ約4.8m，幅約1.0m，高さ約0.6m

漁師町の痕跡を巡った様子

A点で川に架かる橋から東を見ると，漁業に使うベカ舟がつながれていた川が曲がっている様子が見えた。その橋を渡ると，水準点がある場所に旧町役場の跡の碑があった。南へ約50m歩いて南東に曲がった道路の**B**点では，明治時代初期の商家の建物や細い路地がいくつか見られた。川に並行した道路を約450m歩き，北東に曲がって川に架かる橋を渡り，少し歩いて北西に曲がって川に並行した道路を約250m直進し，曲がりくねった道を進み，東へ曲がると，学校の前の**C**点に着いた。

A点（漁業に使うベカ舟がつながれていた川）

B点（明治時代初期の商家の建物が見られる道路）

ア

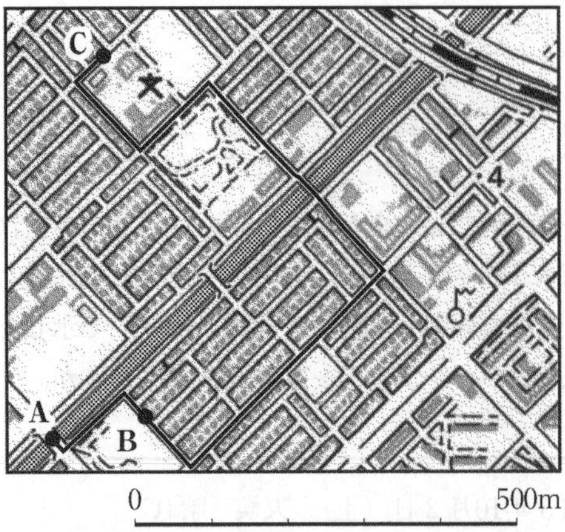

(2019年の「国土地理院発行２万５千分の１地形図（千葉西部）」の一部を拡大して作成)

イ

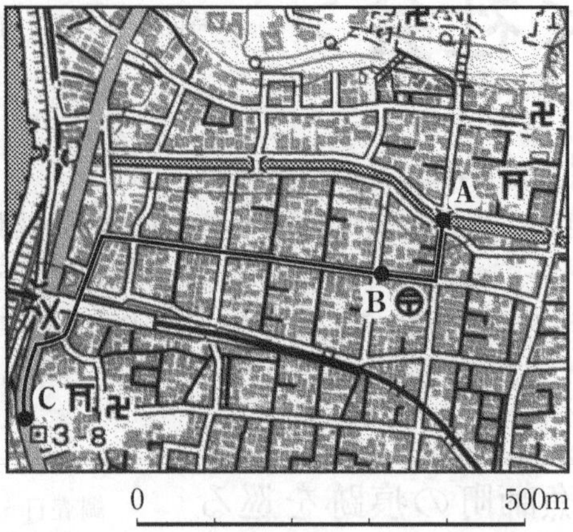

(2019年の「国土地理院発行２万５千分の１地形図（船橋《ふなばし》）」の一部を拡大して作成)

ウ

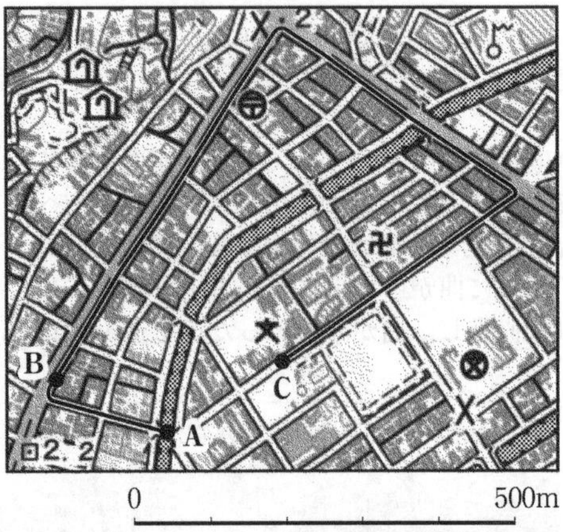

(2020年の「国土地理院発行２万５千分の１地形図（横浜西部）」の一部を拡大して作成)

エ

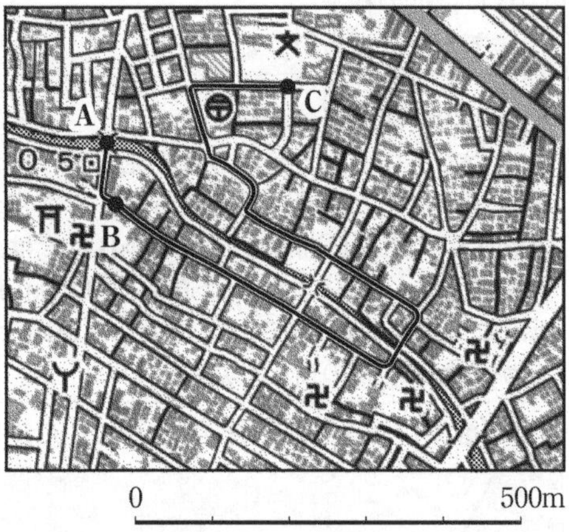

(2015年の「国土地理院発行２万５千分の１地形図（浦安《うらやす》）」の一部を拡大して作成)

〔問２〕　次のページのⅠの略地図中の**ア**～**エ**は，世界遺産に登録されている我が国の主な歴史的文化財の所在地を示したものである。Ⅱの文章で述べている歴史的文化財の所在地に当てはまるのは，略地図中の**ア**～**エ**のうちのどれか。

I

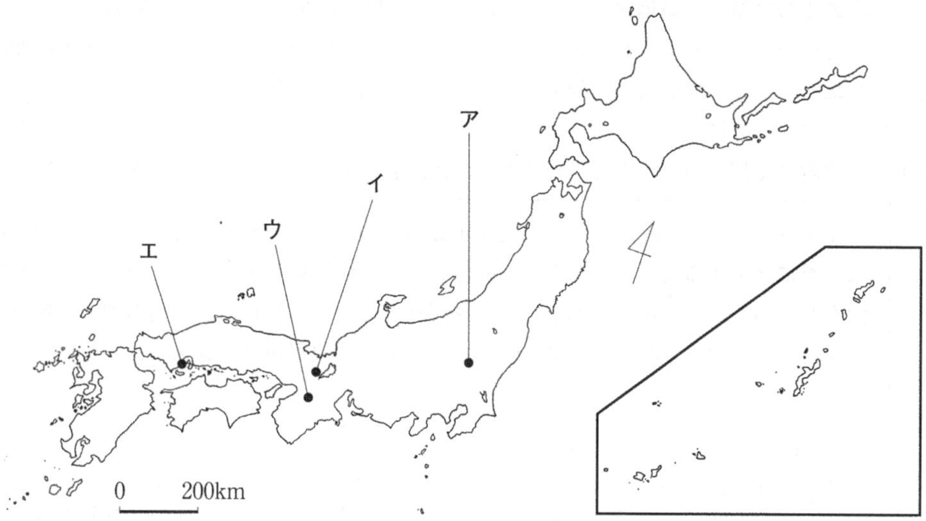

II

鑑真《がんじん》によって伝えられた戒律を重んじる律宗《りっしゅう》の中心となる寺院は，中央に朱雀大路《すざくおおじ》が通り，碁盤《ごばん》の目状に整備された都に建立《こんりゅう》された。金堂《こんどう》や講堂などが立ち並び，鑑真和上《がんじんわじょう》坐像《ざぞう》が御影堂《みえいどう》に納められており，1998年に世界遺産に登録された。

〔問3〕 次の文章で述べている司法機関に当てはまるのは，下の**ア**～**エ**のうちのどれか。

都府県に各1か所，北海道に4か所の合計50か所に設置され，開かれる裁判は，原則，第一審となり，民事裁判，行政裁判，刑事裁判を扱う。重大な犯罪に関わる刑事事件の第一審では，国民から選ばれた裁判員による裁判が行われる。

ア　地方裁判所　　**イ**　家庭裁判所　　**ウ**　高等裁判所　　**エ**　簡易裁判所

2　次の略地図を見て，あとの各問に答えよ。

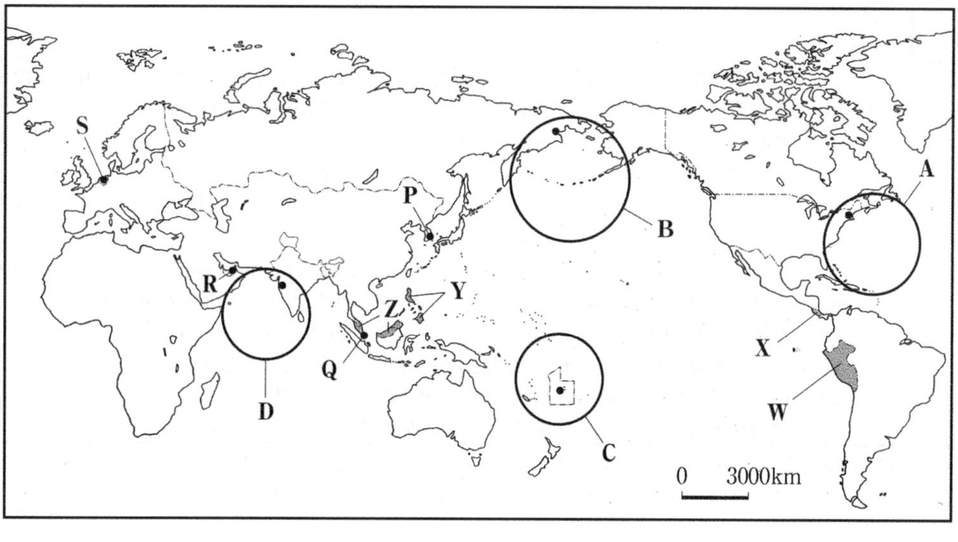

〔問１〕 次のⅠの文章は，略地図中に◯で示したＡ～Ｄの**いずれか**の範囲の海域と都市の様子についてまとめたものである。Ⅱの**ア**～**エ**のグラフは，略地図中のＡ～Ｄの**いずれか**の範囲内に●で示した都市の，年平均気温と年降水量及び各月の平均気温と降水量を示したものである。Ⅰの文章で述べている海域と都市に当てはまるのは，略地図中のＡ～Ｄのうちのどれか，また，その範囲内に位置する都市のグラフに当てはまるのは，Ⅱの**ア**～**エ**のうちのどれか。

Ⅰ

イスラム商人が，往路は夏季に発生する南西の風とその風の影響による海流を，復路は冬季に発生する北東の風とその風の影響による海流を利用して，三角帆のダウ船で航海をしていた。●で示した都市では，季節風（モンスーン）による雨の到来を祝う文化が見られ，降水量が物価動向にも影響するため，気象局が「モンスーン入り」を発表している。

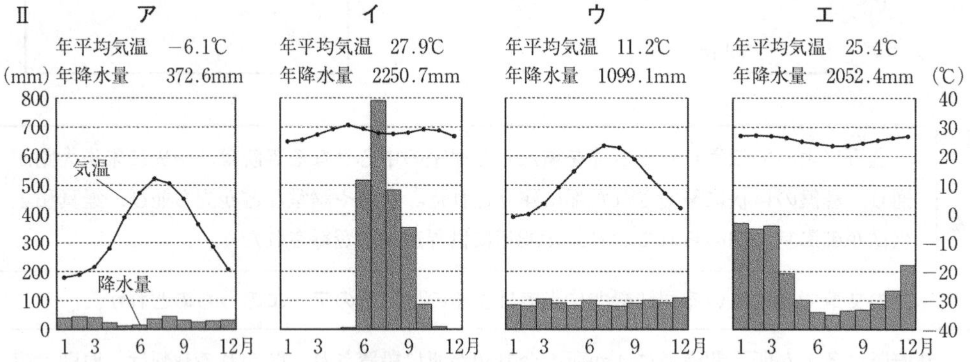

（気象庁のホームページより作成）

〔問２〕 次の表の**ア**～**エ**は，コンテナ埠頭《ふとう》が整備された港湾が位置する都市のうち，略地図中にＰ～Ｓで示した，釜山《プサン》，シンガポール，ドバイ，ロッテルダムの**いずれか**の都市に位置する港湾の，2018年における総取扱貨物量と様子についてまとめたものである。略地図中のＰ～Ｓのそれぞれの都市に位置する港湾に当てはまるのは，次の表の**ア**～**エ**のうちではどれか。

	総取扱貨物量（百万ｔ）	港湾の様子
ア	461	経済大国を最短距離で結ぶ大圏航路上付近に位置する利点を生かし，国際貨物の物流拠点となるべく，国家事業として港湾整備が進められ，2018年にはコンテナ取扱量は世界第６位となっている。
イ	174	石油の輸送路となる海峡付近に位置し，石油依存の経済からの脱却を図る一環として，この地域の物流を担《にな》う目的で港湾が整備され，2018年にはコンテナ取扱量は世界第10位となっている。
ウ	469	複数の国を流れる河川の河口に位置し，2020年では域内の国の人口の合計が約４億5000万人，国内総生産（ＧＤＰ）の合計が約15兆2000億ドルの単一市場となる地域の中心的な貿易港で，2018年にはコンテナ取扱量は世界第11位となっている。
エ	630	人口密度約8000人/km²を超える国の南部に位置し，地域の安定と発展を目的に1967年に５か国で設立され現在10か国が加盟する組織において，ハブ港としての役割を果たし，2018年にはコンテナ取扱量は世界第２位となっている。

（注）国内総生産とは，一つの国において新たに生み出された価値の総額を示した数値のことである。

（「データブック オブ・ザ・ワールド」2021年版などより作成）

〔問３〕　次のⅠとⅡの表の**ア～エ**は，略地図中に　　　で示したＷ～Ｚの**いずれか**の国に当てはまる。Ⅰの表は，1999年と2019年における日本の輸入総額，日本の主な輸入品目と輸入額を示したものである。Ⅱの表は，1999年と2019年における輸出総額，輸出額が多い上位３位までの貿易相手国を示したものである。Ⅲの文章は，略地図中のＷ～Ｚの**いずれか**の国について述べたものである。Ⅲの文章で述べている国に当てはまるのは，略地図中のＷ～Ｚのうちのどれか，また，ⅠとⅡの表の**ア～エ**のうちのどれか。

Ⅰ

		日本の輸入総額（億円）	日本の主な輸入品目と輸入額（億円）					
ア	1999年	12414	電気機器	3708	一般機械	2242	液化天然ガス	1749
	2019年	19263	電気機器	5537	液化天然ガス	4920	一般機械	755
イ	1999年	331	金属鉱及びくず	112	非鉄金属	88	飼料	54
	2019年	2683	金属鉱及びくず	1590	液化天然ガス	365	揮発油	205
ウ	1999年	93	一般機械	51	コーヒー	14	植物性原材料	6
	2019年	459	精密機器類	300	電気機器	109	果実	15
エ	1999年	6034	一般機械	1837	電気機器	1779	果実	533
	2019年	11561	電気機器	4228	金属鉱及びくず	1217	一般機械	1105

（「データブック オブ・ザ・ワールド」2021年版などより作成）

Ⅱ

		輸出総額（億ドル）	輸出額が多い上位３位までの貿易相手国		
			１位	２位	３位
ア	1999年	845	アメリカ合衆国	シンガポール	日本
	2019年	2381	中華人民共和国	シンガポール	アメリカ合衆国
イ	1999年	59	アメリカ合衆国	スイス	イギリス
	2019年	461	中華人民共和国	アメリカ合衆国	カナダ
ウ	1999年	63	アメリカ合衆国	オランダ	イギリス
	2019年	115	アメリカ合衆国	オランダ	ベルギー
エ	1999年	350	アメリカ合衆国	日本	オランダ
	2019年	709	アメリカ合衆国	日本	中華人民共和国

（国際連合貿易統計データベースより作成）

Ⅲ

1946年に独立したこの国では，軽工業に加え電気機器関連の工業に力を注ぎ，外国企業によるバナナ栽培などの一次産品中心の経済から脱却を図ってきた。1989年にはアジア太平洋経済協力会議（ＡＰＥＣ《エイペック》）に参加し，1999年と比較して2019年では，日本の輸入総額は２倍に届かないものの増加し，貿易相手国としての中華人民共和国の重要性が増している。1960年代から日本企業の進出が見られ，近年では，人口が１億人を超え，英語を公用語としていることからコールセンターなどのサービス産業も発展している。

3 次の略地図を見て，あとの各問に答えよ。

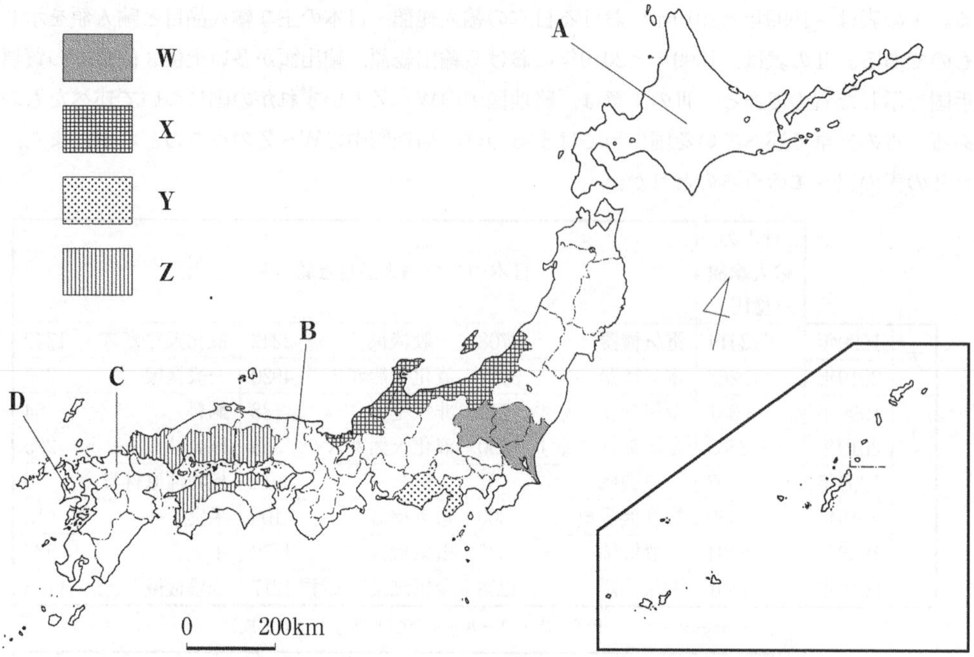

〔問１〕 次の表の**ア**～**エ**は，略地図中に**A**～**D**で示した**いずれか**の道県の，2019年における鉄鋼業と造船業の製造品出荷額等，海岸線と臨海部の工業の様子についてまとめたものである。**A**～**D**のそれぞれの道県に当てはまるのは，次の表の**ア**～**エ**のうちではどれか。

	製造品出荷額等（億円）		海岸線と臨海部の工業の様子
	鉄鋼	造船	
ア	9769	193	○678kmの海岸線には，干潟や陸と島をつなぐ砂州が見られ，北東部にある東西20km，南北２kmの湾に，工業用地として埋め立て地が造成された。 ○国内炭と中国産の鉄鉱石を原料に鉄鋼を生産していた製鉄所では，現在は輸入原料を使用し，自動車用の鋼板を生産している。
イ	19603	2503	○855kmの海岸線には，北部に国立公園に指定されたリアス海岸が見られ，南部に工業用地や商業用地として埋め立て地が造成された。 ○南部の海岸には，高度経済成長期に輸入原料を使用する製鉄所が立地し，国際貿易港に隣接する岬には，造船所が立地している。
ウ	3954	310	○4445kmの海岸線には，砂嘴《さし》や砂州，陸繋島《りくけいとう》，プレート運動の力が複雑に加わり形成された半島などが見られる。 ○国内炭と周辺で産出される砂鉄を原料に鉄鋼を生産していた製鉄所では，現在は輸入原料を使用し，自動車の部品に使われる特殊鋼を生産している。
エ	336	2323	○4170kmの海岸線には，多くの島や半島，岬によって複雑に入り組んだリアス海岸が見られる。 ○人口が集中している都市の臨海部に，カーフェリーなどを建造する造船所が立地し，周辺にはボイラーの製造などの関連産業が集積している。

（「日本国勢図会」2020/21年版などより作成）

〔問２〕　次のⅠの**ア**～**エ**のグラフは，略地図中にＷ～Ｚで示した**いずれか**の地域の1971年と2019年における製造品出荷額等と産業別の製造品出荷額等の割合を示したものである。Ⅱの文章は，Ⅰの**ア**～**エ**の**いずれか**の地域について述べたものである。Ⅱの文章で述べている地域に当てはまるのは，Ⅰの**ア**～**エ**のうちのどれか，また，略地図中のＷ～Ｚのうちのどれか。

Ⅰ

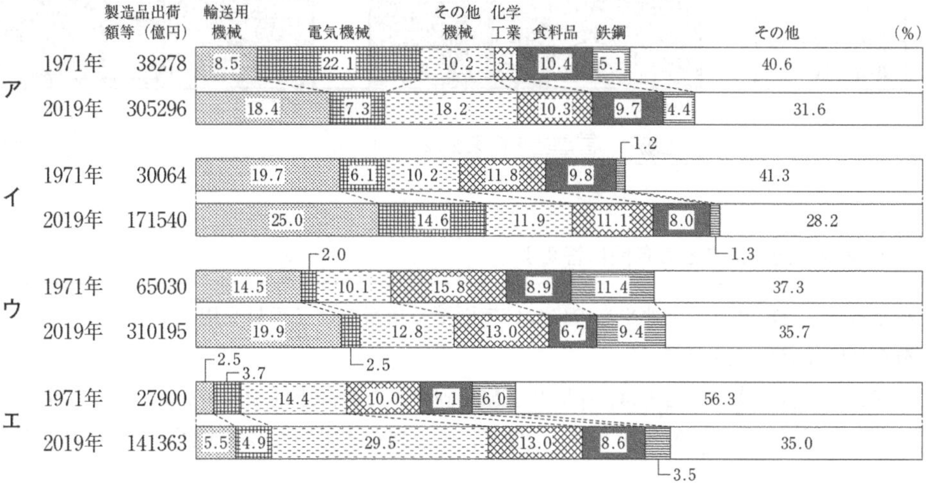

（注）四捨五入をしているため，産業別の製造品出荷額等の割合を合計したものは，100％にならない場合がある。
（2019年工業統計表などより作成）

Ⅱ

　絹織物や航空機産業を基礎として，電気機械等の製造業が発展した。高速道路網の整備に伴い，1980年に西部が，1987年に中部が東京とつながり，2011年には1998年開港の港湾と結ばれた。西部の高速道路沿いには，未来技術遺産に登録された製品を生み出す高度な技術をもつ企業の工場が立地している。2019年には電気機械の出荷額等は約２兆円となる一方で，自動車関連の輸送用機械の出荷額等が増加し，5兆円を超えるようになった。

〔問３〕　次のⅠ⑴と次のページのⅡ⑴の文は，1984年に示された福島市と1997年に示された岡山市の太線（━━）で囲まれた範囲を含む地域に関する地区計画の一部を分かりやすく書き改めたものである。Ⅰ⑵は1984年・1985年のⅠ⑶は2018年の「２万５千分の１地形図（福島北部・福島南部）」の一部を拡大して作成したものである。Ⅱ⑵は1988年の，Ⅱ⑶は2017年の「２万５千分の１地形図（岡山南部）」の一部を拡大して作成したものである。ⅠとⅡの資料から読み取れる，太線で囲まれた範囲に共通した土地利用の変化について，簡単に述べよ。また，ⅠとⅡの資料から読み取れる，その変化を可能にした要因について，それぞれの県内において乗降客数が多い駅の一つである福島駅と岡山駅に着目して，簡単に述べよ。

Ⅰ

（1）市の新しい玄関として，今までの住工混在型から商業業務型の土地利用に変更する。

（2）

（1984年・1985年）

（3）

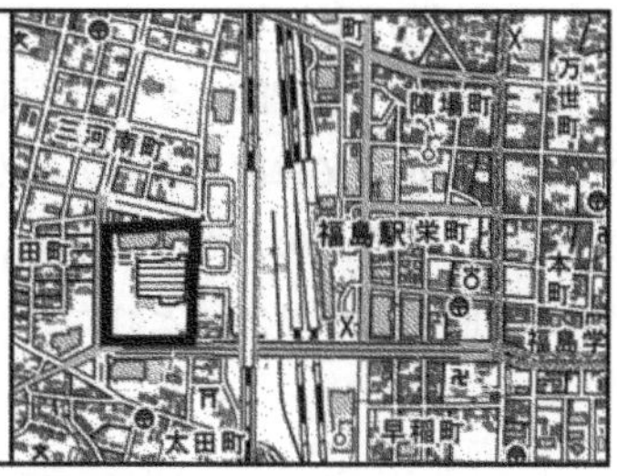

（2018年）

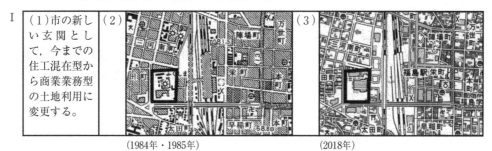

Ⅱ

（1）ターミナル隣接地という中枢的位置にあり，その地区特性を生かしつつ，商業施設などの集積を図る。	（2）	（3）

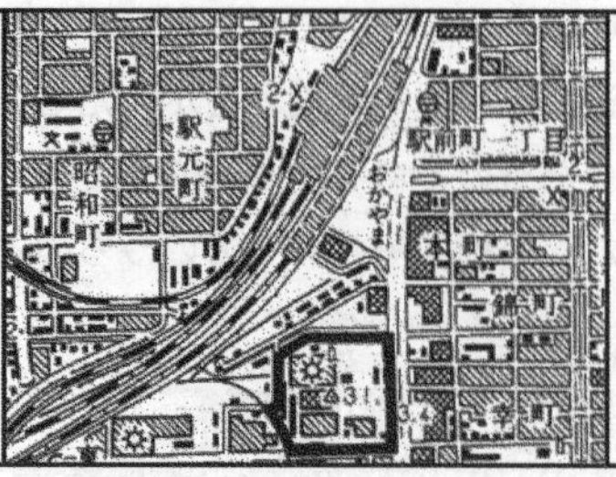

(1988年)

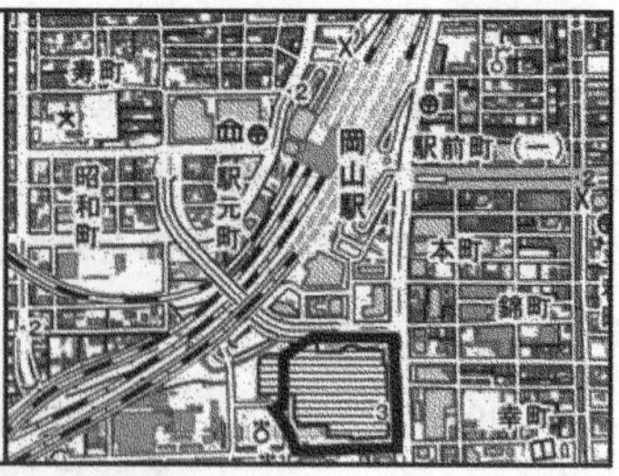

(2017年)

☼ 工場　　▤ 商業施設

0　200m

4　次の文章を読み，あとの各問に答えよ。

> 私たちは，身の回りの土地やものについて面積や重量などを道具を用いて計測し，その結果を暮らしに役立ててきた。
>
> 古代から，各時代の権力者は，(1)財政基盤を固めるため，土地の面積を基に税を徴収するなどの政策を行ってきた。時代が進み，(2)地域により異なっていた長さや面積などの基準が統一された。
>
> (3)江戸時代に入ると，天文学や数学なども発展を遂げ，明治時代以降，我が国の科学技術の研究水準も向上し，独自の計測技術も開発されるようになった。
>
> 第二次世界大戦後になると，従来は計測することができなかった距離や大きさなどが，新たに開発された機器を通して計測することができるようになり，(4)環境問題などの解決のために生かされてきた。

〔問1〕　(1)財政基盤を固めるため，土地の面積を基に税を徴収するなどの政策を行ってきた。とあるが，次の**ア**～**エ**は，権力者が財政基盤を固めるために行った政策の様子について述べたものである。時期の古いものから順に記号を並べよ。

ア　朝廷は，人口増加に伴う土地不足に対応するため，墾田永年私財法《こんでんえいねんしざいほう》を制定し，新しく開墾した土地であれば，永久に私有地とすることを認めた。

イ　朝廷は，財政基盤を強化するため，摂関政治を主導した有力貴族や寺社に集中していた荘園《しょうえん》を整理するとともに，大きさの異なる枡《ます》の統一を図った。

ウ　朝廷は，元号を建武《けんむ》に改め，天皇中心の政治を推進するため，全国の田畑について調査させ，年貢《ねんぐ》などの一部を徴収し貢納させた。

エ　二度にわたる元軍の襲来を退けた幕府は，租税を全国に課すため，諸国の守護に対して，田地面積や領有関係などを記した文書の提出を命じた。

〔問2〕　(2)地域により異なっていた長さや面積などの基準が統一された。とあるが，次のページのⅠの略年表は，室町時代から江戸時代にかけての，政治に関する主な出来事についてまとめたものである。Ⅱの文章は，ある人物が示した検地における実施命令書の一部と計測基準の一部を分かりやすく書き改めたものである。Ⅱの文章が出された時期に当てはまるのは，Ⅰの略年表中の**ア**～**エ**の時期のうちではどれか。

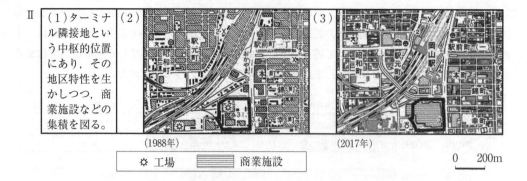

Ⅰ

西暦	政治に関する主な出来事	
1560	●駿河《するが》国（静岡県）・遠江《とおとうみ》国（静岡県）などを支配していた人物が，桶狭間《おけはざま》において倒された。	ア
1582	●全国統一を目指していた人物が，京都の本能寺《ほんのうじ》において倒された。	イ
1600	●関ヶ原《せきがはら》の戦いに勝利した人物が，全国支配の実権をにぎった。	ウ
1615	●全国の大名が守るべき事柄をまとめた武家《ぶけ》諸法度《しょはっと》が定められた。	エ
1635	●全国の大名が，国元《くにもと》と江戸とを１年交代で往復する制度が定められた。	

Ⅱ

【実施命令書の一部】

○日本全国に厳しく申し付けられている上は，おろそかに実施してはならない。

【計測基準の一部】

○田畑・屋敷地は長さ６尺《しゃく》３寸《すん》を１間《けん》とする竿《さお》を用い，５間かける60間の300歩《ぶ》を，１反《たん》として面積を調査すること。

○上田《じょうでん》の石盛《こくもり》は１石《こく》５斗《と》，中田《ちゅうでん》は１石３斗，下田《げでん》は１石１斗，下々田《げげでん》は状況で決定すること。

○升《ます》は京升《きょうます》に定める。必要な京升を準備し渡すようにすること。

〔問３〕 (3)江戸時代に入ると，天文学や数学なども発展を遂げ，明治時代以降，我が国の科学技術の研究水準も向上し，独自の計測技術も開発されるようになった。とあるが，次の**ア**～**エ**は，江戸時代から昭和時代にかけての我が国独自の計測技術について述べたものである。時期の古いものから順に記号を並べよ。

ア　後にレーダー技術に応用される超短波式アンテナが開発された頃，我が国最初の常設映画館が開館した浅草《あさくさ》と，上野《うえの》との間で地下鉄の運行が開始された。

イ　正確な暦を作るために浅草に天文台が設置された後，寛政の改革の一環として，幕府直轄の昌平坂学問所《しょうへいざかがくもんじょ》や薬の調合などを行う医官養成機関の医学館が設立された。

ウ　西洋時計と和時計の技術を生かして，時刻や曜日などを指し示す機能を有する万年自鳴鐘《まんねんじめいしょう》が開発された頃，黒船来航に備えて台場《だいば》に砲台を築造するため，水深の計測が実施された。

エ　中部地方で発生した地震の研究に基づいて大森《おおもり》式地震計が開発された頃，日英同盟の締結を契機に，イギリスの無線技術を基にした無線電信機が開発された。

〔問４〕 (4)環境問題などの解決のために生かされてきた。とあるが，次のページのⅠのグラフは，1965年から2013年までの，東京のある地点から富士山が見えた日数と，大気汚染の一因となる二《に》酸化硫黄《さんかいおう》の東京における濃度の変化を示したものである。Ⅱの文章は，Ⅰのグラフの**ア**～**エのいずれか**の時期における国際情勢と，我が国や東京の環境対策などについてまとめたものである。Ⅱの文章で述べている時期に当てはまるのは，Ⅰのグラフの**ア**～**エ**の時期のうちではどれか。

Ⅰ

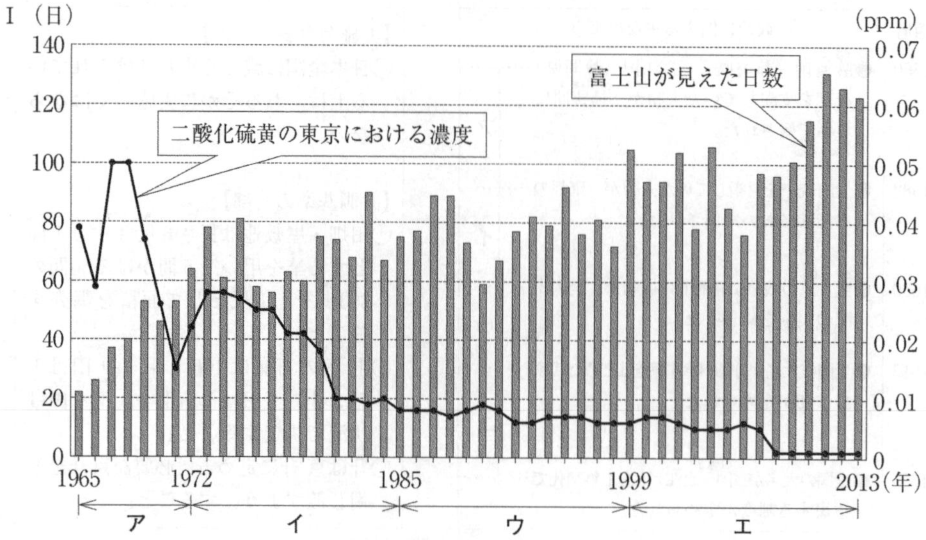

（東京都環境局資料などより作成）

Ⅱ

東ヨーロッパ諸国で民主化運動が高まり，東西ドイツが統一されるなど国際協調の動きが強まる中で，国際連合を中心に地球温暖化防止策が協議され，温室効果ガスの排出量の削減について数値目標を設定した京都議定書が採択された。長野県では，施設建設において極力既存の施設を活用し，自然環境の改変が必要な場合は大会後復元を図った，オリンピック・パラリンピック冬季競技大会が開催され，東京都においては，「地球環境保全東京アクションプラン」を策定し，大気汚染の状況は改善された。この時期には，Ⅰのグラフの観測地点から平均して週１回は富士山を見ることができた。

5　次の文章を読み，あとの各問に答えよ。

明治時代に作られた情報という言葉は，ある事柄の内容について文字などで伝達する知らせを表す意味として現在は用いられている。天気予報や経済成長率などの情報は，私たちの日々の暮らしに役立っている。

日本国憲法の中では，(1)自分の意見を形成し他者に伝える権利が，一定の決まり（ルール）の下で保障されている。

現代の社会は　(2)情報が大きな役割を担《にな》うようになり，情報化社会とも呼ばれるようになった。その後，インターネットの普及は，私たちと情報との関わり方を変えることとなった。

(3)情報が新たな価値を生み出す社会では，企業の中で，情報化を推進し，課題の解決策を示したり，ソフトウェアを開発したりする，デジタル技術を活用できる人材を確保していくことの重要性が増している。また，(4)情報の活用を進め，社会の様々な課題を解決していくためには，新たな決まり（ルール）を定める必要がある。

〔問１〕　(1)自分の意見を形成し他者に伝える権利が，一定の決まり（ルール）の下で保障されている。とあるが，精神（活動）の自由のうち，個人の心の中にある，意思，感情などを外部に明らかにすることを保障する日本国憲法の条文は，次の**ア**～**エ**のうちではどれか。

ア　何人《なんぴと》も，いかなる奴隷的拘束も受けない。又，犯罪に因《よ》る処罰の場合を除いては，その意に反する苦役に服させられない。

イ　思想及び良心の自由は，これを侵してはならない。

ウ　何人も，公共の福祉に反しない限り，居住，移転及び職業選択の自由を有する。

エ　集会，結社及び言論，出版その他一切の表現の自由は，これを保障する。

〔問２〕　(2)情報が大きな役割を担《にな》うようになり，情報化社会とも呼ばれるようになった。とあるが，次のⅠの略年表は，1938年から1998年までの，我が国の情報に関する主な出来事をまとめたものである。Ⅱの文章は，Ⅰの略年表中の**ア**～**エ**の**いずれか**の時期における社会の様子について，①は通信白書の，②は国民生活白書の一部をそれぞれ分かりやすく書き改めたものである。Ⅱの文章で述べている時期に当てはまるのは，Ⅰの略年表中の**ア**～**エ**の時期のうちではどれか。

Ⅰ

西暦	我が国の情報に関する主な出来事	
1938	●標準放送局型ラジオ受信機が発表された。	
1945	●人が意見を述べる参加型ラジオ番組の放送が開始された。	ア
1953	●白黒テレビ放送が開始された。	
1960	●カラーテレビ放送が開始された。	
1964	●東京オリンピック女子バレーボール決勝の平均視聴率が関東地区で66.8%を記録した。	イ
1972	●札幌オリンピック閉会式の平均視聴率が札幌で59.5%を記録した。	
1974	●テレビの深夜放送が一時的に休止された。	ウ
1985	●テレビで文字多重放送が開始された。	
1989	●衛星テレビ放送が開始された。	エ
1998	●ニュースなどを英語で発信するワールドテレビ放送が開始された。	

Ⅱ

①私たちの社会は，情報に対する依存を強めており，情報の流通は食料品や工業製品などの流通，つまり物流と同等あるいはそれ以上の重要性をもつようになった。

②社会的な出来事を同時に知ることができるようになり，テレビやラジオを通じて人々の消費生活も均質化している。また，節約の経験により，本当に必要でなければ買わないで今持っているものの使用期間を長くする傾向が，中東で起きた戦争の影響を受けた石油危機から３年後の現在も見られる。

〔問３〕　(3)情報が新たな価値を生み出す社会では，企業の中で，情報化を推進し，課題の解決策を示したり，ソフトウェアを開発したりする，デジタル技術を活用できる人材を確保していくことの重要性が増している。とあるが，次のページのⅠの文章は，2019年の情報通信白書の一部を分かりやすく書き改めたものである。次のページのⅡのグラフは，2015年の我が国とアメリカ合衆国における情報処理・通信に携わる人材の業種別割合を示したものである。Ⅱのグラフから読み取れる，Ⅰの文章が示された背景となる我が国の現状について，我が国より取り組みが進んでいるアメリカ合衆国と比較して，情報通信技術を提供する業種と利用する業種の構成比の違いに着目し，簡単に述べよ。

Ⅰ

○今後，情報通信技術により，企業は新しい製品やサービスを市場に提供することが可能となる。

○新たな製品やサービスを次々と迅速に開発・提供していくために，情報通信技術を利用する業種に十分な情報通信技術をもった人材が必要である。

Ⅱ

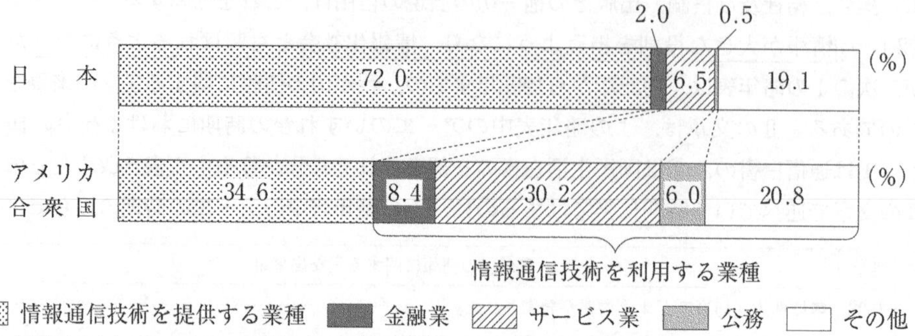

（注）四捨五入をしているため，情報処理・通信に携わる人材の業種別割合を合計したものは，100%にならない場合がある。

（独立行政法人情報処理推進機構資料より作成）

〔問４〕 (4)情報の活用を進め，社会の様々な課題を解決していくためには，新たな決まり（ルール）を定める必要がある。とあるが，次のⅠのA～Eは，令和３年の第204回通常国会で，情報通信技術を用いて多様で大量の情報を適正かつ効果的に活用することであらゆる分野における創造的かつ活力ある発展が可能となる社会の形成について定めた「デジタル社会形成基本法」が成立し，その後，公布されるまでの経過について示したものである。Ⅱの文で述べていることが行われたのは，下のア～エのうちではどれか。

Ⅰ

A　第204回通常国会が開会される。（１月18日）
B　法律案が内閣で閣議決定され，国会に提出される。（２月９日）
C　衆議院の本会議で法律案が可決される。（４月６日）
D　参議院の本会議で法律案が可決される。（５月12日）
E　内閣の助言と承認により，天皇が法律を公布する。（５月19日）

（衆議院，参議院のホームページより作成）

Ⅱ

衆議院の内閣委員会で法律案の説明と質疑があり，障害の有無などの心身の状態による情報の活用に関する機会の格差の是正を着実に図ることや，国や地方公共団体が公正な給付と負担の確保のための環境整備を中心とした施策を行うことを，原案に追加した修正案が可決される。

ア　AとBの間　　イ　BとCの間　　ウ　CとDの間　　エ　DとEの間

6　次の文章を読み，下の略地図を見て，あとの各問に答えよ。

都市には，小さな家屋から超高層建築まで多様な建物が見られ，(1)人々が快適な生活を送るために様々な社会資本が整備されてきた。また，(2)政治の中心としての役割を果たす首都には，新たに建設された都市や，既存の都市に政府機関を設置する例が見られる。

都市への人口集中は，経済を成長させ新たな文化を創造する一方で，(3)交通渋滞などの都市問題を深刻化させ，我が国は多くの国々の都市問題の解決に協力している。

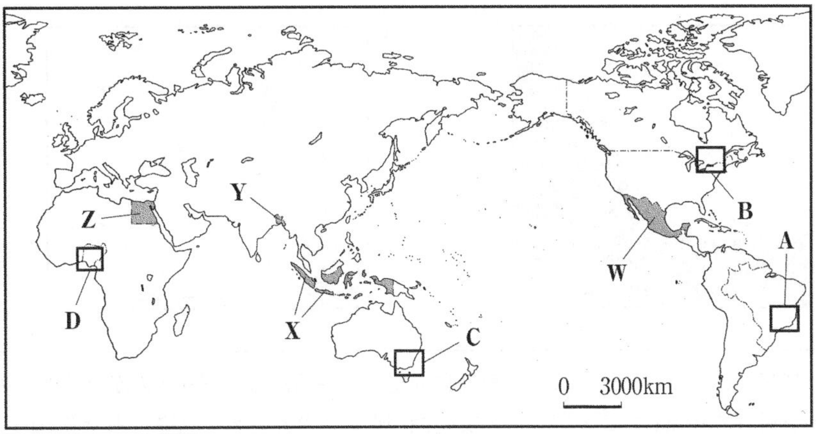

〔問１〕　(1)人々が快適な生活を送るために様々な社会資本が整備されてきた。とあるが，次の**ア**～**エ**の文は，それぞれの時代の都市の様子について述べたものである。時期の古いものから順に記号を並べよ。

ア　ドイツ帝国の首都ベルリンでは，ビスマルクの宰相《さいしょう》任期中に，工業の発展により人口の流入が起き，上下水道が整備され，世界で初めて路面電車の定期運行が開始された。

イ　イギリスの首都ロンドンでは，冷戦（冷たい戦争）と呼ばれる東西の対立が起き緊張が高まる中で，ジェット旅客機が就航し，翌年，空港に新滑走路が建設された。

ウ　アメリカ合衆国の都市ニューヨークでは，300mを超える超高層ビルが建設され，フランクリン・ルーズベルト大統領によるニューディール政策の一環で公園建設なども行われた。

エ　オーストリアの首都ウィーンでは，フランス同様に国王が強い政治権力をもつ専制政治（絶対王政）が行われ，マリア・テレジアが住んでいた郊外の宮殿の一角に動物園がつくられた。

〔問２〕　(2)政治の中心としての役割を果たす首都には，新たに建設された都市や，既存の都市に政府機関を設置する例が見られる。とあるが，次のページのⅠのA～Dは，略地図中のA～Dの□で示した部分を拡大し，主な都市の位置を**ア**～**ウ**で示したものである。次のページのⅡの文章は，略地図中のA～Dの中に首都が位置する**いずれか**の国とその国の首都の様子について述べたものである。Ⅱの文章で述べているのは，ⅠのA～Dのうちのどれか，また，首都に当てはまるのは，選択したⅠのA～Dの**ア**～**ウ**のうちのどれか。

Ⅰ

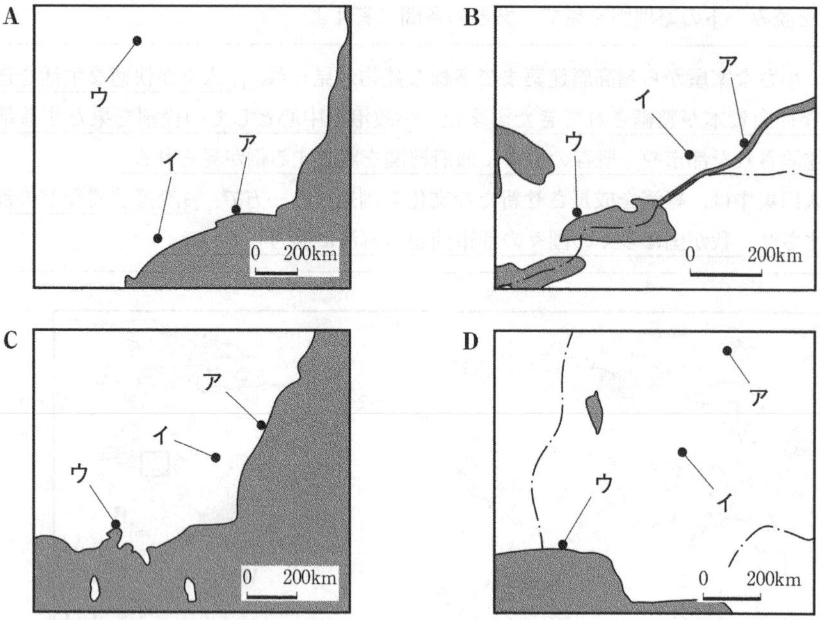

Ⅱ

16世紀にフランスがこの国の東部に進出し，隣国からイギリス人がフランス人の定住地を避けて移住したことで二つの文化圏が形成されたため，立憲君主である国王により文化圏の境界に位置する都市が首都と定められた。首都から約350km離れイギリス系住民が多い都市は，自動車産業などで隣国との結び付きが見られ，首都から約160km離れフランス系住民が多い都市は，フランス語のみで示されている道路標識などが見られる。

〔問３〕 (3)交通渋滞などの都市問題を深刻化させ．我が国は多くの国々の都市問題の解決に協力している。とあるが，次のⅠのW～Zのグラフは，略地図中に　　　で示したW～Zのそれぞれの国の，1950年から2015年までの第１位の都市圏と第２位の都市圏の人口の推移を示したものである。Ⅱの文章で述べている国に当てはまるのは，略地図中のW～Zのうちのどれか。

Ⅰ

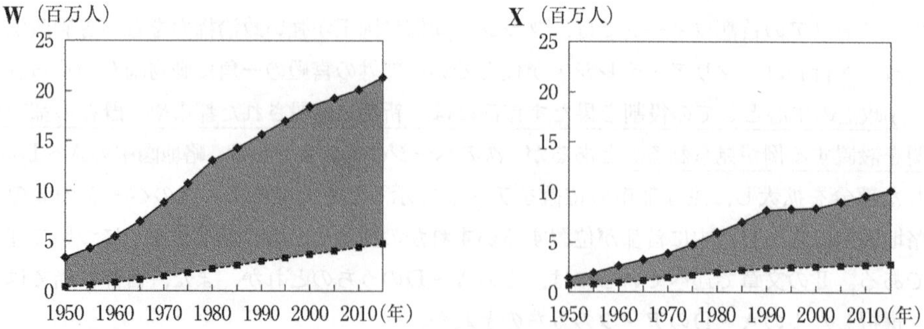

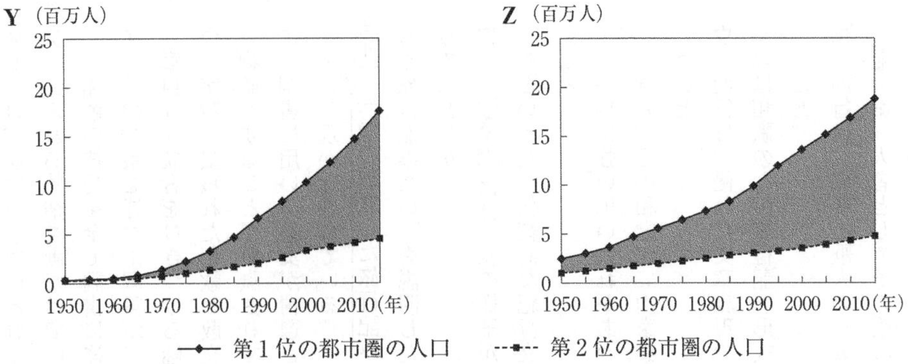

（国際連合資料より作成）

Ⅱ

○1949年にオランダから独立し，イスラム教徒が８割を超えるこの国では，第１位の都市圏と第２位の都市圏の人口差は，1950年に100万人を下回っていたが，1990年には人口差は約７倍と急激に拡大しており，その後緩やかな拡大傾向が続いた。

○深刻化した交通渋滞や大気汚染などの都市問題を解決するため，日本の技術や運営の支援を受け，都市の中心部と住宅地をつなぐ国内初の地下鉄が2019年に開通した。

及びCで述べられた西行の詞書の特徴を説明したものとして最も適切なのは、次のうちではどれか。

ア あふれる感情を歌だけでは表現しきれず、織り込みきれなかった和歌の技巧を全て詞書に挿入している。

イ 歌の背景を述べた詞書が、歌に詠まれた世界を補いながらも文章自体が読者をひきつける魅力を備えている。

ウ 字数の限られた和歌と散文である詞書を組み合わせることで、物語とすることが意識されている。

エ 詞書に用いる言葉が精選されており、和歌同様に短い文章で幅広い表現がなされている。

〔問4〕 (4)一つの独立した旅行記みたい。とあるが、ここでいう「独立した旅行記みたい」を説明したものとして最も適切なのは、次のうちではどれか。

ア 『山家集』には、旅の様子が描かれた地の文章に合わせて歌を詠むといった、伝統的な紀行文の形式で書かれた部分があるということ。

イ 平泉に強い思い入れがあった西行は、そこで優れた和歌を数多く詠み、その和歌が『山家集』にとりわけ多く残されているということ。

ウ 西行は、優れた文章表現で旅の記録を多く残しており、その中には和歌のない旅行記の形式で書かれたものも含まれているということ。

エ 西行は、旅する歌人の一人として多くの歌を詠んでおり、旅行記の第一人者としてその後の紀行文の定型を整えようとしたということ。

〔問5〕 Cの**ア**～**エ**の「の」のうち、他と意味・用法の異なるものを一つ選び、記号で答えよ。

ずれた時の二首も、長い詞書をともなっており、今まであげた歌のほとんどに、それを詠んだ時の状況や理由を補足する文がついている。西行もまた、「その心余りて」、詞が追いつけなかったのだ。時にはあまり多くのことをつめこんで、歌の姿を壊すことなきにしも非《あら》ずであった。その大部分は若い時の作だが、字余りの句が多いことも、西行の特徴の一つである。それについてはあまり深入りしたくはないが、字余りの句を研究していた本居宣長《もとおりのりなが》は、西行の歌はルールからはずれるので、聞き苦しいといってとらなかったという。

(5)そういう次第で、業平も、西行も、詞書の助けを必要としたのであるが、詞書自体が美しいことも忘れてはなるまい。その長い詞書から、前者には「伊勢物語《いせものがたり》」が生《う》まれ、後者には「西行物語」が作られて行った。

（白洲正子「西行」による）

〔注〕　北面武士《ほくめんのぶし》――院御所の北方で、警護に当たる武士のこと。

能因《のういん》――僧侶、歌人。

しらかはのせきやを月のもるかげは人の心をとむるなりけり――

白河の関に来て泊まったが、関屋を守る人も居《お》らず、ただ月光が荒れた建物を漏れているだけである。が、それに却《かえ》って、旅人である自分の心は引き留められてしまう。

『海道記』『東関紀行』――中世の紀行文。

とりわきて心もしみて冴《さ》えぞわたる衣河《ころもがは》見にきたるけふしも――

長く心にかけていた衣川《ころもがわ》を見に来た今日という日は、とりわけ心も冷えわたり冴え返っている。

まかりつきたりけるに――着いたが。

西行上人談抄《さいぎょうしょうにんだんしょう》――西行の弟子による西行の歌論書。

歌はうるはしく可詠也《なり》。古今集の風体を本としてよむべし

――和歌は美しく詠むべきである。そのため古今集の和歌を手本とするべきである。

惟喬親王《これたかしんのう》――在原業平と親交があり、晩年を小野殿で過ごした。

剃髪《ていはつ》――出家のために髪をそること。

〔問1〕　(1)御縁とあるが、Bに引用されている和歌において「御縁」に相当する部分はどこか。次のうちから最も適切なものを選べ。

ア　こよひこそ　　イ　おもひしらるれ

ウ　あさからぬ　　エ　ちぎり

〔問2〕　(2)そういう点では西行という人はたいへんな散文の達者だったと思いますね。という目崎さんの発言が、この対談の中で果たしている役割を説明したものとして最も適切なのは、次のうちではどれか。

ア　西行の和歌と詞書との関係について自分の見解を示すことで、白洲さんの考え方との相違点を明らかにしようとしている。

イ　白洲さんの西行の詞書に対する評価を受け、新たな視点で業平と西行の詞書における関連性を整理しようとしている。

ウ　それまでに語られた業平と西行の詞書の特徴を踏まえ、西行の詞書に話題を焦点化して対談の内容を深めている。

エ　白洲さんの読み手を意識した発言を受け、西行と業平の和歌と詞書の違いについて自説を展開するきっかけとしている。

〔問3〕　Bでは、(3)それで、いいんですね、この詞書が。とあり、Cでは(5)そういう次第で、業平も、西行も、詞書の助けを必要としたのであるが、詞書自体が美しいことも忘れてはなるまい。とあるが、B

（白洲正子、目崎徳衛「西行の漂泊と無常」による）

C

「西行上人談抄《さいぎょうしょうにんだんしょう》」には、西行の詞として、「歌はうるはしく可詠也《なり》。古今集の風体を本としてよむべし」といった後で、手本とすべき歌をあげた中に、業平も入っている。それは極《ご》く常識的な説にすぎないが、都の内外を放浪していた頃、わざわざ*惟喬親王《これたかしんのう》の邸《やしき》跡を訪ねたことは注目に値《あた》いする。

その頃、西行は修学院に籠《こも》っていたが、昔、惟喬親王が出家して、洛北《らくほく》大原の小野殿《おのでん》に隠棲《いんせい》していたところを見に行った。半ば崩れかかった釣殿《つりどの》や、池に橋が渡してあるのを、「絵にかきたるやうに」興味深く眺めたが、滝が土に埋もれて、そのまわりの木が大きく育ち、松の音のみ聞《きこ》えるのが身にしみた、と詞書に記している。

滝落ちし水の流《ながれ》も跡絶えて
昔語るは松の風のみ

この里は人すだきけん昔もや
さびたることは変《かは》らざりけん

「人すだきけん」は、人が群がっていたという意味で、その頃でも寂しい住居であることに変《かわ》りはなかったであろう、と詠嘆したのである。

だが、西行はただ惟喬親王の遺跡を見物に行ったのではなかった。西行が物見に行く時は、必ずそこに人間の歴史があり、名歌が遺《のこ》されているからで、このことは、大覚寺《だいかくじ》や広沢《ひろさわ》の池の場合をみてもわかることである。それは歌枕《うたまくら》とは関係がなく、まったく個人的な興味に出たものであった。

小野殿の跡は、大原を見下ろす高台にあり、今は畑になっているが、背後の森のア蔭《かげ》には、惟喬親王の墓と称する五輪塔（おそらくは供養塔《くようとう》）が、ただ一基建っているだけである。業平は、大雪のイ日にここを訪れ、忘れることのウできない絶唱を遺した。

忘れては夢かとぞ思ふおもひきや
雪踏みわけて君を見んとは

これには長い詞書がついており、惟喬親王が*剃髪《ていはつ》して、ひとり寂しく暮《くら》していられるのを見て、都へ帰った後、贈った由《よし》が記してある。

一首エの意味は、親王が出家なさったことをふと忘れて、深い雪を踏みわけてお目にかかってみると、夢のような気がいたします。――大体そういう意味のことであるが、「夢かとぞ思ふおもひきや」と、二句目を字あまりとし、同じ詞を重ねて切羽つまった気持《きもち》を表しており、そこからはしんしんと降りつもる雪の音と、悲痛な叫び声が聞えて来るようである。

紀《きの》貫之は、「古今序」の中で、「在原業平は、その心余りて、詞たらず」と評した。「忘れては」の歌は比較的わかりやすいが、中には説明不可能なものも少《すく》なくない。何といったらいいのか、感情があふれて、詞の流に身をまかせてしまうようなところがあり、そういう歌ほど美しいのだから矛盾している。紀貫之のような専門歌人からみれば、三十一字の形式の中で完結しないような歌は、認めたくなかったのだろうが、業平の歌はそれなりに完結しており、よけいな解説を受けつけないものがある。したがって、どのようにも解釈できるし、読む人の心次第でどこまでも拡《ひろ》がって行く。ほんとうの詩人とはそうしたものだろう。だが、詞が足らないことも事実なのであって、そこで長い詞書を必要としたのである。

詞書が多いことでは、西行も人後に落ちない。現に小野殿をおと

（井上靖「西行・山家集」による）

B

目崎《めざき》　これほど長い詞書がふんだんにくっついている歌集は、そう多くないと思うんです。鳥羽法皇が亡くなったときの歌などは、「一院かくれさせおはしまして、やがての御所へわたりまゐらせける夜、高野よりいであひてまゐりあひたりける、いとかなしかりけり」云々《うんぬん》。ずいぶん長い詞書を書いて、

　こよひこそおもひしらるれあさからぬ
　君にちぎりのある身なりけり

実に単純といいますか平易といいますか曲《くせ》がないといいますか、ひとりごとを漏らしたみたいな、技巧も何も入っていない歌ですね。白川《しらかわ》の関で*能因《のういん》を回顧した、

　*しらかはのせきやを月のもるかげは
　人の心をとむるなりけり

も、非常に詞書が長いのですけれど、歌そのものはどうってことはない。

白洲《しらす》　でも、業平も詞書が多いでしょう。やはり古今の序で貫之《つらゆき》が言ったように、心あまりて詞《ことば》足らずで、その足らない部分を詞書で補ったようなところがある。

目崎　ええ。そういう点でも共通したところがあるんです。あれもそういう点が大事だと思うから、貫之は『古今集』のなかに業平の歌に限って詞書を長いまま入れてある。西行の歌も、どうもそういう詞書と組み合わせて特徴が浮かび上がってくるような。

白洲　それで、自分のなかに長い歴史があるというようなことを思ってほしい、読む人にね。

目崎　(2)そういう点では西行という人はたいへんな散文の達者だったと思いますね。

白洲　はい。(3)それで、いいんですね、この詞書が。だから、西行物語なんかができちゃうんでしょうけれども。

目崎　瀬戸内海《せとないかい》を渡って四国へ行くときの歌、旅程をつぶさに詞書で述べては、歌っておりますね。『山家集』のなかでも突然、あの部分が出てくるんですけれど、考えてみると、あれがもうちょっとまとまって書かれたか、あるいはもっと残っていたら、いわゆる紀行文のはしりではないか。『土佐日記』は別としまして、*『海道記』『東関紀行』などのもう一つ前の、たいへんすぐれた紀行の作品になったと思うのです。西行はひとつの旅行記としてまとめるつもりはなかったんで、歌の詞書として書き留めるだけにとどまったようですから、惜しいことだと思うのですが。しかし、日本の紀行には地の文章を書いては歌を一首入れ、それからさらに進んでいくというパターンができていますね。西行は十分、その先駆者と見られるものだろうと思うのです。白川の関、信夫《しのぶ》の里から、平泉《ひらいずみ》までの部分も。

白洲　(4)一つの独立した旅行記みたい。

目崎　平泉の、

　*とりわきて心もしみて冴《さ》えぞわたる
　衣河《ころもがは》見にきたるけふしも

の歌の詞書、「十月十二日平泉に*まかりつきたりけるに、雪ふり、あらしはげしく、ことのほか」云々。

白洲　あれはいい歌ですね、実にいい歌ですね。

目崎　これなどは本当に詞書と歌とがえもいわれず溶け合いまして、ハーモニーができていますね。

〔問4〕(3)しかしそれを明示することによって、気付かなかった誤りや考え落ちを見いだし、「考える」ことを変える根拠が見えてくる。とはどういうことか。次のうちから最も適切なものを選べ。

ア　一定の手順を踏んで「考える」過程を可視化することで、自分の考えを再認識し、目的につながる動機が見いだされるということ。

イ　「考える」目的や過程で得た概念を言語化することで、論理の不備や不足を明らかにし、思考を見直す手掛かりが見えてくるということ。

ウ　「考える」途中の要素から得た概念を明文化することで、思考が明確に整理されるため、無意識に考える必要がなくなるということ。

エ　人間の脳内で行われる「考える」手順を電子化することで、異なる考えを検索し、理想的な考えを永続的に保存できるということ。

〔問5〕国語の授業でこの文章を読んだ後、「コンピュータ化できない人間の考え方」というテーマで自分の意見を発表することになった。このときにあなたが話す言葉を具体的な体験や見聞も含めて二百字以内で書け。なお、書き出しや改行の際の空欄、、や。や「なども それぞれ字数に数えよ。

5　次のAは、平安時代末期の歌人西行《さいぎょう》の歌集「山家集」の和歌とその前に付され和歌を補足する詞書《ことばがき》の原文であり、［　］内の文章はその現代語訳である。B及びCは西行と平安時代初期の歌人在原業平《ありわらのなりひら》の詞書に関する対談と解説文である。これらの文章を読んで、あとの各問に答えよ。（*印の付いている言葉には、本文のあとに〔注〕がある。）

A　一院《いちのゐん》かくれさせおはしまして、やがての御所へわたりまゐらせける夜、高野《かうや》より出《い》であひて、まゐりあひたりける、いと悲しかりけり。このちおはしますべき所御覧じはじめけるそのかみの御供《おんとも》に、左大臣実能《さねよし》、大納言《だいなごん》と申しける、候《さぶら》はれけり。忍ばせおはしますことにて、又人さぶらはざりけり。その御供にさぶらひける事の思ひ出でられて、折《をり》しも今宵《こよひ》にまゐりあひたる、昔今のこと思ひつづけられて詠《よ》みける

今宵こそおもひ知らるれあさからぬ
君に契《ちぎ》りのある身なりけり

一院《いちのいん》（鳥羽《とば》法皇）が鳥羽離宮（鳥羽安楽寿院御所《あんらくじゅいんごしょ》）にお亡《な》くなりになって、これからずっとお鎮《しず》まりになる御塔にお渡りになった夜、高野《こうや》を降《くだ》っていた自分はその御葬送に侍《はべ》ることができたが、たいへん悲しいことであった。そもそも永くお住まいになるところとして鳥羽離宮を初めて検分遊ばされたのは保延《ほうえん》の初め、あの時のお供には左大臣徳大寺《とくだいじ》実能が、まだ大納言の御身分で加わっておられたが、おしのびの御幸《みゆき》のこととて、他の者はお供申し上げなかった。その時、自分は*北面武士《ほくめんのぶし》としてお供に加わっていたが、その時のことなど自然に思い出されて来て、今宵は今宵で御葬送に侍ることのできた御縁の深さなどに思いを致し、昔のこと、今のこと、あれこれ思いは千々《ちぢ》に乱れ、悲しみに濡《ぬ》れて、次のような一首を詠じた。

自分という人間はなんという迂濶《うかつ》さだろう。鳥羽法皇御(1)葬儀の今宵になって初めて、自分が院と並《な》みひと通りでない御縁にあったことを、今更のように深く思い知り、思い知らされたことであった。

しかし「考える」ことのすべてを明示できるわけではない。大ざっぱな言い方になるが、「既存概念による考え方」は明文化のできる部分、したがってコンピュータ化ができる部分が多く、「脱既存概念の考え方」は明文化ができない部分、したがってコンピュータ化ができない部分を含んでいる、と言うこともできる。（第十一段）

（大須賀節雄「思考を科学する」による）

〔注〕デカルト的な見方――デカルトは西洋の哲学者であり、デカルト的な見方とは、ここでは理性のある人間と他の動物を区別する見方である。

〔問1〕(1)人間や動物という先入観を離れて、純粋に行為の知能性という点で見れば、知能の違いは計画的な行動の複雑さの違いに現れるものであって、人間と動物の間で本質の部分に大きな差はないと言える。とあるが、筆者がこのように述べたのはなぜか。次のうちから最も適切なものを選べ。

ア　多くの動物は複雑に統制された行動をしており、人間が社会の中で規律正しく行動することと同じ程度の社会性があると考えているから。

イ　動物の行動には定められた目的達成の方法があり、状況に応じて最適な方法で目的を達成する人間と質的な差はないと考えているから。

ウ　多くの動物の複雑な振舞いは目的達成に向けた適切な行動であり、人間の本能的な段階の行動と根本的な違いはないと考えているから。

エ　動物は状況の変化に応じて行動の目的を設定しており、人間の子供と比較しても環境に適応する能力に大きな差はないと考えているから。

〔問2〕(2)これに対し「脱既存概念の考え方」のほうは動物的な「本能的な行為」とは異質である。とはどういうことか。次のうちから最も適切なものを選べ。

ア　概念の表現と記憶の方式は人間も動物も同様の構造をしているが、新しい発想を生み出す革新的な知性は人間しかもっていないということ。

イ　言葉に依存する人間の思考と身体構造に制限される動物の行動はどちらも本能的だが、経験に基づく人間の行動は異質であるということ。

ウ　先祖代々変わらない種の性質を踏襲する点は人間も動物も類似しているが、目的と行為が固定されているのは人間だけであるということ。

エ　人間も動物も代々受け継ぐ行為の形式があることはあまり違わないが、創造的な思考は種として受け継ぐ行為とは質的に異なるということ。

〔問3〕　この文章の構成における第九段の役割を説明したものとして最も適切なのは、次のうちではどれか。

ア　第八段で規定された「考え方」を受けて、「考える」行為の目的とは何かを示し、筆者の主張の前提を明らかにしている。

イ　第八段で整理された「考え方」を受けて、「考える」ことに関する新たな視点と反対の内容を提示することで話題の転換を図っている。

ウ　第八段で挙げた「考え方」の具体的事例を踏まえ、「考える」内容を要約し、筆者の論の展開を分かりやすくしている。

エ　第八段で解説した「考え方」の種類を踏まえ、「考える」対象や状況を挙げて、一つ一つを説明し結論に導いている。

何につけ、議論しようとしたら、まずその議論の対象はどのようなものかを定義しておかなければならない。「考える」ことについても同様である。（第六段）

「考える」にもさまざまなものがある。何かのきっかけでふと思い出した過去の一場面、まだ若かった両親に連れられて行った遊園地の情景、それから連鎖的に次々と心に浮かんでくる追憶の場面も「考える」ことの一種である。しかし、このような誰にとっても楽しく、何ら技巧を必要としないし、目的もない「考える」は、自然のままに任せるのがよいだろう。以下で取り上げるのは、「考え方」という一種の技術あるいは方法を要するもの、である。これを、「目的達成の方法を動的に見いだす」ことであるとした。ただし、これは目的が与えられているときにその実現方法を考えるという、「考える」ことの一つの例である。一般にはこの形の「考える」行為が多いが、ときには、「何をすべきか」、という目的そのものについて考えることもある。学生が将来の進路を考える、政治家が国の繁栄のために何を為《な》すべきかを考える、など、このような例も多い。（第七段）

これらは、たとえ漠然としたものではあっても何か目的意識のもとでの「考え方」であるが、人間として、あるいは社会人としてどのように考え、どのように生きるべきであるか、といった、さらに抽象的で高度な「考え方」もある。後者は「「考え方」についての「考え方」」といった意味合いのものを含み、知的機能のレベルで言えば、具体的な目的を持つ行為、言い方を変えれば即物的な「考え方」より上位のものである。突然、「知的機能のレベル」などと言ってしまったが、目下《もっか》の議論には直接関わりがないので、具体的な目的意識のもとでの「考え方」について考える。（第八段）

目的は、例えば「行動計画を立てる」や「（新製品開発において）高性能を達成する」、「新しいビジネスモデルをつくる」などさまざまであり、「考える」対象や状況の違いによって「考える」内容は異なるけれど、どの場合でも共通しているのは、「考える」行為には必ず何らかの動機と目的や方法などその前提条件があることである。これは「考える」ことの一般的な条件であり、「既存概念による考え方」でも「脱既存概念の考え方」にも共通である。以下「考え方」についての議論では、目的が明確に意識されていることを前提とする。明確に、とは明文化されるほどに、という意味である。以下ではこれを「考える目的」のように表す。（第九段）

すでに触れたように、現実には多くの人は無意識に「考える」という行為を行っている。「考えを変えろ」と言われても、どのようにしたらよいかわからないのもそのためと言える。しかしそれでも人はでたらめに頭を働かせているわけではない。一定の手順を踏んで考えていることは確かである。この「考える」という行為を明示することによって、異なる「考え方」と比較したり、（もしできるなら）理想的な「考え方」を表現すること、また理想的な「考え方」に比べて実際に人が行っているのはその一部であること、そして足りない部分は何かをはっきりさせることができる。それにはまず、動機となっている「考える」目的を達成するように行われる行為のモデルをつくり、その構造を表現する。現実には、多くの場合、人は無意識に考えている。仮に意識していたとしても「考える」目的や、考える途中で得た概念をそのつど言葉に出すことはしない。(3)しかしそれを明示することによって、気付かなかった誤りや考え落ちを見いだし、「考える」ことを変える根拠が見えてくる。また明示することによって「考える」ことのモデルがコンピュータ化される。人工知能という研究分野がこのようにして発展してきた。（第十段）

の違いに現れるものであって、人間と動物の間で本質の部分に大きな差はないと言える。（第一段）

動物の例を持ち出したのは、原始的人間と動物の間に大きな違いがないことを示すためであるが、同時に、言語以前の原始的人間の振舞いを直接観察することはできないが、動物は現代でも観察ができるし、人間に比べて動作パターンが少なく、かつ固定的なので、知能的な行為の観察がしやすいからでもある。動物の行動目的の大部分は餌を獲ることと子孫を残すために異性と交配することであり、この目的を達成するために、多くの動物が、走る、跳ぶ、伏せる、飛ぶ、といった生物的機能として自然に備わった単純な行為を組み合わせて複合的な行動を行っている。でたらめに基本的な機能を組み合わせたのでは目的を達するような動きができるわけではないから、事前に行動の計画を立てているに違いない。これが行為の知能性である。（第二段）

しかし動物の行為を「考える行為」と言い切ってしまうには、どこか違和感のあることも確かである。動物では目的が限定的で、方法が固定されている。したがって、行動パターンも種ごとにほぼ固定されている。動作が複雑で、知能的に見えていても、それは個々の個体が考えてつくり上げるものではなく、種としての経験から、何代にもわたってつくり上げられたものを踏襲しているに過ぎない。したがって動物の行動パターンは親の代、さらには遠くさかのぼって先祖の代のものから大きく変わっていない。これに対し人間の場合は目的が多様であり、個人がそれぞれ自分の目的を持つ。そのための目的達成の方法を個人が状況に応じて動的に見いださなければならない。この「目的とその達成の方法を動的に見いだす」ことこそが考えることの本質と解釈すると、「考える」のはあくまで人間のみであることになる。動物における一見知的な行為は、その動物が個体として「考える」のではなく、種として先祖から受け継いだものであり、通常、「本能的」と表現される。（第三段）

動的に考えるかどうかは、概念の表現と記憶の方式に関連する。すなわちこの差は、現代の人間は概念の表現と記憶を言語というソフトウェアで行うのに対し、動物は生理的構造というハードウェアでそれを行っている、という機構的な違いによる。「既存概念による考え方」の原点が生理的構造にあり、言葉はその生理的構造のコピーと考えると、そして多くの人間が「既存概念による考え方」によっている事実を考えるなら、人間の「考え方」の基本部分の本質は動物の「本能的な行為」と実質的に大きな差がないように見える。（第四段）

(2)これに対し「脱既存概念の考え方」のほうは動物的な「本能的な行為」とは異質である。新しく発想するという「脱既存概念の考え方」は、この点で、多くの人がそれで満足してしまっている「既存概念による考え方」とは一線を画している。「脱既存概念の考え方」こそが、人間でなければできないものである。社会的にも大きな変革が期待されるのはこの「脱既存概念の考え方」である。人には、目に見えていないことをイメージする能力があるのに、チンパンジーではそれができないと報告されているが、この違いが「脱既存概念の考え方」にとって本質的なものであるか、あるいはこれも、概念の表現と記憶を言語というソフトウェアで行っているためであるかどうかは、今のところはっきりしていない。しかし「考え方」も、神によって与えられたもの、であるよりは、「考え方」の知的進化の必然的結果である、とするのがより科学的な立場である。人間の場合、言語の発達によって、「考え方」も進化した結果、表面的には動物との違いが大きくなり、*デカルト的な見方が表れたと解釈できる。以下ではこのことを明らかにしていきたい。（第五段）

細部まで詳しく描くことで、写実的に表現している。

〔問3〕(3)張りあげかけた声を飲みこむ。とあるが、このときの雪乃の気持ちに最も近いのは、次のうちではどれか。

ア 畑まで急いで走ってきたため、思っていた以上に早く着き、茂三を驚かせようとして声のかけ方を決めかねている気持ち。

イ 畑で農作業をしている茂三のそばに駆け寄り、話しかけようとしたが、なかなか気づいてもらえず困惑する気持ち。

ウ 茂三が、自分に対してどのような思いを抱いているかつかみきれず、声をかけることをためらう気持ち。

エ 茂三が快く許してくれないと思うと、自分から声をかけづらく、気づくまで待つことでしか誠意を示せないと思う気持ち。

〔問4〕(4)「おーう、雪乃。やーっと来ただかい、寝ぼすけめ。」とあるが、この表現から読み取れる茂三の様子として最も適切なのは、次のうちではどれか。

ア きっと来るだろうと思いながら待っていた雪乃の姿を見付け、ちゃかすような口調で、うれしそうに迎え入れようとする様子。

イ 雪乃が来たことを喜びながらも、普段から早起きが苦手なひ孫をもて余しているため、できるだけ反省を促そうとする様子。

ウ 身支度が遅いために待たずに置いてきたことを気にしていたが、雪乃が来たことを喜んで、照れ隠しでからかっている様子。

エ 遅れて畑に来た雪乃に対して、昨日の心無い発言は大目に見て、子供らしいことだと理解して温かく接しようとする様子。

〔問5〕(5)お父さんもいろいろ勉強してるんだな、と思ってみる。とあるが、雪乃が「お父さんもいろいろ勉強してるんだな、と思ってみ」たわけとして最も適切なのは、次のうちではどれか。

ア 今朝寝過ごしたことを思い返し、曾祖父母に起こされた自分をふがいなく思い、自立している父に学びたいと考えているから。

イ けがが治って精力的に働く茂三の様子を眺めながら、父の取り組みを振り返り、父が茂三を尊敬する理由を理解しようとしているから。

ウ 農業に興味をもち始めた自分が、父と茂三の行動を思い返し、経験に基づく茂三よりも研究熱心な父を手本にしようとしているから。

エ 茂三が用いた方法にとらわれない父の農作業の工夫を思い返し、新たな視点で、大人たちの姿について考えようとしているから。

4 次の文章を読んで、あとの各問に答えよ。(*印の付いている言葉には、本文のあとに〔注〕がある。)

人間以外の動物の行動を観察すると、原始的なレベルではあるが、知能的と呼ぶにふさわしい行為を行っていると考えざるを得ない場面に遭遇する。そうでなければ多くの動物が見せるかなり複雑な振舞《ふるま》いを説明できない、という意味である。例えばタイに生息するカニクイザルは、石を道具に使ってカニや植物の実の堅い殻を割って果肉を取り出す。対象ごとに石を変える。鳥でさえ、厚手の木の葉をむしって細長いヘラ状のものをつくり、それを道具として用いて、木の穴の中の虫をつり出して餌とするものがいる。このような特殊なものでなくても、多くの動物の行動はでたらめなものではなく、一定の目的、例えば餌を獲るという目的を達成するために、一連の秩序だった必然的な行動を取っている。中には行動パターンとして見た場合、人間の子供より複雑なものもある。(1)人間や動物という先入観を離れて、純粋に行為の知能性という点で見れば、知能の違いは計画的な行動の複雑さねえでおえねえわい』つって。それが、いっぺん目覚まし時計止めて、そんでもなお自分で起きたっちゅうなら、そりゃあなおさらてぇしたことだでほー。」

「……シゲ爺、怒ってないの?」

「だれぇ、なーんで怒るぅ。起きようと自分で決めて、いつもよりかは早く起きただもの、堂々と胸張ってりゃいいだわい。」

雪乃は、頷《うなず》いた。目標を半分しか達成できなかったのに、半分は達成できた、と言ってくれる曾祖父のことを、改めて大好きだと思った。

「よし、そんなら手伝ってくれ。ジャガイモの*芽掻《めか》きだ。ああ、いやその前に、まずはそれを食っちまえ。ゆっくり嚙《か》んでな。」

雪乃が手にしている布包みの中身がおにぎりだと、一目でわかったらしい。畑の端に座ってタラコと梅干しのおにぎりを食べながら、茂三の手もとを見守る。去年の十一月、骨にひびが入った手首はだいぶ良くなったようだが、無理な力がかかるとやはり痛むらしい。

ひと月ほど前、航介《こうすけ》とともに雪乃も植え付けに参加した。半分にしたイモの切り口に草木灰をつけて乾かし、断面を下に、芽を上にして植えてゆくのだ。父親は別のやり方も試してみると言って、畑の奥半分は断面のほうを上にして植えていた。昔からあった方法らしいが、最近の研究では、このほうが収穫は遅くなるけれども病気にかかりにくいという結果が出たのだそうだ。

(5)お父さんもいろいろ勉強してるんだな、と思ってみる。自分にとって新しいことを始める時は、茂三のような大先輩の培《つちか》ってきた知恵を素直に受け容《い》れることも大切だし、また一方で、すべてを鵜呑《うの》みにするのではなく、一旦は疑ってみることも必要なのかもしれない。

よく嚙んで、けれどできるだけ急いで食べ終えて、雪乃は茂三のそばへ行った。一緒にジャガイモの畝の間にかがみ込む。

(村山由佳「雪のなまえ」による)

〔注〕まっと――もっと。

ヤッケ――フードの付いた、防風・防水・防寒用の上着。

芽掻《めか》き――果樹、野菜等の発育を調整するために、不要な芽を、長く伸びないうちに指で取ること。

〔問1〕(1)「……え?」とあるが、このときの雪乃の気持ちに最も近いのは、次のうちではどれか。

ア　ヨシ江がどのようにして、温厚な茂三に自分のことを放っておけと言わせたのか、ヨシ江から聞いてみたいと思う気持ち。

イ　起こしてくれると約束していた茂三が、自分を置いたまま畑に行ったことが信じられず、ヨシ江の言葉を疑う気持ち。

ウ　茂三とヨシ江が、苦笑しながら自分を起こさずに置いていこうとする様子を想像し、悔しさが込み上げる気持ち。

エ　一緒に畑へ行きたいと伝えていたにもかかわらず、茂三が自分を放っておくように言ったと聞き、戸惑う気持ち。

〔問2〕(2)無言で洗面所へ走ると、超特急で顔を洗い、歯を磨き、部屋へ戻ってシャツとジーンズに着替えた。とあるが、この表現について述べたものとして最も適切なのは、次のうちではどれか。

ア　早く出かけたいというあせりから不安へと気持ちが変化する様子を、丁寧に描写することで、説明的に表現している。

イ　自分の甘えに気づき急いで身支度する様子を、場面の描写を短く区切りながら展開することで、印象的に表現している。

ウ　遅れを取り戻したくて速やかに動く様子を、同じ語句の繰り返しとたとえを用いることで、躍動的に表現している。

エ　情けない思いで押し黙って出かける準備をする心情や様子を、

るかを聞いていない。

「そんなにまっくろけぇして行かんでも大丈夫、爺やんは怒っちゃいねえだから。」

ヨシ江は笑って言った。〈まっくろけぇして〉とは、慌てて、という意味だ。目の前に、白い布巾《ふきん》できゅっとくるまれた包みが差し出される。

「ほれ、タラコと梅干しのおにぎり。行ったらまず、座ってお食べ。朝ごはん抜きじゃあ一人前に働けねえだから。」

「……わかった。ありがと。」

「急いで走ったりしたら、てっくりけぇるだから、気をつけてゆっくり行くだよ。雪ちゃんが後からちゃーんと行くって、爺やんにはわかってただわい。いつもは出がけになーんも言わねえのに、今日はわざわざ『ブドウ園の隣の畑にいるだから』って言ってっただもの。」

再びヨシ江に礼を言って、雪乃は外へ出た。

あたりはもう充分に明るい。朝焼けの薔薇《ばら》色もすでに薄れ、青みのほうが強くなっている。すっかり春とはいえ、この時間の気温は低くて、息を吸い込むとお腹《なか》の中までひんやり冷たくなる。

よその家の納屋《なや》に明かりが灯《とも》っている。どこかでトラクターのエンジン音が聞こえる。農家の朝はとっくに始まっているのだ。大きく深呼吸をしてから、雪乃は、やっぱり走りだした。

長靴ががぽがぽと鳴る。まっくろけぇしててっくりけぇることのないように気をつけながら、舗装された坂道を駆け上がる。ふだん軽トラックですいすい登る坂が、思ったよりずっと急であることに驚く。

息を切らしながらブドウ園の手前を左へ曲がり、砂利道に入ってなおも走ると、畑が見えてきた。整然とのびる畝《うね》の間に、紺色の*ヤッケを着て腰をかがめる茂三の姿がある。急に立ち止まったせいで足がもつれ、危うく本当にてっくりけぇりそうになった。

(3)「シ……。」

張りあげかけた声を飲みこむ。

ヨシ江はあんなふうに言ってくれたけれど、ほんとうに茂三は怒っていないだろうか。少なくとも、すごくあきれているんじゃないだろうか。謝ろうにも、この距離ではどんなふうに切り出せばいいかわからない。

布巾でくるまれたおにぎりをそっと抱え、立ち尽くしたままためらっていると、茂三が立ちあがり、痛む腰を伸ばした拍子にこちらに気づいた。

(4)「おーう、雪乃。やーっと来ただかい、寝ぼすけめ。」

笑顔とともに掛けられた、からかうようなそのひと言で、胸のつかえがすうっと楽になってゆく。手招きされ、雪乃はそばへ行った。

「ごめんなさい、シゲ爺。」

「なんで謝るだ。」

ロゴの入った帽子のひさしの下で、皺《しわ》ばんだ目が面白そうに光る。

「だってあたし、あんなえらそうなこと言っといて……。」

「そんでも、こやって手伝いに来てくれただに。」

「それは、そうだけど……。」

「婆《ばあ》やんに起こされただか?」

「ううん。知らない間に目覚ましを止めちゃったみたいで寝坊したけど、なんとか自分で起きたよ。」

起きたとたんに〈げぇっ〉て叫んじゃった、と話すと、茂三はおかしそうに笑った。

「いやいや、それでもてぇしたもんだわい。いっつも、婆やんがぶつくさ言ってるだに。『雪ちゃんは、起こしても起こしても起きちゃこ

＜国語＞

時間　五〇分　満点　一〇〇点

1 次の各文の――を付けた漢字の読みがなを書け。

(1) 郷土資料館の学芸員から話を伺い、町の歴史を学ぶ。
(2) 麦茶を冷やすために氷を砕いてグラスに入れる。
(3) 地道な清掃活動が周囲に良い影響を及ぼす。
(4) 入念な準備により、会議が円滑に進む。
(5) 産業遺産を観光バスで巡る。

2 次の各文の――を付けたかたかなの部分に当たる漢字を楷書で書け。

(1) 朗読劇で主人公の役をエンじる。
(2) 研究のためにムズカしい論文を読む。
(3) 決勝でシュクメイの相手と対戦する。
(4) 兄は、早朝のジョギングをシュウカンとしている。
(5) 保育園で園児たちのスコやかな寝顔を眺めて気持ちが和む。

3 次の文章を読んで、あとの各問に答えよ。（＊印の付いている言葉には、本文のあとに〔注〕がある。）

目覚ましをセットした時刻を三十分も過ぎている。知らないうちに止めて、またうとうとしてしまったらしい。慌ててパジャマのまま台所へ飛んでいくと、ヨシ江《え》が洗い物をしているところだった。
「シゲ爺《じい》は？」
「ああ、おはよう。」
「おはよ。ねえ、シゲ爺は？」
「さっき出かけてっただわ。」
「うそ、なんで？」
ほんのちょっと声をかけてくれたらすぐ起きたのに、どうして置いていくのか。部屋を覗《のぞ》いた曾祖父母《そうそふぼ》が、〈よーく眠ってるだわい〉〈可《か》哀想《わいそう》だからこのまま寝かせとくだ〉などと苦笑し合う様子が想像されて、地団駄を踏みたくなる。
「どうして起こしてくんなかったの？　昨日あたし、一緒に行くって言ったのに。」
するとヨシ江は、スポンジで茶碗《ちゃわん》をこすりながら雪乃《ゆきの》をちらりと見た。
「起こそうとしただよぅ、私は。けどあのひとが、ほっとけって言うだから。」
(1)「……え？」
「『雪乃が自分で、＊まっと早起きして手伝うから連れてけって言っただわ。こっちが起こしてやる必要はねぇ、起きてこなけりゃ置いてくまでだ』って。」
心臓が硬くなる思いがした。茂三《しげぞう》の言うとおりだ。
(2)無言で洗面所へ走ると、超特急で顔を洗い、歯を磨き、部屋へ戻ってシャツとジーンズに着替えた。ぼさぼさの髪をとかしている暇はない。ゴムでひとつにくくる。
土間で長靴を履き、
「行ってきます！」
駆け出そうとする背中へ、ヨシ江の声がかかった。
「ちょっと待ちない、いってぇどこへ行くつもりだいや。」
雪乃は、あ、と立ち止まった。そうだ、今日はどの畑で作業してい

MEMO

大切なことはメモしておこうネ！

2022年度

解　答　と　解　説

《2022年度の配点は解答用紙集に掲載してあります。》

＜数学解答＞

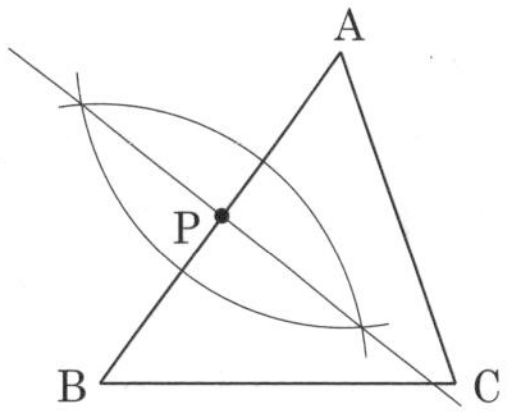

1 〔問1〕 -7　〔問2〕 $\frac{5a+9b}{8}$　〔問3〕 $10+4\sqrt{6}$
〔問4〕 5　〔問5〕 $x=9$，$y=2$
〔問6〕 $\frac{-3\pm\sqrt{13}}{4}$　〔問7〕 あ 4
〔問8〕 いう 51　〔問9〕 右図

2 〔問1〕 えお 33　〔問2〕 解説参照

3 〔問1〕 ① ウ　② キ
〔問2〕 ③ ア　④ エ　〔問3〕 6

4 〔問1〕 イ　〔問2〕 ① 解説参照　② $\frac{か}{きく}$ $\frac{2}{27}$

5 〔問1〕 けこ√さ $17\sqrt{2}$　〔問2〕 しすせ 112

＜数学解説＞

1 (数・式の計算，平方根，一次方程式，連立方程式，二次方程式，データの活用，円，作図)

〔問1〕 **四則をふくむ式の計算の順序は，指数→かっこの中→乗法・除法→加法・減法** となる。
$-6^2=-(6\times6)=-36$だから，$1-6^2\div\frac{9}{2}=1-36\times\frac{2}{9}=1-8=-7$

〔問2〕 $\frac{3a+b}{4}-\frac{a-7b}{8}=\frac{2(3a+b)}{8}-\frac{a-7b}{8}=\frac{2(3a+b)-(a-7b)}{8}=\frac{6a+2b-a+7b}{8}=\frac{5a+9b}{8}$

〔問3〕 **乗法公式$(a+b)^2=a^2+2ab+b^2$**より，$(2+\sqrt{6})^2=4+2\times2\times\sqrt{6}+6=10+4\sqrt{6}$

〔問4〕 $5x-7=9(x-3)$　右辺を展開して　$5x-7=9x-27$　左辺の-7と右辺の$9x$をそれぞれ移項して　$5x-9x=-27+7$　$-4x=-20$　両辺を-4で割って　$x=5$

〔問5〕 連立方程式$\begin{cases}x=4y+1\cdots①\\2x-5y=8\cdots②\end{cases}$　①を②に代入して　$2(4y+1)-5y=8$　$8y+2-5y=8$　$8y-5y=8-2$　$3y=6$　$y=2$　これを①に代入して　$x=4\times2+1=9$　よって，連立方程式の解は　$x=9$，$y=2$

〔問6〕 **2次方程式$ax^2+bx+c=0$の解は，$x=\frac{-b\pm\sqrt{b^2-4ac}}{2a}$**より，$x=\frac{-6\pm\sqrt{6^2-4\times4\times(-1)}}{2\times4}$
$=\frac{-6\pm\sqrt{36+16}}{8}=\frac{-6\pm\sqrt{52}}{8}=\frac{-6\pm2\sqrt{13}}{8}=\frac{-3\pm\sqrt{13}}{4}$

〔問7〕 中央値は**データの値を大きさの順に並べたときの中央の値**である。生徒の合計人数は33人なので，17番目の生徒の値が中央値である。表から17番目の生徒の回数は4回であることがわかる。

〔問8〕 $\overset{\frown}{BC}=2\overset{\frown}{AD}$，$\angle BDC=34°$ なので，$\angle DBA=34\div2=17(°)$　$\triangle DEB$で三角形の外角の定理より，$\angle DEA=\angle BDE+\angle DBE=34+17=51(°)$

〔問9〕 (着眼点)**底辺の長さと高さがそれぞれ等しい三角形の面積は等しい。**　$\triangle ABC$で辺ABを底辺とする。辺ABの垂直二等分線を作図し，辺ABとの交点をPとする。$\triangle ACP$と$\triangle BCP$は底辺の長さと高さがそれぞれ等しい三角形なので，面積は等しい。

(作図手順)次の①～③の手順で作図する。　①　点Aを中心とする円をかく。　②　点Bを中心とし，①と同じ半径の円をかく。　③　①と②でかいた円の2つの交点を通る直線をひき，辺ABとの交点をPとする。

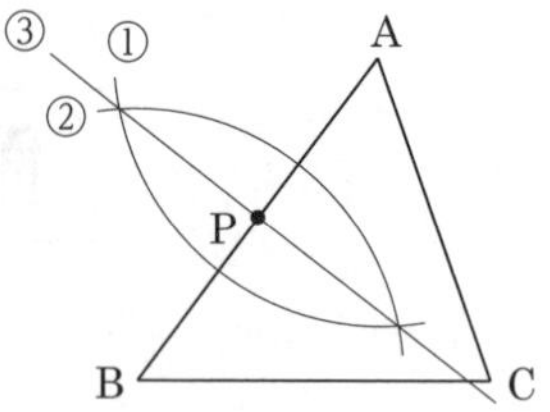

2　(数・式の計算，文字を使った式，式による証明)

〔問1〕　P＝78のとき，Q＝8−7＝1となり，P−Q＝78−1＝77となる。　P＝41のとき，Q＝1−4＝−3となり，P−Q＝41−(−3)＝44となる。　よって，P＝78のときのP−Qの値からP＝41のときのP−Qの値をひいた差は，77−44＝33

〔問2〕　(証明)(例)X，Yを，それぞれa，b，cを用いた式で表すと，$X=100a+10b+c$　$Y=c-b+a$となる。　よって，$X-Y=(100a+10b+c)-(c-b+a)=99a+11b=11(9a+b)$　$9a+b$は整数であるから，$11(9a+b)$は11の倍数である。　したがって，X−Yの値は11の倍数になる。

3　(図形と関数・グラフ)

〔問1〕　$y=\frac{1}{4}x^2$**は比例定数が正の数であり，グラフは上に開いている。*a*の変域に0をふくむので，*b*の変域は0が最小値**になることに注意する。aの値が−4のとき，$b=\frac{1}{4}\times(-4)^2=4$　aの値が1のとき，$b=\frac{1}{4}\times1^2=\frac{1}{4}$　よって，aの値が0のとき，bの値は最小となり，aの値が−4のとき，bの値は最大になる。　以上より，bのとる値の範囲は，$0\leqq b\leqq 4$

〔問2〕　点Aのx座標は−8なので，そのy座標は，$y=\frac{1}{4}x^2$に$x=-8$を代入して，$y=\frac{1}{4}\times(-8)^2=16$　点Pのx座標が2のとき，そのy座標は，$y=\frac{1}{4}x^2$に$x=2$を代入して，$y=\frac{1}{4}\times2^2=1$

よって，直線は2点A(−8，16)，P(2，1)を通るから，直線の傾きは，$\frac{16-1}{-8-2}=\frac{15}{-10}=-\frac{3}{2}$

直線の式を　$y=-\frac{3}{2}x+b$　とおくと，点Pを通るから，$1=-\frac{3}{2}\times2+b$　$b=4$　以上より，直線の式は　$y=-\frac{3}{2}x+4$

〔問3〕　線分AOの式を$y=ax$とおく。原点と点A(−8，16)を通るので，$16=-8a$　$a=-2$

$y=-2x$　点Pの座標を$(x,\ y)$とすると，点Rのx座標は，$x=-\frac{1}{2}y$となる。

PR：RQ＝3：1なので，$x-\left(-\frac{1}{2}y\right):-\frac{1}{2}y-(-8)=3:1$　$x+\frac{1}{2}y:-\frac{1}{2}y+8=3:1$

$-\frac{3}{2}y+24=x+\frac{1}{2}y$　$y=\frac{-x+24}{2}$　これは点Pのy座標を表しているので，曲線ℓの式に代入すると，$\frac{-x+24}{2}=\frac{1}{4}x^2$　これを整理して解くと，$x^2+2x-48=0$　$(x-6)(x+8)=0$

よって，$x=6$，-8　問題の条件は点Pのx座標が0より大きく8より小さいときなので，条件に合うのは，$x=6$

4　(角度，三角形と四角形，図形の証明，相似，面積)

〔問1〕　△ABCと△ABDは正三角形なので，∠ADB＝60°，∠DBC＝∠DBA＋∠ABC＝60＋60＝120(°)　四角形ADBQで，∠AQB＝360−∠DBQ−∠ADB−∠PAQ−∠DAP＝360−120−60−90−a＝90−a(°)

［問2］ ① (証明)(例)△ABPと△ACQにおいて，仮定から，△ABCと△ABDはともに正三角形だから，AB＝AC…(1)　∠ABP＝∠ACQ…(2)　仮定から，∠PAQ＝60°
∠BAP＝∠PAQ－∠BAQ＝60°－∠BAQ　△ABCは正三角形だから∠BAC＝60°
∠CAQ＝∠BAC－∠BAQ＝60°－∠BAQ　よって，∠BAP＝∠CAQ…(3)　(1)，(2)，(3)より，1組の辺とその両端の角がそれぞれ等しいから，△ABP≡△ACQ

② △BRP＝△PBQ－△QRBであり，△QRB∽△AQCであることを利用する。
①より，△ABP≡△ACQなので，BQ：QC＝DP：PB＝2：1　よって，△ABQ：△PBQ＝3：1
△PBQ＝$\frac{1}{3}$△ABQ…①　△ABQ：△ABC＝2：3　△ABQ＝$\frac{2}{3}$△ABC…②　①，②より，
△PBQ＝$\frac{2}{9}$△ABC…③　また，**2つの相似な図形の相似比がm：nならば，面積比はm^2：n^2**となるので，BQ：AC＝2：3　から，△QRB：△AQC＝4：9　△QRB＝$\frac{4}{9}$△AQC…④
△AQC：△ABC＝1：3　△AQC＝$\frac{1}{3}$△ABC…⑤　④，⑤より，△QRB＝$\frac{4}{27}$△ABC…⑥
△BRP＝△PBQ－△QRBであることと，③より，△BRP＝$\frac{2}{9}$△ABC－△QRB
さらに⑥より，△BRP＝$\frac{2}{9}$△ABC－$\frac{4}{27}$△ABC　よって，△BRP＝$\frac{2}{27}$△ABC
(補足説明：△QRB∽△AQCの証明)　△QRBと△AQCにおいて，△ABCは正三角形なので，∠RBQ＝∠QCA＝60°…(1)　また，∠PAQ＝60°，AP＝AQなので，△APQは正三角形である。
△QRBで，∠QRB＝180－∠RBQ－∠RQB＝180－60－∠RQB＝120－∠RQB…(2)
△AQCで，∠AQC＝180－∠AQR－∠RQB＝180－60－∠RQB＝120－∠RQB…(3)
(2)，(3)より，∠QRB＝∠AQC…(4)
(1)，(4)より，2組の角がそれぞれ等しいので△QRB∽△AQC

5 (空間図形，三平方の定理，体積)

［問1］ 点Mから辺ABに垂線をひき，その交点を点M'とする。まず，点Pが頂点Aを出発してから3秒後の面AEFBは図1の通り。△MPM'は直角三角形なので，$(\mathrm{MP})^2=(\mathrm{PM'})^2+(\mathrm{MM'})^2=1^2+7^2=50$　MP＝$5\sqrt{2}$　また，点Qは，点Pが頂点Aを出発するのと同時に頂点Aを出発し，点Pと同じ速さで動くため，NQ＝MPである。次に，点Pが頂点Aを出発してから3秒後の面ABCDは図2の通り。△APQは直角三角形なので，
$(\mathrm{PQ})^2=(\mathrm{AP})^2+(\mathrm{AQ})^2$　$(\mathrm{PQ})^2=3^2+3^2=18$　PQ＝$3\sqrt{2}$
そして，点M，点Nはそれぞれ辺EF，辺EHの中点なので，EM＝EN＝4　面EFGHは図3の通り。
△EMNは直角三角形なので，$(\mathrm{NM})^2=(\mathrm{EM})^2+(\mathrm{EN})^2=4^2+4^2=32$　NM＝$4\sqrt{2}$
以上より，$5\sqrt{2}\times2+3\sqrt{2}+4\sqrt{2}=17\sqrt{2}$ (cm)

図1
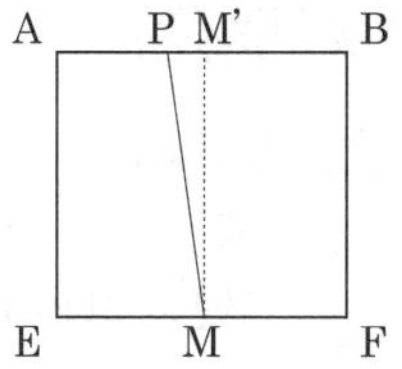

図2
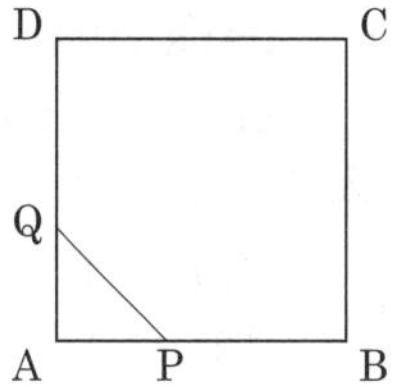

図3
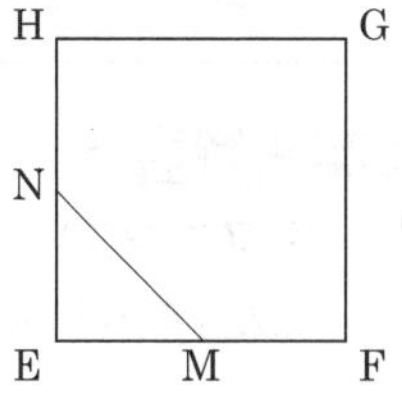

［問2］ 頂点Aから立体A－MPQNの底面MPQNに垂線をおろし，その交点をRとする。立体A－MPQNについて，底面MPQNの面積と高さARをそれぞれ求め，体積を求める。　まず，底面MPQNの面積を求める。NMの長さは問1より，

$4\sqrt{2}$ (cm)　また，点Q，点Pはそれぞれ辺CD，辺BCの中点にあるため，$QP=NM=4\sqrt{2}$ (cm)となり，底面MPQNは長方形であるため，QN=PMである。　図4の通り，Pから辺FGに垂線をおろし，その交点をP' とする。$(PM)^2=(PP')^2+(P'M)^2$　PP' は直方体の高さなので，7(cm)
$(P'M)^2=(MF)^2+(P'F)^2=4^2+4^2=32$　$P'M=4\sqrt{2}$ (cm)
$(PM)^2=7^2+(4\sqrt{2})^2=81$　PM=9(cm)　以上より，底面MPQNの面積は，$4\sqrt{2}\times 9=36\sqrt{2}$ (cm)
次に，ARの長さを求める。図5の通り，NMの中点をS，QPの中点をTとする。Rは線分ST上の点である。　△ABPで，$(AP)^2=(AB)^2+(BP)^2=8^2+4^2=80$　△ATPで，$(AP)^2=(PT)^2+(AT)^2$　$80=(2\sqrt{2})^2+(AT)^2$　$(AT)^2=72$
$AT=6\sqrt{2}$(cm)　Tから面EFGHに垂線をおろし，その交点をT' とする。A，R，T，S，T' は同じ平面上にあり，この面で立体ABCD−EFGHを切断した断面図は図6の通り。
△ASTの底辺をATとすると，高さは7(cm)なので，
面積は，$\frac{1}{2}\times 6\sqrt{2}\times 7=21\sqrt{2}$(cm²)
△ASTの底辺をSTとすると，
$\frac{1}{2}\times 9\times AR=21\sqrt{2}$(cm²)　$AR=\frac{14\sqrt{2}}{3}$(cm)となる。
以上より，立体A−MPQNの体積は，
$\frac{1}{3}\times$(底面積)$\times$(高さ)$=\frac{1}{3}\times 36\sqrt{2}\times\frac{14\sqrt{2}}{3}=112$(cm³)

図4

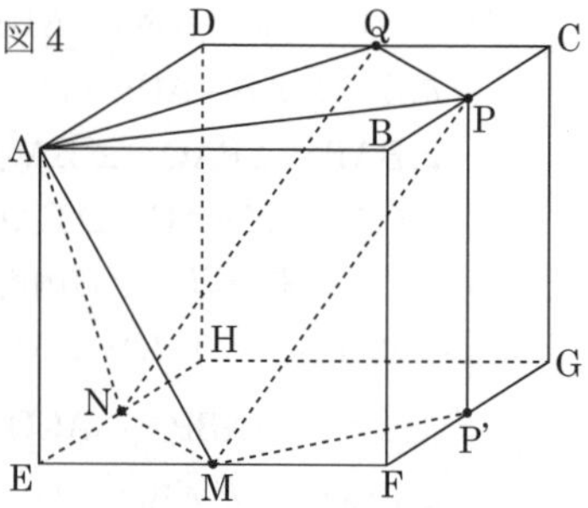

図5

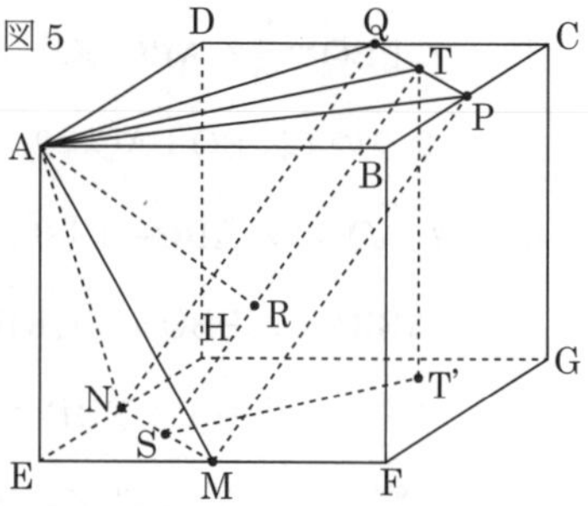

図6

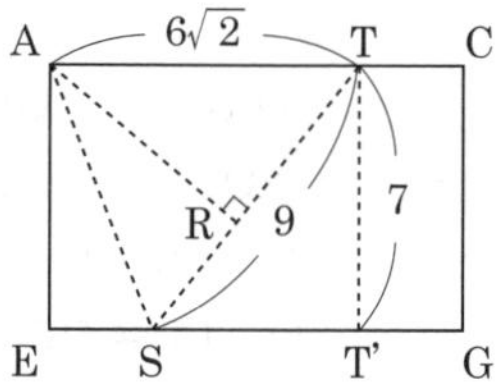

<英語解答>

[1]　〔問題A〕　<対話文1>　ア　　<対話文2>　ウ　　<対話文3>　イ
〔問題B〕　<Question 1>　エ
<Question 2>　(例)They are interesting.

[2]　1　ウ　　2　ア　　3　(1)　イ　　(2)　(例)My grandfather and I often go to a park near my house. He enjoys seeing trees and flowers there. The park gives us a chance to have a good time together.

[3]　〔問1〕　ア　　〔問2〕　エ　　〔問3〕　エ　　〔問4〕　イ　　〔問5〕　ア　　〔問6〕　ウ
〔問7〕　イ

[4]　〔問1〕　エ　　〔問2〕　イ→ウ→ア→エ　　〔問3〕　(1)　ウ　　(2)　イ　　(3)　ア
〔問4〕　(1)　ウ　　(2)　エ

<英語解説>

[1]　(リスニング)
放送台本の和訳は，68ページに掲載。

2　(短文読解問題：語句選択補充，内容真偽，条件英作文)

1　(全訳)

トニー：次の授業で何を発表するつもりなの？

リク　：新しい公園のアイディアについて発表するつもり。人は公園に多くの役割を求めていると思うんだ。公園は重要だ。僕は将来僕の町に素晴らしい新しい公園を作りたい。

トニー：素晴らしいね！

リク　：きみにとって何が公園の一番重要な役割？

トニー：そうだな，僕は(A)食べるための場所が一番重要だと思う。

リク　：僕もそれは重要だと思う。でもこのグラフではそのパーセンテージは一番低いね。

トニー：おもしろいね。僕の国では僕は公園でよくランチを楽しむんだ。

リク　：僕は(B)子供が遊ぶ場所が一番重要だと思う。他の多くの人もこの役割を求めているね。

トニー：うん。そのパーセンテージは「運動とスポーツのための場所」と「地域社会の拠点」よりも少し低いね。でも他の項目のパーセンテージよりも高い。

リク　：町では，公園は多くの役割を果たせるね。重要な役割を果たす公園を作るように努めるよ。町の公園にはあり得る役割がたくさんあるね。人々が僕の公園にいい役割を見出してくれるといいな。

トニー：いいね！　きみの発表はとても面白くなるだろうね。公園や町についてもっと知りたいよ。

(A)　3つ目のリクの発話2文目から資料を見ると一番低いのは「食べる場所」とわかる。**<the＋形容詞の最上級形>で「最も(形容詞)の」**の意味。4つ目のトニーの発話2文目からもわかる。(B)　5つ目のトニーの発話から資料を見ると「子どもたちが遊ぶ場所」とわかる。**<形容詞の比較級＋ than ～>で「～よりも(形容詞)だ」**の意味。

2　(全訳)

リク　：トニー，見て！　大学のオンライン講義に参加できるよ。

トニー：面白そうだね。1つ受けたいな。都市計画に興味があるんだ。

リク　：基本的な講義を受けたい？　それとも発展的な講義？

トニー：基本的な講義を受けたい。でも毎週木曜日の午後は家族とインターネットで話すから，その日は受けられない。

リク　：本当？　でも(A)火曜日の午後は受けられるよね？

トニー：うん。それを受けるよ。リク，どの講義に一番興味がある？

リク　：町の公園作りに一番興味があるよ。将来東京に公園を作りたいんだ。

トニー：すばらしね！　でも，リク，その講義を受けられる？　テニス部で忙しいと思うんだけど。

リク　：毎週月，水，金曜日の午後に練習をしているんだ。だから朝の講義を受けられるよ。

トニー：オーケー。基本的な講義を受けたい？　それとも発展的な講義？

リク　：発展的なクラスを受けたい。

トニー：じゃあ(B)水曜日の朝のオンライン講義を受けるつもりなんだね。

リク　：うん！

(A)　1，2つ目のトニーの発話から予定表を見ると木曜日以外で都市計画の基本クラスが受けられるのは火曜日とわかる。　(B)　4～6つ目のリクの発話から予定表を見ると午前中に町の公園作りの応用クラスが受けられるのは水曜日とわかる。

3 (全訳)

リクへ

日本滞在中に僕を手助けしてくれてありがとう。大学のオンライン講義を受けたことは僕にとって特別な思い出だよ。講義では公園がどのように私たちの生活をより良くできるかを学んだね。今僕は公園と町にとても興味があるよ。今僕は公園が町にとってとても重要だと気が付いたんだ。

国に帰ってから自分の町の公園について調べたんだ。公園で大きなお祭りが開かれているのは知っていた。でもそこで他にも多くのイベントが開かれていたのは知らなかった。それを知って少し驚いたよ。これらのイベントについて妹[姉]に伝えるよ。彼女はそこで人と話すのを楽しむよ。公園は人がコミュニケーションを取るための素晴らしい場所だと思う。

来週都市計画についてのオンラインミーティングに参加するつもり。公園や町についてもっと知りたいんだ。きみにとって町に公園があることについてのいい点は何？ きみのアイディアを教えてね。

トニーより

(1) ア 「トニーはオンライン講義は自分の生活をよりよくすると気が付いた」(×) 第1段落第3文参照。オンライン講義ではなく公園がよくするとある。 イ 「トニーは多くの他のイベントが彼の町の公園で開かれていて少し驚いた」(○) 第2段落第3, 4文参照。 ウ 「トニーの姉[妹]はオンライン講義を受けたかったので自分の町の公園について調べた」(×) 第2段落第1文, 5, 6文参照。 エ 「トニーの姉[妹]は公園のイベントに参加し，そこでトニーと話して楽しんだ」(×) 第2段落第5, 6文参照。

(2) トニーのメールの最終段落の質問に返答する。リクのメールの空欄直前の段落には「きみの質問に答えます。『きみにとって町に公園があることのいい点は何？』と聞きました。1ついい点を伝えます」とある。公園のいい点とその理由などを指示通りに3つの英文で書くこと。解答例の英文は「祖父と私はよく家の近くの公園に行きます。彼はそこで木々や花を見て楽しんでいます。その公園は一緒にいい時間を過ごす機会を私たちに与えてくれます」という意味。**身近なことや自分の考えを説明できるように知っている単語を使って英文を書く練習をしよう。**

3 (会話文読解問題：指示語，語句解釈，文の並べ換え，語句補充)

(全訳)

シュン，ユメ，ケイタは東京の高校1年生です。アンはアメリカから来た高校生です。5月のある日，彼らは昼食後に教室で話しています。

アン　：こんにちは，みんな。新聞で面白い話を見つけたの。これを見て。

シュン：どんな話？

アン　：コンピュータービジネスで成功した人の話。彼は目標を達成する方法について話しているよ。

ユメ　：面白いね。

アン　：私の目標はビジネスで成功することだから新聞のビジネス欄を時々読むの。理解するのは難しいけど一生懸命やってるの。みんなは目標はある？

ユメ　：私はホテルで働きたい。

ケイタ：なんで？

ユメ　：5年前に家族でホテルに泊まったの。ホテルのスタッフの人たちが素晴らしかった。暖かい笑顔で私たちを迎えてくれてね。他の国から来た人たちと英語を上手に話していたよ。

ケイタ：そこでいい時間を過ごしたの？

ユメ　：(1)うん。ホテルのレストランでシーフードと，部屋からの美しい景色を楽しんだよ。

ケイタ：僕はバレーボール部のレギュラー選手になりたい。でもこれが「目標」なのかはよくわからない。「目標」って何かもっと大きかったりもっと重要だったりするものだと思うんだ。

アン　：私はそう思わないな。もし何かがあなたにとってとても重要だと思うならそれが目標だよ，ケイタ。

ケイタ：僕はバレーボールをするのが大好きで，本当にレギュラー選手になりたい！

ユメ　：それが目標だと思うよ！　あなたはどうなの，シュン？

シュン：まだ決めてないよ。1つ探しているんだけど見つけるのが難しい。

アン　：(2)見つかるといいね。ユメ，ケイタ，目標を達成するために何かしてる？

ユメ　：家で毎日英語の教科書を読んでる。

ケイタ：毎朝家の近くをランニングしてる。高校が始まってからずっとやってるよ。

シュン：毎日ランニングするのは大変？

ケイタ：うん。時々早起きしたくないけど，やらないといけなんだ。

ユメ　：(3)気持ちわかるよ。時々教科書を読むのは面白くないって思うけどやらないといけない。毎日努力をすることは大変。

ケイタ：そうだね。意欲を持ち続ける方法を知りたいよ。

シュン：アン，新聞にそのヒントはある？

アン　：そうね…目標を達成するために小さなステップを積み重ねることが大事だと書いてあるよ。

シュン：どういう意味？

アン　：目標を達成するための過程で小さなことをするという意味。1つのことをしたあとで，次にすべきことがわかる。

ケイタ：レギュラー選手になることは僕には簡単ではないけど，練習試合でプレーするチャンスを手に入れることはできると思うんだ。そのチャンスを手に入れるために一生懸命がんばるよ。

シュン：グッドラック，ケイタ。

アン　：ユメ，あなたはどう？　教科書を読むことは大事だけど，その教科書から学んだ新しい言葉を使う機会も必要だよ。

ユメ　：オーケー！　あなたと教科書の言葉を使う練習するね，アン！　英語をもっと上手に話せるようにお手伝いをしてくれる？

アン　：(4)もちろん！　もしお手伝いできたらとても嬉しい。

ユメ　：シュンはどう？　何かしたいことはある？

シュン：うーん…僕は料理が好きなんだ。時々両親に料理を作るよ。

ケイタ：本当？　それはいいね。

シュン：両親は僕が作った夕飯を食べると，笑顔で「ありがとう。美味しいよ」って言うんだ。

ユメ　：すてきね！　じゃあ他の誰かに料理をするのはどう？

シュン：そうだなあ…祖母はどうかな？　来月彼女の所に行って何か作るよ。

ユメ　：それはいい考えだね！

シュン：オーケー！　何か彼女が嬉しくなるものを考えて，家で料理の練習をするよ。

ケイタ：何をすべきか見つけて，意欲がでたね！

シュン：うん！

ユメ　：(5)それを聞いて嬉しいよ。

アン :私ももっと意欲が出たよ。新聞を読んだ後に毎日自分の考えを書くね。

〔問1〕 下線部直後の発話から考える。ア「彼女の部屋からの景色は美しく料理がよかった」がふさわしい。イ「ユメは他の国から来た人たちに暖かい笑顔で迎えられた」とエ「ユメはホテルのスタッフや他の国から来た人たちと英語を上手に話すことができた」は3つ目のユメの発話内容と合わない。ウ「レストランからの景色は素晴らしかったがユメは食べ物は楽しめなかった」は4つ目のユメの発話と合わない。

〔問2〕 **do は前述された動詞の反復をさけるために用いられる。**ここでは下線部直前のシュンの目標を見つけるのが難しいという発話内容から find を指している。完成した英文はエ「アンはシュンが目標を見つけることを願っている」となる。

〔問3〕 下線部直前のケイタの発話と下線部に続くユメの発話から，エがふさわしい。完成した英文は「ユメは毎日努力をすることは難しいと知っているので，ケイタがどう感じているかを理解できる」となる。

〔問4〕 下線部直前にユメがアンにお願いをしている内容に対しての返答。完成した英文はイ「アンはユメが英語をもっと上手に話せるようになるのを喜んで手伝う」となる。

〔問5〕 **that は前述された内容を指すことができる。**最後から2つ目のシュン，最後のケイタの発話を受けてのユメが喜んでいる。完成した英文はア「ユメはシュンがするべきことが見つかり，意欲が出たことを聞いて嬉しい」となる。

〔問6〕 C「彼はバレー部のレギュラー選手になりたいが，それが目標かはわからない」3つ目のケイタの発話を参照。D「毎朝早起きをしてランニングに行かないといけないと思っているが時々やりたくない」5，6つ目のケイタの発話参照。B「練習試合でプレイできるチャンスを得られるだろうと思っている」8つ目のケイタの発話第1文を参照。A「以前よりも頑張る意欲がもっと出た」8つ目のケイタの発話第2文を参照。

〔問7〕 (A) **keep 〜 ing の形で「〜し続ける」**の意味。1つ目の(A)は「しかし彼らにとって毎日努力し続けることは時に難しい」6つ目のケイタと続くユメの発話から考える。2つ目の(A)は「私は毎日新聞のビジネス欄を読むことを続けて，自分の考えを書く」最後のアンの発話から新聞を読むことを続けることがわかる。 (B) 1つ目の(B)は「私は彼らに新聞を見せてどのように目標を達成するかについて話した」4つ目のシュンの発話から7つ目のアンの発話までを参照。2つ目の(B)は「彼が両親に料理をしたとき笑顔を彼に見せて彼は嬉しく思った」7，8つ目のシュンの発話参照。**誰が何を言っているのかを代名詞に注意しながら確認すること。**

4 (長文読解問題・物語文：語句解釈，文の並べ替え，語句補充，英問英答)

(全訳)

トモコは中学2年生でした。学校では美化委員会のメンバーでした。彼女はその委員長になりたいと思っていました。

10月に彼女は美化委員の委員長に選ばれました。委員会の顧問であるイノウエ先生がトモコにスピーチをするように言いました。彼女は「この委員会の委員長になれて嬉しいです。この委員会はいくつかの活動に熱心に取り組んでいます。例えば，掃除の時間のあとに教室をチェックすることに熱心に取り組んでいます。しかし，これまで学校の近所を掃除をすることはやっていません。新しい活動として近所の道路のゴミ拾いをしましょう」と言いました。マヤは「なんで？ わからない」と言いました。サトルは「それはやりたくない」と言いました。トモコは「以前に近所の清掃活動に参加したことがあって，それは素晴らしい経験だった。私は近所の道路のゴミ拾いをした方がいいと思います」と続けました。マヤは「私はもっと学校を掃除する必要があると思う」と言いました。サトルは「これ以上やる時間はないよ。サッカー部で忙しいんだ」と言いました。トモコはとてもショックを受けて，何も言えませんでした。イノウエ先生は「今日は終わりにして，次の委員会で新しい活動について話しましょう」と言いました。

委員会のあと，トモコは「私の考えは何で間違ってるんだろう？」と疑問に思いました。家に帰るときに前の委員長のユウコに会いました。ユウコは「大丈夫？」と言いました。トモコは「委員会のメンバーは私に賛成してくれないの。どうして？」と言いました。ユウコは「私が委員長だったとき，同じような経験があるよ。委員会のみんなが違う意見を持っているの。私はあなたの考えはいいと思う。でもそれはみんなが一緒にやりたいものではないんだね」と言いました。トモコは何と言っていいかわかりませんでした。

その夜，トモコはユウコの意見について考えました。彼女はまた「私は近所の道路のゴミ拾いをしたい。でも1人ではできない」と思いました。彼女は「なんで私にとって近所の掃除活動に参加することがすばらしいんだろう」と疑問に思いました。彼女はしばらく考えて「他の人たちと一緒に働くから素晴らしいんだ。何が大切か今わかった」と言いました。

次の日トモコはイノウエ先生に「私は委員会のみんなと何かをしたいです。それをするためにベストを尽くします」と言いました。イノウエ先生は「そう思ってくれて嬉しいよ。何ができるのかな？　次の委員会までに何かを考えて」と言いました。

11月に美化委員会が再び行われました。トモコはメンバーに「何かを一緒にすることが大切だと思います。そのことについて何か考えはありますか？」と言いました。マヤは「教室のいくつかはもっと掃除されるべきだと思います。生徒にもっと丁寧に学校を掃除するように言うべきだと思います」と言いました。サトルは「グラウンドには今たくさんの落ち葉があります。それを拾うべきだと思います」と言いました。トモコは「意見を聞けて嬉しいです。学校の校舎のもっと多くの場所やグラウンドを掃除する特別な日を設けるのはどうでしょうか？」と言いました。マヤは「本当に？　それをするのは嬉しいけど，いいの？　近所の道路のゴミ拾いをしたかったんでしょ？」と言いました。トモコは「心配しないで。私はみんなで一緒に取り組みたいの」と言いました。サトルは「グラウンドで僕たちを手伝うように他の部員に頼むよ。たくさん落ち葉を集めよう！」と言いました。トモコは「本当？　ありがとう」と言いました。マヤは「その特別な日をクリーンデイって呼ぼう！　生徒たちにそれを伝えるポスターを作るね」と言いました。トモコは「いいね！」と言いました。そして彼女はイノウエ先生に「近々クリーンデイを設けられるといいんですが！」と言いました。彼は「オーケー。手伝うよ」と言いました。

委員会のあと，マヤは「次の活動として，また一緒に取り組んで近所の道路のゴミ拾いをしようよ」と言いました。サトルは「手伝うよ」と言いました。トモコは彼らの言葉に感動しました。彼女は嬉しくて，クリーンデイのためにベストを尽くそうと決めました。

〔問1〕　do that は第2段落3文目トモコの発話の最後の提案内容を指している。完成した英文はエ「サトルは新しい委員会活動として道路のゴミ拾いをしたくない」となる。

〔問2〕　**誰が何をしたのか，段落ごとに場面を理解すること。**イ「イノウエ先生はトモコに新しい美化委員会の委員長としてスピーチをするように言った」第2段落第2文参照。ウ「委員会のメンバーはイノウエ先生が終わりにするように言ったあとで会議を終えた」第2段落最終文参照。ア「10月の委員会のあとユウコはトモコに自分の意見を言った」第3段落第5文ユウコ発話参照。エ「トモコは委員会のメンバーに何か一緒にすることについての意見を教えてと言った」第6段落第2文のトモコの発話参照。

〔問3〕　**同じような表現がある本文の内容を確認すること。**　(1)　第2段落を参照。前半ではトモコの意見，後半はメンバーに反対意見などを言われている。最後から2文目にショックを受けたことが書かれている。完成した英文はウ「トモコはマヤとサトルが自分の意見に賛成しなかったのでショックを受けた」となる。ア「イノウエ先生は新しい活動について話さなかった」は第2段落の内容と合わず，イ「彼女は掃除の時間のあとに教室をチェックした」，エ「彼女は近所を自分で掃除した」はそれでショックを受けたわけではない。 (2) 第3段落第5文のユウコの発話を参照。完成した英文はイ「10月の委員会のあとにユウコがトモコに会ったとき，ユウコは委員会のメンバーそれぞれが自分の考えを持っていると言った」となる。ア「委員会の全てのメンバーが同じような考えを持っている」，ウ「学校内のより多くの場所を掃除することはいい考えだ」，エ「委員会の全てのメンバーはトモコの考えを理解している」は発話内容に合わない。 (3) 最終段落参照。完成した英文はア「11月の委員会のあと，マヤとサトルが次の活動もまた一緒にやると言ったのでトモコは感動した」となる。イ「マヤはグラウンドの落ち葉を拾うようにサッカー部の部員に頼んだ」，ウ「マヤとサトルがその特別な日についてのポスターを作るように生徒たちに言った」，エ「サトルがその特別な日をクリーンデイと呼ぼうと言った」は6段落目の内容と合っていない。

〔問4〕 (1) 「ユウコと話したあと，夜にトモコは何に気が付きましたか」第4段落を読むと最後に気が付いた内容が書かれている。ウ「委員会のみんなと何かをしたいということに気が付いた」がふさわしい。ア「近所のために何かをするのはすばらしいと気が付いた」，イ「次の委員会にユウコがトモコのために最善を尽くそうとするだろうと気が付いた」，エ「次の委員会でイノウエ先生に彼の考えをメンバーに伝えてもらいたいと気が付いた」は内容と合っていない。 (2) 「11月の委員会でトモコは委員会のメンバーに何について話しをしましたか」第6段落を読むとマヤとサトルの意見を聞いたあとにその内容をやってみようとトモコが提案している。エ「彼女は特別な日に，校舎内のより多くの場所やグラウンドを掃除することについて話した」がふさわしい。ア「サッカー部のためにポスターを作る特別な日を設けることについて話した」，イ「生徒たちに校舎内のより多くの場所を掃除するように言うためにまた委員会を開くことについて話した」，ウ「落ち葉がたくさんあるのでグラウンドと学校周辺の道路を掃除することについて話した」は共に内容と合わない。

2022年度英語 リスニングテスト

〔放送台本〕

これから，リスニングテストを行います。リスニングテストは，全て放送による指示で行います。リスニングテストの問題には，問題Aと問題Bの二つがあります。問題Aと，問題Bの＜Question 1＞では，質問に対する答えを選んで，その記号を答えなさい。問題Bの＜Question 2＞では，質問に対する答えを英語で書きなさい。英文とそのあとに出題される質問が，それぞれ全体を通して二回ずつ読まれます。問題用紙の余白にメモをとってもかまいません。答えは全て解答用紙に書きなさい。

〔問題A〕

問題Aは，英語による対話文を聞いて，英語の質問に答えるものです。ここで話される対話文は全部で三つあり，それぞれ質問が一つずつ出題されます。質問に対する答えを選んで，その記号を答えなさい。では，＜対話文1＞を始めます。

Sakura: Hi, Tom, do you think it's going to rain this afternoon?
Tom: Hi, Sakura. I don't think so.
Sakura: Really? It was sunny this morning, but it's cloudy now. If it rains, we will have to change our plan to practice tennis this afternoon.
Tom: Don't worry. We won't have to do that. The weather news says it will rain tomorrow morning, but not today.
Sakura: I'm glad to hear that.
Tom: Let's talk about today's practice on the phone this evening.
Sakura: Sure.

Question : When will Sakura and Tom practice tennis?
＜対話文2＞を始めます。

Jane: Excuse me. I'm Jane. I'm a new student. Can you help me?
Bob: Hi, Jane. I'm Bob. What's the problem?
Jane: I want to see Ms. Brown. Can you tell me the way to the teacher's room?
Bob: Well, she is usually in the music room.
Jane: I see. So, where is the music room?
Bob: Can you see the library? Turn right at the library and you'll see the music room next to the art room. Also, she sometimes reads some books in the library.
Jane: Thanks. I will go to the library first.
Bob: I hope you find her.

Question : Where will Jane go first?
＜対話文3＞を始めます。

Girl: My school looks new, but it has a long history.
Boy: What do you mean?
Girl: The building is new, but my school will be one hundred years old next year.
Boy: Really?
Girl: Yes. My grandfather was a student of the same school sixty years ago.
Boy: Oh, how old is your grandfather?
Girl: He will be seventy-two years old this year.
Boy: Oh, is that right?
Girl: Yes. We sometimes sing our school song together.
Boy: Sounds nice!

Question : How old is the school now?

〔英文の訳〕

＜対話文1＞

サクラ：こんにちは，トム，今日の午後雨が降ると思う？

トム　：こんにちは，サクラ。そうは思わないよ。

サクラ：本当？　今朝は天気が良かったけど今は曇ってるね。もし雨が降ったら午後のテニスの練習予定を変えないといけないね。

トム　：心配ないよ。そうする必要はないよ。天気予報は今日じゃなくて明日の朝に降るって言ってるよ。

サクラ：それを聞いてよかったわ。

トム　：今晩電話で今日の練習について話そう。

サクラ：わかった。

質問：サクラとトムはいつテニスを練習しますか？

答え：ア　今日の午後。

＜対話文2＞

ジェーン：すみません。私はジェーンです。新しい生徒です。手伝ってもらえますか？

ボブ　　：こんにちは，ジェーン。僕はボブ。どうしましたか？

ジェーン：ブラウン先生に会いたいんです。教員室への行き方を教えてくれませんか。

ボブ　　：ああ，彼女はたいてい音楽室にいますよ。

ジェーン：そうですか。じゃあ音楽室はどこですか。

ボブ　　：図書館が見えますか？　図書館を右に曲がると美術室のとなりに音楽室が見えます。あと彼女は図書館でときどき本を読みます。

ジェーン：ありがとう。まず図書館に行きますね。

ボブ　　：彼女が見つかるといいですね。

質問：ジェーンは最初にどこへ行きますか？

答え：ウ　図書館へ。

＜対話文3＞

女の子：私の学校は新しく見えるけど長い歴史があるのよ。

男の子：どういう意味？

女の子：建物は新しいけど私の学校は来年で100年になるの。

男の子：本当に？

女の子：うん。祖父は60年前に同じ学校の生徒だったの。

男の子：ええ，おじいさんは何歳なの？

女の子：今年72歳になるよ。

男の子：ええ，そうなの？

女の子：うん。時々一緒に校歌を歌うよ。

男の子：いいね！

質問：今この学校は何周年になりますか？

答え：イ　99年。

〔放送台本〕

〔問題B〕

これから聞く英語は，カナダの中学生の Cathy が，日本の中学生とのオンライン交流で行ったスピーチです。内容に注意して聞きなさい。あとから，英語による質問が二つ出題されます。<Question 1>では，質問に対する答えを選んで，その記号を答えなさい。<Question 2>では，質問に対する答えを英語で書きなさい。なお，<Question 2>のあとに，15秒程度，答えを書く時間があります。

では，始めます。

Hello, everyone! My name is Cathy. I'm fifteen years old. I'm happy to meet you on the Internet today.

First, I will talk about my country. In summer, many people enjoy walking and bird watching in the mountains. I often go to a swimming pool during summer vacation. In winter, many people enjoy watching basketball games. They are very exciting, and I like to watch them, too. Also, people enjoy skiing. The mountains are beautiful with snow. I go skiing with my family every year. I like skiing the best of all sports. I have learned that there are a lot of places for skiing in Japan. Do you like winter sports?

Next, I will tell you about things I want to know about Japan. I'm very interested in Japanese movies. I think the stories are interesting. I want you to tell me about some popular Japanese movies. I'm looking for a new one to enjoy watching. Let's have fun on the Internet today.

<Question 1> What sport does Cathy like the best?

<Question 2> What does Cathy think about the stories in Japanese movies?

〔英文の訳〕

みなさん，こんにちは！　私の名前はキャシーです。15歳です。今日はインターネットでみなさんにお会いできて嬉しいです。

まず，私の国について話します。夏は多くの人たちが山で歩いたりバードウオッチングをしたりして楽しみます。私は夏休みの間よくプールに行きます。冬は多くの人たちがバスケットボールの試合を見て楽しみます。とてもワクワクするし私も見るのが好きです。またみんなスキーを楽しみます。山は雪をかぶって美しいです。私は毎年家族とスキーに行きます。全てのスポーツの中でスキーが一番好きです。日本にはたくさんのスキー場があると知りました。みなさんは冬のスポーツは好きですか？

次に，私が日本について知っていることについて話します。私は日本の映画にとても興味があります。ストーリーが面白いと思います。人気の日本映画についてみなさんに教えてもらいたいです。見て楽しめる映画を今探しています。今日はインターネットで楽しみましょう。

質問1：キャシーが一番好きなスポーツは何ですか？

答え　：エ　スキー。

質問2：日本映画のストーリーについてキャシーはどう思っていますか？

答え ：(例)それは面白い。

＜理科解答＞

1 〔問1〕 イ 〔問2〕 ア 〔問3〕 エ 〔問4〕 ウ 〔問5〕 エ
2 〔問1〕 ア 〔問2〕 イ 〔問3〕 エ 〔問4〕 ウ
3 〔問1〕 ウ 〔問2〕 イ 〔問3〕 エ 〔問4〕 ア
4 〔問1〕 ウ 〔問2〕 エ 〔問3〕 ア 〔問4〕 ウ
5 〔問1〕 イ 〔問2〕 ア
〔問3〕 ＜化学反応式＞ HCl(酸)＋NaOH(アルカリ)→NaCl(塩)＋H_2O
〔問4〕 ウ
6 〔問1〕 ア 〔問2〕 イ 〔問3〕 右図
〔問4〕 イ

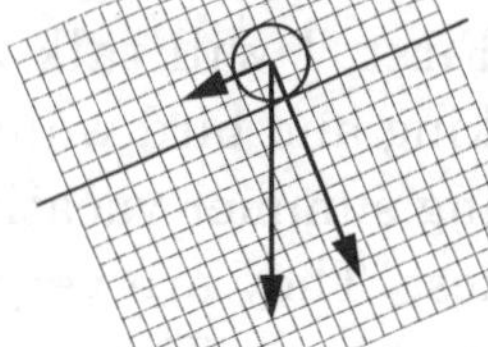

＜理科解説＞

1 **(小問集合―化学変化：燃焼，気体の発生とその性質，動物の体のつくりとはたらき：血液の循環，光と音：光の屈折，天気の変化：温暖前線，電流：電圧と電流と抵抗)**

〔問1〕 木には炭素原子や水素原子などがふくまれているので，木をじゅうぶんに燃焼させると，炭素や水素が酸化されて，**二酸化炭素や水(水蒸気)**などができる。二酸化炭素や水蒸気は空気中に出ていき，残るのは少量の灰なので質量が小さくなる。一方，スチールウールを燃焼させると，**酸素と化合して固体の酸化鉄になる**ので，結びついた酸素の分，質量が大きくなる。よって，石灰水が白くにごったのは，二酸化炭素が発生した集気びんPである。

〔問2〕 全身から戻った血液は大静脈Cを通って右心房に入り，右心室へ送られ，**静脈血は右心室から肺動脈Aへ送られ**，肺でガス交換が行われ動脈血となる。**動脈血は肺静脈Dを通って左心房に入り**，左心室へ送られる。動脈血は左心室から大動脈Bを通って全身に送り出される。よって，動脈は血管Aと血管Bであり，動脈血が流れる血管は血管Dと血管Bである。

〔問3〕 水中から空気中へ光が入射する場合，入射角より屈折角の方が大きい。容器の中の水の量を増やすと，**「A」の文字からの光が水面で屈折する点が上がるため，光はその点で屈折して目に入るようになる**。よって，屈折光の延長線上に実際より浮き上がった位置に見えるため，「A」の文字の形が全て見えるようになる。

〔問4〕 温暖前線は，**密度が小さい暖気が，密度が大きい寒気の上にはい上がり**，寒気をおしやりながら進んでいく。

〔問5〕 **P〔A〕＝Q〔A〕＋R〔A〕より，Q＜Pであり，R＜Pである。BとCは並列回路により，各抵抗にかかる電圧は等しい。よって抵抗が小さい方が大きい電流が流れるため，R＜Qである。よって，3点を流れる電流の大きさは，R＜Q＜P，である。**

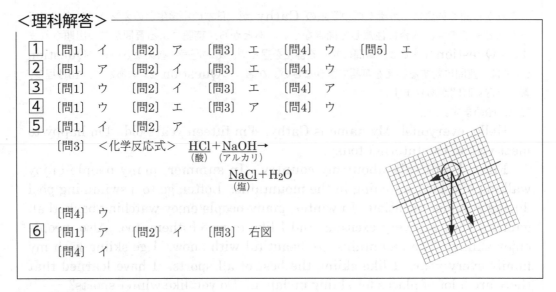

2 **(自由研究―太陽系と恒星：月の見え方・日食，状態変化：蒸留，水溶液，物質の成り立ち，植物の体のつくりとはたらき，力のはたらき：月面での重力)**

〔問1〕　観測地点Aは，地球と月と太陽を一直線に結んだ線上に位置している。このとき，太陽は真南の空に位置しているので，時刻は12時である。よって，**月が真南の空に位置する時刻は12時**である。北極星側から見ると，**月は地球のまわりを約1か月かけて反時計回りに公転**している。そのため，1週間後に真南の空に観察できる月の見え方は，**西側が光って見える上弦の月**である。

〔問2〕　蒸留して出てきた液体Bは水である。蒸留後，枝付きフラスコに残った水溶液Aは5%より濃度が高くなった塩化ナトリウム水溶液であるため，結晶は塩化ナトリウムであり，**塩化ナトリウムは，ナトリウム原子と塩素原子の2種類の原子でできている化合物**である。

〔問3〕　装置の上側に設置された光源に向かって成長していく植物では，上下にある葉が互いに重ならないようにつくが，その利点は，**光が当たる面積が大きくなり，光合成量が増加する**ことである。光合成でつくられた養分(栄養分)は，水にとけやすい物質に変化してから，**師管**を通ってからだ全体の細胞に運ばれ，それぞれの細胞で使われる。

〔問4〕　**月面で質量300gの物体A**に働く重力の大きさは，地球上と比べて約6分の1の0.5Nである。月面で質量300gの分銅に働く重力の大きさは，地球上と比べて約6分の1の0.5Nである。よって，**上皿てんびんに載せたときにつり合うのは質量300gの分銅**である。物体Aを**はかりに載せたときの目盛りの値は**，0.5Nの重力が物体Aに働くので，**約50g**である。

3 **(地層の重なりと過去の様子：柱状図・示準化石・堆積岩，生物の種類の多様性と進化：セキツイ動物の出現，火山活動と火成岩，身近な地形や地層，岩石の観察)**

〔問1〕　岩石Pは**石基と斑晶**が見られ，斑状組織であることから，岩石Pはマグマが冷えてできたもので，れき岩は土砂が押し固められてできたものである。れき岩を構成する粒の特徴は，流れる水のはたらきで，角が取れて**丸みを帯びた粒**が多い。

〔問2〕　岩石Qにはフズリナの化石が含まれていたので，岩石Qは古生代に堆積したもので，**古生代には魚類と両生類が出現**した。また，示準化石であるサンヨウチュウも生息していた。

〔問3〕　流水で運搬され海に流れ出た土砂は，粒の大きいものから陸の近くに堆積する。このことから，泥岩の層が堆積した時代の地域B周辺は，**河口から遠い深い海**であったと考えられる。

〔問4〕　X地点の**凝灰岩層の標高は，40.3m－11m＝29.3m**，であり，Y地点の凝灰岩層の標高は，36.8m－9m＝27.8m，である。よって，X地点の凝灰岩層の標高は，Y地点の凝灰岩層の標高より，29.3m－27.8m＝1.5m，高くなっている。

4 **(遺伝の規則性と遺伝子：メンデルの実験，生物の成長と生殖：減数分裂，植物の特徴と分類)**

〔問1〕　図2で，エンドウは花弁が1枚1枚離れていることから，**双子葉類の離弁花**であるため，子葉は2枚である。また，胚珠が子房の中にあることから，**被子植物**である。

〔問2〕　花粉の中では雄の生殖細胞の精細胞がつくられ，胚珠の中には雌の生殖細胞の卵細胞がつくられるが，**生殖細胞は減数分裂によりつくられるので，染色体数は体細胞の2分の1である。**よって，精細胞の核と卵細胞の核が合体してできた受精卵の核の染色体数は14本である。

〔問3〕　草たけが高い個体が**自家受粉**し，受精後にできた種子をまいて育てた結果は，＜結果2＞(1)のように，全て草たけの高い個体(図4のP)であった。これらのことから，エンドウの草たけを高くする遺伝子をA，対立形質である草たけを低くする遺伝子をaとすると，**エンドウPとその**

親の遺伝子はAAで表せる。同様に，**エンドウQとその親の遺伝子はaa**で表せる。＜結果2＞の(3)の個体Rは，＜実験＞(7)で**PとQをかけ合わせ**てできた個体で，遺伝子は**全てAa**であり，草たけが高い形質が顕性形質であると，全て草たけが高い個体になる。**遺伝子Aaの個体Rに，＜結果2＞の(2)，すなわち＜実験＞(5)の結果である図4の遺伝子がaaの個体Qをかけ合わせる**と，子の遺伝子は，Aa：aa＝草たけが高い個体の数：草たけが低い個体の数＝1：1，である。

〔問4〕 ＜モデル実験の結果から＞子の代では丸形の種子だけが得られたが，丸形は顕性であることから，**子の代の遺伝子はAAとAa**の2種類が考えられる。**子の代を自家受粉させると，孫の代では丸形の種子だけが得られた個体と丸形・しわ形の種子が得られた個体の両方あったことから，前者の子の代は丸形の純系で遺伝子はAAであり親の代の遺伝子もAAである。後者では丸形としわ形の種子が得られたことから，子の代の遺伝子はAaであったと考えられ，親の代の遺伝子もAaであると考えられる。**よって，親の代としてまいた2個の丸形の種子の遺伝子の組み合わせは，AAとAaである。

5 **(化学変化と電池，水溶液とイオン，物質の成り立ち：電気分解，気体の発生とその性質，酸・アルカリとイオン，中和と塩)**

〔問1〕 図1は，**ダニエル電池**である。ダニエル電池の特徴は，セロハンで2種類の電解質の水溶液を仕切っているという点である。亜鉛板を硫酸亜鉛水溶液に，銅板を硫酸銅水溶液にひたし，導線でつないだつくりになっている。セロハンにはとても小さな穴が開いており，水溶液中の陽イオンと陰イオンはこの穴を通りぬけることができる。ダニエル電池では，**イオン化傾向(イオンへのなりやすさ)の大きい亜鉛原子Znが水溶液中に亜鉛イオンZn^{2+}となってとけ出し，亜鉛板に残った電子は導線を通って銅板へ移動し電流が流れる。水溶液中の銅イオンCu^{2+}は銅板に達した電子を受けとって銅原子Cuになる。(−極)$Zn \rightarrow Zn^{2+} + 2e^-$**，によりモデルで表した図はAであり，**(＋極)$Cu^{2+} + 2e^- \rightarrow Cu$**，によりモデルで表した図はDである。

〔問2〕 図1のダニエル電池については，−極の亜鉛が次々にイオンとなって溶け出すので，Zn^{2+}は増加し，＋極では水溶液中のCu^{2+}が，導線を通ってやってきた亜鉛が放出した電子を受けとって，銅の金属となって電極に付着するため，Cu^{2+}は減少する。**図2は水の電気分解**である。−極である電極Rには空気より軽い水素が発生し，＋極である電極Sには水に溶けにくい酸素が発生する。

〔問3〕 ＜実験2＞は，酸にアルカリを加えるごとに酸の性質が打ち消され，塩と水ができる中和の実験である。よって，**化学反応式は，$HCl + NaOH \rightarrow NaCl + H_2O$**，である。

〔問4〕 図3のモデルで表した薄い塩酸に水酸化ナトリウム水溶液を加えるたびに起きる化学変化を，イオン式を用いて表し，ビーカー②に含まれるイオンの総数を考察する。**$(3H^+ + 3Cl^-) + (Na^+ + OH^-) \rightarrow Na^+ + Cl^- + H_2O + 2H^+ + 2Cl^-$，であり，$H^+ + OH^- \rightarrow H_2O$，の中和反応によって$H^+$が1個減少するが，$Na^+ + Cl^-$は水に溶ける塩なので，$Na^+$が1個増加するため，化学変化の前後で水素イオンの総数は変わらない。さらに水酸化ナトリウム水溶液を加えても，同様の考察ができる。H^+とOH^-が同数の中性になるまで化学変化の前後でイオンの総数は変わらない。**＜実験2＞の場合，薄い塩酸$12cm^3$に水酸化ナトリウム水溶液を$6cm^3$加えたとき，BTB溶液が緑色になったことから，中性である。**中性を過ぎると，加えた水酸化ナトリウムは化学変化をしないのでNa^+とOH^-のどちらもイオンとして残り，イオンの総数は増加する。**

6　(力と物体の運動：斜面を下る小球の運動，力のつり合いと合成・分解：重力の分力，力学的エネルギー：力学的エネルギーの保存)

〔問1〕　小球の平均の速さ〔m/s〕＝{(10.6＋9.0＋5.6)÷100}〔m〕÷3÷0.1〔s〕＝0.84〔m/s〕である。

〔問2〕　レールBの斜面①から③の上の小球に働く重力は，小球に働く斜面下向きの斜面に平行な力と斜面に垂直な力に分解できる。小球に働く斜面下向きの力は小球が運動する向きに働く力である。**斜面①から③までは斜面の傾きはほぼ一定であるから，小球が運動する向きに働く力はほぼ一定である。小球が運動する向きに働く力がほぼ一定であり続けるとき，小球の速さはほぼ一定の割合で増加する。**よって，イが適切である。

〔問3〕　小球に働く重力が対角線となるような長方形をかく。小球に働く重力の斜面に平行な分力と斜面に垂直な分力の大きさを長方形の各辺の長さとして矢印をかく。

〔問4〕　点aと点dは9cmの同じ高さなので小球がもつ位置エネルギーは等しい。小球がもつ位置エネルギーは，斜面を下るにつれて運動エネルギーに変わるが，**位置エネルギーと運動エネルギーの和の力学的エネルギーは一定に保存されている。**点bと点eはそれぞれ4cmと5.2cmの高さなので，小球がもつ運動エネルギーは点bの方が大きい。点cと点fはそれぞれ水平な部分の上なので，小球がもつ位置エネルギーは，全て運動エネルギーに変っているため，運動エネルギーの大きさはほぼ等しい。

＜社会解答＞

1　〔問1〕　エ　〔問2〕　ウ　〔問3〕　ア

2　〔問1〕　(略地図中のA～D)　D　(Ⅱのア～エ)　イ　〔問2〕　P　ア　Q　エ　R　イ　S　ウ　〔問3〕　(略地図中のW～Z)　Y　(ⅠとⅡの表のア～エ)　エ

3　〔問1〕　A　ウ　B　イ　C　ア　D　エ　〔問2〕　(Ⅰのア～エ)　ア　(略地図中のW～Z)　W　〔問3〕　〔変化〕地区計画により，工場であった土地に，商業施設が建てられた。　〔要因〕多くの人が集まる駅に近いこと。

4　〔問1〕　ア→イ→エ→ウ　〔問2〕　イ　〔問3〕　イ→ウ→エ→ア　〔問4〕　ウ

5　〔問1〕　エ　〔問2〕　ウ　〔問3〕　情報処理・通信に携わる人材は，アメリカ合衆国では，情報通信技術を利用する業種に就いている割合が高いが，我が国では，情報通信技術を提供する業種に就いている割合が高い。　〔問4〕　イ

6　〔問1〕　エ→ア→ウ→イ　〔問2〕　ⅠのA～D　B　ⅠのA～Dのア～ウ　イ　〔問3〕　X

＜社会解説＞

1　(地理的分野―日本地理―地形図の見方，歴史的分野―日本史時代別―古墳時代から平安時代，―日本史テーマ別―文化史，公民的分野―三権分立)

〔問1〕　資料で示されたA地点からB地点に到達するまでに**水準点**「⊡」を通るのは，エの**地形図**のみである。歩いた距離や方角を正確に表しているのも，エの地形図のみである。

〔問2〕　8世紀半ばに**鑑真**によって開かれた**唐招提寺**は，大和国の**平城京**に建立された。平城京の位置は地図のウである。

〔問3〕　**裁判員裁判**は，重大な**刑事事件**の**第一審**で，**地方裁判所**で行われる。**家庭裁判所**は，公に

公開される通常の訴訟手続きにはそぐわないと考えられている家庭内の紛争や，非行のある少年の事件を扱う裁判所である。**簡易裁判所**は，日常生活において発生する軽微な民事事件・刑事事件を迅速・簡易に処理するための裁判所である。**高等裁判所**は，地方裁判所および簡易裁判所の第一審判決に対する控訴を扱う裁判所である。

2 (地理的分野―世界地理―都市・気候・産業・貿易)

〔問1〕 Ⅰの文章は，イスラム商人の航海に関する記述から，Dの海域の説明であることがわかる。また，その範囲内に位置する都市の**雨温図**は，**赤道**に近い都市であることから，一年間の気温差が少ないもの，**北半球**に属することから山型の気温変化があるもの，また**モンスーン**の季節以外は極めて雨が少なく，**雨季**と**乾季**があるものを選べばよい。これにあたるのが，イである。

〔問2〕 イは石油依存の経済との説明から，アラブ首長国連邦のドバイの説明であることがわかる。ウはEUの中心的な貿易港であるとの説明から，オランダのロッテルダムのことだとわかる。エはASEANの中のハブ港との記述から，シンガポールであるとわかる。残るアは，釜山だとわかる。

〔問3〕 初めに，略地図中のW～Zの国を確定する。Wはペルー，Xはニカラグア，Yはフィリピン，Zはマレーシアである。このうちⅢの文章にある「1946年に独立し」,「1989年にAPECに参加し」,「人口が1億人を超え」に該当するのはフィリピンである。また，Ⅲの文章を読み，Ⅰの表を見ると，日本の輸入総額が1999年から2019年の間で2倍弱増加し，果実の輸入量が上位3位から脱落していることから，エがフィリピンに該当するとわかる。また，Ⅱの表で上位3か国に中華人民共和国が新たに入ったことから，エがフィリピンに該当するとわかる。

3 (地理的分野―日本地理―地形・工業・交通・地形図の見方)

〔問1〕 初めに，AからDの道県を確定する。Aが北海道，Bが兵庫県，Cが福岡県，Dが長崎県である。都道府県中で最も海岸線が長いのは北海道であり，Aはウである。次に長いのは長崎県であり，Dがエである。都道府県中で最も鉄鋼の生産量が多いのは愛知県であり，兵庫県は第2位である。Bがイである。残るCがアである。

〔問2〕 Ⅱは**北関東工業地域**の説明である。北関東工業地域では，輸送用機械の出荷額の割合が増えている。輸送用機械を作るためには広い工場敷地面積が必要であり，北関東では，広い敷地を安く確保できるからである。また，1980年に**関越自動車道**が開通し，群馬から東京への輸送が容易になった。1987年には**東北自動車道**が開通し，栃木から東京への輸送が容易になった。さらに2011年の**北関東自動車道**の開通によって，内陸地の群馬県や栃木県から太平洋岸に輸送しやすくなったこと等が要因である。飛躍的に**輸送用機械**の出荷額が伸びているアのグラフが該当する。略地図中のW～Zのうち，Wが北関東工業地域である。

〔問3〕〔変化〕 地区計画により，工場「☼」であった土地に，商業施設が建てられたことを簡潔に指摘すればよい。〔要因〕 乗降客数が多い駅に近く，人が集まりやすいことを指摘すればよい。

4 (歴史的分野―日本史時代別―古墳時代から平安時代・鎌倉時代から室町時代・安土桃山時代から江戸時代・明治時代から現代，―日本史テーマ別―政治史・社会史，―世界史―政治史)

〔問1〕 アは8世紀の奈良時代の政策の様子である。イは11世紀の**後三条天皇**の時代の政策の様子である。ウは14世紀の**後醍醐天皇**の時代の政策の様子である。エは13世紀の鎌倉時代の政策の様子である。したがって，時代の古い順に並べると，ア→イ→エ→ウとなる。

〔問2〕 Ⅱは**太閤検地**の説明である。太閤検地は，**織田信長**の死後に**豊臣秀吉**によって行われた。略年表中のイの時期にあてはまる。

〔問3〕 ア　浅草から上野の間に**地下鉄**が開通したのは，1927年である。　イ　**寛政の改革**が行われたのは，1787年から1793年である。　ウ　**黒船**来航に備えて**台場**に砲台が設置されたのは，1853年からである。　エ　**日英同盟**が締結されたのは，1902年である。したがって，時代の古い順に並べると，イ→ウ→エ→アとなる。

〔問4〕 **東西ドイツの統一**は1990年，**京都議定書**の採択は1997年，長野オリンピックは1998年に開催された。いずれも略年表のウの時期にあてはまる。

5 (公民的分野―基本的人権・経済一般・国の政治の仕組み)

〔問1〕 日本国憲法第21条には「集会，結社及び言論，出版その他一切の**表現の自由**は，これを保障する。」との規定があり，個人の心の中にある，意思，感情などを外部に明らかにすることを保障している。

〔問2〕 **第4次中東戦争**が勃発し，OPEC諸国は原油の値上げを決定し，いわゆる**石油危機**が起こったのは，1973年のことであり，ウの時期がこれにあたる。

〔問3〕 情報処理・通信に携わる人材は，我が国では，日本のグラフに見られるように，**情報通信技術**を提供する業種に就いている割合が72%と高い。これに対し，アメリカ合衆国のグラフでは，金融業・サービス業など情報通信技術を利用する業種に就いている割合が65.4%と高くなっている。このような趣旨のことを簡潔に述べればよい。

〔問4〕 **内閣委員会**は，**常任委員会**の一つで，内閣府の所管に属する事項のうち，他の常任委員会の所管に属さないものなどを扱う。常任委員会は国会に提出された法律案を，本会議の審議前に審議するので，BとCの間になる。

6 (歴史的分野―世界史―政治史，地理的分野―世界地理―都市・人口)

〔問1〕 ア　**ビスマルク**の宰相在任中とは，19世紀後期である。　イ　**冷戦**と呼ばれた東西の対立が起き，緊張が高まったのは，20世紀後期である。　ウ　**ニューディール政策**は，20世紀前期にアメリカで行われた。　エ　**マリア・テレジア**がハプスブルク家の皇帝フランツ1世の皇后にして共同統治者の地位にあったのは，18世紀である。したがって，時代の古い順に並べると，エ→ア→ウ→イとなる。

〔問2〕 Ⅱの文章は，「イギリス系住民」「フランス系住民」の記述から，カナダの説明であることがわかる。A～Dのうち，五大湖の一部が描かれているBがカナダである。カナダの首都オタワの位置は，ア～ウのうち，イである。

〔問3〕 Ⅱの文章は，「オランダから独立」「イスラム教徒が8割を超える」との記述から，インドネシアを指していることがわかる。1950年に人口差が100万人を下回っており，1990年には約7倍，その後は緩やかな拡大傾向が続いているグラフは，Xである。

＜国語解答＞

1 (1) うかが　(2) くだ　(3) えいきょう　(4) えんかつ　(5) めぐ

2 (1) 演　(2) 難　(3) 宿命　(4) 習慣　(5) 健

3 〔問1〕 エ　〔問2〕 イ　〔問3〕 ウ　〔問4〕 ア　〔問5〕 エ

4　〔問1〕　ウ　　〔問2〕　エ　〔問3〕　ア　〔問4〕　イ　〔問5〕　(例)学校で職業調べの学習を行いました。調べたことや友人の発表から，自分の将来や未来の社会の姿について考えようとしましたが，具体的に想像することができませんでした。

　筆者は，コンピュータ化できない部分を含む「脱既存概念の考え方」は人間特有のものだと述べています。また，人間は自分がどう生きるべきかといった高度な考え方をするとも述べています。私は，自分の力で未来を切りひらくために，考え続けたいと思います。(200字)

5　〔問1〕　エ　　〔問2〕　ウ　　〔問3〕　イ　　〔問4〕　ア　　〔問5〕　ウ

＜国語解説＞

1　(漢字の読み)

(1)　訓読みの送り仮名に注意。「うかが・う」。　(2)　訓読みは「くだ・く」，音読みは「サイ」。(3)　あるもののはたらきが，他のものにもおよんで，何らかの変化や反応を引き起こすこと。(4)　物事がとどこおらずうまく進む様子。「滑」の訓読みは「すべ・る，なめ・らか」，音読みは「カツ，コツ」。　(5)　「巡」の訓読みは「めぐ・る」，音読みは「ジュン」。総画数は6画。

2　(漢字の書き取り)

(1)　劇などの役を務めること。　(2)　7画目と8画目が**横画で2本**。3本にしない。　(3)　逃れがたい現実を生み出す，人間の意思とは関わりなく物事が変化していく力のこと。(4)　「慣」の4～7画目は「母」ではないので注意する。　(5)　からだが丈夫で元気なさま。「健」は，「辶」ではなく「廴」。

3　(小説―情景・心情，内容吟味，文脈把握)

〔問1〕　雪乃は「けどあのひとが，ほっとけって言うだから」というヨシ江の言葉から，自分を起こさなかったのは茂三だと知った。**一緒に畑に行く約束をしたはずの茂三が自分を起こさなかった**ことに戸惑っているのである。アはヨシ江の意図とした点が不適切。イは茂三が起こす約束をした点が不適切。ウは雪乃が悔しがっている点が不適切。「え？」と反応した時点ではもう我に返っている。

〔問2〕　起こしてもらえると思っていたのは自分の甘えで，茂三の言うとおり「起きてこなけりゃ置いてくまで」なのだと理解し，早く身支度を済ませようとする様子がうかがえる。一つ一つの動作を読点で区切ったので，文章がリズミカルになり，急いでいる様子を印象づける効果が出ている。

〔問3〕　傍線(3)のあと，「茂三は怒っていないだろうか」「あきれているんじゃないだろうか」とあり，**自分が茂三にどう思われているかが気になり，切り出し方がわからなくて声をかけられない雪乃の様子にためらい**が読み取れる。

〔問4〕　**茂三は雪乃が後から来ることを見越して**ヨシ江に今日作業をする畑を伝えていた。そして後からやってきた雪乃を，**「寝ぼすけ」という茶化すような呼び方と笑顔で迎え入れた**。これらを踏まえて選択肢を選べばよい。

〔問5〕　イモの植え付けの際，航介は従来の方法だけでなく「別のやり方も試し」た。その父の姿から傍線(5)のあと「新しいことを始める時は……必要なのかも知れない。」ということを感じたのだ。ウは「茂三よりも」という表現が不適切だ。**比べるようなことはしていない**。

4　(論説文―内容吟味，文脈把握，段落・文章構成，作文)

〔問1〕「一定の目的」を「達成するため」の「一連の秩序だった必然的な行動」には複雑さの違いがあるものの，本質の部分では大きな差がないことを動物の例を持ち出して説明したのは，次段落にあるように**「原始的人間と動物の間に大きな違いがない」と筆者が考えている**からだ。

〔問2〕**「脱既存概念の考え方」とは，人間が多様な目的に対し，その目的達成の方法を個々人が状況に応じて動的に見いだす行為で，創造的な思考**である。これは，人間も含めたあらゆる生物が行う第三段落「種としての経験……大きく変わっていない」の記述のような，種として先祖から受け継いだ**「本能的」な行動パターンとは，全く質の異なるもの**である。

〔問3〕第八段落で,「目的意識のもとでの『考え方』」についての考察が提示された。**これを受けて，第九段落では考えるための目的は必須の前提条件であることを示し，それらをふまえて筆者の考察が九段落以降に展開されていく構成**となっている。

〔問4〕人は「考える途中で得た概念をそのつど言葉に出すことはしない」のだが，言葉に出して明示するなら，「異なる『考え方』と比較」して「足りない部分は何かをはっきりさせることができる」と第十段落に記述がある。つまり，概念の明示化は**考えの不備を修正するきっかけとなる**のである。

〔問5〕テーマとなっている「コンピュータ化できない人間の考え方」とは，明文化できない部分であり「脱既存概念による考え方」である。**あなた自身がどのような目的を達成するために考えようとしているか**を作文の中心において，適切な具体例(体験・見聞)を挙げて述べていこう。**構成は二段落にし，一段落目に体験などの具体例，二段落目に自分の意見をまとめる**と良い発表原稿になる。

5　(会話，古文―内容吟味，文脈把握，品詞・用法)

〔問1〕「ちぎり」とは，約束・**前世からの因縁や宿縁**を意味する。

〔問2〕西行も業平も歌の詞足らずの部分を詞書で補ったという**共通点を見いだした後，傍線(2)以降は西行の詞書に焦点が絞られ**ている。

〔問3〕西行の詞書はもっと長ければ一つの紀行文という作品になり得るほどに優れた散文であった。したがって西行の詞書の特徴は，**歌に表現しきれなかった部分を補う役割を担っているという点**と，**詞書の文章自体が優れ，魅力あふれたものである点**が挙げられよう。

〔問4〕傍線(4)の前に「日本の紀行には他の……その先駆者と見られるものだろう」とあり，**西行の『山家集』はすでに紀行文のスタイルを採用していた**ことがわかる。

〔問5〕ウは「が」に置き換えられるので，**主語であることを示す格助詞**だ。アは「蔭」の**連体修飾語であることを示す格助詞**，イは「日」の連体修飾語であることを示す格助詞，エは「意味」の連体修飾語であることを示す格助詞である。

2022年度　正答率一覧

数　学

大問	小問	枝問	配点	正答率
1	1		5	85.3%
1	2		5	70.7%
1	3		5	78.7%
1	4		5	87.3%
1	5		5	88.6%
1	6		5	58.4%
1	7		5	62.6%
1	8		5	45.6%
1	9		6	37.0%
2	1		5	52.7%
2	2		7	40.5%
3	1		5	67.7%
3	2		5	69.4%
3	3		5	14.7%
4	1		5	62.2%
4	2	1	7	55.0%
4	2	2	5	2.3%
5	1		5	29.9%
5	2		5	1.2%

英　語

大問	小問	枝問	配点	正答率
1	A	1	4	61.0%
1	A	2	4	89.7%
1	A	3	4	67.0%
1	B	1	4	87.5%
1	B	2	4	39.1%
2	1		4	49.4%
2	2		4	60.9%
2	3	1	4	66.8%
2	3	2	12	44.7%
3	1		4	58.4%
3	2		4	42.3%
3	3		4	55.1%
3	4		4	85.7%
3	5		4	68.9%
3	6		4	59.7%
3	7		4	51.4%
4	1		4	66.3%
4	2		4	29.5%
4	3	1	4	58.4%
4	3	2	4	37.7%
4	3	3	4	44.7%
4	4	1	4	43.7%
4	4	2	4	40.2%

（灰色の網掛け）は部分点正答も含めた割合です。

理科

大問	小問	枝問	配点	正答率
1	1		4	64.0%
1	2		4	52.1%
1	3		4	44.1%
1	4		4	45.8%
1	5		4	52.2%
2	1		4	44.0%
2	2		4	39.6%
2	3		4	72.6%
2	4		4	55.4%
3	1		4	42.9%
3	2		4	63.1%
3	3		4	51.8%
3	4		4	37.8%
4	1		4	71.0%
4	2		4	55.4%
4	3		4	44.0%
4	4		4	68.6%
5	1		4	67.3%
5	2		4	41.3%
5	3		4	39.6%
5	4		4	40.9%
6	1		4	68.1%
6	2		4	46.8%
6	3		4	64.9%
6	4		4	56.4%

社会

大問	小問	枝問	配点	正答率
1	1		5	81.2%
1	2		5	54.1%
1	3		5	68.6%
2	1		5	52.9%
2	2		5	28.3%
2	3		5	28.5%
3	1		5	25.9%
3	2		5	11.7%
3	3		5	69.3%
4	1		5	26.1%
4	2		5	54.2%
4	3		5	40.9%
4	4		5	49.7%
5	1		5	42.8%
5	2		5	54.7%
5	3		5	54.5%
5	4		5	40.3%
6	1		5	36.7%
6	2		5	16.7%
6	3		5	36.4%

国語

大問	小問	枝問	配点	正答率
1	1		2	94.2%
1	2		2	97.6%
1	3		2	98.9%
1	4		2	80.8%
1	5		2	97.4%
2	1		2	84.8%
2	2		2	78.5%
2	3		2	70.5%
2	4		2	57.0%
2	5		2	57.2%
3	1		5	89.0%
3	2		5	76.0%
3	3		5	94.7%
3	4		5	94.2%
3	5		5	73.4%
4	1		5	44.6%
4	2		5	29.1%
4	3		5	40.4%
4	4		5	59.4%
4	5		10	71.4%
5	1		5	64.3%
5	2		5	57.0%
5	3		5	38.8%
5	4		5	35.7%
5	5		5	83.2%

MEMO

大切なことはメモしておこうネ！

東京都公立高等学校

2021年度

★★★★★★★★★★★★★★★★★★★★★★★★

入　試　問　題

●くわしい解説……57ページ

2021年 東京都公立高校入試 出題範囲縮小内容

令和2年5月13日付け2文科初第241号「中学校等の臨時休業の実施等を踏まえた令和3年度高等学校入学者選抜等における配慮事項について（通知）」を踏まえ，出題範囲について以下の通り配慮があった。

○以下の内容について出題範囲から除外する。

数学	・三平方の定理 ・標本調査
英語	関係代名詞のうち ・主格の that、which、who ・目的格の that、which の制限的用法 ※ 同様の働きをもつ接触節も出題しない。
理科	○第1分野 ・『運動とエネルギー』のうち「力学的エネルギー」 ・科学技術と人間 ○第2分野 ・『地球と宇宙』のうち「太陽系と恒星」 ・自然と人間
社会	・『私たちと経済』のうち 「国民の生活と政府の役割」 ・私たちと国際社会の諸課題
国語	3年生の教科書で学習する漢字

＜数学＞

時間　50分　　満点　100点

【注意】 1　答えに分数が含《ふく》まれるときは，**それ以上約分できない形で表しなさい。**
例えば，$\dfrac{6}{8}$ と答えるのではなく，$\dfrac{3}{4}$ と答えます。

2　答えに根号が含まれるときは，**根号の中を最も小さい自然数にしなさい。**
例えば，$3\sqrt{8}$ と答えるのではなく，$6\sqrt{2}$ と答えます。

3　答えを選択する問題については，**特別の指示**のあるもののほかは，各問の**ア・イ・ウ・エ**のうちから，最も適切なものをそれぞれ**1つずつ**選んで，**その記号の◯の中を正確に塗《ぬ》りつぶしなさい。**

4　□の中の数字を答える問題については，「**あ，い，う，…**」に当てはまる数字を，下の〔例〕のように，0から9までの数字のうちから，それぞれ1**つずつ**選んで，**その数字の◯の中を正確に塗りつぶしなさい。**

〔例〕 **あい** に12と答えるとき

あ	⓪	●	②	③	④	⑤	⑥	⑦	⑧	⑨
い	⓪	①	●	③	④	⑤	⑥	⑦	⑧	⑨

1　次の各問に答えよ。

〔問1〕　$-3^2\times\dfrac{1}{9}+8$　を計算せよ。

〔問2〕　$\dfrac{5a-b}{2}-\dfrac{a-7b}{4}$　を計算せよ。

〔問3〕　$3\div\sqrt{6}\times\sqrt{8}$　を計算せよ。

〔問4〕　一次方程式　$-4x+2=9(x-7)$　を解け。

〔問5〕　連立方程式　$\begin{cases}5x+y=1\\-x+6y=37\end{cases}$　を解け。

〔問6〕　二次方程式　$(x+8)^2=2$　を解け。

〔問7〕　次の ① と ② に当てはまる数を，下の**ア**～**ク**のうちからそれぞれ選び，記号で答えよ。

関数 $y=-3x^2$ について，x の変域が $-4\leqq x\leqq 1$ のときの y の変域は，

① $\leqq y\leqq$ ②

である。

ア　-48　　**イ**　-16　　**ウ**　-3　　**エ**　-1

オ　0　　**カ**　3　　**キ**　16　　**ク**　48

〔問8〕 次の □ の中の「あ」「い」「う」に当てはまる数字をそれぞれ答えよ。

1から6までの目の出る大小1つずつのさいころを同時に1回投げる。

大きいさいころの出た目の数を a，小さいさいころの出た目の数を b とするとき，$a \geqq b$ となる確率は，$\dfrac{\boxed{あ}}{\boxed{いう}}$ である。

ただし，大小2つのさいころはともに，1から6までのどの目が出ることも同様に確からしいものとする。

〔問9〕 右の図のように，直線 ℓ と直線 m，直線 m と直線 n がそれぞれ異なる点で交わっている。

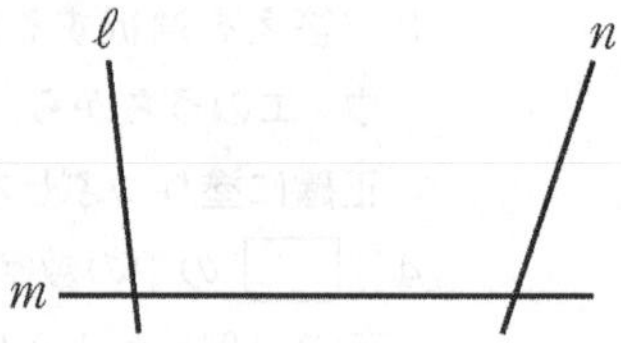

解答欄《かいとうらん》に示した図をもとにして，直線mよりも上側にあり，直線 ℓ，直線 m，直線 n のそれぞれから等しい距離《きょり》にある点Pを，定規とコンパスを用いて作図によって求め，点Pの位置を示す文字Pも書け。

ただし，作図に用いた線は消さないでおくこと。

2 Sさんのクラスでは，先生が示した問題をみんなで考えた。

次の各問に答えよ。

［先生が示した問題］

a を正の数，n を自然数とする。

右の**図1**のように，1辺の長さが $2a$cm の正方形に，各辺の中点を結んでできた四角形を描いたタイルがある。正方形と描いた四角形で囲まれてできる，■ で示された部分の面積について考える。

図1のタイルが縦と横に n 枚ずつ正方形になるように，このタイルを並べて敷《し》き詰《つ》める。右の**図2**は，$n = 2$ の場合を表している。

図1のタイルを縦と横に n 枚ずつ並べ敷き詰めてできる正方形で，■ で示される部分の面積をPcm^2とする。

また，**図1**のタイルと同じ大きさのタイルを縦と横に n 枚ずつ並べ敷き詰めてできる正方形と同じ大きさの正方形で，各辺の中点を結んでできる四角形を描いた別のタイルを考える。右の**図3**は，$n = 2$ の場合を表している。

図1と同様に，正方形と描いた四角形で囲まれてできる部分を ■ で示し，その面積をQcm^2とする。

$n = 5$ のとき，PとQをそれぞれ a を用いて表しなさい。

図1

図2

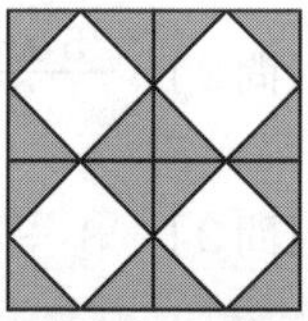

図3

〔問1〕 次の ① と ② に当てはまる式を，次のページの**ア**～**エ**のうちからそれぞれ選び，記号で答えよ。

［先生が示した問題］で，$n = 5$ のとき，PとQをそれぞれ a を用いて表すと，

P＝ ① ，Q＝ ② となる。

① ア $\frac{25}{2}a^2$　イ $50a^2$　ウ $75a^2$　エ $100a^2$

② ア $\frac{25}{2}a^2$　イ $25a^2$　ウ $50a^2$　エ $75a^2$

Ｓさんのグループは，［先生が示した問題］をもとにして，正方形のタイルの内部に描いた四角形を円に変え，正方形と描いた円で囲まれてできる部分の面積を求める問題を考えた。

［Ｓさんのグループが作った問題］

a を正の数，n を自然数とする。

右の**図４**のように，１辺の長さが $2a$cm の正方形に，各辺に接する円を描いたタイルがある。正方形と描いた円で囲まれてできる，▒ で示された部分の面積について考える。

図４のタイルが縦と横に n 枚ずつ正方形になるように，このタイルを並べて敷き詰める。右の**図５**は，$n = 2$ の場合を表している。

図４のタイルを縦と横に n 枚ずつ並べ敷き詰めてできる正方形で，▒ で示される部分の面積をＸcm²とする。

また，**図４**のタイルと同じ大きさのタイルを縦と横に n 枚ずつ並べ敷き詰めてできる正方形と同じ大きさの正方形で，各辺に接する円を描いた別のタイルを考える。右の**図６**は，$n = 2$ の場合を表している。

図４と同様に，正方形と描いた円で囲まれてできる部分を ■ で示し，その面積をＹcm²とする。

図４のタイルが縦と横に n 枚ずつ並ぶ正方形になるように，このタイルを敷き詰めて，正方形と円で囲まれてできる部分の面積Ｘ，Ｙをそれぞれ考えるとき，Ｘ＝Ｙとなることを確かめてみよう。

図４
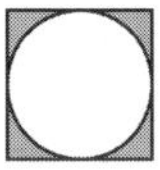

図５
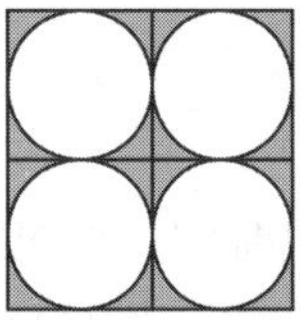

図６

〔問２〕［Ｓさんのグループが作った問題］で，Ｘ，Ｙをそれぞれ a，n を用いた式で表し，Ｘ＝Ｙとなることを証明せよ。

ただし，円周率は π とする。

3 右の**図１**で，点Ｏは原点，点Ａの座標は $(-12, -2)$ であり，直線 ℓ は一次関数 $y = -2x + 14$ のグラフを表している。

直線 ℓ と y 軸との交点をＢとする。

直線 ℓ 上にある点をＰとし，２点Ａ，Ｐを通る直線を m とする。

あとの各問に答えよ。

図１
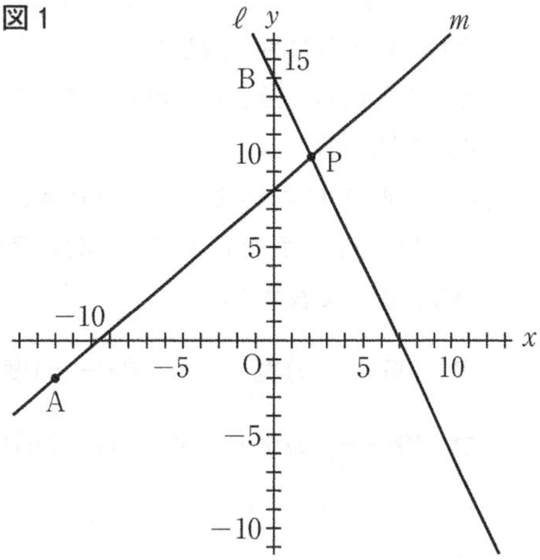

〔問1〕　次の □ の中の「え」に当てはまる数字を答えよ。

点Pの y 座標が10のとき，点Pの x 座標は [え] である。

〔問2〕　次の [①] と [②] に当てはまる数を，下の**ア**～**エ**のうちからそれぞれ選び，記号で答えよ。

点Pの x 座標が4のとき，直線 m の式は，

$y =$ [①] $x +$ [②]

である。

[①]　**ア**　$-\frac{1}{2}$　　**イ**　$\frac{1}{2}$　　**ウ**　1　　**エ**　2

[②]　**ア**　4　　**イ**　5　　**ウ**　8　　**エ**　10

〔問3〕　右の**図2**は，前のページの**図1**において，点Pの x 座標が7より大きい数であるとき，x 軸を対称《たいしょう》の軸として点Pと線対称な点をQとし，点Aと点B，点Aと点Q，点Pと点Qをそれぞれ結んだ場合を表している。

△APBの面積と△APQの面積が等しくなるとき，点Pの x 座標を求めよ。

図2

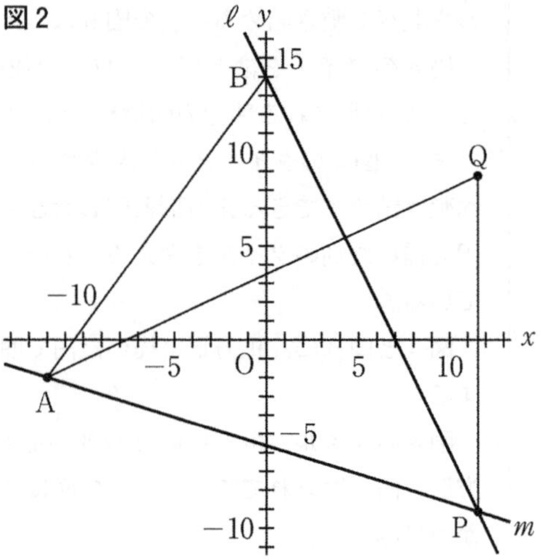

4　右の**図1**で，四角形ABCDは，AB＞ADの長方形であり，点Oは線分ACを直径とする円の中心である。

点Pは，頂点Aを含《ふく》まない$\overset{\frown}{CD}$上にある点で，頂点C，頂点Dのいずれにも一致《いっち》しない。

頂点Aと点P，頂点Bと点Pをそれぞれ結ぶ。

次の各問に答えよ。

〔問1〕　**図1**において，$\angle ABP = a^\circ$ とするとき，∠PACの大きさを表す式を，次の**ア**～**エ**のうちから選び，記号で答えよ。

ア　$(45-\frac{1}{2}a)$度　　**イ**　$(90-a)$度

ウ　$(90-\frac{1}{2}a)$度　　**エ**　$(135-2a)$度

図1

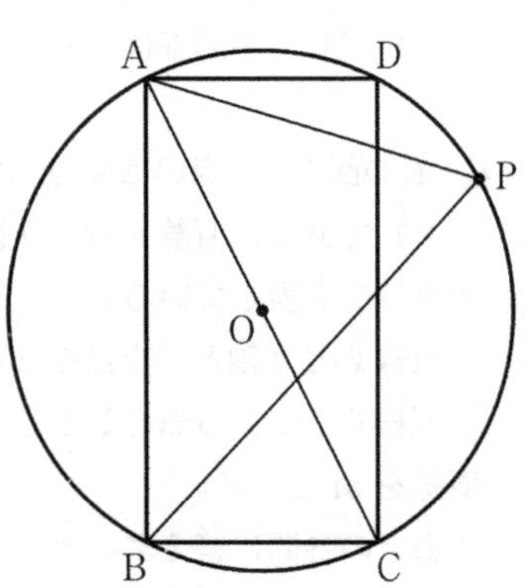

〔問２〕　右の**図２**は，前のページの**図１**において，辺CDと線分APとの交点をQ，辺CDと線分BPとの交点をRとし，AB＝APの場合を表している。

次の①，②に答えよ。

①　△QRPは二等辺三角形であることを証明せよ。

②　次の $\boxed{}$ の中の「**お**」「**か**」「**き**」に当てはまる数字をそれぞれ答えよ。

図２において，頂点Cと点Pを結んだ場合を考える。

図２

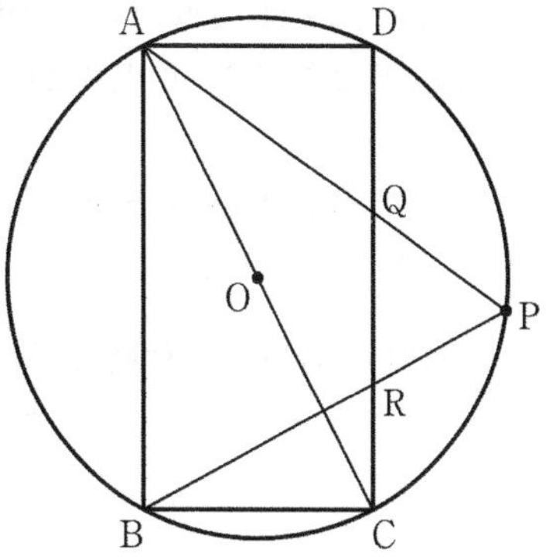

AB＝16㎝，AD＝８㎝のとき，△PRCの面積は，$\dfrac{\boxed{\text{おか}}}{\boxed{\text{き}}}$ ㎝²である。

5　右の**図１**に示した立体ABC－DEFは，AB＝４㎝，AC＝３㎝，BC＝５㎝，AD＝６㎝，∠BAC＝∠BAD＝∠CAD＝90°の三角柱である。
辺BC上にあり，頂点Bに一致《いっち》しない点をＰとする。

点Qは，辺EF上にある点で，BP＝FQである。

次の各問に答えよ。

〔問１〕　次の $\boxed{}$ の中の「く」に当てはまる数字を答えよ。

BP＝２㎝のとき，
点Ｐと点Qを結んでできる直線PQとねじれの位置にある辺は全部で $\boxed{\text{く}}$ 本である。

図１

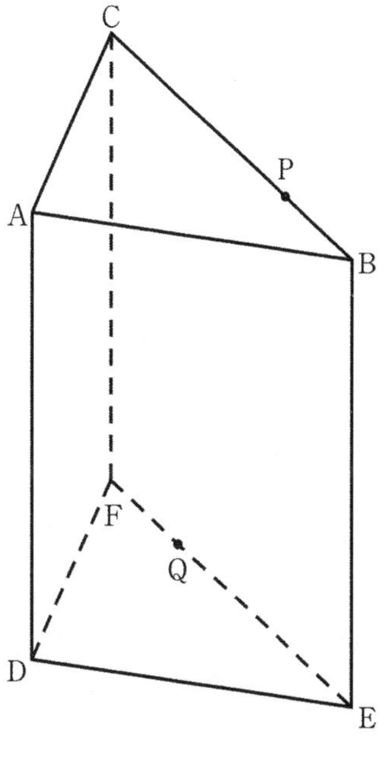

［問2］ 次の $\boxed{}$ の中の「**け**」「**こ**」「**さ**」に当てはまる数字をそれぞれ答えよ。

右の図2は，前のページの図1において，
頂点Bと頂点D，頂点Bと点Q，頂点Dと点P，頂点Dと点Q，
頂点Fと点Pをそれぞれ結んだ場合を表している。

BP＝4cmのとき，

立体D－BPFQの体積は $\dfrac{\boxed{けこ}}{\boxed{さ}}$ cm³である。

図2

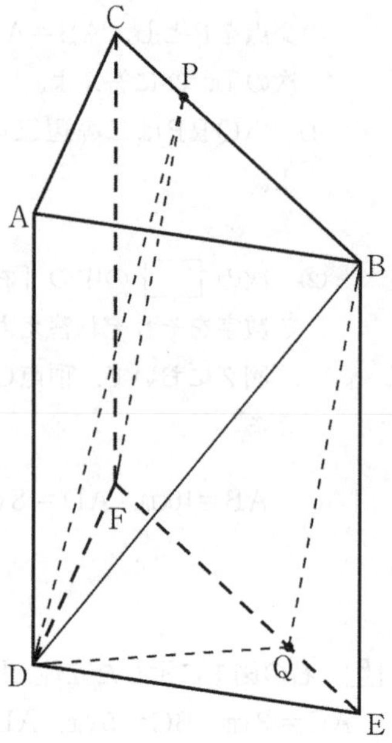

<英語>

時間　50分　　満点　100点

1　リスニングテスト（**放送**による**指示**に従って答えなさい。）

〔問題A〕　次の**ア**～**エ**の中から適するものをそれぞれ**一つずつ**選びなさい。

<対話文1>

ア　On the highest floor of a building.

イ　At a temple.　　　　**ウ**　At their school.

エ　On the seventh floor of a building.

<対話文2>

ア　To see Mr. Smith.　　　　**イ**　To return a dictionary.

ウ　To borrow a book.　　　　**エ**　To help Taro.

<対話文3>

ア　At eleven fifteen.　　　　**イ**　At eleven twenty.

ウ　At eleven thirty.　　　　**エ**　At eleven fifty-five.

〔問題B〕　< Question　1 >では，下の**ア**～**エ**の中から適するものを**一つ**選びなさい。

< Question　2 >では，質問に対する答えを英語で書きなさい。

< Question　1 >

ア　For six years.　　　　**イ**　For three years.

ウ　For two years.　　　　**エ**　For one year.

< Question　2 >

（15秒程度，答えを書く時間があります。）

2　次の各問に答えよ。

（＊印の付いている単語・語句には，本文のあとに〔注〕がある。）

1　高校生のRyotaとアメリカからの留学生のJamesは，Ryotaの家で，Jamesが作りたい日本の伝統的なおもちゃについて話をしている。(A)及び(B)の中にそれぞれ入る単語の組み合わせとして正しいものは，あとの**ア**～**エ**のうちではどれか。ただし，右のIは，二人が見ている日本の伝統的なおもちゃを紹介したウェブサイトの一部である。

I

Traditional Japanese Toys	
koma (*spinning top)	*taketombo* (*bamboo dragonfly)
*Material: wood	Material: bamboo
takebue (*bamboo flute)	*tako* (*kite)
Material: bamboo	Materials: bamboo, paper, string

Ryota:　What traditional Japanese ＊toys do you want to make?

James:　Well, I want to make something for my brother in the United States. I want to play with him.

Ryota:　I see. How about making a (A)?

James: That's nice. I want to make one.
Ryota: I have some paper. We also need bamboo and *string.
James: Oh, do any shops around here sell them?
Ryota: Yes. There is a home center near my house.
James: OK.
Ryota: You should also make a [(B)]. We need only bamboo to make one.
James: I'd love to. I think my brother will be happy to play it.
Ryota: It'll make beautiful sounds.

〔注〕 toy おもちゃ　string 糸　spinning top こま　material 材料
bamboo dragonfly 竹とんぼ　bamboo flute 竹笛　kite 凧

ア (A) *tako* (B) *taketombo*　イ (A) *koma* (B) *taketombo*
ウ (A) *tako* (B) *takebue*　エ (A) *koma* (B) *takebue*

2 Ryota と James は，James が帰国するまでの予定について話をしている。[(A)] 及び [(B)] の中に，それぞれ入る単語の組み合わせとして正しいものは，次のページのア～エのうちではどれか。ただし，下のⅡ－1，Ⅱ－2は，それぞれ，二人が見ている，James が書いたこれからやるべきことのリストと計画である。

James: It's July twentieth. I'm going to go back to my country next Monday.
Ryota: Don't forget to go to the sea with me on the twenty-fifth. I hope it'll be sunny on that day.
James: I do, too. I have no other plans for that day. But I'll be busy on other days. I have made a list of things to do and a plan. Look at them. I need to decide when I should do the things on the list. There are some *blanks in the plan. They mean that I'm free.
Ryota: Tell me about the photo book.
James: It'll be a present for my *host family. They took me to many interesting places, and I took many photos.
Ryota: They'll be happy to get it. When will you make it?
James: I'll do it on Friday afternoon and on Sunday morning.
Ryota: Why don't you add photos of the last dinner on the twenty-sixth?

Ⅱ－1

List of Things to Do

□ make a photo book
□ practice for a *taiko* performance
□ buy some gifts

Ⅱ－2

Plan				
Date		Day	a.m.	p.m.
July	20	Monday	school	study for the final test
	21	Tuesday	final test	
	22	Wednesday	school	
	23	Thursday	school	
	24	Friday	the last day of school *taiko* performance	
	25	Saturday	go to the sea with Ryota	
	26	Sunday		the last dinner with host family
	27	Monday		leave for the United States

James: That's a good idea. I'll give it to them on the [(A)]. I have some time to do it in the morning on that day.

Ryota: OK How about the *taiko* performance?

James: As you know, I have learned how to play the *taiko*. I'll show that to my classmates and teachers. I'll practice it on Wednesday and Thursday afternoons.

Ryota: I see.

James: I have one more thing to do. I'll go shopping to buy some gifts for my family on the [(B)]. We have no afternoon classes, and I have no plans for that afternoon.

Ryota: That's good.

James: Can you go with me?

Ryota: Of course.

〔注〕 blank 空欄《くうらん》　host family ホストファミリー

ア (A) twenty-seventh　(B) twenty-first

イ (A) twenty-sixth　(B) twenty-first

ウ (A) twenty-seventh　(B) twenty-second

エ (A) twenty-sixth　(B) twenty-second

3 次の文章は，アメリカに帰国したJamesがRyotaに送ったEメールの内容である。

Dear Ryota,
Thank you for your help during my stay in Japan. Going to the sea with you is a special memory. I learned very much about Japanese culture. Also, I was very happy because I had good classmates and they always helped me. They were very kind to me and taught me about Japan.

After returning to my country, I enjoyed playing with my brother. We were happy to play with traditional Japanese toys together. I want to say thank you for making them with me. I think doing something for someone is a good thing. So I have tried one more thing. I learned how to cook *okonomiyaki* from my host family. Yesterday, I cooked it for some of my friends. I wanted them to try some Japanese food. When they ate it, they said, "It's delicious. Thank you, James." I was glad to hear that.

Have you ever done something good for someone? Please tell me about it. I'm looking forward to hearing from you soon.
Yours,
James

(1) このEメールの内容と合っているのは，次のうちではどれか。

ア James thought it was good for someone to do something for him.

イ James was helped by his classmates in Japan to tell his host family about his country.

ウ James was glad because some of his friends thanked him for teaching them how to cook *okonomiyaki*.

エ James and his brother were happy because they played with traditional Japanese toys made by James and Ryota.

(2) Ryota は James に返事のＥメールを送ることにしました。あなたが Ryota だとしたら，James にどのうな返事のＥメールを送りますか。次の＜条件＞に合うように下の □ の中に三つの英語の文を書きなさい。

＜条件＞

○ 前後の文につながるように書き，全体としてまとまりのある返事のＥメールとすること。

○ James に伝えたい内容を一つ取り上げ，それをした理由などを含《ふく》めること。

Hello, James,

Thank you for your e-mail. I enjoyed reading it. I have a lot of good memories. I especially enjoyed making traditional Japanese toys and going to the sea with you.

I'll try to answer your question. You asked me, "Have you ever done something good for someone?" My answer is yes. I'll write about it.

□

I'll tell you some other stories in the future.

I'm looking forward to seeing you again.

Your friend,

Ryota

3　次の対話の文章を読んで，あとの各問に答えよ。
（＊印の付いている単語・語句には，本文のあとに〔注〕がある。）

Rumi, Kenta, and Aika are first-year high school students in Tokyo. Steve is a high school student from the United States. They are talking in their classroom after lunch.

Rumi: Hi, Kenta and Steve, what are you doing?
Kenta: Hi, Rumi and Aika. We're talking about how to *express the numbers of some things in Japanese.
Steve: Sometimes I don't know what word to add after a number. For example, "*mai*" for pages of paper and "*satsu*" for books.
Rumi: In English, I often forget to add words before some things. "A piece of cake" is one example.
Aika: (1) <u>I do, too.</u> There are many differences between English and Japanese, and there are a lot of things to remember. Sometimes it is *confusing.
Rumi: Yes, it is. Steve, are there any other difficult things for you about Japanese?
Steve: Yes. Last night, my *host mother said, "*...Murata Sensei ga mieru...*" I thought she could see Mr. Murata, our *homeroom teacher, there. So I looked around, but he wasn't there. (2) <u>That was confusing.</u>
Kenta: She wanted to say that he would come.
Steve: That's right.
Rumi: Is there anything like that in English?
Steve: Yes. I'll give you an example. What do you say when you thank someone for their help?
Aika: I say, "Thank you for your help."
Steve: Yes. We also say "I am grateful for your help," especially in a more *formal *situation.
Rumi: (3) <u>Oh, I remember another expression like that.</u>
Aika: Tell us about it.
Rumi: Sure. When I was a junior high school student, I went to the teachers' room to ask Mr. Brown about a report. When I came into the room, he said to me, "Please have a seat." I couldn't understand what he meant.
Steve: It means "Please sit down." It's also used in formal situations.
Aika: That's interesting. I think we should learn more about formal expressions and use them more often both in English and in Japanese.
Rumi: Should I use them with Steve?
Kenta: Well.... (4) <u>I don't think so.</u>
Aika: What do you think?
Kenta: When I talk with Steve in Japanese, I choose simple expressions because

I want him to understand me. He is my close friend.

Aika: I see. We should think about the best expressions to use in different situations.

Steve: And the *speed of speaking, too. Rumi and Aika, you do that for me. And you also use simple expressions. I feel that is very kind. I enjoy talking with you in Japanese.

Aika: I do, too.

Kenta: I also have realized one thing in teaching Japanese to Steve. Japanese is interesting.

Rumi: Why do you think so?

Kenta: Because it has many different ways to express the same thing. For example, when I say "I" in Japanese, I can say "*watashi*," or "*watakushi*," or "*boku*."

Aika: Also, sometimes we don't need to use a word expressing "I."

Kenta: That's right. I have never thought of that. "*Kansha shiteimasu*."

Steve: Wow, that Japanese expression sounds formal.

Kenta: You're right. It means "I am grateful."

Steve: Interesting. I want to learn more Japanese expressions. Would you mind teaching me more?

Rumi: What?

Steve: I mean "Will you teach me more?"

Aika: Of course. And would you mind teaching us more English?

Rumi and Kenta: Yes, please.

Steve: (5) I will be happy to do that.

〔注〕 express 表現する　confusing 混乱させる　host mother ホームステイ先の母
homeroom teacher 担任の先生　formal 改まった　situation 状況　speed 速さ

［問１］ (1) I do, too. の内容を最もよく表しているのは，次のうちではどれか。

ア Aika remembers that there are many differences between English and Japanese, too.

イ Aika talks about how to express the number of some things, too.

ウ Aika adds a word after each number, too.

エ Aika often forgets to add words before some things, too.

［問２］ (2) That was confusing. の内容を最もよく表しているのは，次のうちではどれか。

ア It was confusing to Steve because his host mother said Mr. Murata, his homeroom teacher, looked like him.

イ It was confusing because Steve thought his host mother could see Mr. Murata, his homeroom teacher.

ウ It was confusing to Steve because Mr. Murata, his homeroom teacher, was there.

エ　It was confusing because Steve couldn't see his host mother.

〔問3〕 (3)Oh, I remember another expression like that. の内容を，次のように書き表すとすれば，［　］の中に，下のどれを入れるのがよいか。

Rumi remembered ［　　　］.

ア　another English expression used in a formal situation

イ　another Japanese expression used in a formal situation

ウ　another English expression for saying "Thank you." to people for their help

エ　another Japanese expression for saying "Thank you." to people for their help

〔問4〕 (4)I don't think so. の内容を，次のように書き表すとすれば，［　］の中に下のどれを入れるのがよいか。

Kenta doesn't think that ［　　　］.

ア　Rumi should use formal expressions with Steve

イ　it is difficult for Rumi to use formal expressions

ウ　Steve should understand what Rumi would like to say

エ　it is important for Rumi to use formal expressions in formal situations

〔問5〕 (5)I will be happy to do that. の内容を，次のように書き表すとすれば，［　］の中に，下のどれを入れるのがよいか。

Steve will be happy to ［　　　］.

ア　use many kinds of Japanese expressions used in formal situations

イ　give an example of an English expression used in a formal situation

ウ　teach more English to Aika, Rumi, and Kenta

エ　learn Japanese from Aika, Rumi, and Kenta

〔問6〕 次の英語の文を，本文の内容と合うように完成するには，［　］の中に，下のどれを入れるのがよいか。

When Aika and Rumi talk with Steve in Japanese, they use ［　　　］ expressions, and Steve enjoys talking with them.

ア　difficult　イ　simple　ウ　formal　エ　interesting

〔問7〕 次の文章は，Kenta たちと話した日に，Steve が書いた日記の一部である。［(A)］及び［(B)］の中に，それぞれ入る単語の組み合わせとして正しいものは，次のア～エのうちではどれか。

> Today, I talked with my friends Rumi, Kenta, and Aika about different expressions, both in Japanese and in English. First we talked about how to express the numbers of things. It is difficult for Rumi and Aika to do that in English. Rumi ［(A)］ me about something difficult in Japanese, and I said that once I couldn't understand one of my host mother's expressions in ［(B)］.
>
> After that we talked about English expressions used in formal situations.

When we talk in Japanese, their Japanese is usually easy to understand. I enjoy talking with them, both in Japanese and in English. Finally, Kenta said (B) was interesting. I agree with him. Sometimes it is difficult, but I enjoy studying it. I (A) them to teach me more Japanese expressions.

ア (A) asked (B) English　　イ (A) told (B) English
ウ (A) asked (B) Japanese　　エ (A) told (B) Japanese

4 次の文章を読んで，あとの各問に答えよ。
（＊印の付いている単語・語句には，本文のあとに〔注〕がある。）

Haruto was a second-year high school student. He had two good friends, Ayaka and Olivia. Olivia was from Australia. One day in May, Ayaka said to Haruto, "I go to a *children's center as a volunteer every Wednesday after school. It's near our school. Some volunteers are needed there. Olivia will join us next week. Can you help us?" Haruto answered, "Me? Do you really think I'll be able to help you? I'm not sure." Ayaka said to him, "Yes, I'm sure you will be able to do that." He finally said yes. Ayaka was happy to hear that.

The next Wednesday, Haruto visited the children's center with Ayaka and Olivia. There, Ms. Sasaki, one of the *staff members, welcomed them and said, "In our center, please spend a lot of time with the children." She also explained, "This center is used by many children, especially by elementary school students."

In the *playroom, some children were playing. Olivia said to them, "Hi! I'm Olivia, from Australia. I'm studying Japanese, and I want to read picture books to you." Next, Haruto said that he wanted to play together and to teach them math. At that time, one boy was looking down and drawing pictures. Ayaka said, "He is Kazuya, nine years old. He usually comes here after school." Haruto spoke to him with a smile, "Hi! Will you play with me?" Kazuya answered no and continued drawing pictures. Ayaka said to Haruto, "Don't worry." Haruto didn't understand Kazuya's feelings. Ms. Sasaki said, "Kazuya is a very shy boy. To *make friends with him will take a lot of time." Haruto said, "Oh, I see." He said to himself, "It won't be easy to make friends with Kazuya, but I want to build a friendship with him."

One week passed. On the second visit, Haruto and some children were going to play soccer outside. He said to Kazuya, "Join us." Kazuya only said no and kept drawing pictures. That made Haruto disappointed. He thought, "Kazuya doesn't want to talk with me." When he went to the library of the center, Olivia was enjoying reading Japanese picture books with some children there. Ayaka was also helping some children with their homework. They looked happy.

The next week, Haruto didn't try to speak to Kazuya. He helped some children with their homework. That night, Ayaka called him. She said to him, "You didn't speak to Kazuya today. I heard that from him. He looked sad." Haruto was surprised to hear that. He said to himself, "What is the best way to build a friendship with Kazuya? He spends time in drawing pictures in the center. That may be a key." Haruto had an idea about how to build a friendship with Kazuya.

On Wednesday of the next week, Haruto went to the children's center again. It was his fourth visit. He hoped his idea would be *successful. He began to draw pictures on drawing paper. He *noticed that Kazuya was looking at him. Kazuya asked Haruto, "What are you doing?" He looked nervous. Haruto answered, "I'm making *picture-story shows. I'm not good at drawing pictures. Will you help me?" Kazuya thought for a while and said, "Yes, I like drawing pictures." That made Haruto happy. Haruto continued, "After finishing making them, I'll ask Olivia to read them to children here." Kazuya said, "Sounds good."

After that, Kazuya and Haruto started to make picture-story shows together. While drawing, they talked about themselves. Kazuya said, "When I met you for the first time, I was glad that you spoke to me with a smile. But I'm sorry I couldn't say anything." Haruto *nodded and said, "Don't worry about that." Kazuya smiled. Ayaka and some children came and said, "Your pictures are nice, Kazuya!" Kazuya smiled and said, "Thank you." He looked very happy.

Two weeks later, Kazuya and Haruto finished making their picture-story shows and showed them to Olivia. She said, "They are so beautiful! Good job!" Haruto asked her to read them to children there. She smiled and said, "Of course, I will." Soon, Ms. Sasaki came and said to Kazuya and Haruto, "Oh, wonderful! Now you are good friends!"

〔注〕 children's center　児童館　　staff member　職員　　playroom　遊戯室《ゆうぎしつ》
make friends with ～　～と友達になる　　successful　成功した　　notice　気付く
picture-story show　紙芝居《かみしばい》　　nod　うなずく

〔問１〕 Haruto didn't understand Kazuya's feelings. の内容を，次のように書き表すとすれば，□ の中に，下のどれを入れるのがよいか。

Haruto didn't understand □.

ア　why Kazuya wanted to speak to him
イ　why Kazuya answered no and continued drawing pictures
ウ　why Kazuya wanted him to play together and to teach math

エ why Kazuya told Ayaka about drawing pictures

〔問2〕 次のア～エの文を，本文の内容の流れに沿って並べ，記号で答えよ。

ア Ayaka called Haruto and told him about Kazuya.

イ Olivia looked happy when she was reading Japanese picture books with some children.

ウ Olivia said that the picture-story shows made by Kazuya and Haruto were very beautiful

エ Ayaka was happy to hear that Haruto decided to go to the children's center.

〔問3〕 次の(1)～(3)の文を，本文の内容と合うように完成するには，□の中に，それぞれ下のどれを入れるのがよいか。

(1) When Ayaka told Haruto about the children's center, □.

ア he was not sure that he would be able to help her

イ he wanted Olivia to join them every Wednesday after school

ウ he hoped that some volunteers were needed at the children's center

エ he learned it was used by many children, especially by elementary school students

(2) When Haruto spoke to Kazuya on the second visit, □.

ア he didn't think that making friends with Kazuya would take a lot of time

イ he was surprised to hear that Kazuya went to the library of the center

ウ he thought Kazuya wanted to play together in the playroom

エ he was disappointed that Kazuya said no and kept drawing pictures

(3) On the fourth visit, Haruto was happy to hear that □.

ア Kazuya liked Haruto's pictures

イ Kazuya would help him with picture-story shows

ウ Kazuya wanted to play with other children

エ Kazuya was going to play soccer with him

〔問4〕 次の(1)，(2)の質問の答えとして適切なものは，それぞれ下のうちではどれか。

(1) How did Kazuya feel when he met Haruto for the first time?

ア He was sad because he wanted to continue drawing pictures.

イ He felt that it wouldn't be easy to make friends with Haruto.

ウ He felt that it was easy to talk with Haruto.

エ He was glad that Haruto spoke to him with a smile.

(2) How did Haruto build a friendship with Kazuya?

ア He did it by reading picture-story shows with other children.

イ He did it by asking Olivia to read picture-story shows to children with them.

ウ He did it by understanding what Kazuya liked and doing something together.

エ He did it by asking Kazuya to play with other children.

＜理科＞

時間　50分　　満点　100点

1　次の各問に答えよ。

〔問１〕　図１は，ヒトのからだの器官を模式的に表したものである。消化された養分を吸収する器官を図１のＡ，Ｂから一つ，アンモニアを尿素《にょうそ》に変える器官を図１のＣ，Ｄから一つ，それぞれ選び，組み合わせたものとして適切なのは，次のうちではどれか。

図１

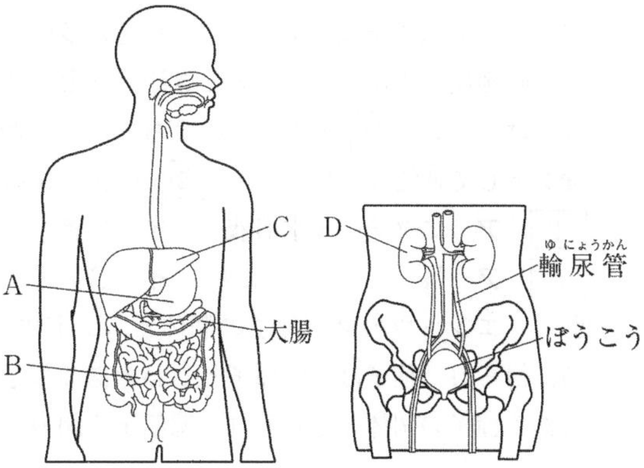

ア　Ａ，Ｃ
イ　Ａ，Ｄ
ウ　Ｂ，Ｃ
エ　Ｂ，Ｄ

〔問２〕　音さＸと音さＹの二つの音さがある。音さＸをたたいて出た音をオシロスコープで表した波形は，図２のようになった。図中のＡは１回の振動にかかる時間を，Ｂは振幅を表している。音さＹをたたいて出た音は，図２で表された音よりも高くて大きかった。この音をオシロスコープで表した波形を図２と比べたとき，波形の違いとして適切なのは，次のうちではどれか。

図２

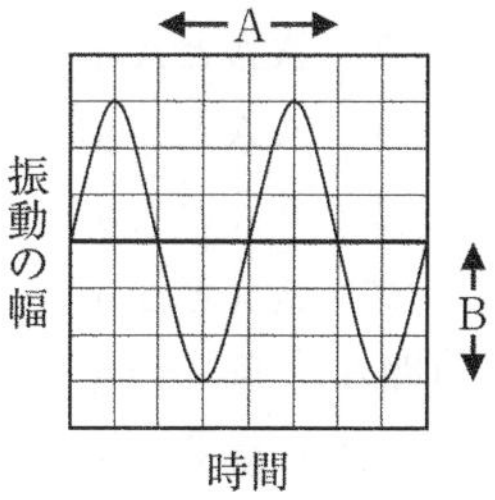

ア　Ａは短く，Ｂは大きい。
イ　Ａは短く，Ｂは小さい。
ウ　Ａは長く，Ｂは大きい。
エ　Ａは長く，Ｂは小さい。

〔問３〕　表１は，ある場所で起きた震源が浅い地震の記録のうち，観測地点Ａ～Ｃの記録をまとめたものである。この地震において，震源からの距離《きょり》が90kmの地点で初期微動の始まった時刻は10時10分27秒であった。震源からの距離が90kmの地点で主要動の始まった時刻として適切なのは，下の**ア**～**エ**のうちではどれか。

ただし，地震の揺《ゆ》れを伝える２種類の波は，それぞれ一定の速さで伝わるものとする。

表１

観測地点	震源からの距離	初期微動の始まった時刻	主要動の始まった時刻
A	36km	10時10分18秒	10時10分20秒
B	54km	10時10分21秒	10時10分24秒
C	108km	10時10分30秒	10時10分36秒

ア　10時10分28秒　　**イ**　10時10分30秒　　**ウ**　10時10分31秒　　**エ**　10時10分32秒

〔問4〕　スライドガラスの上に溶液Aをしみ込ませたろ紙を置き，図3のように，中央に ✖ 印を付けた2枚の青色リトマス紙を重ね，両端をクリップで留めた。薄い塩酸と薄い水酸化ナトリウム水溶液を青色リトマス紙のそれぞれの ✖ 印に少量付けたところ，一方が赤色に変色した。両端のクリップを電源装置につないで電流を流したところ，赤色に変色した部分は陰極側に広がった。このとき溶液Aとして適切なのは，下の ① のア～エのうちではどれか。また，青色リトマス紙を赤色に変色させたイオンとして適切なのは，下の ② のア～エのうちではどれか。

図3

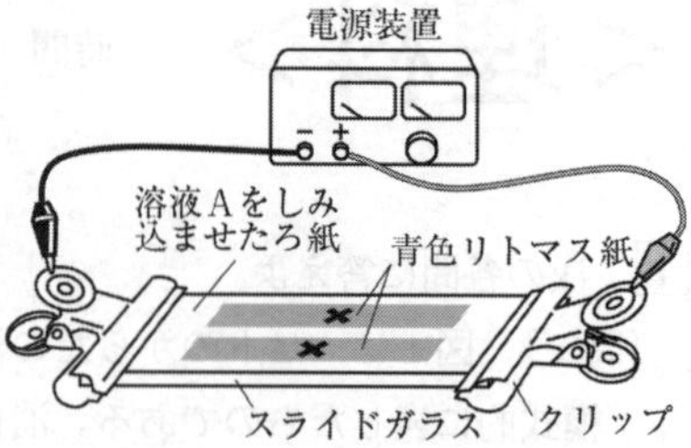

① **ア**　エタノール水溶液　**イ**　砂糖水　**ウ**　食塩水　**エ**　精製水（蒸留水）

② **ア**　H^+　**イ**　Cl^-　**ウ**　Na^+　**エ**　OH^-

〔問5〕　エンドウの丸い種子の個体とエンドウのしわのある種子の個体とをかけ合わせたところ，得られた種子は丸い種子としわのある種子であった。かけ合わせた丸い種子の個体としわのある種子の個体のそれぞれの遺伝子の組み合わせとして適切なのは，下の**ア**～**エ**のうちではどれか。

　ただし，種子の形の優性形質（丸）の遺伝子をA，劣性形質（しわ）の遺伝子をａとする。

ア　ＡＡとＡａ
イ　ＡＡとａａ
ウ　ＡａとＡａ
エ　Ａａとａａ

〔問6〕　図4のA～Cは，机の上に物体を置いたとき，机と物体に働く力を表している。力のつり合いの関係にある2力と作用・反作用の関係にある2力とを組み合わせたものとして適切なのは，下の表の**ア**～**エ**のうちではどれか。

　ただし，図4ではA～Cの力は重ならないように少しずらして示している。

図4

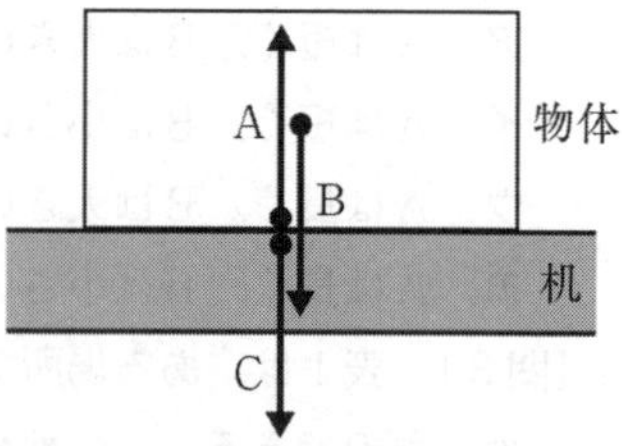

A：机が物体を押す力
B：物体に働く重力
C：物体が机を押す力

	力のつり合いの関係にある2力	作用・反作用の関係にある2力
ア	AとB	AとB
イ	AとB	AとC
ウ	AとC	AとB
エ	AとC	AとC

2　生徒が，毎日の暮らしの中で気付いたことを，科学的に探究しようと考え，自由研究に取り組んだ。生徒が書いたレポートの一部を読み，次の各問に答えよ。

＜レポート1＞　しらす干しに混じる生物について

食事の準備をしていると，しらす干しの中にはイワシの稚魚だけではなく，エビのなかまやタコのなかまが混じっていることに気付いた。しらす干しは，製造する過程でイワシの稚魚以外の生物を除去していることが分かった。そこで，除去する前にどのような生物が混じっているのかを確かめることにした。

しらす漁の際に捕れた，しらす以外の生物が多く混じっているものを購入《こうにゅう》し，それぞれの生物の特徴を観察し，表1のように4グループに分類した。

表1

グループ	生物
A	イワシ・アジのなかま
B	エビ・カニのなかま
C	タコ・イカのなかま
D	二枚貝のなかま

〔問1〕　＜レポート1＞から，生物の分類について述べた次の文章の ① と ② にそれぞれ当てはまるものとして適切なのは，下の**ア**～**エ**のうちではどれか。

表1の4グループを，セキツイ動物とそれ以外の生物で二つに分類すると，セキツイ動物のグループは， ① である。また，軟体動物《なんたいどうぶつ》とそれ以外の生物で二つに分類すると，軟体動物のグループは， ② である。

① **ア**　A　**イ**　AとB　**ウ**　AとC　**エ**　AとBとD

② **ア**　C　**イ**　D　**ウ**　CとD　**エ**　BとCとD

＜レポート2＞　おもちゃの自動車の速さについて

ぜんまいで動くおもちゃの自動車で弟と遊んでいたときに，本物の自動車の速さとの違いに興味をもった。そこで，おもちゃの自動車が運動する様子をビデオカメラで撮影し，速さを確かめることにした。

ストップウォッチのスタートボタンを押すと同時におもちゃの自動車を走らせて，方眼紙の上を運動する様子を，ビデオカメラの位置を固定して撮影した。おもちゃの自動車が運動を始めてから0.4秒後，0.5秒後及び0.6秒後の画像は，図1のように記録されていた。

図1

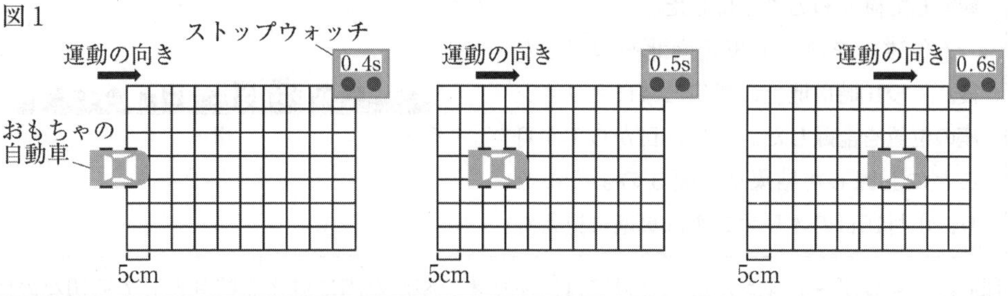

〔問2〕　＜レポート2＞から，おもちゃの自動車が運動を始めて0.4秒後から0.6秒後までの平均の速さとして適切なのは，次のうちではどれか。

ア　2.7km/h　**イ**　5.4km/h　**ウ**　6.3km/h　**エ**　12.6km/h

＜レポート３＞　プラスチックごみの分別について

ペットボトルを資源ごみとして分別するため，ボトル，ラベル，キャップに分けて水を入れた洗いおけの中に入れた。すると，水で満たされたボトルとラベルは水に沈み，キャップは水に浮くことに気付いた。ボトルには，図２の表示があったのでプラスチックの種類はＰＥＴであることが分かったが，ラベルには，プラスチックの種類の表示がなかったため分からなかった。そこで，ラベルのプラスチックの種類を調べるため食塩水を作り，食塩水への浮き沈みを確かめることにした。

図２

水50cm^3に食塩15ｇを加え，体積を調べたところ55cm^3であった。この食塩水に小さく切ったラベルを，空気の泡が付かないように全て沈めてから静かに手を放した。すると，小さく切ったラベルは食塩水に浮いた。

また，ペットボトルに使われているプラスチックの種類を調べたところ，表２のうちの，いずれかであることが分かった。

表２

プラスチックの種類	密度〔g/cm^3〕
ポリエチレンテレフタラート	1.38～1.40
ポリスチレン	1.05～1.07
ポリエチレン	0.92～0.97
ポリプロピレン	0.90～0.92

〔問３〕　＜レポート３＞から，食塩水に浮いたラベルのプラスチックの種類として適切なのは，下の**ア**～**エ**のうちではどれか。

ただし，ラベルは１種類のプラスチックからできているものとする。

ア　ポリエチレンテレフタラート　　**イ**　ポリスチレン
ウ　ポリエチレン　　**エ**　ポリプロピレン

＜レポート４＞　夜空に見える星座について

毎日同じ時刻に戸じまりをしていると，空に見える星座の位置が少しずつ移動して見えることに気付いた。そこで，南の空に見られるオリオン座の位置を，同じ時刻に観察して確かめることにした。

方位磁針を使って東西南北を確認《かくにん》した後，午後10時に地上の景色と共にオリオン座の位置を記録した。11月15日から１か月ごとに記録した結果は，図３のようになり，１月15日のオリオン座は真南に見えた。

図３

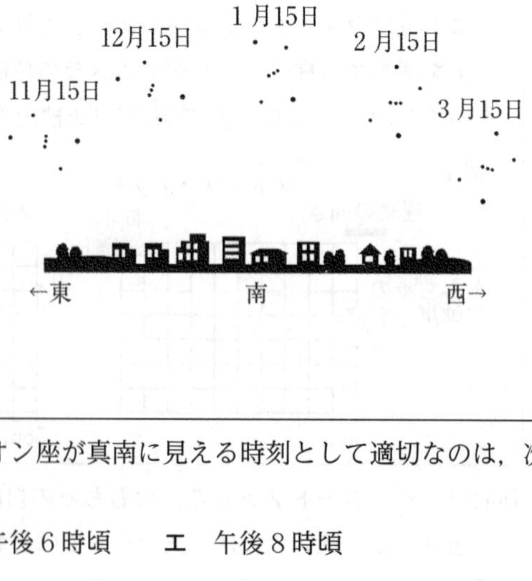

〔問４〕　＜レポート４＞から，２月15日にオリオン座が真南に見える時刻として適切なのは，次のうちではどれか。

ア　午前０時頃《ごろ》　　**イ**　午前２時頃　　**ウ**　午後６時頃　　**エ**　午後８時頃

3 天気の変化と気象観測について，次の各問に答えよ。

＜観測＞を行ったところ，＜結果＞のようになった。

＜観測＞

天気の変化について調べるために，ある年の３月31日から連続した３日間，観測地点Ｐにおいて，気象観測を行った。気温，湿度，気圧は自動記録計により測定し，天気，風向，風力，天気図はインターネットで調べた。図１は観測地点Ｐにおける１時間ごとの気温，湿度，気圧の気象データを基に作成したグラフと，３時間ごとの天気，風向，風力の気象データを基に作成した天気図記号を組み合わせたものである。図２，図３，図４はそれぞれ３月31日から４月２日までの12時における日本付近の天気図であり，前線Ｘ（▼▼）は観測を行った期間に観測地点Ｐを通過した。

＜結果＞

図１

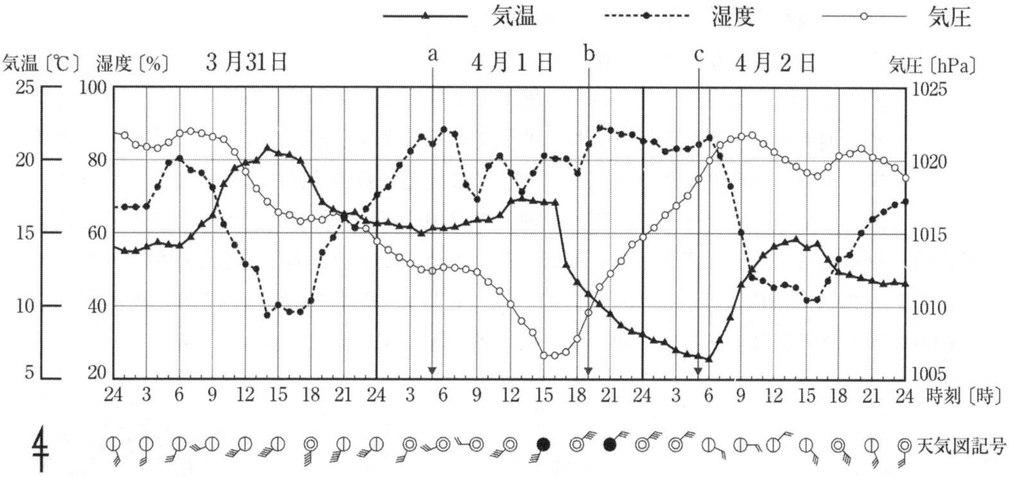

図２　３月31日12時の天気図　　図３　４月１日12時の天気図　　図４　４月２日12時の天気図

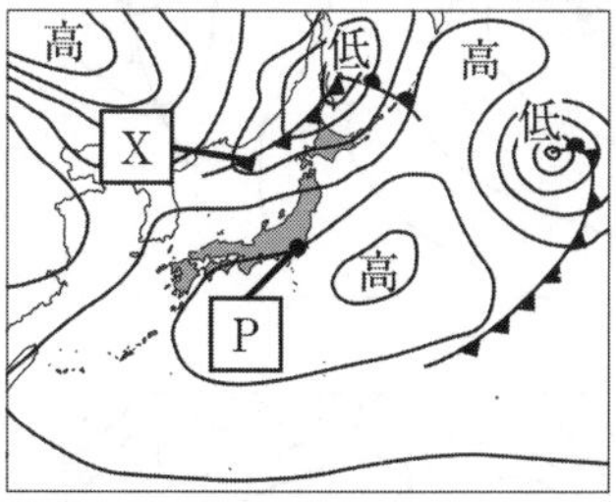

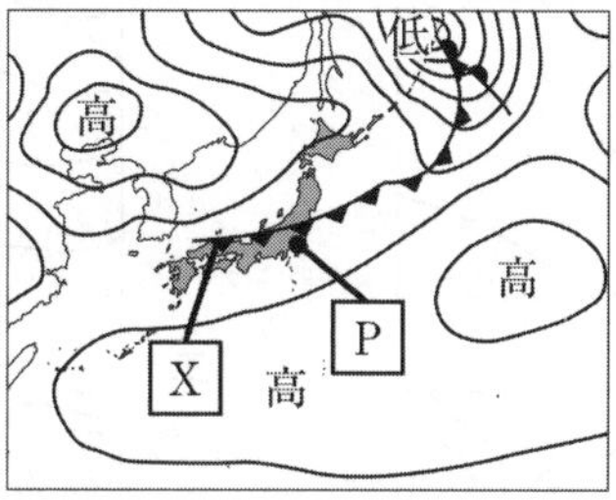

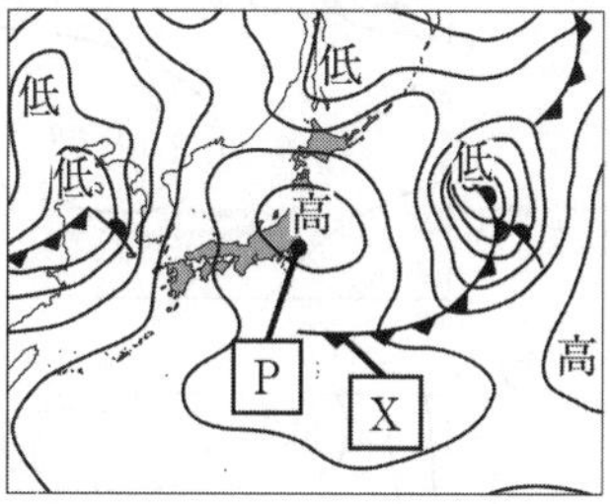

〔問１〕　＜結果＞の図１のａ，ｂ，ｃの時刻における湿度は全て84％であった。ａ，ｂ，ｃの時刻における空気中の水蒸気の量をそれぞれＡ〔g/m^3〕，Ｂ〔g/m^3〕，Ｃ〔g/m^3〕としたとき，Ａ，Ｂ，Ｃの関係を適切に表したものは，次のうちではどれか。

ア　Ａ＝Ｂ＝Ｃ　　**イ**　Ａ＜Ｂ＜Ｃ　　**ウ**　Ｂ＜Ａ＜Ｃ　　**エ**　Ｃ＜Ｂ＜Ａ

〔問２〕　＜結果＞の図１から分かる，３月31日の天気の概況について述べた次のページの文章の ① ～ ③ にそれぞれ当てはまるものとして適切なのは，あとの**ア**～**ウ**のうちではどれか。

> 日中の天気はおおむね ① で，② が吹く。③ は日が昇るとともに上がり始め，昼過ぎに最も高くなり，その後しだいに下がる。

① ア 快晴　イ 晴れ　ウ くもり
② ア 東寄りの風　イ 北寄りの風　ウ 南寄りの風
③ ア 気温　イ 湿度　ウ 気圧

〔問3〕 ＜結果＞から，4月1日の15時～18時の間に前線Xが観測地点Pを通過したと考えられる。前線Xが通過したときの観測地点Pの様子として適切なのは，下の ① のア～エのうちではどれか。また，図4において，観測地点Pを覆《おお》う高気圧の中心付近での空気の流れについて述べたものとして適切なのは，下の ② のア～エのうちではどれか。

①
ア 気温が上がり，風向は北寄りに変化した。
イ 気温が上がり，風向は南寄りに変化した。
ウ 気温が下がり，風向は北寄りに変化した。
エ 気温が下がり，風向は南寄りに変化した。

②
ア 地上から上空へ空気が流れ，地上では周辺から中心部へ向かって風が吹き込む。
イ 地上から上空へ空気が流れ，地上では中心部から周辺へ向かって風が吹き出す。
ウ 上空から地上へ空気が流れ，地上では周辺から中心部へ向かって風が吹き込む。
エ 上空から地上へ空気が流れ，地上では中心部から周辺へ向かって風が吹き出す。

〔問4〕 日本には，季節の変化があり，それぞれの時期において典型的な気圧配置が見られる。次のア～エは，つゆ（6月），夏（8月），秋（11月），冬（2月）のいずれかの典型的な気圧配置を表した天気図である。つゆ，夏，秋，冬の順に記号を並べよ。

ア
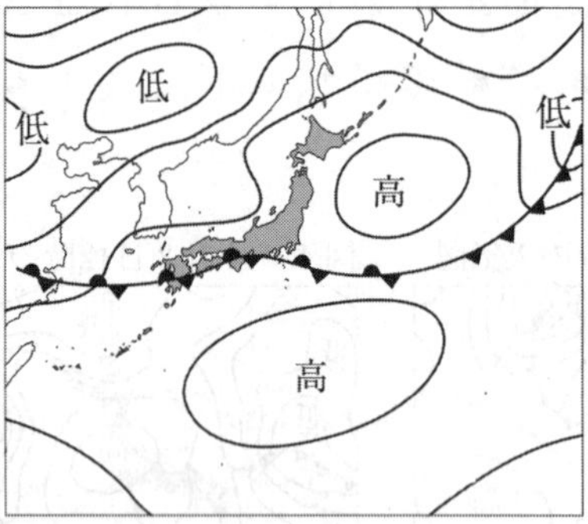

イ
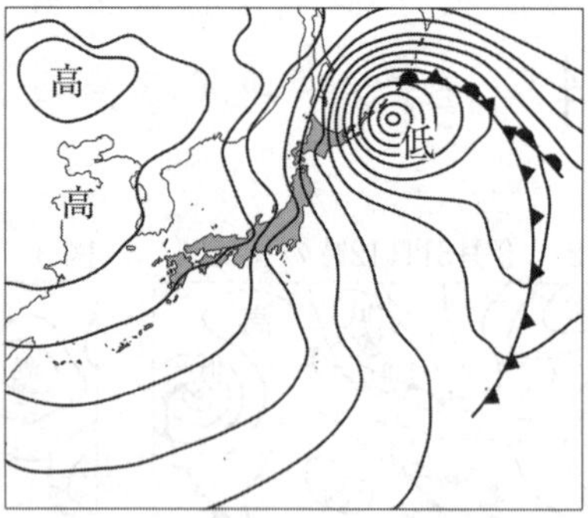

ウ
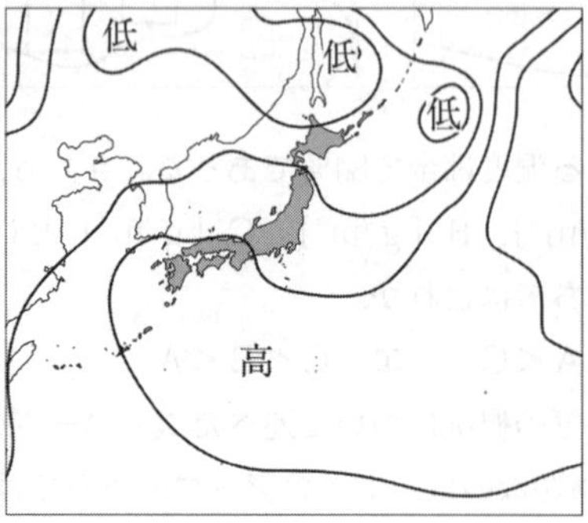

エ
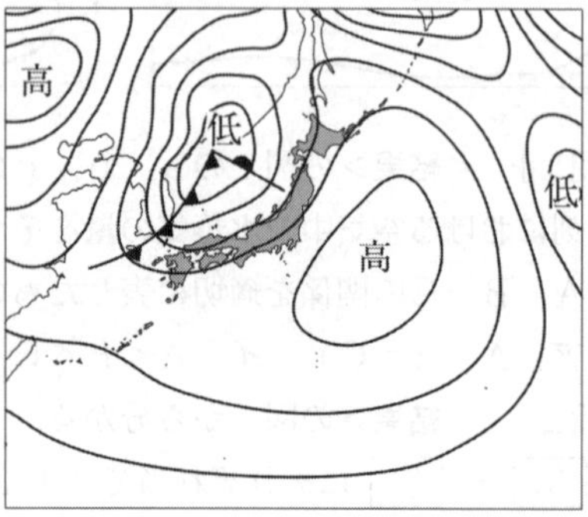

4　ツユクサを用いた観察，実験について，次の各問に答えよ。

＜観察＞を行ったところ，**＜結果１＞**のようになった。

＜観察＞

(1)　ツユクサの葉の裏側の表皮をはがし，スライドガラスの上に載せ，水を１滴《てき》落とし，プレパラートを作った。

(2)　(1)のプレパラートを顕微鏡《けんびきょう》で観察した。

(3)　(1)の表皮を温めたエタノールに入れ，脱色されたことを顕微鏡で確認《かくにん》した後，スライドガラスの上に載せ，ヨウ素液を１滴落とし，プレパラートを作った。

(4)　(3)のプレパラートを顕微鏡で観察した。

図１

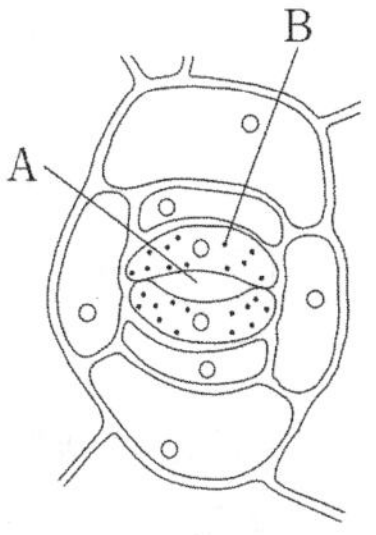

＜結果１＞

(1)　**＜観察＞**の(2)では，図１のＡのような２個の三日月形の細胞で囲まれた隙間《すきま》が観察された。三日月形の細胞にはＢのような緑色の粒《つぶ》が複数見られた。

(2)　**＜観察＞**の(4)では，**＜結果１＞**の(1)のＢが青紫色に変化した。

〔問１〕　**＜結果１＞**で観察されたＡについて述べたものと，Ｂについて述べたものとを組み合わせたものとして適切なのは，次の表の**ア**～**エ**のうちではどれか。

	Ａについて述べたもの	Ｂについて述べたもの
ア	酸素，二酸化炭素などの気体の出入り口である。	植物の細胞に見られ，酸素を作る。
イ	酸素，二酸化炭素などの気体の出入り口である。	植物の細胞の形を維持《いじ》する。
ウ	細胞の活動により生じた物質を蓄《たくわ》えている。	植物の細胞に見られ，酸素を作る。
エ	細胞の活動により生じた物質を蓄えている。	植物の細胞の形を維持する。

次に，**＜実験１＞**を行ったところ，**＜結果２＞**のようになった。

＜実験１＞

(1)　無色透明なポリエチレンの袋４枚と，ツユクサの鉢植《はちう》えを１鉢用意した。大きさがほぼ同じ４枚の葉を選び，葉Ｃ，葉Ｄ，葉Ｅ，葉Ｆとした。

(2)　図２のように，葉Ｄ・葉Ｆは，それぞれアルミニウムはくで葉の両面を覆《おお》った。葉Ｃ，葉Ｄは，それぞれ袋で覆い，紙ストローで息を吹き込み密封した。葉Ｅ，葉Ｆは，それぞれ袋で覆い，紙ストローで息を吹き込んだ後，二酸化炭素を吸収する性質のある水酸化ナトリウム水溶液をしみ込ませたろ紙を，葉に触れないように入れて密封した。

(3)　**＜実験１＞**の(2)のツユクサの鉢植えを暗室に24時間置いた。

(4)　**＜実験１＞**の(3)の鉢植えを明るい場所に３時間置いた後，葉Ｃ～Ｆをそれぞれ切り取った。

(5)　切り取った葉Ｃ～Ｆを温めたエタノールに入れて脱色し，ヨウ素液に浸して色の変化を調べた。

図２

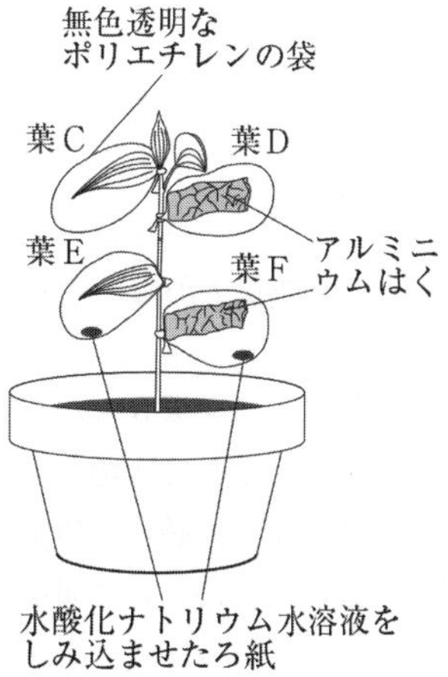

＜結果２＞

	色の変化
葉Ｃ	青紫色に変化した。
葉Ｄ	変化しなかった。
葉Ｅ	変化しなかった。
葉Ｆ	変化しなかった。

〔問2〕 ＜**実験1**＞の(3)の下線部のように操作する理由として適切なのは，下の ① の**ア**～**ウ**のうちではどれか。また，＜**結果2**＞から，光合成には二酸化炭素が必要であることを確かめるための葉の組合せとして適切なのは，下の ② の**ア**～**ウ**のうちではどれか。

① **ア** 葉にある水を全て消費させるため。
イ 葉にある二酸化炭素を全て消費させるため。
ウ 葉にあるデンプンを全て消費させるため。

② **ア** 葉Cと葉D **イ** 葉Cと葉E **ウ** 葉Dと葉F

次に，＜**実験2**＞を行ったところ，＜**結果3**＞のようになった。

＜**実験2**＞

(1) 明るさの度合いを1，2の順に明るくすることができる照明器具を用意した。葉の枚数や大きさ，色が同程度のツユクサを入れた同じ大きさの無色透明なポリエチレンの袋を３袋用意し，袋G，袋H，袋Ｉとした。

(2) 袋G～Ｉのそれぞれの袋に，紙ストローで息を十分に吹き込み，二酸化炭素の割合を気体検知管で測定した後，密封した。

(3) 袋Gは，暗室に５時間置いた後，袋の中の二酸化炭素の割合を気体検知管で測定した。

(4) 袋Hは，図３のように，照明器具から１m離れたところに置き，明るさの度合いを１にして５時間光を当てた後，袋の中の二酸化炭素の割合を気体検知管で測定した。

(5) 袋Ｉは，図３のように，照明器具から１m離れたところに置き，明るさの度合いを２にして５時間光を当てた後，袋の中の二酸化炭素の割合を気体検知管で測定した。

図３

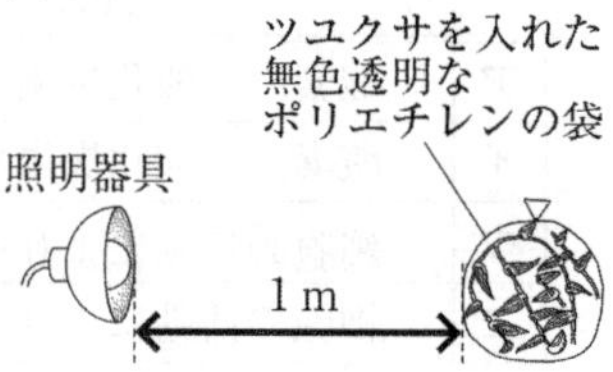

＜**結果3**＞

		暗い → 明るい		
		袋G 暗室	袋H 明るさの度合い1	袋Ｉ 明るさの度合い2
二酸化炭素の割合〔%〕	実験前	4.0	4.0	4.0
	実験後	7.6	5.6	1.5

〔問3〕 ＜**結果3**＞から，袋Hと袋Ｉのそれぞれに含《ふく》まれる二酸化炭素の量の関係について述べたものとして適切なのは，下の ① の**ア**～**ウ**のうちではどれか。また，＜**結果2**＞と＜**結果3**＞から，袋Hと袋Ｉのそれぞれのツユクサでできるデンプンなどの養分の量の関係について述べたものとして適切なのは，次のページの ② の**ア**～**ウ**のうちではどれか。

① **ア** 呼吸によって出される二酸化炭素の量よりも，光合成によって使われた二酸化炭素の量の方が多いのは，袋Hである。
イ 呼吸によって出される二酸化炭素の量よりも，光合成によって使われた二酸化炭素の量の方が多いのは，袋Ｉである。
ウ 袋Hも袋Ｉも呼吸によって出される二酸化炭素の量と光合成によって使われた二酸化炭素の量は，同じである。

② **ア**　デンプンなどの養分のできる量が多いのは，袋Hである。
イ　デンプンなどの養分のできる量が多いのは，袋Ｉである。
ウ　袋Hと袋Ｉでできるデンプンなどの養分の量は，同じである。

5　物質の変化やその量的な関係を調べる実験について，次の各問に答えよ。
＜実験１＞を行ったところ，**＜結果１＞**のようになった。

＜実験１＞

図１

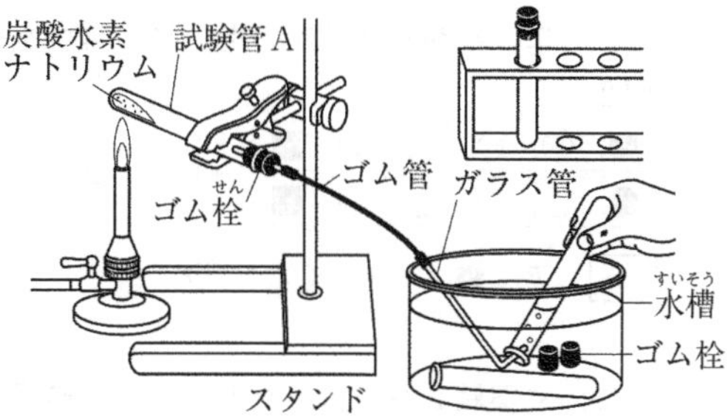

⑴　乾いた試験管Ａに炭酸水素ナトリウム2.00ｇを入れ，ガラス管をつなげたゴム栓《せん》をして，試験管Ａの口を少し下げ，スタンドに固定した。
⑵　図１のように，試験管Ａを加熱したところ，ガラス管の先から気体が出てきたことと，試験管Ａの内側に液体が付いたことが確認《かくにん》できた。出てきた気体を３本の試験管に集めた。
⑶　<u>ガラス管を水槽《すいそう》の水の中から取り出した後，試験管Ａの加熱をやめ</u>，試験管Ａが十分に冷めてから試験管Ａの内側に付いた液体に青色の塩化コバルト紙を付けた。
⑷　気体を集めた３本の試験管のうち，１本目の試験管には火のついた線香を入れ，２本目の試験管には火のついたマッチを近付け，３本目の試験管には石灰水《せっかいすい》を入れてよく振った。
⑸　加熱後の試験管Ａの中に残った物質の質量を測定した。
⑹　水5.0㎤を入れた試験管を２本用意し，一方の試験管には炭酸水素ナトリウムを，もう一方の試験管には**＜実験１＞**の⑸の物質をそれぞれ1.00ｇ入れ，水への溶け方を観察した。

＜結果１＞

塩化コバルト紙の色の変化	火のついた線香の変化	火のついたマッチの変化	石灰水の変化	加熱後の物質の質量	水への溶け方
青色から赤色（桃色《ももいろ》）に変化した。	線香の火が消えた。	変化しなかった。	白く濁った。	1.26g	炭酸水素ナトリウムは溶け残り，加熱後の物質は全て溶けた。

〔問１〕　**＜実験１＞**の⑶の下線部のように操作する理由として適切なのは，下の ① の**ア**～**エ**のうちではどれか。また，**＜実験１＞**の⑹の炭酸水素ナトリウム水溶液と加熱後の物質の水溶液のpHの値《あたい》について述べたものとして適切なのは，下の ② の**ア**～**ウ**のうちではどれか。

① **ア**　試験管Ａ内の気圧が上がるので，試験管Ａのゴム栓が飛び出すことを防ぐため。
イ　試験管Ａ内の気圧が上がるので，水槽の水が試験管Ａに流れ込むことを防ぐため。
ウ　試験管Ａ内の気圧が下がるので，試験管Ａのゴム栓が飛び出すことを防ぐため。
エ　試験管Ａ内の気圧が下がるので，水槽の水が試験管Ａに流れ込むことを防ぐため。

② **ア**　炭酸水素ナトリウム水溶液よりも加熱後の物質の水溶液の方がpHの値が小さい。
イ　炭酸水素ナトリウム水溶液よりも加熱後の物質の水溶液の方がpHの値が大きい。
ウ　炭酸水素ナトリウム水溶液と加熱後の物質の水溶液のpHの値は同じである。

〔問２〕 ＜**実験１**＞の⑵で試験管Ａ内で起きている化学変化と同じ種類の化学変化として適切なのは，下の ① の**ア**～**エ**のうちではどれか。また，＜**実験１**＞の⑵で試験管Ａ内で起きている化学変化をモデルで表した図２のうち，ナトリウム原子１個を表したものとして適切なのは，下の ② の**ア**～**エ**のうちではどれか。

① **ア** 酸化銀を加熱したときに起こる化学変化
イ マグネシウムを加熱したときに起こる化学変化
ウ 鉄と硫黄《いおう》の混合物を加熱したときに起こる化学変化
エ 鉄粉と活性炭の混合物に食塩水を数滴《すうてき》加えたときに起こる化学変化

図２
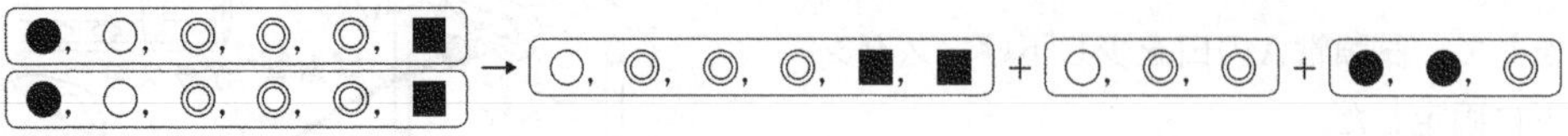

② **ア** ● **イ** ○ **ウ** ◎ **エ** ■

次に，＜**実験２**＞を行ったところ，＜**結果２**＞のようになった。

＜**実験２**＞

⑴ 乾いたビーカーに薄い塩酸10.0㎤を入れ，図３のようにビーカーごと質量を測定し，反応前の質量とした。

⑵ 炭酸水素ナトリウム0.50ｇを，＜**実験２**＞の⑴の薄い塩酸の入っているビーカーに少しずつ入れたところ，気体が発生した。気体の発生が止まった後，ビーカーごと質量を測定し，反応後の質量とした。

⑶ ＜**実験２**＞の⑵で，ビーカーに入れる炭酸水素ナトリウムの質量を，1.00ｇ，1.50ｇ，2.00ｇ，2.50ｇ，3.00ｇに変え，それぞれについて＜**実験２**＞の⑴，⑵と同様の実験を行った。

図３
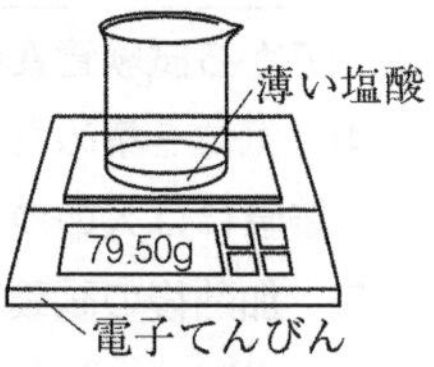

＜**結果２**＞

反応前の質量〔g〕	79.50	79.50	79.50	79.50	79.50	79.50
炭酸水素ナトリウムの質量〔g〕	0.50	1.00	1.50	2.00	2.50	3.00
反応後の質量〔g〕	79.74	79.98	80.22	80.46	80.83	81.33

〔問３〕 ＜**結果２**＞から，炭酸水素ナトリウムの質量と発生した気体の質量との関係を表したグラフとして適切なのは，次のうちではどれか。

ア
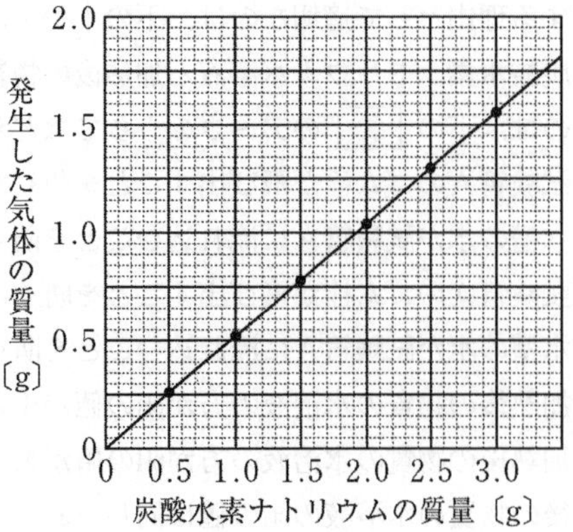

イ
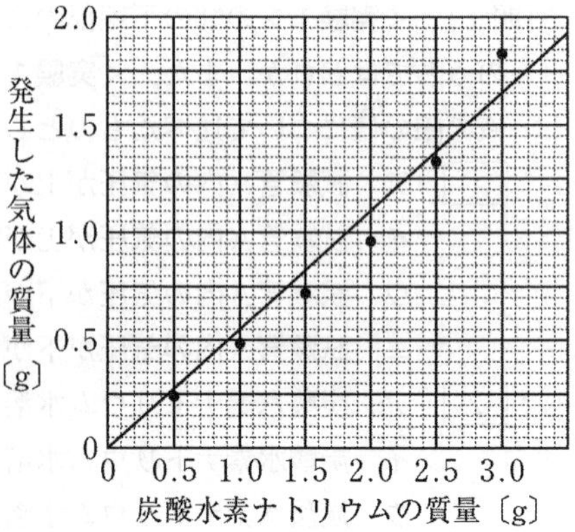

ウ

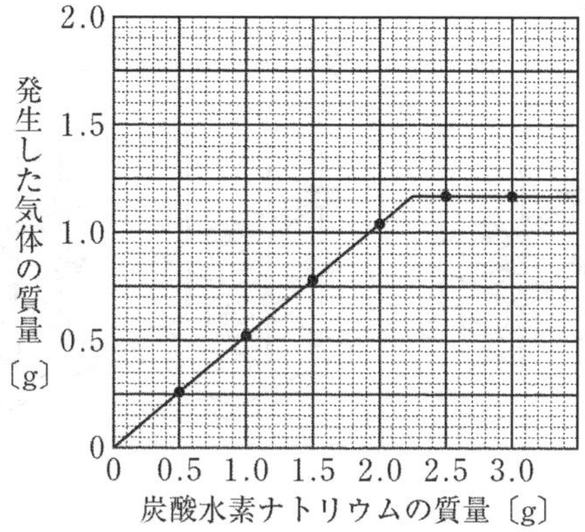

エ

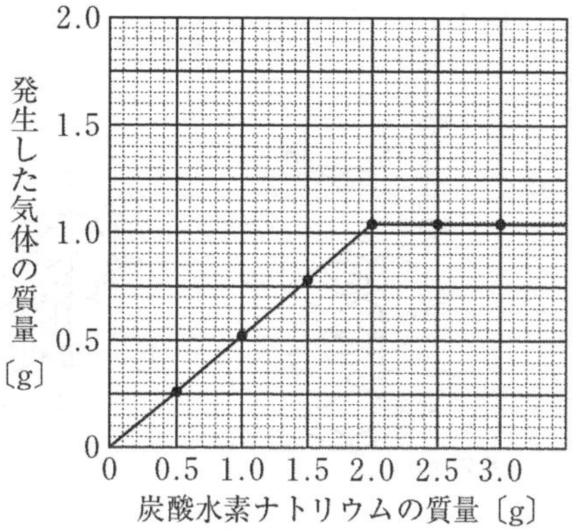

〔問４〕　**＜実験２＞**で用いた塩酸と同じ濃度《のうど》の塩酸10.0㎤に，炭酸水素ナトリウムが含《ふく》まれているベーキングパウダー4.00ｇを入れたところ，0.65ｇの気体が発生した。ベーキングパウダーに含まれている炭酸水素ナトリウムは何％か。答えは，小数第一位を四捨五入して整数で求めよ。

ただし，発生した気体はベーキングパウダーに含まれている炭酸水素ナトリウムのみが反応して発生したものとする。

6　電流と磁界に関する実験について，次の各問に答えよ。

＜実験１＞を行ったところ，**＜結果１＞**のようになった。

＜実験１＞

⑴　木の棒を固定したスタンドを水平な机の上に置き，図１のように電源装置，導線，スイッチ，20Ωの抵抗器《ていこうき》，電流計，コイルＡを用いて回路を作った。

⑵　コイルＡの下にＮ極が黒く塗《ぬ》られた方位磁針を置いた。

⑶　電源装置の電圧を５Ｖに設定し，回路のスイッチを入れた。

⑷　**＜実験１＞**の⑴の回路に図２のようにＵ字型磁石をＮ極を上にして置き，**＜実験１＞**の⑶の操作を行った。

＜結果１＞

⑴　**＜実験１＞**の⑶では，磁針は図３で示した向きに動いた。

⑵　**＜実験１＞**の⑷では，コイルＡは図２のＨの向きに動いた。

図１

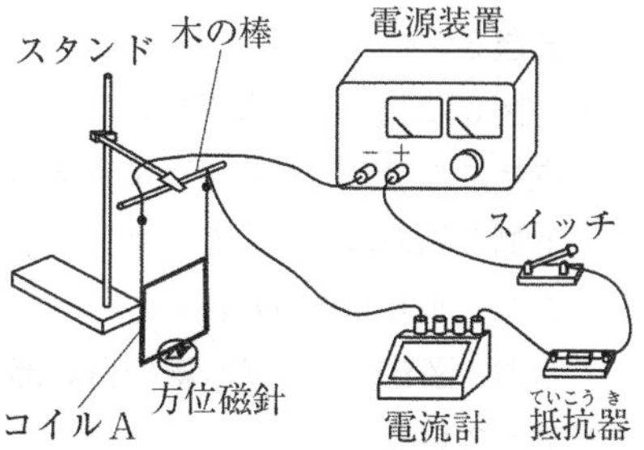

図２

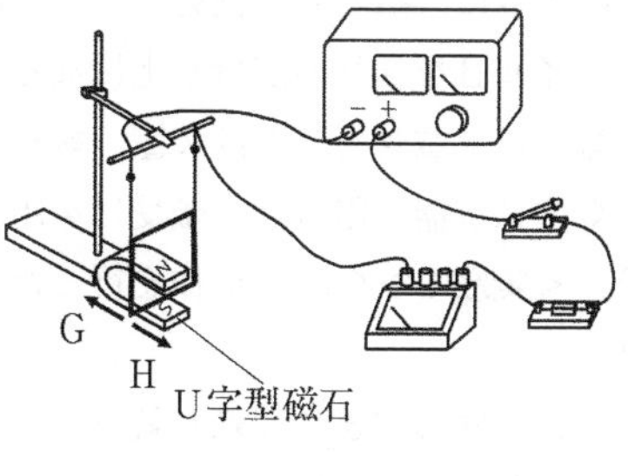

図３

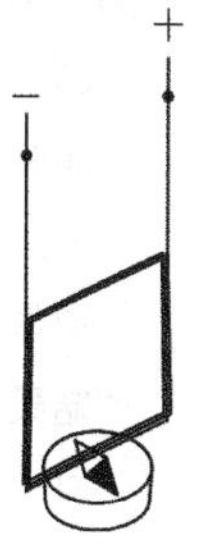

〔問１〕　**＜実験１＞**の⑴の回路と木の棒を固定したスタンドに図４のようにアクリル板２枚を取り付け，方位磁針２個をコイルＡの内部と上部に設置し，**＜実験１＞**の⑶の操作を行った。このときの磁針の向きとして適切なのは，次のページのうちではどれか。

図4

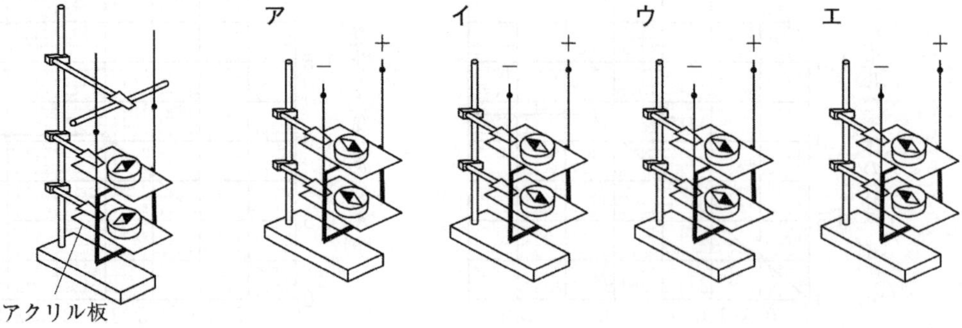

次に，＜**実験２**＞を行ったところ，＜**結果２**＞のようになった。

＜**実験２**＞

(1) 図５のようにコイルＡに導線で検流計をつないだ。

(2) コイルＡを手でＧとＨの向きに交互に動かし，検流計の針の動きを観察した。

図５

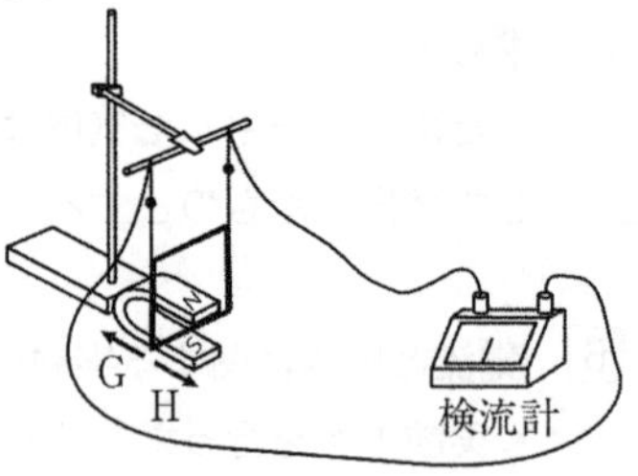

＜**結果２**＞

コイルＡを動かすと，検流計の針は左右に振れた。

〔問２〕 ＜**結果２**＞から，コイルＡに電圧が生じていることが分かる。コイルＡに電圧が生じる理由を簡単に書け。

次に，＜**実験３**＞を行ったところ，＜**結果３**＞のようになった。

＜**実験３**＞

(1) 図６において，電流をｅからｆに流すとき，ａ→ｂ→ｃ→ｄの向きに電流が流れるようエナメル線を巻き，左右に軸を出した。ｅ側の軸のエナメルを下半分，ｆ側の軸のエナメルを全てはがしたコイルＢを作った。
なお，図６のエナメル線の白い部分はエナメルをはがした部分を表している。

図６

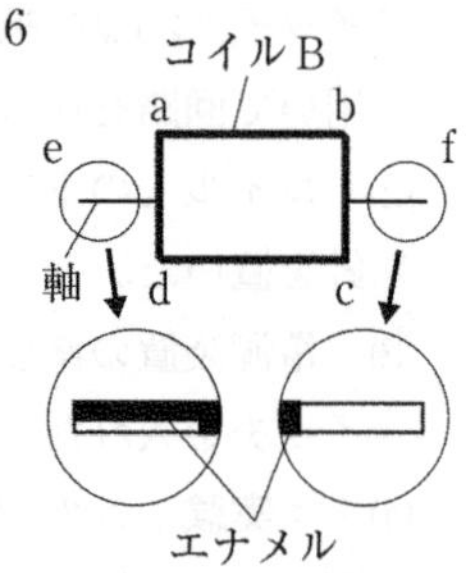

(2) 図７のように，磁石のＳ極を上にして置き，その上にコイルＢをａｂの部分が上になるように金属製の軸受けに載せた。電源装置，導線，スイッチ，20Ωの抵抗器，電流計，軸受けを用いて回路を作り，＜**実験１**＞の(3)の操作を行った。

図７

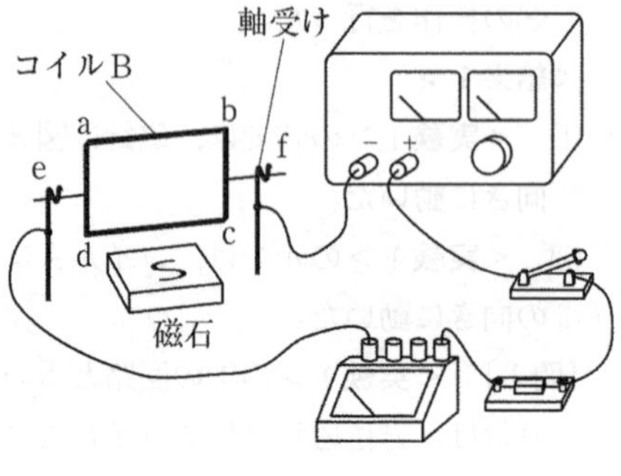

＜**結果３**＞

コイルＢは，同じ向きに回転し続けた。

〔問３〕 ＜**実験３**＞の(2)において，コイルＢを流れる電流を大きくするとコイルの回転が速くなる。次のページの**ア**～**エ**は，図７の回路の抵抗器にもう一つ抵抗器をつなぐ際の操作を示したものである。＜**実験１**＞の⑶の操作を行うとき，コイルＢが速く回転するつなぎ方の順に記号を並べよ。

ア　５Ωの抵抗器を直列につなぐ。　**イ**　５Ωの抵抗器を並列《へいれつ》につなぐ。

ウ　10Ωの抵抗器を直列につなぐ。　**エ**　10Ωの抵抗器を並列につなぐ。

〔問４〕　＜**結果３**＞において，図８と図９はコイルＢが回転しているときのある瞬間の様子を表したものである。次の文章は，コイルＢが同じ向きに回転し続けた理由を述べたものである。文章中の ① ～ ④ にそれぞれ当てはまるものとして適切なのは，下の**ア**～**ウ**のうちではどれか。

図８

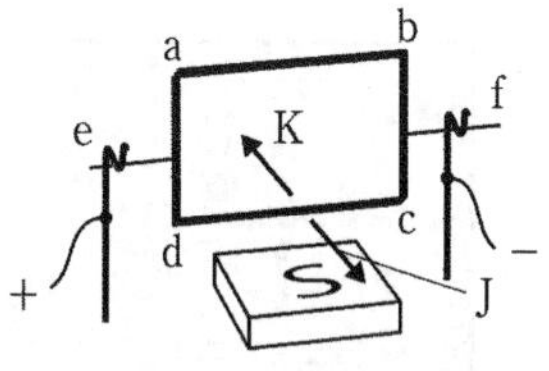

図９

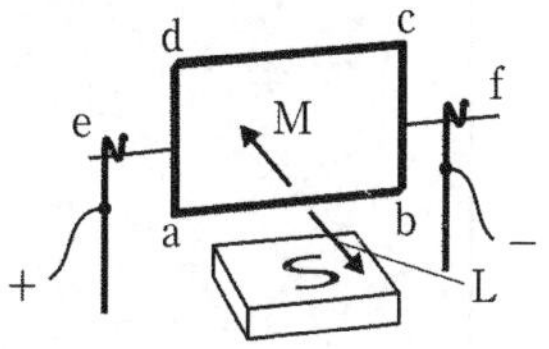

図８の状態になったときには，コイルＢのｃｄの部分には ① ため，磁界から ② 。半回転して図９の状態になったときには，コイルＢのａｂの部分には ③ ため，磁界から ④ 。そのため，同じ向きの回転を続け，さらに半回転して再び図８の状態になるから。

① **ア**　ｃ→ｄの向きに電流が流れる　**イ**　ｄ→ｃの向きに電流が流れる
　ウ　電流が流れない

② **ア**　Ｊの向きに力を受ける　**イ**　Ｋの向きに力を受ける
　ウ　力を受けない

③ **ア**　ａ→ｂの向きに電流が流れる　**イ**　ｂ→ａの向きに電流が流れる
　ウ　電流が流れない

④ **ア**　Ｌの向きに力を受ける　**イ**　Ｍの向きに力を受ける
　ウ　力を受けない

＜社会＞

時間 50分　　満点 100点

1 次の各問に答えよ。

I

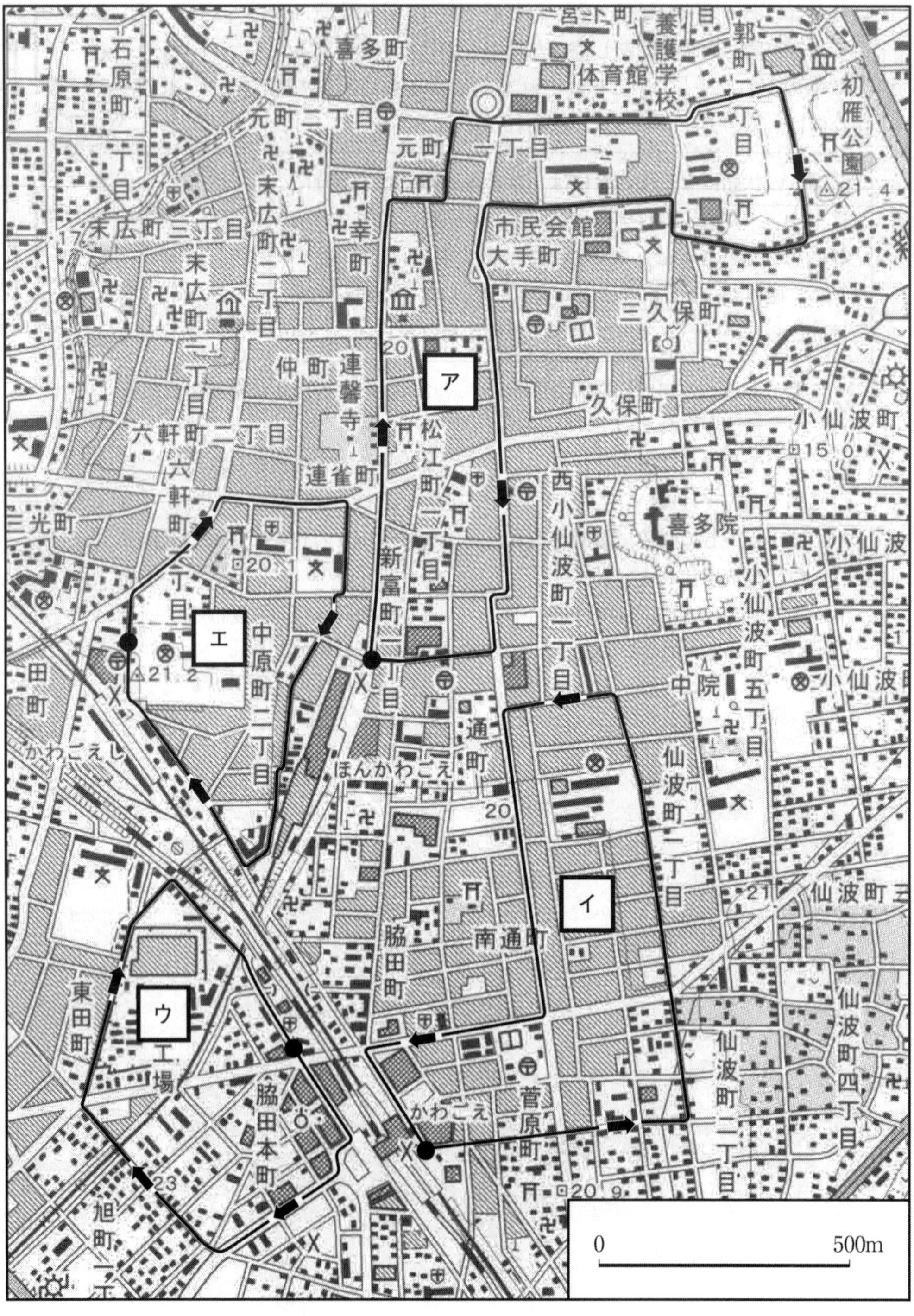

〔問１〕　前のページのⅠの地形図は，2006年と2008年の「国土地理院発行２万５千分の１地形図（川越《かわごえ》南部・川越北部）」の一部を拡大して作成したものである。下のⅡの図は，埼玉《さいたま》県川越市中心部の地域調査で確認《かくにん》できる城下町の痕跡を示したものである。Ⅰのア～エの経路は，地域調査で地形図上に●で示した地点を起点に矢印（➡）の方向に移動した様子を──で示したものである。Ⅱの図で示された痕跡を確認することができる経路に当てはまるのは，Ⅰのア～エのうちではどれか。（31ページの地図は編集の都合で90％に縮小してあります。）

Ⅱ

城下町の痕跡を探そう

調 査 日　令和２年10月３日（土）　集合時刻　午前９時

集合場所　駅前交番前

移動距離《きょり》　約4.1km

痕跡１　城に由来するものが，現在の町名に残っている。
郭町《くるわまち》　城の周囲にめぐらした郭に由来する。　大手町《おおてまち》　川越城の西大手門に由来する。

痕跡２　城下に「時」を告げてきた鐘つき堂

地形図上では，「高塔」の地図記号で示されている。

痕跡３　見通しを悪くし，敵が城に侵入《しんにゅう》しづらくなるようにした鍵型《かぎがた》の道路

通行しやすくするために，鍵型の道路は直線的に結ばれている。

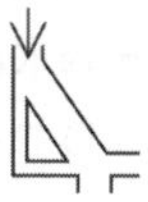

（↓は写真を撮った向きを示す。）

〔問２〕　次の文章で述べている我が国の歴史的文化財は，下のア～エのうちのどれか。

平安時代中期の貴族によって建立《こんりゅう》された，阿弥陀如来坐像《あみだにょらいざぞう》を安置する阿弥陀堂であり，極楽浄土《ごくらくじょうど》の世界を表現している。1994年に世界遺産に登録された。

ア　法隆寺《ほうりゅうじ》　**イ**　金閣　**ウ**　平等院鳳凰堂《びょうどういんほうおうどう》　**エ**　東大寺

〔問３〕　次の文章で述べている人物は，あとのア～エのうちのどれか。

この人物は，江戸《えど》を中心として町人文化が発展する中で，波間から富士山を垣間見《かいまみ》る構図の作品に代表される「富嶽三十六景《ふがくさんじゅうろっけい》」などの風景画の作品を残した。大胆《だいたん》な構図や色彩《しきさい》はヨーロッパの印象派の画家に影響を与えた。

ア 雪舟　イ 葛飾北斎《かつしかほくさい》　ウ 菱川師宣《ひしかわもろのぶ》　エ 狩野永徳《かのうえいとく》

〔問４〕 次の条文がある法律の名称《めいしょう》は，下のア～エのうちのどれか。

> ○労働条件は，労働者と使用者が，対等の立場において決定すべきものである。
> ○使用者は，労働者に，休憩《きゅうけい》時間を除き一週間について四十時間を超えて，労働させてはならない。

ア 男女共同参画社会基本法　イ 労働組合法
ウ 男女雇用機会均等法《だんじょこようきかいきんとうほう》　エ 労働基準法

2 次の略地図を見て，あとの各問に答えよ。

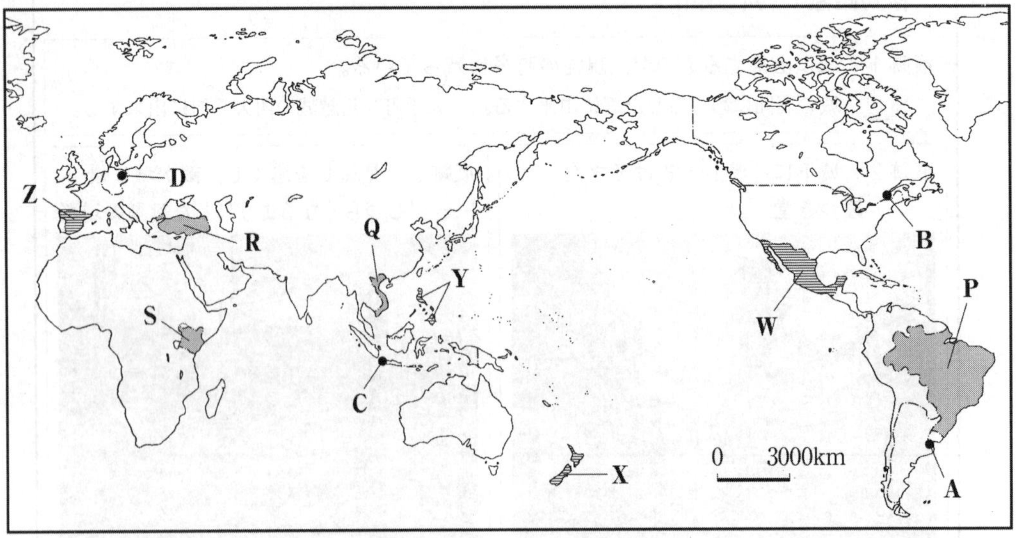

〔問１〕 次のⅠのア～エのグラフは，略地図中にA～Dで示したいずれかの都市の，年平均気温と年降水量及び各月の平均気温と降水量を示したものである。Ⅱの表のア～エは，略地図中にA～Dで示したいずれかの都市を含《ふく》む国の，2017年における米，小麦，とうもろこし，じゃがいもの生産量を示したものである。略地図中のDの都市のグラフに当てはまるのは，Ⅰのア～エのうちのどれか，また，その都市を含む国の，2017年における米，小麦，とうもろこし，じゃがいもの生産量に当てはまるのは，次のページのⅡの表のア～エのうちのどれか。

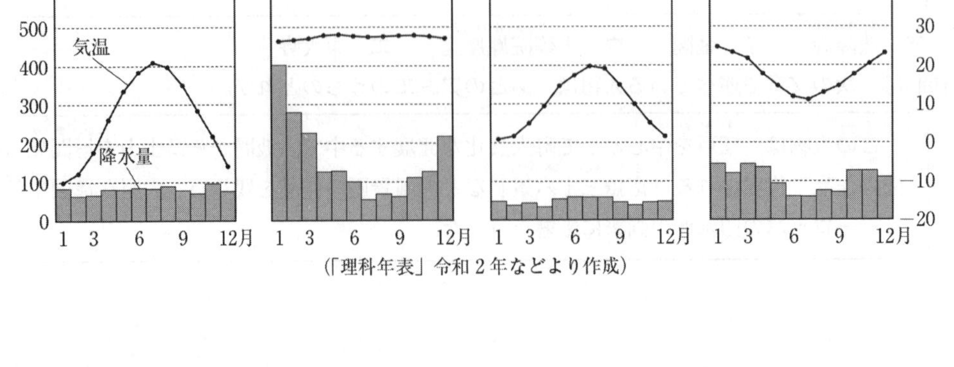

（「理科年表」令和２年などより作成）

Ⅱ

	米（万 t）	小麦（万 t）	とうもろこし(万 t)	じゃがいも（万 t）
ア	8138	−	2795	116
イ	133	1840	4948	245
ウ	−	2998	1410	441
エ	−	2448	455	1172

（注）−は，生産量が不明であることを示す。（「データブック　オブ・ザ・ワールド」2020年版などより作成）

〔問２〕 次の表の**ア**～**エ**は，略地図中に　　で示したP～Sの**いずれか**の国の，2017年におけるコーヒー豆と茶の生産量，国土と食文化の様子についてまとめたものである。略地図中のP～Sのそれぞれの国に当てはまるのは，次の表の**ア**～**エ**のうちではどれか。

	コーヒー豆(百 t)	茶(百 t)	国土と食文化の様子
ア	−	2340	○北西部には二つの州を隔《へだ》てる海峡《かいきょう》が位置し，北部と南部も海に面し，中央部には首都が位置する高原が広がっている。 ○帝国《ていこく》時代からコーヒーが飲まれ，共和国時代に入り紅茶の消費量も増え，トマトや羊肉のスープを用いた料理などが食べられている。
イ	26845	5	○北部の盆地《ぼんち》には流域面積約700万km^2の河川《かせん》が東流し，南部にはコーヒー栽培《さいばい》に適した土壌《どじょう》が分布し，首都が位置する高原が広がっている。 ○ヨーロッパ風に，小さなカップで砂糖入りの甘《あま》いコーヒーが飲まれ，豆と牛や豚《ぶた》の肉を煮込んだ料理などが食べられている。
ウ	15424	2600	○南北方向に国境を形成する山脈が走り，北部には首都が位置する平野が，南部には国内最大の稲作《いなさく》地域である三角州《さんかくす》が広がっている。 ○練乳入りコーヒーや主に輸入小麦で作られたフランス風のパンが見られ，スープに米粉の麺《めん》と野菜を入れた料理などが食べられている。
エ	386	4399	○中央部には標高5000mを超える火山が位置し，西部には茶の栽培に適した土壌が分布し，首都が位置する高原が広がっている。 ○イギリス風に紅茶を飲む習慣が見られ，とうもろこしの粉を湯で練った主食と，野菜を炒《いた》め塩で味付けした料理などが食べられている。

（注）−は，生産量が不明であることを示す。　（「データブック　オブ・ザ・ワールド」2020年版などより作成）

〔問３〕 次のⅠとⅡ（次のページ）の表の**ア**～**エ**は，略地図中に　　で示したW～Zの**いずれか**の国に当てはまる。Ⅰの表は，1999年と2019年における日本の輸入総額，農産物の日本の主な輸入品目と輸入額を示したものである。Ⅱの表は，1999年と2019年における輸出総額，輸出額が多い上位３位までの貿易相手国を示したものである。あとのⅢの文章は，ⅠとⅡの表における**ア**～**エ**のいずれかの国について述べたものである。Ⅲの文章で述べている国に当てはまるのは，ⅠとⅡの表の**ア**～**エ**のうちのどれか，また，略地図中のW～Zのうちのどれか。

Ⅰ

		日本の輸入総額（億円）	農産物の日本の主な輸入品目と輸入額（億円）					
ア	1999年	2160	野菜	154	チーズ	140	果実	122
	2019年	2918	果実	459	チーズ	306	牛肉	134
イ	1999年	6034	果実	533	野菜	34	麻類《あさるい》	6
	2019年	11561	果実	1033	野菜	21	植物性原材料	8
ウ	1999年	1546	アルコール飲料	44	果実	31	植物性原材料	11
	2019年	3714	豚肉	648	アルコール飲料	148	野菜	50
エ	1999年	1878	豚肉	199	果実	98	野菜	70
	2019年	6440	豚肉	536	果実	410	野菜	102

（財務省「貿易統計」より作成）

Ⅱ

		輸出総額(億ドル)	輸出額が多い上位3位までの貿易相手国		
			1位	2位	3位
ア	1999年	125	オーストラリア	アメリカ合衆国	日本
	2019年	395	中華《ちゅうか》人民《じんみん》共和《きょうわ》国《こく》	オーストラリア	アメリカ合衆国
イ	1999年	350	アメリカ合衆国	日本	オランダ
	2019年	709	アメリカ合衆国	日本	中華人民共和国
ウ	1999年	1115	フランス	ドイツ	ポルトガル
	2019年	3372	フランス	ドイツ	イタリア
エ	1999年	1363	アメリカ合衆国	カナダ	ドイツ
	2019年	4723	アメリカ合衆国	カナダ	ドイツ

(国際連合貿易統計データベースより作成)

Ⅲ

現在も活動を続ける造山帯に位置しており，南部には氷河に削られてできた複雑に入り組んだ海岸線が見られる。偏西風《へんせいふう》の影響を受け，湿潤《しつじゅん》な西部に対し，東部の降水量が少ない地域では，牧羊が行われている。一次産品が主要な輸出品となっており，1999年と比べて2019年では，日本の果実の輸入額は3倍以上に増加し，果実は外貨獲得《かくとく》のための貴重な資源となっている。貿易の自由化を進め，2018年には，日本を含む6か国による多角的な経済連携《けいざいれんけい》協定《きょうてい》が発効したことなどにより，貿易相手国の順位にも変化が見られる。

3 次の略地図を見て，あとの各問に答えよ。

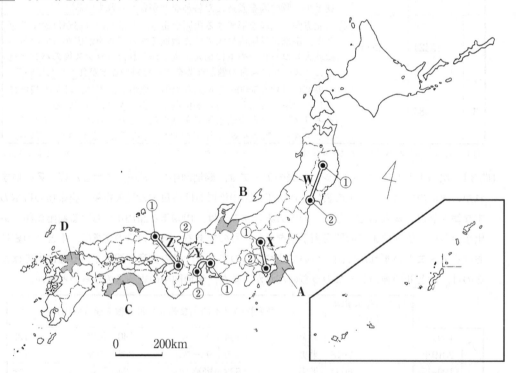

［問１］ 次のページの表の**ア**～**エ**は，略地図中に ▒ で示した，**A**～**D**の**いずれか**の県の，2019年における人口，県庁所在地（市）の人口，県内の自然環境と情報通信産業などの様子についてまとめたものである。**A**～**D**のそれぞれの県に当てはまるのは，次の表の**ア**～**エ**のうちではどれか。

	人口（万人） 県庁所在地（市）の人口（万人）	県内の自然環境と情報通信産業などの様子
ア	70	○北部には山地が位置し，中央部には南流する複数の河川《かせん》により形成された平野が見られ，沖合《おきあい》を流れる暖流の影響で，気候が温暖である。
	33	○県庁が所在する平野部には，園芸農業を行う施設内の環境を自動制御《せいぎょ》するためのシステムを開発する企業《きぎょう》が立地している。
イ	510	○北西部に広がる平野の沖合には暖流が流れ，北東部には潮流が速い海峡《かいきょう》が見られ，南西部に広がる平野は干満差の大きい干潟《ひがた》のある海に面している。
	154	○県庁所在地の沿岸部には，住宅地開発を目的に埋め立てられた地域に，報道機関やソフトウェア設計の企業などが集積している。
ウ	104	○冬季に降水が多い南部の山々を源流とし，北流する複数の河川が形成する平野が中央部に見られ，東部には下流に扇状地を形成する河川が見られる。
	42	○県庁が所在する平野部には，豊富な水を利用した医薬品製造拠点があり，生産管理のための情報技術などを開発する企業が立地している。
エ	626	○平均標高は約40mで，北部にはローム層が堆積する台地があり，西部には大都市が立地し，南部には温暖な気候の丘陵《きゅうりょう》地帯が広がっている。
	97	○県庁所在地に近い台地には，安定した地盤《じばん》であることを生かして金融《きんゆう》関係などの情報を処理する電算センターが立地している。

（「日本国勢図会《にほんこくせいずえ》」2020／21年版などより作成）

〔問２〕　略地図中に①　◉══◉　②で示したＷ～Ｚは，それぞれの①の府県の府県庁所在地と②の府県の府県庁所在地が，鉄道と自動車で結び付く様子を模式的に示したものである。次の表の**ア**～**エ**は，Ｗ～Ｚの**いずれか**の府県庁所在地間の直線距離《きょり》，2017年における，府県相互間の鉄道輸送量，自動車輸送量，起点となる府県の産業の様子を示したものである。略地図中のＷ～Ｚのそれぞれに当てはまるのは，次の表の**ア**～**エ**のうちではどれか。

	起点→終点	直線距離（km）	鉄道（百ｔ）	自動車（百ｔ）	起点となる府県の産業の様子
ア	①→②	117.1	1078	32172	輸送用機械関連企業が南部の工業団地に立地し，都市部では食品加工業が見られる。
	②→①		10492	25968	沿岸部では鉄鋼業や石油化学コンビナートが，内陸部では電子機械工業が見られる。
イ	①→②	161.1	334	41609	中山間部には畜産業《ちくさんぎょう》や林業，木材加工業が，南北に走る高速道路周辺には電子工業が見られる。
	②→①		3437	70931	平野部には稲作《いなさく》地帯が広がり，沿岸部では石油精製業が見られる。
ウ	①→②	147.9	209	11885	漁港周辺には水産加工業が，砂丘が広がる沿岸部には果樹栽培《さいばい》が見られる。
	②→①		33	9145	沿岸部には鉄鋼業が，都市中心部には中小工場が，内陸部には電気機械工業が見られる。

エ	①→②	61.8	1452	79201	世界を代表する輸送用機械関連企業が内陸部に位置し，沿岸部には鉄鋼業などが見られる。
	②→①		1777	95592	石油化学コンビナートや，岬《みさき》と入《い》り江《え》が入り組んだ地形を生かした養殖業《ようしょくぎょう》が見られる。

（国土交通省「貨物地域流動調査」などより作成）

〔問３〕 次のⅠとⅡの地形図は，千葉県八千代《やちよ》市の1983年と2009年の「国土地理院発行２万５千分の１地形図（習志野《ならしの》）」の一部である。Ⅲの略年表は，1980年から1996年までの，八千代市（萱田《かやだ》）に関する主な出来事についてまとめたものである。ⅠとⅡの地形図を比較《ひかく》して読み取れる，◯で示した地域の変容について，宅地に着目して，簡単に述べよ。また，Ⅰ～Ⅲの資料から読み取れる，◯で示した地域の変容を支えた要因について，八千代中央駅と東京都（大《おお》手町《てまち》）までの所要時間に着目して，簡単に述べよ。

Ⅰ

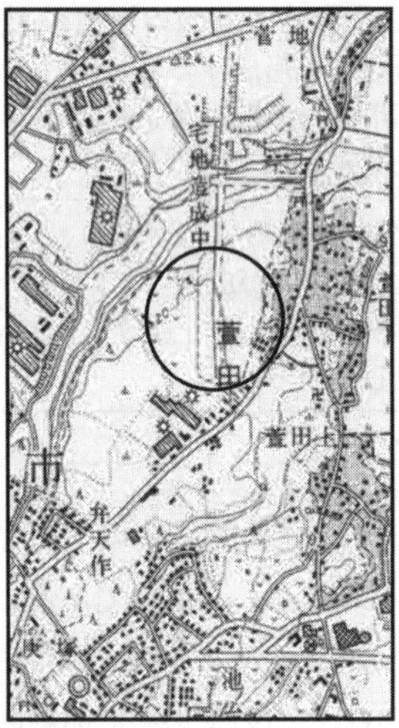

（1983年）

Ⅱ

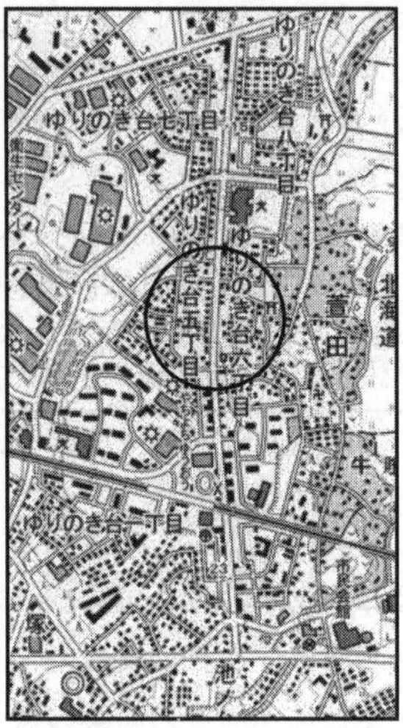

（2009年）

Ⅲ

西暦《せいれき》	八千代市（萱田）に関する主な出来事
1980	●萱田の土地区画整理事業が始まった。
1985	●東葉高速鉄道建設工事が始まった。
1996	●東葉高速鉄道が開通した。 ●八千代中央駅が開業した。 ●東京都（大手町）までの所要時間は60分から46分に，乗換回数は３回から０回になった。

（注）所要時間に乗換時間は含《ふく》まない。

（「八千代市統計書」などより作成）

4 次の文章を読み，あとの各問に答えよ。

政治や行政の在り方は，時代とともにそれぞれ変化してきた。

古代では，クニと呼ばれるまとまりが生まれ，政治の中心地が，やがて都となり，行政を行う役所が設けられるようになった。さらに，(1)都から各地に役人を派遣《はけん》し，土地や人々を治める役所を設け，中央集権体制を整えた。

中世になると，武家が行政の中心を担《にな》うようになり，(2)支配を確実なものにするために，独自の行政の仕組みを整え，新たな課題に対応してきた。

明治時代に入ると，近代化政策が推進され，欧米《おうべい》諸国を模範《もはん》として，(3)新たな役割を担う行政機関が設置され，地方自治の制度も整備された。そして，社会の変化に対応した政策を実現するため，(4)様々な法律が整備され，行政が重要な役割を果たすようになった。

〔問１〕 (1)都から各地に役人を派遣《はけん》し，土地や人々を治める役所を設け，中央集権体制を整えた。

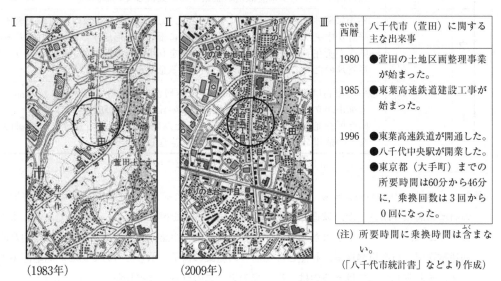

とあるが，次の**ア**～**エ**は，飛鳥《あすか》時代から室町《むろまち》時代にかけて，各地に設置された行政機関について述べたものである。時期の古いものから順に記号を並べよ。

ア　足利尊氏《あしかがたかうじ》は，関東への支配を確立する目的で，関東8か国と伊豆《いず》・甲斐《かい》の2か国を支配する機関として，鎌倉府《かまくらふ》を設置した。

イ　桓武《かんむ》天皇は，支配地域を拡大する目的で，東北地方に派遣した征夷大将軍《せいいたいしょうぐん》に胆沢城《いさわじょう》や志波《しわ》城《じょう》を設置させた。

ウ　中大兄皇子《なかのおおえのおうじ》は，白村江《はくすきのえ》《はくそんこう》の戦いに敗北した後，大陸からの防御《ぼうぎょ》を固めるため，水城《みずき》や山城《やまじろ》を築き，大宰府《だざいふ》を整備した。

エ　北条義時《ほうじょうよしとき》を中心とする幕府は，承久《じょうきゅう》の乱《らん》後の京都の治安維持《いじ》，西国で発生した訴訟《そしょう》の処理，朝廷《ちょうてい》の監視《かんし》等を行う機関として，六波羅探題《ろくはらたんだい》を設置した。

〔問2〕　(2)支配を確実なものにするために，独自の行政の仕組みを整え，新たな課題に対応してきた。とあるが，次のⅠの略年表は，室町時代から江戸《えど》時代にかけての，外国人に関する主な出来事をまとめたものである。Ⅱの略地図中の**A**～**D**は，幕府が設置した奉行所《ぶぎょうしょ》の所在地を示したものである。Ⅲの文章は，幕府直轄地《ばくふちょっかつち》の奉行への命令の一部を分かりやすく書き改めたものである。Ⅲの文章が出されたのは，Ⅰの略年表中の**ア**～**エ**の時期のうちではどれか。また，Ⅲの文章の命令を主に実行する奉行所の所在地に当てはまるのは，Ⅱの略地図中の**A**～**D**のうちのどれか。

Ⅰ

西暦《せいれき》	外国人に関する主な出来事	
1549	●フランシスコ・ザビエルが，キリスト教を伝えるため来航した。	
		ア
1600	●漂着《ひょうちゃく》したイギリス人ウィリアム・アダムスが徳川家康《とくがわいえやす》と会見した。	
		イ
1641	●幕府は，オランダ商館長によるオランダ風説書の提出を義務付けた。	
		ウ
1709	●密入国したイタリア人宣教師シドッチを新井白石《あらいはくせき》が尋問《じんもん》した。	
		エ
1792	●ロシア使節のラクスマンが来航し，通商を求めた。	

Ⅱ

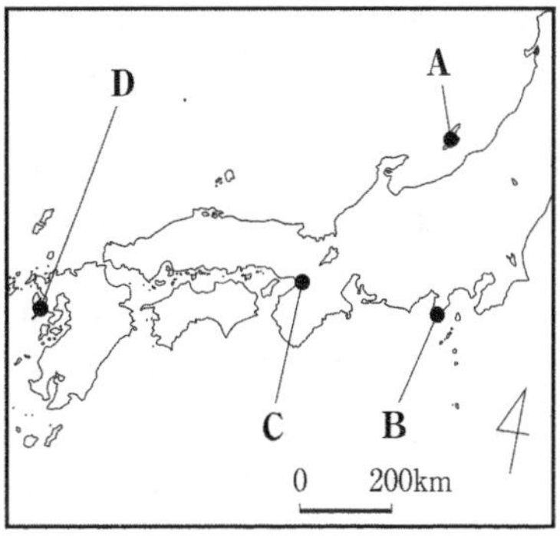

Ⅲ

○外国へ日本の船を行かせることを厳禁とする。
○日本人を外国へ渡航させてはならない。

〔問3〕　(3)新たな役割を担う行政機関が設置され，とあるが，次の文章は，帝都復興院総裁《ていとふっこういんそうさい》を務めることになる後藤新平《ごとうしんぺい》が，1923年9月6日に　閣議に文書を提出する際に記した決意の一部を分かりやすく書き改めたものである。この決意をした時期の東京の様子について述べているのは，あとの**ア**～**エ**のうちではどれか。

○大変災は突如《とつじょ》として帝都を震え上がらせた。
○火災に包まれる帝都を目撃し，自分の任務が極《きわ》めて重要であることを自覚すると同時に復興の計画を策定することが急務であることを痛感した。
○第一に救護，第二に復旧，第三に復興の方針を執《と》るべきである。

ア　新橋《しんばし》・横浜《よこはま》間に鉄道が開通するなど，欧米の文化が取り入れられ始め，現在の銀座《ぎんざ》通りに洋風れんが造りの２階建ての建物が建設された。

イ　我が国の国際的な地位を高めるために，イギリスと同盟を結び，我が国最初の国立図書館である帝国図書館が上野《うえの》公園内に建設された。

ウ　大日本帝国憲法が制定され，近代的な政治制度が整えられ，東京では，都市の整備が進み，我が国最初のエレベーターを備える凌雲閣《りょううんかく》が浅草《あさくさ》に建設された。

エ　東京駅が開業し，都市で働くサラリーマンや工場労働者の人口が大きく伸び，バスの車掌やタイピストなどの新しい職業に就《つ》く女性が増え，丸《まる》の内《うち》ビルヂング（丸ビル）が建設された。

〔問４〕　(4)様々な法律が整備され，行政が重要な役割を果たすようになった。とあるが，次の略年表は，大正時代から昭和時代にかけての，我が国の法律の整備に関する主な出来事についてまとめたものである。略年表中のＡ～Ｄのそれぞれの時期に当てはまるのは，下のア～エのうちではどれか。

西暦	我が国の法律の整備に関する主な出来事	
1921	●工業品規格の統一を図るため，度量衡法《どりょうこうほう》が改正され，メートル法への統一が行われた。	A
1931	●国家による電力の管理体制を確立するため，電気事業法が改正され，国家経済の基礎となる産業への優先的な電力供給が始まった。	B
1945	●我が国の民主化を進めるため，衆議院議員選挙法が改正され，女性に選挙権が与えられた。	C
1950	●我が国の文化財の保護・活用のため，文化財保護法が公布され，新たに無形文化財や埋蔵文化財が保存の対象として取り入れられた。	
1961	●所得格差の改善を図るため，農業基本法が公布され，農業の生産性向上及び農業総生産の増大などが国の施策として義務付けられた。	D
1973	●物価の急激な上昇と混乱に対処するため，国民生活安定緊急措置法《きんきゅうそちほう》が公布され，政府は国民生活に必要な物資の確保と価格の安定に努めることを示した。	

ア　普通選挙などを求める運動が広がり，連立内閣が成立し，全ての満25歳以上の男子に選挙権を認める普通選挙法が制定され，国民の意向が政治に反映される道が開かれた。

イ　急速な経済成長をとげる一方で，公害が深刻化し，国民の健康と生活環境を守るため，公害対策基本法が制定され，環境保全に関する施策が展開された。

ウ　農地改革などが行われ，日本国憲法の精神に基づく教育の基本を確立するため，教育基本法が制定され，教育の機会均等，男女共学などが定められた。

エ　日中戦争が長期化し，国家総動員法《こっかそうどういんほう》が制定され，政府の裁量により，経済，国民生活，労務，言論などへの広範《こうはん》な統制が可能となった。

5　次の文章を読み，あとの各問に答えよ。

地方自治は，民主政治を支える基盤《きばん》である。地方自治を担《にな》う地方公共団体は，住民が安心した生活を送ることができるように，地域の課題と向き合い，その課題を解決する重要な役割を担っている。(1)日本国憲法では，我が国における地方自治の基本原則や地方公共団体の仕組みなどについて規定している。

地方自治は，住民の身近な生活に直接関わることから，(2)住民の意思がより反映できるように，直接民主制の要素を取り入れた仕組みになっている。

国は，民主主義の仕組みを一層充実《じゅうじつ》させ，住民サービスを向上させるなどの目的で，(3)1999年に地方分権一括法《ちほうぶんけんいっかつほう》を成立させ，国と地方が，「対等・協力」の関係で仕事を分担できることを目指して，地方公共団体に多くの権限を移譲《いじょう》してきた。現在では，全国の地方公共団体が地域の課題に応じた新たな取り組みを推進できるように　国に対して地方分権改革に関する提案を行うことができる仕組みが整えられている。

〔問1〕 (1)日本国憲法では，我が国における地方自治の基本原則や地方公共団体の仕組みなどについて規定している。とあるが，日本国憲法が規定している地方公共団体の仕事について述べているのは，次の**ア**～**エ**のうちではどれか。

ア　条約を承認《しょうにん》する。

イ　憲法及び法律の規定を実施するために，政令を制定する。

ウ　条例を制定する。

エ　一切の法律，命令，規則又《また》は処分が憲法に適合するかしないかを決定する。

〔問2〕 (2)住民の意思がより反映できるように，直接民主制の要素を取り入れた仕組みになっている。とあるが，住民が地方公共団体に対して行使できる権利について述べているのは，次の**ア**～**エ**のうちではどれか。

ア　有権者の一定数以上の署名を集めることで，議会の解散や，首長及び議員の解職，事務の監査《かんさ》などを請求《せいきゅう》することができる。

イ　最高裁判所の裁判官を，任命後初めて行われる衆議院議員総選挙の際に，直接投票によって適任かどうかを審査《しんさ》することができる。

ウ　予算の決定などの事項《じこう》について，審議して議決を行ったり，首長に対して不信任決議を行ったりすることができる。

エ　国政に関する調査を行い，これに関して，証人の出頭及び証言，記録の提出を要求することができる。

〔問3〕 (3)1999年に地方分権一括法《ちほうぶんけんいっかつほう》を成立させ，国と地方が，「対等・協力」の関係で仕事を分担できることを目指して，地方公共団体に多くの権限を移譲《いじょう》してきた。とあるが，次のページのⅠのグラフは，1995年から2019年までの我が国の地方公共団体への事務・権限の移譲を目的とした法律改正数を示したものである。Ⅱの文章は，2014年に地方公共団体への事務・権限の移譲を目的とした法律改正が行われた後の，2014年6月24日に地方分権改革有識者会議が取りまとめた「個性を活《い》かし自立した地方をつくる～地方分権改革の総括と展望～」の一部を分かりやすく書き改めたものである。ⅠとⅡの資料を活用し，1995年から2014年までの期間と比較《ひかく》した，2015年から2019年までの期間の法律改正数の動きについて，地方分権改革の推進手法と，毎年の法律改正の有無及び毎年の法律改正数に着目して，簡単に述べよ。

Ⅰ

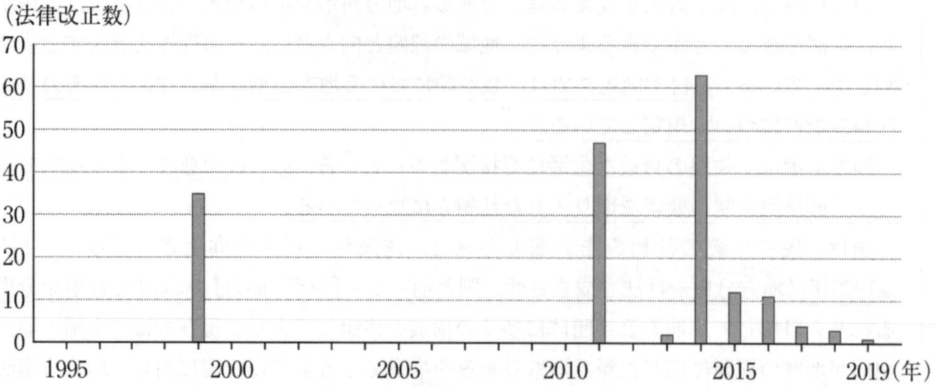

(内閣府資料より作成)

Ⅱ

○これまでの地方分権改革の推進手法は，国が主導する短期集中型の方式であり，この取組を実施することで一定の成果を得ることができた。
○今後は，これまでの改革の理念を継承し，更《さら》に発展させていくことが重要である。
○今後の地方分権改革の推進手法については，地域における実情や課題を把握《はあく》している地方公共団体が考え提案する長期継続型の方式を導入する。

6 次の文章を読み，あとの各問に答えよ。

世界各国では，株式会社や国営企業《こくえいきぎょう》などが，(1)利潤《りじゅん》を追求するなどの目的で誕生してきた。

人口が集中し，物資が集積する交通の要衝に設立された企業や，地域の自然環境や地下資源を生かしながら発展してきた企業など，(2)企業は立地条件に合わせ多様な発展を見せてきた。

(3)我が国の企業は，世界経済の中で，高度な技術を生み出して競争力を高め，我が国の経済成長を支えてきた。今後は，国際社会において，地球的規模で社会的責任を果たしていくことが，一層求められている。

〔問1〕 (1)利潤《りじゅん》を追求するなどの目的で誕生してきた。とあるが，次のア～エは，それぞれの時代に設立された企業について述べたものである。時期の古いものから順に記号を並べよ。

ア 綿織物を大量に生産するために産業革命が起こったイギリスでは，動力となる機械の改良が進み，世界最初の蒸気機関製造会社が設立された。

イ 南部と北部の対立が深まるアメリカ合衆国では，南北戦争が起こり，西部開拓《せいぶかいたく》を進めるために大陸を横断する鉄道路線を敷設《ふせつ》する会社が設立された。

ウ 第一次世界大戦の休戦条約が結ばれ，ベルサイユ条約が締結されるまでのドイツでは，旅《りょ》客《かく》輸送機の製造と販売《はんばい》を行う会社が新たに設立された。

エ スペインの支配に対する反乱が起こり，ヨーロッパの貿易で経済力を高めたオランダでは，アジアへの進出を目的とした東インド会社が設立された。

〔問２〕　(2)企業は立地条件に合わせ多様な発展を見せてきた。とあるが，下の表の**ア**～**エ**の文章は，略地図中に示したA～Dの**いずれか**の都市の歴史と，この都市に立地する企業の様子についてまとめたものである。A～Dのそれぞれの都市に当てはまるのは，下の表の**ア**～**エ**のうちではどれか。

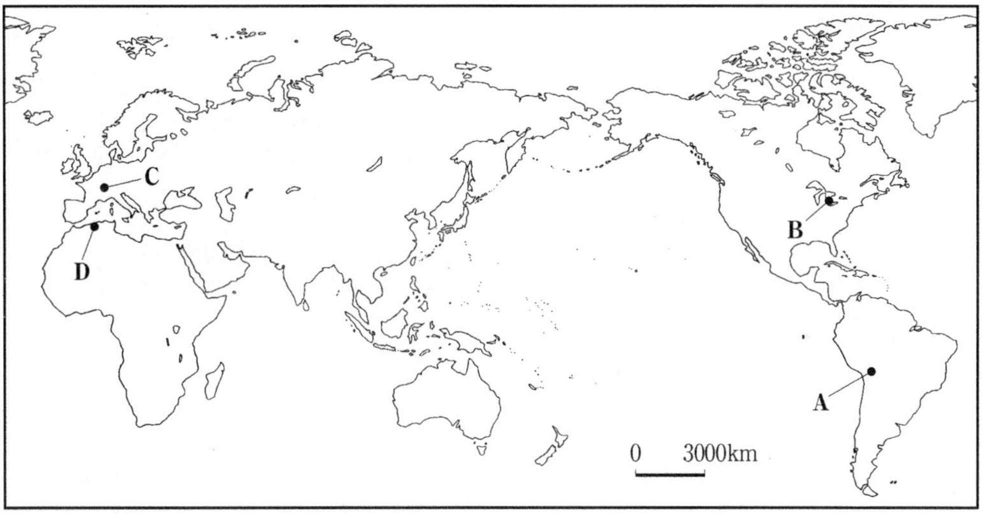

	都市の歴史と，この都市に立地する企業の様子
ア	○この都市は，標高3000mを超え，強風を遮《さえぎ》るすり鉢《ばち》状の地形に位置する首都で，1548年にスペイン人により建設され，金鉱もあったことから発展し，政治と経済の拠点となった。 ○国営企業が，銀，亜鉛《あえん》などの鉱山開発を行っており，近年では，新たに国営企業が設立され，塩湖でのリチウムイオン電池の原料の採取を複数の外国企業と共同で行っている。
イ	○この都市は，標高3000mを超える山脈の北側に位置する首都で，内陸部にはイスラム風の旧市街地が，沿岸部にはフランスの影響を受けた建物が見られる港湾都市となっている。 ○独立後に設立された，砂漠《さばく》地帯で採掘《さいくつ》される天然ガスや石油などを扱う国営企業は，近年，石油の増産と輸出の拡大に向けて外国企業との共同開発を一層進めている。
ウ	○この都市は，1701年にフランス人により砦《とりで》が築かれ，毛皮の交易が始まり，水運の拠点となり，1825年に東部との間に運河が整備され，20世紀に入り海洋とつながった。 ○19世紀後半には自動車の生産が始まり，20世紀に入ると大量生産方式の導入により，自動車工業の中心地へと成長し，現在でも巨大自動車会社が本社を置いている。
エ	○この都市は，20世紀に入り，湖の南西部に広がる市街地に国際連盟の本部が置かれ，第二次世界大戦後は200を超える国際機関が集まる都市となった。 ○16世紀後半に小型時計製造の技術が伝わったことにより精密機械関連企業が立地し，近年では生産の合理化や販売網の拡大などを行い，高価格帯腕時計の輸出量を伸ばしている。

〔問３〕　(3)我が国の企業は，世界経済の中で，高度な技術を生み出して競争力を高め，我が国の経済成長を支えてきた。とあるが，次のページのⅠのグラフは，1970年度から2018度までの我が国の経済成長率と法人企業の営業利益の推移を示したものである。Ⅱの文章は，Ⅰのグラフ

のア～エのいずれかの時期における我が国の経済成長率と法人企業の営業利益などについてまとめたものである。Ⅱの文章で述べている時期に当てはまるのは，Ⅰのグラフのア～エの時期のうちではどれか。

Ⅰ

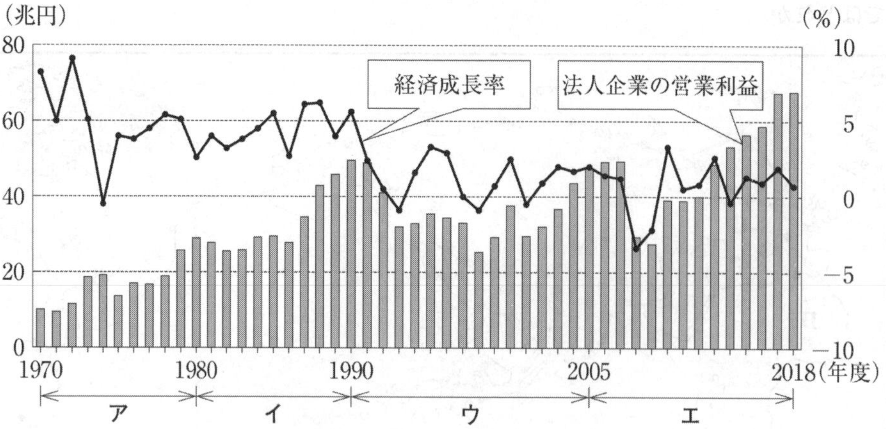

(財務省「法人企業統計調査」などより作成)

Ⅱ

○この時期の前半は，アメリカ合衆国の経済政策によって円安・ドル高が進行し，自動車などの輸送用機械や電気機械の輸出量が増えたことで，我が国の貿易収支は大幅な黒字となり，経済成長率は上昇傾向を示した。

○この時期の後半は，国際社会において貿易収支の不均衡《ふきんこう》を是正《ぜせい》するために為替相場《かわせそうば》を円高・ドル安へ誘導《ゆうどう》する合意がなされ，輸出量と輸出額が減少し，我が国の経済成長率は一時的に下降した。その後，日本銀行が貸付のための金利を下げたことなどで，自動車や住宅の購入《こうにゅう》，株式や土地への投資が増え，株価や地価が高騰《こうとう》する好景気となり，法人企業の営業利益は増加し続けた。

が認められ意欲的に取り組む姿に、長明の魅力がにじみ出ているということ。

エ　望む職業に就けず、自分の才能が開花しないのは運がないだけだと思う姿勢に、長明の前向きで動じない人柄《ひとがら》が示されているということ。

〔問５〕　※出題に不備があったため問題を掲載しておりません。

ら名付けられた。

無名抄《むみょうしょう》――鎌倉時代に鴨長明が書いた歌論書。

禰宜《ねぎ》――神社における職名の一つ。

解脱《げだつ》――悩《なや》みや迷いから抜け出て、自由の境地に達すること。

下鴨《しもがも》――京都にある下鴨神社のこと。

おのづから短き運を悟りぬ――自分には運がないということを自然に知った。

中原有安《なかはらのありやす》　平安時代末期の歌人、音楽家。

後徳大寺《ごとくだいじ》左大臣藤原実定《さだいじんふじわらのさねさだ》――平安時代末期から鎌倉時代初期にかけての歌人。

〔問1〕 (1)駒井さんの発言のこの対談における役割を説明したものとして最も適切なのは、次のうちではどれか。

ア 直前の蜂飼さんの発言に賛同しつつ、「方丈記」の魅力を語ることで、話題を「源氏物語」から「方丈記」に戻そうとしている。

イ 「源氏物語」と「方丈記」に関する蜂飼さんの発言を受け、二つの作品の共通点を述べて、「平家物語」の話題へと広げている。

ウ 自らの疑問に対する蜂飼さんの見解を受け、作品の受け入れられ方に関する「方丈記」の評価を述べて、次の発言を促《うなが》している。

エ 二つの作品を対比する蜂飼さんの発言を受け、「方丈記」に絞《しぼ》って感想を述べることで、話題を焦点化《しょうてんか》するきっかけとしている。

〔問2〕 (2)ですから、まあ、さまざまな受け取り方に対して開かれている作品と言っていいのかなと思いますよね。とあるが、「さまざまな受け取り方に対して開かれている作品」について説明したものとして、最も適切なのは、次のうちではどれか。

ア 書かれている話題が多様なことから、何を主要な要素と受け取るかは、現代における読者に広く委ねられている作品。

イ 過去の読者よりも、現代の読者の心を揺《ゆ》さぶるような内容が複数書かれていて、現代の読者でも理解しやすい作品。

ウ 古典の中でも短いとされてはいるものの、書かれた当時の読者が読めば、多様な受け取り方ができたと思われる作品。

エ 修行中に、他のことに没頭する自分を戒めようとして書かれているため、現代人が修行する際にも大いに参考になる作品。

〔問3〕 (3)俊恵から与えられたアドバイスについては、長明が書いた歌論書の『無名抄』にいろいろ出てきますが、とあるが、Bの原文において、「俊恵」が良いと思う歌はどのようなものだと書かれているか。次のうちから最も適切なものを選べ。

ア 証得して、われは気色したる歌詠み給ふな

イ われ至りにたりとて、この頃詠まるる歌

ウ 何によりてかは秀歌も出で来む

エ 風情もこもり、姿もすなほなる歌

〔問4〕 (4)そういうところに、長明の物事にかける情熱というか、人《にん》間臭《げんくさ》さが表れているなあと思うんです。とあるが、「そういうところに、長明の物事にかける情熱というか、人間臭さが表れている」について説明したものとして、最も適切なのは、次のうちではどれか。

ア 歌の才能を認められていたにもかかわらず、「方丈記」の価値が認められなかったところに、不運な長明らしさが出ているということ。

イ 歌に精進《しょうじん》していたのに、歌人ではなく「方丈記」の作者だと世間で思われていたところに、宿命的な長明の人生が表れているということ。

ウ 不運だと言いながら、恵まれた人間関係の中で歌や音楽の才能

蜂飼　そうです。あと、後鳥羽院《ごとばいん》。後鳥羽院も長明にはかなり目をかけていた。彼が『新古今和歌集《しんこきんわかしゅう》』を企画《きかく》して、そのために設置した和歌所という機関があります。そこで働くメンバーの一人に選ばれているんです。他のメンバーはみんな貴族で、長明は地下《じげ》の人（昇殿《しょうでん》を許されていない官人や身分の人）なんですけども、大抜擢《だいばってき》されてそこに入って仕事をしている。

　そうなると、歌に命を懸けている人ですから、一生懸命仕事をしたらしい。私たち現代人は、長明をまず『方丈記』の作者だと思いますけど、彼はまず歌人なんですよ。それで、和歌所の事務方の長にあたる仕事をしていた源家長《みなもとのいえなが》という人が書いた『家長日記』の中に、長明の精勤ぶりは素晴らしいとある。(4)そういうところに、長明の物事にかける情熱というか、人間《にんげん》臭《くさ》さが表れているなあと思うんです。

（蜂飼耳、駒井稔「鴨長明『方丈記』」による）

B

　歌は極《きは》めたる故実の侍《はべ》るなり。われをまことに師と頼まれば、このこと違《たが》へらるな。そこはかならず末の世の歌仙《かせん》にていますかるべき上に、かやうに契《ちぎ》りをなさるれば申し侍るなり。あなかしこあなかしこ、われ人に許さるるほどになりたりとも、証得して、われは気色《きそく》したる歌詠《よ》み給《たま》ふな。ゆめゆめあるまじきことなり。後徳大寺《ごとくだいじ》の大臣《おとど》は左右なき手だりにていませしかど、その故実なくて、今は詠みくち後手《のちて》になり給へり。そのかみ前《さき》の大納言《だいなごん》など聞こえし時、道を執《しっ》し、人を恥ぢて、磨き立てたりし時のままならば、今は肩並ぶ人少なからまし。われ至りにたりとて、この頃《ころ》詠まるる歌は、少しも思ひ入れず、やや心づきなき言葉うち混ぜたれば、何によりてかは秀歌も出《い》で来む。秀逸《しゅういつ》なければまた人用ゐず。歌は当座にこそ、人がらによりて良くも悪《あ》しくも聞こゆれど、後朝に今一度静かに見たるたびは、さはいへども、風情《ふぜい》もこもり、姿もすなほなる歌こそ見とほしは侍れ。

　歌にはこの上ない昔からの心得があるのです。私を本当に師と信頼なさるのならば、このことを守っていただきたい。あなたは(5)かならずやこの先の世の中で歌の名人でいらっしゃるに違いない上に、このように師弟《してい》の約束をされたので申すのです。決して決して、自分が他人に認められるようになったとしても、得意になって、われこそはという様子をした歌をお詠みなさいますな。決して決してしてはならないことである。＊後徳大寺《ごとくだいじ》左《さ》大臣《だいじん》藤原《ふじわらの》実定《さねさだ》公は並ぶもののない名手でいらっしゃったが、その心得がなくて、今では詠みぶりが劣ってこられた。以前、前大納言などと申し上げた時、歌の道に執着《しゅうちゃく》し、他人の目を気にし、切磋琢磨《せっさたくま》された時のままであったならば、今では肩を並べる人も少ないであろう。自分は名人の境地に到達したのだと思って、近頃お詠みになる歌は、少しも深く心を込めず、ややもすれば感心しない言葉を混ぜているから、どうして秀歌も出来ることがあろうか。秀作がなければ二度と他人は相手にしない。歌は詠んだその場でこそ、詠み手の人となりによって良くも悪くも聞こえるが、翌朝にもう一度静かに見た場合には、そうは言っても、情趣《じょうしゅ》も内にこめられ、歌の姿もすなおな歌こそいつまでも見ていられるものです。

（久保田淳「無名抄」による）

〔注〕方丈記——鎌倉《かまくら》時代に鴨長明が書いた随筆。京都郊外《こうがい》にある方丈（畳四畳半ほどの広さ）の部屋に住みながら書いたことか

て楽しむという、そういう舞台を想像できるじゃないですか。それに対して『方丈記』のような作品は、どういう享受のされ方をイメージしたか、想像するのが意外と難しい。

(1)駒井　宮廷文化《きゅうていぶんか》の中で筆写されたりして読まれるものであれば別ですが、この作品は、方丈の中で書かれたものが残って、こうやって生きている。古典の中でも、一味違う力を強く感じます。

蜂飼　後の『平家物語』にも影響があるわけですしね。そうなると、やはり、伝わる力を当時から持っている作品だったんだと思います。

ただ、受け取った人が、どういう部分に対してどういう感じ方をしたかということは、現代人には想像が難しいかもしれません。『方丈記』の最後の部分に、自分は修行《しゅぎょう》で山の中に籠《こも》っているのに、こんなことを書き連ねていてはいけないと自戒する箇所があります。だから、そういうことを含《ふく》め、修行に入った人の手記みたいなものとして当時の受け手は受け取ったんだろうなとは思うんです。

それに対して、現代に読むときに、読者がどのような要素を通して『方丈記』を受け取るかと考えると、自分自身では運がないと思っている人の個人的な来歴や気持ち、それに自然描写の美しさ、そして災害の記述が持つある種の臨場感、そういった要素で受け取るわけですよね。(2)ですから、まあ、さまざまな受け取り方に対して開かれている作品と言っていいのかなと思いますよね。たった二十数枚の短めの作品であるにもかかわらず、いろんな近づき方ができると。

駒井　彼の生涯《しょうがい》を遡《さかのぼ》ると、方丈に住む前は、*禰宜《ねぎ》の地位に就《つ》きたいとか、ひょっとしたら歌のお師匠《ししょう》にだとか、ずいぶん俗《ぞく》っぽい夢を持っていたようですね。最初から人生を捨てて*解脱《げだつ》していたとか、そういう人ではなかったということですよね。

蜂飼　そうですよね。とくに、自分の亡《な》くなった父親に関わる*下鴨《しもがも》の禰宜の職には、相当こだわったようです。それが実現できないということは、大きかったのかなと思います。

駒井　ある種の挫折感のようなものがあったのでしょうか。

蜂飼　ええ。挫折ですけど、自分では、運がないという言い方をしています。原文の言葉だと「*おのづから短き運を悟りぬ」。ただ、この人は自分自身で運が悪いと言っていますが、外面的に考えれば、人間関係ではわりといい人たちに恵まれた部分があったと思う。

駒井　恵まれていますよね。

蜂飼　たとえば、長明の歌の先生は俊恵という歌人です。(3)俊恵から与えられたアドバイスについては、長明が書いた歌論書の『無名抄』にいろいろ出てきますが、俊恵のもとにいたときの思い出話なども記されていて面白《おもしろ》いですし、長明自身に魅力《みりょく》があったからこそ身のまわりにそういう関係ができたんじゃないかと思います。

彼は、琵琶《びわ》が上手な音楽家でもありました。琵琶の先生は*中原有安《なかはらのありやす》という人ですけど、この人も長明に目をかけている。そんなところに注目すると、本人は不遇《ふぐう》だったと言うけれども、ただそればかりではなかっただろうと思うのです。

駒井　本人がそう思っても、歌の先生が優《すぐ》れた人だったり、琵琶の師匠がよくしてくれたり、客観的に見ると結構、恵まれた人間関係の中を生きた人じゃないですか。

認識の根拠となる事例を挙げることで、自説の妥当性《だとうせい》を強調している。

イ　それまでに述べてきた懐かしさに関する説明に基づいて、筆者が述べた内容を要約し論点を整理することで、論の展開を図っている。

ウ　それまでに述べてきた懐かしさに関する説明を受けて、筆者の認識とは異なる具体例を示すことで、文章全体の結論につないでいる。

エ　それまでに述べてきた懐かしさに関する説明に対して、筆者の主張と対照的な事例を列挙することで、一つ一つ詳しく分析《ぶんせき》している。

〔問4〕 (3)そんな中、私は世の中が更新し続けるもので埋め尽くされてゆけばゆくほど建築こそは動かずにじっとしていて、慣れ親しんだ変わらない価値を示すものでなければならないという思いを強くしてきたのです。と筆者が述べたのはなぜか。次のうちから最も適切なものを選べ。

ア　未来への前向きな意志をもつことが難しい世の中ではあるが、建築だけは、懐かしさや郷愁を印象付けることが必要であると考えるから。

イ　急速に物事が更新され続ける現在において、変わらずそこにあり続ける建築は、人の記憶の原風景となり得る存在であると考えるから。

ウ　建築においても、〝変えるべきこと〟と〝変えなくてもいいこと〟を整理し、新たな建造物には懐古的な工夫が必要であると考えるから。

エ　明るい未来を築くためには変化を止めることが重要であり、不変の象徴として建築を位置付け、人々の意識を向けさせたいと考えるから。

〔問5〕　国語の授業でこの文章を読んだ後、「自分の『記憶の拠《よ》り所《どころ》』となるもの」というテーマで自分の意見を発表することになった。このときにあなたが話す言葉を、具体的な体験や見聞も含《ふく》めて二百字以内で書け。なお、書き出しや改行の際の空欄《くうらん》、、や。や「などもそれぞれ字数に数えよ。

5　次のAは、鴨長明《かものちょうめい》が書いた「*方丈記」に関する対談の一部であり、Bは、対談中にでてくる「*無名抄《むみょうしょう》」の俊恵《しゅんえ》から長明へのアドバイスに当たる原文の一部である。また、あとの□内の文章はBの現代語訳である。これらの文章を読んで、あとの各問に答えよ。（*印の付いている言葉には、本文のあとに〔注〕がある。）

A

駒井《こまい》　素朴《そぼく》な疑問ですが、今の出版の世界だと、編集者がいて「これを書いてくれませんか」という話になりますよね。『方丈記』を書いているときの長明には、誰かに読ませるとか、後世に残すとか、そういう思いはあったのでしょうか。

蜂飼《はちかい》　どうなんでしょう、わかりませんね。誰かに読んでもらう、あるいは読まれてしまう可能性は考えたのかなと思いますが、結局は、ゆかりのあるお寺の僧侶《そうりょ》たちに渡ったんじゃないかと思うんですよね。でも、現代的な意味で言う読者ってものを考えたかというと……。当時は手書きで、最初は一冊しかない。それを読んでもらいたいとか、読まれてもいいと考えたのか、その辺りは研究などを見ても、推測の域を出るものがありません。

　これがたとえば『源氏物語』だったら、みんなで読んで聞い込めたような、博物館のケースの中に入れた展示品のような扱いにされてしまっています。また町づくりや建築においても懐かしさや郷愁のイメージをわざと誘うようなものも見受けられます。それら固定的な〝懐古の商品化〟や〝郷愁のパッケージ化〟は、かえって人のイマジネーションを閉ざしてしまう危険をはらんでいます。（第六段）

　さて私たちは戦後、〝変わること〟が豊かさと明るい未来を手に入れることだと信じてきました。もちろん変わらなければならないことも多々あったと思いますが、〝変えるべきこと〟と〝変えなくてもいいこと〟を整理せずに急進的に走り続けてきたように思います。急速な変化は自然風土やかけがえのない人の営為を壊し、人の記憶にとって大切な〝原風景〟を奪ってゆきました。懐かしいという前向きな感情を抱く間も許されていなかったかのようです。またいま、人が毎日ほとんどの時間見つめているものはスマホやコンピュータのモニターの奥に広がる膨大なデータの世界です。それらは人の情報処理能力をはるかに超えるスピードで膨張し、そして更新《こうしん》されてゆきます。(3)そんな中、私は世の中が更新し続けるもので埋め尽くされてゆけばゆくほど建築こそは動かずにじっとしていて、慣れ親しんだ変わらない価値を示すものでなければならないという思いを強くしてきたのです。言い換えれば、建築さえも急進的に更新し続けるだけの存在になってしまったら、人は何を記憶の拠《よ》り所《どころ》にしてゆけばいいのかわからなくなってしまうのではないでしょうか。（第七段）

（堀部安嗣「住まいの基本を考える」による）

〔問1〕(1)そんな団地の小学生の話やポルトガルでの体験は、複合的で抽象的《ちゅうしょうてき》な懐かしさということで共通しています。とあるが、「複合的で抽象的な懐かしさ」とはどういうことか。次のうちから最も適切なものを選べ。

ア　未知の事象がもつ情感と潜在的な記憶がもつ情感が重なり合うことで思い出される、幼少期の記憶から生じる懐かしさのこと。

イ　未知の場所との出会いから生じる喜びと情感溢れる場所の記憶から生じる郷愁との比較《ひかく》を通して、心に浮かぶ懐かしさのこと。

ウ　未知の風景を前にして感じる、かつて住んでいた町の失われた景色に対して抱いた喪失感から生じる懐かしさのこと。

エ　未知のものと出会うことによって、潜在的に存在する様々な記憶の断片がつなぎ合わされて湧《わ》き上《あ》がる懐かしさのこと。

〔問2〕(2)懐かしいという感情によって人生の中で新たな価値を見出したのです。とあるが、「人生の中で新たな価値を見出した」とはどういうことか。次のうちから最も適切なものを選べ。

ア　経験を積み以前とは異なる視点をもつことで、久しぶりに出会ったものにこれまで気付かなかった魅力《みりょく》を感じるようになったということ。

イ　自分の経験から得たものの見方で目の前の事象を見直すことによって、伝統や慣習にとらわれない新たな価値を見付けたということ。

ウ　前向きで大切な感情を伴う過去の記憶に導かれるように、周囲にあるものにかつて抱いていた誇りがよみがえってきたということ。

エ　久しく出会うことができなかったものに対して、時間が経過してもそこに見出していた魅力を改めて感じることができたということ。

〔問3〕この文章の構成における第六段の役割を説明したものとして最も適切なのは、次のうちではどれか。

ア　それまでに述べてきた懐かしさに関する説明について、筆者の

　ポルトガルに旅行したことがあります。はじめて行く国、はじめて行く場所だったのですが、そこで見た風景や人の営為《えいい》はとても〝懐かしい〟と感じたのです。これも自分の中に潜在的にあった記憶の断片のようなものがつながったからでしょう。かつて自分の身の周りにあったけれどもいまは失われてしまった風景や人の営為がポルトガルにはまだある、という切ない喪失感もともなっていたように思いますが、しかしそれ以上にこの場所に出会えてよかったと思う喜びの感情がはるかに大きかったように記憶しています。そんな懐かしさの感情を抱くことができれば、その新しい場所は慣れ親しんだ馴染《なじ》みのある場所になります。するとそこに安心感と寛容《かんよう》さを感じることができます。(第二段)

(1)そんな団地の小学生の話やポルトガルでの体験は、複合的で抽象的《ちゅうしょうてき》な懐かしさということで共通しています。場所や空間における〝新しさ〟と〝懐かしさ〟は隣り合わせであるということや、人の記憶の回路をつなぎ合わせることができる伝統、慣習が根付いた実体的な空間、場所の尊さと力強さを感じさせます。そしてまだ自分が訪れたことのない世界にも懐かしい場所は存在していて、それを発見できるということの喜びと可能性も感じさせてくれます。(第三段)

　一方、何十年かぶりに故郷に帰って食べる料理や、顔を合わせる家族、親戚《しんせき》や友人、そしてあらためて眺める風景に、直接的で具体的な懐かしさを感じる場合も多いでしょう。しかし久しぶりに出会う懐かしいものは以前出会ったものとは、正確にいえば異なっています。物理的な経年変化があるからではありません。それは自分自身が時間や経験を積み重ね、大きく変化したということなのです。例えば、当時は母の味や郷土料理、故郷の風景が好きではなかったのに、その後の時間の中で経験してきたことを客観的に相対的に重ね合わせてゆくと、実はこんなにも美しく、美味《おい》しく、尊いものだったのだということに気づいた経験は誰にもあるのではないでしょうか。それは自分の感情や視点がいまと昔では大きく変化したことで、久しぶりに出会うものや人の〝質〟や〝価値〟さえも自身が変えたということなのだと思います。〝平凡《へいぼん》〟を〝非凡〟に変えたといってもいいでしょう。そしてその進化した感情、視点によって、伝統や慣習の中にある、人、営為、原風景を〝誇り〟に思うことができるようになっているのです。

(2)懐かしいという感情によって人生の中で新たな価値を見出したのです。それは懐かしさという感情の素晴らしい働きです。さらにこの〝誇り〟という感情はとても重要です。なぜなら人は、誇りに感じるものは自然と大切にしようとするからです。(第四段)

　人は記憶を頼りに生きてゆく動物と言われています。言い方を換えれば、懐かしさのような記憶に関わる情緒抜きでは人は生きてゆけないということです。懐かしさは、視覚だけでなく触覚、聴覚《ちょうかく》、嗅覚《きゅうかく》、味覚といった五感をともなった記憶が呼び起こされ、それと向き合うことでいまの自分の肉体、存在、歴史、居場所を肯定《こうてい》することができ、気持ちが未来にひらかれてゆく前向きで大切な感情と言われています。それが証拠に、人は負の感情を抱くものに出会ったときには決して懐かしいとは感じません。懐かしいものや人に出会ったときに、人は自然と笑《え》みを浮かべていることが多いでしょう。懐かしさとは人の〝正〟の、そして〝生〟の感情なのです。(第五段)

　しかし、どうも私たちは懐かしさに対して認識《にんしき》を誤ってしまうことが多いように思います。〝懐かしの昭和〟〝郷愁誘《さそ》う町〟〝懐かしのおばあちゃんの味〟。それらの言葉からは〝昔はよかった〟という懐古《かいこ》的《てき》な眼差《まなざ》ししか感じられず、前向きな姿勢や未来への可能性のようなものはあまり伝わってきません。過去は過去のものとして缶詰《かんづめ》に閉じ

していたから。

ウ 息子の進んだ道に理解を示しつつも、心の底に抱いてきた寂しさや疑問が不意に膨れ上がり、気持ちを懸命に抑えようとしていたから。

エ 気落ちしなかったと答えたのは、祖父としてただ威厳を示そうとしたためだったと気付き、美緒にどう説明すべきか迷っていたから。

〔問4〕 (4)目の前にある大量のノートを美緒は見つめる。とあるが、この表現から読み取れる「美緒」の様子として最も適切なのは、次のうちではどれか。

ア 脈々と続いている生命と家業の技術を尊く感じつつ、父が自分の名前に込めた家業の継承への期待を知って徐々に意欲を高めている様子。

イ 目の前にある大量のノートに記されたこれから関わろうとしている仕事の量と質の高さに戸惑い、自分の拙《つたな》さを強く感じている様子。

ウ 曾祖父と祖父の染色への思いや労力に敬服するとともに、父が大切に思っていた家業を継がなかった真意を測りかねている様子。

エ 曾祖父と祖父の研究の重みや自分の名前に込められた父の思いを想起しつつ、ノートに従って糸を染めてみたいと考えている様子。

〔問5〕 (5)はい、と小声で答え、美緒はメモを受け取る。とあるが、このときの「美緒」の気持ちに最も近いのは、次のうちではどれか。

ア 染めに取り組むことが認められなかったことはもっともだと納得し、ショールの色を決められない自分の優柔不断さを嫌悪《けんお》するが、父親たちにはまだ自分の能力の限界だとは思われたくないと願う気持ち。

イ 染めの希望がかなわず残念に思うものの、決断力の弱さを指摘されてもなお染めに対する意欲を失わず、父親たちとの再会に思いを巡《めぐ》らす中で自分のこれからのことをどのように伝えるべきか迷う気持ち。

ウ 染めに取り組みたいという願いがかなわなかったことに悲しみが込み上げ、急がなくてよいという祖父の慰《なぐさ》めの言葉と、父が祖父を説得すれば染めに取り組めるかもしれないという期待にすがりたい気持ち。

エ 染めの仕事を認めようとしない祖父の態度に困惑しながら、決断力の弱さを自覚して落胆《らくたん》するとともに、父親たちとの再会を控《ひか》えて染めとの向き合い方を模索《もさく》してこなかったことを後悔する気持ち。

4 次の文章を読んで、あとの各問に答えよ。

以前、興味深い話を聞きました。鉄筋コンクリート造《づくり》の団地で生まれ育った小学生がはじめて田舎にある旧来の日本家屋に行ったときの話です。瓦屋根《かわらやね》の下、縁側に寝そべり、庭や遠くの山並《やまな》みを見ながら彼はこう言ったそうです。〝懐《なつ》かしいね〟と。彼にとってみれば未知の新しい場所なのですが、すでに体験したことのある場所のように感じているかのようです。それはDNAに刷りこまれた風景なのか、あるいは幼少期に見聞きした日本昔話の絵本の画がずっと頭にあったからなのかわかりませんが、いずれにせよ琴線《きんせん》に触れる、情感溢《あふ》れた実体的な場所に出会うことで記憶の回路がつながったのではないでしょうか。（第一段）

祖父の家で過ごすか。

　それを父に言う決断もつけられずにいる。

　祖父のコレクションルームから気になる画集や絵本を部屋に運んだあと、いつもはスープを入れているステンレスボトルに水を入れ、盛岡の町に出かけた。

（伊吹有喜「雲を紡ぐ」による）

〔注〕祖母――美緒の母方の祖母。横浜に住んでいる。
ホームスパン――手紡ぎの毛糸で手織りした毛織物。
私のショール――美緒が生後間もない頃に父方の祖父母から贈《おく》られた、とても大切にしている赤い手織のショール。
雪童子《ゆきわらす》――子供の姿をしている雪の精。
コチニール染め――コチニールカイガラムシから採れる赤色の天然色素を用いた染色作業。
せがなくていい――急がなくてよい。

〔問1〕(1)「ねえ、おじいちゃん。あの棚の本、あとで私の部屋に持っていっていい？」とあるが、このときの美緒の気持ちに最も近いのは、次のうちではどれか。

ア　幼い頃に感じられなかった、絵本の美しさや楽しさに気付かせてくれた祖父に親しみを抱き、祖父の本をもっと読みたいと思う気持ち。

イ　祖父が絵本に登場する服の色に着目していることに興味をもち、自分の本と棚の本を研究して、祖父に認めてもらいたいと思う気持ち。

ウ　祖父が親愛の情を示してくれたことを嬉しく感じ、自分が棚の本に興味を示すことによって、祖父をもっと喜ばせたいと思う気持ち。

エ　会話を通じて祖父の人柄《ひとがら》や考え方にひかれ、祖父が集めてきた棚の本を読むことで、本の好みや選び方を知りたいと思う気持ち。

〔問2〕(2)ノートをのぞくと角張った字と、流れるような書体の祖父の筆跡が混じっていた。とあるが、この表現について述べたものとして最も適切なのは、次のうちではどれか。

ア　祖父が曾祖父の厳格さに反発する気持ちをもっていたことを、二人の対照的な書体を対比させて描くことで、象徴的に表現している。

イ　祖父が曾祖父と共に芸術的表現を追求していたことを、二人の筆跡をたとえを用いて技巧的《ぎこうてき》に描くことで、情緒的に表現している。

ウ　祖父が曾祖父と共に染めに携《たずさ》わりつつ記録を引き継いできたことを、二人の異なる筆跡を視覚的に描くことで、印象的に表現している。

エ　祖父が曾祖父と共に色鮮やかで美しい糸を紡ぐ仕事を続けてきたことを、二人の字形や色彩《しきさい》を絵画的に描くことで、写実的に表現している。

〔問3〕(3)即答したが、そのあとの言葉に祖父は詰まった。とあるが、「祖父」が「そのあとの言葉」に「詰まった」わけとして最も適切なのは、次のうちではどれか。

ア　一度は否定したものの、当時を振り返って本当はがっかりしていたのだと思い直し、そのときの気持ちを美緒に伝えたいと思っていたから。

イ　息子が自立したときに抱いた切なさと、家業に対する息子の思いを推し量っていたことを振り返りつつ、美緒に伝える言葉を探混じっていた。
曾祖父《そうそふ》の存在を強く感じ、美緒はノートの字に触れてみる。
顔も姿も想像できないが、何十年も前に、このノートに曾祖父が文字を書いたのだ。
「お父さんがこの前言ってた……。ひいおじいちゃんの口癖《くちぐせ》は『丁寧《ていねい》な仕事』と『暮らしに役立つモノづくり』だって。」
「古い話を広志もよく覚えていたな。」
祖父が微笑《ほほえ》み、羽箒《はねぼうき》で棚のほこりをはらった。
「おじいちゃんは、お父さんが仕事を継がなくてがっかりした？」
「がっかりはしなかった。」
(3)即答したが、そのあとの言葉に祖父は詰まった。
しばらく黙《だま》ったのち、小さな声がした。
「ただ……寂《さび》しくはあったな。それでも、娘に美緒と名付けたと聞いたとき、広志が家業のことを深く思っていたのがわかった。だから、それでいいと思ったよ。」
「えっ？　そんな話は聞いたことない。私の名前に何か意味があるの？」
祖父が、曾祖父がつけていたノートに目を落とした。
「美という漢字は、羊と大きいという字を合わせて作られた文字だ。緒とは糸、そして命という意味がある。美緒とはすなわち美しい糸、美しい命という意味だ。」
美しい糸、と祖父がつぶやいた。
「美緒という名前のなかには、大きな羊と糸。私たちの仕事が入っている。家業は続かなくとも、美しい命の糸は続いていくんだ。」
(4)目の前にある大量のノートを美緒は見つめる。
曾祖父と祖父が集めてきたデータの蓄積《ちくせき》。このノートを使いこなせれば、自分が思った色に羊毛や糸を染めることができる。
その技《わざ》を持っているのは、さっき頭に触れた祖父の手だけだ。
「おじいちゃん……私、染めも自分でやってみたい。」
祖父がノートを棚に戻した。
「染めは大人の仕事だ。熱いし、危ない。力仕事だから腰も痛める。染めの工程はこの間の＊コチニール染めでわかっただろう？　それで十分だ。」
「熱いの大丈夫だよ。危ないことも気を付ける。」
「気を付けているときには事故はおきない。それがふっと途切れたときに間違いがおきるんだ。そのとき即座に対応できる決断力がほしい。私は年寄りだから、その力が鈍っているよ。美緒も決して得意なほうではないだろう。」
「でも……。」
「ショールの色は決まったか？　自分の好きな色、これからを託《たく》す色は見つけられたか？」
「まだ、です。探してるけど。」
ショールの色だけではなく、部屋のカーテンの色もまだ決められない。
口調は穏《おだ》やかだが、決断力に欠けていることを指摘《してき》され、顔が下を向いた。
＊せがなくていい、と祖父がポケットから小さな紙を出した。
「色はゆっくり考えればいい。だが、そろそろ買い物に行ってくれるか。来週なんてすぐだぞ。お父さんたちをもてなす準備を始めようじゃないか。」
(5)はい、と小声で答え、美緒はメモを受け取る。
ショールの色だけではない。東京へひとまず帰るか、この夏ずっと

「日本の絵本もいいぞ。実はこれは*ホームスパンではないかと、私がひそかに思っている話がある。」

祖父がもう一冊、絵本を差し出した。

宮沢賢治《みやざわけんじ》・作、黒井健《くろいけん》・絵「水仙月《すいせんづき》の四日《よっか》」とある。

本の扉《とびら》を開けると、雪をかぶった山の風景に目を奪われた。この数ヶ月ですっかり見覚えた山の形だ。

「これ、もしかして、岩手山?」

「宮沢賢治は花巻《はなまき》と盛岡《もりおか》で生きたお人だからな。」

さらにページをめくると、赤い毛布を頭からかぶった子どもが一人、雪原を行く姿が描かれていた。

「この子がかぶっているの、*私のショールみたい。」

そうだろう? と答え、祖父は慈《いつく》しむように文章を指でなぞった。

「ここに『赤い毛布《けっと》』と書かれているが、私はこの子は赤いホームスパンをかぶっていたのだと思う。*雪童子《ゆきわらす》の心をとらえ、子どもの命を守り抜いた赤い布は、田舎者の代名詞の赤毛布《あかけっと》より、この子の母親が家で紡《つむ》いで作った毛織物だと思ったほうがロマンがあるじゃないか。話のついでだ。私の自慢《じまん》もしていいだろうか。」

「うん、聞かせて!」

祖父の手がのび、軽く頭に触れた。すぐに手は離れ、祖父はさらに奥の本棚へと歩いていった。一瞬だが、頭をなでられたことに気付き、きまりが悪いような、嬉《うれ》しいような思いで、祖父の背中を追う。

(1)「ねえ、おじいちゃん。あの棚の本、あとで私の部屋に持っていっていい?」

「一声かけてくれれば、なんでも持っていっていいぞ。」

一番奥の棚の前で祖父が足を止めた。そこには分厚く横にふくらんだノートが詰《つ》まっている。

祖父が一冊を手に取った。左のページには折り畳まれた絵が一枚貼ってある。さきほど見た絵本「水仙月の四日」の一ページだ。

右のページにはその絵に使われている色と、まったく同じ色に染められた糸の見本が貼ってあった。次のページには、たくさんの化学記号と数値が書き込まれている。

「これって、絵に使われた色を全部、糸に染めてあるの?」

「そうだよ。カイ・ニールセンやル・カインの絵本の糸もある。」

祖父が別のノートを広げると、さきほど見た「十二人の踊る姫君」の絵が左ページに貼られていた。「ダイヤモンドの森」の場面だ。

このノートも、「水仙月の四日」と同じく、絵に使われている色と同色の糸が右に貼られている。

「この糸で布を織ったら、絵が再現できるね。」

「織りで絵を表現するのは難しいが、刺繍《ししゅう》という手もあるな。」

「この糸で何つくったの? 見せて!」

「何もつくっていない。狙《ねら》った色がきちんと染められるかデータを取っていたんだ。ここにあるノートは私の父の代からの染めの記録だ。数値通りにすれば、完璧《かんぺき》に染められるというわけでもないが、道しるべみたいなものだな。」

下の棚にある古びたノートを取り出すと、紙は淡い茶色に変わっていた。鉛筆でびっしりと書かれている角張った文字は、祖父とは違う筆跡だ。

「もしかして、これが、ひいおじいちゃんの字?」

祖父がうなずき、中段の棚から一冊を出した。

「このあたりの番号のノートから私も染めに参加している。この時期は父の助手だったが。」

(2)ノートをのぞくと角張った字と、流れるような書体の祖父の筆跡が

〈国語〉

時間　五〇分　満点　一〇〇点

1 次の各文の――を付けた漢字の読みがなを書け。

(1) 寒い冬の夜空に星が輝く。

(2) 共通の友人を介して知り合う。

(3) 傾斜が急な山道をゆっくり上る。

(4) 紅葉で赤く染まる山並を写真に撮る。

(5) 真夏の乾いたアスファルトが急な雨でぬれる。

2 次の各文の――を付けたかたかなの部分に当たる漢字を楷書《かいしょ》で書け。

(1) 私の住む町は起伏にトんだ道が多い。

(2) 山頂のさわやかな空気を胸いっぱいにスう。

(3) コンサート会場でピアノのドクソウを聴《き》く。

(4) バスのシャソウから見える景色が流れていく。

(5) 毎日欠かさず掃除《そうじ》をし、部屋をセイケツに保つ。

3 次の文章を読んで、あとの各問に答えよ。（＊印の付いている言葉には、本文のあとに〔注〕がある。）

（高校生の美緒《みお》は、母親との言い争いをきっかけに、父方の祖父が営む岩手の染織工房《せんしょくこうぼう》で生活し始め織物制作《おりものせいさく》を学んでいる。八月上旬《じょうじゅん》、父親の広志《ひろし》から電話があり、母親と共に岩手に行くのでひとまず一緒に東京に帰らないかと言われた。同じ頃《ころ》、ショール作りの練習として作り始めたカーテンの色を決めかねていた美緒は、祖父から「コレクションルーム」で気に入った色を探すように言われた。）

「おどる12人のおひめさま」と書かれた背表紙を見つけ、美緒は本を手に取る。

「これ、この絵本。これはまったく同じのを持ってた。」

ページをめくると、森の風景が目の前に広がった。

十二人の姫君が楽しそうに銀の森、金の森、ダイヤモンドの森を進んでいく。

「でも、あれ？　なんか印象が違う……。すごくきれい。昔、読んだときは絵が怖くて、全然好きじゃなかったんだけど。」

祖父が隣の本棚《ほんだな》の前に歩いていった。

「エロール・ル・カインが絵をつけたその話はグリム童話。ドイツ人の編纂《へんさん》だ。この話と似た伝承をイギリス人が編纂したものがある。そちらはカイ・ニールセンという画家が挿絵《さしえ》を描いているんだが。」

祖父が本を手に取り、戻ってきた。こちらのタイトルは漢字で「十二人の踊る姫君」とある。

あっ、と再び声が出た。

「それも持ってたよ。お誕生日のプレゼントにもらったの。」

ほお、と祖父が感心したような声を上げた。

「これはなかなか手に入りづらい本だ。ずいぶん探したんだろうな。」

それを聞いて、うしろめたくなった。

この本は四つの話を集めた童話集だ。長い間本棚に置いていたが、中学生になるとき、中学入試の問題集と一緒に処分しようとしたところを＊祖母が見つけ、横浜《よこはま》の家に持ち帰っていった。

この本にもやはり森を抜けていく十二人の姫君の絵があった。繊細な線で描かれた絵がとても神秘的だ。

「こんなきれいな本だったっけ、これも。」

2021年度

解 答 と 解 説

《2021年度の配点は解答用紙集に掲載してあります。》

＜数学解答＞

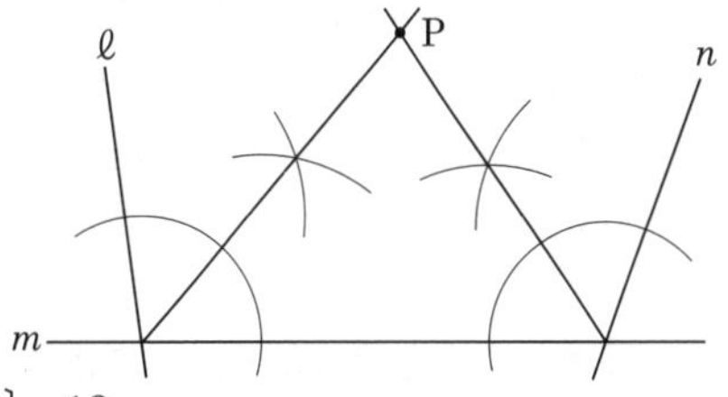

1 〔問1〕 7　〔問2〕 $\frac{9a+5b}{4}$　〔問3〕 $2\sqrt{3}$
〔問4〕 5　〔問5〕 $x=-1$, $y=6$
〔問6〕 $-8\pm\sqrt{2}$　〔問7〕 ① ア　② オ
〔問8〕 $\frac{\boxed{あ}}{\boxed{いう}}$ $\frac{7}{12}$　〔問9〕 右図

2 〔問1〕 ① イ　② ウ　〔問2〕 解説参照

3 〔問1〕 $\boxed{え}$ 2　〔問2〕 ① イ　② ア　〔問3〕 12

4 〔問1〕 イ　〔問2〕 ① 解説参照　② $\frac{\boxed{おか}}{\boxed{き}}$ $\frac{48}{5}$

5 〔問1〕 $\boxed{く}$ 5　〔問2〕 $\frac{\boxed{けこ}}{\boxed{さ}}$ $\frac{96}{5}$

＜数学解説＞

1 **(数・式の計算，平方根，一次方程式，連立方程式，二次方程式，関数$y=ax^2$，確率，作図)**

〔問1〕 **四則をふくむ式の計算の順序は，指数→かっこの中→乗法・除法→加法・減法**　となる。$-3^2=-(3\times3)=-9$だから，$-3^2\times\frac{1}{9}+8=-9\times\frac{1}{9}+8=-1+8=7$

〔問2〕 $\frac{5a-b}{2}-\frac{a-7b}{4}=\frac{2(5a-b)}{4}-\frac{a-7b}{4}=\frac{2(5a-b)-(a-7b)}{4}=\frac{10a-2b-a+7b}{4}=\frac{9a+5b}{4}$

〔問3〕 根号の中はできるだけ簡単な数にする。また，割り算は分数の形にして約分する。$\sqrt{8}=\sqrt{2^2\times2}=2\sqrt{2}$だから，$3\div\sqrt{6}\times\sqrt{8}=3\div\sqrt{6}\times2\sqrt{2}=\frac{3\times2\sqrt{2}}{\sqrt{6}}=6\sqrt{\frac{2}{6}}=6\sqrt{\frac{1}{3}}=\frac{6}{\sqrt{3}}=\frac{6\times\sqrt{3}}{\sqrt{3}\times\sqrt{3}}=\frac{6\sqrt{3}}{3}=2\sqrt{3}$

〔問4〕 $-4x+2=9(x-7)$　右辺を展開して　$-4x+2=9x-63$　左辺の$+2$と右辺の$9x$をそれぞれ移項して　$-4x-9x=-63-2$　$-13x=-65$　両辺を-13で割って　$x=5$

〔問5〕 連立方程式$\begin{cases}5x+y=1\cdots①\\-x+6y=37\cdots②\end{cases}$　①より，$y=1-5x\cdots③$　これを②に代入して　$-x+6(1-5x)=37$　$-x+6-30x=37$　$-31x=31$　$x=-1$　これを③に代入して　$y=1-5\times(-1)=6$　よって，連立方程式の解は　$x=-1$，$y=6$

〔問6〕 $(x+8)^2=2$　より，$x+8$は2の平方根であるから　$x+8=\pm\sqrt{2}$　よって，$x=-8\pm\sqrt{2}$

〔問7〕 xの**変域**に0が含まれているから，yの**最大値**は0。$x=-4$のとき，$y=-3\times(-4)^2=-48$　$x=1$のとき，$y=-3\times1^2=-3$　よって，yの**最小値**は-48　yの変域は，$-48\leqq y\leqq0$

〔問8〕 大小1つずつのさいころを同時に1回投げるとき，全ての目の出方は　$6\times6=36$(通り)。このうち，大きいさいころの出た目の数をa，小さいさいころの出た目の数をbとするとき，$a\geqq b$となるのは，$b=1$のとき，$a=1$，2，3，4，5，6の6通り。$b=2$のとき，$a=2$，3，4，5，6の5通り。$b=3$のとき，$a=3$，4，5，6の4通り。$b=4$のとき，$a=4$，5，6の3通り。$b=5$のとき，$a=5$，6の2通り。$b=6$のとき，$a=6$の1通り。すべてで$6+5+4+3+2+1=21$(通り)だから，求め

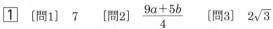

る確率は $\frac{21}{36}=\frac{7}{12}$

〔問9〕 (着眼点)**角をつくる2辺から距離が等しい点は，角の二等分線上にある。** (作図手順)次の①～③の手順で作図する。 ① 直線ℓと直線mの交点(以下，点Aとする。)を中心とした円を描き，直線ℓと直線m上に交点をつくる。 ② ①でつくったそれぞれの交点を中心として，交わるように半径の等しい円を描き，その交点と点Aを通る直線を引く。(直線ℓと直線mがつくる角の二等分線) ③ 同様にして，直線mと直線nがつくる角の二等分線を引き，②で引いた直線ℓと直線mがつくる角の二等分線との交点をPとする。(ただし，解答用紙には点Aの表記は不要である。)

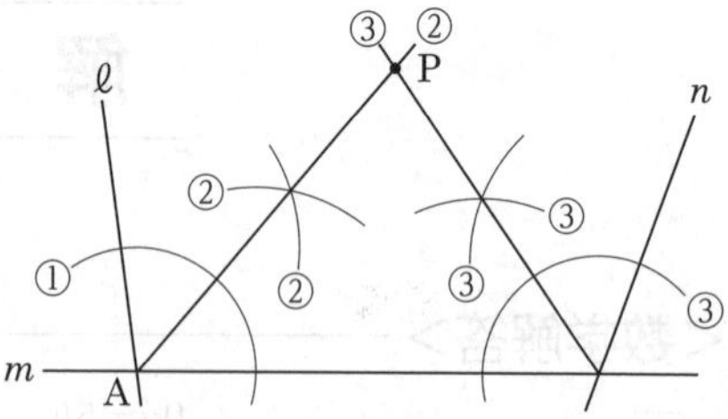

2 (面積，文字を使った式，式による証明)

〔問1〕 1辺の長さが$2a$cmの正方形の面積は$(2a)^2$cm^2，この正方形の各辺の中点を結んでできた四角形は，それぞれの対角線の長さが$2a$cmのひし形であるから，その面積は$2a\times 2a\times\frac{1}{2}=2a^2$(cm^2)で，タイルが$5^2$枚あるから，$\mathrm{P}=\{(2a)^2-2a^2\}\times 5^2=(4a^2-2a^2)\times 25=50a^2\cdots$① タイルを縦と横に5枚ずつ並べてできる正方形と同じ大きさの正方形の1辺の長さは$2a\times 5=10a$(cm)，この正方形の各辺の中点を結んでできた四角形は，それぞれの対角線の長さが$10a$cmのひし形であるから，$\mathrm{Q}=(10a)^2-10a\times 10a\times\frac{1}{2}=100a^2-50a^2=50a^2\cdots$② (別解)**相似比**と面積比の関係を用いて，面積Qは以下のように求められる。**相似な図形では，面積比は相似比の2乗に等しい。**問題図1の図形と問題図3の図形は相似な図形であり，$n=5$のとき，相似比は$1:5$であるから，面積比は$1^2:5^2=1:25$であり，$\mathrm{Q}=\{(2a)^2-2a^2\}\times 25=50a^2$である。

〔問2〕 (証明)(例)1辺の長さが$2a$cmの正方形の面積は$(2a)^2$cm^2，この正方形の各辺に接する円の面積はπa^2cm^{2}で，タイルがn^2枚あるから，$\mathrm{X}=\{(2a)^2-\pi a^2\}\times n^2=(4a^2-\pi a^2)\times n^2=(4-\pi)a^2n^2\cdots(1)$ タイルを縦と横にn枚ずつ並べてできる正方形と同じ大きさの正方形の1辺の長さは$2an$cm，この正方形の各辺に接する円の半径はancmであるから，$\mathrm{Y}=(2an)^2-\pi\times(an)^2=4a^2n^2-\pi a^2n^2=(4-\pi)a^2n^2\cdots(2)$ (1)，(2)より，$\mathrm{X}=\mathrm{Y}$

3 (図形と関数・グラフ)

〔問1〕 点Pは直線ℓ：$y=-2x+14$上にあるから，そのx座標は，直線ℓの式に$y=10$を代入して，$10=-2x+14$ $2x=14-10=4$ $x=2$

〔問2〕 点Pのx座標が4のとき，そのy座標は，直線ℓの式に$x=4$を代入して，$y=-2\times 4+14=6$ よって，直線mは2点A$(-12,\ -2)$，P$(4,\ 6)$を通るから，直線mの傾き$=\frac{6-(-2)}{4-(-12)}=\frac{1}{2}$ 直線mの式を $y=\frac{1}{2}x+b$ とおくと，点Pを通るから，$6=\frac{1}{2}\times 4+b$ $b=4$ 以上より，直線mの式は $y=\frac{1}{2}x+4$

〔問3〕 直線ℓの切片は14だから，B$(0,\ 14)$ 点Pのx座標をpとすると，P$(p,\ -2p+14)$ 点Qはx軸を**対称の軸**として点Pと**線対称**な点だから，そのx座標は点Pのx座標と等しく，y座標は点Pのy座標と**絶対値**が等しく，符号が異なるから，Q$(p,\ -(-2p+14))=$Q$(p,\ 2p-14)$ △APBの面積と△APQの面積が等しくなるとき，AP//BQとなり，APとBQの傾きは等しいから，$\frac{-2p+14-(-2)}{p-(-12)}=\frac{2p-14-14}{p-0}$ 整理して，$\{(-2p+14)-(-2)\}\times(p-0)=\{p-(-12)\}\times\{(2p$

$-14)-14\}$　$p^2-5p-84=0$　$(p+7)(p-12)=0$　$p>7$より$p=12$

4 (角度，円の性質，図形の証明，面積)

〔問1〕 $\overset{\frown}{\mathrm{CP}}$に対する**円周角**なので，$\angle\mathrm{PAC}=\angle\mathrm{PBC}=\angle\mathrm{ABC}-\angle\mathrm{ABP}=90^\circ-a^\circ$

〔問2〕 ① (証明)(例)仮定から，AB=APだから，△ABPは二等辺三角形である。**二等辺三角形の底角は等しい**から，∠ABP=∠APB　よって，∠ABP=∠QPR…(1)　四角形ABCDは長方形だから，AB//DC　**平行線の同位角は等しい**から，∠ABP=∠QRP…(2)　(1)，(2)より∠QPR=∠QRP　よって，△QRPにおいて，2つの角が等しいから，△QRPは二等辺三角形である。

② 線分ACと線分BPとの交点をEとする。△ABC∽△AEB∽△BECより，BE：EC=AE：EB=AB：BC=16：8=2：1だから，$\mathrm{EC}=\frac{1}{2}\mathrm{BE}$，AE=2BE　AB//DCより，**平行線と線分の比についての定理**を用いると，$\mathrm{RC}:\mathrm{AB}=\mathrm{EC}:\mathrm{AE}=\frac{1}{2}\mathrm{BE}:2\mathrm{BE}=1:4$　$\mathrm{RC}=\frac{1}{4}\mathrm{AB}=\frac{1}{4}\times16=4$(cm)　PQ=$x$(cm)とすると，AQ=AP−PQ=AB−PQ=$16-x$(cm)　CQ=QR+RC=PQ+RC=$x+4$(cm)　△ADQ≡△CPQより，AQ=CQだから，$16-x=x+4$　x=PQ=QR=6(cm)　点Pから辺CDへ垂線PHを引く。△CPQで，**底辺と高さの位置を変えて面積を考える**と，$\frac{1}{2}\times\mathrm{CP}\times\mathrm{PQ}=\frac{1}{2}\times\mathrm{CQ}\times\mathrm{PH}$　より，$\mathrm{PH}=\frac{\mathrm{CP}\times\mathrm{PQ}}{\mathrm{CQ}}=\frac{\mathrm{AD}\times\mathrm{PQ}}{\mathrm{QR}+\mathrm{RC}}=\frac{8\times6}{6+4}=\frac{24}{5}$(cm)　$\triangle\mathrm{PRC}=\frac{1}{2}\times\mathrm{RC}\times\mathrm{PH}=\frac{1}{2}\times4\times\frac{24}{5}=\frac{48}{5}$(cm²)　(補足説明1)△ABC∽△AEB∽△BECの証明　△ABCと△AEBで，共通な角より，∠BAC=∠EAB…(1)　$\overset{\frown}{\mathrm{AB}}$に対する円周角なので，∠ACB=∠APB…(2)　△ABPはAB=APの二等辺三角形だから，∠ABE=∠APB…(3)　(2)，(3)より，∠ACB=∠ABE…(4)　(1)，(4)より，2組の角がそれぞれ等しいから，△ABC∽△AEB　△ABCと△BECで，共通な角より，∠ACB=∠BCE…(5)　**直径に対する円周角は90°**だから，∠ABC=90°…(6)　∠BEC=180°−∠AEB=180°−∠ABC=180°−90°=90°…(7)　(6)，(7)より，∠ABC=∠BEC…(8)　(5)，(8)より，2組の角がそれぞれ等しいから，△ABC∽△BEC
(補足説明2)△ADQ≡△CPQの証明　△ABCと△APCで，直径に対する円周角は90°だから，∠ABC=∠APC=90°…(1)　共通な辺だから，AC=AC…(2)　仮定より，AB=AP…(3)　(1)，(2)，(3)より，直角三角形の斜辺と他の1辺がそれぞれ等しいので，△ABC≡△APC　△ADQと△CPQで，四角形ABCDは長方形だから，AD=CB…(4)　△ABC≡△APCより，CB=CP…(5)　(4)，(5)より，AD=CP…(6)　直径に対する円周角は90°だから，∠ADQ=∠CPQ=90°…(7)　**対頂角は等しい**から，∠AQD=∠CQP…(8)　(7)，(8)より，三角形の3つの内角のうち2つの内角がそれぞれ等しいから，∠DAQ=∠PCQ…(9)　(6)，(7)，(9)より，1辺とその両端の角がそれぞれ等しいので，△ADQ≡△CPQ

5 (空間図形，空間内の2直線の位置関係，体積)

〔問1〕 空間内で，平行でなく，交わらない2つの直線は**ねじれの位置**にあるという。直線PQと平行な辺はない。直線PQと交わる辺は，辺BC，EF，BE，CFの4本。直線PQとねじれの位置にある辺は，辺AB，AC，AD，DE，DFの5本。

〔問2〕 点Aから辺BCへ垂線AHを引く。△ABCで，底辺と高さの位置を変えて面積を考えると，$\frac{1}{2}\times\mathrm{AB}\times\mathrm{AC}=\frac{1}{2}\times\mathrm{BC}\times\mathrm{AH}$　より，$\mathrm{AH}=\frac{\mathrm{AB}\times\mathrm{AC}}{\mathrm{BC}}=\frac{4\times3}{5}=\frac{12}{5}$(cm)　立体D−BPFQは平行四辺形BPFQを底面と考えると，高さがAHの四角錐と考えられるから，その体積は，$\frac{1}{3}\times$(底面積)

$\times$(高さ)$=\frac{1}{3}\times(\mathrm{BP}\times\mathrm{BE})\times\mathrm{AH}=\frac{1}{3}\times(4\times6)\times\frac{12}{5}=\frac{96}{5}$(cm^3)

＜英語解答＞

1　〔問題A〕　＜対話文1＞　ア　　＜対話文2＞　エ　　＜対話文3＞　ウ
〔問題B〕　＜Question 1＞　イ
＜Question 2＞　(例)To tell her about their school.

2　1　ウ　　2　ア　　3　(1)　エ　　(2)　(例)My aunt was interested in playing the guitar, and she bought one. She asked me to teach her how to play it, and I did that. Now we enjoy playing together, and that makes us happy.

3　〔問1〕　エ　　〔問2〕　イ　　〔問3〕　ア　　〔問4〕　ア　　〔問5〕　ウ　　〔問6〕　イ
〔問7〕　ウ

4　〔問1〕　イ　　〔問2〕　エ→イ→ア→ウ　　〔問3〕　(1)　ア　　(2)　エ　　(3)　イ
〔問4〕　(1)　エ　　(2)　ウ

＜英語解説＞

1　(リスニング)

放送台本の和訳は，66ページに掲載。

2　(短文読解問題：語句選択補充，内容真偽，条件英作文)

1　(全訳)

リョウタ　：どの伝統的な日本のおもちゃを作りたい？
ジェイムズ：そうだなあ，アメリカにいる弟に何かを作りたいな。彼と一緒に遊びたいんだ。
リョウタ　：なるほど。(A)凧はどう？
ジェイムズ：いいね。1つ作りたいな。
リョウタ　：いくつか紙は持っているよ。竹と糸も必要だね。
ジェイムズ：ああ，ここら辺のお店で売ってるの？
リョウタ　：うん。僕の家のそばにホームセンターがあるよ。
ジェイムズ：オーケー。
リョウタ　：(B)竹笛も作るべきだよ。作るのに竹だけ必要なんだ。
ジェイムズ：作りたいな。弟は喜んで遊ぶと思うよ。
リョウタ　：きれいな音を出すだろうね。

(A)　3つ目のリョウタの発話とウェブサイトの表から凧とわかる。　(B)　空欄直後の発話と表から竹だけを使うのは竹笛とわかる。

2　(全訳)

ジェイムズ：今日は7月20日。次の月曜日に僕は国に帰るんだ。
リョウタ　：25日に僕と一緒に海に行くことを忘れないでよ。その日は晴れるといいな。
ジェイムズ：僕もそう願うよ。その日は他の予定はないんだ。でも他の日は忙しい。やるべきことのリストと計画を作ったんだ。見て。このリストのことをいつすべきか決める必要があるんだよ。この計画には空欄がいくつかある。それは予定がないということだよ。
リョウタ　：フォトブックについて教えて。
ジェイムズ：ホストファミリーへのプレゼントだよ。彼らは僕をたくさんの興味深い場所に連れて行ってくれて，僕はたくさん写真を撮ったんだ。
リョウタ　：それをもらって喜ぶだろうね。いつ作るの？
ジェイムズ：金曜日の午後と日曜日の朝にするよ。
リョウタ　：26日の最後の夕食の写真を付け加えたらどう？
ジェイムズ：いい考えだね。(A)27日にあげるよ。その日の午前中にする時間がある。
リョウタ　：オーケー。太鼓の演奏は？
ジェイムズ：ご存知の通り，僕は太鼓の叩き方を学んできた。それをクラスメイトと先生に見せるんだ。水曜日と木曜日の午後に練習するよ。
リョウタ　：なるほど。
ジェイムズ：もう1つすべきことがある。(B)21日に家族にお土産を買いに行くんだ。午後の授業はないしその日の午後は予定がない。
リョウタ　：それはいいね。
ジェイムズ：一緒に行ける？
リョウタ　：もちろん。

(A)　2つ目のリョウタの発話から5つ目のジェイムズの発話まではフォトブックについての内容。4つ目のリョウタの発話から26日の夕食よりあとに渡すことがわかり，空欄直後の発話から午前中に作成することがわかるので27日がふさわしい。　(B)　空欄前後の発話より午後に買い物に行くことがわかる。6つ目のジェイムズの発話から水曜日，木曜日は午後に太鼓の練習があることがわかるので，火曜日の21日がふさわしい。

3 （全訳）

リョウタへ

日本滞在中は僕を助けてくれてありがとう。一緒に海へ行ったことは特別な思い出です。日本の文化についてたくさん学びました。またいいクラスメイトがいて，彼らはいつも僕を助けてくれてとても幸せでした。彼らは僕にとても親切で，日本について教えてくれました。

国へ帰ったあと，弟と遊んで楽しみました。一緒に伝統的な日本のおもちゃで喜んで遊びました。一緒に作ってくれてありがとうと言いたいです。誰かのために何かをすることはいいことだと思います。だから僕はもう1つトライしてみました。ホストファミリーからお好み焼きの作り方を学びました。昨日僕は友達に作りました。彼らに日本の食べ物を試して欲しかったのです。彼らはそれを食べたとき，「美味しい。ありがとう，ジェイムズ」と言いました。それを聞いて嬉しかったです。

誰かに何かいいことをしたことはありますか。そのことについて教えてください。すぐに便りが来ることを楽しみに待っています。

では，ジェイムズ

(1)　ア 「ジェイムズは誰かが彼のために何かをするのは良かったと思っている」(×)　本文第2段落第4文目以降参照。ジェイムズが誰かのために何かをしてあげたという内容。　イ 「ジェイムズは自分の国についてホストファミリーに伝えるのに日本のクラスメイトに手伝ってもらった(×)　第1段落第4，5文参照。　ウ 「ジェイムズはお好み焼きの作り方を教えたことに友達が彼に感謝したので嬉しく思った」(×)　第2段落第6文目以降参照。　エ 「ジェイムズと弟はジェイムズとリョウタが作った伝統的な日本のおもちゃで遊んで嬉しかった」(○)　第2段落第1

～3文参照。

(2) ジェイズのメールの最終段落の質問に返答する。リョウタのメールの空欄直前の段落には「きみの質問に答えます。『これまでに誰かに何かいいことをしたことはあるか』と聞きました。僕の答えはイエスです。そのことについて書きます」とある。これまでにしたいいことについて，その理由などを指示通りに3つの英文で書くこと。解答例の英文は「私の叔母はギターを弾くことに興味があり，1本買いました。彼女は私に弾き方を教えるように頼んだので，教えました。今私たちは一緒に弾くことを楽しんでいて，私たちを幸せな気持ちにします」という意味。**日頃の出来事や自分の考えを説明できるように，教科書の英文などを参考にして3文くらいの英文を書く練習をしよう。**

3 (会話文読解問題：指示語，語句解釈，語句補充)

(全訳)

ルミ，ケンタ，アイカは東京の高校1年生です。スティーブはアメリカから来た高校生です。彼らは昼食後教室で話をしています。

ルミ　　　：こんにちは，ケンタ，スティーブ，何をしているの？

ケンタ　　：やあ，ルミ，アイカ。日本語で物の数をどのように表現するかについて話しているんだ。

スティーブ：時々数字のあとにどの言葉をつけていいのかわからないんだ。例えば，紙の枚数の「枚」と本の「冊」。

ルミ　　　：英語では物の前に言葉をつけるのをよく忘れるわ。「ケーキ1つ」が一つの例ね。

アイカ　　：(1)私もよ。英語と日本語にはたくさんの違いがあるし，覚えることがたくさんある。ときどき混乱させるよね。

ルミ　　　：ええ，そうね。スティーブ，日本語について他に何か難しいことはある？

スティーブ：うん。昨夜ホストファミリーが「…ムラタ先生がみえる…」って言ったんだ。僕はそこに僕らの担任のムラタ先生が見えたのかと思った。だから見回したんだけど，そこに彼はいなかった。(2)とても混乱させることだったよ。

ケンタ　　：彼女は彼が来ると言いたかったんだね。

スティーブ：その通り。

ルミ　　　：そのようなことは英語にある？

スティーブ：うん。例を挙げるよ。誰かに助けてくれたことに感謝するとき何と言う？

アイカ　　：僕は「助けてくれてありがとう」って言うよ。

スティーブ：うん。僕たちは「助けてくれて感謝しています」とも，特に改まった状況では言うんだ。

ルミ　　　：(3)ああ，他のそのような表現を思い出したわ。

アイカ　　：教えて。

ルミ　　　：ええ。中学生のとき，ブラウン先生にレポートについて聞くために教員室へ行ったの。部屋に入ったとき，先生が「どうぞおかけください」って言ったの。私は彼が何を言っているのかわからなかったわ。

スティーブ：「どうぞ座ってください」の意味だよ。これも改まった状況で使われるんだ。

アイカ　　：それは面白いね。私たちはもっと改まった表現について学んで，英語でも日本語でも両方でもっと使うべきだと思う。

ルミ　　　：スティーブとも使うべきかしら？

ケンタ　　：うーん…(4)そうは思わないな。
アイカ　　：どう思うの？
ケンタ　　：スティーブと日本語で話すとき，彼に理解してもらいたいから簡単な表現を選んでるんだ。彼は僕の親友だよ。
アイカ　　：なるほど。様々な状況で使う一番いい表現について考えるべきね。
スティーブ：そして話す速さもね。ルミ，アイカはそれを僕にしてくれるね。そしてあなたたちも簡単な表現を使っているよ。それはとても親切だと僕は感じている。日本語であなたたちと話すのは楽しいよ。
アイカ　　：私もよ。
ケンタ　　：僕はスティーブに日本語を教えるときに1つのことに気が付いたんだ。日本語は面白い。
ルミ　　　：どうしてそう思うの？
ケンタ　　：同じことを表現するのにたくさんの違う方法があるからだよ。例えば日本語で「私」というとき「わたし」とか「わたくし」とか「ぼく」って言える。
アイカ　　：それに時々「私」を表現する言葉を使う必要がないわね。
ケンタ　　：その通り。そのことについて考えたことがなかったよ。「感謝しています。」
スティーブ：わあ，その日本語の表現は改まって聞こえるね。
ケンタ　　：その通りだよ。「感謝しています」の意味だよ。
スティーブ：おもしろい。もっと日本語の表現を知りたいよ。もっと教えてもらってもよろしいですか。
ルミ　　　：何？
スティーブ：「もっと教えてくれますか」の意味だよ。
アイカ　　：もちろん。そしてもっと英語を教えてもらってもよろしいですか。
ルミとケンタ：はい，お願いします。
スティーブ：(5)喜んでします。

問1　I do の do は直前のルミの発話の一般動詞 forget「～を忘れる」の繰り返しを避けるために使われているので，エ「アイカもある物の前に言葉を付け加えるのをよく忘れる」がふさわしい。

問2　**That は前述された名詞だけでなくすでに述べられたことを指す**ことができる。ここでは下線部のあるスティーブの発話内容を指しているので，イ「スティーブはホストマザーには担任のムラタ先生が見えるのかと思ったので混乱させるものだった」がふさわしい。

問3　like that の **like は前置詞で「～のような」**の意味。that は直前のスティーブの発話内容を指している。アを入れた文は「ルミは改まった状況で使われる他の英語表現を思い出した」。

問4　so は「そのように」の意味で直前のルミの発話内容を指している。アを入れた文は「ルミがスティーブに改まった表現を使うべきだとはケンタは思わない」。

問5　do that が指しているのは最後のアイカの発話内容。ウを入れた文は「スティーブはアイカとルミとケンタにもっと英語を喜んで教えます」。

問6　4つ目のケンタの発話から7つ目のアイカの発話までの会話を参照する。イを入れた文は「アイカとルミがスティーブと日本語で話すとき，彼女たちは簡単な表現を使い，スティーブは彼女達と話すのを楽しんでいる」。

問7　(A)　ask は「～をたずねる，聞く」，**<ask +人+ to +動詞の原形>で「(人)に～するように頼む」**の意味。told は tell「～を言う，伝える」の過去形，**<tell +人+ to +動詞の原形>で「(人)に～しなさいと言う」**という命令の意味になる。 1つ目の(A)は3つ目のルミの発話と続く2つ目のスティーブの発話からルミが質問していることがわかる。2つ目の(A)は　最後から3つ目のスティーブの発話から頼んでいることがわかるので，asked が正解となる。
(B)　1つ目の(B)は2つ目のスティーブの発話から日本語の表現とわかる。2つ目の(B)は最後から4つ目のケンタの発話から日本語の話をしていることがわかる。**本文の内容と照らし合わせて誰が何をしたのかを確認すること。**

4　(長文読解問題・物語文：語句解釈，文の並べ替え，語句補充，英問英答)

(全訳)

ハルトは高校2年生でした。彼には仲の良い友達2人，アヤカとオリビアがいました。オリビアはオーストラリア出身でした。5月のある日，アヤカはハルトに「毎週水曜日の放課後にボランティアで児童館に行くの。学校のそばよ。そこで何人かボランティアが必要なのよ。オリビアは来週参加するのよ。私たちを手伝ってくれる？」と言いました。ハルトは「僕が？　僕が手伝えると本当に思うの？　わからないよ」と答えました。アヤカは彼に「ええ，あなたはきっとできると思うわ」と言いました。彼は最後には同意しました。アヤカはそれを聞いて嬉しく思いました。

次の水曜日，ハルトはアヤカとオリビアと児童館を訪れました。そこで職員の1人，ササキさんが彼らを迎え，「この児童館では子どもたちとたくさんの時間を過ごしてください」と言いました。彼女はまた「この児童館は多くの子どもたち，特に小学生に利用されています」と説明しました。

遊戯室では子どもたちが遊んでいました。オリビアは彼らに「こんにちは！　私はオリビア，オーストラリアから来ました。今日本語を勉強していて，あなたたちに絵本を読みたいわ」と言いました。次にハルトは一緒に遊んだり算数を教えたりしたいと言いました。その時，一人の男の子が下を向いて絵を描いていました。アヤカは「彼はカズヤ，9歳よ。彼はいつも放課後にここに来るのよ」と言いました。ハルトは彼に笑顔で，「こんにちは！　一緒に遊ばない？」と話しかけました。カズヤはいいえと答え，絵を描き続けました。アヤカはハルトに「心配しないで」と言いました。<u>ハルトはカズヤの気持ちがわかりませんでした。</u>ササキさんは「カズヤはとてもシャイな子なのよ。彼と友達になるのはとても時間がかかるわ」と言いました。ハルトは「ああ，なるほど」と言いました。彼は「カズヤと友達になるのは簡単じゃないけど，彼と友情を築きたいな」と心の中で言いました。

1週間が経ちました。2回目の訪問のとき，ハルトと子どもたちは外でサッカーをするつもりでした。彼はカズヤに「一緒にやろう」と言いました。カズヤはいいえとだけ言って絵を描き続けました。これにハルトはがっかりしました。彼は「カズヤは僕と話したくないんだ」と思いました。彼が児童館の図書館に行ったときに，オリビアはそこで子どもたちと日本語の絵本を読んで楽しんでいました。アヤカも子どもたちの宿題を手伝っていました。彼らは幸せそうに見えました。

次の週，ハルトはカズヤに話しかけようとしませんでした。彼は子どもたちの宿題を手伝いました。その夜アヤカは彼に電話をしました。彼女は彼に「今日はカズヤに話しかけなかったね。彼から聞いたよ。悲しそうだった」と言いました。ハルトはそれを聞いて驚きました。彼は「カズヤと友情を築くのに何が一番いい方法なんだろう。彼は児童館で絵を描いて過ごしている。これがカギになるかもしれない」と心で思いました。ハルトはカズヤと友情を築く方法について考えがありました。

次の週の水曜日、ハルトはまた児童館へ行きました。4回目の訪問でした。彼は自分の考えが成功することを願いました。彼は画用紙に絵を描き始めました。彼はカズヤが彼を見ていることに気がつきました。カズヤはハルトに「何を描いているの？」と聞きました。彼は不安そうでした。ハルトは「僕は紙芝居を作っているんだよ。僕は絵を描くのが上手じゃないから，手伝ってくれる？」

と答えました。カズヤはしばらく考えて，「うん，僕は絵を描くのが好きなんだ」と言いました。これにハルトは喜びました。ハルトは「作り終わったらオリビアにここの子どもたちに読んであげるように頼むよ」と続けました。カズヤは「いいね」と言いました。

その後カズヤとハルトは一緒に紙芝居を作り始めました。描いている間，自分たちのことについて話しをしました。カズヤは「初めて会ったとき，笑顔で話しかけてくれて嬉しかった。でも何も言えなくてごめんなさい」と言いました。ハルトはうなずいて，「そのことは心配しないで」と言いました。カズヤはほほえみました。アヤカと子どもたちが来て，「あなたの絵はいいね，カズヤ！」と言いました。カズヤはほほえんで「ありがとう」と言いました。彼はとても嬉しそうでした。

2週間後，カズヤとハルトは紙芝居を作り終わり，オリビアに見せました。彼女は「とても美しいわね！　よくやったわね！」と言いました。ハルトはここの子どもたちに読んであげるように彼女に頼みました。彼女はほほえんで「もちろん，やるわ」と言いました。すぐにササキさんが来てカズヤとハルトに「ああ，素晴らしいわね！　今あなた達はいい友達ね！」と言いました。

問1　第3段落第6文のハルトの発話から下線部までの流れで，声をかけたのにカズヤが断ったことを指していると考える。イを入れた文は「ハルトはなぜカズヤがいいえと答えて絵を描き続けたのかがわからなかった」。

問2　**誰が何をしたのか，段落ごとに場面を理解すること。**エ「アヤカはハルトが児童館に行くことを決めたのを聞いて嬉しかった」第1段落最後の2文参照。イ「オリビアは子どもたちと日本語の絵本を読んでいるとき幸せそうに見えた」第4段落第7文参照。ア「アヤカはハルトに電話をしてカズヤのことについて話した」第5段落第3文目以降参照。ウ「オリビアはカズヤとハルトによって作られた紙芝居はとても美しいと言った」第8段落第1，2文参照。

問3　**同じような表現がある本文の箇所をよく確認すること。**　(1)　第1段落後半を参照するとアがふさわしい。完成した英文は「アヤカがハルトに児童館について話したとき，彼は自分が彼女を手伝うことができるかわからなかった」となる。イ「毎週水曜日の放課後オリビアに参加してもらいたいと思った」オリビアはもう参加が決まっている。ウ「彼は児童館でボランティアが必要とされていることを願った」必要とされてはいるが願ってはいない。エ「そこは多くの子どもたち，特に小学生に利用されていると知った」この時点ではまだ知らず，第2段落最終文にあるように児童館を訪れた日に知った。　(2)　第4段落を参照する。第3～5文を参照するとエがふさわしい。完成した英文は「2回目の訪問でハルトがカズヤに話しかけたとき，カズヤがいいえと言って絵を描き続けたのでがっかりした」となる。ア「カズヤと友達になることが時間がかかるとは思わなかった」第3段落後半にササキさんに説明されている。イ「カズヤが児童館の図書館に行ったと聞いて驚いた」第7文によると図書館へ行ったのはハルト。ウ「彼はカズヤが遊戯室で一緒に遊びたいだろうと思った」第2文には外でサッカーをするとある。　(3)　第6段落第8文目のハルトの発話以降を参照するとイがふさわしい。完成した英文は「4回目の訪問でハルトはカズヤが紙芝居を手伝ってくれると聞いて嬉しかった」となる。ア「カズヤがハルトの絵を気に入った」，ウ「カズヤは他の子たちと遊びたかった」，エ「カズヤは彼とサッカーをするつもりだった」は共にそのような記述はない。

問4　(1)「初めてハルトに会ったときカズヤはどのように感じましたか」第7段落を読む。第3文以降を参照するとエ「ハルトが笑顔で話しかけてくれて嬉しかった」がふさわしい。ア「絵を描き続けたかったから悲しかった」，イ「ハルトと友達になるのは簡単ではないだろうと感じた」，ウ「ハルトと話すのは簡単だと思った」は全て述べられていない。　(2)「ハルトはどのようにしてカズヤとの友情を築きましたか」第5段落後半に絵を描くことがカギと思いつき，6段落以降実行しているのでウ「カズヤが何が好きかを理解し，何かを一緒にすることによって築いた」がふさわしい。ア「他の子たちと一緒に紙芝居を読むことで築いた」，イ「彼らと一緒に子どもたちに絵本を読むようにオリビアに頼んだことによって築いた」，エ「カズヤに他の子たちと遊ぶように頼んだことによって築いた」はいずれも内容と合わない。

2021年度英語　リスニングテスト

〔放送台本〕

これから，リスニングテストを行います。リスニングテストは，全て放送による指示で行います。リスニングテストの問題には，問題Aと問題Bの二つがあります。問題Aと，問題Bの＜Question 1＞では，質問に対する答えを選んで，その記号を答えなさい。問題Bの＜Question 2＞では，質問に対する答えを英語で書きなさい。英文とそのあとに出題される質問が，それぞれ全体を通して二回ずつ読まれます。問題用紙の余白にメモをとってもかまいません。答えは全て解答用紙に書きなさい。

〔問題A〕

問題Aは，英語による対話文を聞いて，英語の質問に答えるものです。ここで話される対話文は全部で三つあり，それぞれ質問が一つずつ出題されます。質問に対する答えを選んで，その記号を答えなさい。では，＜対話文1＞を始めます。

Yumi: David, we are on the highest floor of this building. The view from here is beautiful.
David: I can see some temples, Yumi.
Yumi: Look! We can see our school over there.
David: Where?
Yumi: Can you see that park? It's by the park.
David: Oh, I see it. This is a very nice view.
Yumi: I'm glad you like it. It's almost noon. Let's go down to the seventh floor. There are nice restaurants there.

Question: Where are Yumi and David talking?

＜対話文2＞を始めます。

Taro: Hi, Jane. Will you help me with my homework? It's difficult for me.
Jane: OK, Taro. But I have to go to the teachers' room now. I have to see Mr. Smith to give this dictionary back to him.
Taro: I see. Then, I'll go to the library. I have a book to return, and I'll borrow a new one for my homework.
Jane: I'll go there later and help you.
Taro: Thank you.

Question: Why will Jane go to the library?

＜対話文3＞を始めます。

Woman: Excuse me. I'd like to go to Minami Station. What time will the next train leave?
Man: Well, it's eleven o'clock. The next train will leave at eleven fifteen.
Woman: My mother hasn't come yet. I think she will get here at about eleven twenty.
Man: OK. Then you can take a train leaving at eleven thirty. You will arrive at Minami Station at eleven fifty-five.
Woman: Thank you. We'll take that train.

Question: When will the woman take a train?

〔英文の訳〕

＜対話文1＞

ユミ　　　：ディビッド，私たちはこの建物の一番高い階にいるわね。ここからの景色は美しいわね。
ディビッド：お寺がいくつか見えるね，ユミ。
ユミ　　　：見て！　あそこに私たちの学校が見えるわよ。
ディビッド：どこ？
ユミ　　　：あの公園が見える？　その公園のそばよ。
ディビッド：ああ，見えるよ。これはとてもいい景色だね。
ユミ　　　：あなたが気に入ってくれて嬉しいわ。もうそろそろ正午ね。7階に行きましょう。いいレストランがあるわ。

質問：ユミとディビッドはどこで話をしていますか。
答え：ア　建物の一番高い階。

＜対話文2＞

タロウ　：こんにちは，ジェイン。僕の宿題手伝ってくれる？　僕には難しいよ。
ジェイン：オーケー，タロウ。でも今教員室に行かないといけないの。スミス先生にこの辞書を返しに行かなといけないの。
タロウ　：そうか。じゃあ僕は図書館に行くよ。返す本があるし，宿題のために新しい本を借りるんだ。
ジェイン：後でそこに行って，お手伝いするわ。
タロウ　：ありがとう。

質問：なぜジェインは図書館に行きますか。
答え：エ　タロウを手伝うため。

＜対話文3＞

女性：すみません。ミナミ駅へ行きたいんですが。次の電車は何時に出発しますか。
男性：ええと，今11時です。次の電車は11時15分に出発します。
女性：母がまだ来ていません。11時20分くらいにここに着くと思います。
男性：オーケー。じゃあ11時30分に出発する電車に乗れます。ミナミ駅に11時55分に着くでしょう。

女性：ありがとうございます。その電車に乗ります。
質問：いつ女性は電車に乗りますか。
答え：ウ　11時30分。

〔放送台本〕
〔問題B〕

これから聞く英語は，ある外国人の英語の先生が，新しく着任した中学校の生徒に対して行った自己紹介です。内容に注意して聞きなさい。あとから，英語による質問が二つ出題されます。<Question 1>では，質問に対する答えを選んで，その記号を答えなさい。<Question 2>では，質問に対する答えを英語で書きなさい。なお，<Question 2>のあとに，15秒程度，答えを書く時間があります。では，始めます。

Good morning, everyone. My name is Margaret Green. I'm from Australia. Australia is a very large country. Have you ever been there? Many Japanese people visit my country every year. Before coming to Japan, I taught English for five years in China. I had a good time there.

I have lived in Japan for six years. After coming to Japan, I enjoyed traveling around the country for one year. I visited many famous places. Then I went to school to study Japanese for two years. I have taught English now for three years. This school is my second school as an English teacher in Japan. Please tell me about your school. I want to know about it. I' m glad to become a teacher of this school. Thank you.

<Question 1> How long has Ms. Green taught English in Japan?
<Question 2> What does Ms. Green want the students to do?
以上で，リスニングテストを終わります。

〔英文の訳〕
みなさん，おはようございます。私の名前はマーガレット・グリーンです。オーストラリアから来ました。オーストラリアはとても大きな国です。今までそこへ行ったことがありますか。毎年多くの日本人が私の国を訪れています。日本に来る前，私は中国で5年間英語を教えていました。そこでとてもいい時間を過ごしました。

私は日本に6年間住んでいます。日本に来たあと，1年間この国を旅行して楽しみました。多くの有名な場所を訪れました。そして2年間日本語を勉強するために学校へ行きました。今3年間英語を教えています。この学校は日本での英語の先生として2校目の学校です。あなた達の学校について教えてください。そのことを知りたいです。この学校の先生になれて嬉しいです。ありがとうございます。

質問1：グリーン先生は日本でどれくらい英語を教えていますか。
答え　：イ　3年間。
質問2：グリーン先生は生徒たちに何をしてもらいたいですか。
答え　：(例)彼らの学校について彼女に伝える。

＜理科解答＞

1　〔問1〕 ウ　〔問2〕 ア　〔問3〕 エ　〔問4〕 ① ウ　② ア　〔問5〕 エ
〔問6〕 イ

2　〔問1〕 ① ア　② ウ　〔問2〕 ウ　〔問3〕 イ　〔問4〕 エ

3　〔問1〕 エ　〔問2〕 ① イ　② ウ　③ ア　〔問3〕 ① ウ　② エ
〔問4〕 ア→ウ→エ→イ

4　〔問1〕 ア　〔問2〕 ① ウ　② イ　〔問3〕 ① イ　② イ

5　〔問1〕 ① エ　② イ　〔問2〕 ① ア　② エ　〔問3〕 ウ　〔問4〕 31%

6　〔問1〕 ア　〔問2〕 (例)コイルAの中の磁界が変化するから。　〔問3〕 イ→エ→ア→ウ
〔問4〕 ① ア　② ア　③ ウ　④ ウ

＜理科解説＞

1　**(小問集合－動物の体のつくりとはたらき：ヒトのからだの器官，光と音：音の大小と高低，地震と地球内部のはたらき：地震波，水溶液とイオン，酸・アルカリとイオン，遺伝の規則性と遺伝子：メンデルの実験，力のはたらき：2力のつり合い，力と物体の運動，作用・反作用の法則)**

〔問1〕 消化された養分は，Bの小腸の内側の壁にある，たくさんのひだの表面にある多数の柔毛から吸収される。細胞の活動にともなってできた**有害なアンモニアは，Cの肝臓で無害な尿素に変えられて**から排出される。

〔問2〕 振動数が多いほど音は高くなるので，Aは短い。振幅が大きいほど音は大きくなるので，Bは大きい。

〔問3〕 **初期微動継続時間は震源からの距離に比例して長くなる。**よって，震源からの距離が90kmの地点での初期微動継続時間をx〔s〕とすると，36〔km〕: 90〔km〕＝2〔s〕：x〔s〕，x〔s〕＝5〔s〕であり，初期微動継続時間は5秒である。したがって，震源からの距離が90kmの地点での主要動の始まった時刻は，10時10分27秒＋5秒＝10時10分32秒，である。

〔問4〕 ①　この実験における溶液Aは電解質であり，水溶液は中性である必要があるため，ウの食塩水である。　②　塩酸が電離すると，**$HCl \rightarrow H^{+} + Cl^{-}$**，により，青色のリトマス紙を赤色に変える水素イオン「H^{+}」が生じ，塩酸は酸性であることを示す。

〔問5〕 エンドウの種子は「丸」が優性形質，「しわ」が劣性形質なので，**エンドウの丸い種子がもつ遺伝子は，AAまたはAa**であり，しわのある種子がもつ遺伝子は，aaである。AAとaaのかけ合わせで得られる種子の遺伝子はすべてAaであり，すべて丸い種子である。Aaとaaのかけ合わせで得られる種子の遺伝子は，Aa：aa＝1：1，であり，丸い種子：しわのある種子＝1：1，となる。よって，かけ合わせた丸い種子の個体としわのある種子の個体のそれぞれの遺伝子の組み合わせは，Aaとaaである。

〔問6〕 **力のつり合いの関係にある2力は，1つの物体にはたらく。**物体には，物体にはたらく重力Bと机が物体を押す力(垂直抗力)Aの2力がはたらく。この2力は，一直線上にあり，大きさが等しく，向きが逆向きなので，力のつり合いの関係にある。**作用・反作用の関係にある2力は，2つの物体に別々にはたらく。**物体が机を押す力Cは机にはたらくのに対して，机が物体を押す力(垂直抗力)Aは物体にはたらく。この2力も，一直線上にあり，大きさが等しく，向きが逆向きであり，作用・反作用の関係にある2力である。

② **(自由研究−動物の特徴と分類：セキツイ動物と軟体動物，力と物体の運動：速さ，身のまわりの物質とその性質：密度，様々な物質と利用，天体の動きと地球の自転・公転：星の日周運動と年周運動)**

〔問1〕 表1においては，セキツイ動物のグループは，魚類であるイワシ・アジのなかまである。軟体動物のグループは，**外とう膜で内臓がある部分が包まれていて，からだとあしには節がない**，タコ・イカのなかまと外とう膜をおおう貝殻がある二枚貝のなかまである。

〔問2〕 図1より，0.2秒間で7目盛りの35cm運動しているので，1時間に運動する距離をxkmとすると，0.2〔s〕：(60×60)〔s〕＝0.00035〔km〕：x〔km〕，x〔km〕＝6.3〔km〕，である。よって，平均の速さは，6.3km/hである。

〔問3〕 4℃の水の密度1g/cm^3を用いて計算すると，**食塩水の密度〔g/cm^3〕＝(15〔g〕＋50〔g〕)÷55〔cm^3〕**＝1.18〔g/cm^3〕，である。ラベルは，水に沈み，食塩水に浮いたため，**水の密度1g/cm^3＜ラベルの密度＜食塩水の密度1.18g/cm^3**，であり，ポリスチレンである。

〔問4〕 地球の太陽を中心とした西から東への公転による**年周運動**で，同時刻に見える星は1年に360°(1日に約1°)，東から西に動いて見える。また，地球の地軸を中心とした西から東への自転による**日周運動**で，星は1日に360°(1時間に15°)，東から西に動いて見える。よって，1月15日午後10時に真南に見えたオリオン座は，1か月後には年周運動により，30°西に見えるので，2月15日にオリオン座が真南に見える時刻は，自転により，30°÷15°＝2，であるため，2時間前の午後8時頃である。

③ **(天気の変化：空気中の水蒸気量・前線の通過，気象観測，日本の気象：日本の天気の特徴と天気図)**

〔問1〕 湿度〔%〕＝空気1m^3にふくまれる水蒸気量〔g/m^3〕÷その温度での飽和水蒸気量〔g/m^3〕×100，であり，a，b，cの時刻における湿度は84%で等しい。よって，**空気1m^3にふくまれる水蒸気量〔g/m^3〕は，その温度での飽和水蒸気量〔g/m^3〕が大きい方が，多い。**図1から，**aの気温は約15.5℃であり，bの気温は約11℃，cの気温は約6.5℃であるため**，その温度での**飽和水蒸気量〔g/m^3〕は，a＞b＞c**である。よって，a，b，cの時刻における空気中の水蒸気の量は，C〔g/m^3〕＜B〔g/m^3〕＜A〔g/m^3〕，である。

〔問2〕 観測地点Pは，図1の天気図記号から，日中の天気はおおむね晴れで，南寄りの風が吹く。気温は日が昇るとともに上がり始め，昼過ぎに最も高くなり，その後しだいに下がる。

〔問3〕 図1の**4月1日15時から18時にかけて**，天気図記号の**風向が，南寄りから北寄りに変わったことから前線Xは寒冷前線であり**，通過したとき，気圧が大きく下がり，気温が急激に下がったことがグラフから読みとれる。図4の観測地点Pを覆う高気圧の中心付近では，上空から地上へ空気が流れ，地上では中心部から周辺へ向かって風が吹き出す。

〔問4〕 つゆ(6月)の天気図は，南のあたたかくしめった気団と北の冷たくしめった気団の間に梅雨前線ができている，アである。夏(8月)は，小笠原気団におおわれ，南高北低の気圧配置になっている，ウである。**秋(11月)は，偏西風の影響を受けて，日本付近を移動性高気圧と低気圧が交互に通過し天気が周期的に変化する，**エである。冬(2月)は，西高東低の気圧配置で，南北方向の等圧線がせまい間隔で並ぶ，イである。

④ **(植物の体のつくりとはたらき：葉のつくり・光合成の実験・観察・対照実験・光の明るさの変化に伴う光合成量と呼吸量の関係)**

〔問1〕 Aは気孔で，呼吸や光合成によって生じる酸素や二酸化炭素などの気体の出入り口である。Bは気孔を囲む**孔辺細胞にある葉緑体**であり，＜観察＞の操作から，植物の細胞に見られ，ヨウ素液に反応して青紫色に変色したことから光合成によりデンプンが作られたことがわかる。光合成では酸素も作られる。

〔問2〕 光を当てる前に，<実験1>の(3)のツユクサの鉢植えを暗室に24時間置いた理由は，葉にあるデンプンを全て消費させるためである。葉にあるデンプンは分解されて糖になり，師管を通して植物体の各部に送られるが，多くの植物では，糖の移動は夜間に行われる。光合成に二酸化炭素が必要であることを確かめるための**対照実験**に適する葉の組み合わせは，葉緑体があり，日光が当たり，二酸化炭素があり，水がある「葉C」と，葉Cの条件のうち，水酸化ナトリウム水溶液をしみ込ませたろ紙を入れて二酸化炭素が無い状態にした「葉E」である。結果2により，光合成が，葉Cでは行われたが，葉Eでは行われなかったことから，光合成には二酸化炭素が必要であることが確かめられる。

〔問3〕 暗室に置いた「袋G」の場合，実験後の呼吸によって出された二酸化炭素の割合＝7.6％－4.0％＝3.6％であり，光合成によって使われた二酸化炭素の割合＝0％，である。明るさの度合い1の「袋H」の場合，実験後の呼吸によって出された二酸化炭素の割合は3.6％であり，光合成によって使われた二酸化炭素の割合＝7.6％－5.6％＝2.0％である。**明るさの度合い2の「袋I」の場合，実験後の呼吸によって出された二酸化炭素の割合は3.6％であり，光合成によって使われた二酸化炭素の割合＝7.6％－1.5％＝6.1％である。**よって，呼吸によって出される二酸化炭素の量よりも，光合成によって使われた二酸化炭素の量の方が多いのは,「袋I」である。そこで，デンプンなどの養分のできる量が多いのは，最も光合成量が大きかった「袋I」である。

5 (化学変化と物質の質量：化学変化と質量の保存・質量変化の規則性，物質の成り立ち：熱分解・原子と分子・化学変化のモデル化，酸・アルカリとイオン：pH)

〔問1〕 (3)で，ガラス管を水槽の水の中から取り出した後，試験管Aの加熱をやめるのは，**試験管Aが冷えて内部の気圧が大気圧より下がる**ことにより，水槽の水が試験管Aに**逆流するのを防ぐため**である。また，(6)で，加熱後にできた白い物質は，炭酸ナトリウムで，炭酸水素ナトリウムより水に溶けやすく，その水溶液は**強いアルカリ性**であるため，弱いアルカリ性である炭酸水素ナトリウムより，**pHの値が大きい**。

〔問2〕 <実験1>の(2)で起きている化学変化は化学反応式で表すと，$2NaHCO_3 \rightarrow Na_2CO_3 + CO_2 + H_2O$，であり，**熱分解**である。よって，同じ種類の化学変化は酸化銀を加熱したときにも起こり，化学反応式で表すと，$2Ag_2O \rightarrow 4Ag + O_2$，の熱分解である。炭酸水素ナトリウムの熱分解を表したモデルでナトリウム原子1個を表しているのは，エの■である。

〔問3〕 <実験2>の<結果2>の表から，炭酸水素ナトリウムの質量が0.50gのときに発生した気体の質量は，79.50g＋0.50g－79.74g＝0.26g，である。同様に計算して，炭酸水素ナトリウムの質量〔g〕をx，発生した気体の質量〔g〕をyとして，測定値の座標(x，y)をもとめると，(0.50g，0.26g)，(1.00g，0.52g)，(1.50g，0.78g)，(2.0g，1.04g)，(2.50g，1.17g)，(3.0g，1.17g)である。y＝0.52xとy＝1.17の交点の座標は(2.25，1.17)である。よって，**炭酸水素ナトリウムの質量が2.25gまでは，原点から各点のもっとも近いところを通る比例の直線，y＝0.52xであり，炭酸水素ナトリウムの質量が2.25g以上になると，y＝1.17の直線になる。**

〔問4〕 〔問3〕より，0.65gの気体が発生したときの塩酸10.0cm^{3}に加えた炭酸水素ナトリウムの質量xgは，0.65g＝0.52xg，xg＝1.25g，である。ベーキングパウダー4.00gに含まれていた炭酸水素ナトリウムの質量は1.25gであるため，1.25〔g〕÷4.00〔g〕×100＝31.25〔％〕であり，約31〔％〕である。ウのグラフからも1.25gは読みとれる。

6 (電流と磁界：右ねじの法則・電磁誘導・フレミングの左手の法則・コイルの回転，電流：合成抵抗)

〔問1〕 図3において，磁針のN極が指す向きがその点の磁界の向きであり，**右ねじの法則**により，電流は右ねじが進む向きに流れている。よって，電流は，コイルAの下側では＋方向(紙面向かって右)から－方向(紙面向かって左)へ流れている。図4において，コイルAの下側の導線がつくる磁界ではアクリル板上の磁針のN極の向きは図3の磁針のN極の向きとは反対になる。コイルAの上側は，コイルAの下側とは電流の向きが反対に変わるので，アの磁針の向きが適切である。

〔問2〕 コイルAをGとHの向きに交互に動かし，コイルAの中の**磁界が変化すると，電磁誘導により，その変化に応じた電圧が生じて，コイルAに誘導電流が流れる。**

〔問3〕 アの合成抵抗$R_{ア}$〔Ω〕＝20〔Ω〕＋5〔Ω〕＝25〔Ω〕である。ウの合成抵抗$R_{ウ}$〔Ω〕＝20〔Ω〕＋10〔Ω〕＝30〔Ω〕である。イの合成抵抗を$R_{イ}$〔Ω〕とすると，$\frac{1}{R_{イ}〔\Omega〕}=\frac{1}{20〔\Omega〕}+\frac{1}{5〔\Omega〕}=\frac{5}{20〔\Omega〕}$であるから，$R_{イ}$〔Ω〕＝4〔Ω〕である。エの合成抵抗を$R_{エ}$〔Ω〕とすると，$\frac{1}{R_{エ}〔\Omega〕}=\frac{1}{20〔\Omega〕}+\frac{1}{10〔\Omega〕}=\frac{3}{20〔\Omega〕}$であるから，$R_{エ}$〔Ω〕＝6.7〔Ω〕である。オームの法則より，合成抵抗の小さい順にコイルBを流れる電流は大きくなるため，コイルBが速く回転するつなぎ方の順は，イ→エ→ア→ウである。

〔問4〕 図8のときには，コイルBのc→dの向きに電流が流れるため，**フレミングの左手の法則**により，磁界からJの向きに力を受ける。半回転して図9になると，**コイルBのabの部分には電流が流れないため，磁界から力を受けないが，勢いで同じ向きの回転を続け**，さらに半回転して再び図8にもどる。

＜社会解答＞

1 〔問1〕 ア 〔問2〕 ウ 〔問3〕 イ 〔問4〕 エ

2 〔問1〕（Ⅰのア～エ） ウ （Ⅱの表のア～エ） エ 〔問2〕 P イ Q ウ R ア S エ 〔問3〕（ⅠとⅡの表のア～エ） ア （略地図中のW～Z） X

3 〔問1〕 A エ B ウ C ア D イ 〔問2〕 W イ X ア Y エ Z ウ 〔問3〕〔地域の変容〕(例)畑や造成中だった土地に，住宅が造られた。〔要因〕(例)八千代中央駅が開業し，東京都(大手町)までの所要時間が短くなり，移動が便利になった。

4 〔問1〕 ウ→イ→エ→ア 〔問2〕（Ⅰの略年表中のア～エ） イ （Ⅱの略地図中のA～D） D 〔問3〕 エ 〔問4〕 A ア B エ C ウ D イ

5 〔問1〕 ウ 〔問2〕 ア 〔問3〕(例)国が主導する短期集中型の方式から地方公共団体が考え提案する長期継続型の方式となり，毎年ではなく特定の年に多く見られていた法律改正数は，数は少なくなったものの毎年見られるようになった。

6 〔問1〕 エ→ア→イ→ウ 〔問2〕 A ア B ウ C エ D イ 〔問3〕 イ

＜社会解説＞

1 (地理的分野―日本地理－地形図の見方，歴史的分野―日本史時代別－古墳時代から平安時代・安土桃山時代から江戸時代，―日本史テーマ別－文化史，公民的分野―経済一般)

〔問1〕 経路途中に大手町，郭町の地名が見られるところ，元町に鐘つき堂を示す高塔の地図記号「口」が見られるところから，Ⅰの図の経路アである。

〔問2〕 平安時代中期は**末法思想**の流行から，**浄土信仰**が全盛を迎え，**摂関政治**の全盛期である11世紀半ばに，**関白藤原頼通**によって浄土信仰に基づいて建立されたのが，宇治の**平等院鳳凰堂**である。

〔問3〕 江戸時代後期の**浮世絵**師であり，**化政文化**を代表するのは**葛飾北斎**である。代表作に『**富嶽三十六景**』がある。中でも『神奈川沖浪裏』『凱風快晴(赤富士)』等が特に有名である。

〔問4〕 労働者のための統一的な保護法として，1947年に制定されたのが**労働基準法**である。労働条件の基準を定め，**1日8時間労働制**や，改定を重ねて現在では**1週40時間労働制**などを内容としている。

2 (地理的分野―世界地理－都市・気候・地形・産業・人々のくらし・貿易)

〔問1〕 Aの都市はブエノスアイレスであり，**南半球**に属することから，Ⅰのエである。Bの都市はオタワであり，年間を通じ降水量が100mm弱で冷涼な気候であることから，Ⅰのアである。Cの都市はジャカルタであり，**赤道直下**に位置するため年間を通じ気温が高く，**雨季**と**乾季**があることから，Ⅰのイである。Dの都市はベルリンであり，**西岸海洋性気候**にあたることから，降水量は**偏西風**の影響で一年中一定で少ない。Ⅰのウである。ベルリンを首都とするドイツでは，世界のベストテンに入るほどじゃがいも・小麦の生産量が多い。Ⅱの表のエである。

〔問2〕 Pはブラジルである。「流域面積700km^2の河川が東流し」との文と，「南部にはコーヒー栽培に適した土壌が分布し」との文から，ブラジルはイであることがわかる。河川は**世界最大の流域面積**を持つ**アマゾン川**である。Qはベトナムである。「南北方向に国境を形成する山脈が走り，北部には首都が位置する平野が，南部には…**三角州**が広がっている」との文から，ベトナムはウであることがわかる。国境を形成する山脈とは，**アンナン山脈**である。ベトナムの首都はハノイである。Rはトルコである。「帝国時代からコーヒーが飲まれ」の一文から，トルコはアであることがわかる。4国の中で**帝国**時代を持つのはトルコだけである。Sはケニアである。「中央部には標高5000mを超える火山が位置し，西部には茶の栽培に適した土壌が分布し」との文から，ケニアがエであるとわかる。火山とは，**キリマンジャロ**に次ぐアフリカ第2の高峰，**ケニア火山**である。ケニアは紅茶の産地として有名である。

〔問3〕 Ⅲの文章は，「**偏西風**の影響を受け，湿潤な西部に対し，東部の降水量が少ない地域では**牧羊**が行われている」との文から，ニュージーランドの説明であるとわかる。　ⅠとⅡの表のア～エ　ニュージーランドからの日本への輸入品は果実・チーズなどで，果実は1999年から2019年で3倍以上に増えている。また，ニュージーランドは，1999年の段階では輸出総額の1位は隣国オーストラリアであったが，2019年の段階では，近年この地域に経済的影響力を増している中華人民共和国が1位となっている。　略地図中のW～Z　Xがニュージーランドである。Wはメキシコ，Yはフィリピン，Zはスペインである。

3 (地理的分野―日本地理－都市・地形・気候・農林水産業・工業・地形図の見方・交通)

〔問1〕 Aは千葉県であり，「北部には**ローム層**が堆積する台地があり」との文から，エが千葉県だとわかる。Bは富山県であり，「冬季に降水が多い南部の山々を源流とし」との文から，ウが富山県だとわかる。Cは高知県であり，「沖合を流れる**暖流**の影響で，気候が温暖である」との文から，アが高知県だとわかる。この暖流は**日本海流**である。Dは福岡県であり，「南西部に広がる平野は干満差の大きい干潟のある海に面している」との文から，イが福岡県であるとわかる。

この海は**有明海**である。

〔問2〕　W　①は岩手県盛岡市であり，②は宮城県仙台市である。盛岡市周辺の山間部では**畜産業・林業**などが発達しており，仙台市周辺の平野部では**稲作地帯**が広がっているため，Wは表中のイである。　X　①は群馬県前橋市であり，②は神奈川県横浜市である。群馬県南部の**工業団地**には**輸送用機械関連企業**が多く，横浜市周辺の京浜工業地帯では**石油化学コンビナート**が見られるため，Xは表中のアである。　Y　①は愛知県名古屋市であり，②は三重県津市である。愛知県には，世界的**自動車関連企業**があり，津市近辺には**石油化学コンビナート**があり，周辺では**リアス海岸**を生かした**養殖業**が行われているため，Yは表中のエである。　Z　①は鳥取県鳥取市であり，②は大阪府大阪市である。鳥取県では**砂丘**の広がる沿岸部で果樹栽培が行われており，また，大阪市では都市中心部に**中小工場**が数多く見られるため，Zは表中のウである。

〔問3〕〔地域の変容〕　**地形図**によれば，1983年から2009年の間に，畑(「∨」)や造成中だった土地が整備され，ゆりのき台と呼ばれる**住宅地**が造られた。〔要因〕　1996年に八千代中央駅が開業し，東京都(大手町)までの所要時間が60分から46分と短くなり，**通勤・通学**や**買い物**などの移動が便利になったことを指摘し解答する。

4 (歴史的分野―日本史時代別－古墳時代から平安時代・鎌倉時代から室町時代・安土桃山時代から江戸時代・明治時代から現代，―日本史テーマ別－政治史・法律史・社会史)

〔問1〕　ア　**足利尊氏**が**鎌倉府**を設置したのは，14世紀のことである。　イ　**桓武天皇**が**胆沢城**や**志波城**を設置させたのは，9世紀のことである。　ウ　**中大兄皇子**が**大宰府**を整備したのは，7世紀のことである。　エ　**北条義時**を中心とする幕府が**六波羅探題**を設置したのは，13世紀のことである。したがって，時代の古い順に並べると，ウ→イ→エ→アとなる。

〔問2〕　Ⅰの略年表中のア～エ　**日本人の海外渡航禁止・海外在住日本人の帰国禁止**の法令が出されたのは1635年のことであり，略年表中のイに該当する。　Ⅱの略地図中のA～D　こうした法令を主に実行するのは，**老中**直属の**遠国奉行**の一つで，**直轄領長崎**を支配した長崎の**奉行所**であった。略地図中のDが該当する。

〔問3〕　文章は，1923年の**関東大震災**直後に**後藤新平**が表明したものである。アの**新橋・横浜間**に**鉄道**が開通したのは，1872年のことである。イのイギリスと**日英同盟**を結んだのは，1902年のことである。ウの**大日本帝国憲法**が発布されたのは，1889年のことである。エの**東京駅**が開業したのは1914年，**丸ビル**が建設されたのは1923年である。したがって，文章と同時期の東京の様子を表しているのは，エである。

〔問4〕　アの**普通選挙法**が制定されたのは，1925年である。Aの時期にあてはまる。イの**公害対策基本法**が制定されたのは，1967年であり，Dの時期にあてはまる。ウの**教育基本法**が制定されたのは1947年であり，Cの時期にあてはまる。エの**国家総動員法**が制定されたのは，1938年であり，Bの時期にあてはまる。

5 (公民的分野―地方自治・国の政治の仕組み)

〔問1〕　日本国憲法第94条に「**地方公共団体**は，その財産を管理し，事務を処理し，及び行政を執行する権能を有し，法律の範囲内で**条例**を制定することができる。」とあり，地方公共団体は条例を議決・制定することができる。なお，アの**条約**を承認するのは**国会**の仕事である。イの**政令**を制定するのは**内閣**の仕事である。エの法律等が**憲法**に適合するかどうか決定するのは，**最高裁判所**の仕事である。

〔問2〕　**地方自治法**において，**直接請求**の制度が定められ，有権者の一定数以上の署名を集めることで，**条例の改廃**や，**議会の解散**，**首長及び議員の解職**などを請求することができる。

〔問3〕 2014年の改正によって，**地方分権改革**の推進手法が，**国**が主導する短期集中型の方式から，**地方公共団体**が提案する長期継続型の方式となったことを指摘する。1995年から2014年の期間では，1999年・2011年・2014年など特定の年にのみ多く見られていた法律改正数が，2015年以降は，数は少なくなったが，毎年見られるようになったことを読み取り解答する。

6 （歴史的分野―世界史－経済史，地理的分野―都市，公民的分野―経済一般）

〔問1〕 ア イギリスで**産業革命**が起こり，世界最初の**蒸気機関**製造会社が設立されたのは，18世紀後期である。 イ アメリカで**南北戦争**が起こり，**大陸を横断**する鉄道路線を敷設する会社が設立されたのは，19世紀半ばである。 ウ **第一次世界大戦後**のドイツで，旅客輸送機の製造と販売を行う会社が設立されたのは，20世紀前期である。 エ オランダで**東インド会社**が設立されたのは，17世紀初頭である。時代の古い順に並べると，エ→ア→イ→ウとなる。

〔問2〕 Aの都市はボリビアの首都ラパスである。「標高3000mを超え，1548年にスペイン人により建設され，金鉱もあった。」との表現から，アが該当することがわかる。Bの都市はデトロイトである。「19世紀後半には自動車の生産が始まり，20世紀に入ると自動車工業の中心地へと成長し」との表現から，ウが該当するとわかる。Cの都市はジュネーブである。「**国際連盟**の本部が置かれ」との表現から，エが該当するとわかる。Dの都市はフランスを旧宗主国とするアルジェリアの首都アルジェである。「内陸部にはイスラム風の旧市街地が，沿岸部にはフランスの影響を受けた建物が見られる港湾都市となっている。」との表現から，イが該当するとわかる。

〔問3〕 グラフⅠに見られるように，1980年代の前半は**円安・ドル高**が進行し，日本の**貿易収支**は大幅な黒字となり，**経済成長率**は上昇傾向を見せた。その後1985年に**先進5か国蔵相・中央銀行総裁会議**がニューヨークのプラザホテルで行われ，ここで決定したプラザ合意により，円高・ドル安へと誘導され，日本の経済成長率は一時的に下降した。その後**日本銀行**が金利を下げたことなどで，株式や土地への投資が増え，株価や地価が高騰する**バブル景気**が到来し，法人企業の営業利益は増加し続けた。このバブル景気は1991年に終結を迎えた。Ⅱの文章で述べている時期に当てはまるのは，イの時期である。

＜国語解答＞

1 (1) かがや　(2) かい　(3) けいしゃ　(4) と　(5) かわ

2 (1) 富　(2) 吸　(3) 独奏　(4) 車窓　(5) 清潔

3 〔問1〕 ア　〔問2〕 ウ　〔問3〕 イ　〔問4〕 エ　〔問5〕 イ

4 〔問1〕 エ　〔問2〕 ア　〔問3〕 ウ　〔問4〕 イ　〔問5〕 (例)私にとっての記憶の拠り所となるものは，近くの図書館のいすと机です。幼いころは毎日通い，わくわくしながら本を読みました。あの読書体験が私の好奇心の原点です。今そのいすと机を見ると懐かしく思い出します。

　懐かしさは，自分を肯定し，気持ちが未来にひらかれる感情だと筆者は述べています。私は，夢中で読書したころを振り返り，改めて自分の知的好奇心の原点を大切に思いながら，将来の夢に向かって努力しています。

5 〔問1〕 ウ　〔問2〕 ア　〔問3〕 エ　〔問4〕 ウ　〔問5〕※出題に不備があったため問題を掲載しておりません。

＜国語解説＞

1 （漢字の読み）

(1)「輝」の訓読みは「かがや・く」。送り仮名に注意する。 (2) 間に何か置くこと。
(3) 斜めに傾いている程度。 (4) 手を思いどおりに動かして，何かをする意。写真の場合に「撮る」を用いる。 (5)「乾」の訓読みは「かわ・く」，音読みは「カン」。書き取りの際は「乞」の部分に注意したい漢字である。

2 （漢字の書き取り）

(1) 何らかの要素を豊かに持つ様子。 (2)「吸」は，訓読みが「す・う」，音読みが「キュウ」。
(3) ひとりで演奏すること。 (4) 自分が乗っている乗り物の窓越し。 (5)「潔」は，訓読みが「いさぎよ・い」，音読みが「ケツ」。

3 （小説―情景・心情，内容吟味）

〔問1〕 祖父のコレクションルームには，様々な本があった。その中には美緒自身が幼いころに持っていた本もあったが，改めて見ると「なんか印象が違う」と感じたり「こんなきれいな本だったっけ」と感じるなど，**本の良さを再認識させてくれる機会**となった。本をもっと読みたいと考えていることがわかる。そのきっかけを与えてくれた**祖父と本に関する会話をすることを楽しんでいる**のが「うん，もっと聞かせて」という美緒自身の言葉からも読み取れる。

〔問2〕 曾祖父の「角張った字」と，祖父の「流れるような書体の字」の二つを**視覚で認識**させているのは，**記録が代を通して受け継がれていること**を示す効果があって，ここは継承という事実を印象的に示している表現といえる。

〔問3〕「ただ……」で始まる祖父のつぶやきの中に，「寂しくもあった」という**息子の自立に対する感想**がある。また，「広志が家業のことを深く思っていたのがわかった」として，**息子に対して理解している想い**も述べている。このことを美緒にどう伝えるかを考えていて，間が生じたのである。

〔問4〕 美緒はこのあと祖父に「私，染めも自分でやってみたい。」と言っている。代々受け継がれていた染めの大きな存在や，さらに家業を継がなかった**父が抱いていた曾祖父や祖父への想いや，染めに対する気持ちを知って，染めてみたいと思った**のである。

〔問5〕 祖父は，美緒の「自分でやってみたい」という希望を受け入れなかった。決断力の弱さも指摘している。これに対して「顔が下を向いた」美緒は，**残念に思う**ものの反発する気持ちや落胆する気持ちは持っていない。**近づく父親たちとの再会を前に，今後の自分自身の処遇に対して考え，「決断もつけられずにいる」迷いの中にいる**のである。

4 （論説文―内容吟味，文脈把握，段落・文章構成，作文）

〔問1〕 懐かしさを感じた理由として前段落で「自分の中に潜在的にあった記憶の断片のようなものがつながったから」と述べられている。したがって、「複合的で抽象的な懐かしさ」とは，**はじめてのものに出会うことで，自分の中の潜在的な記憶の断片がつながって感じる懐かしさ**ということだ。

〔問2〕 傍線(2)の数行前「それは……」で始まる文に，「自分の感情や視点がいまと昔で大きく変化したことで，久しぶりに出会うものや人の“質”や“価値”さえも自身が変えた」とある。**以前と比べて成長・変化した視点で物事を見つめるようになった自分だからこそ，以前は見出さなかったものの新しい価値に気付く**のである。

〔問3〕 第五段落までは，懐かしさを「正」・「生」の感情と位置付け，未来にひらかれてゆく前向きな感情だと述べている。一方，第六段落では，「懐かしさに対して認識を誤ってしまう」具体例を挙げて，イマジネーションの固定化を危険視している。つまり**第六段落はそれまでとは異なる内容を示し，段落構成としては「転」を担い，結論部へとつなげている。**

〔問4〕 筆者の結論は「建築こそは動かずにじっとしていて，慣れ親しんだ変わらない価値を示す」べきだ，ということだ。**世の中が今のように急速なスピードで変化し更新し続けると，人が何を記憶の拠り所としてよいのかわからなくなるから**である。人が生きるのに必要不可欠な「懐かしさ」の記憶に関わる情緒を守るためにも，建築は人の記憶の拠り所になる必要があるのだ。アは「印象づけることが必要である」とする点，ウは「懐古的な工夫が必要である」とする点，エは「変化を止めることが重要」とする点が不適切。

〔問5〕 自分の体験や見聞を含めるので，まずはテーマに合うような「自分の『記憶の拠り所』」を挙げよう。作文は，「記憶の拠り所」の内容の説明に終始するのではなく，本文の内容をふまえてまとめたい。本文では「記憶の拠り所」が，自分自身に肯定感や「誇り」をもたらすもの，また，未来へ向けて前向きな感情を抱かせるものだと述べている。従って，**あなた自身の「記憶の拠り所」を軸にこれからの自分のあり方・抱負を示せる**と，よい発表原稿になる。

5 (会話，古文―内容吟味，文脈把握，段落・文章構成，指示語の問題)

〔問1〕 駒井さんはこれより前で蜂飼さんに，長明が『方丈記』を記した思いについて質問して見解を示してもらった。この見解を受けて駒井さん自身が『方丈記』を「一味違う力を感じる」作品と評価している。この「一味違う力」という表現は，蜂飼さんに『方丈記』が影響力を与えた後の作品についての発言を促している。

〔問2〕 蜂飼さんは，『方丈記』は「いろんな近づき方ができる」としている。それは『方丈記』が「自分自身では……災害の記述が持つある種の臨場感」など，様々な題材を扱っているからだ。**様々なテーマの中からどのような要素を通して読むかを選ぶのは作品の受け手である読者に任されて**おり，これを「受け取り方に対して開かれている」と称しているのだ。

〔問3〕 現代語訳の文章を読むと，最後に「情緒も内にこめられ，歌の姿もすなおな歌こそいつまでも見ていられる」と讃えているので，この箇所に該当するものを選べばよい。

〔問4〕「そういうところ」とは，**挫折も経験し運がないと悲観**しつつも，「恵まれた人間関係の中を生き」て，**好きな歌に関する仕事は一生懸命やってしまう**というところである。こうした，世の中を嘆きつつも，好きなものに一途に取り組む姿や精勤ぶりに人間臭さを感じるのだ。

〔問5〕 ※出題に不備があったため問題を掲載しておりません。

2021年度　正答率一覧

数　学

大問	小問	枝問	配点	正答率
1	1		5	88.3%
1	2		5	62.0%
1	3		5	55.3%
1	4		5	84.6%
1	5		5	87.7%
1	6		5	54.8%
1	7		5	56.2%
1	8		5	46.6%
1	9		6	59.1%
2	1		5	37.8%
2	2		7	14.4%
3	1		5	88.7%
3	2		5	65.9%
3	3		5	9.3%
4	1		5	64.8%
4	2	1	7	32.3%
4	2	2	5	0.5%
5	1		5	20.2%
5	2		5	3.6%

英　語

大問	小問	枝問	配点	正答率
1	A	1	4	68.3%
1	A	2	4	38.8%
1	A	3	4	63.9%
1	B	1	4	74.2%
1	B	2	4	15.3%
2	1		4	74.4%
2	2		4	25.2%
2	3	1	4	53.5%
2	3	2	12	38.3%
3	1		4	59.4%
3	2		4	61.3%
3	3		4	54.4%
3	4		4	51.1%
3	5		4	57.7%
3	6		4	45.9%
3	7		4	41.9%
4	1		4	76.9%
4	2		4	28.1%
4	3	1	4	42.4%
4	3	2	4	58.3%
4	3	3	4	52.9%
4	4	1	4	33.1%
4	4	2	4	37.7%

は部分点正答も含めた割合です。

理　科

大問	小問	枝問	配点	正答率
1	1		4	43.0%
1	2		4	72.8%
1	3		4	56.9%
1	4		4	40.2%
1	5		4	48.4%
1	6		4	57.2%
2	1		4	43.6%
2	2		4	39.0%
2	3		4	19.0%
2	4		4	50.0%
3	1		4	42.0%
3	2		4	62.6%
3	3		4	39.1%
3	4		4	32.8%
4	1		4	78.1%
4	2		4	45.5%
4	3		4	55.8%
5	1		4	36.4%
5	2		4	33.7%
5	3		4	23.8%
5	4		4	6.3%
6	1		4	31.7%
6	2		4	22.5%
6	3		4	27.8%
6	4		4	1.5%

社　会

大問	小問	枝問	配点	正答率
1	1		5	64.8%
1	2		5	75.1%
1	3		5	88.7%
1	4		5	94.0%
2	1		5	31.1%
2	2		5	33.2%
2	3		5	23.2%
3	1		5	47.8%
3	2		5	57.8%
3	3		5	75.8%
4	1		5	52.2%
4	2		5	24.3%
4	3		5	32.0%
4	4		5	40.6%
5	1		5	70.9%
5	2		5	68.0%
5	3		5	44.8%
6	1		5	19.6%
6	2		5	19.1%
6	3		5	44.7%

国　語

大問	小問	枝問	配点	正答率
1	1		2	93.2%
1	2		2	80.5%
1	3		2	90.7%
1	4		2	99.0%
1	5		2	98.4%
2	1		2	47.8%
2	2		2	93.3%
2	3		2	69.3%
2	4		2	69.9%
2	5		2	69.0%
3	1		5	75.5%
3	2		5	84.3%
3	3		5	60.3%
3	4		5	84.4%
3	5		5	68.3%
4	1		5	63.6%
4	2		5	74.8%
4	3		5	56.3%
4	4		5	77.9%
4	5		10	75.5%
5	1		5	49.9%
5	2		5	52.7%
5	3		5	52.2%
5	4		5	51.5%
5	5		5	受検者全員に一律5点付与されました

MEMO

大切なことはメモしておこうネ！

東京都公立高等学校

2020年度

★★★★★★★★★★★★★★★★★★★★★★★★★★★

入　試　問　題

2020年度

●くわしい解説……57ページ

＜数学＞

時間　50分　　満点　100点

【注意】 1　答えに分数が含まれるときは，**それ以上約分できない形で表しなさい。**
例えば，$\frac{6}{8}$と答えるのではなく，$\frac{3}{4}$と答えます。

2　答えに根号が含まれるときは，**根号の中を最も小さい自然数にしなさい。**
例えば，$3\sqrt{8}$と答えるのではなく，$6\sqrt{2}$と答えます。

3　答えを選択する問題については，**特別の指示**のあるもののほかは，各問の**ア・イ・ウ・エ**のうちから，最も適切なものをそれぞれ１**つずつ**選んで，**その記号の◯の中を正確に塗りつぶしなさい。**

4　□の中の数字を答える問題については，「**あ，い，う，…**」に当てはまる数字を，下の〔例〕のように，０から９までの数字のうちから，それぞれ１**つずつ**選んで，**その数字の◯の中を正確に塗りつぶしなさい。**

〔例〕 あい に12と答えるとき

あ	⓪ ● ② ③ ④ ⑤ ⑥ ⑦ ⑧ ⑨
い	⓪ ① ● ③ ④ ⑤ ⑥ ⑦ ⑧ ⑨

1　次の各問に答えよ。

〔問１〕　$9-8\div\frac{1}{2}$を計算せよ。

〔問２〕　$3(5a-b)-(7a-4b)$ を計算せよ。

〔問３〕　$(2-\sqrt{6})(1+\sqrt{6})$ を計算せよ。

〔問４〕　一次方程式　$9x+4=5(x+8)$ を解け。

〔問５〕　連立方程式　$\begin{cases} 7x-3y=6 \\ x+y=8 \end{cases}$ を解け。

〔問６〕　二次方程式　$3x^2+9x+5=0$　を解け。

〔問７〕　次の □ の中の「あ」「い」に当てはまる数字をそれぞれ答えよ。

右の表は，ある中学校の生徒40人について，自宅からA駅まで歩いたときにかかる時間を調査し，度数分布表に整理したものである。

自宅からA駅まで歩いたときにかかる時間が15分未満である人数は，全体の人数の あい %である。

階級(分)	度数(人)
以上　　未満	
5 ～ 10	12
10 ～ 15	14
15 ～ 20	10
20 ～ 25	3
25 ～ 30	1
計	40

〔問８〕 次の □ の中の「う」「え」に当てはまる数字をそれぞれ答えよ。

右の図１で，点Ｏは線分ＡＢを直径とする円の中心であり，２点Ｃ，Ｄは円Ｏの周上にある点である。

４点Ａ，Ｂ，Ｃ，Ｄは，図１のように，Ａ，Ｃ，Ｂ，Ｄの順に並んでおり，互いに一致しない。

点Ｏと点Ｃ，点Ａと点Ｃ，点Ｂと点Ｄ，点Ｃと点Ｄをそれぞれ結ぶ。

∠ＡＯＣ＝∠ＢＤＣ，∠ＡＢＤ＝34°のとき，xで示した∠ＯＣＤの大きさは，**うえ** 度である。

図１

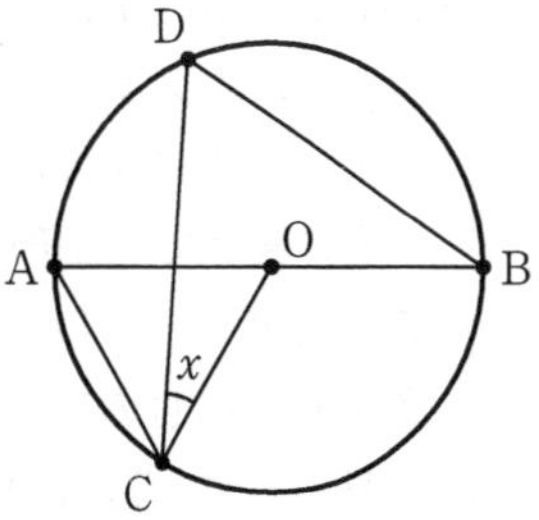

〔問９〕 右の図２で，△ＡＢＣは，鋭角三角形である。

解答欄に示した図をもとにして，辺ＡＣ上にあり，ＡＰ＝ＢＰ となる点Ｐを，定規とコンパスを用いて作図によって求め，点Ｐの位置を示す文字Ｐも書け。

ただし，作図に用いた線は消さないでおくこと。

図２

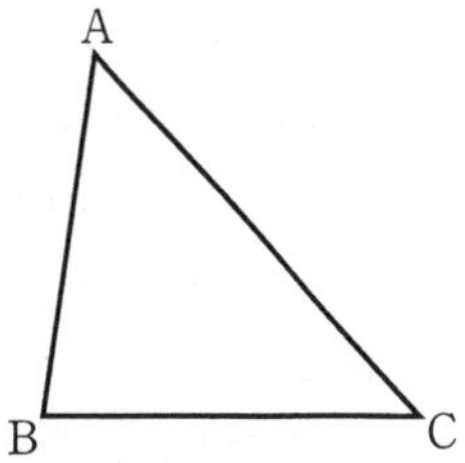

2　Ｓさんのクラスでは，先生が示した問題をみんなで考えた。
次の各問に答えよ。

［先生が示した問題］

a，b，hを正の数とし，$a>b$とする。

右の図１は，点Ｏ，点Ｐをそれぞれ底面となる円の中心とし，２つの円の半径がともに$a$cmであり，四角形ＡＢＣＤは ＡＢ＝$h$cm の長方形で，四角形ＡＢＣＤが側面となる円柱の展開図である。

図１

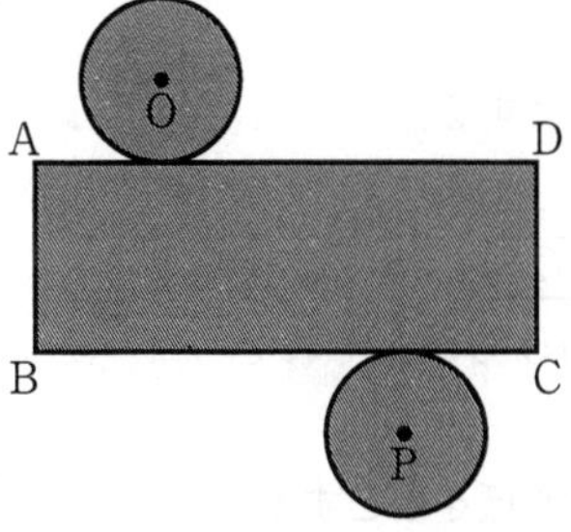

図２

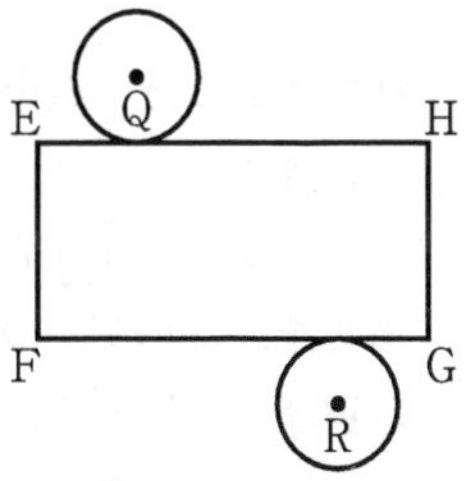

右の図２は，点Ｑ，点Ｒをそれぞれ底面となる円の中心とし，２つの円の半径がともに$b$cmであり，四角形ＥＦＧＨは ＥＦ＝$h$cm の長方形で，四角形ＥＦＧＨが側面となる円柱の展開図である。

図１を組み立ててできる円柱の体積をＸcm³，図２を組み立ててできる円柱の体積をＹcm³とするとき，Ｘ－Ｙの値をa，b，hを用いて表しなさい。

〔問１〕 ［先生が示した問題］で，Ｘ－Ｙの値をa，b，hを用いて，Ｘ－Ｙ＝ □ と表すとき，□ に当てはまる式を，次の**ア**～**エ**のうちから選び，記号で答えよ。

ただし，円周率はπとする。

ア　$\pi(a^2-b^2)h$　　**イ**　$\pi(a-b)^2h$　　**ウ**　$2\pi(a-b)h$　　**エ**　$\pi(a-b)h$

Ｓさんのグループは，［先生が示した問題］で示された２つの展開図をもとにしてできる長方形が側面となる円柱を考え，その円柱の体積と，ＸとＹの和との関係について次の問題を作った。

［Ｓさんのグループが作った問題］

a，b，h を正の数とし，$a > b$ とする。

右の**図３**で，四角形ＡＢＧＨは，**図１**の四角形ＡＢＣＤの辺ＤＣと**図２**の四角形ＥＦＧＨの辺ＥＦを一致させ，辺ＡＨの長さが辺ＡＤの長さと辺ＥＨの長さの和となる長方形である。

図３

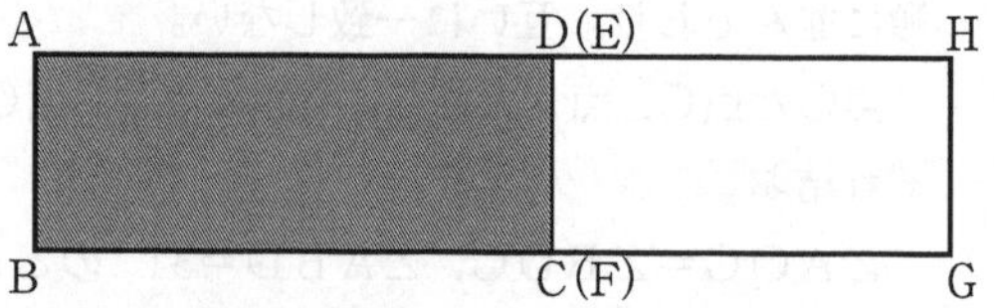

右の**図４**のように，**図３**の四角形ＡＢＧＨが円柱の側面となるように辺ＡＢと辺ＨＧを一致させ，組み立ててできる円柱を考える。

図４

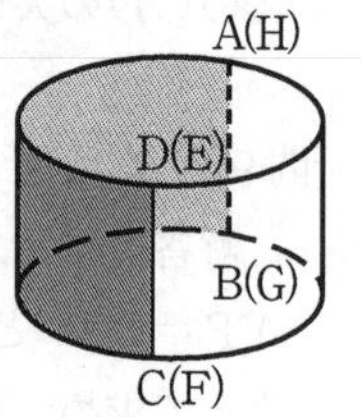

［先生が示した問題］の２つの円柱の体積ＸとＹの和をＷcm³，**図４**の円柱の体積をＺcm³とするとき，

Ｚ－Ｗ＝$2\pi abh$ となることを確かめてみよう。

［問２］［Ｓさんのグループが作った問題］で，Ｚ－Ｗ＝$2\pi abh$ となることを証明せよ。

ただし，円周率は π とする。

３　右の**図１**で，点Ｏは原点，曲線 ℓ は関数 $y = \frac{1}{4}x^2$ のグラフを表している。

点Ａは曲線 ℓ 上にあり，x 座標は４である。

曲線 ℓ 上にある点をＰとする。

次の各問に答えよ。

図１

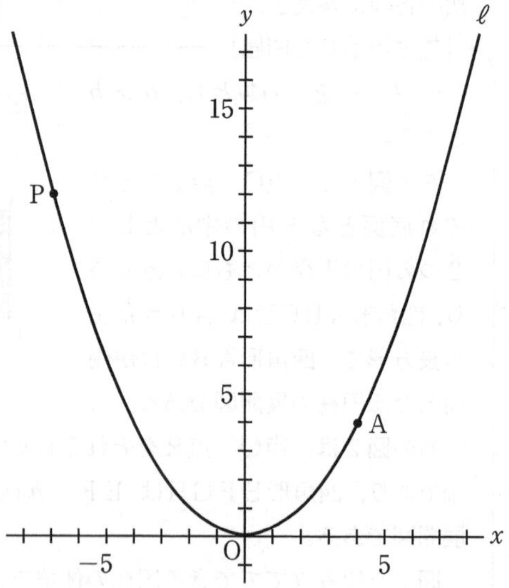

［問１］　次の ① と ② に当てはまる数を，下の**ア**～**ク**のうちからそれぞれ選び，記号で答えよ。

点Ｐの x 座標を a，y 座標を b とする。

a のとる値の範囲が $-8 \leqq a \leqq 2$ のとき，b のとる値の範囲は，

① $\leqq b \leqq$ ② である。

ア　-64　　**イ**　-2　　**ウ**　0

エ　$\frac{1}{2}$　　**オ**　1　　**カ**　4

キ　16　　**ク**　64

［問２］　次の ③ とし ④ に当てはまる数を，次のページの**ア**～**エ**のうちからそれぞれ選び，記号で答えよ。

点Ｐの x 座標が－６のとき，２点Ａ，Ｐを通る直線の式は，

$y =$ ③ $x +$ ④

である。

③　ア　$-\frac{5}{2}$　　イ　-2　　ウ　$-\frac{13}{10}$　　エ　$-\frac{1}{2}$

④　ア　12　　イ　6　　ウ　4　　エ　2

〔問３〕 右の**図２**は，**図１**において，点Ｐの x 座標が４より大きい数であるとき，y 軸を対称の軸として点Ａと線対称な点をＢ，x 軸上にあり，x 座標が点Ｐの x 座標と等しい点をＱとした場合を表している。

点Ｏと点Ａ，点Ｏと点Ｂ，点Ａと点Ｐ，点Ａと点Ｑ，点Ｂと点Ｐをそれぞれ結んだ場合を考える。

四角形ＯＡＰＢの面積が△ＡＯＱの面積の４倍となるとき，点Ｐの x 座標を求めよ。

図２

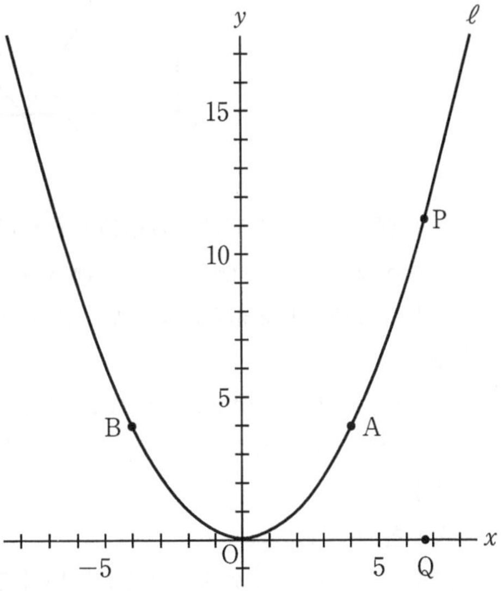

4　右の**図１**で，四角形ＡＢＣＤは正方形である。

点Ｐは辺ＢＣ上にある点で，頂点Ｂ，頂点Ｃのいずれにも一致しない。

点Ｑは辺ＣＤ上にある点で，ＣＰ＝ＣＱ である。

頂点Ａと点Ｐ，点Ｐと点Ｑをそれぞれ結ぶ。

次の各問に答えよ。

図１

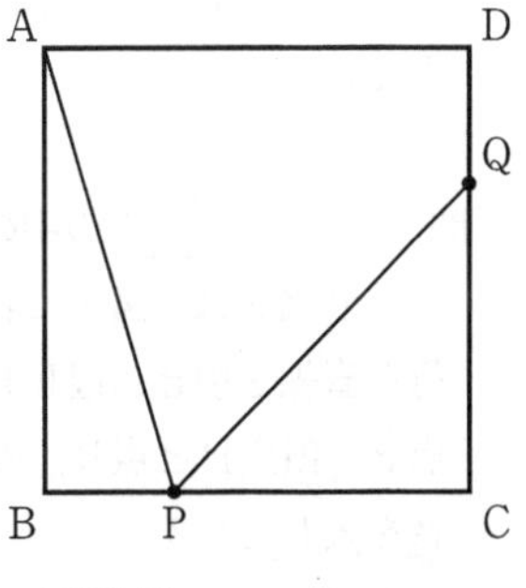

〔問１〕 **図１**において，∠ＢＡＰ＝a° とするとき，∠ＡＰＱの大きさを表す式を，次の**ア**～**エ**のうちから選び，記号で答えよ。

ア　$(90-a)$度　　**イ**　$(45-a)$度　　**ウ**　$(a+45)$度　　**エ**　$(a+60)$度

〔問２〕 次のページの**図２**は，**図１**において，辺ＡＤをＤの方向に延ばした直線上にあり ＡＤ＝ＤＥ となる点をＥ，点Ｅと点Ｑを結んだ線分ＥＱをＱの方向に延ばした直線と線分ＡＰとの交点をＲとした場合を表している。

次の①，②に答えよ。

①　△ＡＢＰ≡△ＥＤＱ であることを証明せよ。

②　次の □ の中の「**お**」「**か**」「**き**」に当てはまる数字をそれぞれ答えよ。

図２において，ＡＢ＝４cm，ＢＰ＝３cm のとき，線分ＥＱの長さと線分ＱＲの長さの比を最も簡単な整数の比で表すと，ＥＱ：ＱＲ＝ **おか** ： **き** である。

図２

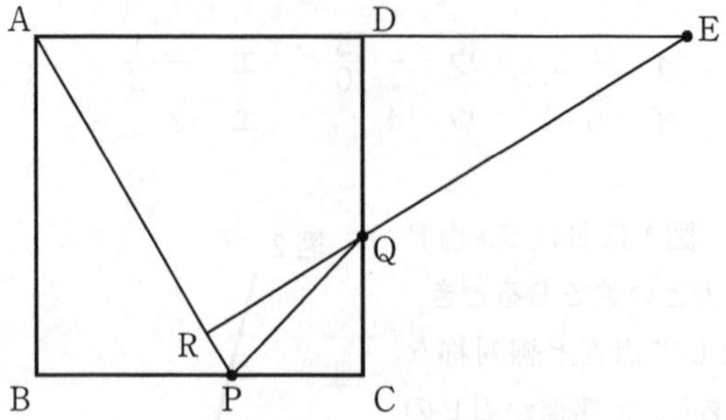

5　右の図１に示した立体ＡＢＣＤ－ＥＦＧＨは，ＡＢ＝６㎝，ＡＤ＝８㎝，ＡＥ＝12㎝ の直方体である。

頂点Ｃと頂点Ｆを結び，線分ＣＦ上にある点をＰとする。

辺ＡＢ上にあり，頂点Ｂに一致しない点をＱとする。

頂点Ｄと点Ｐ，頂点Ｄと点Ｑ，点Ｐと点Ｑをそれぞれ結ぶ。

次の各問に答えよ。

図１

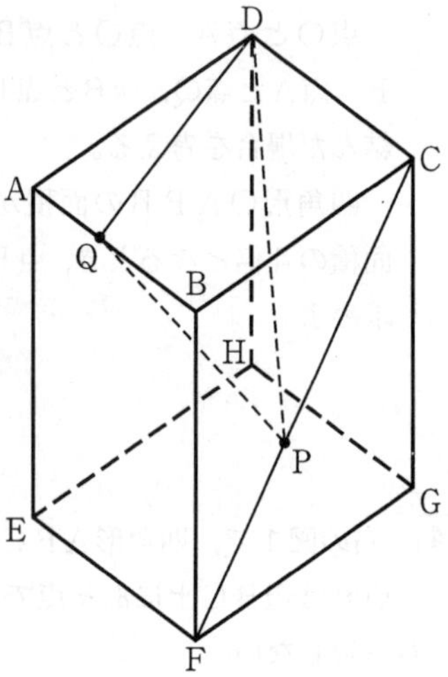

〔問１〕　次の □ の中の「く」「け」「こ」に当てはまる数字をそれぞれ答えよ。

点Ｐが頂点Ｆと，点Ｑが頂点Ａとそれぞれ一致するとき，△ＤＱＰの面積は，$\boxed{\text{くけ}}\sqrt{\boxed{\text{こ}}}$ ㎝^{2} である。

〔問２〕　次の □ の中の「さ」「し」「す」に当てはまる数字をそれぞれ答えよ。

右の図２は，図１において，点Ｑを通り辺ＡＥに平行な直線を引き，辺ＥＦとの交点をＲとし，頂点Ｈと点Ｐ，頂点Ｈと点Ｒ，点Ｐと点Ｒをそれぞれ結んだ場合を表している。

ＡＱ＝４㎝，ＣＰ：ＰＦ＝３：５ のとき，立体Ｐ－ＤＱＲＨの体積は，$\boxed{\text{さしす}}$ ㎝^{3}である。

図２

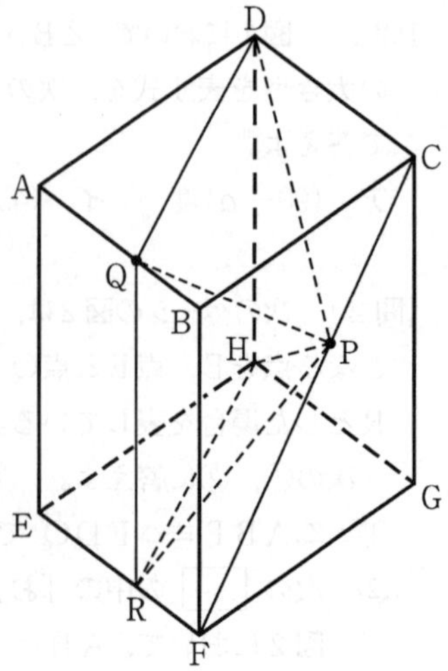

＜英語＞　時間　50分　満点　100点

1 リスニングテスト（放送による指示に従って答えなさい。）

〔問題A〕 次のア～エの中から適するものをそれぞれ**一つずつ**選びなさい。

＜対話文1＞

ア Tomorrow.

イ Next Monday.

ウ Next Saturday.

エ Next Sunday.

＜対話文2＞

ア To call Ken later.

イ To leave a message.

ウ To do Bob's homework.

エ To bring his math notebook.

＜対話文3＞

ア Because David learned about *ukiyoe* pictures in an art class last weekend.

イ Because David said some museums in his country had *ukiyoe*.

ウ Because David didn't see *ukiyoe* in his country.

エ Because David went to the city art museum in Japan last weekend.

〔問題B〕 ＜Question 1＞では，下のア～エの中から適するものを**一つ**選びなさい。

＜Question 2＞では，質問に対する答えを英語で書きなさい。

＜Question 1＞

ア In the gym.

イ In the library.

ウ In the lunch room.

エ In front of their school.

＜Question 2＞

（15秒程度，答えを書く時間があります。）

2 次の各問に答えよ。（＊印の付いている単語・語句には，本文のあとに〔注〕がある。）

1 高校生のMariとアメリカからの留学生のJaneは，高校で紹介された夏休みの体験ボランティアの説明会について話をしている。(A) 及び (B) の中に，それぞれ入る単語・語句の組み合わせとして正しいものは，後のア～エのうちではどれか。ただし，次のページののⅠは，二人が見ている英語版ウェブサイトの一部である。

Mari: I've been interested in volunteer work. I want to join in the Summer Volunteer Programs. Jane, look at this website! It says that we need to go to an *orientation meeting. Why don't you come with me?

Jane: Sure. Which day shall we go?

Mari: We have to choose one of the three days. Today is June 11th, Thursday. I want to go next week.

Jane: I'm sorry, but I can't go next Tuesday because I have something to do in the evening.

Mari: How about going on (A) next week?

Jane: OK. Let's go on that day. We also have to choose a place.

Mari: Let me see. The West City Hall is near South Station, but it's far from your house. So the (B) is better for you. You can walk there in five minutes.

Jane: Thank you, Mari. Yes, let's go there!

Ⅰ

Summer Volunteer Programs

*Term: July 20 – August 31

Welcome to our website! Please join in our Summer Volunteer Programs.

Orientation Meetings

You need to take part in one orientation meeting before you can join in the Summer Volunteer Programs.

Date and Time

June 16 Tuesday 18:00〜19:00
or
June 20 Saturday 10:00〜11:00
or
July 5 Sunday 10:30〜11:30

Place

East Volunteer Center
(20 minutes walk from South Station)
or
West City Hall
(5 minutes walk from South Station)

〔注〕 orientation meeting 事前説明会
term 期間

ア (A) Saturday (B) East Volunteer Center
イ (A) Saturday (B) West City Hall
ウ (A) Sunday (B) East Volunteer Center
エ (A) Sunday (B) West City Hall

2 Mari と Jane は，説明会の会場で，参加するプログラムについてパンフレットを見ながら話をしている。(A) 及び (B) の中に，それぞれ入る語句の組み合わせとして正しいものは，次のページのア～エのうちではどれか。ただし，右のⅡは，二人が見ているパンフレットの一部である。

Mari: So many people have come to the meeting!

Jane: Many people are interested in the Summer Volunteer Programs!

Mari: Yes. There are two kinds

Ⅱ

One-Day Programs Date: 7/25~8/9 Join in just one day. Meeting Place: South Station	Three-Day Programs Date:8/5~7 or 8/19~21 Join in on all dates. Meeting Place: South Station
Plant Vegetables from 9:00 to 11:00 We need 5 people.	Clean a River from 8:00 to 11:00 We need 15 people.
Clean Streets from 8:00 to 11:00 We need 15 people.	Plant Trees from 9:00 to 16:00 We need 30 people.
Clean a Beach from 9:00 to 16:00 We need 15 people.	Plant Flowers from 8:00 to 10:00 We need 5 people.

of programs, One-Day Programs and Three-Day Programs. In the orientation meeting, they said that we could choose only one activity in one of the programs.

Jane: What activity do you want to join in?

Mari: Well, I want to join in one of the cleaning activities. Oh, I'm lucky. I'll be free on August 7th and 8th. I'll join in "(A)" because I want to protect the sea through this activity.

Jane: Sounds good. I had an experience of doing a cleaning activity in the USA. I want to try a different kind of activity in Japan.

Mari: Well, I hear you like plants.

Jane: Yes. I have planted flowers. I'm interested in doing something with plants. I'd like to do volunteer work for a few days.

Mari: Oh, then you should join in "(B)." Why don't you try something you have never done?

Jane That's right. I'll do that!

ア (A) Clean Streets (B) Plant Flowers

イ (A) Clean a River (B) Plant Vegetables

ウ (A) Clean a Beach (B) Plant Flowers

エ (A) Clean a Beach (B) Plant Trees

3 次の文章は，アメリカに帰国したJaneがMariに送ったEメールの内容である。

Dear Mari,

Thank you for your help during my stay in Japan. I enjoyed learning about Japan and making a lot of friends. I joined in the Summer Volunteer Programs. I *was especially impressed by them. I learned protecting the environment is very important. Now I want to learn more about it.

The other day, I had a chance to make a speech to other students about my experiences in Japan. I told them about an activity in the Summer Volunteer Programs and the things I learned from the activity. Many of the students were also very interested in protecting the environment. After the speech, they asked me a lot about the activity. I was glad that they were interested in it.

Last week, I visited a *nursery school with some of my classmates. Do you know about *eco-friendly *toys? They are toys made of wood and recycled plastic. They have no *batteries. Children were playing with them. I was very surprised that they were used there.

Let's share ideas about protecting the environment. I think we should live more eco-friendly lives. How can we do that? Do you have any ideas? I'm looking forward to hearing from you.

Yours,
Jane

〔注〕 be impressed 感心する　nursery school 保育所　eco-friendly 環境にやさしい
toy おもちゃ　battery 電池

(1) このＥメールの内容と合っているのは，次のうちではどれか。

ア In Japan, Jane learned about protecting the environment from Mari's speech in the Summer Volunteer Programs.

イ After Jane made a speech, many students were interested in visiting a nursery school and asked a lot of questions about it.

ウ When Jane went to a nursery school with some of her classmates, she was very surprised that eco-friendly toys were used there.

エ During Jane's stay in Japan, she joined in the Summer Volunteer Programs to learn about eco-friendly toys.

(2) Mari は Jane に返事のＥメールを送ることにしました。あなたが Mari だとしたら，Jane にどのような返事のＥメールを送りますか。次の＜**条件**＞に合うように，後の□の中に，**三つ**の英語の文を書きなさい。

＜**条件**＞

○ 前後の文につながるように書き，全体としてまとまりのある返事のＥメールとすること。
○ Jane に伝えたい内容を**一つ**取り上げ，それを取り上げた理由などを含めること。

Hello, Jane,

Thank you for your e-mail. I enjoyed reading it. I think it is important to learn more about protecting the environment.

I will try to answer your question. There is one thing that we can do to live more eco-friendly lives. I will tell you about it.

I want to tell you more about this when we meet again.

I'm looking forward to seeing you again!

Your friend,
Mari

3 次の対話の文章を読んで，あとの各問に答えよ。
(＊印の付いている単語・語句には，本文のあとに〔注〕がある。)

Haruka and Junichi are second-year high school students in Tokyo. Susan is a high school student from the United States. They are talking with George, their ALT from the UK, in the classroom after lunch.

Haruka: Look at this picture of my sister.

Susan: Oh, she's wearing a kimono. Did she join in a *coming-of-age ceremony?

Haruka: She did. It was held in the city last Monday.

Susan: I watched the news about it. (1) Tell me more about it.

Junichi: Sure. It is a ceremony to celebrate people who became or will become twenty years old.

Haruka: For a long time, Japanese people have had ceremonies to celebrate people who have become *adults. The age of becoming adults was lower before.

George: I didn't know that. Were there any other *differences in the past?

Junichi: Yes. For example, some people changed their *hairstyles and the *types of kimono they wore. They also changed their names.

George: Sounds interesting. Coming-of-age has been important to Japanese people.

Junichi: Right. We have had a coming-of-age ceremony held in each city for about seventy years. Did you have such a ceremony, George?

George: (2) I didn't. I had parties when I became twenty-one and when I *graduated from university.

Susan: I had a big birthday party, too, when I was sixteen.

Haruka: Did you? Do people become adults at that age?

Susan: No. The age of becoming adults is eighteen in my *state. It is different in different states.

Junichi: I see. In Japan, when people become twenty, they are *legally adults. It will be changed to eighteen in 2022. I'm looking forward to becoming an adult.

Haruka: Me, too. But we will have to *be responsible for our own decisions after that.

Susan: (3)<u>That's true, but I don't think age makes any difference.</u> For example, I decided to come to Japan, and I'm studying very hard here because I feel responsible for that decision.

George: I agree with Susan. Junichi, Haruka, I think you have already made many decisions, too. For example, you decided a school to go to and a club to join, and you can decide what to do in the future.

Haruka: You are right. I have never thought about it in that way.

George: Before you become an adult, there are some things that you can't do without your parents' *consent and some things that you can't do legally. (4)<u>But you can decide what to do to make your life better.</u>

Haruka: Yes. I study English very hard because I want to study abroad and learn a lot of things from people like Susan.

Susan: Oh, do you? I'm glad to hear that.

George: How about you, Junichi?

Junichi: Now I am supported by my parents. I want to get a job and support myself.

George: Good. What kind of job do you want to get?

Junichi: A job that uses sports science. I am interested in sports science. I want to study it at a university. Now I am studying hard.

George: I see. (5)<u>How about you, Susan?</u>

Susan: I would like to do something that will help old people. Now I'm thinking about how to do that.

George: I think those are all good ideas. Do your best for your goals. Oh, I have to go. I have enjoyed talking with you. Let's talk again!

Haruka, Junichi, and Susan: Thank you, George.

〔注〕 coming-of-age 成年に達すること　adult 大人　difference 違い　hairstyle 髪型
type 種類　graduate from ～ ～を卒業する　state 州　legally 法律上
be responsible for～ ～に責任がある　consent 同意

〔問1〕 (1)<u>Tell me more about it.</u> の内容を，次のように書き表すとすれば，□ の中に，次のページのどれを入れるのがよいか。

Tell me more about □.

ア　the picture of Haruka's sister
イ　the coming-of-age ceremony
ウ　the news about the coming-of-age ceremony
エ　the kimono that Haruka's sister is wearing

〔問２〕 (2) <u>I didn't.</u> の内容を最もよく表しているのは，次のうちではどれか。
ア　George didn't know the age of becoming adults in Japan in the past.
イ　George didn't go to the coming-of-age ceremony last weekend.
ウ　George didn't have a coming-of-age ceremony held in his city.
エ　George didn't have parties on his birthday and when he graduated from university.

〔問３〕 (3) <u>That's true, but I don't think age makes any difference.</u> とあるが，このようにSusanが言った理由を，次のように書き表すとすれば，□ の中に，下のどれを入れるのがよいか。

Susan thinks that □.

ア　people have to be responsible for their decisions both before and after becoming adults
イ　she can't make right decisions and she can't be responsible
ウ　only adults can make right decisions and be responsible for those decisions
エ　it will be fun for Junichi and Haruka to become legally adults when they become twenty

〔問４〕 (4) <u>But you can decide what to do to make your life better.</u> の内容を，次のように書き表すとすれば，□ の中に，下のどれを入れるのがよいか。

Haruka can decide □.

ア　to do some things that she can't do legally if her parents don't agree with her
イ　what age she will become an adult in Japan
ウ　when to have a coming-of-age ceremony
エ　what she wants to do in the future and what she can do now for the future

〔問５〕 (5) <u>How about you, Susan?</u> の内容を最もよく表しているのは，次のうちではどれか。
ア　Who will support you?
イ　What do you want to do in the future?
ウ　What subjects are you interested in?
エ　What can you decide?

〔問６〕 次の英語の文を，本文の内容に合うように完成するには，□ の中に，下のどれを入れるのがよいか。

George thought that people decided many things □ they became adults.

ア　because　　イ　if　　ウ　after　　エ　before

〔問７〕 次のページの文章は，Harukaたちと話した日に，Susanが書いた日記の一部である。(A) 及び (B) の中に，それぞれ入る単語又は語句の組み合わせとして正しいものは，次のページのア～エのうちではどれか。

> Today, I talked about the coming-of-age ceremonies in Japan with Haruka, Junichi, and our ALT, George. For a long time, Japanese people have celebrated people who have become adults. The (A) that people celebrated are interesting. In the past, some people had (B) names after becoming adults.
>
> Junichi and Haruka said that they were looking forward to becoming adults. We also talked about our plans for the future. They were all (B) . Haruka wanted to study abroad, and Junichi wanted to get a job that used sports science. Now I am thinking about (A) of helping old people. What can I do? I want to do my best. I will be responsible for my decisions.

ア (A) ways (B) different　　イ (A) ways (B) the same

ウ (A) goals (B) different　　エ (A) goals (B) the same

4 次の文章を読んで，あとの各問に答えよ。

（*印の付いている単語には，本文のあとに〔注〕がある。）

Misa was a first-year high school student. One day in October, some high school students from Australia came to Misa’s school. They were interested in Japanese culture and in studying Japanese. Ellen, one of them, stayed with Misa’s family. Misa was very happy because it was a good chance to speak English. On the first day of school, Misa explained everything to Ellen in English. Ellen said, “Thank you, Misa. You always help me a lot.” Misa was very glad to hear that.

One day, Ellen went out with Misa to buy some *chiyogami*, special origami paper, for some of her friends in Australia. Ellen said to Misa, “Last night, I practiced some Japanese for shopping.” At a shop, Ellen wanted *chiyogami* with some kinds of *patterns. She tried to explain them in Japanese to one of the *staff, but the staff couldn’t understand her. Misa explained them to the staff in Japanese, and they got the *chiyogami* that Ellen wanted. Misa was happy.

The next weekend, Ellen showed Misa a book and said, “Do you know this book?” Misa answered no. Ellen looked disappointed. Ellen explained to Misa, “This is a book by my favorite Japanese writer. She writes in Japanese, but this is an English *translation.” “I see. I’ll read it,” Misa answered. Then Ellen said that she wanted to go to a *symposium about that writer. Misa got information about how to get there and explained it to Ellen. Misa asked Ellen, “Shall I go with you?” Ellen smiled and answered, “I’ll be all right. I can go there by myself. Thank you,” and she went to the symposium.

The next day, Misa, Ellen, Yusuke, and Brian went to a museum. Yusuke was one of Misa's classmates, and Brian was another Australian student. There were *exhibits about some of the history of Japan. Misa explained in English some of the history. After that, Yusuke spoke to Misa in Japanese. He said that he was interested in Ellen's and Brian's school lives in Australia. He also wanted to know what they often thought about. Yusuke asked Ellen and Brian about those things. He didn't speak English *fluently and sometimes used Japanese, but Ellen and Brian tried to understand him. Then Brian asked Misa, "Do you have any questions?" Misa thought for a while and asked, "Do you think students should learn other languages?" Brian said, "Yes. It will make their lives more interesting." Brian said that he liked Japanese anime and wanted to try to understand it in Japanese. Ellen also answered yes and said she wanted to read books in Japanese. She said. "I also want to talk about books and writers with Japanese people." Misa said to herself, "I didn't know that. I think Ellen brought a book yesterday because she wanted to talk about it with me. I didn't think about that then." She felt sorry about that. Then Ellen asked Misa, "Why do you study English, Misa?" Misa answered, "Because I want to be able to explain things about Japan to people from other countries." Brian said, "I see. So can I ask you things when I have questions?" Misa said, "Of course."

After that, they went to a hamburger shop near the museum to have lunch. When Ellen and Brian ordered, Misa started to help them. Yusuke stopped Misa. "This is a good chance for them to practice their Japanese," Yusuke said. Ellen and Brian began to order their lunches in Japanese. Ellen pointed to pictures on the menu. Brian used a *gesture to show that he would eat in the shop. When Ellen and Brian sat down at a table with Misa and Yusuke, Brian said, "We got our lunches!" Ellen said, "Understanding spoken Japanese is difficult for me. I have to study more," but she looked happy. Misa realized that practicing a new language was fun.

On the way home, Ellen said to Misa, "I had a really good time today. I understand why you have tried hard to learn English and why you help me a lot." Misa smiled and said, "I had a good time, too. I can imagine why you showed me that book yesterday. I want to talk with you more about books, Ellen. Maybe we should talk about it in Japanese. Will you introduce to me some books by your favorite writers?" Ellen answered, "Of course. I want to know about your favorites, too." Misa said, "Let's go to the library to look for some books tomorrow."

〔注〕 pattern 模様　staff 店員　translation 翻訳書　symposium 討論会
exhibit 展示　fluently 流ちょうに　gesture ジェスチャー

〔問１〕 Misa was very glad to hear that. の内容を，次のように書き表すとすれば，□の中に，下のどれを入れるのがよいか。

Misa was very glad because □.

ア she could talk with Ellen in English, and it was a good chance to speak English

イ Ellen, one of the high school students from Australia, came to her school

ウ Ellen was interested in Japanese culture and studying Japanese

エ she could help Ellen a lot with her English at school

〔問２〕 次のア～エの文を，本文の内容の流れに沿って並べ，記号で答えよ。

ア Ellen went by herself to a symposium about her favorite Japanese writer.

イ Misa wanted to talk about books by Ellen's favorite writers with Ellen in Japanese.

ウ Misa imagined that Ellen wanted to talk about books and writers with her.

エ Ellen showed Misa a book that Misa didn't know.

〔問３〕 次の(1)～(3)の文を，本文の内容と合うように完成するには，□の中に，それぞれ下のどれを入れるのがよいか。

(1) When Misa and Ellen went to a shop to get *chiyogami* Ellen wanted, □.

ア Misa was happy because Ellen was able to get it with her

イ Misa explained in English to the staff about Ellen's favorite pattern and got it

ウ Ellen explained her favorite pattern to the staff, but the staff couldn't understand her English

エ Ellen got it for some of her friends in Australia by using her Japanese

(2) At the museum, Yusuke asked Ellen and Brian about their school lives in Australia because □.

ア he thought it was a good chance to speak English

イ he couldn't explain in English about some of the exhibits at the museum

ウ he was interested in their school lives and wanted to know what they thought about

エ he wanted Ellen and Brian to practice their Japanese

(3) At the hamburger shop, Ellen looked happy because □.

ア Yusuke helped her and she could get her lunch

イ she used Japanese and got her lunch by herself

ウ it was not difficult for her to understand Yusuke's Japanese

エ she ordered her lunch without using any gestures or pointing at any pictures

〔問４〕 次の(1)，(2)の質問の答えとして適切なものは，それぞれ次のページのうちではどれか。

(1) What did Misa realize when she saw Ellen's happy face at the hamburger shop?

ア She realized that Ellen enjoyed the food very much.

イ She realized that it was fun to practice a new language.

ウ She realized that Ellen had to study Japanese more to understand spoken Japanese.

エ She realized that she had to practice English more.

(2) What did Misa and Ellen plan to do the day after their visit to the museum?

ア To go to the library and look for some books by their favorite writers.

イ To try hard to learn the languages that each of them is learning now.

ウ To talk about books and writers with other people in Japanese.

エ To go to the symposium together and talk about Ellen's favorite writer.

<理科> 時間 50分 満点 100点

1 次の各問に答えよ。

〔問1〕 有性生殖では，受精によって新しい一つの細胞ができる。受精後の様子について述べたものとして適切なのは，次のうちではどれか。

ア 受精により親の体細胞に含まれる染色体の数と同じ数の染色体をもつ胚《はい》ができ，成長して受精卵になる。

イ 受精により親の体細胞に含まれる染色体の数と同じ数の染色体をもつ受精卵ができ，細胞分裂によって胚になる。

ウ 受精により親の体細胞に含まれる染色体の数の２倍の数の染色体をもつ胚ができ，成長して受精卵になる。

エ 受精により親の体細胞に含まれる染色体の数の２倍の数の染色体をもつ受精卵ができ，細胞分裂によって胚になる。

〔問2〕 図１のように，電気分解装置に薄い塩酸を入れ，電流を流したところ，塩酸の電気分解が起こり，陰極からは気体Ａが，陽極からは気体Ｂがそれぞれ発生し，集まった体積は気体Ａの方が気体Ｂより多かった。気体Ａの方が気体Ｂより集まった体積が多い理由と，気体Ｂの名称とを組み合わせたものとして適切なのは，次の表の**ア**～**エ**のうちではどれか。

図１

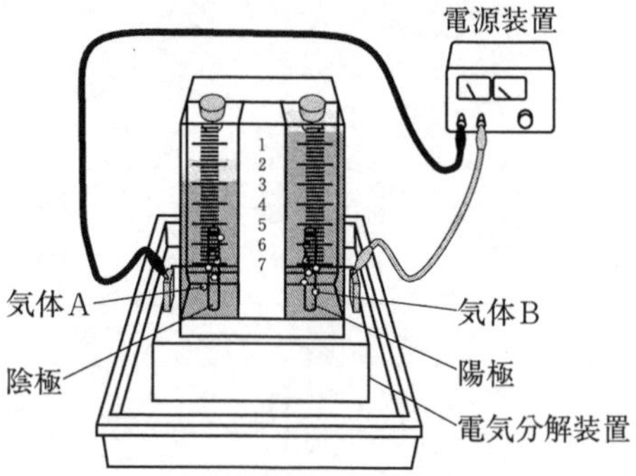

	気体Ａの方が気体Ｂより集まった体積が多い理由	気体Ｂの名称
ア	発生する気体Ａの体積の方が，発生する気体Ｂの体積より多いから。	塩素
イ	発生する気体Ａの体積の方が，発生する気体Ｂの体積より多いから。	酸素
ウ	発生する気体Ａと気体Ｂの体積は変わらないが，気体Ａは水に溶けにくく，気体Ｂは水に溶けやすいから。	塩素
エ	発生する気体Ａと気体Ｂの体積は変わらないが，気体Ａは水に溶けにくく，気体Ｂは水に溶けやすいから。	酸素

〔問3〕 150ｇの物体を一定の速さで1.6m持ち上げた。持ち上げるのにかかった時間は２秒だった。持ち上げた力がした仕事率を表したものとして適切なのは，下の**ア**～**エ**のうちではどれか。
ただし，100ｇの物体に働く重力の大きさは１Ｎとする。

ア 1.2W　**イ** 2.4W　**ウ** 120W　**エ** 240W

〔問4〕　図2は，ある火成岩をルーペで観察したスケッチである。観察した火成岩は有色鉱物の割合が多く，黄緑色で不規則な形の有色鉱物Aが見られた。観察した火成岩の種類の名称と，有色鉱物Aの名称とを組み合わせたものとして適切なのは，次の表の**ア**〜**エ**のうちではどれか。

図2

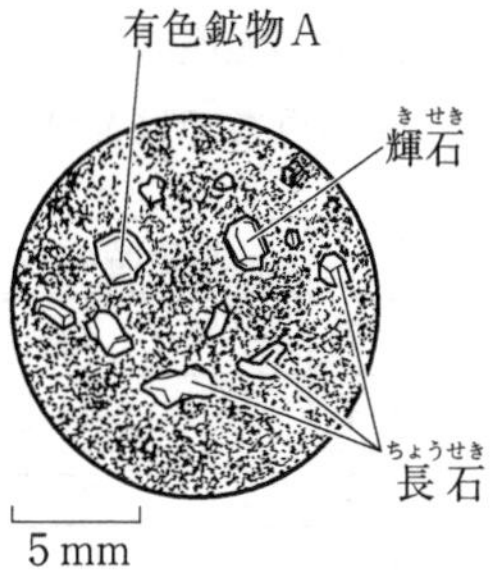

	観察した火成岩の種類の名称	有色鉱物Aの名称
ア	はんれい岩	石英《せきえい》
イ	はんれい岩	カンラン石
ウ	玄武岩《げんぶがん》	石英《せきえい》
エ	玄武岩《げんぶがん》	カンラン石

〔問5〕　酸化銀を加熱すると，白色の物質が残った。酸化銀を加熱したときの反応を表したモデルとして適切なのは，下の**ア**〜**エ**のうちではどれか。

ただし，●は銀原子1個を，○は酸素原子1個を表すものとする。

ア　○●○　○●○　→　●　●　+　○○　○○

イ　●○●　●○●　→　●　●　●　●　+　○○

ウ　●○　→　●　+　○

エ　●○●　→　●　●　+　○

2　生徒が，水に関する事物・現象について，科学的に探究しようと考え，自由研究に取り組んだ。生徒が書いたレポートの一部を読み，次の各問に答えよ。

＜レポート1＞　空気中に含まれる水蒸気と気温について

雨がやみ，気温が下がった日の早朝に，霧が発生していた。同じ気温でも，霧が発生しない日もある。そこで，霧の発生は空気中に含まれている水蒸気の量と温度に関連があると考え，空気中の水蒸気の量と，水滴が発生するときの気温との関係について確かめることにした。

教室の温度と同じ24℃のくみ置きの水を金属製のコップAに半分入れた。次に，図1のように氷を入れた試験管を出し入れしながら，コップAの中の水をゆっくり冷やし，コップAの表面に水滴がつき始めたときの温度を測ると，14℃であった。教室の温度は24℃で変化がなかった。

また，飽和水蒸気量〔g/m^3〕は表1のように温度によって決まっていることが分かった。

図1

表1

温度〔℃〕	飽和水蒸気量〔g/m^3〕
12	10.7
14	12.1
16	13.6
18	15.4
20	17.3
22	19.4
24	21.8

〔問１〕 ＜レポート１＞から，測定時の教室の湿度と，温度の変化によって霧が発生するときの空気の温度の様子について述べたものとを組み合わせたものとして適切なのは，次の表の**ア**～**エ**のうちではどれか。

	測定時の教室の湿度	温度の変化によって霧が発生するときの空気の温度の様子
ア	44.5%	空気が冷やされて，空気の温度が露点より低くなる。
イ	44.5%	空気が暖められて，空気の温度が露点より高くなる。
ウ	55.5%	空気が冷やされて，空気の温度が露点より低くなる。
エ	55.5%	空気が暖められて，空気の温度が露点より高くなる。

＜レポート２＞ 凍結防止剤と水溶液の状態変化について

雪が降る予報があり，川にかかった橋の歩道で凍結防止剤が散布されているのを見た。凍結防止剤の溶けた水溶液は固体に変化するときの温度が下がることから，凍結防止剤は，水が氷に変わるのを防止するとともに，雪をとかして水にするためにも使用される。そこで，溶かす凍結防止剤の質量と温度との関係を確かめることにした。

３本の試験管Ａ～Ｃにそれぞれ10cm^3の水を入れ，凍結防止剤の主成分である塩化カルシウムを試験管Ｂには１ｇ，試験管Ｃには２ｇ入れ，それぞれ全て溶かした。試験管Ａ～Ｃのそれぞれについて－15℃まで冷却し試験管の中の物質を固体にした後，試験管を加熱して試験管の中の物質が液体に変化するときの温度を測定した結果は，表２のようになった。

表２

試験管	A	B	C
塩化カルシウム〔g〕	0	1	2
試験管の中の物質が液体に変化するときの温度〔℃〕	0	－5	－10

〔問２〕 ＜レポート２＞から，試験管Ａの中の物質が液体に変化するときの温度を測定した理由について述べたものとして適切なのは，次のうちではどれか。

ア 塩化カルシウムを入れたときの水溶液の沸点が下がることを確かめるには，水の沸点を測定する必要があるため。

イ 塩化カルシウムを入れたときの水溶液の融点が下がることを確かめるには，水の融点を測定する必要があるため。

ウ 水に入れる塩化カルシウムの質量を変化させても，水溶液の沸点が変わらないことを確かめるため。

エ 水に入れる塩化カルシウムの質量を変化させても，水溶液の融点が変わらないことを確かめるため。

＜レポート３＞ 水面に映る像について

池の水面にサクラの木が逆さまに映って見えた。そこで，サクラの木が水面に逆さまに映って見える現象について確かめることにした。

鏡を用いた実験では，光は空気中で直進し，空気とガラスの境界面で反射することや，光が反射するときには入射角と反射角は等しいという光の反射の法則が成り立つことを学んだ。水面に映るサクラの木が逆さまの像となる現象も，光が直進することと光の反射の法則により説明できることが分かった。

〔問３〕　＜レポート３＞から，観測者が観測した位置を点Xとし，水面とサクラの木を模式的に表したとき，点Aと点Bからの光が水面で反射し点Xまで進む光の道筋と，点Xから水面を見たときの点Aと点Bの像が見える方向を表したものとして適切なのは，下の**ア**～**エ**のうちではどれか。ただし，点Aは地面からの高さが点Xの２倍の高さ，点Bは地面からの高さが点Xと同じ高さとする。

ア

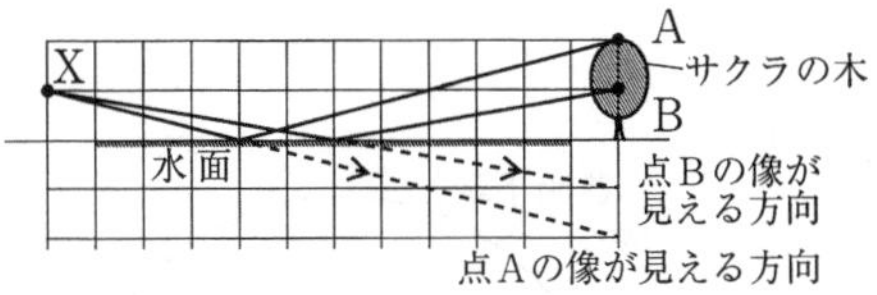

イ

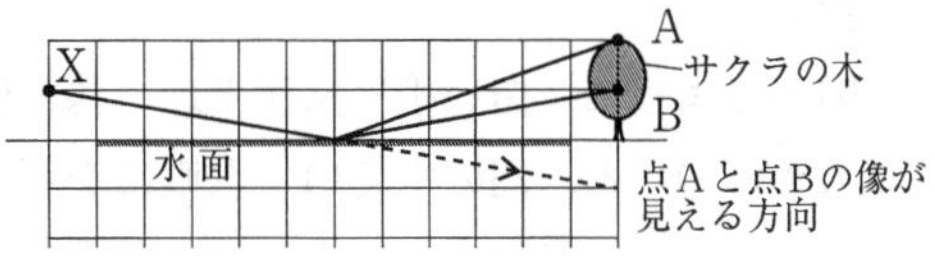

ウ

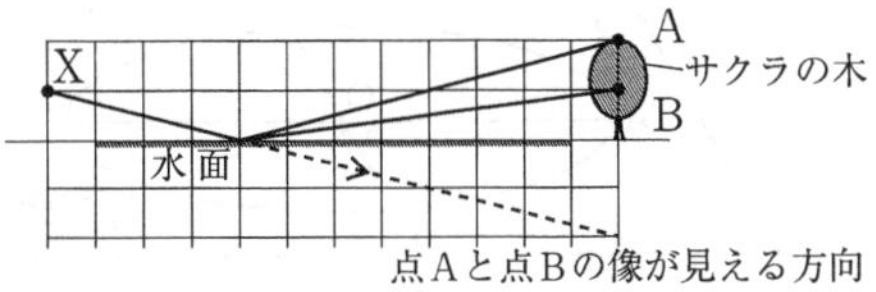

エ

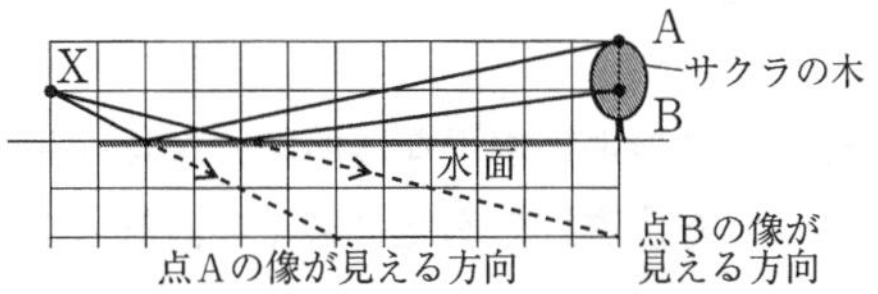

＜レポート４＞　水生生物による水質調査について

川にどのような生物がいるかを調査することによって，調査地点の水質を知ることができる。水生生物による水質調査では，表３のように，水質階級はⅠ～Ⅳに分かれていて，水質階級ごとに指標生物が決められている。調査地点で見つけた指標生物のうち，個体数が多い上位２種類を２点，それ以外の指標生物を１点として，水質階級ごとに点数を合計し，最も点数の高い階級をその地点の水質階級とすることを学んだ。そこで，学校の近くの川について確かめることにした。

表３

水質階級	指標生物
Ⅰ きれいな水	カワゲラ・ナガレトビケラ・ウズムシ・ヒラタカゲロウ・サワガニ
Ⅱ ややきれいな水	シマトビケラ・カワニナ・ゲンジボタル
Ⅲ 汚い水	タニシ・シマイシビル・ミズカマキリ
Ⅳ とても汚い水	アメリカザリガニ・サカマキガイ・エラミミズ・セスジユスリカ

学校の近くの川で調査を行った地点では，ゲンジボタルは見つからなかったが，ゲンジボタルの幼虫のエサとして知られているカワニナが見つかった。カワニナは内臓が外とう膜で覆われている動物のなかまである。カワニナのほかに，カワゲラ，ヒラタカゲロウ，シマトビケラ，シマイシビルが見つかり，その他の指標生物は見つからなかった。見つけた生物のうち，シマトビケラの個体数が最も多く，シマイシビルが次に多かった。

〔問４〕　＜レポート４＞から，学校の近くの川で調査を行った地点の水質階級と，内臓が外とう膜で覆われている動物のなかまの名称とを組み合わせたものとして適切なのは，次の表の**ア**～**エ**のうちではどれか。

	調査を行った地点の水質階級	内臓が外とう膜で覆われている動物のなかまの名称
ア	Ⅰ	節足動物
イ	Ⅰ	軟体動物
ウ	Ⅱ	節足動物
エ	Ⅱ	軟体動物

3 太陽の１日の動きを調べる観察について，次の各問に答えよ。

東京の地点X（北緯35.6°）で，ある年の夏至の日に，**<観察>**を行ったところ，**<結果１>**のようになった。

<観察>

(1) 図１のように，白い紙に透明半球の縁と同じ大きさの円と，円の中心Ｏで垂直に交わる直線ＡＣと直線ＢＤをかいた。かいた円に合わせて透明半球をセロハンテープで固定した。

(2) 日当たりのよい水平な場所で，Ｎ極が黒く塗られた方位磁針の南北に図１の直線ＡＣを合わせて固定した。

(3) ９時から15時までの間，１時間ごとに，油性ペンの先の影が円の中心Ｏと一致する透明半球上の位置に•印と観察した時刻を記入した。

(4) 図２のように，記録した•印を滑らかな線で結び，その線を透明半球の縁まで延ばして東側で円と交わる点をＦとし，西側で円と交わる点をＧとした。

図１

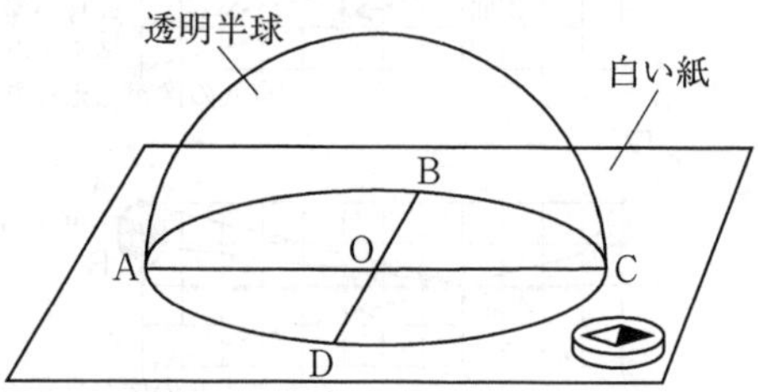

図２

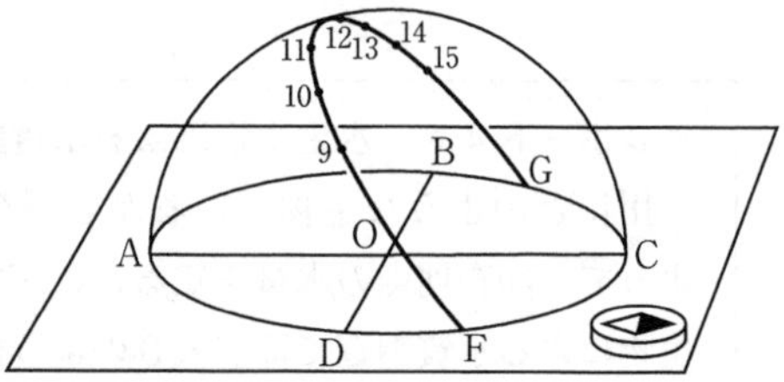

(5) 透明半球にかいた滑らかな線に紙テープを合わせて，１時間ごとに記録した•印と時刻を写し取り，点Ｆから９時までの間，•印と•印の間，15時から点Ｇまでの間をものさしで測った。

<結果１>

図３のようになった。

図３

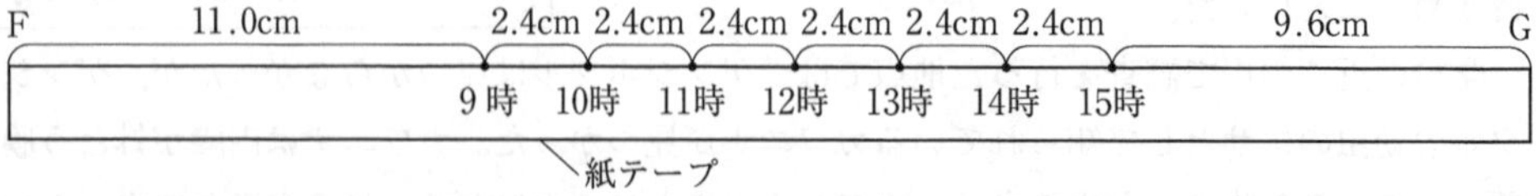

〔問１〕 **<観察>**を行った日の日の入りの時刻を，**<結果１>**から求めたものとして適切なのは，次のうちではどれか。

ア 18時　**イ** 18時35分　**ウ** 19時　**エ** 19時35分

〔問２〕 **<観察>**を行った日の南半球のある地点Ｙ（南緯35.6°）における，太陽の動きを表した模式図として適切なのは，次のうちではどれか。

ア

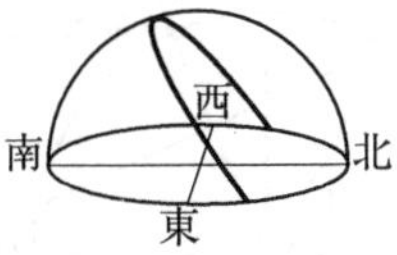

イ

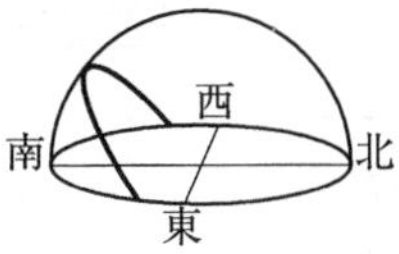

ウ

エ

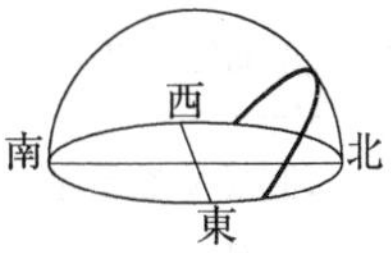

次に，**＜観察＞**を行った東京の地点Xで，秋分の日に**＜観察＞**の(1)から(3)までと同様に記録し，記録した●印を滑らかな線で結び，その線を透明半球の縁まで延ばしたところ，図4のようになった。

図4

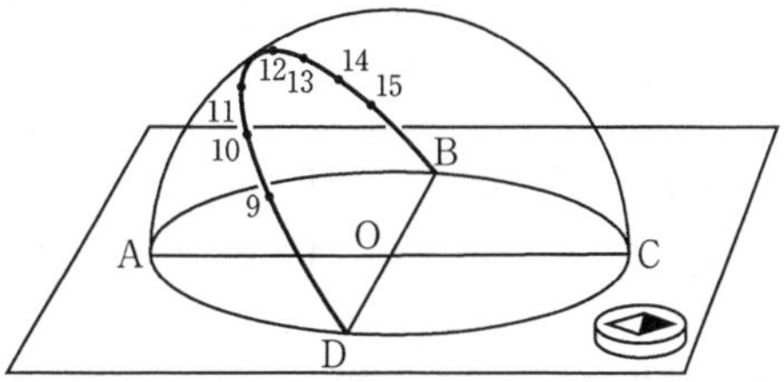

次に，秋分の日の翌日，東京の地点Xで，**＜実験＞**を行ったところ，**＜結果２＞**のようになった。

＜実験＞

(1) 黒く塗った試験管，ゴム栓，温度計，発泡ポリスチレンを二つずつ用意し，黒く塗った試験管に24℃のくみ置きの水をいっぱいに入れ，空気が入らないようにゴム栓と温度計を差し込み，図5のような装置を２組作り，装置H，装置Ｉとした。

図5

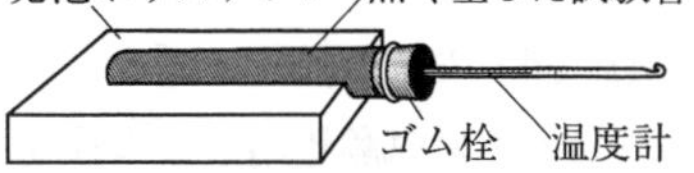

(2) 12時に，図６のように，日当たりのよい水平な場所に装置Hを置いた。また，図７のように，装置Ｉを装置と地面（水平面）でできる角を角ａ，発泡ポリスチレンの上端と影の先を結んでできる線と装置との角を角ｂとし，黒く塗った試験管を取り付けた面を太陽に向けて，太陽の光が垂直に当たるように角ｂを90°に調節して，12時に日当たりのよい水平な場所に置いた。

図6

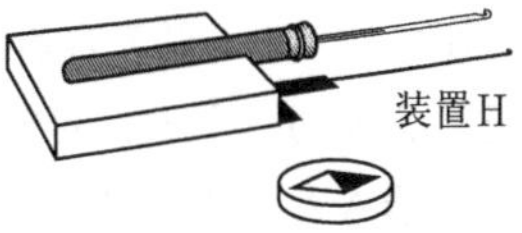

図7

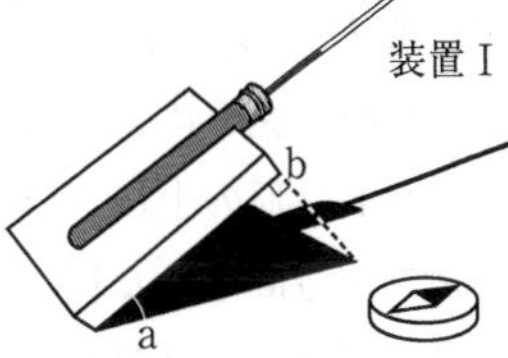

(3) 装置Hと装置Ｉを置いてから10分後の試験管内の水温を測定した。

＜結果２＞

	装置H	装置Ｉ
12時の水温〔℃〕	24.0	24.0
12時10分の水温〔℃〕	35.2	37.0

〔問３〕 南中高度が高いほど地表が温まりやすい理由を，**＜結果２＞**を踏まえて，同じ面積に受ける太陽の光の量（エネルギー）に着目して簡単に書け。

〔問４〕 次のページの図８は，**＜観察＞**を行った東京の地点X（北緯35.6°）での冬至の日の太陽の光の当たり方を模式的に表したものである。次のページの文は，冬至の日の南中時刻に，地点Xで図７の装置Ｉを用いて，黒く塗った試験管内の水温を測定したとき，10分後の水温が最も高くなる装置Ｉの角ａについて述べている。

文中の ① と ② にそれぞれ当てはまるものとして適切なのは，次のページの**ア**～**エ**のうちではどれか。

ただし，地軸は地球の公転面に垂直な方向に対して23.4°傾いているものとする。

> 地点Xで冬至の日の南中時刻に，図７の装置Ｉを用いて，黒く塗った試験管内の水温を測定したとき，10分後の水温が最も高くなる角ａは，図８中の角 ［①］ と等しく，角の大きさは ［②］ である。

①	ア　c	イ　d	ウ　e	エ　f
②	ア　23.4°	イ　31.0°	ウ　59.0°	エ　66.6°

図８

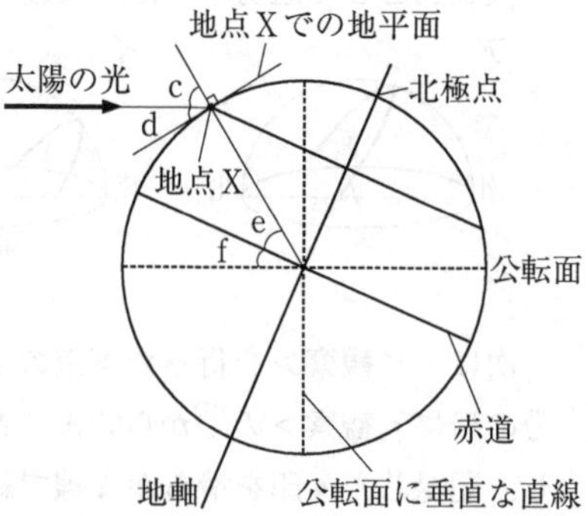

4　消化酵素の働きを調べる実験について，次の各問に答えよ。

＜実験１＞を行ったところ，＜結果１＞のようになった。

＜実験１＞

⑴　図１のように，スポンジの上に載せたアルミニウムはくに試験管用のゴム栓を押し付けて型を取り，アルミニウムはくの容器を６個作った。

⑵　⑴で作った６個の容器に１％デンプン溶液をそれぞれ２cm³ずつ入れ，容器Ａ～Ｆとした。

⑶　容器Ａと容器Ｂには水１cm³を，容器Ｃと容器Ｄには水で薄めた唾液１cm³を，容器Ｅと容器Ｆには消化酵素Ｘの溶液１cm³を，それぞれ加えた。容器Ａ～Ｆを，図２のように，40℃の水を入れてふたをしたペトリ皿の上に10分間置いた。

⑷　⑶で10分間置いた後，図３のように，容器Ａ，容器Ｃ，容器Ｅにはヨウ素液を加え，それぞれの溶液の色を観察した。また，図４のように，容器Ｂ，容器Ｄ，容器Ｆにはベネジクト液を加えてから弱火にしたガスバーナーで加熱し，それぞれの溶液の色を観察した。

図１

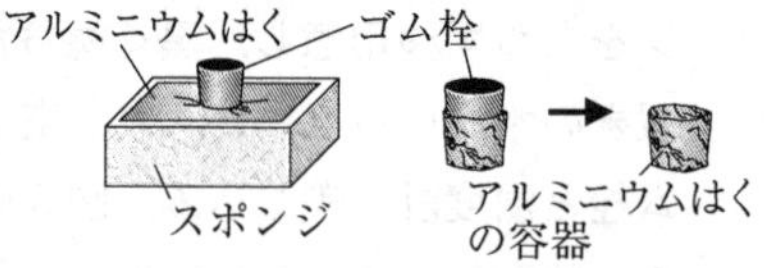

図２

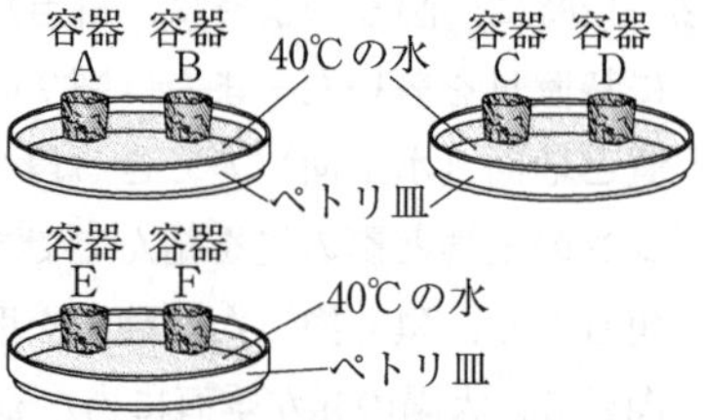

図３

図４

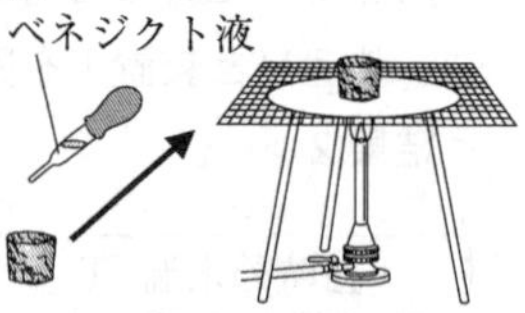

＜結果１＞

容器	１％デンプン溶液２cm³に加えた液体	加えた試薬	観察された溶液の色
A	水１cm³	ヨウ素液	青紫色
B		ベネジクト液	青色
C	水で薄めた唾液１cm³	ヨウ素液	茶褐色
D		ベネジクト液	赤褐色
E	消化酵素Ｘの溶液１cm³	ヨウ素液	青紫色
F		ベネジクト液	青色

次に，<実験1>と同じ消化酵素Xの溶液を用いて<実験2>を行ったところ，<結果2>のようになった。

<実験2>

(1)　ペトリ皿を2枚用意し，それぞれのペトリ皿に60℃のゼラチン水溶液を入れ，冷やしてゼリー状にして，ペトリ皿GとHとした。ゼラチンの主成分はタンパク質であり，ゼリー状のゼラチンは分解されると溶けて液体になる性質がある。

(2)　図5のように，ペトリ皿Gには水をしみ込ませたろ紙を，ペトリ皿Hには消化酵素Xの溶液をしみ込ませたろ紙を，それぞれのゼラチンの上に載せ，24℃で15分間保った。

図5

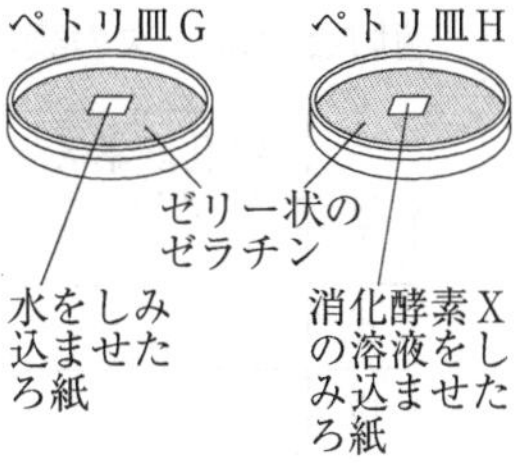

(3)　(2)で15分間保った後，ペトリ皿GとHの変化の様子を観察した。

<結果2>

ペトリ皿	ろ紙にしみ込ませた液体	ろ紙を載せた部分の変化	ろ紙を載せた部分以外の変化
G	水	変化しなかった。	変化しなかった。
H	消化酵素Xの溶液	ゼラチンが溶けて液体になった。	変化しなかった。

次に，<実験1>と同じ消化酵素Xの溶液を用いて<実験3>を行ったところ，<結果3>のようになった。

<実験3>

(1)　ペトリ皿に60℃のゼラチン水溶液を入れ，冷やしてゼリー状にして，ペトリ皿Iとした。

(2)　図6のように，消化酵素Xの溶液を試験管に入れ80℃の水で10分間温めた後に24℃に戻し，加熱後の消化酵素Xの溶液とした。図7のように，ペトリ皿Iには加熱後の消化酵素Xの溶液をしみ込ませたろ紙を，ゼラチンの上に載せ，24℃で15分間保った後，ペトリ皿Iの変化の様子を観察した。

図6

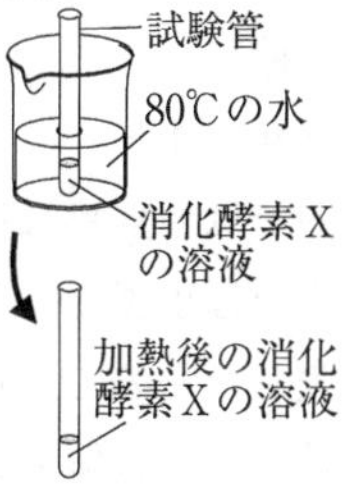

図7

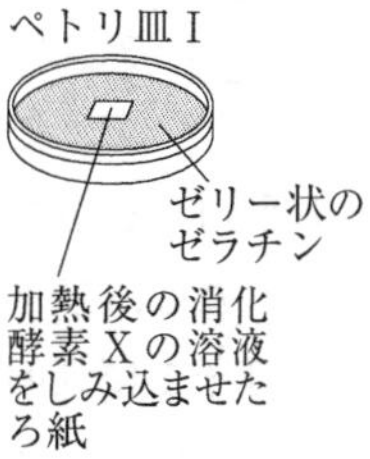

<結果3>

ろ紙を載せた部分も，ろ紙を載せた部分以外も変化はなかった。

〔問1〕　<結果1>から分かる，消化酵素の働きについて述べた次の文の ① ～ ③ にそれぞれ当てはまるものとして適切なのは，下の**ア**～**エ**のうちではどれか。

> ① の比較から，デンプンは ② の働きにより別の物質になったことが分かる。さらに， ③ の比較から， ② の働きによりできた別の物質は糖であることが分かる。

① **ア**　容器Aと容器C　　**イ**　容器Aと容器E
　ウ　容器Bと容器D　　**エ**　容器Bと容器F

② **ア**　水　　**イ**　ヨウ素液　　**ウ**　唾液　　**エ**　消化酵素X

③　ア　容器Aと容器C　　イ　容器Aと容器E
　　ウ　容器Bと容器D　　エ　容器Bと容器F

〔問2〕　＜結果1＞と＜結果2＞から分かる，消化酵素Xと同じ働きをするヒトの消化酵素の名称と，＜結果3＞から分かる，加熱後の消化酵素Xの働きの様子とを組み合わせたものとして適切なのは，次の表のア～エのうちではどれか。

	消化酵素Xと同じ働きをするヒトの消化酵素の名称	加熱後の消化酵素Xの働きの様子
ア	アミラーゼ	タンパク質を分解する。
イ	アミラーゼ	タンパク質を分解しない。
ウ	ペプシン	タンパク質を分解する。
エ	ペプシン	タンパク質を分解しない。

〔問3〕　ヒトの体内における，デンプンとタンパク質の分解について述べた次の文の ① ～ ④ にそれぞれ当てはまるものとして適切なのは，下のア～エのうちではどれか。

> デンプンは， ① から分泌される消化液に含まれる消化酵素などの働きで，最終的に ② に分解され，タンパク質は， ③ から分泌される消化液に含まれる消化酵素などの働きで，最終的に ④ に分解される。

①　ア　唾液腺・胆のう　　イ　唾液腺・すい臓　　ウ　胃・胆のう　　エ　胃・すい臓
②　ア　ブドウ糖　　イ　アミノ酸　　ウ　脂肪酸
　　エ　モノグリセリド
③　ア　唾液腺・胆のう　　イ　唾液腺・すい臓　　ウ　胃・胆のう　　エ　胃・すい臓
④　ア　ブドウ糖　　イ　アミノ酸　　ウ　脂肪酸
　　エ　モノグリセリド

〔問4〕　ヒトの体内では，食物は消化酵素などの働きにより分解された後，多くの物質は小腸から吸収される。図8は小腸の内壁の様子を模式的に表したもので，約1㎜の長さの微小な突起で覆われていることが分かる。分解された物質を吸収する上での小腸の内壁の構造上の利点について，微小な突起の名称に触れて，簡単に書け。

図8
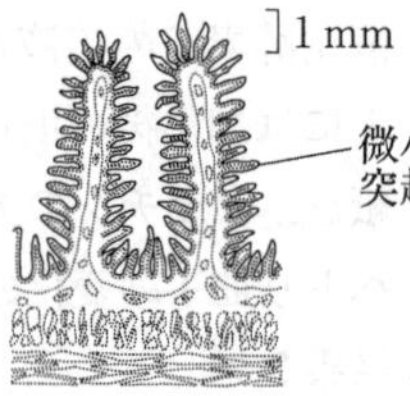

5　物質の性質を調べて区別する実験について，次の各問に答えよ。

4種類の白色の物質A～Dは，塩化ナトリウム，ショ糖（砂糖），炭酸水素ナトリウム，ミョウバンのいずれかである。

＜実験1＞を行ったところ，＜結果1＞のようになった。

＜実験1＞

(1)　物質A～Dをそれぞれ別の燃焼さじに少量載せ，図1のように加熱し，物質の変化の様子を調べた。

図1
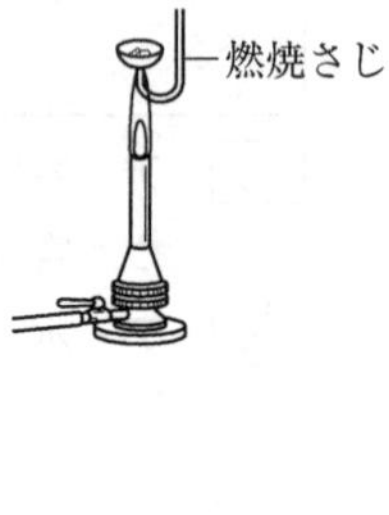

(2)　＜実験1＞の(1)では，物質Bと物質Cは，燃えずに白色の物質が残り，区別がつかなかった。そのため，乾いた試験管を2本用意し，それ

ぞれの試験管に物質Ｂ，物質Ｃを少量入れた。物質Ｂの入った試験管にガラス管がつながっているゴム栓をして，図２のように，試験管の口を少し下げ，スタンドに固定した。

(3)　試験管を加熱し，加熱中の物質の変化を調べた。気体が発生した場合，発生した気体を水上置換法で集めた。

(4)　＜**実験１**＞の(2)の物質Ｂの入った試験管を物質Ｃの入った試験管に替え，＜**実験１**＞の(2)，(3)と同様の実験を行った。

図２

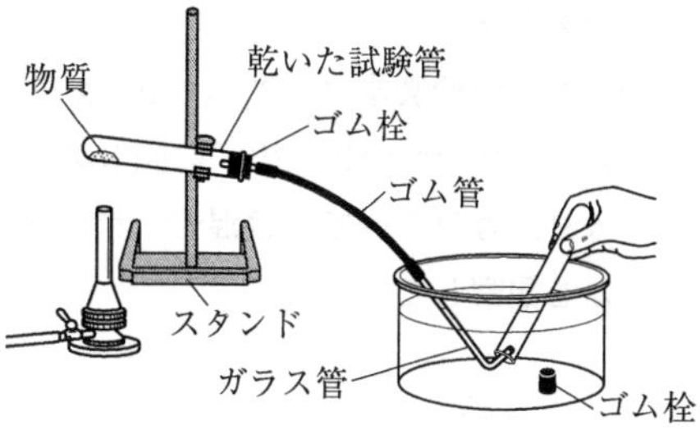

＜**結果１**＞

	物質Ａ	物質Ｂ	物質Ｃ	物質Ｄ
＜**実験１**＞の(1)で加熱した物質の変化	溶けた。	白色の物質が残った。	白色の物質が残った。	焦げて黒色の物質が残った。
＜**実験１**＞の(3)，(4)で加熱中の物質の変化		気体が発生した。	変化しなかった。	

〔問１〕　＜**実験１**＞の(1)で，物質Ｄのように，加熱すると焦げて黒色に変化する物質について述べたものとして適切なのは，次のうちではどれか。

ア　ろうは無機物であり，炭素原子を含まない物質である。

イ　ろうは有機物であり，炭素原子を含む物質である。

ウ　活性炭は無機物であり，炭素原子を含まない物質である。

エ　活性炭は有機物であり，炭素原子を含む物質である。

〔問２〕　＜**実験１**＞の(3)で，物質Ｂを加熱したときに発生した気体について述べた次の文の［①］に当てはまるものとして適切なのは，下の**ア**～**エ**のうちではどれか。また，［②］に当てはまるものとして適切なのは，下の**ア**～**エ**のうちではどれか。

> 物質Ｂを加熱したときに発生した気体には［①］という性質があり，発生した気体と同じ気体を発生させるには，［②］という方法がある。

［①］　**ア**　物質を燃やす

イ　空気中で火をつけると音をたてて燃える

ウ　水に少し溶け，その水溶液は酸性を示す

エ　水に少し溶け，その水溶液はアルカリ性を示す

［②］　**ア**　石灰石に薄い塩酸を加える

イ　二酸化マンガンに薄い過酸化水素水を加える

ウ　亜鉛に薄い塩酸を加える

エ　塩化アンモニウムと水酸化カルシウムを混合して加熱する

次に，＜実験２＞を行ったところ，＜結果２＞のようになった。

＜実験２＞

(1) 20℃の精製水（蒸留水）100gを入れたビーカーを４個用意し，それぞれのビーカーに図３のように物質Ａ～Ｄを20gずつ入れ，ガラス棒でかき混ぜ，精製水（蒸留水）に溶けるかどうかを観察した。

図３

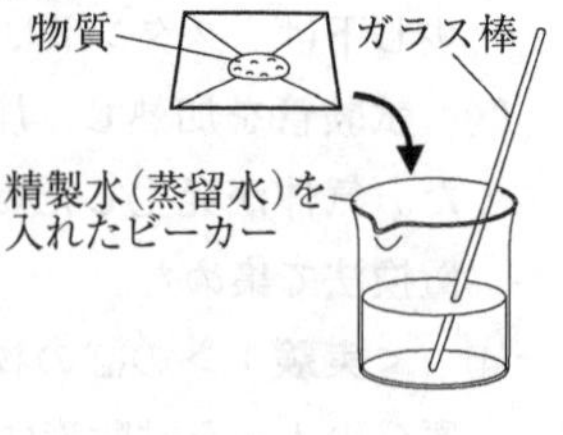

(2) 図４のように，ステンレス製の電極，電源装置，豆電球，電流計をつないで回路を作り，＜実験２＞の(1)のそれぞれのビーカーの中に，精製水（蒸留水）でよく洗った電極を入れ，電流が流れるかどうかを調べた。

図４

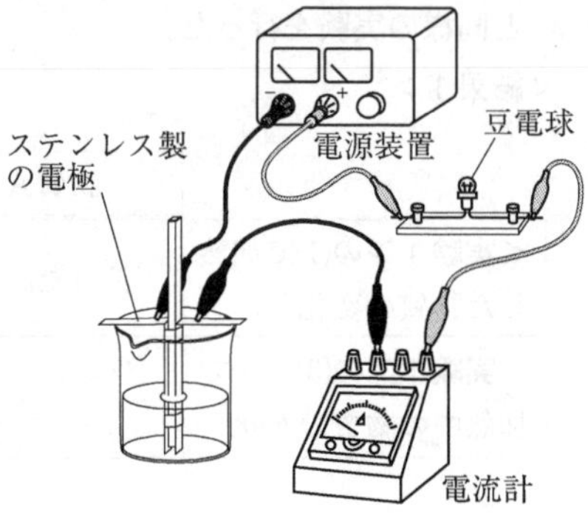

(3) 塩化ナトリウム，ショ糖（砂糖），炭酸水素ナトリウム，ミョウバンの水100gに対する溶解度を，図書館で調べた。

＜結果２＞

(1) ＜実験２＞の(1)，(2)で調べた結果は，次の表のようになった。

	物質Ａ	物質Ｂ	物質Ｃ	物質Ｄ
20℃の精製水（蒸留水）100gに溶けるかどうか	一部が溶けずに残った。	一部が溶けずに残った。	全て溶けた。	全て溶けた。
電流が流れるかどうか	流れた。	流れた。	流れた。	流れなかった。

(2) ＜実験２＞の(3)で調べた結果は，次の表のようになった。

水の温度〔℃〕	塩化ナトリウムの質量〔g〕	ショ糖（砂糖）の質量〔g〕	炭酸水素ナトリウムの質量〔g〕	ミョウバンの質量〔g〕
0	35.6	179.2	6.9	5.7
20	35.8	203.9	9.6	11.4
40	36.3	238.1	12.7	23.8
60	37.1	287.3	16.4	57.4

〔問３〕 物質Ｃを水に溶かしたときの電離の様子を，化学式とイオン式を使って書け。

〔問４〕 ＜結果２＞で，物質の一部が溶けずに残った水溶液を40℃まで加熱したとき，一方は全て溶けた。全て溶けた方の水溶液を水溶液Ｐとするとき，水溶液Ｐの溶質の名称を書け。また，40℃まで加熱した水溶液Ｐ120gを20℃に冷やしたとき，取り出すことができる結晶の質量〔g〕を求めよ。

6 電熱線に流れる電流とエネルギーの移り変わりを調べる実験について，次の各問に答えよ。
<**実験1**>を行ったところ，<**結果1**>のようになった。

<**実験1**>

(1) 電流計，電圧計，電気抵抗の大きさが異なる電熱線Aと電熱線B，スイッチ，導線，電源装置を用意した。

(2) 電熱線Aをスタンドに固定し，図1のように，回路を作った。

(3) 電源装置の電圧を1.0Vに設定した。

(4) 回路上のスイッチを入れ，回路に流れる電流の大きさ，電熱線の両端に加わる電圧の大きさを測定した。

(5) 電源装置の電圧を2.0V，3.0V，4.0V，5.0Vに変え，<**実験1**>の(4)と同様の実験を行った。

(6) 電熱線Aを電熱線Bに変え，<**実験1**>の(3)，(4)，(5)と同様の実験を行った。

図1

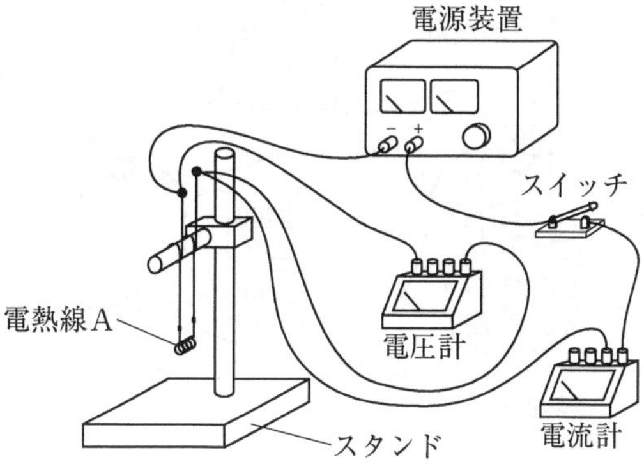

<**結果1**>

	電源装置の電圧〔V〕	1.0	2.0	3.0	4.0	5.0
電熱線A	回路に流れる電流の大きさ〔A〕	0.17	0.33	0.50	0.67	0.83
	電熱線Aの両端に加わる電圧の大きさ〔V〕	1.0	2.0	3.0	4.0	5.0
電熱線B	回路に流れる電流の大きさ〔A〕	0.25	0.50	0.75	1.00	1.25
	電熱線Bの両端に加わる電圧の大きさ〔V〕	1.0	2.0	3.0	4.0	5.0

〔問1〕 <**結果1**>から，電熱線Aについて，電熱線Aの両端に加わる電圧の大きさと回路に流れる電流の大きさの関係を，解答用紙の方眼を入れた図に●を用いて記入し，グラフをかけ。
また，電熱線Aの両端に加わる電圧の大きさが9.0Vのとき，回路に流れる電流の大きさは何Aか。

次に，<**実験2**>を行ったところ，<**結果2**>のようになった。

<**実験2**>

(1) 電流計，電圧計，<**実験1**>で使用した電熱線Aと電熱線B，200gの水が入った発泡ポリスチレンのコップ，温度計，ガラス棒，ストップウォッチ，スイッチ，導線，電源装置を用意した。

(2) 図2（次のページ）のように，電熱線Aと電熱線Bを直列に接続し，回路を作った。

(3) 電源装置の電圧を5.0Vに設定した。

(4) 回路上のスイッチを入れる前の水の温度を測定し，ストップウォッチのスタートボタンを押すと同時に回路上のスイッチを入れ，回路に流れる電流の大きさ，回路上の点aから点bまでの間に加わる電圧の大きさを測定した。

(5) 1分ごとにガラス棒で水をゆっくりかきまぜ，回路上のスイッチを入れてから5分後の水の温度を測定した。

(6) 図3のように，電熱線Aと電熱線Bを並列に接続し，回路を作り，**＜実験2＞**の(3)，(4)，(5)と同様の実験を行った。

図2

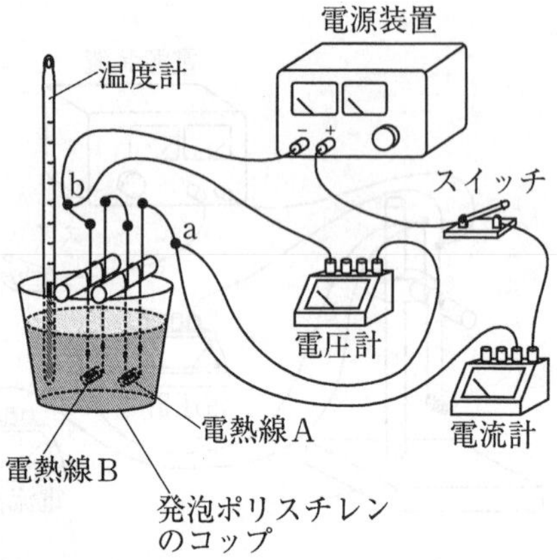

図3

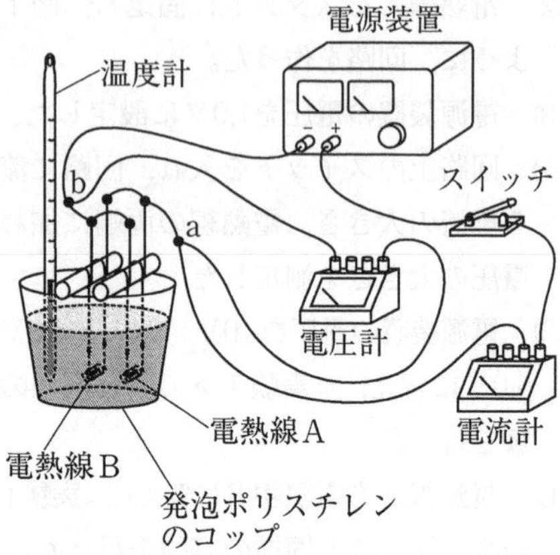

＜結果2＞

	電熱線Aと電熱線Bを直列に接続したとき	電熱線Aと電熱線Bを並列に接続したとき
電源装置の電圧〔V〕	5.0	5.0
スイッチを入れる前の水の温度〔℃〕	20.0	20.0
回路に流れる電流の大きさ〔A〕	0.5	2.1
回路上の点aから点bまでの間に加わる電圧の大きさ〔V〕	5.0	5.0
回路上のスイッチを入れてから5分後の水の温度〔℃〕	20.9	23.8

〔問2〕 **＜結果1＞**と**＜結果2＞**から，電熱線Aと電熱線Bを直列に接続したときと並列に接続したときの回路において，直列に接続したときの電熱線Bに流れる電流の大きさと並列に接続したときの電熱線Bに流れる電流の大きさを最も簡単な整数の比で表したものとして適切なのは，次のうちではどれか。

ア 1：5 **イ** 2：5

ウ 5：21 **エ** 10：21

〔問3〕 **＜結果2＞**から，電熱線Aと電熱線Bを並列に接続し，回路上のスイッチを入れてから5分間電流を流したとき，電熱線Aと電熱線Bの発熱量の和を**＜結果2＞**の電流の値を用いて求めたものとして適切なのは，次のうちではどれか。

ア 12.5 J **イ** 52.5 J

ウ 750 J **エ** 3150 J

〔問4〕 **＜結果1＞**と**＜結果2＞**から，電熱線の性質とエネルギーの移り変わりの様子について述べたものとして適切なのは，次のうちではどれか。

ア　電熱線には電気抵抗の大きさが大きくなると電流が流れにくくなる性質があり，電気エネルギーを熱エネルギーに変換している。

イ　電熱線には電気抵抗の大きさが大きくなると電流が流れにくくなる性質があり，電気エネルギーを化学エネルギーに変換している。

ウ　電熱線には電気抵抗の大きさが小さくなると電流が流れにくくなる性質があり，熱エネルギーを電気エネルギーに変換している。

エ　電熱線には電気抵抗の大きさが小さくなると電流が流れにくくなる性質があり，熱エネルギーを化学エネルギーに変換している。

＜社会＞

時間 50分 満点 100点

1 次の各問に答えよ。

〔問１〕 次の図は，神奈川県藤沢《ふじさわ》市の「江《え》の島《しま》」の様子を地域調査の発表用資料としてまとめたものである。この地域の景観を，●で示した地点から矢印⬋の向きに撮影した写真に当てはまるのは，下のア～エのうちではどれか。

発表用資料

江の島の地域調査 調査日 令和元年11月16日（土） 天候 晴れ

自然地理コース トンボロ（陸繋島《りくけいとう》）→ ヨットハーバー → 海食台と海食崖

○ 片瀬江ノ島駅から海岸沿いを進み，●で示した地点から⬋の向きに写真を撮った。

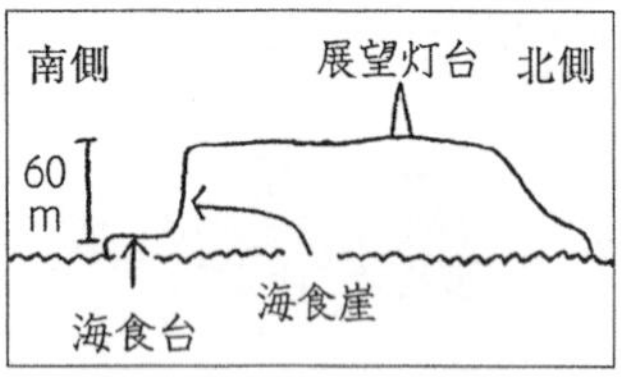

○ 江ノ島大橋を渡る時には，橋の下に，砂が堆積した部分が見えた。

○ 島の東側を南に進むと，切り立った崖が見えた。

○ 島の南側では，海が浸食した地形が観察できた。

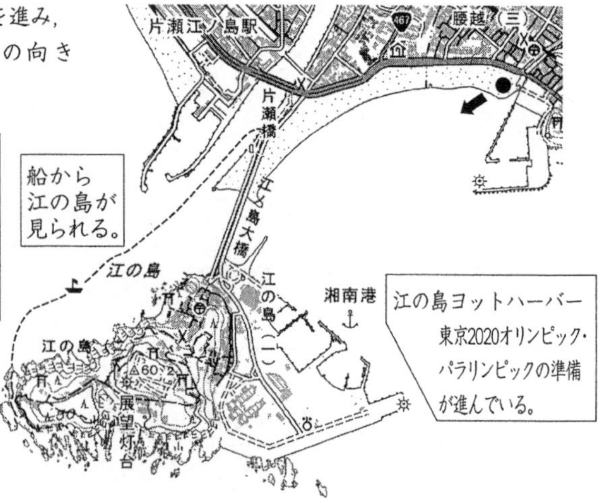

ア

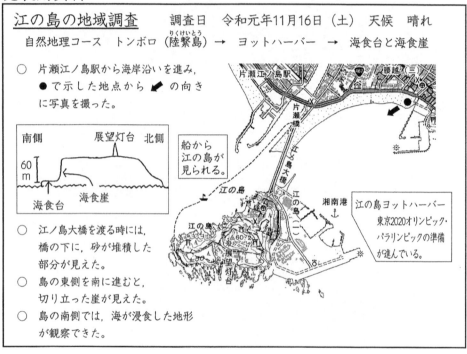

イ

ウ

エ

〔問２〕　次のⅠの略地図中の**ア**～**エ**は，世界遺産に登録されている我が国の主な歴史的文化財の所在地を示したものである。Ⅱの文で述べている歴史的文化財の所在地に当てはまるのは，略地図中の**ア**～**エ**のうちのどれか。

Ⅰ

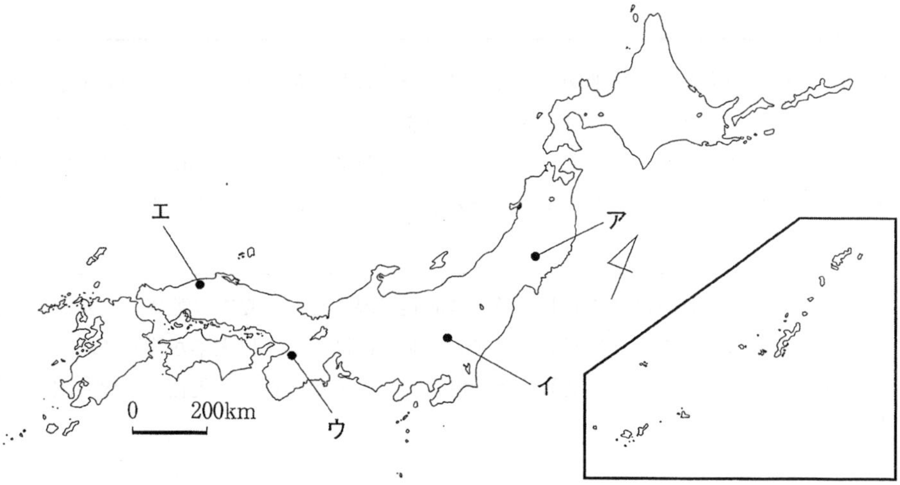

Ⅱ

5世紀中頃に造られた，大王《おおきみ》の墓と言われる日本最大の面積を誇る前方後円墳で，周囲には三重の堀が巡らされ，古墳の表面や頂上等からは，人や犬，馬などの形をした埴輪《はにわ》が発見されており，2019年に世界遺産に登録された。

［問3］ 次の文で述べている国際連合の機関に当てはまるのは，下の**ア**～**エ**のうちのどれか。

国際紛争を調査し，解決方法を勧告する他，平和を脅《おびや》かすような事態の発生時には，経済封鎖や軍事的措置などの制裁を加えることができる主要機関である。

ア 国連難民高等弁務官事務所
イ 安全保障理事会
ウ 世界保健機関
エ 国際司法裁判所

2 次の略地図を見て，あとの各問に答えよ。

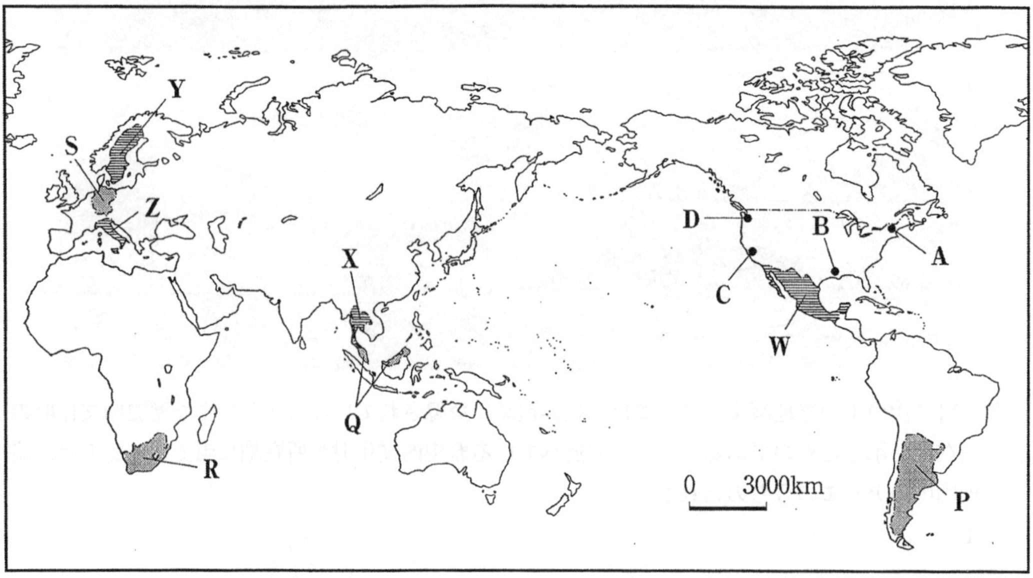

［問1］ 次のⅠの文章は，略地図中のA～D**のいずれか**の都市の様子についてまとめたものである。次のページのⅡのグラフは，A～D**のいずれか**の都市の，年平均気温と年降水量及び各月の平均気温と降水量を示したものである。Ⅰの文章で述べている都市に当てはまるのは，略地図中のA～Dのうちのどれか，また，その都市のグラフに当てはまるのは，Ⅱの**ア**～**エ**のうちのどれか。

Ⅰ

サンベルト北限付近に位置し，冬季は温暖で湿潤だが，夏季は乾燥し，寒流の影響で高温にならず，一年を通して過ごしやすい。周辺には1885年に大学が設立され，1950年代から半導体の生産が始まり，情報分野で世界的な企業が成長し，現在も世界各国から研究者が集まっている。

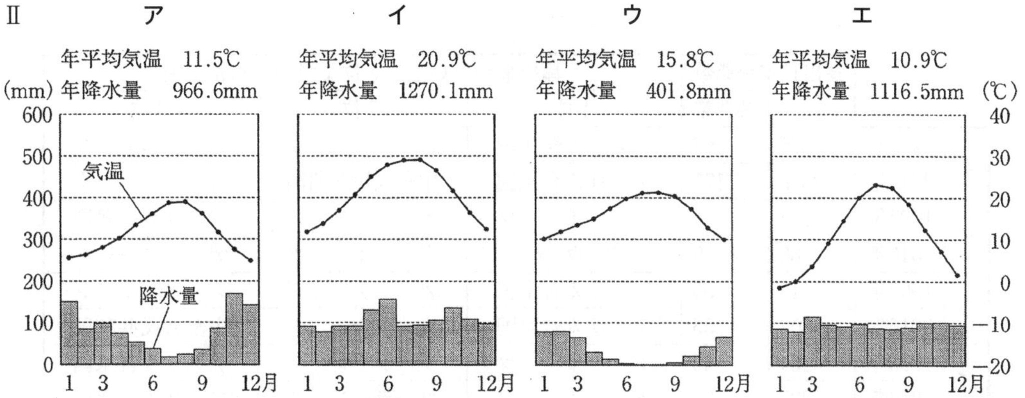

(気象庁のホームページなどより作成)

［問２］ 次の表の**ア**～**エ**は，略地図中に で示したＰ～Ｓの**いずれか**の国の，2017年における自動車の生産台数，販売台数，交通や自動車工業の様子についてまとめたものである。略地図中のＰ～Ｓのそれぞれの国に当てはまるのは，次の表の**ア**～**エ**のうちではどれか。

	自動車		交通や自動車工業の様子
	生産（千台）	販売（千台）	
ア	460	591	○年間数万隻の船舶が航行する海峡に面する港に高速道路が延び，首都では渋滞解消に向け鉄道が建設された。 ○1980年代には，日本企業と協力して熱帯地域に対応した国民車の生産が始まり，近年は政策としてハイブリッド車などの普及を進めている。
イ	472	900	○現在も地殻変動が続き，国土の西側に位置し，国境を形成する山脈を越えて，隣国まで続く高速道路が整備されている。 ○2017年は，隣国の需要の低下により乗用車の生産が減少し，パンパでの穀物生産や牧畜で使用されるトラックなどの商用車の生産が増加した。
ウ	5646	3811	○国土の北部は氷河に削られ，城郭都市の石畳の道や，1930年代から建設が始まった速度制限のない区間が見られる高速道路が整備されている。 ○酸性雨の被害を受けた経験から，自動車の生産では，エンジンから排出される有害物質の削減に力を入れ，ディーゼル車の割合が減少している。
エ	590	556	○豊富な地下資源を運ぶトラックから乗用車まで様々な種類の自動車が見られ，1970年代に高速道路の整備が始められた。 ○欧州との時差が少なく，アジアまで船で輸送する利便性が高いことを生かして，欧州企業が日本向け自動車の生産拠点を置いている。

（「世界国勢図会」2018/19年版などより作成）

［問３］ 次のページのⅠとⅡの表の**ア**～**エ**は，略地図中に で示したＷ～Ｚの**いずれか**の国に当てはまる。Ⅰの表は，1993年と2016年における進出日本企業数と製造業に関わる進出日本企業数，輸出額が多い上位３位までの貿易相手国，Ⅱの表は，1993年と2016年における日本との貿易総額，日本の輸入額の上位３位の品目と日本の輸入額に占める割合を示したものである。次のページのⅢの文章は，ⅠとⅡの表における**ア**～**エ**の**いずれか**の国について述べたものである。Ⅲの文章で述べている国に当てはまるのは，略地図中のＷ～Ｚのうちのどれか，また，ⅠとⅡの表の**ア**～**エ**のうちのどれか。

Ⅰ

		進出日本企業数		輸出額が多い上位3位までの貿易相手国		
			製造業	1位	2位	3位
ア	1993年	875	497	アメリカ合衆国	日本	シンガポール
	2016年	2318	1177	アメリカ合衆国	中華人民共和国	日本
イ	1993年	44	4	ドイツ	イギリス	アメリカ合衆国
	2016年	80	19	ノルウェー	ドイツ	デンマーク
ウ	1993年	113	56	アメリカ合衆国	カナダ	スペイン
	2016年	502	255	アメリカ合衆国	カナダ	中華人民共和国
エ	1993年	164	46	ドイツ	フランス	アメリカ合衆国
	2016年	237	72	ドイツ	フランス	アメリカ合衆国

(国際連合「貿易統計年鑑」2016などより作成)

Ⅱ

		貿易総額（億円）	日本の輸入額の上位3位の品目と日本の輸入額に占める割合（%）					
			1位		2位		3位	
ア	1993年	20885	魚介類	15.3	一般機械	11.3	電気機器	10.7
	2016年	51641	電気機器	21.1	一般機械	13.6	肉類・同調製品	8.0
イ	1993年	3155	電気機器	20.4	医薬品	16.7	自動車	15.3
	2016年	3970	医薬品	29.4	一般機械	11.9	製材	9.7
ウ	1993年	5608	原油・粗油	43.3	塩	8.1	果実及び野菜	7.8
	2016年	17833	原油	23.2	電気機器	17.0	自動車部品	7.9
エ	1993年	7874	一般機械	11.6	衣類	10.3	織物用糸・繊維製品	10.2
	2016年	14631	一般機械	12.1	バッグ類	10.9	医薬品	10.0

(国際連合「貿易統計年鑑」2016などより作成)

Ⅲ

雨季と乾季があり，国土の北部から南流し，首都を通り海に注ぐ河川の両側に広がる農地などで生産される穀物が，1980年代まで主要な輸出品であったが，1980年代からは工業化が進んだ。2016年には，製造業の進出日本企業数が1993年と比較し２倍以上に伸び，貿易相手国として中華人民共和国の重要性が高まった。また，この国と日本との貿易総額は1993年と比較し２倍以上に伸びており，電気機器の輸入額に占める割合も２割を上回るようになった。

3　次の略地図を見て，あとの各問に答えよ。

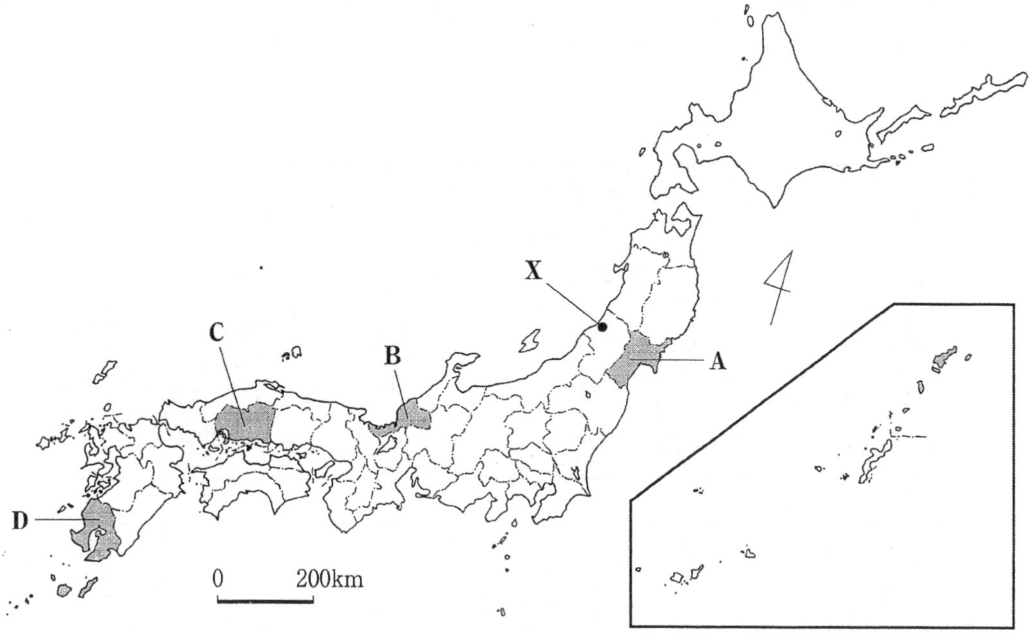

〔問１〕　次の表の**ア**～**エ**の文章は，略地図中に ▒ で示した，Ａ～Ｄの**いずれか**の県の，2017年における鉄道の営業距離，県庁所在地（市）の人口，鉄道と県庁所在地の交通機関などの様子についてまとめたものである。略地図中のＡ～Ｄのそれぞれの県に当てはまるのは，次の表の**ア**～**エ**のうちではどれか。

	営業距離(km) 人口（万人）	鉄道と県庁所在地の交通機関などの様子
ア	710	○内陸部の山地では南北方向に，造船業や鉄鋼業が立地する沿岸部では東西方向に鉄道が走り，新幹線の路線には５駅が設置されている。
	119	○この都市では，中心部には路面電車が見られ，1994年に開業した鉄道が北西の丘陵地に形成された住宅地と三角州上に発達した都心部とを結んでいる。
イ	295	○リアス海岸が見られる地域や眼鏡産業が立地する平野を鉄道が走り，2022年には県庁所在地を通る新幹線の開業が予定されている。
	27	○この都市では，郊外の駅に駐車場が整備され，自動車から鉄道に乗り換え通勤できる環境が整えられ，城下町であった都心部の混雑が緩和されている。
ウ	642	○南北方向に走る鉄道と，西側に位置する山脈を越え隣県へつながる鉄道などがあり，1982年に開通した新幹線の路線には４駅が設置されている。
	109	○この都市では，中心となるターミナル駅に郊外から地下鉄やバスが乗り入れ，周辺の道路には町を象徴する街路樹が植えられている。
エ	423	○石油の備蓄基地が立地する西側の半島に鉄道が走り，2004年には北西から活動中の火山の対岸に位置する県庁所在地まで新幹線が開通した。
	61	○この都市では，路面電車の軌道を芝生化し，緑豊かな環境が整備され，シラス台地に開発された住宅地と都心部は，バス路線で結ばれている。

（「データで見る県勢」第27版などより作成）

〔問２〕 次のⅠとⅡの地形図は，1988年と1998年の「国土地理院発行２万５千分の１地形図（湯野浜《ゆのはま》）」の一部である。Ⅲの文章は，略地図中にXで示した庄内空港《しょうないくうこう》が建設された地域について，ⅠとⅡの地形図を比較して述べたものである。Ⅲの文章の P ～ S のそれぞれに当てはまるのは，次のアとイのうちではどれか。なお，Ⅱの地形図上において，Y－Z間の長さは８㎝である。

Ⅰ

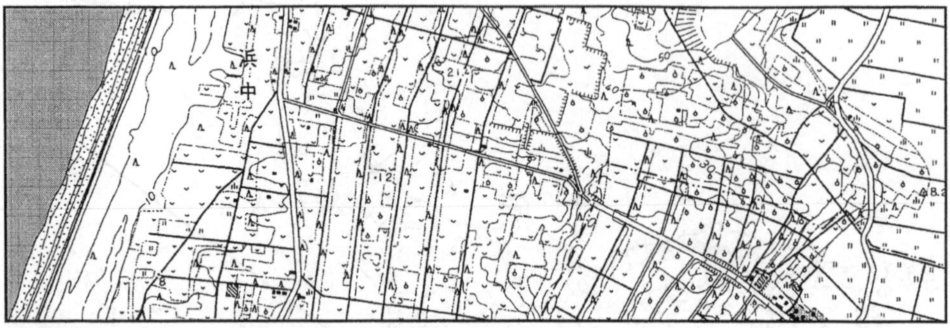

（1988年）

Ⅱ

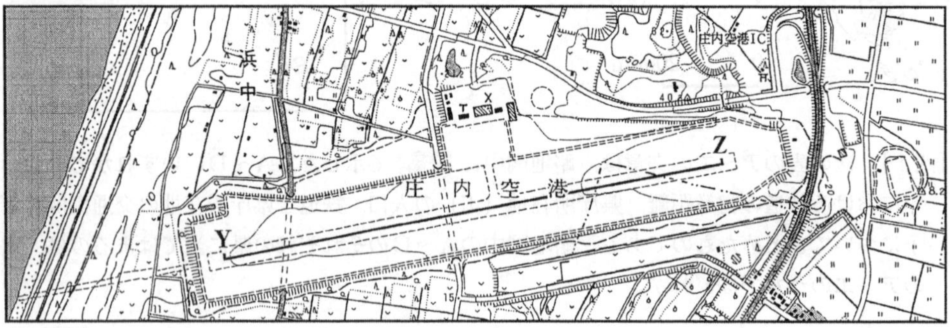

（1998年）

Ⅲ

この空港は，主に標高が約10mから約 P mにかけて広がる Q であった土地を造成して建設された。ジェット機の就航が可能となるよう約 R mの長さの滑走路が整備され，海岸沿いの針葉樹林は， S から吹く風によって運ばれる砂の被害を防ぐ役割を果たしている。

P ア 40 イ 80　　Q ア 果樹園・畑 イ 水田

R ア 1500 イ 2000　　S ア 南東 イ 北西

〔問３〕 次のⅠの文章は，2012年４月に示された「つなぐ・ひろがる しずおかの道」の内容の一部をまとめたものである。Ⅱの略地図は，2018年における東名高速道路と新東名高速道路の一部を示したものである。Ⅲの表は，Ⅱの略地図中に示した御殿場《ごてんば》から三ヶ日《みっかび》までの，東名と新東名について，新東名の開通前（2011年４月17日から2012年４月13日までの期間）と，開通後（2014年４月13日から2015年４月10日までの期間）の，平均交通量と10㎞以上の渋滞回数を示したものである。自然災害に着目し，ⅠとⅡの資料から読み取れる，新東名が現在の位置に建設された理由と，平均交通量と10㎞以上の渋滞回数に着目し，新東名が建設された効果について，それぞれ簡単に述べよ。

Ⅰ

○東名高速道路は，高波や津波などによる通行止めが発生し，経済に影響を与えている。
○東名高速道路は，全国の物流・経済を支えており，10㎞以上の渋滞回数は全国１位である。

Ⅱ

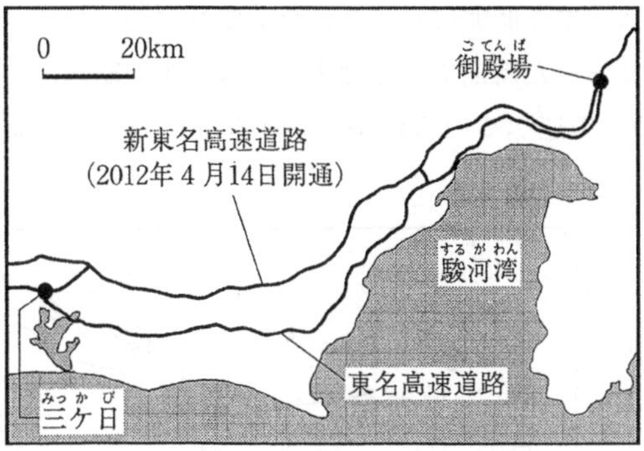

Ⅲ

		開通前	開通後
東名	平均交通量（千台／日）	73.2	42.9
	10km以上の渋滞回数(回)	227	4
新東名	平均交通量（千台／日）	―	39.5
	10km以上の渋滞回数(回)	―	9

(注) ―は，データが存在しないことを示す。
(中日本高速道路株式会社作成資料より作成)

4 次の文章を読み，あとの各問に答えよ。

紙は，様々な目的に使用され，私たちの生活に役立ってきた。

古代では，様々な手段で情報を伝え，支配者はクニと呼ばれるまとまりを治めてきた。我が国に紙が伝来すると，(1)支配者は，公的な記録の編纂《へんさん》や情報の伝達に紙を用い，政治を行ってきた。

中世に入ると，(2)屋内の装飾の材料にも紙が使われ始め，我が国独自の住宅様式の確立につながっていった。

江戸時代には，各藩のひっ迫した財政を立て直すために工芸作物の生産を奨励される中で，各地で紙が生産され始め，人々が紙を安価に入手できるようになった。(3)安価に入手できるようになった紙は，書物や浮世絵《うきよえ》などの出版にも利用され，文化を形成してきた。

明治時代以降，欧米の進んだ技術を取り入れたことにより，従来から用いられていた紙に加え，西洋風の紙が様々な場面で使われるようになった。さらに，(4)生産技術が向上すると，紙の大量生産も可能となり，新聞や雑誌などが広く人々に行き渡ることになった。

〔問１〕 (1)支配者は，公的な記録の編纂《へんさん》や情報の伝達に紙を用い，政治を行ってきた。とあるが，次の**ア**～**エ**は，飛鳥《あすか》時代から室町時代にかけて，紙が政治に用いられた様子について述べたものである。時期の古いものから順に記号を並べよ。

ア　大宝律令《たいほうりつりょう》が制定され，天皇の文書を作成したり図書の管理をしたりする役所の設置など，大陸の進んだ政治制度が取り入れられた。

イ　武家政権と公家政権の長所を政治に取り入れた建武式目が制定され，治安回復後の京都に幕府が開かれた。

ウ　全国に支配力を及ぼすため，紙に書いた文書により，国ごとの守護と荘園《しょうえん》や公領ごとの地頭を任命する政策が，鎌倉で樹立された武家政権で始められた。

エ　各地方に設置された国分寺と国分尼寺《こくぶんにじ》へ，僧を派遣したり経典の写本を納入したりするなど，様々な災いから仏教の力で国を守るための政策が始められた。

［問２］　(2)屋内の装飾の材料にも紙が使われ始め，我が国独自の住宅様式の確立につながっていった。とあるが，次のⅠの略年表は，鎌倉時代から江戸時代にかけての，我が国の屋内の装飾に関する主な出来事についてまとめたものである。Ⅱの略地図中のＡ～Ｄは，我が国の主な建築物の所在地を示したものである。Ⅲの文は，ある時期に建てられた建築物について述べたものである。Ⅲの文で述べている建築物が建てられた時期に当てはまるのは，Ⅰの略年表中の**ア**～**エ**の時期のうちではどれか。また，Ⅲの文で述べている建築物の所在地に当てはまるのは，Ⅱの略地図中のＡ～Ｄのうちのどれか。

Ⅰ

西暦	我が国の屋内の装飾に関する主な出来事	
1212	●鴨長明《かものちょうめい》が「方丈記《ほうじょうき》」の中で，障《しょう》子《じ》の存在を記した。	
		ア
1351	●藤原隆昌《ふじわらのたかまさ》と父が「慕帰絵《ぼきえ》」の中で，襖《ふすま》に絵を描く僧の様子を表した。	
		イ
1574	●織田信長《おだのぶなが》が上杉謙信《うえすぎけんしん》に「洛中洛《らくちゅうらく》外図屏風《がいずびょうぶ》」を贈った。	
		ウ
1626	●狩野探幽《かのうたんゆう》が二条城の障壁画《しょうへきが》を描いた。	
		エ
1688	●屏風の売買の様子を記した井原西鶴《いはらさいかく》の「日本永代蔵《にほんえいたいぐら》」が刊行された。	

Ⅱ

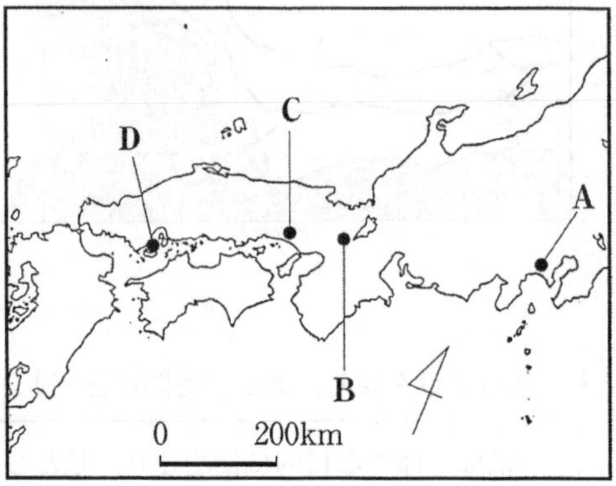

Ⅲ

慈照寺《じしょうじ》にある東求堂同仁斎《とうぐどうどうじんさい》には，障子や襖といった紙を用いた建具《たてぐ》が取り入れられ，我が国の和室の原点と言われる書院造《しょいんづくり》の部屋が造られた。

［問３］　(3)安価に入手できるようになった紙は，書物や浮世絵《うきよえ》などの出版にも利用され，文化を形成してきた。とあるが，次の文章は，江戸時代の医師が著しさた「後見草《のちみぐさ》」の一部を分かりやすく示したものである。下の**ア**～**エ**は，江戸時代に行われた政策について述べたものである。この書物に書かれた出来事の４年後から10年後にかけて主に行われた政策について当てはまるのは，下の**ア**～**エ**のうちではどれか。

○天明《てんめい》３年７月６日夜半，西北の方向に雷のような音と振動が感じられ，夜が明けても空はほの暗く，庭には細かい灰が舞い降りていた。７日は灰がしだいに大粒になり，８日は早朝から激しい振動が江戸を襲ったが，当初人々は浅間山《あさまやま》が噴火したとは思わず，日光か筑波山《つくばさん》で噴火があったのではないかと噂《うわさ》し合った。

○ここ３，４年，気候も不順で，五穀の実りも良くなかったのに，またこの大災害で，米価は非常に高騰し，人々の困窮は大変なものだった。

ア　物価の引き下げを狙って，公認した株仲間を解散させたり，外国との関係を良好に保つよう，外国船には燃料や水を与えるよう命じたりするなどの政策を行った。

イ　投書箱を設置し，民衆の意見を政治に取り入れたり，税収を安定させて財政再建を図ることを目的に，新田開発を行ったりするなどの政策を行った。

ウ　税収が安定するよう，株仲間を公認したり，長崎貿易の利益の増加を図るため，俵物《たわらもの》と呼ばれる海産物や銅の輸出を拡大したりするなどの政策を行った。

エ　幕府が旗本らの生活を救うため借金を帳消しにする命令を出したり，江戸に出稼ぎに来ていた農民を農村に返し就農を進め，飢饉《ききん》に備え各地に米を蓄えさせたりするなどの政策を行った。

〔問４〕 (4)生産技術が向上すると，紙の大量生産も可能となり，新聞や雑誌などが広く人々に行き渡ることになった。とあるが，次の略年表は，明治時代から昭和時代にかけての，我が国の紙の製造や印刷に関する主な出来事についてまとめたものである。略年表中の**A**の時期に当てはまるのは，下の**ア**～**エ**のうちではどれか。

西暦	我が国の紙の製造や印刷に関する主な出来事	
1873	●渋沢栄一《しぶさわえいいち》により洋紙製造会社が設立された。	
1876	●日本初の純国産活版洋装本が完成した。	
1877	●国産第１号の洋式紙幣《しへい》である国立銀行紙幣が発行された。	
1881	●日本で初めての肖像画入り紙幣が発行された。	
1890	●東京の新聞社が，フランスから輪転印刷機を輸入し，大量高速印刷が実現した。	
1904	●初の国産新聞輪転印刷機が大阪の新聞社に設置された。	
1910	●北海道の苫小牧《とまこまい》で，新聞用紙国内自給化の道を拓《ひら》く製紙工場が操業を開始した。	↑
1928	●日本初の原色グラビア印刷が開始された。	**A**
1933	●３社が合併し，我が国の全洋紙生産量の85％の生産量を占める製紙会社が誕生した。	↓
1940	●我が国の紙・板紙の生産量が過去最大の154万トンになった。	

ア　国家総動員法が制定され国民への生活統制が強まる中で，東京市が隣組回覧板を10万枚配布し，毎月２回の会報の発行を開始した。

イ　官営の製鉄所が開業し我が国の重工業化か進む中で，義務教育の就学率が90％を超え，国定教科書用紙が和紙から洋紙に切り替えられた。

ウ　東京でラジオ放送が開始されるなど文化の大衆化が進む中で，週刊誌や月刊誌の発行部数が急速に伸び，東京の出版社が初めて１冊１円の文学全集を発行した。

エ　廃藩置県により，実業家や政治の実権を失った旧藩主による製紙会社の設立が東京において相次ぐ中で，政府が製紙会社に対して地券用紙を大量に発注した。

5　次の文章を読み，あとの各問に答えよ。

> (1)我が国の行政の役割は，国会で決めた法律や予算に基づいて，政策を実施することである。行政の各部門を指揮・監督する(2)内閣は，内閣総理大臣と国務大臣によって構成され，国会に対し，連帯して責任を負う議院内閣制をとっている。
>
> 行政は，人々が安心して暮らせるよう，(3)社会を支える基本的な仕組みを整え，資源配分や経済の安定化などの機能を果たしている。その費用は，(4)主に国民から納められた税金により賄われ，年を追うごとに財政規模は拡大している。

〔問１〕 (1)我が国の行政の役割は，国会で決めた法律や予算に基づいて，政策を実施することである。とあるが，内閣の仕事を規定する日本国憲法の条文は，次のページの**ア**～**エ**のうちではどれか。

ア 条約を締結すること。但し，事前に，時宜《じぎ》によっては事後に，国会の承認を経ることを必要とする。

イ 両議院は，各々《おのおの》国政に関する調査を行ひ，これに関して，証人の出頭及び証言並びに記録の提出を要求することができる。

ウ すべて国民は，個人として尊重される。生命，自由及び幸福追求に対する国民の権利については，公共の福祉に反しない限り，立法その他の国政の上で，最大の尊重を必要とする。

エ 地方公共団体の組織及び運営に関する事項は，地方自治の本旨に基いて，法律でこれを定める。

〔問２〕 (2)内閣は，内閣総理大臣と国務大臣によって構成され，国会に対し，連帯して責任を負う議院内閣制をとっている。とあるが，次の表は，我が国の内閣と，アメリカ合衆国の大統領の権限について，「議会に対して法律案を提出する権限」，「議会の解散権」があるかどうかを，権限がある場合は「○」，権限がない場合は「×」で示そうとしたものである。表のAとBに入る記号を正しく組み合わせているのは，下の**ア**～**エ**のうちのどれか。

	我が国の内閣	アメリカ合衆国の大統領
議会に対して法律案を提出する権限	○	**A**
議会の解散権	**B**	×

	ア	**イ**	**ウ**	**エ**
A	○	○	×	×
B	○	×	○	×

〔問３〕 (3)社会を支える基本的な仕組みを整え，資源配分や経済の安定化などの機能を果たしている。とあるが，次の文章は，行政が担《にな》う役割について述べたものである。この行政が担う役割に当てはまるのは，下の**ア**～**エ**のうちではどれか。

> 社会資本は，長期間にわたり，幅広く国民生活を支えるものである。そのため，時代の変化に応じて機能の変化を見通して，社会資本の整備に的確に反映させ，蓄積・高度化を図っていくことが求められる。

ア 収入が少ない人々に対して，国が生活費や教育費を支給し，最低限度の生活を保障し，自立を助ける。

イ 国民に加入を義務付け，毎月，保険料を徴収し，医療費や高齢者の介護費を支給し，国民の負担を軽減する。

ウ 保健所などによる感染症の予防や食品衛生の管理，ごみ処理などを通して，国民の健康維持・増進を図る。

エ 公園，道路や上下水道，図書館，学校などの公共的な施設や設備を整え，生活や産業を支える。

〔問４〕 (4)主に国民から納められた税金により賄われ，年を追うごとに財政規模は拡大している。とあるが，次のページのⅠのグラフは，1970年度から2010年度までの我が国の歳入と歳出の決算総額の推移を示したものである。次のページのⅡの文章は，ある時期の我が国の歳入と歳出の決算総額の変化と経済活動の様子について述べたものである。Ⅱの文章で述べている経済活動の時期に当てはまるのは，Ⅰのグラフの**ア**～**エ**の時期のうちではどれか。

Ⅰ

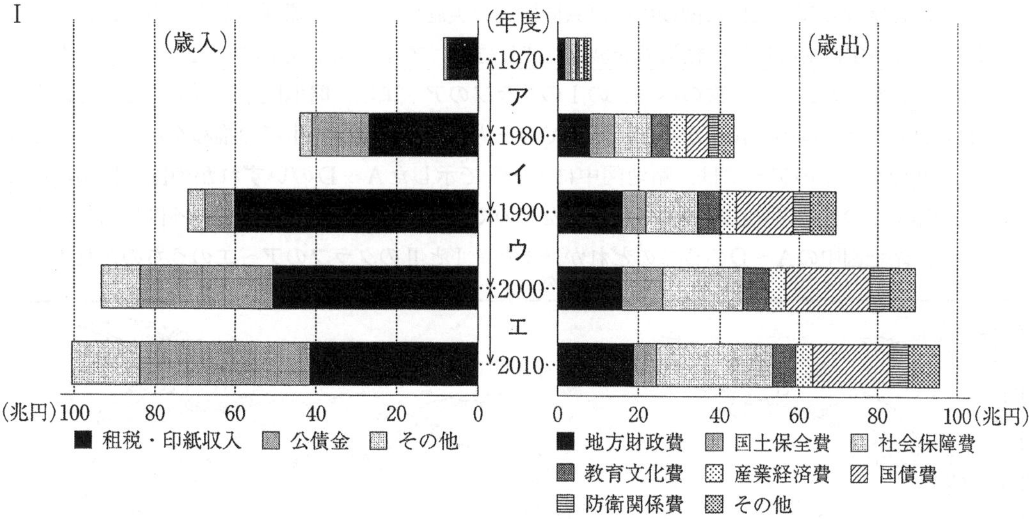

（財務省の資料より作成）

Ⅱ

> ○この10年間で，歳入総額に占める租税・印紙収入の割合の増加に伴い，公債金の割合が低下し，歳出総額は約1.5倍以上となり，国債費も約２倍以上に増加した。
> ○この時期の後半には，６％台の高い経済成長率を示すなど景気が上向き，公営企業の民営化や税制改革が行われる中で，人々は金融機関から資金を借り入れ，値上がりを見込んで土地や株の購入を続けた。

6　次の文章を読み，あとの各問に答えよ。

> 世界の国々は，地球上の様々な地域で，人々が活動できる範囲を広げてきた。そして，(1)対立や多くの困難に直面する度に，課題を克服し解決してきた。また，(2)科学技術の進歩や経済の発展は，先進国だけでなく発展途上国の人々の暮らしも豊かにしてきた。
> グローバル化が加速し，人口増加や環境の変化が急速に進む中で，持続可能な社会を実現するために，(3)我が国にも世界の国々と強調した国際貢献が求められている。

〔問１〕　(1)対立や多くの困難に直面する度に，課題を克服し解決してきた。とあるが，次の**ア**～**エ**は，それぞれの時代の課題を克服した様子について述べたものである。時期の古いものから順に記号で並べよ。

ア　特定の国による資源の独占が国家間の対立を生み出した反省から，資源の共有を目的とした共同体が設立され，その後つくられた共同体と統合し，ヨーロッパ共同体（ＥＣ）が発足した。

イ　アマゾン川流域に広がるセルバと呼ばれる熱帯林などの大規模な森林破壊の解決に向け，リオデジャネイロで国連環境開発会議（地球サミット）が開催された。

ウ　パリで講和会議が開かれ，戦争に参加した国々に大きな被害を及ぼした反省から，アメリカ合衆国大統領の提案を基にした，世界平和と国際協調を目的とする国際連盟が発足した。

エ　ドイツ，オーストリア，イタリアが三国同盟を結び，ヨーロッパで政治的な対立が深まる一方で，科学者の間で北極と南極の国際共同研究の実施に向け，国際極年が定められた。

〔問２〕 (2)科学技術の進歩や経済の発展は，先進国だけでなく発展途上国の人々の暮らしも豊かにしてきた。とあるが，次のページのⅠのグラフのア～エは，略地図中に ▒▒ で示したＡ～Ｄのいずれかの国の1970年から2015年までの一人当たりの国内総生産の推移を示したものである。Ⅱのグラフのア～エは，略地図中に ▒▒ で示したＡ～Ｄのいずれかの国の1970年から2015年までの乳幼児死亡率の推移を示したものである。Ⅲの文章で述べている国に当てはまるのは，略地図中のＡ～Ｄのうちのどれか，また，ⅠとⅡのグラフのア～エのうちのどれか。

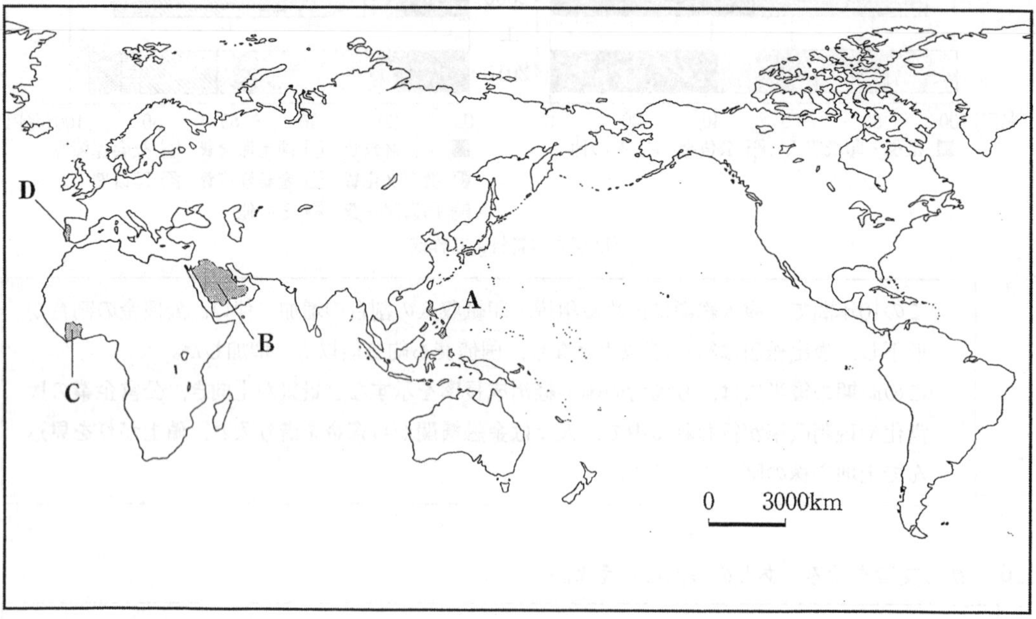

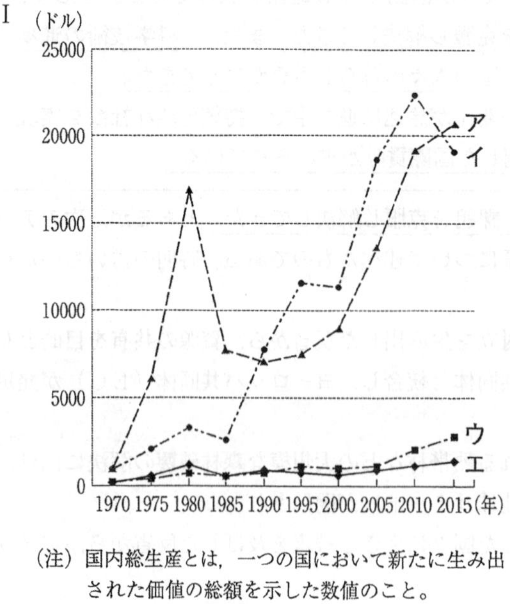

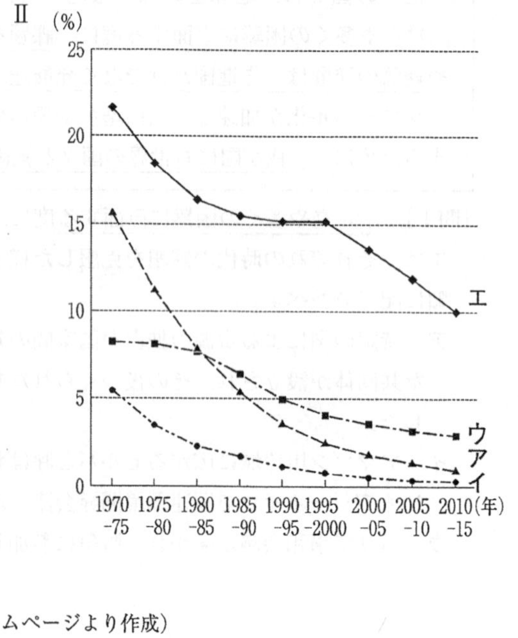

（注）国内総生産とは，一つの国において新たに生み出された価値の総額を示した数値のこと。

（国際連合のホームページより作成）

Ⅲ

文字と剣が緑色の下地に描かれた国旗をもつこの国は，石油輸出国機構（OPEC《オペック》）に加盟し，二度の石油危機を含む期間に一人当たりの国内総生産が大幅に増加したが，一時的に減少し，1990年以降は増加し続けた。また，この国では公的医療機関を原則無料で利用することができ，1970年から2015年までの間に乳幼児死亡率は約10分の１に減少し，現在も人口増加が続き，近年は最新の技術を導入し，高度な医療を提供する病院が開業している。

〔問３〕 (3)我が国にも世界の国々と協調した国際貢献が求められている。とあるが，次のⅠの文章は，2015年に閣議決定し，改定された開発協力大綱の一部を抜粋して分かりやすく書き改めたものである。Ⅱの表は，1997年度と2018年度における政府開発援助（ＯＤＡ）事業予算，政府開発援助（ＯＤＡ）事業予算のうち政府貸付と贈与について示したものである。Ⅲの表は，Ⅱの表の贈与のうち，1997年度と2018年度における二国間政府開発援助贈与，二国間政府開発援助贈与のうち無償資金協力と技術協力について示したものである。1997年度と比較した2018年度における政府開発援助（ＯＤＡ）の変化について，Ⅰ～Ⅲの資料を活用し，政府開発援助（ＯＤＡ）事業予算と二国間政府開発援助贈与の内訳に着目して，簡単に述べよ。

Ⅰ

○自助努力を後押しし，将来における自立的発展を目指すのが日本の開発協力の良き伝統である。

○引き続き，日本の経験と知見を活用しつつ，当該国の発展に向けた協力を行う。

Ⅱ

	政府開発援助(ＯＤＡ)事業予算(億円)		
		政府貸付	贈　与
1997年度	20147	9767(48.5%)	10380(51.5%)
2018年度	21650	13705(63.3%)	7945(36.7%)

Ⅲ

	二国間政府開発援助贈与(億円)		
		無償資金協力	技術協力
1997年度	6083	2202(36.2%)	3881(63.8%)
2018年度	4842	1605(33.1%)	3237(66.9%)

(外務省の資料より作成)

捉えている。

〔問2〕 (2)よほどちゃんとした鑑賞というのが行われないとできない。とあるが、ここでいう「ちゃんとした鑑賞」とはどういうことか。次のうちから最も適切なものを選べ。

ア 連歌・連句への理解があり、句を進めていくために、参加者同士が他者の発句の内容に加えて相手の意図や思いをくみ取っていくこと。

イ 連歌・連句への理解があり、参加していない第三者に対して詳しく説明するために、相手の創作した作品を正確に記憶しておくこと。

ウ 連歌・連句への理解があり、作品の良い点や改善点を明確に伝えるために、発句の特徴について理論的に筋道を立てて批評すること。

エ 連歌・連句への理解があり、後世の人に連歌・連句のすばらしさを残していくために、その場の雰囲気や発句を詳細に記録しておくこと。

〔問3〕 (3)消えるんです。そこなんですよ。そこをね、わたしは一致点の一番大きな根本だと思う。という山本さんの発言が、この対談の中で果たしている役割を説明したものとして最も適切なのは、次のうちではどれか。

ア 井上さんの、茶の文化に関する発言について疑問を抱き、それまでの対談の内容と別の事例を示すことで、具体的な発言を引き出している。

イ 井上さんの、一期一会に関する発言に賛同し、自分のもっている考えと共通する内容について強調することで、話題を焦点化させている。

ウ 井上さんの、連歌・連句に関する発言を不思議に思い、新たな視点として自分の独自の考えを述べることで、対談の内容を深めている。

エ 井上さんの、発句の鑑賞に関する発言に共感し、感覚的な言葉を用いて自分の解釈との違いを示すことで、話題の転換を図っている。

〔問4〕 (4)「東海道の一筋も知らぬ人、風雅に覚束《おぼつか》なし」とあるが、□の現代語訳において「風雅に覚束なし」に相当する部分はどこか。次のうちから最も適切なものを選べ。

ア 転換する場合が多い

イ 本意にするのがよい

ウ 旅したことのない

エ 俳諧の方でも頼りない

〔問5〕 Bの中の――を付けた**ア**～**エ**のうち、現代仮名遣いで書いた場合と異なる書き表し方を含んでいるものを一つ選び、記号で答えよ。

B

旅の事、ある俳書に、「師の曰《いは》く、連歌に旅の句三句アつづき、二句にてするイよし。多く許すは＊神祇《じんぎ》・＊釈教・恋・無常の句、旅にて離るる所多し。

今、旅・恋難所にして、また一節この所にあり。旅体の句は、ウたとひ田舎《ゐなか》にてするとも、心を都にして、＊逢坂《あふさか》をこえ、＊淀《よど》の川舟《かはぶね》にのる心持《こころもち》、都の便《たより》求むる心など本意とすべし、とは連歌の教《をしへ》なり」とあり。

また、「東海道の一筋《ひとすぢ》もしらぬ人、風雅におぼつかなし、ともいへり」とエあり。

（「新編　日本古典文学全集」による）

旅の（句の）こと（については）ある俳書に、「芭蕉先生の言われるには、「連歌では旅の句は三句続き（であるが、俳諧では）二句（続き）でするのがよい。多く（続けるのを）許すのは神祇・釈教・恋・無常の句（であって、その種の句は、次の付句が）旅（の句）で転換する場合が多い。当世では、旅と恋との句は（付け方が）むつかしく、（それだけに）又ひとかどのおもしろさもこの（旅と恋との句の）個所にある。〈旅の様子の句は、たとえ田舎で（連歌）を作るときでも、心を都に置いて、逢坂の関を越えるとか。淀の川舟に乗っている気持ちとか、都へよき言づてを頼む気持ちなどを本意にするのがよい〉とは連歌の教えである」」とある。又、「「東海道の一つさえ旅したことのないような人は、俳諧の方でも頼りない」とも言われた」とある。

（森田峠「三冊子を読む」による）

［注］三冊子《さんぞうし》——江戸時代の俳人服部土芳《はっとりとほう》が著した俳論書。

宗祇《そうぎ》——室町時代の連歌師。

連歌——「俳諧の連歌」のこと。和歌の上の句と下の句を互いに詠《よ》み続けていく歌の形式。

貫道するものは一なり——（芸道を）貫いているものは同一である。

連句——「俳諧の連歌」の別称。

懐紙——連歌を書き留める和紙。

滓《かす》——良い所や必要な部分を取り去ったあとの残りの部分。

西鶴《さいかく》——井原西鶴。江戸時代に活躍した文化人。

神祇《じんぎ》——天の神、地の神のこと。

釈教——仏教の教え。

逢坂《あふさか》——逢坂山。現在の滋賀県にある。

淀《よど》の川舟《かはぶね》——淀川を伏見から大阪へ下る川船。

〔問1〕(1)ええ、わたくしもね、この四人の選択に芭蕉の一つのある大事な心の傾向が、はっきり表れていると思います。とあるが、「芭蕉」の「心の傾向」を説明したものとして最も適切なのは、次のうちではどれか。

ア　芭蕉は利休が作った茶室や庭に芸術性を見いだしており、茶そのものではなく、利休の残した様々な作品について高い価値を認めている。

イ　芭蕉は利休の残した茶の文化の精神性を尊重しており、西洋人と東洋人の芸術観について比較する上で、利休が適していると思っている。

ウ　芭蕉は自分の目標として利休の名をあげており、他の三人の先達と比較をすることで、利休の芸術性の高さを広く伝えようとしている。

エ　芭蕉は四人の先達の一人に利休をあげており、有形のものだけではなく、主客で茶を飲み合うといった無形のものも芸術として

山本　むずかしいですね、あれは。

井上　ただあれがすばらしいものだろうなということはわかりますね。確かにあれはあの場に自分も一員として参画し、自分もほかの人の発句を鑑賞して、それらを理解して、そしてそれをさらに進めていくような形で自分のものを出していくわけですね。(2)よほどちゃんとした鑑賞というのが行われないとできない。

山本　そうですね。

井上　ですから、わたしならわたしが第三者として、あとになってあれを読むと、なかなか理解できないですね。だけど、その喜びはお茶、茶室におけるいわゆる一期一会《いちごいちえ》ですけど、茶室における喜びも消えると同じように消えるんでしょうね。

山本　(3)消えるんです。そこなんですよ。そこをね、わたしは一致点の一番大きな根本だと思う。

井上　ああ。そうですか、わたしもね、なんとなく漠然とそんなことを感じたんです。

山本　だからね、芭蕉の連句というもの、あれはその座敷《ざしき》で、ある空間でですね、何人かの主客が一座して、そして連句を巻くという、その純粋な、煮つめられたように密度の高い空間と時間とを持つことが、究極の目標なわけです。それを記録として＊懐紙に書いて、作品が残りますね。だけどそれは、その時の楽しみの＊滓《かす》だというんです。

井上　ほんとうですね。

（中略）

山本　利休はやっぱり和歌なんかを非常によく読んでて、定家《さだいえ》だとか、あるいは新古今の歌ですね、そういったものを非常によく読んでて、それを自分の芸術境地の観念的な目標にしています。

井上　ええ、利休の教養もたいしたものですが、芭蕉のあの持ってる教養というのはすごいですね。中国の文学の教養もすごいです。杜甫《とほ》なども出てきますね。

山本　杜甫はもう一番好きだったんですね。それから日本の古典でしょうけどね。しかし、そういう教養プラス彼の人生教養なんです。つまり、いろんな人間の心をよく知ってたということでしょうね。

井上　そうですね。

山本　農民でも、町人でも、武士でも、お公家《くげ》さんでも……。そういうことから見ると＊西鶴《さいかく》よりもよっぽど広いですよ、人間を知っている幅が。

井上　なるほど。

山本　それは、発句じゃわかんない。連句でわかる。

井上　連句でわかるんですか。

山本　連句でわかるんです。

井上　はあ。

山本　芭蕉の言葉で、(4)「東海道の一筋も知らぬ人、風雅に覚束《おぼつか》なし」というのがあります。これは言わば、芭蕉と一緒に俳諧をやる連中の資格を言った言葉なんですね。資格としてはやっぱり一度でも人の往来のはげしい東海道を旅して、いろんな人たちの人生に触れて、豊富な人生智《じんせいち》を蓄えているということですよね。

井上　そういうことですね。

（井上靖、山本健吉ほか「歴史・文学・人生」による）

定された役割を果たすことで、全体の機能を維持しているため、個々のピースがその役割の意味を把握している必要はないと考えているから。

〔問5〕　国語の授業でこの文章を読んだ後、「理想の組織」というテーマで自分の意見を発表することになった。このときにあなたが話す言葉を具体的な体験や見聞も含めて二百字以内で書け。なお、書き出しや改行の際の空欄、、や。や「 などもそれぞれ字数に数えよ。

5　次のAは、松尾芭蕉《まつおばしょう》に関する対談の一部であり、Bは対談中で話題にしている芭蕉の言葉が引用されている「＊三冊子《さんぞうし》」の原文である。［　　］で囲った文章はBの現代語訳である。これらの文章を読んで、あとの各問に答えよ。（＊印の付いている言葉には、本文のあとに〔注〕がある。）

A

山本　利休《りきゅう》と芭蕉という題目は、結局芭蕉が『笈《おい》の小文《こぶみ》』という紀行文の冒頭に書いた有名な文句に、芸術の四人の先達のことを、「西行《さいぎょう》の和歌における、＊宗祇《そうぎ》の＊連歌における、雪舟《せっしゅう》の絵における、利休の茶における＊貫道するものは一なり」と言った真意を尋ねることです。そこに芭蕉が自分の精神的な先達としで利休の名をあげているということですね。わたくしは利休と芭蕉とは、やった仕事は非常に違うけれども、しかしその精神は共通しているものがあるように思えるのです。利休と芭蕉とどういうところで一致し、どういうところで違っているか、少し自由な立場で考えてみたらどうだろうかという感じがしたんです。

井上　芭蕉はその自分の尊敬する先輩芸術家の選び方というのは的確ですね。

山本　(1)ええ、わたくしもね、この四人の選択に芭蕉の一つのある大事な心の傾向が、はっきり表れていると思います。それは一体どういうことだろうと、いろいろ考えたんですけどね。そしてまたこの四人をあげたことで、日本人の芸術観、あるいは東洋人の芸術観といってもいいのかもしれないけど、とにかく日本人の芸術観と、ヨーロッパ人の芸術観はかなり違った面があるということを物語っているんじゃないかと思うんですよ。というのは、利休がどうして芸術家なのか。作品はなにも残していないじゃないか。ああいう、お茶なんていうものはちっとも形の残らないものですね。ああいったものを芸術と認める伝統が日本にあるわけですね。

井上　そうですね。

山本　やっぱりね、芸術ははっきり形として残す、記念碑的なものを残す、造形するということなんですね。ところがお茶は、何を残したか。もちろん利休はなんかを残してる。利休が作った茶室だとか、庭だとか、あるいは花筒を作ったり、茶さじを削ったりしたということはあるわけだけれども。そういうことは末の末なんで、ほんとの目標は、やっぱり茶室で茶を主客飲み合うという無形のことでしょうからね。これは一つも形は残らない。

井上　あれなんかある鑑賞の仕方といったようなもの、そういうものに非常に仕事の上で共感するものがあるんでしょうかね。

山本　ウン、芭蕉と。

井上　芭蕉と利休のあいだに。ぼくはあの連歌や＊連句というものがなかなか鑑賞できないんですがね。

ことによって、強力にエントロピー増大の法則を克服するということ。

イ　乱雑さの中から秩序を創出するために消費したエネルギーよりも、創出させた秩序によって、大きな利益を生み出すということ。

ウ　宇宙の大原則に挑む労力よりも、混ぜることで高まった価値が導く秩序によって、小さな労力で乱雑化を回避できるということ。

エ　エントロピー増大を止めるために使う時間よりも、ビジネスモデルの考案によって、効率的な秩序の創造ができるということ。

〔問2〕　この文章の構成における第三段の役割を説明したものとして最も適切なのは、次のうちではどれか。

ア　前段で述べた内容を受けて、乱雑化という課題に対する具体的な解決方法を示すことで、筆者の論旨を理解しやすくしている。

イ　前段で述べた内容を受けて、生命の本質に関わる自説の根拠となる事例を並べて紹介することで、論の妥当性を主張している。

ウ　前段で述べた内容を受けて、エントロピー増大の法則について順序よく整理しながら説明することで、問題の所在を明らかにしている。

エ　前段で述べた内容を受けて、筆者の主張である生命の維持につながる新たな視点を提示することで、論の展開を図っている。

〔問3〕　(2)動的平衡を基本原理として、(大きく)変わらないために(つねに小さく)変わり続けてきたからだ。とあるが、「(大きく)変わらないために(つねに小さく)変わり続けてきた」とはどういうことか。次のうちから最も適切なものを選べ。

ア　生命が、自然の摂理に打ち負かされないために、強固な防御体制を少しずつ構築していくことで、自らを危機から守ってきたということ。

イ　生命が、宇宙の大原則に支配されないために、少しずつ分解と更新を行い、自らの内部にエントロピーを蓄積させ続けてきたということ。

ウ　生命が、致命的な秩序の崩壊を招かないために、自らを柔軟にして分解や更新を少しずつ行い続けて、釣り合いをとってきたということ。

エ　生命が、自らの大規模な崩壊を防ぐために、個体の構成要素を不変にすることで、危機を乗り越える強さを徐々に備えてきたということ。

〔問4〕　(3)そして個々のピースは、いずれも必ずしも鳥瞰的《ちょうかんてき》に全体像を知っている必要はない。とあるが、筆者がこのように述べたのはなぜか。次のうちから最も適切なものを選べ。

ア　生命体を構成する個々のピースは、周囲のピースと連携して絶えず作り直されながら、全体として相補的に平衡を保っているため、個々のピースがその生命体全体を把握している必要はないと考えているから。

イ　生命体を構成する個々のピースは、近傍と補完的な関係性をもちながら、脳からの指示・命令を直接受けて動いているため、個々のピースがその指示系統全体を把握している必要はないと考えているから。

ウ　生命体を構成する個々のピースは、ジグソーパズルのピースのように固有の形によって位置が決められ、平衡を保っているため、個々のピースが自分の立場を把握している必要はないと考えているから。

エ　生命体を構成する個々のピースは、それぞれに割り当てられ固復できる体制をとっているということだ。だからこそ生命は、環境に柔軟で適応的であり、進化が可能になる。そして動的平衡において重要なのは構成要素そのものよりも、その関係性にある、という点だ。（第七段）

自動車は走りながら故障を直すことなどできない。それは構成要素の機能分担が一義的に決まっていて、しかもその役割が機械論的な＊アルゴリズムの中に一義的に固定されているからだ。どれか一つが壊れれば交換するしかない。（第八段）

しかし生命の構成要素（細胞、タンパク質、遺伝子など）は、絶えず更新され、動的であるがゆえに、その関係性は可変的で柔軟だ。もし何かが欠落したり、不足したとしても、増減を調整したり、ピンチヒッターになりかわったり、バイパスを作ったりして、問題にすぐに対処できる。構成要素はどれも基本的には多機能性であり、異なる役割を果たしうる。（第九段）

さらに大切なことは、生命の動的平衡は自律分散型である、ということだ。個々の細胞やタンパク質は、ちょうどジグソーパズルのピースのようなもので、前後左右のピースと連携を取りながら絶えず更新されている。ピース近傍の補完的な関係性（相補性）さえ保たれていれば、ピース自体が交換されても、ジグソーパズルは全体としてゆるく連携しあっており、絵柄は変わらない。（第十段）

新しく参加したピースは、郷に入っては郷に従うの言のとおり、周囲の関係性の中で自分の位置と役割を定める。既存のピースは、寛容をもって新入りのピースのために場所を空けてやる。こうして絶えずピース自体は更新されつつ、組織もその都度、微調整され、新たな平衡を求めて、刷新されていく。（第十一段）

(3)そして個々のピースは、いずれも必ずしも鳥瞰的《ちょうかんてき》に全体像を知っている必要はない。ローカルで、自律分散型で、しかも役割が可変的であること。これが生命体の強みである。生命は自律分散的な細胞の集合体であり、各細胞はただローカルな動的平衡を保っているだけだ。脳は生命にとって実は「中枢」ではない。むしろ知覚・感覚情報を集約し、必要な部局に中継するサーバー的なサービス業務をしているにすぎない。情報に対してどのように動くかはローカルな個々の細胞や臓器の自律性に委ねられる。（第十二段）

かつてサッカーの監督と対談したときのこと。読書家の監督は、私の動的平衡論を読んで、高く評価してくださった。そして、これは組織論としても応用可能だ、各選手が、自律分散前に可変性・相補性をもって状況に対応できれば最強のサッカーが実現される、という主旨のことをおっしゃってくださった。（第十三段）

この議論をさらに進めれば、自律分散的な動的平衡のサッカーにおいて、少なくとも試合のまっただ中においては、いちいち指示を出す必要のないゲームが実現するだろう。おそらく理想の組織とはそういうものではないだろうか。（第十四段）（福岡伸一「動的平衡3」による）

［注］フェルメール――十七世紀のオランダの画家。
凌駕《りょうが》――他をしのいで、その上に出ること。
アルゴリズム――問題を解決するための手法・手順。

［問1］(1)つまり、ありていに言えば、商行為とは、使ったエネルギーよりも作り出した秩序により大きな価値を創造すること、そしてその秩序が再び無秩序に還《かえ》るまえに、その状態を転移することである。とあるが、「使ったエネルギーよりも作り出した秩序により大きな価値を創造すること」とはどういうことか。次のうちから最も適切なものを選べ。

ア　乱雑化に抗うために使う労力よりも、普遍的な原理を創造する価値を生み出すこと。商品を作り出すこと。ビジネスモデルを考案すること。利益を生み出すことは、結局のところ「エントロピー増大の法則」に抗《あらが》って、乱雑さの中から秩序を創出することに他ならない。宇宙の大原則に逆らって行う行為である以上――つまり坂を転がり落ちる岩を止めるようなものである以上――エネルギーがいる。そして、最終的には決して宇宙の大原則には勝つことができないゆえに、止めた岩はまもなく転がり落ちてしまう。(1)つまり、ありていに言えば、商行為とは、使ったエネルギーよりも作り出した秩序により大きな価値を創造すること、そしてその秩序が再び無秩序に還《かえ》るまえに、その状態を転移することである。たとえば、川底の土砂の中から、砂金を取り出してくること。精製は乱雑さの中から秩序を生み出す作業、つまりエントロピーを下げる行為である。だからそこに価値が生まれる。逆に、土砂の中に砂金を混ぜること。足し算なので価値が加算されるように見えて、一瞬にして価値は無に帰す。エントロピーが増大するからだ。いったん混ぜたものを再びセパレートするには膨大な労力を要する。しかも混ぜることは常に危険を孕《はら》む。混ぜることで、乱雑さがより拡散することになり、大きなリスクを生み出しうる。(第二段)

絶え間なく増大するエントロピーと必死に闘っているのは何も商社パーソンだけではない。もっとも果敢にエントロピー増大の法則と対《たい》峙《じ》しているのは何あろう、もっとも高度な秩序を維持している私たち生命体である。如何《いか》にして。(第三段)

私は生命のこの営為を「動的平衡」と名づけた。(第四段)

生命にとって、エントロピーの増大は、老廃物の蓄積、加齢による酸化、タンパク質の変性、遺伝子の変異……といった形で絶え間なく降り注いでくる。油断するとすぐにエントロピー増大の法則に＊凌駕《りょうが》され、秩序は崩壊する。それは生命の死を意味する。これと闘うため、生命は端から頑丈に作ること、すなわち丈夫な壁や鎧《よろい》で自らを守るという選択をあきらめた。そうではなく、むしろ自分をやわかく、ゆるゆる・やわやわに作った。その上で、自らを常に、壊し分解しつつ、作りなおし、更新し、次々とバトンタッチするという方法をとった。この絶え間のない分解と更新と交換の流れこそが生きているということの本質であり、これこそが系の内部にたまるエントロピーを絶えず外部に捨て続ける唯一の方法だった。動きつつ、釣り合いをとる。これが動的平衡の意味である。(第五段)

生命の秩序は、過去三八億年、エントロピー増大という宇宙の大法則と対峙しながら、今日まで連綿と引き継がれてきた。これはエントロピー増大の法則を打ち破ったという意味ではない。打ち負かされそうになりながらも、絶えずずらし、避け、やり過ごしながら、ここまで来た、ということである。つまり生命は大勝することはなかったものの、大敗もしなかった。(2)動的平衡を基本原理として、(大きく)変わらないために(つねに小さく)変わり続けてきたからだ。(第六段)

動的平衡の原理を、人間の営み、人間の組織に当てはめて考えることができるだろうか。生命は、細胞、タンパク質、ＤＮＡなどの構築物を作り出しているが、その作り方は基本的には一通りである。これに対して、細胞の解体、タンパク質の分解、遺伝子情報の消去や抑制の方法は、千差万別、何通りもあり、いついかなるときでも分解が滞らないように、何重にもバックアップが用意されている。つまり生命は、作ることよりも、壊すことのほうをより一生懸命にやっている。これは第一義的にはエントロピー増大を防ぐためだが、もう一つ重要な意味を持つ。それは、つねに動的な状態を維持することによって、いつでも更新でき、可変であり、不足があれば補い、損傷があれば修

イ　大丈夫というサキの言葉により、今後撮影する映画は高い評価を得ると確信し、監督として将来やっていく手応えを感じている気持ち。

ウ　弥生と佐和子が受賞を喜びながらも、連絡をもらった際のサキの行動を責めていることから、四人の関係が崩れそうで悲しく思う気持ち。

エ　サキの言葉が現実のものとして心に響き、自分たちが成し遂げたことに改めて誇りをもつとともに、その結果に対して感動する気持ち。

〔問4〕(4)サキだけは、計画通りに事が進んだというように笑っていた。とあるが、この表現から読み取れる「サキ」の様子として最も適切なのは、次のうちではどれか。

ア　最優秀賞の受賞によって、仲間からの信頼を回復することができるだろうと考え、コンクールへの応募は大成功だったと思っている様子。

イ　受賞した賞は単なる通過点であり、自分の将来の希望を実現するために、仲間と別れて映画の撮影をすることができると喜んでいる様子。

ウ　今回の賞を目標に据えて部の活動を続け、応募した作品に対して自信をもっていたことから、大きな賞を受賞した状況に満足している様子。

エ　以前から賞には興味がなく、思い出として映像に残したいと思っていた仲間の姿を撮ることができ、思い残すことはないと感じている様子。

〔問5〕(5)私たちはこれから先も映画を撮り続ける。とあるが、このときの「私」の気持ちに最も近いのは、次のうちではどれか。

ア　勉強に集中できない自分の将来を案じて、『リーラ・ノエル』の活動に時間を費やしてきた生活を後悔していたが、賞の受賞によって、同じ思いをもつサキとだけは一緒に映画を撮影したいと思う気持ち。

イ　自分たちの未来について抱いていた不安が、賞の受賞による喜びを通して自信に変わり、『リーラ・ノエル』として四人で映画の撮影をし続ける未来を思い描いて、共に活動していこうと思う気持ち。

ウ　賞の受賞によって周囲から喝采を浴びたことで、四人それぞれが自分の撮りたい映画を個々に撮るようになっても、『リーラ・ノエル』という思い出の場所があれば、生きていくことができると思う気持ち。

エ　目標としていた賞を受賞したことで、高校卒業後に進む予定だった進路を変更し、三年間続けてきた映画部の活動を心の支えとして、四人で新たに設立した『リーラ・ノエル』で仕事をしていこうと思う気持ち。

4　次の文章を読んで、あとの各問に答えよ。（*印の付いている言葉には、本文のあとに〔注〕がある。）

宇宙の大原則に「エントロピー増大の法則」がある。エントロピーとは乱雑さのことであり、この世界のすべてのものごとは、時間の経過とともにエントロピーが増大する方向に進む。壮麗豪華な白亜の神殿も年月とともに風化・崩壊し、*フェルメールの傑作でさえも退色し、機器も損耗する。整理整頓してあった机もあっという間にファイルや書類の山と化す。つまりこの世界では、あらゆる秩序はあまねく崩れ、乱雑になっていく方向にしか進まない。（第一段）

が滲《にじ》んでいた。佐和子も、泣いていた。みんな、やっと、私たちに起きたことがわかったのだろう。(4)サキだけは、計画通りに事が進んだというように笑っていた。

この日から、私たちの世界はめまぐるしく動いた。雑誌や新聞が取材に来て、全校生徒の前で表彰され、ニュース番組にも取り上げられた。授賞式当日は有名な映画監督に絶賛され、東京の大きな映画館で三日間上映された。その日々は、私たちに、これから先、映画で食べていくという自信を与えてくれた。

「卒業しても、これからもずっと、映画を撮ろうね。」

泣きながら、サキのさっきの言葉を思い出して、口にする。

進路が違っても、住む街が変わっても、『リーラ・ノエル』という居場所がある限り、私たちは一緒だ。(5)私たちはこれから先も映画を撮り続ける。

それは、恋愛映画の中で描かれる運命の出会いの瞬間のような、未来への確かな予感だった。

（瀬那和章「わたしたち、何者にもなれなかった」による）

〔注〕コンテ――映画の撮影台本。

〔問1〕(1)私はその隣で、チクチクと一定リズムで回るファンの音に苛《いら》立《だ》ちながら、世界史の参考書にマーカーを引いていた。とあるが、この表現について述べたものとして最も適切なのは、次のうちではどれか。

ア　受験に向けた勉強が進まず神経質になっている「私」の様子を、多角的に分析して捉え、音と色彩を描き分けて対照的に表現している。

イ　勉強がはかどらないことで、自分自身に腹を立てている「私」の様子を、時間の経過とともに順序立てて分かりやすく表現している。

ウ　勉強に集中することができずにあせりを感じている「私」の様子を、擬音語を用いて心情と重ねることで、印象的に表現している。

エ　参考書を前にして平静を保つことができない「私」の様子を、味気ない部室の雰囲気とともに描くことで、誇張して表現している。

〔問2〕(2)「そんなの、夢物語だよ。」とあるが、私がサキにこのように言ったわけとして最も適切なのは、次のうちではどれか。

ア　いずれ社会人となれば、四人で映画の撮影を続けるのは難しいと思っていることを、将来に対して楽観的なサキに伝えたかったから。

イ　映画を撮り続けるためには、撮影の体制を充実させる必要があるということを、カメラを回すことに必死なサキに言いたかったから。

ウ　四人がそれぞれの道に進むことを決めた今、現状維持のままでよいのかと抱いた疑問を、思い切ってサキに投げかけようと思ったから。

エ　日常の様子をカメラに収めるサキの姿から、高校生による映画制作の限界を感じ取り、映画部の解散をサキに提案しようと考えたから。

〔問3〕(3)涙がこぼれた。止まらなくなった。とあるが、このときの私の気持ちに最も近いのは、次のうちではどれか。

ア　四人の仲間の関係について心配していたが、賞の受賞により状況が劇的に転換し、親密な友人関係を結ぶことができると喜ぶ気持ち。

「大学生になったって、これから先も、みんなで一緒に映画を撮ろう。高校を卒業したら映画部じゃなくなるけど、私たちはいつまでも『リーラ・ノエル』だ。」

「いつまでもってわけにはいかないでしょ。いずれ、私たちは大人になる。」

「大人になったら、なんで映画を撮れないの?」

「いつまでも親の脛《すね》をかじってらんないでしょ。自分でお金を稼いで、食べていかなきゃいけない。」

「映画で食べていけばいい。四人で映画を撮り続けたら、いずれそうなれる。『リーラ・ノエル』というスタジオを作って、スタッフも増やして、どんどん新しい映像を生み出していく。素敵でしょ。」

たしかに、素敵だと思った。でも、私は、そこまで楽観的にはなれない。まだアルバイトさえしたことのない高校生だって、サキがカラオケの次の曲を選ぶような気軽さで口にした未来が、どれほど難しいことかくらいはわかる。

(2)「そんなの、夢物語だよ。」

「夢物語って言葉、好きだよ。夢のない物語なんてくだらない。」

廊下から、駆けてくるように足音が近づいてきた。

ドアが開き、弥生と佐和子が入ってくる。弥生が騒々しいのはいつものことだけど、佐和子まで息を切らせて走ってくるなんて珍しい。

「どうしたの、二人とも。」

「さっき、佐和子の携帯に電話かかってきた。なんか、サキに、繋《つな》がらなかったからって。ほら。佐和子の携帯番号も登録してたろ。だから。」

「落ち着いて、電話ってなによ。」

「『スピカフィルムフェスティバル』の、短編部門の最優秀賞、私たちだって。」

一瞬、その言葉の意味が理解できなかった。

プロを目指している映画監督や芸術大学の学生たちが参加する、日本有数の自主制作映画のコンクール。それに、高校生の私たちの「追憶の中の君へ」が選ばれた。

サキは一年生のころから目標として口にしていたけど、私は無理だと決めつけていた。これまで受賞してきた、高校生を対象とした映画コンクールとはレベルが違いすぎる。

サキの方を振り向く。驚いた顔一つせずに、カメラを回していた。おそらく、弥生たちが部屋に入ってきたところから撮っていたのだろう。

「お前、もしかして知ってたのかよ。わざと、電話にでなかったのかよ。」

弥生が詰め寄ると、サキはカメラを回しながら答える。

「東京の番号からかかってきたから、そうじゃないかなって思った。それなら、佐和子に出てもらおうと思った。この絵が、撮りたかったから。」

完璧な演技は、日常を撮ること。それはわかるけど、友達を騙《だま》してまでやるなよ。弥生がいつものように騒ぐ。佐和子は、部室の入口《いりぐち》で、かみしめるように立ち尽くしている。私は。

「ね、大丈夫でしょ。私たちなら、必ずなれるよ。」

耳元で、サキが囁《ささや》いた。

それを聞いた瞬間、やっと、実感がわいた。私たちは、すごい。私たちは、無敵だ。

(3)涙がこぼれた。止まらなくなった。

私が泣いているのに気づいて、弥生が静かになる。彼女の目にも涙

〈国語〉

時間 五〇分 満点 一〇〇点

1 次の各文の――を付けた漢字の読みがなを書け。

(1) 展望台から大海原を眺める。
(2) 学校の図書館で借りた本を返却する。
(3) 柔道の大会に出場するために鍛錬を重ねる。
(4) 小学校の恩師に心を込めて丁寧に礼状を書く。
(5) 鑑賞教室終了後、オーケストラの美しい演奏の余韻に浸る。

2 次の各文の――を付けたかたかなの部分に当たる漢字を楷書で書け。

(1) 矢を放って的の中心をイる。
(2) 豊かな自然に囲まれてクらす。
(3) 湖に白鳥のムれが舞い降りる。
(4) 新鮮な魚を漁港から市場までユソウする。
(5) 人物画のハイケイに描かれた空の青さに心を奪われる。

3 次の文章を読んで、あとの各問に答えよ。(*印の付いている言葉には、本文のあとに〔注〕がある。)

高校三年生の「私」は、同級生であるサキ、佐和子《さわこ》、弥生《やよい》の三人と映画部に所属している。「私」たちは四人で映画を作り、『リーラ・ノエル』というチーム名でコンクールに応募していた。四人は十二月になっても、放課後欠かさず部室に集まっていた。

その日、部室にいたのは私とサキの二人だけだった。サキは部室の隅でノートパソコンを操作していた。今の時代からは信じられないくらい分厚くて重いノートパソコンは、独特なメトロノームのようなファンの音からメトロ君と名付けられていて、学校にいるときサキはそれで映画の編集をしていた。

(1)私はその隣で、チクチクと一定リズムで回るファンの音に苛立《いらだ》ちながら、世界史の参考書にマーカーを引いていた。

「ねぇ、完璧な演技ってなんだと思う?」

突然、サキが聞いてきた。

振り向くと、いつの間にか窓際《まどぎわ》に移動していた。編集作業をしていたパソコンは閉じられ、代わりにカメラが握られている。

「ほんとに撮ってるの、それ?」

「完璧な演技。その答えの一つはね、日常を撮ることだと思ってる。」

サキは、停止ボタンを押してカメラを下ろす。本当に撮っていたらしい。

「*コンテの四ページ。」

そう言われて、はっとする。次の作品の中に、受験勉強で悩むシーンがあった。自分がどんな顔をしていたかなんて覚えていない。でも、サキの様子を見る限り、きっといい画《え》が撮れたのだろう。

「ねぇ、私たち、いつまでこんな風に、映画撮れるかな。」

「いつまでって、どういう意味?」

「私はさ、サキと同じ東洋芸大を受けるけど、佐和子は音大、弥生は就職するって言ってる。いつまで、こうしていられるのかな?」

「いつまでも、やりたいと思える限りやればいい。」

サキはもう一度、カメラを私に向ける。だけど、今度は録画ボタンを押さなかった。ファインダーごしに私を見ながら、当たり前のことのように続ける。

2020年度

解 答 と 解 説

《2020年度の配点は解答用紙集に掲載してあります。》

＜数学解答＞

[1] 〔問1〕 -7 〔問2〕 $8a+b$ 〔問3〕 $-4+\sqrt{6}$
〔問4〕 9 〔問5〕 $x=3,\ y=5$
〔問6〕 $\dfrac{-9\pm\sqrt{21}}{6}$ 〔問7〕 [あい] 65
〔問8〕 [うえ] 26 〔問9〕 右図

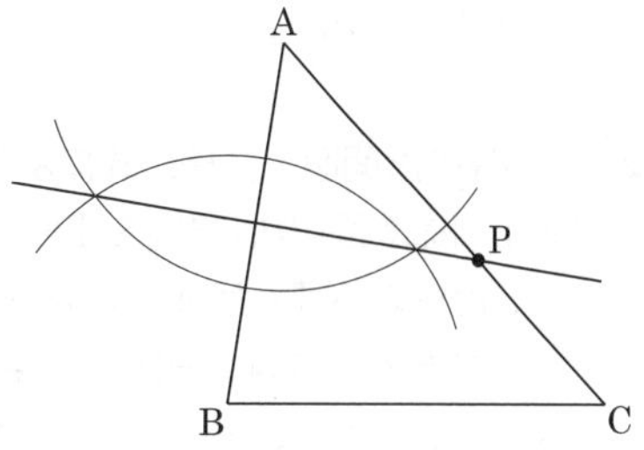

[2] 〔問1〕 ア 〔問2〕 解説参照
[3] 〔問1〕 ① ウ ② キ 〔問2〕 ③ エ ④ イ
〔問3〕 8
[4] 〔問1〕 ウ 〔問2〕 ① 解説参照 ② [おか]：[き] 25：7
[5] 〔問1〕 [くけ]$\sqrt{[こ]}$ $24\sqrt{5}$ 〔問2〕 [さしす] 144

＜数学解説＞

[1] (数・式の計算，平方根，一次方程式，連立方程式，二次方程式，資料の散らばり・代表値，角度，作図)

〔問1〕 **四則をふくむ式の計算の順序は，乗法・除法→加法・減法** となる。$9-8\div\dfrac{1}{2}=9-8\times\dfrac{2}{1}=9-16=-7$

〔問2〕 **分配法則**を使って，$3(5a-b)=3\times5a+3\times(-b)=15a-3b$だから，$3(5a-b)-(7a-4b)=(15a-3b)-(7a-4b)=15a-3b-7a+4b=15a-7a-3b+4b=(15-7)a+(-3+4)b=8a+b$

〔問3〕 **乗法公式$(x+a)(x+b)=x^2+(a+b)x+ab$**より，$(2-\sqrt{6})(1+\sqrt{6})=-(\sqrt{6}-2)(\sqrt{6}+1)=-\{\sqrt{6}+(-2)\}(\sqrt{6}+1)=-\{(\sqrt{6})^2+(-2+1)\sqrt{6}+(-2)\times1\}=-(6-\sqrt{6}-2)=-(4-\sqrt{6})=-4+\sqrt{6}$

〔問4〕 $9x+4=5(x+8)$ 右辺を展開して $9x+4=5x+40$ 左辺の$+4$と右辺の$5x$をそれぞれ移項して $9x-5x=40-4$ $4x=36$ 両辺を4で割って $x=9$

〔問5〕 連立方程式$\begin{cases}7x-3y=6\cdots①\\x+y=8\cdots②\end{cases}$ ①＋②×3より，$10x=30$ $x=3$ これを②に代入して $3+y=8$ $y=5$ よって，連立方程式の解は $x=3,\ y=5$

〔問6〕 **2次方程式$ax^2+bx+c=0$の解は，$x=\dfrac{-b\pm\sqrt{b^2-4ac}}{2a}$**で求められる。問題の2次方程式は，$a=3,\ b=9,\ c=5$の場合だから，$x=\dfrac{-9\pm\sqrt{9^2-4\times3\times5}}{2\times3}=\dfrac{-9\pm\sqrt{81-60}}{6}=\dfrac{-9\pm\sqrt{21}}{6}$

〔問7〕 自宅からA駅まで歩いたときにかかる時間が15分未満である人数は，$12+14=26$人だから，これは全体の人数40人の $\dfrac{26}{40}\times100=65\%$ である。

〔問8〕 仮定より，$\angle\mathrm{AOC}=\angle\mathrm{BDC}\cdots①$ $\overset{\frown}{\mathrm{BC}}$に対する**中心角と円周角の関係**から，$\angle\mathrm{BOC}=2\angle\mathrm{BDC}\cdots②$ また，$\angle\mathrm{AOC}+\angle\mathrm{BOC}=180^\circ$だから，これに①，②を代入して，$\angle\mathrm{AOC}+\angle\mathrm{BOC}=$

$\angle BDC+2\angle BDC=3\angle BDC=180°$　$\angle BDC=60°$　△OBDはOB＝ODの二等辺三角形だから，$\angle ODB=\angle ABD=34°$　△OCDはOC＝ODの二等辺三角形だから，$\angle OCD=\angle ODC=\angle BDC-\angle ODB=60°-34°=26°$

〔問9〕 (着眼点)2点A，Bからの距離が等しい点は，線分ABの**垂直二等分線**上にある。 (作図手順)次の①～②の手順で作図する。 ① 点A，Bをそれぞれ中心として，交わるように半径の等しい円を描き，その交点を通る直線(辺ABの垂直二等分線)を引く。 ② ①で引いた直線と，辺ACとの交点をPとする。

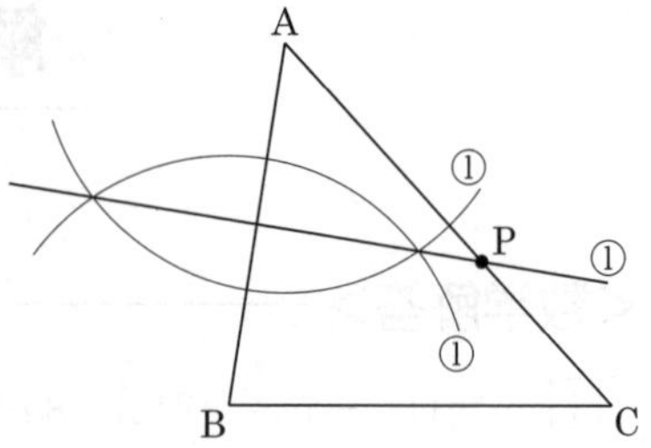

2 (円柱の展開図，体積，式による証明)

〔問1〕 問題図1の展開図を組み立ててできる円柱は，底面の半径が$a$cm，高さが$h$cmの円柱だから，円柱の体積＝底面積×高さより，$X=\pi a^2\times h=\pi a^2h$cm^3。また，問題図2の展開図を組み立ててできる円柱は，底面の半径が$b$cm，高さが$h$cmの円柱だから，$Y=\pi b^2\times h=\pi b^2h$cm^3。以上より，$X-Y=\pi a^2h-\pi b^2h=\pi(a^2-b^2)h$

〔問2〕 (証明) (例)四角形ABGHにおいて，$AD=2\pi a$，$EH=2\pi b$より，$AH=AD+EH=2\pi a+2\pi b=2\pi(a+b)\cdots(1)$ (1)は，四角形ABGHが側面となる円柱の底面の円周と等しいことから，底面の円の半径は，$(a+b)$cmと表すことができる。よって，$Z=\pi(a+b)^2h\cdots(2)$ 一方，$W=X+Y=\pi a^2h+\pi b^2h\cdots(3)$ (2)，(3)より，$Z-W=\pi(a+b)^2h-(\pi a^2h+\pi b^2h)=\pi(a^2+2ab+b^2)h-\pi a^2h-\pi b^2h=\pi a^2h+2\pi abh+\pi b^2h-\pi a^2h-\pi b^2h=2\pi abh$ したがって，$Z-W=2\pi abh$

3 (図形と関数・グラフ)

〔問1〕 点Pのx座標の**変域**に0が含まれているから，bの**最小値**は0。$x=-8$のとき，$y=\frac{1}{4}\times(-8)^2=16$　$x=2$のとき，$y=\frac{1}{4}\times2^2=1$ よって，bの**最大値**は16 以上より，$0\leqq b\leqq16$

〔問2〕 点A，Pは$y=\frac{1}{4}x^2$上にあるから，そのy座標はそれぞれ $y=\frac{1}{4}\times4^2=4$，$y=\frac{1}{4}\times(-6)^2=9$ よって，A(4, 4)，P(−6, 9)だから，直線APの傾き$=\frac{4-9}{4-(-6)}=-\frac{1}{2}$ 直線APの式を$y=-\frac{1}{2}x+b$ とおくと，点Aを通るから，$4=-\frac{1}{2}\times4+b$　$b=6$ 以上より，直線APの式は$y=-\frac{1}{2}x+6$

〔問3〕 点Pのx座標をpとおくと，$P\left(p,\ \frac{1}{4}p^2\right)$，$Q(p,\ 0)$ また，**放物線はy軸に関して線対称**だから，B(−4, 4) (四角形OAPBの面積)＝△OAB＋△APB＝$\frac{1}{2}$×AB×(点Aのy座標)＋$\frac{1}{2}$×AB×(点Pのy座標－点Aのy座標)＝$\frac{1}{2}$×AB×(点Aのy座標＋点Pのy座標－点Aのy座標)＝$\frac{1}{2}$×AB×(点Pのy座標)＝$\frac{1}{2}\times\{4-(-4)\}\times\frac{1}{4}p^2=p^2\cdots$① △AOQ＝$\frac{1}{2}$×OQ×(点Aの$y$座標)＝$\frac{1}{2}\times(p-0)\times4=2p\cdots$② 四角形OAPBの面積が△AOQの面積の4倍となるとき，①，②より，$p^2=2p\times4$　$p^2-8p=0$　$p(p-8)=0$　$p>4$より$p=8$ 点Pのx座標は8である。

4 (角度，合同の証明，線分の長さの比)

〔問1〕 **△ABPの内角の和は180°**だから，$\angle APB=180°-90°-a°=90°-a°$ △CPQはCP＝CQ，

$\angle PCQ=90°$より，直角二等辺三角形だから，$\angle CPQ=45°$　以上より，$\angle APQ=180°-\angle APB-\angle CPQ=180°-(90°-a°)-45°=a°+45°$

〔問2〕 ① （証明）（例）△ABPと△EDQにおいて，仮定から，$\angle ABP=\angle ADQ=90°$　また，$\angle EDQ$は$\angle ADQ$の外角で$90°$だから，$\angle ABP=\angle EDQ=90°$…(1)　仮定から，AB＝AD　AD＝ED　よって，AB＝ED…(2)　また，BP＝CB－CP　DQ＝CD－CQ　仮定から，CB＝CD，CP＝CQより，BP＝DQ…(3)　(1)，(2)，(3)より，2組の辺とその間の角がそれぞれ等しいから，$\triangle ABP\equiv\triangle EDQ$

② △ABPで**三平方の定理**を用いると，$AP=\sqrt{AB^2+BP^2}=\sqrt{4^2+3^2}=\sqrt{25}=5$cm　$\triangle ABP\equiv\triangle EDQ$より，ED＝AB＝4cm，EQ＝AP＝5cm　△EDQと△ERAにおいて，共通な角より，$\angle DEQ=\angle REA$…(1)　$\angle EQD=180°-\angle EDQ-\angle DEQ=180°-90°-\angle DEQ=90°-\angle DEQ$…(2)　$\angle EAR=\angle BAD-\angle BAP=90°-\angle BAP=90°-\angle DEQ$…(3)　(2)，(3)より，$\angle EQD=\angle EAR$…(4)　(1)，(4)より，2組の角がそれぞれ等しいから，$\triangle EDQ\backsim\triangle ERA$　よって，ED：EQ＝ER：EA　$ER=\dfrac{ED\times EA}{EQ}=\dfrac{4\times8}{5}=\dfrac{32}{5}$cm　以上より，EQ：QR＝EQ：(ER－EQ)$=5:\left(\dfrac{32}{5}-5\right)=5:\dfrac{7}{5}=25:7$

5 **（空間図形，三平方の定理，面積，体積）**

〔問1〕 △ABFで三平方の定理を用いると，$AF=\sqrt{AB^2+BF^2}=\sqrt{6^2+12^2}=6\sqrt{5}$cm　$AD\perp AB$，$AD\perp AE$より，$AD\perp$平面AEFBだから，$AD\perp AF$　以上より，$\triangle DQP=\triangle DAF=\dfrac{1}{2}\times AD\times AF=\dfrac{1}{2}\times8\times6\sqrt{5}=24\sqrt{5}$cm^2

〔問2〕 点Pから辺BCへ垂線PSを引く。BF//PSで，**平行線と線分の比についての定理**より，CS：SB＝CP：PF＝3：5　$SB=\dfrac{5}{3+5}BC=\dfrac{5}{8}\times8=5$cm　点Sから線分DQへ垂線STを引くと，線分STは，四角形DQRHを底面としたときの四角錐P－DQRHの高さに相当する。また，DQ//HR，DH//AE//QRよりDH//QR，$\angle QDH=90°$　よって，四角形DQRHは1つの内角が$90°$の平行四辺形だから長方形。直線BCと直線DQの交点をUとする。

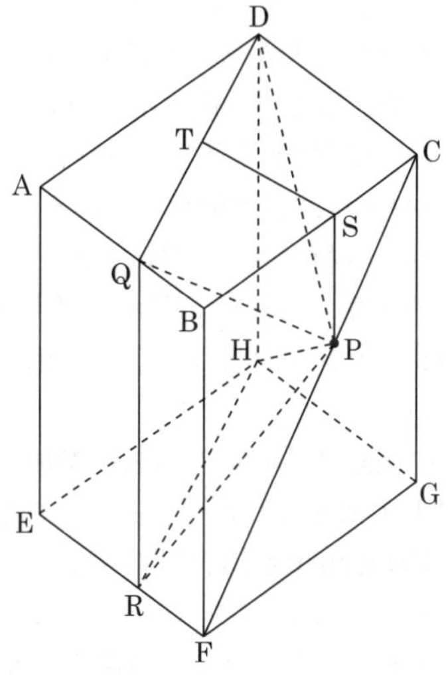

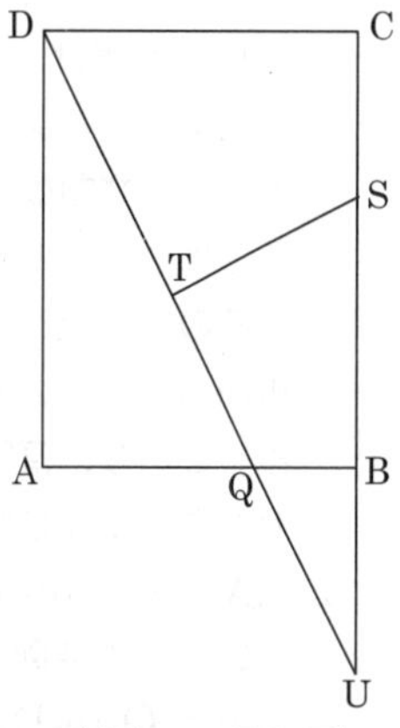

（真上から見た図）

△ADQで三平方の定理を用いると，$DQ=\sqrt{AD^2+AQ^2}=\sqrt{8^2+4^2}=4\sqrt{5}$cm　$\triangle ADQ\backsim\triangle BUQ\backsim\triangle TUS$より，AD：AQ＝BU：BQ　$BU=\dfrac{AD\times BQ}{AQ}=\dfrac{AD\times(AB-AQ)}{AQ}=\dfrac{8\times(6-4)}{4}=4$cm　DQ：US＝AQ：TS　$TS=\dfrac{US\times AQ}{DQ}=\dfrac{(SB+BU)\times AQ}{DQ}=\dfrac{(5+4)\times4}{4\sqrt{5}}=\dfrac{9\sqrt{5}}{5}$cm　以上より，(四角錐P－DQRHの体積)$=\dfrac{1}{3}\times DQ\times QR\times TS=\dfrac{1}{3}\times4\sqrt{5}\times12\times\dfrac{9\sqrt{5}}{5}=144$cm^3

＜英語解答＞

1 〔問題A〕 ＜対話文1＞ ウ　＜対話文2＞ エ　＜対話文3＞ イ
〔問題B〕 ＜Question 1＞ ウ　＜Question 2＞ (例)They should tell a teacher.

2 1 ア　2 エ　3 (1) ウ　(2) (例)We can bring our own bags when we go shopping. Then we won't need new plastic or paper bags. It is important for us to reduce waste in our daily lives.

3 〔問1〕 イ　〔問2〕 ウ　〔問3〕 ア　〔問4〕 エ　〔問5〕 イ
〔問6〕 エ　〔問7〕 ア

4 〔問1〕 エ　〔問2〕 エ→ア→ウ→イ　〔問3〕 (1) ア　(2) ウ　(3) イ
〔問4〕 (1) イ　(2) ア

＜英語解説＞

1 (リスニング)

放送台本の和訳は，65ページに掲載。

2 (短文読解問題：語句選択補充，内容真偽，条件英作文)

1 選択肢を見ると(A)には曜日，(B)には場所が入ることがわかるので，会話とウェブサイトの中から曜日と場所のヒントとなる箇所に注目する。 (A) 2つ目のマリの発話2，3文目「今日は6月11日木曜日。来週行きたい」からマリは6月16日火曜日に行きたいことがわかる。それに対して続くジェインが「ごめんなさい，夜に用事があるから火曜日は行けない」，そしてその後3つ目のマリの発話は「来週の(A)はどう？」という内容なので火曜日以外の next week「来週」の予定はウェブサイトから6月20日土曜日とわかる。その提案に続くジェインはオーケーと答えているので「土曜日」がふさわしい。 (B) 最後のマリの発話「ウェストシティホールはサウス駅から近いけどあなたの家から遠い。だから(B)の方がいい。あなたはそこへ歩いて5分で行ける」とあり，直後のジェインが同意しているので，駅から近い方ではないイーストボランティアセンターがふさわしい。

2 (A) 3つ目のマリの発話は「掃除の活動に参加したい。8月7，8日は空いてる。(A)に参加したい。この活動を通して海を守りたい」という内容。パンフレットから日付と内容があっているのは One-Day Programs「1日プログラム」の一番下にある Clean a Beach「ビーチの掃除」がふさわしい。 (B) 3つ目のジェインの発話は「アメリカで掃除の活動の経験がある。日本では違うことをしてみたい」，4つ目のジェインは「花を植えたことがある。植物で何かをすることに興味がある。数日間のボランティアをしたい」という内容。続くマリの発話第2文に「今までにしたことのない何かに挑戦してみたら？」とあることに注目する。パンフレットの Three-Day Programs「3日間プログラム」の Plant Trees「木を植える」が，掃除ではなく，今までにしたことのない何か，に当てはまる。

3 (1) ア「日本でジェインは夏休みのボランティアプログラムでのマリのスピーチから環境を守ることについて学んだ」(×) 第1段落第3～5文に「夏休みのボランティアプログラムに参加した。特にそれに感銘をうけた。環境を守ることがとても大事だと学んだ」とあるのでマリのスピーチからではない。 イ「ジェインのスピーチのあと，多くの生徒たちは保育所を訪れることに興味を持ち，そのことについてたくさん質問をした」(×) 2段落第3，4文に「多くの生徒たちも環境を守ることにとても興味を持っていた。スピーチのあとその活動について私にたくさん質問をした」とある。　ウ 「ジェインがクラスメイトと保育所に行ったとき，そこで環境にやさしいおもちゃが使われていたことにとても驚いた」(○)　第3段落に保育所に行ったこと，環境にやさしいおもちゃは木やリサイクルされたプラスチックでできていて電池がないことが述べられており，最終文で「彼ら(子どもたち)がそこで使っていて驚いた」とある。　エ 「ジェインが日本に滞在している間，環境にやさしいおもちゃについて学ぶために夏休みのボランティアプログラムに参加した」(×)　第1段落からジェインが環境を守る活動をボランティアでしたことがわかり，第3段落第1文では「先週クラスメイトと保育所に行った」とあり，その後環境にやさしいおもちゃの説明があるので，アメリカ帰国後に保育所で環境にやさしいおもちゃを知ったことがわかる。

(2)　ジェインからのメールの最後の段落をよく読む。「環境を守るアイディアをシェアしましょう。もっと環境にやさしい生活をした方がいい。どうやったらできるか？　なにか考えはある？」という内容。マリからのメールの空欄直前の段落には「あなたの質問に答えようと思う。もっと環境にやさしい生活をするためにできることが一つある。それを伝えます」と書いてある。自分ができることの内容，その理由を指示通りに3つの英文で書くこと。解答例の英文は「買い物に行くときに自分のバッグを持って行くことができる。そうしたら新しいビニール袋や紙袋は必要ない。私たちが日々の生活でごみを減らすことは大切だ」という意味。理由を忘れずに書くこと。**日頃から身近な社会問題を意識して自分の考えを説明できるようにすること。教科書の英文などを参考にして3文くらいの英文を書く練習をしよう。**

3　(会話文読解問題：指示語，語句解釈，語句補充)

(全訳)

ハルカとジュンイチは東京の高校2年生です。スーザンはアメリカから来た高校生です。彼らはイギリス出身の ALT のジョージと昼食後教室で話をしています。

ハルカ　：私の姉の写真を見てください。
スーザン　：ああ，着物を着ていますね。お姉さんは成人式に参加したんですか？
ハルカ　：ええ，参加しました。この前の月曜日に市で行われました。
スーザン　：そのニュースを見ました。(1)そのことについてもっと教えてください。
ジュンイチ：もちろん。二十歳になった，またはなる人たちをお祝いする式なんです。
ハルカ　：長い間日本人は大人になった人たちをお祝いする式をしています。大人になる年齢は以前はもっと若かったんです。
ジョージ　：それは知りませんでした。過去には何か他に違いがあったんですか？
ジュンイチ：はい。例えば，髪形を変えたり，着ている着物の種類を変えたりする人もいました。彼らは名前も変えました。
ジョージ　：面白いですね。成年に達することは日本人にとって重要なことなんですね。
ジュンイチ：その通りです。約70年間各都市で成人式が行われています。そのような式典はありましたか，ジョージ？
ジョージ　：(2)なかったですね。21歳になったときと大学を卒業したときにパーティーをしました。
スーザン　：私も16歳のときに盛大な誕生パーティーをしました。
ハルカ　：したんですね？　その年齢で大人になるんですか？
スーザン　：いいえ。私の州では大人になる年齢は18歳です。州によって違うんです。
ジュンイチ：なるほど。日本では二十歳になると法律上大人となります。2022年にはそれが18歳に変更になります。僕は大人になるのを楽しみにしています。

ハルカ　：私もです。でもそのあとには自分の決断に責任を持たなくてはなりません。

スーザン：(3)その通りですが，年齢が違いを生ずるものだとは思いません。例えば，私は日本に来ることを決めて，ここでとても一生懸命勉強しています。なぜならその決断に責任を感じているからです。

ジョージ：私もスーザンに同意します。ジュンイチ，ハルカ，あなた達もすでにたくさんの決断をしてきていると思います。例えば行く学校や入るクラブを決めましたし，将来何をするかを決めることができます。

ハルカ　：その通りですね。そのようにこのことについて考えたことはありませんでした。

ジョージ：大人になる前に，両親の同意がなくてはできないことや法律上できないことがいくつかあります。(4)でも自分の人生をよりよくするために何をすべきかを決めることはできます。

ハルカ　：はい。私は留学してスーザンのような人たちから多くのことを学びたいので英語をとても一生懸命勉強します。

スーザン：そうなんですか？　それを聞いて嬉しいです。

ジョージ：ジュンイチはどうですか？

ジュンイチ：今僕は両親に支えられています。僕は仕事を得て自活したいです。

ジョージ：いいですね。どんな仕事に就きたいんですか？

ジュンイチ：スポーツ科学を使う仕事です。僕はスポーツ科学に興味があります。大学でそれを勉強したいです。今僕は一生懸命勉強しています。

ジョージ：なるほど。(5)スーザンはどうですか？

スーザン：お年寄りを助けるような何かをしたいです。今私はそれをどのようにするかについて考えています。

ジョージ：これらは全ていい考えだと思います。自分のゴールに向かって全力を尽くしてください。ああ，私は行かないといけません。みんなと話せて楽しかったです。また話しましょう！

ハルカ，ジュンイチ，スーザン：ありがとうございました，ジョージ。

〔問1〕 it は先行する単数の名詞や代名詞を指すことができるので前に出た文の中から何のことかを考える。下線部直前のスーザンの発話 I watched the news about it 「それについてのニュースを見た」の it も，その前のハルカの発話 It was held … 「それは開催された」の it も同じものを指していると考え，その前の1つ目のスーザンの発話に注目する。開催されたりニュースになったりするイの成人式がふさわしい。完成した英文は「成人式についてもっと教えて」。

〔問2〕 直前のジュンイチの質問 Did you have such a ceremony? に対する返答なので，I didn't. の後には have such a ceremony が省略されていると考える。**such は「そのような」**，ceremony は「式典，儀式」で「そのような式典」という意味になる。文脈から式典を表しているのは成人式のこと。　ウ「ジョージは彼の市で成人式をしなかった」

〔問3〕 下線部直後に自分の例として理由を述べている。完成した英文は「人は成人する前も後も自分の決断に責任を持つべきだとスーザンは思っている」。**make a difference 「違いが生まれる，重要である」**

〔問4〕 ア「親の同意がなく法律上できないことをすることを決められる」は下線部直前に「成人する前にはできないことがある」と述べられているので合わない。　イ「日本で何歳で大人になるかを決められる」とウ「いつ成人式をするか決められる」は4つ目のジュンイチの発話から日本では自分で決めることではないと考えられる。　エ「ハルカは将来したいことや将来のために今できることを決めることができる」直後のハルカの発話内容では今できることと将来のことが述べられていて正答にふさわしい。**<make ＋人・物＋形容詞・名詞・過去分詞>で「(人・物)を(形容詞・名詞・過去分詞)にする」**の意味になる。ここは make your life better で「あなたの人生をよりよいものにする」の意味。

〔問5〕 **How about you? は「あなたはどうですか？」**の意味。7つ目のハルカの発話以降，これからしたいことをそれぞれが述べているのでイ「将来何をしたいですか」がふさわしい。

〔問6〕 選択肢の接続詞はア　A because B で「BだからA」，イ　if ~「もし~ならば」，ウ　after ~「~したあとに」，エ　before ~「~する前に」の意味。4，5つ目のジョージの発話からみんなが大人になる前に決断をしていることがわかる。正答はエで完成した英文は「ジョージは人は大人になる前に多くのことを決断していると考えている」の意味。

〔問7〕 (A) **way は「方法」，goal は「目標」。** 1つ目の(A)は直前の文から成人式についての内容と考え，直後の文では過去の成人式に言及している。本文の3つ目のハルカの発話から3つ目のジュンイチの発話は成人式の内容を話しており，目標については話していないので ways を入れ「お祝いする方法が興味深い」となる。2つ目の(A)は helping old people「お年寄りを助けること」が本文最後のスーザンの発話と内容が合い，この発話の第2文 … how to do that の do that は help old people を意味しているので「どのようにお年寄りを助けるか(お年寄りを助ける方法)」となる。ways を入れた英文は「今私はお年寄りを助ける方法について考えている」。　(B) **different「異なった，別の」，the same「同じ」。** 1つ目の(B)は昔の成人式についての文なので2つ目のジュンイチの発話を参照する。「過去には成人したあとに違う名前を持つ人たちもいた」とするのがふさわしい。2つ目の(B)は直前の文「私たちはまた将来の計画について話をした」に続くので，ハルカの7つ目の発話以降を読むと，それぞれ違う考えがあることがわかる。「彼らはみんな違っていた」となる。**同じような語句から本文のどこで述べられてる話題かを考えること。**

4 (長文読解問題・物語文：語句解釈，文の並べ替え，語句補充，英問英答)

(全訳)

ミサは高校1年生でした。10月のある日オーストラリアから高校生が何人かミサの学校にやってきました。彼らは日本文化と日本語学習に興味を持っていました。その内の1人，エレンはミサの家に滞在していました。ミサは英語を話すいい機会だったのでとても幸せに思いました。学校の初日，ミサは全てをエレンに英語で説明しました。エレンは「ありがとう，ミサ。いつもたくさん手助けしてくれるわね」と言いました。ミサはそれを聞いてとても嬉しく思いました。

ある日，エレンはミサと一緒に，オーストラリアの彼女の友達のために特別な折り紙である千代紙を買いに出かけました。エレンはミサに「昨夜，買い物向けの日本語を練習したの」と言いました。お店でエレンは数種の模様がある千代紙を欲しいと思いました。彼女は店員の1人に日本語で説明しようとしましたが，店員は彼女を理解することができませんでした。ミサがその店員に日本語で説明をして，彼らはエレンが欲しかった千代紙を手に入れました。ミサは嬉しく思いました。

次の週末，エレンはミサに一冊の本を見せて，「この本知ってる？」と言いました。ミサは，いいえと答えました。エレンはがっかりしているように見えました。エレンはミサに「これは私の大好きな日本人作家によって書かれた本なの。彼女は日本語で書いているけど，これは英語の翻訳なのよ」と説明しました。「なるほど。読んでみるわ」とミサは答えました。そしてエレンはその作家についての討論会に行きたいと言いました。ミサはそこへの行き方の情報を手に入れてエレンに説明しました。ミサはエレンに「一緒に行こうか？」とたずねました。エレンは微笑んで「私は大丈夫よ。一人でそこに行ける。ありがとう」と答え，討論会へ行きました。

次の日，ミサ，エレン，ユウスケ，ブライアンは博物館に行きました。ユウスケはミサのクラスメイトの1人で，ブライアンは別のオーストラリアからの生徒でした。そこでは日本の歴史についての展示がありました。ミサはその歴史のいつくかを英語で説明しました。その後ユウスケがミサに日本語で話しました。彼はエレンとブライアンのオーストラリアでの学校生活に興味があると言いました。彼はまた彼らが何をよく考えているのかを知りたいと思いました。ユウスケはエレンとブライアンにこれらのことを聞きました。彼は英語を流ちょうに話さず，ときどき日本語を使いましたが，エレンとブライアンは彼を理解しようとしました。そしてブライアンはミサに「何か質問ある？」と聞きました。ミサはしばらく考えて「生徒たちは他の言語を学ぶべきだと思う？」とたずねました。ブライアンは「うん。それは彼らの生活をより面白いものにするよ」と言いました。ブライアンは日本のアニメが好きで，それを日本語で理解するよう努力したいと言いました。エレンも「うん」と言い，日本語で本を読みたいと言いました。彼女は「私は日本人と本や作家について話すこともしたい」と言いました。ミサは「知らなかった。私と話をしたいから昨日本を持ってきたんだと思う。そのときはそう思わなかったわ」と心の中で思いました。彼女はそのことについて申し訳なく思いました。するとエレンがミサに「なんで英語を勉強するの，ミサ？」と聞きました。ミサは「他の国の人たちに日本のことについて説明したいからよ」と答えました。ブライアンは「なるほど。じゃあ僕が質問あるときは聞いてもいい？」と言いました。ミサは「もちろん」と言いました。

その後彼らはランチを食べに博物館のそばのハンバーガーショップへ行きました。エレンとブライアンが注文するとき，ミサは彼らを助け始めました。ユウスケがミサを止めました。「これは彼らが日本語を練習するいい機会だよ」とユウスケが言いました。エレンとブライアンは日本語で自分たちのランチを注文し始めました。エレンはメニューの写真を指差しました。ブライアンは店内で食べることをジェスチャーを使って表しました。エレンとブライアンがミサとユウスケとテーブルに座ったとき，ブライアンが「ランチを手に入れたぞ！」と言いました。エレンは「話し言葉の日本語を理解するのは私には難しいわ。もっと勉強しなくちゃ」と言いましたが，嬉しそうでした。ミサは新しい言語を学ぶことは楽しいのだと気が付きました。

家へ帰る途中エレンはミサに「今日は本当にいい時間を過ごせたわ。なぜあなたが一生懸命英語を勉強したり，なぜ私をたくさん手助けしてくれるのかがわかったわ」と言いました。ミサは微笑んで「私も楽しかったわ。昨日なぜ私にあの本を見せてくれたのか想像ができるわ。本についてもっとあなたと話がしたいわ，エレン。多分そのことについて日本語で話した方がいいわね。あなたの大好きな作家の本をいくつか私に紹介してくれる？」と言いました。エレンは「もちろん。あなたの好きなのについても知りたいわ」と答えました。ミサは「明日本を探しに図書館に行こうね」と言いました。

〔問1〕 **thatは前述された内容を指して「そのこと」**ということができる。下線部の前の内容からミサがエレンに感謝されたのはミサが学校でエレンに英語で説明したからと考える。エを入れて完成した英文は「ミサは学校で英語を使ってエレンを大いに助けることが出来たのでとても嬉しかった」の意味。

〔問2〕 **誰が何をしたのか，段落ごとに場面を理解すること。** エ 「エレンはミサにミサが知らない本を見せた」第3段落第1，2文参照。 ア 「エレンは一人で大好きな日本人作家についての討論会へ行った」第3段落後半参照。 ウ 「ミサはエレンが彼女と本や作家について話したかったと想像した」第4段落第15文，16文のミサの発話を参照。 イ 「ミサはエレンの大好きな作家の本についてエレンと日本語で話したいと思った」第6段落第2文のミサの発話内容を参照。

〔問3〕 **主語と動詞が本文内容と合うか確認すること。** (1) 第2段落を参照する。最後から2文目以降を参照するとアがふさわしい。完成した英文は「ミサとエレンがエレンの欲しかった千代紙を買うためにお店にいったとき，エレンがそれを自分と一緒に買うことができたのでミサは嬉しかった」となる。 イ 「ミサが店員に英語でエレンの好きな模様を説明して買った」英語という点が内容と合わない。 ウ 「エレンは店員に好きな模様を説明したが店員は彼女の英語を理解しなかった」日本語を理解できなかった。 エ 「エレンは日本語を使ってオーストラリアの友達のために買った」日本語は通じなかった。 (2) 第4段落を参照する。第6～8文を参照するとウがふさわしい。完成した英文は「ユウスケは彼らの学校生活に興味があり，何について考えているかを知りたかったので，博物館でエレンとブライアンにオーストラリアでの学校生活について聞いた」となる。 ア 「英語を話すいい機会だと思った」4段落目にはこのような記述はない。 イ 「彼は博物館の展示のいくつかについて英語で説明ができなかった」第4文にはミサが説明したとある。 エ 「エレンとブライアンに日本語の勉強をしてもらいたかった」4段落目にはユウスケのこのような記述はない。 (3) 第5段落を参照する。第9文目エレンの発話を参照するとイがふさわしい。完成した英文は「ハンバーガーショップでエレンは日本語を使って自分でランチを手に入れることができたので嬉しそうだった」となる。 ア 「ユウスケが彼女を手伝ってランチを手に入れられた」ユウスケは手伝っていない。 ウ 「ユウスケの日本語を理解するのは彼女には難しくなかった」9文目で話し言葉の日本語が難しいと言っている。 エ 「ジェスチャーや写真を指差すことなくランチを注文した」6文目に写真を指差したとある。

〔問4〕 (1) 「ハンバーガーショップでのエレンの嬉しそうな表情を見たときミサは何に気が付きましたか」第5段落を参照。 イ 「新しい言語を学ぶことは楽しいことだと気が付いた」最終文参照。 ア 「エレンが食べ物をとても満喫したことに気が付いた」， ウ 「話し言葉の日本語を理解するためにエレンはもっと日本語を勉強しなくてはならないと気が付いた」， エ 「もっと英語を勉強しなくてはならないと気が付いた」共に本文にそのような記述はない。 **realize「はっきり理解する」** (2) 第6段落を参照。「ミサとエレンは博物館を訪れた次の日に何をする計画を立てましたか」 ア 「図書館に行って彼らの好きな作家の本を探すこと」最終文参照。 イ 「今それぞれが学んでいる言語を一生懸命学ぶこと」このような記述はない。 ウ 「本や作家について他の人たちと日本語で話すこと」二人で話そうと言っている。 エ 「一緒に討論会へ行ってエレンの好きな作家について話すこと」討論会にはもうエレンは行っていて次の日に二人でする予定はない。

2020年度英語　リスニングテスト

〔放送台本〕

これから，リスニングテストを行います。リスニングテストは，全て放送による指示で行います。リスニングテストの問題には，問題Aと問題Bの二つがあります。問題Aと，問題Bの<Question 1>では，質問に対する答えを選んで，その記号を答えなさい。問題Bの<Question 2>では，質問に対する答えを英語で書きなさい。

英文とそのあとに出題される質問が，それぞれ全体を通して二回ずつ読まれます。問題用紙の余白にメモをとってもかまいません。答えは全て解答用紙に書きなさい。

〔問題A〕

問題Aは，英語による対話文を聞いて，英語の質問に答えるものです。ここで話される対話文は全部で三つあり，それぞれ質問が一つずつ出題されます。質問に対する答えを選んで，その記号を答えなさい。では，＜対話文1＞を始めます。

Tom: I am going to buy a birthday present for my sister. Lisa, can you go with me?
Lisa: Sure, Tom.
Tom: Are you free tomorrow?
Lisa: Sorry. I can't go tomorrow. When is her birthday?
Tom: Next Monday. Then, how about next Saturday or Sunday?
Lisa: Saturday is fine with me.
Tom: Thank you.
Lisa: What time and where shall we meet?
Tom: How about at eleven at the station?
Lisa: OK. See you then.

Question : When are Tom and Lisa going to buy a birthday present for his sister?

＜対話文2＞を始めます。

（呼び出し音）
Bob's mother: Hello?
Ken: Hello. This is Ken. Can I speak to Bob, please?
Bob's mother: Hi, Ken. I'm sorry, he is out now. Do you want him to call you later?
Ken: Thank you, but I have to go out now. Can I leave a message?
Bob's mother: Sure.
Ken: Tomorrow we are going to do our homework at my house. Could you ask him to bring his math notebook? I have some questions to ask him.
Bob's mother: OK. I will.
Ken: Thank you.
Bob's mother: You're welcome.

Question : What does Ken want Bob to do?

＜対話文3＞を始めます。

Yumi: Hi, David. What kind of book are you reading?
David: Hi, Yumi. It's about *ukiyoe* pictures. I learned about them last week in an art class.
Yumi: I see. I learned about them, too. You can see *ukiyoe* in the city art museum now.

David: Really? I want to visit there. In my country, there are some museums that have *ukiyoe*, too.
Yumi: Oh, really? I am surprised to hear that.
David: I have been there to see *ukiyoe* once. I want to see them in Japan, too.
Yumi: I went to the city art museum last weekend. It was very interesting. You should go there.

Question : Why was Yumi surprised?

〔英文の訳〕
＜対話文1＞
トム：妹(姉)に誕生日プレゼントを買うつもりなんだ。リサ，一緒に行ってもらえるかい？
リサ：もちろんよ，トム。
トム：明日はひま？
リサ：ごめんね，明日は行けないの。彼女のお誕生日はいつなの？
トム：次の月曜日だよ。じゃあ次の土曜日か日曜日はどう？
リサ：土曜日が都合がいいわ。
トム：ありがとう。
リサ：何時にどこで会う？
トム：11時に駅はどう？
リサ：オーケー。じゃあね。
質問：トムとリサはいつ妹(姉)の誕生日プレゼントを買いに行くつもりですか。
答え：ウ　次の土曜日
＜対話文2＞
ボブの母：もしもし。
ケン　　：もしもし。ケンです。ボブはいらっしゃいますか。
ボブの母：こんにちは，ケン。ごめんなさいね，ボブは今外出中なのよ。後で電話させましょうか？
ケン　　：ありがとうございます。でも僕は今出かけないといけないんです。伝言をお願いできますか。
ボブの母：もちろんよ。
ケン　　：明日僕たちは僕の家で宿題をするつもりです。ボブに数学のノートを持ってくるように言ってもらえますか。いつくか聞きたいことがあるんです。
ボブの母：オーケー。伝えておくわ。
ケン　　：ありがとうございます。
ボブの母：どういたしまして。
質問：ケンはボブに何をしてもらいたいですか。
答え：エ　彼の数学のノートを持ってくる。
＜対話文3＞
ユミ　　　：こんにちは，ディビッド。何の本を読んでいるの？
ディビッド：こんにちは，ユミ。これは浮世絵についての本だよ。先週美術の時間にこのことについて習ったんだ。

ユミ　　　：なるほどね。私もそのことを習ったわ。今市の美術館で浮世絵を見られるわよ。

ディビッド：本当？　行きたいな。僕の国でも浮世絵がある美術館がいくつかあるよ。

ユミ　　　：あら，本当に？　それを聞いて驚いたわ。

ディビッド：一度そこに浮世絵を見に行ったことがあるんだ。日本でも見たいな。

ユミ　　　：先週末にその市の美術館に行ったのよ。とても興味深かったわよ。行った方がいいわよ。

質問：なぜユミは驚いたのですか。

答え：イ　ディビッドが彼の国の美術館に浮世絵があると言ったから。

〔放送台本〕

〔問題B〕

これから聞く英語は，カナダの高校に留学している日本の生徒たちに向けて，留学先の生徒が行った留学初日の行動についての説明及び連絡です。内容に注意して聞きなさい。あとから，英語による質問が二つ出題されます。＜Question 1＞では，質問に対する答えを選んで，その記号を答えなさい。＜Question 2＞では，質問に対する答えを英語で書きなさい。なお，＜Question 2＞のあとに，15秒程度，答えを書く時間があります。では，始めます。

Welcome to our school. I am Linda, a second-year student of this school. We are going to show you around our school today.

Our school was built in 2015, so it's still new. Now we are in the gym. We will start with the library, and I will show you how to use it. Then we will look at classrooms and the music room, and we will finish at the lunch room. There, you will meet other students and teachers.

After that, we are going to have a welcome party.

There is something more I want to tell you. We took a group picture in front of our school. If you want one, you should tell a teacher tomorrow. Do you have any questions? Now let's start. Please come with me.

＜Question 1＞　Where will the Japanese students meet other students and teachers?

＜Question 2＞　If the Japanese students want a picture, what should they do tomorrow?

以上で，リスニングテストを終わります。

〔英文の訳〕

私たちの学校へようこそ。私はこの学校の２年生のリンダです。今日は私たちが皆さんに学校を案内します。

私たちの学校は2015年に設立されたのでまだ新しいです。今私たちは体育館にいます。最初は図書館からスタートして使い方を説明します。そして教室と音楽室を見て，最後はランチルームになります。そこで他の生徒や先生達と会います。

その後，歓迎会を行うつもりです。

さらにお伝えしたいことがあります。学校の前でグループ写真を撮りました。もし1枚欲しいようでしたら明日先生に伝えてください。何か質問はありますか。では始めましょう。一緒に来てください。

質問1：日本の生徒たちはどこで他の生徒や先生達に会いますか。

答え　：ウ　ランチルームで。

質問2：もし日本の生徒たちが写真を欲しいときは，明日何をすべきですか。

答え　：先生に伝えるべきだ。

＜理科解答＞

1　〔問1〕 イ　〔問2〕 ウ　〔問3〕 ア　〔問4〕 エ　〔問5〕 イ

2　〔問1〕 ウ　〔問2〕 イ　〔問3〕 ア　〔問4〕 エ

3　〔問1〕 ウ　〔問2〕 エ　〔問3〕 太陽の光の当たる角度が地面に対して垂直に近いほど，同じ面積に受ける太陽の光の量が多いから。

〔問4〕 ①　ア　②　ウ

4　〔問1〕 ①　ア　②　ウ　③　ウ　〔問2〕 エ

〔問3〕 ①　イ　②　ア　③　エ　④　イ

〔問4〕 柔毛で覆われていることで小腸の内側の壁の表面積が大きくなり，効率よく物質を吸収することができる点。

5　〔問1〕 イ　〔問2〕 ①　ウ　②　ア

〔問3〕 $NaCl \rightarrow Na^{+} + Cl^{-}$

〔問4〕 溶質の名称　ミョウバン　結晶の質量　8.6g

6　〔問1〕 右図　電流の大きさ　1.5A　〔問2〕 イ

〔問3〕 エ　〔問4〕 ア

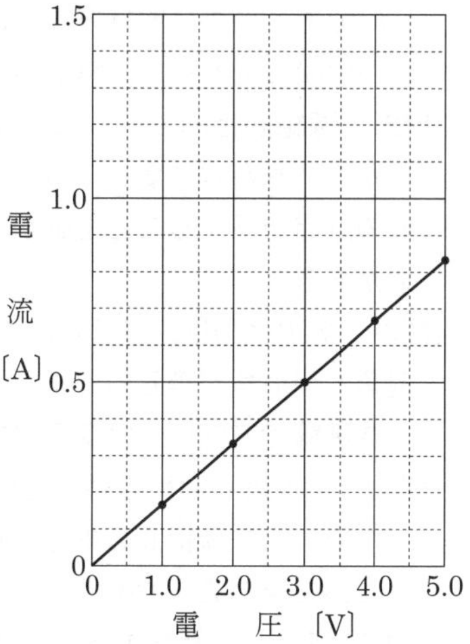

＜理科解説＞

1　**(小問集合－生物の成長と生殖，水溶液とイオン：塩酸の電気分解，気体の発生とその性質，仕事とエネルギー：仕事率，火山活動と火成岩，身近な地形や地質，岩石の観察：火山岩，物質の成り立ち・化学変化：熱分解のモデル化)**

〔問1〕 動物では卵と精子，被子植物では卵細胞と精細胞の2種類の生殖細胞が結合し，それぞれの核が合体して1個の細胞となることを受精といい，受精卵の染色体数は親の体細胞の染色体と同数である。受精卵は体細胞分裂をして胚になる。

〔問2〕 塩酸の電離をイオン式で表すと，$HCl \rightarrow H^{+} + Cl^{-}$，であり，電圧がかかると陰極からは気体Aの水素が発生し，陽極からは気体Bの塩素が発生する。塩酸の電気分解を化学反応式で表すと，$2HCl \rightarrow H_2 + Cl_2$，であり，発生する気体の体積比は，水素：塩素＝1：1，であるが，実験で集まった体積は，水素の方が塩素より多かった。それは，水素は水に溶けにくく，塩素は水に溶けやすいためである。

〔問3〕 持ち上げた力がした仕事率〔W〕$= 1.5〔N〕\times \frac{1.6〔m〕}{2〔s〕} = \frac{2.4〔J〕}{2〔s〕} = 1.2〔W〕$である。

〔問4〕　観察した火成岩は，**有色鉱物の割合が多く，図2より斑状組織であることから，ねばりけが弱いマグマが，地表や地表付近で短い時間で冷えて固まった火山岩**である。よって，この火成岩の種類は玄武岩であり，黄緑色で不規則な形の有色鉱物Aはカンラン石である。

〔問5〕　酸化銀の熱分解の化学反応式は，$2Ag_2O \rightarrow 4Ag + O_2$，であり，銀原子1個を●，酸素原子1個を○で表してモデル化すると，●○●　●○● → ●●●● ＋ ○○，である。

2　**(自由研究－天気の変化：空気中の水蒸気量・霧の発生，光と音：光の反射と像の見え方，科学技術の発展：凍結防止剤，状態変化：融点，電流：電力・発熱量，自然環境の調査と環境保全：水質調査，動物の分類：無セキツイ動物)**

〔問1〕　**24℃の教室の1m³中に含まれる水蒸気量は，図1の金属製のコップAの表面に水滴がつき始めた温度，すなわち露点の14℃における飽和水蒸気量である。**よって，

$$\text{教室の湿度〔\%〕} = \frac{1\text{m}^3\text{の空気に含まれる水蒸気の質量〔g/m}^3\text{〕}}{\text{その空気と同じ気温での飽和水蒸気量〔g/m}^3\text{〕}} \times 100 = \frac{12.1\text{〔g/m}^3\text{〕}}{21.8\text{〔g/m}^3\text{〕}} \times 100 \fallingdotseq 55.5$$

〔%〕である。夜や明け方などに空気が冷やされ露点より低くなると，地表付近でも空気中の水蒸気が水滴に変わって，霧が発生する。

〔問2〕　**凍結防止剤**である塩化カルシウムが溶けた水溶液は固体に変化するときの温度が下がることから，水が氷に変わるのを防止する効果がある。そこで，塩化カルシウムを入れたときの水溶液の融点が下がることを確かめるには，氷が溶けて水になるときの温度である融点を測定する必要がある。

〔問3〕　アの作図は，さくらの木の点Aと点Bの各点からの光が水面に入射して反射するときの，入射角と反射角が等しい。また，この観察では，**水面が鏡のようになり，反射光線を反対側に延長した破線の方向に，サクラの木が水面に対して対称の位置に逆さまに映って見える。**

〔問4〕　学校近くの川の調査地点で見つかった，水質階級Ⅰの指標生物は，カワゲラとヒラタカゲロウで，水質階級Ⅱの指標生物は，シマトビケラとカワニナ，水質階級Ⅲの指標生物は，シマイシビルであった。個体数が最も多かったシマトビケラと次に多かったシマイシビルを2点とし，他を1点として計算すると，調査を行った付近の水質階級は，最も点数が多かった水質階級Ⅱである。**内蔵が外とう膜で覆われている動物の仲間の名称は，軟体動物である。**

3　**(太陽系と恒星：太陽の日周運動，太陽の南中高度と気温の変化)**

〔問1〕　図3より，1時間ごとの紙テープの長さは2.4cmであるため，15時から日の入りの点Gまでの紙テープの長さは9.6cmであることから，日の入りの時刻〔時〕＝15〔時〕＋9.6〔cm〕÷2.4〔cm/時〕＝19〔時〕である。

〔問2〕　地球の自転により，南半球では，太陽は天の南極を中心に回転して見える。<観測>を行ったのは東京が夏至の日であるため，南半球では冬至である。**南半球のある地点(南緯35.6°)では，冬至の北中高度(南半球では，南と天頂と北を結ぶ線(天の子午線)上を通過するとき，太陽は北中するという)は，最も低い**ため，エが正しい。

〔問3〕　図6と図7で，試験管と太陽の光がなす角度が装置Hより大きい装置Iは，結果2から水温の上昇が装置Hより大きかった。このモデル実験から，南中高度が高いほど，太陽の光の当たる角度が地面に対して垂直に近いため，同じ面積に受ける太陽の光の量(エネルギー)が多いから，地表が温まりやすいことがわかる。

〔問4〕　図7において，10分後の水温が最も高くなる角aは，太陽の光が装置Iの試験管に垂直に当たるように角bを90°にしたときである。このとき，**∠a＝90°－南中高度**，である。また，図8で

は，90°－南中高度＝∠c，である。よって，∠a＝∠c，である。したがって，図8で，同位角により，∠c＝∠e(北緯)＋∠f(地軸の傾き)＝35.6°＋23.4°＝59.0°＝∠a，である。

4 (動物の体のつくりとはたらき：消化酵素のはたらきを調べる実験・ヒトの消化と吸収)

〔問1〕 1％デンプン溶液に水を加えた容器Aと唾液を加えた容器Cを体温に近い40℃に保って比較すると，容器Cではヨウ素デンプン反応が起きないのでデンプンは**唾液のはたらき**により別の物質に変化したことが分かる。さらに，容器Bと容器Dの比較から，容器Dでは**ベネジクト液を加えて加熱した結果，赤褐色の沈殿ができたことから別の物質は糖であることが分かる。**

〔問2〕 消化酵素Xは，＜実験1＞＜結果1＞では容器Aと容器Eの結果から，40℃においてデンプンを分解しないことが分かる。消化酵素Xは，＜実験2＞＜結果2＞では容器Gと容器Hの結果から，24℃において主成分が**タンパク質であるゼラチンを別の物質に変化させた**ことがわかる。よって，消化酵素Xと同じはたらきをするヒトの消化酵素は**ペプシン**である。＜実験3＞＜結果3＞から，80℃で加熱後の消化酵素Xは，タンパク質を分解しないことが分かる。

〔問3〕 デンプンは，唾液腺・すい臓から分泌される消化液に含まれる消化酵素などのはたらきで，最終的にブドウ糖に分解される。また，タンパク質は，胃・すい臓から分泌される消化液に含まれる消化酵素などのはたらきで，最終的にアミノ酸に分解される。

〔問4〕 小腸のかべにはたくさんのひだがあり，その表面はたくさんの柔毛で覆われていることで，小腸の内側のかべの**表面積は非常に大きくなっている**。このため，効率よく養分を吸収することができる。

5 (身のまわりの物質とその性質：白い物質を区別する探究活動・有機物，物質の成り立ち：熱分解，気体の発生とその性質，水溶液とイオン，水溶液：溶解度・結晶)

〔問1〕 物質Dは，加熱すると焦げて黒色に変化する炭素原子を含む物質で，4種類の白い物質のうちでは，有機物のショ糖である。ろうも強く熱すると，炎を出して燃え，二酸化炭素と水ができる炭素原子を含む物質で，**有機物**である。活性炭は，炭素原子を主成分とする多孔質の物質で，無機物である。

〔問2〕 4種類の白い物質のうち，燃焼さじで加熱すると白色の物質が残り，図2の装置で加熱すると水上置換で集められる気体が発生するのは，炭酸水素ナトリウムである。よって，物質Bは炭酸水素ナトリウムである。炭酸水素ナトリウムの熱分解の化学反応式は，$2NaHCO_3 \rightarrow Na_2CO_3 + H_2O + CO_2$，であり，発生する二酸化炭素の性質は，水に少し溶け，その水溶液は酸性を示す。また，二酸化炭素は，石灰石に薄い塩酸を加えても発生させることができる。

〔問3〕 物質Aと物質Cについては，＜実験2＞の＜結果2＞において，(1)の表から**物質Aと物質Cはどちらも電解質であるが，**(1)と(2)の表から**20℃のときの溶解度は物質Cの方が物質Aより大きいので，全て溶けた物質Cが塩化ナトリウムであり，物質Aがミョウバンである。**塩化ナトリウムが電離したときの様子を化学式とイオン式で表すと，$NaCl \rightarrow Na^+ + Cl^-$，である。

〔問4〕 (1)の表から，20℃のとき，一部が溶けずに残ったのは，物質Aのミョウバンと物質Bの炭酸水素ナトリウムである。(2)の表から，40℃のときの溶解度はミョウバンの方が大きいので，全部溶けた水溶液Pの溶質はミョウバンである。40℃のミョウバンの水溶液120gは，水100gにミョウバン20gが溶けている。これを20℃まで温度を下げると溶解度は11.4gなので，析出する結晶の質量は，20g－11.4g＝8.6g，である。

6 (電流：電流と電圧と抵抗・発熱量，エネルギーとその変換)

〔問1〕　電圧〔V〕をX軸に，電流〔A〕をY軸に表した方眼用紙に，<結果1>からの，(1.0，0.17)，(2.0，0.33)，(3.0，0.50)，(4.0，0.67)，(5.0，0.83)の点を・を記入し，原点を通り，上記の5個の点の最も近くを通る直線を引く。また，電熱線Aの両端に加わる電圧の大きさが3.0Vのとき，回路に流れる電流の大きさは0.5Aなので，電熱線Aの両端に加わる電圧の大きさが9.0Vのとき，回路に流れる電流の大きさは0.5〔A〕×3＝1.5〔A〕となる。

〔問2〕　電熱線Aと電熱線Bを直列に接続したとき，電熱線Aと電熱線Bには回路に流れる電流の大きさに等しい電流が流れる。よって，<結果2>から，このとき電熱線Bに流れる電流の大きさは0.5Aである。<結果1>から，電熱線Bの抵抗〔Ω〕＝$\frac{4.0\text{〔V〕}}{1.00\text{〔A〕}}$＝4.0〔Ω〕である。よって，**電熱線Aと電熱線Bを並列に接続したとき，電熱線Bに流れる電流の大きさ〔A〕＝$\frac{5.0\text{〔V〕}}{4.0\text{〔Ω〕}}$＝1.25〔A〕である**。よって，0.5A：1.25A＝2：5である。

〔問3〕　電熱線Aと電熱線Bの発熱量の和〔J〕＝2.1〔A〕×5.0〔V〕×300〔s〕＝10.5〔W〕×300〔s〕＝3150〔J〕である。

〔問4〕　電熱線には電気抵抗の大きさが大きくなると電流が流れにくくなる性質があり，電気エネルギーを熱エネルギーに変換して熱を発生している。

<社会解答>

1　〔問1〕　エ　〔問2〕　ウ　〔問3〕　イ

2　〔問1〕　略地図中のA～D　C　Ⅱのア～エ　ウ　〔問2〕　P　イ　Q　ア　R　エ　S　ウ　〔問3〕　略地図中のW～Z　X　ⅠとⅡの表のア～エ　ア

3　〔問1〕　A　ウ　B　イ　C　ア　D　エ　〔問2〕　P　ア　Q　ア　R　イ　S　イ　〔問3〕　(建設された理由)　内陸に建設されたのは，高波や津波などの影響を受けにくいからである。　(建設された効果)　東名高速道路と新東名高速道路の交通量の合計は増加したが，分散が図られたことで渋滞回数が減少した。

4　〔問1〕　ア→エ→ウ→イ　〔問2〕　Ⅰの略年表中のア～エ　イ　Ⅱの略地図中のA～D　B　〔問3〕　エ　〔問4〕　ウ

5　〔問1〕　ア　〔問2〕　ウ　〔問3〕　エ　〔問4〕　イ

6　〔問1〕　エ→ウ→ア→イ　〔問2〕　略地図中のA～D　B　ⅠとⅡのグラフのア～エ　ア　〔問3〕　政府開発援助事業予算に占める，政府貸付の割合を増やすとともに，二国間政府開発援助贈与に占める，技術協力の割合を増やすことで，自助努力を後押しし，自立的発展を目指している。

<社会解説>

1　**(地理的分野―日本地理－地形図の見方，歴史的分野―日本史時代別－古墳時代から平安時代，―日本史テーマ別－文化史，公民的分野―国際社会との関わり)**

〔問1〕　●印から矢印の方向に写真を写せば，右手前に砂浜が見え，左奥に江の島が見えるはずなので，エが正しい。

〔問2〕　問題文で説明されているのは，2019年に**ユネスコ**によって**世界文化遺産**に登録された，**百舌鳥・古市古墳群**の**大山古墳**(仁徳天皇陵と伝えられる)であり，地図上の位置としては，大阪府堺市を示すウが正しい。

〔問3〕　国際の平和と安全の維持について，主要な責任を有するのが，国際連合の**安全保障理事会**である。具体的には，紛争当事者に対して，紛争を平和的手段によって解決するよう要請したり，平和に対する脅威の存在を決定し，平和と安全の維持と回復のために勧告を行うこと，**経済制裁**などの**非軍事的強制措置**及び**軍事的強制措置**を決定すること等を，その主な権限とする。しかし，5か国ある**常任理事国**が1か国でも反対すると，決議ができないことになっている。常任理事国は**拒否権**を持っていることになる。

2　**(地理的分野―世界地理－都市・気候・産業・貿易)**

〔問1〕　Ｉの文章は，**サンフランシスコ**を指しており，略地図中のCである。1885年にサンフランシスコ大学が創立され，郊外のサノゼ地区は**シリコンバレー**と呼ばれ，**半導体産業**の一大拠点となっている。サンフランシスコは，冬季は温暖湿潤で，夏季は乾燥するが高温にはならない。**雨温図**はウである。

〔問2〕　Pの国は**アルゼンチン**，Qは**インドネシア**，Rは**南アフリカ共和国**，Sは**ドイツ**である。パンパは，アルゼンチン中部のラプラタ川流域に広がる草原地帯であり，Pはイである。年間数万隻の船舶が通行する海峡とは，**マラッカ海峡**であり，Qはアである。欧州との時差が少なく，アジアまで船で輸送する利便性が高いのは，南アフリカ共和国であり，Rはエである。**シュバルツバルト**(黒い森)が**酸性雨**の被害を受けたのは，ドイツであり，Sはウである。

〔問3〕　略地図中のW～ZのWはメキシコ，Xはタイ，Yはスウェーデン，Zはイタリアである。

国土の北部から南流し，首都を通り，海に注ぐ河川とは，**タイ**のチャオプラヤー川であり，Ⅲの文章はタイの説明である。**進出日本企業数**が2倍以上となっていて，中華人民共和国の重要性が高まっているのは，Ｉ表のアである。日本との貿易総額が2倍以上に伸び，電気機器の輸入額に占める割合が2割を上回るようになったのは，Ⅱ表のアである。

3　**(地理的分野―日本地理－都市・交通・地形図の見方・工業)**

〔問1〕　Aは**宮城県**であり，「中心となるターミナル駅に郊外から地下鉄やバスが乗り入れ(以下略)」との記述から，ウが該当することがわかる。宮城県の**県庁所在地**の**仙台市**では，地下鉄・市バスが乗り入れている。Bは**福井県**であり，「リアス海岸が見られる地域や眼鏡産業が立地する平野(以下略)」との記述から，イが該当することがわかる。福井県は，若狭湾の**リアス海岸**が有名であり，また福井県**鯖江市**は，日本に流通している眼鏡の9割以上を生産する，一大**眼鏡産業地帯**である。Cは**広島県**であり，「造船業や鉄鋼業が立地する沿岸部(以下略)」「中心部には路面電車が見られ(以下略)」との記述から，アが該当することがわかる。広島県の沿岸部では，**造船業**や**鉄鋼業**が盛んである。また，県庁所在地の**広島市**には，**路面電車**が運行されている。Dは**鹿児島県**であり，「シラス台地に開発された住宅地(以下略)」との記述から，エが該当することがわかる。**シラス台地**は，**桜島**などの火山の噴出物からなる，九州南部に分布する台地である。

〔問2〕　地形図は2万5千分の1地形図であり，**等高線**は10mごとに引かれているので，標高は，約10mから約40mである。空港は，Ｉの地図で果樹園「ό」や畑「∨」であった土地を造成してつくられた。地形図は2万5千分の1地形図なので，計算すれば8cm×25000＝200000cm＝2000mである。海岸沿いの針葉樹林は，冬の北西からの**季節風**によって運ばれる砂の害を防ぐ**防砂林**の役割を果たしている。

〔問3〕　東名高速道路が**高波**や**津波**などの影響を受けていたため，**新東名高速道路**は，沿岸部を避けて，高波や津波などの影響を受けにくい内陸に建設されたことを簡潔に指摘する。 建設された効果としては，東名高速道路と新東名高速道路の**交通量**の合計はやや増加したが，交通量の分散が実現したことで，渋滞回数が激減したことがあげられることを指摘する。

4 (歴史的分野―日本史時代別－古墳時代から平安時代・鎌倉時代から室町時代・安土桃山時代から江戸時代・明治時代から現代，―日本史テーマ別－政治史・社会史・文化史)

〔問1〕 ア **大宝律令**が制定されたのは，8世紀の初期である。イ 十七か条の**建武式目**が制定されたのは，1336年である。 ウ **守護**や**地頭**を任命する政策が始められたのは，1185年のことである。 エ 各地方に**国分寺**や**国分尼寺**が建立されたのは，8世紀中期のことである。時期の古いものから順に並べると，ア→エ→ウ→イとなる。

〔問2〕 室町幕府の8代将軍の**足利義政**が，1480年代に東山に山荘を築き，これが後の**慈照寺**となった。Ⅰの略年表中のイの時期である。慈照寺は京都にあり，Ⅱの略地図上のBである。

〔問3〕 **浅間山**が**大噴火**を起こしたのは，1783年のことであり，その4年後から10年後にかけて行われたのは，**老中松平定信**の**寛政の改革**であり，**棄捐令**・**旧里帰農令**・**囲米の制**などの政策がとられた。

〔問4〕 **ラジオ放送**が開始され，新聞・週刊誌・月刊誌の発行部数が急速に伸び，1冊1円の**円本**が発行されたのは，大正期から昭和初期にかけてのことであり，ウが正しい。なお，アは昭和10年代，イは明治30年代，エは明治初期のことである。

5 (公民的分野―国の政治の仕組み・財政)

〔問1〕 日本国憲法第73条では，内閣の事務として，第3項に「**条約**を締結すること。但し，事前に，時宜によっては事後に，国会の承認を経ることを必要とする。」と定めている。

〔問2〕 **アメリカ合衆国の大統領**は，議会に対して法律案を提出する権限がないが，**大統領令**によって**行政権**を直接行使することができる。日本の**内閣**は，**衆議院**の**解散権**を持っている。

〔問3〕 **社会資本**とは，道路・港湾・上下水道・公園・公営住宅・病院・学校など，産業や生活の基盤となる公共施設のことを指し，その整備は行政の役割である。

〔問4〕 1980年から1990年の10年間で，**租税・印紙収入**は約2倍となり，歳入総額に占める割合が大幅に増加し，歳出総額も1.5倍以上となった。1980年代の後半には，**土地**や**株式**に対する投資が増大し，実際の価値以上に地価や株価が異常に高くなった。この時期の景気を，**バブル景気**という。その後は，バブル崩壊期を迎え，1991年から景気後退期となった。

6 (歴史的分野―世界史－政治史，地理的分野―地理総合，公民的分野―国際社会との関わり)

〔問1〕 ア **ヨーロッパ共同体(EC)**が発足したのは，1967年のことである。 イ **国連環境開発会議**がリオデジャネイロで開催されたのは，1992年のことである。 ウ **パリ**で**講和会議**が開かれ，**国際連盟**が発足したのは，1919年から1920年にかけてである。 エ ドイツ・オーストリア・イタリアの**三国同盟**が結ばれたのは，1882年のことである。年代の古い順に並べると，エ→ウ→ア→イとなる。

〔問2〕 略地図中のAはフィリピン，Bはサウジアラビア，Cはコートジボワール，Dはポルトガルである。**石油輸出国機構**の加盟国であるのは，サウジアラビアである。サウジアラビアで1973年と1979年の二度の**石油危機**を含む期間に，一人当りの**国内総生産**が大幅に増加し，1990年以降に国内総生産が増加し続けているのを示しているのは，Ⅰグラフのアである。また，乳幼児死亡率が約10分の1に減少しているのを示しているのは，Ⅱグラフのアである。

〔問3〕 まず，**政府開発援助**事業予算に占める，途上国に対して無償で提供される**贈与**を減らし，将来に途上国が返済することを前提とした**政府貸付**の割合を増やしたことを指摘する。また，二

国間政府開発援助贈与に占める，返済義務を課さない**無償資金協力**の割合を減らし，日本の知識・技術・経験を活かし，同地域の経済社会開発の担い手となる人材の育成を行う**技術協力**の割合を増やしたことを指摘する。**開発途上国**の**自助努力**を後押しし，**自立的発展**を目指して援助を行う傾向が強まっていることを，全般的な傾向として指摘する。

＜国語解答＞

1　(1)　なが　(2)　へんきゃく　(3)　たんれん　(4)　ていねい　(5)　ひた

2　(1)　射　(2)　暮　(3)　群　(4)　輸送　(5)　背景

3　〔問1〕　ウ　〔問2〕　ア　〔問3〕　エ　〔問4〕　ウ　〔問5〕　イ

4　〔問1〕　イ　〔問2〕　エ　〔問3〕　ウ　〔問4〕　ア

〔問5〕 (例)私が所属する生活委員会では，三年生を中心としたグループを作って，役割を分担しています。月ごとに相談しながら，挨拶運動や下校点検など，そのときに必要な活動ができるよう，柔軟に分担や編成を決めています。

　筆者は，自律分散的に状況に対応する組織を理想としています。私は，個々が周囲と協力し補い合い，自分で考え行動できる組織が理想と考えます。私も自ら行動できる生活委員になれるよう努力していこうと思います。

5　〔問1〕　エ　〔問2〕　ア　〔問3〕　イ　〔問4〕　エ　〔問5〕　ウ

＜国語解説＞

1　(漢字の読み)

(1)　特定の対象に限定することなく，**視野に入る物全体の様子を見る**こと。　(2)　借りていたものを約束通りに返すこと。　(3)　訓練を積み，心身を鍛えたり技術を磨いて，困難に勝つ力をつけること。　(4)　「寧」は書き取りにも注意が必要。うかんむりの中は,「心」＋「四」＋「丁」。　(5)　ひととき他事を忘れ，しみじみと心情を抱く状態になること。

2　(漢字の書き取り)

(1)　**「いる」は同音異義語に注意**する。「射る」「居る」「要る」など，文脈で判断する。　(2)　「暮らす」の送り仮名に注意する。　(3)　「群」は,「郡」と書き間違いやすい。　(4)　「輸」は,「輪」と書き間違いやすい。　(5)　後方の景色。

3　(小説－情景・心情，内容吟味)

〔問1〕　前書きにもあるように，主人公たちは高校三年生の十二月を迎えている。会話の中からも受験生であることが伺える。傍線部の「苛立ち」という心情から，焦りが読み取れる。またその焦りは「チクチク」というファンの擬音語にも感じられる。

〔問2〕　傍線(2)の前に「私」の心中表現がある。**サキのように「そこまで楽観的になれない。」と感じ，映画を撮り続けることが「どれほど難しいことかくらいはわかる」私**は，そのことをサキに伝えたくて，傍線(2)のようなことを言ったのである。

〔問3〕　傍線(3)の前に「やっと，実感がわいた。私たちは，すごい。私たちは，無敵だ。」とある。コンクールの結果が**誇らしい**ものであり，自分たちが映画を撮り続けていけるということを**自信**

とともに実感している「私」の様子が読み取れる。

〔問4〕　サキは，これからもやりたいと思えるかぎり映画を撮り続ければいいと考えていた。自分たちの力を信じていたのだ。したがって、今回のコンクールにもかなりの自信があったものと考えられる。コンクールの結果を知らせる電話に対しても「そうじゃないかなって思った。」と納得し満足気である。

〔問5〕　映画を撮り続けることは難しいと思っていた「私」には変化が起きた。本文の最後にあるように「これから先，映画で食べていくという自信」を持ったのだ。そして「卒業しても，これからもずっと，映画を撮ろうね。」と、四人一緒に映画を撮る未来を描いている。これらをふまえて選択肢を選ぶ。

4　(論説文－内容吟味，文脈把握，作文)

〔問1〕　傍線(1)直前の文を用いて読み解く。まず**「使ったエネルギー」とは，「乱雑さの中から秩序を創出する」際に必要とするエネルギー**のこと，つまり消費エネルギーである。そして，**「より大きな価値」とは，生み出される利益**のことである。これらをふまえて選択肢を選ぶ。

〔問2〕「商社パーソン」とは，前段落での商行為の例で述べた内容のことを指す。前段落を受けていることがわかるだろう。そして，「エントロピー増大の法則」を，生命体という視点を提示して，さらなる大きな論へと展開されるように方向付けている。

〔問3〕　第五段「これと闘うため，……唯一の方法だった。」という記述に，生命の本質が示されている。

〔問4〕　第十段と第十一段に「生命の動的平衡は自律分散的である」ことの説明がなされている。ここに，**「ピース近傍の補完的な関係性」「全体としてゆるく連携しあって」いる**とある。また，パズルの**個々が多少変わっても全体の絵柄が変わらない**と例に挙げていることが，全体像を把握する必要性がないという考えを表している。

〔問5〕　**筆者は「自律分散的」であることの大切さ**を述べている。このポイントをおさえて作文することが肝心だ。まず、自分はどのような組織に属しているか，また属したいかを考えよう。具体的な体験を挙げることも必須である。二百字なので，二段落構成がよいだろう。まず，**一段落目で具体例をあげ，それを二段落でまとめて自分の考えを主張する**ような構成が望ましい。

5　(会話，古文－内容吟味，文脈把握，仮名遣い)

〔問1〕　傍線(1)をふくむ山本さんの話に「ああいう，お茶なんていうものはちっとも形の残らないものですね。ああいったものを芸術と認める伝統が日本にある」とあり，さらに次の会話で「茶を主客飲み合うという無形のこと」と述べているが，これを受けて，井上さんが「非常に仕事の上で共感するものがある」と指摘している。これら一連の会話を通して，**芭蕉が日本の芸術として有形のみならず無形のものも認めている**と読み取れ，千利休も先達の一人となるのである。

〔問2〕　傍線(2)の前に「自分も**ほかの人の発句を鑑賞して，それらを理解して，そしてそれをさらに進めていく**ような形で自分のものを出していく」とある。これらをふまえて選択肢を選ぶ。

〔問3〕「消える」という**共通要素を繰り返す**ことで，山本さんが井上さんに賛同していることがわかる。さらに**「そこ」と反復して強調し，内容を指示語で集約する**ことで焦点化も図っている。

〔問4〕　傍線(4)は現代語訳では二重括弧『東海道の一つさえ旅したことのないような人は，俳諧の方でも頼りない』に該当する。

〔問5〕　**語中の「は・ひ・ふ・へ・ほ」**は現代語仮名遣いでは「ワ・イ・ウ・エ・オ」となる。

2020年度　正答率一覧

数　学

大問	小問	枝問	配点	正答率
1	1		5	78.0%
1	2		5	93.8%
1	3		5	76.2%
1	4		5	93.2%
1	5		5	93.1%
1	6		5	57.3%
1	7		5	77.2%
1	8		5	37.3%
1	9		6	66.0%
2	1		5	62.7%
2	2		7	26.3%
3	1		5	74.2%
3	2		5	69.0%
3	3		5	17.4%
4	1		5	64.6%
4	2	1	7	65.7%
4	2	2	5	6.6%
5	1		5	38.3%
5	2		5	2.4%

英　語

大問	小問	枝問	配点	正答率
1	A	1	4	92.6%
1	A	2	4	70.9%
1	A	3	4	69.3%
1	B	1	4	64.8%
1	B	2	4	17.5%
2	1		4	45.4%
2	2		4	31.7%
2	3	1	4	60.7%
2	3	2	12	46.6%
3	1		4	62.3%
3	2		4	67.2%
3	3		4	60.3%
3	4		4	58.8%
3	5		4	66.9%
3	6		4	35.9%
3	7		4	51.2%
4	1		4	54.5%
4	2		4	19.0%
4	3	1	4	29.5%
4	3	2	4	50.6%
4	3	3	4	44.6%
4	4	1	4	49.8%
4	4	2	4	39.1%

（網掛け）は部分点正答も含めた割合です。

理科

大問	小問	枝問	配点	正答率
1	1		4	68.9%
1	2		4	61.7%
1	3		4	45.5%
1	4		4	53.8%
1	5		4	51.3%
2	1		4	63.7%
2	2		4	68.7%
2	3		4	62.6%
2	4		4	73.6%
3	1		4	75.6%
3	2		4	32.0%
3	3		4	41.6%
3	4		4	8.9%
4	1		4	59.2%
4	2		4	18.5%
4	3		4	25.9%
4	4		4	65.5%
5	1		4	21.3%
5	2		4	30.1%
5	3		4	44.9%
5	4	名称	2	36.9%
5	4	質量	2	16.7%
6	1	グラフ	2	70.2%
6	1	電流	2	58.3%
6	2		4	37.5%
6	3		4	36.6%
6	4		4	72.3%

社会

大問	小問	枝問	配点	正答率
1	1		5	78.7%
1	2		5	65.8%
1	3		5	66.5%
2	1		5	29.9%
2	2		5	46.1%
2	3		5	44.1%
3	1		5	44.7%
3	2		5	53.9%
3	3		5	78.5%
4	1		5	32.4%
4	2		5	48.9%
4	3		5	46.6%
4	4		5	54.6%
5	1		5	65.8%
5	2		5	42.5%
5	3		5	56.3%
5	4		5	77.2%
6	1		5	38.5%
6	2		5	59.1%
6	3		5	51.6%

国語

大問	小問	枝問	配点	正答率
1	1		2	98.4%
1	2		2	98.3%
1	3		2	82.2%
1	4		2	97.7%
1	5		2	88.4%
2	1		2	81.3%
2	2		2	88.3%
2	3		2	86.3%
2	4		2	77.7%
2	5		2	85.9%
3	1		5	54.0%
3	2		5	94.9%
3	3		5	93.3%
3	4		5	82.6%
3	5		5	86.3%
4	1		5	80.3%
4	2		5	72.3%
4	3		5	75.9%
4	4		5	69.0%
4	5		10	75.6%
5	1		5	63.4%
5	2		5	72.6%
5	3		5	74.9%
5	4		5	74.4%
5	5		5	82.7%

東京都公立高等学校

2019年度

★★★★★★★★★★★★★★★★★★★★★★★★★

入　試　問　題

2019年度

●くわしい解説……55ページ

＜数学＞

時間　50分　　満点　100点

【注意】 1　答えに分数が含まれるときは，**それ以上約分できない形で表しなさい。**
例えば，$\frac{6}{8}$と答えるのではなく，$\frac{3}{4}$と答えます。

2　答えに根号が含まれるときは，**根号の中を最も小さい自然数にしなさい。**
例えば，$3\sqrt{8}$と答えるのではなく，$6\sqrt{2}$と答えます。

3　答えを選択する問題については，各問の**ア・イ・ウ・エ**のうちから，最も適切なものをそれぞれ**1つずつ**選んで，**その記号の◯の中を正確に塗りつぶしなさい。**

4　□　の中の数字を答える問題については，「**あ，い，う，…**」に当てはまる数字を，下の〔例〕のように，**0**から**9**までの数字のうちから，それぞれ**1つずつ**選んで，**その数字の◯の中を正確に塗りつぶしなさい。**

〔例〕 あい　に12と答えるとき

あ	⓪	●	②	③	④	⑤	⑥	⑦	⑧	⑨
い	⓪	①	●	③	④	⑤	⑥	⑦	⑧	⑨

1　次の各問に答えよ。

〔問1〕　$5+\frac{1}{2}\times(-8)$ を計算せよ。

〔問2〕　$4(a-b)-(a-9b)$ を計算せよ。

〔問3〕　$(\sqrt{7}-1)^2$ を計算せよ。

〔問4〕　一次方程式 $4x+6=5(x+3)$ を解け。

〔問5〕　連立方程式 $\begin{cases} -x+2y=8 \\ 3x-y=6 \end{cases}$ を解け。

〔問6〕　二次方程式 $x^2+x-9=0$ を解け。

〔問7〕　次の □ の中の「**あ**」「**い**」に当てはまる数字をそれぞれ答えよ。

右の**図1**のように，1，2，3，4，5の数字を1つずつ書いた5枚のカードがある。

この5枚のカードから同時に3枚のカードを取り出すとき，取り出した3枚のカードに書いてある数の積が3の倍数になる確率は，$\frac{\boxed{あ}}{\boxed{い}}$である。

ただし，どのカードが取り出されることも同様に確からしいものとする。

図1

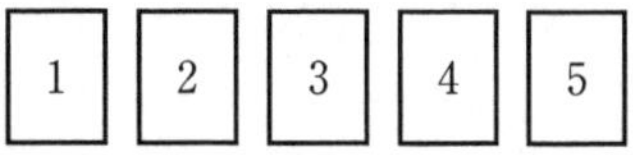

〔問8〕　次の [　] の中の「う」「え」に当てはまる数字をそれぞれ答えよ。

右の**図2**は，線分ABを直径とする円Oであり，2点C，Dは，円Oの周上にある点である。

4点A，B，C，Dは，右の**図2**のようにA，C，B，Dの順に並んでおり，互いに一致しない。

点Aと点C，点Aと点D，点Bと点D，点Cと点Dをそれぞれ結ぶ。

∠BAD＝25°のとき，xで示した∠ACDの大きさは，[うえ] 度である。

図2

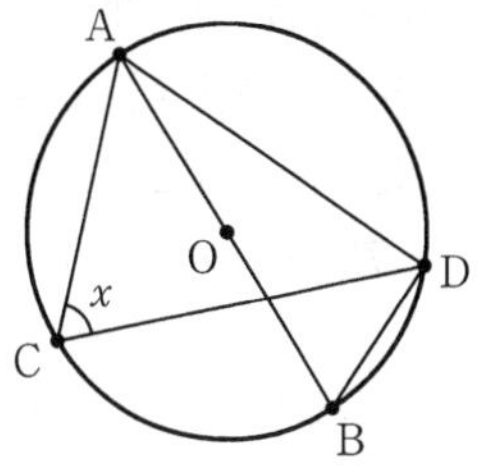

〔問9〕　右の**図3**で，点A，点Bは，直線ℓ上にある異なる点である。

解答欄に示した図をもとにして，AB＝AC，∠CAB＝90°となる点Cを1つ，定規とコンパスを用いて作図によって求め，点Cの位置を示す文字Cも書け。

ただし，作図に用いた線は消さないでおくこと。

図3

2　Sさんのクラスでは，先生が示した問題をみんなで考えた。

次の各問に答えよ。

［先生が示した問題］

aを正の数，nを2以上の自然数とする。

右の**図1**で，四角形ABCDは，1辺a cmの正方形であり，点Pは，四角形ABCDの2つの対角線の交点である。

図1

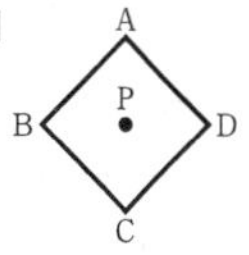

1辺a cmの正方形を，次の［**きまり**］に従って，順にいくつか重ねてできる図形の周りの長さについて考える。

［**きまり**］

次の①～③を全て満たすように正方形を重ねる。

①　重ねる正方形の頂点の1つを，重ねられる正方形の対角線の交点に一致させる。

②　重ねる正方形の対角線の交点を，重ねられる正方形の頂点の1つに一致させる。

③　対角線の交点は，互いに一致せず，全て1つの直線上に並ぶようにする。

正方形を順に重ねてできる図形の周りの長さは，右の図に示す太線（――）の部分とし，点線（⋯⋯）の部分は含まないものとする。例えば右の**図2**は，2個の正方形を重ねてできた図形であり，周りの長さは6a cmとなる。右の**図3**は，3個の正方形を重ねてできた図形であり，周りの長さは8a cmとなる。

右の**図4**は，正方形をn個目まで順に重ねてできた図形を表している。

図2

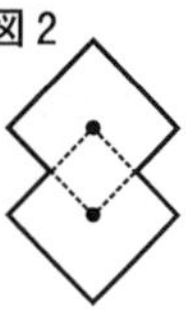

図3

図4

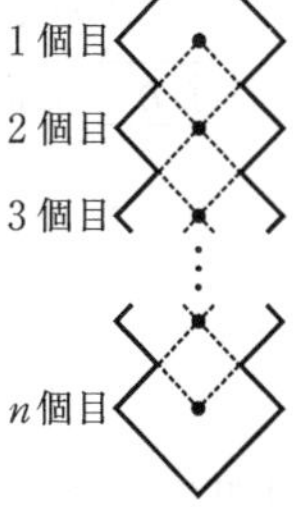

1辺a cmの正方形をn個目まで順に重ねてできた図形の周りの長さをL cmとするとき，Lをa，nを用いて表しなさい。

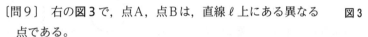

Sさんは，［先生が示した問題］の答えを次の形の式で表した。Sさんの答えは正しかった。

〈Sさんの答え〉 L＝［　　　］

〔問1〕〈Sさんの答え〉の［　］に当てはまる式を，次の**ア**～**エ**のうちから選び，記号で答えよ。

ア　$4an$　　**イ**　$a(n+4)$　　**ウ**　$2a(n+2)$　　**エ**　$2a(n+1)$

Sさんのグループは，［先生が示した問題］をもとにして，正方形を円に変え，合同な円をいくつか重ねてできる図形の周りの長さを求める問題を考えた。

［Sさんのグループが作った問題］

ℓ，rを正の数，nを2以上の自然数とする。

右の**図5**で，点Oは，半径$r$cmの円の中心である。

半径$r$cmの円を，次の［**きまり**］に従って，順にいくつか重ねてできる図形の周りの長さについて考える。

図5

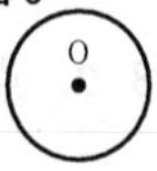

図6

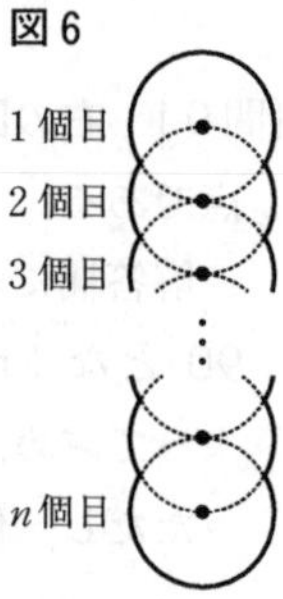

［**きまり**］

次の①，②をともに満たすように円を重ねる。

①　重ねる円の周上にある1点を，重ねられる円の中心に一致させる。

②　円の中心は，互いに一致せず，全て1つの直線上に並ぶようにする。

右の**図6**は，円をn個目まで順に重ねてできた図形を表している。この図形の周りの長さは，太線（――）の部分とし，点線（………）の部分は含まないものとする。

半径$r$cmの円をn個目まで順に重ねてできた図形の周りの長さをMcm，半径$r$cmの円の周の長さをℓcmとするとき，$M=\frac{1}{3}\ell(n+2)$となることを示してみよう。

〔問2〕［Sさんのグループが作った問題］で，$M=\frac{1}{3}\ell\ (n+2)$となることを示せ。

3　右の**図1**で，点Oは原点，直線ℓは一次関数$y=-x+9$のグラフを表している。

直線ℓとx軸との交点をA，直線ℓ上にある点をPとする。

次の各問に答えよ。

〔問1〕次の［　］の中の「**お**」「**か**」に当てはまる数字をそれぞれ答えよ。

点Pのx座標が-4のとき，点Pのy座標は，［**おか**］である。

図1

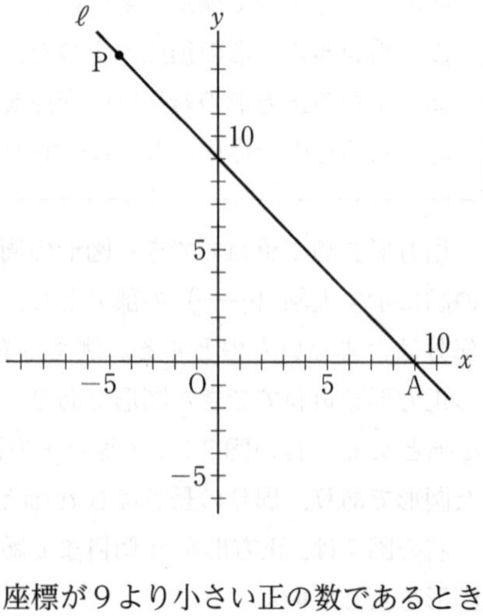

〔問2〕次のページの**図2**は，**図1**において，点Pのx座標が9より小さい正の数であるとき，y軸上にあり，y座標が-3である点をB，y軸を対称の軸として点Pと線対称な点をQ，2点

B，Qを通る直線を m とし，点Aと点B，点Bと点P，点Pと点Qをそれぞれ結んだ場合を表している。

次の①，②に答えよ。

① 点Pが点 (2, 7) のとき，直線 m の式を，次の**ア**～**エ**のうちから選び，記号で答えよ。

ア $y=-5x-3$　　**イ** $y=-3x-5$

ウ $y=-2x-3$　　**エ** $y=5x-3$

② △BPQの面積が△BAPの面積の２倍になるとき，点Pの x 座標を求めよ。

図２

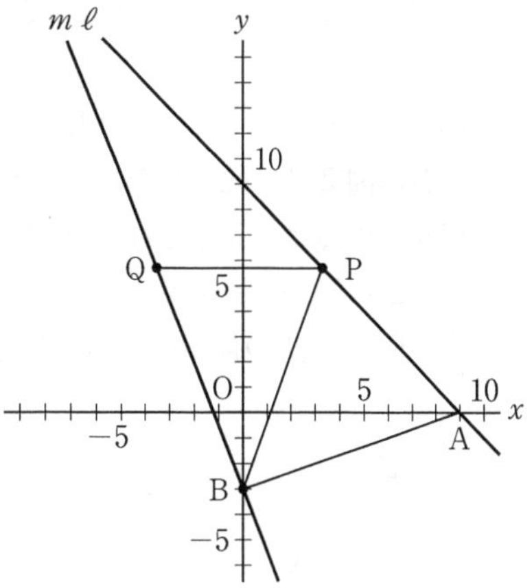

4 右の**図１**で，四角形ABCDは，平行四辺形である。

点Pは，辺CD上にある点で，頂点C，頂点Dのいずれにも一致しない。

頂点Aと点Pを結ぶ。

次の各問に答えよ。

図１

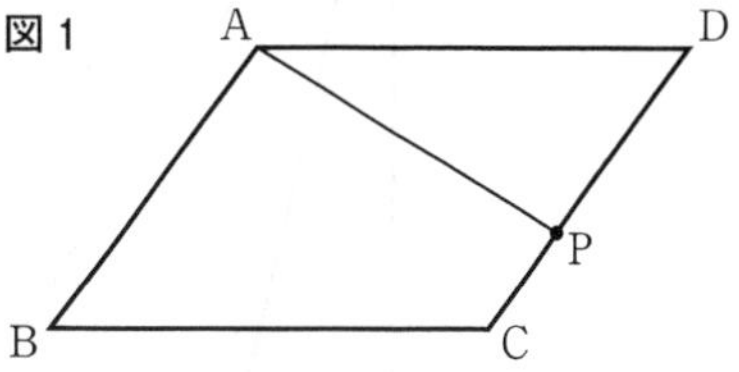

〔問１〕 **図１**において，∠ABC＝50°，∠DAPの大きさを a°とするとき，∠APCの大きさを表す式を，次の**ア**～**エ**のうちから選び，記号で答えよ。

ア $(a+130)$ 度　　**イ** $(a+50)$ 度　　**ウ** $(130-a)$ 度　　**エ** $(50-a)$ 度

〔問２〕 右の**図２**は，**図１**において，頂点Bと点Pを結び，頂点Dを通り線分BPに平行な直線を引き，辺ABとの交点をQ，線分APとの交点をRとした場合を表している。

次の①，②に答えよ。

① △ABP∽△PDRであることを証明せよ。

図２

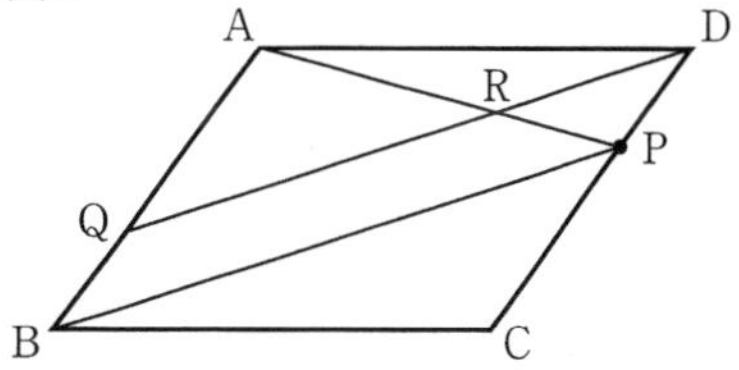

② 次の□の中の「**き**」「**く**」「**け**」「**こ**」に当てはまる数字をそれぞれ答えよ。

図２において，頂点Cと点Rを結び，線分BPと線分CRの交点をSとした場合を考える。

CP：PD＝２：１のとき，

四角形QBSRの面積は，△AQRの面積の $\dfrac{\boxed{きく}}{\boxed{けこ}}$ 倍である。

5 次のページの**図１**に示した立体A－BCDは，AB＝９cm，BC＝BD＝CD＝６cm，∠ABC＝∠ABD＝90°の三角すいである。

辺CD上にある点をP，辺AB上にある点をQとし，点Pと点Qを結ぶ。

次の各問に答えよ。

［問1］ 次の □ の中の「さ」に当てはまる数字を答えよ。

点Pが辺CDの中点，AQ＝6㎝のとき，線分PQの長さは，[さ] ㎝である。

［問2］ 次の □ の中の「し」「す」「せ」に当てはまる数字をそれぞれ答えよ。

右の**図2**は，**図1**において，点Pが頂点Cと一致するとき，辺ADの中点をRとし，点Pと点R，点Qと点Rをそれぞれ結んだ場合を表している。

AQ＝8㎝のとき，

立体R－AQPの体積は，[しす] $\sqrt{[せ]}$ cm^3 である。

図1

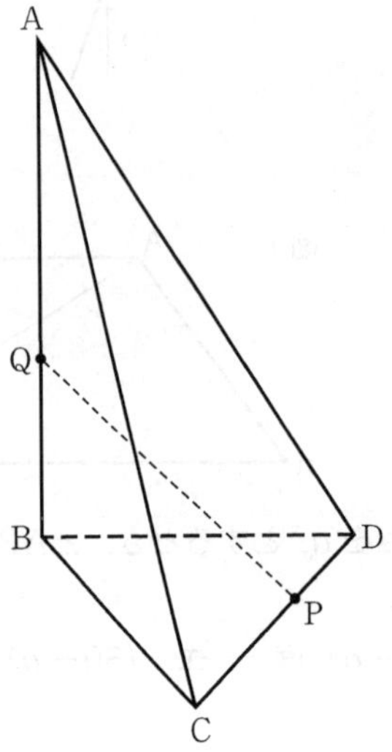

図2

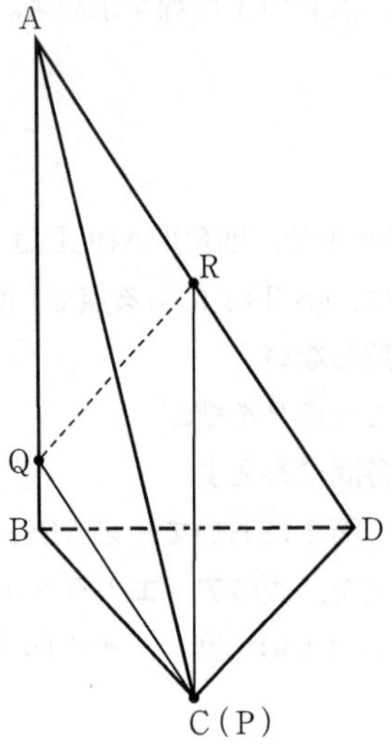

＜英語＞　時間　50分　　満点　100点

1　リスニングテスト（**放送**による**指示**に従って答えなさい。）

〔**問題A**〕　次の**ア**～**エ**の中から適するものをそれぞれ**一つずつ**選びなさい。

＜対話文1＞

ア　He is going to read an e-mail from Emily's grandfather.

イ　He is going to write an e-mail to Emily's grandfather.

ウ　He is going to take a picture for Emily's e-mail.

エ　He is going to send a picture to Emily by e-mail.

＜対話文2＞

ア　A green notebook, a red notebook, and an eraser.

イ　Two green notebooks and an eraser.

ウ　Two red notebooks and an eraser.

エ　Only two red notebooks.

＜対話文3＞

ア　John.　　**イ**　Bob.　　**ウ**　Mike.　　**エ**　John's father.

〔**問題B**〕　＜ Question　1 ＞では，下の**ア**～**エ**の中から適するものを**一つ**選びなさい。

＜ Question　2 ＞では，質問に対する答えを英語で書きなさい。

＜ Question　1 ＞

ア　For three hours.　　**イ**　For four hours.

ウ　For five hours.　　**エ**　For eleven hours.

＜ Question　2 ＞

（15秒程度，答えを書く時間があります。）

2　次の各問に答えよ。

（＊印の付いている単語・語句には，本文のあとに〔注〕がある。）

1　高校生のMakiとカナダからの留学生のJudyは，春休み中のある土曜日の予定について話をしている。(A) 及び (B) の中に，それぞれ入る単語の組み合わせとして正しいものは，下の**ア**～**エ**のうちではどれか。ただし，下のIは，二人が見ているイチョウ公園までの案内図である。

I

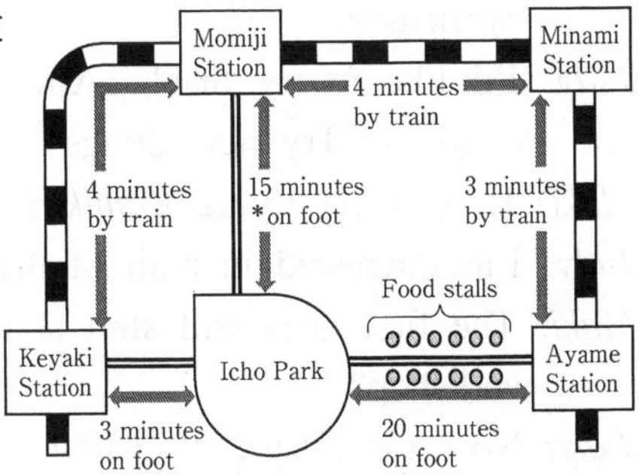

Maki: Judy, let's go to the Dream Festival this Saturday.

Judy: Sure.

Maki: Look at this. We'll go to Icho Park to enjoy the Dream Festival. We'll take the train at Minami Station. Let's meet there at nine thirty. The train that stops at Ayame Station will leave at nine forty, and the train that stops at Momiji Station and Keyaki Station will also leave at nine forty.

Judy: OK. How can we get to Icho Park from Minami Station?

Maki: We can get there from three stations, Ayame Station, Momiji Station, or Keyaki Station. On the way to Icho Park from (A) Station, there are a lot of food *stalls. We can enjoy eating snacks.

Judy: Sounds interesting. But I want to choose the fastest way to get there.

Maki: I see. Let's go to the park from (B) Station. It is the fastest way from Minami Station.

Judy: OK. I can't wait!

〔注〕 stall 屋台　on foot 徒歩で

ア (A) Momiji (B) Ayame　イ (A) Momiji (B) Keyaki

ウ (A) Ayame (B) Keyaki　エ (A) Ayame (B) Momiji

2 MakiとJudyは，ドリームフェスティバルの会場で，昼食後にフェスティバルのパンフレットを見ながら午後の予定について話をしている。(A) 及び (B) の中に，それぞれ入る単語の組み合わせとして正しいものは，右のページのア～エのうちではどれか。ただし，下のⅡは，二人が見ているパンフレットの一部である。

Maki: I really enjoyed the festival this morning.

Judy: Me, too.

Maki: We will go to the Dream Concert at five.

Judy: It's almost twelve fifty-five now. Look at the *schedule. The *Nihon-buyo* performance and the *Wadaiko* performance are going to start at one.

Maki: We need to walk for three minutes to get to Hall A from here.

Judy: How about Hall B?

Maki: To get to Hall B takes ten minutes.

Judy: OK. Then we will go to the (A) performance. We can see the performance from the beginning.

Maki: After that, we can wear *yukata* in the *workshop.

Judy: I'd like to try that! After that, I want to go to "Try new things!" I'm interested in traditional Japanese arts.

Maki: How about trying *Kamikiri* or *Kado*?

Judy: I'm interested in both of them, and I want to try *Shamisen*, too.

Maki: The first ones will start at two fifty. Do you want to *take a rest after the workshop?

Judy: No. Let's try (B) first. We will be able to enjoy all of the three.

Ⅱ

Schedule	Hall A	Hall B
13:00～13:30	Let's enjoy! The *Nihon-buyo* performance	Let's enjoy! The *Wadaiko* performance
13:45～14:35	Workshop *Nihon-buyo*	Workshop *Wadaiko*
14:50～15:15	Try new things! *Kamikiri*	Try new things! *Kyokugei*
15:30～15:55	Try new things! *Sado*	Try new things! *Kado*
16:10～16:35	Try new things! *Koto*	Try new things! *Shamisen*
17:00～18:00	The Dream Concert	

〔注〕 schedule　予定　　workshop　講習会　　take a rest　休憩する

ア (A) *Nihon-buyo*　(B) *Kado*　　イ (A) *Nihon-buyo*　(B) *Kamikiri*

ウ (A) *Wadaiko*　(B) *Kamikiri*　　エ (A) *Wadaiko*　(B) *Kado*

3　次の文章は，カナダに帰国したJudyがMakiに送ったEメールの内容である。

Dear Maki,

Thank you for your help during my stay in Japan. Do you remember that you took me to the Dream Festival? I enjoyed it very much.

I enjoyed learning about Japanese culture at the festival. I played the *shamisen* for the first time at the event "Try new things!" The sound of the *shamisen* was very new to me. It was a wonderful experience. I learned that it is very important for me to try new things. The *shamisen* was one new thing. In Canada, I have started to practice the *shamisen*. I practice it every day.

The other day, I went to a concert with my sister, Amy. It was exciting! Japanese *musical instruments, such as the *shakuhachi*, *shamisen*, and *wadaiko*, were played together with *western musical instruments, such as drums and guitars. I was very surprised. When they were played together, music became more beautiful and *powerful! At the end of the concert, I was very happy to have a chance to play the *shamisen* with a special band on the stage! That was a lot of fun.

I found a new thing I wanted to do. I'm very glad about that. Have you started doing any new things? If you have, tell me about them. I'm looking forward to hearing from you.

Yours,
Judy

〔注〕 musical instrument　楽器　　western　西洋の　　powerful　力強い

(1) このEメールの内容と合っているのは，次のうちではどれか。

ア At the concert, Judy was surprised that many kinds of Japanese musical instruments were played before western ones were played.

イ Before coming to Japan, Judy played the *shamisen* many times in many concerts with members of a special band in Canada.

ウ After coming back to Canada, Judy went to the concert with her sister and enjoyed playing western musical instruments.

エ At the end of the concert, having a chance to play the *shamisen* with a special band on the stage made Judy very happy.

(2) Maki は Judy に返事の E メールを送ることにしました。あなたが Maki だとしたら，Judy にどのような返事の E メールを送りますか。次の＜条件＞に合うように，下の □ の中に，三つの英語の文を書きなさい。

＜条件＞

○　前後の文につながるように書き，全体としてまとまりのある返事の E メールとすること。
○　Judy に伝えたい内容を一つ取り上げ，それを取り上げた理由などを含めること。

Hello, Judy,

Thank you for your e-mail. I enjoyed reading it. I'm very surprised to hear that you started to practice the *shamisen* in Canada. I'm sure that you are practicing it very hard.

I will answer your question. There is one thing that I have started to do. I will tell you about it.

□

I want to tell you more about this when we meet again.

I'm looking forward to seeing you again!

Your friend,
Maki

3　次の対話の文章を読んで，あとの各問に答えよ。
（*印の付いている単語・語句には，本文のあとに〔注〕がある。）

Shohei, Nana, and Arisa are high school students in Tokyo. David is a high school student from the United States. They are talking in their classroom after school.

Shohei: Look at this picture! I want this bike.
Nana: I think getting something new is exciting, but you should think *carefully before you buy it.
David: What do you mean?

Nana: Last Sunday, I went to a clothes shop with my sister. I found a cute T-shirt and wanted to buy it. But my sister said, "You already have enough T-shirts. You don't need any more." After that, I didn't buy it.

Shohei: I see.

Nana: (1) At the shop, I saw something interesting.

Arisa: What was it?

Nana: It was a *poster. It explained that the shop collected clothes and sent them to other countries because there were many people who needed clothes there.

Arisa: That's interesting.

Nana: Yes. I decided to bring some of my clothes to the shop.

David: Someone will reuse your clothes. I'm reusing this school uniform, too.

Arisa: Really? It doesn't look old.

David: I don't know who used it, but I'm sure that the student *took good care of it. Now I'm doing so, too. After I go back to America, I want someone to reuse it again.

Shohei: That's nice.

Arisa: I remembered another example of reusing. When I was a child, my cousin gave me some picture books and *toys because she didn't need them anymore. I enjoyed them a lot. After that, my two brothers did, too.

David: (2) That's a good thing to do. My picture books and toys weren't reused. That was a waste. That's "*mottainai*" in Japanese, right?

Nana: Yes. I try to *make full use of things. For example, I use the back sides of *calendar pages to *work on math and practice writing *kanji*.

David: That's reusing, too.

Nana: After I can't use them anymore, I recycle them.

Shohei: Many people do that. People *separate cans, plastic bottles, and paper.

Arisa: They were just *thrown away in the past, but people learned that they are *recyclable resources. Now people recycle them.

Shohei: (3) That's a good idea.

David: There is another way of reducing waste. In my country, "sharing" is popular. People share things like cars and bikes with others.

Arisa: I've heard of that. My family sometimes uses a "Car Sharing" *service.

Shohei: I don't think sharing is a good idea.

Nana: I agree. I think having my own things is more *convenient because I can use them any time. Why do people use sharing services?

Shohei: I want to know that, too. I don't want to share my bike with anyone. I like having my own bike.

David: But some people have things that they don't often use. That is a waste.

Arisa: You're right. My father says that to *own a car costs a lot. By sharing cars, people can save money. It is important for us to reduce waste.

Nana: I see. Sharing is another way of reducing waste.

Shohei: (4) I understand.

David: Let's talk about reducing waste in our daily lives.

Arisa: That's a good idea.

Shohei: I have an idea. I'll keep using my bike, and I won't buy a new one.

David: (5) That's nice, Shohei.

〔注〕 carefully 注意深く　poster ポスター　take good care of ～ ～を大事にする
toy おもちゃ　make full use of ～ ～を十分に使う　calendar カレンダー
work on ～ ～に取り組む　separate 分別する　throw away 捨てる
recyclable resources 再利用可能な資源　service サービス　convenient 便利な
own 所有する

〔問1〕 (1) At the shop, I saw something interesting. の内容を，次のように書き表すとすれば，□ の中に，下のどれを入れるのがよいか。

At the shop, Nana saw □.

ア a poster and thought it was important for Shohei to think carefully before he bought something

イ a poster and learned a way to help people in other countries

ウ clothes that the store was going to send to other countries

エ clothes, like a cute T-shirt, with her sister and wanted to buy some

〔問2〕 (2) That's a good thing to do. とあるが，このようにDavidが言った理由を最もよく表しているのは，次のうちではどれか。

ア David thinks that it was good for Arisa and her two brothers to reuse her cousin's picture books and toys.

イ David thinks that it was good for Arisa's cousin to give Arisa new picture books and toys.

ウ David thinks that it was good for him to learn the Japanese word "*mottainai*."

エ David thinks that it was good for Arisa to remember examples of reusing.

〔問3〕 (3) That's a good idea. の内容を最もよく表しているのは，次のうちではどれか。

ア To throw away cans, plastic bottles, and paper is a good idea.

イ To work on math and practice writing *kanji* is a good idea.

ウ To reuse recyclable resources is a good idea.

エ To recycle cans, plastic bottles, and paper is a good idea.

〔問4〕 (4) I understand. の内容を，次のように書き表すとすれば，□ の中に，あとのどれを入れるのがよいか。

Shohei understands that □.

ア　sharing is one of the ways of reducing waste
イ　people save money by reusing their cars
ウ　having his own bike is more convenient than sharing bikes with others
エ　he should talk with his friends about reducing waste in their daily lives

〔問5〕(5) That's nice, Shohei. とあるが，このようにDavidが言った理由を最もよく表しているのは，次のうちではどれか。

ア　Shohei wanted to know why people use sharing services.
イ　Shohei got a good idea before other people did.
ウ　Shohei wanted to buy a new bike, but then he decided to keep his old one.
エ　Shohei didn't think sharing was a good idea, and he still wanted a new bike.

〔問6〕　本文中で述べられているreusingと reducing waste の具体的な例の組み合わせとして正しいものは，次の表のア～エのうちではどれか。

	reusing	reducing waste
ア	David is wearing a school uniform someone took good care of.	People threw away recyclable resources in the past.
イ	Shohei is going to keep using his bike.	People share things like cars and bikes with others.
ウ	David is wearing a school uniform someone took good care of.	People share things like cars and bikes with others.
エ	Shohei is going to keep using his bike.	People threw away recyclable resources in the past.

〔問7〕　次の文章は，Shoheiたちと話した日に，Davidが友人に送ったEメールの一部である。(A) 及び (B) の中に，それぞれ入る単語の組み合わせとして正しいものは，次のページのア～エのうちではどれか。

Hello. How are you? I am enjoying my stay in Japan. I am writing to you to (A) one of my experiences here.

Today I talked with Shohei, Nana, and Arisa. First, Shohei showed us a picture of a bike that he wanted. Getting new things is sometimes exciting. Nana told Shohei to think carefully before buying it and told us about a poster in a clothes shop. I am reusing a school uniform. They said it was very nice to do that. We talked about other (B) of reusing things around us.

In Japan, recycling is popular. I said that to (A) things is popular in

America. I gave them some (B) of it. I think we should make full use of things.

We are going to keep thinking about reducing waste. If you have any ideas, please tell me. When I see you next time, I want to talk with you about this.

ア (A) reuse (B) plans イ (A) reuse (B) examples
ウ (A) share (B) plans エ (A) share (B) examples

4 次の文章を読んで，あとの各問に答えよ。
（＊印の付いている単語・語句には，本文のあとに〔注〕がある。）

Misato was a second-year junior high school student. She was doing her best at school and enjoying her school life. One day in February, Misato had lunch with one of her friends, Reiko. After lunch, Reiko said to Misato, "Next month, in English class, we're going to give speeches about our dreams. Do you have any ideas for them?" Misato said no. She said, "I don't know what I want to do in the future." Reiko said, "I like English and enjoy English classes. I want to get a job that helps people in trouble in other countries, and I'll keep studying hard for the future." After Misato went home, she thought, "I think Reiko and I are different."

One Saturday in March, Misato visited her grandfather, Kazunori. He worked at a company. When she arrived, he was doing something. Misato asked, "What are you doing?" He answered, "I'm reading a book about *laws in some foreign countries." She was surprised to hear that and asked, "You *majored in law at university. Why are you studying it again?" He answered, "The things I learned at school are useful in many ways. But laws keep changing, so I should keep studying for my work." She said, "I have never thought of that." He said, "I have another reason to study. Let's go out tomorrow. I will show it to you."

The next day, Kazunori took Misato to a room in the city hall. There were about ten people in it. He introduced her to them. He explained they were studying about things in Japanese culture, such as traditional *performing arts, *architecture, and history. Misato asked, "Do you study here, too?" Kazunori answered, "Yes, I do." Then the class began. She looked around the room. The class was studying about the history of *kabuki* and looked very happy. She thought, "I learned about *kabuki* at school, and I'm happy to have the chance to do it again here." She enjoyed the class. After the class, Fumie, one of the members of the class, came and said to Kazunori, "Hi, Kazunori. She is your *granddaughter, right?" "Yes. This is Misato. She is a junior high school student," said Kazunori. Fumie spoke to Misato. She said, "Hi, Misato. I'm Fumie. I'm a university student, and I study here." They enjoyed having lunch and talking for a while. Fumie said, "A student from Australia, Emma, is going to stay with my family next week. I want to introduce you to her. Will you come to my house?" Misato said yes. Kazunori was happy to hear that. On their way home, Kazunori asked Misato, "How was the class?" She answered, "It was interesting. I was surprised to learn that you were studying there." He said, "I think studying makes our lives richer. So I keep studying." Misato *nodded.

On Saturday of the next week, Misato visited Fumie's house and met Emma. Fumie thought trying *hyakunin-isshu*, a traditional Japanese card game, would be a good chance for Emma to learn old Japanese. Fumie and Misato taught her how to play it. They enjoyed playing it. After that, Fumie explained the *meaning of a Japanese *poem on a card. She did it in English. Misato tried to explain a picture on a card. She also tried to do that in English. It was not easy for her to do that. All she could do was to use simple English words, but she tried her best. Emma asked Misato, "Where did you study about *hyakunin-isshu*?" Misato answered, "I studied about it in Japanese and history classes in school." "I think you study English hard, too. Will you come and tell me about Japan again?" said Emma. Misato said yes. Emma looked happy. That night, Misato called Kazunori and said, "The things I study in classes at school are good to share with Emma. I am glad to know that." She remembered her grandfather's words. She realized that studying made her life richer. Studying at school was just a starting line for her. She wanted to study more for her future.

〔注〕 law　法律　　major in ～　～を専攻する　　performing arts　舞台芸術　　architecture　建築
granddaughter　孫娘　　nod　うなずく　　meaning　意味　　poem　詩

〔問1〕 I think Reiko and I are different. の内容を，次のように書き表すとすれば，□の中に，下のどれを入れるのがよいか。

Misato thinks Reiko and she are different because □.

ア she doesn't know what she wants to do in the future, but Reiko has a dream about her own future

イ she doesn't enjoy her school life, but Reiko enjoys English classes

ウ she has an idea for a speech about her dreams, but Reiko doesn't

エ she wants to work at a company in Japan, but Reiko wants to get a job that helps people in trouble in other countries

〔問2〕 次のア～エの文を，本文の内容の流れに沿って並べ，記号で答えよ。

ア Emma wanted Misato to tell her about Japan again.

イ Kazunori, Misato, and Fumie had lunch and talked together at the city hall.

ウ Misato had lunch with one of her friends, Reiko.

エ Misato was happy to have the chance to study about *kabuki* again at the city hall.

〔問3〕 次の(1)～(3)の文を，本文の内容と合うように完成するには，□の中に，それぞれ下のどれを入れるのがよいか。

(1) When Misato visited Kazunori, □.

ア she asked why he kept studying about laws after graduating from university, but he couldn't answer her question

イ she had to study alone because he was going to go to the city hall without her to study about *kabuki*

ウ he was happy to introduce some of his friends to her and he told her about his reason for studying

エ he said he was reading a book about laws in some foreign countries, and she was surprised to hear that

(2) At the city hall, Fumie invited Misato to her house because □.

ア Kazunori looked happy while talking with Fumie and she realized Misato wanted to talk with her

イ she wanted to introduce Misato to Emma, a student from Australia

ウ Misato wanted to study with her about things in Japanese culture

エ she was studying about *kabuki* there and wanted to study it more with Misato and Kazunori

(3) When Misato called Kazunori, she said she was glad because □.

ア trying *hyakunin-isshu* was a good chance for Emma to learn about Japanese culture

イ she could tell him about *hyakunin-isshu* without Emma's help

ウ the things she studied at school were good to share with Emma

エ she learned that studying many things at the city hall would be Emma's starting line for the future

〔問4〕 次の(1)，(2)の質問の答えとして適切なものは，それぞれ下のうちではどれか。

(1) What did Misato do at Fumie's house?

ア She explained the meaning of a Japanese poem on a card after playing *hyakunin-isshu*.

イ She taught Emma how to play *hyakunin-isshu* and tried to explain a picture on a card.

ウ She used simple English words to study about *hyakunin-isshu* with Emma.

エ She studied Japanese and history to tell Emma about *hyakunin-isshu*.

(2) What did Misato realize after visiting Fumie's house?

ア She realized that studying made her life richer.

イ She realized it was important to study about *hyakunin-isshu*.

ウ She realized that majoring in law at university would be useful for the future.

エ She realized that Fumie was a university student and was studying about things in Japanese culture.

＜理科＞

時間　50分　　満点　100点

1　次の各問に答えよ。

〔問1〕　図1は，ヨウ素液に浸したオオカナダモの葉の細胞を模式的に表したものである。オオカナダモの葉の細胞には，ヨウ素液に浸して青紫色に変化した粒Aが数多く見られた。粒Aの特徴と，粒Aの名称を組み合わせたものとして適切なのは，次の表のア～エのうちではどれか。

	粒Aの特徴	粒Aの名称
ア	細胞でできた不要物が含まれる。	液胞
イ	光合成を行い，デンプンをつくる。	液胞
ウ	細胞でできた不要物が含まれる。	葉緑体
エ	光合成を行い，デンプンをつくる。	葉緑体

図1

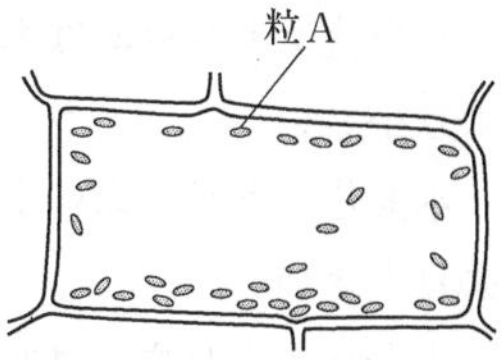

〔問2〕　東京のある地点において，ある日の午後9時に北の空を観測したところ，図2のように北極星と恒星Xが見えた。観測した日から30日後の午後9時に，同じ地点で北の空を観測した場合，恒星Xが見える位置として適切なのは，次のうちではどれか。

図2

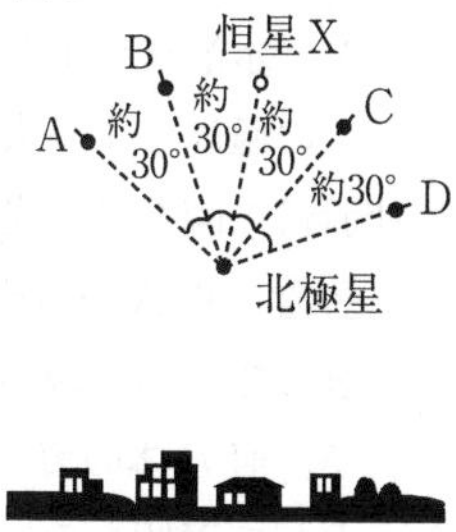

ア　A

イ　B

ウ　C

エ　D

〔問3〕　コイルを付けた透明な板を用意し，コイルの周りにN極が黒く塗られた方位磁針を置いた。コイルに電流を流したとき，コイルに流れている電流の向きと方位磁針のN極が指す向きを表したものを図3のA，Bから一つ，コイルの周りの磁力線を模式的に表したものを図4のC，Dから一つ，それぞれ選び，組み合わせたものとして適切なのは，下のア～エのうちではどれか。

図3

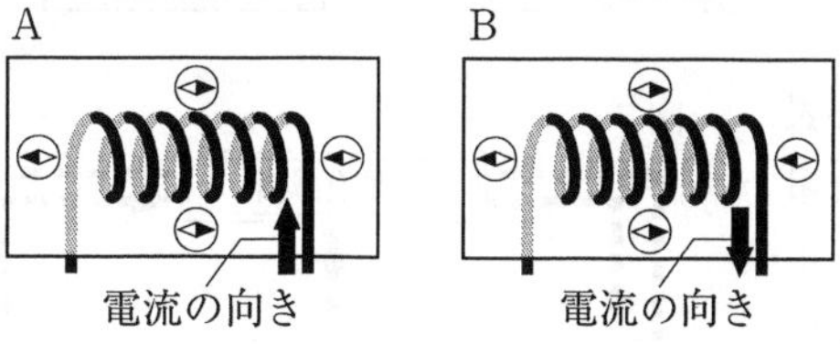

図4

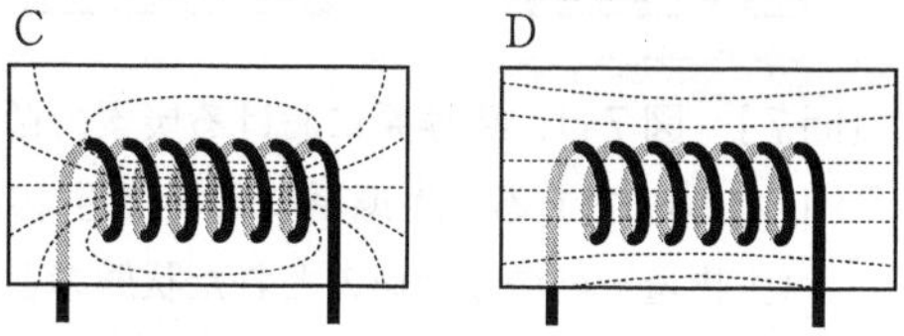

ア　A，C　　イ　A，D　　ウ　B，C　　エ　B，D

〔問4〕　次のページの図5のA～Cは，それぞれ古生代，中生代，新生代のいずれかの地質年代の示準化石をスケッチしたものである。A～Cを地質年代の古いものから順に並べたものとして適切なのは，下のア～エのうちではどれか。

ア　A→B→C　　イ　A→C→B　　ウ　C→A→B　　エ　C→B→A

図5

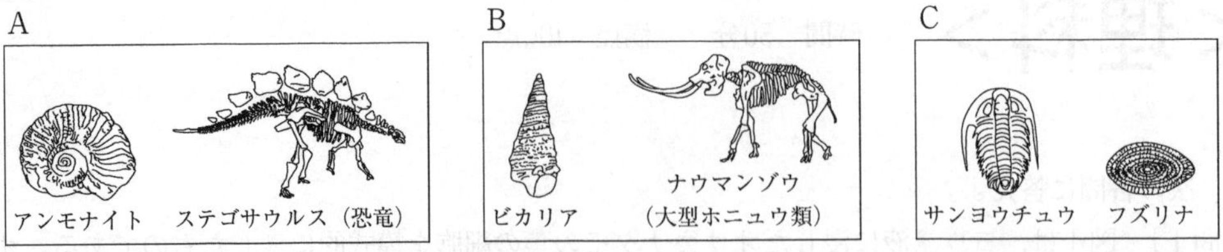

〔問5〕　水に水酸化ナトリウムを入れてよくかき混ぜ，うすい水酸化ナトリウム水溶液を作った。水酸化ナトリウムと水酸化ナトリウム水溶液について述べたものとして適切なのは，次のうちではどれか。

ア　水酸化ナトリウムは水に溶けてH^+を生じる酸で，水酸化ナトリウム水溶液のpHの値は7より小さい。

イ　水酸化ナトリウムは水に溶けてH^+を生じる酸で，水酸化ナトリウム水溶液のpHの値は7より大きい。

ウ　水酸化ナトリウムは水に溶けてOH^-を生じるアルカリで，水酸化ナトリウム水溶液のpHの値は7より小さい。

エ　水酸化ナトリウムは水に溶けてOH^-を生じるアルカリで，水酸化ナトリウム水溶液のpHの値は7より大きい。

〔問6〕　図6は，光源装置，直方体のガラス，鏡を固定し，光源装置の点Aから直方体のガラスに入射するまでの光の道筋を表している。鏡の面は，直方体のガラスの一面に密着させている。直方体のガラス内に入射した後の光の道筋を表したものとして適切なのは，下の**ア**～**エ**のうちではどれか。

ただし，図6及び**ア**～**エ**で示した記号a，b，cは，それぞれ異なる大きさの角を表すものとする。

図6

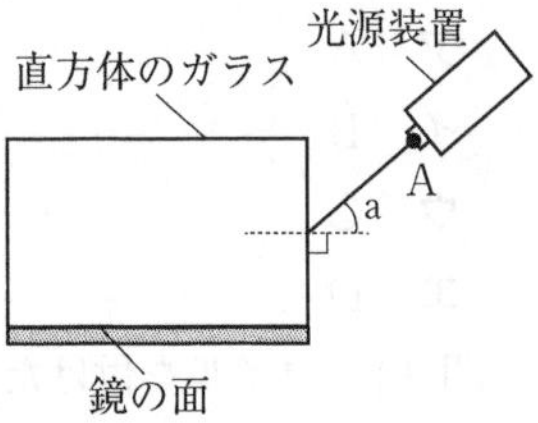

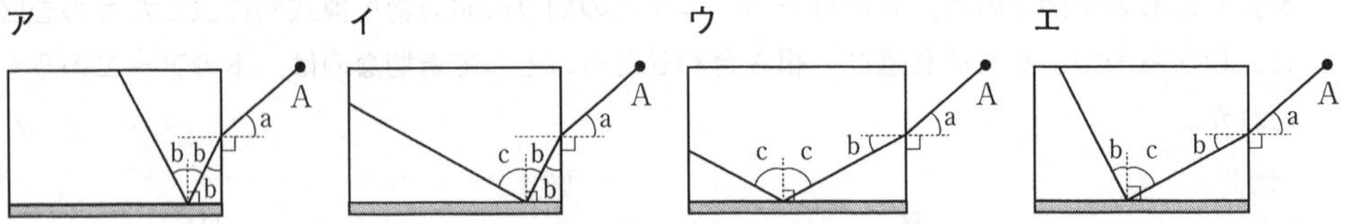

〔問7〕　図7は，生態系における炭素の循環を表したものである。生態系において生物の数量（生物量）のつり合いのとれた状態のとき，生物A，生物B，生物Cの生物の数量（生物量）の大小関係と，生態系における生物Dの名称を組み合わせたものとして適切なのは，次のページの表の**ア**～**エ**のうちではどれか。

図7

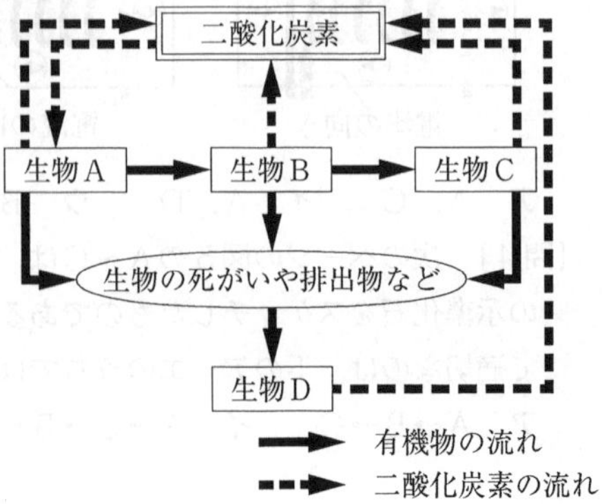

	生物Ａ，生物Ｂ，生物Ｃの生物の数量（生物量）の大小関係	生態系における生物Ｄの名称
ア	生物Ａ＞生物Ｂ＞生物Ｃ	生産者
イ	生物Ａ＞生物Ｂ＞生物Ｃ	分解者
ウ	生物Ｃ＞生物Ｂ＞生物Ａ	生産者
エ	生物Ｃ＞生物Ｂ＞生物Ａ	分解者

2　生徒が，暮らしの中の防災について，科学的に探究しようと考え，自由研究に取り組んだ。生徒が書いたレポートの一部を読み，次の各問に答えよ。

＜レポート１＞　水を確保する方法について

災害により数日間断水する恐れがある。そこで，断水時に水を確保するため，海水から水を得る方法について調べることにした。

海水は塩分濃度が高く，そのまま飲むことはできない。海水の代わりに食塩水を用いて実験を行ったところ，ろ紙を用いたろ過では食塩水中の食塩を取り除くことができないが，蒸留によって食塩水から水を得られることが分かった。

〔問１〕　＜レポート１＞に関して，ろ紙を用いたろ過では食塩水中の食塩を取り除くことができない理由と，蒸留によって食塩水から水を得る方法を組み合わせたものとして適切なのは，次の表の**ア**～**エ**のうちではどれか。

	ろ紙を用いたろ過では食塩水中の食塩を取り除くことができない理由	蒸留によって食塩水から水を得る方法
ア	食塩水中のナトリウムイオンと塩化物イオンは，ろ紙の穴（すき間）よりも小さいから。	食塩水を沸騰させ，出てくる水蒸気を冷やして集めることで水を得る。
イ	食塩水中のナトリウムイオンと塩化物イオンは，ろ紙の穴（すき間）よりも小さいから。	食塩水を冷やし，食塩水中の塩分を結晶として取り出すことで水を得る。
ウ	食塩水中のナトリウムイオンと塩化物イオンは，ろ紙の穴（すき間）よりも大きいから。	食塩水を沸騰させ，出てくる水蒸気を冷やして集めることで水を得る。
エ	食塩水中のナトリウムイオンと塩化物イオンは，ろ紙の穴（すき間）よりも大きいから。	食塩水を冷やし，食塩水中の塩分を結晶として取り出すことで水を得る。

＜レポート２＞　ブレーカーについて

災害時，家庭内の電気機器などに異常を来すと，漏電した電流で感電したり，流れ続けた電流で電気コードなどが発熱して火災を起こしたりする恐れがある。感電や火災を防ぐため，家庭内で安全に電気を使うことができる仕組みについて調べることにした。

安全に電気が使用されるために，家庭内には分電盤があり，分電盤にはブレーカーがついている。ブレーカーには，用途に応じて様々な種類があり，スイッチを切ると家庭内のコンセントに流れる電流を遮断したり，決められた以上の電流が流れると自動で電流を遮断したりするものがあることが分かった。また，家の電気機器の消費電力を調べたところ，液晶テレビが250W，電気ストーブが1000W，ドライヤーが1200Wであった。

〔問2〕　<レポート2>に関して，15A以上の電流が流れると自動で電流を遮断するブレーカーとつながっている電圧100Vのコンセントに，消費電力1000Wの電気ストーブをつなげて使用しているとき，消費電力と発熱量の関係と，追加して安全に使用することができる電気機器を組み合わせたものとして適切なのは，次の表の**ア**～**エ**のうちではどれか。

	消費電力と発熱量の関係	追加して安全に使用することができる電気機器
ア	消費電力が大きいと発熱量は小さい。	250Wの液晶テレビ
イ	消費電力が大きいと発熱量は小さい。	1200Wのドライヤー
ウ	消費電力が大きいと発熱量は大きい。	250Wの液晶テレビ
エ	消費電力が大きいと発熱量は大きい。	1200Wのドライヤー

<レポート3>　応急手当について

災害時には，ガラスの破片やがれきなどでけがをする恐れがある。出血がある場合には，傷口に清潔な布などを直接当て，強く圧迫すると出血が止まる。そこで，止血と血液の成分との関係について調べることにした。

血液中には，出血した血液を固める働きをもつ成分が含まれていることが分かった。また，顕微鏡を用いてヒトの血液の標本を観察したところ，図のようにA～Cの固形の成分が見られることが分かった。

図

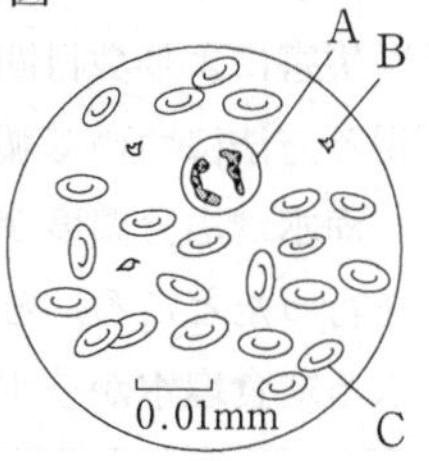

〔問3〕　<レポート3>に関して，図のAとBのうち，出血した血液を固める働きをもつ成分と，出血した血液を固める働きをもつ成分の名称を組み合わせたものとして適切なのは，次の表の**ア**～**エ**のうちではどれか。

	出血した血液を固める働きをもつ成分	出血した血液を固める働きをもつ成分の名称
ア	A	白血球
イ	A	血小板
ウ	B	白血球
エ	B	血小板

<レポート4>　ひょうが降る現象について

気象災害の一つに，ひょうによる農作物や建物などへの被害がある。人がけがをする恐れもあるので，建物に避難する必要がある。そこで，ひょうが降る現象について調べることにした。

温められた地表の上空に冷たい空気が入り，温度差が大きくなると，上昇気流が発生することがある。急激な上昇気流により，積乱雲が発達する過程で，地上付近の水蒸気を含んだ空気は上昇するにつれて温度が低くなり，空気中の水蒸気は冷えて水滴になる。水蒸気を含んだ空気の上昇が続くと，水滴は氷の粒となる。氷の粒は周りの水蒸気を取り込んで更に大きくなり，重くなると下降する。下降する途中で，再び上昇気流により上昇することがあり，上昇と下降を繰り返すと大きな氷の粒になる。地上に落ちてきた氷の粒のうち，直径5㎜以上のものをひょうと呼び，直径が5㎝を超えるものもあることが分かった。

また，積乱雲は寒冷前線付近で生じる上昇気流でもできることが分かった。

〔問4〕 **＜レポート4＞**に関して，雲ができるとき空気が上昇するにつれて温度が低くなる理由と，寒冷前線付近で積乱雲が発達する様子について述べたものを組み合わせたものとして適切なのは，次の表の**ア**～**エ**のうちではどれか。

	雲ができるとき空気が上昇するにつれて温度が低くなる理由	寒冷前線付近で積乱雲が発達する様子
ア	上空では気圧が低く，空気が膨張するから。	暖気が寒気に向かって進み，寒気の上をはい上がり，上昇気流が起こる。
イ	上空では気圧が低く，空気が膨張するから。	寒気が暖気に向かって進み，暖気を押し上げて，上昇気流が起こる。
ウ	上空では気圧が高く，空気が収縮するから。	暖気が寒気に向かって進み，寒気の上をはい上がり，上昇気流が起こる。
エ	上空では気圧が高く，空気が収縮するから。	寒気が暖気に向かって進み，暖気を押し上げて，上昇気流が起こる。

3　地震の観測と地震の起こる仕組みについて，次の各問に答えよ。

地震について調べるために，ある日の日本の内陸で起こった，震源がごく浅い地震について，震源からの距離が異なる観測地点A～Eの5地点の観測データをインターネットから収集した。観測地点Aと観測地点Bについては，それぞれの地点に設置された地震計の記録を，観測地点C～Eについては，震源からの距離，初期微動が始まった時刻，主要動が始まった時刻の記録を得た。

ただし，観測した地震が起きた観測地点A～Eを含む地域の地形は平坦で，地盤の構造は均一であり，地震の揺れを伝える2種類の波はそれぞれ一定の速さで伝わるものとする。

＜観測記録＞

(1)　図1は観測地点Aに，図2は観測地点Bに設置された地震計の記録を模式的に表したものである。

図1

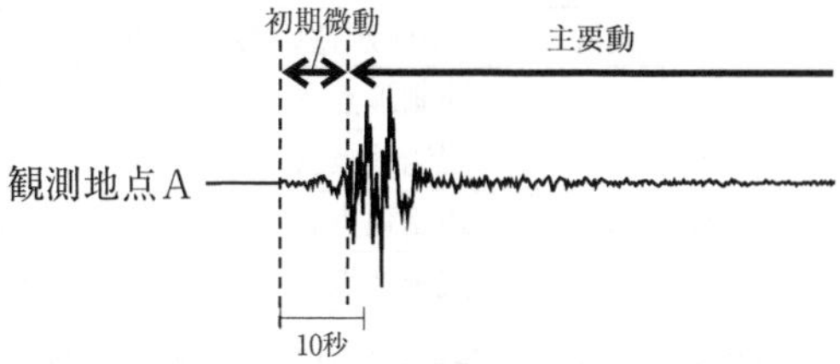

図2

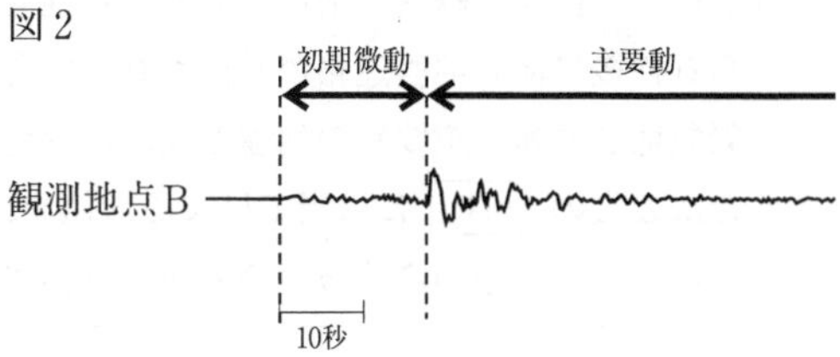

(2)　表1は，観測地点C～Eにおける地震の記録についての資料をまとめたものである。

表1

	震源からの距離	初期微動が始まった時刻	主要動が始まった時刻
観測地点C	35km	16時13分50秒	16時13分55秒
観測地点D	77km	16時13分56秒	16時14分07秒
観測地点E	105km	16時14分00秒	16時14分15秒

(3)　⑴，⑵で調べた地震では緊急地震速報が発表されていた。緊急地震速報は，地震が起こった直後に震源に近い地点の地震計の観測データから，震源の位置，マグニチュード，主要動の到達時刻や震度を予想し，最大震度が５弱以上と予想される地域に可能な限り素早く知らせる地震の予報，警報である。図３は，地震発生から緊急地震速報の発表，受信までの流れを模式的に示している。

図３

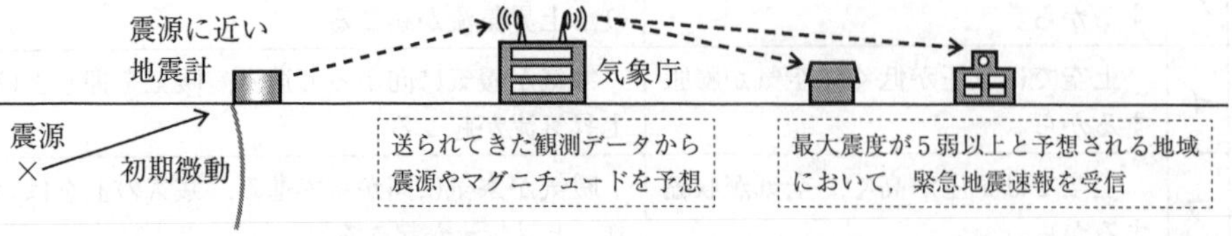

〔問１〕　図１，図２のように，初期微動の後に主要動が観測される理由について述べたものとして適切なのは，次のうちではどれか。

ア　震源ではＰ波が発生した後にＳ波が発生し，伝わる速さはどちらも同じだから。

イ　震源ではＳ波が発生した後にＰ波が発生し，伝わる速さはどちらも同じだから。

ウ　震源ではＰ波とＳ波は同時に発生し，Ｐ波が伝わる速さはＳ波よりも速いから。

エ　震源ではＰ波とＳ波は同時に発生し，Ｓ波が伝わる速さはＰ波よりも速いから。

〔問２〕　図１の観測地点Ａと図２の観測地点Ｂを比較したときに，震源からの距離が遠い観測地点と，震源からの距離と初期微動継続時間の関係について述べたものを組み合わせたものとして適切なのは，次の表の**ア**～**エ**のうちではどれか。

	震源からの距離が遠い観測地点	震源からの距離と初期微動継続時間の関係
ア	観測地点Ａ	震源から遠くなるほど，初期微動継続時間は短くなる。
イ	観測地点Ａ	震源から遠くなるほど，初期微動継続時間は長くなる。
ウ	観測地点Ｂ	震源から遠くなるほど，初期微動継続時間は短くなる。
エ	観測地点Ｂ	震源から遠くなるほど，初期微動継続時間は長くなる。

〔問３〕　**＜観測記録＞**の⑴と⑵で調べた地震では，観測地点Ｃの地震計で初期微動を感知してから６秒後に緊急地震速報が発表されていた。このとき，震源からの距離がＸ〔km〕の場所で，緊急地震速報を主要動の到達と同時に受信した。震源からの距離と主要動の到達について述べた次の文の，［⑴］には当てはまる数値を，［⑵］には数値を用いた適切な語句を，それぞれ書け。ただし緊急地震速報の発表から受信までにかかる時間は考えないものとする。

> 震源からの距離Ｘ〔km〕は，［　⑴　］〔km〕である。震源からの距離がＸ〔km〕よりも遠い場所において，緊急地震速報を受信してから主要動が到達するまでの時間は，震源からの距離がＸ〔km〕よりも［　⑵　］につれて１秒ずつ増加する。

次に，日本付近のプレートと地震の分布について図書館で調べ，**＜資料＞**を得た。

＜資料＞

次のページの図４は，日本付近に集まっている４枚のプレートを示したものである。図４の２枚の陸のプレートの境界がはっきりしていないため，現在考えられている境界を……線で示している。

図5は，図4の □ で示した範囲と同じ範囲における，2000年から2009年までに起こったマグニチュード5以上の地震の震央の分布を，⬚ に示す震源の深さで分類して表したものである。

プレートの境界部周辺には常に様々な力が加わってひずみが生じており，プレートのひずみやずれが日本付近の大規模な地震の主な原因と考えられている。

図4

図5

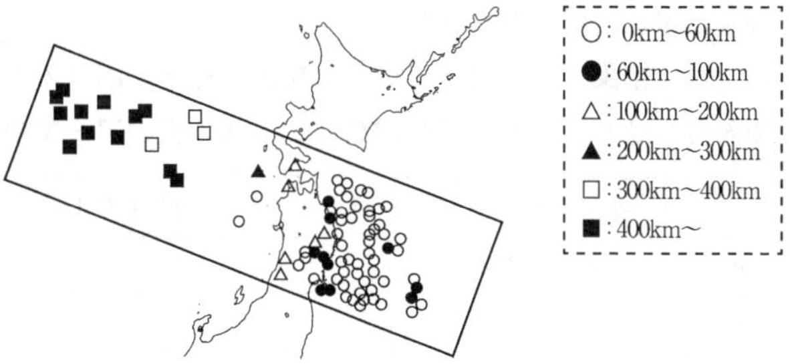

〔問4〕 <資料>の図4と図5から，プレートの境界で起こる地震について，プレートの動きと図4の □ で示した範囲で起こった地震の震源の深さとの関係について述べたものとして適切なのは，次のうちではどれか。

ア　海のプレートが日本列島付近で陸のプレートの下に沈み込んでいて，震源は太平洋側で浅く，大陸側で深い。

イ　海のプレートが日本列島付近で陸のプレートの下に沈み込んでいて，震源は太平洋側で深く，大陸側で浅い。

ウ　陸のプレートが日本列島付近で海のプレートの下に沈み込んでいて，震源は太平洋側で浅く，大陸側で深い。

エ　陸のプレートが日本列島付近で海のプレートの下に沈み込んでいて，震源は太平洋側で深く，大陸側で浅い。

4　植物のつくりの観察と，遺伝の規則性を調べる実験について，次の各問に答えよ。
ただし，遺伝子は親から子へ伝わるときに変化することはないものとする。
<観察1>を行ったところ，**<結果1>**のようになった。

<観察1>

花壇にエンドウの種子をまいて育て，花が咲いてから種子ができるまでを観察した。

(1)　エンドウの花を図1のようにカッターナイフで切り，花の断面をルーペで観察した。

(2)　(1)とは別の花の子房が果実になった後，果実を図2のようにカッターナイフで切り，果実の断面をルーペで観察した。

図1

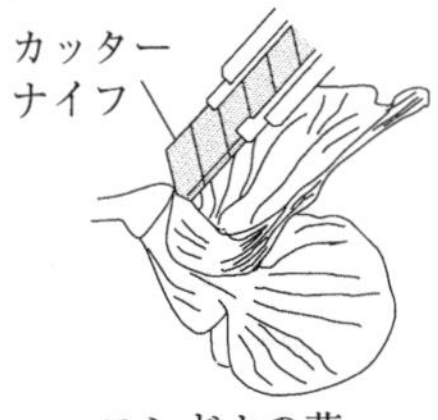

エンドウの花

図2

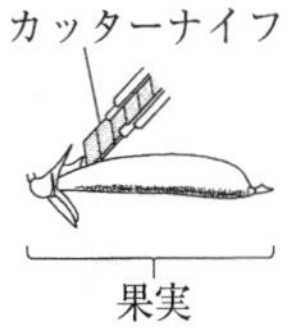

< 結果 1 >

(1) 図3は，**< 観察 1 >**の(1)の花の断面をスケッチしたものである。子房の中には，小さな粒が見られた。

(2) 図4は，**< 観察 1 >**の(2)の果実の断面をスケッチしたものである。果実の中には，小さな粒が成長してできた種子が見られた。種子には，黄色の種子と緑色の種子があった。

図3

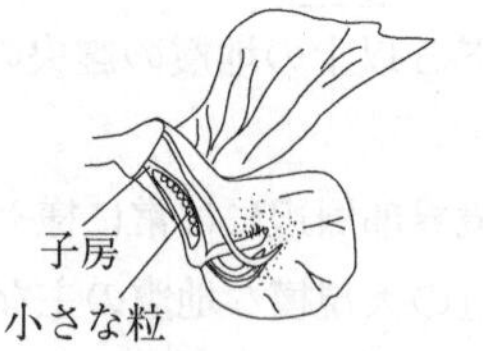

図4

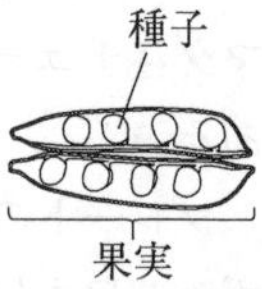

〔問1〕 **< 結果 1 >**の図3の小さな粒の名称と，図3のように小さな粒が子房の中にある植物を組み合わせたものとして適切なのは，次の表の**ア**～**エ**のうちではどれか。

	図3の小さな粒の名称	図3のように小さな粒が子房の中にある植物
ア	やく	マツ，イチョウ
イ	やく	サクラ，ツツジ
ウ	胚珠	マツ，イチョウ
エ	胚珠	サクラ，ツツジ

次に，**< 観察 2 >**を行ったところ，**< 結果 2 >**のようになった。

< 観察 2 >

< 結果 1 >の(2)で見られた黄色の種子と緑色の種子を一つずつ取り出し，それぞれ図5のように，カッターナイフで切り，種子の断面をルーペで観察した。

< 結果 2 >

図6は，**< 観察 2 >**の黄色の種子の断面をスケッチしたものである。黄色の種子の子葉は黄色であり，緑色の種子の子葉は緑色であった。

図5

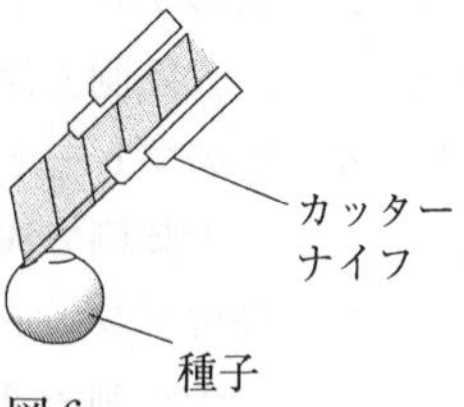

図6

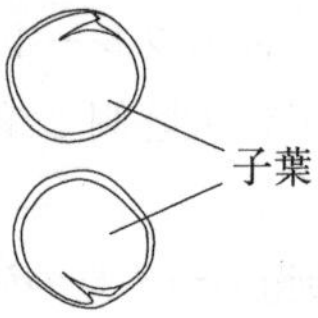

次に，**< 実験 >**を行ったところ，**< 結果 3 >**のようになった。

< 実験 >

(1) エンドウの種子のうち，子葉が黄色の純系の種子を校庭の花壇Pに，子葉が緑色の純系の種子を花壇Qにまいて育てた。

(2) 花壇Pで育てたエンドウのめしべに，花壇Qで育てたエンドウの花粉だけを付けてできた種子を観察した。

< 結果 3 >

< 実験 >の(2)で観察したエンドウの種子は，全て子葉が黄色であった。

〔問2〕 **< 結果 3 >**で観察した種子をまいて育てたエンドウの精細胞と卵細胞のそれぞれがもつ遺伝子について述べたものとして適切なのは，下の**ア**～**エ**のうちではどれか。

ただし，エンドウの種子の子葉の色が優性形質になる遺伝子をA，劣性形質になる遺伝子を

ａとする。

ア　精細胞は，遺伝子Ａ又は遺伝子ａをもつ。卵細胞は，全て遺伝子Ａをもつ。

イ　精細胞は，全て遺伝子Ａをもつ。卵細胞は，遺伝子Ａ又は遺伝子ａをもつ。

ウ　精細胞と卵細胞は，それぞれ遺伝子Ａ又は遺伝子ａをもつ。

エ　精細胞と卵細胞は，全て遺伝子Ａａをもつ。

〔問3〕 エンドウの種子の子葉の色が優性形質になる遺伝子をＡ，劣性形質になる遺伝子をａとすると，子葉が黄色の種子の遺伝子の組み合わせは，ＡＡとＡａがあり，種子を観察しただけではどちらの遺伝子の組み合わせをもつのか分からない。そこで，子葉が黄色の種子の遺伝子の組み合わせを確かめようと考え，**<仮説>**を立てた。

> **<仮説>**
> 子葉が黄色で遺伝子の組み合わせが分からないエンドウの種子を種子Ｘとし，種子Ｘをまいて育てたエンドウのめしべに，[(1)] を付けてできる種子を種子Ｙとする。
> 種子Ｘの遺伝子の組み合わせは，種子Ｙの形質を調べることにより確かめることができる。種子Ｙについて [(2)] であれば，ＡＡと決まり，[(3)] であれば，Ａａと決まる。

<仮説>の [(1)] に当てはまるものとして適切なのは，下の**ア**と**イ**のうちではどれか。また，[(2)] と [(3)] にそれぞれ当てはまるものとして適切なのは，下の**ア**～**ウ**のうちではどれか。

[(1)]　**ア**　子葉が黄色の純系の種子をまいて育てたエンドウの花粉

イ　子葉が緑色の純系の種子をまいて育てたエンドウの花粉

[(2)]　**ア**　全て子葉が黄色の種子

イ　子葉が黄色の種子の数と子葉が緑色の種子の数の比がおよそ１：１

ウ　子葉が黄色の種子の数と子葉が緑色の種子の数の比がおよそ３：１

[(3)]　**ア**　全て子葉が黄色の種子

イ　子葉が黄色の種子の数と子葉が緑色の種子の数の比がおよそ１：１

ウ　子葉が黄色の種子の数と子葉が緑色の種子の数の比がおよそ３：１

[5]　銅と酸化銅を用いた実験について，次の各問に答えよ。

<実験１>を行ったところ，次のページの**<結果１>**のようになった。

<実験１>

(1)　ステンレス皿の質量を電子てんびんで測定すると32.86ｇであった。このステンレス皿に銅の粉末を0.40ｇ載せ，加熱する前の粉末とステンレス皿を合わせた質量（全体の質量）を測定した。

(2)　図１のように，銅の粉末を薬さじで薄く広げた後，粉末全ての色が変化するまで十分に加熱した。

(3)　ステンレス皿が十分に冷めてから，加熱した後の全体の質量を測定した。

(4)　質量が変化しなくなるまで(2)と(3)の操作を繰り返し，加熱した後の全体の質量を測定して，化合した酸素の質量を求めた。

図１

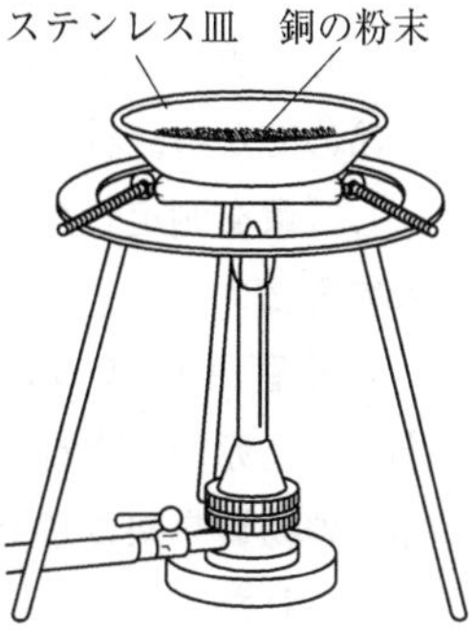

(5) 銅の粉末の質量を，0.60 g，0.80 g，1.00 g，1.20 g に変え，それぞれについて＜実験１＞の(1)～(4)と同様の実験を行った。

＜結果１＞

銅の粉末の質量〔g〕	0.40	0.60	0.80	1.00	1.20
加熱する前の全体の質量〔g〕	33.26	33.46	33.66	33.86	34.06
質量が変化しなくなるまで加熱した後の全体の質量〔g〕	33.36	33.61	33.86	34.11	34.36
化合した酸素の質量〔g〕	0.10	0.15	0.20	0.25	0.30

〔問１〕 ＜実験１＞の(4)，(5)で，全体の質量が変化しなくなる理由と，銅の粉末を加熱したときの反応を表したモデルを組み合わせたものとして適切なのは，下の表の**ア**～**エ**のうちではどれか。
ただし，●は銅原子１個を，○は酸素原子１個を表すものとする。

	＜実験１＞の(4)，(5)で，全体の質量が変化しなくなる理由	銅の粉末を加熱したときの反応を表したモデル
ア	一定量の銅と化合するのに必要な酸素が不足しているから。	●● ＋ ○○ → ●○ ●○
イ	一定量の銅と化合するのに必要な酸素が不足しているから。	● ＋ ○ → ●○
ウ	一定量の銅と化合する酸素の質量には限界があるから。	●● ＋ ○○ → ●○ ●○
エ	一定量の銅と化合する酸素の質量には限界があるから。	● ＋ ○ → ●○

〔問２〕 ＜結果１＞から，銅の粉末の質量と化合した酸素の質量の関係を，解答用紙の方眼を入れた図に●を用いて記入し，グラフをかけ。

次に，＜実験２＞を行ったところ，＜結果２＞のようになった。

＜実験２＞

(1) 酸化銅1.00 g と十分に乾燥させた炭素の粉末0.06 g をよく混ぜ合わせ，乾いた試験管Aに入れ，ガラス管がつながっているゴム栓をして，図２のように試験管Aの口を少し下げ，スタンドに固定し，ガラス管の先を石灰水の入った試験管Bに入れた。

(2) 試験管Aをガスバーナーで加熱したところ，ガラス管の先から気体が出ていることと，石灰水の色が白く濁ったことが確認できた。

(3) ガラス管の先から気体が出なくなったことを確認した後，ガラス管を石灰水の中から取り出してから試験管Aの加熱をやめ，ゴム管をピンチコックで閉じた。試験管Aが十分に冷めてから，試験管Aに残った物質を取り出し質量を測定した後，観察した。

図２

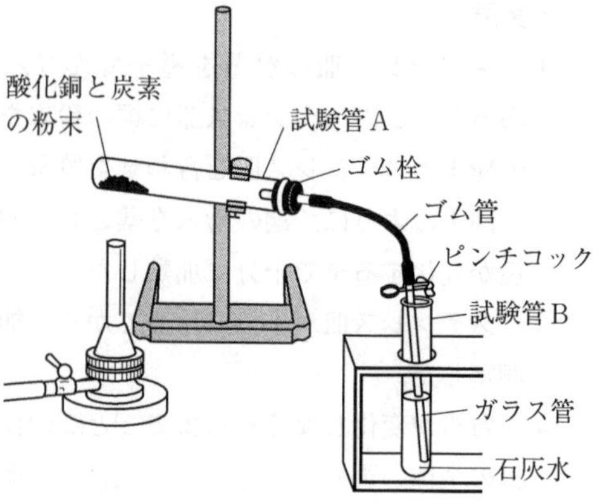

＜結果２＞

試験管Aに残った物質の質量は0.84 g であった。赤色の物質と黒色の物質が見られた。赤色の物質を薬さじで強くこすると，金属光沢が見られた。

〔問３〕　＜**結果２**＞から分かる，酸素と銅や炭素との結び付きやすさの違いと，試験管Aで還元される物質を組み合わせたものとして適切なのは，次の表の**ア**～**エ**のうちではどれか。

	酸素と銅や炭素との結び付きやすさの違い	試験管Aで還元される物質
ア	酸素は，銅よりも炭素と結び付きやすい。	酸化銅
イ	酸素は，銅よりも炭素と結び付きやすい。	銅
ウ	酸素は，炭素よりも銅と結び付きやすい。	酸化銅
エ	酸素は，炭素よりも銅と結び付きやすい。	銅

〔問４〕　＜**結果２**＞から，試験管Aに残った物質のうち，黒色の物質の質量として適切なのは，下の**ア**～**エ**のうちではどれか。

ただし，試験管Aの中の炭素は全て反応したものとする。

ア　0.16 g　　**イ**　0.20 g　　**ウ**　0.64 g　　**エ**　0.80 g

6　小球の運動とエネルギーを調べる実験について，次の各問に答えよ。

ただし，床は水平とし，空気抵抗，衝突によるエネルギーの減少，レールとの摩擦などは考えないものとする。

＜**実験１**＞を行ったところ，＜**結果１**＞のようになった。

＜**実験１**＞

(1)　図１のように，小球Aに糸を付け，それぞれの糸の一端を床に置いたスタンドに結び，振り子を作った。小球Aが静止しているときの小球Aの中心を通る水平面を高さの基準面とした。

(2)　糸がたるまないように，小球Aの中心を基準面から高さ15 cmの位置に合わせ，静かに手を放した。

(3)　小球Aの運動を発光時間間隔0.1秒のストロボ写真で記録した。

(4)　図２のように，静かに手を放した時から0.6秒間の0.1秒ごとの小球Aの位置を模式的に表し，①から0.1秒ごとに⑦まで，順に番号を付け，各位置の基準面から小球Aの中心までの高さをそれぞれ測定した。

図１

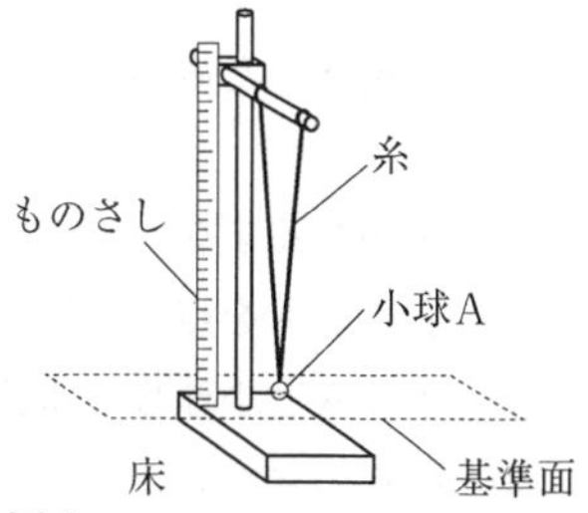

図２

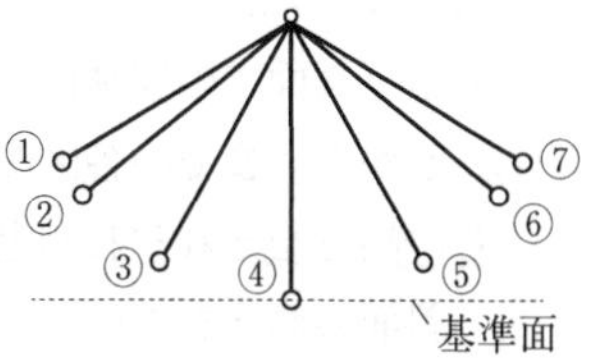

＜**結果１**＞

番号	①	②	③	④	⑤	⑥	⑦
静かに手を放した時からの時間〔s〕	0	0.1	0.2	0.3	0.4	0.5	0.6
基準面から小球Aの中心までの高さ〔cm〕	15	11	4	0	4	11	15

〔問１〕　＜**実験１**＞と＜**結果１**＞から，小球Aの位置が図２の②のとき，小球Aに働く重力を矢印で表したものを次のP，Qから一つ，小球Aが①から⑦まで運動している間の小球Aの速さと運動の向きの変化について説明したものを次のR，Sから一つ，それぞれ選び，組み合わせたものとして適切なのは，次のページの**ア**～**エ**のうちではどれか。

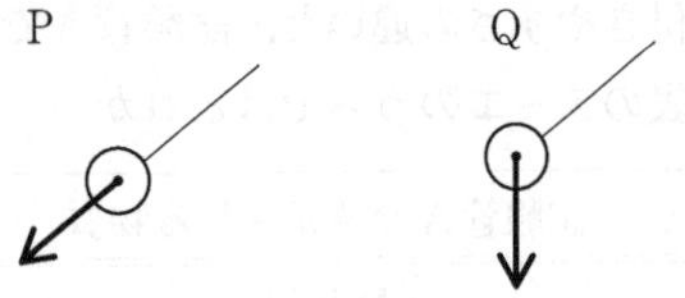

R 小球Aの速さと運動の向きは変化しない。
S 小球Aの速さと運動の向きは変化する。

ア P，R **イ** P，S **ウ** Q，R **エ** Q，S

次に，<**実験2**>を行ったところ，<**結果2**>のようになった。

<**実験2**>

(1) <**実験1**>で用いた振り子，斜面の角度が変えられる目盛りを付けた一本のレール，小球Aと体積も質量も等しい小球Bを用意した。

(2) 図3のように，レールに，床と水平な面，水平な面と斜面をつなぐ曲面，水平な面との傾きが20°の斜面を作り，レールとスタンドを固定した。

図3

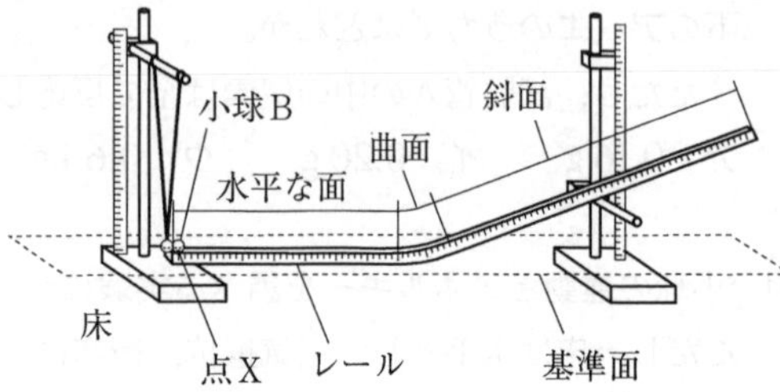

(3) 小球Bをレール上に置き，置いた点を点Xとした。点Xに置いた小球Bは，静止しているときの小球Aと触れている。二つの小球の中心は，床から同じ高さで，二つの小球の中心を通る面を高さの基準面とした。また，小球Aを運動させた時，最下点における小球Aの運動の向きと，衝突した後のレール上の水平な面における小球Bの運動の向きは同じになるように調整した。

(4) 糸がたるまないように，小球Aの中心を基準面から高さ15㎝の位置に合わせ，静かに手を放し，小球Aを点Xで静止している小球Bに衝突させた。

(5) 小球Aと小球Bの運動を発光時間間隔0.1秒のストロボ写真で記録した。

(6) 図4のように，ストロボ写真に記録された小球Bがレールの水平な面で運動を始めてから0.2秒間の0.1秒ごとの位置と，斜面上で一瞬静止した位置とを模式的に表し，小球Bのレールの水平な面での運動について，aから0.1秒ごとにcまで，順に記号を付けた。

(7) aからcまでの各区間における移動距離と，小球Bが斜面上で一瞬静止した位置の基準面からの高さをそれぞれ測定した。

(8) 斜面の傾きを30°に変え，(4)，(5)と同様の実験を行った。

(9) 斜面の傾きが30°のとき，(6)と同様に図5のように模式的に表し，dから0.1秒ごとにfまで，順に記号を付け，(7)と同様の測定を行った。

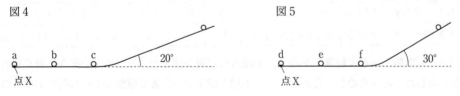

図4

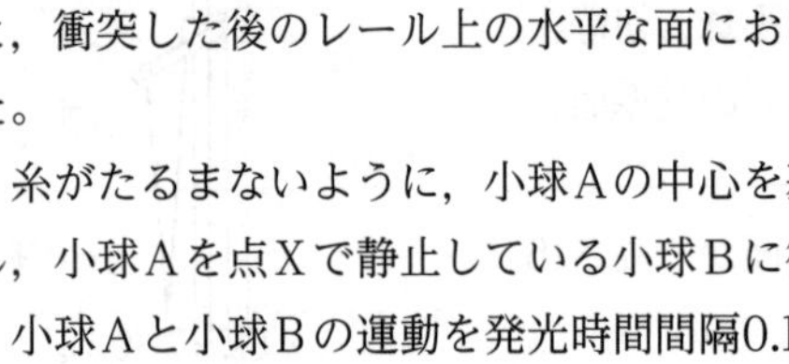

図5

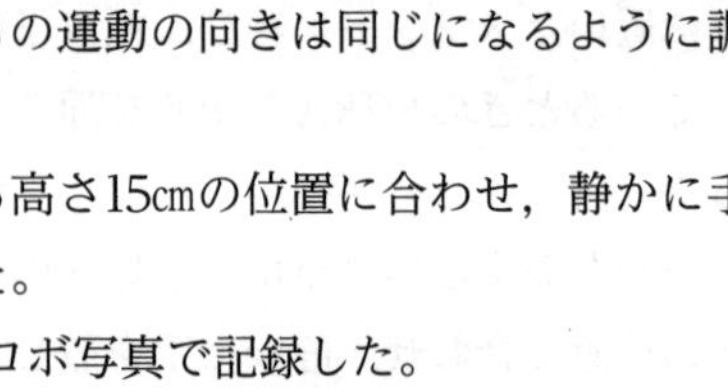

<**結果2**>

(1) 小球Aの運動を記録したストロボ写真を模式的に表したものは，<**実験1**>の図2の①から

④までと同じであった。

(2)　小球Ｂの運動を記録したストロボ写真を模式的に表したものから測定した結果は，次の表のようになった。

斜面の傾き	20°		30°	
区間	a～b	b～c	d～e	e～f
移動距離〔cm〕	17	17	17	17

斜面の傾き	20°	30°
小球Ｂが斜面上で一瞬静止した位置の基準面からの高さ〔cm〕	15	15

〔問２〕　＜**結果２**＞から，図４のａからｃまでの間における小球Ｂの平均の速さ〔m／s〕を求めよ。

〔問３〕　＜**結果１**＞と＜**結果２**＞から，図２の①から③までの小球Ａと，図５のｆから斜面上で一瞬静止するまでの小球Ｂについて，それぞれの区間における小球Ａ又は小球Ｂの力学的エネルギーの変化を位置エネルギー，運動エネルギーで表したとき，次の表の (1) と (2) にそれぞれ当てはまるものとして適切なのは，下の**ア**～**エ**のうちではどれか。

図２の①から③までの小球Ａの力学的エネルギーの変化	図５のｆから斜面上で一瞬静止するまでの小球Ｂの力学的エネルギーの変化
(1)	(2)

ア　位置エネルギーと運動エネルギーは変化していない。

イ　位置エネルギーは減少し，運動エネルギーは増加している。

ウ　位置エネルギーは増加し，運動エネルギーは減少している。

エ　位置エネルギーは変化せず，運動エネルギーは増加している。

＜社会＞

時間　50分　　満点　100点

1　次の各問に答えよ。

〔問1〕 次の地形図は，2016年の「国土地理院発行２万５千分の１地形図（上《うえ》野《の》原《はら》）」の一部を拡大して作成した地形図上に●で示したA点から，B～E点の順に，F点まで移動した経路を太線（――）で示したものである。次のページのア～エの写真と文は，地形図上のB～E点の**いずれか**の地点で野外観察を行った様子を示したものである。地形図上のB～E点のそれぞれに当てはまるのは，次のページのア～エのうちではどれか。

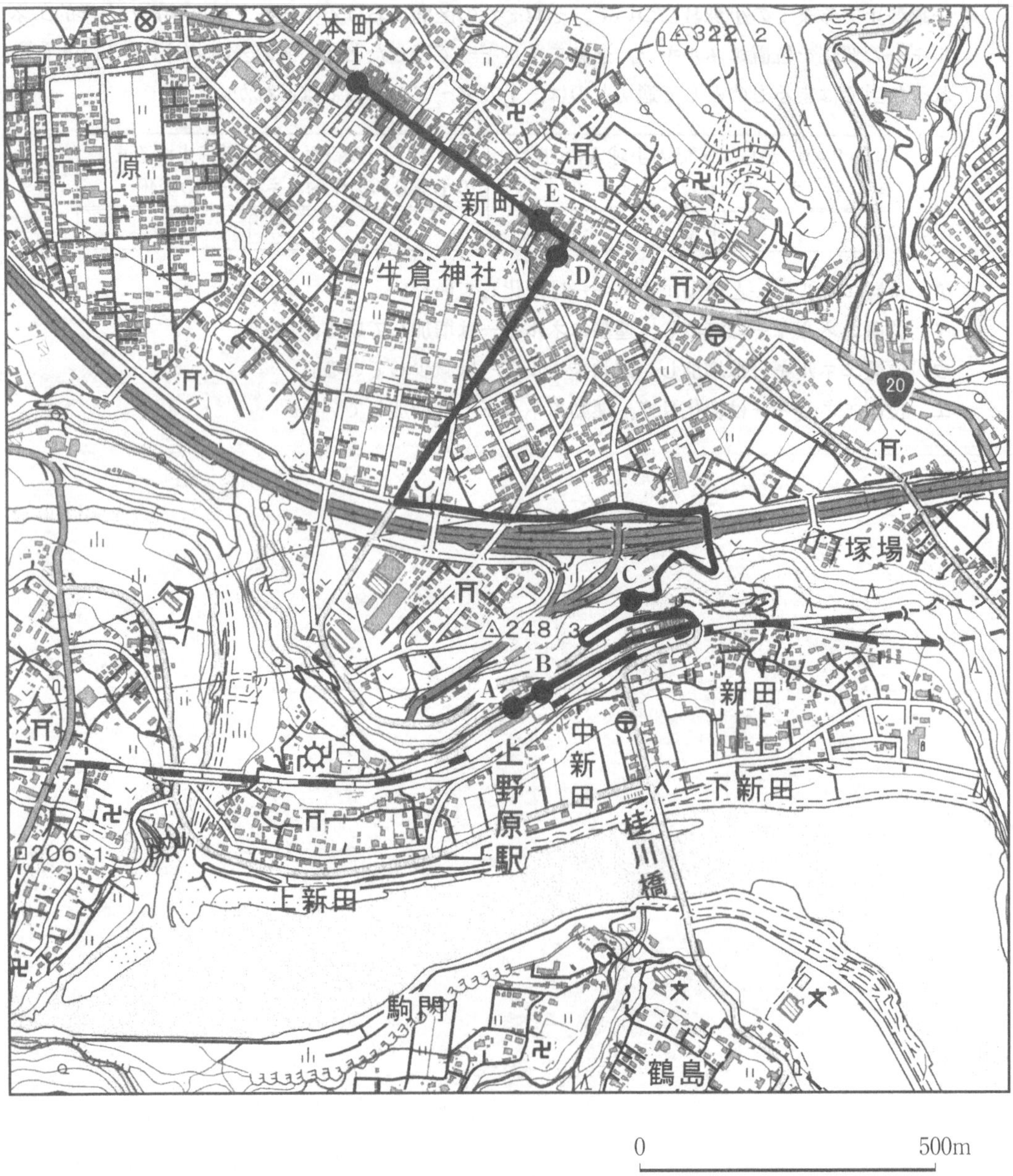

ア

登り坂を進んでいる途中で立ち止まり，南の方向を観察すると，桂川《かつらがわ》橋や，鉄道の線路などが見えた。

イ

進行方向には，甲州《こうしゅう》街道と呼ばれている国道20号線と交わる丁字型《ていじがた》の交差点が見えた。

ウ

進行方向に延びている直線状の道路の北側には崖があり，南側には道路に沿って鉄道の線路が敷設《ふせつ》されているのが見えた。

エ

進行方向に延びている甲州街道の両側には商店が立ち並ぶ様子を観察することができた。

〔問２〕　次の文で述べている人物は，下の**ア**～**エ**のうちのどれか。

この人物は，江戸を中心とした町人文化が発展した時期に，狂言や噺本《はなしぼん》の要素を巧みに取り入れて，弥次郎兵衛《やじろべえ》と喜多八《きたはち》の二人の主人公が行く先々において騒動を起こしながら旅をする姿を描いた「東海道中膝栗毛《とうかいどうちゅうひざくりげ》」を著した。

ア　小林一茶《こばやしいっさ》　**イ**　十返舎一九《じっぺんしゃいっく》　**ウ**　井原西鶴《いはらさいかく》　**エ**　近松門左衛門《ちかまつもんざえもん》

〔問３〕　次の日本国憲法の条文が保障する権利は，下の**ア**～**エ**のうちのどれか。

最高裁判所の裁判官の任命は，その任命後初めて行はれる衆議院議員総選挙の際国民の審査に付し，その後10年を経過した後初めて行はれる衆議院議員総選挙の際更に審査に付し，その後も同様とする。

ア　参政権　**イ**　自由権　**ウ**　社会権　**エ**　請求権

2　次の略地図を見て，あとの各問に答えよ。

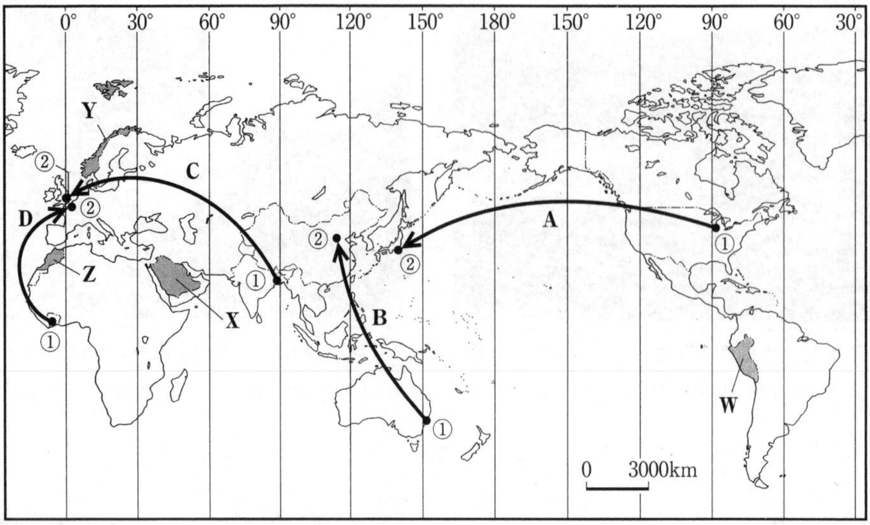

〔問1〕　略地図中に①●→●②で示したA～Dは，農産物の買い付けを行う企業の社員が，それぞれの①の都市にある空港から②の都市にある空港まで，航空機を利用して移動した経路を模式的に示したものである。次のⅠの文章は，A～Dのいずれかの経路における移動の様子などについて述べたものである。Ⅱのア～エのグラフは，A～Dのいずれかの経路における①の都市の，年平均気温と年降水量及び各月の平均気温と降水量を示したものである。Ⅰの文章で述べている経路に当てはまるのは，略地図中のA～Dのうちのどれか，また，その経路における①の都市のグラフに当てはまるのは，Ⅱのア～エのうちのどれか。

Ⅰ　この社員は，国際的な穀物市場が立地する①の都市において，とうもろこしの買い付けを行った後，企業が所在する②の都市に移動した。①の都市を現地時間で3月1日午後5時30分に出発し，飛行時間13時間を要して，②の都市の現地時間で3月2日午後9時30分に到着した。

（注）　時差については，サマータイム制度を考慮しない。

Ⅱ

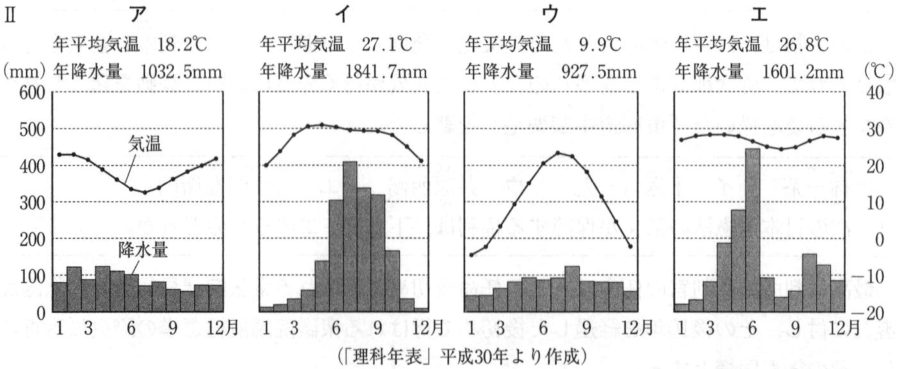

（「理科年表」平成30年より作成）

〔問2〕　次のページの表のア～エは，略地図中に　　で示したW～Zのいずれかの国の，2014年における漁獲量，日本に輸出される魚介類の漁法などについてまとめたものである。略地図中のW～Zのそれぞれの国に当てはまるのは，次のページの表のア～エのうちではどれか。

	漁獲量（万ｔ）	日本に輸出される魚介類の漁法など
ア	7	○首都は内陸部に位置しており，淡水が流れ込みにくいため塩分濃度が高くなっている海水を活用して，日本に輸出されるえびが養殖されている。 ○えびは国内において消費されるとともに，有望な輸出品としても位置付けられており，新たな養殖場を建設するなど，投資を拡大する取り組みが進められている。
イ	137	○首都は国土を東西方向に走る山脈の北側に位置しており，日本に輸出されるたこの漁場周辺では，北から南へ寒流が流れ，たこ壺《つぼ》漁などの漁法が用いられている。 ○たこを日常的に食べる文化は見られないが，たこの輸出促進のため，加工品の冷凍技術や品質管理技術を向上させる取り組みが進められている。
ウ	230	○首都は冬季においても凍らない湾の奥に位置しており，日本に輸出されるさばの漁場周辺では，南から北へ暖流が流れ，まき網漁などの漁法が用いられている。 ○さばを日常的に食べる文化が見られ，国内において食材として消費されるとともに，輸出を拡大する取り組みが進められている。
エ	357	○首都は乾燥帯に位置しており，日本に輸出される魚粉の原料となるかたくちいわしの漁場周辺では，南から北へ寒流が流れ，大小様々な漁船が操業している。 ○かたくちいわしを日常的に食べる文化は見られないが，山岳地域に居住する国民のたん白質摂取不足を解消するため，食用として加工する取り組みが進められている。

（「データブック　オブ・ザ・ワールド」2018年版などより作成）

［問３］　次のⅠの略地図は，2016年における日本と東南アジア諸国連合（ＡＳＥＡＮ《アセアン》）加盟国それぞれの国との貿易額について，日本の輸出額から日本の輸入額を引いた差を示したものである。Ⅱの略地図は，2016年における日本と東南アジア諸国連合（ＡＳＥＡＮ）加盟国それぞれの国との貿易額について，日本の輸入額が最も多い品目を，「医薬品」，「衣類と同付属品」，「鉱産資源」，「電気機器」に分類して示したものである。Ⅲの文章で述べている国に当てはまるのは，次のページのア～エのうちのどれか。

Ⅰ

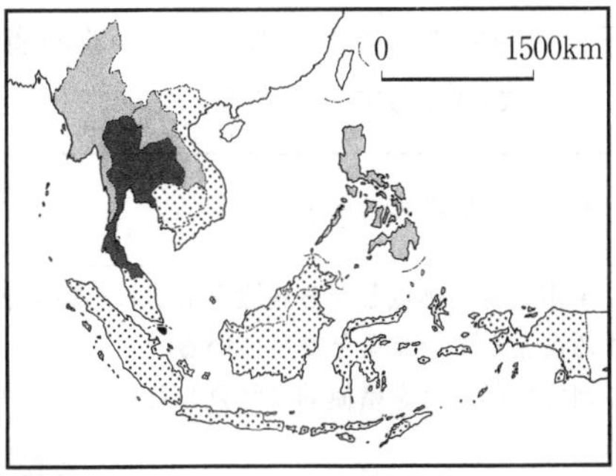

■１兆円以上　■5000億円～１兆円未満　■０円～5000億円未満　▨０円未満

Ⅱ

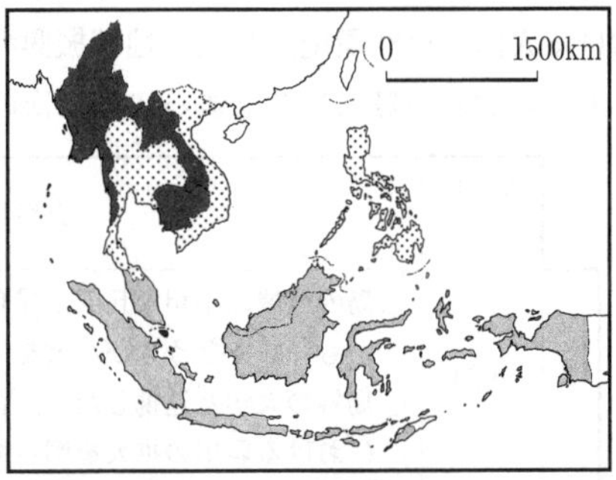

■医薬品　■衣類と同付属品　■鉱産資源　▨電気機器

（「データブック　オブ・ザ・ワールド」2018年版などより作成）

Ⅲ

フランスから1953年に独立し，その後に始まった内戦が1990年代に終結した後，1999年に東南アジア諸国連合（ＡＳＥＡＮ）に加盟した。2000年代に入り，世界遺産に登録されているヒンドゥー教寺院などの遺跡群を活用した観光業に加え，工業化を推進している。

1990年代までのこの国からの日本の輸入品は木材などの一次産品が最も多く，日本の貿易黒字が継続する傾向であったが，この国の工業化の進展に伴って変化が見られた。2000年代からは日本の貿易赤字が継続する傾向に転じ，2016年における日本の最大の輸入品は衣類などであり，日本からこの国への輸出額は333億円，日本のこの国からの輸入額は1310億円であった。

ア タイ　イ カンボジア　ウ ミャンマー　エ ベトナム

3 次の略地図を見て，あとの各問に答えよ。

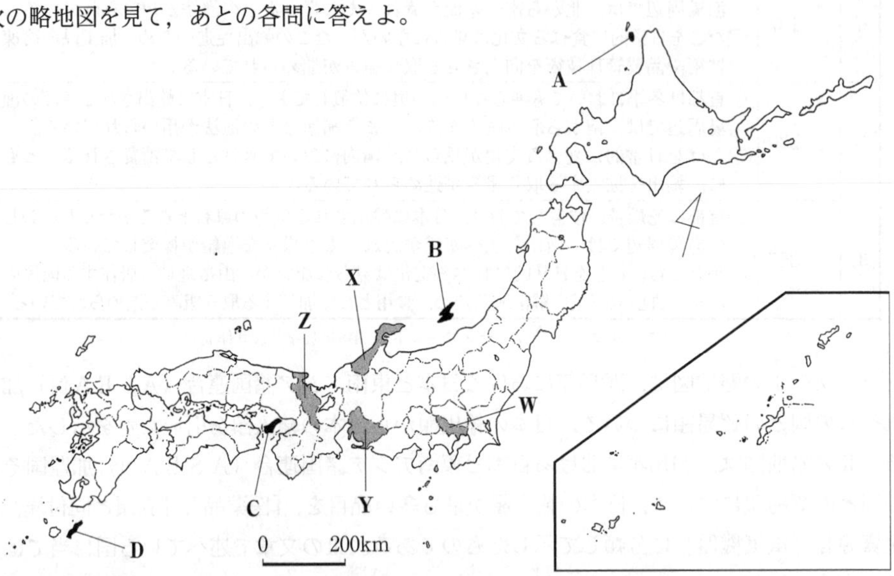

〔問１〕 次の表のア～エの文章は，略地図中に■で示した，A～Dの**いずれか**の島の2015年における人口，自然環境，産業と地域振興の様子についてまとめたものである。略地図中のA～Dのそれぞれの島に当てはまるのは，次の表の**ア**～**エ**のうちではどれか。

	人口（人）	自然環境，産業と地域振興の様子
ア	29847	○島の全域に平坦な丘陵が見られ，宇宙開発の拠点となる施設を活用した観光業とともに，さとうきびなどを生産する農業が主な産業となっている。 ○島外の大学と連携したり，企業や研究施設などを積極的に誘致したりして，島内における雇用の拡大を図っている。
イ	5090	○島の中央部には火山が見られ，国立公園を活用した観光業とともに，高級品として知られる昆布やうにを養殖するなどの漁業が主な産業となっている。 ○全国から漁業就業希望者を募集して，漁業体験研修を実施し，就業支援を行うなど，島内における後継者の育成を図っている。
ウ	57255	○島の中央部には，北側と南側にある山地に挟まれた平野が見られ，鉱山跡の遺跡を活用した観光業とともに，銘柄米などを生産する農業が主な産業となっている。 ○製粉した米を原料とした加工品の製造販売を行うなど，農業の第６次産業化を推進し，島内における雇用の拡大を図っている。
エ	135147	○島の北部には丘陵，中央部には平野，南部には山地が見られ，漁業とともに，レタスなどの野菜を生産する農業が主な産業となっている。 ○島外へ通勤する住民に対して交通費などを補助する事業を行うなど，島内における定住者の増加を図っている。

（2015年国勢調査などより作成）

〔問２〕　次のⅠの表の**ア**～**エ**は，略地図中に▒▒で示した，W～Z**のいずれか**の都府県の，2016年における，製造業事業所数，製造業事業所数のうち繊維工業事業所数，製造業従業者数，製造業従業者数のうち繊維工業従業者数，製造品出荷額を示したものである。Ⅱの文章は，W～Z**のいずれか**の都府県の製造業などの様子についてまとめたものである。Ⅱの文章で述べている都府県に当てはまるのは，Ⅰの表の**ア**～**エ**のうちのどれか，また，略地図中のW～Zのうちのどれか。

Ⅰ

	製造業事業所数	繊維工業事業所数	製造業従業者数（人）	繊維工業従業者数（人）	製造品出荷額（億円）
ア	21092	1082	285437	6481	85452
イ	21856	1674	834236	22201	461948
ウ	4037	798	97179	11389	28276
エ	6506	1474	141952	10796	53624

（2016年経済センサスより作成）

Ⅱ

○2016年の繊維工業事業所における１事業所当たりの平均従業者数は10人未満であり，伝統的工芸品に指定されている西陣織《にしじんおり》などを生産する小規模な事業所が立地する町並は観光資源としても活用されており，町屋などの歴史的景観を保存する取り組みが進められている。

○伝統的工芸品を生産する高度な技術は，電子・精密機械産業などの他の産業に応用されており，この都府県内に所在する企業は，世界的に評価されている高度な技術を有し，大学などと共同して研究開発を行っている。

〔問３〕　次のⅠとⅡの略地図は，1999年と2017年における首都圏に位置するA市の一部を示したものである。Ⅲの表は，ⅠとⅡの略地図中に太線（――）で囲まれた地域の，1999年と

Ⅰ

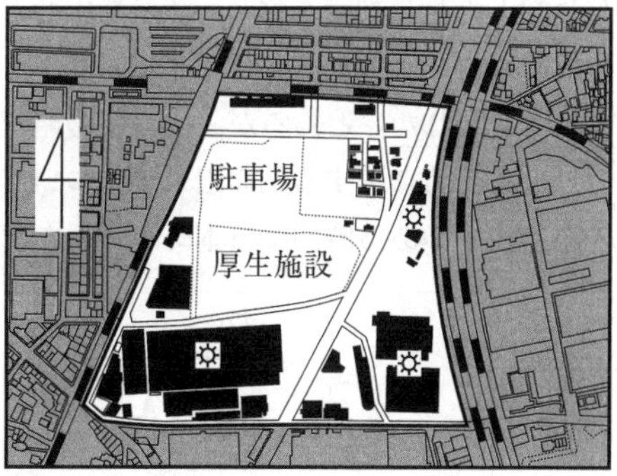

（1999年）　0　200m

Ⅱ

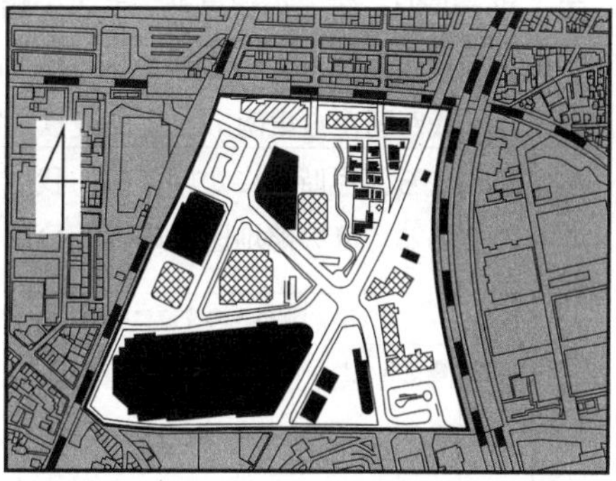

（2017年）　0　200m

☼ 工場　■ 10階以下の建物　▨ 11～20階の建物　▩ 21階以上の建物

（国土地理院のホームページなどより作成）

Ⅲ

	1999年	2017年
人口（人）	269	6017

（総務省の資料などより作成）

2017年における人口を示したものである。Ⅰ～Ⅲの資料から読み取れる，1999年と比較した2017年における太線(━━━)で囲まれた地域の変容について，立地及び土地利用に着目し，簡単に述べよ。

4 次の文章を読み，あとの各問に答えよ。

> 私たちの社会では，人が移動したり，ものなどを移動させたりすることで，生活の様子が変化してきた。
>
> 古代から，各時代の権力者は(1)政治を行う拠点を移し，政治体制の刷新や整備を図り，権力基盤を強化してきた。
>
> 近世に入ると，造船技術の向上や海上航路の開拓などにより人の移動する範囲が拡大し，海外との貿易が盛んになった。また，(2)我が国から東南アジアに渡り，定住する者も現れた。
>
> 明治時代以降，(3)欧米の技術を取り入れたことで，より多くの人やものの移動が可能となり，経済が活性化して欧米諸国に並ぶ発展を遂げた。
>
> さらに，船舶の大型化や航空機の高速化が進むと，人やものなどの海外への移動が一層円滑になり，(4)我が国も様々なものを輸入したり，輸出したりするようになった。

〔問1〕 (1)政治を行う拠点を移し，政治体制の刷新や整備を図り，権力基盤を強化してきた。とあるが，次のア～エは，飛鳥《あすか》時代から安土《あづち》・桃山《ももやま》時代にかけての政治を行う拠点の様子などについて述べたものである。時期の古いものから順に記号を並べよ。

ア　織田信長《おだのぶなが》は，水運と陸上交通が結び付く要衝の地に拠点を移し，城を築いた山の麓に城下町を整備し，楽市・楽座の政策を進め，商工業を重視する体制を推進した。

イ　桓武《かんむ》天皇は，鴨川《かもがわ》と桂川《かつらがわ》が流れる地に拠点を移し，東寺《とうじ》，西寺《さいじ》などの一部を除き，寺院を建てることを禁止して，貴族や僧の権力争いによる政治的混乱からの立て直しを図った。

ウ　元明《げんめい》天皇は，和同開珎《わどうかいちん》(わどうかいほう)が流通し始めた頃，盆地の北端に位置する地に拠点を移し，貴族の住居などを整備し，律令《りつりょう》制による政治体制を整えた。

エ　平清盛《たいらのきよもり》は，宋《そう》との貿易港である大輪田泊《おおわだのとまり》に近接した地に拠点を移し，法皇を中心として貴族と寺社が集まっている地から離れて平氏政権の確立を図った。

〔問2〕 (2)我が国から東南アジアに渡り，定住する者も現れた。とあるが，次のⅠの略年表は，室町時代から江戸時代にかけての，我が国の海外との交流に関する主な出来事についてまとめたものである。Ⅱの略地図中のA～Dは，Ⅰの略年表中のある時期に日本町が栄えた都市を示

Ⅰ

西暦	我が国の海外との交流に関する主な出来事	
1432	●足利義教《あしかがよしのり》が道淵《どうえん》を明《みん》に派遣した。	
		ア
1549	●フランシスコ・ザビエルが来日し，キリスト教を伝えた。	
		イ
1582	●大友義鎮《おおともよししげ》・有馬晴信《ありまはるのぶ》・大村純忠《おおむらすみただ》らが，天《てん》正《しょう》遣欧使節を派遣した。	
		ウ
1690	●ケンペルがオランダ商館の医師として来日した。	
		エ
1792	●ラクスマンが大黒屋光太夫《だいこくやこうだゆう》を護送して来日した。	

Ⅱ

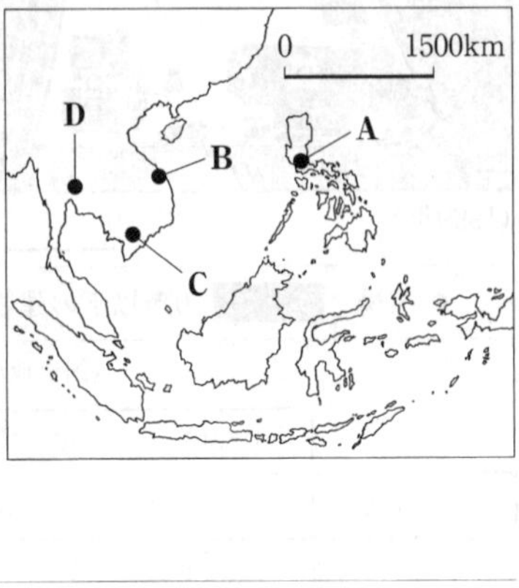

したものである。Ⅲの文章は，ある時期の我が国の貿易の様子などについて述べたものである。Ⅲの文章で述べている貿易が行われた時期に当てはまるのは，Ⅰの略年表中のア～エの時期のうちではどれか。また，Ⅲの文章で述べている日本町に当てはまるのは，Ⅱの略地図中のA～Dのうちのどれか。

Ⅲ

> 幕府は，朱印《しゅいん》状と呼ばれる書状を我が国の商船に与え，海外へ渡ることを許可し，東南アジアの国々に対しても，朱印状を持つ商船を保護することを求め，貿易体制を整備した。また，自治権をもつアユタヤの日本町では，王室に重く用いられる日本人も現れた。

〔問3〕 (3)欧米の技術を取り入れたことで，より多くの人やものの移動が可能となり，経済が活性化して欧米諸国に並ぶ発展を遂げた。とあるが，次の略地図中のW～Zは，1919年における我が国の鉄道の一部を示したものである。下のア～エは，W～Zのいずれかの鉄道の役割について述べたものである。W～Zのそれぞれに当てはまるのは，下のア～エのうちではどれか。

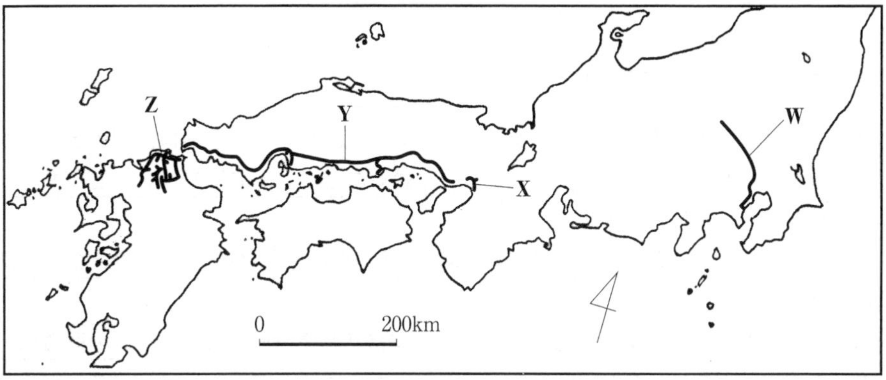

（「日本国有鉄道百年史」などより作成）

ア　かつて「天下の台所」と呼ばれた上方《かみがた》の大都市と郊外とを電車で結び，駅を中心に住宅や観光施設が建てられるなど，沿線を開発する役割を果たした。

イ　江戸時代に発達した西廻《にしまわ》り航路の一部と競合する形で，外国人居留地があった都市を起点に西へ路線を延ばし，沿線にある港や軍事拠点を結び，陸上輸送手段としての役割を果たした。

ウ　日清戦争後にドイツの技術を導入した官営製鉄所が建てられた地域と，炭鉱の開発が進んだ周辺の炭田地帯とを結び，石炭輸送の役割を果たした。

エ　フランスの技術を導入した官営模範工場が建てられた生糸の生産地と，生糸輸出の中心となった貿易港とを結び，外貨獲得のための生糸の輸送を拡大する役割を果たした。

〔問4〕 (4)我が国も様々なものを輸入したり，輸出したりするようになった。とあるが，次のページの略年表は，明治時代から昭和時代にかけての，我が国の輸入品に関する主な出来事についてまとめたものである。略年表中のAの時期に当てはまるのは，下のア～エのうちではどれか。

ア　第四次中東戦争の影響を受けて発生した石油危機を，我が国は省エネルギー技術をより高めて，自動車などの輸出を拡大して乗り切ったが，欧米諸国との間で貿易摩擦が生じた。

イ　ニューヨークで始まった株価の暴落が世界恐慌《きょうこう》に発展する中で，我が国からの輸出は大きく減少し，企業の倒産や人員整理で失業者が増加する深刻な恐慌状態に陥った。

ウ　ヨーロッパを主な戦場とする第一次世界大戦が始まると，我が国からアメリカ合衆国やアジアの国々に向けた綿織物や生糸の輸出が増加し，貿易黒字となった。

エ　サンフランシスコ平和条約（講和条約）を結び，国際社会に復帰して経済復興が進む中で，関税と貿易に関する一般協定（ＧＡＴＴ）に加盟し，我が国の貿易額は増加して好景気を迎えた。

西暦	我が国の輸入品に関する主な出来事	
1884	●日本橋《にほんばし》の商店がアメリカ合衆国製万年筆を販売した。	
1926	●東京駅と上野駅でドイツ製入場券自動販売機の使用を開始した。	
1946	●マニラから輸入された1000トンの小麦粉が，東京港に到着した。	↕ A
1960	●我が国の航空会社が購入したアメリカ合衆国製ジェット旅客機が，東京国際空港（羽田《はねだ》空港）に到着した。	
1981	●銀座《ぎんざ》に開店したフランス企業の直営店が，高級鞄《かばん》を販売した。	

5　次の文章を読み，あとの各問に答えよ。

　経済は，家計，企業，政府が主体となって動いている。私たちの生活は，収入と支出から成り立つ家計と深く関わり，主な収入としては，(1)働くことによって得る賃金などがあり，その金額は時代とともに変化してきた。

　一方，支出には，(2)企業などが生産した生活必需品の購入代金があり，家計と企業は深く結び付いている。

私たちの暮らしをより良くするため，政府が行う経済活動を財政と呼び，(3)この財政は，家計や企業から支出される税金などで賄われている。また，財政の在り方に国民の意思が十分に反映されるよう，(4)国の財政を処理する権限は，国会の議決に基づいて，これを行使しなければならない，と日本国憲法で定められている。

　このように，家計，企業，政府が関わり合って，我が国の経済は発展している。

〔問１〕　(1)働くことによって得る賃金などがあり，その金額は時代とともに変化してきた。とあるが，次のⅠの文は，1960年に閣議決定された国民所得倍増計画の構想の一部を抜粋したものである。次のページのⅡのグラフは，我が国の消費者物価指数について，1960年から1970年までの推移を1960年を100とした指数で示したものである。Ⅲのグラフは，我が国の一人当たりの月間現金給与額について，1960年から1970年までの金額の推移を示したものである。Ⅰ～Ⅲの資料を活用し，1960年と1970年を比較した国民生活の変化について，消費者物価指数と月間現金給与額の増加割合に着目し，簡単に述べよ。

Ⅰ

　国民所得倍増計画は，速やかに国民総生産を倍増して，雇用の増大による完全雇用の達成をはかり，国民の生活水準を大幅に引き上げることを目的とするものでなければならない。

（経済企画庁編「国民所得倍増計画」1960 年より作成）

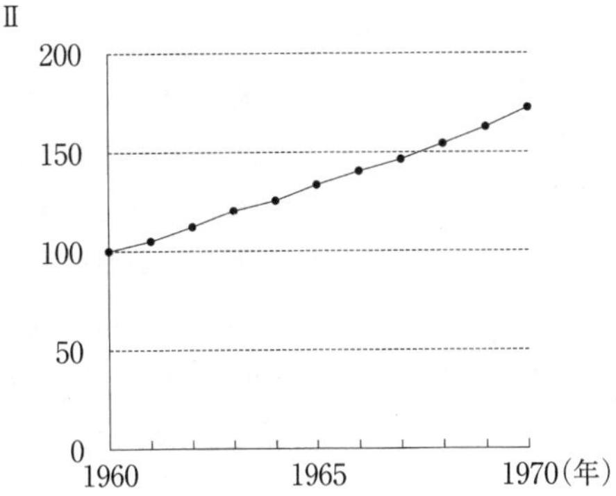

（総務省の資料より作成）

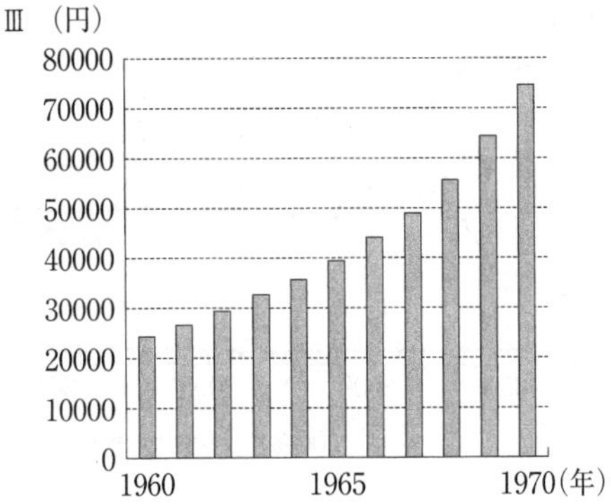

（厚生労働省の資料より作成）

〔問２〕 (2)企業などが生産した生活必需品の購入代金があり，家計と企業は深く結び付いている。とあるが，次のⅠの表は，我が国の1970年から2015年までの消費支出を，月当たり，一世帯当たりに換算し，更に食料費，光熱・水道費，被服及び履物《はきもの》費《ひ》，家具・家事用品費，交通・通信費，その他の項目について，消費支出に占める割合の推移を示したものである。次のⅡの文章は，被服及び履物費について述べたものである。Ⅱの文章で述べている項目に当てはまるのは，次のⅠの表の**ア**～**エ**のうちではどれか。

Ⅰ

	消費支出	食料費（%）	**ア**（%）	**イ**（%）	**ウ**（%）	**エ**（%）	その他（%）
1970年	82582円	32.2	9.3	5.5	4.1	5.1	43.8
1975年	166032円	30.0	9.0	6.6	4.1	5.0	45.3
1980年	238126円	27.8	7.5	8.5	5.3	4.2	46.7
1985年	289489円	25.7	7.0	9.7	5.9	4.2	47.5
1990年	331595円	24.1	7.2	10.1	5.1	4.0	49.5
1995年	349663円	22.6	6.0	11.0	5.6	3.7	51.1
2000年	340977円	22.0	5.0	12.8	6.2	3.3	50.7
2005年	328649円	21.6	4.6	14.3	6.5	3.1	49.9
2010年	318211円	21.9	4.3	15.1	6.8	3.3	48.6
2015年	315428円	23.6	4.3	15.8	7.3	3.5	45.5

（総務省統計局「家計調査年報　平成27年　家計収支編」などより作成）

Ⅱ

消費支出に占める割合は，1970年から2015年にかけて減少傾向にある。近年の傾向には，百貨店での購入の減少などが影響している。また，2010年から2015年にかけて，食料費の消費支出額が増加しているのに対し，被服及び履物費は約13000円台で推移している。

〔問３〕 (3)この財政は，家計や企業から支出される税金などで賄われている。とあるが，次のページのⅠのグラフの**ア**～**エ**は，1995年度から2015年度までの我が国の法人税，消費税，関税，所得税の収入額の推移について示したものである。次のページのⅡの文章で述べている税に当てはまるのは，Ⅰのグラフの**ア**～**エ**のうちのどれか。

I
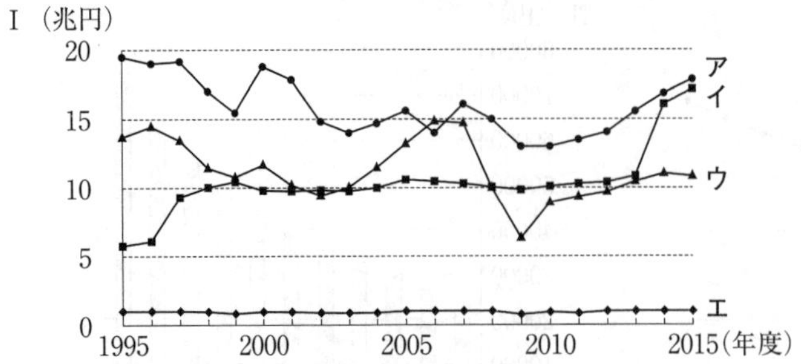

(財務省の資料より作成)

II

> 株式会社などが，事業活動を通じて得た所得に課せられる国税で，事業規模によって税率が決定される。景気の変動を受けやすく，世界金融危機後の２年間で約６割の下落を記録した。

〔問４〕 (4)国の財政を処理する権限は，国会の議決に基づいて，これを行使しなければならない，と日本国憲法で定められている。とあるが，次のＩのＡ～Ｅは，第183回通常国会で「平成25年度予算案」の議決までの経過について示したものである。IIの機関が開かれたのは，下の**ア**～**エ**のうちではどれか。

I

A	第183回通常国会が開会される。(１月28日)
B	衆議院・参議院に平成25年度予算案が提出される。(２月28日)
C	衆議院で平成25年度予算案が可決される。(４月16日)
D	参議院で平成25年度予算案が否決される。(５月15日)
E	日本国憲法第60条第２項の規定により，衆議院の議決が国会の議決となる。(５月15日)

(参議院のホームページより作成)

II

> この機関は，両議院各10名の代表者から構成され，両議院の意見調整が行われる。

ア　ＡとＢの間　　**イ**　ＣとＤの間　　**ウ**　ＢとＣの間　　**エ**　ＤとＥの間

6　次の文章を読み，次のページの略地図を見て，あとの各問に答えよ。

> 現代の社会では，グローバル化の進展などによる急激な変化や新しい課題に対応するため，柔軟な思考や斬新な発想が求められ，(1)世界各地で新たな事実や真理を明らかにするために研究が進められている。
>
> 歴史を振り返ると，(2)先人が積み上げてきた研究の成果は，技術開発にも応用され，様々な分野に影響を与えてきた。
>
> また，(3)我が国において開発された最新の技術は，他の国の人々の生活を豊かにするために役立てられている。

〔問１〕 (1)世界各地で新たな事実や真理を明らかにするために研究が進められている。とあるが，次のページの表の**ア**～**エ**の文章は，略地図中に　　で示したＡ～Ｄのいずれかの国の歴史と国内に立地する研究所の活動などについて述べたものである。略地図中のＡ～Ｄのそれぞれの国に当てはまるのは，次の表の**ア**～**エ**のうちではどれか。

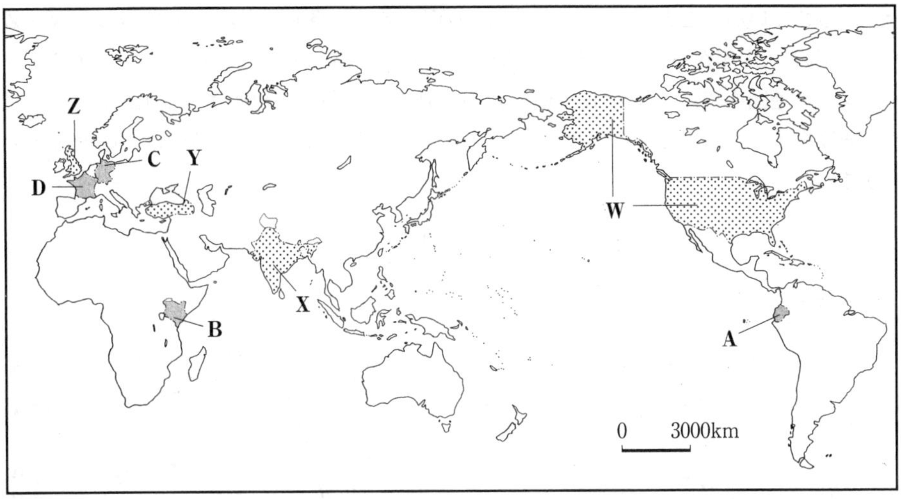

	国の歴史と国内に立地する研究所の活動など
ア	○この国は，世界各地に複数の植民地を有していたことで知られており，1789年に人権宣言を発表し，その後，王政（王制）が廃止されて共和政（共和制）となった。 ○この研究所は，エボラ出血熱などのウィルス遺伝子を解析し，感染症の原因となる微生物などの研究を行っている。
イ	○この国は，「種の起源」を著したダーウィンが調査に訪れた諸島が領土に含まれることで知られており，インカ帝国が滅ぼされた後にスペインの支配を受け，1830年に独立した。 ○この研究所は，多くの野生動物の固有種が生息する諸島の中に立地しており，島の生態系の保全に関する調査や野生動物の生態に関する科学的研究を行っている。
ウ	○この国は，明治時代に我が国の医学者が留学していたことで知られており，第二次世界大戦終了後に二つの国に分断されたが，分断の象徴であった壁が取り壊され，1990年に統一された。 ○この研究所は，現在の人類と化石人骨であるネアンデルタール人の遺伝子を解析するなど，人類の進化に関する研究を行っている。
エ	○この国は，多くの野生動物が生息するサバナが広がる国立公園に世界各地から観光客が訪れることで知られており，1963年にイギリスから独立した。 ○この研究所は，貧困の軽減や環境開発問題に取り組んでおり，焼畑農業に代わる農法を開発するなど，植栽した樹木を利用する農林業に関する研究を行っている。

〔問２〕 (2)先人が積み上げてきた研究の成果は，技術開発にも応用され，様々な分野に影響を与えてきた。とあるが，次の**ア**～**エ**は，それぞれの時代の技術開発について述べたものである。時期の古いものから順に記号を並べよ。

ア　アメリカ合衆国でテネシー川流域の総合開発に代表されるニューディール政策が進められ，政府主導で経済の立て直しが行われた頃，合成繊維であるナイロンが開発された。

イ　イギリスで産業革命が始まり，蒸気を利用して動力を生み出す技術が改良され，初の蒸気機関車を使った鉄道による旅客輸送が行われた。

ウ　東側陣営と西側陣営との間で起きた冷たい戦争（冷戦）の時代に，ソビエト社会主義共和国連邦は，アメリカ合衆国とロケット技術の開発競争を行い，初の有人宇宙飛行に成功した。

エ　アメリカ合衆国で南北戦争後に大陸横断鉄道が開通し西部の開発が進む中で，音を電流に変換して伝える技術を用いた電話の実験に成功した。

〔問３〕 (3)我が国において開発された最新の技術は，他の国の人々の生活を豊かにするために役立てられている。とあるが，Ⅰのグラフの W ～ Z は，略地図中に░░░で示した W ～ Z のそれぞれの国の1980年から2015年までの人口増加率の推移を示したものである。Ⅱのグラフの W ～ Z は，略地図中に░░░で示した W ～ Z のそれぞれの国の1980年から2015年までの経済成長率の推移を示したものである。Ⅲの文章で述べている国に当てはまるのは，略地図中の W ～ Z のうちのどれか。

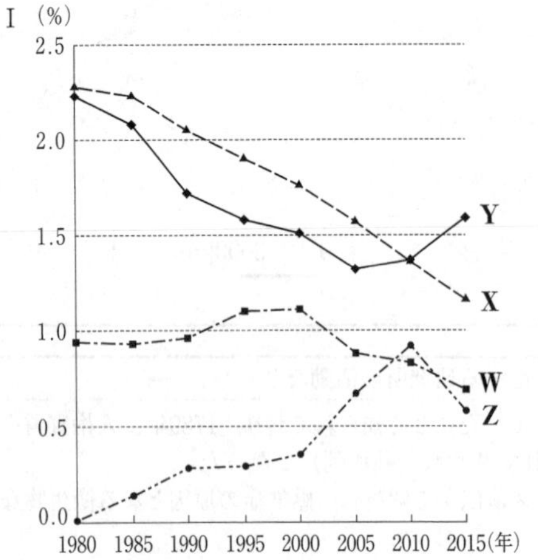

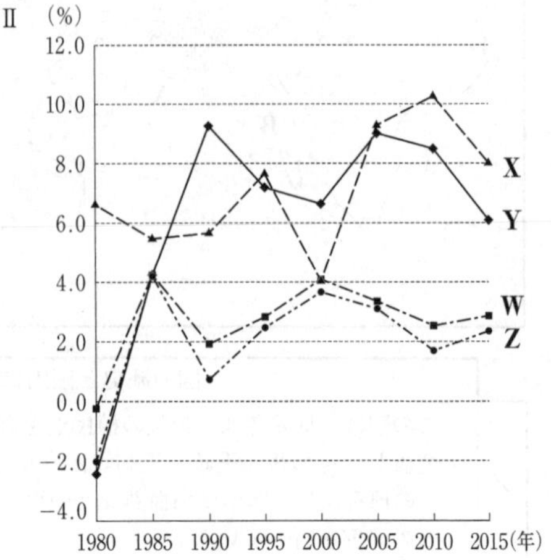

（国際連合のホームページより作成）

Ⅲ

○人口増加率は上昇した時期もあり，総人口の約５分の１が，海峡で隔てられた経済や文化の中心都市に集中している。
○経済成長率は5.0％を上回る時期もあり，経済発展に伴う交通渋滞の緩和に向け，我が国の企業が，かつてコンスタンティノープルと呼ばれた都市に総延長約13.6kmの海峡横断鉄道トンネルを建設した。

材にした歌の多さを尋ねることで問題の所在を明らかにしようとしている。

ウ　大岡さんが述べた西行の生き方を受け、新たな視点として紀貫之についても尋ねることで対談の内容を古今集全体の話題へと広げている。

エ　直前の大岡さんの発言に賛同しつつ紀貫之の桜の歌の多さを尋ねることで、話題を西行から貫之の歌に戻して対談を深めようとしている。

〔問4〕　文中の――線を付けた**ア**～**エ**のうち、現代仮名遣いで書いた場合と異なる書き表し方を含んでいるものを一つ選び、記号で答えよ。

〔問5〕　(4)鷹狩《たかがり》はそう熱心にもしないで、もっぱら酒を飲んでは、和歌を詠むのに熱をいれていた。とあるが、Bの原文において「和歌を詠むのに熱をいれていた」という部分に相当する箇所はどこか。次のうちから最も適切なものを選べ。

ア　常に率ておはしましけり

イ　やまと歌にかかれりけり

ウ　ことにおもしろし

エ　みな歌よみけり

散ればこそ……（散るからこそますます桜はすばらしいのです。悩み多いこの世に、何が久しくとどまっているでしょうか、何もないではありませんか。だから散るのも当然、ことにわずかの盛りの桜の華やかさを愛すべきです。）
という次第で、その木の下は立ち去って帰るうちに、日暮れになった。

（「新編　日本古典文学全集」による）

〔注〕業平《なりひら》——平安時代の歌人。

宿りして春の山辺に寝たる夜は夢のうちにも花ぞ散りける
——旅先で宿をとって春の山辺に寝た夜は、夢の中にまで昼間に見た桜の花が散っていたことよ。

春風の花を散らすと見る夢は覚めても胸の騒ぐなりけり
——春風が桜の花を吹き散らす夢は、目が覚めてもなおその美しさに私の胸はかき乱されることよ。

〔問1〕(1)梅の花から桜の花へ、いってみれば政権交代があるようなんですね、古代から平安朝にかけての時期に。とあるが、ここでいう「梅の花から桜の花へ」の「政権交代」について説明したものとして最も適切なのは、次のうちではどれか。

ア　もともとは中国の文化を取り入れ梅の花を観賞しながら歌を詠んでいたが、時代の変遷の中で対象が桜の花に替わっていったということ。

イ　かつて花の宴といえば梅の花であったが、ある時期から梅と桜の区別がなくなり同じ花として扱われるようになっていったということ。

ウ　昔は大陸の影響から梅を歌にしたが、業平たちの時代には桜の歌が歌人の実力を示すものと考えられるようになっていったということ。

エ　古くは梅を観賞することが人々の楽しみであったが、時代が進む中で桜を植えて観賞することが人々の間に流行していったということ。

〔問2〕(2)**大岡**さんの発言の中で引用されている紀貫之と西行の桜の歌の特徴について説明したものとして最も適切なのは、次のうちではどれか。

ア　紀貫之の歌は桜の花が夢の中で舞う繊細な美しさを描いているが、西行の歌は桜の花が夢の中で散る悲しみを独自の視点で描いている。

イ　紀貫之の歌からは作者のゆったりとした人柄が伝わってくるが、西行の歌からは桜より自分が大切だという利己的な人柄が伝わってくる。

ウ　紀貫之の歌は桜が華やかに舞い散る様子を表現しているが、西行の歌は桜の美しさに加えて美しさに心乱される心情をも表現している。

エ　紀貫之の歌には満開の桜を愛する心情が巧みに表現されているが、西行の歌には貫之よりも強い愛情が素直な言葉で表現されている。

〔問3〕(3)**白洲**さんの発言のこの対談における役割を説明したものとして最も適切なのは、次のうちではどれか。

ア　西行の話に興味を抱きながらも紀貫之の具体例を尋ねることで貫之と西行の共通点を聞き出そうとし、大岡さんの次の発言を促している。

イ　紀貫之と西行に関する大岡さんの発言を不思議に思い、桜を題

夢のうちにも花ぞ散りける

あれは、夢の中で桜が豪華に散っている感じが非常によく出ているんですけれど、西行になると、「夢中落花」などという題で有名な、

＊春風の花を散らすと見る夢は
覚めても胸の騒ぐなりけり

あれなんかは、ちょっと桜の見方が変わっていますね。

白洲　それと、西行は、何を対象に詠んでも、自分のことになる。桜が咲くのが苦しいなんてね。

大岡　そうですね。あの人にはどうも桜の歌が二百首ぐらいあるらしいんですね。

(3)白洲　だから、本当に好きだったんですね、吉野山《よしのやま》にもこもっちゃうぐらいだから。紀貫之にも、桜はたくさんございますか。

大岡　ございます。

白洲　渚院なんてのがありましたね。紀貫之は「土佐日記《とさにっき》」の帰りに……、

大岡　帰りに渚院を通るんですね、ながめながら、淀川《よどがわ》をさかのぼるとき彼の頭にあったのが渚院にゆかりのあった尊敬する古人業平のことで、業平の歌を引いているんですね。伊勢物語に出ているのによると、桜の名所の交野《かたの》に桜を見に行くんだけれど、花を見るのはいいかげんにしてみんないそいそと酒を飲んで、歌を詠む。

白洲　花より団子ね。

（白洲正子、大岡信「桜を歌う詩人たち」による）

B

むかし、惟喬《これたか》の親王《みこ》と申すみこアおはしましけり。山崎《やまざき》のあなたに、水無瀬《みなせ》といふ所に、宮ありけり。年ごとの桜の花ざかりには、その宮へなむおはしましける。その時、右の馬の頭《かみ》なりける人を、常に率《ゐ》ておはしましけり。時世経て久しくなりにければ、その人の名忘れにけり。狩《かり》はねむごろにもせで、酒をのみ飲みつつ、やまと歌にかかれりけり。いま狩する交野の渚の家、その院の桜、ことにおもしろし。その木のもとにおりゐて、枝を折りて、イかざしにさして、かみ、なか、しも、みな歌よみけり。馬の頭なりける人のよめる。

世の中にたえてさくらのなかりせば春の心はのどけからまし

となむウよみたりける。また人の歌、

散ればこそいとど桜はめでたけれ憂《う》き世になにか久しかるべき

とて、その木のエもとは立ちてかへるに日暮《ひぐれ》になりぬ。

昔、惟喬の親王と申し上げる親王がおいでになった。山崎の向こう、水無瀬という所に、離宮があった。毎年の桜の花盛りには、その離宮へおいでになったのだった。その時、右の馬の頭であった人を、いつも連れておいでになった。いまでは、だいぶん時がたったので、その人の名は忘れてしまった。(4)鷹狩《たかがり》はそう熱心にもしないで、もっぱら酒を飲んでは、和歌を詠むのに熱をいれていた。いま鷹狩をする交野の渚の家、その院の桜がとりわけ趣がある。その桜の木のもとに馬から下りて、桜の枝を折り、髪の飾りに挿して、上、中、下の人々がみな、歌を詠んだ。馬の頭だった人が詠んだ。それは、

世の中に……（世の中に桜がまったくなかったならば、惜しい花が散りはせぬかと心を悩ませることもなく、春をめでる人の心は、のどかなことでありましょう。）

と詠んだのだった。もう一人の人が詠んだ歌、

者の生い立ちや趣味など調べたことを基に分析して捉えるものだと考えたから。

ウ　作者がひらめきによって独創的なアートを生み出すように、見るヒトにとってアートは、「何か」分からないものを分かろうと努力するものではなく、出会った瞬間のひらめきによって捉えるものだと考えたから。

エ　作者がフィルターを通して見た世界をアートに表すように、見るヒトにとってアートは、自分の知識や記憶を探索し、「何か」分からないものを何らかのイメージなどと結び付けて捉えるものだと考えたから。

〔問5〕　国語の授業でこの文章を読んだ後、「新しい『何か』に出会うこと」というテーマで自分の意見を発表することになった。このときにあなたが話す言葉を具体的な体験や見聞も含めて二百字以内で書け。なお、書き出しや改行の際の空欄、、や。や「などもそれぞれ字数に数えよ。

5　次のAは桜を題材にした和歌に関する対談の一部であり、Bは対談中にでてくる「伊勢物語《いせものがたり》」の「渚院《なぎさのいん》」の原文の一部である。また、あとの□内の文章はBの現代語訳である。これらの文章を読んで、あとの各問に答えよ。（＊印の付いている言葉には、本文のあとに〔注〕がある。）

A

白洲《しらす》　桜は、やっぱり古今集でございますか。

大岡　何といっても、＊業平《なりひら》の桜、小町《こまち》の桜はすばらしいですね。

白洲　業平は、いい桜の歌がありますね。

大岡　業平の桜は、いいと思います。紀貫之《きのつらゆき》らの、いわゆる選者時代、古今集を編纂《へんさん》したあの当時になると、桜の花は、それを歌わなければ歌人ではないというくらいに公的な花になっていると思うんですね。でも、業平とか小町の時代というのは、それからかなり時間がさかのぼりますから、あの人達《ひとたち》はそんな意識はあまりなくて、桜の花と直《じか》に対面している感じがしますね。

白洲　そうですね。

大岡　(1)梅の花から桜の花へ、いってみれば政権交代があるようなんですね、古代から平安朝にかけての時期に。あれはどういうんでしょうか、桜の花の趣味をそういうふうに植えつけた人達がどこかにいるわけなんでしょうけれど……。宮中の花の宴は万葉集時代だと梅の花で宴をやるわけですが、それがしだいに桜の花の宴ということになってくる。最初は梅の花だったらしいんですね。

白洲　嵯峨《さが》天皇の詩なんかでも……。

大岡　あの時期になると、花の宴には梅の場合と桜の場合とあるようなんですね。梅の花を見ながら酒宴をして詩を詠《よ》むというのは、もちろん中国の伝統をそのまま受け継いでいると思うんですね。

　そういう意味では、非常に大陸風なんですね。ですから初めは、当然梅の花が中心だったように思うんです。

白洲　古今集と新古今集を比べると、桜についていうと古今集の方がういういしいんでしょうね。

大岡　(2)と思います。古今集の場合には、たとえば夢の中で花が散っているという状態を歌っても、非常にふわっとしておおらかなんですよね。たとえば紀貫之の歌で、山寺にもうでて、一夜泊まった歌がありまして、

＊宿りして春の山辺に寝たる夜は

「知る」喜びだ。とあるが、「新たに『知る』喜び」とはどういうことか。次のうちから最も適切なものを選べ。

ア　作者のフィルターを通して現実に何かを加えたり排除したりした絵と出会うことで、美しさを引き立てる技法に驚き、感心するということ。

イ　見たことのないモノを作者のフィルターを通した絵で初めて見て、現実の世界の広さを認識するとともに、異国の生活に夢を抱くということ。

ウ　作者のフィルターを通して抽出された絵や写真から、有り触れた風景やモノに対する自分の考えを超えた一面に気付き、感動するということ。

エ　美しい自然を見ることで、作者のフィルターを通しても絵や写真は現実を超えられないと改めて認識し、自然の偉大さを実感するということ。

〔問2〕　(2)そこで既存の概念を揺るがし、概念が更新される過程が、わたしたちの心に深い印象を刻み付けるのだろう。とあるが、筆者がこのように述べたのはなぜか。次のうちから最も適切なものを選べ。

ア　既存の概念をくつがえすような表現に驚いたり戸惑ったりすることで、心に広さや深さが生まれて大きな影響が与えられると考えたから。

イ　画材等の発明により新たな表現が開発されることで、既存の概念を逸脱したようなモノも表現できるようになり衝撃を受けると考えたから。

ウ　美の強調やありえないモノの表現など既存の概念を超える過剰な表現が増すことで、トップダウン的に作品を見るようになると考えたから。

エ　既存の概念をモチーフに描いた同じ作者の作品から異なった印象を受けることで、作者の技術に違和感や不安定感を覚えると考えたから。

〔問3〕　この文章の構成における第十二段の役割を説明したものとして最も適切なのは、次のうちではどれか。

ア　それまでに述べてきたヒトの記号的な見方を受けて、体験を基にした複数の事例を列挙することで論旨を分かりやすくしている。

イ　それまでに述べてきたヒトの記号的な見方について、筆者の経験に基づいた具体的な事例を挙げることで論の展開を図っている。

ウ　それまでに述べてきたヒトの記号的な見方に関して、それに反対する立場から対照的な事例を示すことで別の見解を提示している。

エ　それまでに述べてきたヒトの記号的な見方に対して、事例を基に作品を理解するための要件を整理することで問題点を明確にしている。

〔問4〕　(3)アートは、制作する人だけでなく、鑑賞する人にもその創造的作業をうながす。とあるが、筆者がこのように述べたのはなぜか。次のうちから最も適切なものを選べ。

ア　作者が長い時間をかけてアートを完成させるように、見るヒトにとってアートは、「何か」分からないものに対するイメージを、自分の知識や記憶から長い時間をかけて探索して捉えるものだと考えたから。

イ　作者が自分の人生をアートに表現しているように、見るヒトにとってアートは、「何か」分からないもの一つ一つについて、作られると、トップダウン的な処理に影響を及ぼして、モノの見え方まで変わる。絵に添えられたタイトルは、直接的に文脈を与える。パイプを描いた下に「これはパイプではない」と併記した絵のように、言葉の文脈を逆手にとって、概念を裏切る絵もある。（第九段）

＊多義図形を見るとき、一つの見立てをしているときには、同時に別の見立てはできない。しかもいったん「何か」として見てしまうと、その見方から離れて別の見方をするには、意識的な努力が必要だ。しかしそこで新たな気付きができると、新鮮な喜びがある。アートは、その転換のきっかけを与え、既存の概念をくつがえしてくれることであるように思う。（第十段）

そしてアートは、そもそも何だか分からないもの、「何か」であることを拒否するようなものであることも多い。目に入る全てを常に「何か」として見ようとするヒトの記号的な見方は、そこでも発揮される。簡単に「何か」として分類できないようなものに対峙《たいじ》するとき、ヒトは心の底にあるより深いイメージを探し、掘り起こそうとする。心理検査で用いられるロールシャッハ・テストなどの投影法は、しみのようなあいまいな形を用いることで、この性質を利用しているのだろう。抽象絵画のように「何か」が分からないものを見たときにも、わたしたちの心では、同じようにイメージの探索が起こっているはずだ。（第十一段）

はじめて樂茶碗《らくぢゃわん》を見たときのことだ。千利休《せんのりきゅう》の好みであり、侘《わ》び寂《さ》びを代表するような茶碗。ろくろを使わず手で成形する「手づくね」によるゆがんだ形に、＊釉薬《ゆうやく》を何度も重ねてつくる、深く照りのある黒が黒樂茶碗の特徴である。茶碗の見方など知らなかったが、ただ微妙な色合いのむらとその質感が美しく感じられて、とくに気に入った茶碗をしばらく眺めていた。やがて、20～30分たったころだろうか、茶碗の表面にふっと夕闇にわき立つ雨雲が見えてきた。（第十二段）

「何か」分からない作品を見つめていると、頭の中でイメージの探索がおこる。そこで気付きがあったものは、深く印象に残る。そのとき掘り起こされるのは、単に視覚的なモノのイメージだけではない。ヒトは、異種感覚間の変換が得意であり、視覚から肌触りや音を想起したりする。さらに、それに付随したエピソード記憶や情動が呼びおこされることもある。（第十三段）

忘れていた記憶や記憶にならない記憶、それに付随する情動だけが呼びおこされることもあるのだろう。作品を見て感動するとき、心がざわつくとき、具体的な知識やエピソード記憶とは結び付かなくても、何らかのイメージや記憶がときに水面下で掘り起こされ、そのときの情動もともに呼びおこされているのではないだろうか。（第十四段）

作品とじっくり向き合うことは、そうやって自分の知識や記憶を探索することでもある。見ること自体がすでに創造的作業であり、努力を要するものだ。(3)アートは、制作する人だけでなく、鑑賞する人にもその創造的作業をうながす。（第十五段）

とはいっても、いくら見ても結局「何か」が分からないままであることも多い。分からないままでいることは、「何か」として分類して見ようとするわたしたちの心に不安定な感じをもたらす。しかし、「何か」が分からないものに向き合い、自分の中のイメージを探索する過程にこそ、アートの醍醐味《だいごみ》がある。（第十六段）

（齋藤亜矢「ヒトはなぜ絵を描くのか」による）

〔注〕　多義図形――二種類以上の異なる見え方をもつ絵や図形。
釉薬《ゆうやく》――陶磁器の表面に施すガラス質の溶液。

〔問1〕　(1)知っているモノについての新たな概念が加わる、新たに分野で様々に論じられているので追究しない。ただ、自分のそれまでの概念を超えるような風景に出会うと、感動を覚える。さらに自分の概念をはるかに超えた美しい風景に出会うと、今度は「筆舌に尽くしがたい」になる。（第一段）

絵や写真の中では、見たことのない景色、見たことのない生き物や食べ物、見たことのない美しい服をまとった異国の人物に出会うことができる。子供と同じように、新たなモノを知り、新たな世界を知ることは純粋に楽しい。普段の自分の生活からかけ離れた空間やモノの存在を知ることで、世界が今ここにある狭い範囲だけではないのだと心が軽くなることもある。しかも絵は、現実の風景そのままではなく、いらないものを排除し、足りないものを付け加えることができる。そうすることで、自然の美しさをより際立《きわだ》たせることができる。（第二段）

描かれているのは、ある瞬間にある空間で切り取った作者のフィルターを通して見た世界だ。画家もまた、見たモノをそのまま描いているのではなく、知っているモノを描いているのだ。そのフィルターによって、ありきたりの風景やモノの知らなかった一面、普段は目を向けないような部分に、気付かされることもある。(1)知っているモノについての新たな概念が加わる、新たに「知る」喜びだ。（第三段）

もちろん、アートは美しい自然をそのまま表現するだけでない。写実性とは異なる表現のなかにも、実物以上のリアルさを感じ、はっとすることもある。印象派をはじめ、美術作品の様々な表現がわたしたちの心に美を感じさせるのは、モノを見るときのわたしたちの視覚特性や脳の機能に関連しているからしい。（第四段）

作品を見るとき、わたしたちはアーティストのフィルターを通して抽出された新しい見え方に出会うことができる。同じようなモチーフを描いても、まるで印象が違う。技法の違いももちろんあるが、それぞれの見方が抽出されているからこそ、多様性があり、見る人にも異なる気付きが得られるのだろう。（第五段）

そもそも絵という概念をくつがえすような新しい表現もある。画材や技法の発明は、その新たな表現の開発を助けてきた。たとえば油絵の発明によって実物そっくりの写実的な表現ができるようになったことは、当時の人びとに相当な驚きをもたらしたという。さらに絵は、想像上の生物や風景のような、実在しないものを表現することができる。様々な宗教が宗教画を生み出してきたのは、そうして特別な概念や知識を共有することがヒトの心に大きな影響を与えるからなのだろう。（第六段）

このように、アートの作用は、自分がもっていた「何か」の概念に新しい要素を加えるなど、気付きをもたらすことであるように思う。それによって、わたしたちの世界に広さや深さがもたらされる。（第七段）

もちろんアートは、美しいモノを美しく表現するだけではない。美しくないモノの美しさも表現できるし、よく知っているモノの姿が、まったく別のモノとして表現されていることもある。絶対にありえない物体をまことしやかに表現してあったり、ありえないモノが組み合わさったりした表現は、独特の違和感や不安定感をもたらす。自分のもっていた「何か」の概念を逸脱し、ときにくつがえすモノに出会ったとき、わたしたちは驚き、戸惑う。(2)そこで既存の概念を揺るがし、概念が更新される過程が、わたしたちの心に深い印象を刻み付けるのだろう。（第八段）

わたしたちがモノを見るとき、感覚からのボトムアップ的な情報処理だけでなく、トップダウン的な処理もおこなっている。文脈が与え

〔問3〕 (3)馬淵は、遠くなった記憶を引き寄せながらいった。とあるが、この表現について述べたものとして最も適切なのは、次のうちではどれか。

ア　辛夷を買ったときの状況を話すうちに徐々に記憶が鮮明になっていく馬淵の様子を、順序立てて説明的に描くことで表現している。

イ　家族と話しながら植木市に行った頃の思い出にふけっている馬淵の様子を、感覚的な言葉を用いて鮮やかに描くことで表現している。

ウ　当時の様子を思い出しながら自分自身でも確かめるように家族に話す馬淵の様子を、たとえを用いて巧みに描くことで表現している。

エ　家族に話している現在の馬淵の様子と植木市に行った当時の馬淵の様子とを、対比を用いて丁寧に描き分けることで表現している。

〔問4〕 (4)この樹は、辛夷ではないが、人間なら血液にも等しい辛夷の樹液が流れている。とあるが、この表現から読み取れる馬淵の様子として最も適切なのは、次のうちではどれか。

ア　辛夷を買えないことが心残りではあったが、辛夷に似た花が咲く白木蓮ならば母は好きになると考え、持ち帰ることを決心している様子。

イ　辛夷でないのは残念だが、この白木蓮は本質的な部分では辛夷と同じ特別な木だと思い、庭に植えるのにふさわしいと確信している様子。

ウ　辛夷が庭木に向かないということは知らなかったが、育てやすい白木蓮を紹介してくれたので、職人風の男の優しさに感謝している様子。

エ　辛夷に接ぎ木した白木蓮を、職人風の男から矢継ぎ早に勧められて断れなくなり、買うための理由を考えて自分を納得させている様子。

〔問5〕 (5)「ええ、ぼつぼつ咲きはじめたようです。」とあるが、このときの馬淵の気持ちに最も近いのは、次のうちではどれか。

ア　花は咲いたかと懸命に確かめようとする母の言葉を聞いて、毎年孫と眺めていた田打ち桜をもう一度見たいと強く望んでいるのだと思い、せめて花だけでも採ってきて見せてやればよかったと悔やむ気持ち。

イ　花は咲いたかと無理をして尋ねる母の言葉を聞いて、部屋にいて季節が感じられず田打ち桜の様子を知りたいのだと考え、家を出る前に枝の手入れをして花の咲き具合を見ればよかったと反省する気持ち。

ウ　花は咲いたかとつぶやく母の言葉を聞いて、病気のために田打ち桜を見にいくことはできないだろうと弱気になっていると感じ、母を励まして元気にするために次は花を持ってこようと意気込む気持ち。

エ　花は咲いたかと控えめに話す母の言葉を聞いて、互いに好きな田打ち桜の様子を聞くことで会話を弾ませたいと考えていることに気付き、花の様子が分からず適当に答えることを後ろめたく思う気持ち。

4

次の文章を読んで、あとの各問に答えよ。（*印の付いている言葉には、本文のあとに〔注〕がある。）

美しい自然を見て「絵みたいな景色だ」といういい方がある。それは、現実のものとは思えないほどの美しい形や色、それらの絶妙な配置に対する賛辞だ。そもそも美とは何か、という問題は、美学などのていうの。ところが、一夜明けてみると、花はもう三十になってるのよ。帰郷は忽《たちま》ち延期。」

「そんなときは、帰り支度はとっくにできてるけど、心準備ができてないからって、お祖母ちゃん、よくそういわれたわね。」

妻が急須の茶をかえながらそういうと、娘たちは顔見合わせてくすくす笑った。

母は、八十六歳の冬、たまたま暖冬だったために上京を躊躇《ためら》っているうちに寒波に襲われ、郷里に留《とど》まっていて脳血栓で倒れた。そうなる前に、説得して、馬淵が姉と一緒に引き取るべきだったのだが、二人の頑《かたく》なさに辟易《へきえき》しているうちに、手遅れになってしまった。

母は、寝たきりになって、町の県立病院に五年いた。遠くに住んで、なにか急な知らせがあっても、おいそれとは動けぬ仕事を抱えている馬淵は、小刻みに別れるつもりで、月にいちどは眠る時間を削って母の様子を見に帰っていた。

五年目、といえば母の生涯の最後の年だが、春、いつものように母を訪ねて枕許《まくらもと》の円い木の椅子に腰を下ろしていると、自由になる右腕を馬淵の首に巻きつけ、引き寄せて、

「お前《め》方《ほ》の田打ち桜は、はあ、咲いたかえ?」

と呂律《ろれつ》の怪しくなった口で囁いた。

(5)「ええ、ぽつぽつ咲きはじめたようです。」

馬淵はそう答えながら、出がけに一枝折ってくるのだったと思ったが、もはや後の祭りであった。

（三浦哲郎「燈火」による）

〔注〕　姉――東北で母と暮らす馬淵の姉。

〔問1〕　(1)何日かすると、馬淵には馴染《なじ》みの深い郷里の産物を土産に、母がいそいそとやってくる。とあるが、この表現から読み取れる母の様子として最も適切なのは、次のうちではどれか。

ア　思ったより早く孫の家に呼ばれたため、旅行の準備は簡単に済まし、家にあった息子のよく知るものを土産にして慌てて上京してくる様子。

イ　体調が悪く孫に会えるか不安だったが、旅行ができるくらいにまで回復し、息子にとってなつかしい品を持って喜んで上京してくる様子。

ウ　急に孫に会いたいと言ったが、旅費まで用意してもらえたので、恐縮しつつも息子の好物を土産にしてうれしそうに上京してくる様子。

エ　孫の顔を見ることができず元気を失っていたが、孫に会えることになり、息子の慣れ親しんだ品を持って心躍らせながら上京してくる様子。

〔問2〕　(2)「……そうでした、お父さん?」と長女が首をかしげながら馬淵に訊《き》いた。とあるが、「長女が首をかしげながら馬淵に訊いた」わけとして最も適切なのは、次のうちではどれか。

ア　白木蓮の名前を最後まで憶えることができなかった祖母を笑って話す妹の姿が腹立たしく、父にたしなめてもらおうと考えたから。

イ　祖母は白木蓮が好きだったのに名前を憶えることができなかったという妹の話を信じられず、父に事実を確かめようと考えたから。

ウ　白木蓮の名前を祖母はそもそも憶えるつもりがなかったという妹の指摘に疑問を覚え、父に本当のことを話してもらおうと考えたから。

エ　祖母の思い出が曖昧になっている妹をかわいそうに思い、実は祖母が花の名前を憶えていたことを父から説明させようと考えたから。

で煙草《たばこ》を喫《の》んでいたのをわざわざ立ってきて、お兄さん、なにを探しているんで、と馬淵にいった。そこで、聞いていた娘たちは笑った。その職人らしい初老の男が、自分たちの父親のことをお兄さんと呼んだというのがおかしかったのだ。

「だって、お父さんはそのころまだ三十四、五だったのよ。」

　と妻の菊枝がいった。

「まあ、お父さんは齢《とし》より若く見える方だからね。」と長女が分別顔でいった。「それに、植木を買いにいったんだから、うんとラフな格好してたんでしょう。」

「作業用のジャンパーに古ズボンで、自転車に乗っていったな。帰りには、辛夷の苗木を荷台にくくりつけてくるつもりだった。」

(3)馬淵は、遠くなった記憶を引き寄せながらいった。

なにを探しているのかと訊かれて、辛夷の苗木が欲しいのだが、と答えると、辛夷はないが、辛夷を台木にして白木蓮を接《つ》ぎ木したものならある、と職人風の男はいって、幹の細い、ひょろりとした若木を持ってきて見せてくれた。根の部分は、土をつけたまま荒縄で網の目に編んだもので丸く包み込んであった。

　男の話によると、辛夷は大木になるから普通の家の庭木としては不適当で、おなじモクレン科の白木蓮を接ぎ木したのが、この樹。これなら近所に迷惑を及ぼすほどの大木にはならないし、花は辛夷によく似ていて辛夷より大きく、豪華で、庭木として最適である。そういうことであった。

(4)この樹は、辛夷ではないが、人間なら血液にも等しい辛夷の樹液が流れている。馬淵はそう思ってこの樹を買い、自転車の荷台にくくりつけて帰った。それが、いまは幹が直径十センチほどにもなり、毎年三月になると、白い大振りな花をどっさり咲かせるようになっている。

　母が初めてこの白木蓮の花を見たとき、不思議そうな顔でこう囁《ささや》いたことを、馬淵は憶えている。

「東京にも、田打ち桜があるべおな。」

　馬淵には、母が辛夷と間違えていることがすぐわかった。

「これは白木蓮という樹ですよ、お母さん。」

　と馬淵はいった。

「田打ち桜じゃねんのな。」

「仲間だから、よく似てるけど、ちがうんです。ほら、花が田打ち桜よりも大きいでしょう。」

「道理で。」と母はいった。「田もねえとこに田打ち桜があるのは妙《ひょんた》だと思うてたのせ。」

　けれども、母は白木蓮という名をすぐ忘れてしまって、最後まで自分では田打ち桜だと思うことにしていたようである。

「七重は、あのテープのなかでお祖母ちゃんと花の数を数えてたっていうけど、お祖母ちゃんは咲いてる花の数で田舎に帰る日をきめようとしてたんだろう?」

　と馬淵は、もう二度も欠伸《あくび》を嚙《か》み殺した三女の眠気を醒《さ》ましてやるつもりで尋ねた。

「そうなの。十五咲いたら帰ろうかなし、それとも二十咲いたら帰ろうかなしって、なかなかきまらないの。それに、一旦きめても、簡単に変更になっちゃうのよね。白木蓮って、咲きはじめは、一日に一つ、翌日は三つ、というふうに、ゆっくりしたペースだけど、さかりになると、一日に十も咲いたりするでしょう。それで、たとえば、二人で咲いてる花を数えて、十五あったとすると、お祖母ちゃん、あと十五も咲くのはまだまだ先だと思って、三十咲いたら帰ろうかなしっ

「花のことを話してたのよ。咲いてる花の数を数えてたの。」

と七重はいった。

中庭にあって三月半ばに咲く花といえば、白木蓮《はくもくれん》だということは家族の誰もが知っている。白木蓮は、葉が出るより先に花が咲く。花は大振りで、年寄りの目でも容易に数えられる。七重は濡《ぬ》れ縁に祖母と並んで、庭のなかから塀越しに脇の路地を覆うように枝をひろげている白木蓮の樹《き》を見上げていたのだろう。その日はよく晴れていて、青空を背景に白い花が目に沁《し》みるようではなかったろうか。

「そういえば、お祖母ちゃんは白木蓮の花が好きだったね。花では、この花が一番好きだっていってた。」

長女がそういったが、馬淵は以前から、その母の言葉は怪しいものだと思っている。事実、母は白木蓮が好きだったらしいが、それが一番好きになったのは、この花が咲きはじめれば遠からず郷里へ帰れるという歓《よろこ》びが加味されてのことだったろう、というのが馬淵の推測である。

「でも、お祖母ちゃん、とうとう名前が憶《おぼ》えられなかったね。」

と次女が笑っていった。

「白木蓮の？」

「そう。」

(2)「……そうでした、お父さん？」

と長女が首をかしげながら馬淵に訊《き》いた。

「多分、志穂のいう通りだったろうな。」と馬淵は答えた。「お祖母ちゃんは、花が好きなくせに、花の名前を憶えるのが苦手だった。いくら教えても、すぐ忘れるんだ。それで、勝手に自分の好きな名前で呼んでた。」

「白木蓮は？」

「田打ち桜。」

田打ち桜のことは、妻も娘たちもあまり聞いたことがないらしかった。

「農家ではね、春になると、耕作しやすいように田を掘り返すんだ。それが田打ちで、その田打ちのころに咲く花が田打ち桜さ。」

馬淵は講釈した。

「でも、地方によって田打ちの時季がちがうから、田打ち桜もまちまちなんだ。ある土地では、田打ち桜といえば糸桜だし、別の土地では山桜だったりする。僕の郷里の田打ち桜は、辛夷《こぶし》なんだ。」

「白木蓮じゃないの？」

と志穂が意外そうにいった。

「そうじゃないんだ。僕やお祖母ちゃんの田舎には、白木蓮という樹がないんだよ。その代わり、白木蓮によく似た辛夷がある。辛夷は山野に自生して、白木蓮の倍も高く成長するけど、花は白木蓮の半分くらいだ。でも、葉が出るより先に花が咲くところは白木蓮とおなじで、まだ冬枯れのままの林のなかに、辛夷だけが枝々の先に真っ白な花をひっそりと咲かせている眺めは、とてもいい。」

「じゃ、お父さんも好きなのね、その辛夷の花を。」

と七重がいった。

「そりゃあ好きだ。お祖母ちゃんとおなじくらいにね。僕はこの家に住むことになったとき、庭にどうしても辛夷の樹が植えたくて、近くの植木市へ苗木を買いにいったんだよ。」

馬淵はそういって、そのときのことを話して聞かせた。

植木市には、残念なことに辛夷の苗木はなかった。それでも諦め切れなくて、売りに出されている苗木を縫って市のなかを巡り歩いていると、半纏《はんてん》を着て地下足袋を履いた初老の職人らしい男が、しゃがん

〈国語〉

時間　五〇分　　満点　一〇〇点

1　次の各文の――を付けた漢字の読みがなを書け。

(1) 役者の真に迫った演技が喝采を浴びる。
(2) 教室から朗らかな笑い声が聞こえてくる。
(3) 新緑の渓谷を眺めながら川下りを楽しむ。
(4) キンモクセイの香りが漂う公園を散策する。
(5) 著名な画家の生誕を記念する展覧会が催される。

2　次の各文の――を付けたかたかなの部分に当たる漢字を楷書で書け。

(1) 古都を巡る計画をメンミツに立てる。
(2) 道路をカクチョウして渋滞を解消する。
(3) 幼い子が公園のテツボウにぶら下がって遊ぶ。
(4) 吹奏楽部の定期演奏会が盛況のうちに幕をトじる。
(5) 日ごとに秋が深まり、各地から紅葉の便りがトドく。

3　次の文章を読んで、あとの各問に答えよ。（＊印の付いている言葉には、本文のあとに〔注〕がある。）

東北出身の馬淵《まぶち》は、妻の菊枝《きくえ》と社会人である長女の珠子《たまこ》、次女の志穂《しほ》、大学生である三女の七重《ななえ》と東京で暮らしている。ある晩、馬淵は家族を集め、カセット・テープにたまたま録音されていた、今は亡くなっている馬淵の母と七重との会話について話している。七重は、祖母との会話は十年前の春のころのことではないかと言った。

年老いた母が、時々はらはらするような一人旅をして馬淵のところへやってくるのは、たとえ何日かでも孫たちと一緒に暮らしたいからであった。＊姉によると、母は何十日かにいちど理由もなく生気を失うことがある。母は心臓に持病があって町医者にかよっているが、どうやらその持病とは関係がないらしい。

母の様子がおかしくなると、姉が夜遅くなってから電話をよこす。

「また、はじまったようなの。そっちの都合がよかったら、呼んでくんせ。」

こちらの都合が悪いということは、まずない。妻の菊枝がすぐ現金書留で旅費を送ってやる。(1)何日かすると、馬淵には馴染《なじ》みの深い郷里の産物を土産に、母がいそいそとやってくる。

けれども、母はせっかく長旅をしてきたのに、指折り数えるほどしか滞在できない。郷里に残してきた目の不自由な姉のことが案じられてならないのである。

「こっちは、なんも心配ながんすえ。もっとゆっくりしておでぁんせ。」

姉はそういってくれるのだが、母はまたそわそわと旅支度に取り掛かり、別れを告げるのが辛《つら》いからといって孫たちの留守に家を脱け出して帰郷するのが常であった。

「おまえたちの記憶のなかで、春とお祖母《ばあ》ちゃんが強く結びついているのは。」と馬淵はいった。「お祖母ちゃんが高齢になって、郷里で冬を越せなくなって、正月の末から三月までこの家で過ごすようになったからだよ。三月になっても、お祖母ちゃんは郷里へ帰る日を決めかねて、毎年みんなで気を揉《も》んだものさ。」

「じゃ、あんたのいう通り、十年前の三月中旬だったとして。」と、次女の志穂が三女の七重にいった。「あんたはお祖母ちゃんとなにを話してたの？」

2019年度

解 答 と 解 説

《2019年度の配点は解答用紙集に掲載してあります。》

＜数学解答＞

1 〔問1〕 1 〔問2〕 $3a+5b$ 〔問3〕 $8-2\sqrt{7}$
〔問4〕 -9 〔問5〕 $x=4$，$y=6$ 〔問6〕 $\dfrac{-1\pm\sqrt{37}}{2}$
〔問7〕 $\dfrac{3}{5}$ 〔問8〕 65 〔問9〕 右図

2 〔問1〕 エ 〔問2〕 解説参照

3 〔問1〕 13 〔問2〕 ① ア ② 6

4 〔問1〕 イ 〔問2〕 ① 解説参照 ② $\dfrac{13}{12}$

5 〔問1〕 6 〔問2〕 $12\sqrt{3}$

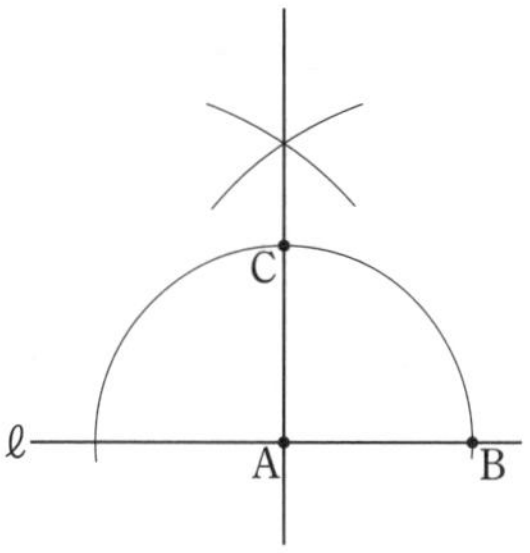

＜数学解説＞

1 **(数・式の計算，平方根，一次方程式，連立方程式，二次方程式，確率，角度，作図)**

〔問1〕 四則をふくむ式の計算の順序は，乗法・除法→加法・減法となる。$5+\dfrac{1}{2}\times(-8)=5-4=1$

〔問2〕 $4(a-b)-(a-9b)=4a-4b-a+9b=4a-a-4b+9b=(4-1)a+(-4+9)b=3a+5b$

〔問3〕 乗法公式$\boldsymbol{(a-b)^2=a^2-2ab+b^2}$より，$(\sqrt{7}-1)^2=(\sqrt{7})^2-2\times\sqrt{7}\times1+1^2=7-2\sqrt{7}+1=8-2\sqrt{7}$

〔問4〕 $4x+6=5(x+3)$　$4x+6=5x+15$　$4x-5x=15-6$　$-x=9$　$x=-9$

〔問5〕 連立方程式$\begin{cases}-x+2y=8\cdots(1)\\3x-y=6\cdots(2)\end{cases}$ $(1)\times3+(2)$より，$5y=30$　$y=6$　これを(1)に代入して$-x+2\times6=8$　$x=4$　よって，連立方程式の解は　$x=4$，$y=6$

〔問6〕 **2次方程式$\boldsymbol{ax^2+bx+c=0}$の解は，$\boldsymbol{x=\dfrac{-b\pm\sqrt{b^2-4ac}}{2a}}$**で求められる。問題の2次方程式は，$a=1$，$b=1$，$c=-9$の場合だから，$x=\dfrac{-1\pm\sqrt{1^2-4\times1\times(-9)}}{2\times1}=\dfrac{-1\pm\sqrt{1+36}}{2}=\dfrac{-1\pm\sqrt{37}}{2}$

〔問7〕 5枚のカードから同時に3枚のカードを取り出すときのすべての取り出し方は，残る2枚のカードを選ぶときのすべての選び方に等しい。残る2枚のカードの選び方は，(1, 2)，(1, 3)，(1, 4)，(1, 5)，(2, 3)，(2, 4)，(2, 5)，(3, 4)，(3, 5)，(4, 5)の10通り。このうち，取り出した3枚のカードに書いてある数の積が3の倍数になるのは，残る2枚のカードの中に3の数字を書いたカードが無いときだから，～～を付けた6通り。よって，求める確率は　$\dfrac{6}{10}=\dfrac{3}{5}$

〔問8〕 **直径に対する円周角は90°**だから，$\angle\mathrm{ADB}=90°$　△ABDの**内角の和は180°**だから，$\angle\mathrm{ABD}=180°-\angle\mathrm{ADB}-\angle\mathrm{BAD}=180°-90°-25°=65°$　**弧ADに対する円周角の大きさは等しい**から$\angle\mathrm{ACD}=\angle\mathrm{ABD}=65°$

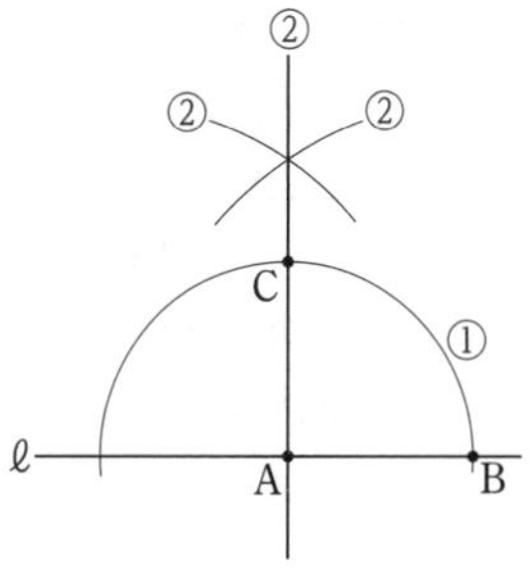

〔問9〕 (着眼点)　点Cは，点Aを通る直線ℓの垂線と，点Aを中心と

する半径ABの円との交点である。（作図手順）次の①～②の手順で作図する。① 点Aを中心として，半径ABの円を描く。② ①で描いた円と，直線ℓとの交点をそれぞれ中心として，交わるように半径の等しい円を描き，その交点と点Aを通る直線(点Aを通る直線ℓの垂線)を引き，①で描いた円との交点をCとする。

2 （規則性，線分の長さ）

〔問1〕 1個目とn個目の正方形の太線の部分の長さの合計は，$3a\times2$となる。2個目から$(n-1)$個目までの正方形の太線の部分の長さの合計は，$a\times2\times(n-2)$となる。よって，$L=3a\times2+a\times2\times(n-2)=6a+2a(n-2)=2a\{3+(n-2)\}=2a(n+1)$

〔問2〕 1個目とn個目の円の太線の部分の長さの合計は，$2\pi r\times\frac{240}{360}\times2$となる。また，2個目から$(n-1)$個目までの円の太線の部分の長さの合計は，$2\pi r\times\frac{60}{360}\times2\times(n-2)$となる。よって，$M=2\pi r\times\frac{240}{360}\times2+2\pi r\times\frac{60}{360}\times2\times(n-2)=2\pi r\times\frac{4}{3}+2\pi r\times\frac{1}{3}\times(n-2)=\frac{1}{3}\times2\pi r\times\{4+(n-2)\}=\frac{1}{3}\times2\pi r\times(n+2)$ $\ell=2\pi r$であるから，$M=\frac{1}{3}\ell(n+2)$

3 （図形と関数・グラフ）

〔問1〕 点Pは$y=-x+9$上にあるから，そのy座標は $y=-(-4)+9=13$ よって，P$(-4,\ 13)$

〔問2〕 ① 直線mの切片は-3だから，直線mの式を$y=ax-3$とおく。直線mは点Q$(-2,\ 7)$を通るから，これを代入して $7=a\times(-2)-3$ $a=-5$ よって，直線mの式は $y=-5x-3$

② 点Aのx座標は，$y=-x+9$に$y=0$を代入して $0=-x+9$ $x=9$ よって，A$(9,\ 0)$ 直線ABの切片は-3だから，直線ABの式を$y=ax-3$とおいて，点Aの座標を代入すると $0=a\times9-3$ $a=\frac{1}{3}$ よって，直線ABの式は $y=\frac{1}{3}x-3$ 線分PQとy軸との交点をR，点Pを通りy軸に平行な直線と直線ABとの交点をSとする。問題の条件より △BPQ＝2△BAP…(1) また，△BPQはy軸に関して線対称だから，△BPQ＝2△BPR…(2) (1)，(2)より，△BAP＝△BPR…(3) 点Pのx座標をpとおくと，3点P，R，Sの座標はpを使って，それぞれ P$(p,\ -p+9)$，R$(0,\ -p+9)$，S$\left(p,\ \frac{1}{3}p-3\right)$と表せる。△BAP＝△BSP＋△ASP＝$\frac{1}{2}$×PS×(点Pの$x$座標－点Bの$x$座標)＋$\frac{1}{2}$×PS×(点Aの$x$座標－点Pの$x$座標)＝$\frac{1}{2}$×PS×(点Aの$x$座標－点Bの$x$座標)＝$\frac{1}{2}\times\left\{(-p+9)-\left(\frac{1}{3}p-3\right)\right\}\times(9-0)=54-6p$…(4) △BPR＝$\frac{1}{2}$×BR×(点Pの$x$座標－点Rの$x$座標)＝$\frac{1}{2}\times\{(-p+9)-(-3)\}\times(p-0)=\frac{1}{2}p(12-p)$…(5) (3)，(4)，(5)より $54-6p=\frac{1}{2}p(12-p)$ 整理して $p^2-24p+108=0$ $(p-6)(p-18)=0$ 問題の条件より，$0<p<9$だから $p=6$ よって，点Pのx座標は6。

4 （角度，相似の証明，面積比）

〔問1〕 平行四辺形の2組の向かいあう角はそれぞれ等しいことと，△ADPの内角と外角の関係から，∠APC＝∠DAP＋∠ADP＝∠DAP＋∠ABC＝$a^\circ+50^\circ$

〔問2〕 ① △ABPと△PDRにおいて，四角形ABCDは平行四辺形だから，AB//DC 平行線の錯角は等しいから，∠PAB＝∠RPD…(1) 仮定から，BP//QD 平行線の錯角は等しいから，∠APB＝∠PRD…(2) (1)，(2)より，2組の角がそれぞれ等しいから，△ABP∽△PDR

② △ABPの面積をSとする。四角形QBPDが平行四辺形であることと，平行線と線分の比に

ついての定理より，AR：PR＝QR：DR＝AQ：PD＝(AB−QB)：PD＝(DC−PD)：PD＝(3−1)：1＝2：1…(1)　DR：PS＝DC：CP＝(2＋1)：2＝3：2…(2)　(1)より，QD：DR＝BP：DR＝(2＋1)：1＝3：1＝9：3　これと(2)より，BP：PS＝9：2　BP//QDより，△AQR∽△ABPで，その相似比は　AR：AP＝2：(2＋1)＝2：3　**相似な図形では，面積比は相似比の2乗に等しいから，**△AQR：△ABP＝2^2：3^2＝4：9　よって，△AQR＝$\frac{4}{9}$△ABP＝$\frac{4}{9}$S…(3)　**高さが等しい三角形の面積比は，底辺の長さの比に等しいから，**△RSP：△ASP＝PR：AP＝1：(2＋1)＝1：3　よって，△RSP＝$\frac{1}{3}$△ASP…(4)　△ASP：△ABP＝PS：BP＝2：9　よって，△ASP＝$\frac{2}{9}$△ABP＝$\frac{2}{9}$S…(5)　(4)，(5)より，△RSP＝$\frac{1}{3}$△ASP＝$\frac{1}{3}\times\frac{2}{9}$S＝$\frac{2}{27}$S…(6)　(3)，(6)より，(四角形QBSRの面積)＝△ABP−△AQR−△RSP＝S−$\frac{4}{9}$S−$\frac{2}{27}$S＝$\frac{13}{27}$S…(7)　(3)，(7)より，四角形QBSRの面積は，△AQRの面積の$\frac{13}{27}$S÷$\frac{4}{9}$S＝$\frac{13}{12}$倍である。

5 (空間図形，線分の長さ，体積)

〔問1〕 **△BCPは30°，60°，90°の直角三角形で，3辺の比は2：1：$\sqrt{3}$** だから，BP＝CP×$\sqrt{3}$＝$3\sqrt{3}$ cm　△QBPで**三平方の定理**を用いると，PQ＝$\sqrt{BQ^2+BP^2}$＝$\sqrt{(AB-AQ)^2+BP^2}$＝$\sqrt{(9-6)^2+(3\sqrt{3})^2}$＝6cm

〔問2〕 **「高さが等しい三角すいの体積比は，底面積の比に等しい」**ことと，**「高さが等しい三角形の面積比は，底辺の長さの比に等しい」**ことを利用する。三角すいA−BCD，A−BCR，R−AQPの体積をそれぞれV_1，V_2，V_3とする。また，点Sを辺CDの中点とすると，前問〔問1〕と同様にして，BS＝CS×$\sqrt{3}$＝$3\sqrt{3}$ cmだから，$V_1=\frac{1}{3}\times$△BCD×AB＝$\frac{1}{3}\times\left(\frac{1}{2}\times\mathrm{CD}\times\mathrm{BS}\right)\times\mathrm{AB}=\frac{1}{3}\times\left(\frac{1}{2}\times6\times3\sqrt{3}\right)\times9=27\sqrt{3}$ cm^3…(1)　V_1：V_2＝△ABD：△ABR＝AD：AR＝2：1　よって，$V_2=\frac{1}{2}V_1$…(2)　V_2：V_3＝△ABR：△AQR＝AB：AQ＝9：8　よって，$V_3=\frac{8}{9}V_2$…(3)　(1)，(2)，(3)より，(三角すいR−AQPの体積)＝$V_3=\frac{8}{9}V_2=\frac{8}{9}\times\frac{1}{2}V_1=\frac{8}{9}\times\frac{1}{2}\times27\sqrt{3}=12\sqrt{3}$ cm^3

＜英語解答＞

1　〔問題A〕 ＜対話文1＞ エ　＜対話文2＞ ア　＜対話文3＞ ウ
〔問題B〕 ＜Question 1＞ イ　＜Question 2＞ (例)To enjoy Japanese food.

2　1 ウ　2 イ　3 (1) エ　(2) (例)I have started to write stories for my brother. He often asks me to tell him interesting stories. In the future, I want to be a writer of stories for children.

3　〔問1〕 イ　〔問2〕 ア　〔問3〕 エ　〔問4〕 ア　〔問5〕 ウ　〔問6〕 ウ
〔問7〕 エ

4　〔問1〕 ア　〔問2〕 ウ→エ→イ→ア　〔問3〕 (1) エ　(2) イ　(3) ウ
〔問4〕 (1) イ　(2) ア

＜英語解説＞

1 (リスニング)

放送台本の和訳は，62ページに掲載。

2 **(短文読解問題：語句選択補充，内容真偽，条件英作文)**

1　2つ目のマキの発話第2文から「ドリームフェスティバルを楽しむためにイチョウ公園に行こう。ミナミ駅で電車に乗ろう。9時半に駅で会おう。アヤメ駅に止まる電車は9時40分に発車して，モミジ駅とケヤキ駅に止まる電車も9時40分に発車する」とあるので二人はミナミ駅から出発することがわかる。　(A)　完成した英文は「アヤメ駅からイチョウ公園へ行く途中にたくさんの屋台がある」となる。案内図を見ると屋台がたくさんあるのはアヤメ駅からイチョウ公園までの道であるとわかる。**on the way to ～「～へ行く途中」**　(B)　最後から2つ目のジュディの発話第2文に「でも一番早くそこに着く行き方を選びたい」とあるので，案内図を見てミナミ駅からイチョウ公園まで最速の行き方を計算する。完成した英文は「ケヤキ駅から公園へ行こう」となる。

2　(A)　2つ目のジュディの発話から現在12時55分であること，日本舞踊と和太鼓が1時に始まることがわかる。3つ目のマキの発話からホールAまでは3分かかり，4つ目のマキの発話からホールBまで10分かかることがわかる。4つ目のジュディの発話第3文には「パフォーマンスを最初から見られる」とあるので，空欄には今から間に合う場所のものが入る。パンフレットからホールAは日本舞踊とわかるので，完成した英文は「日本舞踊のパフォーマンスに行こう」となる。
(B)　5つ目のマキ，ジュディの発話から浴衣を着るワークショップに出たいことがわかり，6つ目のマキ，ジュディの発話から紙切りと華道，三味線の3つに興味があることがわかる。最後のマキは「最初のは2時50分に始まる。ワークショップのあとに休憩したい？」と言っており，それに対してジュディは「いいえ」と答え，空欄直後には「3つ全部楽しめる」と言っているので，ワークショップのすぐ後に始まる紙切りに行くことがわかる。完成した英文は「最初に紙切りをやろう」となる。

3　(1)　ア「コンサートではジュディは西洋の楽器の演奏の前に多くの種類の日本の楽器が演奏されて驚いた」(×)　Eメール本文第3段落第1～3文に「先日，妹のエイミーとコンサートに行った。とても興奮した。尺八，三味線，和太鼓などの日本の楽器がドラムやギターなどの西洋の楽器と一緒に演奏された」とある。　イ「日本に来る前にジュディはカナダのスペシャルバンドのメンバーと一緒にたくさんのコンサートで何度も三味線を演奏した」(×)　第2段落第2文に「イベントの『新しいことに挑戦しよう』で初めて三味線を弾いた」とある。また，第3段落最後から2文目に「コンサートの最後にステージでスペシャルバンドと一緒に三味線を弾く機会があってとても幸せだった」とあるが，これは帰国後のカナダでの話である。　ウ「カナダに帰って来てから，ジュディは妹とコンサートに行き，西洋の楽器を弾いて楽しんだ」(×)　第3段落に日本と西洋の楽器を一緒に演奏したのを聞いたこと，三味線を弾く機会があったことが書かれている。　エ「コンサートの最後に，ステージでスペシャルバンドと一緒に三味線を弾く機会があったことがジュディをとても幸せな気分にさせた」(○)　第3段落最後から2文目参照。
(2)　まず，ジュディからのメールの最後の段落には「私はやりたかった新しいことを見つけた。そのことがとても嬉しい。あなたは何か新しいことを始めた？　もし始めてたら教えて」という質問がある。マキからのメールの空欄の前は「メールをありがとう。楽しく読みました。カナダで三味線を練習し始めたと聞いてとても驚いています。一生懸命練習していることと思います。あなたの質問に答えます。私が始めたことが1つあります。そのことを伝えます」という内容。新しく始めたことの内容，その理由を指示通りに3つの英文で書くこと。解答例の英文は「私は弟のために物語を書き始めました。彼はよく私に面白い話をするように言うのです。将来子ども向けの物語の作家になりたいです」という意味。始めたことは何でもいいので，理由を必ず書くこと。**自分の考えやその理由を普段から意識し，教科書の英文などを参考にしながら書く練習を忘れないこと。**

3 (会話文読解問題：語句解釈，指示語，語句補充)

(全訳)

ショウヘイ，ナナ，アリサは東京の高校生です。デイビッドはアメリカから来た高校生です。彼らは放課後に教室で話をしています。

ショウヘイ：この写真を見て！　この自転車欲しいんだ。

ナナ　　　：何か新しいものを買うのって興奮すると思うけど，買う前に注意深く考えた方がいいよ。

デイビッド：どういう意味？

ナナ　　　：この前の日曜日，姉と服屋に行ったのね。可愛い T シャツを見つけて買いたいと思ったの。でも姉が「もうたくさん T シャツを持ってるでしょ。これ以上必要ないよ」って言ったの。それでそのあと買わなかったんだ。

ショウヘイ：なるほど。

ナナ　　　：(1)そのお店で面白いものを見つけたよ。

アリサ　　：それはなんなの？

ナナ　　　：ポスターなの。そこに，服を必要としている人たちがたくさんいるから，そのお店は服を集めてそれを外国に送るっていう説明があったの。

アリサ　　：それは面白いね。

ナナ　　　：うん。私の服をいくつかそのお店に持って行くことにしたの。

デイビッド：だれかがきみの服を再利用するだろうね。僕も制服を再利用しているよ。

アリサ　　：本当？　古く見えないね。

デイビッド：誰がこれを使っていたかわからないけどその生徒はこれを大事にしていたに違いないよ。今僕もそうしてる。アメリカに帰ったあとに誰かがこれをまた再利用して欲しいな。

ショウヘイ：いいね。

アリサ　　：再利用の他の例を思い出したわ。子どもの頃いとこがもう必要ないからって絵本とかおもちゃをくれたのよ。それでとても楽しんだのよ。その後で私の二人の弟も楽しんだんだよ。

デイビッド：(2)それはいいことだね。僕の絵本やおもちゃは再利用されなかったな。無駄だったな。これを日本語で「もったいない」っていうんだよね？

ナナ　　　：うん。私はものを十分に使おうと努めているの。例えばカレンダーのページの裏側を数学に取り組んだり漢字を書く練習をしたりするのに使っているの。

デイビッド：それも再利用だね。

ナナ　　　：もうそれ以上使えなくなったらリサイクルするの。

ショウヘイ：たくさんの人がそうしているね。缶やプラスチックボトルや紙を分別するもんね。

アリサ　　：昔はただ単に捨てられていたけど，それが再利用可能な資源だと学んだのよね。今みんながリサイクルをしているね。

ショウヘイ：(3)いいアイディアだよね。

デイビッド：無駄を減らす別の方法があるよ。僕の国では「シェアすること」が人気なんだ。車や自転車を他の人とシェアするんだ。

アリサ　　：聞いたことがある。私の家族は時々「カーシェアリング」のサービスを使ってるよ。

ショウヘイ：僕はシェアすることがいい考えだとは思わないな。

ナナ　　　：私も。自分の物を持つ方がいつでも使えるからもっと便利だと思う。なんでシェアリングサービスを使うのかな。

ショウヘイ：僕も知りたいよ。僕は誰とも自分の自転車をシェアしたくないな。自分自身の自転車が欲しい。

デイビッド：でもあまり頻繁に使わないものを持っている人もいるよ。それは無駄だよね。

アリサ　　：その通りね。私の父は車を所有するのはとてもお金がかかると言っているの。車をシェアすることでお金を節約することができる。私たちが無駄を減らすことは大事なことだよね。

ナナ　　　：なるほど。シェアすることは無駄を減らすための別の方法なのね。

ショウヘイ：(4)わかった。

デイビッド：日々の生活で無駄を減らすことについて話そう。

アリサ　　：いいアイディアだね。

ショウヘイ：僕に考えがあるよ。僕は今の自転車を使い続けて，新しいのは買わない。

デイビッド：(5)それはいいね，ショウヘイ。

問1　something interesting で「何か面白いもの」という意味。**形容詞は something の後ろに置き，例えば something new で「何か新しいこと(もの)」という意味**を表す。下線部の次のナナの発話で述べられている内容をまとめているイがふさわしい。完成した英文は「お店でナナはポスターを見て，外国の人たちを助ける方法を知った」。

問2　**That は単数の名詞だけでなく前述の発話内容を指し表すことができる。**ここでは直前のアリサの発話内容を指している。ア「デイビッドはアリサと2人の弟がいとこの絵本やおもちゃを再利用したことがいいことだと思っている」

問3　直前のショウヘイとアリサの発話から考える。エ「缶やプラスチックボトル，紙を再利用することはいい考えだ」

問4　最後から4つ目のデイビッドの発話から下線部(4)まではシェアすることについての会話。ショウヘイとナナはあまりシェアすることに肯定的な考えではなかったが，話をするうちにいい点に気が付いた。ア「ショウヘイはシェアすることは無駄を減らすための一つの手段であることを理解した」

問5　直前のショウヘイの発話に対してデイビッドは「いいね」と言っている。1つ目のショウヘイの発話で新しい自転車を欲しがっていたことも忘れてはならない。ウ「ショウヘイは新しい自転車が欲しかったが今の古い自転車を使うことに決めた」

問6　4つ目のナナの発話以降，衣服やおもちゃを他の人に使ってもらうことで reusing「再利用」できることが述べられている。7つ目のナナの発話以降は紙や缶などのリサイクルや，カーシェアリングなどによって無駄を減らすことが述べられている。ウ「再利用：デイビッドは誰かが大事にしていた制服を着ている。無駄を減らす：車や自転車などを他の人とシェアして使う」

問7　(A)　**share には「～を分ける，分かち合う，共有する」の意味がある。**1つ目の(A)は「ここでの経験の一つをきみと分かち合うために手紙を書いている」という意味なので，他の選択肢の reuse「再利用する」では意味が合わない。もう2つ目の(A)は「僕はアメリカではシェアすることが人気だと言った」の意味。対話文の最後から4つ目のデイビッドの発話参照。

(B)　選択肢は plans「計画」か examples「例」。1つ目の(B)は「自分たちの周りにある再利用の他の例について話しをした」がふさわしい。対話文では服だけでなくおもちゃや紙の裏側を使うことなどを話している。2つ目の(B)は「僕はその例をいくつか挙げた」で，最後から4つ目のデイビッドの発話では車や自転車のシェアリングについて述べている。**同じような内容が述べられている本文の箇所をよく読むこと。**

4　(長文読解問題・物語文：語句解釈，語句補充，文の並べ替え，英問英答)

(全訳)

ミサトは中学2年生でした。彼女は学校で最善を尽くしており，学校生活を楽しんでいました。2月のある日，ミサトは友達の1人であるレイコと昼食を食べました。昼食後にレイコは「来月英語の授業で自分の夢についてスピーチをするね。なにか考えはあるの？」とミサトに言いました。ミサトはないと言いました。彼女は「将来何をしたいかわからない」と言いました。レイコは「私は英語が好きで英語の授業が楽しい。私は外国で困っている人たちを助けるような仕事をしたいし，将来のために一生懸命英語の勉強を続けるの」と言いました。ミサトは帰宅後，「レイコと私は違う」と思いました。

3月のある土曜日にミサトは祖父のカズノリを訪れました。彼はある会社で働いていました。彼女が着いたとき彼は何かをしていました。ミサトは「何をしているの？」と聞きました。彼は「外国の法律に関する本を読んでるんだよ」と答えました。彼女はそれを聞いて驚いて「大学で法律を専攻したんだよね。なんでまた勉強してるの？」と聞きました。彼は「学校で学んだことは色々な点で役に立つんだよ。でも法律は変わり続けるから仕事のために学び続けるべきなんだ」と答えました。彼女は「今までそんなことを考えたことなかった」と言いました。彼は「もう1つ勉強する理由があるよ。明日出かけよう。教えてあげるよ」と言いました。

次の日カズノリはミサトを市役所のある部屋に連れて行きました。そこには10人くらいの人がいました。彼は彼女をみんなに紹介しました。彼は，彼は伝統的な舞台芸術や建築，歴史などの日本文化のことについて学んでいると説明しました。ミサトは「おじいちゃんもここで勉強してるの？」と聞きました。カズノリは「うん，そうだよ」と答えました。そしてクラスが始まりました。彼女は部屋を見まわしました。クラスは歌舞伎の歴史について勉強していてとても幸せそうでした。彼女は「私は学校で歌舞伎について学んで，またここで学べるチャンスが持てて嬉しい」と思いました。彼女はクラスを楽しみました。クラスのあとでメンバーの一人であるフミエが来てカズノリに「どうも，カズノリ。彼女はお孫さんですよね？」と言いました。「ええ。ミサトです。中学生なんです」とカズノリは言いました。フミエはミサトに話しかけました。彼女は「こんにちは，ミサト。私はフミエです。大学生で，ここで勉強しているの」と言いました。彼女たちは昼食と会話をしばらく楽しみました。フミエは「オーストラリアの学生のエマが来週うちに滞在するの。彼女にあなたを紹介したいな。私の家に来ない？」と言いました。ミサトははいと言いました。カズノリはそれを聞いて嬉しく思いました。家へ帰る途中カズノリはミサトに「クラスはどうだった？」と聞きました。ミサトは「面白かった。おじいちゃんがそこで勉強してるのを知ってびっくりした」と言いました。彼は「学ぶことは私たちの人生をより豊かにすると思うんだ。だから学び続けるんだ」と言いました。ミサトはうなずきました。

次の週の土曜日，ミサトはフミエの家を訪れてエマに会いました。フミエは日本の伝統的なカードゲームである百人一首をすることがエマにとって昔の日本語を知るいい機会になるだろうと思いました。フミエとミサトはやり方を彼女に教えました。彼女達は百人一首を楽しみました。その後フミエは札に書いてある日本語の詩の意味を説明しました。彼女は英語で説明しました。ミサトは札の絵を説明しようと努めました。彼女は英語で説明することにも挑戦しました。彼女にとってそうすることは簡単ではありませんでした。彼女にできたことは簡単な英単語を使うことだけでしたが，最善を尽くしました。エマはミサトに「百人一首はどこで勉強したの？」と聞きました。ミサトは「学校の国語と歴史の授業で勉強したよ」と答えました。「あなたは英語も一生懸命勉強してるんだと思うわ。また来て私に日本について教えてくれる？」とエマは言いました。ミサトはうんと言いました。エマは嬉しそうでした。その晩，ミサトはカズノリに電話をして「学校の授業で勉強することはエマと話すのに役立つね。それを知ることができて嬉しい」と言いました。彼女は祖父の言葉を覚えていました。彼女は学ぶことが自分の人生をより豊かにすることがよくわかりました。学校で学ぶことは彼女にとっては単なるスタートラインです。彼女は将来のためにもっと勉強したいと思いました。

問1　第1段落のレイコとミサトの会話から違いを考える。完成した英文は「ミサトは将来何をしたいかわからないが，レイコは自分の将来の夢を持っているので，レイコと自分は違うとミサトは思った」でアがふさわしい。different「違った，色々な」

問2　**場面ごとに誰が何をしたのかを理解すること。**　ウ「ミサトは友達の一人であるレイコと昼食を食べた」第1段落第3文参照。　エ「ミサトは市役所でまた歌舞伎について学ぶ機会を持てて幸せだった」第3段落第10文参照。　イ「カズノリとミサトとフミエは一緒に市役所で昼食を食べ，話をした」第3段落第16文参照。　ア「エマはミサトからまた日本について彼女に教えてもらいたいと思った」第4段落第13文のエマの発話参照。

問3　**問題と本文で主語や動詞などが異なっていないか注意して読むこと。**　(1)　完成した文は「ミサトがカズノリを訪れたとき，彼は外国の法律に関する本を読んでいて，それを聞いてミサトは驚いた」という意味。第2段落第1～6文参照。　(2)　完成した文は「フミエはミサトをオーストラリアの学生のエマに紹介したかったので，市役所でフミエはミサトを家に招待した」という意味。第3段落第17文フミエの発話参照。　(3)　完成した文は「ミサトがカズノリに電話をしたとき，学校で勉強したことがエマと話すのに役立ったので嬉しいと言った」という意味。最終段落最後から5文目のミサトの発話参照。

問4　**場面ごとに登場人物が混乱しないように心がけること。**　(1)「フミエの家でミサトは何をしましたか」イ「彼女はエマに百人一首のやり方を教え，札の絵を説明しようと努めた」第4段落2～7文参照。　(2)「フミエの家を訪れたあとミサトは何に気が付きましたか」ア「学ぶことが彼女の人生をより豊かにすることに気が付いた」最終段落最後から3文目参照。

2019年度英語　リスニングテスト

〔放送台本〕

これから，リスニングテストを行います。リスニングテストは，全て放送による指示で行います。リスニングテストの問題には，問題Aと問題Bの二つがあります。問題Aと問題Bの<Question 1>では，質問に対する答えを選んで，その記号を答えなさい。問題Bの<Question 2>では，質問に対する答えを英語で書きなさい。

英文とそのあとに出題される質問が，それぞれ全体を通して二回ずつ読まれます。問題用紙の余白にメモをとってもかまいません。答えは全て解答用紙に書きなさい。

〔問題A〕

問題Aは，英語による対話文を聞いて，英語の質問に答えるものです。ここで話される対話文は全部で三つあり，それぞれ質問が一つずつ出題されます。質問に対する答えを選んで，その記号を答えなさい。では，＜対話文1＞を始めます。

Bill: What are you reading, Emily?
Emily: I am reading an e-mail from my grandfather living in London, Bill.
Bill: Are you going to write him back?
Emily: Yes, I am.
Bill: Why don't you also send the picture I took in the park yesterday? Your grandfather will enjoy seeing you and your dogs.
Emily: That's nice.
Bill: I'll send it to you by e-mail. Then you can send it to your grandfather.

Question: What is Bill going to do?
＜対話文2＞を始めます。

Jim: There are many things in this shop, Lucy. This green notebook is one hundred yen and that red one is two hundred yen. I use a red one.
Lucy: I'll buy two red ones, Jim. Oh, look! This eraser is very cute. I want it. It's one hundred yen.
Jim: Well, do you really need an eraser?
Lucy: Yes. But I have only four hundred yen.
Jim: You can't buy all the things you want.
Lucy: I really need the eraser. I'll buy it and a green notebook and a red one.
Jim: OK. Then you can buy all of them.

Question: What will Lucy buy at this shop?
＜対話文3＞を始めます。

John: Look at this picture, Kate. This is my family. I live with my father, my mother, and two brothers.
Kate: It's a nice picture, John.
John: Thank you. This is my younger brother, Bob. He plays basketball.
Kate: You play basketball, too, and you are the tallest in our class, John. Is Bob as tall as you?
John: He is taller than I.
Kate: I see.
John: This is my older brother, Mike. He is the best soccer player in his school and taller than Bob.

Kate:　All of you are very tall. How about your father?
John:　He is shorter than I but taller than my mother.

Question:　Who is the tallest in John's family?

〔英文の訳〕

＜対話文1＞

ビル　　：エミリー，何を読んでるの？
エミリー：ロンドンに住んでるおじいちゃんからのメールを読んでるの，ビル。
ビル　　：彼に返事を書くの？
エミリー：うん，そうよ。
ビル　　：昨日僕が公園で撮った写真も送ったらどう？　おじいさんはきっときみと犬を見て楽しむよ。
エミリー：それはいいわね。
ビル　　：写真をメールで送るよ。そしたらおじいさんにそれを送れるね。
質問：ビルは何をするつもりですか。
答え：エ　彼はメールでエミリーに写真を送るつもりです。

＜対話文2＞

ジム　　：ルーシー，このお店にはたくさんのものがあるね。この緑のノートは100円であの赤いのは200円。僕は赤いのを使ってるよ。
ルーシー：私は赤いのを2冊買うわ，ジム。この消しゴムとても可愛い。欲しいなあ。100円だ。
ジム　　：え，本当に消しゴムが必要なの？
ルーシー：うん。でも400円しかない。
ジム　　：欲しいもの全部は買えないよ。
ルーシー：本当に消しゴムが必要なの。それと緑のノート1冊と赤いの1冊買うわ。
ジム　　：オーケー。じゃあ全部買えるね。
質問：このお店でルーシーは何を買いますか。
答え：ア　緑のノート1冊，赤いノート1冊，消しゴム1つ。

＜対話文3＞

ジョン：ケイト，この写真を見て。僕の家族。父と母と二人の兄弟と住んでるんだ。
ケイト：いい写真ね，ジョン。
ジョン：ありがとう。これが弟のボブ。バスケットボールをしてるんだ。
ケイト：あなたもバスケットボールしてるし，クラスで一番背が高いよね，ジョン。ボブはあなたと同じくらい高いの？
ジョン：彼は僕よりも高いよ。
ケイト：なるほど。
ジョン：これが兄のマイク。彼は学校で一番のサッカー選手でボブよりも高い。
ケイト：あなたたちみんな背が高いのね。あなたのお父さんは？
ジョン：彼は僕よりも低いけど母より高いよ。
質問：ジョンの家族で一番背が高いのは誰ですか。
答え：ウ　マイク。

〔放送台本〕

〔問題B〕

これから聞く英語は，ある日のABCデパートでの館内放送です。内容に注意して聞きなさい。あとから，英語による質問が二つ出題されます。<Question 1>では，質問に対する答えを選んで，その記号を答えなさい。<Question 2>では，質問に対する答えを英語で書きなさい。なお，<Question 2>のあとに，15秒程度，答えを書く時間があります。では，始めます。

Welcome to the ABC Department Store. Today we have a special event. From eleven to three, we are going to hold our World Lunch Festival on the seventh floor. Chefs from five countries will come and cook traditional foods. And today a famous Japanese sushi chef, Mori Taro, will also come to the festival! He started to work as a sushi chef in Kanagawa thirty years ago. He worked as a sushi chef for many years in other countries, too. He wanted people there to enjoy Japanese food. He came back to Japan last year. He is going to open a new restaurant in Tokyo next month. Today he will make four different kinds of sushi lunch for you!

We hope you enjoy your shopping and a special lunch at the ABC Department Store today. Thank you.

<Question 1> How long will the ABC Department Store hold the World Lunch Festival today?

<Question 2> What did Mori Taro want people in other countries to do?

以上で，リスニングテストを終わります。

〔英文の訳〕

ようこそ ABC デパートへ。今日は特別なイベントがあります。11時から3時まで7階にてワールドランチフェスティバルを開催します。5か国からシェフが来て伝統料理を作ります。そして今日は有名な日本の寿司職人のモリタロウさんもフェスティバルにいらっしゃいます！　彼は神奈川県で30年前に寿司職人として働き始めました。彼は外国でも何年も寿司職人として働いていました。彼は現地の人たちに日本食を楽しんでもらいたかったのです。彼は昨年日本に帰国しました。来月東京に新しいレストランを開く予定です。今日は4つの違う種類の寿司ランチをお作りします！

本日も ABC デパートでお買い物，そしてスペシャルランチをお楽しみいただければと思います。ありがとうございました。

質問1：ABC デパートはどれくらいの時間ワールドランチフェスティバルを開催しますか。

答え　：イ　4時間。

質問2：モリタロウさんは外国の人たちに何をしてもらいたかったですか。

答え　：日本料理を楽しんでもらう。

＜理科解答＞

1　〔問1〕 エ　〔問2〕 イ　〔問3〕 ア　〔問4〕 ウ
〔問5〕 エ　〔問6〕 ウ　〔問7〕 イ

2　〔問1〕 ア　〔問2〕 ウ　〔問3〕 エ　〔問4〕 イ

3　〔問1〕 ウ　〔問2〕 エ　〔問3〕 (1) 38.5km
(2) 3.5km遠ざかる　〔問4〕 ア

4　〔問1〕 エ　〔問2〕 ウ　〔問3〕 (1) イ　(2) ア
(3) イ

5　〔問1〕 ウ　〔問2〕 右図　〔問3〕 ア　〔問4〕 イ

6　〔問1〕 エ　〔問2〕 1.7m/s　〔問3〕 (1) イ
(2) ウ

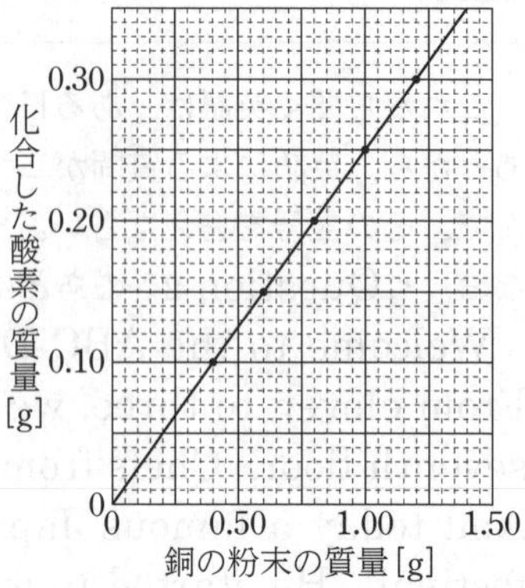

＜理科解説＞

1　**(小問集合－植物の体のつくりとはたらき：光合成，天体の動きと地球の自転・公転：地球の公転，電流と磁界，地層の重なりと過去の様子：示準化石，酸・アルカリとイオン，光と音：光の屈折と反射，自然界のつり合い)**

〔問1〕 ヨウ素液に浸したとき青紫色に変化した粒Aは，葉緑体である。葉緑体では光合成が行われ，デンプンがつくられる。

〔問2〕 地球の公転は1年で太陽のまわりを360°回るので，1か月に約30°回る。ある日の午後9時に北の空に見えた恒星Xは，30日後の午後9時に，**反時計回りに西へ約30°移動して見える。**

〔問3〕 **右手の4本の指をコイルを流れる電流の向きとすると，親指がコイルの内側にできる磁界の向きである。**磁界の向きは，黒く塗られた方位磁針のN極が指す向きである。よって，Aが適切である。コイルの周りの磁力線を模式的に表したものはCである。

〔問4〕 6種類の化石は，地層ができた時代が推定できる示準化石であり，サンヨウチュウとフズリナは古生代，アンモナイトとステゴサウルス(恐竜)は中生代，ビカリアとナウマンゾウ(大型ホニュウ類)は新生代を代表する化石である。

〔問5〕 **水酸化ナトリウム(化学式NaOH)は水に溶けて水酸化物イオンOH^-を生じるアルカリで，水酸化ナトリウム水溶液のpHの値は7より大きい。**pHは，水溶液の酸性，アルカリ性の強さを表すのに用いられる。pHの値が7のとき，水溶液は中性である。また，pHの値が7より小さいほど酸性が強く，pHの値が7より大きいほどアルカリ性が強い。

〔問6〕 光が空気からガラスへ進むときは，屈折角は入射角より小さくなる。光が鏡の面で反射するときは，入射角と反射角は等しい。よって，ウが正しい。

〔問7〕 生物Aは生産者，生物Bは消費者(草食動物など)，生物Cは消費者(肉食動物など)，生物Dは分解者であり，数量の大小関係は植物などの生産者Aをもっとも下の層とし，B，Cの順で高くなるピラミッドの形で表すことができる。

2　**(自由研究－水溶液：ろ過，状態変化：蒸留，電流：電力・発熱量，動物の体のつくりとはたらき，天気の変化：雲のでき方)**

〔問1〕 ろ過の場合，ろ紙の穴より小さい物質だけが，ろ紙の穴を通りぬけることができる。食塩水中では，NaClが電離して，$NaCl \rightarrow Na^+ + Cl^-$，となり，ナトリウムイオンと塩化物イオン

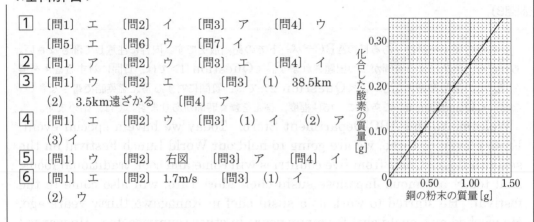

に分かれているため，これらの**イオンはろ紙の穴(すき間)よりも小さいので，ろ液の中に入り，食塩と水は分離できない。**次ぎに行った蒸留では，食塩水を加熱して沸とうさせ，出てくる水蒸気(気体)を冷やして再び水(液体)にして集めるので，食塩水から水だけを得ることができる。

〔問2〕 発熱量は一定時間電流が流れたときに消費電力に比例するため，消費電力が大きいと発熱量は大きい。家庭内の配線は並列回路なので，使用する電気機器の組み合わせは電流の和が15Aより小さくなるようにする。消費電力1000Wの電気ストーブの電流＝1000[W]÷100[V]＝10[A]，消費電力1200Wのドライヤーの電流＝1200[W]÷100[V]＝12[A]，消費電力250Wの液晶テレビの電流＝250[W]÷100[V]＝2.5[A]である。消費電力1000Wの電気ストーブの電流＋消費電力250Wの液晶テレビの電流＝10A＋2.5A＝12.5A＜15Aである。

〔問3〕 出血した血液を固める働きをもつ成分は図のBで，血小板である。図のAは白血球で，図のCは赤血球である。

〔問4〕 自然界では，**空気は上昇すると上空ではまわりの気圧が低くなるため膨張する。そのため，上昇する空気の温度は下がり，**やがて空気中の水蒸気の一部が小さな水滴や氷の粒になる。これが雲である。寒冷前線付近では，寒気(冷たい空気)が暖気(あたたかい空気)の下にもぐりこみ，暖気を押し上げながら進んでいく。そのとき上昇気流が起こり，積乱雲が発達する。

3 (地震と地球内部のはたらき，自然災害：緊急地震速報)

〔問1〕 地震が起こると，震源では伝わる速さがちがう2種類の波が同時に発生し，岩石の中を伝わっていく。初期微動は伝わる速さが速い波であるP波によるゆれで，主要動は伝わる速さが遅い波であるS波によるゆれである。

〔問2〕 初期微動継続時間＝S波が届いた時刻－P波が届いた時刻であり，震源からの距離が遠くなるほど，S波とP波が届いた時刻の差が大きくなり，初期微動継続時間が大きくなる。よって，図1と図2から，初期微動継続時間が長いのは観測地点Bなので，震源からの距離が遠い観測地点は，Bである。

〔問3〕 観測地点Cの地震計で初期微動を感知してから6秒後に緊急地震速報が発表されていたので，緊急地震速報が発表された時刻＝16時13分50秒＋6秒＝16時13分56秒，である。震源地からの距離がX〔km〕にある地点では，主要動の到達と同時に緊急地震速報が届いたので，主要動の到達時刻は16時13分56秒であり，観測地点Cの主要動到達の1秒後である。表1から，**主要動の速さ＝(105km－35km)÷(16時14分15秒－16時13分55秒)＝3.5km/秒，**である。よって，震源からの距離X〔km〕＝35km＋3.5km＝38.5km，である。以上から，緊急地震速報を受信してから主要動が到達するまでの時間は，震源からの距離がX〔km〕より3.5km遠ざかるにつれて1秒ずつ増加することがわかる。

〔問4〕 日本列島付近では，日本列島と太平洋側にある海溝との間に震源が集中している。震源の深さは太平洋側で浅く，日本列島の下に向かって深くなっている。そこでは，海のプレートが日本列島付近で陸のプレートの下に沈み込んでいるため，プレートの境目に巨大な力がはたらき，地下の岩石が破壊されて地震が起こると考えられている。

4 (遺伝の規則性と遺伝子：メンデルの実験・仮説の設定，植物の体のつくりとはたらき：被子植物)

〔問1〕 図3の子房の中にある小さな粒は胚珠である。胚珠が子房の中にある植物は被子植物であり，サクラ，ツツジがそのなかまである。マツ，イチョウは裸子植物で子房がない。

〔問2〕＜実験＞の(2)で，黄色の純系の種子のめしべに緑色の純系の花粉をつけてかけ合わせた結果，できた子の代のエンドウの種子の子葉がすべて黄色であったことから，黄色が優性形質であり，その遺伝子がAである。緑色は劣性形質であり，その遺伝子はaである。黄色の遺伝子Aは卵細胞がもっていたものであり，緑色の遺伝子aは精細胞がもっていたものである。よって，黄色の純系の種子のめしべに緑色の純系の花粉をつけてかけ合わせてできた子の体細胞の遺伝子は，Aaであり，黄色が優性形質なので全て子葉は黄色であり，<結果3>と一致する。**Aaの遺伝子をもつ子の代は，生殖細胞をつくるとき減数分裂をするので，生殖細胞の遺伝子はA又はaとなり，精細胞と卵細胞は，それぞれ遺伝子A又は遺伝子aをもつ。**

〔問3〕 子葉が黄色の優性形質をもつエンドウの種子Xの遺伝子の組み合わせは，AA又はAaである。種子Xをまいて育てたエンドウのめしべの卵細胞がもつ遺伝子は，種子Xの体細胞がAAの場合はAのみであり，種子Xの体細胞がAaの場合はA又はaである。それらに，子葉が緑色の純系の種子をまいて育てたエンドウの花粉(精細胞がもつ遺伝子はaのみ)を付けてできる種子をYとする。**Yが全て子葉が黄色の種子であれば，エンドウの種子Xの遺伝子の組み合わせは，AAと決まり，子葉が黄色の種子と子葉が緑色の種子の数の比がおよそ1：1であれば，Aaと決まる。**

5 (化学変化：銅の酸化・還元・化学変化を原子と分子によりモデル化，化学変化と物質の質量：グラフ化・応用問題，物質の成り立ち：原子・分子，気体の発生とその性質)

〔問1〕 銅の粉末の燃焼は，銅と酸素の化合である。AとBの2種類の物質が化合する場合，AとBは，いつも一定の質量の割合で化合する。よって，銅の全てが酸素と化合すると，全体の質量は変化しなくなる。金属の銅は，1種類の原子がたくさん集まってできているので，銅の化学式はCuであり，モデルは原子1個で表す。酸素の気体は分子で存在するので化学式はO_2であり，モデルは分子で表す。酸化銅は，銅原子：酸素原子＝1：1，で化合した化合物である。よって，化学反応式は，**$2Cu+O_2 \rightarrow 2CuO$**，であり，モデルで表すと，**● ● ＋ ○○ → ●○ ●○**，である。

〔問2〕 銅の粉末の質量〔g〕をX軸に，化合した酸素の質量〔g〕をY軸に表したグラフ用紙に，<結果1>から，(0.40, 0.10)，(0.60, 0.15)，(0.80, 0.20)，(1.00, 0.25)，(1.20, 0.30)の点をとる。次ぎに，原点を通り，上記の5個の点の最も近くを通る直線を引く。

〔問3〕 <実験2>は，酸化銅の炭素による還元である。化学反応式で表すと，**$2CuO + C \rightarrow 2Cu+CO_2$**，である。酸素は，銅よりも炭素と結び付きやすく，**炭素は酸化銅から酸素を奪いとって酸化し**，二酸化炭素になった。また，**酸化銅は酸素がとり除かれる還元**という化学変化が起き，金属の銅になった。

〔問4〕 試験管Aには，還元されず残った黒色の酸化銅と，還元された赤い金属の銅が入っている。**黒色の酸化銅がxgだけ還元されて銅になったとすると，**還元されなかった黒色の酸化銅の質量＝1.00g－xg，である。また，**<実験1>のグラフより，銅の質量：酸素の質量＝4：1，で化合するので，還元された赤い金属の銅の質量＝$\frac{4}{5}$xg，**である。よって，(1.00g－xg)＋$\frac{4}{5}$xg＝0.84(g)，xg＝0.8g，であり，還元された酸化銅の質量が0.8gなので，還元されなかった黒色の酸化銅の質量＝1.00g－0.80g＝0.20(g)，である。

6 (力学的エネルギー，力と物体の運動：物体の運動の向きと速さ，力のはたらき：重力)

〔問1〕 小球Aにはたらく重力は，小球Aを地球の中心に向かって引く力であるからQの向きである。小球Aの運動の向きは糸と垂直方向に小球Aが動いている向きであるため，①から⑦まで変化する。速さについては，図2はふりこの動きをする小球Aの0.1秒ごとの位置が模式的に(標準となるべき典型的な形として)表されているので図を用いて解説すると，0.1秒間に小球Aが動く①と②の間(⑥と⑦の間)よりも③と④の間(④と⑤の間)の方が距離は長いので，①と②の間(⑥と⑦の間)よりも③と④の間(④と⑤の間)の方が小球Aの速さは速いことがわかる。小球Aは①の静止している点から速さはだんだん速くなり，基準面の④で最大になり，それからだんだん遅くなり，⑦で速さは0になる。

(別解)　小球Aは①ではなすと，位置エネルギーが減少していき，②ではその分だけ運動エネルギーが増加し速さが大きくなっていく。④の基準面では位置エネルギーは0になるが運動エネルギーは最大になり，速さが最大になる。小球Aは動いて⑥を通り，位置エネルギーが増加してくると運動エネルギーが減少して速さは小さくなり，もとの高さと同じ⑦に達すると速さは0になり，位置エネルギーだけになる。したがって，ふりこの運動においても，①から⑦までふりこが運動する間，力学的エネルギーは常に一定に保たれている。

〔問2〕　aからcまでの間の小球Bの平均の速さ$=\frac{34[\mathrm{cm}]}{0.2[\mathrm{s}]}=170[\mathrm{cm/s}]=1.7[\mathrm{m/s}]$である。

〔問3〕　力学的エネルギーの保存により，位置エネルギーと運動エネルギーの和は一定である。図2の①から③まで，小球Aの位置が低くなるにつれて，位置エネルギーは減少し，その分だけ運動エネルギーは増加する。図5のfから斜面を上がるにつれて位置エネルギーは増加し，その分だけ運動エネルギーは減少する。なお，位置エネルギーの大きさは，物体の位置(高さ)と質量によって決まるので、斜面の角度には関係ない。

＜社会解答＞

[1]　〔問1〕　B　ウ　　C　ア　　D　イ　　E　エ　　〔問2〕　イ　　〔問3〕　ア

[2]　〔問1〕　略地図中のA～D　A　　Ⅱのア～エ　ウ　　〔問2〕　W　エ　　X　ア　　Y　ウ　Z　イ　　〔問3〕　イ

[3]　〔問1〕　A　イ　　B　ウ　　C　エ　　D　ア　　〔問2〕　Ⅰの表のア～エ　エ　　略地図中のW～Z　Z　　〔問3〕　複数の鉄道が利用できる交通の利便性が高い地域であり，再開発により工場，駐車場，厚生施設であった場所に高層マンションなどが建設され，人口が増加した。

[4]　〔問1〕　ウ→イ→エ→ア　　〔問2〕　Ⅰの略年表中のア～エ　ウ　　Ⅱの略地図上のA～D　D　〔問3〕　W　エ　　X　ア　　Y　イ　　Z　ウ　　〔問4〕　エ

[5]　〔問1〕　消費者物価指数よりも月間現金給与額の増加割合が大きく，生活水準が引き上げられた。　〔問2〕　ア　　〔問3〕　ウ　　〔問4〕　エ

[6]　〔問1〕　A　イ　　B　エ　　C　ウ　　D　ア　　〔問2〕　イ→エ→ア→ウ　　〔問3〕　Y

＜社会解説＞

[1]　**(地理的分野―日本地理－地形図の見方，歴史的分野―日本史時代別－安土桃山時代から江戸時代，―日本史テーマ別－文化史，公民的分野―憲法の原理)**

〔問1〕　B地点では，道路の北側に崖があり，南側には鉄道が敷設されている。写真ウである。C地点では，上り坂の途中で南方を観察すると桂川橋などが見える。写真アである。D地点では，前方に甲州街道と交わる丁字型の交差点が見える。写真イである。E地点では，甲州街道の両側に商店が立ち並ぶ様子を見ることができる。写真エである。

〔問2〕 アの**小林一茶**は，江戸後期の俳人。作品集として「**おらが春**」を残している。ウの**井原西鶴**は，江戸前期の**浮世草紙**作家である。代表作に「**好色一代男**」がある。エの**近松門左衛門**は，江戸中期の**浄瑠璃・歌舞伎**作者。「**曽根崎心中**」など多くの名作を残した。イの**十返舎一九**が，「**東海道中膝栗毛**」の作者である。江戸後期の戯作者で，**化政文化**の最盛期に**黄表紙・合巻・洒落本・滑稽本**を数多く残した。

〔問3〕 これは日本国憲法第79条に明記されている，**最高裁判所**の**裁判官**の**国民審査**についての条文である。既に任命されている最高裁判所の裁判官が，その職責にふさわしい者かどうかを国民が審査する制度であり，選挙権・被選挙権等と並んで**参政権**の一つである。

2 （地理的分野―世界地理－地形・気候・産業・貿易）

〔問1〕 ①の都市を午後5時30分に出発して，飛行時間13時間を要したのだから，①の都市の時刻では3月2日午前6時30分に到着したことになる。そしてその時刻は，②の都市では午後9時30分なので，時差は15時間となる。地球は24時間で360度自転するので，**経度15度で1時間の時差となる。**15時間の時差とは，経度225度差になり，B・C・Dの経路とも当てはまらない。Aの経路は，**日付変更線**を越えるので360度から225度を引き，135度の差となりⅠの文章に合う。①の国際的な穀物市場のある都市はシカゴであり，1年を通じて降水量が少なく，**冷帯**に属するため冬は気温が氷点下となり，夏も20度を超える程度である。**雨温図**のウである。

〔問2〕 Wの国はペルーで，首都は**乾燥帯**に位置するリマである。世界有数の**漁業国**であり，アンチョビなどの漁獲が多く，その99％は魚粉生産に使用され，魚粉が重要な輸出品となっている。表のエである。Xの国はサウジアラビアであり，首都はリャドである。塩分濃度の高い**紅海**で育ったえびを日本に輸出している。表のアである。Yの国はノルウェーである。首都のオスロは高緯度地帯に位置しているが，暖流の影響により，**不凍港**であるほど温暖である。さばを日本に輸出している。表のウである。Zの国はモロッコで，首都はラバトである。日本への輸出の半分以上を，たこが占めている。表中のイである。

〔問3〕 Ⅲの文章で述べている国に当てはまるのは，**カンボジア**である。**内戦終結後**，**東南アジア諸国連合**に加盟し，2000年代に入り工業化を推進している。2016年における日本の最大の輸入品は，略地図Ⅱに示されているように衣類等であり，日本の**貿易赤字**は1000億円に迫っている。

3 （地理的分野―日本地理－農林水産業・工業・都市）

〔問1〕 Aは**利尻島**である。**昆布やうにを養殖**するなどの漁業が主な産業となっており，表のイが当てはまる。Bは**佐渡島**である。**金山**の跡を活用した観光業が盛んであり，米を原料とした加工品の製造販売を行うなど，農業の**第6次産業化**を推進しており，表のウが当てはまる。Cは**淡路島**である。漁業とともに，野菜やレモンなどの果実を生産する**農業が主な産業**となっている。表のエである。Dは**種子島**である。我が国唯一の**実用衛星打ち上げ基地**「種子島宇宙センター」がある。表のアである。

〔問2〕 Ⅱの文章中の「**西陣織**」「**町家**」という語句から，この都道府県が**京都府**であることがわかる。問題の4都府県のうち，京都府は**製造業事業所数**は少ないが，それに占める**繊維工業事業所**数の割合は大きい。ウかエが京都府である。また，1事業所当たりの**平均従業者数**は，10人未満であるとのことから，エであることがわかる。京都府は略地図中のZである。

〔問3〕 もともと複数の鉄道が利用できる**交通の便が良い**地域であったこと。工場・駐車場・厚生施設があった場所を**再開発**したこと。高層マンションが建設され，20年弱のうちに人口が飛躍的に増えたこと。以上をまとめて解答する。

4 (歴史的分野―日本史時代別－古墳時代から平安時代・鎌倉時代から室町時代・安土桃山時代から江戸時代・明治時代から現代，―日本史テーマ別－政治史・外交史・社会史・経済史)

〔問1〕 ア **織田信長**が**楽市・楽座**の政策を進めたのは，16世紀後期である。 イ **桓武天皇**が山城国**平安京**に都を移したのは，8世紀末である。 ウ **元明天皇**が**平城京**に都を移したのは，8世紀初期である。 エ **平清盛**が**大和田泊**に近接した福原に都を移したのは，12世紀後期である。時代の古い順に並べると，ウ→イ→エ→アである。

〔問2〕 江戸幕府は幕政初期に**朱印船貿易**を行った。Ⅰの略年表中のウの時期である。**アユタヤ**は現在のタイでⅡの略地図上のDである。**山田長政**はアユタヤの**日本町**の長となり，**アユタヤ王朝**に重く用いられ，最後には六昆(リゴール)王となった。

〔問3〕 Wは**官営模範工場**である**製糸場**の作られた富岡と，横浜を結ぶ鉄道であり，エが該当する。Xは大阪と郊外を結ぶ鉄道であり，アが該当する。Yは**外国人居留地**のあった神戸を起点とし，江戸時代の西回り航路の一部と競合する形で，**山陽路**を走った鉄道であり，イが該当する。Zは**日清戦争**後，官営の**八幡製鉄所**と**周囲の炭田地帯**を結んだ鉄道であり，ウが該当する。

〔問4〕 ア **石油危機**は，1973年のことである。 イ **世界恐慌**が始まったのは，1929年のことである。 ウ **第一次世界大戦**が始まったのは，1914年のことである。ア・イ・ウとも，Aとは別の時期のことである。エが，Aの時期に当てはまる出来事として正しい。**サンフランシスコ平和条約**が発効したのは，1952年のことであり，日本が**GATT**に加盟したのは，1955年のことである。

5 (公民的分野―経済一般・国民生活・財政・政治の仕組み)

〔問1〕 1960年から1970年にかけて**消費者物価指数**は，グラフⅠに見られるように約1.7倍に上がったが，グラフⅡに見られるように**月間現金給与額**は約3倍に上がっているため，実質賃金が大幅に上がったことになり，国民所得倍増計画で目標とされたように，生活水準が大幅に引き上げられた。以上をまとめて解答する。

〔問2〕 Ⅱの文章で，2010年から2015年にかけて，被服及び履物費は約13000円台で推移していると書いてあるので，消費支出に対する割合が4.3%のまま変動の無いアが当てはまる。

〔問3〕 株式会社などが，事業活動を通じて得た所得に課せられる国税を，**法人税**という。2007年のアメリカの**リーマンショック**に端を発する**世界金融危機**の影響は日本にも及び，企業は大幅に減収した。それにともない，法人税も2年間で6割の下落を記録した。これを表しているのがウである。

〔問4〕 Ⅱの機関は**両院協議会**である。憲法第60条に「**予算**について，**参議院**で**衆議院と異なつた議決**をした場合に，法律の定めるところにより，両議院の協議会を開いても意見が一致しないとき(以下略)」との規定があり，両院協議会が開かれるのは，DとEの間である。

6 (地理的分野―地理総合，歴史的分野―世界史－社会史)

〔問1〕 Aは**エクアドル**である。**ダーウィン**がエクアドルの領土である**ガラパゴス諸島**を訪れたことはよく知られており，イが当てはまる。Bは**ケニア**である。1963年に**イギリスから独立**した。エが当てはまる。Cは**ドイツ**である。**第二次世界大戦**終了後に**東西二つの国に分断され**，1990年に統一された。ウが当てはまる。Dは**フランス**である。1789年に**人権宣言**を発表した。アが当てはまる。

〔問2〕 ア **ニューディール政策**が行われたのは，1930年代のことである。 イ **産業革命**がイギリスで始まったのは，18世紀後期のことである。 ウ **ソビエト社会主義共和国連邦**が初の有

人宇宙飛行に成功したのは，1960年代である。　エ　**電話**の実験に成功したのは，1870年代のことである。年代の古い順に並べると，イ→エ→ア→ウとなる。

〔問3〕 Wはアメリカ，Xはインド，Yはトルコ，Zはイギリスである。**経済成長率**が5％を上回る時期があるのは，XのインドとYのトルコである。かつてコンスタンティノープルと呼ばれた都市は，現在の**イスタンブール**であり，Ⅲの文章はYの**トルコ**を表している。

＜国語解答＞

1　(1) かっさい　(2) ほが　(3) けいこく　(4) ただよ　(5) もよお

2　(1) 綿密　(2) 拡張　(3) 鉄棒　(4) 閉　(5) 届

3　〔問1〕 エ　〔問2〕 イ　〔問3〕 ウ　〔問4〕 イ　〔問5〕 ア

4　〔問1〕 ウ　〔問2〕 ア　〔問3〕 イ　〔問4〕 エ

〔問5〕 (例) ある雑誌で私の住む町が特集されていました。その雑誌の中の写真を見たとき，「本当に，私の住む町なの」と驚きました。よく知っている景色が，まるで映画の一場面のような，幻想的な世界に見えたからです。

筆者は，写真は作者のフィルターを通して見た世界だと述べています。私はこの写真から町の新たな一面に気付かされました。見慣れたものにも知らないよさがあることを意識し，様々な見方をしていきたいと思います。

5　〔問1〕 ア　〔問2〕 ウ　〔問3〕 エ　〔問4〕 ア　〔問5〕 イ

＜国語解説＞

1 (漢字の読み)

(1) 大きい声で掛け声を出して，ほめること。　(2) 気持ちが明るくて，わだかまりのない様子。「郎」と混用しないこと。　(3) 「谷間」のこと。　(4) 目に見えないものが，そのあたりに感じられる様子。偏は，さんずいである。　(5) 計画して会を開くこと。送り仮名は「もよお・ス」であることに注意する。

2 (漢字の書き取り)

(1) 細かいところまで考えてあり，見落としのない様子。　(2) 「拡」の偏は，てへん。

(3) 「棒」は10画目以降を「干」にしないこと。　(4) 今まで続いていたものを，そこで終わりにすること。　(5) 「届」は，とだれ＋「由」。「田」ではない。

3 (小説－情景・心情，内容吟味)

〔問1〕 年老いた母は，「様子がおかしくなる」とあることから**病気がちである**ことがわかる。その母が，出かけられる状態になると「いそいそやってくる」のだ。これは，本文冒頭にもあるように「たとえ何日かでも孫たちと一緒に暮らしたい」からであり，**孫に会いたい気持ち**が読み取れる。この「いそいそ」という表現からも**孫に会えるという期待に胸を膨らませて行動する様子**がわかる。

〔問2〕 長女は，祖母が「花では，この花が一番好きだっていってた」という記憶をしっかりと残している。**一番好きな花の名前ならば憶えているのが当然であるはずだから**，次女の「とうとう

憶えられなかったね」という言葉がにわかに信じられず，父に確かめたのである。傍線部の「首をかしげながら」という長女のしぐさからも，純粋に不思議がっている様子が伺えよう。

〔問3〕「記憶を引き寄せる」というのは**比喩表現**だ。遠く忘れかけていたような当時の記憶を思い出しているのだ。「引き寄せる」という自分の手元に近づける様子を示すことで，**自分自身も記憶を確認するようにして，なぞっているのだ**ということがわかる。

〔問4〕植木市にいったときのことが書かれている場面に，辛夷がなかったのは「残念なこと」だと明記されている。また傍線部の「人間なら血液にも等しい」という表現から，**辛夷と白木蓮を同じ血を持つもの，つまり同質というとらえ方をしている**ことがわかる。「本質的な部分では辛夷と同じ…」という選択肢を見つけられると正解が選べよう。

〔問5〕傍線部(5)の後に「出がけに一枝折ってくるのだったと思った」とあることから，**母に見せてやればよかったと悔やんでいる**ことがわかる。また，寝たきりの母が呂律のまわらない口で田打ち桜のことを話すことから，**母の田打ち桜をいかに見たいと思っているか**が読み取れよう。

4 (論説文－内容吟味，文脈把握，段落・文章構成，作文)

〔問1〕傍線(1)の前の「描かれているのは……気付かされることもある。」という記述を確認すればよい。ここに，**自分にとってはありきたりの風景であっても，他者である画家のフィルター―を通してみると別のものとなり，普段は見ていない部分に気づくこと**が説明されている。そして，この「知る」という行為は，傍線部で「喜び」と表現していることからプラスの感情を呼び起こすものだと読み取れる。これらをふまえて選択肢を選ぶ。

〔問2〕「そもそも……」で始まる段落に，開発された新たな表現によって描かれた絵が「ヒトの心に大きな影響を与える」と述べられている。さらに傍線(2)の前では，ありえないモノが組み合わさった表現は「独特の違和感や不安定感をもたらす」「驚き，戸惑う」とある。こうした筆者の考えが表れている記述をふまえて選択肢を選ぶ。

〔問3〕第十二段落は，それまでに述べられた**「目に入る全てを常に『何か』として見ようとするヒトの記号的な見方」の具体例として挙げた，自身の樂茶碗についての経験**を述べていることをふまえる。

〔問4〕傍線(3)の前後の段落を読み解こう。鑑賞者はアートに向き合う時，忘れていた記憶や記憶にならない記憶を**探索して何らかのイメージを浮かばせよう**とする。同時に**何らかの情動**も呼び起こされる。**こうした一連の行為は，鑑賞者の創造的な作業**だといえる。アートの鑑賞者は「『何か』が分からないものに向き合い，自分の中のイメージを探索する」という行為をしているのだ。

〔問5〕自分の体験や見聞を含めるので，まずはテーマに合うような「新しい何かに出会った経験」を挙げたい。**当たり前のように見ていたものを，別の視点から見ることで新しい発見があったという経験**を思い起こすのだ。その具体例をふまえて，こうした**「新しい何か」に出会うことの良さ(意義)は何かを自分なりに考察して結論・まとめにする**とよい。

5 (説明文，古文－内容吟味，文脈把握，仮名遣い)

〔問1〕傍線(1)をふくむ大岡さんの次の話に，「梅の花を見ながら……中国の伝統をそのまま受け継いでいる」とある。ここから，**奈良時代までは中国文化影響を受けていたこと**がわかり，さらに**平安時代以降は独自の文化を養い，花と言えば桜だといわれるように，桜が花の代表格になった**のだ。

〔問2〕傍線(2)以降の会話で，紀貫之の歌について「夢の中で桜が豪華に散っている感じが非常によく出ている」とあり，西行については「西行は，何を対象に詠んでも，自分のことになる」とある。この「自分のこと」とは，歌の対象に対する西行自身の想いのことだ。すなわち，**西行は歌を詠む対象についてだけでなく，わき出た自分の感情をも歌に表す**のである。

〔問3〕　白洲さんの発言にある「紀貫之にも，桜はたくさんございますか」という疑問があることで，西行の桜の見方に転じた会話の話題が，**再び紀貫之に戻った**。これにより，**桜を愛でる歌についての対談が深まっていく**のである。

〔問4〕　語中の「は・ひ・ふ・へ・ほ」は現代語仮名遣いでは「ワ・イ・ウ・エ・オ」となるので，ア「おはしましけり」は「おわしましけり」となる。

〔問5〕　傍線(4)に該当するのは，原文の「狩はねむごろにせで，酒を飲みつつ，やまと歌にかかれりけり」である。この一文を，訳と照らし合わせて解答すればよい。

2019年度　正答率一覧

数学

大問	小問	枝問	配点	正答率
1	1		5	95.4%
1	2		5	93.5%
1	3		5	85.7%
1	4		5	88.3%
1	5		5	92.1%
1	6		5	69.0%
1	7		5	39.2%
1	8		5	74.1%
1	9		6	82.2%
2	1		5	52.8%
2	2		7	5.2%
3	1		5	87.5%
3	2	1	5	65.7%
3	2	2	5	12.4%
4	1		5	68.3%
4	2	1	7	57.5%
4	2	2	5	1.9%
5	1		5	57.6%
5	2		5	12.9%

英語

大問	小問	枝問	配点	正答率
1	A	1	4	50.3%
1	A	2	4	69.0%
1	A	3	4	73.9%
1	B	1	4	37.7%
1	B	2	4	19.5%
2	1		4	62.0%
2	2		4	38.7%
2	3	1	4	56.9%
2	3	2	12	57.6%
3	1		4	40.2%
3	2		4	61.1%
3	3		4	42.6%
3	4		4	66.8%
3	5		4	72.3%
3	6		4	39.4%
3	7		4	28.2%
4	1		4	57.8%
4	2		4	36.3%
4	3	1	4	52.4%
4	3	2	4	41.1%
4	3	3	4	40.9%
4	4	1	4	33.3%
4	4	2	4	41.3%

（網掛け）は部分点正答も含めた割合です。

理　科

大問	小問	枝問	配点	正答率
1	1		4	93.8%
1	2		4	56.3%
1	3		4	78.5%
1	4		4	78.8%
1	5		4	65.7%
1	6		4	48.4%
1	7		4	65.8%
2	1		4	68.1%
2	2		4	84.7%
2	3		4	75.3%
2	4		4	70.4%
3	1		4	75.8%
3	2		4	81.7%
3	3	1	2	17.2%
3	3	2	2	34.5%
3	4		4	57.7%
4	1		4	74.8%
4	2		4	44.1%
4	3		4	33.8%
5	1		4	74.1%
5	2		4	72.7%
5	3		4	51.7%
5	4		4	36.2%
6	1		4	58.4%
6	3		4	58.7%
6	2		4	36.6%

社　会

大問	小問	枝問	配点	正答率
1	1		5	72.6%
1	2		5	54.7%
1	3		5	77.7%
2	1		5	52.7%
2	2		5	10.9%
2	3		5	20.3%
3	1		5	51.5%
3	2		5	24.0%
3	3		5	79.8%
4	1		5	48.9%
4	2		5	8.4%
4	3		5	52.6%
4	4		5	62.2%
5	1		5	45.5%
5	2		5	60.0%
5	3		5	78.0%
5	4		5	51.0%
6	1		5	39.6%
6	2		5	37.9%
6	3		5	65.3%

国　語

大問	小問	枝問	配点	正答率
1	1		2	79.8%
1	2		2	67.9%
1	3		2	65.6%
1	4		2	92.3%
1	5		2	57.3%
2	1		2	62.0%
2	2		2	69.5%
2	3		2	78.3%
2	4		2	91.9%
2	5		2	91.2%
3	1		5	51.8%
3	2		5	90.9%
3	3		5	40.5%
3	4		5	69.3%
3	5		5	66.0%
4	1		5	77.0%
4	2		5	67.9%
4	3		5	77.4%
4	4		5	59.2%
4	5		10	79.0%
5	1		5	51.5%
5	2		5	60.5%
5	3		5	63.9%
5	4		5	67.4%
5	5		5	79.6%

東京都公立高等学校

平成30年度

★★★★★★★★★★★★★★★★★★★★★★★★

入　試　問　題

●くわしい解説……53ページ

<数学>

時間 50分　満点 100点

【注意】 1 答えに分数が含まれるときは，**それ以上約分できない形で表しなさい。**
例えば，$\frac{6}{8}$ と答えるのではなく，$\frac{3}{4}$ と答えます。

2 答えに根号が含まれるときは，**根号の中を最も小さい自然数にしなさい。**
例えば，$3\sqrt{8}$ と答えるのではなく，$6\sqrt{2}$ と答えます。

3 答えを選択する問題については，各問の**ア・イ・ウ・エ**のうちから，最も適切なものをそれぞれ**1つずつ**選んで，**その記号の◯の中を正確に塗りつぶしなさい。**

4 □ の中の数字を答える問題については，「**あ**，**い**，**う**，…」に当てはまる数字を，下の〔例〕のように，**0**から**9**までの数字のうちから，それぞれ**1つずつ**選んで，**その数字の◯の中を正確に塗りつぶしなさい。**

〔例〕 **あい** に12と答えるとき

あ	⓪	●	②	③	④	⑤	⑥	⑦	⑧	⑨
い	⓪	①	●	③	④	⑤	⑥	⑦	⑧	⑨

1 次の各問に答えよ。

〔問1〕 $5-\frac{1}{3}\times(-9)$ を計算せよ。

〔問2〕 $8(a+b)-(4a-b)$ を計算せよ。

〔問3〕 $(\sqrt{7}+2\sqrt{3})(\sqrt{7}-2\sqrt{3})$ を計算せよ。

〔問4〕 一次方程式 $4x-5=x-6$ を解け。

〔問5〕 連立方程式 $\begin{cases} 7x-y=8 \\ -9x+4y=6 \end{cases}$ を解け。

〔問6〕 二次方程式 $x^2+12x+35=0$ を解け。

〔問7〕 次の □ の中の「**あ**」「**い**」に当てはまる数字をそれぞれ答えよ。

右の表は，東京のある地点における4月7日の最高気温について，過去40年間の記録を調査し，度数分布表に整理したものである。

最高気温が18℃以上であった日数は，全体の日数の **あい** ％である。

階級（℃）以上〜未満	度数（日）
8 〜 10	1
10 〜 12	4
12 〜 14	2
14 〜 16	7
16 〜 18	8
18 〜 20	5
20 〜 22	9
22 〜 24	4
計	40

〔問8〕　次の □ の中の「**う**」「**え**」「**お**」に当てはまる数字をそれぞれ答えよ。

右の**図1**で，$\ell /\!/ m$ のとき，x で示した角の大きさは，**うえお** 度である。

図1

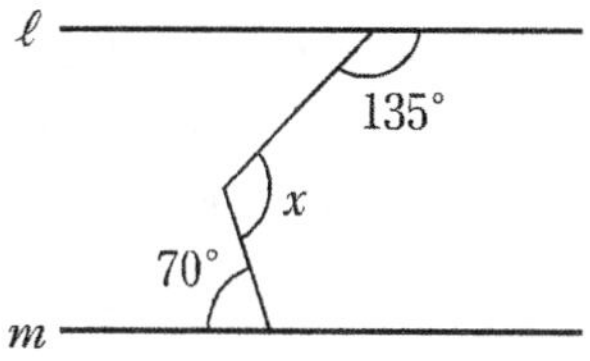

〔問9〕　右の**図2**のように，円Oの周上に点P，円Oの内部に点Qがある。

点Pが点Qに重なるように1回だけ折るとき，折り目と重なる直線 ℓ を，定規とコンパスを用いて作図し，直線 ℓ を示す文字 ℓ も書け。

ただし，作図に用いた線は消さないでおくこと。

図2

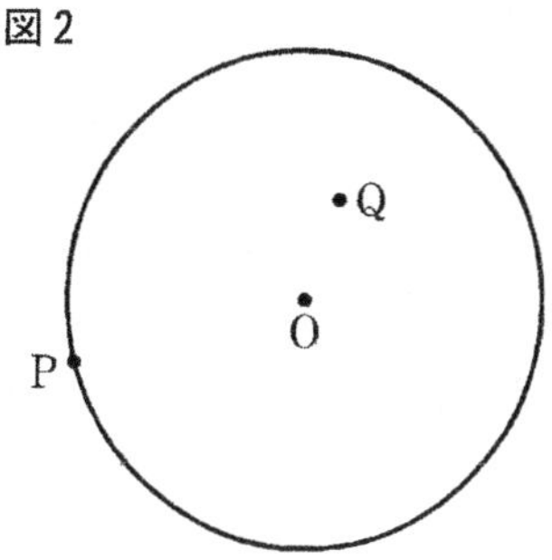

2　ある中学校で，Sさんが作った問題をみんなで考えた。
次の各問に答えよ。

［Sさんが作った問題］

a，b，h を正の数とする。

右の**図1**に示した立体ABCDEF－GHIJKL は，底面が1辺 a cmの正六角形，高さが h cm，6つの側面が全て合同な長方形の正六角柱である。

正六角形ABCDEFにおいて，対角線ADと対角線CFの交点をM，点Mから辺ABに垂線を引き，辺ABとの交点をNとし，線分MNの長さを b cmとする。

立体ABCDEF－GHIJKL の表面積をP cm^2 とするとき，Pを a，b，h を用いて表してみよう。

図1

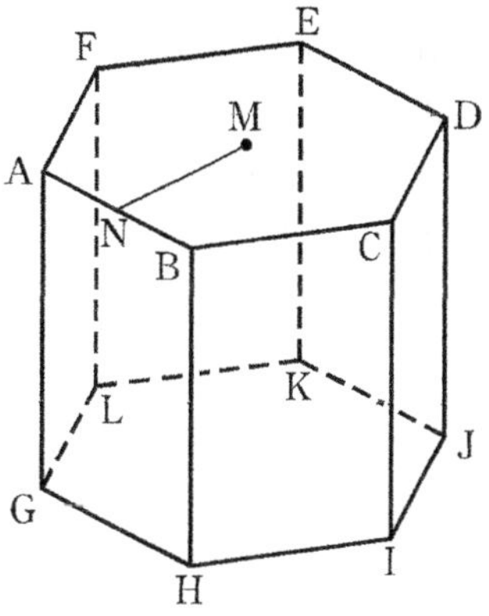

Tさんは，［Sさんが作った問題］の答えを次の形の式で表した。Tさんの答えは正しかった。

〈Tさんの答え〉　P＝6a(□)

〔問1〕　〈Tさんの答え〉の □ に当てはまる式を，次の**ア**～**エ**のうちから選び，記号で答えよ。

ア　$\frac{1}{2}b + h$

イ　$b + h$

ウ　$b + 2h$

エ　$2b + h$

先生は，［Ｓさんが作った問題］をもとにして，次の問題を作った。

［先生が作った問題］

h，ℓ，r を正の数とする。

右の**図２**に示した立体は，底面が半径 r cmの円，高さが h cmの円柱であり，２つの底面の中心Ｏ，Ｏ′を結んでできる線分は，２つの底面に垂直である。

この立体について，底面の円周を ℓ cm，表面積をＱ cm^2 とするとき，$\text{Q} = \ell(h + r)$ となることを確かめなさい。

図２

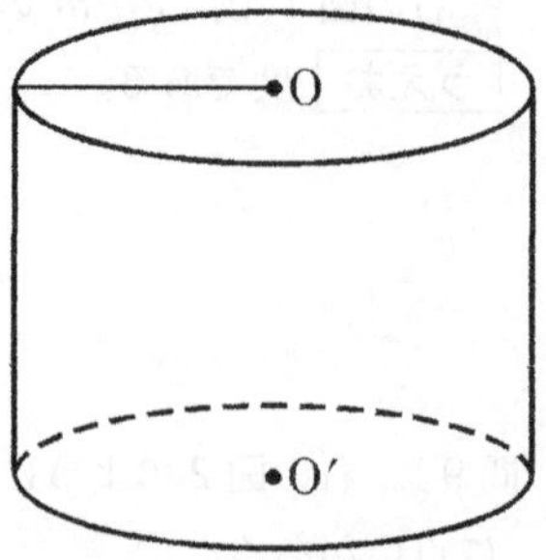

〔問２〕［先生が作った問題］で，ℓ を r を用いて表し，$\text{Q} = \ell(h + r)$ となることを証明せよ。ただし，円周率は π とする。

3　右の**図１**で，点Ｏは原点，曲線 ℓ は関数 $y = \frac{1}{2}x^2$ のグラフを表している。

点Ａ，点Ｂはともに曲線 ℓ 上にあり，x 座標はそれぞれ－４，６である。

曲線 ℓ 上にある点をＰとする。

次の各問に答えよ。

〔問１〕点Ｐの x 座標を a，y 座標を b とする。

a のとる値の範囲が $-4 \leqq a \leqq 6$ のとき，b のとる値の範囲を，次の**ア**～**エ**のうちから選び，記号で答えよ。

ア　$-8 \leqq b \leqq 18$　　**イ**　$0 \leqq b \leqq 8$

ウ　$0 \leqq b \leqq 18$　　**エ**　$8 \leqq b \leqq 18$

図１

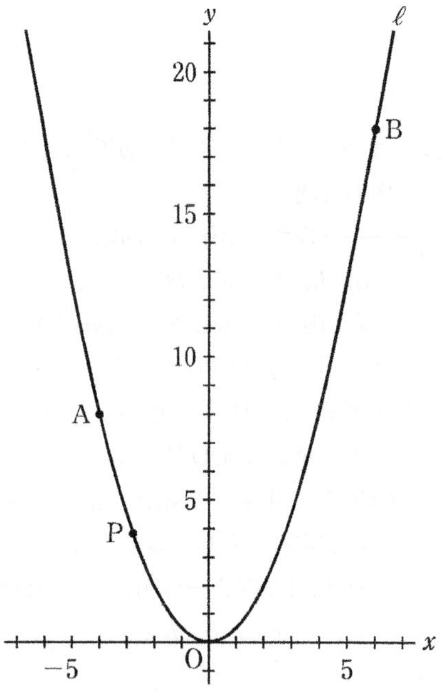

〔問２〕次のページの**図２**は，**図１**において，点Ｐの x 座標が－４より大きく６より小さい数のとき，点Ａと点Ｂを結び，線分AB上にあり x 座標が点Ｐの x 座標と等しい点をＱとし，点Ｐと点Ｑを結び，線分PQの中点をＭとした場合を表している。

次の①，②に答えよ。

①　点Ｐが y 軸上にあるとき，２点Ｂ，Ｍを通る直線の式を，次の**ア**～**エ**のうちから選び，記号で答えよ。

ア　$y = 2x + 6$　　**イ**　$y = \frac{1}{2}x + 6$　　**ウ**　$y = 3x$　　**エ**　$y = 2x$

② 直線ＢＭが原点を通るとき，点Ｐの座標を求めよ。

図２

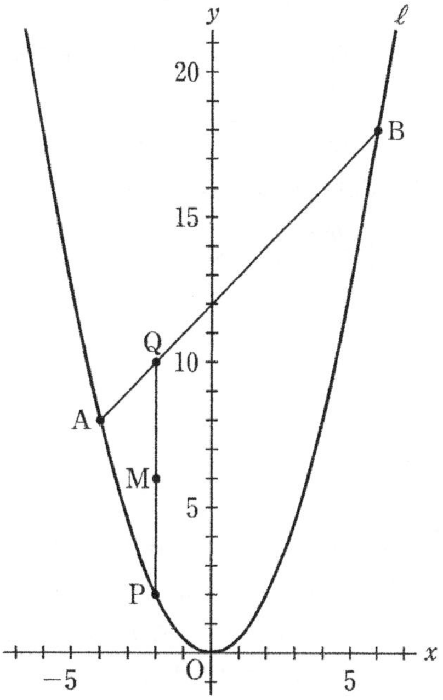

4 右の**図１**で，点Ｏは線分ABを直径とする円の中心である。

点Ｃは円Ｏの周上にある点で，$\overset{\frown}{AC}=\overset{\frown}{BC}$ である。

点Ｐは，点Ｃを含まない$\overset{\frown}{AB}$上にある点で，点A，点Ｂのいずれにも一致しない。

点Aと点C，点Ｃと点Ｐをそれぞれ結び，線分ABと線分CPとの交点をＱとする。

次の各問に答えよ。

図１

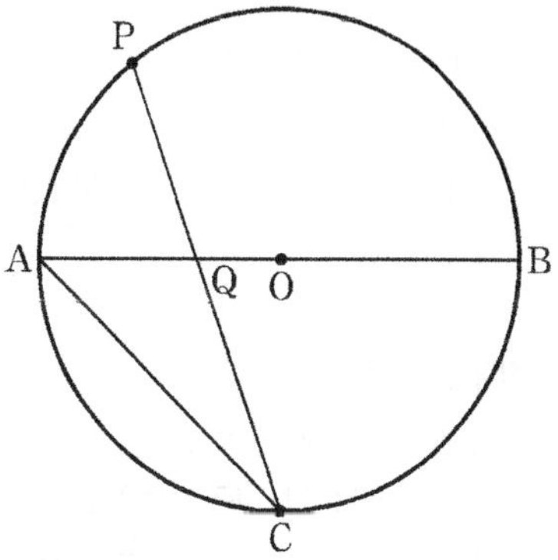

〔問１〕 **図１**において，∠ACP＝a° とするとき，∠AQPの大きさを表す式を，次の**ア**～**エ**のうちから選び，記号で答えよ。

ア $(60-a)$度　　**イ** $(90-a)$度　　**ウ** $(a+30)$度　　**エ** $(a+45)$度

〔問２〕 次のページの**図２**は，**図１**において，点Aと点P，点Ｂと点Ｐをそれぞれ結び，線分BPをＰの方向に延ばした直線上にあり BP＝RP となる点をＲとし，点Aと点Ｒを結んだ場合を表している。

次の①，②に答えよ。

① △ABP≡△ARP であることを証明せよ。

② 次の □ の中の「**か**」「**き**」に当てはまる数字をそれぞれ答えよ。

図2において，点Oと点Pを結んだ場合を考える。

$\overset{\frown}{BC}=2\overset{\frown}{BP}$ のとき，

△ACQの面積は，四角形AOPRの面積の

$\dfrac{\boxed{\text{か}}}{\boxed{\text{き}}}$倍である。

図2

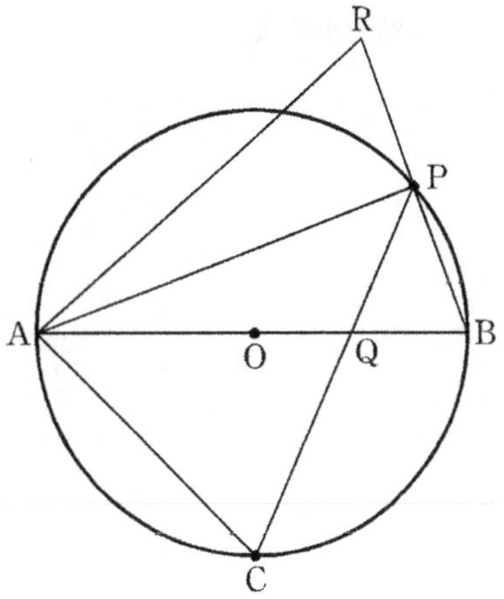

5 右の**図1**に示した立体ABC－DEFは，

AB＝AC＝AD＝9㎝，

∠BAC＝∠BAD＝∠CAD＝90° の三角柱である。

辺EFの中点をMとする。

頂点Cと点Mを結び，線分CM上にある点をPとする。

頂点Bと点P，頂点Dと点Pをそれぞれ結ぶ。

次の各問に答えよ。

〔問1〕 次の □ の中の「**く**」「**け**」に当てはまる数字をそれぞれ答えよ。

図1において，点Pが頂点Cに一致するとき，

∠BPDの大きさは，$\boxed{\text{くけ}}$ 度である。

図1

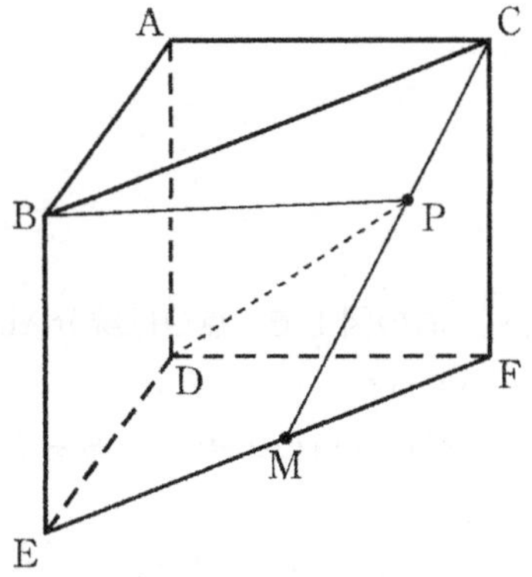

〔問2〕 次の □ の中の「**こ**」「**さ**」に当てはまる数字をそれぞれ答えよ。

右の**図2**は，**図1**において，頂点Aと点P，頂点Bと頂点Dをそれぞれ結んだ場合を表している。

CP：PM＝2：1 のとき，

立体P－ABD の体積は，$\boxed{\text{こさ}}$ cm^3である。

図2

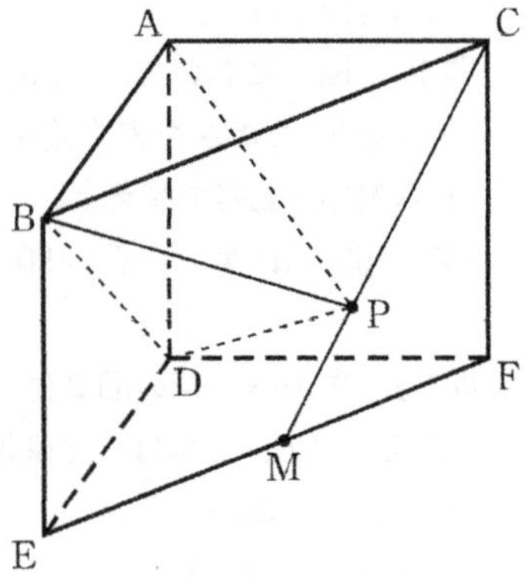

＜英語＞

時間　50分　　満点　100点

1　リスニングテスト（**放送**による**指示**に従って答えなさい。）

〔**問題A**〕　次の**ア**～**エ**の中から適するものをそれぞれ**一つずつ**選びなさい。

＜対話文１＞

ア　A blue train.
イ　A red train.
ウ　A green train.
エ　An orange train.

＜対話文２＞

ア　She is going to go to the library.
イ　She is going to buy some food.
ウ　She is going to make sushi with her father.
エ　She is going to make a birthday cake for her sister.

＜対話文３＞

ア　It says that it will be cold.
イ　It says that it will be snowy.
ウ　It says that it will be cloudy.
エ　It says that it will be rainy.

〔**問題B**〕　＜ Question 1 ＞では，下の**ア**～**エ**の中から適するものを**一つ**選びなさい。
＜ Question 2 ＞では，質問に対する答えを英語で書きなさい。

＜ Question 1 ＞

ア　For about one thousand years.
イ　For about fifteen years.
ウ　For about four years.
エ　For about two years.

＜ Question 2 ＞

（15秒程度，答えを書く時間があります。）

2　次の各問に答えよ。（＊印の付いている単語・語句には，本文のあとに〔**注**〕がある。）

1　日本に留学しているCathyと，Cathyを訪ねてきた妹のMaryは，夏休み中のある土曜日の予定について話をしている。(A) 及び (B) の中に，それぞれ入る単語・語句の組み合わせとして正しいものは，次のページの**ア**～**エ**のうちではどれか。ただし，次のページのⅠ-1，Ⅰ-2は，それぞれ，二人が見ているサクラ公園の料金表と開園時間の表である。

Cathy:　Let's go to Sakura Park this Saturday.
Mary:　That sounds nice.　There is a swimming pool there. I want to swim.
Cathy:　Yes, let's.　Mary, there is a Japanese garden in the park, too.　I want

to enjoy seeing it with you.

Mary: Sounds interesting! I'd like to do both. How much will that cost us?

Cathy: I am a university student. You are a high school student. It will cost (A) for both of us.

Mary: Then, we can see the Japanese garden and use the swimming pool.

Cathy: Yes.

Mary: OK. Let's check what time the park closes.

Cathy: It closes at (B) in August.

〔注〕 price list 料金表 adult 大人

ア (A) 2,800 yen (B) five イ (A) 2,100 yen (B) five

ウ (A) 1,400 yen (B) six エ (A) 2,800 yen (B) six

I−1

*Price List

	To Enter the Japanese Garden	To Use the Swimming Pool
*Adults	400 yen	1,000 yen
Children (elementary school and junior high school students)	200 yen	500 yen

I−2

Open Hours

March 1 ~ July 19	9 : 30 a.m. ~ 5 : 00 p.m.
July 20 ~ September 10	9 : 30 a.m. ~ 6 : 00 p.m.
September 11 ~ October 31	9 : 30 a.m. ~ 5 : 00 p.m.
November 1 ~ February 28(29)	9 : 30 a.m. ~ 4 : 30 p.m.

2 CathyとMaryは，夏休み中のある土曜日にサクラ公園の近くの駅に到着し，サクラ公園の案内図を見ながら話をしている。(A) 及び (B) の中に，それぞれ入る単語・語句の組み合わせとして正しいものは，次のページのア～エのうちではどれか。ただし，右のⅡは，二人が見ているサクラ公園の案内図である。

Mary: This is Keyaki Station. We should go through *Gate No.1. We can enjoy (A) first.

Cathy: OK. After that, we'll go to Area C.

Mary: I see.

Cathy: And let's go shopping on our way home, Mary.

Ⅱ

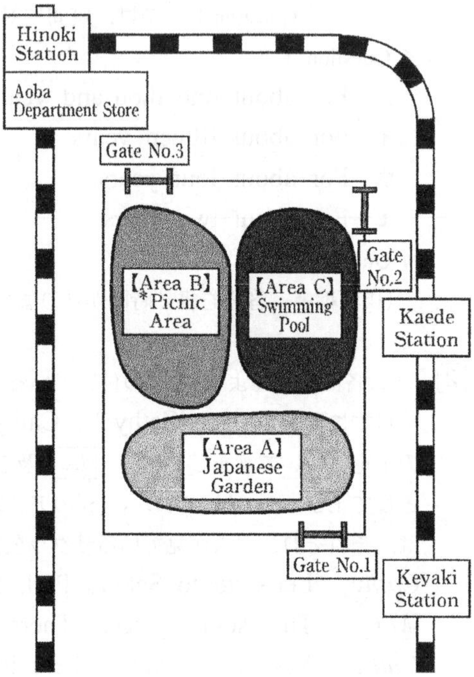

Mary: The department store is far from Keyaki Station.
Cathy: Don't worry. We can go back home from Hinoki Station.
Mary: Yes. That station is the closest to the department store.
Cathy: Right. We will go out through [(B)].
Mary: I want to walk through Area B before that.
Cathy: OK. Let's go.

〔注〕 gate 門　picnic ピクニック

ア (A) seeing a Japanese garden　(B) Gate No.2
イ (A) swimming　(B) Gate No.1
ウ (A) seeing a Japanese garden　(B) Gate No.3
エ (A) swimming　(B) Gate No.3

3 次の文章は，Cathy が，帰国した Mary に送ったＥメールの内容である。

Hi, Mary,

I was happy that you visited me. I had a good time with you. I hope you enjoyed your stay. I enjoyed swimming and seeing a Japanese garden with you. I *was impressed by the Japanese garden. It was my first experience of seeing one. It was very beautiful. Did you enjoy it? And I was glad that you looked happy when we were swimming in the pool.

As you know, even before coming to Japan, I liked Japanese *literature. I wanted to study it in Japan. In Japan, some of my Japanese friends sometimes help me when I study it. We often go to the library to study Japanese literature together. After that, we talk about many things. They tell me about Japan, and I tell them about my country. I'm really happy to be able to study Japanese literature and to learn many new things in Japan. I have a dream now. It is to become a *scholar of Japanese literature. I will keep studying it.

I hope I can travel all around Japan with you when you come here again. In Japan, there are many beautiful places. I want to show them to you next time.

Yours,
Cathy

〔注〕 be impressed by ～　～に感銘を受ける　literature 文学　scholar 学者

(1) このＥメールの内容と合っているのは，次のページのうちではどれか。

ア Cathy wants Mary to come to Japan again to meet her friends and study Japanese literature together.

イ Cathy will keep studying Japanese literature, and she wants to be a scholar of Japanese literature in the future.

ウ Cathy thinks she has to study Japanese more because she can't tell her friends about her country in Japanese at all when they go to the library.

エ Cathy is glad that she traveled all around Japan to see beautiful Japanese gardens with Mary and happy that they enjoyed seeing them together.

(2) Mary は Cathy に返事のＥメールを送ることにしました。あなたが Mary だとしたら，Cathy にどのような返事のＥメールを送りますか。次の＜条件＞に合うように，下の □ の中に，三つの英語の文を書きなさい。

＜条件＞

○前後の文につながるように書き，全体としてまとまりのある返事のＥメールとすること。

○ Cathy に伝えたい内容を一つ取り上げ，それを取り上げた理由などを含めること。

Hello, Cathy,

Thank you for your e-mail. I enjoyed reading it. I enjoyed seeing the Japanese garden, too. Thank you for taking me to interesting places.

I am sure that you are enjoying studying Japanese literature. There is one thing I'm enjoying studying, too. I will tell you about it.

I want to tell you more about it when we meet again.

I'm also looking forward to traveling all around Japan with you.

Thanks,
Mary

3　次の対話の文章を読んで，あとの各問に答えよ。（＊印の付いている単語・語句には，本文のあとに〔注〕がある。）

Akira, Daiki, and Chika are high school students in Tokyo. Bella is a high school student from the United States. They are talking in their classroom after school.

Akira: I'm interested in a *science fiction movie which started last week. Shall we go to see it?

Bella: OK.

Akira: I hear that, in the movie, there are amazing machines, like flying cars.

Daiki: Sounds interesting. People can't make them now.

Chika: Will they make them in the future?

Bella: (1) I'm sure they will.

Daiki: Why do you think so?

Bella: Think about *smartphones. When our parents were children, they didn't think people would be able to make such things in the near future. But people use them in their daily lives now.

Akira: I agree, Bella. There are many new things now. Some people are making new robots. On TV, I saw a robot that played shogi. It played shogi very well.

Bella: The robot has AI in it.

Chika: AI? I have heard of that before, but I don't know much about it.

Akira: It means *artificial intelligence. AI is good at finding something in a very large *amount of information. AI has great *potential.

Bella: A *self-driving car is an example. If people use them, they won't have to drive themselves at all to get to some places.

Daiki: Will AI make our lives better?

Bella: (2) I think so. We will use AI in many things. It's getting better and better.

Chika: Wait. I heard that AI machines would *take the place of people in some jobs in the future. I am worried AI will change our lives *dramatically.

Daiki: (3) I understand your feelings. We don't know how AI will change our lives. No one knows what the future will be.

Bella: There are things AI can do and things AI can't do. It is necessary for us to understand that.

Akira: (4) That's right. We should use AI in the right way to make our lives more *convenient. I want to study AI, and I want to be an engineer who will be able to help people in the future.

Bella: That's a good idea, Akira.

Chika: Now I am interested in AI. I want to know more about it.
Akira: I'm glad to hear that. We will make our own futures, not AI.
Chika: I understand. It is fun to talk about our futures.
Daiki: How about talking about them again after watching the movie?
Chika: (5) That's a good idea.
Bella: Let's enjoy seeing a future world in the movie.

〔注〕 science fiction movie　ＳＦ映画　smartphone　スマートフォン
artificial intelligence　人工知能　amount　量　potential　可能性
self-driving　自動運転の　take the place of ～　～に取って代わる
dramatically　劇的に　convenient　便利な

〔問１〕 (1) I'm sure they will. の内容を，次のように書き表すとすれば，□ の中に，下のどれを入れるのがよいか。

Bella is sure that □.

ア people will make a science fiction movie in the future
イ people will make amazing machines in the future
ウ people will make a shogi robot in the future
エ people will make smartphones in the future

〔問２〕 (2) I think so. の内容を最もよく表しているのは，次のうちではどれか。

ア Bella thinks AI machines will take the place of people in some jobs.
イ Bella thinks AI in the movie will be interesting.
ウ Bella thinks AI will make our lives better.
エ Bella thinks AI will get better and better.

〔問３〕 (3) I understand your feelings. とあるが，このようにDaikiが言った理由を，次のように語句を補って書き表すとすれば，□ の中に，下のどれを入れるのがよいか。

I understand your feelings because □.

ア it will be important for us to use AI in the right way
イ we don't know how AI will change our lives
ウ AI knows what the future will be
エ there are many new things now

〔問４〕 (4) That's right. の内容を，次のように書き表すとすれば，□ の中に，下のどれを入れるのがよいか。

It is necessary for us to understand that □.

ア AI has great potential
イ AI should help people in the future
ウ AI will make our lives more convenient
エ AI can do some things and can't do other things

〔問５〕 (5) That's a good idea. の内容を，次のように書き表すとすれば，□ の中に，あとのどれを入れるのがよいか。

□ is a good idea.

ア　Talking about our futures after watching the movie
イ　Enjoying seeing a future world in the movie
ウ　Talking with people who are interested in AI
エ　Knowing more about AI

〔問 6〕 次の英語の文を，本文の内容と合うように完成するには，□ の中に，下のどれを入れるのがよいか。

If people use self-driving cars, they will be able to get to some places □ driving themselves.

ア　by　　イ　after　　ウ　before　　エ　without

〔問 7〕 次の文章は，Akira たちと話した日に，Bella が友人に送った E メールの一部である。(A) 及び (B) の中に，それぞれ入る単語・語句の組み合わせとして正しいものは，下のア～エのうちではどれか。

> Today I talked with friends after school. Akira talked about some amazing machines, like flying cars, in a movie. Then we talked about [(A)]. Do you know about AI? AI is good at finding something in a large amount of information. A shogi robot is an example of using AI. People will use AI in many things. At first, [(B)] was worried that AI would change our lives dramatically. Akira told us his dream. He wants to study AI and to be an engineer. It is important to remember that we will make [(A)], not AI. After talking with us about AI, [(B)] said, "Now I am interested in AI."
>
> When I see you next time, I want to talk with you about AI.

ア　(A) our own futures　(B) Chika　　イ　(A) movies　(B) Daiki
ウ　(A) movies　(B) Chika　　エ　(A) our own futures　(B) Daiki

4　次の文章を読んで，あとの各問に答えよ。（＊印の付いている単語・語句には，本文のあとに〔注〕がある。）

Junko is a high school student in Tokyo. She likes English and wants to be an English-speaking travel guide in the future. In April, Lucy, an English-speaking student from Canada, joined her class. Junko was happy about that. Soon they became good friends. One day, Junko said to Lucy, "Shall we go to some popular places in Tokyo next Sunday with Yasuko, a friend of mine?" Lucy *happily agreed. Junko got information about Asakusa and some other places, learned useful English words, and made a *schedule. She wanted to be a good guide for Lucy.

The next Sunday, in the morning, Junko visited Asakusa with Lucy and Yasuko. She took them from one place to another and explained things to Lucy at each place, such as its history. Lucy was happy about that. That made Junko happy, too.

In the afternoon, the three girls left Asakusa. On the way to the next place, Lucy saw some young people from abroad in front of them. She was interested in the pieces of *miniature food that were *attached to their bags. Then Lucy went to speak to them. She said, "Hello. Those are very cute." One of them said, "We bought these at a food *replica shop over there." Yasuko said, "Junko and Lucy, how about going there?" Lucy agreed, but Junko said to Yasuko, "I have a schedule to visit other places. Visiting the shop is not on my schedule." Yasuko said, "Junko, let's go to the shop. I think Lucy will enjoy visiting it." Junko *reluctantly agreed.

The three girls went into the food replica shop. Lucy was surprised to see so many pieces of different miniature food. Then she found *full-sized food replicas. She said, "Oh, these ones look *real!" Yasuko said, "Look! The *poster says we can make our own food replicas." Lucy was surprised again. Then a clerk said, "I'm sorry you can't do that today. You need a *reservation. Making food replicas is very popular among visitors from abroad." Lucy said, "I'm a little *disappointed that I can't make one now, but I'm very happy that I came here. Thank you, Yasuko." Junko had *mixed feelings. She thought, "I didn't put that shop on my schedule. I wanted to make a very good schedule, but I didn't."

After Junko got home, she told her older brother, Kazuo, about the visit. He said, "You didn't want to go to that shop at first, but you did. Why?" "I hoped Lucy would enjoy the visit to the shop," she answered. He said, "Schedules are important, but it is also important to be *flexible. You don't have to follow a schedule all the time."

The next day, at school, Junko said to Yasuko, "I want to make a reservation to make food replicas at the shop with Lucy." Yasuko happily agreed. Next, Junko told Lucy about the reservation. Lucy said she was happy. Junko asked her, "Is there anything you want to do after doing that?" Lucy answered, "I want to eat some real food." After Junko got home, she made a reservation for making food replicas.

One Sunday in the next month, Junko took Lucy to the food replica shop with Yasuko. They enjoyed making some food replicas there. Lucy was happy, and that made Junko happy. In the shop, Lucy found food replicas of *takoyaki*, octopus dumplings, and said that she wanted to try eating real *takoyaki*. Junko asked her and Yasuko, "Shall we try real ones?" They happily agreed. Yasuko said to Junko, "You have a schedule, right?" Junko said, "Yes, but that is OK." Junko's schedule was for eating *kara-age*, deep-fried chicken, but she thought following Lucy's *interest was more important. Near a temple, they enjoyed *takoyaki*. Yasuko said, "Junko, you are a perfect guide. You happily followed Lucy's interest and made her happy." Junko was happy and realized that being flexible was as important as making a schedule.

〔注〕 happily　喜んで　　schedule　計画　　miniature　小型模型　　attached to ～　～に付けられた
replica　複製　　reluctantly　渋々と　　full-sized　原寸大の　　real　本物の
poster　ポスター　　reservation　予約　　disappointed　がっかりした　　mixed　複雑な
flexible　柔軟な　　interest　興味

〔問1〕 Junko was happy about that. の内容を，次のように書き表すとすれば，□の中に，下のどれを入れるのがよいか。

Junko was happy because □.

ア　Lucy became a good friend of hers after she came to her class
イ　Lucy happily agreed to visit some places with Yasuko
ウ　she had a new classmate who spoke English
エ　she became a high school student in April

〔問2〕 次のア～エの文を，本文の内容の流れに沿って並べ，記号で答えよ。

ア　Junko had mixed feelings about the visit to the food replica shop.
イ　Before visiting Asakusa, Junko learned useful English words and made a schedule for the visit.
ウ　Junko was happy that Lucy enjoyed making food replicas at the shop.
エ　Lucy saw people who had miniature food attached to their bags and learned where she could buy some.

〔問3〕 次の(1)～(3)の文を，本文の内容と合うように完成するには，□の中に，それぞれ下のどれを入れるのがよいか。

(1) When Junko visited Asakusa with Lucy and Yasuko in the morning, □.
ア　Lucy was happy that Junko explained things like the history of each place
イ　Lucy was surprised to learn that Yasuko was a good friend of Junko's
ウ　Lucy was happy because Junko bought food replicas for her
エ　Lucy saw some people from other countries in front of her

(2) Lucy was a little disappointed at the food replica shop because □.
ア　visiting the shop was not on Junko's schedule
イ　Junko and Yasuko did not agree about going to the shop
ウ　she wanted Junko to go to the shop, but Junko didn't do that
エ　she was not able to make a food replica without a reservation

(3) When Lucy agreed about trying eating real *takoyaki* after visiting the food replica shop for the second time, □.
ア　Junko thought it was more important for her to follow Lucy's interest than her own schedule

イ　Junko learned that it was popular to make real ones among visitors from abroad

ウ　Junko called a shop selling it to make a reservation to try it there

エ　Junko was happy because trying it there was on her schedule

〔問４〕　次の(1)，(2)の質問の答えとして適切なものは，それぞれ下のうちではどれか。

(1)　What did Junko's brother say about a schedule?

ア　He said that making a schedule was more important than being flexible.

イ　He said that Lucy had to put the food replica shop on a new schedule.

ウ　He said that she didn't have to follow a schedule all the time.

エ　He said that she had to make a new schedule with Yasuko.

(2)　What did Junko realize after she visited the food replica shop for the second time?

ア　She realized that a perfect guide had to have more interest in real food than food replicas.

イ　She realized that both being flexible and making a schedule were important.

ウ　She realized that many of the food replicas sold at the shop looked real.

エ　She realized that getting information about history was very important.

＜理科＞

時間　50分　　満点　100点

1　次の各問に答えよ。

〔問１〕　ヒキガエルの体をつくる細胞の染色体の数は22本である。図１は，ヒキガエルの受精卵が細胞分裂をする様子を観察したスケッチである。細胞が４個になったときの胚の細胞１個にある染色体の数として適切なのは，次のうちではどれか。

図１

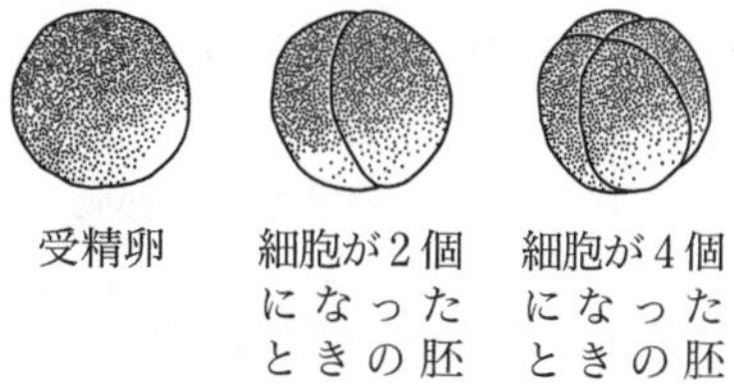

ア　11本　　**イ**　22本　　**ウ**　44本　　**エ**　88本

〔問２〕　ある地点で投影板を取り付けた天体望遠鏡を使い太陽を観察しスケッチしたところ，黒点は図２のようであった。同じ地点で同様に太陽を観察しスケッチしたところ，図２で観察した黒点が，３日後には図３のように移動し，６日後には図４のように移動していた。観察から分かる太陽の運動と，太陽のように自ら光を放つ天体の名称を組み合わせたものとして適切なのは，次の表の**ア**～**エ**のうちではどれか。

	観察から分かる太陽の運動	太陽のように自ら光を放つ天体の名称
ア	自転	恒星
イ	公転	恒星
ウ	自転	惑星
エ	公転	惑星

図２　　図３　　図４

〔問３〕　図５のように，電球，焦点距離が10㎝の凸レンズ，スクリーンを，光学台に一直線上に置いた。電球と凸レンズの間の距離が15㎝，凸レンズとスクリーンの間の距離が30㎝になるように固定したとき，スクリーンにはっきりと像が映った。

　スクリーンに映った像を電球の実物と比べたとき，像の見え方と，像の大きさを組み合わせたものとして適切なのは，次の表の**ア**～**エ**のうちではどれか。

	像の見え方	像の大きさ
ア	上下同じ向き	実物より小さい。
イ	上下同じ向き	実物より大きい。
ウ	上下逆向き	実物より小さい。
エ	上下逆向き	実物より大きい。

図５

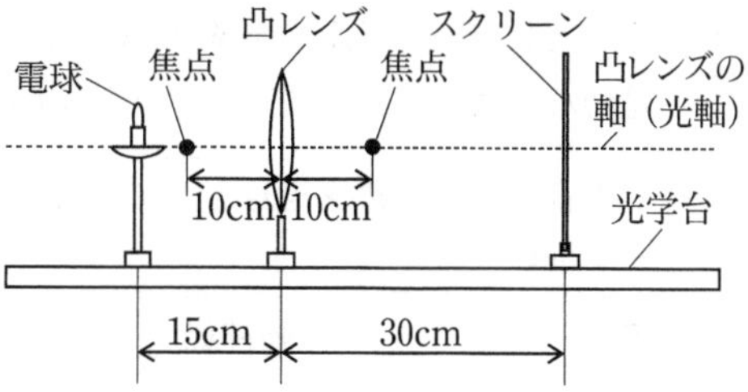

〔問４〕　表１は，水100ｇにミョウバンを溶かして飽和水溶液にしたときの溶けたミョウバンの質量を示したものである。60℃の水100ｇにミョウバン50ｇを溶かした。この水溶液を冷やしていくと，溶けていたミョウバンが結晶として出てきた。水溶液

表１

水の温度〔℃〕	ミョウバンの質量〔g〕
20	11.4
60	57.4

の温度が20℃になったとき，出てくる結晶の質量として適切なのは，次のうちではどれか。

ア 11.4g　**イ** 38.6g　**ウ** 46.0g　**エ** 50.0g

〔問５〕 水平な台の上で一直線上を運動している力学台車の運動を，１秒間に50回打点する記録タイマーを用いて記録したところ，図６のようになった。図６の記録テープに位置Ａと位置Ｂを付け，位置Ａから位置Ｂまでの間隔を測定したところ５㎝であった。記録した位置Ａから位置Ｂまでの力学台車の運動と，平均の速さを組み合わせたものとして適切なのは，次の表の**ア**～**エ**のうちではどれか。

	力学台車の運動	平均の速さ〔m/s〕
ア	速さが一定の割合で増える直線運動	5
イ	速さが一定の直線運動	5
ウ	速さが一定の割合で増える直線運動	0.5
エ	速さが一定の直線運動	0.5

図６

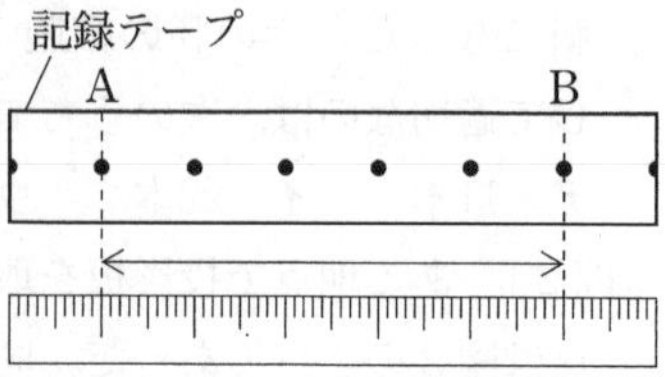

〔問６〕 炭酸水素ナトリウムを加熱する実験を安全に行うための装置の組み立て方を次のＡ，Ｂから一つ，加熱したときにスタンドに固定した試験管内に発生する液体が水であることを調べるために使う指示薬を次のＣ，Ｄから一つ，それぞれ選び，組み合わせたものとして適切なのは，下の**ア**～**エ**のうちではどれか。

Ａ

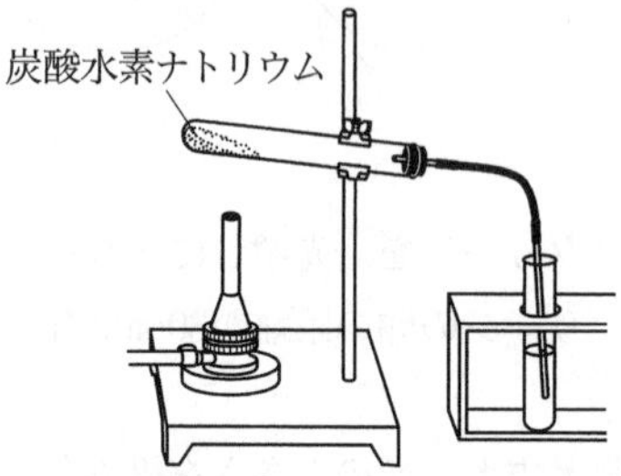

Ｂ

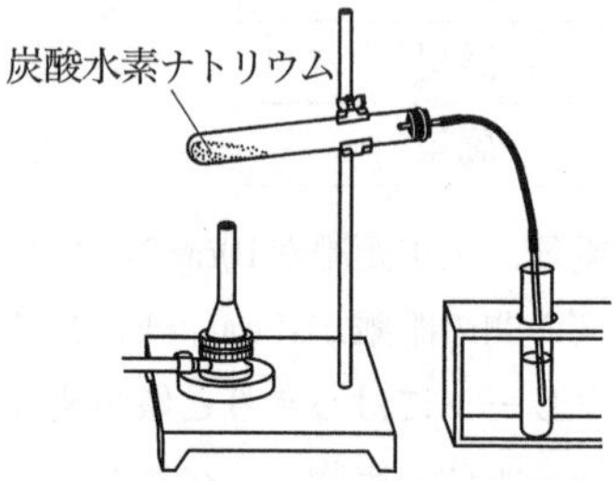

Ｃ　塩化コバルト紙

Ｄ　リトマス紙

ア Ａ，Ｃ　**イ** Ａ，Ｄ　**ウ** Ｂ，Ｃ　**エ** Ｂ，Ｄ

〔問７〕 音の振動は，鼓膜でとらえられ，信号として神経を通って，脳に伝わる。音などの刺激を信号として脳に伝える神経の名称と，脳や脊髄からなる神経の名称を組み合わせたものとして適切なのは，次の表の**ア**～**エ**のうちではどれか。

	音などの刺激を信号として脳に伝える神経の名称	脳や脊髄からなる神経の名称
ア	運動神経	中枢神経
イ	運動神経	末梢神経
ウ	感覚神経	中枢神経
エ	感覚神経	末梢神経

[2] 生徒が，登山の際に気付いたことについて，科学的に探究しようと考え，自由研究に取り組んだ。生徒が書いたレポートの一部を読み，次の各問に答えよ。

＜レポート１＞　仕事の大きさと仕事率について

ケーブルカーで山頂の駅まで移動し休憩所に着いた。休憩所の管理人から，ケーブルカーの開通以前は，飲み物などの荷物を人が背負って徒歩で運んでいたことを聞いた。そこで，ケーブルカーを利用して荷物を運ぶ場合と徒歩で荷物を運ぶ場合の仕事の大きさと仕事率について調べることにした。

麓の駅から山頂の駅までの区間では，標高差が450mある。この区間の所要時間は，ケーブルカーを利用すると５分であり，徒歩で登ると50分であることが分かった。

〔問１〕 **＜レポート１＞**から，質量５kgの荷物を麓の駅から山頂の駅まで運ぶとき，ケーブルカーを利用したときと徒歩のときの，仕事の大きさの関係について述べたものと，仕事率の関係について述べたものを組み合わせたものとして適切なのは，次の表の**ア**～**エ**のうちではどれか。

	仕事の大きさの関係	仕事率の関係
ア	ケーブルカーを利用した方が10倍大きい。	等しい。
イ	ケーブルカーを利用した方が10倍大きい。	ケーブルカーを利用した方が10倍大きい。
ウ	等しい。	等しい。
エ	等しい。	ケーブルカーを利用した方が10倍大きい。

＜レポート２＞　雲のでき方について

山頂に着いたとき，山頂よりも低い位置に雲が広がって見えた。そこで，雲のでき方について調べることにした。

雲のでき方について調べたところ，以下のことが分かった。

① 空気のかたまりが上昇すると，気圧や温度が変化する。
② 空気の温度が変化することにより，空気に含みきれなくなった水蒸気は水滴になり，雲ができる。
③ 雲ができる高さは，空気のかたまりに含まれる水蒸気量や上空の温度によって異なる。

〔問２〕 **＜レポート２＞**から，山の麓にある水蒸気を含む空気のかたまりが，山の斜面に沿って上昇したときの雲のでき方について述べたものとして適切なのは，次のうちではどれか。

ア 空気のかたまりは，上昇するほど周囲の気圧が低くなるため，膨張して温度が露点より上がり，雲ができる。

イ 空気のかたまりは，上昇するほど周囲の気圧が低くなるため，膨張して温度が露点より下がり，雲ができる。

ウ 空気のかたまりは，上昇するほど周囲の気圧が高くなるため，収縮して温度が露点より上がり，雲ができる。

エ 空気のかたまりは，上昇するほど周囲の気圧が高くなるため，収縮して温度が露点より下がり，雲ができる。

＜レポート３＞　加熱式容器に利用されている加熱の仕組みについて

加熱式容器に入れた弁当を持って山に登った。この容器は，容器に付いているひもを引くと，火を使わずに弁当が温まるものである。そこで，加熱式容器に利用されている加熱の仕組みについて調べることにした。

加熱式容器の底は二重構造であり，底には酸化カルシウムと水が別々の袋に入っていた。容器から出ているひもを引くと酸化カルシウムと水が徐々に混ざり，化学変化が起こる。この化学変化によって，弁当が温まることが分かった。また，鉄粉と活性炭と少量の食塩水を混ぜたときの反応も，同様の熱の出入りが起こることが分かった。

〔問３〕　**＜レポート３＞**から，酸化カルシウムと水の化学変化が起こるときの熱の出入りと，鉄粉と活性炭と少量の食塩水を混ぜたときに起こる反応で，鉄が化合する物質の名称を組み合わせたものとして適切なのは，次の表の**ア**～**エ**のうちではどれか。

	酸化カルシウムと水の化学変化が起こるときの熱の出入り	鉄粉と活性炭と少量の食塩水を混ぜたときに起こる反応で，鉄が化合する物質の名称
ア	周囲に熱を放出する。	酸素
イ	周囲から熱を吸収する。	酸素
ウ	周囲に熱を放出する。	炭素
エ	周囲から熱を吸収する。	炭素

＜レポート４＞　落ち葉と微生物の働きについて

登山道の脇には倒木があり，たくさんの落ち葉が重なっていた。倒木にはキノコが，落ち葉にはカビが生えていた。そこで，倒木や落ち葉などに生えているキノコやカビの働きについて調べることにした。

キノコやカビは菌類の仲間であり，倒木や落ち葉，さらに落ち葉の下の土の中に含まれている栄養分を取り入れて生きていることが分かった。

〔問４〕　**＜レポート４＞**から，キノコやカビの特徴と，自然界における菌類の働きを組み合わせたものとして適切なのは，次の表の**ア**～**エ**のうちではどれか。

	キノコやカビの特徴	自然界における菌類の働き
ア	単細胞の生物で，分裂で殖える。	有機物を取り入れ，二酸化炭素や水などの無機物に分解する。
イ	単細胞の生物で，分裂で殖える。	無機物を取り入れ，デンプンやタンパク質などの有機物をつくり出す。
ウ	多細胞の生物で，体は菌糸でできている。	有機物を取り入れ，二酸化炭素や水などの無機物に分解する。
エ	多細胞の生物で，体は菌糸でできている。	無機物を取り入れ，デンプンやタンパク質などの有機物をつくり出す。

3　地層の観察について，次の各問に答えよ。

＜観察１＞を行ったところ，**＜結果１＞**のようになった。

＜観察１＞

水平な地表面を０ｍとして，地表面からの高さ15ｍの露頭を観察し，露頭の地層の重なり方，露頭に見られるそれぞれの地層を形成する岩石や土砂などをスケッチした。

＜結果１＞

(1)　図１は，露頭のスケッチを模式的に表し，地層の特徴を加えたものである。

図１

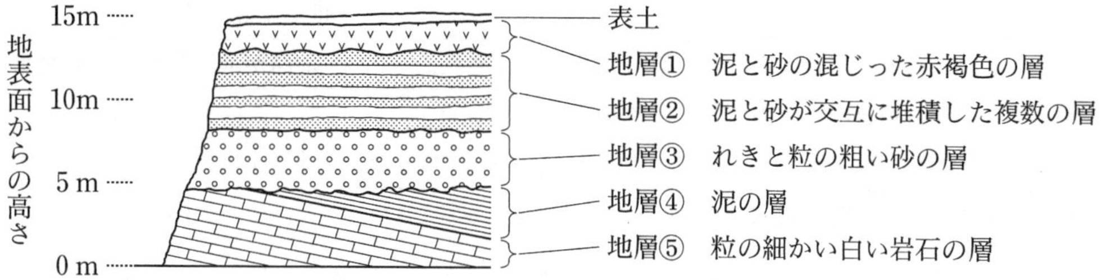

(2)　地層③は，下の方に大きな粒のれきが見られた。また，上の方の粒の粗い砂の中にカキの貝殻の化石があった。

(3)　地層④と地層⑤は水平な地表面に対して同じ傾きで傾いていた。

次に，**＜観察２＞**を行ったところ，**＜結果２＞**のようになった。

＜観察２＞

(1)　地層①，⑤の一部を採取し，試料とした。

(2)　地層①の試料を蒸発皿にとり，水を加えて指で押しつぶすようにして洗い，水を捨てた。水を入れ替えて濁らなくなるまで繰り返し洗い，乾燥させた。残った粒をペトリ皿に移し，ルーペで観察し，スケッチした。

(3)　地層⑤の試料を別のペトリ皿に入れ，薄い塩酸をかけた。

＜結果２＞

(1)　図２は，**＜観察２＞**の(2)で残った粒をスケッチしたものである。

濃い緑色で柱状の鉱物や白色で平らな面がある鉱物などが観察できた。観察した試料に含まれる無色鉱物と有色鉱物の割合は，無色鉱物の含まれる割合の方が多かった。

(2)　地層⑤の試料は泡を出しながら溶けた。

図２

次に，**＜観察３＞**を行ったところ，**＜結果３＞**のようになった。

＜観察３＞

＜観察１＞の露頭について，地層が堆積した当時の環境や年代を博物館やインターネットで調べた。

＜結果3＞

地層②からクジラの骨の化石が見つかっていたことが分かった。また，地層⑤からサンゴの化石が見つかっていたことが分かった。

〔問1〕　**＜結果2＞**の⑴から分かる地層①のでき方と，**＜結果2＞**の⑴で得られた鉱物の種類や割合を手掛かりに推定できることを組み合わせたものとして適切なのは，次の表の**ア**～**エ**のうちではどれか。

	＜結果2＞の⑴から分かる地層①のでき方	**＜結果2＞**の⑴で得られた鉱物の種類や割合を手掛かりに推定できること
ア	火口から噴き出た火山灰が，降り積もってできた。	地層が堆積した当時の地形
イ	火口から噴き出た火山灰が，降り積もってできた。	火山の形
ウ	マグマが地下の深いところでゆっくり冷えて固まってできた。	地層が堆積した当時の地形
エ	マグマが地下の深いところでゆっくり冷えて固まってできた。	火山の形

〔問2〕　**＜結果2＞**の⑵から分かる地層⑤の岩石の名称と，地層⑤の岩石のでき方を組み合わせたものとして適切なのは，次の表の**ア**～**エ**のうちではどれか。

	＜結果2＞の⑵から分かる地層⑤の岩石の名称	地層⑤の岩石のでき方
ア	チャート	軽石や火山灰が海底に堆積してできた。
イ	チャート	生物の死骸（遺骸）が海底に堆積してできた。
ウ	石灰岩	軽石や火山灰が海底に堆積してできた。
エ	石灰岩	生物の死骸（遺骸）が海底に堆積してできた。

〔問3〕　**＜結果3＞**から，地層②が堆積した地質年代（地質時代）を次のA，Bから一つ，同じ地質年代（地質時代）に生息していた生物を次のC～Fから一つ，それぞれ選び，組み合わせたものとして適切なのは，下の**ア**～**エ**のうちではどれか。

A　古生代　　　B　新生代

C　ビカリア　　D　アンモナイト　　E　サンヨウチュウ　　F　フズリナ

ア　A，D　　**イ**　A，F　　**ウ**　B，C　　**エ**　B，E

〔問4〕　**＜結果1＞**と**＜結果3＞**から分かる，地層④と地層⑤が堆積した時期に起きた大地の変化について述べたものを次のA，Bから一つ，地層②と地層③のそれぞれが堆積した環境の違いについて述べたものを次のC，Dから一つ，それぞれ選び，組み合わせたものとして適切なのは，あとの**ア**～**エ**のうちではどれか。

ただし，この地域では地層の上下の逆転はないものとする。

A　地層⑤の上に地層④が堆積した後，大きな力が働き地層⑤と地層④が重なったまま傾いた。

B　地層⑤が堆積した後，大きな力が働き地層⑤が傾き，その上に地層④が堆積した。

C　地層③が河口や海岸に近い海で堆積したのに比べ，地層②は河口や海岸から遠い海で堆積した。

D　地層③が河口や海岸から遠い海で堆積したのに比べ，地層②は河口や海岸に近い海で堆積した。

ア　A，C　　**イ**　A，D　　**ウ**　B，C　　**エ**　B，D

4　植物の体のつくりと働きを調べる実験について，次の各問に答えよ。

＜実験１＞を行ったところ，**＜結果１＞**のようになった。

＜実験１＞

(1)　図１のように，三角フラスコに赤インクで着色した水を入れ，茎を切ったツユクサを挿した。

(2)　(1)の三角フラスコを明るく風通しのよい場所に３時間置いた後，葉を図２のように，茎を図３のようにかみそりの刃で薄く切り，それぞれの断面を顕微鏡で観察した。

図１

図２

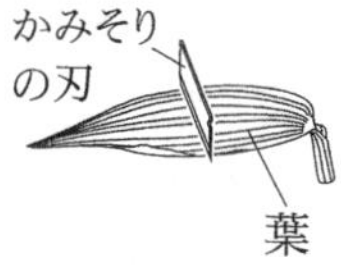

図３

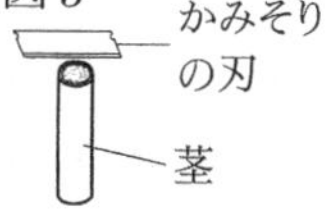

＜結果１＞

葉の断面のスケッチは図4，茎の断面のスケッチは図５のようであった。

図４

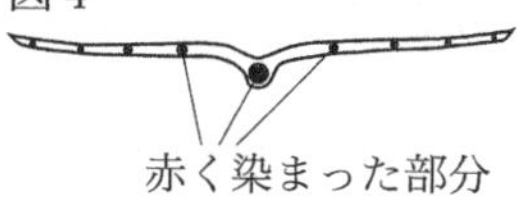

図５

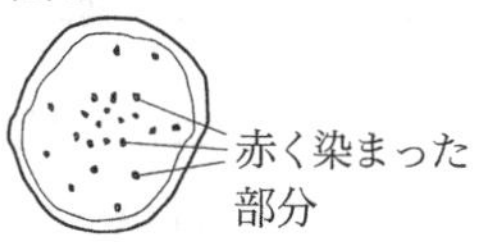

〔問１〕　**＜結果１＞**において赤く染まった部分の名称を次のP，Qから一つ，ツユクサの葉と同じ特徴をもつ植物を次のR，Sから一つ，それぞれ選び，組み合わせたものとして適切なのは，下の**ア**～**エ**のうちではどれか。

P　師管　　Q　道管　　R　タンポポ　　S　トウモロコシ

ア　P，R　　**イ**　P，S　　**ウ**　Q，R　　**エ**　Q，S

次に，**＜実験２＞**を行ったところ，**＜結果２＞**のようになった。

＜実験２＞

(1)　葉の枚数や大きさ，色，茎の太さの条件をそろえたツユクサを４本用意し，茎を切って長さをそろえた。

(2)　全ての葉について，表側にワセリンを塗ったものをツユクサA，裏側にワセリンを塗ったものをツユクサB，表側と裏側にワセリンを塗ったものをツユクサC，ワセリンを塗らなかったものをツユクサDとした。

なお，ワセリンは，水や水蒸気を通さないものとする。

(3)　４個の三角フラスコに同量の水を入れ，ツユクサAを挿したものを三角フラスコA，ツユクサBを挿したものを三角フラスコB，ツユクサCを挿したものを三角フラスコC，ツユクサDを挿したものを三角フラスコDとした。その後，図６のように三角フラスコ内の水の蒸発を防ぐため三角フラスコA～Dのそれぞれの水面に少量の油を注いだ。

図６

(4)　少量の油を注いだ三角フラスコA～Dの質量を電子てんびんで測定した後，明るく風通しのよい場所に３時間置き，再び電子てんびんでそれぞれの質量を測定し，水の減少量を調べた。

＜結果２＞

	三角フラスコA	三角フラスコB	三角フラスコC	三角フラスコD
水の減少量	1.4 g	0.9 g	0.3 g	2.0 g

〔問２〕　**＜結果２＞**から，葉の蒸散の様子について述べたものと，葉の裏側からの蒸散の量を組み合わせたものとして適切なのは，下の表の**ア**～**エ**のうちではどれか。

ただし，ワセリンを塗る前のツユクサA～Cの蒸散の量は，ツユクサDの蒸散の量と等しいものとし，また，ツユクサの蒸散の量と等しい量の水が吸い上げられるものとする。

	葉の蒸散の様子	葉の裏側からの蒸散の量
ア	蒸散は，葉の表側より裏側の方がさかんである。	1.4 g
イ	蒸散は，葉の裏側より表側の方がさかんである。	1.4 g
ウ	蒸散は，葉の表側より裏側の方がさかんである。	1.1 g
エ	蒸散は，葉の裏側より表側の方がさかんである。	1.1 g

〔問３〕　ツユクサが葉で光合成を行う際に必要な二酸化炭素は，葉や茎から取り入れられることについて確かめようと考え，**＜仮説＞**を立てた。

＜仮説＞

葉の枚数や大きさ，色，茎の太さ，長さの条件をそろえたツユクサを２本用意し，水を入れた三角フラスコに挿し，一昼夜暗室に置く。翌日，暗室から取り出した２本のツユクサを，それぞれツユクサE，ツユクサFとする。ツユクサEには，葉の表側と裏側及び茎にワセリンを塗り，ツユクサFには，ワセリンを塗らない。ツユクサEとツユクサFにそれぞれポリエチレンの袋をかぶせた後，中に息を吹き込み図７のように密封する。ツユクサEとツユクサFに光を３時間当てる。光を３時間当てたツユクサEとツユクサFの袋の中の気体を，それぞれ気体E，気体Fとする。

①　気体Eと気体Fを石灰水に通すと，石灰水の変化は表１のようになる。

②　光を３時間当てたツユクサEとツユクサFの葉を一枚ずつ取り，それぞれ熱湯につけて柔らかくした後，温めたエタノールで脱色する。脱色した葉を水で洗い，ヨウ素液に浸したときの葉の色の変化は表２のようになる。

図７

表１と表２の両方の結果が得られると，ツユクサが葉で光合成を行う際に必要な二酸化炭素は，葉や茎から取り入れられると言える。

表１

	気体E	気体F
石灰水の変化	(1)	(2)

表２

	ツユクサEの葉	ツユクサFの葉
ヨウ素液による葉の色の変化	(3)	(4)

前のページの**＜仮説＞**の表1の (1) と (2) ，表2の (3) と (4) にそれぞれ当てはまるものとして適切なのは，下の**ア**と**イ**のうちではどれか。

表1

(1)　**ア**　変化しない。　**イ**　白く濁る。

(2)　**ア**　変化しない。　**イ**　白く濁る。

表2

(3)　**ア**　変化しない。　**イ**　青紫色になる。

(4)　**ア**　変化しない。　**イ**　青紫色になる。

5　水溶液と金属を用いた実験について，次の各問に答えよ。

＜実験1＞を行ったところ，**＜結果1＞**のようになった。

＜実験1＞

図1

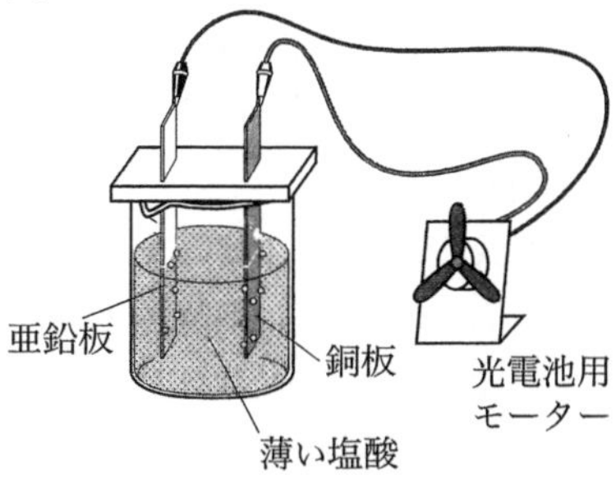

(1)　図1のように，薄い塩酸を入れたビーカーに電極として亜鉛板と銅板を入れ，光電池用モーターをつなぎ，光電池用モーターの様子と電極付近の様子を観察した。

(2)　光電池用モーターを外した後，金属板を取り出して洗い，金属板の表面の様子を観察した。

(3)　(1)のビーカーに入れる薄い塩酸を，砂糖水，エタノールに替え，それぞれについて(1)，(2)と同様の実験を行った。ただし，亜鉛板と銅板はその都度新たなものに替えることとする。

＜結果1＞

液体の種類	薄い塩酸	砂糖水	エタノール
光電池用モーターの様子	回転した。	回転しなかった。	回転しなかった。
電極付近の様子	亜鉛板と銅板の両方から気体が発生した。	変化がなかった。	変化がなかった。
金属板の表面の様子	亜鉛板の液につかっていた部分の表面がざらついていた。銅板は変化がなかった。	亜鉛板と銅板の，どちらも変化がなかった。	亜鉛板と銅板の，どちらも変化がなかった。

〔問1〕　**＜結果1＞**から，亜鉛板と銅板を入れて電流が取り出せる液体と，**＜実験1＞**の(1)における電流の向きを図2の矢印Aと矢印Bの向きから一つ選んだものを組み合わせたものとして適切なのは，次のページの表の**ア**～**エ**のうちではどれか。

ただし，亜鉛は亜鉛板付近の塩酸と反応するので気体の発生が見られるが，電流を取り出す仕組みと

図2

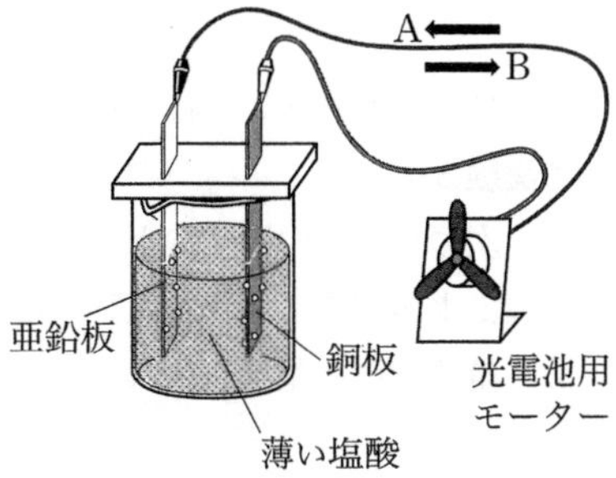

は関係がない。

	亜鉛板と銅板を入れて電流が取り出せる液体	＜実験１＞の(1)における電流の向き
ア	非電解質が溶けた水溶液	矢印Ａの向きに流れる。
イ	非電解質が溶けた水溶液	矢印Ｂの向きに流れる。
ウ	電解質が溶けた水溶液	矢印Ａの向きに流れる。
エ	電解質が溶けた水溶液	矢印Ｂの向きに流れる。

次に，**＜実験２＞**を行ったところ，**＜結果２＞**のようになった。

＜実験２＞

(1) 図３のように，塩化銅水溶液と炭素棒を用いて回路を作り，３Ｖの電圧を加えて，３分間電流を流した。

(2) 電流を流しているときの，電極付近で起こる変化の様子を観察した。

図３

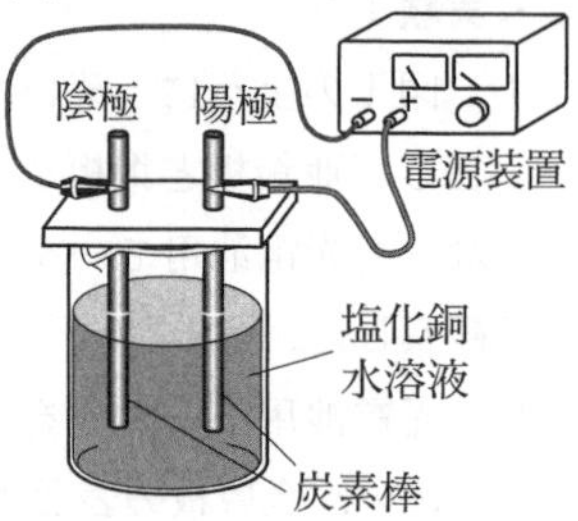

＜結果２＞

(1) 陽極の表面からは気体が発生し，手であおいでにおいを確認すると，プールの消毒剤のような刺激臭がした。

(2) 陰極に赤い物質が付着した。付着した物質を取り出し，薬さじでこすると金属光沢が見られた。

〔問２〕 **＜結果１＞**と**＜結果２＞**の電極付近の様子から，**＜実験１＞**の(1)の銅板の表面で起こった化学変化と，**＜実験２＞**の陰極の表面で起こった化学変化を組み合わせたものとして適切なのは，次の表の**ア**～**エ**のうちではどれか。

	＜実験１＞の(1)の銅板の表面で起こった化学変化	＜実験２＞の陰極の表面で起こった化学変化
ア	塩化物イオンが電子を受け取って塩素原子になり，塩素原子が２個結び付いて塩素が発生した。	－の電気を帯びた銅イオンが，電子を失って銅となり，炭素棒に付着した。
イ	水素イオンが電子を受け取って水素原子になり，水素原子が２個結び付いて水素が発生した。	－の電気を帯びた銅イオンが，電子を失って銅となり，炭素棒に付着した。
ウ	塩化物イオンが電子を受け取って塩素原子になり，塩素原子が２個結び付いて塩素が発生した。	＋の電気を帯びた銅イオンが，電子を受け取って銅となり，炭素棒に付着した。
エ	水素イオンが電子を受け取って水素原子になり，水素原子が２個結び付いて水素が発生した。	＋の電気を帯びた銅イオンが，電子を受け取って銅となり，炭素棒に付着した。

次に，**＜実験３＞**を行ったところ，**＜結果３＞**のようになった。

＜実験３＞

(1) 次のページの図４のように，燃料電池用の電極を使用した簡易電気分解装置に水酸化ナトリウム水溶液を入れ，電源装置につないだ。

(2) 電源装置の電源を入れて電流を流し，それぞれの電極で発生した気体を集め，集まった気体の体積を調べた。

(3)　電源装置の電源を切り，電源装置を外して，図５のように電極に光電池用モーターをつなぎ，光電池用モーターの回転が止まるまで観察を続けた。

図４

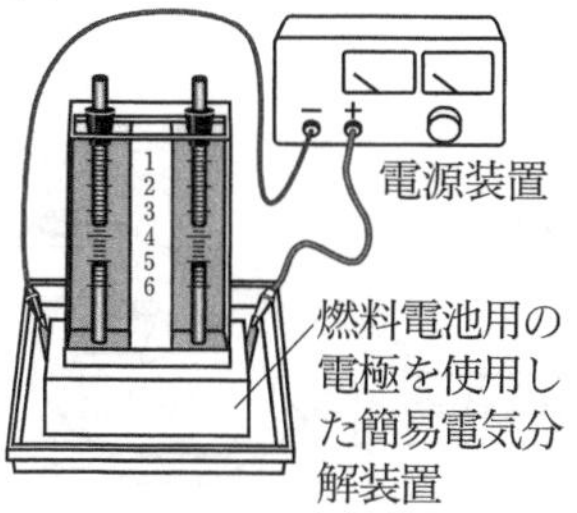

図５

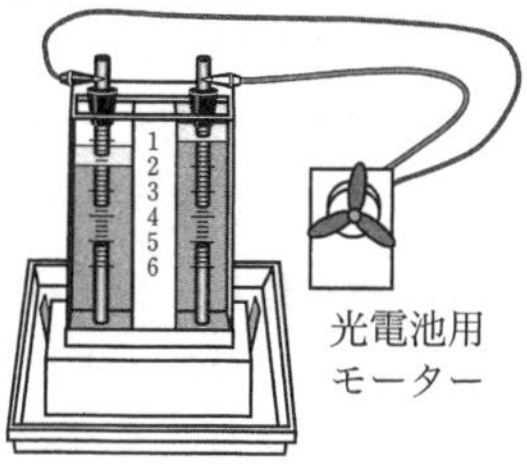

＜結果３＞

(1)　陰極で発生した気体の体積は，陽極で発生した気体の体積のおよそ２倍であった。

(2)　光電池用モーターをつなぐと回転し，陰極の気体も陽極の気体も体積が少しずつ減少した。

〔問３〕　**＜実験３＞**で起こる化学変化のうち，化学エネルギーが電気エネルギーに変換されるときの化学変化を，化学反応式で書け。

6　電流と磁界の関係を調べる実験について，次の各問に答えよ。

＜実験１＞を行ったところ，**＜結果１＞**のようになった。

＜実験１＞

(1)　図１のように，台に固定したコイル，スイッチ，導線，電源装置を用いて回路を作り，Ｎ極が黒く塗られた方位磁針を，台上の点Ａから点Ｃまでの各点に置いた。

(2)　スイッチを入れ，方位磁針のＮ極が指す向きを調べた。

＜結果１＞

点Ａから点Ｃまでの各点に置いた方位磁針のＮ極が指す向きとコイルを流れた電流の向きは，図２のようになった。

図１

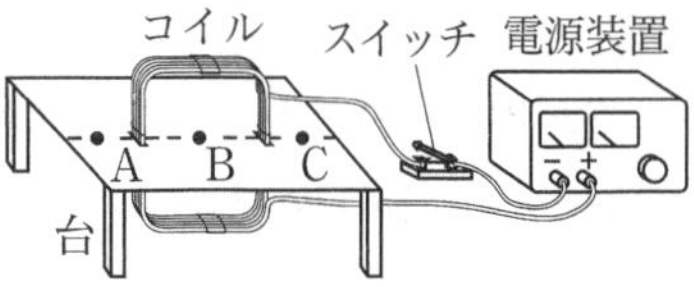

図２

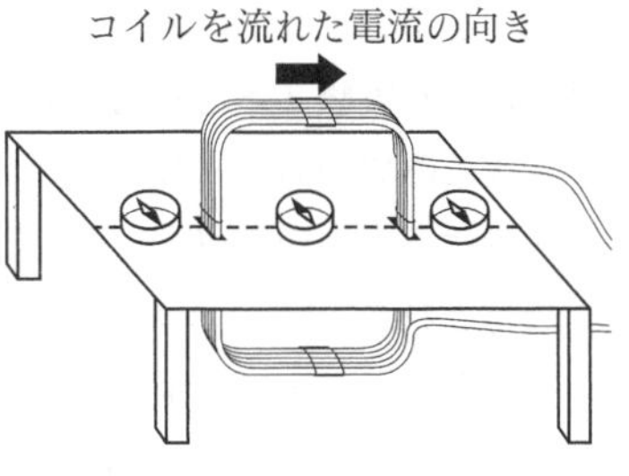

〔問１〕　**＜結果１＞**から，台の面上におけるコイルの周りの磁界の向きを矢印で表したものとして適切なのは，次のうちではどれか。

ア

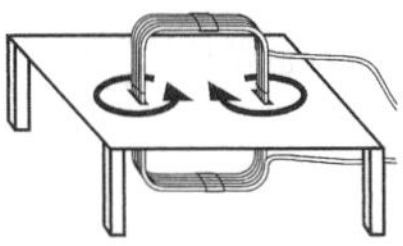

イ

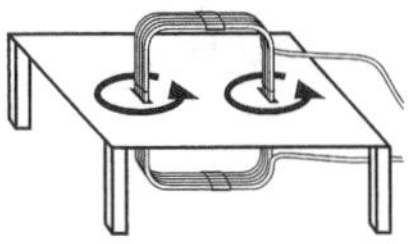

ウ

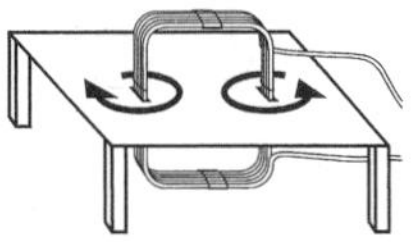

エ

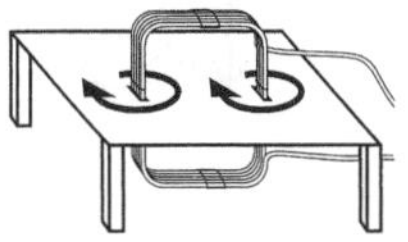

次に，**＜実験２＞**を行ったところ，**＜結果２＞**のようになった。

＜実験２＞

(1) 金属棒止めがついた金属のレール，金属棒，磁石，電流計，電圧計，抵抗の大きさが10Ωの抵抗器，スイッチ，導線，電源装置を用意した。

(2) 図３のように，水平面上に２本のレールを平行に置き，上面がＮ極になるように磁石の向きをそろえて等間隔に並べて装置を作り，金属棒を向きがレールと直角になるように点Ｅに置き，回路を作った。

図３

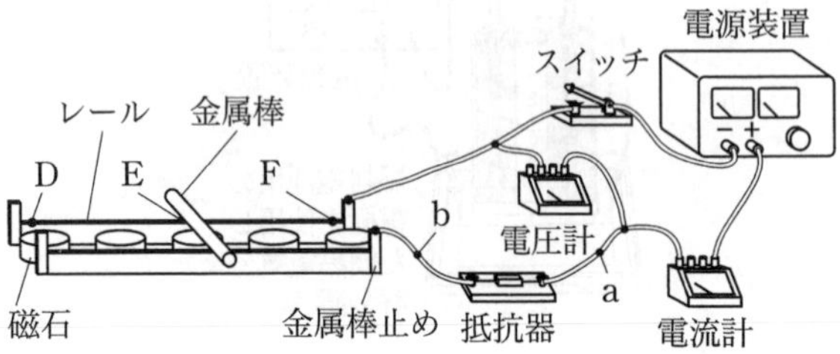

(3) 電源装置の電圧を６Ｖにし，スイッチを入れ，金属棒が動く方向を調べた。

(4) スイッチを切り，金属棒を点Ｅにもどした。

(5) 電源装置の電圧を12Ｖにし，スイッチを入れ，金属棒の動きが(3)と比べ，どのように変わるかを調べた。

＜結果２＞

(1) **＜実験２＞**の(3)で調べた金属棒は，点Ｆの方向に動き，金属棒止めに衝突して静止した。金属棒が静止しているとき，電流計の値は0.2Ａであった。

(2) **＜実験２＞**の(5)で調べた金属棒は，点Ｆの方向に**＜実験２＞**の(3)と比べ速く動き，金属棒止めに衝突して静止した。金属棒が静止しているとき，電流計の値は0.4Ａであった。

〔問２〕 電源装置の電圧を12Ｖにしたまま，図３の回路上の点ａから点ｂまでの間に抵抗の大きさが10Ωの抵抗器を一つ追加することで，**＜結果２＞**の(2)より金属棒が速く動くようにしたい。二つの抵抗器を点ａから点ｂまでの間にどのようにつなげばよいか。解答用紙の点ａから点ｂまでの間に電気用図記号を用いて二つの抵抗器のつなぎ方をかけ。また，解答用紙にかいたつなぎ方で金属棒が速く動く理由を，「回路全体の抵抗」と「金属棒に流れる電流」という語句を用いて簡単に書け。

〔問３〕 **＜実験２＞**と**＜結果２＞**から，金属棒が金属棒止めに衝突して静止しているとき，磁石による磁界の向き（Ｘ），金属棒に流れている電流の向き（Ｙ），金属棒に流れる電流が磁界から受ける力の向き（Ｚ）のそれぞれを矢印で表したものとして適切なのは，下の**ア**～**エ**のうちではどれか。

ただし，**ア**～**エ**の金属棒の向きは，図３と同じ向きである。

ア

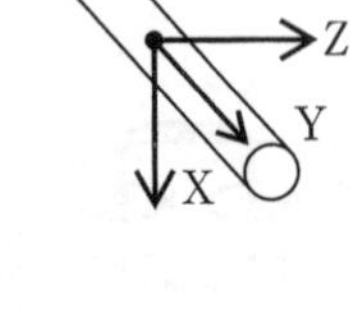

イ

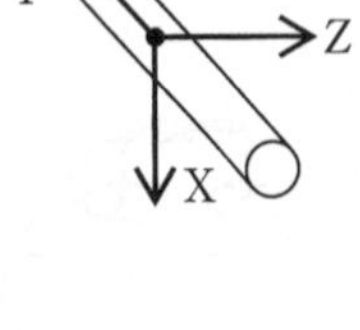

ウ

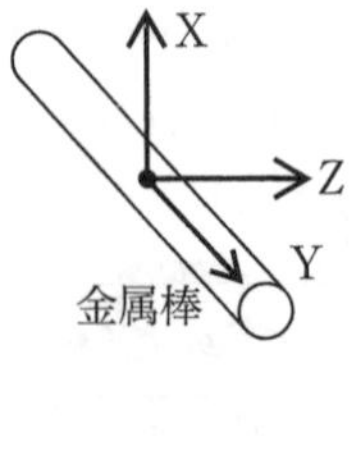

エ

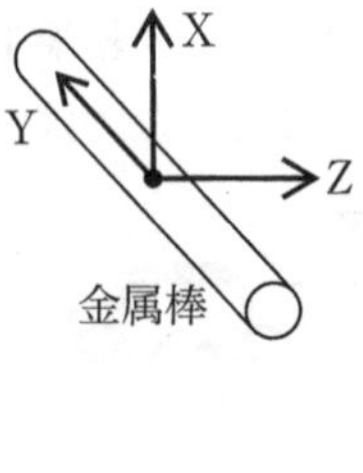

次に，**＜実験３＞**を行ったところ，**＜結果３＞**のようになった。

＜実験３＞

⑴　図４のように，スタンドに，上面がＮ極になるように棒磁石を糸でつるした。また，コイル，検流計，導線を用いて回路を作り，コイルの中心が，点Ｇから点Ｊまでの間を上下方向に動かせるようにした。

⑵　コイルを点Ｇから点Ｈまで動かしたときの検流計の針が振れる向きを調べた。

⑶　コイルを点Ｈから点Ｇまで動かしたときの検流計の針が振れる向きを調べた。

⑷　棒磁石の上面をＳ極になるように付け替え，⑵，⑶と同様の実験を行った。

図４

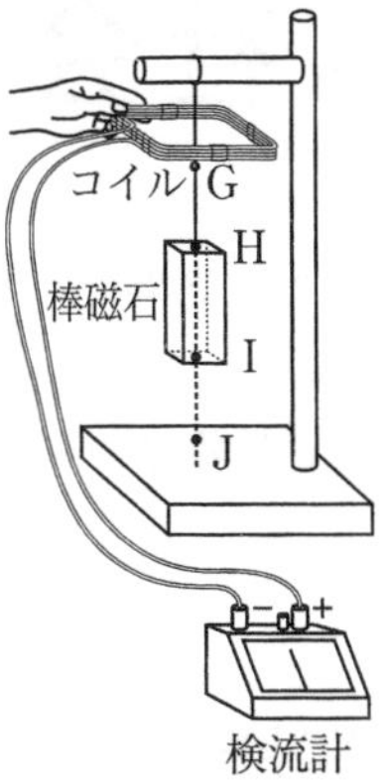

＜**結果３**＞

棒磁石の上面	Ｎ極		Ｓ極	
コイルの動き	点Ｇから点Ｈまで動かしたとき	点Ｈから点Ｇまで動かしたとき	点Ｇから点Ｈまで動かしたとき	点Ｈから点Ｇまで動かしたとき
検流計の針が振れる向き	右に振れた。	左に振れた。	左に振れた。	右に振れた。

〔問４〕　**＜結果３＞**から，コイルを点Ｇから点Ｈまでの間で連続して往復させたときに生じる電流のように，電流の大きさと向きが周期的に変わる電流の名称と，**＜実験３＞**の⑷の後，コイルを点Ｇから点Ｊの方向に動かすとき，コイルが点Ｉから点Ｊまで動いている間の検流計の針が振れる向きを組み合わせたものとして適切なのは，次の表の**ア**～**エ**のうちではどれか。

	電流の大きさと向きが周期的に変わる電流の名称	コイルを点Ｇから点Ｊの方向に動かすとき，コイルが点Ｉから点Ｊまで動いている間の検流計の針が振れる向き
ア	直流	右に振れる。
イ	直流	左に振れる。
ウ	交流	右に振れる。
エ	交流	左に振れる。

＜社会＞

時間　50分　　満点　100点

1　次の各問に答えよ。

〔問１〕　次の写真は，下の**ア**～**エ**の**いずれか**の「国土地理院発行２万５千分の１の地形図」の一部に●で示した地点から矢印（➡）の方向を撮影したものである。この写真を撮影した●で示した地点が含まれる地形図に当てはまるのは，下の**ア**～**エ**のうちではどれか。

（※地形図は，編集の都合で90％に縮小してあります。）

ア

（国土地理院発行２万５千分の１の地形図「千葉西部」）

イ

（国土地理院発行２万５千分の１の地形図「横須賀《よこすか》」）

ウ

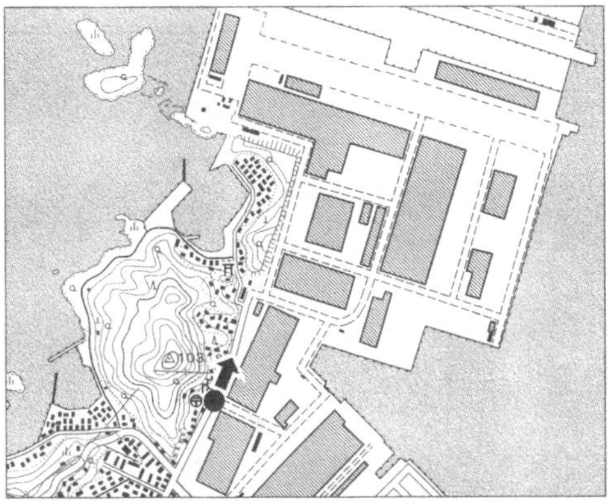

(国土地理院発行２万５千分の１の地形図「長崎西南部」)

エ

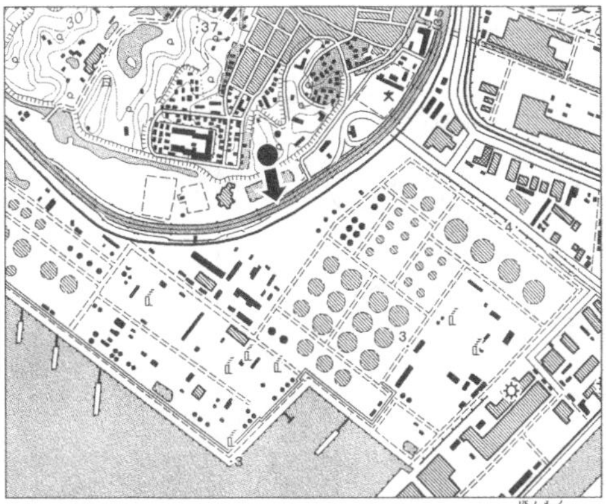

(国土地理院発行２万５千分の１の地形図「本牧《ほんもく》」)

〔問２〕 次のⅠの略地図中に ▒ で示した**ア**～**エ**は，古代文明が興《おこ》った地域を示したものである。Ⅱの文章で述べている古代文明が興った地域に当てはまるのは，略地図中の**ア**～**エ**のうちのどれか。

Ⅰ

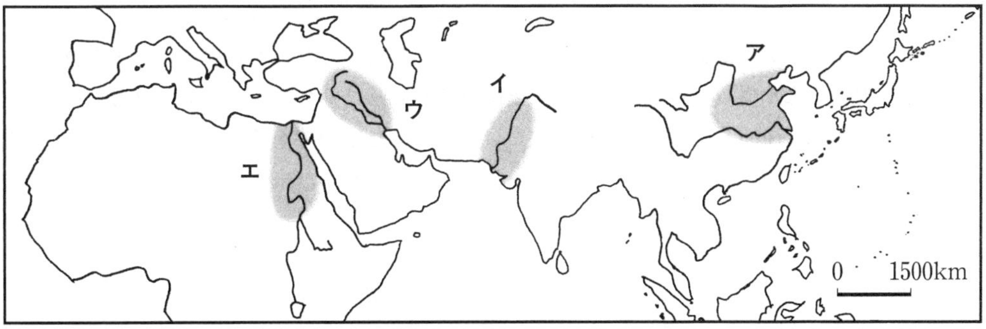

Ⅱ

下水道施設や公衆浴場などの公共施設が整備された都市が建設された。モヘンジョ・ダロやハラッパ（ハラッパー）などの遺跡からは，文字が刻まれた印章が出土しているが，文字は未解読であり，解明されていないことが多い文明である。

〔問３〕 次のⅠのグラフは，我が国の2017年度の一般会計当初予算における歳出総額及び歳出項目別の割合を示したものである。Ⅰのグラフ中の**ア**～**エ**は，公共事業関係費，国債費，社会保障関係費，地方交付税交付金の**いずれか**に当てはまる。Ⅱの文で述べている歳出項目に当てはまるのは，Ⅰのグラフ中の**ア**～**エ**のうちのどれか。

Ⅰ 歳出総額
97兆4547億円

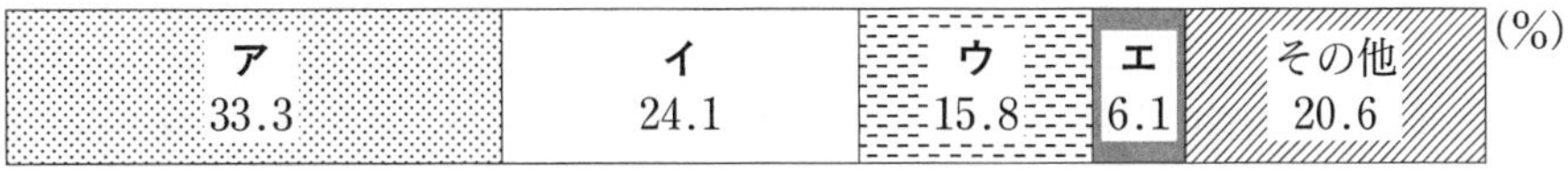

(注) 四捨五入をしているため，歳出項目別の割合を合計したものは，100%にならない。

(財務省の資料より作成)

Ⅱ

国の借金の返済や利子の支払いなどの支出であり，2017年度の一般会計当初予算における歳出額は約23兆円である。

2 次の略地図を見て，あとの各問に答えよ。

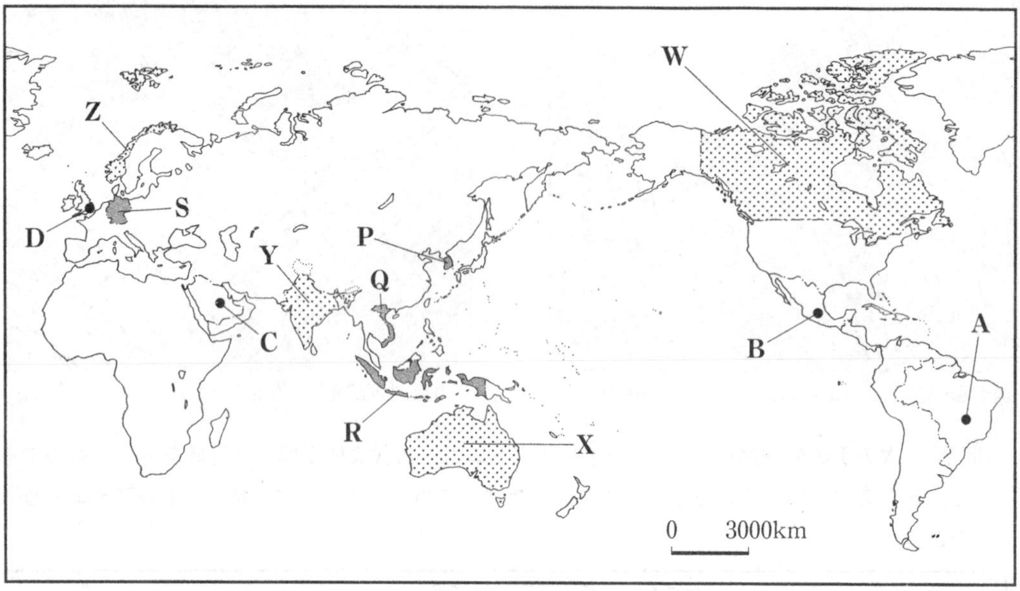

〔問１〕 次のⅠの**ア**～**エ**のグラフは，略地図中にA～Dで示した**いずれか**の産油国の首都の，年平均気温と年降水量及び各月の平均気温と降水量を示したものである。Ⅱの文は，A～Dの**いずれか**の首都が属する国の油田の様子についてまとめたものである。Ⅱの文で述べている国の首都のグラフに当てはまるのは，Ⅰの**ア**～**エ**のうちのどれか，また，その首都に当てはまるのは，略地図中のA～Dのうちのどれか。

Ⅰ

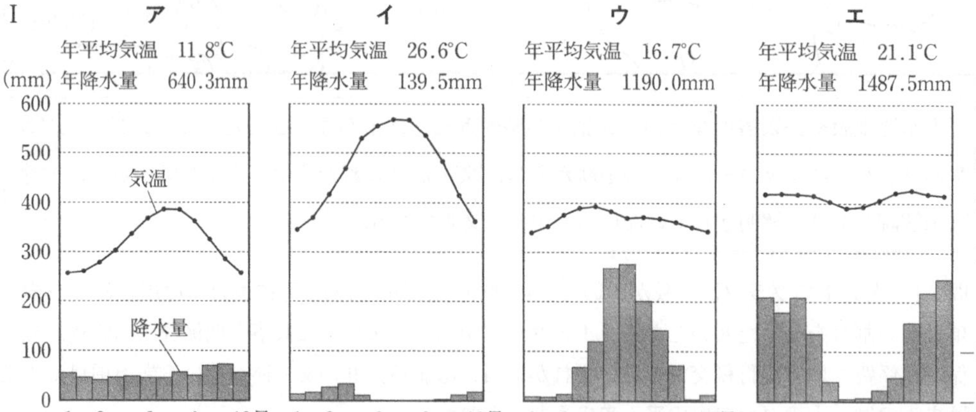

（「理科年表」平成29年より作成）

Ⅱ

暖流と偏西風の影響により，高緯度の割には気温が高く，冬季でも凍らない海域に広がる大陸棚にこの国の油田は分布し，採掘された原油は，パイプラインを利用して輸送されている。

〔問２〕 次のページの表の**ア**～**エ**は，略地図中に で示したP～Sの**いずれか**の国の，2014年における産業別の就業人口の割合，石炭の産出量，石炭の輸入量，石炭の輸出量，粗鋼の生産量を示したものである。略地図中のRに当てはまるのは，次のページの表の**ア**～**エ**のうちのどれか。

	産業別の就業人口の割合（%）			石炭の産出量	石炭の輸入量	石炭の輸出量	粗鋼の生産量
	第１次	第２次	第３次	（千ｔ）	（千ｔ）	（千ｔ）	（千ｔ）
ア	1.4	28.1	70.5	8337	53740	208	42943
イ	46.7	21.3	31.9	41086	42	7265	5847
ウ	5.7	24.6	69.7	1748	126167	－	71543
エ	34.3	21.0	44.8	435743	2273	410083	4428

（注）四捨五入をしているため，産業別の就業人口の割合を合計したものは，100%にならない場合がある。
（注）－は，輸出量が不明であることを示す。
（「データブック オブ・ザ・ワールド」2016年版などより作成）

〔問３〕　次の表の**ア**～**エ**は，略地図中に　　で示したW～Zの**いずれか**の国の，2014年におけるこの国からの日本の輸入総額とアルミニウムの輸入額，2014年におけるアルミニウムの生産量，国土とアルミニウム生産の様子についてまとめたものである。略地図中のW～Zのそれぞれに当てはまるのは，次の表の**ア**～**エ**のうちではどれか。

	日本の輸入総額（億円）	アルミニウムの輸入額（億円）	アルミニウムの生産量（千ｔ）	国土とアルミニウム生産の様子
ア	50897	1043	1704	○複数の標準時が定められ，東部に位置する標高2000mを超える山を含む山脈の周辺では石炭が産出される他，中央部から西部にかけて様々な鉱産資源が産出され，北西部には鉄鉱石の鉱山が集中している。 ○主に石炭を用いた火力発電を利用し，国産の原料等からアルミニウムを生産している。
イ	7391	14	1939	○北部には標高8000mを超える山を含む山脈が位置し，海に突き出た半島部には高原が広がり，北東部で産出される石炭や鉄鉱石など，様々な鉱産資源が産出される。 ○主に石炭を用いた火力発電を利用し，国産の原料等からアルミニウムを生産している。
ウ	11900	63	2858	○複数の標準時が定められ，西部には標高3000mを超える山を含む山脈が位置し，中央部の氷河に削られた平原では，ニッケルや鉛など，様々な鉱産資源が産出される。 ○主に湖の水を用いた水力発電を利用し，輸入した原料等からアルミニウムを生産している。
エ	2548	10	1250	○氷河に削られてできた多数の湾が複雑に入り組んだ海岸線を形成し，隣国との間に位置している標高2000mを超える山を含む山脈の周辺では，チタンや鉄鉱石などの鉱産資源が産出される。 ○主に湖の水を用いた水力発電を利用し，輸入した原料等からアルミニウムを生産している。

（財務省「貿易統計」などより作成）

3　次の略地図を見て，あとの各問に答えよ。

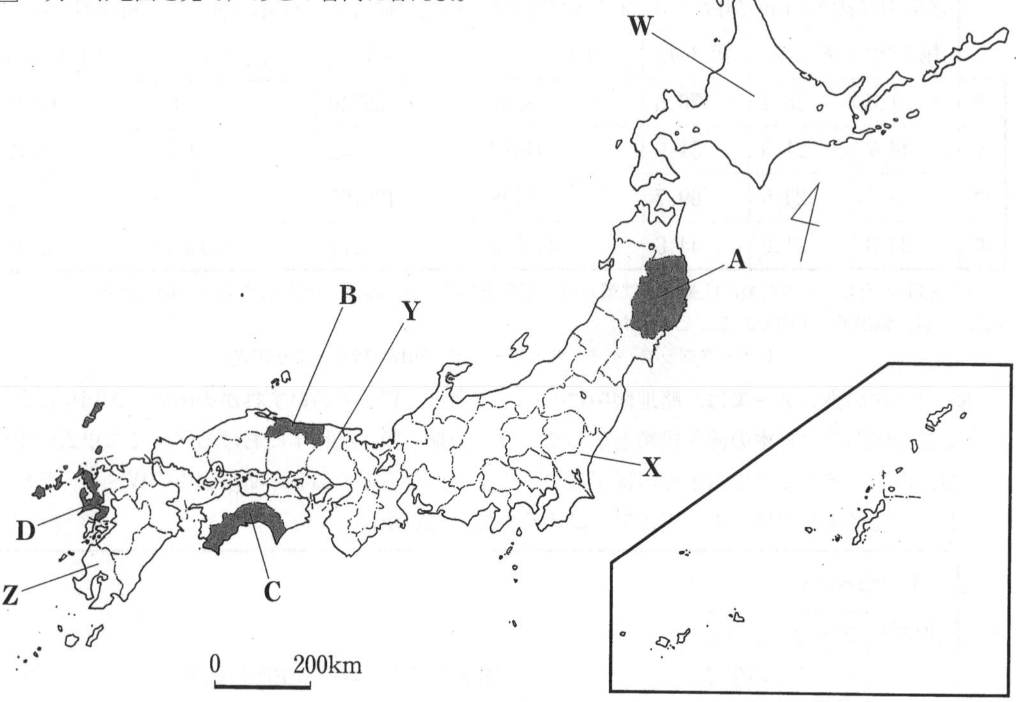

〔問1〕 次の表の**ア**～**エ**の文章は，略地図中に■で示した，A～Dの**いずれか**の県の自然環境と農業の様子についてまとめたものである。A～Dの県のそれぞれに当てはまるのは，次の表の**ア**～**エ**のうちではどれか。

	自然環境と農業の様子
ア	○海岸部には複雑に入り組んだ海岸線が見られ，西部には南北方向に山脈が走り，夏季には寒流の影響により冷たく湿った北東の風が吹き込み，冷害となることがある。 ○内陸部の盆地などでは，夏季の冷涼な気候を利用して，大消費地向けに野菜などの栽培が行われている。
イ	○多数の半島や島々が見られ，南東部には火山が位置し，海洋から吹き込む風の影響で年間を通して温暖である。 ○半島部などでは，温暖な気候を利用して，ばれいしょの二期作や果樹などの栽培が行われている。
ウ	○北部には東西方向に山地が見られ，暖流の影響で年間を通して温暖となる南部には，台風の通過などにより多量の降水量がもたらされることがある。 ○山地の南側の地域などでは，日当たりがよく，昼夜の寒暖差が大きいことを利用して，県の特産品となっている柑橘類《かんきつるい》などの栽培が行われている。
エ	○西部には火山が位置し，北部には平野が広がり，冬季には北西から吹く風の影響で積雪が見られる。 ○砂丘が広がる地域では，スプリンクラーなどの灌漑《かんがい》設備を利用して，果樹などの栽培が行われている。

〔問２〕　次の表の**ア**～**エ**は，略地図中にＷ～Ｚで示した**いずれか**の道県の2015年における産業別の就業人口の割合，耕地面積に占める水田及び畑の割合，農業産出額，農業産出額の上位３位の品目と農業産出額に占める割合を示したものである。略地図中のＺに当てはまるのは，次の表の**ア**～**エ**のうちのどれか。

	産業別の就業人口の割合（％）			耕地面積に占める割合（％）		農業産出額（億円）	農業産出額の上位３位の品目と農業産出額に占める割合（％）（左から１位，２位，３位）
	第１次	第２次	第３次	水田	畑		
ア	7.4	17.9	74.7	19.4	80.6	11852	生乳（29.9），米（9.7），肉用牛（8.2）
イ	2.1	26.0	71.9	91.3	8.7	1608	米（26.9），鶏卵（12.6），肉用牛（10.9）
ウ	9.5	19.4	71.1	32.0	68.0	4435	肉用牛（23.9），豚（16.6），ブロイラー（13.6）
エ	5.9	29.8	64.4	57.9	42.1	4549	米（15.3），鶏卵（10.7），豚（8.7）

（注）四捨五入をしているため，産業別の就業人口の割合を合計したものは，100％にならない場合がある。

（2015年国勢調査などより作成）

〔問３〕　次のⅠの文章は，1961年に制定された農業基本法に基づいて，富山県砺波《となみ》市で実施された農業構造改善事業の主な取り組みについてまとめたものである。ⅡとⅢの地形図は，1961年と1996年の「国土地理院発行２万５千分の１の地形図（砺波）」の一部である。ⅡとⅢの地形図を比較して読み取れる，道路の変化について，簡単に述べよ。

Ⅰ

○農業経営の規模の拡大，機械化，農業経営の近代化などを図る。

○農村における交通などの環境を整備する。

Ⅱ

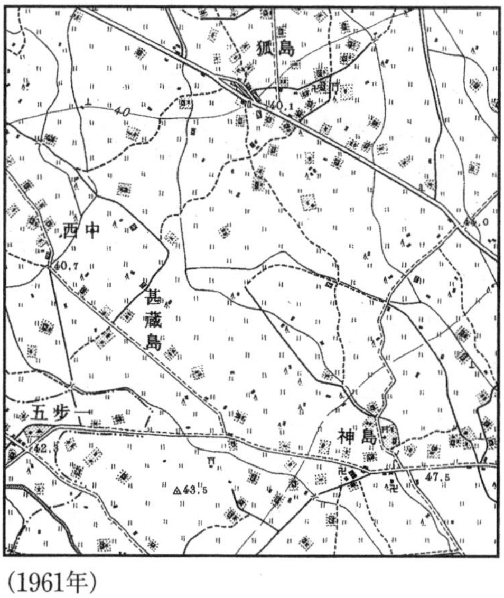

（1961年）

Ⅲ

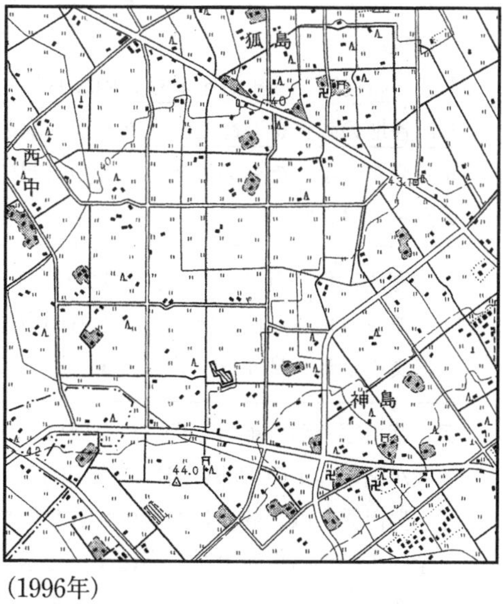

（1996年）

4 次の文章を読み，あとの各問に答えよ。

情報は，様々な物事の内容や様子などを人々に知らせるだけでなく，知識や考え方などに影響を与える。私たちは，情報を収集したり分析したりして，社会の発展に役立ててきた。

(1)古代から中世にかけて，文字や製紙技術などが広まると，情報が書物や絵画などとして記録され，残された。

時代が進み，(2)支配者は統治をより強固なものにするため，様々な地域の情報を得ることを一層重視し，各地の調査を進めた。

産業革命により工業化を進めた欧米諸国がアジアに進出するようになった江戸時代末期以降は，(3)近代国家としての体制を整えることが求められ，外国から得た情報が広く活用された。

20世紀になると科学技術の進展に伴って，(4)様々な情報をより広い範囲の人々に，迅速に伝達する技術が開発されるようになった。

〔問1〕 (1)古代から中世にかけて，文字や製紙技術などが広まると，情報が書物や絵画などとして記録され，残された。とあるが，次の**ア**～**エ**は，奈良時代から室町時代にかけて著された書物などについて述べたものである。時期の古いものから順に記号を並べよ。

ア 元《げん》軍を防いだことに対する恩賞などについて，幕府に対する御家人の不満が高まる中で，竹崎季長《たけざきすえなが》の活躍などを表したとされる「蒙古襲来絵詞《もうこしゅうらいえことば》」が制作された。

イ 遣唐使《けんとうし》の派遣が停止され，我が国の風土や暮らしに合った文化が生まれる中で，清少納言《せいしょうなごん》により，宮中での日々などについて記した「枕草子」が著された。

ウ 寝殿造《しんでんづくり》と禅宗《ぜんしゅう》の建築様式を折衷した金閣が建てられるなど，大陸の影響を受けて新たな文化が生まれる中で，足利義満《あしかがよしみつ》に保護された世阿弥《ぜあみ》により，能についてまとめた「風姿花伝《ふうしかでん》」が著された。

エ 律令《りつりょう》国家の仕組みが定められ，中央集権的な体制が形成される中で，天武《てんむ》天皇の子である舎人親王《とねりしんのう》らにより，天皇に関する記述を中心に我が国の歴史をまとめた「日本書紀」が編纂《へんさん》された。

〔問2〕 (2)支配者は統治をより強固なものにするため，様々な地域の情報を得ることを一層重視し，各地の調査を進めた。とあるが，次の文章は，各地の調査を行った人物の日記の一部を分かりやすく示したものである。この日記に書かれた調査について述べているのは，下の**ア**～**エ**のうちではどれか。

○寛政12年8月8日，昼，太陽を測り，昼の後より十間縄を以《もっ》てクナシリ（国後島《くなしり》），ネモロ（根室《ねむろ》）他，ところどころの方位を測る。夜は薄曇《うすぐもり》。
○文化2年8月4日，朝，大曇天。我等《われら》，淀小橋《よどこばし》より下鳥羽《しもとば》村迄《まで》測る。

ア 徳川家斉《とくがわいえなり》が将軍のときに，幕府は，外国船の来航に備えて海岸線などの調査を進めさせ，我が国の国土の輪郭を描いた全国的な実測図が作成された。

イ 豊臣秀吉《とよとみひでよし》は，統一したものさしや枡《ます》を用いて田畑の面積などを調査する太閤検地《たいこうけんち》を行い，全国の田畑の生産力を石高《こくだか》によって示した。

ウ 徳川家康《とくがわいえやす》は，江戸を中心とした街道の整備を進め，日本橋《にほんばし》からの距離を調査し，東海道や東山道，北陸道の両脇に樹木を植えた塚を一里《り》（約4㎞）ごとに築き始めた。

エ　武田信玄《たけだしんげん》は，領国内の地理的な状況について調査させるとともに，軍が速やかに移動できるよう，高低差や曲がり角を少なくした軍事用の道路を整備した。

〔問3〕 (3)<u>近代国家としての体制を整えることが求められ，外国から得た情報が広く活用された。</u>とあるが，次のⅠの略年表は，江戸時代から昭和時代にかけて，我が国の発展に貢献した人物に関する主な出来事についてまとめたものである。Ⅱの文章は，福沢諭吉《ふくざわゆきち》によって著された書物について述べたものである。Ⅱの文章で述べている書物が著された時期に当てはまるのは，Ⅰの略年表中の**ア**～**エ**の時期のうちではどれか。

Ⅰ

西暦	我が国の発展に貢献した人物に関する主な出来事	
1853	●アメリカ合衆国で教育を受けた中浜万次郎《なかはままんじろう》が，幕府の普請役格《ふしんやくかく》の役人として迎えられた。	
		ア
1871	●来日していた外国人宣教師の指導を受けた大隈重信《おおくましげのぶ》が，外国への使節の派遣を発議した。	
		イ
1900	●アメリカ合衆国に留学した経験をもつ津田梅子《つだうめこ》が，女子英学塾を開設した。	
		ウ
1924	●ドイツに留学した経験をもつ山田耕筰《やまだこうさく》が，日本交響楽協会を設立した。	
		エ
1935	●湯川秀樹《ゆかわひでき》が「素粒子《そりゅうし》の相互作用について」と題する論文を英文にまとめたものが，「日本数学物理学会報」に掲載された。	

Ⅱ

○この書物は，17編からなり，全ての国民に小学校教育を受けさせようとする学制が公布された年に初編が刊行された。

○この書物は，「天は人の上に人を造らず」で始まり，一国の独立は個人の独立に基づき，個人の独立のためには学問をすることが大切であると説いた。

〔問4〕 (4)<u>様々な情報をより広い範囲の人々に，迅速に伝達する技術が開発されるようになった。</u>とあるが，次の**ア**～**エ**は，昭和時代から平成にかけて，情報の伝達技術が発達した時代背景と新たな技術開発の様子について述べたものである。時期の古いものから順に記号を並べよ。

	情報の伝達技術が発達した時代背景と新たな技術開発の様子
ア	○投機によって株式と土地の価格が上がるバブル経済が発生し，拡大する中で，ベルリンの壁の崩壊などのニュースが，地上波による放送だけではなく衛星放送でも伝えられた。 ○防災情報に関するデータや映像などを表示するマルチスクリーンディスプレイが開発され，新たに西新宿《にししんじゅく》に落成した東京都庁舎に設置された。
イ	○我が国が独立国としての主権を回復し，復興が進む中で，テレビの本放送が始まり，街角に設置された街頭テレビに人々が集まり，大相撲やプロ野球などが視聴された。 ○我が国の企業によって，持ち運びできるトランジスタテレビが世界で初めて開発され，日本橋《にほんばし》で商品発表が行われた。
ウ	○戦争が長期化し，国家総動員法が公布されるなど戦時体制が形成される中で，政府は内閣情報局を設置し，戦況などに関する報道に対して統制を行った。 ○放送技術の開発を専門とする我が国唯一の研究機関として，放送技術研究所が砧《きぬた》に開設され，テレビの実験放送が開始された。

エ	○重化学工業が発展し，技術革新が進む中で，大阪で開催された万国博覧会では，迷子センターでテレビ電話を用いるなど，新たに開発された技術が取り入れられた。 ○駒場《こまば》の東京大学内に設立された宇宙工学などに関する研究機関が，人工衛星の打ち上げを我が国で初めて成功させた。

5 次の文章を読み，あとの各問に答えよ。

> 私たちは，様々な集団を形成して生活し，話し合いによって集団生活を送るための決まり（ルール）を定めている。
>
> 決まり（ルール）を定める際には，集団の構成員が等しく個人として尊重されることが重要であり，(1)我が国では日本国憲法において，平等権が保障されている。日本国憲法に違反する決まり（ルール）は効力をもたず，(2)国や地方公共団体は日本国憲法に基づいて決まり（ルール）を定めている。また，定められた決まり（ルール）は，(3)社会の変化に応じ，正当な手続きを経て，改正が図られている。
>
> 国際社会においても，決まり（ルール）は重要な役割を果たしている。グローバル化が進む現代においては，(4)各国は決まり（ルール）を尊重し，国際協調を推進していくことが求められている。

〔問１〕 (1)我が国では日本国憲法において，平等権が保障されている。とあるが，平等権を保障する日本国憲法の条文は，次の**ア**～**エ**のうちではどれか。

ア 集会，結社及び言論，出版その他一切の表現の自由は，これを保障する。

イ 公務員を選定し，及びこれを罷免することは，国民固有の権利である。

ウ すべて国民は，勤労の権利を有し，義務を負ふ。

エ すべて国民は，法の下に平等であつて，人種，信条，性別，社会的身分又は門地により，政治的，経済的又は社会的関係において，差別されない。

〔問２〕 (2)国や地方公共団体は日本国憲法に基づいて決まり（ルール）を定めている。とあるが，次の文章で述べている決まり（ルール）に当てはまるのは，下の**ア**～**エ**のうちのどれか。

> ○地方議会の議決により成立する，地方公共団体の決まり（ルール）である。
> ○東京都には，10月１日を都民の日にすることを定めたもの，などがある。

ア 条例　　**イ** 省令　　**ウ** 政令　　**エ** 法律

〔問３〕 (3)社会の変化に応じ，正当な手続きを経て，改正が図られている。とあるが，次のページのⅠの文は，「主要食糧の需給及び価格の安定に関する法律（食糧法）」について述べたものである。次のページのⅡのグラフは，1960年から2016年までの我が国における米の総需要量と米の生産量の推移を示したものである。1960年から1995年までの期間と，1995年から2016年までの期間を比較して，米の総需要量と米の生産量の関係がどのように変化したか，次のページのⅡのグラフから読み取れることを簡単に述べよ。

Ⅰ

> 国内外における状況の変化に応じて農業政策を見直す必要性などから，1995年に食糧管理法が廃止されて，新たに食糧法が施行された。

Ⅱ

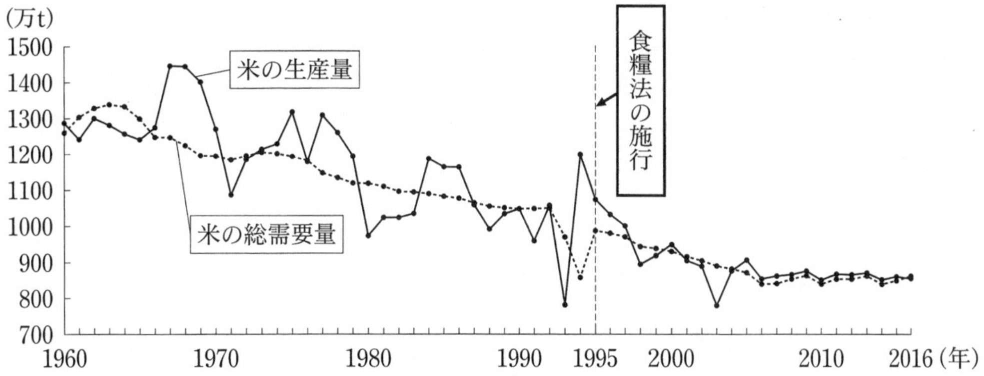

(農林水産省の資料より作成)

〔問4〕 ⑷各国は決まり（ルール）を尊重し，国際協調を推進していくことが求められている。とあるが，Ⅰのグラフは，1962年から2015年までの我が国の地域別輸入額の割合の推移を示したものである。Ⅱのグラフは，1962年から2015年までの我が国の地域別輸出額の割合の推移を示したものである。次のページのⅢの文章は，ⅠとⅡのグラフの**ア**～**エ**の**いずれか**の時期における貿易の様子について述べたものである。Ⅲの文章で述べている時期に当てはまるのは，ⅠとⅡのグラフの**ア**～**エ**の時期のうちではどれか。

Ⅰ

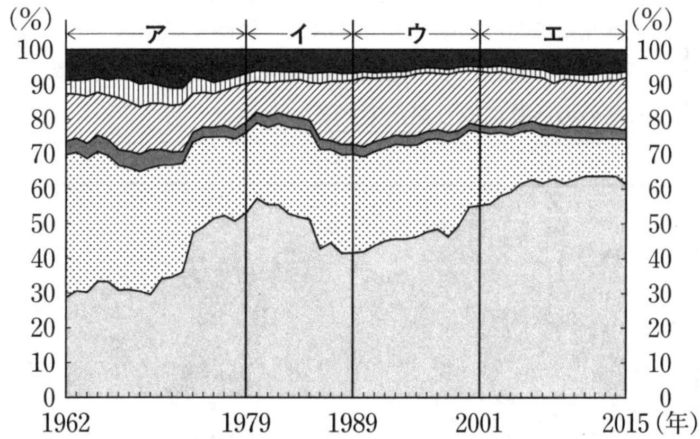

Ⅱ

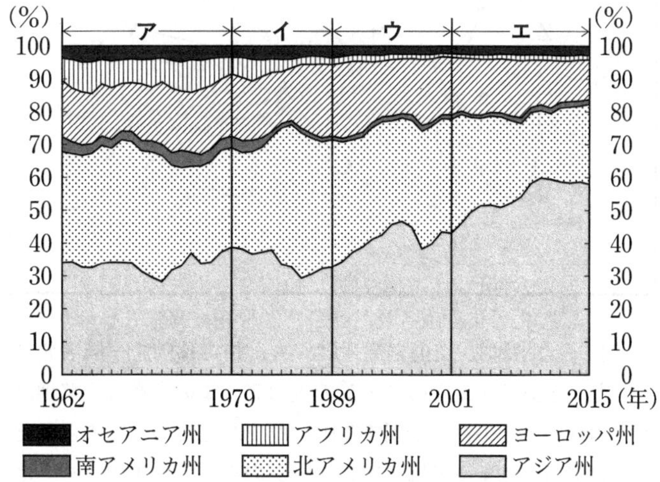

(日本貿易月報などより作成)

Ⅲ

○関税と貿易に関する一般協定（ＧＡＴＴ）に代わって，国際貿易に関するルールを取り扱う国際機関として，世界貿易機関（ＷＴＯ）が発足し，貿易の自由化を促進した。
○日本経済がアジア経済とより密接なつながりをもつようになり，半導体等電子部品などの輸入が増え，我が国のアジア州からの輸入額の割合は，この時期の始まりでは50％に満たなかったが，この時期の終わりには50％を超えるようになった。
○ヨーロッパ連合（ＥＵ）の発足により，地域内の貿易活動が活発化し，我が国のヨーロッパ州からの輸入額及び我が国のヨーロッパ州への輸出額の割合は，この時期の始まりと終わりを比較すると，いずれも減少している。

6　次の文章を読み，下の略地図を見て，あとの各問に答えよ。

国と国との交流は，経済を発展させてきた。(1)特に，交通の発達は，人と物の移動を一層活発にさせ，人々の生活を豊かなものにした。また，顕在化するようになった環境問題に対して，(2)世界の国々が協力して地球環境の保全に取り組んでいる。
世界には環境問題だけではなく，貧困や飢餓など，人々の安全な生活を脅《おびや》かす様々な問題が起きている。こうした問題の解決を図るため，(3)国際連合は世界の人々の生活を向上させるための活動に取り組んでいる。

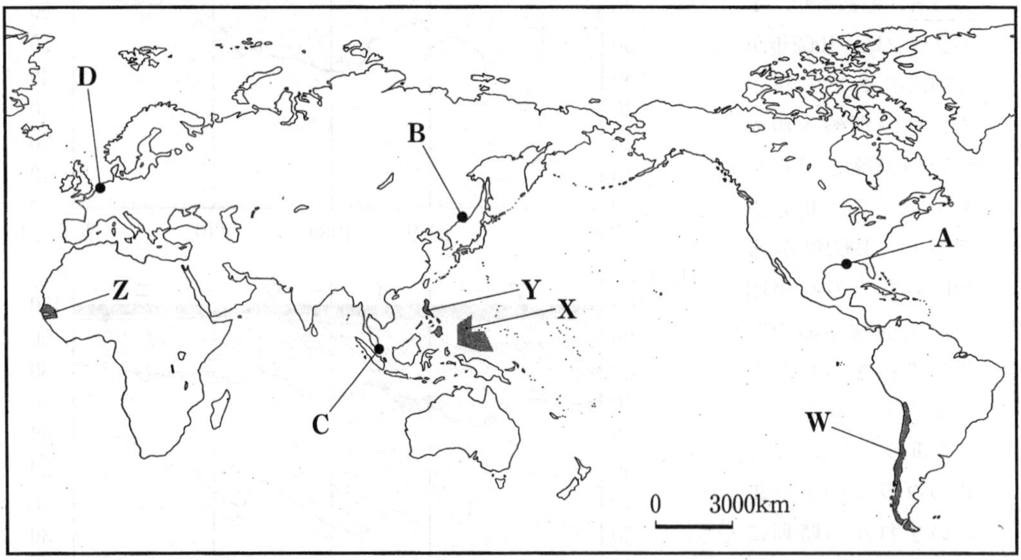

〔問１〕　(1)特に，交通の発達は，人と物の移動を一層活発にさせ，人々の生活を豊かなものにした。とあるが，次のページの表の**ア**～**エ**の文章は，略地図中のＡ～Ｄの**いずれか**の都市の交通の様子とその都市が属する国の歴史などについてまとめたものである。Ａ～Ｄの都市のそれぞれに当てはまるのは，次のページの表の**ア**～**エ**のうちではどれか。

	都市の交通の様子とその都市が属する国の歴史など
ア	○この都市は，国境付近に位置し，天然の良港となる地形を生かして軍港が建設され，タイガ地帯に敷設《ふせつ》された鉄道で20世紀に首都と結ばれ，物流の拠点となっている。 ○この国は，1917年に革命が起こった後に社会主義国家となったが，計画経済から市場経済に移行し，現在は豊富な鉱産資源を活用して，経済成長を図っている。
イ	○この都市は，国際河川の河口に位置し，水上交通の要衝にあり，大型タンカーが接岸できる埠頭《ふとう》などが整備され，世界有数の貨物量を取り扱う貿易港となっている。 ○この国は，1602年に東インド会社を設立して世界の香辛料貿易を主導し，ポルダーと呼ばれる干拓地を造成して国土を広げ，現在は高い農業生産性と工業技術力を誇っている。
ウ	○この都市は，年間約12万隻の船舶が航行する国際貿易の要衝である海峡に位置し，24時間離着陸が可能な国際空港が建設され，世界各地と結ばれている。 ○この国は，19世紀前半にはイギリスの植民地となり，1965年に独立し，現在は公用語の一つである英語を活用して，政府の主導で外国企業を誘致する政策を推進している。
エ	○この都市は，南流する河川の河口に位置し，港湾都市として発達し，1883年に西部に位置する都市との間に鉄道が敷設され，物流の拠点となっている。 ○この国は，ヨーロッパからの移住者などにより1776年に建国され，東部から西部へ開拓を進めるなどして国土を広げ，現在は政治，経済，文化などの面で国際社会をけん引している。

〔問２〕 (2)世界の国々が協力して地球環境の保全に取り組んでいる。とあるが，次の**ア**～**エ**の文章は，略地図中に　　で示したＷ～Ｚの**いずれか**の国の環境保全の取り組みなどについて述べたものである。Ｗ～Ｚの国のそれぞれに当てはまるのは，**ア**～**エ**のうちではどれか。

ア　夏は南西，冬は北東から吹く季節風（モンスーン）や台風などの影響を受け，人口が１億人を超えるこの国では，首都などの大都市において水質汚染やスラムの形成などの問題が生じ，我が国からの技術協力などを活用し，排水処理施設などの整備を行っている。

イ　公用語はスペイン語で，地中海性気候を利用して栽培されるぶどうや銅鉱が主要な輸出品であるこの国では，生物の多様性に関する条約を締結し，国際的なＮＧＯ（非政府組織）の協力を得て判明したペンギンなどの野生動物の繁殖地や採食地の開発を制限する政策を行っている。

ウ　世界最大の砂漠の南側に位置し，輸出用の農作物の生産量を急激に増加させたこの国では，干ばつや砂漠化の問題に対処するため，フランスや近隣諸国などと協力して，植林などを行い，土壌の再生に努めている。

エ　「小さな島々」と呼ばれる地域に位置し，観光業が主力産業で，人口約２万人のこの国では，気候変動などで破壊されたサンゴ礁を保全するため，他国との共同研究や，我が国からの協力でサンゴ礁の管理や住民への啓発活動を行っている。

〔問３〕 (3)国際連合は世界の人々の生活を向上させるための活動に取り組んでいる。とあるが，次のページのⅠの略年表は，1972年から2015年までの，国際的な問題を解決するための国際連合の主な動きについてまとめたものである。次のページのⅡの文章は，国際的な問題を解決するための国際連合の取り組みについて述べたものである。Ⅱの文章で示した国際連合の取り組みが行われた時期に当てはまるのは，Ⅰの略年表中の**ア**～**エ**の時期のうちではどれか。

I

西暦	国際的な問題を解決するための国際連合の主な動き	
1972	●国連人間環境会議が開催され，人間環境の保全と向上に関する「人間環境宣言」が採択された。	
		ア
1984	●国際人口会議が開催され，「世界人口行動計画を継続実施するための勧告」について見直しが行われた。	
		イ
1994	●国連開発計画により，「人間開発報告書」が発表され，「人間の安全保障」という概念が初めて公に取り上げられた。	
		ウ
2006	●国際連合として人権問題への対処能力を強化するため，従来の人権委員会に代わる機関として人権理事会が新たに設置された。	
		エ
2015	●「国連持続可能な開発サミット」が開催され，2030年までに貧困に終止符を打つなどの目標が示された。	

II

○国際連合が主催する「国連ミレニアムサミット」が開催され，国際社会が目指すべき目標を示す宣言が採択された。翌年，極度の貧困と飢餓の撲滅や，初等教育の完全普及の達成などからなる，八つのミレニアム開発目標が定められた。

○「持続可能な開発に関する世界首脳会議」がヨハネスバーグ（ヨハネスブルグ）で開催され，貧困撲滅と人類の発展につながる現実的な計画を策定する必要に応じるために，確固たる取り組みを行うとの共通の決意で団結したなどと述べた宣言が採択された。

〔問3〕 (2)陳さんの発言のこの対談における役割を説明したものとして最も適切なのは、次のうちではどれか。

ア　特に文化面に力を入れた地域の特色を示すことで文治政策の理解に役立つ話を聞き出そうとし、石川さんの次の発言を促している。

イ　直前の石川さんの発言に対して賛同しつつ文治政策について補足するとともに、別の具体例を示すことで対談の内容を深めている。

ウ　剣道よりも茶道などに力を入れていた加賀藩の取り組みを示すことで文治政策のねらいに気付かせ、新たな問題を提起している。

エ　それまでの自分の発言を踏まえて幕府が進めた文治政策の影響を示し、日本の近代化が話題の中心となるきっかけを作っている。

〔問4〕 (3)この詩は大正五年九月三日の作で、とあるが、その当時の漱石の漢詩について、Aの対談ではどのように述べているか。次のうちから最も適切なものを選べ。

ア　唐の時代の漢詩だけでなく、連載中の小説から漢詩を書くための語句や発想のヒントを得て多くの七言律詩をつくったと述べている。

イ　伝統的な漢詩の題材である花の様子や鳥の鳴き声に加えて、山中の静けさや草木の茂る様子を表現した新しい漢詩であると述べている。

ウ　自然の美しさを表現した従来の漢詩とは異なり、当時の漱石の漢詩は心の内を表現していて日本の漢詩の傑作であると述べている。

エ　健康面に対する不安を取り除くために漢詩の創作に打ち込み、自分自身の内面をみつめることで大きな救いになったと述べている。

〔問5〕 (4)今では方角さえわからない。とあるが、Bの漢詩において「今では方角さえわからない」に相当する部分はどこか。次のうちから最も適切なものを選べ。

ア　俗と斉しからず　　**イ**　東西没し

ウ　将に迷はんとす　　**エ**　人閑なる処

5　次のA及びBは、それぞれ夏目漱石《なつめそうせき》の漢詩に関する対談と文章の一部であり、［　　］内の文章は、Bの漢詩の現代語訳である。これらの文章を読んで、あとの各問に答えよ。（＊印の付いている言葉には、本文のあとに〔注〕がある。）

A

※問題に使用された作品の著作権者が二次使用の許可を出していないため、文章を掲載しておりません。

B

独往孤来俗不斉　　独往孤来　俗と斉《ひと》しからず
山居悠久没東西　　山居悠久　東西没《な》し
巌頭昼静桂花落　　巌頭《がんとう》　昼静かにして　桂花《けいか》落ち
檻外月明澗鳥啼　　檻外《らんがい》　月明らかにして　澗鳥《かんちょう》啼《な》く
道到無心天自合　　道は心無きに到《いた》りて　天　自ら合し
時如有意節将迷　　時に如《も》し意有らば　節　将《まさ》に迷はんとす
空山寂寂人閑処　　空山寂々として　人閑なる処《ところ》
幽草芊芊満古蹊　　幽草芊々《せんせん》として　古蹊《こけい》に満つ

(3)この詩は大正五年九月三日の作で、当時小説『明暗』を執筆中の漱石は、＊俗了された心持《こころもち》を洗い流すために漢詩を作ったものである。漱石にとって、大きな救いとなったであろうことは想像に難《かた》くないところである。

私は世間と妥協することなく、孤独の人生を歩んで来た。山中の生活も久しくなって(4)今では方角さえわからない。真昼静かな岩のほとりにはもくせいの花がこぼれ、月の明るい手すりの外には谷川の鳥が夜もさえずる。人の道も私心を去れば天の道と一致しよう。時間にもし私意があるとしたら、季節も混乱してしまうだろう。このひっそりした山中の、＊閑適な暮《くら》しのあたりには、名も知れぬ草が生い茂って、古い小みちをおおいかくしている。

（和田利男「漱石の漢詩」による）

〔注〕加賀《かが》——江戸時代に加賀国（石川県）、能登《のと》国（石川県）、越中《えっちゅう》国（富山県）を領有した藩。
東大の予備門——東京大学に入学する前の準備教育機関。
『唐詩選』——唐代の漢詩選集。
俗了——俗っぽい気分になること。
閑適な——心静かに安らかなこと。

〔問1〕　文中の——を付けた**ア**～**エ**の修飾語のうち、被修飾語との関係が他と異なるものを一つ選び、記号で答えよ。

〔問2〕　(1)日本の古典と漢文とを車の両輪のようにずっとやってきたという特殊性があった。とあるが、ここでいう「日本の古典と漢文とを車の両輪のようにずっとやってきたという特殊性」について説明したものとして最も適切なのは、次のうちではどれか。

ア　日本人は、日本語と異なる規則で書き表す漢文を工夫することで取り入れ、仮名と同じように日常の中で使用してきたということ。
イ　日本人は、大陸から伝来した漢字に仮名の特徴を加えることで、日本と中国の美を併せもった新たな字を生み出したということ。
ウ　日本人は、近代化を進めるために大陸から漢字を苦心して導入し、目的や場面に応じて漢字と仮名を使い分けてきたということ。
エ　日本人は、明治時代に中国から伝わった漢詩を好み、自作の漢詩を新聞に投稿するなど和歌や俳句と同じように親しんだということ。

エ　意志による行為では、自分の思考を統制することが不可欠だが、様々な想いが心の中で巡らないよう集中することは難しいと考えたから。

〔問2〕 (2)われわれは、「私が何ごとかをなす」という文がもつ曖昧さを指摘した。とあるが、「『私が何ごとかをなす』という文がもつ曖昧さ」とはどういうことか。次のうちから最も適切なものを選べ。

ア　能動の形式で表現される行為の中には受動の行為も含まれており、表現から能動と受動を区別することは不便で不正確だということ。

イ　謝罪のように能動の形式で表現される事態や行為を受動の形式で表すと、行為の意味が変化して正確な表現でなくなるということ。

ウ　「私」を省略することができる能動の形式では、誰からの作用を受けての行為であるかを理解することは困難であるということ。

エ　能動の形式で表現される事態や行為であっても、自分で意志をもって行うという能動の概念に当てはまらない場合があるということ。

〔問3〕　この文章の構成における第十二段の役割を説明したものとして最も適切なのは、次のうちではどれか。

ア　それまでに述べてきた能動の形式の特徴について、それに反対する立場から、別の見解を示すことで話題の転換を図っている。

イ　それまでに述べてきた能動と受動の関係について、筆者の体験を基に、根拠となる事例を挙げることで自説の妥当性を強調している。

ウ　それまでに述べてきた能動の形式の課題について、具体例に分析を加え、改めて問題点を整理することで論の展開を図っている。

エ　それまでに述べてきた能動の形式の効果について、新たな視点を示し、詳しい説明を加えることで論を分かりやすくしている。

〔問4〕 (3)意志は自分以外のものに接続されていると同時に、そこから切断されていなければならない。とあるが、筆者がこのように述べたのはなぜか。次のうちから最も適切なものを選べ。

ア　意志は、自分自身や身の回りの様々な条件など多くの情報から影響を受けるものであるが、一方で意志による行為は、主体的な判断によって自ら行うものであると見なされていると考えたから。

イ　意志は、目的や計画を実現しようとする精神の働きであるため、周囲の影響を受けて当初の目的が変化したとしても、計画を実現することは変わらないものであると見なされていると考えたから。

ウ　意志は、行為の原動力であり、事態や行為の起点が自分自身にあることを強く意識させる反面、自分の意識からも制約を受けることのない自由な心の働きであると見なされていると考えたから。

エ　意志は、意識と結びついて目的や計画を実現するために必要な情報を選択しようとする自発的な力であるが、よりよい選択をするためには客観的な判断力も必要であると見なされていると考えたから。

〔問5〕　国語の授業でこの文章を読んだ後、「自分の意志をもつこと」というテーマで自分の意見を発表することになった。このときにあなたが話す言葉を具体的な体験や見聞も含めて二百字以内で書け。なお、書き出しや改行の際の空欄、、や。や「などもそれぞれ字数に数えよ。

は何だろうか。「私が歩く」から「私のもとで歩行が実現されている」を引いたら、何が残るだろうか。（第十二段）

　能動の形式は、意志の存在を強くアピールする。この形式は、事態や行為の出発点が「私」にあり、また「私」こそがその原動力であることを強調する。その際、「私」の中に想定されているのが意志である。つまり「私が歩く」は私の意志の存在を喚起する。しかし、「私のもとで歩行が実現されている」はそうではない。（第十三段）

　意志とは実に身近な概念である。日常でもよく用いられる。だが、それは同時に謎めいた概念でもある。意志とは一般に、目的や計画を実現しようとする精神の働きを指す。意志は実現に向かっているのだから、何らかの力、あるいは原動力である。ただし、力ないし原動力とはいっても、制御されていない剝《む》き出しの衝動のようなものではない。意志は目的や計画をもっているのであって、その意味で意志は意識と結びついている。意志は自分や周囲の様々な条件を意識しながら働きをなす。おそらく無意識のうちになされたことは意志をもってなされたとは見なされない。（第十四段）

　意志は自分や周囲を意識しつつ働きをなす力のことである。意志はそれまでに得られた様々な情報をもとに、それらに促されたり、急《せ》き立てられたりと、様々な影響を受けながら働きをなす。ところが不思議なことに、意志は様々なことを意識しているにもかかわらず、そうして意識された事柄からは独立しているとも考えられている。というのも、ある人物の意志による行為と見なされるのは、その人が自発的に、自由な選択のもとに、自らでなしたと言われる行為のことだからである。誰かが「これは私が自分の意志で行ったことだ」と主張したならば、この発言が意味しているのは、自分がその行為の出発点であったということ、すなわち、様々な情報を意識しつつも、そこからは独立して判断が下されたということである。（第十五段）

　意志は物事を意識していなければならない。つまり、自分以外のものから影響を受けている。にもかかわらず、意志はそうして意識された物事からは独立していなければならない。すなわち自発的でなければならない。（第十六段）

(3)意志は自分以外のものに接続されていると同時に、そこから切断されていなければならない。われわれはそのような実は曖昧な概念を、しばしば事態や行為の出発点に置き、その原動力と見なしている。（第十七段）

（國分功一郎「中動態の世界」による）

〔注〕　プロセス——過程。
意志する——物事を深く考え、積極的に実行しようとすること。
カテゴリー——範囲。

〔問1〕　(1)しかし、「自分で」がいったい何を指しているのかを決定するのは容易ではないし、「意志」を行為の源泉と考えるのも難しい。とあるが、「『自分で』がいったい何を指しているのかを決定するのは容易ではない」と筆者が述べたのはなぜか。次のうちから最も適切なものを選べ。

ア　他者と関わる行為では、相手に心から求められていることを理解して行動することが優先され、自分の意志は後回しになると考えたから。

イ　自分の意志で行っていると感じる行為の中には、心の中で起こることのように、自分の思い通りに操作できないものがあると考えたから。

ウ　心の中で起こる行為は、意志ではなく特定の条件が起因となると言われているが、自分でその条件を整えることはできないと考えたから。

罪する気持ちが相手の心の中に現れていなければ、それを謝罪として受け入れることはできない。そうした気持ちの現れを感じたとき、私は自分の中に「許そう」という気持ちの現れを感じる。もちろん、相手の心を覗《のぞ》くことはできない。だから、相手が偽ったり、それに騙《だま》されたりといったことも当然考えられる。だが、それは問題ではない。重要なのは、謝罪が求められたとき、実際に求められているのは何かということである。確かに私は「謝ります」と言う。しかし、実際には、私が謝るのではない。私の中に、私の心の中に、謝る気持ちが現れることこそが本質的なのである。（第四段）

　こうして考えてみると、「私が何ごとかをなす」という文は意外にも複雑なものに思えてくる。というのも、「私が何ごとかをなす」という仕方で指し示される事態や行為であっても、細かく検討してみると、私がそれを自分で意志をもって遂行しているとは言いきれないからである。（第五段）

　謝るというのは、私の心の中に謝罪の気持ちが現れ出ることであろうし、想いに耽るというのも、そのようなプロセスが私の頭の中で進行していることであろう。にもかかわらず、われわれはそうした事態や行為を、「私が何ごとかをなす」という仕方で表現する。というか、そう表現せざるをえない。（第六段）

　「私が何ごとかをなす」という文は、「能動」と形容される形式のもとにある。たった今われわれが確認したのは、能動の形式で表現される事態や行為が、実際には、能動性の＊カテゴリーに収まりきらないということである。能動の形式で表現される事態や行為であろうとも、それを能動の概念によって説明できるとは限らない。「私が謝罪する」ことが要求されたとしても、そこで実際に要求されているのは、私が謝罪することではない。私の中に謝罪の気持ちが現れ出ることなのだ。（第七段）

　能動とは呼べない状態のことを、われわれは「受動」と呼ぶ。受動とは、文字通り、受け身になって何かを蒙《こうむ》ることである。能動が「する」を指すとすれば、受動は「される」を指す。たとえば「何ごとかが私によってなされる」とき、その「何ごとか」は私から作用を受ける。ならば、能動の形式では説明できない事態や行為は、それとちょうど対をなす受動の形式によって説明すればよいということになるだろうか。（第八段）

　確かに、謝罪することは能動とは言いきれなかった。だが、それらを受動で表現することはとてもできそうにない。「私が歩く」を「私が歩かされている」と言い換えられるとは思えないし、謝罪が求められている場面で「私は謝罪させられている」と口にしたらどういうことになるかはわざわざ言うまでもない。（第九段）

　能動と受動の区別は、全ての行為を「する」か「される」かに配分することを求める。しかし、こう考えてみると、この区別は非常に不便で不正確なものだ。能動の形式が表現する事態や行為は能動性のカテゴリーにうまく一致しないし、だからといってそれらを受動の形式で表現できるわけでもない。（第十段）

　だが、それにもかかわらず、われわれはこの区別を使っている。そしてそれを使わざるをえない。どうしてなのだろうか。もう一度、能動の方から考え直してみよう。(2)われわれは、「私が何ごとかをなす」という文がもつ曖昧さを指摘した。たとえば「私が歩く」が指し示している事態とは、実際には、「私のもとで歩行が実現されている」ことだ。（第十一段）

　では、この二つは、いったいどこがどうずれているのだろうか。「私が歩く」と「私のもとで歩行が実現されている」の決定的な違い

エ　上野が描いた絵を丁寧に見ることで、辞書についたくすみや汚れが、実は母が何度も引いたときについた指跡だったのだと分かったから。

〔問5〕 (5)それに指を重ねるように、そっとわたしは手を伸ばしていた……。とあるが、このときの「わたし」の気持ちに最も近いのは、次のうちではどれか。

ア　辞書の文字を読むことで知識を増やしていくという過去から脈々と人間が続けてきた営みを、母から受け継いだ辞書を描くことで、自分に教えようとした上野に対して感謝したいと思う気持ち。

イ　先人の知識が凝縮している文字を学んで後世に伝えるという人間が続けてきた営みを、上野は学者になることで母から受け継ごうとしているのだと分かり、自分も負けずに勉強したいと思う気持ち。

ウ　過去の人々が文字で残した知識について学ぶという人間が続けてきた営みを、上野が受け継ごうとしていることに気付かずに、母からもらった大切な辞書を汚いと言ったことを謝りたいと思う気持ち。

エ　昔の人々が伝えようとした知識を文字によって学ぶという人間が続けてきた営みを、母と同じように上野が受け継ごうとしているように感じ、自分もその営みの一端に触れてみたいと思う気持ち。

4　次の文章を読んで、あとの各問に答えよ。（*印の付いている言葉には、本文のあとに〔注〕がある。）

私が何ごとかをなすとき、私は意志をもって自分でその行為を遂行しているように感じる。また人が何ごとかをなすのを見ると、私はその人が意志をもって自分でその行為を遂行しているように感じる。(1)しかし、「自分で」がいったい何を指しているのかを決定するのは容易ではないし、「意志」を行為の源泉と考えるのも難しい。（第一段）

このことは心の中で起こることを例にするとより分かりやすくなるかもしれない。たとえば、「想《おも》いに耽《ふけ》る」といった事態はどうだろうか。私が想いに耽るのだとすれば、想いに耽るのは確かに私だ。だが、想いに耽るという*プロセスがスタートするその最初に私の意志があるとは思えない。私は「想いに耽るぞ」と思ってそうするわけではない。何らかの条件が満たされることで、そのプロセスがスタートするのである。また、想いに耽るとき、私は心の中で様々な想念が自動的に展開したり、過去の場面が回想として現れ出たりするのを感じるが、そのプロセスは私の思い通りにはならない。意志は想いに耽るプロセスを操作していない。（第二段）

心の中で起こることが直接に他者と関係する場合を考えてみると、事態はもっと分かりやすくなる。謝罪を求められた場合を考えてみよう。私が何らかの過《あやま》ちを犯し、相手を傷つけたり、周りに損害を及ぼしたりしたために、他者が謝罪を求める。その場合、私が「自分の過ちを反省して、相手に謝るぞ」と*意志しただけではダメである。心の中に「私が悪かった……」という気持ちが現れてこなければ、他者の要求に応えることはできない。そしてそうした気持ちが現れるためには、心の中で諸々《もろもろ》の想念をめぐる実に様々な条件が満たされねばならないだろう。（第三段）

逆の立場に立って考えてみればよい。相手に謝罪を求めたとき、その相手がどれだけ「私が悪かった」「すみません」「謝ります」「反省しています」と述べても、それだけで相手を許すことはできない。謝言ってしまったと気付き、謝りたいと思いつつも決心がつかなかったから。

ウ　上野に無視されたように感じて思わず心無い言葉を発したが、打ち解けた話し方に驚き、何と答えてよいか分からなくなったから。

エ　自分には理解できない話題について、遠慮も気遣いもない言い方で話してくる上野の態度を不審に思い、何も言えなくなったから。

〔問2〕　(2)二重の目はいつも以上に大きく開かれ、遠い場所を追っていた。まるで目の前の本ではなく、その向こう側にいる誰かを見つめているようだった。とあるが、この表現について述べたものとして最も適切なのは、次のうちではどれか。

ア　たくさんの本を読もうと意気込む上野の母の様子を、生き生きと表現するとともに、たとえを用いることで躍動的に表現している。

イ　本を読んで思索にふける上野の母の様子を、豊かな感覚で捉えて表現するとともに、たとえを用いることで印象的に表現している。

ウ　昔会った人を本で調べる上野の母の様子を、時間の経過に従って表現するとともに、たとえを用いることで説明的に表現している。

エ　息子の友人を無視して本を読む上野の母の様子を、ありのままに表現するとともに、たとえを用いることで写実的に表現している。

〔問3〕　(3)わたしはすぐに目を伏せ、絵の具を混ぜる振りをしてやり過ごした。とあるが、この表現から読み取れる「わたし」の様子として最も適切なのは、次のうちではどれか。

ア　上野は辞書をけなした自分を今でも受け入れていないと気付いて、目を合わせることはできないと思い、関わらないようにしている様子。

イ　絵の題材として辞書を選ばないでほしいという自分の勝手な願いが、上野に気付かれそうになったことに動転し、うろたえている様子。

ウ　先日の失言を思い出して嫌な気持ちになったので、今日は上野に何も言わないようにしようと思い、絵を描くことに集中している様子。

エ　辞書を描くのは自分を非難するためではないかという疑いを上野に悟られないように、とっさに下を向き、平静をよそおっている様子。

〔問4〕　(4)上野が何故《なぜ》あれほど熱心に辞書を見ていたのか分かった気がした。とあるが、「わたし」が「上野が何故あれほど熱心に辞書を見ていたのか分かった気がした」わけとして最も適切なのは、次のうちではどれか。

ア　丹念に描かれた指跡を見て、真摯に学ぶ母の姿が重ねられているように感じ、書斎での母の様子と辞書を読む上野の様子が結び付いたから。

イ　無数の指跡は、努力して学んだ母の姿にあこがれて描いたものだと気付き、母の引き方をまねて上野は頁をめくっていると確信したから。

ウ　絵に描かれた指跡を見ていると、頁をめくる母の手の動きが想像でき、その動きは辞書を読む上野の手の動きと同じだと気が付いたから。

陸上部の秋季大会は惨憺《さんたん》たる結果で、自己ベストにすら遠く及ばず、慣れない靴のために足首を捻《ひね》って最後の跳躍も叶《かな》わなかった。学校行事も遠足に期末試験と慌ただしく続き、あっという間に冬休みが訪れた。一年前は暇さえあれば上野の家のインターホンを鳴らしに行ったが、年末年始は部活もさほどなく、わたしは所在なく冬休みを過ごした。

年が明け、一年生最後の学期が始まった。美術の時間では、二学期に描いた絵が返却された。わたしのスパイクはべたっとした単調な絵で、どう見てもそれは地上から跳び上がるための道具に見えなかった。秋季大会のことも思い出され、わたしはすぐさま絵を作業台の下に隠した。そして、そのまま美術室に絵を忘れてきてしまった。誰かに見られると恥ずかしいので、放課後に部活に行く振りをしてこっそりと取りに行った。

美術室は閉まっていた。隣の準備室にも先生はおらず、わたしはしばらく廊下をうろつき、展示されている作品を眺めた。廊下には出来の良かった作品が幾つか数珠繋《じゅずつな》ぎに吊《つ》るされていた。どの絵もわたしのより上手く描けていたが、だからと言ってわたしと関わり合いのあるものには感じられなかった。

職員室に先生を探しに行こうかと考え、絵の前を引き返していると、その中の一枚が目に留《とま》った。上野の絵だった。一番隅にあったので見逃していたのだ。わたしは足を停《と》め、そこに描かれたあの辞書を見た。辞書は本物そのものの様に汚れが目立ち、日に焼けてくすんでいた。絵に鼻を近づけたら、古びた紙の匂いまで漂ってきそうだった。開かれた辞書をぼんやりとした光の帯が包みこんでいた。

忘れていた嫌な感情がよみがえってきそうになった。しかしわたしは奇妙にその絵に引き寄せられていた。よくよく見ると、辞書のくすみや汚れは、出鱈目につけられたものではないことがわかった。まるで雪原の足跡のような、その一つ一つが辞書についた人の指紋の形を成していた。指跡は見開きの頁ばかりでなく、辞書の側面にもびっしりと描かれていた。わたしは上野の手と彼の母親の姿を思い出した。(4)上野が何故《なぜ》あれほど熱心に辞書を見ていたのか分かった気がした。

すると、辞書の周りにあった、単なる光の筋だと思われたものが、辞書へ伸びる指であり腕で、一冊の書物へ向かって何度も伸ばされたものの残像であることに気が付いた。細く白い幾つもの手が辞書を目指し、あるいはその遥《はる》か向こう側へ向かって伸ばされ、互いを支え合うようにして幾重もの層を成していた。

唐突に、わたしのなかの靄《もや》が晴れていった。上野の母親の視線のゆくえも理解できる気がした。彼女の姿に上野が重なってゆき、わたしは受け継がれていく人の営みを感じずにはいられなかった。そう思うと、わたしの目には辞書に書かれている字すらも人々の指跡で出来ているように映った。(5)それに指を重ねるように、そっとわたしは手を伸ばしていた……。

（澤西祐典「辞書に描かれたもの」による）

〔注〕衒《てら》い――ひけらかすこと。

〔問1〕(1)わたしはろくに返事もできず、ちょうど先生が教室へ入ってきたのを良い事に、上野に背を向けた。とあるが、「わたし」が「ろくに返事もできず、上野に背を向けた」わけとして最も適切なのは、次のうちではどれか。

ア　淡々とした口調であったが、今までにないほど強いまなざしで上野が見つめてくるので、何を言っても許してもらえないと思ったから。

イ　温和な言葉で話す上野に比べ、自分はあまりにひどいことをを良い事に、上野に背を向けた。

授業が始まっても、内容は頭に入って来なかった。こちらを見つめかえした上野の目の印象がなかなか頭から去らなかった。振り払おうと必死になる度に、後ろから辞書をめくる音が聞こえた。時折、紙が折れたり頁が破けたりする音も混じっていた。わたしは一二度《いちにど》そっと振り返りもしたが、上野はこちらに気付く素振りもなく、相変わらず目を輝かせながら辞書を引いていた。

わたしは先ほどの上野の言葉に思いをめぐらせた。上野の母親には、何度か会ったことがあった。大概は彼の家にいる時で、二人で遊んでいると夕方ごろにどこからか帰ってきて、二言三言挨拶を交わした。いつも黒い髪を後ろに束ね、忙しそうにしていた。しかし、もっとも印象に残っているのは、彼女が書斎に居た姿だった。トイレを借りた帰りの廊下で、いつもは閉じている部屋のドアが開いているのにわたしは気が付いた。人の気配がしたので、わたしは気になって覗《のぞ》いてみると、そこに上野の母親がいた。書棚に囲まれた机に大きな本を何冊か広げながら、はっとするほど冷たい横顔で座っていた。調べごとか、考え事をしている風だった。(2)二重の目はいつも以上に大きく開かれ、遠い場所を追っていた。まるで目の前の本ではなく、その向こう側にいる誰かを見つめているようだった。

上野の母の白い手が頁をめくった音でわたしは我に返り、見てはならないものを見た気がして黙ってその場を後にした。自分はなぜあれほど動揺したのだろうか。もしかしたら大の大人が勉強をしている姿を見たのが初めてだったからかもしれない。自宅に帰ってから、わたしは自分の親に上野の家で見たことを率直に告げた。母親からは、上野の母は「ガクシャ」だからという答えが返ってきたのを覚えている。

わたしには「ガクシャ」も「ダイガク」も「母さんがくれたんだ」という言葉も、そして辞書をめくる音の意味もうまく咀嚼《そしゃく》できないまま授業は終《おわ》りを告げた。自分の失言のせいもあって、上野との間にいっそうの隔たりを感じ、わたしはそれっきり上野と会話を交わすことがなかった。

秋の新人戦に向けて多忙な時期でもあり、友人達《たち》と大声で笑い合ううちに、わたしは辞書のことを忘れ、国語の授業中に聞こえる紙の音も次第に気にならなくなった。わたしの未使用の辞書は教室の後ろのロッカーに入れられたまま放置された。

しばらく後の美術の授業でのことだった。わたしは試合で使う予定のスパイクシューズの絵を描いていた。思い入れのある持ち物を題材に選ぶように言われ、わたしは迷わず卸し立てのスパイクを選んだ。青いラインの入ったスパイクの靴底からは八本の釘《くぎ》が鋭く光っていた。

ふと筆を休めた時に、斜め向かいの班に上野がいるのが目に入った。わたしの胸に思い出したくないものがぶり返してきた。彼の前に、あの辞書があったからだ。改めて見ると、くすんだ白い表紙は辞書そのものからほとんど取れかけている。あんなみすぼらしい辞書では不恰好《ぶかっこう》な絵になるに違いないのに、どうして題材に選んだのだろうと思った。

途端、おそろしく身勝手で愚かな邪推が、つまり、わたしへの当てつけであの辞書を描こうとしているのではないかという考えがわたしの頭に浮かんだ。そう思った瞬間に上野が顔を上げ、また視線が交錯しそうになった。(3)わたしはすぐに目を伏せ、絵の具を混ぜる振りをしてやり過ごした。出鱈目《でたらめ》に色を混ぜながら、上野が辞書を引っ込めて、別の物を題材に選んでくれたらいいのにと願ったが、上野は辞書の絵を描き続けた。

〈国語〉

時間 五〇分　満点 一〇〇点

1 次の各文の――を付けた漢字の読みがなを書け。

(1) 洋服のほころびを繕う。
(2) 日本の伝統的な舞踊を鑑賞する。
(3) 午後の列車には若干の空席がある。
(4) 善戦するも一点差で惜敗し、優勝を逃す。
(5) 忙しさに紛れて、弟に頼まれた用事を忘れる。

2 次の各文の――を付けたかたかなの部分に当たる漢字を楷書で書け。

(1) 浜辺で美しい貝殻をヒロう。
(2) 母のキョウリから、みかんが届く。
(3) 今年の春から、姉は図書館にキンムする。
(4) 幼い妹たちの言い争いをチュウサイする。
(5) 帰宅すると、愛犬がイキオいよく駆け寄ってきた。

3 次の文章を読んで、あとの各問に答えよ。（*印の付いている言葉には、本文のあとに〔注〕がある。）

中学校一年生の「わたし」と後ろの席に座る上野《うえの》とは、小学生の時は互いの家を行き来して遊ぶ間柄であった。中学校入学後、「わたし」は陸上部に入り、上野は部活に入らなかったこともあって、それぞれ違う友人の輪の中にいることが多くなり、話す機会がなくなっていた。

教室には休み時間のだらけた雰囲気が残っていた。わたしも体を半分上野の方へ向けて座っていた。しかし上野に話しかけたくても、どう接して良いものか分からず、話の糸口を上手《うま》く摑《つか》めないでいた。

上野は辞書を熱心に読んでいた。見るからに古く、年季の入った辞書だった。四隅がぼろぼろで、頁《ページ》も手垢《てあか》で黒ずんでいた。箱もなく、白かったであろう表紙はねずみ色と言っていいぐらいで、金色の題字は剝がれてほとんど残っていない。しかしそんな辞書とは対照的に、それを読む上野の目は爛々《らんらん》と輝いていた。彼の目にわたしの姿は映っておらず、わたしは不思議と苛立《いらだ》ちを覚え、気が付いた時には乱暴に言葉を発していた。

「お前、汚い辞書使ってんな。」

言葉が舌の上を通り抜けた瞬間から、激しい後悔が襲った。たしかに上野の使っている辞書は、お世辞にも綺麗《きれい》とは言い難《がた》い代物だった。だからといって、他にいくらでも言いようがあっただろう。わたしは自分の声が周りに聞こえていることも十分に意識していた。お前、汚い辞書使ってんな。鼓動が激しくなる中、顔をあげた上野と目が合った。つぶらな、大きな目だった。こちらをじっと見つめかえしながら彼は言った。

「うん、母さんがくれたんだ。大学の時に買ってもらった辞書なんだって。」

屈託も*衒《てら》いもない言い方だった。わたしは彼が言おうとしたことが何一つ呑《の》み込めずにいた。どうして上野の母が出て来るのか、ダイガクとは何か、だからどうだというのか、わたしにはよく分からなかった。しかし、何よりもその口調がわたしの心を打《ぶ》った。それは昔と変わらない、心を許した相手にだけ向けた穏やかな話し方だった。(1)わたしはろくに返事もできず、ちょうど先生が教室へ入ってきたの

平成 30 年度

解答と解説

《平成30年度の配点は解答用紙に掲載してあります。》

＜数学解答＞

1 〔問1〕 8　〔問2〕 $4a+9b$　〔問3〕 -5　〔問4〕 $-\frac{1}{3}$　〔問5〕 $x=2$，$y=6$
〔問6〕 -7，-5　〔問7〕 あ：4，い：5　〔問8〕 う：1，え：1，お：5
〔問9〕 解説参照

2 〔問1〕 イ　〔問2〕 解説参照

3 〔問1〕 ウ　〔問2〕 ① ア　② (4，8)

4 〔問1〕 エ　〔問2〕 ① 解説参照　② か：2，き：3

5 〔問1〕 く：6，け：0　〔問2〕 こ：8，さ：1

＜数学解説＞

1 (小問群－式の計算，文字式の計算，根号を含む計算，一次方程式，連立方程式，二次方程式，資料の活用と割合，平行線と角度の求値，作図)

〔問1〕 $5-\frac{1}{3}\times(-9)=5+3=8$

〔問2〕 $8(a+b)-(4a-b)=8a+8b-4a+b=4a+9b$

〔問3〕 展開公式 $(x+y)(x-y)=x^2-y^2$ を利用する。$(\sqrt{7}+2\sqrt{3})(\sqrt{7}-2\sqrt{3})=(\sqrt{7})^2-(2\sqrt{3})^2=7-12=-5$

〔問4〕 $4x-5=x-6$　$4x-x=-6+5$　$3x=-1$　$x=-\frac{1}{3}$

〔問5〕 $7x-y=8$…①，$-9x+4y=6$…②とすると，①×4＋②より，$28x-9x=32+6$　$19x=38$　$x=2$　これを①に代入すると，$7\times2-y=8$　$y=6$

〔問6〕 左辺が因数分解できるので，まずは因数分解する。足して12，掛けて35である2つの数字は5と7なので，$(x+5)(x+7)=0$　$x=-5$，-7

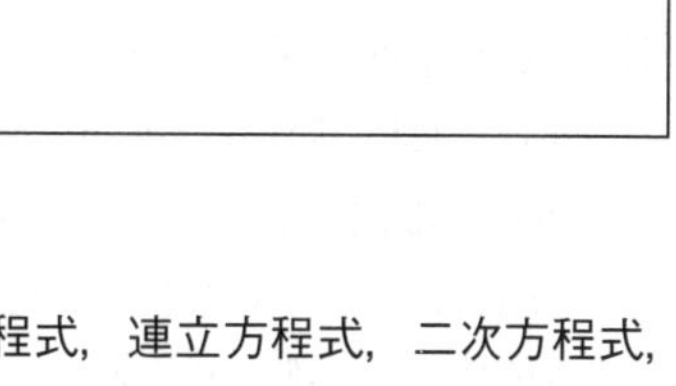

〔問7〕 求める割合(%)は$\frac{\text{対象となる度数}}{\text{全体の度数}}\times100$(%)で求めることができる。最高気温が18℃以上であった日は全部で$5+9+4=18$日　全体の日数は40日なので，最高気温が18℃以上であった日数の割合は，$\frac{18}{40}\times100=45$(%)

〔問8〕 右上図のようにℓ，mに平行な直線を引いて考える。平行線の錯角を利用すると，$\angle x=(45+70)^\circ=115^\circ$

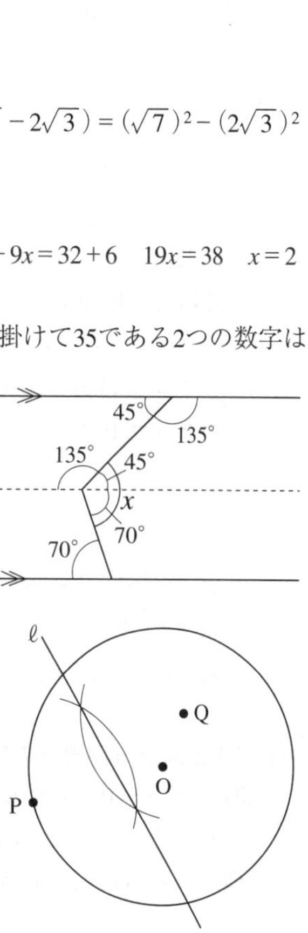

〔問9〕 折り目と重なる直線ℓは，線分PQの垂直二等分線をひけばよい。具体的には，コンパスの針を点Pにあて点Pを中心とした円を描く。それと同じ半径のままコンパスの針を点Qにあて点Qを中心とした円を描く。2つの円の2つの交点を定規でむすび直線をひくとそれが線分PQの垂直二等分線となる。

2　(空間図形と数学的思考－正六角柱の性質と表面積の求値，円柱の性質と表面積の求値)

〔問1〕　正六角形は右図のように円に内接し，対角線ADと対角線CFの交点は円の中心となる。したがって，△MAB，△MBC，△MCD，△MDE，△MEF，△MFAはすべて合同な正三角形となり，正六角形ABCDEFの面積は，△MAB×6で求めることができる。また，正六角柱の側面は縦h(cm)，横a(cm)である四角形AGHBと合同な長方形が6個あると考えることができるので，正六角柱の表面積Pは(底面積)×2＋(側面積)より，$\mathrm{P}=\left\{\left(a\times b\times\frac{1}{2}\right)\times 6\right\}\times 2+(a\times h)\times 6=6ab+6ah=6a(b+h)$

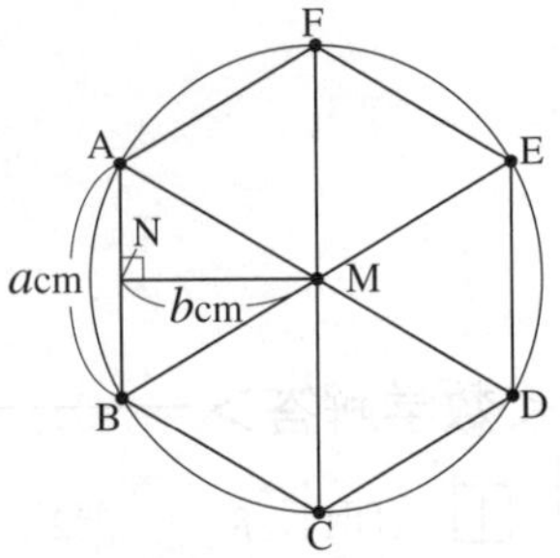

〔問2〕〔証明〕　円柱の側面は，縦の長さがh cm，横の長さが底面の円周の長さに等しい長方形だから，側面積は$2\pi r\times h=2\pi rh$，底面積はπr^2となる。したがって，表面積Qは，$\mathrm{Q}=2\pi rh+2\pi r^2$…(1)　$\ell=2\pi r$だから，$\ell(h+r)=2\pi r(h+r)=2\pi rh+2\pi r^2$…(2)　(1)，(2)より，$\mathrm{Q}=\ell(h+r)$

3　(座標平面と関数－放物線と変域，直線の方程式，動点と座標の求値)

〔問1〕　点Pの座標は$(a,\ b)$であり，$-4\leqq a\leqq 6$とするときを考えるので，bのとる値の範囲は，関数$y=\frac{1}{2}x^2$の$-4\leqq x\leqq 6$におけるyの変域を考えればよい。すると，$-4\leqq x\leqq 6$には$x=0$が含まれていることからyの値の最小値は0であり，また点A$(-4,\ 8)$，点B$(6,\ 18)$より，$x=6$のときyの値は最大値18をとるので，yの変域は$0\leqq y\leqq 18$　したがってbのとる値の範囲は$0\leqq b\leqq 18$

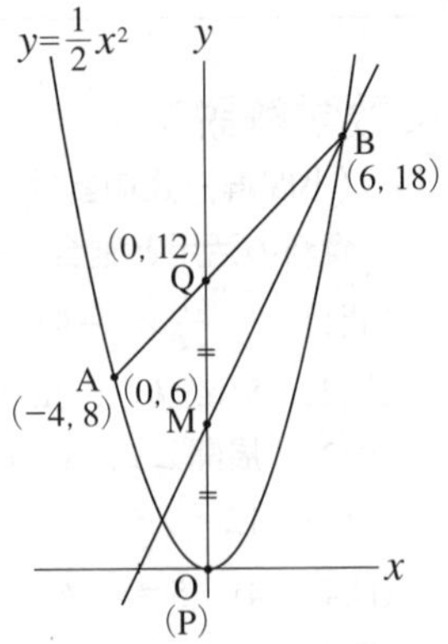

〔問2〕　①　点Pがy軸上にあるとき右図のように点Pは原点にある。このとき，点Qは直線ABの切片となる。ここで，点A$(-4,\ 8)$，B$(6,\ 18)$より，直線ABの方程式は$y=x+12$　したがって，点Q$(0,\ 12)$とわかる。よって，点Mは2点P，Qの中点なので，M$(0,\ 6)$　以上より，2点B$(6,\ 18)$，M$(0,\ 6)$を通る直線の式は，その傾きは(yの増加量)÷(xの増加量)$=(18-6)\div(6-0)=2$　切片が6より，$y=2x+6$　②　点Pのx座標とtとすると，Pは$y=\frac{1}{2}x^2$のグラフ上にあるのでP$\left(t,\ \frac{1}{2}t^2\right)$　点Qは直線ABである$y=x+12$のグラフ上にあるのでQ$(t,\ t+12)$　したがって，2点P，Qの中点であるMはx座標はtであり，y座標は$\left(\frac{1}{2}t^2+t+12\right)\div 2=\frac{1}{4}t^2+\frac{1}{2}t+6$　これが直線OBである$y=3x$のグラフ上にあるので，M$\left(t,\ \frac{1}{4}t^2+\frac{1}{2}t+6\right)$を代入すると，$\frac{1}{4}t^2+\frac{1}{2}t+6=3t$　これを解いていくと，$t^2-10t+24=0$　$(t-4)(t-6)=0$　$t=4,\ 6$　点Pのx座標であるtは-4より大きく6より小さいので，$t=4$が適する。よって，P$(4,\ 8)$

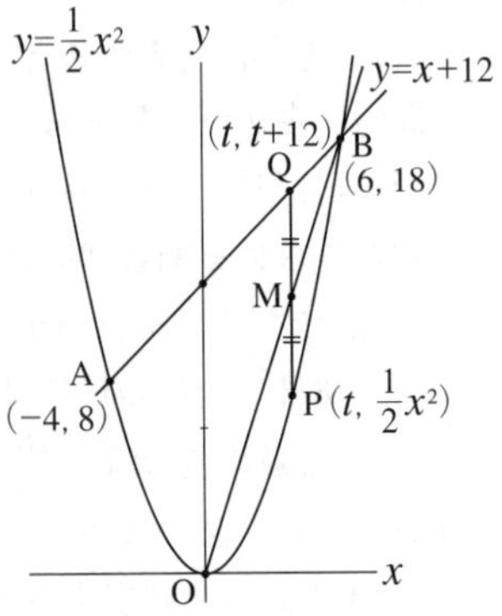

4　(平面図形－円周角の定理と中心角，三角形が合同であることの証明，相似な図形と面積比)

〔問1〕　線分ABは直径なので$\angle\mathrm{ACB}=90^\circ$であり，$\overset{\frown}{\mathrm{AC}}=\overset{\frown}{\mathrm{BC}}$よりAC＝BCかつ$\angle\mathrm{ABC}=\angle\mathrm{BAC}=45^\circ$とわかる。ここで，△ACQにおいて三角形の2つの内角の和は，もう1つの内角の外角と等しいので，$\angle\mathrm{AQP}=(a+45)^\circ$

〔問2〕 ① △ABPと△ARPにおいて，仮定から，BP＝RP…(1) 半円の弧に対する円周角だから，∠APB＝90°…(2) (2)より，AP⊥BRだから，∠APB＝∠APR…(3) 共通な辺だから，AP＝AP…(4) (1)，(3)，(4)より，2組の辺とその間の角がそれぞれ等しいから，△ABP≡△ARP

② $\overset{\frown}{AP}$における円周角は等しいので，∠ACP＝∠ABP…(イ) $\overset{\frown}{BC}=2\overset{\frown}{BP}$より，円周角の大きさは弧の大きさに比例するので，∠CAB＝2×∠BAPとなり，∠CAB＝45°より∠BAP＝22.5° ここで，①より，△ABP≡△ARPなので対応する角の大きさは等しいことから，∠RAP＝∠BAP＝22.5° すなわち，∠BAR＝(22.5＋22.5)°＝45° 以上より，∠CAQ＝∠BAR＝45°…(ロ) (イ)，(ロ)より，△ACQと△ABRにおいて2組の角がそれぞれ等しいことがわかり，△ACQ∽△ABRといえる。さらに，△ACBはAC＝BCの直角二等辺三角形なので，AC：AB＝1：$\sqrt{2}$であることより，△ACQと△ABRの相似比は1：$\sqrt{2}$ したがって，**相似な図形の面積の比は相似比の2乗の比と等しいので**，△ACQ：△ABR＝1^2：$(\sqrt{2})^2$＝1：2…(ハ) △ABRの面積をSとすると，△ABP＝△ARP＝$\frac{1}{2}$S AO＝BOより△AOP＝△ABP×$\frac{1}{2}$＝$\frac{1}{2}$S×$\frac{1}{2}$＝$\frac{1}{4}$S よって，四角形AOPRの面積は△ARP＋△AOP＝$\frac{1}{2}$S＋$\frac{1}{4}$S＝$\frac{3}{4}$S また，(ハ)より△ACQ＝△ABR×$\frac{1}{2}$＝$\frac{1}{2}$S 以上より，△ACQ：(四角形AOPR)＝$\frac{1}{2}$S：$\frac{3}{4}$S＝2：3なので，△ACQの面積は四角形AOPRの面積の$\frac{2}{3}$倍

5 (空間図形－立体の切断面における角度の求値，三角すいの体積の求値)

〔問1〕 点Pが頂点Cに一致するとき，∠BPDの大きさは∠BCDの大きさと等しい。ここで，△BCDを考えると，△ABCはAB＝AC＝9の直角二等辺三角形なのでBC＝$9\sqrt{2}$ 四角形ADFCと四角形ABEDは1辺9の正方形なのでその対角線の長さはCD＝BD＝$9\sqrt{2}$ したがって，△BCDは1辺$9\sqrt{2}$の正三角形とわかり，∠BCD＝∠BPD＝60°

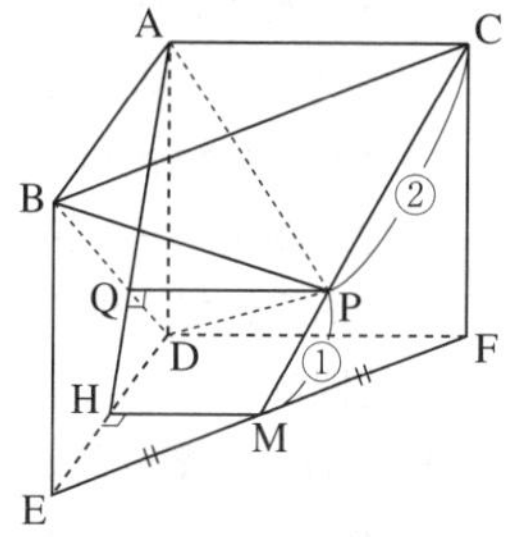

〔問2〕 3点A，C，Mを通る平面で三角柱ABC－DEFを切断した切断面は右図のようになる。切断面と辺DEの交点をHとし，点PからAHに垂線PQを下ろしたとする。すると，三角柱ABC－DEFにおいて，辺CAは面ABDに垂直であり，AC//PQであることから，PQも面ABDに垂直であるとわかり，線分PQは立体P－ABDの高さと考えることができる。したがって，立体P－ABDの体積は△ABD×PQ×$\frac{1}{3}$で求めることができる。(問題を解く上で考慮は不要だが，点Qは辺BD上にもある。) ここで，右の平面図において，直線CMと直線AHの交点をIとする。 △EFDにて，点Mは辺EFの中点であり，FD//MHなので，中点連結定理より，MH：FD＝1：2 したがって，FD＝9よりMH＝$\frac{9}{2}$ さらに，△IACにおいて，MH//CAかつMH：CA＝1：2なので，点Mは線分ICの中点とわかる。よって，IM：MP：PC＝3：1：2 すなわち，IP：IC＝4：6＝2：3 ゆえに，△APQ∽△ICAを利用すると，PQ＝CA×$\frac{2}{3}$＝9×$\frac{2}{3}$＝6 ゆえに，立体P－ABDの体積は，△ABD×PQ×$\frac{1}{3}$＝$\left(9\times9\times\frac{1}{2}\right)$×6×$\frac{1}{3}$＝81(cm^3)

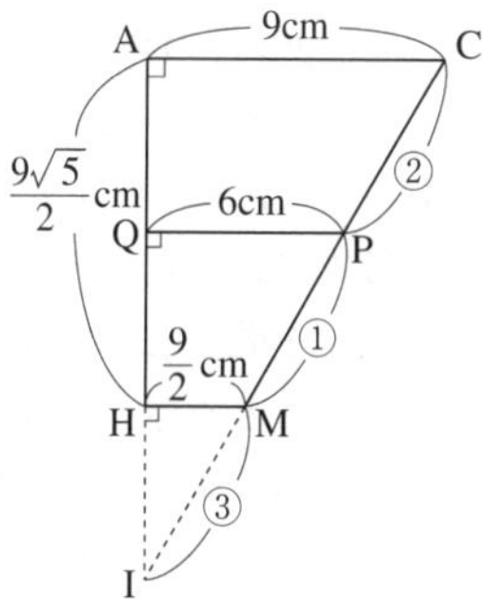

＜英語解答＞

1　〔問題A〕　＜対話文1＞　エ　　＜対話文2＞　イ　　＜対話文3＞　ウ
〔問題B〕　＜Question 1＞　ア　　＜Question 2＞　A beautiful lake view.

2　1　エ　　2　ウ　　3　(1)　イ　　(2)　(例)I am enjoying studying about the culture of my own country. I think it is important to introduce it to people from other countries when I go abroad. I go to the library every weekend and read books about it there.

3　〔問1〕　イ　〔問2〕　ウ　〔問3〕　イ　〔問4〕　エ　〔問5〕　ア　〔問6〕　エ
〔問7〕　ア

4　〔問1〕　ウ　〔問2〕　イ→エ→ア→ウ　〔問3〕　(1)　ア　　(2)　エ　　(3)　ア
〔問4〕　(1)　ウ　　(2)　イ

＜英語解説＞

1　(リスニング)

放送台本の和訳は，60ページに掲載。

2　(短文読解問題：語句選択補充，内容真偽，条件英作文)

1　(A)　3つ目のキャシーの発話は「私は大学生で，あなたは高校生ね」とあるので，表Ⅰ - 1から二人とも「大人」の料金であることがわかる。また，3つ目のメアリーの発話から「日本庭園とプールに入れる」とわかるので，400円と1000円の両方を払うことになる。また，キャリーの3つ目の発話の最後に for both of us「私たち両方で」とあるので，二人分の値段が入ると考え「2,800円」がふさわしい。　(B)　最後のメアリーの発話に「何時に公園が閉まるか確認しよう」とあるので，表Ⅰ - 2を見る。最後のキャシーの発話から今が August「8月」とわかるので閉園時間は6時となる。

2　(A)　空欄直前に「1番ゲートを通る」とあるので案内図より日本庭園が一番近いことがわかる。(B)　2つ目のキャシー，3つ目のメアリーの発話より二人がデパートに買い物に行くことがわかり，3つ目のキャシーの発話から帰りはヒノキ駅から帰ることがわかる。案内図によるとデパートに一番近い出口は3番ゲートである。

3　(1)　Eメールは「初めて見た日本庭園がとても印象的だった。プールで楽しそうで嬉しかった。日本に来る前から日本文学に興味があったから日本で勉強したい。図書館で日本人の友達と日本文学を勉強している。日本のことを教えてもらったり，私の国のことを教えたりして，日本で新しいことを学べて幸せだ。将来日本文学の学者になりたいという夢があるから勉強を続ける。また日本に来たら一緒に旅行したい。たくさん美しい場所があるから。」というのが大体の内容。
ア　「キャシーはメアリーにまた日本に来てキャシーの友達に会ったり，一緒に日本文学を勉強したりしてもらいたい」(×)　第2段落ではキャシーが日本文学を勉強したいことが書かれている。第3段落では一緒に旅行したいことが書かれていて，一緒に勉強したいとは書かれていない。
イ　「キャシーは日本文学の勉強を続け，将来日本文学の学者になりたいと思っている」(○)　第2段落最後の3文を参照。keep ～ ing「～し続ける」　ウ　「キャシーは図書館へ行くときに友達に自分の国のことについて日本語で伝えることが全くできないので，もっと日本語を勉強しなくてはならないと思っている」(×)　第2段落第5～7文参照。日本語の能力については書かれていない。　エ「キャシーはメアリーと一緒に美しい日本庭園を見て日本中を旅行できて幸せで，一緒に庭園を見ることを楽しめて幸せだった」(×)　第3段落参照。また日本に来たら一緒に旅行したいと書いてある。　(2)　空欄の前は「日本庭園を見て楽しかった。面白い場所に連れて行ってくれてありがとう。あなたは日本文学を勉強するのを楽しんでいることでしょう。私も勉強を楽しんでいることが一つある。そのことについて話します。」という内容。打ち込んでいる勉強や学びに関する英文を指示通り3文書くこと。解答例の英文は「私は自分の国の文化について勉強するのを楽しんでいます。外国へ行ったときに他の国の人々に文化を紹介することは大切だと思います。毎週末図書館に行って，そこで文化についての本を読んでいます。」という意味。勉強することは，科目に限らず興味のあることでいい。**自分の意見とその理由まで書けるように教科書の英文を参考にしながら書く練習をすること。**

3　**(会話文読解問題：語句解釈，指示語，語句補充)**

(全訳)

アキラ，ダイキ，チカは東京の高校生です。ベラはアメリカから来た高校生です。彼らは放課後に教室で話をしています。

アキラ：ぼくは先週始まったSF映画に興味があるんだ。それを観に行かない？

ベラ　：オーケー。

アキラ：その映画では空飛ぶ車のような驚くような機械が出てくるって聞いたよ。

ダイキ：面白そうだね。今そういうものは作れないよね。

チカ　：将来は作れるようになるかしら？

ベラ　：(1)作るに違いないわ。

ダイキ：なんでそう思うの？

ベラ　：スマートフォンのこと考えてみて。私たちの親は子どものとき，近い将来にそのようなものを作ることが出来るとは思っていなかったでしょう。でも今は日々の生活でそれを使っているわよね。

アキラ：僕もそう思うよ，ベラ。今はたくさんの新しいものがあるよね。新しいロボットを作っている人もいるね。テレビで将棋をするロボットを見たよ。とても上手に将棋をしていたよ。

ベラ　：そのロボットにはAIが入っているのね。

チカ　：AI？　聞いたことはあるけど，そのことをよく知らないわ。

アキラ：人工知能という意味だよ。AIは膨大な量の情報から何かを見つけることが得意なんだ。素晴らしい可能性があるよ。

ベラ　：自動運転の車はその一例ね。もしそれを使えばどこかへ行くのに自分たちで運転する必要が全くないのよ。

ダイキ：AIは僕たちの生活をよりよくしてくれるの？

ベラ　：(2)私はそう思うわ。多くのものでAIを使うでしょうね。どんどん良くなっていくわ。

チカ　：待って。AIの機械が将来仕事によっては人間に取って代わるだろうって聞いたわよ。AIが私たちの生活を劇的に変えてしまうのではと心配だわ。

ダイキ：(3)きみの気持ちがわかるよ。AIがどのように僕たちの生活を変えるのかわからないもんね。未来がどうなるかなんて誰もわからない。

ベラ　：AIができることとできないことがあるわ。私たちはそれを理解する必要があるわ。

アキラ：(4)その通りだよ。僕たちの生活をより便利にするために正しい方法でAIを使うべきだね。僕はAIを勉強したくて，将来人々を助けることができるようなエンジニアになりたいんだ。

ベラ　：いい考えね，アキラ。

チカ　：AIに興味がわいたわ。もっと知りたいな。

アキラ：それを聞いて嬉しいよ。僕たちが自分たち自身の未来を作るんだ，AIじゃなくてね。

チカ　：そうね。未来について話すのは楽しいわね。

ダイキ：映画を見たあとにまたこの話をするのはどう？

チカ　：(5)それはいい考えね。

ベラ　：映画で未来の世界を観るのを楽しみましょうね。

問1　**代名詞が何を指しているのかを正確に読み取ること。**下線部の they は直前のチカの発話の主語 they と同じであり，will のあとに続くのは同じく直前のチカの発話の will に続く動詞 make 以降である。つまり下線部を詳しく書き換えると I'm sure they will make them in the future. となる。この they と them が何を指しているのかは，チカの前のダイキの発話で，主語の People が they の指すものであり，them は them である。この them はダイキの前のアキラの発話にある複数形の名詞 amazing machines である。よって正解はイとなる。

問2　**so は「そのように」の意味の副詞**で，前の動作や状況を指している。ここでは直前のダイキの発話に対して「そう思う」と答えている。ウ「ベラはAIが私たちの生活をよりよくするだろうと思っている」

問3　your feeling「あなたの気持ち」が指しているのは直前のチカの気持ち。チカの発話と下線部以降のダイキの発話をよく読む。イ「AIがどのように私たちの生活を変えるかわからないからあなたの気持ちがわかる」

問4　That's right.「その通り」の That が指すものを考える。ここでは直前のベラの発話内容を指している。エ「AIにはできることがあれば，できないこともあると私たちは理解することが必要だ」

問5　**That は単数の名詞だけでなく，前述の発話内容を指し表すことができる。**ここでは直前のダイキの提案を指している。ダイキの発話の themが指すものはその前のチカの発話にある our futures。ア「映画を見たあとで私たちの未来について話し合うことはいい考えだ」

問6　自動運転の車について述べられているのは5つ目のベラの発話。エ without は「～なしで」の意味。「もし人々が自動運転の車を使ったら，自分自身で運転することなく色々な場所に行けるだろう」

問7　(A)　選択肢より「私たち自身の未来」か「映画」のどちらかが入ることがわかる。1つ目の(A)では彼らが話していたことが入る。彼らが主に話していたことは映画についてではなく「未来」のこと。2つ目の(A)は最後のアキラの発話を参照できる。よって our own futures がふさわしい。　(B)　選択肢は「チカ」か「ダイキ」なので二人の発話に注目する。1つ目の(B)を含む文と同じような内容を3つ目のチカが述べている。2つ目の(B)の文は最後から3つ目のチカの発話を指している。**同じような単語や表現がある本文の箇所をよく読むこと。**

4　(長文読解問題・物語文：指示語，語句補充，文の並べ替え，英問英答)

(全訳)

ジュンコは東京の高校生です。彼女は英語が好きで将来英語が話せる旅行ガイドになりたいと思っています。4月にカナダから来た英語を話す生徒であるルーシーが彼女のクラスに来ました。ジュンコはそのことを嬉しく思いました。すぐに彼女たちは良い友達になりました。ある日ジュンコは「次の日曜日に私の友達のヤスコと一緒に東京の有名なところに行かない？」とルーシーに言いました。ルーシーは喜んで賛成しました。ジュンコは浅草や他の場所の情報を手に入れて，役立つ英語を勉強し，計画を立てました。彼女はルーシーのためにいいガイドになりたかったのです。

次の日曜日の朝，ジュンコはルーシーとヤスコと一緒に浅草を訪れました。彼女は彼女達を次から次の場所へと連れて行き，それぞれの場所で歴史などをルーシーに説明しました。ルーシーはそのことを嬉しく思いました。それでジュンコも嬉しく思いました。

午後に3人は浅草を出ました。次の場所への途中で，ルーシーは彼女たちの前に外国から来た若い人達がいるのを見ました。彼女は彼らの鞄に付けられた小型の食品サンプルに興味がありました。そして彼女は彼らに話しかけに行きました。彼女は「こんにちは。これとてもかわいいですね」と言いました。彼らの1人が「あそこにある食品サンプルのお店で買いました」と言いました。ヤスコは「ジュンコ，ルーシー，そこに行くのはどう？」と言いました。ルーシーは賛成しましたが，ジュンコはヤスコに「他の場所に行く計画があるの。そのお店に行くことは私の計画にないのよ」と言いました。ヤスコは「ジュンコ，そのお店に行こう。ルーシーは楽しんでくれると思うよ」と言いました。ジュンコは渋々と同意しました。

3人は食品サンプルのお店に行きました。ルーシーはたくさんの様々な小型の食品サンプルを見て驚きました。そして彼女は原寸大の食品サンプルを見つけました。彼女は「ああ，本物みたい！」と言いました。ヤスコは「見て！　自分の食品サンプルを作れるってポスターに書いてあるわよ」と言いました。ルーシーはまた驚きました。すると店員が「すみませんが，今日はできません。予約が必要なんです。海外からのお客様の間で食品サンプルを作るのがとても人気なんです」と言いました。ルーシーは「今作れないのはちょっとがっかりだけど，ここに来られてとても嬉しいわ。ありがとう，ヤスコ」と言いました。ジュンコは複雑な気持ちになりました。彼女は「私は計画にあのお店を入れなかった。とてもいい計画を立てたかったけど，できなかった」と思いました。

ジュンコは家に帰ったあと，兄のカズオに今日のお出かけについて話をしました。彼は「最初はそのお店に行きたくなかったのに行ったんだよね。なんで？」と言いました。「ルーシーがそのお店に行くのを楽しんでくれるといいなと思ったの」と彼女は答えました。彼は「計画は大切だけど，柔軟であることも大切なんだよ。いつも計画に従わなくてもいいんだ」と言いました。

次の日に学校でジュンコはヤスコに「あのお店でルーシーと食品サンプルを作る予約をしたいんだけど」と言いました。ヤスコは喜んで賛成しました。そしてジュンコはルーシーに予約について話をしました。ルーシーは嬉しいと言いました。ジュンコは「作ったあとに何かしたいことある？」と彼女に聞きました。ルーシーは「本物の食べ物を食べたいな」と答えました。ジュンコは家に帰ってから食品サンプルを作る予約をしました。

次の月のある日曜日，ジュンコはヤスコと食品サンプルのお店にルーシーを連れて行きました。彼女たちはそこで食品サンプルを作るのを楽しみました。ルーシーは喜んでいて，それがジュンコを喜ばせました。お店でルーシーはたこ焼きのサンプルを見つけて，本物のたこ焼きが食べてみたいと言いました。ジュンコは彼女とヤスコに「本物を食べてみようか？」と聞きました。彼らは喜んで賛成しました。ヤスコはジュンコに「計画があるんだよね？」と言いました。ジュンコは「うん，でも大丈夫」と言いました。ジュンコの計画では唐揚げを食べる予定でしたが，ルーシーの興味に従うほうが大切だと思いました。あるお寺のそばで彼女たちはたこ焼きを楽しみました。ヤスコは「ジュンコは完璧なガイドね。ルーシーの興味に従って，彼女を喜ばせているもの」と言いました。ジュンコは嬉しくて，柔軟でいることは計画を立てることと同じくらい大切だと気が付きました。

問1　about that の that は，その前の文の内容を指している。ウ「ジュンコは英語を話す新しいクラスメイトが来て嬉しかった」

問2　**段落ごとの内容を確認しながら読むこと。**　イ「浅草に行く前にジュンコは役立つ英語を学び，お出かけのための計画を作成した」第1段落最後から2文目参照。　エ「ルーシーは鞄に小型の食品サンプルを付けている人を見て，どこでそれが買えるかを知った」第3段落参照。
ア「ジュンコは食品サンプルのお店に行ったことについて複雑な気持ちになった」第4段落参照。　ウ「ジュンコはルーシーがお店で食品サンプルを作るのを楽しんでくれて嬉しかった」最終段落第1～3文参照。

問3　**問題と本文で同じような単語や表現が出てくる場面をよく読むこと。主語と動詞をよく確認すること。**（1）完成した文は「ジュンコが午前中ルーシーとヤスコと一緒に浅草を訪れたとき，ルーシーはジュンコがそれぞれの場所の歴史などを説明してくれて嬉しかった」という意味。第2段落参照。（2）完成した文は「ルーシーは食品サンプルのお店で，予約なしでは食品サンプルを作れなかったので少しがっかりした。」という意味。第4段落参照。（3）完成した文は「2回目に食品サンプルのお店に行ったあとに本物のたこ焼きを食べてみることにルーシーが賛成したとき，ジュンコは自分の計画よりもルーシーの興味に従う方が大切だと思った」という意味。最終段落参照。

問4　**主語が誰か，何をしたのかに気を付けて解答すること。**（1）「ジュンコの兄は計画について何と言いましたか」ウ「彼はいつも計画に従う必要はないと言った」第5段落最終文参照。
（2）「2回目に食品サンプルのお店を訪れたあとジュンコは何に気がつきましたか」イ「柔軟であることと計画を立てることの両方が大切であると気がついた」最終段落最終文参照。**<as ＋形容詞・副詞＋ as ～>で「(形容詞・副詞)と同じくらい～だ」の意味。**

30年度英語　リスニングテスト

〔放送台本〕

これから，リスニングテストを行います。リスニングテストは，全て放送による指示で行います。リスニングテストの問題には，問題Aと問題Bの二つがあります。問題Aと問題Bの＜Question 1＞では，質問に対する答えを選んで，その記号を答えなさい。問題Bの＜Question 2＞では，質問に対する答えを英語で書きなさい。

英文とそのあとに出題される質問が，それぞれ全体を通して二回ずつ読まれます。問題用紙の余白にメモをとってもかまいません。答えは全て解答用紙に書きなさい。

〔問題A〕

問題Aは，英語による対話文を聞いて，英語の質問に答えるものです。ここで話される対話文は全部で三つあり，それぞれ質問が一つずつ出題されます。質問に対する答えを選んで，その記号を答えなさい。では，＜対話文1＞を始めます。

Woman:　Excuse me. I want to go to ABC Station. When will the next train for ABC Station come here?
Man:　At two fifty. You will have to wait for ten minutes.
Woman:　I see. Which color train should I take? There are a lot of colors. Blue, red, green, orange…. Does a green train go to ABC Station?
Man:　No. Take an orange one. The other ones don' t go to ABC Station.

Woman: OK. Thank you.

Question: Which color train goes to ABC Station?

＜対話文2＞を始めます。

Bob: Emi, shall we go to the library after school to do homework?
Emi: I'm sorry, Bob. Today, after school I'm going to go shopping. I'm going to buy some food for my sister's birthday party.
Bob: Oh, sounds exciting. When is her birthday?
Emi: Tomorrow. My family will have the party at home tomorrow evening. Tomorrow, I will make sushi and a birthday cake with my father.
Bob: Oh, great! Enjoy her birthday.
Emi: Thank you.

Question: What is Emi going to do after school today?

＜対話文3＞を始めます。

Woman: Oh, it's raining!
Man: Yes.
Woman: It's cold, too. I think it will be snowy. Will the rain stop?
Man: I think it will. The weather news says it will be cloudy, not rainy, in the afternoon.
Woman: Oh, really? I hope so.
Man: Don't worry. Let's enjoy playing tennis.

Question: What does the weather news say about the weather for the afternoon?

〔英文の訳〕

＜対話文1＞

女性：すみません。ABC 駅に行きたいんですけど。次の ABC 駅行きの電車はいつここに来ますか？

男性：2時50分です。10分待たないといけませんね。

女性：そうですか。何色の電車に乗るべきですか？　いろんな色がありますね。青，赤，緑，オレンジ…。緑の電車は ABC 駅へ行きますか？

男性：いいえ。オレンジの電車に乗ってください。他のは ABC 駅に行きませんよ。

女性：はい。ありがとうございました。

質問：何色の電車が ABC 駅に行きますか？

答え：エ　オレンジの電車。

＜対話文2＞

ボブ：エミ，宿題をしに放課後に図書館に行かない？

エミ：ごめんね，ボブ。今日は放課後に買い物に行くの。妹(姉)の誕生会の食料を買いに行くつもりなの。
ボブ：ああ，おもしろそうだね。彼女の誕生日はいつ？
エミ：明日よ。家族で明日の夜に家で誕生会をするの。明日父と寿司とケーキを作るのよ。
ボブ：ああ，素晴らしいね！　誕生会を楽しんでね。
エミ：ありがとう。
質問：エミは今日の放課後に何をするつもりですか？
答え：イ　彼女は食料を買いに行くつもりです。
＜対話文3＞
女性：あら，雨が降ってる！
男性：うん。
女性：そして寒いわね。雪が降ると思うわ。雨はやむかしら？
男性：やむと思う。天気予報では午後はくもりで，雨は降らないと言っているよ。
女性：あら，本当？　そうならいいな。
男性：心配なく。テニスを楽しもう。
質問：午後の天気について天気予報は何と言っていますか？
答え：ウ　くもりだと言っています。

〔放送台本〕
〔問題B〕

これから聞く英語は，Tama温泉に来た外国人観光客のTomが，Tama温泉の観光協会の職員から受けている説明です。内容に注意して聞きなさい。あとから，英語による質問が二つ出題されます。＜Question 1＞では，質問に対する答えを選んで，その記号を答えなさい。＜Question 2＞では，質問に対する答えを英語で書きなさい。なお，＜Question 2＞のあとに，15秒程度，答えを書く時間があります。では，始めます。

Welcome to Tama Hot Springs! Are you a little tired after taking a bus for two hours from Tokyo? It's time for enjoying the hot springs here. Now, I will tell you about Tama Hot Springs. They were found about one thousand years ago, and since then people have enjoyed taking baths here.

During the year, you can enjoy the four seasons around here. For example, now in spring, there are many kinds of flowers. And spring is the best season to walk in the mountains.

There are about fifteen *ryokan*. All of them are by the lake, and many people come here every year. In all the *ryokan*, there are beautiful *yukata*. You can enjoy wearing one of them. You can see a beautiful lake view from their windows. We hope you will enjoy staying here. Thank you.

＜Question 1＞　How long have people enjoyed Tama Hot Springs?
＜Question 2＞　What can Tom see from the windows of all the *ryokan*?
以上で，リスニングテストを終わります。

〔英文の訳〕

ようこそタマ温泉へ！　東京から2時間バスに乗ってきたあとで少し疲れていますか？　ここで温泉を楽しむ時間です。ではタマ温泉についてお話します。この温泉は約千年前に発見され，それ以来人々はここで温泉に入るのを楽しんでいます。

1年の間，周辺で四季を楽しむことができます。例えば今は春ですが，たくさんの種類の花があります。そして春は山を散策するのに一番の季節です。

ここには約15の旅館があります。すべてが湖のそばにあり，毎年多くの人がここに来ます。全ての旅館に美しい浴衣があります。浴衣を着て楽しむことができます。旅館の窓から美しい湖の景色を見ることができます。みなさんがここの滞在を楽しんでいただけることを祈っています。ありがとうございました。

質問1：人々はどれくらいの間タマ温泉を楽しんでいますか？
答え　：ア　約千年間。
質問2：トムは全ての旅館の窓から何を見ることができますか？
答え　：美しい湖の景色。

＜理科解答＞

1　〔問1〕 イ　〔問2〕 ア　〔問3〕 エ　〔問4〕 イ　〔問5〕 エ　〔問6〕 ア
〔問7〕 ウ
2　〔問1〕 エ　〔問2〕 イ　〔問3〕 ア　〔問4〕 ウ
3　〔問1〕 イ　〔問2〕 エ　〔問3〕 ウ　〔問4〕 ア
4　〔問1〕 エ　〔問2〕 ウ　〔問3〕 (1) イ　(2) ア
(3) ア　(4) イ
5　〔問1〕 ウ　〔問2〕 エ　〔問3〕 $2H_2 + O_2 \rightarrow 2H_2O$
6　〔問1〕 ア　〔問2〕 つなぎ方　右図　理由　回路全体の抵抗が小さくなり，金属棒に流れる電流が大きくなったから。
〔問3〕 エ　〔問4〕 ウ

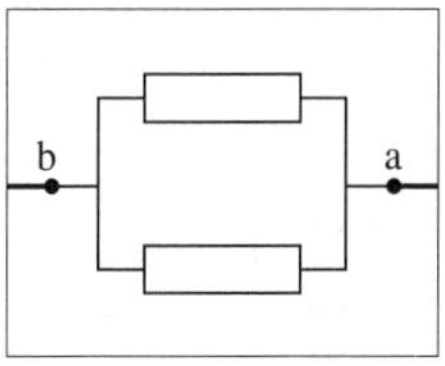

＜理科解説＞

1　**(小問集合－生物の成長と生殖：カエルの発生，太陽系と恒星：太陽，光と音：凸レンズによる像，水溶液：溶解度，力と物体の運動：等速直線運動，物質の成り立ち：炭酸水素ナトリウムの熱分解，動物の体のつくりとはたらき：刺激と反応)**

〔問1〕 1個の細胞である**受精卵は，体細胞分裂をして，胚になる**。胚の細胞はさらに体細胞分裂して数をふやすとともに，形やはたらきがちがうさまざまな細胞になり，その生物に特有の体ができていく。よって，細胞が4個になったときの胚の細胞1個にある染色体の数は，ヒキガエルの体をつくる細胞の染色体の数と同じで，22本である。

〔問2〕 太陽や星座の星のように自ら光を放つ天体を恒星という。太陽の観察から黒点の位置が移動していることが分かり，これは**太陽が自転**しているためである。

〔問3〕 電球が焦点距離の2倍の位置と焦点の間にあるため，凸レンズにより，電球の実物と比べ，**上下逆向きの，実物より大きい実像**がスクリーンに映る。図5は，それぞれの距離が正確な縮尺になっているかを確かめ，作図により求めることができる。物体の1点から出た，凸レンズの軸に平行な光は，凸レンズの反対側の焦点を通り，凸レンズの中心を通る光は，そのまま直進する。それらが，凸レンズを通った後，1点に集まるところに像ができる。

〔問4〕 表1から，60℃の水100gに対し，ミョウバン50gは全部溶ける。この水溶液を冷やして20℃まで温度を下げると，**溶解度**が11.4〔g／水100g〕になるので，結晶として析出するミョウバンの質量は，50g－11.4g＝38.6(g)である。

〔問5〕 図6の記録テープの打点の間隔が同じなので，**等速直線運動**である。記録テープが位置Aから位置Bまで移動した時間は，5打点なので，$\frac{1}{50}$〔s〕×5＝0.1〔s〕，である。よって，平均の速さは5〔cm〕÷0.1〔s〕＝50〔cm/s〕＝0.5〔m/s〕となる。

〔問6〕 炭酸水素ナトリウムは熱分解すると，炭酸水素ナトリウム→炭酸ナトリウム＋二酸化炭素＋水，の化学変化が起きる。加熱している試験に発生する水が液体となって，加熱している底の部分に流れると，試験管が割れることがあるので，**試験管の口を底よりも，わずかに下げる。**試験管内に発生する液体が水であることを調べるために使う指示薬は，塩化コバルト紙である。

〔問7〕 音の振動は，鼓膜でとらえられ，信号に変えられて感覚神経を通り，脳や脊髄の**中枢神経**に伝わる。脳では聴覚などの感覚が生じ，どう反応するかという命令が出される。この命令の信号は，運動神経を通り，手や足などの運動器官や内臓の筋肉に伝えられて，刺激に対する反応が起こる。感覚神経や運動神経は**末梢神経**である。

[2] **(自由研究－仕事とエネルギー，天気の変化：雲の発生，化学変化・科学技術の発展：発熱反応・日常生活への応用，自然界のつり合い：菌類の働き)**

〔問1〕 山頂まで荷物を持ち上げたときに**荷物が得る位置エネルギーが等しいので，ケーブルカーによる仕事と徒歩による仕事は等しい。**その仕事〔J〕＝質量5kgの荷物にはたらく重力〔N〕×標高差〔m〕＝50〔N〕×450〔m〕である。ケーブルカーを利用したときの仕事率〔W〕＝$\frac{\text{ケーブルカーを利用したときの仕事〔J〕}}{\text{5〔分〕}}$である。徒歩のときの仕事率〔W〕＝$\frac{\text{徒歩のときの仕事〔J〕}}{\text{50〔分〕}}$である。よって，仕事率はケーブルカーを利用した方が10倍大きい。

〔問2〕 山の麓にある水蒸気を含む空気のかたまりは，山の斜面に沿って上昇するほど**周囲の気圧が低くなるため，膨張して温度が露点より下がり，**空気中に含まれていた水蒸気が水滴に変わり，雲ができる。

〔問3〕 酸化カルシウムと水の化学変化が起こるときは，熱を周囲に放出し，温度が上がる，**発熱反応**である。その熱で弁当が温められる。また，鉄粉と活性炭と少量の食塩水を混ぜると，鉄が空気中の酸素と化合して周囲に熱を放出し，温度が上がる。この発熱反応を活用したのが，化学かいろ，である。

〔問4〕 キノコやカビは，菌類で，体は菌糸からできている多細胞の生物である。**菌類**は葉緑体をもっていないので，光合成ができない。そのため，自然界では，倒木や落ち葉などの他の生物から**有機物を取り入れ，二酸化炭素や水などの無機物に分解**している。

[3] **(地層の重なりと過去の様子：地層が堆積した時期の大地の変化と環境・堆積岩・示準化石，火山活動と火成岩：火山灰にふくまれる鉱物と火山の形，身近な地形や地質，岩石の観察)**

〔問1〕 <結果2>の(1)から，地層①の泥と砂の混じった赤褐色の層から試料をとり，繰り返し水で洗った結果，残った粒には，図2のような**数種類の鉱物の小さい結晶**などが含まれていた。よって，地層①は，火口から噴き出た**火山灰**が，降り積もってできたと考えられ，観察した試料に含まれる無色鉱物と有色鉱物の割合は，**無色鉱物**の方が多かったことから，マグマはねばりけが強く，**火山は盛り上がった形**と考えられる。

〔問2〕 ＜結果2＞の(2)から，地層⑤の試料に薄い塩酸をかけたところ，泡を出しながら溶けたことから，地層⑤は石灰岩である。また，＜結果3＞に地層⑤からサンゴの化石が見つかっていたと記されているので，地層⑤は，生物の死骸(遺骸)が海底に堆積してできたと考えられる。

〔問3〕 ＜結果3＞から，地層②からクジラの化石が見つかっていたので，地層②が堆積したのは新生代であり，同じ地質年代に生息していた生物は，ビカリアである。

〔問4〕 地層⑤と地層④は**整合**であることから，この2つの地層は連続して堆積したと考えられる。その後，大きな力が働き地層⑤と地層④が重なったまま傾きながら，**隆起**して陸地になった。上部が流水などによって侵食された後，土地が**沈降**して水面下になり，地層③が堆積したことが，地層④と地層③の間が**不整合**になっていることから分かる。地層③が，れきと粒の粗い砂の層であり上の方の粒の粗い砂の中にカキの貝殻の化石があったことより，河口や海岸に近い海で堆積したのに比べ，**地層②は，泥と砂が交互に堆積した複数の層であることから，沖まで運ばれた土砂が，大きな粒から先にしずんで，ひとつの地層の中で粒の大きさが変化したことが分かる。**

4 (植物の体のつくりとはたらき：蒸散実験・光合成，気体の発生とその性質，仮説の設定)

〔問1〕 水が通るのは道管である。ツユクサは単子葉類であり，同じ特徴をもつ植物はトウモロコシである。

〔問2〕 ＜結果2＞から，3時間における，葉の表側にワセリンを塗ったツユクサAの葉の裏側と茎からの蒸散量は1.4gであり，葉の裏側にワセリンを塗ったツユクサBの葉の表側と茎からの蒸散量は0.9gである。よって，蒸散は，葉の表側より裏側の方がさかんである。また，葉の裏側からの蒸散量＝(ツユクサDの葉の表側と葉の裏側と茎からの蒸散量)－(ツユクサBの葉の表側と茎からの蒸散量)＝2.0g－0.9g＝1.1(g)である。

〔問3〕 **探究の過程における，仮説を立てるために計画した対照実験の結果を問う問題である。**ツユクサEには葉の表側と裏側及び茎にワセリンを塗ったので，気孔からの気体の出入りはない。ツユクサFにはワセリンを塗らないので，気孔からの気体の出入りがある。息を吹き込んだ図7の装置で両者に光を3時間当てた。その結果，ツユクサEは光合成ができないし，呼吸もできないと考えられるので，気体Eは吹き込んだ息の中の二酸化炭素によって石灰水は白く濁るが，デンプンができないので，ヨウ素液には反応しない。ツユクサFは，呼吸によって生じる二酸化炭素と吹き込んだ息の中の二酸化炭素を気孔から取りこんで光合成ができるので，気体Fには二酸化炭素が含まれない。よって，石灰水は変化しないが，デンプンができるのでヨウ素液に反応し葉の色は青紫色になると考えられる。この対照実験で上記の結果が得られれば，『ツユクサが葉で光合成を行う際に必要な二酸化炭素は，葉や茎から取り入れられる』という仮説が立てられる。

5 (化学変化と電池：電池のしくみ・イオン化傾向，化学変化と電池・エネルギーとその変換・科学技術の発展：燃料電池のしくみ・水の電気分解と合成，水溶液イオン・原子の成り立ちとイオン：塩化銅の電気分解，化学変化：化学反応式)

〔問1〕 ＜実験1＞の図1の装置は，**電池**である。＜結果1＞から，薄い塩酸のときに，ビーカー内に電流が流れたことが分かる。よって，亜鉛板と銅板を入れて電流が取り出せる液体は電解質が溶けた水溶液である。図2のような装置で，銅板と亜鉛板を薄い塩酸に入れると，亜鉛のほうが銅より**イオン化傾向**が大きい(陽イオンになりやすい)ので，亜鉛は陽イオンとなって水溶液中に溶け出す。このとき生じた電子は，導線中を光電池用モーターを通って銅板に向かって移動する。**電流の向きは電子の移動の向きと逆向き**だから，電流は銅板から光電池用モーターを通って亜鉛板に向かって，矢印Aの向きに流れる。

〔問2〕 ＜実験1＞の銅板の表面で起こった化学変化は，〔問1〕より，亜鉛板から導線を通って銅板に向かって移動してきた電子は，うすい塩酸($HCl \rightarrow H^{+} + Cl^{-}$)に溶けていた水素イオンに与えられ，水素の原子になり，水素原子が2個結び付いて分子となって，水素の気体が発生した。＜実験2＞の図3は塩化銅の電気分解の装置である。塩化銅は水溶液中では電離して，$CuCl_2 \rightarrow Cu^{2+} + 2Cl^{-}$，より，銅イオンと塩化物イオンに分かれる。よって，＜実験2＞の陰極の炭素棒の表面で起こった化学変化は，＋の電気を帯びた銅イオンが，陰極から2個の電子を受け取って，金属の銅となり，炭素棒に付着した。

〔問3〕 燃料電池は水の電気分解とは逆の化学変化を利用して電気エネルギーを直接取り出す装置である。図4の装置で，水酸化ナトリウム水溶液に電流を流すと，水が電気分解され，水素と酸素が発生する。このとき，電気エネルギーが，水素と酸素の化学エネルギーに変換される。しばらく電気分解したのち，電源装置をはずし，図5の光電池用モーターを電極につなぐと回転する。それは，水素と酸素が化学変化して水ができるとき，電気エネルギーが発生するからである。よって，化学エネルギーが電気エネルギーに変換されるときの化学変化を表す化学反応式は，$2H_2 + O_2 \rightarrow 2H_2O$である。

6 (電流と磁界：フレミングの左手の法則・レンツの法則，電流：回路と電流・電圧と抵抗)

〔問1〕 右ねじが進む向きに電流が流れているとき，右ねじを回す向きの磁界ができる。よって，適切なのはアである。

〔問2〕 金属棒を流れる電流が、磁石がつくる磁界から受ける力は，電流を大きくすると大きくなり，金属棒は速く動く。2つの抵抗器を並列回路につなぐと，電流の通り道がふえるので電流が流れやすくなり，回路全体の抵抗はそれぞれの抵抗より小さくなる。よって，金属棒に流れる電流が大きくなるため，金属棒は速く動く。

〔問3〕 磁石による磁界の向き(X)は，N極からS極へ向かう向きだから上向きである。フレミングの左手の法則により，中指を電流の向き(Y)に，人さし指を磁界の向き(X)に合わせると，親指のさす向きが，電流が磁界から受ける力の向き(Z)となるのは，エである。

〔問4〕 電流の大きさと向きが周期的に変わる電流の名称は交流である。レンツの法則により，コイルが点Iから点Jまで動いているときには，棒磁石の下面のN極からの下向きの磁界が弱くなるのを妨げる向き，つまりコイルの中に下向きの磁界ができるような向きに誘導電流が流れる。＜結果3＞の棒磁石の上面がS極で，コイルが点Hから点Gまで動いているときには，棒磁石の上面のS極への下向きの磁界が弱くなるのを妨げる向き，つまりコイルの中に下向きの磁界ができるような向きに誘導電流が流れ，検流計の針は右に振れた。このときの誘導電流の向きについては，右手の親指をコイルの中にできる下向きの磁界の向きに合わせると，他の4本の指の向きがコイルを流れる誘導電流の向きである。よって，コイルが点Iから点Jまで動いているときも，コイルの中に下向きの磁界ができるような向きに誘導電流が流れるので，＜結果3＞の棒磁石の上面がS極でコイルが点Hから点Gまで動いているときと同様に検流計の針は右に振れる。

＜社会解答＞

1 〔問1〕 エ　〔問2〕 イ　〔問3〕 イ

2 〔問1〕 Iのア～エ　ア　略地図中のA～D　D　〔問2〕 エ　〔問3〕 W　ウ　X　ア　Y　イ　Z　エ

3 〔問1〕 A ア　B エ　C ウ　D イ　〔問2〕 ウ　〔問3〕 この地域は，1961年には曲線状の道路が多く見られたが，1996年には新たに整備された直線状の道路が多く見られるようになった。

4 〔問1〕 エ→イ→ア→ウ　〔問2〕 ア　〔問3〕 イ　〔問4〕 ウ→イ→エ→ア

5 〔問1〕 エ　〔問2〕 ア　〔問3〕 1960年から1995年までの期間では，米の総需要量と生産量に大きな開きがある年が見られたが，1995年から2016年までの期間では，米の総需要量と生産量の開きが小さくなった。　〔問4〕 ウ

6 〔問1〕 A エ　B ア　C ウ　D イ　〔問2〕 W イ　X エ　Y ア　Z ウ　〔問3〕 ウ

<社会解説>

1 (地理的分野―日本地理－地形図の見方，歴史的分野―世界史－文化史，公民的分野―財政)

〔問1〕 写真では手前に高速道路，その先に工場群，右端には煙突，奥には海が写っている。このような写真が撮れるのは，地形図エの方向である。

〔問2〕 **モヘンジョ・ダロ遺跡**や**ハラッパ遺跡**に公共施設が整備され，いまだに解読されない文字が使用されていたのは，略地図中のイのインダス川流域に栄えた**インダス文明**である。

〔問3〕 Ⅱの文は**国債費**を指している。2017年度の一般会計当初予算の項目別歳出額は，第一位が**社会保障費**，第二位が国債費である。

2 (地理的分野―世界地理－地形・気候・産業・貿易)

〔問1〕 Ⅱの文はイギリスの**北海油田**を表している。イギリスの首都ロンドンの雨温図は，ア～エのうち，年間を通じて月あたり数十㎜の降雨がある，アである。ロンドンは略地図中のA～DのDである。

〔問2〕 R国は**インドネシア**である。インドネシアは，世界全体の輸出量の約30％を占める**世界第一位の石炭輸出国**である。したがって正解はエである。

〔問3〕 Wはカナダ，Xはオーストラリア，Yはインド，Zはノルウェーである。アは「複数の標準時が定められ，東部に位置する標高2000mを超える山を含む山脈」の一文から，オーストラリアだとわかる。山脈は**グレートディバイディング山脈**である。イは「北部には標高8000mを超える山を含む山脈」の一文からインドだとわかる。山脈は**ヒマラヤ山脈**である。ウは「複数の標準時が定められ，西部には標高3000mを超える山を含む山脈」の一文からカナダだとわかる。山脈は**ロッキー山脈**である。エは「**氷河**に削られてできた多数の湾が複雑に入り組んだ湾岸線を形成し」の一文からノルウェーだとわかる。全体ではW－ウ，X－ア，Y－イ，Z－エ　となる。

3 (地理的分野―日本地理－地形・気候・農林水産業・地形図の見方)

〔問1〕 Aは岩手県である。「夏季には寒流の影響により冷たく湿った北東の風が吹き込み」とは，**やませ**のことであり，アが該当する。Bは鳥取県である。「西部には火山が位置し」は大山のことを指し，「砂丘が広がる地域では」は**鳥取砂丘**を指し，エが該当する。Cは高知県である。「北部には東西方向に山地が見られ」は**四国山地**を指し，「台風の通過などにより多量の降水量がもたらされる」ため，ウが該当する。「県の特産品となっている柑橘類」は，ブンタンなどが当てはまる。Dは長崎県である。「南東部には火山が位置し」は**雲仙岳**を指し，「温暖な気候を利用して果樹などの栽培」は全国一位のビワ，全国五位の温州ミカンなどが当てはまり，イが該当する。

〔問2〕 Zは鹿児島県である。鹿児島県は**日本一の畜産県**であり，ウが当てはまる。

〔問3〕 この地域は，1961年の地形図Ⅱでは曲線状の道路が多く見られたが，同年に制定された**農業基本法**により，経営規模の拡大，機械化などが図られ，1996年の地形図Ⅲでは，農道と一般道路が直線的に整備され，直線状の道路が多く見てとれることを指摘し，比較して解答すればよい。

4 （歴史的分野―日本史時代別－古墳時代から平安時代・鎌倉時代から室町時代・安土桃山時代から江戸時代・明治時代から現代，―日本史テーマ別－政治史・文化史・社会史）

〔問1〕 アは鎌倉文化の「**蒙古襲来絵詞**」の説明である。イは平安中期の**国風文化**についての説明である。ウは室町時代の**北山文化**についての説明である。エは奈良時代の文化についての説明である。古い順に並べると，エ→イ→ア→ウとなる。

〔問2〕 この日記は，江戸後期に「**大日本沿海輿地全図**」を作成した**伊能忠敬**のものである。**11代将軍徳川家斉**は，伊能忠敬らに**蝦夷地**の調査を進めさせた。

〔問3〕 この書物は，**福沢諭吉**の「**学問のすゝめ**」である。1872年から1876年にわたって発行された。ア～エの時期のイに当てはまる。

〔問4〕 ア **ベルリンの壁**が崩壊したニュースが伝えられたのは1989年である。 イ **テレビの本放送**が始まったのは1953年である。 ウ 日中戦争が長期化し**国家総動員法**が公布されたのは1938年である。 エ 大阪で**万国博覧会**が開催されたのは1970年である。古い順に並べるとウ→イ→エ→アとなる。

5 （公民的分野―基本的人権・地方自治・経済一般・国際社会との関わり）

〔問1〕 アは**自由権**である。イは**参政権**である。ウは**社会権**である。エが日本国憲法第14条に記された**平等権**である。

〔問2〕 日本国憲法は，その第94条で「**地方公共団体**は，その財産を管理し，事務を処理し，及び行政を執行する権能を有し，法律の範囲内で**条例**を制定することができる。」と定めている。

〔問3〕 1960年から1995年までの期間では，米の総需要量と生産量に大きな開きがある年が多く見られたが，1995年に**食糧法**が施行され，民間による流通米が主体となるにつれ，米の総需要量と生産量の開きが小さくなり，2004年以降2016年までの期間では，ほとんどなくなったことを指摘し，比較してまとめればよい。

〔問4〕 **WTO**の発足は1995年である。日本のアジア州からの輸入の割合は1989年では50％に満たなかったが，2001年には50％を超えている。**ヨーロッパ連合（EU）**の発足は1993年である。以上から，Ⅲの文章で述べているのは，ウの時期である。

6 （地理的分野―世界地理－産業，―公害環境問題，公民的分野―国際社会との関わり）

〔問1〕 Aの都市の属する国は1776年に建国されたアメリカであり，都市はミシシッピ川の河口付近に位置するニューオーリンズである。表中のエである。Bの都市の属する国はロシアであり，1917年の**ロシア革命**の後に社会主義国となった。都市は，国境付近に位置し，軍港が建設され，**シベリア鉄道**によって首都と結ばれているウラジオストクである。表中のアである。Cの都市の属する国は，19世紀前半にイギリスの植民地となり，1965年に独立したシンガポールである。都市は，**マラッカ海峡**に位置するシンガポールである。表中のウである。D の都市の属する国は，1602年に**東インド会社**を設立したオランダである。都市は，ライン川の河口に位置し，世界有数の貿易港となっているアムステルダムである。表中のイである。

〔問2〕 Wはチリである。「公用語はスペイン語」「**地中海性気候**を利用して栽培されるぶどう」などの文から，イが当てはまるとわかる。Xはパラオである。「小さな島々と呼ばれる地域に位置し」「人口約2万人」などの文から，エが当てはまるとわかる。Yはフィリピンである。「夏は南西，冬は北東から吹く季節風や台風などの影響を受け，人口が1億人を超える」の一文から，アが当てはまるとわかる。Zはセネガルである。「世界最大の砂漠」は**サハラ砂漠**を指し,「南側に位置し」の部分から，ウが当てはまるとわかる。

〔問3〕「**国連ミレニアムサミット**」は2000年にニューヨークで開催された。「**持続可能な開発に関する世界首脳会議**」は2002年ヨハネスバーグで開催された。したがってウの時期が正しい。

＜国語解答＞

1　(1) つくろ　(2) ぶよう　(3) じゃっかん　(4) せきはい　(5) まぎ

2　(1) 拾　(2) 郷里　(3) 勤務　(4) 仲裁　(5) 勢

3　〔問1〕 ウ　〔問2〕 イ　〔問3〕 エ　〔問4〕 ア　〔問5〕 エ

4　〔問1〕 イ　〔問2〕 エ　〔問3〕 ウ　〔問4〕 ア

〔問5〕 (例)習い事を選んだ理由を友達に聞かれ,「ピアノが好きだから。」と私は答えました。しかし改めて考えると，幼い頃にピアノをひいている母の姿を見て，私も母のようにひきたいと思ったことがきっかけだと気付きました。

　自分の意志で決めたと思っていた選択には母の影響がありました。私は今，ピアノに関わる仕事につきたいと考えています。今後も様々な人から影響を受けると思いますが，自分の意志を大切にしていきたいと思います。

5　〔問1〕 エ　〔問2〕 ア　〔問3〕 イ　〔問4〕 ウ　〔問5〕 イ

＜国語解説＞

1 （漢字の読み）

(1) 破れ(壊れ)たものを直して再び使える状態にすること。「繕」は，いとへん。　(2) おどり。「踊」は，あしへん。　(3) かなりの数量に上るという見当は付くが，具体的な数字は，まだきまっていない意。　(4) 惜しい所で勝負に負けること。「惜」の音読みは「セキ」。　(5) 他のことに気を取られている間に，本来のやるべきことや気持ちを忘れること。「紛」は，いとへん。

2 （漢字の書き取り）

(1) 「拾」は，てへん。「拾う(ひろう)」と「捨てる(すてる)」の混用に注意する。　(2) 生まれ育った土地。　(3) 出向いて，仕事をすること。「務」は**「矛」と書き,「予」としないこと。**
(4) 争いの間に入ってとりなし，仲直りさせること。「裁」と「栽」の違いに気をつける。
(5) 進行・運動の強まりにつれて自然に加わる速さ・強さ。

3 （小説ー情景・心情，内容吟味）

〔問1〕「お前，きたない辞書使ってんな。」という言葉を発する前に,「不思議と苛立ちを覚え」ている。これは，**自分のことなど気にもせず，辞書を熱心に読んでいる上野に対する不満**である。しかしそんな自分とは反対に，上野は傍線(1)の直前「心を許した相手にだけ向けた穏やかな話し方」で話すのだから戸惑うのだ。こうした気持ちを読み取って選択肢を選べばよい。

〔問2〕 上野の母親は，学者だ。傍線(2)の直前に「書棚に囲まれた机に……考え事をしている風」とあり，こうした母親の思索にふける様子を表現している。「まるで……見つめているように」とたとえを用いていることで，**豊かな情景描写**が伝わってくる。

〔問3〕 上野に対して，傍線(3)の前で「おそろしく身勝手で愚かな邪推，つまりわたしへの当てつけ」をしているのだという考えを持った。そんな責められている気持ちになったわたしは，目が合いそうになると「やり過ごす」のである。「やり過ごす」とは，相手との交渉を持たないように通過させるという意味で，**何事もなかったように平静に振舞うわたしの様子**が読み取れよう。

〔問4〕 傍線(4)の直前に「上野の手と彼の母親の姿を思い出した」とあるように，**二人を重ね合わせて見ている**。

〔問5〕 傍線(5)の前「上野の母親の視線のゆくえ……人々の指跡で出来ているように映った」という部分がヒントだ。「受け継がれていく人の営み」を感じたのは，上野の母親が傍線(2)「その向こう側にいる誰かを見つめ」るように先人の知識を得ようとしていた姿に，上野が重なったからである。**知識を人間が受け継いでいく有様を目の当たり**にした。傍線(5)「わたしは手を伸ばした」先には，知識を受け継ぐ営みが繰り返されている上野の辞書がある。私はこうした**知識の継承という人間の営みに関心を覚え，触れてみたくなった**のである。

4　(論説文ー内容吟味，文脈把握，段落・文章構成，作文)

〔問1〕 第二段落の「想いに耽るプロセスがスタートするその最初に私の意志があるとは思えない。」「意志は想いに耽るプロセスを操作していない。」という記述をふまえて選択肢を選ぶ。

〔問2〕 第五段落以降の内容を確認する。特に第七段落から「『私が何ごとかをなす』という文は，『能動』と形容される形式のもとにある。……実際には能動のカテゴリーに収まりきらないということ」と説明がある。**受動とも能動とも配分できないことを曖昧さとして指摘**しているのだ。

〔問3〕 「では」というのは，前述の内容を受けたうえで新しい話題を提起する際に用いる。これ以前に述べられた能動と受動の違いについて，『私が歩く』から『私のもとで歩行が実現されている』を引いたら，何が残るだろうか」という**新しい観点を示して論の展開**を図っている。

〔問4〕 第十五・十六段落の内容を確認する。意志は「自分や周囲を意識しつつ働きをなす力」のことで，**様々な情報に影響を受けている**とある。しかし，「その人が**自発的に，自由な選択のもとに自らでなしたと言われる行為**」でもあるのだ。この**二点が混在しているもの**であることをふまえて選択肢を選べばよい。

〔問5〕 テーマの「自分の意志をもつこと」を念頭に題材を選ぶ。本文の内容をふまえることが望ましいので，第十五段落にあるように「**様々な情報を意識しつつも，そこからは独立して判断が下された**」例を，**具体例や見聞の内容として挙げるとよい。そして，こうした意志の持ち方や影響を与える外的要素に対しての自分自身の意見をまとめる**ようにする。二百字なので，二段落構成でも良いだろう。**具体例を挙げる段落と意見をまとめる段落**とするのだ。

5　(説明文，古文ー内容吟味，文脈把握，品詞・用法)

〔問1〕 ア 「かつて」は副詞で，「持っていた」を修飾している。　イ 「もし」は副詞で，「取り入れていなけれ(ば)」を修飾している。　ウ 「むしろ」は副詞で，「あった」を修飾している。エ 「ある」は**連体詞で，「意味」という体言を修飾**している。

〔問2〕 傍線アの前後の，日本人を「相当に苦心して漢文を使おうとしたわけですから，『二重言語使用者』」と称している記述，また「まったく違う言葉を日常レベルで二つ持っていた」という記述をふまえて選択肢を選ぶ。

〔問3〕 石川さんの意見に**賛同**していることを，まずおさえる。さらに石川さんの発言にあった湯島聖堂だけでなく，**加賀百万石の例も挙げ，内容を深めている**

〔問4〕 傍線(3)直後の「当時小説『明暗』を執筆中」から，その当時を推定できる。したがって両者の**最後の対談の発言を確認**すればよい。両者の発言に「自分の内面を自分で見つめるための詩」「日本の漢詩の到達点」「従来の花鳥風月の漢詩とは違う，内面の告白の漢詩」とある。

〔問5〕 傍線(4)を含む訳文は，「山居悠久没東西」である。「山中の生活も久しくなって」が「山居悠久」に該当するので，傍線(4)は「没東西」に該当する。

2018年度　正答率一覧

数学				
大問	小問	枝問	配点	正答率
1	1		5	94.6%
1	2		5	92.3%
1	3		5	80.2%
1	4		5	88.4%
1	5		5	92.4%
1	6		5	91.3%
1	7		5	80.1%
1	8		5	87.2%
1	9		6	83.2%
2	1		5	35.7%
2	2		7	35.9%
3	1		5	85.3%
3	2	1	5	74.9%
3	2	2	5	8.2%
4	1		5	62.6%
4	2	1	7	76.1%
4	2	2	5	19.2%
5	1		5	20.6%
5	2		5	14.6%

英語				
大問	小問	枝問	配点	正答率
1	A	1	4	85.8%
1	A	2	4	84.6%
1	A	3	4	86.3%
1	B	1	4	73.3%
1	B	2	4	33.2%
2	1		4	50.1%
2	2		4	79.0%
2	3	1	4	72.6%
2	3	2	12	46.6%
3	1		4	75.6%
3	2		4	73.6%
3	3		4	80.7%
3	4		4	66.2%
3	5		4	84.2%
3	6		4	53.1%
3	7		4	68.3%
4	1		4	62.0%
4	2		4	47.2%
4	3	1	4	70.0%
4	3	2	4	64.3%
4	3	3	4	44.7%
4	4	1	4	49.6%
4	4	2	4	54.1%

（網掛け）は部分点正答も含めた割合です。

理科

大問	小問	枝問	配点	正答率
1	1		4	64.5%
1	2		4	83.1%
1	3		4	57.5%
1	4		4	57.8%
1	5		4	73.4%
1	6		4	64.1%
1	7		4	86.0%
2	1		4	64.4%
2	2		4	64.9%
2	3		4	59.1%
2	4		4	63.1%
3	1		4	46.5%
3	2		4	41.4%
3	3		4	57.7%
3	4		4	37.3%
4	1		4	71.4%
4	2		4	55.4%
4	3		4	55.3%
5	1		4	56.6%
5	2		4	39.2%
5	3		4	13.4%
6	1		4	70.4%
6	2	作図	2	61.7%
6	2	理由	2	49.6%
6	3		4	35.5%
6	4		4	41.7%

社会

大問	小問	枝問	配点	正答率
1	1		5	95.7%
1	2		5	28.4%
1	3		5	73.5%
2	1		5	53.8%
2	2		5	38.8%
2	3		5	44.2%
3	1		5	75.7%
3	2		5	75.1%
3	3		5	66.5%
4	1		5	41.6%
4	2		5	62.4%
4	3		5	58.5%
4	4		5	45.8%
5	1		5	94.5%
5	2		5	78.1%
5	3		5	60.2%
5	4		5	55.3%
6	1		5	24.4%
6	2		5	59.4%
6	3		5	32.5%

国語

大問	小問	枝問	配点	正答率
1	1		2	70.1%
1	2		2	62.9%
1	3		2	91.2%
1	4		2	33.4%
1	5		2	93.9%
2	1		2	77.6%
2	2		2	61.5%
2	3		2	71.7%
2	4		2	33.2%
2	5		2	73.0%
3	1		5	47.8%
3	2		5	75.3%
3	3		5	79.0%
3	4		5	65.2%
3	5		5	76.4%
4	1		5	61.9%
4	2		5	43.5%
4	3		5	70.4%
4	4		5	58.2%
4	5		10	79.9%
5	1		5	58.2%
5	2		5	46.0%
5	3		5	63.7%
5	4		5	51.1%
5	5		5	81.9%

MEMO

大切なことはメモしておこうネ！

解答用紙集

○月×日　△曜日　天気（合格日和）

◆ご利用のみなさまへ

＊解答用紙の公表を行っていない学校につきましては、弊社の責任において、解答用紙を制作いたしました。

＊編集上の理由により一部縮小掲載した解答用紙がございます。

＊編集上の理由により一部実物と異なる形式の解答用紙がございます。

人間の最も偉大な力とは、その一番の弱点を克服したところから生まれてくるものである。　――カール・ヒルティ――

東京学参株式会社

※ 149％に拡大していただくと，解答欄は実物大になります。

＊ 受検番号欄は裏面にもあります。

受	検	番	号			
⓪	⓪	⓪	⓪	⓪	⓪	⓪
①	①	①	①	①	①	①
②	②	②	②	②	②	②
③	③	③	③	③	③	③
④	④	④	④	④	④	④
⑤	⑤	⑤	⑤	⑤	⑤	⑤
⑥	⑥	⑥	⑥	⑥	⑥	⑥
⑦	⑦	⑦	⑦	⑦	⑦	⑦
⑧	⑧	⑧	⑧	⑧	⑧	⑧
⑨	⑨	⑨	⑨	⑨	⑨	⑨

解答用紙　数　学

▭部分がマークシート方式により解答する問題です。

マーク上の注意事項

1　ＨＢ又はＢの鉛筆（シャープペンシルも可）を使って，◯の中を正確に塗りつぶすこと。

2　答えを直すときは，きれいに消して，消しくずを残さないこと。

3　決められた欄以外にマークしたり，記入したりしないこと。

良い例	悪い例		
●	線	小さい	はみ出し
	丸囲み	レ点	うすい

1

〔問1〕		
〔問2〕		
〔問3〕		
〔問4〕		
〔問5〕	$x=$　　　，$y=$	
〔問6〕		
〔問7〕	㋐　㋑　㋒　㋓	
〔問8〕 あい	あ	⓪ ① ② ③ ④ ⑤ ⑥ ⑦ ⑧ ⑨
	い	⓪ ① ② ③ ④ ⑤ ⑥ ⑦ ⑧ ⑨
〔問9〕		

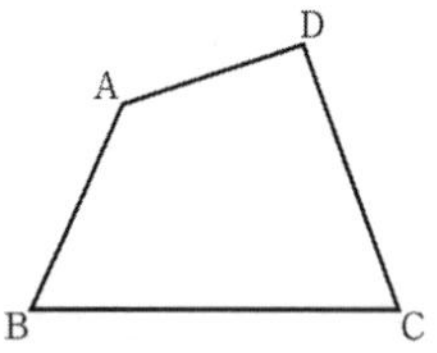

2

〔問1〕 う	う	⓪ ① ② ③ ④ ⑤ ⑥ ⑦ ⑧ ⑨
〔問2〕	＊ 解答欄は裏面にあります。	

3

〔問1〕	①	㋐ ㋑ ㋒ ㋓ ㋔ ㋕ ㋖ ㋗
	②	㋐ ㋑ ㋒ ㋓ ㋔ ㋕ ㋖ ㋗
〔問2〕	③	㋐ ㋑ ㋒ ㋓
	④	㋐ ㋑ ㋒ ㋓
〔問3〕		

4

〔問1〕	㋐ ㋑ ㋒ ㋓		
〔問2〕	①	＊ 解答欄は裏面にあります。	
	② え・おか	え	⓪ ① ② ③ ④ ⑤ ⑥ ⑦ ⑧ ⑨
		お	⓪ ① ② ③ ④ ⑤ ⑥ ⑦ ⑧ ⑨
		か	⓪ ① ② ③ ④ ⑤ ⑥ ⑦ ⑧ ⑨

5

〔問1〕 きく	き	⓪ ① ② ③ ④ ⑤ ⑥ ⑦ ⑧ ⑨
	く	⓪ ① ② ③ ④ ⑤ ⑥ ⑦ ⑧ ⑨
〔問2〕 けこ	け	⓪ ① ② ③ ④ ⑤ ⑥ ⑦ ⑧ ⑨
	こ	⓪ ① ② ③ ④ ⑤ ⑥ ⑦ ⑧ ⑨

解答用紙　数学

受検番号						

2

〔問2〕　〔証明〕

4

〔問2〕　①　〔証明〕

$\triangle BMR$と$\triangle DQT$において，

$\triangle BMR \backsim \triangle DQT$

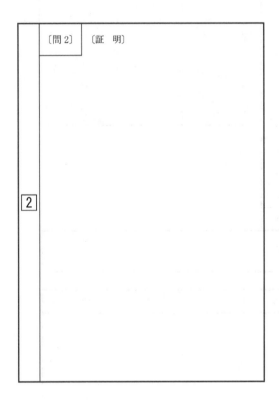

※ 149%に拡大していただくと，解答欄は実物大になります。

解答用紙　英　語

□部分がマークシート方式により解答する問題です。

マーク上の注意事項

1　ＨＢ又はＢの鉛筆（シャープペンシルも可）を使って，◯の中を正確に塗りつぶすこと。

2　答えを直すときは，きれいに消して，消しくずを残さないこと。

3　決められた欄以外にマークしたり，記入したりしないこと。

良い例	悪い例		
●	線	小さい	はみ出し
	丸囲み	レ点	うすい

受検番号						
⓪	⓪	⓪	⓪	⓪	⓪	⓪
①	①	①	①	①	①	①
②	②	②	②	②	②	②
③	③	③	③	③	③	③
④	④	④	④	④	④	④
⑤	⑤	⑤	⑤	⑤	⑤	⑤
⑥	⑥	⑥	⑥	⑥	⑥	⑥
⑦	⑦	⑦	⑦	⑦	⑦	⑦
⑧	⑧	⑧	⑧	⑧	⑧	⑧
⑨	⑨	⑨	⑨	⑨	⑨	⑨

1

〔問題A〕	<対話文１>	㋐	㋑	㋒	㋓
	<対話文２>	㋐	㋑	㋒	㋓
	<対話文３>	㋐	㋑	㋒	㋓
〔問題B〕	<Question 1>	㋐	㋑	㋒	㋓
	<Question 2>				

2

1	㋐	㋑	㋒	㋓	2	㋐	㋑	㋒	㋓	3	(1)	㋐	㋑	㋒	㋓
3	(2)														

3

〔問1〕	㋐	㋑	㋒	㋓	〔問2〕	㋐	㋑	㋒	㋓	〔問3〕	㋐	㋑	㋒	㋓
〔問4〕	㋐	㋑	㋒	㋓	〔問5〕	㋐	㋑	㋒	㋓	〔問6〕	㋐	㋑	㋒	㋓
〔問7〕	㋐	㋑	㋒	㋓										

4

〔問1〕	㋐	㋑	㋒	㋓											
〔問2〕	㋐㋑㋒㋓ → ㋐㋑㋒㋓ → ㋐㋑㋒㋓ → ㋐㋑㋒㋓														
〔問3〕	(1)	㋐	㋑	㋒	㋓	(2)	㋐	㋑	㋒	㋓	(3)	㋐	㋑	㋒	㋓
〔問4〕	(1)	㋐	㋑	㋒	㋓	(2)	㋐	㋑	㋒	㋓					

※ 143％に拡大していただくと，解答欄は実物大になります。

解答用紙　理科

▭部分がマークシート方式により解答する問題です。

マーク上の注意事項

1　ＨＢ又はＢの鉛筆（シャープペンシルも可）を使って，◯の中を正確に塗りつぶすこと。

2　答えを直すときは，きれいに消して，消しくずを残さないこと。

3　決められた欄以外にマークしたり，記入したりしないこと。

良い例	悪い例		
●	線	小さい	はみ出し
	丸囲み	レ点	うすい

受検番号						
⓪	⓪	⓪	⓪	⓪	⓪	⓪
①	①	①	①	①	①	①
②	②	②	②	②	②	②
③	③	③	③	③	③	③
④	④	④	④	④	④	④
⑤	⑤	⑤	⑤	⑤	⑤	⑤
⑥	⑥	⑥	⑥	⑥	⑥	⑥
⑦	⑦	⑦	⑦	⑦	⑦	⑦
⑧	⑧	⑧	⑧	⑧	⑧	⑧
⑨	⑨	⑨	⑨	⑨	⑨	⑨

1	〔問1〕	㋐　㋑　㋒　㋓
	〔問2〕	㋐　㋑　㋒　㋓
	〔問3〕	㋐　㋑　㋒　㋓
	〔問4〕	㋐　㋑　㋒　㋓
	〔問5〕	㋐　㋑　㋒　㋓
	〔問6〕	㋐　㋑　㋒　㋓

2	〔問1〕	㋐　㋑　㋒　㋓
	〔問2〕	㋐　㋑　㋒　㋓
	〔問3〕	㋐　㋑　㋒　㋓
	〔問4〕	㋐　㋑　㋒　㋓

3	〔問1〕	㋐　㋑　㋒　㋓
	〔問2〕	2時間ごとに記録した透明半球上の・印のそれぞれの間隔は，
	〔問3〕	㋐　㋑　㋒　㋓
	〔問4〕	㋐　㋑　㋒　㋓

4	〔問1〕	㋐　㋑　㋒　㋓
	〔問2〕	㋐　㋑　㋒　㋓
	〔問3〕	㋐　㋑　㋒　㋓

5	〔問1〕	㋐　㋑　㋒　㋓
	〔問2〕	㋐　㋑　㋒　㋓
	〔問3〕	<資料>から，
	〔問4〕	㋐　㋑　㋒　㋓

6	〔問1〕	㋐　㋑　㋒　㋓	
	〔問2〕	①	②
		㋐ ㋑ ㋒ ㋓	㋐ ㋑ ㋒ ㋓
	〔問3〕	㋐　㋑　㋒　㋓	
	〔問4〕	㋐　㋑　㋒　㋓	

※ 149％に拡大していただくと，解答欄は実物大になります。

解答用紙　社　会

▭ 部分がマークシート方式により解答する問題です。

マーク上の注意事項

1　ＨＢ又はＢの鉛筆（シャープペンシルも可）を使って，◯の中を正確に塗りつぶすこと。

2　答えを直すときは，きれいに消して，消しくずを残さないこと。

3　決められた欄以外にマークしたり，記入したりしないこと。

良い例	悪い例
●	線　小さい　はみ出し　丸囲み　レ点　うすい

受検番号						
⓪	⓪	⓪	⓪	⓪	⓪	⓪
①	①	①	①	①	①	①
②	②	②	②	②	②	②
③	③	③	③	③	③	③
④	④	④	④	④	④	④
⑤	⑤	⑤	⑤	⑤	⑤	⑤
⑥	⑥	⑥	⑥	⑥	⑥	⑥
⑦	⑦	⑦	⑦	⑦	⑦	⑦
⑧	⑧	⑧	⑧	⑧	⑧	⑧
⑨	⑨	⑨	⑨	⑨	⑨	⑨

1

〔問1〕	B	C	D	E
	㋐㋑㋒㋓	㋐㋑㋒㋓	㋐㋑㋒㋓	㋐㋑㋒㋓
〔問2〕	㋐　㋑　㋒　㋓			
〔問3〕	㋐　㋑　㋒　㋓			

2

〔問1〕	略地図中のA～D		Ⅱのア～エ	
	Ⓐ Ⓑ Ⓒ Ⓓ		㋐㋑㋒㋓	
〔問2〕	P	Q	R	S
	㋐㋑㋒㋓	㋐㋑㋒㋓	㋐㋑㋒㋓	㋐㋑㋒㋓
〔問3〕	略地図中のW～Z		ⅠとⅡの表のア～エ	
	Ⓦ Ⓧ Ⓨ Ⓩ		㋐㋑㋒㋓	

3

〔問1〕	A	B	C	D
	㋐㋑㋒㋓	㋐㋑㋒㋓	㋐㋑㋒㋓	㋐㋑㋒㋓
〔問2〕	Ⅰのア～エ		略地図中のW～Z	
	㋐㋑㋒㋓		Ⓦ Ⓧ Ⓨ Ⓩ	
〔問3〕				

4

〔問1〕	㋐㋑㋒㋓ →	㋐㋑㋒㋓ →	㋐㋑㋒㋓ →	㋐㋑㋒㋓
〔問2〕				
〔問3〕	A	B	C	D
	㋐㋑㋒㋓	㋐㋑㋒㋓	㋐㋑㋒㋓	㋐㋑㋒㋓
〔問4〕	A	B	C	D
	㋐㋑㋒㋓	㋐㋑㋒㋓	㋐㋑㋒㋓	㋐㋑㋒㋓

5

〔問1〕	㋐　㋑　㋒　㋓	
〔問2〕	ⅠのA～D	ア～エ
	Ⓐ Ⓑ Ⓒ Ⓓ	㋐㋑㋒㋓
〔問3〕	㋐　㋑　㋒　㋓	
〔問4〕		

6

〔問1〕	A	B	C	D
	㋐㋑㋒㋓	㋐㋑㋒㋓	㋐㋑㋒㋓	㋐㋑㋒㋓
〔問2〕	㋐　㋑　㋒　㋓			
〔問3〕	㋐　㋑　㋒　㋓			

東京都公立高校

２０２４年度

※１４９％に拡大していただくと、解答欄は実物大になります。

解答用紙 国語

受検番号						
⓪①②③④⑤⑥⑦⑧⑨	⓪①②③④⑤⑥⑦⑧⑨	⓪①②③④⑤⑥⑦⑧⑨	⓪①②③④⑤⑥⑦⑧⑨	⓪①②③④⑤⑥⑦⑧⑨	⓪①②③④⑤⑥⑦⑧⑨	⓪①②③④⑤⑥⑦⑧⑨

□部分がマークシート方式により解答する問題です。

マーク上の注意事項

1 ＨＢ又はＢの鉛筆（シャープペンシルも可）を使って、○の中を正確に塗りつぶすこと。

2 答えを直すときは、きれいに消して、消しくずを残さないこと。

3 決められた欄以外にマークしたり、記入したりしないこと。

良い例	悪い例
●	線　小さい　はみ出し　丸囲み　レ点　うすい

1

(1) 挿した	(2) 根拠	(3) 据えて	(4) 陳列	(5) 純粋
した		えて		

2

(1) ヨウカン	(2) ソダてた	(3) キャクシツ	(4) バイテン	(5) サクラ
	てた			

3

〔問１〕	㋐ ㋑ ㋒ ㋓	〔問２〕	㋐ ㋑ ㋒ ㋓
〔問３〕	㋐ ㋑ ㋒ ㋓	〔問４〕	㋐ ㋑ ㋒ ㋓
〔問５〕	㋐ ㋑ ㋒ ㋓		

4

〔問１〕	㋐ ㋑ ㋒ ㋓	〔問２〕	㋐ ㋑ ㋒ ㋓
〔問３〕	㋐ ㋑ ㋒ ㋓	〔問４〕	㋐ ㋑ ㋒ ㋓

〔問５〕

20

100

200

5

〔問１〕	㋐ ㋑ ㋒ ㋓	〔問２〕	㋐ ㋑ ㋒ ㋓
〔問３〕	㋐ ㋑ ㋒ ㋓	〔問４〕	㋐ ㋑ ㋒ ㋓
〔問５〕	㋐ ㋑ ㋒ ㋓		

2024年度入試配点表(東京都)

数学	1	2	3	4	5	計
	〔問9〕　6点 他　各5点×8 (〔問8〕完答)	〔問1〕　5点 〔問2〕　7点	各5点×3 (〔問1〕,〔問2〕各完答)	〔問2〕①　7点 他　各5点×2 (〔問2〕②完答)	各5点×2 (各完答)	100点

英語	1	2	3	4	計
	各4点×5	3(2)　12点 他　各4点×3	各4点×7	各4点×7	100点

理科	1	2	3	4	5	6	計
	各4点×6	各4点×4	各4点×4	各4点×3	各4点×4	各4点×4 (問2完答)	100点

社会	1	2	3	4	5	6	計
	各5点×3 (問1完答)	各5点×3 (問1~問3各完答)	各5点×3 (問1,問2各完答)	各5点×4 (問1,問3,問4 各完答)	各5点×4 (問2完答)	各5点×3 (問1完答)	100点

国語	1	2	3	4	5	計
	各2点×5	各2点×5	各5点×5	問5　10点 他　各5点×4	各5点×5	100点

※ 149％に拡大していただくと，解答欄は実物大になります。

＊ 受検番号欄は裏面にもあります。

解答用紙　数学

部分がマークシート方式により解答する問題です。

マーク上の注意事項

1　ＨＢ又はＢの鉛筆（シャープペンシルも可）を使って，〇の中を正確に塗りつぶすこと。

2　答えを直すときは，きれいに消して，消しくずを残さないこと。

3　決められた欄以外にマークしたり，記入したりしないこと。

良い例	悪い例
●	線　小さい　はみ出し 丸囲み　レ点　うすい

受検番号						
⓪①②③④⑤⑥⑦⑧⑨	⓪①②③④⑤⑥⑦⑧⑨	⓪①②③④⑤⑥⑦⑧⑨	⓪①②③④⑤⑥⑦⑧⑨	⓪①②③④⑤⑥⑦⑧⑨	⓪①②③④⑤⑥⑦⑧⑨	⓪①②③④⑤⑥⑦⑧⑨

1

〔問1〕		
〔問2〕		
〔問3〕		
〔問4〕		
〔問5〕	$x=$　　　，$y=$	
〔問6〕		
〔問7〕 $\frac{あ}{い}$	あ	⓪①②③④⑤⑥⑦⑧⑨
	い	⓪①②③④⑤⑥⑦⑧⑨
〔問8〕 うえ	う	⓪①②③④⑤⑥⑦⑧⑨
	え	⓪①②③④⑤⑥⑦⑧⑨

〔問9〕

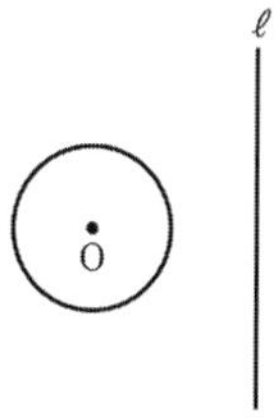

2

〔問1〕	㋐　㋑　㋒　㋓
〔問2〕	＊ 解答欄は裏面にあります。

3

〔問1〕	㋐　㋑　㋒　㋓
〔問2〕①	㋐　㋑　㋒　㋓
〔問2〕②	㋐　㋑　㋒　㋓
〔問3〕	

4

〔問1〕		㋐　㋑　㋒　㋓
〔問2〕①		＊ 解答欄は裏面にあります。
〔問2〕② $\frac{お}{かき}$	お	⓪①②③④⑤⑥⑦⑧⑨
	か	⓪①②③④⑤⑥⑦⑧⑨
	き	⓪①②③④⑤⑥⑦⑧⑨

5

〔問1〕 $\frac{く}{け}$	く	⓪①②③④⑤⑥⑦⑧⑨
	け	⓪①②③④⑤⑥⑦⑧⑨
〔問2〕 こ$\sqrt{さ}$	こ	⓪①②③④⑤⑥⑦⑧⑨
	さ	⓪①②③④⑤⑥⑦⑧⑨

解答用紙　数学

受検番号						

2

〔問2〕〔証明〕

$S=(a-b)\ell$

4

〔問2〕①〔証明〕

△ASDと△CSQにおいて，

△ASD ∽ △CSQ

※ 149％に拡大していただくと，解答欄は実物大になります。

解答用紙　英語

▭部分がマークシート方式により解答する問題です。

マーク上の注意事項

1　ＨＢ又はＢの鉛筆（シャープペンシルも可）を使って，◯の中を正確に塗りつぶすこと。

2　答えを直すときは，きれいに消して，消しくずを残さないこと。

3　決められた欄以外にマークしたり，記入したりしないこと。

良い例	悪い例
●	線　小さい　はみ出し 丸囲み　レ点　うすい

受検番号						
⓪	⓪	⓪	⓪	⓪	⓪	⓪
①	①	①	①	①	①	①
②	②	②	②	②	②	②
③	③	③	③	③	③	③
④	④	④	④	④	④	④
⑤	⑤	⑤	⑤	⑤	⑤	⑤
⑥	⑥	⑥	⑥	⑥	⑥	⑥
⑦	⑦	⑦	⑦	⑦	⑦	⑦
⑧	⑧	⑧	⑧	⑧	⑧	⑧
⑨	⑨	⑨	⑨	⑨	⑨	⑨

1	〔問題A〕	＜対話文１＞	㋐	㋑	㋒	㋓
		＜対話文２＞	㋐	㋑	㋒	㋓
		＜対話文３＞	㋐	㋑	㋒	㋓
	〔問題B〕	＜Question 1＞	㋐	㋑	㋒	㋓
		＜Question 2＞				

2	1	㋐	㋑	㋒	㋓	2	㋐	㋑	㋒	㋓	3	(1)	㋐	㋑	㋒	㋓
	3	(2)													

3	〔問1〕	㋐	㋑	㋒	㋓	〔問2〕	㋐	㋑	㋒	㋓	〔問3〕	㋐	㋑	㋒	㋓
	〔問4〕	㋐	㋑	㋒	㋓	〔問5〕	㋐	㋑	㋒	㋓	〔問6〕	㋐	㋑	㋒	㋓
	〔問7〕	㋐	㋑	㋒	㋓										

4	〔問1〕		㋐	㋑	㋒	㋓									
	〔問2〕	㋐㋑㋒㋓ → ㋐㋑㋒㋓ → ㋐㋑㋒㋓ → ㋐㋑㋒㋓													
	〔問3〕	(1)	㋐	㋑	㋒	㋓	(2)	㋐	㋑	㋒	㋓	(3)	㋐	㋑	㋒	㋓
	〔問4〕	(1)	㋐	㋑	㋒	㋓	(2)	㋐	㋑	㋒	㋓					

※ 143％に拡大していただくと，解答欄は実物大になります。

解答用紙　理科

□部分がマークシート方式により解答する問題です。

マーク上の注意事項

1　ＨＢ又はＢの鉛筆（シャープペンシルも可）を使って，〇の中を正確に塗りつぶすこと。

2　答えを直すときは，きれいに消して，消しくずを残さないこと。

3　決められた欄以外にマークしたり，記入したりしないこと。

良い例	悪い例		
●	線	小さい	はみ出し
	丸囲み	レ点	うすい

受検番号						
⓪	⓪	⓪	⓪	⓪	⓪	⓪
①	①	①	①	①	①	①
②	②	②	②	②	②	②
③	③	③	③	③	③	③
④	④	④	④	④	④	④
⑤	⑤	⑤	⑤	⑤	⑤	⑤
⑥	⑥	⑥	⑥	⑥	⑥	⑥
⑦	⑦	⑦	⑦	⑦	⑦	⑦
⑧	⑧	⑧	⑧	⑧	⑧	⑧
⑨	⑨	⑨	⑨	⑨	⑨	⑨

1

〔問1〕	㋐　㋑　㋒　㋓
〔問2〕	㋐　㋑　㋒　㋓
〔問3〕	㋐　㋑　㋒　㋓
〔問4〕	㋐　㋑　㋒　㋓
〔問5〕	㋐　㋑　㋒　㋓
〔問6〕	㋐　㋑　㋒　㋓

2

〔問1〕	㋐　㋑　㋒　㋓	
〔問2〕	①	②
	㋐　㋑	㋐　㋑
〔問3〕	㋐　㋑　㋒　㋓	
〔問4〕	㋐　㋑　㋒　㋓	

3

〔問1〕				
〔問2〕	①	②		
	㋐　㋑	㋐　㋑		
〔問3〕	①	②	③	④
	㋐　㋑	㋐　㋑	㋐　㋑	㋐　㋑
〔問4〕	㋐　㋑　㋒　㋓			

4

〔問1〕	㋐　㋑　㋒　㋓
〔問2〕	㋐　㋑　㋒　㋓
〔問3〕	㋐　㋑　㋒　㋓

5

〔問1〕	㋐　㋑　㋒　㋓　㋔	
〔問2〕	㋐　㋑　㋒　㋓	
〔問3〕	㋐　㋑　㋒　㋓	
〔問4〕	①	②
	㋐㋑㋒	㋐㋑㋒

6

〔問1〕	㋐　㋑　㋒　㋓
〔問2〕	㋐㋑㋒㋓㋔㋕
〔問3〕	㋐　㋑　㋒　㋓　㋔
〔問4〕	㋐　㋑　㋒　㋓

※ 149％に拡大していただくと，解答欄は実物大になります。

解答用紙　社　会

▭部分がマークシート方式により解答する問題です。

マーク上の注意事項

1　ＨＢ又はＢの鉛筆（シャープペンシルも可）を使って，〇の中を正確に塗りつぶすこと。

2　答えを直すときは，きれいに消して，消しくずを残さないこと。

3　決められた欄以外にマークしたり，記入したりしないこと。

良い例	悪い例
●	線　小さい　はみ出し　丸囲み　レ点　うすい

受検番号						
⓪	⓪	⓪	⓪	⓪	⓪	⓪
①	①	①	①	①	①	①
②	②	②	②	②	②	②
③	③	③	③	③	③	③
④	④	④	④	④	④	④
⑤	⑤	⑤	⑤	⑤	⑤	⑤
⑥	⑥	⑥	⑥	⑥	⑥	⑥
⑦	⑦	⑦	⑦	⑦	⑦	⑦
⑧	⑧	⑧	⑧	⑧	⑧	⑧
⑨	⑨	⑨	⑨	⑨	⑨	⑨

1

〔問1〕	㋐　㋑　㋒　㋓
〔問2〕	㋐　㋑　㋒　㋓
〔問3〕	㋐　㋑　㋒　㋓

2

〔問1〕	略地図中のA～D		Ⅱのア～エ	
	Ⓐ　Ⓑ　Ⓒ　Ⓓ		㋐　㋑　㋒　㋓	
〔問2〕	W	X	Y	Z
	㋐㋑㋒㋓	㋐㋑㋒㋓	㋐㋑㋒㋓	㋐㋑㋒㋓
〔問3〕	㋐　㋑　㋒　㋓			

3

〔問1〕	A	B	C	D
	㋐㋑㋒㋓	㋐㋑㋒㋓	㋐㋑㋒㋓	㋐㋑㋒㋓
〔問2〕	㋐　㋑　㋒　㋓			
〔問3〕	〔(1)目的〕			
	〔(2)敷設《ふせつ》状況及び設置状況〕			

4

〔問1〕	㋐㋑㋒㋓ → ㋐㋑㋒㋓ → ㋐㋑㋒㋓ → ㋐㋑㋒㋓			
〔問2〕	㋐　㋑　㋒　㋓			
〔問3〕	時期			略地図
	㋐㋑㋒ → ㋐㋑㋒ → ㋐㋑㋒			㋐　㋑　㋒
〔問4〕	A	B	C	D
	㋐㋑㋒㋓	㋐㋑㋒㋓	㋐㋑㋒㋓	㋐㋑㋒㋓

5

〔問1〕	㋐　㋑　㋒　㋓
〔問2〕	㋐　㋑　㋒　㋓
〔問3〕	㋐　㋑　㋒　㋓
〔問4〕	

6

〔問1〕	A	B	C	D
	㋐㋑㋒㋓	㋐㋑㋒㋓	㋐㋑㋒㋓	㋐㋑㋒㋓
〔問2〕	Ⅰの略年表中のA～D		略地図中のW～Z	
	Ⓐ　Ⓑ　Ⓒ　Ⓓ		Ⓦ　Ⓧ　Ⓨ　Ⓩ	
〔問3〕	㋐　㋑　㋒　㋓			

東京都公立高校　２０２３年度

※１４９%に拡大していただくと，解答欄は実物大になります。

解答用紙
国　語

受検番号						
⓪	⓪	⓪	⓪	⓪	⓪	⓪
①	①	①	①	①	①	①
②	②	②	②	②	②	②
③	③	③	③	③	③	③
④	④	④	④	④	④	④
⑤	⑤	⑤	⑤	⑤	⑤	⑤
⑥	⑥	⑥	⑥	⑥	⑥	⑥
⑦	⑦	⑦	⑦	⑦	⑦	⑦
⑧	⑧	⑧	⑧	⑧	⑧	⑧
⑨	⑨	⑨	⑨	⑨	⑨	⑨

□部分がマークシート方式により解答する問題です。

マーク上の注意事項

1　ＨＢ又はＢの鉛筆（シャープペンシルも可）を使って，〇の中を正確に塗りつぶすこと。

2　答えを直すときは，きれいに消して，消しくずを残さないこと。

3　決められた欄以外にマークしたり，記入したりしないこと。

良い例	悪い例	
●	線	丸囲み
	小さい	レ点
	はみ出し	うすい

1

(1) 伸びる	びる
(2) 河畔	
(3) 掛ける	ける
(4) 慕って	って
(5) 狩猟	

2

(1) ナげる	げる
(2) ウチュウ	
(3) エイエン	
(4) イチジルしく	しく
(5) ビョウ	

3

〔問1〕	㋐	㋑	㋒	㋓
〔問2〕	㋐	㋑	㋒	㋓
〔問3〕	㋐	㋑	㋒	㋓
〔問4〕	㋐	㋑	㋒	㋓
〔問5〕	㋐	㋑	㋒	㋓

4

〔問1〕	㋐	㋑	㋒	㋓
〔問2〕	㋐	㋑	㋒	㋓
〔問3〕	㋐	㋑	㋒	㋓
〔問4〕	㋐	㋑	㋒	㋓

〔問5〕

20

100

200

5

〔問1〕	㋐	㋑	㋒	㋓
〔問2〕	㋐	㋑	㋒	㋓
〔問3〕	㋐	㋑	㋒	㋓
〔問4〕	㋐	㋑	㋒	㋓
〔問5〕	㋐	㋑	㋒	㋓

2023年度入試配点表(東京都)

数学	1	2	3	4	5	計
	〔問9〕　6点 他　各5点×8 (〔問7〕,〔問8〕各完答)	〔問1〕　5点 〔問2〕　7点	各5点×3 (〔問2〕完答)	〔問2〕①　7点 他　各5点×2 (〔問2〕②完答)	各5点×2 (各完答)	100点

英語	1	2	3	4	計
	各4点×5	3(2)　12点 他　各4点×3	各4点×7	各4点×7 (〔問2〕完答)	100点

理科	1	2	3	4	5	6	計
	各4点×6	各4点×4 (問2完答)	各4点×4 (問2,問3各完答)	各4点×3	各4点×4 (問4完答)	各4点×4	100点

社会	1	2	3	4	5	6	計
	各5点×3	各5点×3 (問1,問2各完答)	各5点×3 (問1完答)	各5点×4 (問1,問3,問4 各完答)	各5点×4	各5点×3 (問1,問2各完答)	100点

国語	1	2	3	4	5	計
	各2点×5	各2点×5	各5点×5	問5　10点 他　各5点×4	各5点×5	100点

※ 149％に拡大していただくと，解答欄は実物大になります。

解答用紙　数学

□部分がマークシート方式により解答する問題です。

マーク上の注意事項

1　ＨＢ又はＢの鉛筆（シャープペンシルも可）を使って，〇の中を正確に塗りつぶすこと。

2　答えを直すときは，きれいに消して，消しくずを残さないこと。

3　決められた欄以外にマークしたり，記入したりしないこと。

良い例	悪い例
●	線　小さい　はみ出し　丸囲み　レ点　うすい

＊ 受検番号欄は裏面にもあります。

受検番号						
⓪	⓪	⓪	⓪	⓪	⓪	⓪
①	①	①	①	①	①	①
②	②	②	②	②	②	②
③	③	③	③	③	③	③
④	④	④	④	④	④	④
⑤	⑤	⑤	⑤	⑤	⑤	⑤
⑥	⑥	⑥	⑥	⑥	⑥	⑥
⑦	⑦	⑦	⑦	⑦	⑦	⑦
⑧	⑧	⑧	⑧	⑧	⑧	⑧
⑨	⑨	⑨	⑨	⑨	⑨	⑨

1

〔問1〕		
〔問2〕		
〔問3〕		
〔問4〕		
〔問5〕	$x=$　　　，$y=$	
〔問6〕		
〔問7〕 あ	あ	⓪ ① ② ③ ④ ⑤ ⑥ ⑦ ⑧ ⑨
〔問8〕 いう	い	⓪ ① ② ③ ④ ⑤ ⑥ ⑦ ⑧ ⑨
	う	⓪ ① ② ③ ④ ⑤ ⑥ ⑦ ⑧ ⑨
〔問9〕		

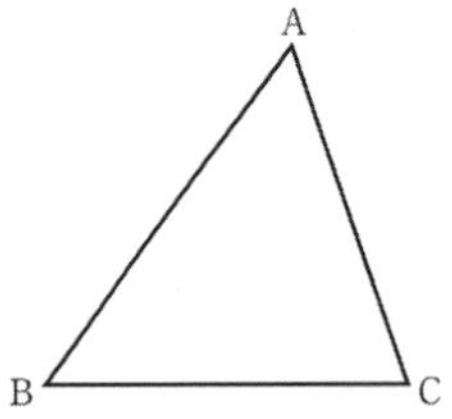

2

〔問1〕 えお	え	⓪ ① ② ③ ④ ⑤ ⑥ ⑦ ⑧ ⑨
	お	⓪ ① ② ③ ④ ⑤ ⑥ ⑦ ⑧ ⑨
〔問2〕	＊ 解答欄は裏面にあります。	

3

〔問1〕	①	㋐ ㋑ ㋒ ㋓ ㋔ ㋕ ㋖ ㋗
	②	㋐ ㋑ ㋒ ㋓ ㋔ ㋕ ㋖ ㋗
〔問2〕	③	㋐ ㋑ ㋒ ㋓
	④	㋐ ㋑ ㋒ ㋓
〔問3〕		

4

〔問1〕			㋐ ㋑ ㋒ ㋓
〔問2〕	①	＊ 解答欄は裏面にあります。	
	② $\frac{か}{きく}$	か	⓪ ① ② ③ ④ ⑤ ⑥ ⑦ ⑧ ⑨
		き	⓪ ① ② ③ ④ ⑤ ⑥ ⑦ ⑧ ⑨
		く	⓪ ① ② ③ ④ ⑤ ⑥ ⑦ ⑧ ⑨

5

〔問1〕 けこ$\sqrt{さ}$	け	⓪ ① ② ③ ④ ⑤ ⑥ ⑦ ⑧ ⑨
	こ	⓪ ① ② ③ ④ ⑤ ⑥ ⑦ ⑧ ⑨
	さ	⓪ ① ② ③ ④ ⑤ ⑥ ⑦ ⑧ ⑨
〔問2〕 しすせ	し	⓪ ① ② ③ ④ ⑤ ⑥ ⑦ ⑧ ⑨
	す	⓪ ① ② ③ ④ ⑤ ⑥ ⑦ ⑧ ⑨
	せ	⓪ ① ② ③ ④ ⑤ ⑥ ⑦ ⑧ ⑨

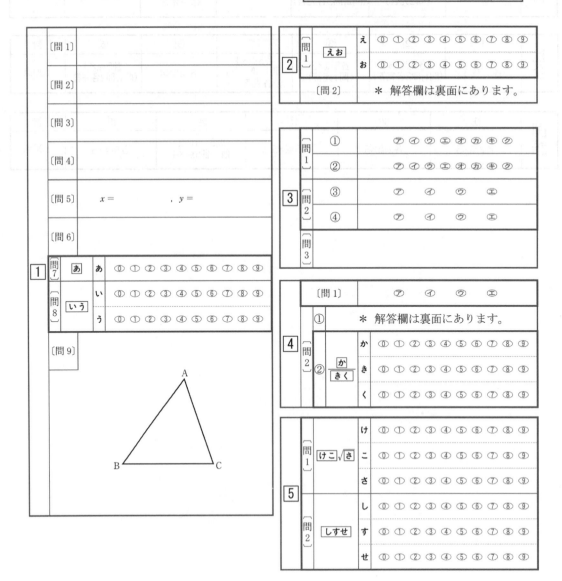

解答用紙　数　学

受　検　番　号						

2

〔問2〕　〔証　明〕

X－Yの値は11の倍数になる。

4

〔問2〕　①　〔証　明〕

△ABPと△ACQにおいて，

△ABP ≡ △ACQ

※ 149％に拡大していただくと，解答欄は実物大になります。

解答用紙　英　語

▭部分がマークシート方式により解答する問題です。

マーク上の注意事項

1　ＨＢ又はＢの鉛筆（シャープペンシルも可）を使って，〇の中を正確に塗りつぶすこと。

2　答えを直すときは，きれいに消して，消しくずを残さないこと。

3　決められた欄以外にマークしたり，記入したりしないこと。

良い例	悪い例		
●	線	小さい	はみ出し
	丸囲み	レ点	うすい

受検番号						
⓪	⓪	⓪	⓪	⓪	⓪	⓪
①	①	①	①	①	①	①
②	②	②	②	②	②	②
③	③	③	③	③	③	③
④	④	④	④	④	④	④
⑤	⑤	⑤	⑤	⑤	⑤	⑤
⑥	⑥	⑥	⑥	⑥	⑥	⑥
⑦	⑦	⑦	⑦	⑦	⑦	⑦
⑧	⑧	⑧	⑧	⑧	⑧	⑧
⑨	⑨	⑨	⑨	⑨	⑨	⑨

1

〔問題A〕	＜対話文1＞	㋐	㋑	㋒	㋓
	＜対話文2＞	㋐	㋑	㋒	㋓
	＜対話文3＞	㋐	㋑	㋒	㋓
〔問題B〕	＜Question 1＞	㋐	㋑	㋒	㋓
	＜Question 2＞				

2

1	㋐	㋑	㋒	㋓	2	㋐	㋑	㋒	㋓	3	(1)	㋐	㋑	㋒ ㋓
3	(2)													

3

〔問1〕	㋐	㋑	㋒	㋓	〔問2〕	㋐	㋑	㋒	㋓	〔問3〕	㋐	㋑	㋒	㋓
〔問4〕	㋐	㋑	㋒	㋓	〔問5〕	㋐	㋑	㋒	㋓	〔問6〕	㋐	㋑	㋒	㋓
〔問7〕	㋐	㋑	㋒	㋓										

4

〔問1〕	㋐	㋑	㋒	㋓										
〔問2〕	㋐㋑㋒㋓	→	㋐㋑㋒㋓	→	㋐㋑㋒㋓	→	㋐㋑㋒㋓							
〔問3〕	(1) ㋐	㋑	㋒	㋓	(2) ㋐	㋑	㋒	㋓	(3) ㋐	㋑	㋒	㋓		
〔問4〕	(1) ㋐	㋑	㋒	㋓	(2) ㋐	㋑	㋒	㋓						

※ 143％に拡大していただくと，解答欄は実物大になります。

解答用紙　理　科

□部分がマークシート方式により解答する問題です。

マーク上の注意事項

1　ＨＢ又はＢの鉛筆（シャープペンシルも可）を使って，〇の中を正確に塗りつぶすこと。

2　答えを直すときは，きれいに消して，消しくずを残さないこと。

3　決められた欄以外にマークしたり，記入したりしないこと。

良い例	悪い例
●	線　小さい　はみ出し　丸囲み　レ点　うすい

受検番号						
⓪	⓪	⓪	⓪	⓪	⓪	⓪
①	①	①	①	①	①	①
②	②	②	②	②	②	②
③	③	③	③	③	③	③
④	④	④	④	④	④	④
⑤	⑤	⑤	⑤	⑤	⑤	⑤
⑥	⑥	⑥	⑥	⑥	⑥	⑥
⑦	⑦	⑦	⑦	⑦	⑦	⑦
⑧	⑧	⑧	⑧	⑧	⑧	⑧
⑨	⑨	⑨	⑨	⑨	⑨	⑨

1		
	〔問1〕	㋐　㋑　㋒　㋓
	〔問2〕	㋐　㋑　㋒　㋓
	〔問3〕	㋐　㋑　㋒　㋓
	〔問4〕	㋐　㋑　㋒　㋓
	〔問5〕	㋐　㋑　㋒　㋓

2		
	〔問1〕	㋐　㋑　㋒　㋓
	〔問2〕	㋐　㋑　㋒　㋓
	〔問3〕	㋐　㋑　㋒　㋓
	〔問4〕	㋐　㋑　㋒　㋓

3		
	〔問1〕	㋐　㋑　㋒　㋓
	〔問2〕	㋐　㋑　㋒　㋓
	〔問3〕	㋐　㋑　㋒　㋓
	〔問4〕	㋐　㋑　㋒　㋓

4		
	〔問1〕	㋐　㋑　㋒　㋓
	〔問2〕	㋐　㋑　㋒　㋓
	〔問3〕	㋐　㋑　㋒　㋓
	〔問4〕	㋐　㋑　㋒

5		
	〔問1〕	㋐　㋑　㋒　㋓
	〔問2〕	㋐　㋑　㋒　㋓　㋔　㋕
	〔問3〕	<化学反応式> ＿＿＿＿（酸）＋＿＿＿＿（アルカリ）→ ＿＿＿＿（塩）＋＿＿＿＿
	〔問4〕	㋐　㋑　㋒　㋓

6		
	〔問1〕	㋐　㋑　㋒　㋓
	〔問2〕	㋐　㋑　㋒　㋓
	〔問3〕	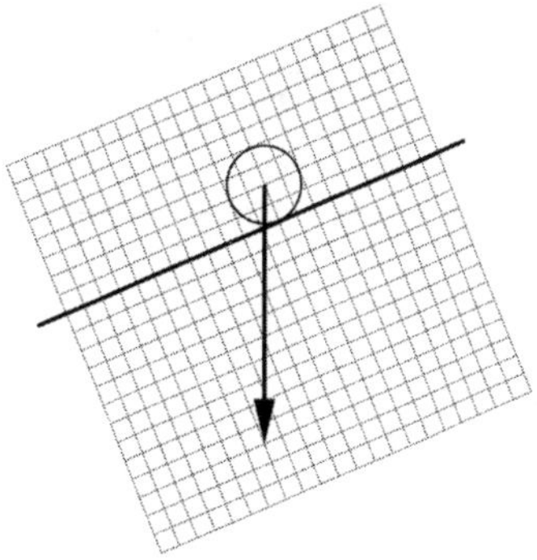
	〔問4〕	㋐　㋑　㋒　㋓

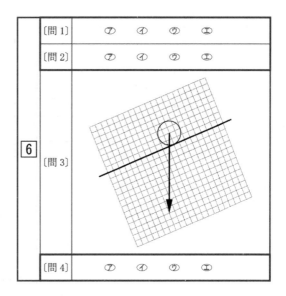

※ 149％に拡大していただくと，解答欄は実物大になります。

解答用紙　社会

▭部分がマークシート方式により解答する問題です。

マーク上の注意事項

1　ＨＢ又はＢの鉛筆（シャープペンシルも可）を使って，◯の中を正確に塗りつぶすこと。

2　答えを直すときは，きれいに消して，消しくずを残さないこと。

3　決められた欄以外にマークしたり，記入したりしないこと。

良い例	悪い例
●	線　小さい　はみ出し　丸囲み　レ点　うすい

受検番号						
⓪	⓪	⓪	⓪	⓪	⓪	⓪
①	①	①	①	①	①	①
②	②	②	②	②	②	②
③	③	③	③	③	③	③
④	④	④	④	④	④	④
⑤	⑤	⑤	⑤	⑤	⑤	⑤
⑥	⑥	⑥	⑥	⑥	⑥	⑥
⑦	⑦	⑦	⑦	⑦	⑦	⑦
⑧	⑧	⑧	⑧	⑧	⑧	⑧
⑨	⑨	⑨	⑨	⑨	⑨	⑨

1		
1	〔問1〕	㋐　㋑　㋒　㋓
	〔問2〕	㋐　㋑　㋒　㋓
	〔問3〕	㋐　㋑　㋒　㋓

2					
2	〔問1〕	略地図中のA～D		Ⅱのア～エ	
		Ⓐ Ⓑ Ⓒ Ⓓ		㋐ ㋑ ㋒ ㋓	
	〔問2〕	P	Q	R	S
		㋐㋑㋒㋓	㋐㋑㋒㋓	㋐㋑㋒㋓	㋐㋑㋒㋓
	〔問3〕	略地図中のW～Z		ⅠとⅡの表のア～エ	
		Ⓦ Ⓧ Ⓨ Ⓩ		㋐ ㋑ ㋒ ㋓	

3					
3	〔問1〕	A	B	C	D
		㋐㋑㋒㋓	㋐㋑㋒㋓	㋐㋑㋒㋓	㋐㋑㋒㋓
	〔問2〕	Ⅰのア～エ		略地図中のW～Z	
		㋐ ㋑ ㋒ ㋓		Ⓦ Ⓧ Ⓨ Ⓩ	
	〔問3〕	〔変化〕			
		〔要因〕			

4		
4	〔問1〕	㋐㋑㋒㋓ → ㋐㋑㋒㋓ → ㋐㋑㋒㋓ → ㋐㋑㋒㋓
	〔問2〕	㋐　㋑　㋒　㋓
	〔問3〕	㋐㋑㋒㋓ → ㋐㋑㋒㋓ → ㋐㋑㋒㋓ → ㋐㋑㋒㋓
	〔問4〕	㋐　㋑　㋒　㋓

5		
5	〔問1〕	㋐　㋑　㋒　㋓
	〔問2〕	㋐　㋑　㋒　㋓
	〔問3〕	
	〔問4〕	㋐　㋑　㋒　㋓

6			
6	〔問1〕	㋐㋑㋒㋓ → ㋐㋑㋒㋓ → ㋐㋑㋒㋓ → ㋐㋑㋒㋓	
	〔問2〕	ⅠのA～D	ⅠのA～Dのア～ウ
		Ⓐ Ⓑ Ⓒ Ⓓ	㋐ ㋑ ㋒
	〔問3〕	Ⓦ　Ⓧ　Ⓨ　Ⓩ	

東京都公立高校　2022年度

※149％に拡大していただくと，解答欄は実物大になります。

解答用紙　国語

受検番号						
⓪①②③④⑤⑥⑦⑧⑨	⓪①②③④⑤⑥⑦⑧⑨	⓪①②③④⑤⑥⑦⑧⑨	⓪①②③④⑤⑥⑦⑧⑨	⓪①②③④⑤⑥⑦⑧⑨	⓪①②③④⑤⑥⑦⑧⑨	⓪①②③④⑤⑥⑦⑧⑨

□部分がマークシート方式により解答する問題です。

マーク上の注意事項

1　ＨＢ又はＢの鉛筆（シャープペンシルも可）を使って，〇の中を正確に塗りつぶすこと。
2　答えを直すときは，きれいに消して，消しくずを残さないこと。
3　決められた欄以外にマークしたり，記入したりしないこと。

良い例	悪い例
●	線　丸囲み　小さい　レ点　はみ出し　うすい

1

(1)	(2)	(3)	(4)	(5)
伺　い	砕　い　て	影　響	円　滑	巡　る
い	いて			る

2

(1)	(2)	(3)	(4)	(5)
エンじる	ムズカしい	シュクメイ	シュウカン	スコやか
じる	しい			やか

3

〔問1〕	㋐ ㋑ ㋒ ㋓	〔問2〕	㋐ ㋑ ㋒ ㋓
〔問3〕	㋐ ㋑ ㋒ ㋓	〔問4〕	㋐ ㋑ ㋒ ㋓
〔問5〕	㋐ ㋑ ㋒ ㋓		

4

〔問1〕	㋐ ㋑ ㋒ ㋓	〔問2〕	㋐ ㋑ ㋒ ㋓
〔問3〕	㋐ ㋑ ㋒ ㋓	〔問4〕	㋐ ㋑ ㋒ ㋓

〔問5〕

20　100　200

5

〔問1〕	㋐ ㋑ ㋒ ㋓	〔問2〕	㋐ ㋑ ㋒ ㋓
〔問3〕	㋐ ㋑ ㋒ ㋓	〔問4〕	㋐ ㋑ ㋒ ㋓
〔問5〕	㋐ ㋑ ㋒ ㋓		

2022年度入試配点表(東京都)

数学	1	2	3	4	5	計
	〔問9〕　6点 他　各5点×8 (〔問7〕,〔問8〕各完答)	〔問1〕　5点(完答) 〔問2〕　7点	各5点×3 (〔問1〕,〔問2〕 各完答)	〔問2〕①　7点 他　各5点×2 (〔問2〕②完答)	各5点×2 (〔問1〕,〔問2〕 各完答)	100点

英語	1	2	3	4	計
	各4点×5	3(2)　12点 他　各4点×3	各4点×7	各4点×7	100点

理科	1	2	3	4	5	6	計
	各4点×5	各4点×4	各4点×4	各4点×4	各4点×4 (問3完答)	各4点×4	100点

社会	1	2	3	4	5	6	計
	各5点×3	各5点×3 (問1・問2・問3 各完答)	各5点×3 (問1・問2 各完答)	各5点×4 (問1・問3 各完答)	各5点×4	各5点×3 (問1・問2 各完答)	100点

国語	1	2	3	4	5	計
	各2点×5	各2点×5	各5点×5	問5　10点 他　各5点×4	各5点×5	100点

※ 143％に拡大していただくと，解答欄は実物大になります。

＊ 受検番号欄は裏面にもあります。

受検番号						
⓪	⓪	⓪	⓪	⓪	⓪	⓪
①	①	①	①	①	①	①
②	②	②	②	②	②	②
③	③	③	③	③	③	③
④	④	④	④	④	④	④
⑤	⑤	⑤	⑤	⑤	⑤	⑤
⑥	⑥	⑥	⑥	⑥	⑥	⑥
⑦	⑦	⑦	⑦	⑦	⑦	⑦
⑧	⑧	⑧	⑧	⑧	⑧	⑧
⑨	⑨	⑨	⑨	⑨	⑨	⑨

解答用紙　数学

□部分がマークシート方式により解答する問題です。

マーク上の注意事項《ちゅういじこう》

1　HB又《また》はBの鉛筆（シャープペンシルも可）を使って，○の中を正確に塗《ぬ》りつぶすこと。

2　答えを直すときは，きれいに消して，消しくずを残さないこと。

3　決められた欄《らん》以外にマークしたり，記入したりしないこと。

良い例	悪い例
●	線　小さい　はみ出し　丸囲み　レ点　うすい

1

〔問1〕		
〔問2〕		
〔問3〕		
〔問4〕		
〔問5〕	$x=$　　，$y=$	
〔問6〕		
〔問7〕	①	㋐ ㋑ ㋒ ㋓ ㋔ ㋕ ㋖ ㋗
	②	㋐ ㋑ ㋒ ㋓ ㋔ ㋕ ㋖ ㋗
〔問8〕 $\frac{あ}{いう}$	あ	⓪ ① ② ③ ④ ⑤ ⑥ ⑦ ⑧ ⑨
	い	⓪ ① ② ③ ④ ⑤ ⑥ ⑦ ⑧ ⑨
	う	⓪ ① ② ③ ④ ⑤ ⑥ ⑦ ⑧ ⑨

〔問9〕

2

〔問1〕	①	㋐ ㋑ ㋒ ㋓
	②	㋐ ㋑ ㋒ ㋓
〔問2〕	＊ 解答欄は裏面にあります。	

3

〔問1〕	え	え	⓪ ① ② ③ ④ ⑤ ⑥ ⑦ ⑧ ⑨
〔問2〕	①		㋐ ㋑ ㋒ ㋓
	②		㋐ ㋑ ㋒ ㋓
〔問3〕			

4

〔問1〕			㋐ ㋑ ㋒ ㋓
〔問2〕	①		＊ 解答欄は裏面にあります。
	② $\frac{おか}{き}$	お	⓪ ① ② ③ ④ ⑤ ⑥ ⑦ ⑧ ⑨
		か	⓪ ① ② ③ ④ ⑤ ⑥ ⑦ ⑧ ⑨
		き	⓪ ① ② ③ ④ ⑤ ⑥ ⑦ ⑧ ⑨

5

〔問1〕	く	く	⓪ ① ② ③ ④ ⑤ ⑥ ⑦ ⑧ ⑨
〔問2〕	$\frac{けこ}{さ}$	け	⓪ ① ② ③ ④ ⑤ ⑥ ⑦ ⑧ ⑨
		こ	⓪ ① ② ③ ④ ⑤ ⑥ ⑦ ⑧ ⑨
		さ	⓪ ① ② ③ ④ ⑤ ⑥ ⑦ ⑧ ⑨

解答用紙　**数学**

受検番号						

2	〔問2〕〔証明〕
	X＝Y

4	〔問2〕①〔証明〕
	△ＱＲＰは二等辺三角形である。

※ 147％に拡大していただくと，解答欄は実物大になります。

解答用紙　英　語

□部分がマークシート方式により解答する問題です。

マーク上の注意《ちゅうい》事項《じこう》

1　ＨＢ又《また》はＢの鉛筆（シャープペンシルも可）を使って，○の中を正確に塗《ぬ》りつぶすこと。

2　答えを直すときは，きれいに消して，消しくずを残さないこと。

3　決められた欄《らん》以外にマークしたり，記入したりしないこと。

良い例	悪い例
●	線　小さい　はみ出し　丸囲み　レ点　うすい

受検番号						
⓪	⓪	⓪	⓪	⓪	⓪	⓪
①	①	①	①	①	①	①
②	②	②	②	②	②	②
③	③	③	③	③	③	③
④	④	④	④	④	④	④
⑤	⑤	⑤	⑤	⑤	⑤	⑤
⑥	⑥	⑥	⑥	⑥	⑥	⑥
⑦	⑦	⑦	⑦	⑦	⑦	⑦
⑧	⑧	⑧	⑧	⑧	⑧	⑧
⑨	⑨	⑨	⑨	⑨	⑨	⑨

1	〔問題A〕	<対話文１>	㋐　㋑　㋒　㋓
		<対話文２>	㋐　㋑　㋒　㋓
		<対話文３>	㋐　㋑　㋒　㋓
	〔問題B〕	<Question 1>	㋐　㋑　㋒　㋓
		<Question 2>	

2	1		㋐　㋑　㋒　㋓
	2		㋐　㋑　㋒　㋓
	3	(1)	㋐　㋑　㋒　㋓
	3	(2)	

3	〔問1〕	㋐　㋑　㋒　㋓	〔問2〕	㋐　㋑　㋒　㋓	〔問3〕	㋐　㋑　㋒　㋓
	〔問4〕	㋐　㋑　㋒　㋓	〔問5〕	㋐　㋑　㋒　㋓	〔問6〕	㋐　㋑　㋒　㋓
	〔問7〕	㋐　㋑　㋒　㋓				

4	〔問1〕		㋐　㋑　㋒　㋓					
	〔問2〕		㋐㋑㋒㋓ → ㋐㋑㋒㋓ → ㋐㋑㋒㋓ → ㋐㋑㋒㋓					
	〔問3〕	(1)	㋐　㋑　㋒　㋓	(2)	㋐　㋑　㋒　㋓	(3)	㋐　㋑　㋒　㋓	
	〔問4〕	(1)	㋐　㋑　㋒　㋓	(2)	㋐　㋑　㋒　㋓			

※ 148％に拡大していただくと，解答欄は実物大になります。

解答用紙　理科

▭ 部分がマークシート方式により解答する問題です。

マーク上の注意《ちゅうい》事項《じこう》

1　ＨＢ又《また》はＢの鉛筆（シャープペンシルも可）を使って，◯の中を正確に塗《ぬ》りつぶすこと。

2　答えを直すときは，きれいに消して，消しくずを残さないこと。

3　決められた欄《らん》以外にマークしたり，記入したりしないこと。

良い例	悪い例
●	線　小さい　はみ出し　丸囲み　レ点　うすい

受検番号						
⓪	⓪	⓪	⓪	⓪	⓪	⓪
①	①	①	①	①	①	①
②	②	②	②	②	②	②
③	③	③	③	③	③	③
④	④	④	④	④	④	④
⑤	⑤	⑤	⑤	⑤	⑤	⑤
⑥	⑥	⑥	⑥	⑥	⑥	⑥
⑦	⑦	⑦	⑦	⑦	⑦	⑦
⑧	⑧	⑧	⑧	⑧	⑧	⑧
⑨	⑨	⑨	⑨	⑨	⑨	⑨

1

問		
〔問1〕	㋐　㋑　㋒　㋓	
〔問2〕	㋐　㋑　㋒　㋓	
〔問3〕	㋐　㋑　㋒　㋓	
〔問4〕	①	②
	㋐ ㋑ ㋒ ㋓	㋐ ㋑ ㋒ ㋓
〔問5〕	㋐　㋑　㋒　㋓	
〔問6〕	㋐　㋑　㋒　㋓	

2

問		
〔問1〕	①	②
	㋐ ㋑ ㋒ ㋓	㋐ ㋑ ㋒ ㋓
〔問2〕	㋐　㋑　㋒　㋓	
〔問3〕	㋐　㋑　㋒　㋓	
〔問4〕	㋐　㋑　㋒　㋓	

3

問			
〔問1〕	㋐　㋑　㋒　㋓		
〔問2〕	①	②	③
	㋐ ㋑ ㋒	㋐ ㋑ ㋒	㋐ ㋑ ㋒
〔問3〕	①	②	
	㋐ ㋑ ㋒ ㋓	㋐ ㋑ ㋒ ㋓	
〔問4〕	㋐㋑㋒㋓ → ㋐㋑㋒㋓ → ㋐㋑㋒㋓ → ㋐㋑㋒㋓		

4

問		
〔問1〕	㋐　㋑　㋒　㋓	
〔問2〕	①	②
	㋐ ㋑ ㋒	㋐ ㋑ ㋒
〔問3〕	①	②
	㋐ ㋑ ㋒	㋐ ㋑ ㋒

5

問		
〔問1〕	①	②
	㋐ ㋑ ㋒ ㋓	㋐ ㋑ ㋒
〔問2〕	①	②
	㋐ ㋑ ㋒ ㋓	㋐ ㋑ ㋒ ㋓
〔問3〕	㋐　㋑　㋒　㋓	
〔問4〕	%	

6

問				
〔問1〕	㋐　㋑　㋒　㋓			
〔問2〕				
〔問3〕	㋐㋑㋒㋓ → ㋐㋑㋒㋓ → ㋐㋑㋒㋓ → ㋐㋑㋒㋓			
〔問4〕	①	②	③	④
	㋐ ㋑ ㋒	㋐ ㋑ ㋒	㋐ ㋑ ㋒	㋐ ㋑ ㋒

※ 151％に拡大していただくと，解答欄は実物大になります。

解答用紙　社会

□部分がマークシート方式により解答する問題です。

マーク上の注意事項《ちゅういじこう》

1　ＨＢ又《また》はＢの鉛筆（シャープペンシルも可）を使って，〇の中を正確に塗《ぬ》りつぶすこと。

2　答えを直すときは，きれいに消して，消しくずを残さないこと。

3　決められた欄《らん》以外にマークしたり，記入したりしないこと。

良い例	悪い例
●	線　小さい　はみ出し　丸囲み　レ点　うすい

受	検	番	号			
⓪	⓪	⓪	⓪	⓪	⓪	⓪
①	①	①	①	①	①	①
②	②	②	②	②	②	②
③	③	③	③	③	③	③
④	④	④	④	④	④	④
⑤	⑤	⑤	⑤	⑤	⑤	⑤
⑥	⑥	⑥	⑥	⑥	⑥	⑥
⑦	⑦	⑦	⑦	⑦	⑦	⑦
⑧	⑧	⑧	⑧	⑧	⑧	⑧
⑨	⑨	⑨	⑨	⑨	⑨	⑨

1

〔問1〕	㋐　㋑　㋒　㋓
〔問2〕	㋐　㋑　㋒　㋓
〔問3〕	㋐　㋑　㋒　㋓
〔問4〕	㋐　㋑　㋒　㋓

2

〔問1〕	Ⅰのア～エ		Ⅱの表のア～エ	
	㋐ ㋑ ㋒ ㋓		㋐ ㋑ ㋒ ㋓	
〔問2〕	P	Q	R	S
	㋐ ㋑ ㋒ ㋓	㋐ ㋑ ㋒ ㋓	㋐ ㋑ ㋒ ㋓	㋐ ㋑ ㋒ ㋓
〔問3〕	ⅠとⅡの表のア～エ		略地図中のW～Z	
	㋐ ㋑ ㋒ ㋓		Ⓦ Ⓧ Ⓨ Ⓩ	

3

〔問1〕	A	B	C	D
	㋐ ㋑ ㋒ ㋓	㋐ ㋑ ㋒ ㋓	㋐ ㋑ ㋒ ㋓	㋐ ㋑ ㋒ ㋓
〔問2〕	W	X	Y	Z
	㋐ ㋑ ㋒ ㋓	㋐ ㋑ ㋒ ㋓	㋐ ㋑ ㋒ ㋓	㋐ ㋑ ㋒ ㋓
〔問3〕	〔地域の変容〕			
	〔要因〕			

4

〔問1〕	㋐ ㋑ ㋒ ㋓ → ㋐ ㋑ ㋒ ㋓ → ㋐ ㋑ ㋒ ㋓ → ㋐ ㋑ ㋒ ㋓			
〔問2〕	Ⅰの略年表中のア～エ		Ⅱの略地図中のA～D	
	㋐ ㋑ ㋒ ㋓		Ⓐ Ⓑ Ⓒ Ⓓ	
〔問3〕	㋐　㋑　㋒　㋓			
〔問4〕	A	B	C	D
	㋐ ㋑ ㋒ ㋓	㋐ ㋑ ㋒ ㋓	㋐ ㋑ ㋒ ㋓	㋐ ㋑ ㋒ ㋓

5

〔問1〕	㋐　㋑　㋒　㋓
〔問2〕	㋐　㋑　㋒　㋓
〔問3〕	

6

〔問1〕	㋐ ㋑ ㋒ ㋓ → ㋐ ㋑ ㋒ ㋓ → ㋐ ㋑ ㋒ ㋓ → ㋐ ㋑ ㋒ ㋓			
〔問2〕	A	B	C	D
	㋐ ㋑ ㋒ ㋓	㋐ ㋑ ㋒ ㋓	㋐ ㋑ ㋒ ㋓	㋐ ㋑ ㋒ ㋓
〔問3〕	㋐　㋑　㋒　㋓			

東京都公立高校

2021年度

※153%に拡大していただくと，解答欄は実物大になります。

解答用紙
国　語

受検番号						
⓪①②③④⑤⑥⑦⑧⑨	⓪①②③④⑤⑥⑦⑧⑨	⓪①②③④⑤⑥⑦⑧⑨	⓪①②③④⑤⑥⑦⑧⑨	⓪①②③④⑤⑥⑦⑧⑨	⓪①②③④⑤⑥⑦⑧⑨	⓪①②③④⑤⑥⑦⑧⑨

□部分がマークシート方式により解答する問題です。

マーク上の注意事項《ちゅういじこう》

1　HB又《また》はBの鉛筆（シャープペンシルも可）を使って，◯の中を正確に塗《ぬ》りつぶすこと。

2　答えを直すときは，きれいに消して，消しくずを残さないこと。

3　決められた欄《らん》以外にマークしたり，記入したりしないこと。

良い例	悪い例
●	線　小さい　はみ出し　丸囲み　レ点　うすい

1

(1)	輝く　　く
(2)	介して　　して
(3)	傾斜
(4)	撮る　　る
(5)	乾いた　　いた

2

(1)	トんだ　　んだ
(2)	スう　　う
(3)	ドクソウ
(4)	シャソウ
(5)	セイケツ

3

〔問1〕	㋐　㋑　㋒　㋓
〔問2〕	㋐　㋑　㋒　㋓
〔問3〕	㋐　㋑　㋒　㋓
〔問4〕	㋐　㋑　㋒　㋓
〔問5〕	㋐　㋑　㋒　㋓

4

〔問1〕	㋐　㋑　㋒　㋓
〔問2〕	㋐　㋑　㋒　㋓
〔問3〕	㋐　㋑　㋒　㋓
〔問4〕	㋐　㋑　㋒　㋓
〔問5〕	（200字の解答欄）20　100　200

5

〔問1〕	㋐　㋑　㋒　㋓
〔問2〕	㋐　㋑　㋒　㋓
〔問3〕	㋐　㋑　㋒　㋓
〔問4〕	㋐　㋑　㋒　㋓
〔問5〕	㋐　㋑　㋒　㋓

2021年度入試配点表(東京都)

	1	2	3	4	5	計
数学	〔問9〕　6点 他　各5点×8 (〔問7〕,〔問8〕各完答)	〔問1〕　5点(完答) 〔問2〕　7点	各5点×3 (〔問2〕完答)	〔問2〕①　7点 他　各5点×2 (〔問2〕②完答)	各5点×2 (〔問2〕完答)	100点

	1	2	3	4	計
英語	各4点×5	3(2)　12点 他　各4点×3	各4点×7	各4点×7 (〔問2〕完答)	100点

	1	2	3	4	5	6	計
理科	各4点×6 (問4完答)	各4点×4 (問1完答)	各4点×4 (問2,問3,問4 各完答)	各4点×3 (問2,問3各完答)	各4点×4 (問1,問2各完答)	各4点×4 (問3,問4各完答)	100点

	1	2	3	4	5	6	計
社会	各5点×4	各5点×3 (問1,問2,問3 各完答)	各5点×3 (問1,問2各完答)	各5点×4 (問1,問2,問4 各完答)	各5点×3	各5点×3 (問1,問2各完答)	100点

	1	2	3	4	5	計
国語	各2点×5	各2点×5	各5点×5	問5　10点 他　各5点×4	各5点×5	100点

※この解答用紙は147%に拡大していただきますと，実物大になります。

＊ 受検番号欄は裏面にもあります。

受検番号						
⓪	⓪	⓪	⓪	⓪	⓪	⓪
①	①	①	①	①	①	①
②	②	②	②	②	②	②
③	③	③	③	③	③	③
④	④	④	④	④	④	④
⑤	⑤	⑤	⑤	⑤	⑤	⑤
⑥	⑥	⑥	⑥	⑥	⑥	⑥
⑦	⑦	⑦	⑦	⑦	⑦	⑦
⑧	⑧	⑧	⑧	⑧	⑧	⑧
⑨	⑨	⑨	⑨	⑨	⑨	⑨

解答用紙　数学

□部分がマークシート方式により解答する問題です。

マーク上の注意事項

1　ＨＢ又はＢの鉛筆（シャープペンシルも可）を使って，◯の中を正確に塗りつぶすこと。

2　答えを直すときは，きれいに消して，消しくずを残さないこと。

3　決められた欄以外にマークしたり，記入したりしないこと。

良い例	悪い例
●	線　小さい　はみ出し　丸囲み　レ点　うすい

1

〔問1〕		
〔問2〕		
〔問3〕		
〔問4〕		
〔問5〕	$x=$　　　，$y=$	
〔問6〕		
〔問7〕 あい	あ	⓪ ① ② ③ ④ ⑤ ⑥ ⑦ ⑧ ⑨
	い	⓪ ① ② ③ ④ ⑤ ⑥ ⑦ ⑧ ⑨
〔問8〕 うえ	う	⓪ ① ② ③ ④ ⑤ ⑥ ⑦ ⑧ ⑨
	え	⓪ ① ② ③ ④ ⑤ ⑥ ⑦ ⑧ ⑨

〔問9〕

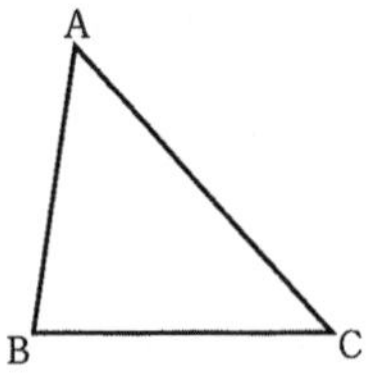

2

〔問1〕	㋐　㋑　㋒　㋓
〔問2〕	＊ 解答欄は裏面にあります。

3

〔問1〕	①	㋐ ㋑ ㋒ ㋓ ㋔ ㋕ ㋖ ㋗
	②	㋐ ㋑ ㋒ ㋓ ㋔ ㋕ ㋖ ㋗
〔問2〕	③	㋐　㋑　㋒　㋓
	④	㋐　㋑　㋒　㋓
〔問3〕		

4

〔問1〕			㋐　㋑　㋒　㋓
〔問2〕	①		＊ 解答欄は裏面にあります。
	② おか：き	お	⓪ ① ② ③ ④ ⑤ ⑥ ⑦ ⑧ ⑨
		か	⓪ ① ② ③ ④ ⑤ ⑥ ⑦ ⑧ ⑨
		き	⓪ ① ② ③ ④ ⑤ ⑥ ⑦ ⑧ ⑨

5

〔問1〕	くけ$\sqrt{こ}$	く	⓪ ① ② ③ ④ ⑤ ⑥ ⑦ ⑧ ⑨
		け	⓪ ① ② ③ ④ ⑤ ⑥ ⑦ ⑧ ⑨
		こ	⓪ ① ② ③ ④ ⑤ ⑥ ⑦ ⑧ ⑨
〔問2〕	さしす	さ	⓪ ① ② ③ ④ ⑤ ⑥ ⑦ ⑧ ⑨
		し	⓪ ① ② ③ ④ ⑤ ⑥ ⑦ ⑧ ⑨
		す	⓪ ① ② ③ ④ ⑤ ⑥ ⑦ ⑧ ⑨

解答用紙　数学

受検番号						

2	〔問2〕	〔証明〕
		$Z-W=2\pi abh$

4	〔問2〕	①	〔証明〕
	△ABPと△EDQにおいて，		
			$\triangle ABP \equiv \triangle EDQ$

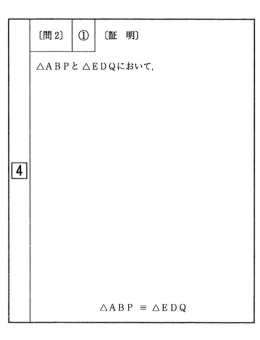

※この解答用紙は145％に拡大していただきますと，実物大になります。

解答用紙　英　語

▭部分がマークシート方式により解答する問題です。

マーク上の注意事項

1　ＨＢ又はＢの鉛筆（シャープペンシルも可）を使って，◯の中を正確に塗りつぶすこと。

2　答えを直すときは，きれいに消して，消しくずを残さないこと。

3　決められた欄以外にマークしたり，記入したりしないこと。

良い例	悪い例		
●	線	小さい	はみ出し
	丸囲み	レ点	うすい

受	検	番	号			
⓪	⓪	⓪	⓪	⓪	⓪	⓪
①	①	①	①	①	①	①
②	②	②	②	②	②	②
③	③	③	③	③	③	③
④	④	④	④	④	④	④
⑤	⑤	⑤	⑤	⑤	⑤	⑤
⑥	⑥	⑥	⑥	⑥	⑥	⑥
⑦	⑦	⑦	⑦	⑦	⑦	⑦
⑧	⑧	⑧	⑧	⑧	⑧	⑧
⑨	⑨	⑨	⑨	⑨	⑨	⑨

1

〔問題A〕	＜対話文１＞	㋐	㋑	㋒	㋓	
	＜対話文２＞	㋐	㋑	㋒	㋓	
	＜対話文３＞	㋐	㋑	㋒	㋓	
〔問題B〕	＜Question 1＞	㋐	㋑	㋒	㋓	
	＜Question 2＞					

2

1	㋐	㋑	㋒	㋓	2	㋐	㋑	㋒	㋓	3	(1)	㋐	㋑	㋒	㋓	
3	(2)															

3

〔問1〕	㋐	㋑	㋒	㋓	〔問2〕	㋐	㋑	㋒	㋓	〔問3〕	㋐	㋑	㋒	㋓
〔問4〕	㋐	㋑	㋒	㋓	〔問5〕	㋐	㋑	㋒	㋓	〔問6〕	㋐	㋑	㋒	㋓
〔問7〕	㋐	㋑	㋒	㋓										

4

〔問1〕	㋐	㋑	㋒	㋓											
〔問2〕	㋐㋑㋒㋓	→	㋐㋑㋒㋓	→	㋐㋑㋒㋓	→	㋐㋑㋒㋓								
〔問3〕	(1)	㋐	㋑	㋒	㋓	(2)	㋐	㋑	㋒	㋓	(3)	㋐	㋑	㋒	㋓
〔問4〕	(1)	㋐	㋑	㋒	㋓	(2)	㋐	㋑	㋒	㋓					

※この解答用紙は147%に拡大していただきますと，実物大になります。

解答用紙　理科

□部分がマークシート方式により解答する問題です。

マーク上の注意事項

1　HB又はBの鉛筆（シャープペンシルも可）を使って，〇の中を正確に塗りつぶすこと。

2　答えを直すときは，きれいに消して，消しくずを残さないこと。

3　決められた欄以外にマークしたり，記入したりしないこと。

良い例	悪い例		
●	線	小さい	はみ出し
	丸囲み	レ点	うすい

受検番号						
⓪	⓪	⓪	⓪	⓪	⓪	⓪
①	①	①	①	①	①	①
②	②	②	②	②	②	②
③	③	③	③	③	③	③
④	④	④	④	④	④	④
⑤	⑤	⑤	⑤	⑤	⑤	⑤
⑥	⑥	⑥	⑥	⑥	⑥	⑥
⑦	⑦	⑦	⑦	⑦	⑦	⑦
⑧	⑧	⑧	⑧	⑧	⑧	⑧
⑨	⑨	⑨	⑨	⑨	⑨	⑨

1

〔問1〕	㋐　㋑　㋒　㋓
〔問2〕	㋐　㋑　㋒　㋓
〔問3〕	㋐　㋑　㋒　㋓
〔問4〕	㋐　㋑　㋒　㋓
〔問5〕	㋐　㋑　㋒　㋓

2

〔問1〕	㋐　㋑　㋒　㋓
〔問2〕	㋐　㋑　㋒　㋓
〔問3〕	㋐　㋑　㋒　㋓
〔問4〕	㋐　㋑　㋒　㋓

3

〔問1〕	㋐　㋑　㋒　㋓	
〔問2〕	㋐　㋑　㋒　㋓	
〔問3〕	＊ 解答欄は裏面にあります。	
〔問4〕	①	②
	㋐ ㋑ ㋒ ㋓	㋐ ㋑ ㋒ ㋓

4

〔問1〕	①	②	③	
	㋐ ㋑ ㋒ ㋓	㋐ ㋑ ㋒ ㋓	㋐ ㋑ ㋒ ㋓	
〔問2〕	㋐　㋑　㋒　㋓			
〔問3〕	①	②	③	④
	㋐ ㋑ ㋒ ㋓	㋐ ㋑ ㋒ ㋓	㋐ ㋑ ㋒ ㋓	㋐ ㋑ ㋒ ㋓
〔問4〕	＊ 解答欄は裏面にあります。			

5

〔問1〕	㋐　㋑　㋒　㋓	
〔問2〕	①	②
	㋐ ㋑ ㋒ ㋓	㋐ ㋑ ㋒ ㋓
〔問3〕		
〔問4〕	溶質の名称	
	結晶の質量	g

6

〔問1〕

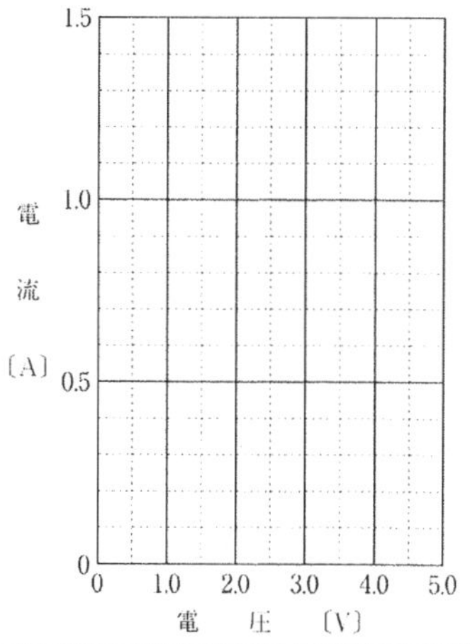

〔問1〕	電流の大きさ	A
〔問2〕	㋐　㋑　㋒　㋓	
〔問3〕	㋐　㋑　㋒　㋓	
〔問4〕	㋐　㋑　㋒　㋓	

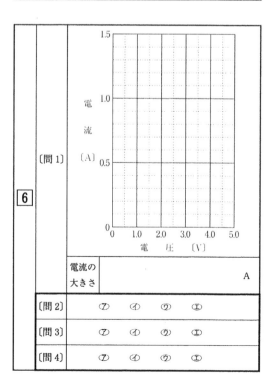

解答用紙　理　科

受検番号						

3	〔問 3〕	

4	〔問 4〕	

※この解答用紙は145％に拡大していただきますと，実物大になります。

解答用紙　社会

▭部分がマークシート方式により解答する問題です。

マーク上の注意事項

1　ＨＢ又はＢの鉛筆（シャープペンシルも可）を使って，◯の中を正確に塗りつぶすこと。

2　答えを直すときは，きれいに消して，消しくずを残さないこと。

3　決められた欄以外にマークしたり，記入したりしないこと。

良い例	悪い例		
●	線	小さい	はみ出し
	丸囲み	レ点	うすい

受検番号						
⓪	⓪	⓪	⓪	⓪	⓪	⓪
①	①	①	①	①	①	①
②	②	②	②	②	②	②
③	③	③	③	③	③	③
④	④	④	④	④	④	④
⑤	⑤	⑤	⑤	⑤	⑤	⑤
⑥	⑥	⑥	⑥	⑥	⑥	⑥
⑦	⑦	⑦	⑦	⑦	⑦	⑦
⑧	⑧	⑧	⑧	⑧	⑧	⑧
⑨	⑨	⑨	⑨	⑨	⑨	⑨

1

〔問1〕	㋐　㋑　㋒　㋓
〔問2〕	㋐　㋑　㋒　㋓
〔問3〕	㋐　㋑　㋒　㋓

2

〔問1〕	略地図中のA～D		Ⅱのア～エ	
	Ⓐ Ⓑ Ⓒ Ⓓ		㋐ ㋑ ㋒ ㋓	
〔問2〕	P	Q	R	S
	㋐ ㋑ ㋒ ㋓	㋐ ㋑ ㋒ ㋓	㋐ ㋑ ㋒ ㋓	㋐ ㋑ ㋒ ㋓
〔問3〕	略地図中のW～Z		ⅠとⅡの表のア～エ	
	Ⓦ Ⓧ Ⓨ Ⓩ		㋐ ㋑ ㋒ ㋓	

3

〔問1〕	A	B	C	D
	㋐ ㋑ ㋒ ㋓	㋐ ㋑ ㋒ ㋓	㋐ ㋑ ㋒ ㋓	㋐ ㋑ ㋒ ㋓
〔問2〕	P	Q	R	S
	㋐ ㋑	㋐ ㋑	㋐ ㋑	㋐ ㋑
〔問3〕	〔建設された理由〕 〔建設された効果〕			

4

〔問1〕	㋐ ㋑ ㋒ ㋓ → ㋐ ㋑ ㋒ ㋓ → ㋐ ㋑ ㋒ ㋓ → ㋐ ㋑ ㋒ ㋓	
〔問2〕	Ⅰの略年表中のア～エ	Ⅱの略地図中のA～D
	㋐ ㋑ ㋒ ㋓	Ⓐ Ⓑ Ⓒ Ⓓ
〔問3〕	㋐　㋑　㋒　㋓	
〔問4〕	㋐　㋑　㋒　㋓	

5

〔問1〕	㋐　㋑　㋒　㋓
〔問2〕	㋐　㋑　㋒　㋓
〔問3〕	㋐　㋑　㋒　㋓
〔問4〕	㋐　㋑　㋒　㋓

6

〔問1〕	㋐ ㋑ ㋒ ㋓ → ㋐ ㋑ ㋒ ㋓ → ㋐ ㋑ ㋒ ㋓ → ㋐ ㋑ ㋒ ㋓	
〔問2〕	略地図中のA～D	ⅠとⅡのグラフのア～エ
	Ⓐ Ⓑ Ⓒ Ⓓ	㋐ ㋑ ㋒ ㋓
〔問3〕		

東京都公立高校　２０２０年度

※この解答用紙は１４９％に拡大していただきますと、実物大になります。

解答用紙　国語

受検番号

受検番号						
⓪①②③④⑤⑥⑦⑧⑨	⓪①②③④⑤⑥⑦⑧⑨	⓪①②③④⑤⑥⑦⑧⑨	⓪①②③④⑤⑥⑦⑧⑨	⓪①②③④⑤⑥⑦⑧⑨	⓪①②③④⑤⑥⑦⑧⑨	⓪①②③④⑤⑥⑦⑧⑨

□部分がマークシート方式により解答する問題です。

マーク上の注意事項

1　ＨＢ又はＢの鉛筆（シャープペンシルも可）を使って、◯の中を正確に塗りつぶすこと。

2　答えを直すときは、きれいに消して、消しくずを残さないこと。

3　決められた欄以外にマークしたり、記入したりしないこと。

良い例	悪い例
●	線　丸囲み　小さい　レ点　はみ出し　うすい

1

(1) 眺める	める
(2) 返却	
(3) 鍛錬	
(4) 丁寧	
(5) 浸る	る

2

(1) イる	る
(2) クらす	らす
(3) ムれ	れ
(4) ユソウ	
(5) ハイケイ	

3

〔問1〕	㋐ ㋑ ㋒ ㋓
〔問2〕	㋐ ㋑ ㋒ ㋓
〔問3〕	㋐ ㋑ ㋒ ㋓
〔問4〕	㋐ ㋑ ㋒ ㋓
〔問5〕	㋐ ㋑ ㋒ ㋓

4

〔問1〕	㋐ ㋑ ㋒ ㋓
〔問2〕	㋐ ㋑ ㋒ ㋓
〔問3〕	㋐ ㋑ ㋒ ㋓
〔問4〕	㋐ ㋑ ㋒ ㋓

〔問5〕

20　100　200

5

〔問1〕	㋐ ㋑ ㋒ ㋓
〔問2〕	㋐ ㋑ ㋒ ㋓
〔問3〕	㋐ ㋑ ㋒ ㋓
〔問4〕	㋐ ㋑ ㋒ ㋓
〔問5〕	㋐ ㋑ ㋒ ㋓

2020年度入試配点表(東京都)

数学	1	2	3	4	5	計
	〔問9〕　6点 他　各5点×8 (〔問7〕,〔問8〕各完答)	〔問1〕　5点 〔問2〕　7点	各5点×3 (〔問1〕,〔問2〕各完答)	〔問2〕①　7点 他　各5点×2 (〔問2〕②完答)	各5点×2 (〔問1〕,〔問2〕各完答)	100点

英語	1	2	3	4	計
	各4点×5	3(2)　12点 他　各4点×3	各4点×7	各4点×7	100点

理科	1	2	3	4	5	6	計
	各4点×5	各4点×4	各4点×4 (問4完答)	各4点×4 (問1,問3各完答)	問4　各2点×2 他　各4点×3 (問2完答)	問1　各2点×2 他　各4点×3	100点

社会	1	2	3	4	5	6	計
	各5点×3	各5点×3 (問1・問2・問3 各完答)	各5点×3 (問1・問2各完答)	各5点×4 (問1・問2各完答)	各5点×4	各5点×3 (問1・問2各完答)	100点

国語	1	2	3	4	5	計
	各2点×5	各2点×5	各5点×5	問5　10点 他　各5点×4	各5点×5	100点

※この解答用紙は147％に拡大していただきますと，実物大になります。

＊ 受検番号欄は裏面にもあります。

解答用紙　数学

[　] 部分がマークシート方式により解答する問題です。

マーク上の注意事項

1　ＨＢ又はＢの鉛筆（シャープペンシルも可）を使って，〇の中を正確に塗りつぶすこと。

2　答えを直すときは，きれいに消して，消しくずを残さないこと。

3　決められた欄以外にマークしたり，記入したりしないこと。

良い例	悪い例
●	線　小さい　はみ出し　丸囲み　レ点　うすい

受検番号						
0	0	0	0	0	0	0
1	1	1	1	1	1	1
2	2	2	2	2	2	2
3	3	3	3	3	3	3
4	4	4	4	4	4	4
5	5	5	5	5	5	5
6	6	6	6	6	6	6
7	7	7	7	7	7	7
8	8	8	8	8	8	8
9	9	9	9	9	9	9

1

〔問1〕		
〔問2〕		
〔問3〕		
〔問4〕		
〔問5〕	$x=$　　　，$y=$	
〔問6〕		
〔問7〕 あ/い	あ	⓪ ① ② ③ ④ ⑤ ⑥ ⑦ ⑧ ⑨
	い	⓪ ① ② ③ ④ ⑤ ⑥ ⑦ ⑧ ⑨
〔問8〕 うえ	う	⓪ ① ② ③ ④ ⑤ ⑥ ⑦ ⑧ ⑨
	え	⓪ ① ② ③ ④ ⑤ ⑥ ⑦ ⑧ ⑨
〔問9〕		

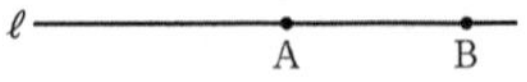

2

〔問1〕	㋐　㋑　㋒　㋓
〔問2〕	＊ 解答欄は裏面にあります。

3

〔問1〕	おか	お	⓪ ① ② ③ ④ ⑤ ⑥ ⑦ ⑧ ⑨
		か	⓪ ① ② ③ ④ ⑤ ⑥ ⑦ ⑧ ⑨
〔問2〕	①		㋐　㋑　㋒　㋓
	②		

4

〔問1〕			㋐　㋑　㋒　㋓
〔問2〕	①		＊ 解答欄は裏面にあります。
	② きく/けこ	き	⓪ ① ② ③ ④ ⑤ ⑥ ⑦ ⑧ ⑨
		く	⓪ ① ② ③ ④ ⑤ ⑥ ⑦ ⑧ ⑨
		け	⓪ ① ② ③ ④ ⑤ ⑥ ⑦ ⑧ ⑨
		こ	⓪ ① ② ③ ④ ⑤ ⑥ ⑦ ⑧ ⑨

5

〔問1〕	さ	さ	⓪ ① ② ③ ④ ⑤ ⑥ ⑦ ⑧ ⑨
〔問2〕	しす√せ	し	⓪ ① ② ③ ④ ⑤ ⑥ ⑦ ⑧ ⑨
		す	⓪ ① ② ③ ④ ⑤ ⑥ ⑦ ⑧ ⑨
		せ	⓪ ① ② ③ ④ ⑤ ⑥ ⑦ ⑧ ⑨

解答用紙　数学

受検番号						

2

〔問2〕

$\mathrm{M} = \dfrac{1}{3}\ell(n+2)$

4

〔問2〕 ① 〔証　明〕

△ABPと△PDRにおいて，

△ABP ∽ △PDR

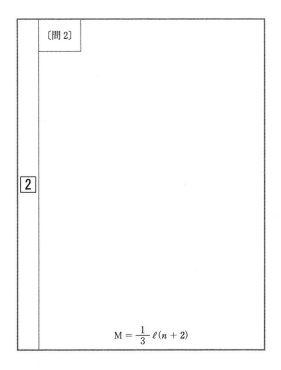

※この解答用紙は145％に拡大していただきますと，実物大になります。

解答用紙　英語

▭部分がマークシート方式により解答する問題です。

マーク上の注意事項

1　ＨＢ又はＢの鉛筆（シャープペンシルも可）を使って，◯の中を正確に塗りつぶすこと。

2　答えを直すときは，きれいに消して，消しくずを残さないこと。

3　決められた欄以外にマークしたり，記入したりしないこと。

良い例	悪い例
●	線　小さい　はみ出し　丸囲み　レ点　うすい

受検番号						
⓪	⓪	⓪	⓪	⓪	⓪	⓪
①	①	①	①	①	①	①
②	②	②	②	②	②	②
③	③	③	③	③	③	③
④	④	④	④	④	④	④
⑤	⑤	⑤	⑤	⑤	⑤	⑤
⑥	⑥	⑥	⑥	⑥	⑥	⑥
⑦	⑦	⑦	⑦	⑦	⑦	⑦
⑧	⑧	⑧	⑧	⑧	⑧	⑧
⑨	⑨	⑨	⑨	⑨	⑨	⑨

1

〔問題A〕	＜対話文1＞	㋐	㋑	㋒	㋓
	＜対話文2＞	㋐	㋑	㋒	㋓
	＜対話文3＞	㋐	㋑	㋒	㋓
〔問題B〕	＜Question 1＞	㋐	㋑	㋒	㋓
	＜Question 2＞				

2

1	㋐	㋑	㋒	㋓	2	㋐	㋑	㋒	㋓	3	(1)	㋐	㋑	㋒	㋓
3	(2)														

3

〔問1〕	㋐	㋑	㋒	㋓	〔問2〕	㋐	㋑	㋒	㋓	〔問3〕	㋐	㋑	㋒	㋓
〔問4〕	㋐	㋑	㋒	㋓	〔問5〕	㋐	㋑	㋒	㋓	〔問6〕	㋐	㋑	㋒	㋓
〔問7〕	㋐	㋑	㋒	㋓										

4

〔問1〕	㋐	㋑	㋒	㋓											
〔問2〕	㋐㋑ ㋒㋓	→	㋐㋑ ㋒㋓	→	㋐㋑ ㋒㋓	→	㋐㋑ ㋒㋓								
〔問3〕	(1)	㋐	㋑	㋒	㋓	(2)	㋐	㋑	㋒	㋓	(3)	㋐	㋑	㋒	㋓
〔問4〕	(1)	㋐	㋑	㋒	㋓	(2)	㋐	㋑	㋒	㋓					

※この解答用紙は147％に拡大していただきますと，実物大になります。

解答用紙　理科

▭ 部分がマークシート方式により解答する問題です。

マーク上の注意事項

1　ＨＢ又はＢの鉛筆（シャープペンシルも可）を使って，
◯ の中を正確に塗りつぶすこと。

2　答えを直すときは，きれいに消して，消しくずを残さないこと。

3　決められた欄以外にマークしたり，記入したりしないこと。

良い例	悪い例		
●	線	小さい	はみ出し
	丸囲み	レ点	うすい

受検番号						
⓪	⓪	⓪	⓪	⓪	⓪	⓪
①	①	①	①	①	①	①
②	②	②	②	②	②	②
③	③	③	③	③	③	③
④	④	④	④	④	④	④
⑤	⑤	⑤	⑤	⑤	⑤	⑤
⑥	⑥	⑥	⑥	⑥	⑥	⑥
⑦	⑦	⑦	⑦	⑦	⑦	⑦
⑧	⑧	⑧	⑧	⑧	⑧	⑧
⑨	⑨	⑨	⑨	⑨	⑨	⑨

1

〔問1〕	㋐ ㋑ ㋒ ㋓
〔問2〕	㋐ ㋑ ㋒ ㋓
〔問3〕	㋐ ㋑ ㋒ ㋓
〔問4〕	㋐ ㋑ ㋒ ㋓
〔問5〕	㋐ ㋑ ㋒ ㋓
〔問6〕	㋐ ㋑ ㋒ ㋓
〔問7〕	㋐ ㋑ ㋒ ㋓

2

〔問1〕	㋐ ㋑ ㋒ ㋓
〔問2〕	㋐ ㋑ ㋒ ㋓
〔問3〕	㋐ ㋑ ㋒ ㋓
〔問4〕	㋐ ㋑ ㋒ ㋓

3

〔問1〕	㋐ ㋑ ㋒ ㋓	
〔問2〕	㋐ ㋑ ㋒ ㋓	
〔問3〕	(1)	km
	(2)	
〔問4〕	㋐ ㋑ ㋒ ㋓	

4

〔問1〕	㋐ ㋑ ㋒ ㋓		
〔問2〕	㋐ ㋑ ㋒ ㋓		
〔問3〕	(1)	(2)	(3)
	㋐ ㋑	㋐ ㋑ ㋒	㋐ ㋑ ㋒

5

〔問1〕	㋐ ㋑ ㋒ ㋓
〔問2〕	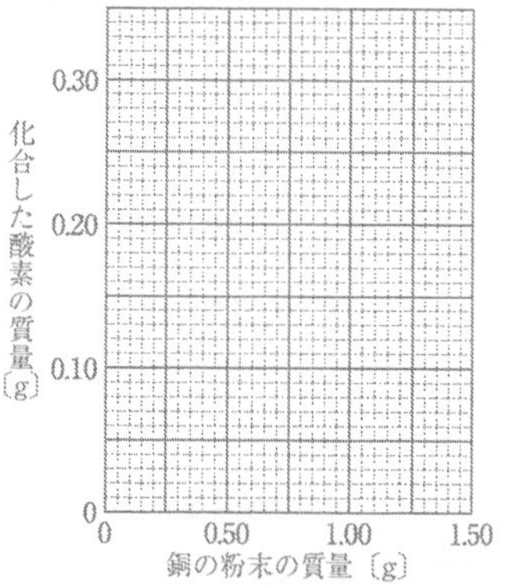
〔問3〕	㋐ ㋑ ㋒ ㋓
〔問4〕	㋐ ㋑ ㋒ ㋓

6

〔問1〕	㋐ ㋑ ㋒ ㋓	
〔問2〕	m／s	
〔問3〕	(1)	(2)
	㋐ ㋑ ㋒ ㋓	㋐ ㋑ ㋒ ㋓

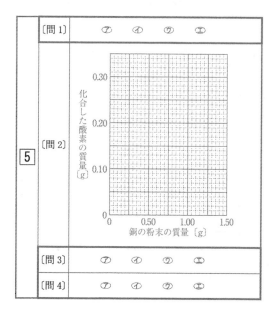

※この解答用紙は145%に拡大していただきますと，実物大になります。

解答用紙　社　会

▭部分がマークシート方式により解答する問題です。

マーク上の注意事項

1　ＨＢ又はＢの鉛筆（シャープペンシルも可）を使って，◯の中を正確に塗りつぶすこと。

2　答えを直すときは，きれいに消して，消しくずを残さないこと。

3　決められた欄以外にマークしたり，記入したりしないこと。

良い例	悪い例		
●	線	小さい	はみ出し
	丸囲み	レ点	うすい

受検番号						
0	0	0	0	0	0	0
1	1	1	1	1	1	1
2	2	2	2	2	2	2
3	3	3	3	3	3	3
4	4	4	4	4	4	4
5	5	5	5	5	5	5
6	6	6	6	6	6	6
7	7	7	7	7	7	7
8	8	8	8	8	8	8
9	9	9	9	9	9	9

1

	B	C	D	E
〔問1〕	ア イ ウ エ	ア イ ウ エ	ア イ ウ エ	ア イ ウ エ
〔問2〕	ア イ ウ エ			
〔問3〕	ア イ ウ エ			

2

	略地図中のA～D		Ⅱのア～エ	
〔問1〕	A B C D		ア イ ウ エ	
	W	X	Y	Z
〔問2〕	ア イ ウ エ	ア イ ウ エ	ア イ ウ エ	ア イ ウ エ
〔問3〕	ア イ ウ エ			

3

	A	B	C	D
〔問1〕	ア イ ウ エ	ア イ ウ エ	ア イ ウ エ	ア イ ウ エ
	Ⅰの表のア～エ		略地図中のW～Z	
〔問2〕	ア イ ウ エ		W X Y Z	
〔問3〕				

4

〔問1〕	ア イ ウ エ →	ア イ ウ エ →	ア イ ウ エ →	ア イ ウ エ
	Ⅰの略年表中のア～エ		Ⅱの略地図中のA～D	
〔問2〕	ア イ ウ エ		A B C D	
	W	X	Y	Z
〔問3〕	ア イ ウ エ	ア イ ウ エ	ア イ ウ エ	ア イ ウ エ
〔問4〕	ア イ ウ エ			

5

〔問1〕	
〔問2〕	ア イ ウ エ
〔問3〕	ア イ ウ エ
〔問4〕	ア イ ウ エ

6

	A	B	C	D
〔問1〕	ア イ ウ エ	ア イ ウ エ	ア イ ウ エ	ア イ ウ エ
〔問2〕	ア イ ウ エ →	ア イ ウ エ →	ア イ ウ エ →	ア イ ウ エ
〔問3〕	W X Y Z			

東京都公立高校　２０１９年度

※この解答用紙は１４９％に拡大していただきますと、実物大になります。

解答用紙
国　語

受検番号						
⓪①②③④⑤⑥⑦⑧⑨	⓪①②③④⑤⑥⑦⑧⑨	⓪①②③④⑤⑥⑦⑧⑨	⓪①②③④⑤⑥⑦⑧⑨	⓪①②③④⑤⑥⑦⑧⑨	⓪①②③④⑤⑥⑦⑧⑨	⓪①②③④⑤⑥⑦⑧⑨

□部分がマークシート方式により解答する問題です。

マーク上の注意事項

1　ＨＢ又はＢの鉛筆（シャープペンシルも可）を使って，◯の中を正確に塗りつぶすこと。
2　答えを直すときは，きれいに消して，消しくずを残さないこと。
3　決められた欄以外にマークしたり，記入したりしないこと。

良い例	悪い例
●	線　丸囲み　小さい　レ点　はみ出し　うすい

1

(1) 喝　采	(2) 朗らかな	(3) 渓　谷	(4) 漂　う	(5) 催される
	らかな		う	される

2

(1) メンミツ	(2) カクチョウ	(3) テッポウ	(4) トじる	(5) トドく
			じる	く

3

〔問1〕	㋐ ㋑ ㋒ ㋓
〔問2〕	㋐ ㋑ ㋒ ㋓
〔問3〕	㋐ ㋑ ㋒ ㋓
〔問4〕	㋐ ㋑ ㋒ ㋓
〔問5〕	㋐ ㋑ ㋒ ㋓

4

〔問1〕	㋐ ㋑ ㋒ ㋓
〔問2〕	㋐ ㋑ ㋒ ㋓
〔問3〕	㋐ ㋑ ㋒ ㋓
〔問4〕	㋐ ㋑ ㋒ ㋓

〔問5〕

20

100

200

5

〔問1〕	㋐ ㋑ ㋒ ㋓
〔問2〕	㋐ ㋑ ㋒ ㋓
〔問3〕	㋐ ㋑ ㋒ ㋓
〔問4〕	㋐ ㋑ ㋒ ㋓
〔問5〕	㋐ ㋑ ㋒ ㋓

2019年度入試配点表（東京都）

数学	1	2	3	4	5	計
	［問9］　6点 他　各5点×8 （［問7］，［問8］各完答）	［問1］　5点 ［問2］　7点	各5点×3 （［問1］完答）	［問2］①　7点 他　各5点×2 （［問2］②完答）	各5点×2 （［問2］完答）	100点

英語	1	2	3	4	計
	各4点×5	3(2)　12点 他　各4点×3	各4点×7	各4点×7	100点

理科	1	2	3	4	5	6	計
	各4点×7	各4点×4	問3　各2点×2 他　各4点×3	各4点×3 （問3完答）	各4点×4	各4点×3 （問3完答）	100点

社会	1	2	3	4	5	6	計
	各5点×3 （問1完答）	各5点×3 （問1・問2各完答）	各5点×3 （問1・問2各完答）	各5点×4 （問1・問2・問3 各完答）	各5点×4	各5点×3 （問1・問2各完答）	100点

国語	1	2	3	4	5	計
	各2点×5	各2点×5	各5点×5	問5　10点 他　各5点×4	各5点×5	100点

※この解答用紙は152%に拡大していただきますと，実物大になります。

解答用紙　数学

＊ 受検番号欄は裏面にもあります。

受	検	番	号			
⓪	⓪	⓪	⓪	⓪	⓪	⓪
①	①	①	①	①	①	①
②	②	②	②	②	②	②
③	③	③	③	③	③	③
④	④	④	④	④	④	④
⑤	⑤	⑤	⑤	⑤	⑤	⑤
⑥	⑥	⑥	⑥	⑥	⑥	⑥
⑦	⑦	⑦	⑦	⑦	⑦	⑦
⑧	⑧	⑧	⑧	⑧	⑧	⑧
⑨	⑨	⑨	⑨	⑨	⑨	⑨

□部分がマークシート方式により解答する問題です。

マーク上の注意事項

1　HB又はBの鉛筆（シャープペンシルも可）を使って，◯の中を正確に塗りつぶすこと。

2　答えを直すときは，きれいに消して，消しくずを残さないこと。

3　決められた欄以外にマークしたり，記入したりしないこと。

良い例	悪い例		
●	線	小さい	はみ出し
	丸囲み	レ点	うすい

1

〔問1〕			
〔問2〕			
〔問3〕			
〔問4〕			
〔問5〕	$x=$　　　，$y=$		
〔問6〕			
〔問7〕	あい	あ	⓪ ① ② ③ ④ ⑤ ⑥ ⑦ ⑧ ⑨
		い	⓪ ① ② ③ ④ ⑤ ⑥ ⑦ ⑧ ⑨
〔問8〕	うえお	う	⓪ ① ② ③ ④ ⑤ ⑥ ⑦ ⑧ ⑨
		え	⓪ ① ② ③ ④ ⑤ ⑥ ⑦ ⑧ ⑨
		お	⓪ ① ② ③ ④ ⑤ ⑥ ⑦ ⑧ ⑨
〔問9〕			

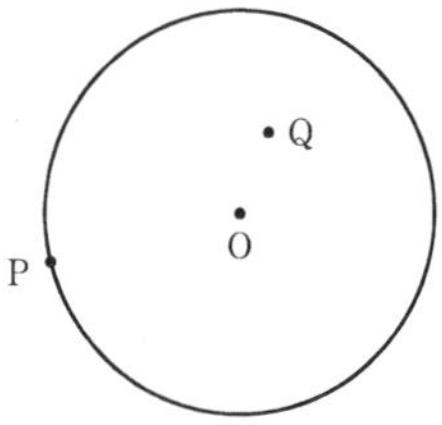

2

〔問1〕	㋐ ㋑ ㋒ ㋓
〔問2〕	＊ 解答欄は裏面にあります。

3

〔問1〕		㋐ ㋑ ㋒ ㋓
〔問2〕	①	㋐ ㋑ ㋒ ㋓
	②	（　　　，　　　）

4

〔問1〕			㋐ ㋑ ㋒ ㋓
〔問2〕	①		＊ 解答欄は裏面にあります。
	② $\frac{か}{き}$	か	⓪ ① ② ③ ④ ⑤ ⑥ ⑦ ⑧ ⑨
		き	⓪ ① ② ③ ④ ⑤ ⑥ ⑦ ⑧ ⑨

5

〔問1〕	くけ	く	⓪ ① ② ③ ④ ⑤ ⑥ ⑦ ⑧ ⑨
		け	⓪ ① ② ③ ④ ⑤ ⑥ ⑦ ⑧ ⑨
〔問2〕	こさ	こ	⓪ ① ② ③ ④ ⑤ ⑥ ⑦ ⑧ ⑨
		さ	⓪ ① ② ③ ④ ⑤ ⑥ ⑦ ⑧ ⑨

解 答 用 紙　数　学

受　検　番　号

2

〔問 2〕〔証　明〕

$Q = \ell(h + r)$

4

〔問 2〕①〔証　明〕

△ＡＢＰと△ＡＲＰにおいて，

△ＡＢＰ ≡ △ＡＲＰ

○配点○　1〔問9〕　6点　　他　各5点×8　　2〔問1〕　5点　　〔問2〕　7点
3　各5点×3　　4〔問2〕①　7点　　他　各5点×2
5　各5点×2　　計100点

/100

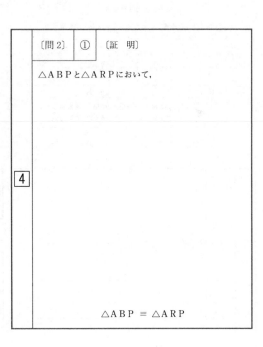

※この解答用紙は159％に拡大していただきますと，実物大になります。

解答用紙　英語

□部分がマークシート方式により解答する問題です。

マーク上の注意事項

1　HB又はBの鉛筆（シャープペンシルも可）を使って，◯の中を正確に塗りつぶすこと。

2　答えを直すときは，きれいに消して，消しくずを残さないこと。

3　決められた欄以外にマークしたり，記入したりしないこと。

良い例	悪い例		
●	線	小さい	はみ出し
	丸囲み	レ点	うすい

受	検	番	号			
⓪	⓪	⓪	⓪	⓪	⓪	⓪
①	①	①	①	①	①	①
②	②	②	②	②	②	②
③	③	③	③	③	③	③
④	④	④	④	④	④	④
⑤	⑤	⑤	⑤	⑤	⑤	⑤
⑥	⑥	⑥	⑥	⑥	⑥	⑥
⑦	⑦	⑦	⑦	⑦	⑦	⑦
⑧	⑧	⑧	⑧	⑧	⑧	⑧
⑨	⑨	⑨	⑨	⑨	⑨	⑨

1							
	〔問題A〕	＜対話文1＞	㋐	㋑	㋒	㋓
		＜対話文2＞	㋐	㋑	㋒	㋓
		＜対話文3＞	㋐	㋑	㋒	㋓
	〔問題B〕	＜Question 1＞	㋐	㋑	㋒	㋓
		＜Question 2＞				

2																
1	㋐	㋑	㋒	㋓	2	㋐	㋑	㋒	㋓	3	(1)	㋐	㋑	㋒	㋓
3	(2)														

3														
〔問1〕	㋐	㋑	㋒	㋓	〔問2〕	㋐	㋑	㋒	㋓	〔問3〕	㋐	㋑	㋒	㋓
〔問4〕	㋐	㋑	㋒	㋓	〔問5〕	㋐	㋑	㋒	㋓	〔問6〕	㋐	㋑	㋒	㋓
〔問7〕	㋐	㋑	㋒	㋓										

4																
〔問1〕	㋐	㋑	㋒	㋓												
〔問2〕	㋐㋑㋒㋓	→	㋐㋑㋒㋓	→	㋐㋑㋒㋓	→	㋐㋑㋒㋓									
〔問3〕	(1)	㋐	㋑	㋒	㋓	(2)	㋐	㋑	㋒	㋓	(3)	㋐	㋑	㋒	㋓
〔問4〕	(1)	㋐	㋑	㋒	㋓	(2)	㋐	㋑	㋒	㋓					

○配点○　1　各4点×5　2　3(2)　12点　他　各4点×3
3　各4点×7　4　各4点×7

計100点

/100

※この解答用紙は159％に拡大していただきますと，実物大になります。

解答用紙　理　科

□部分がマークシート方式により解答する問題です。

マーク上の注意事項

1　HB又はBの鉛筆（シャープペンシルも可）を使って，○の中を正確に塗りつぶすこと。

2　答えを直すときは，きれいに消して，消しくずを残さないこと。

3　決められた欄以外にマークしたり，記入したりしないこと。

良い例	悪い例
●	線　小さい　はみ出し　丸囲み　レ点　うすい

受	検	番	号			
⓪	⓪	⓪	⓪	⓪	⓪	⓪
①	①	①	①	①	①	①
②	②	②	②	②	②	②
③	③	③	③	③	③	③
④	④	④	④	④	④	④
⑤	⑤	⑤	⑤	⑤	⑤	⑤
⑥	⑥	⑥	⑥	⑥	⑥	⑥
⑦	⑦	⑦	⑦	⑦	⑦	⑦
⑧	⑧	⑧	⑧	⑧	⑧	⑧
⑨	⑨	⑨	⑨	⑨	⑨	⑨

1	〔問1〕	㋐　㋑　㋒　㋓
	〔問2〕	㋐　㋑　㋒　㋓
	〔問3〕	㋐　㋑　㋒　㋓
	〔問4〕	㋐　㋑　㋒　㋓
	〔問5〕	㋐　㋑　㋒　㋓
	〔問6〕	㋐　㋑　㋒　㋓
	〔問7〕	㋐　㋑　㋒　㋓

2	〔問1〕	㋐　㋑　㋒　㋓
	〔問2〕	㋐　㋑　㋒　㋓
	〔問3〕	㋐　㋑　㋒　㋓
	〔問4〕	㋐　㋑　㋒　㋓

3	〔問1〕	㋐　㋑　㋒　㋓
	〔問2〕	㋐　㋑　㋒　㋓
	〔問3〕	㋐　㋑　㋒　㋓
	〔問4〕	㋐　㋑　㋒　㋓

4	〔問1〕	㋐　㋑　㋒　㋓			
	〔問2〕	㋐　㋑　㋒　㋓			
	〔問3〕	(1)	(2)	(3)	(4)
		㋐ ㋑	㋐ ㋑	㋐ ㋑	㋐ ㋑

5	〔問1〕	㋐　㋑　㋒　㋓
	〔問2〕	㋐　㋑　㋒　㋓
	〔問3〕	

6	〔問1〕	㋐　㋑　㋒　㋓	
	〔問2〕	つなぎ方	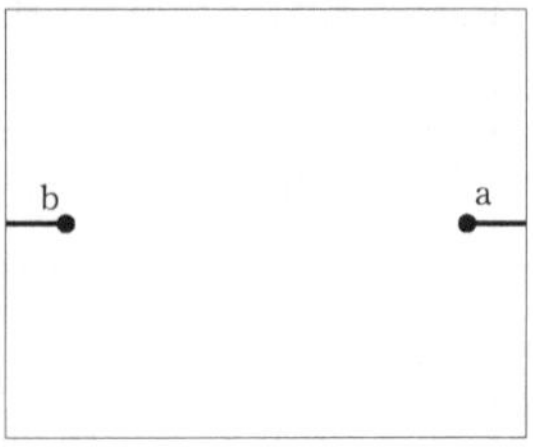
		理由	
	〔問3〕	㋐　㋑　㋒　㋓	
	〔問4〕	㋐　㋑　㋒　㋓	

○配点○　1　各4点×7　2　各4点×4　3　各4点×4
4　各4点×3（問3完答）　5　各4点×3
6　〔問2〕　2点×2　他　各4点×3　計100点

/100

※この解答用紙は159％に拡大していただきますと，実物大になります。

解答用紙　社　会

▭ 部分がマークシート方式により解答する問題です。

マーク上の注意事項

1　HB又はBの鉛筆（シャープペンシルも可）を使って，◯の中を正確に塗りつぶすこと。

2　答えを直すときは，きれいに消して，消しくずを残さないこと。

3　決められた欄以外にマークしたり，記入したりしないこと。

良い例	悪い例		
●	線	小さい	はみ出し
	丸囲み	レ点	うすい

受検番号						
0	0	0	0	0	0	0
1	1	1	1	1	1	1
2	2	2	2	2	2	2
3	3	3	3	3	3	3
4	4	4	4	4	4	4
5	5	5	5	5	5	5
6	6	6	6	6	6	6
7	7	7	7	7	7	7
8	8	8	8	8	8	8
9	9	9	9	9	9	9

1

〔問1〕	㋐　㋑　㋒　㋓
〔問2〕	㋐　㋑　㋒　㋓
〔問3〕	㋐　㋑　㋒　㋓

2

〔問1〕	Ⅰのア～エ		略地図中のA～D	
	㋐　㋑　㋒　㋓		Ⓐ　Ⓑ　Ⓒ　Ⓓ	
〔問2〕	㋐　㋑　㋒　㋓			
〔問3〕	W	X	Y	Z
	㋐㋑㋒㋓	㋐㋑㋒㋓	㋐㋑㋒㋓	㋐㋑㋒㋓

3

〔問1〕	A	B	C	D
	㋐㋑㋒㋓	㋐㋑㋒㋓	㋐㋑㋒㋓	㋐㋑㋒㋓
〔問2〕	㋐　㋑　㋒　㋓			
〔問3〕				

4

〔問1〕	㋐㋑㋒㋓ → ㋐㋑㋒㋓ → ㋐㋑㋒㋓ → ㋐㋑㋒㋓
〔問2〕	㋐　㋑　㋒　㋓
〔問3〕	㋐　㋑　㋒　㋓
〔問4〕	㋐㋑㋒㋓ → ㋐㋑㋒㋓ → ㋐㋑㋒㋓ → ㋐㋑㋒㋓

5

〔問1〕	㋐　㋑　㋒　㋓
〔問2〕	㋐　㋑　㋒　㋓
〔問3〕	
〔問4〕	㋐　㋑　㋒　㋓

6

〔問1〕	A	B	C	D
	㋐㋑㋒㋓	㋐㋑㋒㋓	㋐㋑㋒㋓	㋐㋑㋒㋓
〔問2〕	W	X	Y	Z
	㋐㋑㋒㋓	㋐㋑㋒㋓	㋐㋑㋒㋓	㋐㋑㋒㋓
〔問3〕	㋐　㋑　㋒　㋓			

○配点○
1　各5点×3
2　各5点×3（問1・3完答）
3　各5点×3（問1完答）
4　各5点×4（問1・4完答）
5　各5点×4
6　各5点×3（問1・2完答）
計100点

／100

東京都公立高校　平成30年度

※この解答用紙は158%に拡大していただきますと、実物大になります。

解答用紙　国語

受検番号					
⓪〜⑨	⓪〜⑨	⓪〜⑨	⓪〜⑨	⓪〜⑨	⓪〜⑨

□部分がマークシート方式により解答する問題です。

マーク上の注意事項

1 HB又はBの鉛筆（シャープペンシルも可）を使って、○の中を正確に塗りつぶすこと。
2 答えを直すときは、きれいに消して、消しくずを残さないこと。
3 決められた欄以外にマークしたり、記入したりしないこと。

良い例	悪い例
●	線　小さい　はみ出し　丸囲み　レ点　うすい

1

(1) 繕う		う
(2) 舞踊		
(3) 若干		
(4) 惜敗		
(5) 紛れて		れて

2

(1) ヒロう		う
(2) キョウリ		
(3) キンム		
(4) チュウサイ		
(5) イキオい		い

3

〔問1〕	㋐	㋑	㋒	㋓
〔問2〕	㋐	㋑	㋒	㋓
〔問3〕	㋐	㋑	㋒	㋓
〔問4〕	㋐	㋑	㋒	㋓
〔問5〕	㋐	㋑	㋒	㋓

4

〔問1〕	㋐	㋑	㋒	㋓
〔問2〕	㋐	㋑	㋒	㋓
〔問3〕	㋐	㋑	㋒	㋓
〔問4〕	㋐	㋑	㋒	㋓

〔問5〕（200字の原稿用紙：20、100、200）

5

〔問1〕	㋐	㋑	㋒	㋓
〔問2〕	㋐	㋑	㋒	㋓
〔問3〕	㋐	㋑	㋒	㋓
〔問4〕	㋐	㋑	㋒	㋓
〔問5〕	㋐	㋑	㋒	㋓

○配点○
1 各2点×5　2 各2点×5　3 各5点×5
4 問5 10点　他 各5点×4　5 各5点×5
計100点

100

~公立高校志望の皆様に愛されるロングセラーシリーズ~

公立高校入試シリーズ

・全国の都道府県公立高校入試問題から良問を厳選
　※実力錬成編には独自問題も!
・見やすい紙面、わかりやすい解説

数学

合格のために必要な点数をゲット

目標得点別・公立入試の数学　基礎編

- 効率的に対策できる!　30・50・70点の目標得点別の章立て
- web解説には豊富な例題167問!
- 実力確認用の総まとめテストつき

定価:1,210円(本体1,100円+税10%)/ISBN:978-4-8141-2558-6

応用問題の頻出パターンをつかんで80点の壁を破る!

実戦問題演習・公立入試の数学　実力錬成編

- 応用問題の頻出パターンを網羅
- 難問にはweb解説で追加解説を掲載
- 実力確認用の総まとめテストつき

定価:1,540円(本体1,400円+税10%)/ISBN:978-4-8141-2560-9

英語

「なんとなく」ではなく確実に長文読解・英作文が解ける

実戦問題演習・公立入試の英語　基礎編

- 解き方がわかる!　問題内にヒント入り
- ステップアップ式で確かな実力がつく

定価:1,100円(本体1,000円+税10%)/ISBN:978-4-8141-2123-6

公立難関・上位校合格のためのゆるがぬ実戦力を身につける

実戦問題演習・公立入試の英語　実力錬成編

- 総合読解・英作文問題へのアプローチ手法がつかめる
- 文法、構文、表現を一つひとつ詳しく解説

定価:1,320円(本体1,200円+税10%)/ISBN:978-4-8141-2169-4

理科

短期間で弱点補強・総仕上げ

実戦問題演習・公立入試の理科

- 解き方のコツがつかめる!　豊富なヒント入り
- 基礎~思考・表現を問う問題まで
　重要項目を網羅

定価:1,045円(本体950円+税10%)
ISBN:978-4-8141-0454-3

社会

弱点補強・総合力で社会が武器になる

実戦問題演習・公立入試の社会

- 基礎から学び弱点を克服!　豊富なヒント入り
- 分野別総合・分野複合の融合など
　あらゆる問題形式を網羅
　※時事用語集を弊社HPで無料配信

定価:1,045円(本体950円+税10%)
ISBN:978-4-8141-0455-0

国語

最後まで解ききれる力をつける

形式別演習・公立入試の国語

- 解き方がわかる!　問題内にヒント入り
- 基礎~標準レベルの問題で
　確かな基礎力を築く
- 実力確認用の総合テストつき

定価:1,045円(本体950円+税10%)
ISBN:978-4-8141-0453-6

東京学参の

中学校別入試過去問題シリーズ

＊出版校は一部変更することがあります。一覧にない学校はお問い合わせください。

東京ラインナップ

あ 青山学院中等部(L04)
麻布中学(K01)
桜蔭中学(K02)
お茶の水女子大附属中学(K07)
か 海城中学(K09)
開成中学(M01)
学習院中等科(M03)
慶應義塾中等部(K04)
啓明学園中学(N29)
晃華学園中学(N13)
攻玉社中学(L11)
国学院大久我山中学
（一般・CC）(N22)
（ＳＴ）(N23)
駒場東邦中学(L01)
さ 芝中学(K16)
芝浦工業大附属中学(M06)
城北中学(M05)
女子学院中学(K03)
巣鴨中学(M02)
成蹊中学(N06)
成城中学(K28)
成城学園中学(L05)
青稜中学(K23)
創価中学(N14)★
た 玉川学園中学部(N17)
中央大附属中学(N08)
筑波大附属中学(K06)
筑波大附属駒場中学(L02)
帝京大中学(N16)
東海大菅生高中等部(N27)
東京学芸大附属竹早中学(K08)
東京都市大付属中学(L13)
桐朋中学(N03)
東洋英和女学院中学部(K15)
豊島岡女子学園中学(M12)
な 日本大第一中学(M14)
日本大第三中学(N19)
日本大第二中学(N10)
は 雙葉中学(K05)
法政大学中学(N11)
本郷中学(M08)
ま 武蔵中学(N01)
明治大付属中野中学(N05)
明治大付属八王子中学(N07)
明治大付属明治中学(K13)
ら 立教池袋中学(M04)
わ 和光中学(N21)
早稲田中学(K10)
早稲田実業学校中等部(K11)
早稲田大高等学院中学部(N12)

神奈川ラインナップ

あ 浅野中学(O04)
栄光学園中学(O06)
か 神奈川大附属中学(O08)
鎌倉女学院中学(O27)
関東学院六浦中学(O31)
慶應義塾湘南藤沢中等部(O07)
慶應義塾普通部(O01)
さ 相模女子大中学部(O32)
サレジオ学院中学(O17)
逗子開成中学(O22)
聖光学院中学(O11)
清泉女学院中学(O20)
洗足学園中学(O18)
捜真女学校中学部(O29)
た 桐蔭学園中等教育学校(O02)
東海大付属相模高中等部(O24)
桐光学園中学(O16)
な 日本大中学(O09)
は フェリス女学院中学(O03)
法政大第二中学(O19)
や 山手学院中学(O15)
横浜隼人中学(O26)

千・埼・茨・他ラインナップ

あ 市川中学(P01)
浦和明の星女子中学(Q06)
か 海陽中等教育学校
（入試Ⅰ・Ⅱ）(T01)
（特別給費生選抜）(T02)
久留米大附設中学(Y04)
さ 栄東中学(東大・難関大)(Q09)
栄東中学(東大特待)(Q10)
狭山ヶ丘高校付属中学(Q01)
芝浦工業大柏中学(P14)
渋谷教育学園幕張中学(P09)
城北埼玉中学(Q07)
昭和学院秀英中学(P05)
清真学園中学(S01)
西南学院中学(Y02)
西武学園文理中学(Q03)
西武台新座中学(Q02)
専修大松戸中学(P13)
た 筑紫女学園中学(Y03)
千葉日本大第一中学(P07)
千葉明徳中学(P12)
東海大付属浦安高中等部(P06)
東邦大付属東邦中学(P08)
東洋大附属牛久中学(S02)
獨協埼玉中学(Q08)
な 長崎日本大中学(Y01)
成田高校付属中学(P15)
は 函館ラ・サール中学(X01)
日出学園中学(P03)
福岡大附属大濠中学(Y05)
北嶺中学(X03)
細田学園中学(Q04)
や 八千代松陰中学(P10)
ら ラ・サール中学(Y07)
立命館慶祥中学(X02)
立教新座中学(Q05)
わ 早稲田佐賀中学(Y06)

公立中高一貫校ラインナップ

北海道 市立札幌開成中等教育学校(J22)
宮　城 宮城県仙台二華・古川黎明中学校(J17)
市立仙台青陵中等教育学校(J33)
山　形 県立東桜学館・致道館中学校(J27)
茨　城 茨城県立中学・中等教育学校(J09)
栃　木 県立宇都宮東・佐野・矢板東高校附属中学校(J11)
群　馬 県立中央・市立四ツ葉学園中等教育学校・
市立太田中学校(J10)
埼　玉 市立浦和中学校(J06)
県立伊奈学園中学校(J31)
さいたま市立大宮国際中等教育学校(J32)
川口市立高等学校附属中学校(J35)
千　葉 県立千葉・東葛飾中学校(J07)
市立稲毛国際中等教育学校(J25)
東　京 区立九段中等教育学校(J21)
都立大泉高等学校附属中学校(J28)
都立両国高等学校附属中学校(J01)
都立白鷗高等学校附属中学校(J02)
都立富士高等学校附属中学校(J03)
都立三鷹中等教育学校(J29)
都立南多摩中等教育学校(J30)
都立武蔵高等学校附属中学校(J04)
都立立川国際中等教育学校(J05)
都立小石川中等教育学校(J23)
都立桜修館中等教育学校(J24)
神奈川 川崎市立川崎高等学校附属中学校(J26)
県立平塚・相模原中等教育学校(J08)
横浜市立南高等学校附属中学校(J20)
横浜サイエンスフロンティア高校附属中学校(J34)
広　島 県立広島中学校(J16)
県立三次中学校(J37)
徳　島 県立城ノ内中等教育学校・富岡東・川島中学校(J18)
愛　媛 県立今治東・松山西中等教育学校(J19)
福　岡 福岡県立中学校・中等教育学校(J12)
佐　賀 県立香楠・致遠館・唐津東・武雄青陵中学校(J13)
宮　崎 県立五ヶ瀬中等教育学校・宮崎西・都城泉ヶ丘高校附属中学校(J15)
長　崎 県立長崎東・佐世保北・諫早高校附属中学校(J14)

公立中高一貫校「適性検査対策」問題集シリーズ

総合編
作文問題編
資料問題編
数と図形編
生活と科学編
実力確認テスト編

私立中・高スクールガイド

THE《ザ》 私立

私立中学&高校の学校生活がわかる！

〈ダウンロードコンテンツについて〉

本問題集のダウンロードコンテンツ、弊社ホームページで配信しております。現在ご利用いただけるのは「2025年度受験用」に対応したもので、**2025年3月末日**までダウンロード可能です。弊社ホームページにアクセスの上、ご利用ください。

※配信期間が終了いたしますと、ご利用いただけませんのでご了承ください。

東京都公立高校　2025年度

ISBN978-4-8141-3263-8

[発行所] 東京学参株式会社
〒153-0043　東京都目黒区東山2-6-4

書籍の内容についてのお問い合わせは右のQRコードから　⇒

※書籍の内容についてのお電話でのお問い合わせ、本書の内容を超えたご質問には対応できませんのでご了承ください。

2024年5月10日　初版